HERMES

在古希腊神话中，赫耳墨斯是宙斯和迈亚的儿子，奥林波斯神们的信使，道路与边界之神，睡眠与梦想之神，亡灵的引导者，演说者、商人、小偷、旅者和牧人的保护神……

HERMES

经典与解释 古今丛编

中国社会科学院外国文学研究所古典学研究室 ◎ 编

刘小枫 贺方婴 ◎ 主编

罗马兴志

'Ιστορίαι

— · 上卷 · —

[古希腊] 珀律比俄斯 Polybius ｜ 著

马勇 ｜ 译

华夏出版社
HUAXIA PUBLISHING HOUSE

本书由中国社会科学院
"绝学"、冷门学科建设项目——"古典学研究"资助出版

出版说明

1953年2月，新中国成立第一个国家级文学研究所，涵盖中国文学学科和外国文学学科。1955年6月，中国科学院设立哲学社会科学学部等四个学部，文学研究所遂隶属于中国科学院哲学社会科学学部，其外国文学学科下设四个组，即苏联文学组、东欧文学组、东方文学组和西方文学组。

1957年7月，在"古为今用、洋为中用"的文化方针引领下，文学研究所创办《文艺理论译丛》辑刊，"旨在有计划、有重点地介绍外国的美学及文艺理论的古典著作"，1959年年初停刊，共出版6辑。同年，文学研究所制定"外国古典文学名著丛书"和"外国古典文艺理论丛书"编译计划。1961年，《文艺理论译丛》复刊，更名为《古典文艺理论译丛》，同时创办《现代文艺理论译丛》，历史地刻写了文学研究所外文组古今并重的学术格局，"为新中国文艺理论界提供了丰富而难得的参考资源，成为公认的不可缺少的资料库"。

1964年9月，为加强对外研究，经毛泽东同志批示，中国科学院哲学社会科学学部以文学研究所下辖的四个外国文学组，加上中国作协《世界文学》编辑部，另行成立外国文学研究所。自晚清以来，我国学界译介西方文明古今典籍的学术生力终于有了建制归属。

时世艰难，国际形势的变化很快中断了外国文学研究所的新生热情。《古典文艺理论译丛》在1965年停办（共出版11辑），

"外国古典文艺理论丛书"选题 39 种,仅出 12 种。

1977 年,中国科学院哲学社会科学学部独立组成中国社会科学院。值此改革开放之机,外国文学研究所迅速恢复"外国古典文学名著丛书"和"外国古典文艺理论丛书"编译计划,"分别删去两种丛书中的'古典'二字"。显然,译介西方现当代学术文籍乃我国新时期发展所亟需。1979 年,外国文学研究所推出大型"外国文学研究资料丛书",开创了经典与解释并举的编译格局(至 1993 年的 15 年间,出版近 70 种),尽管因人力所限无法继续秉持古今并重的编译方针。

1958 年出版的《文艺理论译丛》(第四期)曾译介过十九世纪法国著名批评家圣·佩韦(1804—1869,又译"圣勃夫")的文章《什么是古典作家》,其中对古今作家之别有清晰界定。classique 这个语词引申为"经典作家"的含义时,起初仅仅指古希腊的荷马、肃剧诗人和柏拉图等。大约公元二世纪时,罗马人也确认了自己的古典作家——西塞罗和维吉。但自但丁(1265—1321)、乔叟(1340—1400)、马基雅维利(1469—1527)、拉伯雷(1494—1553)、蒙田(1533—1592)、塞万提斯(1547—1616)、莎士比亚(1564—1616)以来,拉丁欧洲也有了自己的古典作家,他们与新兴王国或者说领土性民族国家的形成有关。1694 年,法兰西学院的第一部词典把 classique 界说为"具有权威的古代作家",而十九世纪的圣·佩韦则认为,这种界定过于"拘束",现在是时候"扩大它的精神含义"了。因为自"拿破仑帝国时代"——如今称为"大西洋革命时代"——以来,只要作品"新鲜"或"多少有些冒险性"就能够成为 classique。由此看来,在今天的中国学人面前,实际上有两个品质不同的西方古典文明传统,以及自启蒙运动以来形成的现代欧洲文明传统。

从 1959 年的"外国古典文学名著丛书"和"外国古典文艺

理论丛书"编译计划，到1979年的"外国文学研究资料丛书"编译计划，记录了前辈学人致力于整全地认识和译介西方文学传统所付出的历史艰辛，尽管因时代所限，对两个西方古典文明的基础文本及研究文献的编译刚刚开始就中断了。2002年，古典文明研究工作坊创设"经典与解释"系列丛书和专题辑刊，意在承接数代前辈学人建设新中国学术的坚韧心志，继续积累可资参考的学术文献。

2023年12月，在"两个结合"的学术方针激励下，外国文学研究所正式设立古典学研究室。值此之际，我们开设"经典与解释·古今丛编"，志在赓续三大编译计划的宏愿，进一步型塑古今并重和经典与解释并举的编译格局，同时向普及性整理中国文史典籍方面拓展，为我国的古典学建设尽绵薄之力。

中国社会科学院外国文学研究所
古典学研究室谨识
2024年5月

目 录

译者前言 / 1

第一卷 / 1
第二卷 / 90
第三卷 / 157
第四卷 / 255
第五卷 / 330
第六卷 / 421
第七卷 / 465
第八卷 / 482
第九卷 / 517
第十卷 / 555
第十一卷 / 598
第十二卷 / 626
第十三卷 / 663
第十四卷 / 671
第十五卷 / 683
第十六卷 / 717
第十七卷 / 747
第十八卷 / 748

第十九卷 / 796

第二十卷 / 797

第二十一卷 / 808

第二十二卷 / 850

第二十三卷 / 869

第二十四卷 / 885

第二十五卷 / 897

第二十六卷 / 903

第二十七卷 / 905

第二十八卷 / 919

第二十九卷 / 936

第三十卷 / 953

第三十一卷 / 978

第三十二卷 / 1003

第三十三卷 / 1015

第三十四卷 / 1027

第三十五卷 / 1049

第三十六卷 / 1053

第三十七卷 / 1065

第三十八卷 / 1066

第三十九卷 / 1084

第四十卷 / 1090

附录一 《罗马兴志》梗概 / 1091

附录二 希腊化王国简史 / 1108

译者前言

一

公元前203年年底（汉高祖五年十二月），韩信（？—公元前196年）率三十万大军分五路将西楚霸王围在垓下（今安徽省宿州市灵璧县），一代英雄项羽（公元前232—前202年）败亡之局已定。公元前202年1月，项羽自刎于乌江（安徽和县东部乌江镇旁的长江支流）。2月28日（汉高祖五年二月甲午），汉王刘邦在定陶汜水北岸（今山东菏泽市定陶区）即皇帝位，四百年之强汉由此建基，天下大一统帝国正式在亚欧大陆东部出现。

楚汉两军激战于亚欧大陆东部的淮海平原时，罗马统帅普布利乌斯·斯基皮奥（Publius Scipio，公元前236年—前183年）与迦太基统帅汉尼拔（Hannibal，公元前247—前183年）各自率本国精锐陈兵于亚欧大陆西部利比亚平原的扎马（Zama）城附近，持续近十八载的第二次迦太基战争即将上演最后决战：罗马若获胜，西地中海的领导权将被收入囊中，进而奠定谋取环地中海的天下大一统帝国的基础；迦太基若败北，不仅纵横地中海近两个世纪的领导权将灰飞烟灭，而且迦太基城也可能湮灭。

掌管世界历史运动的机运仿佛在做一个实验，故意把亚欧大陆东西两部分创建各自的大一统帝国的斗争放在同一时刻，以便观察天下大一统帝国这种共同体结构在历史长河中会有何种沉浮。公元前202年10月19日，扎马决战，汉尼拔含恨败北，斯基皮奥取得旷世胜利。

正是在这个关键时刻,[①]珀律比俄斯(公元前200—前118年)出生于伯罗奔半岛的迈加洛波利斯(Megalopolis)城。作为史家,珀律比俄斯可谓恰逢其时。不过,就像大约同一时期亚欧大陆东部的那位同行一样,此种"恰逢其时"意味着他将遭受诸多磨难和苦痛:伟大的史家必须受苦。

珀律比俄斯的家族是阿凯亚联盟的豪族,其父吕科塔斯(Lycortas)是公元前3世纪末、前2世纪初阿凯亚联盟的风云人物,也是著名政治家斐洛珀门(Philopomen)的追随者。彼时的希腊城邦和联盟早已丧失公元前5世纪的那种政治独立性,不得不在争相控制希腊地区的诸希腊化王国之间夹缝求生。此种客观的政治环境倒是为各邦、各联盟的政治家提供了大显身手的舞台,他们一方面要竭力避免所属共同体在战火中被灭亡,另一方面又要争取有限的政治自主性。按照彼时传统,珀律比俄斯成年后将延续父辈的传统,继续为阿凯亚联盟的存亡殚精竭虑。的确,他不仅将因此被质押罗马17年,还将亲眼见证阿凯亚联盟的灭亡。正是在这种被拘押和祖邦的覆灭中,珀律比俄斯见证了一个前无古人的历史运动达到顶峰:西方第一个真正的天下式大一统帝国降临。

第二次迦太基战争期间,马其顿王国的少年英主腓力五世(Philip V [公元前238—前179年],公元前221—前179年在位)萌生谋取天下帝国的雄心,与汉尼拔建立攻守同盟,结果在第一次马其顿战争中遭到罗马人的阻击,没有占到大便宜。公元前200年,罗马决定东进地中海,向腓力五世复仇,第二次马其顿战争爆发。希腊诸联盟纷纷倒向罗马,斐洛珀门主导的阿凯亚联盟亦在此列。公元前197年,罗马执政官弗拉米尼努斯(Titus Quinctius Flamininus,公元前229—前174年)率三万大军与腓力

[①] 珀律比俄斯出生日期并无定说,有公元前202年、前200年之说,此处采《牛津古典大辞典》的说法。

五世决战于狗头山（Cynoscephalae），马其顿人败绩。腓力五世被迫撤出希腊，弗拉米尼努斯第二年在科林多召集希腊城邦集会，向希腊人宣布，罗马人是希腊的解放者。

第二次马其顿战争期间，另一位少年英主塞琉古王国的安提俄库斯三世（Antiochus III［公元前241—前187年］，公元前223—前187年在位）亦图谋天下帝国，乘机向南攻伐托勒密王国。取得胜利后，向北进击小亚细亚和色雷斯地区，最后把目光投向希腊，腓力五世的战败并没有让他认识到从地中海西部而来的那个强权有多么强大。安提俄库斯三世联络埃托利亚联盟等希腊人为盟友，于公元前192年公开与罗马为敌：罗马与安提俄库斯三世的战争爆发。公元前189年，普布利乌斯·斯基皮奥两兄弟率军在马格尼西亚战役中击败这位号称"大帝"的国王，安提俄库斯三世的天下帝国梦碎，此前在陶鲁斯山脉以北的征伐成果化为乌有，众王国和城市纷纷倒向罗马。

腓力五世战败后，一心想复仇，积极整军备战。他驾崩后，其子珀尔修斯（Perseus，公元前179—前168年在位）继位，继承先王遗志，整军修武，广引盟友。公元前171年，第三次马其顿战争爆发。阿凯亚联盟面临艰难处境，一方面恐惧罗马武力的强大，不敢背弃罗马；另一方面，其时希腊人有感于罗马人统治严酷，多同情珀尔修斯。珀律比俄斯恰恰在这个关键时刻当选前170年至前169年度阿凯亚联盟的骑兵将军，往来奔走于罗马与马其顿之间。

公元前168年6月22日，罗马执政官埃米里乌斯·保卢斯（Aemilius Paullus，公元前229—前160年）在皮德纳战役中一举击败珀尔修斯，马其顿王国灭亡。罗马人为惩罚阿凯亚联盟在战争期间没有明确支持罗马，命令1000名被怀疑反罗马的上层人士前往罗马为质，珀律比俄斯在列。这一年，他35岁左右，依照希腊人的看法，正当盛年。珀律比俄斯认为，罗马建立天下帝国的标志正是马其顿王国覆灭，《罗马兴志》原先的叙述计划就止于公元前168年。

　　这1000名阿凯亚人质抵达罗马后,多数被派往意大利各地服各种苦役,后来返回家乡的不足十分之一。珀律比俄斯是其中的幸运儿,大概因学识和才能出众,成为埃米里乌斯·保卢斯家族的朋友,获准留在罗马。在此期间,他成为保卢斯两个儿子的教师,他与小斯基皮奥(Publius Cornelius Scipio Aemilianus)的师生之谊尤其出名,成就了一段千古佳话。小斯基皮奥是保卢斯的亲生儿子,后来过继给斯基皮奥家族,从而继承其祖父斯基皮奥·阿非利加努斯的名号,史称小斯基皮奥。借由这层关系,珀律比俄斯某种程度上已恢复自由。《罗马兴志》的一些细节表明,他彼时能够自由地前往罗马郊外狩猎(《罗马兴志》31.14)。古代传统说,珀律比俄斯酷爱狩猎,与色诺芬有同样的爱好。

　　公元前150年,阿凯亚人质终于获罗马元老院准许返回希腊,珀律比俄斯正式获得自由。借助与罗马上层的密切关系,珀律比俄斯成为罗马对希腊政策的中介人。彼时,阿凯亚联盟风向变动,反罗马倾向愈来愈强。珀律比俄斯凭借在罗马多年的生活经验和对罗马长期的观察,深知反抗罗马无益且后果不堪设想,多方奔走,尽力安抚希腊人适应罗马人的统治。希腊人反抗罗马人的战争最终还是爆发,战争的结果验证了珀律比俄斯的忧虑:科林多被罗马毁灭;阿凯亚联盟被解散。他和他的父亲以及斐洛珀门等人珍视的联盟灰飞烟灭。

　　尽管如此,珀律比俄斯仍多方周旋,极力降低战败给希腊带来的伤害。泡萨尼阿斯(Pausanias)三百多年后游历希腊时,还能看到希腊人为珀律比俄斯雕刻的浮雕。墨伽洛波利斯的浮雕上说,珀律比俄斯"走遍每片陆地和每个海洋,成为罗马人的盟友,平息了罗马人对希腊人的愤怒"。[1]另一处浮雕上说:

---

[1]　泡萨尼阿斯,《希腊志》,8.30.8–9。

"如果希腊当年在一切事务上听从珀律比俄斯，她绝不会陷落；当希腊遭遇灾难后，她唯一的指望是珀律比俄斯。"①

希腊人反抗罗马的同时，罗马人于公元前149年发动第三次迦太基战争，决意彻底摧毁迦太基。小斯基皮奥出任公元前147年的执政官，随即召唤珀律比俄斯同行。公元前146年，迦太基陷入熊熊大火之时，珀律比俄斯就站在小斯基皮奥的身边。同年，科林多被毁。珀律比俄斯称科林多和迦太基被毁是史无前例的灾难。由于这一史无前例的灾难，珀律比俄斯决定扩写《罗马兴志》，将叙述范围延伸到公元前146年。他给出的理由是，不仅要考察罗马人建立天下帝国的历程，还要考察他们如何统治天下。

这场横亘地中海东西两个区域的大灾难结束后，珀律比俄斯在小斯基皮奥的帮助下，亲自游历和考察北非、伊比利亚、高卢、外大西洋沿岸和亚洲，为撰写《罗马兴志》做准备。质押罗马期间，他可能已动念写作这部史书，而他真正动笔应该是在公元前146年以后。之后，珀律比俄斯的经历相对模糊，只知道他作为小斯基皮奥的随行人员参与过罗马征伐凯尔特-伊比利亚人的战争，并著有《努曼提亚战纪》(*Numantine War*)叙述这场战争。

珀律比俄斯一生酷爱狩猎，他与塞琉古王国德米特里乌斯一世（公元前161—前150年在位）的友谊就源于狩猎。琉善(Lucian of Samosata, 120—180年)说，珀律比俄斯以82岁高龄从马上摔下而死，大概去世于公元前118年（汉武帝元狩四年，是年司马迁27岁）。珀律比俄斯还有一位兄长，名叫忒阿里达斯(Thearidas)，也是阿凯亚联盟的政治家，曾多次出使罗马。珀律

---

① 泡萨尼阿斯，《希腊志》，8.37。

比俄斯从未提到他的妻子或子女,《罗马兴志》中只有一个句子暗示他已婚并已为人父(《罗马兴志》12.25h)。

二

珀律比俄斯的作品不少,除《努曼提亚战纪》外,还有一部论兵法的书《兵法》(Memoirs on Tactics),一部三卷本传记《斐洛珀门传》(Philopomen),普鲁塔克的《斐洛珀门传》的主要史料就出自这部传记。但是,上述作品皆散佚,唯有《罗马兴志》流传下来。

这部作品的标题是Ἱστορίαι,即ἱστορία的复数形式。这个词的意思是探究和叙述,即探究事件成败的原因,通过叙述将之揭示出来。希罗多德是首个用这个词命名其史书的人。不过,希罗多德用的是单数,珀律比俄斯用的是复数,因为他探究的不是一个事件,而是一场宏大的运动,这场运动由一连串事件构成。若直接对译的话,珀律比俄斯的这部史书应该译为《史记》,但他的史书与司马迁的《史记》在体例和观念上有诸多差异,故依照其内容译为《罗马兴志》。

《罗马兴志》共40卷,从纪事时间来看,整部史书横跨118年,起自公元前264年,终于公元前146年。用珀律比俄斯的纪事历法来说,就是起自第129个奥林匹亚年(公元前264—前261年),终于第158个奥林匹亚年。这118年可分为三个历史时期:公元前264年至前221年;公元前220年至前168年;公元前167年至前146年。

第一个历史时期对应前两卷,珀律比俄斯把这两卷视作全书的导言,概述世界历史导向前220年这个决定性开端的过程,主要内容是罗马首次越出意大利半岛进行海外征服,包括第一次迦太基战争、第一次伊比利亚战争、凯尔特战争。在这个时期,罗马萌发建立天下帝国的雄心,夺取西西里岛、撒丁岛,东边染指巴尔干半岛，首次在亚得里亚海东侧伊利里亚地区建立据点，西边染指伊比利亚半岛。

　　第二个历史时期对应第三卷至第二十九卷，是整部史书的主体部分，主要内容是罗马击败地中海诸领导权，建立天下帝国的历程，包括第二次迦太基战争、三次马其顿战争、与安提俄库斯三世的战争。在这个时期，罗马先击败迦太基，然后迅猛东进，摧毁马其顿王国，重挫塞琉古王国。东地中海各政治体遣使罗马，恳求保护和结盟，各国使节往返罗马，就重大事务提交罗马元老院裁断，罗马作为地中海主人的身份牢固确立。珀律比俄斯原定的叙述主题就是这一历史时段，所以他在开篇就提出：

> 毕竟，有谁会如此愚蠢或懒惰，竟然不想弄懂罗马人如何、凭借何种政制（τίνι γένει πολιτείας），在不到53年的时间里，成功地让几乎整个天下（σχεδὸν ἅπαντα τὰ κατὰ τὴν οἰκουμένην）屈服于他们的独一统治（μίαν ἀρχὴν）？——这是前无古人的伟业。（《罗马兴志》1.1）

　　τὴν οἰκουμένην 直译是"有人居住的世界"，这里用汉语的"天下"对译"有人居住的世界"，可让我们明白谋取天下大一统帝国并非中国古代的专属。天下大一统帝国是亚欧大陆东西两个地区在古代追求的最高目标。恰如我们的天下大一统帝国是连续几个世纪争斗的结果，珀律比俄斯亦把罗马的伟业视作连续几个世纪争夺天下领导权的运动的终点。这个运动的起点是公元前5世纪波斯帝国西进地中海，试图一统天下，中间有亚历山大大帝率马其顿-希腊人东进摧毁波斯帝国，建立了一个短暂的天下帝国。亚历山大帝国崩溃后，争夺天下领导权的运动再起，最后以罗马攫取领导权告终。

　　这场绵延数世纪的争夺，让珀律比俄斯对机运之无常感到颤栗不已。这种颤栗感迫使珀律比俄斯考察罗马的统治是否能持久，他遂扩展原定叙述计划，将纪事时间扩展到公元前146年，以考察罗马统治的品质。

第三个历史时期主要叙述罗马对天下的治理，主要内容包含罗马对各政治体彼此争端的裁断，镇压各地的反叛，最后以迦太基和科林多被毁结束。珀律比俄斯把这两个事件视作有史以来地中海世界最大的灾难。与其说珀律比俄斯是想展现罗马对各俯首的邦国的严酷，不如说他是想提出天下大一统帝国的治理问题：罗马应该效仿先代领导权，仅满足于领导权身位，让各俯首的邦国维持一定政治自主性，还是应该让各邦国行省化，创建集权化的帝国治理结构？

珀律比俄斯是"普遍历史"这个术语的真正创立者，并为撰写第一部真正的普遍历史的史书自豪不已。他的理由主要有两个：第一，地中海地区自公元前220年以后真正变成一个政治舞台，各地发生的事件互相影响；第二，这场起于公元前220年的宏大运动最终走向一个终点，天下被一个权力掌控。

公元前220年是一个关键的历史时刻，这一年，27岁的汉尼拔不久前成为迦太基的军事统帅；18岁的腓力五世不久前继任马其顿国王；21岁的安提俄库斯三世不久前继任塞琉古国王；再加上罗马，争夺天下领导权的四个主要角色登上政治舞台。这场争斗首先在意大利爆发，到公元前215年，腓力五世与汉尼拔结盟，至此，地中海东西两部分开始密切勾连起来，一地的事态将深远影响另一地。因此，第三卷、第四卷和第五卷的纪事时间横跨一整个奥林匹亚年，叙述同一个奥林匹亚年内意大利、希腊和亚洲的事件。从第七卷开始，珀律比俄斯严格按照奥林匹亚纪年，每卷叙述两年内天下各地的事件。用珀律比俄斯的话来说，从公元前220年以后，天下各地变成一个整体，史家必须从整体视角洞察天下的进程及其命运。这就是珀律比俄斯笔下的普遍历史的意蕴。

《罗马兴志》有三次大规模离题叙述，分别是第六卷"论罗马政制",第十二卷"论前代史家",第三十四卷"论天下地理"。这三卷某种程度上都致力于确立普遍历史这种新史书范式。第六卷"论罗马政制"既致力于解释罗马困厄于坎尼之败后何以反败为胜,又致力于解释天下兴衰的原因。第十二卷"论前代史家"主要批评前辈史家,意在为自己的新史书范式辩护。第三十四卷"论天下地理",可谓对天下的客观描述,从空间视角确立天下的范围。

换言之,珀律比俄斯的普遍历史叙述既模仿罗马崛起的宏大进程,又作为一种智识手法,把整个天下打造成智识的一个沉思对象,从而为后世史家把握天下的现在和未来提供了一种智识范例。

三

可惜,这样一部伟大的史书竟没有完整流传下来。罗马帝国存续期间,《罗马兴志》也存续不绝。公元5世纪,佐西穆斯(Zosimus)作《罗马新史》(*Historia Nova*)时尚能读到《罗马兴志》全本。西罗马帝国灭亡后,欧洲西部已不见《罗马兴志》。公元10世纪,东罗马帝国皇帝君士坦丁七世珀斐洛根尼图斯(Porphyrogennetos [905—959年],912—959年在位)发起所谓的拜占庭文艺复兴,下令大规模抄录古书,用作施政指南,《罗马兴志》属于被抄录的对象。这次大规模抄录之后,《罗马兴志》全书逐渐佚失。

15世纪初,东罗马帝国风雨飘摇,不少学者避难于意大利,将《罗马兴志》残篇带到西欧。目前全书仅前五卷完整存世,其他皆是残篇,或长或短,有的卷甚至完全佚失,如第十七卷、第十九卷、第二十六卷、第三十四卷、第三十七卷、第四十卷。

《罗马兴志》的抄件繁多,有兴趣的研究者可阅读莫尔(John M. Moore)于1965年出版的《珀律比俄斯的版本传统》(*The*

Manuscription Tradition of Polybius）一书，考证甚详。现代西方古典学学者参照其他传世文献，广引古代其他作家或引用或转述《罗马兴志》的内容，重建了残篇部分。1882年，韦伯斯特（Buttner-Wobst）开始出版校勘本 *Polybii Historiae*，其中以拉丁文注释，共五册，至1904年出版完。韦伯斯特的校勘本是公认最权威的校勘本，后续的其他语种译本皆以这个版本为底本，其中当属沃尔班克（F. W. Walbank）三卷评注本最翔实。

《罗马兴志》重返西欧后，各种译本层出不穷，拉丁语、意大利语、法语、德语、英语译本皆有，不过相当长时间没有全译本。自韦伯斯特（Buttner-Wobst）的权威校勘本面世后，第一个全译本是帕顿（W. R. Paton）的Loeb版，于1922年面世，但是，这个译本问题不少。1979年，企鹅书系推出斯科特（Ian Scott-Kilvert）的节译本。鉴于牛津版全译本迟迟不出，沃尔班克基于自己的评注，联合珀律比俄斯的另一位权威研究者哈比希特（Christian Habicht）修订了帕顿的译本，该修订本于2010年陆续面世。笔者的译本就主要参照经沃尔班克和哈比希特修订过的Loeb版。同年，瓦特菲尔德（Robin Waterfield）翻译、麦克金（Brian McGing）作注的牛津版节译本出版，这个译本包括前六卷和第十二卷，也是笔者翻译时的主要参考。

翻译《罗马兴志》的缘起是，笔者攻读博士学位时，以珀律比俄斯为研究对象。鉴于当时国内并无《罗马兴志》的全译本，笔者依照沃尔班克和哈比希特修订的Loeb版和牛津版节译本译出初稿。博士毕业后，笔者参照沃尔班克的三卷评注本和Loeb版希腊文修订了译文，以确保译文的准确性。因此，这个译本并非完全依照希腊文译出。不过，笔者为重要的术语附上了希腊文原文，供有需要的读者思索。鉴于《罗马兴志》的重要性，望更有学力的年轻学人后续推出真正译自珀律比俄斯希腊文的译本。

四

《罗马兴志》共40卷,第十七卷、第十九卷、第二十六卷、第三十四卷、第三十七卷、第四十卷完全佚失。现代西方古典学学者辑采其他传世文献中或引用或转述《罗马兴志》的段落,补入完全佚失的卷内。例如第十九卷只有两条内容:

[1]珀律比俄斯说,在马尔库斯·波尔基乌斯·加图(Marcus Porcius Cato)指挥下,拜提斯(Baetis)河北侧的诸多城市的城墙一天之内被夷为平地。这些城的数目众多,每城皆布满壮丁。(普鲁塔克,《马尔库斯·加图传》,10;对照李维,《罗马史》,34.17.11)

[2]汉尼拔曾在战争中俘获巨量俘虏,然后将之卖掉,因为他们的亲属付不起赎金。珀律比俄斯可证明赎回俘虏所需金额之大,他说阿凯亚人赎买俘虏花费100塔兰同,因为他们需为每个俘虏付给以前的主人500第纳尔作为补偿。(李维,《罗马史》,34.50.5-6)

凡是辑采自其他作家的段落,段尾皆用"( )"标明其文献来源。例如"(李维,《罗马史》,34.50.5-6)"就表示这段话辑采自李维。不过,第十七卷和第四十卷没有任何内容可供辑采。为体现全书结构的完整性,目录和正文皆列有第十七卷和第四十卷,标明"完全佚失"。

译本的注释有两大类:第一,疏通历史背景,此类注释辑采自Loeb版、沃尔班克评注本和牛津版节译本,还有部分是笔者自加;第二,补充同时期中国的历史事件,以便读者阅读《罗马兴志》时心中不忘古代中国这个天下大一统帝国,此类注释或引自

《史记》，或引自《汉书》。毕竟，我们当今的天下视野不仅要比珀律比俄斯和司马迁在空间上宏大得多，而且普遍历史仍在向前运动，或者说亚欧大陆东西两个天下的碰撞和较量并未结束。

笔者还制作有两个附录：第一个是全书框架梗概；第二个是亚历山大大帝驾崩后，希腊化王国之间的争斗史和谱系史。珀律比俄斯在书中大量叙述到各希腊化王国之间的恩怨，对亚历山大大帝驾崩后希腊化王国的谱系以及它们之间的争斗有一宏观把握，有助于理解《罗马兴志》。

笔者虽殚精竭虑，但错误之处肯定不少，恳请读者方家不吝指教，以便将来改正。

第一卷

［1］^① 如果往昔的编年史家们忽略了赞美探史本身（ὑπὲρ αὐτῆς τῆς ἱστορίας），那么，在我看来，兴许有必要鼓励每个人选择这种探究，接纳眼下这份论述（ὑπομνημάτων），因为，对校正世人的行为来说，最好的方法莫过于关于过去事件的知识。但是，可以毫无例外地说，所有史家在其著作中都绝非半心半意，而是从始至终都赞美探史，他们宣称：不仅就政治事务而言，最真实的教育和训练是学习历史，而且就培育高贵地忍受机运之无常（τὰς τῆς τύχης μεταβολὰς）的能力而言，最好且唯一的教师就是关于别人命运反转（περιπετειῶν）的叙述。

显然，没有谁会认为应当赘述那些被优雅地经久传诵之事，至少我不这么认为。因此，我选择记述的事件极不寻常、令人难以置信（τὸ παράδοξον），足以吸引和激励每个人——不管是年轻人还是老年人——阅读我这部史书。毕竟，有谁会如此愚蠢或懒惰，竟然不想弄懂罗马人如何、凭借何种政制（τίνι γένει πολιτείας），在不到53年的时间里，成功地让几乎整个天下（σχεδὸν ἅπαντα τὰ κατὰ τὴν οἰκουμένην）屈服于他们的独一统治（μίαν ἀρχήν）？——这是前无古人的伟业。再者，谁会狂热地认为搞懂别的奇事或学问要比获得这件事的知识（ἐμπειρίας）更有益？

［2］我计划沉思的主题异乎寻常、宏大壮阔，只有将过去

---

① 方括号中的数字是原文段落编码。

那些最著名的帝国（$\delta\upsilon\nu\alpha\sigma\tau\varepsilon\iota\tilde{\omega}\nu$）——它们是史家们最关注的对象——与罗马人的霸业（$\dot{\upsilon}\pi\varepsilon\varrho o\chi\dot{\eta}\nu$）进行比较，才会最清晰地显现出来。那些值得拿来与罗马人比较的是下述帝国。波斯人在过去的某个时期，曾统治过广袤的领土，拥有过一个庞大的帝国，但是，每当跨越亚洲的边界，他们就会处于危险之中，不仅他们的帝国统治岌岌可危，而且他们自身也陷入险境。拉克岱蒙人经过多年争夺，终于取得支配希腊的领导权（$\dot{\eta}\gamma\varepsilon\mu o\nu\iota\alpha\varsigma$），但仅仅平稳统治12年。马其顿人在欧洲统治的领土从亚得里亚海直达多瑙河——你们兴许认为这片土地不过是欧洲大陆上一个无足轻重的地区，后来，他们通过摧毁波斯人的帝国，又赢得对亚洲的统治权（$\dot{\alpha}\varrho\chi\dot{\eta}\nu$）。

尽管马其顿人的帝国被看作有史以来在地理和政治上最大的帝国，但是，天下（$\tau\tilde{\eta}\varsigma\ o\iota\kappa o\upsilon\mu\acute{\varepsilon}\nu\eta\varsigma$）的大部分地区那时仍掌握在别的邦国手中。因为，他们从未尝试夺取西西里岛、撒丁岛或利比亚，坦率地说，他们根本不知道欧洲西部那些极为好战民族的存在。然而，罗马人不是统治天下的某几个部分，而是让几乎整个天下受他们统治。[他们的帝国如此巨大，以至不仅今天的人无法抵抗它，而且未来也没有谁能战胜它。在我的这部史书中，读者可以更清楚地看到罗马人为何能胜过之前的帝国；]① 同样地，好学者（$\varphi\iota\lambda o\mu\alpha\vartheta o\tilde{\upsilon}\sigma\iota\nu$）也会明白，阅读我的这部见诸行事的史书（$\dot{o}\ \tau\tilde{\eta}\varsigma\ \pi\varrho\alpha\gamma\mu\alpha\tau\iota\kappa\tilde{\eta}\varsigma\ \iota\sigma\tau o\varrho\iota\alpha\varsigma\ \tau\varrho\acute{o}\pi o\varsigma$），② 能获得多么大的益处。

---

① 这里的希腊文原文有缺失，中译（方括号中内容）依据瓦特菲尔德的英译本译出，见Polybius: *The Histories*, Translated by Robin Waterfield, Oxford University Press, 2010，页4。关于缺失句子的重建，参F.W. Walbank, *A Historical Commentary on Polybius*, Vol. I on Books I–VI, Oxford: Clarendon Press, 1957，页41。[译按] 本书注释辑采自英译本的以[英译注] 标出，未标出的为中译者所加。

② 这个词指纯粹的政治军事叙述，没有说教的意味。

[3] 我这部史书的开端，从时间来说是第140个奥林匹亚年（公元前220—前217年）；从事件来说，是在希腊爆发的所谓的同盟战争，这是马其顿国王腓力五世（Philip V）打的第一场战争，他是德米特里乌斯二世（Demetrius II）之子、珀尔修斯（Perseus）之父，他在这场战争中与阿凯亚人（Achaeans）结盟打败埃托利亚人（Aetolians）；在亚洲，安提俄库斯三世（Antiochus III）和"爱父者"托勒密四世（Ptolemy IV Philopator）之间爆发争夺科勒-叙利亚（Coele-Syria）①地区的战争；在意大利和利比亚，爆发罗马人与迦太基人之间的战争，即众所周知的汉尼拔战争。这些事件紧接着希库温的阿拉图斯（Aratus of Sicyon）②在其著作结尾所叙述的那些事件。在这之前，天下事务（τὰς τῆς οἰκουμένης πράξεις）互不相关，因为每一事件从发生到结束，以及它们所发生的地区，皆互不相关。但是，从上述时机（τῶν καιρῶν）之后，历史（τὴν ἱστορίαν）成为有机的整体（σωματοειδῆ）。意大利和利比亚发生的事件与希腊和亚洲发生的事件互相关联，所有事件最终趋向一个单一结果（τέλος）。这就是我将那个时刻当作我叙述天下事务的开端的原因。罗马人在汉尼拔战争中战胜迦太基人后，就认为他们已经完成征服世界（τὴν τῶν ὅλων ἐπιβαλήν）中最重要、最艰难的部分，这使他们首次有胆量攫取剩余的地

---

① 科勒-叙利亚的希腊文是空心叙利亚的意思，所指的主要地区是黎巴嫩山脉和前黎巴嫩山脉之间的谷地，希腊人称之为贝卡谷（Bekaa），科勒-叙利亚所指的地区还经常扩展到包括犹太地区在内的整个地区。塞琉古王朝和托勒密王朝为争夺此地，断断续续进行过长达一个世纪的战争。

② 阿拉图斯（公元前271—前213年），著有《回忆录》（*Memoirs*），该书至少有三十卷，叙述了公元前220年之前希腊的一段历史，今已不存。阿拉图斯是阿凯亚联盟著名的政治家之一，主要功绩是成立和壮大阿凯亚联盟，珀律比俄斯后文会多次提及他。珀律比俄斯这里提及阿拉图斯是延续西方古典史学的续写传统，比如色诺芬续写修昔底德，波塞冬尼乌斯（Poseidonius）续写珀律比俄斯，阿米安努斯（Ammianus Marcellinus）续写塔西佗。

区——率领军队渡海进入希腊和亚洲。

我们如果熟悉这两个争夺世界统治（τῆς τῶν ὅλων ἀρχῆς）的政治体（τὰ πολιτεύματα），我认为，就没有必要叙述它们之前的历史，无需描述它们在追求这项伟业时的抱负和物力（προθέσεως ἢ δυνάμεως）。但是，由于大多数希腊人不熟悉罗马和迦太基政治体之前的历史，因此我认为，有必要把这一卷和下一卷当作这部史书的导言，[9]目的在于不让任何一位读者，在阅读我的这部史书时，不得不停下来探究罗马人的抱负是什么，或想知道罗马人在追求这项事业时有多少军力、有何种资源，正是这些东西让罗马人成为大地和海洋的主人。通过这两卷，我希望读者能够明白，罗马人谋划世界统治和帝国（τῆς τῶν ὅλων ἀρχῆς καὶ δυναστείας）的抱负有合乎情理的理由，他们也有充分的手段实现这个抱负。

[4]赋予我这部史书独特性和我们这个时代卓越性的东西是下面这一点：机运（ἡ τύχη）将天下的几乎所有事务引导到同一个方向，强迫它们朝向同一个目标（σκοπόν）；一位史家也应当受单一总体视角引导，为读者呈现机运凭何种手段让天下事务趋向这一目标。事实上，正是这一点鼓舞我写作这部史书；此外，在我们的时代，没有人试图写一部包含所有事件的史书（τῇ τῶν καθόλου πραγμάτων συντάξει），①否则我没有必要汲汲于这项事业。相反，我看到大多数史家仅仅关注个别战争和与之相关的某些事件，没有一位史家试图从整体上探究这些事件的普遍联系，或探究所有事件的整个过程从何时开始、为何开始，以及如何趋于最终的目标。

因此，我认为，绝不应该忽视和遗忘机运实现的这项最宏

---

① 英译者一般将这个词组译作 a general history（Loeb 版）或 a universal history（Waterfield 版），亦即所谓普遍史。这个词组的字面意思是"一部包含所有事件的纪事"。

伟的事业，对它进行沉思会让我们获益良多。尽管机运不断更新人世，令人世的生活始终动荡不已，但它从未达成我们时代的这种奇观，从未实现我们时代的这种伟业。叙述个别事件的史书不可能洞察这一壮阔的历程，正如有人认为通过逐个访问分散在各处的著名城邦，就能知晓整个天下的形状（τὸ τῆς ὅλης οἰκουμένης σχῆμα）及其形态和秩序（τὴν σύμπασαν θέσιν καὶ τάξιν）——这绝对不可能。

那些相信通过研究个别事件就可以公正地把握整体状况的人，在我看来，如同看过曾经活生生且俊美的身体被解剖后的不同部分，就以为已瞥见这身体生前的活力和俊美的人。假若有人将这身体的各部分完整地拼在一起，恢复它的活力和灵魂的美好，然后把它拿给上面那个人看，我想，他会立即承认，他的看法离真实很远，更像是在做梦。毕竟，通过部分尽管能获知整体的（τῶν ὅλων）印象（ἔννοιαν），但是绝不能获得对整体的准确知识（ἐπιστήμην）和认识（γνώμην）。因此，通过个别史的探究（τὴν κατὰ μέρος ἱστορίαν）来把握整体，所获得的见识非常少，也不可信赖。相反，只能将各个事件结合起来进行比较，考察其相似性和差异——只有这种整体上的概观才能让一个人从历史探究中获得益处和愉悦（τὸ χρήσιμον καὶ τὸ τερπνὸν）。

[5] 在本卷中，我将以罗马人第一次离开意大利进行跨海征伐为开端。这件事紧接着蒂迈俄斯（Timaeus）史书的结尾，发生于第129个奥林匹亚年（公元前264—前261年）开始之时。[①] 因此，我们必须首先叙述罗马人如何、何时在意大利确立他们的地位，以及是什么驱使他们跨海争夺西西里——这是他们首次踏足意大利之外的土地。我会直接说出罗马人这次跨海的原因

---

① 蒂迈俄斯名为《史记》（Histories）的史书结束于公元前289年，标志性事件是叙拉古僭主阿加托克勒斯（Agathocles）去世，但蒂迈俄斯随后又补充叙述了皮鲁士（Pyrrhus）入侵意大利的历史。

[而不进行阐释], 否则我就需要不断向前追溯, 那样我的整部作品就没有一个确切的开端, 从而缺乏章法。开端必须是一个毫无争议、众所周知的时刻, 这个时刻所指涉的事件是自明的, 能经得住人们的审验, 即便这会让我从开端回溯一小段时间, 概述期间发生的事情。假如这个开端所指涉的事件不为人所知或存在争议, 那么接下来的叙述就不能被读者接受和信服。但是, 如果开端始于何时得到读者的一致同意, 读者就会欣然聆听接下来的整个叙述。

[6] 羊河之战（battle of Aegospotami）后的第19年、琉克特拉之战（battle of Leuctra）前的第16年，[①] 也即斯巴达与波斯国王签订著名的安塔尔基达斯和约（the peace of Antalcidas）那一年。[②] 这一年, 老狄奥尼修斯（Dionysius the Elder）在俄勒溏洛斯河（Elleporos）之战中击败意大利的希腊人之后, 正在围攻雷吉姆（Rhegium）。[③] 这一年, 高卢人通过袭击攻占罗马, 占据除卡皮托山之外的整座城市。罗马人与高卢人签订令后者

---

① 这一年是公元前387年, 即第98个奥林匹亚年的第二年。珀律比俄斯提到标志性事件意在让希腊人、罗马人都清楚他所指的年份。安塔尔基达斯和约实际上是在公元前386年春季签署, 琉克特拉之战是在公元前371年7月进行, 羊河之战于公元前405年夏末进行。

② 斯巴达与雅典、忒拜、阿尔戈斯、科林多盟邦的战争在公元前387年结束, 波斯高官提里巴祖思（Tiribazus）受皇帝之命, 把交战双方召集到萨尔迪斯, 使其接受和约的条款。条款规定: 亚洲大陆、塞浦路斯岛和卡拉左门涅（Clazomene）归波斯王, 利姆诺斯、伊姆布洛斯（Imbros）、斯库洛斯（Scyros）三岛归雅典, 其他所有希腊城邦独立; 波斯王在签署国帮助下, 有权惩罚任何违背和约的邦国。

③ 老狄奥尼修斯（公元前430—前367年）, 叙拉古僭主。公元前396年, 老狄奥尼修斯击败迦太基, 公元前389年渡海登陆意大利, 在俄勒溏洛斯河附近击败一位叙拉古流放者赫洛里斯（Heroris）率领的意大利人组成的大军。雷吉姆抵抗老狄奥尼修斯长达一年（公元前387年）, 此城陷落时, 城中居民遭到残酷对待。

满意的条约之后,奇迹般地重建家园,从此踏上扩张之路,在接下来的数年里,不断对邻族发动战争。①凭借勇猛和战争的好运征服所有拉丁人后(公元前338年),②他们首先攻击埃特鲁斯坎人(Etrusans),然后打击凯尔特人,③最后击败萨莫奈人(Samnites)——萨莫奈人的土地与拉丁姆地区相接,位于拉丁姆的北部和东部。④

数年后,塔兰托人(Tarentines)因侮辱罗马使节,害怕遭到罗马人的报复,请求皮鲁士干涉。⑤这件事发生在高卢人入侵希腊,在德尔斐被击败,跨海到亚洲的前一年。⑥之前,罗马人已令埃特鲁斯坎人和萨莫奈人臣服,在多次战役中击败意大利北部的凯尔特人。现在,罗马人首次攻击意大利的剩余部分,根本不把

---

① [英译注] 条件是罗马人支付重达1000磅的黄金,见李维,《罗马史》,5.48;也有作者说重达2000磅。

② 高卢人入侵后,拉丁同盟开始分裂,提布尔(Tibur)和普莱奈斯特(Praeneste)两城试图组建独立的联盟,脱离拉丁同盟的城市召来沃尔西人(Volsci)、赫尔尼西人(Hernici)和高卢雇佣军。公元前358年,罗马重建拉丁同盟,公元前354年,最后一个拉丁城镇屈服,放弃反抗罗马。公元前338年,经历拉丁同盟的再次反叛后,罗马解散拉丁同盟,留下少数独立城镇,将其他城镇并入罗马。

③ [英译注] 高卢人攻陷罗马后,罗马人对凯尔特人的打击持续了一个世纪。公元前284年,罗马人与属于凯尔特人的博伊(Boii)部落签订条约。

④ [英译注] 罗马人与萨莫奈人之间的战争始于公元前327年。

⑤ 公元前282年,为帮助图里(Thurii)城应对卢卡尼亚人(Lucanians),罗马派10艘船出现在塔兰托。塔兰托击沉四艘,扣押一艘,然后将罗马守军从图里城赶走。罗马派去交涉的使节遭到塔兰托羞辱。公元前281年,罗马执政官巴尔布拉(L. Aemilius Barbula)率军讨伐塔兰托,塔兰托人随即请求皮鲁士援助,后者于公元前280年率25000人渡海登陆意大利。

⑥ 高卢人入侵希腊,在德尔斐被击败,此事发生于公元前279年。在珀律比俄斯看来,此事是希腊历史中的关键时刻。

那些地区视作外邦人的土地，仿佛那理应属于他们。①与萨莫奈人和凯尔特人的战争，让罗马人成为真正的战争技艺大师。他们与皮鲁士勇猛作战，最后迫使这位国王和他的军队逃离意大利，②然后继续打击和征服那些曾站在皮鲁士一边的城邦。罗马人克服重重困难，令人难以置信地战胜所有敌人，令除凯尔特人之外的所有意大利居民臣服于他们，现在开始围攻一群罗马人占据的雷吉姆城。

[7] 原因如下。同样的事情碰巧降临到海峡两侧的两座城市身上——墨西拿（Messene）和雷吉姆。在阿加托克勒斯③（Agathocles）手下服务的一群坎帕尼亚（Campanians）雇佣兵，一直觊觎墨西拿城的壮美和繁荣。在我正在谈论的这件事之前不久，这群坎帕尼亚人用背信弃义的手段趁机占领墨西拿。他们由于被墨西拿人视作朋友，所以有机会进入城中，然后立即或放逐或杀死公民，夺占被放逐者的妻子，霸占他们的家产，每个人都遭受了暴行发生时机运分配给他的不幸。接着，这群坎帕尼亚人瓜分所有土地和财产。

轻而易举地占据这样一座美妙的城市及其土地后不久，这群坎帕尼亚人发现，有人模仿他们的行动。皮鲁士率军跨海到意

---

① 皮鲁士战争让罗马人开始设想征服整个意大利，正如汉尼拔战争让罗马人萌发征服天下的野心。这是珀律比俄斯对罗马对外征服的解释，与罗马人自己的解释不同，罗马人认为他们所有的扩张皆是出于自卫。

② 从公元前278年秋到公元前275年春，皮鲁士在西西里与迦太基人作战。待他返回意大利，他近乎枯竭的兵力被罗马人击败于帕埃斯图姆（Paestum）城附近。公元前275年秋，皮鲁士率领剩余8500人退回伊庇鲁斯。自公元前270年起，罗马已征服除山南高卢外的意大利全境。

③ 阿加托克勒斯（公元前361—前289年），公元前317至公元前289年是叙拉古僭主，公元前304年起，获国王头衔。阿加托克勒斯于公元前315至公元前312年利用坎帕尼亚雇佣兵占据墨西拿。这群雇佣兵本来答应在阿加托克勒斯去世后离开西西里，但是他们在他死后，于公元前288至公元前283年间窃取了墨西拿。

大利时，雷吉姆人害怕遭到他的攻击，又恐惧控制海洋的迦太基人，遂向罗马人请求派一支守军。① 这支守军有4000人，由一位名叫德基乌斯（Decius Vibellius）② 的坎帕尼亚人统领，按时抵达雷吉姆。这支守军遵守信义、保卫雷吉姆一段时间，最后由于垂涎这座位置优越、繁荣富足的城市，渴望效仿战神之子（Μαμερτίνους），③ 与后者结成盟友，背叛了与雷吉姆人的约定。像对岸的坎帕尼亚人曾做的那样，这支守军放逐或杀死雷吉姆公民，霸占了雷吉姆。

罗马人对雷吉姆守军的行为非常愤怒，但他们当时什么也没做，因为那时他们正忙于我前面提到的战争。但是，他们腾出手后，立即捕获罪魁祸首，开始围攻雷吉姆，如我前文所述。大多数守军不顾一切拼死抵抗，在战斗中被杀，因为他们知道，一旦城市被攻陷，等待他们的下场是什么，但依然有300人被俘。这些俘虏被押送罗马，执政官依照罗马人的习俗，命令他们前往广场，他们在那里先被鞭笞，接着被砍头。罗马人施行这种惩罚的意图是尽可能恢复他们在盟友中的声誉。然后，罗马人立即将雷吉姆城及其土地奉还雷吉姆人。④

---

① ［英译注］珀律比俄斯提到这支罗马守军派驻雷吉姆是为防卫皮鲁士，表明派驻时间是公元前280年。但是，哈利卡纳苏斯的狄奥尼修斯（20.4）说，这支守军的派驻日期是公元前282年，意在防卫卢卡尼亚人和塔兰托人。这一说法可能是正确的。事实上，当时，一个希腊城市不可能要求罗马派驻守军抵御皮鲁士。

② ［英译注］坎帕尼亚一个显贵家族的成员，李维（《罗马史》28.28.4）称他是一个军事保民官。

③ Μαμερτίνους，那群坎帕尼亚雇佣兵霸占墨西拿后，取了这个诨名。

④ ［英译注］罗马剿灭雷吉姆叛乱的时间是公元前270年，由当年的执政官布拉西奥斯（Cornelius Blasio）领导。证据表明，直到这支守军夺取克罗顿（Croton，佐纳拉斯8.6）、袭扰考罗尼亚（Caulonia，泡萨尼阿斯《希腊志》6.3.12）时，罗马人才以背信弃义的名义惩罚了这支守军。

[8]战神之子们只要与占据雷吉姆的那群罗马人维持联盟，就不仅足以安全地控制墨西拿及其土地，而且可以袭扰迦太基人和叙拉古人控制的邻近土地，还可以向西西里的很多城邦征税。①然而，当占据雷吉姆的那支罗马守军遭到罗马人的围攻，战神之子们便丧失这种支持，这次轮到他们被叙拉古人驱赶，躲入墨西拿城中。详情如下。

几年前，叙拉古军队与城邦当局爆发过一次冲突。然后，叙拉古军队受命驻扎于曼加涅（Mergane）。军队内部推举出两名将军：阿尔忒弥多罗斯（Artemidorus）和希耶罗（Hiero），后者后来成为叙拉古的国王。②希耶罗当时很年轻，但拥有王者之才和政治治理的天赋。接受指挥权后，希耶罗凭借部分亲属的帮助，获准进入叙拉古，迅速制服政敌。希耶罗对城邦的治理如此温和、如此宽宏大量，以至叙拉古人尽管不愿认可军队推举自己的长官，还是一致同意让他成为叙拉古的将军。从他最初的谋划中，任何有判断力的人都能看出，希耶罗的野心绝非只限于将军之位。

[9]希耶罗注意到，叙拉古人每次派将军率军队外出征战，

---

① 公元前270年，即雷吉姆的罗马守军遭到罗马惩罚那一年，迦太基控制了西西里西部和中部，墨西拿的战神之子控制了东北部和西到哈拉萨（Halaesa）的地区，叙拉古控制了西西里东部海岸和直达阿吉里翁（Agyrium）的内陆地区。

② [英译注]珀律比俄斯在这里插入一段希耶罗二世崛起的离题叙述。不过，希耶罗二世统治早期的编年史很难搞清楚。依照珀律比俄斯的说法，希耶罗二世于公元前215年去世，任国王长达54年，他从朗伽诺斯河之战后被推举为国王，那么朗伽诺斯河之战的时间应是公元前270年。另一方面，珀律比俄斯又明确说，朗伽诺斯河之战发生于墨西拿的战神之子派使节求助罗马之时。西西里的狄俄多儒斯（Diodorus）也提到，朗伽诺斯河之战发生于战神之子派使节求助罗马之时，因此希耶罗二世统治早期的编年史很含混。

城内总是发生争权之乱,引发持续的政局动荡。他看到勒珀提涅斯(Leptines)追随者众多,①比邦内任何人都有威信,尤其在普通民众中拥有很高声望,就与勒珀提涅斯联姻。这样,当他率军出征时,他就可以让勒珀提涅斯留在城内作为预备力量。于是,希耶罗迎娶勒珀提涅斯之女。同时,他发现那些经验丰富的雇佣兵愤愤不平,可能引发骚乱,他率军佯装进攻那群占据墨西拿的坎帕尼亚人。希耶罗在森图里帕(Centuripa)扎营,沿着库阿玛索罗斯河(Cyamosorus)列阵。他把叙拉古人组成的骑兵和步兵部署在战阵远处,由他亲自指挥,仿佛他打算从不同的方向攻击敌人,却命令雇佣兵部队直面那群坎帕尼亚人,结果雇佣兵被杀得片甲不留。

雇佣兵被打垮后,希耶罗率公民部队安全撤回叙拉古。成功达到目的,清洗掉军队中不安定和易引发骚乱的因素后,希耶罗亲自招募了一支数量可观的雇佣军,自此以后继续安全地统治叙拉古。希耶罗注意到,战神之子们由于这次胜利,公然肆无忌惮地挑衅他,他迅速武装和训练公民军团,率军在朗伽诺斯河(Longanus)附近的穆莱(Mylae)平原与敌人交战,彻底击败他们,俘虏敌人的不少高级头目。这次胜利终结了战神之子们的对外侵略,②希耶罗返回叙拉古后,立即被所有盟友拥戴为王。

[10] 如前文所述,战神之子们之前已失去雷吉姆的支持,

---

① 希耶罗二世的妻子名叫斐利斯提斯(Philistis),表明勒珀提涅斯是史家斐利斯图斯(Philistus,珀律比俄斯在卷十二会提到这位史家)的后代。斐利斯图斯曾为僭主狄奥尼修斯父子服务,并娶了老狄奥尼修斯的兄弟勒珀提涅斯之女。珀律比俄斯此处提及的勒珀提涅斯可能就是这次婚姻的结果。这样看来,希耶罗二世与狄奥尼修斯家族有关联。

② 战事的失败与外交失败接踵而至。当时迦太基将领汉尼拔驻扎在里帕拉岛,汉尼拔庆祝希耶罗取得胜利后,立即接受战神之子的邀请,派将军汉诺率军进驻墨西拿卫城。

现在又在自己的战事中遭受完败，原因我刚刚已经说过。他们中的一些人向迦太基人求助，提议把他们自己和墨西拿卫城交给迦太基人；另外一些人派使节到罗马，主动提出愿交出墨西拿城，请求罗马人凭他们之间的亲缘关系帮助他们。罗马人犹豫了很长一段时间，因为帮助战神之子们显然不正义。不久之前，罗马人还因为雷吉姆守军背叛民众，严厉惩罚了自己的同胞，现在要是帮助不仅在墨西拿犯有罪行，而且对雷吉姆的罪行难辞其咎的战神之子们，明显是无法开脱的不义之举。

尽管充分意识到这一点，但是看到迦太基人不仅已征服利比亚，而且已占据伊比利亚的大部分地区，又控制着撒丁尼亚海和第勒尼安海中的所有岛屿，罗马人非常恐惧。迦太基人如果成为西西里的主人，就将从各个方向包围他们，进而威胁意大利各处，成为他们最麻烦、最危险的邻居。如果战神之子们得不到援助，迦太基人无疑很快就会征服西西里；墨西拿一旦落入迦太基人之手，他们也会很快征服叙拉古，因为迦太基人一旦得到墨西拿，就将是西西里岛上除叙拉古之外的绝对主人。预见到这种前景，罗马人相信，援助墨西拿实乃必然（ἀναγκαῖον）所迫，绝不能让迦太基人几乎架座桥就可入侵意大利。①

[11] 罗马人为此事辩论了很长时间。考虑到援助战神之子们的不义性与援助墨西拿可获得的益处同样重要，罗马元老院最终没有批准援助墨西拿的提议，但是平民们投票赞成这项提议。尽管平民们已被最近的战争耗尽一切，急需得到全方位的休养，却仍然被执政官说服。执政官不仅向他们指出我前面提及的援助墨西拿能给罗马带来的整体益处，还着重强调战争中劫掠的巨大好处，显然每个人都会从中获益。因此，平民支持援助墨西拿。平民大会通过援助墨西拿的决议，任命执政官阿庇乌斯·克劳狄

---

① 墨西拿海峡最窄处仅3.2公里。

乌斯（Appius Claudius）①为统帅，后者受命跨海援助墨西拿。

墨西拿城内的战神之子，通过恐吓和计谋，驱逐那时已进驻卫城的迦太基将军，②然后邀请阿庇乌斯进入，准备把城市交给他。迦太基人认为那位被逐的将军缺乏判断力和勇气，因而导致丢掉了墨西拿卫城，将他钉上十字架处死。接着，迦太基人令舰队停靠在珀勒利亚斯海角（Cape Pelorias）③附近，令陆军在苏内斯（Sunes）④扎营，从而形成围攻墨西拿之势。希耶罗认为，此时是把盘踞墨西拿的外邦人彻底逐出西西里的绝佳时机，就与迦太基人结盟，率领他的军队离开叙拉古，朝墨西拿进军。希耶罗在靠近卡尔基斯山（Chalcidian）处的墨西拿城南部扎营。这条离开墨西拿的通道被希耶罗切断。与此同时，罗马执政官阿庇乌斯率军冒着风险乘夜横渡海峡，进入墨西拿。

发现敌人已从各个方向包围墨西拿，阿庇乌斯认为，若是他在城中受到围攻，既不光荣也极危险，因为敌人已经控制海洋和陆地。他首先与迦太基人和叙拉古人进行接洽，意图将战神之子从战争中解救出来。但是，迦太基人和叙拉古人没有理会他，他决定冒险一战，首先攻击叙拉古人。阿庇乌斯率军出城，列好战阵，叙拉古国王希耶罗同意应战。战斗进行了很长时间，最后阿庇乌斯获胜，将

---

① 公元前264年的罗马执政官，他的同僚执政官是福尔维乌斯·弗拉库斯（M. Fulvius Flaccus）。

秦统一中国的真正起点大约也是此时。秦昭襄王三十九年（公元前268年），魏国人范雎以"远交近攻"之略用事于秦，提出欲霸中国，必先取韩魏两国。秦昭襄王四十一年（公元前266年），范雎任秦国丞相，获封应侯。秦先取韩魏再霸中国的大业正式拉开序幕。该年，秦攻取魏国邢丘（今河南温县东）。秦昭襄王四十三年（公元前264年），白起攻韩，取汾陉（今河南襄城县东北），斩首五万。参《史记·秦本纪》，北京：中华书局，2011，页213。

② 前文注释提到，这位迦太基将军名叫汉诺（Hanno）。
③ 位于墨西拿东北12公里处，现今的法罗角。
④ 位于墨西拿城北方向。

敌人赶回营地。劫掠死者后,阿庇乌斯率军返回墨西拿。希耶罗预见到这次战争的结局,在夜幕降临后立即率军返回叙拉古。

[12] 第二天,阿庇乌斯获悉希耶罗已经撤走,颇受鼓舞,决定立刻攻击迦太基人。① 他命令部队及时做好准备,天一亮就出发。在随后的战斗中,罗马人砍杀众多敌人,迫使幸存的迦太基人仓皇逃往邻近的城市。凭借这些胜利成功解除墨西拿之围后,阿庇乌斯大胆进军,蹂躏叙拉古及其盟友的土地,没有遇到任何挑战。最后,他陈兵叙拉古城下,开始围困这座城市。

这是罗马军队第一次跨海离开意大利,我已经解释其缘由。我把这个时刻当作我这部史书的最佳开端,并严肃对待它。但是,为使我对原因的解释透彻明晰,我向前回溯了一段时间。在我看来,想要恰切理解罗马霸业的读者,必然需要搞清楚罗马人从高卢人施加的灾难中恢复后,如何以及何时开始不断取得更大的成功;征服意大利后,如何以及何时开始海外征服。因此,如果我在后面的叙述中,偶尔提及那些最著名邦国的早期历史,请不要惊讶。我这样做能提供一个恰切的起点,有助于读者理解那些邦国在何种条件下、何时、如何获得当时的权势地位。这正是我刚才对罗马所做的。

[13] 简短论述过作为导言的前两卷所涉事件的要旨后,现在言归正传,回到我在前两卷中打算叙述的主题。依照发生的次序,首先是罗马人与迦太基人争夺西西里的战争,然后是在利比亚的战争,再是迦太基人在哈米尔卡(Hamilcar)统领下——后来是在哈斯德鲁巴(Hasdrubal)统领下——在伊比利亚取得的成就。迦太基人开拓伊比利亚的同一时期,罗马人第一次率军跨海征伐伊利里亚(Illyria)以及欧洲的这部分地区,然后是他们与意大利的凯尔特人的战事。罗马人征讨凯尔特人的同一时期,在

---

① 依照上下文,这里似乎是罗马人与迦太基人战争的开端,实际上阿庇乌斯·克劳狄乌斯渡海时,已遭到迦太基人的攻击,珀律比俄斯下文有提到,见1.20(此处的"1.20"指《罗马兴志》原稿第一卷第20段,"20"即本书正文"[ ]"中的数字,后同)。

希腊进行的是所谓的科勒奥门涅斯战争（Cleomenic War）。至此，我将结束整个导言和第二卷。

事无巨细地叙述上述事件，既无必要，对读者也没有益处。我的意图不是探究它们，而是概述它们，将之作为我真正打算叙述的历史的导引。通过以恰当的顺序概述这些事件，我希望将导言的结尾与我真正打算叙述的历史的开端连接起来。这样，整个叙述就会连贯，不会有突兀的中断；从中也可以看出，我有充分的理由谈及其他史家已经探究过的事件；这种安排也将易于读者理解我接下来要叙述的事件。

不过，我要略微详细地叙述罗马和迦太基的第一次战争，这场战争旨在争夺西西里。很难指出哪场战争的持续时间比这场战争更长；哪场战争的双方比罗马和迦太基在这次战争中准备得更充分；哪场战争中的事件像这场战争中那样接踵而至、毫无间断；哪场战争有比这场战争更多的战役；哪场战争的双方比这场战争的双方经历过更多反转（περιπετείας）。两大邦国的风尚（ἐθισμοῖς）当时尚未堕落，机运（ταῖς τύχαις）对它们仍然温和，双方所拥有的力量也大体相同。所以，通过比较双方在这次战争而非后续任何战争中的行为，能更好地理解它们各自的特性和力量。

[14] 驱使我重视这次战争的另一个重要动机是，在我看来，叙述过这次战争的史家费里努斯（Philinus）和法比乌斯·皮克托（Quintus Fabius Pictor）没有给出足够真实的叙述，尽管他们被公认是这次战争的权威。①考虑到他们两人的生平和品性，我不会指责他们故意说谎，但是，在我看来，他们都太过于偏爱战争的一方：由于偏见和压倒一切的偏爱，费里努斯笔下的迦太基人在任

---

① 费里努斯，来自西西里的阿格里真托城，希腊语史家，其史书已散佚。法比乌斯·皮克托，罗马第一位史家，不过，他用希腊语写作。他叙述第一次布匿战争的史书，从罗马的起源讲起。公元前216年，坎尼之败后，法比乌斯·皮克托被派往德尔斐求问神谕。

何情况下都行事明智、优雅和勇敢，罗马人则完全相反；法比乌斯·皮克托的描述则正好与之相反。

在生活中的其他领域，我们没有理由排除这种偏爱，例如，一位贤人应该爱他的朋友和邦国，应该分享朋友们的憎恨和热爱。但是，只要承担史家之职，就必须无视这类考虑。如果敌人的行动配得上赞美，他就不得不说敌人的好话，以最高的荣誉赞美他们；另一方面，他要无情地批评和谴责最亲密的朋友们，如果朋友们的错误使他不得不承担这一责任。一个活物失去视力就无法行动；同理，如果历史被剥夺真实，剩下的就只是无益的奇谈。因此，一位史家不应怯于谴责朋友、赞美敌人，也不必羞于时而赞美、时而谴责同一个对象，因为人在一生中不可能事事正确，也不可能终其一生总在犯错。因此，我们在叙述历史时必须避免这类因素，为种种行动分配应得的陈述和判断（ἀποφάσεις καὶ διαλήψεις）。

［15］我刚刚所论的真实性，在下述例子中一目了然。费里努斯在其史书的卷二——他在这一卷真正开始了叙事——告诉我们，迦太基人和叙拉古人正在围攻墨西拿，罗马人渡海抵达墨西拿后，立即出城攻击叙拉古人，遭受惨败后撤回墨西拿。接下来，他们冒险攻击迦太基人，不仅再次惨败，而且有不少士兵被俘。费里努斯接下来说，希耶罗在那次战役后，陷入疯狂，不仅烧毁营地和军帐，乘夜仓皇逃回叙拉古，而且从那些威胁墨西拿的要塞中撤走所有守军。费里努斯接着告诉我们，那次战役后，迦太基人立即放弃营地，分散龟缩到不同的城镇，不敢出来守卫乡野。费里努斯说，迦太基人的将军看到士兵士气低落，所以不敢冒险交战，结果罗马人追着他们的踪迹，不仅大肆蹂躏迦太基和叙拉古的土地，而且陈兵叙拉古城下，开始围攻这座城市。

在我看来，费里努斯的叙述自相矛盾，经不起细致推敲。他先说迦太基人和叙拉古人围攻墨西拿，取得多次胜利，随后又说，迦太基人和叙拉古人仓皇逃走，放弃乡野，最后遭到围攻，导致士气低落。先前被围攻并击败的罗马人则在追击敌人,占领乡野,最后围攻叙拉古。这两种叙述不可调和,二者必有一种是错的。事实上,后一种叙述才是真实的,因为只有迦太基人和叙拉古人放弃乡野,罗马人才能立即围攻叙拉古。正如费里努斯所说,罗马人甚至围攻了厄克塔拉(Echetla),[1]这座城位于叙拉古和迦太基西西里行省之间。因此,我们必须承认,费里努斯的前一种叙述是错的:罗马人在墨西拿城下的两次战役都取得胜利,而这位史家却说他们惨败。

类似的错误在费里努斯的史书中随处可见,法比乌斯·皮克托的史书亦然。时机合适时,我会表明法比乌斯的错误。总之,这次离题($παρεκβάσεως$)已经足够长,接下来我要言归正传,严格遵循事件的时间顺序,简短叙述这场战争,以引导阅读这份叙述的读者,真正理解这场战争。

[16] 阿庇乌斯·克劳狄乌斯及其军团取得胜利的信息传到罗马后,罗马人选举曼尼乌斯·奥塔科里乌斯(Manius Otacilius Crassus)和曼尼乌斯·瓦勒里乌斯(Manius Valerius Maximus)[2]为执政官,命他们率领所有军团开赴西西里。除盟邦军队外,罗马有四个罗马公民组成的军团。这四个军团在每年年初分配给执政官,每个军团有4000名步兵,300名骑兵。这支大军一到西西里,西西里的大多数城邦立即叛离迦太基人和叙拉古人,

---

[1] 此城位于莱昂蒂尼(Leontini)和卡马里纳(Camarina)之间,具体位置不清楚。

[2] 公元前263年的罗马执政官。奥塔科里乌斯是平民派,瓦勒里乌斯来自与克劳狄乌斯家族为敌的大族,他们二人的当选表明罗马民众对元老院及其代表阿庇乌斯·克劳狄乌斯不满。有学者认为,瓦勒里乌斯是罗马海军事业的积极倡导者。两位执政官同时被派往西西里,不过瓦勒里乌斯享有优先权,与叙拉古结盟由他主导。

秦昭襄王四十四年,白起攻韩,夺取南阳(今河南修武县以西),并断绝太行山道。见《史记·秦本纪》,前揭,页213。

倒向罗马一边。希耶罗注意到西西里人的绝望和恐慌，以及罗马军队的规模和强大，得出结论：罗马人的未来比迦太基人的更光明。这一信念迫使他转向罗马人一边，因此他派使者到两位执政官那里，提议签订和约，结成盟友。罗马人接受希耶罗的提议，特别是考虑到大军的补给问题：由于迦太基人控制着海洋，而之前抵达西西里的部队的给养即将耗尽，罗马人非常担心被迦太基从各个方向切断补给的供应。罗马人料想希耶罗在补给问题上将对他们大有帮助，所以欣然接受希耶罗的结盟提议，签订盟约，其中规定希耶罗无偿归还所有罗马俘虏，另支付100塔兰同银币给罗马人。

从那时起，罗马人将叙拉古人视为朋友和盟友。赢得罗马人的庇护后，希耶罗成为罗马人紧急情况下的给养来源。希耶罗余生安全地统治着叙拉古，从希腊人那里得到许多奖赏和荣誉。事实上，希耶罗是最杰出的统治者，他凭借自己在特殊事务和普遍事务上的深思熟虑，保有最长时间的统治。①

［17］当这份盟约的条款被送到罗马，得到罗马民众批准后，罗马人认为没有必要将全部军团留在海外，只留两个军团足矣。因为他们认为，一方面，希耶罗加入他们这一边，会使这次战争变得轻松，另一方面，削减大军规模更容易维持补给。与罗马人相反，迦太基人看到希耶罗变成敌人，罗马人越来越深地卷入西西里事务，他们认为，要想压制敌人、掌控西西里，需要更强大的军力。因此，他们从地中海的两岸招募雇佣军，其中有大量利古里亚人（Ligurians）和凯尔特人，伊比利亚人则更多，将他们全部派往西西里。迦太基人认识到，阿格里真托（Agrigentum）城是他们为战争做准备的绝佳位置，同时也是他们在西西里最重要的城市，因此，他们把大军和物资聚集在这座城市，将它作为

---

① 希耶罗二世一直统治到公元前215年，他在这一年去世。坎尼之役后，叙拉古倒向迦太基。公元前212年，叙拉古被罗马人攻陷。

这次战争的基地。①

与此同时，罗马的那两位执政官在与希耶罗达成和约之后，离开西西里，返回罗马，他们的继任者——卢西奥·珀斯图米乌斯（Lucius Postumius）和昆图斯·马米里乌斯（Quintus Mamilius）②两位执政官——率领各自的军团抵达西西里。发现迦太基人的意图和他们在阿格里真托的行动后，两位执政官认为形势要求异常大胆的行动。他们决定放弃其他军事行动，率整支大军直接进攻阿格里真托。他们率军在距离此城8斯塔德③的地方扎营，将迦太基人包围在城墙之内。

彼时正是收获庄稼的时节，④预见到这次围城时间会很长，罗马士兵转而非常鲁莽地收割阿格里真托城外的庄稼。看到敌人分散在各处，迦太基人率军突击四处收粮的罗马士兵，轻松驱散敌人。一部分迦太基士兵前去劫掠罗马营地，另一部分攻击罗马人的后备部队（ἐφεδρείας）。但是，在这个危急时刻，正如在许多其他类似时刻，罗马人卓越的习俗（ἐθισμῶν）拯救了他们：不管在何种情况下，后备部队（ἐφεδρείας）的士兵只要擅离职守或转身逃跑，都将被处死。因此，值此危急之刻，罗马后备部队坚守位

---

① 此城位于西西里岛西南，正对迦太基城，是一座希腊人的城市，也是西西里岛上仅次于叙拉古的第二大城。公元前406年，迦太基人攻陷此城。色诺芬在《希腊志》1.5结尾提到，公元前406年，迦太基12万大军乘120艘战舰远征西西里，围困阿格里真托城长达七个月。被围困期间，城内粮食匮乏，饿死者无数，阿格里真托最后被迫投降。公元前4世纪，阿格里真托人口得到恢复，渐趋繁荣，公元前275年后，此城再次被迦太基控制。

② 公元前262年的罗马执政官。
秦昭襄王四十五年，秦军攻取韩野王（今河南沁阳）。野王是韩都城新郑与上党郡的交通要地。韩上党郡与新郑的交通被隔断，其郡守以郡投靠赵国。参《史记·秦本纪》，前揭，页213。

③ 古希腊长度单位，1斯塔德约184.2米。

④ 时值6月。

置,奋勇迎击占据优势的敌人。尽管他们损失惨重,但敌人的损失更大。最后,正当敌人即将攻破营寨时,他们包围了敌人。他们在营寨处杀死部分敌人,然后一路追杀剩余的敌人,一直追到阿格里真托城下。

[18]之后,迦太基人变得不太愿意主动进攻,罗马人的搜粮队则更加谨慎。由于迦太基人只用投掷标枪参与小范围冲突,避免全军出击,罗马的两位执政官便将部队分为两支,一支驻扎在阿格里真托城外的阿斯科勒皮奥斯(Asclepius)神庙附近,另一支驻扎在阿格里真托面向赫拉克里亚城(Heraclea)[①]的一边。

为了加强两处营地之间的防卫,罗马人沿着营地内圈挖掘了一条内壕,以防备城内敌人的突袭,同时沿着营地外圈挖掘了一条外壕,以防备来自外侧的攻击,也阻止迦太基人秘密往城中输送补给和兵员——城市被围时这种事情很常见。罗马人在两处营地和两条壕沟之间,相隔一定间距布置了多处岗哨,以加强两处营地之间关键位置的防卫。罗马人的补给和物资由盟友募集,运送到赫伯苏斯(Herbessus)城,罗马人自己也不断从这座城市运送给养到营地,这座城市距离营地很近,因而他们的补给一直很充足。

因此,在5个月左右的时间内,战事停滞不前,双方都没取得决定性优势,只是偶尔进行小规模战斗。但是,城内的迦太基人受饥馑所困,因为至少有5万人被困于城内。被围部队的将军汉尼拔(Hannibal),发现形势危急,不断派人回迦太基报告他的处境,恳求援兵。迦太基政府立即招募军队和战象,用船只将其

---

① 古代有数个名为赫拉克里亚的希腊城市,最著名的当属意大利半岛南部塔兰托湾的赫拉克里亚城,公元前280年,皮鲁士率领的大军与罗马军团在此进行了皮鲁士战争的第一次战役。珀律比俄斯此处所提到的赫拉克里亚是西西里岛上的一座城,位于阿格里真托西面。

运往西西里，援军由汉诺（Hanno）①统率。汉诺在赫拉克里亚集结军队和战争物资，首先奇袭并攻陷赫伯苏斯城，切断罗马大军的补给源。这时，罗马人发现自己既是围城者，又是被围者。事实上，由于急缺食物和其他必需品，他们曾数次考虑放弃围困阿格里真托。要不是希耶罗竭尽所能，想出各种办法为他们提供有限的必需品，他们本来会放弃围城。

[19] 汉诺发现，罗马人由于疾病和饥饿，已经极其虚弱，因为罗马营地爆发了瘟疫，而他的部队状态正佳，于是动员全部军队，包括50头大象，从赫拉克里亚迅速出击。汉诺命令努米底亚（Numidian）骑兵先行，抵近罗马营地挑衅敌人，将敌人骑兵诱出营地，然后撤退，等待与他的主力部队会合。努米底亚骑兵遵令而出，抵近敌人的一处营地，罗马骑兵立即出击，勇猛地攻击他们。努米底亚骑兵依照汉诺的命令随即后撤，直到他们加入汉诺的大军，然后包围罗马骑兵，全力攻击这股罗马部队，杀死众多敌兵，追击剩余的敌人直到罗马营地附近。

之后，汉诺在罗马营地对面扎营，占据一处叫作托罗斯（Torus）的山丘，距离敌人营地10斯塔德。②之后两个月③间，态势保持稳定，双方除每天互掷标枪外，没有进行任何决定性战斗。但是，城内的汉尼拔不断通过烽火和信使警示汉诺，城内人员无法再忍受饥饿，叛逃向敌人那边的士兵很多，所以，汉诺决定冒险决战，而罗马人由于我上文所述的原因，对决战求之不得。双方在彼此营地之间的空地列阵，开始决战。战斗持续很久，最后罗马人击溃迦太基战阵前列的雇佣兵。迦太基雇佣兵转身后撤，引发战象和战阵后部的队列后撤，随即整个

---

① 被围困于阿格里真托城内的汉尼拔之子。
② 约1842米。
③ 公元前262年12月至公元前261年1月。至此，阿格里真托围城已持续7个月。

太基军队陷入混乱。一场全面溃败随即到来，大多数迦太基士兵被杀，只有少数逃回赫拉克里亚。罗马人俘获大多数战象和所有物资。

然而，夜幕降临后，罗马人由于胜利的喜悦和战后的疲惫，放松了警戒。城内的汉尼拔本来已陷入绝望，却发现此时是拯救自己的绝佳机会，便在午夜率领他的雇佣军逃离阿格里真托。汉尼拔用塞满谷物秸秆的篮筐填满沟渠，悄无声息、安全地将他的部队全部撤走。第二天天一亮，罗马人意识到昨夜发生了什么，稍微追击汉尼拔的后卫部队后，朝阿格里真托城进发，没有遇到任何抵抗。罗马人入城后，大肆劫掠，虏获众多奴隶和大量各种各样的战利品。[1]

[20] 阿格里真托战事的消息传到罗马元老院，元老们欢呼雀跃、狂喜不已，不再满足于最初的战争计划，不再满足于援救战神之子，也不再满足于已从战争中得到的好处，而是期待将迦太基人完全赶出西西里岛。如果实现这一目标，他们的权势将极大加强，所以，他们转而聚焦于这个目标，筹谋实现这一目标的战争计划。

他们注意到，陆地事务的进展令人满意，因为攻取阿格里真托的两位执政官的继任者，卢西乌斯·弗拉库斯（Lucius Valerius Flaccus）和提图斯·克拉苏斯（Titus Otacilius Crassus）[2] 看起来能够掌控西西里事务。但是，只要迦太基人毫无困难地掌控海洋，战争的结果就难以预料。随着时间推移，尽管阿格里真托已被罗马人占据，内陆的一些城市由于恐惧罗马军团加入罗马人一边，但是沿海的很多城市由于恐惧迦太基舰队，脱离了罗马人，站到迦太基人一边。当罗马人看到战争的天平由于上述原因摇摆不定，波动越来越大，与此同时，意大利频繁遭到敌人舰队劫

---

[1] ［英译注］该城全部人口被卖为奴隶。
[2] 公元前261年的罗马执政官。

掠，而利比亚却毫发未损、安全无虞，他们决定立即进入海洋与迦太基人争雄。促使我略微详尽地叙述这次战争的一个重要原因就是，我的读者不应对罗马人如何、何时、为何第一次走向海洋一无所知。

罗马人看到这场战争陷入僵局，于是首次着手建造军舰，他们计划建造100艘五列桨舰和20艘三列桨舰，而当时意大利的居民从未见过五列桨战舰。所以，造舰事业面临极大困难，毕竟，他们的造船工人对于建造五列桨舰毫无经验，不过，这件事也比任何其他事情更能证明，罗马人决定做一件事时，意志有多么坚定，精神有多么勇敢。这倒不是因为他们有足够的资源，实际上他们什么都没有，并且从未曾想过进入大海。然而，他们一旦怀揣这个目标，便立即大胆着手，未获得任何海军经验，就试图与世世代代控制海洋的迦太基人作战。下述事实可以充分表明我所言不虚和罗马人那令人难以置信的勇气。

罗马人第一次跨海到墨西拿时，不仅没有任何有甲板的船只，也没有任何大型战舰，甚至连一条小船都没有，只从塔兰托人、洛克里人（Locrians）、厄勒亚人（Elea）和那不勒斯人（Naplesians）那里借来五十桨船（$πεντηκοντόρους$）和三列桨舰，就这样冒着巨大风险运送军队渡海。渡海过程中，迦太基海军攻击了他们，迦太基一艘有甲板的战舰由于攻击太过突前而搁浅，落入罗马人手中。罗马人正是以这艘迦太基战舰为模型，建造了他们的舰队，所以显而易见，要是没有这次偶然事故，罗马人就会因为缺乏造船知识，根本无法实施这一计划。

[21]不管怎样，承建战舰的人立即开始全心造船，负责召集桨手的人则在岸边，按照下述方法教授招来的桨手如何划船。桨手按序坐在固定在陆地上的长凳上，一如在船上的顺序，发出划拍口令的水手长被安排在中间，以便让桨手们习惯于在水手长的口令下全体一致地完成这些动作：身体同时后仰时，将桨把拉到胸前，身体一致向前倾时将桨把推向前方。在

桨手们经过如此训练后,战舰一经造完,他们便立即下水,在海上进行短暂划船练习后,就依照执政官的命令沿着意大利的海岸航行。①

执政官格奈乌斯·斯基皮奥(Gnaeus Cornelius Scipio)②奉命统率这支舰队。斯基皮奥要求整支舰队做好准备后航往墨西拿海峡,而他自己亲率17艘战舰,提前几天赶往墨西拿,因为他急于确保整支舰队急需的补给已得到满足。斯基皮奥抵达墨西拿后,出现一个里帕拉(Lipara)③城叛向罗马的机会。由于迫不及待地想抓住这个机会,斯基皮奥带着17艘战舰匆忙航往里帕拉,停泊在城外的港口。迦太基将军汉尼拔在潘诺姆斯(Panormus)④得到消息后,立即派博德斯(Boödes)——此人是迦太基元老院⑤的成员——率20艘战舰前往里帕拉。博德斯乘着夜色航往里帕拉,将斯基皮奥包围在里帕拉港口之内。第二天天一亮,罗马船员仓皇逃上岸,斯基皮奥陷入惶恐、绝望之中,于局势无能为力,最后向迦太基人投降。⑥

迦太基人带着俘虏的斯基皮奥和船只立即返航,与汉尼拔会

---

① [英译注]依照普林尼在《自然史》中的说法,罗马人造舰花了两个月。
② 公元前260年的罗马执政官。

秦昭襄王四十七年,秦将王龁攻取上党。上党百姓纷纷逃往赵国,赵将廉颇率军于长平(今山西高平)接应。王龁于是攻赵,廉颇坚筑营垒而守,两军于是相持长平。应侯范雎使反间计于赵,赵括取代廉颇为将,秦又秘密派白起为主将,于是大破赵军,赵军四十余万投降,白起只释放二百四十人,其余全部被坑杀。参《史记·秦本纪》,前揭,页213。

③ 里帕拉是埃奥利群岛最大的岛屿,岛屿东岸有一个同名的城镇。
④ 即今巴勒莫,位于西西里岛西北海岸,公元前8世纪腓尼基人所建。
⑤ [英译注]迦太基有两个元老院,上元老院(共30人)和下元老院(人数达数百)。珀律比俄斯分别用 γερουσία 和 σύγκλητος 称呼它们,但是他的用法并不准确。此处的博德斯看起来是上元老院的成员。
⑥ 公元前254年,罗马与迦太基交换俘虏时,斯基皮奥得以返回罗马。

合。几天之后，尽管可以从斯基皮奥最近的不幸中吸取教训，汉尼拔本人还是差一点犯了同样明显的错误。原来，听闻罗马舰队沿着意大利海岸巡弋，汉尼拔想要探听罗马舰队的规模和进军方向，于是亲率50艘战舰航往意大利海岸。绕过意大利的海角后，汉尼拔突然撞见罗马舰队在有序航行。汉尼拔因此丧失大部分战舰，他自己和少数幸存者仓皇逃回，这完全超乎他原先的预料。

[22] 罗马舰队抵近西西里海岸，获悉斯基皮奥遭受的灾难，立即派人到陆军指挥官盖乌斯·丢里乌斯（Gaius Duilius）[①]那里，要求后者与舰队联系。与此同时，罗马舰队获知敌人舰队距离他们不远，开始准备与敌人进行海战。但是，他们的战舰质量不好，速度很慢，有人向他们建议，在战舰上加装一个装置，这种装置将提高海战中的胜算，即后来所谓的"乌鸦"。这种装置的建造方式如下。

在船首竖立一根高四臂尺（ὀργυιῶν）、直径三掌宽（παλαιστῶν）的圆木，这根圆木顶端有一个滑轮。[②]装置底部则是被钉在一起的木板组成的舷梯，舷梯有四希腊尺（ποδῶν）[③]宽，六臂尺长。舷梯有一个长方形的洞，圆木在距离舷梯底部二臂尺的地方穿洞而过。舷梯两侧有高及膝盖的护栏。舷梯远端一侧，固定着一个形状如杵的铁锥，另一侧有一个铁环，整个装置看起来就像打谷的器具。远端其中一侧的大铁环，有一根绳子穿过，与圆木顶端的滑轮相连。当战舰与敌舰相撞时，通过滑轮将"乌鸦"升起，然后放下，便可将之固定在敌舰甲板上。有时，"乌鸦"落在敌舰舰首，若是双方舰只侧面相撞，"乌鸦"则会旋转，钉在敌舰中部。一旦"乌鸦"钉在敌舰甲板上，两舰就会牢牢固定在一起。如果

---

① 此人是公元前260年斯基皮奥的同僚执政官。斯基皮奥被俘后，他接管了西西里西部战事的指挥权。

② 臂尺，古希腊长度单位，指两手臂左右平伸时两手之间的长度，100臂尺等于1斯塔德，1臂尺约1.84米。掌宽，古希腊长度单位，1掌宽约7.6厘米。

③ 希腊尺，古希腊长度单位，1希腊尺约30.7厘米。

双方舰只侧面相撞，罗马士兵就从各个方向跳上敌舰；如果撞到敌舰的船首，罗马士兵就并排沿着舷梯踏上敌舰。走在前面的士兵手持盾牌防卫正前方，跟在后面的士兵手持盾牌防卫两侧。罗马舰队采用这样的装置后，等待机会与敌人一战。

[23] 盖乌斯·丢里乌斯一听说斯基皮奥遭受的不幸，立即把军团交给军团长（χιλιάρχοις）[①]指挥，自己匆忙赶往罗马舰队。获悉敌人正在蹂躏穆莱（Mylae）[②]的土地，盖乌斯·丢里乌斯立即率领舰队出击。迦太基人看到后，立即派出130艘战舰迎战，他们士气高昂、渴求一战，因为他们蔑视罗马人，认为后者毫无海战经验。迦太基舰队径直冲向敌人，就像猎手追逐容易得手的猎物一样，甚至不认为有必要维持攻击阵型。迦太基的指挥官是汉尼拔，即那位乘着夜色率军从阿格里真托逃走的将军，他的旗舰是一艘七列桨的大船，之前为皮鲁士王所有。迦太基人靠近敌人后，看到每艘敌舰船首都高悬着一个大"乌鸦"，对这种装置惊讶不已，不知所措。不过，由于他们非常蔑视敌人，前面的战舰大胆地发动攻击。

但是，双方相互碰撞的船只被"乌鸦"装置牢牢固定住，罗马水兵利用"乌鸦"登上敌舰，在甲板上近身攻击敌人，部分迦太基人被砍倒，其他人由于对战斗恐慌不已，向罗马人投降，因为整场战斗如同在陆地上交战一般。结果，最先参战的30艘迦太基战舰全部覆没，包括汉尼拔的旗舰，汉尼拔跳上随船的小艇才得以逃走。后方的迦太基战舰仍在冲向敌舰，但是看到己方前线战舰的遭遇，立即变更航向，以避免敌人"乌鸦"装置的重击。迦太基舰队凭靠战舰的速度，绕着罗马舰队航行，

[①] 此词对应tribunes，每个罗马军团有六名军团长，每名军团长指挥两个月。

[②] 穆莱城建于公元前8世纪，位于墨西拿西部不远，即现在的米拉佐（Milazzo）。

伺机攻击敌舰的侧面和舰尾。但是,罗马战舰也相应转向,并旋转"乌鸦"装置,这样就能抓住任何靠近的敌舰。最终,迦太基人的士气被这种新战术击垮,损失50艘战舰后,他们放弃战斗,掉头逃跑。

[24]出乎所有人意料地在海上取得胜利后,罗马人继续战争的劲头大大增强。罗马舰队在西西里登陆,击退围攻塞格斯塔(Segesta)①城的敌军,这座城的居民当时已至痛苦的极限。返程路上,罗马人又奇袭玛克拉(Macella)城,将之占据。②

穆莱海战之后,哈米尔卡(Hamilcar)③——迦太基的陆军指挥官,当时驻扎在潘诺姆斯附近——听说在罗马营地,罗马人与盟友④就如何分配胜利荣誉发生争执,而罗马人的盟友驻扎在帕罗普斯(Paropus)和希曼拉(Himera)的温泉之间,于是率领全部兵力发动突然袭击,在敌人拔营时刻,攻入敌军营地,杀死大约4000人。这次行动之后,汉尼拔率领残余舰队返回迦太基,不久,他又率领补充完整的舰队和一些迦太基最杰出的海军军官,驶往撒丁岛(Sardinia)。但是,没过多久,汉尼拔便被罗马人围困在撒丁岛的一个港口中,大多数迦太基战舰要么被俘,要么被毁,他本人立即被幸存的迦太基人逮捕,钉上十字架。⑤罗马人从决心进入海洋那个时刻起,就谋划控制撒丁岛。

接下来的一年(公元前259年),罗马军团在西西里没有取

---

① 此城位于西西里西北部,即现在的阿尔卡莫(Alcamo)。
② [英译注]丢里乌斯返回罗马后庆祝了第一次海战胜利,罗马为此建造一根纪念柱以彰显他的荣誉,纪念柱的铭文也提到他救援塞格斯塔、攻占玛塞拉的功绩。
③ 阿格里真托陷落后,哈米尔卡接替汉尼拔之子汉诺。
④ 可能是罗马的西西里盟邦,而不是意大利盟邦。
⑤ 这是第一次迦太基战争爆发以来,迦太基人第二次处死自己的将领。

得值得记述的进展。① 是年年末,罗马人选举的来年执政官奥卢斯·阿提里乌斯(Aulus Atilius Caiatinus)和盖乌斯·苏尔比基乌斯(Gaius Sulpicius Paterculus)② 一抵达西西里,就开始攻击潘诺姆斯,因为迦太基军队正在那里过冬。两位执政官率军抵近潘诺姆斯求战,但是敌人躲在城内拒不出战,他们转而攻击希帕那(Hippana)城。两位执政官袭击并占据希帕那,又攻陷穆塔提斯特拉图(Myttistratum)③ 城,由于这座城地理优势极佳,围城战进行了很长时间。随后,他们攻占卡马里纳(Camarina),这座城不久前叛离了罗马人,两位罗马执政官利用攻城机,突破城墙防御,攻下此城。他们随后又通过类似的方法攻占厄那(Enna)城和几处属于迦太基人的据点。完成这些行动后,两位执政官开始围攻里帕拉城。④

---

① 穆莱海战并没有从根本上改变西西里岛的战争形势。这一年的执政官是斯基皮奥(Cn. Scipio)和阿奎里乌斯(C. Aquillius),前者被派往撒丁,后者被派往西西里。这一年,迦太基人重新收复厄那(Enna)和卡马里纳(Camarina)。在西西里西部,迦太基人强化了德雷帕纳(Drepana)城的防卫。

这一年是秦昭襄王四十八年,秦始皇嬴政出生于赵邯郸。长平之战后,秦国扩张战果,于该年攻取赵皮牢(今山西翼城县东北)和晋阳(今山西太原),尽占上党郡,欲全力攻赵之邯郸,一举灭赵。韩、赵恐慌,遣使割地求和。秦昭襄王接受其议。于是,韩国割垣雍(今河南原阳县),赵国割六城。赵国随后毁约,秦昭襄王大怒,于该年十月令将军王陵率军二十万直攻赵邯郸。参《史记·秦本纪》,前揭,页213-214。

② 公元前258年的罗马执政官。

秦昭襄王四十九年正月,王陵攻邯郸不克,秦又增发重兵支援,结果王陵损兵约四万人。王龁代替王陵为主帅,继续攻邯郸。秦军久攻不下,魏信陵君窃符救赵。秦王遣将军张唐攻魏军后路。参《史记·秦本纪》,前揭,页214。

③ 此城之前遭到罗马人两次围攻,这一次被焚毁,人口全部被卖为奴。

④ 这次行动没有成功。

[25] 次年（公元前257年），[①] 新任执政官盖乌斯·阿提利乌斯·雷古鲁斯（Gaius Atilius Regulus）正率罗马舰队在图达里斯（Tyndaris）海角[②]停靠，看到迦太基舰队毫无秩序地经过。雷古鲁斯立即命令船员登船，他本人亲率10艘战舰先行出击。迦太基人看到一些敌人还在登船，一些正在解缆起航船，而先行的10艘战舰已远远将其他船只甩在后面，立即掉头迎战罗马人。迦太基舰队包围雷古鲁斯亲率的先行分队，俘获9艘敌舰，差点捕获雷古鲁斯的旗舰。但是，雷古鲁斯的旗舰配备精良、速度很快，从而逃脱危险，迦太基人的希望落空。其余罗马战舰赶了上来，保持密集阵型。他们与迦太基人交战，击败敌人，击沉8艘敌舰，俘获10艘。剩余的迦太基战舰撤往里帕拉城所在的群岛。[③]

经过这次海战，迦太基和罗马都认为双方力量相当，开始全力增强海军力量，以争夺对海洋的控制权。与此同时，双方陆军都没有值得一提的大行动，只进行了一些不重要的战斗。罗马人在次年夏季做好准备之后（公元前256年），[④]派出一支由330艘装备甲板的战

[①] 秦昭襄王五十年，信陵君率军攻王龁，秦军伤亡惨重。秦王命白起代之为帅，白起称病拒绝，于是贬白起为士兵迁往阴密（今甘肃灵台县）。信陵君在邯郸城下大败王龁，王龁率军撤往汾城（今山西襄汾县）。秦军战败消息传来，秦王迁怒于白起，赐剑命其自刎。信陵君率军追至汾城，王龁发兵攻之，魏军败退，秦军追击至黄河，魏楚联军溺死黄河二万人。王龁随即跟随张唐攻克赵国的城邑宁新中，改其名为安阳。见《史记·秦本纪》，前揭，页214。

[②] 位于穆莱西部24公里处。

[③] 这次海战中，迦太基舰队的指挥官是前文提到的袭击罗马盟友营地的哈米尔卡。

[④] 秦昭襄王五十一年，秦遣将军赵摎攻韩国，夺取阳城（今河南登封市），斩首四万。又攻赵国，夺取二十余县，斩首并俘虏九万人。周报王姬延恐慌不已，与燕、楚密谋再订合纵盟约攻秦。秦王于是遣将军赵摎攻西周。西周公逃奔到秦，俯首认罪，献上其全部城邑三十六座，人口三万。秦接受其所献，释放西周公。这一年，刘邦出生于楚国沛县。参《史记·秦本纪》，前揭，页218。

舰组成的舰队，航往墨西拿。罗马舰队从墨西拿出发，顺时针沿着西西里海岸航行，绕过帕库努斯（Pachynus）海角，[①] 抵达厄克诺莫斯（Ecnomus）城，他们的陆军当时也驻扎在附近。迦太基人派出一支由350艘装备甲板的战舰组成的舰队，抵达利利巴厄姆（Lilybaeum），从那里出发，驶往赫拉克里亚·米诺亚（Heraclea Minoa）城停靠。

[26] 罗马人的计划是航往利比亚，将战争引向迦太基本土。这样的话，迦太基人就会认识到，不仅西西里，还有他们自己和母邦都处于危险之中。这是迦太基人最不愿意看到的，因为他们很清楚利比亚极易遭到攻击，任何入侵者都能轻松征服那里的民众。所以，迦太基人同意进行海上决战，以防罗马对利比亚的入侵。罗马的目标是战胜迦太基，迦太基的目标则是阻止罗马人抵达利比亚，随之而来的冲突无可避免。

罗马舰队已经为两种可能发生的情形做好恰切准备：海上决战和登陆敌国本土。罗马人从陆军中挑选出最优秀的士兵，组建成一支精锐部队，并将远征大军分成四个单位。每个单位有两个名称：要么称作第一军团，要么称作第一支队；其他单位以此类推。第四单位还有第三个名称：后备队（τρίτην, taiarii）。这个名称在罗马陆军里很常见。[②] 罗马远征军人数为14万，每艘战舰载300名桨手，120名陆军士兵。迦太基一方主要准备或只准备海

[①] 位于西西里东南角，即现在的帕塞洛角（Cape Pessero）。

[②] 罗马陆军军团由三部分构成：hastati［青年兵］、principes［壮年兵］、triarii［盛年兵］。如此分类的依据是年龄，收入和财产某种程度上也是划分的依据。青年兵一般是新兵，年龄二十岁左右，位列军团方阵第一列，壮年兵年龄约30岁左右，组成军团核心，位列方阵第二列，盛年兵是老兵，经验最丰富，位列第三列，也是最后一列，因此也称盛年兵为后备队。但是，这里的远征大军不适用这个分类，因为远征军士兵皆精选自陆军。因此，triarii是远征军给第四军团士兵们起的一个绰号，尽管第四军团的士兵会自称"老兵队"。

战，从船只数量来计算，他们有超过15万士兵。双方参战的兵力之大、船只之多，不仅令那些亲眼见到的人震惊不已，就是仅仅听说这些数字，也会对双方战斗规模之大、军力之雄厚、资源之丰富震撼不已。

　　罗马人考虑到舰队要驶过开阔海面，而敌舰速度比己方的快，便想尽办法为舰队设计出一种安全且难以被攻击的阵型。他们将执政官马尔库斯·雷古鲁斯（Marcus Atilius Regulus）和卢西乌斯·乌尔索（Lucius Manlius Vulso）①的两艘旗舰并排置于阵型前方，这两艘旗舰都是六列桨大船。每艘旗舰后方是一列单纵队战舰，第一支队位于右侧，第二支队位于左侧，两个支队的战舰随着向后排列，彼此的距离越来越大。所有战舰舰首都朝向开阔海面。如此排列，第一支队和第二支队的前部构成楔形，然后第三支队横置于阵型底部，整个阵型看起来就是一个三角形。第三支队后面是运马船，每艘运马船与前方第三支队的战舰用绳索相连。整个阵型最后是第四支队，即绰号为"后备队"的战舰，呈横队排列，支队两端与前面的队列重叠。当所有船只按照我描述的方法排列时，整个舰队就如同一个楔子，顶端是开放的，底部则相当紧凑、坚实。所以，整个阵型很有效率、非常实用，很难被攻破。

　　[27]与此同时，迦太基将军们对部队发表简短的演说。他们向士兵们指出，如果这次海战取胜，他们往后将会为争夺西西里而战；反之，如果失败，他们的祖邦和家庭将危如累卵。将军们告诫士兵们要把这些话牢记在心，然后命令士兵登船。所有士兵依照将军们的命令准备就绪，由于将军们的演说已让他们明白这次海战的重要性，他们在心里混合着自信和颤栗，解缆起航。迦太基将军们看到敌人的战舰队形后，立即调整己方阵型应战。他们将四分之三的战舰排成单一横队，将右翼向

---

① 两人是公元前256年的罗马执政官。

远海延伸，意图包围敌人，让所有战舰直面敌人。剩余四分之一的战舰构成左翼，朝岸边延伸，与右翼构成一个锐角。右翼的将军是汉诺，即在阿格里真托附近的战役中被罗马人击败的那位。他指挥的右翼负责冲击罗马舰队，且用速度最快的五列桨战舰迂回包围敌人。左翼的将军是哈米尔卡，即指挥图达里斯海战的那位。哈米尔卡位于整个阵型的中央，他在这次海战中运用了如下战术。

  这次海战由罗马人率先发起。罗马人注意到迦太基的阵型由于延伸得极宽，所以很薄弱，于是直接攻击敌人阵型中央。迦太基中央部位的战舰，接到哈米尔卡的命令后，立即后撤，意图是打乱罗马舰队的阵型。迦太基人极速后撤，罗马人勇猛追击。罗马舰队第一支队和第二支队紧追后撤的敌人时，第三支队和第四支队与它们分离，第三支队拖着运马船，第四支队跟在后面作为后备部队。当迦太基人认为他们已将罗马第一支队、第二支队与其他支队隔的足够远时，哈米尔卡命令后撤的战舰立即掉头攻击追击的敌人。① 战斗进行得非常激烈，迦太基战舰的速度使得它们可以绕着敌舰侧面迂回，可以轻易地靠近，又可以极快后撤；罗马人则完全仰赖他们的军力，与敌舰相碰时，立即用"乌鸦"将敌舰牢牢钉住。此外，罗马将士是在两位亲自参战的执政官眼前战斗，士气很旺。这是战线中央的战况。

  [28] 罗马人发动中央进攻的同时，汉诺指挥的右翼始终保持位置，现在穿过开阔海面，攻击位于罗马舰队后方的第四支队，给后者造成极大的困难和痛苦。与此同时，迦太基阵型朝向海岸一侧的部队变阵，排成一个纵列，攻击罗马拖拽运马

---

  ① 可与汉尼拔在坎尼之战中的战术设计比较。厄克诺莫斯海战中，迦太基中央阵线太弱，没能挡住罗马人。尽管后撤打乱了罗马舰队阵型，但迦太基自己的阵型也打乱了，两翼围歼敌军的意图没有达成。坎尼之战中，汉尼拔成功的关键是中央的方阵阻止了罗马军团的推进。

船的第三支队。第三支队被迫割断拖拽运马船的绳索,与敌人交战。

如此,整个战场分成了三部分,三个战场互隔一段距离。由于双方战前阵型的部署,它们在每处战场的力量都基本相当,因此战斗可谓势均力敌。不过,由于各处战场的战斗皆势均力敌,因此每处战场的结果也与人预料的一样。最先交战的战场最先分出胜负,哈米尔卡被击溃,最后逃走。卢西乌斯·曼利乌斯·乌尔索忙着拖拽战利品,马尔库斯·阿提利乌斯·雷古鲁斯看到第四支队和运马船被包围,立即率领第二支队完好的战舰驰援。待他赶到并加入与汉诺的战斗后,第四支队尽管已经遭受重创,还是立即振作,恢复士气。迦太基人受到前后夹击,已经深陷险境,又发现己方有被罗马援兵包围之势,所以停止战斗,撤离战场。与此同时,曼利乌斯返回,看到第三支队被迦太基左翼堵在海岸附近,而雷古鲁斯已经让第四支队和运马船脱离险境,立即前去援救濒临崩溃的第三支队。当时,第三支队所处态势恰如陆上被围攻的城市,若非迦太基人由于恐惧"乌鸦",只是将他们围起来堵在岸边,同时避免撞击以免被"乌鸦"钉住,他们早已被歼灭。

两位执政官火速赶来援救,将迦太基人包围,捕获50条敌舰及其船员,只有少数敌舰沿着海岸逃脱。这就是三处战场的结果,最终罗马人获胜。罗马一方24艘战舰被击沉,迦太基一方超过30艘被击沉。没有一艘罗马战舰及其船员被俘,迦太基则有64艘战舰及其船员被俘。

[29] 这次海战之后,罗马人进一步补充给养,修缮俘获的敌舰,细心照料船员——这是他们取胜后应得的待遇。然后,罗马舰队驶向利比亚,先遣舰队率先抵达赫尔迈海角(Cape Hermaea)。① 这个海角位于迦太基湾的顶端,正对着西西里岛。

---

① 即今突尼斯的邦角(Cape Bon)。

先遣舰队在这里等待主力舰队抵达后，重新组成一支舰队，然后沿着海岸航行，到达阿斯比斯（Aspis）①城。罗马人在这里登陆，将船只拖上岸，围着战舰挖掘一条沟，修筑起栅栏，然后围攻阿斯比斯城，因为此城的守军拒绝投降。

从海战逃脱的迦太基人返回迦太基，确信罗马人受这次胜利鼓舞，一定会从海上立即进攻迦太基，便派遣海军和陆军警戒通往迦太基城的不同方向。但是，听说罗马人已经登陆，正在围攻阿斯比斯后，他们便放弃警戒来自海上的攻击，集结全部兵力，全力保卫首都及其周边。攻下阿斯比斯后，罗马人留下一支守军防卫这座城市及其周边，并派出信使返回罗马报告战事的进展，询问接下来的行动方针，以及如何对待整个战局。然后，他们立即出动全军，开始掠夺周边地区。由于没有人阻止，罗马人摧毁很多富丽堂皇的房舍，抢来大批牛群，捕获超过2万的奴隶，之后带着这些劫掠品返回船上。派往罗马的信使此时抵达，并带来元老院的命令：一位执政官率领充足的兵力留在利比亚继续作战，另一外执政官则带着舰队返回罗马。因此，雷古鲁斯，还有40艘战舰、15000名步兵和500名骑兵留在利比亚，卢西乌斯·曼利乌斯·乌尔索率领其余战舰和全部俘虏，沿着西西里海岸，安全渡过大海，返回罗马。

［30］迦太基人观察到，罗马人准备长期占领阿斯比斯地区，于是首先选出两位将军，一位是汉诺之子哈斯德鲁巴（Hasdrubal），②另一位是波斯塔罗斯（Bostar），然后派使者到赫拉克里亚，命令哈米尔卡即刻返回迦太基。哈米尔卡率领500骑兵和5000步兵返回迦太基，随即被任命为第三位将军。他和哈

---

① 位于赫尔迈海角东南，现在的邦角半岛的东侧。从此处可以切断迦太基与其东南部分的联系。

② 这是他首次出现。从这一年开始，直到公元前251年被处决，这位哈斯德鲁巴在这次战争中一直是关键人物。

斯德鲁巴商议接下来该采取何种行动。他们决定率军救援阿斯比斯，不能任凭罗马人劫掠这个地区。几天后，雷古鲁斯开始进军，通过奇袭占据和劫掠没有城墙的城镇，围攻有城墙的城镇。雷古鲁斯抵达阿杜斯（Adys）[1]——这是一座很重要的城，并在城外扎营后，立即着手围攻这座城。

迦太基人急于解救阿杜斯，决心重新夺回乡野地区的控制权，于是派出他们的军队。他们占据一处山丘，这处山丘尽管可以俯瞰敌军，但并非一个有利于军队布阵的位置。不过，他们还是决定在山丘处扎营。迦太基人将获胜的希望寄托在骑兵和战象上，虽然他们放弃山下平地，驻扎在险峻之地，敌人难以攻上来，但这也明确告诉敌人如何最好地攻击他们，这正是接下来发生的事情。

罗马将领从战争经验中得知，敌阵中最有效、最强大的攻击单位所在地势难以发挥威力，所以抓住机会，不等迦太基人下山在平地上作战，天一破晓就从山的两侧发动攻击。结果，迦太基的战象和骑兵丝毫没有发挥威力，但是他们的雇佣兵勇猛出击，迫使罗马第一军团溃逃。但是，迦太基雇佣兵追击敌人太远，因而被山丘另一侧的罗马人包围并击退。最终，整个迦太基部队立即被逐出营地。战象和骑兵抵达平原地带，得以安全撤退。罗马人追击迦太基步兵一段距离后，摧毁迦太基营地。从此以后，罗马人继续肆无忌惮地蹂躏和劫掠这个地区及其城镇。他们攻占了名叫突尼斯（Tunis）[2]的城镇，由于这座城地理位置极佳，既可以做劫掠的基地，也可以做进一步攻击迦太基城及其周边地区的

---

[1]　[英译注] 其他地方没有提到过这座城，可能是后来的罗马城镇乌提纳（Uthina），即现在的Oudna，位于突尼斯城以南24公里处。

[2]　位于突尼斯湾的一个潟湖与一片盐沼地之间。此城位于迦太基东南，距离迦太基不足32公里。那个潟湖在迦太基附近的任何战斗中都具有重要作用。

基地，所以罗马人就在此建立自己的作战基地。

［31］迦太基人已被罗马人击败两次，一次是不久前的海战，一次是这次陆战。两次失败都不是由于士兵怯懦，而是由于将领无能。现在迦太基人陷入极其困难的境地，这不仅是因为我刚提到的两次失败，还因为在迦太基人与罗马作战的同时，努米底亚人（Numidians）对迦太基土地的毁坏不亚于罗马人。结果，被敌人的劫掠吓坏的各地民众涌入迦太基城避难，迦太基城内弥漫着沮丧和饥饿，饥饿是由于城内人口过多，沮丧是因为他们预料到罗马人会围城。

雷古鲁斯认为，由于迦太基人在陆地和海上两方面都遭受重创，他可以在短时间内攻占迦太基城。但是，他担心继任执政官届时恰好从罗马抵达，进而窃取攻陷迦太基的荣誉，于是决定邀请敌人商讨达成和约的可能性。① 迦太基人接受谈判提议，派出由元老组成的使团。但是，雷古鲁斯提出的和约条件太过严苛，以至迦太基使团无法忍受聆听他的条件，更不用说同意它们。他俨然以战争的胜利者自居，认为迦太基使团应该把他做出的任何让步视作他赏赐给迦太基的恩惠。但是，迦太基使团很清楚，即便他们变成罗马人的奴隶，也不会比屈服于雷古鲁斯的条件更坏，所以他们不仅没有同意，反而被这位罗马将军的苛刻深深冒犯。得知雷古鲁斯的条件后，迦太基元老院尽管深知获得安全的希望近乎渺茫，还是表现出极大的勇气和尊严，决定宁可遭受任何不幸去面对一切艰难困苦，也不愿屈就一份贬低和玷污他们过去辉

---

① ［英译注］发生于公元前256年冬季。此处对雷古鲁斯动机的描述与古代其他史家的描述矛盾。此处说雷古鲁斯为避免被窃取荣誉，主动提出与迦太基议和，但是其他史家，如西西里的狄俄多儒斯（33.12.1）、佐拉诺斯（8.13）、奥罗修斯（Orosius, 4.9.4）都认为，是迦太基人首先提出议和，而雷古鲁斯的执政官任期被罗马元老院延长。珀律比俄斯强调雷古鲁斯恐惧被继任者取代，可能源于法比乌斯·皮克托的叙述。

煌的和约。

[32]迦太基在此之前曾派很多人到希腊招募雇佣兵，恰在上述事件发生之时，其中一人返回迦太基，并带回一支颇具规模的兵力，其中有一位名叫克桑提普斯（Xanthippus）的拉克岱蒙人，此人在斯巴达式训练之下长大，拥有丰富的战争经验。得知近来事件的反转以及它们是如何、在何种条件下发生的，并全面掌握迦太基人依然可资利用的资源、骑兵和战象力量后，克桑提普斯立即得出结论：迦太基人之所以失败，不是因为罗马人勇猛，而是因为迦太基的将领缺乏军事经验。他与友人们分享这一看法，但是形势非常危急，以至他的看法很快不胫而走，并传到迦太基将军那里。

迦太基政府决定召见克桑提普斯，看看他有何高见。克桑提普斯来到众元老面前，毫无保留地陈述他关于迦太基人为何失败的看法，他建议迦太基军队在平原地区行军、扎营和作战，并指出迦太基军队如果这样做，不仅足以自保，而且可以打败敌人。迦太基将军们感激他并决定遵从他的建议，当场决定把迦太基军队交给他。① 克桑提普斯的看法已经四处流传，甚至在民众间产生诸多谣传和不同程度的乐观看法。

克桑提普斯率领军队以战斗阵型出城，他正确地训练各个分队，以正统的军事术语发布命令，这与前任将军们的无能形成鲜明对比，以至士兵们通过欢呼表达对克桑提普斯的拥护。将士们坚信，在克桑提普斯统领下，不会有什么可怕之事发生，因而渴望尽早与敌人交战。看到军队士气得到极大鼓舞，将军们发表契合处境的演说，几天后大军出发。迦太基大军有12000步兵、4000骑兵和将近100头战象。

---

① 此处的说法尽管有些含混，但迦太基将军们不可能委托克桑提普斯全权统领军队，后面的战事进展也表明迦太基将军们并未把统军大权全部交给克桑提普斯。

[33]罗马人看到迦太基人在平地行军、在平地扎营,深感震惊,甚至对这一现象感到惊慌,不过他们还是非常渴望与敌人交战。双方进入对方视野后的第一天,迦太基人在距离雷古鲁斯10斯塔德[①]处扎营。第二天,迦太基将领们商讨该采取何种对策。但是,迦太基士兵非常渴望与敌人一战,自动聚集起来,大声呼喊,要求克桑提普斯带领他们直接攻击敌人。他们认为,这才是解决当下处境的最佳对策。面对士兵们的这种勇敢和士气,克桑提普斯劝告将军们不要错过战机,迦太基众将领遂命令部队做好准备,由克桑提普斯按照他认为最好的方式指挥这次战役。

获得指挥权后,克桑提普斯率领大军出营列阵。他将战象部署在整个战阵前面,成横列一字排开,迦太基方阵($φάλαγγα\ τῶν\ Καρχηδονίων$)[②]位于战象背后一定距离处。部分雇佣兵被部署在方阵右翼,最具战斗力的雇佣兵与骑兵被放在方阵两翼的前方。看到敌人布好战阵,罗马人迅速出营列阵,以迎击敌人。罗马人对战象的冲撞力有所警惕,所以将轻步兵部队($γροσφομάχους$)[③]置于方阵前面,之后是极有纵深的军团方阵,骑兵部署在两翼。如此布阵使得罗马人的阵线要比他们通常的要窄,纵深却更深,意在抵御敌人战象的冲撞,但是他们没有考虑到敌人庞大的骑兵布置在两翼,阵线扩展得很宽。对阵型作出最适合自己的全面和详细的部署后,双方严阵以待,等待有利的进攻时机。

[34]克桑提普斯命令战象进攻,撕碎敌人战线,两翼骑兵则发起迂回侧翼冲击。与此同时,罗马士兵则用盾牌和刀剑碰

---

① 约1842米。

② 指迦太基公民组成的方阵。迦太基公民兵只有在本土遭到入侵时,才出战。

③ 这个词的意思是投掷标枪的部队。

撞，如他们的习俗那样发出阵阵战吼，向前攻击敌人。① 但是，由于数量远远小于迦太基骑兵，罗马骑兵被迅速击溃；左翼的步兵部分是为避免战象冲击，部分是因为轻视敌人的雇佣兵，他们一与迦太基右翼接触，就很快将其击溃，一直追击到敌人营地。但是，位于罗马方阵前面、与敌军战象相对的轻步兵部队，与战象相遇时，不断向后退，成堆地被这种动物踩死。

不过，罗马方阵的主体由于纵深很厚，暂时保持完整。然而，方阵后部被迦太基骑兵从各个方向包围，不得不转身与身后的骑兵作战。② 与此同时，那些在战象冲击之后重组、此时已位于战象背后的方阵前部士兵，却要面对迦太基完好无损、秩序井然的公民方阵，因此被敌人砍得七零八落。此时的战场上，罗马人在各处皆陷入困境。大量士兵被凶猛庞大的战象踩死，其余的士兵在原地被敌人庞大的骑兵击杀。只有一小部分士兵突破重围，但他们要想撤出战场，必须穿过平地，所以又有一些士兵被敌人战象和骑兵杀死。最终，只有雷古鲁斯和大约500人穿过平地，但他们也很快被俘，包括执政官在内。

在这次战役中，迦太基一方损失800名直面敌人左翼的雇佣兵，罗马一方则只有2000人幸存，他们是那批将迦太基雇佣兵赶出战场的士兵。剩余的士兵，除雷古鲁斯和跟他一起试图逃走的500人外，全部阵亡。幸存的2000人成功逃回阿斯比斯。迦太基人剥夺敌方战死者的物品，带着雷古鲁斯和俘虏兴高采烈地返回迦太基。

［35］此刻，任何有眼光的人都可以从中学到许多能校正人的生活的教训。雷古鲁斯的不幸以最清晰的方式向所有人表明：切不可相信机运，尤其是诸事顺遂之时。不久之前，雷古鲁斯拒绝怜悯或宽宥身处不幸中的敌人，转瞬间自己就成了俘虏，为了

---

① 从希腊传统来看，这种做法一般是蛮族军队的做法。

② 迦太基骑兵必然是在追击罗马骑兵之后返回，包围了罗马方阵的侧翼和后部，否则无法解释罗马方阵左翼何以有机会逃脱。

活命，他不得不向先前他拒绝怜悯的人乞求怜悯。这些真实的事件再次印证了欧里庇得斯（Euripides）一直以来被公认明智的名言：一项明智的计划胜过众多双手。①因为一个人、一颗富有智慧的头脑就足以战胜一个看似无法战胜、不可抗拒的主人，振兴一个在所有人看来跌至谷底的邦国，恢复士兵们萎靡不振的士气。

我提到这一点，为的是让我的读者从中受益。人变得更好的方式有两种：一种是从自己的不幸中学习，一种是从别人的不幸中学习，前一种更铭心刻骨，后一种所受痛苦更小。我们不应选择第一种，因为第一种要遭受不幸和危险，而是应该选择第二种，因为第二种无需遭受苦痛就能懂得如何变得更好。因此，我们应该把阅读政治史得到的经验当作真实生活的最佳教师。因为唯独这种方法，能让我们无需遭受不幸就有能力判断，在任何时机、任何形势下，如何行动才堪称最佳。就目前而言，我关于这个主题已谈得够多。

[36] 迦太基人对这次胜利表现出无限喜悦，他们向诸神献祭，放肆地举办庆贺活动。不过，作为扭转迦太基困局（πράγμασι）、缔造这种辉煌的关键人物，克桑提普斯没过多久就返回家乡。这是一个非常明智、合理的决定，因为伟大的成就，尤其是出人意料的伟大成就，常常伴随最深的妒忌和最恶毒的诽谤。一个本国人，在亲属和友人的支持下，还可能抵御这类妒忌和诽谤一段时间，但是，一个外邦人根本不可能抵御，他很快就会被妒忌和诽谤压垮，陷入险境。关于克桑提普斯的离开，还有另外一种说法，我会在时机比眼下更恰当之处提到。②

---

① [英译注] 出自欧里庇得斯的剧作《安提俄珀》（Antiope）。

② [英译注] 珀律比俄斯这部史书现存部分中，没有提到这里所说的"另一种说法"。如果托勒密三世手下那位克桑提普斯与此处的是同一个人，珀律比俄斯可能在已经散佚的叙述埃及的部分，提到过此处所说的"另一种说法"。

罗马人从未想过在利比亚会遭受这样的失败,立即命令装备舰队,前去营救在利比亚幸存的士兵。这次战役后,迦太基人在阿斯比斯城前扎营,意图围攻此城,俘虏幸存的罗马士兵。但是,由于这群罗马士兵奋勇作战、积极抵抗,迦太基人没有成功,遂放弃围城。得知罗马人正在装备舰队,打算再次航往利比亚后,迦太基人立即修复旧舰、建造新舰。没过多久,迦太基就装备起一支有200艘战舰的舰队,然后命舰队出海,监视敌人可能的进攻。这年初夏时分,罗马人装备起有350艘战舰的舰队,执政官马尔库斯·保卢斯(Marcus Aemilius Paullus)和塞尔维乌斯·派提努斯(Servius Fulvius Paetinus)① 统率这支舰队,沿着西西里海岸驶向利比亚。罗马舰队在赫尔迈海角附近与迦太基舰队相遇,轻松击溃后者,俘虏114艘战舰及其船员。然后,罗马舰队航往阿斯比斯,接走幸存士兵,返回西西里。

[37] 罗马舰队安全渡过大海,抵达西西里海岸距离卡马里纳(Camarina)城不远处。他们在这里遭到风暴袭击,很难用语言描述这次灾难的规模之大。罗马舰队总共364艘战舰中,只有80艘幸存,其余战舰要么沉没,要么被风暴裹挟,撞击到岩石和海岬上,摔得粉碎,海岸上到处是船体残骸和士兵尸体。过去从未记载过比这更大的海难。这次海难的罪责,不能像人们不假思索地认为的那样,归咎于机运,而应归咎于舰队指挥官。战舰的舵手们一再告诫两位执政官,不要沿着西西里面向利比亚海的外

---

① 公元前255年的罗马执政官,两人于公元前255年4月率舰队出发。

周赧王在位时(公元前314—前256年),周天子地位已完全徒有虚名,王畿也被分为东、西两周,分别由东周公、西周公治理,赧王居东周公所治理区域。公元前307年,秦武王欲试举周鼎被拒,赧王被逐出王宫,依附于西周公。上一年,秦攻西周,西周君降秦,西周君即西周公,不是赧王。该年,赧王病逝,其民东逃,西周灭亡,故司马迁说周初亡。公元前249年,秦国灭东周公。参《史记·秦本纪》,前揭,页218。

海岸航行，因为这一侧的海岸崎岖不平，几乎没有安全的锚地。舵手们还警告说，一个危险时期尚未过去，另一个即将到来：他们正航行于猎户座和天狼星座升起期间。① 但是，两位执政官丝毫没有重视舵手们的意见，还是选择沿着海面宽阔的外海岸航行，意图借最近海战的光辉胜利，恐吓一番沿途经过的城镇，以将它们争取到罗马一边。但是，他们实际上却遭遇巨大的海难，而这一切不过是为了如此微小的利益，直到那时，他们才意识到自己的愚蠢。

一般而言，罗马人在一切事务上都相信武力，认为有义务完成他们开始做的任何事业，同时认为一旦他们下定决心，就没有什么能阻挡他们。这种精神常常给他们带来胜利，但他们有时也因这种精神遭遇重大失败，尤其是在海上。在陆地上，罗马人攻击别的城邦和人造物时，场场取胜，因为他们是在用武力对抗拥有相似能力、相似资源的武力，尽管他们偶尔也会失败。但是，当他们面对大海以及海洋上的天气，试图通过武力战胜它们时，就会遭受失败。这次海难远不是唯一一次，这种事还会不断发生，除非他们收起那种鲁莽的傲慢，那种傲慢让他们认为自己可以在任何想航行的季节出海。

［38］听说罗马舰队被风暴毁灭后，迦太基人基于利比亚那次陆战胜利和罗马人这次海上灾难，认为自己可以在陆上和海上与罗马人匹敌。受此鼓舞，他们着手加强陆军和海军的兵力。迦太基人立刻派哈斯德鲁巴② 前往西西里，让他指挥之前留在西西里的部队和新近从赫拉克里亚加入的一支兵力，还有140头战象。将哈斯德鲁巴派出之后，迦太基人开始着手建造200艘战舰和一次海上远征的其他准备。哈斯德鲁巴安全抵达利利巴厄姆后，立

---

① 天狼星座升起是7月4日，猎户星座升起是7月28日。
② 前文所说汉诺之子，即雷古鲁斯登陆利比亚后，迦太基人推举出的两位将军之一。

即着手训练战象和军队,毫不掩饰他想与罗马人争夺乡野地带控制权的意图。

罗马人从海难幸存者口中得知海难的消息后,非常悲痛,但是决心绝不屈服,决定再建造220艘战舰,组建新的舰队。令人难以置信的是,罗马人3个月就建好全部战舰。待舰队装备完成后,新任执政官奥卢斯·凯阿提努斯(Aulus Atilius Caiatinus)和格奈乌斯·斯基皮奥(Gnaeus Cornelius Scipio)[①]率舰队再度出海,抵达墨西拿,接收海难的幸存船只。两位执政官率领总计300艘战舰的舰队航往潘诺姆斯——这是迦太基在西西里最重要的城市,开始围攻这座城市。罗马人在两处建造攻城器械,做好一切准备后,竖起攻城机。耸立在潘诺姆斯海岸旁的塔楼被罗马人轻松摧毁,罗马士兵利用这个缺口冲入城内,名为"新城"的部分旋即被攻陷,名为"旧城"的部分岌岌可危,居民随即投降。攻占这座城市后,两位执政官留下一支守军,率舰队返回罗马。

[39]次年的继任执政官格奈乌斯·凯皮奥(Gnaeus Servilius Caepio)和盖乌斯·布莱苏斯(Gaius Sempronius Blaesus),[②]夏天一到,立即率领整支舰队出海,经西西里驶向利比亚。罗马舰队一路沿着海岸航行,不断登陆,但没有取得值得一提的战果。最终,罗马舰队抵达洛托法戈伊(Lotus-eaters)岛,或者叫曼尼科

[①] 公元前254年的罗马执政官,这是他们第三次当选。这两人在公元前260年、公元前258年已两次出任执政官。

这年是秦昭襄王五十三年。上一年,周赧王驾崩,周亡。周鼎入秦是一件大事,于是诸侯皆遣使以示服从。魏国使者到得最晚,秦王派将军赵摎攻魏,占领吴城(今山西平陆县)。韩国桓惠王亲自来朝,魏国投降屈服,一切听令于秦。至此,秦昭襄王后期推行的"远交近攻"之略取得极大成果,赵遭到极大削弱,韩魏宾服,为秦始皇灭六国奠定牢固基础。参《史记·秦本纪》,前揭,页218。

[②] 公元前253年的罗马执政官。

秦昭襄王五十四年,因灭周、天下来宾、韩魏宾服的大业,秦王亲自前往秦国故都雍地郊祀上帝。参《史记·秦本纪》,前揭,页218。

斯（Meninx）岛，[①]此岛距离小苏尔忒斯（Lesser Syrtis）不远。在这里，由于对大海的无知，罗马舰队在几处浅滩搁浅，海水退潮后，船只更是直接贴着地面，无法动弹。过了一段时间，海水又突然回涨，罗马人扔掉船上所有重物，减轻船只重量后，才摆脱这一险境。他们迅速离开这块水域，像逃跑一样地航往西西里，绕过利利巴厄姆海角后，抵达潘诺姆斯停靠。正当他们试图鲁莽地穿过开阔的海面返航罗马时，他们再次遭遇大风暴，损失不下150艘战舰。

罗马人尽管对胜利拥有超绝的决心，面对眼下的处境——他们经历的海难的规模之大、次数之频繁——还是被迫放弃重建舰队的计划。罗马人将所有希望寄托在陆军上，所以派遣执政官卢西乌斯·曼特卢斯（Lucius Caecilius Metellus）和盖乌斯·潘西里乌斯（Gaius Furius Pacilius）[②]率领军团前往西西里，同时配备60艘船只运送补给。

上述海难让迦太基的战争前景再次变得光明起来：现在，他们再次无可置疑地控制了海洋，罗马人已从海洋撤出，他们对自己的陆军也充满信心。迦太基人完全有理由拥有这种信心：利比亚那次陆战的消息传回罗马后，罗马人得知是战象摧毁方阵，杀死大部分士兵，便对这种动物充满恐惧，以至在接下来的两年内，尽管罗马人常常在利利巴厄姆或塞利努斯（Selinus）附近距离敌人不过五六斯塔德的地方列阵，却从未敢于发动进攻，事

---

① ［英译注］即今杰尔巴岛（Djerba），此岛位于突尼斯东南侧的加贝斯湾（Gulf of Gabes），加贝斯湾在古代的名字是Lesser Syrtis。公元前3世纪亚历山大里亚的学者埃拉托色尼（Erathoshenes）认为，此岛就是《奥德赛》卷九提到的吃忘忧果的民族所在的岛屿。

② 公元前251年的罗马执政官，公元前252年的战事被略过。

公元前251年是秦昭襄王五十六年。秋，昭襄王去世，时年七十五岁。韩国桓惠王亲自来吊，诸侯皆遣使来吊，足可见秦国之强盛。昭襄王在位时间相当长，对秦霸中国的大业居功至伟，是秦一统天下过程中最重要的一位君王。参《史记·秦本纪》，前揭，页219。

实上他们也从未敢在平地上与迦太基人列阵对峙，以免让战象有机会攻击他们。在此期间，罗马人一直据守山区和崎岖难行的地带，仅有的亮点是他们通过围攻，攻陷塞尔玛（Therma）和里帕拉两城。罗马元老院注意到陆军中弥漫的怯战和低迷情绪，改变想法，决定再次尝试控制大海。于是，在盖乌斯·雷古鲁斯（Gaius Atilius Regulus）和卢西乌斯·乌尔索（Lucius Manlius Vulso）[①]任执政官那年，罗马人建造了50艘战舰，积极招募水手，再次装备起一支舰队。

［40］迦太基驻西西里的主将哈斯德鲁巴，注意到罗马军队仍然怯战，即便是已经列阵之后亦是如此。哈斯德鲁巴得知罗马的一位执政官率领一半军力返回意大利，留在西西里的执政官凯西里乌斯率领剩余的军力驻扎在潘诺姆斯，意在保卫盟友的庄稼——这时[②]正是庄稼收获的季节，所以集结大军从利利巴厄姆出发，控制乡野，在潘诺姆斯边界处扎营。看到哈斯德鲁巴信心十足，想诱自己出城迎战，凯西里乌斯严令部队待在城内。哈斯德鲁巴据此认为凯西里乌斯也太过怯战，不敢出城应战，因而信心再次倍增，大胆地率全军继续前进，穿过边界山路，下降到潘诺姆斯疆域内。[③]凯西里乌斯坚持原来的策略，拒不出战，任由哈斯德鲁巴肆意蹂躏直到潘诺姆斯城下的庄稼，一直到哈斯德鲁巴的大军渡过潘诺姆斯城前的那条河。

迦太基人的战象和军队一渡过那条河，凯西里乌斯立刻派出

---

① 公元前250年的罗马执政官。这两人海战经验丰富，盖乌斯·阿提利乌斯·雷古鲁斯是图达里斯海战的胜者，卢西乌斯·曼利乌斯·乌尔索是厄克诺莫斯海战的胜者。

公元前250年是秦孝文王元年。秦孝文王在位时间相当短，前后不足一年，其子庄襄王即位，庄襄王是秦始皇之父。参《史记·秦本纪》，前揭，页219。

② 公元前250年6月。

③ 可能是经潘诺姆斯（现在的巴勒莫）西南朱塞佩（S.Giuseppe），进入奥罗托谷地，进而抵达潘诺姆斯城南。

轻步兵骚扰敌人，直到迫使敌人全部兵力形成密集队列。凯西里乌斯看到自己的策略已经奏效，将部分机动兵力部署在城墙和壕沟前，命令他们：如果敌人战象进入射程，就尽可能多地朝大象投掷标枪；如果战象驱使他们后退，就躲入壕沟，再从壕沟内跳起来朝战象投掷标枪。凯西里乌斯还命令城内下层民众携带标枪，将他们布置在城墙脚下，他自己则率领重装方阵守卫城门，直面敌人的左翼，并不断地派出援兵支援骚扰敌人的行动。骚扰部队不断袭击敌人，战象部队急于在哈斯德鲁巴面前展示战象的威力，想要独占胜利之名，所以发起冲击，在第一线执行骚扰任务的罗马轻步兵没有抵抗，向后撤退。战象追逐他们至壕沟附近，正当此时，战象遭到此前被布置于壕沟前的机动兵力和城墙处的射手的攻击，这两处兵力投出大量标枪（ $\gamma\rho\acute{o}\sigma\varphi o\iota\varsigma$ ）和投枪（ $\dot{\upsilon}\sigma\sigma o\tilde{\iota}\varsigma$ ）。[①] 受到各种投射物的攻击后，战象受伤严重，很快陷入混乱，转身朝己方狂奔，众多己方士兵被踩死，迦太基一方的战阵序列完全被摧毁。

看到这一点，凯西里乌斯立即率领军团方阵，攻击敌人侧翼。罗马方阵完好无损且秩序井然，而敌人已陷入混乱，凯西里乌斯的猛攻导致敌人崩溃，很多敌人被杀，其余的仓皇而逃。凯西里乌斯捕获10头战象及其象夫。战役结束后，罗马军队围捕其他战象，将它们全部俘虏。公认正是凯西里乌斯通过这次胜利，让罗马人在西西里的局势好转，使罗马陆军重拾信心，再次掌控西西里的乡野地带。

［41］这次胜利的消息传到罗马，引起极大欢呼，不是因为敌人损失的战象削弱了敌人，而是因为捕获敌人战象极大鼓舞了军队士气。这次胜利鼓舞罗马人恢复原来的战略，他们决定再派执政官率舰队远征，因为他们竭力想结束这场战争。远征舰队所

[①] 标枪是罗马轻步兵部队的武器之一，投枪是罗马方阵士兵的武器之一，两类武器略有差异。见6.22–23。

需要的一切准备就绪后，执政官率领有200艘战舰的舰队航往西西里。这已经是这场战争的第十四年（前250年）。罗马舰队在利利巴厄姆城外下锚，在这里与他们的陆军会合，开始围攻利利巴厄姆，他们认为攻下这座城市，就能轻易地将战火引到利比亚本土。迦太基元老院与罗马人的看法相同，也认为利利巴厄姆的战略地位至关重要。所以，迦太基人搁置其他战争计划，尽一切力量救援这座城市。他们决心不惜一切代价保住利利巴厄姆。因为利利巴厄姆是他们在西西里除德雷帕纳（Drepana）[1]外的最后一个作战基地，此时罗马人已经控制西西里的其余地区。

接下来我要简单描述一下所提到的这些城市的天然优势和地理位置，因为我不想让任何读者由于不熟悉西西里的地理状况，而认为我的叙述晦涩难懂。

［42］西西里的位置与意大利以及意大利南端的地理关系，几乎与伯罗奔半岛的位置与希腊大陆的关系一样，不同之处在于，伯罗奔是一个半岛，与希腊大陆有陆地连接，西西里则是一个岛屿，与意大利隔着大海。西西里的形状类似于一个三角形，三个角的顶端分别是三个海角。南边的那个海角伸至西西里海，名叫帕克诺斯角（Pachynus），北边的海角位于墨西拿海峡的西边，距离意大利只有12斯塔德，名叫珀勒利亚斯角（Pelorias）。第三个海角朝向利比亚，地理位置优越，便于前往保护迦太基位于利比亚的那些海角。[2] 这个海角距离迦太基1000斯塔德，面朝西南，将利比亚海和撒丁尼亚海分割开来，它的名字就是利利巴厄姆角。这个海角上坐落着与它同名的城市，即罗马人正在围攻的利利巴厄姆城。这座城市有异常牢固的城墙，且有一条很深的

---

[1] 即今特拉帕尼（Trapani），位于西西里西部最西端，迦太基在西西里最重要的作战基地之一。

[2] 今突尼斯湾两侧的海角，邦角位于海湾东侧，法里纳角（Cape Farina）位于海湾西侧。

护城沟环绕，面朝大海的那一面浅滩密布，进入城下的港口需要高超的技巧和经验。

罗马人在利利巴厄姆城两侧扎营，修筑了一条壕沟、一圈栅栏和一堵墙，防卫两处营地之间的空地。然后，他们用围城工事应对利利巴厄姆城朝海一侧、紧靠海边的塔楼，通过不断增加已建工事的长度逐渐向前推进，最后成功拆除敌人六座毗邻的塔楼，然后立即用攻城机攻击别的塔楼。罗马人的围城行动激烈、可怕，每天都能看到塔楼被推倒或摧毁，围城工事无时无刻不在推进，他们距利利巴厄姆城愈来愈近。城内居民陷入绝望和恐惧之中，尽管此时城内除普通民众外，尚有10000名雇佣兵。[①] 迦太基将军希米尔考（Himilco）竭尽全力加强防御，他针对罗马人的工事建造的防御墙和壕沟，让敌人的推进举步维艰。希米尔考每天都攻击敌人的围城工事，试图烧毁它们，为此日夜不停地与之进行殊死战斗，以至每次攻击都比一般的激战损失的士兵还要多。

[43]与此同时，城内雇佣兵的一些高级将领私下密谋把城市出卖给罗马人。他们自信部下会追随他们，在一个晚上从城中潜出，来到罗马大营，与罗马执政官商议这一阴谋。但是，阿凯亚人阿勒克松（Achaean Alexon）——他之前拯救过阿格里真托城，那时叙拉古的雇佣兵谋划过背叛阿格里真托的阴谋——一发现了这个阴谋，立即将其报告迦太基将军。获悉这个阴谋后，希米尔考立即召集留在城里的雇佣兵将领，迫切恳求他们的帮助，通过向他们允诺数额庞大的礼物和恩惠，敦促他们继续忠于他，不要参与已叛离城市的那批将领的阴谋。得到他们全心全意忠诚于他的保证，希米尔考立即命令他们回到岗位。

同时，希米尔考给凯尔特雇佣兵派去汉尼拔——这位汉尼拔是战死在撒丁岛的那位汉尼拔之子。在之前的战事中，汉尼拔曾指挥过凯尔特雇佣兵，因此他们认识他。希米尔考给其他的雇佣

---

① 由凯尔特人和希腊人组成。

兵[1]派去阿勒克松，因为后者在那些雇佣兵中间很受欢迎，他们也信任他。两人召集各自雇佣兵，部分是通过演说劝诫，部分是通过保证每个士兵都将得到希米尔考许诺的赏金，轻松说服他们遵守诺言。所以，当那些跑到罗马大营的将领公然返回城下，说他们想对部队发表讲话，告诉士兵罗马人的报价时，城内雇佣兵毫不理会。事实上，他们不仅没有找到听众，反而被投掷石块和箭矢，被从城下赶走。迦太基人由于上述原因，侥幸逃过雇佣兵叛变本来可能造成的惨重灾难。阿勒克松不仅之前凭靠忠诚拯救了阿格里真托及其土地，而且拯救了那座城的律法与自由，迦太基人这次之所以能逃过彻底的毁灭，也归功于他。

[44] 迦太基元老院对这些事情一无所知，但是知道被围攻的城市需要什么，遂组建援助部队，用50艘船装载。向士兵阐明这次行动的重要性后，迦太基元老院命哈米尔卡[2]之子汉尼拔——此人是阿塔赫布斯（Adherbal）[3]最亲密的朋友和海军将领——率领舰队立即出海。迦太基元老院命令汉尼拔不得拖延，抓住机会勇敢解除利利巴厄姆之围。汉尼拔的舰队共10000名士兵，他在埃古塞（Aegusae）群岛[4]下锚，此群岛位于利利巴厄姆和迦太基之间。他在这里等待有利于航行的天气。一等到顺风，

---

[1] 应该是希腊雇佣兵。

[2] 这位哈米尔卡是指挥厄克诺莫斯海战、阿杜斯战斗的那位。自雷古鲁斯于利比亚战败后，这位哈米尔卡一直致力于平息努米底亚人和摩尔人的叛乱。

[3] [英译注] 西西里的狄俄多儒斯（24.1.2）提到阿塔赫布斯率领4000人救援利利巴厄姆。阿塔赫布斯很可能就是珀律比俄斯此处所提到的救援行动的主将。但是，阿塔赫布斯航往德雷帕纳，把汉尼拔留在埃古塞群岛，以突破利利巴厄姆之围。

[4] 位于西西里西部，德雷帕纳和利利巴厄姆之间，即现在的埃迦提斯（Aegates）群岛，包括现在的法维尼亚纳（Favignana）岛和莱万佐（Levanzo）岛，距离西西里最西端仅24公里。

汉尼拔立即起航，乘风全速前进，直接进入利利巴厄姆的海港入口，甲板上的士兵全副武装，准备随时投入战斗。

罗马人部分由于敌人舰队突然出现，部分由于害怕自己的战舰被顺风吹向敌人那边，因此没有做任何努力以阻止敌人援军进入港口，而是在外海惊愕地注视着敌人的大胆行动。利利巴厄姆城内的民众全部聚集在城墙上，一方面焦急等待将要发生的事情，另一方面对意想不到的救援感到万分欣喜，在舰队驶入港口时，不停欢呼和鼓掌。汉尼拔以这种危险、大胆的方式进港、下锚，救援部队安全登陆。利利巴厄姆城内的居民非常高兴，不过主要并非由于救援部队的到来，尽管他们的前景因兵力加强而大大改善，而是因为罗马人并没有冒险阻止迦太基援兵进入港口。

[45] 利利巴厄姆守军的将军希米尔考，看到部队士气旺盛、信心十足——原先的守军由于援兵的到来士气大涨，新到的援军又对当前的危险处境一无所知——想利用两部分部队的旺盛士气，再次出击，烧毁敌人的围城工事。因此，他将所有士兵召集起来，向他们发表与处境相宜的演说，承诺给予表现卓越的士兵慷慨奖赏，保证全军会得到元老院的酬谢，这激起士兵巨大的热情：士兵们一起向他欢呼，大声喊叫着不要再拖延，立即率领他们出战。希米尔考赞美他们一番，对他们的这种热情表示高兴，并命令他们服从长官、早点休息，然后解散部队。他紧接着召集各位将官，部署每位将官在攻击中的位置，向他们发布进攻的信号和时刻。他命令各位将军在第二天一早率领各自士兵做好攻击准备。他的命令被很好地执行。第二天天一亮，希米尔考率领全军出城，从不同的地方攻击敌人的工事。

罗马人预见到敌人的行动，也没有闲着，不是毫无准备，而是迅速跑去防卫会受攻击之地，勇猛抵御敌人的攻击。随着交战开始，殊死战斗在罗马防御墙各处爆发。进攻的迦太基士兵不少于20000人，不过，罗马的围城部队人数更多。这是一场没有战斗阵型的混战，每个士兵都以自己认为最好的方式战斗，整个战斗异常惨烈。尽管参战人数庞大，但整场战斗是个人对个人或小分队对小分队，仿佛是一场双方士兵单打独斗的战斗。在攻城工事旁，士兵的怒吼和战斗之惨烈最甚。因为迦太基士兵的目标是赶走守卫攻城工事的罗马士兵，罗马士兵的目标是绝不放弃攻城工事。双方都展示出这样的决心，迦太基人要竭尽所能赶走罗马人，罗马人则顽强抵御。最后，双方士兵都战死在最初站立的地方。

最激烈的战斗当属对攻城机的攻击，迦太基士兵手持火把、绳子和火苗，从各个方向朝攻城机勇猛投掷这些燃烧物，罗马士兵陷入极大危险，无法抵御敌人的进攻。但是，迦太基将军希米尔考观察到，虽然敌人的围城工事尚未被摧毁，但已有很多人战死，遂命令号手鸣号撤军。所以，罗马人虽然几乎丧失他们的全部围城工事，最后还是得以安全保住它们。

[46] 这次战役后，汉尼拔率领他的船只乘夜色起航，敌人丝毫没有察觉，他们驶向德雷帕纳，与驻守那里的迦太基将军阿塔赫布斯会合。由于德雷帕纳位置便利，港口优良，所以迦太基人一直非常重视对它的保护。德雷帕纳距离利利巴厄姆有120斯塔德。迦太基城内的人想知晓利利巴厄姆战事的进展，但是他们的军队被围困于城中，罗马人的围攻又极为严密，所以无法得知消息。他们的一位元老汉尼拔，绰号为"罗德岛人"（the Rhodian），[①]提出自愿航往利利巴厄姆，通过亲身观察，获得全面细致的报告。迦太基元老院欢迎他的自荐，但不相信他能成功，因为罗马舰队就停泊在利利巴厄姆海港入口外面。待他的船准备好后，汉尼拔起航，前往利利巴厄姆前方的一个岛屿。第二天，他发现风向有利于航行，便于上午10点左右，在罗马舰队的注视之下进入港湾，后者对他的大胆震惊不已。第三天，汉尼拔准备离开，返航迦太基，但是罗马执政官已经意识到需要更密切地监

---

① 取绰号在迦太基很常见。

视海港入口，于是在前一天夜里在入口处部署了10艘速度最快的战舰，现在执政官本人和整个军队坐等接下来会发生什么。

罗马的10艘战舰在出口的两侧等候，尽可能靠近浅滩，船桨浮在水面，随时准备出击并逮捕计划航走的"罗德岛人"的战舰。但是，在众目睽睽之下，这位"罗德岛人"的大胆之程度和船的速度远远超过罗马人，以致他和他的船员不仅安全地冲出海港，仿佛守在出口处的罗马战舰一动不动似的，而且还在航出一小段距离后，将船桨横置，仿佛在挑衅罗马人，并且罗马一方没有一艘战舰敢于冒险进攻他，因为他的船速度实在太快。"罗德岛人"汉尼拔以一条船成功挑衅整支罗马舰队后，安全离去。之后，他还重复过好几次这样的行动，不断为迦太基提供最要紧的战况报告。同时，他的冒险行动既大大鼓舞利利巴厄姆城内被围军队的士气，又让罗马人感到气馁。

[47]"罗德岛人"汉尼拔之所以有如此自信，是源于他的经验：他非常清楚穿过浅滩进入海港的路线。当船只进入能看到利利巴厄姆城的海域时，汉尼拔让船首朝向意大利一侧的海边塔楼，这样就能遮盖所有朝向利比亚一侧的海边塔楼，这是唯一一条在风击打港湾入口之前驶入海港的路线。好几位熟悉这里的地理水文的人，都从那位"罗德岛人"的大胆行动中获得信心，模仿他的行为。罗马人非常恼火，决定堵塞海港入口。但是，他们的绝大部分努力都是徒劳，因为海港入口处很深，他们投下的东西没法固定在一处或堆在一起。他们投入的石头沉入海底后，立即被海底的激流冲走。

然而，在一处有浅滩的地方，罗马人经过艰辛劳作后终于堆出一个牢固的石堆。一天晚上，一艘四列桨船试图离开海港时，被罗马人俘获。这艘船建造得极为精妙，罗马人俘获这艘船后，精选船员，令其驾驶它在港湾入口处游弋，以监视突围逃跑的人，尤其是"罗德岛人"汉尼拔。汉尼拔恰好在那个晚上进入海港，第二天准备照样大摇大摆离开。但是，当看到那艘四列桨船与他同时行动后，他有所警惕。汉尼拔立即加快速度，准备甩掉敌舰，但是发现敌舰由于桨手极为优秀而一直紧追，他最后转头与敌舰交战。但是，他船上的士兵无法匹敌敌舰的士兵，因为后者不仅人数众多，而且是挑选的精英，所以汉尼拔落入罗马人之手。汉尼拔的船建造得也极为精良，罗马人捕获这艘船后，也为它配备了优秀桨手，用来执行监视海港入口的任务。如此，罗马人制止了所有这种试图突破包围的冒险行动。

[48] 被困在利利巴厄姆城内的迦太基守军这时依然积极地建造防御设施，他们已经放弃焚烧或毁坏敌人的围城工事。一天，突然刮起暴风，狂暴地击打推动攻城机前进的装置，攻城机的防护棚被吹得摇晃不已，攻城机前的木制塔楼也被吹倒。狂风正猛时，一些希腊雇佣兵受到启发，认为眼下是摧毁敌人攻城机的最佳时机。他们把这个想法告诉将军希米尔考，后者同意后，立即为此次冒险做好一切准备。

士兵们分成了几个部分到三个不同的地点，将燃烧的火把扔向攻城机。攻城机已经很旧，非常易燃，此时又狂风肆虐，火把一沾染它们，火苗迅即蔓延，燃起大火。罗马人尽管竭尽全力援救，仍很难将其扑灭。事实上，赶来救援的士兵被这一灾难吓坏了，他们不知道也没有意识到发生了什么，只是被熊熊大火、四处飞溅的火星、滚滚浓烟弄得近乎半盲，很多士兵还没有来得及靠近大火就倒下死亡。

由于下述原因，罗马人遇到的困难更为巨大，而敌人投掷的燃烧物又相应增大了这种困难。迦太基人将一切能模糊敌人视线或伤害敌人的东西点燃并将其推向敌人，又猛力投掷标枪或用装置发射其他东西，以打击前来救援的敌人或摧毁容易瞄准的攻城设施。迦太基一方的投掷者视线清晰，与此同时，迅猛的风力又给予他们额外的助力。迦太基的这次破坏最终极为彻底，塔楼的地基和支撑攻城机的柱子被大火烧得完全不能使用。这次灾难之后，罗马人放弃用攻城工事围城，他们绕城挖掘了一条壕沟，建造了一圈栅栏，同时绕着他们的营地建造了一面矮墙，将最终的结果交给时间。利利巴厄姆城内的守军则重建之前塌陷的防御工事，信心满满地继续等待围城的结果。

［49］这个消息传到罗马，罗马人又从各种渠道得知，他们舰队的大部分水手在这次战斗或围城行动中牺牲，便立即招募水手10000名，将其派往西西里。这支援军渡过墨西拿海峡后，从陆路前往利利巴厄姆的罗马大营。他们到达后，罗马执政官普布利乌斯·克劳狄乌斯·普尔切（Publius Claudius Pulcher）[1]召集各位军团长开会，告诉他们现在是用整支舰队攻击德雷帕纳城的最佳时机。克劳狄乌斯说，驻扎在德雷帕纳的迦太基将军阿塔赫布斯对突袭必然毫无防备，因为他不知道罗马援兵的到来，从而认为罗马舰队因在围城行动中损失惨重，不可能出海作战。军团长们欣然同意，克劳狄乌斯立即命令原来的水手和新到的水手登船，从全军中挑选擅长海战的勇士。这次出击航程很短，几乎肯定能得到大量战利品，所以士兵们自告奋勇，甚是积极。

万事俱备后，克劳狄乌斯在午夜时分率舰队起航，敌人毫无察觉，舰队沿着海岸线向北驶去。破晓时分，在德雷帕纳已经可以看到罗马舰队的头部船只在逼近。这一完全出乎意料的景象起初让阿塔赫布斯大吃一惊，但他很快镇静下来，意识到敌人已经攻来，他决定竭尽所能，不惜一切代价战斗，以免自己被包围。因此，他立即召集水手和城内雇佣军在海滩集合。

---

[1] 公元前249年的罗马执政官。

秦庄襄王元年，承继"远交近攻"之略，继续攻伐韩魏赵，表明秦国之志不是令六国听令，而是一统天下。该年，秦王遣相国吕不韦灭东周国，派将军蒙骜攻韩，占领成皋（今河南荥阳）和巩（今河南巩县）。秦国的边界抵达魏国都城大梁（今河南开封）。庄襄王二年，又派蒙骜攻赵，攻取太原。参《史记·秦本纪》，前揭，页219。

然后，他向部队发表简单演说，向他们阐明：如果冒险一战，就有机会取得胜利，如果有所迟疑且怯战的话，就要面临艰辛的围城战。战斗热情立即被唤起，士兵们呼喊着要他率领他们马上出战。阿塔赫布斯向他们致意，赞美他们的热情，转而命令他们迅速登船，紧跟他的旗舰行动。确信所有士兵掌握作战指令后，阿塔赫布斯迅即登船，带领舰队起航，紧靠海港布满乱石的一侧驶向出口，因为罗马舰队正从港口的另一侧驶来。

［50］罗马执政官克劳狄乌斯本来以为，罗马舰队的到来会让敌人投降，至少后者会被他的突袭吓倒，但是，他却看到敌人已准备好与他一战，这令他惊讶不已。此时，罗马舰队一部分已进入海港内，一部分正在海港入口处，剩余的战舰还在港湾外准备进入港湾，克劳狄乌斯立即命令所有战舰掉头，驶出海港。已进入海港的战舰与正在进入的战舰，由于突然掉头，不仅陷入极大的混乱，而且众多船桨由于相互碰撞而折断。然而，舵手们将船只排成一列后还是成功驶出海港，随即让战舰仅靠海岸排列，船首对着敌人。克劳狄乌斯的旗舰，自整支舰队出发以来一直殿后，现在转而面向开阔海面，位于整支舰队的最左侧。

与此同时，阿塔赫布斯率5艘战舰越过敌人阵线的左翼，让自己的旗舰背朝开阔海面，船首正对敌人。随着别的战舰赶来，加入队列，阿塔赫布斯通过副官命令所有战舰与旗舰处于相同方位。所有战舰列好阵线后，阿塔赫布斯下达预先安排好的攻击信号。迦太基人首先以整条阵线同时压向罗马人，而罗马舰队紧靠岸边，仍在等待那些从海港内驶出的战舰加入。紧贴海岸作战使罗马人处于极其不利的地位。

［51］两支舰队接近后，双方旗舰发出攻击信号，战斗开始。起初，双方势均力敌，因为双方的水兵都是从陆军中精选的勇士，但是，迦太基人由于在整个战斗中有诸多优势，逐渐开始占据上风。首先，由于船只建造得更优良、桨手训练得更好，迦太基人的船速度更快。其次，迦太基人占据的位置更有利，他们的

战舰背朝开阔海面,如果被敌人逼着后退,他们能够利用速度优势安全后撤,然后迅速掉头,围攻紧追不放的敌舰。此时,他们既能绕到敌舰尾部攻击,也能在敌舰转向时攻击敌舰侧面。这种战术给罗马人带来极大麻烦,因为他们的战舰笨重,水手技术笨拙。如此,迦太基人持续撞击,击沉不少敌舰。最后,任何迦太基战舰被敌人紧逼,都能轻易得到己方战舰的援助,因为迦太基战舰可以绕过阵线后的开阔海面前往援助,不会遇到任何危险。

罗马一方的情况则完全相反。他们被敌人紧逼时,无法撤往战线的后面,因为他们是在紧靠海岸处战斗。随着敌舰向前逼近,罗马战舰要么在浅滩搁浅,要么在驶向岸边后搁浅。对罗马战舰来说,穿过敌阵,出现在敌舰后面——这是海战中最有效的战术之一——根本不可能,因为他们的战舰太重,水手驾船的技术太差。罗马战舰也得不到友舰的援助,因为它们被挤压在岸边,根本没有足够的空间留给渴望援助深陷不幸的友舰的战舰。在这场海战中,罗马人面临这么多困难,最终他们的战舰要么在浅滩搁浅,要么在岸边搁浅。罗马执政官看到这一幕,转而逃跑:他沿着海岸往左边逃去,和碰巧在他附近的30艘战舰一同逃走。剩余的93艘战舰全部被迦太基人俘获,船上的船员除弃船登岸逃走的,也全部被俘。

[52]这次海战后,阿塔赫布斯在迦太基赢得极高声望,得到极大支持,迦太基人将这次胜利归功于他的远见和勇敢。相反,克劳狄乌斯在罗马荣誉尽失,陷入千夫所指的境地。罗马人说,克劳狄乌斯在海战中鲁莽、草率,他本人,并且只有他本人,要对这一巨大的灾难负责。克劳狄乌斯因此遭到审讯,通过缴纳高额罚款,才勉强保住性命。

尽管有这次惨败,罗马人赢得战争的决心依然坚决,他们没有气馁和松懈,而是尽其所能,准备继续战争。此时正值执政官选举的时间,一选出新执政官,罗马人立即派执政官之一卢西乌斯·普鲁斯(Lucius Junius Pullus)率领60艘战舰的护送舰队出发，①舰上载着给围困利利巴厄姆的军队的粮草和其他补给。舰队抵达墨西拿后，尤尼乌斯让驻守西西里各处的其他战舰加入舰队，然后沿着海岸全速驶往叙拉古。此时，尤尼乌斯率领的舰队有120艘战舰和800艘运送补给的船。尤尼乌斯在叙拉古将一半的补给船和一些战舰交给财务官们（Quaestors），命令他们先期出发，尽快将补给运往围困利利巴厄姆的部队那里。他本人则留在叙拉古，一边等待后续从墨西拿赶来的战舰，一边从西西里内陆的盟友那里收集更多的补给和粮草。

[53] 大约在同一时间，阿塔赫布斯将海战中俘获的俘虏和船只送往迦太基。他的同僚卡塔罗（Carthalo）之前已率70艘战舰抵达德雷帕纳，现在他又分给卡塔罗30艘战舰，命令卡塔罗率100艘战舰前去突袭停泊在利利巴厄姆海港外的罗马舰队，尽可能捕获敌舰，将无法捕获的放火烧掉。②卡塔罗遵令而行，拂晓时分发动攻击，试图烧掉或拖走敌舰，这导致罗马营地陷入一场很大的骚乱。因为罗马人大声呼喊快去营救船只时，惊醒了城内守军的将军希米尔考。此时，天刚蒙蒙亮，希米尔考看清发生的事情后，立即命令雇佣兵出城攻击罗马人。罗马人发现身处绝境，四面八方皆是危险。卡塔罗得以烧毁或拖走少部分敌舰，然后迅速撤离利利巴厄姆。

卡塔罗沿着海岸朝赫拉克里亚航行了一段距离，之后停下监视驶往利利巴厄姆城下罗马营地的船只，因为，他的真实意图是

---

① 珀律比俄斯叙事的这一年是公元前248年，但卢西乌斯·尤尼乌斯·普鲁士是普布利乌斯·克劳狄乌斯·普尔切即前一年的执政官的同僚。

② 公元前254年，阿格里真托陷落后，卡塔罗曾解救德雷帕纳。卡塔罗率70艘战舰及补给增援德雷帕纳是在公元前249年，德雷帕纳海战之后。珀律比俄斯没有记载阿塔赫布斯此时舰队的规模，其规模很可能要比罗马舰队规模小。克劳狄乌斯攻击德雷帕纳，很可能是为了抢在卡塔罗70艘增援战舰抵达前，击败迦太基在德雷帕纳的舰队。

拦截罗马人的援军。[①] 当监视哨报告说,一支数量庞大、有各种船只的舰队正在朝他们驶来,卡塔罗立即出航,朝敌人驶去,急于与敌人一战,因为最近那次海战胜利之后,他特别轻视罗马人。同样地,罗马一方常常航行在舰队前方的小艇,把敌人接近的消息报告给财务官们,即先前被尤尼乌斯从叙拉古派出的财务官们。财务官们认为己方没有能力与敌人进行海战,于是在一个防卫坚固、顺服罗马的小城外停泊,这个小城没有港口,但其突出的海角形成一处适于停泊的锚地,一定程度上可以保护舰队安全。

　　罗马人在这里下船,从小城中获得石弩和投石器,等待敌人的攻击。迦太基人最初的策略是接近敌人后将其包围,他们以为罗马人会惊惶不已,弃船逃往小城,这样他们就能轻易捕获敌人的船只。但是,事情没有像他们预料的那样发展,罗马人勇敢地进行抵御,并且迦太基人也遇到了各种各样的难题,所以卡塔罗率领舰队拖走敌人的一些补给船,之后驶入一条河的河口下锚,等待罗马人再次起航。[②]

　　[54] 留在叙拉古的罗马执政官尤尼乌斯,完成各项事务后,率领舰队绕过帕克诺斯海角(Cape Pachynus),朝利利巴厄姆航去,他对先遣舰队的遭遇一无所知。当监视哨再次报告敌人进入视野,迦太基将军卡塔罗率舰队起航,命令舰队全速航行,因为他希望与尤尼乌斯作战时,尽量远离财务官们率领的那支舰队。尤尼乌斯看到迦太基舰队时,注意到敌人舰队规模庞大,不敢发动攻击,也不能远遁甩开敌人,因为此时敌人已经很近。因此,尤尼乌斯改变航向,驶向海岸边一处崎岖不平、异常险峻之地,

---

①　[英译注] 依照西西里的狄俄多儒斯的说法(34.1.7),双方舰队相遇的地方在革拉(Gela)附近,停靠在位于现在的阿里卡塔(Alicata)城外的希曼拉(Himera)河东,厄克诺莫斯山对面。狄俄多儒斯认为,此时卡塔罗的舰队有120艘战舰。

②　迦太基人击沉50艘运输舰和17艘战舰,迫使13艘战舰退出战斗。

并在那里停泊,心想不管发生什么,比起整支舰队和士兵落入敌人之手,这样做要好得多。

卡塔罗看到尤尼乌斯的动向,决定不冒险接近如此危险的海岸,而是找到一处海角停靠,时刻警惕两支罗马舰队的动向,派人监视它们。海上刮起大风,迦太基人受到来自开阔海面的狂风威胁。熟悉当地地理和天气变化标志的迦太基舵手们,预见到接下来会发生什么,劝说卡塔罗绕过帕克诺斯海角躲避风暴。卡塔罗非常明智地听从了舵手们的劝告,费很大劲绕过帕克诺斯海角,在一个安全的地方下锚停泊。但是,两支罗马舰队被风暴摧毁,因为岸边没有任何遮蔽物,舰队遭到彻底摧毁,以至连船只残骸木料都没剩下。以这种无法预见的方式,罗马人损失两支舰队。

[55] 这次海难后,迦太基人重燃争取胜利的希望,认为战争的天平正偏向他们;罗马人则相反,他们以前虽然某种程度上不走运,但从未遇到这样毁灭性的灾难,最终只能放弃大海,控制他们在陆地上的据点。迦太基人现在又成为大海的主人,同时也没有完全放弃争夺陆上据点。罗马的每个人和利利巴厄姆城下的所有军团尽管对这些灾难惊恐不已,仍决心继续围城,通过不间断的陆路补给,尽其所能坚持下去。执政官尤尼乌斯在海难后回到军队,非常痛苦,认为他必须要有所为,必须做些重要的事情,以弥补这场灾难造成的损失。

因此,当一个小机会出现时,尤尼乌斯突袭了厄律克斯(Eryx),[1] 从而夺取阿芙洛狄忒(Aphrodite)神庙和厄律克斯城。厄律克斯是西西里面朝意大利那一边的一座山,距海边不远,位于德雷帕纳和潘诺姆斯之间,不过稍稍更靠近德雷帕纳一些,就在它的边界上。厄律克斯山是西西里除埃特纳山(Etna)外最高的山。厄律克斯山顶部平坦,矗立着阿芙洛狄忒

---

① [英译注] 现在的圣朱利亚诺山(San Giuliano),海拔751米,明显不是西西里仅次于埃特纳山(海拔3313米)的山。

神庙，那座神庙毫无疑问是西西里岛上最富有、最宏大的神庙。厄律克斯城位于山顶之下，无论从哪个方向来，都要经过又长又陡的山路。尤尼乌斯派一支守军驻扎山顶，又派一支守军驻扎从德雷帕纳到此的路段，密切监视这两处，尤其是后者。尤尼乌斯认为，这样部署可以安全地控制厄律克斯山和厄律克斯城。

［56］不久之后，迦太基任命绰号"巴卡（Barcas）"的哈米尔卡（Hamilcar）①为将军，命他负责指挥海上战事。在战争的第18年，哈米尔卡率迦太基舰队开始蹂躏意大利海岸。②蹂躏洛克里斯（Locris）和布鲁提恩（Bruttii）后，哈米尔卡率舰队前往西西里，抵达潘诺姆斯界内。他在此攻占一个名叫赫卡特（Hercte）③的地方，此地位于厄律克斯和潘诺姆斯之间，靠近海岸。哈米尔卡认为赫卡特对军队的安全和长期驻扎有特殊益处。赫卡特是一座平原上凸起的山，高度可观。山顶的周长不少于100斯塔德，山顶之下的高地是优良的牧场和适宜耕种的土地。

---

① 这位哈米尔卡就是著名的汉尼拔的父亲。哈米尔卡·巴卡接替卡塔罗抵达西西里，让这次战争进入一个新阶段。

② 此事发生于公元前247年。哈米尔卡于公元前247年秋抵达西西里。

公元前247年是秦庄襄王三年。蒙骜率军连续作战，攻取魏国的高都（今山西泽州县）和汲（今河南卫辉市），赵国的榆次（今山西榆次）、新城（今山西朔州西南）、狼孟（今山西阳曲县）等三十七座城邑。王龁率军攻占上党，秦设置太原郡。信陵君率燕、赵、韩、楚、魏五国联军攻秦，在黄河以南与秦军战，蒙骜败退。这年五月，庄襄王去世，享年三十五岁。其子嬴政即位，时年十三岁。秦始皇即位时，秦国的领土已相当大，西南占有巴、蜀、汉中，跨越宛占领楚国故都郢，设置了南郡；北边上郡以东，设置河东、太原和上党三郡；东边至荥阳，灭东西二周，设置了三川郡。此时，吕不韦为丞相，招致宾客游士，意图一统天下；此时，蒙骜、王龁、麃公等名将在朝，李斯此时是吕不韦的门客，后成为秦灭六国、一统天下战略的重要推动者。参《史记·秦本纪》，前揭，页220；《史记·秦始皇本纪》，前揭，页223。

③ 一般认为此山是现在的佩莱格里诺（Pellegrino）山，海拔600米，位于潘诺姆斯北部。

此山能很好地抵御猛烈的海风,也没有凶猛的动物。山的两侧,一侧朝海,一侧朝内陆。高地两侧是不可攀登的悬崖,山顶只有少数几处需要加固。山顶有一个凸起的圆丘,既可以做卫城,也是监视山脚下一举一动的绝佳地点。此外,赫卡特还扼守着一个深水港,港口非常适合停靠从德雷帕纳和利利巴厄姆前往意大利的船只。上山只有三条路,且都比较陡峭,两条临内陆,另外一条临海。

哈米尔卡冒险在这里扎营:他将自己置于敌人控制区内,既不能从己方城市获得任何支援,也没有希望从别的地方获得支援。尽管如此,他出现在赫卡特还是对罗马人构成严重威胁,罗马人发现需要与哈米尔卡进行两方面艰苦卓绝的战斗:首先,哈米尔卡将赫卡特作为海军基地,率领舰队蹂躏意大利海岸,直至库迈(Cumae)城;其次,哈米尔卡在接下来近三年的时间里在陆上与罗马人战争无数,因为罗马人在赫卡特与潘诺姆斯之间设了营地,该营地距离哈米尔卡的营地不足5斯塔德。①

[57] 我无法详细叙述这些战斗。双方的将军就像一对勇猛无比、技艺精湛的拳击手在争夺头名,二人不断挥出重拳,选手和观众都无法预测每一次攻击和出拳,但是从他们的每一次出击和展示出来的决心,观众对两位选手的技艺、力量和勇气能得到足够清晰的认识。② 双方将军的情形就是如此。他们每天进行埋伏、反埋伏、攻击和偷袭的原因和方式太过繁杂,以至没有一位作家

---

① [英译注]无法确定罗马营地的位置,罗马人不可能在三年的时间里保持营地不变。

② 珀律比俄斯只提到哈米尔卡和尤尼乌斯。但是,尤尼乌斯很可能在哈米尔卡抵达西西里前就已经离开。实际上,哈米尔卡在赫卡特,与一连串罗马执政官作战,这些执政官中有公元前247年的卢西乌斯·曼特卢斯(Lucius Caecilius Metellus)和法比乌斯·布特奥(N. Fabius Buteo),公元前246年的执政官奥塔西里乌斯·克拉苏斯(M. Otacilius Crassus)和法比乌斯·李奇努斯(M. Fabius Licinus),公元前245年的执政官马尔库斯·布特奥(Marcus. Fabius Buteo)和阿提利乌斯·布尔布斯(C. Atilius Bulbus)。

能准确描述它们。当然，若是叙述这些战斗，也会让读者感到厌烦，对他们也没有益处。相反，对双方将军及其战斗的结果进行整体的评价，有助于理解事实。双方将军进行战斗时，既会运用传统战术，受环境和形势所迫时又会随机应变，还富有勇武与积极进取的精神。然而，双方没有取得决定性的胜利有下面几个原因：双方的军力相当；① 双方营地固若金汤，对方都难以接近；双方营地距离很近。这就是两军为何天天在不同的地方发生战斗，但没有取得决定性胜利的主要原因。因为在这些战斗中，伤亡只限于在实际战场上阵亡的人，而所有撤退的士兵都可以很快在防线后找到安全之所，然后，他们再度出击，开始下一次战斗。

[58] 但是，机运就像一位好裁判，它出人意料地转换场景，将双方限制在一个更狭窄的战场——在那里，战斗更加惨烈——从而改变了比赛的性质。如我所说，罗马人驻扎在厄律克斯山顶和山脚。但是，哈米尔卡攻占了位于两处罗马驻军之间的厄律克斯城。因此，山顶的罗马人不得不忍受危险，拼命应对围攻。迦太基人令人难以置信地坚守阵地，尽管敌人从四面八方挤压他们，补给也很难获得：他们只控制着海边的一个据点，以及一条通往那个据点的道路。但是，在这里，双方再次施展围城战需要的各种战术和方法，都忍耐各种匮乏，尝试各种攻击和防御手段。最后的结局，不是像法比乌斯·皮克托所说，双方由于精疲力竭、受尽磨难达成平局，而是像两个未受损伤、不可战胜的冠军那样达成平局。因为尽管此地的战斗又持续了两年之久，双方都没有战胜对方。这场战争的胜败是由其他方式决定的。

这就是双方在厄律克斯的状况及双方陆军的战斗。我们兴许可以把两个邦国显示出的斗志比作两只进行殊死搏斗的公鸡的斗志。我们常常看到，公鸡由于耗尽力气无法扇动翅膀时，依然斗志高昂，依然会继续啄来啄去，直到碰巧给予对方致命一击，一

---

① 哈米尔卡的军力约15000至20000人。

旦到了这个地步，其中一只公鸡必然会当场毙命。罗马人和迦太基人由于连年战争已经疲惫不堪。最后由于长期的战争税收和开支，他们力量衰竭、资源耗尽，陷入绝望。

[59]罗马人似乎纯粹依靠意志在坚持。他们在数次海难中失利，只能相信通过陆军可以决定这场战争的胜败，因此从海上退出已有5年，然而现在，他们却看到，由于迦太基将军哈米尔卡的大胆行动，战事没有像他们预料的那样发展，便第三次决定把希望寄托在海军上。罗马人相信，只有凭借这一战略给予敌人致命一击，才能让这场战争以有利于自己的方式结束。他们最终实现目标。

罗马人第一次从海上退出是源于机运的打击，第二次是源于在德雷帕纳的失败，现在他们要进行第三次努力，意图通过海上胜利，切断驻守厄律克斯城的迦太基军队的补给，从而结束这场战争。这个计划主要是靠他们的战争意志支撑。因为，罗马国库此时已经没有能力装备舰队，但是由于领导阶层的共同雄心和高贵（προεστώτων ἀνδρῶν εἰς τὰ κοινὰ φιλοτιμίαν καὶ γενναιότητα），他们找到充足的钱财执行这个计划：由一个或两三个人——依照他们的财力决定——承担建造一艘全副装备的五列桨战舰的费用，如果战争获胜，罗马会偿还他们这笔费用。以这种方式，200艘五列桨战舰很快建成，所有战舰都是仿照"罗德岛人"汉尼拔的那艘战舰而建。然后，罗马人任命执政官盖乌斯·卡图卢斯（Gaius Lutatius Catulus）统率舰队于那一年[1]

---

[1] 公元前246年，即秦始皇元年。晋阳叛乱，将军蒙骜率军平定之。二年（公元前245年），麃公率军攻打魏国的卷（今河南原阳县），斩首三万。三年（公元前244年），蒙骜率军攻打韩国，夺取十三座城邑。接着攻打魏国的氏畼（今河南内黄县）和有诡（今河南开封附近）。四年（公元前243年），蒙骜攻克氏畼和有诡。五年（公元前242年），蒙骜继续攻魏，攻占酸枣（今河南延津县）、长平（今河南睢阳）、雍丘（今河南杞县）、山阳城（今河南焦作山阳区）等二十城，设置东郡，形成近乎包围魏国都城大梁之势。参《史记·秦始皇本纪》，前揭，页224。

初夏时节出海。他率领舰队突然出现在西西里海岸，攻占德雷帕纳的港口和利利巴厄姆附近的锚地，因为迦太基的全部战舰之前已返回迦太基。卢塔提乌斯首先围绕德雷帕纳城建造工事，为围攻德雷帕纳做好一切准备。全力推进这项工作的同时，卢塔提乌斯预料到迦太基舰队会到来，始终牢记这次海上远征的原初目标：只有通过一次决定性的海战，才能结束这场战争。所以，卢塔提乌斯没有无所事事地等待敌人到来，而是每天训练水手。他还坚持关心士兵的饮食，所以短时间内就让所有水手为即将到来的战斗做好了准备。

[60] 罗马人率领舰队再次出现在海上，企图争夺大海控制权的消息传到迦太基，迦太基人立即命令所有舰只做好准备，任命汉诺（Hanno）为海军指挥官，满载谷物和其他补给，前往厄律克斯，他们不想看到驻扎在那里的部队的补给有任何短缺。汉诺率舰队抵达所谓的圣岛（Holy Isle），他决定趁敌人不注意，从这里尽可能快地前往厄律克斯，到那里之后卸下补给，让船只变轻，把最优秀的雇佣兵和哈米卡尔·巴卡本人带上后，再前去与敌人决战。①

卢塔提乌斯获知汉诺的舰队即将到来，预见到汉诺的意图，从全军挑选出最优秀的士兵，率舰队航往利利巴厄姆城外的埃古塞岛。在这里，卢塔提乌斯向部队发表与形势相宜的演说，然后告诉舵手们在第二天进行决战。第二天刚破晓，他看到海上刮着强劲的疾风，这对敌人有利，他的舰队则需要艰难地逆风而行，

---

① 此事发生于公元前241年。

秦始皇六年，韩、魏、赵、卫、楚五国联军攻秦，攻占寿陵（今河北境内）。秦国出兵迎击，五国联军罢兵。秦军随即南下攻灭卫国，俘获卫元君，强迫卫国宗室迁往野王，依靠山势险阻护卫原属魏国、已被秦攻占的河内地区。至此，秦军经河南、河北攻赵的通道彻底打通，韩、魏两国的都城近乎被秦包围。接下来，秦国继续攻打削弱赵国。《史记·秦始皇本纪》，前揭，页224。

穿越波涛汹涌的海面。起初,面对这一状况,卢塔提乌斯非常犹豫,但他想到如果现在迎着强风冒险一战,只需与汉诺率领的迦太基海军交战,并且敌人的战舰满载货物,速度缓慢;如果他等待强风平息,拖延不决,让敌人渡过大海,与陆军会合,届时他将不得不面对敌方负重减轻的战舰、从陆军中精选出的水手,尤其还有勇敢善战的哈米尔卡——哈米尔卡是罗马人当时最恐惧的迦太基将军。因此,卢塔提乌斯决定不放过眼下这个战机。当看到迦太基舰只满载货物缓慢航行,卢塔提乌斯立即出海。水手由于刻苦训练,娴熟地掌控船只越过波涛,卢塔提乌斯很快让舰队排成一线,船首直面敌人。

[61] 看到罗马人意图阻止他们航行,迦太基人降下桅杆,随着与敌人逐渐接近,每艘船的军官下达战斗命令。这一次海战中,双方舰队的配备与德雷帕纳海战恰好相反,结果自然也反转。罗马人已改良造船工艺,将所有沉重的物资全部留在岸上,舰上只有战斗所需装备;他们的水手训练有素、技艺娴熟,水兵精选自陆军,坚定不移,至少不会放弃岗位。迦太基舰队则正好相反:舰只负重很大,根本不适宜进行海战;水手是被紧急招募,尚未得到训练;水兵则是最近才招募的,从未经历过这样的艰辛和危险。事实上,由于迦太基人从未想到罗马人敢于再次与他们争夺大海,所以他们蔑视罗马人的海军,根本不认为后者能对他们构成威胁。所以,战斗开始不久,迦太基人就损失大部分战舰,很快溃败,战舰中有50艘被击沉,70艘被罗马人连同船员一起俘获。剩余的迦太基战舰升起桅杆,乘着顺风返回圣岛:非常幸运,正当他们需要时,风向突然转向,帮助他们逃走。罗马执政官返航利利巴厄姆,与在那里的军团会合,忙着处理俘获的舰只和人员,这件事情工作量很大,因为海战中的俘虏近10000人。

[62] 获悉这次没有预料到的失败,迦太基人受冲劲和雄心(ὁρμαῖς καὶ φιλοτιμίαις)驱使,想继续这场战争,但是他们冷静下

来思虑后，完全不知所措。首先，由于敌人已控制大海，他们没有能力再派舰队为西西里的部队运送补给；其次，如果放弃西西里的军队——某种程度上是背叛他们，他们也无法找到别的将军继续战争。因此，他们立即派使者到哈米尔卡·巴卡那里，授予他全权处理局势的权力。哈米尔卡如同一位优秀、明智的政治家那样行事。只要当时的形势尚存获胜的希望，不管多么危险，需要冒多大的险，他绝不会放弃，如果曾有一位将军在一次战争中不放弃任何争取胜利的机会，那就是他，哈米尔卡。然而，形势已经反转，他已没有希望拯救麾下的部队。他表现出良好的判断力，向形势屈服，派出一个使团到卢塔提乌斯那里恳求和平。毕竟，一位将军应有能力分辨，他何时已取得胜利，何时已经失败。

卢塔提乌斯意识到罗马人此时已被这场战争搞得筋疲力尽、虚弱不堪，欣然同意谈判。他通过签订一份条约成功结束这场战争，条约部分内容如下：

> 迦太基人和罗马人基于下述条款保持友谊，如果罗马人批准这份条约的话。
>
> 1.迦太基人撤出整个西西里，不得向希耶罗开战，不得向叙拉古及其盟友开战。
>
> 2.迦太基人无条件释放所有罗马俘虏。
>
> 3.迦太基人必须向罗马人赔偿2200欧波亚-塔兰同，[①]在20年内向罗马分期偿付。

[63]这份和约送到罗马后，罗马人拒绝批准，并派出一个

---

① 欧波亚-塔兰同，古希腊货币单位。1塔兰同等于6000德拉克马。希腊化时代，一名雇佣兵一天的酬金是1德拉克马。2200塔兰同可以雇佣20000名雇佣兵长达两年时间。因此，这是一笔数额极高的赔款。

十人委员会前去谈判。十人委员会抵达后，没有对条款进行实质性改动，只做了轻微修改，不过修改后的条款对迦太基人更为严厉：十人委员会将迦太基人支付赔款的时间由20年缩短为10年，赔款总数又增加1000塔兰同，还要求迦太基人撤出西西里岛和意大利之间的全部岛屿。

这就是罗马人和迦太基人为争夺西西里的战争的结果，和平条约的条款如上文所述。这场战争不间断地进行了24年，是我们所知时间最长、最连续、规模最大的战争。撇开其他战役中的装备不谈，这场战争中，双方有两次海战的海军兵力都很雄厚，一次有超过500艘五列桨战舰，另一次有接近700艘。这场战争中，罗马人损失700艘五列桨战舰，包括海难中损失的船只，迦太基人损失约500艘。那些惊讶于安提戈努斯一世（Antigonus）、托勒密一世（Ptolemy）、德米特里乌斯一世（Demetrius）进行的海战①之宏大、舰队之庞大的人，只要探究一下这场战争的叙述，就会被其中的海战的巨大规模所震惊。考虑到五列桨战舰和三列桨战舰之间的巨大差异——波斯人与希腊人作战时、雅典人与拉克岱蒙人作战时，使用的都是三列桨战舰——我们不可能再找出规模如此大的海战。这次战争印证了我在这部史书开头的断言：罗马人对天下的统治权既不是源于机运，也不是像某些希腊人认为的那样，出于被迫；相反，通过在如此巨大而危险的事业中得到的锻炼，罗马人不仅获得夺取天下统治权的勇气，而且实现了这个目标。②

［64］有人兴许会好奇，罗马人如今已是天下的主人，要比以前强大得多，他们如今为何既不装备大量战舰，也不率领大舰队出海。对这一疑问存有困惑的读者，在读过我对罗马政制的描

---

① 珀律比俄斯此处指的是亚历山大大帝的第一代继业者们进行的战争，如公元前306年，德米特里乌斯一世与托勒密一世的萨拉米斯海战。

② 珀律比俄斯此处是间接回应希罗多德和修昔底德。

述后,[1]就会清楚地理解其中的原因——罗马政制这个主题不应被作家一笔带过、轻描淡写,读者们也不能漫不经心地对待。之前处理这一主题的作者,要么没有能力或缺乏知识,要么为追求叙述的清晰而导致他们的描述毫无益处,因此我为罗马政制提供了一幅高贵的景象,一幅迄今为止几乎完全未被揭示出的景象。

至于我们正在研究的这场战争,有人会发现两个邦国的行动原则($προαιρέσεις$)并驾齐驱,不仅在对意图($ἐπιβολαῖς$)的追求上,而且在强大的战争意志($μεγαλοψυχίαις$)尤其是追逐领导权的雄心($περὶ τῶν πρωτείων φιλοτιμία$)方面,双方几乎没有差别。不过,在个人的勇气方面,罗马人整体上更优秀,但是最有天赋、最勇敢的将军无疑是绰号为巴卡的哈米尔卡,此人就是后来举兵向罗马人开战的汉尼拔的父亲。

[65] 迦太基与罗马签订和约后不久,两个邦国发现自己身处非常类似的境况。罗马爆发与法里斯基人(Falisic)的内战($πόλεμος ἐμφύλιος$),[2] 不过罗马人几天之内就控制反叛者的城市,迅速赢得战争。但是,迦太基人被迫面对的战争不可轻视,规模一点儿也不小,即与雇佣兵的战争,此外,努米底亚人和利比亚人也加入雇佣兵的叛乱。[3] 在这次战争中,迦太基人遭遇许多重大危险,不仅他们的领土,还有他们的自由和本城的土地也差点丧失。

依照在本卷开头说过的叙述计划,我认为下述几个原因值得我叙述这次战争:第一,这场战争的进程使我们特别容易认识到

---

[1] 见第六卷。

[2] 位于罗马北部,埃特鲁里亚南部。这次内战持续6天。罗马人极其严酷地惩罚了叛乱者。

[3] 迦太基的雇佣兵叛乱始于公元前241年,直到公元前238年,叛乱才被平息。

所谓的"无道战争（*ἄσπονδον πόλεμον*/truceless war）"[①]的性质和特征；第二，迦太基在战争中遇到的危险非常清晰地表明，招募雇佣兵部队的人应采取何种预防措施和安全措施；第三，这场战争告诉我们，一群杂乱的蛮夷与受过教育、懂得遵纪守法的文明共同体在性情上具有何种巨大的差异；第四，也是最重要的一点，这场战争的诸多事件能让我们理解罗马人与迦太基人之间的汉尼拔战争的原因。因为不仅在史家中间，就是在参战者中间，汉尼拔战争的真实原因依然争论不休，如果我把最接近真实的解释摆在学习历史的学生面前，会对他们大有助益。

[66] 迦太基与罗马的和约一签订，哈米尔卡·巴卡立即率领他的部队，从厄律克斯城前往利利巴厄姆，辞去职务；驻守利利巴厄姆的将军葛思科（Gesco）开始着手将部队运回利比亚。预见到可能发生的状况，葛思科非常明智地分批运送雇佣兵，一批与另一批间隔一段时间，这样一来迦太基政府就有时间在一批抵达时付清拖欠的佣金（*τῶν ὀψωνίων*），[②]赶在下一批雇佣兵抵达前，把他们遣返回各自的祖邦。这是葛思科的策略，他以这种方式分批运送雇佣兵部队，但是迦太基政府由于近来花费巨大，资金不宽裕，相信雇佣兵如果在迦太基得到民众欢迎，会减免迦太基拖欠的佣金。怀抱这种希望，迦太基政府待雇佣兵到港后，将他们集中在迦太基城内，并限制他们在城内活动。随着雇佣兵们不分昼夜地犯下种种罪行，迦太基政府开始担忧雇佣兵人数庞大和无法无天的习性，要求雇佣兵将领率全军前往一个名叫西卡

---

① *ἄσπονδον* 的意思是没有经过奠酒保证的停战、休战，也就是没有诸神保证的停战、休战。

② *ὀψώνιον* 在希腊化时代已是表示士兵军饷的通用用法，用货币支付。*ὀψώνιον* 不同于 *σιτώνιον*，后者是士兵的粮饷，即士兵口粮的等价现金，*σιτομετρία* 是指士兵的口粮。还有一个类似的词 *σιταρχία*，用法较宽松，指士兵的军饷和粮饷。

（Sicca）①的小城，迦太基政府给出的条件是先偿付每位士兵1斯塔德金币，直到迦太基人全额偿付佣金和其他士兵全部从西西里返回。

雇佣兵部队爽快地同意离开首都，但是希望把行李和家属（τὰς ἀποσκευάς）②留下，因为他们之前就是这么做的，认为不久就会返回领取剩余的佣金。但是，迦太基政府担心，雇佣兵由于长时间在外征战从而渴望与妻儿在一起，不愿意离开迦太基，或者即便他们愿意离开，要是把家人留在迦太基，他们也会再次返回与家人团聚，那样城内的暴行就不会减少。基于这些考虑，迦太基政府不顾雇佣兵的意愿，不管这样做是否会激起浓厚的敌意，强迫他们带着财产和家属离开。

雇佣兵全部聚集在西卡城，他们的生活极其自由散漫，毫无纪律可言，这种生活完全不适合雇佣兵部队，也就是说，这种生活是叛乱出现的首要且唯一的原因。此外，由于整日无所事事，一些人开始计算迦太基政府欠他们的佣金总额，算出的数额高出实际数额很多，并主张这一数额就是他们应该向迦太基政府索要的数额。每个雇佣兵都还记着迦太基将军们在战争危险时刻对他们的许诺，他们毫不怀疑，实际上是抱着极大期待，认为肯定会得到迦太基政府欠他们的钱。

［67］全部雇佣兵在西卡城聚集后，当时负责利比亚防卫的将军汉诺（Hanno）③来到西卡，他不仅没有满足他们的要求或实现他们的期待，反而通过详述迦太基沉重的赔款和普遍的困乏，督促他们放弃实际佣金的一部分。汉诺的话直接引发不和与叛乱

---

① 位于迦太基西南160公里处，即现在的埃尔克夫（El Kef）。

② 这个词直译是行李。在希腊化时代，这个词变成一个专有名词，指一个士兵的私人财产，包括人，如妻子、仆人。

③ 有"伟大的汉诺"之称，是迦太基反哈米尔卡·巴卡家族的派别的首领。此人一直活到汉尼拔战争之后。

的氛围，雇佣兵开始不断集会，时而是不同民族各自的集会，时而是全体雇佣兵一起集会。由于雇佣兵既非来自同一个民族，又不讲同样的语言，整个营地满是混乱和喧闹。迦太基人从各个民族雇佣士兵，是阻止雇佣兵迅速团结起来违反军纪和目无长官的好办法，但是，当雇佣兵们愤恨不已，或怨声鼎沸或意图叛乱时，试图告诉他们事实，或安抚他们的激情，或纠正他们的错误看法，是非常糟糕的想法。事实上，对于这样的部队，一旦激起他们针对某些人的愤怒，或在他们中间传播流言，他们的所为就绝不会仅止于恶人的所为，而是会最终变成疯子，就如最野蛮的野兽那般，眼下西卡城内的情形就是如此。

这支雇佣兵部队中，有伊比利亚人，有凯尔特人，有利古里亚人，还有来自巴利阿里群岛（Balearic islands）的人，相当一部分是希腊混血儿，大多数是奴隶和背弃祖邦的人，不过人数最多的是利比亚人。因此，不可能将他们聚集起来，统一向他们发表演说。怎么能期待迦太基将军懂得所有雇佣兵们的语言？若是借用几名翻译，把同样的话重复四五次，更行不通。要想对他们提要求或恳求，唯一的办法是通过他们各自的头领，汉诺眼下就在不停地这样做。即使是这些头领也不能完全明白汉诺告诉他们的，或者有时看似同意汉诺，结果向各自的士兵传达时，却基于无知或出于恶意，传达完全相反的意思。结果是一团混乱，营地里充满不确定和不信任。雇佣兵们认为，迦太基政府故意不派那些熟悉他们在西西里战场上的表现、向他们允诺过丰厚奖赏的将军来与他们沟通，而是派来一位从未出现在西西里的将军。最后，他们拒绝与汉诺交涉，也不再信任本族的头领，带着对迦太基人的极大愤怒，朝迦太基进军。他们在距离迦太基首都120斯塔德处的名叫突尼斯的地方扎营，总数超过20000人。

[68] 现在已经来不及补救，迦太基人终于意识到他们有多愚蠢！因为他们犯下两个大错：第一，在一个地方聚集起如此庞大的雇佣兵部队，而他们自己的公民部队完全指望不上；第二个

错误要更严重，他们竟然允许雇佣兵带走家人和财产，雇佣兵的家人和财产本可以作为筹码，让他们在处理眼下的危机时更有利，更容易让雇佣兵接受他们的要求。现在，雇佣兵扎营于突尼斯令迦太基人惊恐无比，以至他们准备不惜一切代价安抚雇佣兵。他们送出大量补给，以雇佣兵提出的任何价格卖给他们，同时迦太基上元老院的成员不断被派往雇佣兵营地，允诺尽全力满足雇佣兵的所有要求。

雇佣兵们每天不断地提出新的要求，迦太基人的惊慌和懦弱令他们更加大胆；此外，他们也愈发狂妄，认为经过在西西里与罗马军团的恶战，不仅迦太基人，就是天下的其他民族也不敢与他们作战。因此，在迦太基人同意偿付他们提出的佣金总额后，他们得寸进尺，要求迦太基赔偿他们损失的战马。这一条得到同意后，他们又进一步提出，他们应该得到迦太基已拖欠他们很长一段时间的口粮（σιτομετρίας），并要求按照在西西里作战期间口粮的最高价格折算成现金补偿给他们。①

总之，他们不断地提出新的要求，致使谈判拖延不决，无法达成协议，大多数雇佣兵开始愤怒不已，叫嚷着发动叛乱。然而，由于迦太基人允诺尽其所能在一切问题上让步，雇佣兵们同意与曾在西西里指挥他们的一位将军商讨有争议的条款。他们曾在哈米尔卡·巴卡手下服役，但不喜欢他，认为主要是由于他的错误才导致他们被轻视。此外，他也从未作为使者来与他们交涉，并且已经主动辞去将军职务。但他们非常喜欢葛思科，此人曾在西西里任将军，在其他事务上也非常关心他们，尤其是将他们运回迦太基这件事，所以他们把有争议的条款提交葛思科仲裁。

[69]葛思科带着雇佣兵要求的钱款，走海路抵达突尼斯城。

---

① 口粮一般提前给付，雇佣兵前往西卡城后，迦太基没有提供口粮。现在雇佣兵要求迦太基用现金支付口粮。

他首先与雇佣兵各头领私下商议,然后依照雇佣兵所属民族,依次召集他们开会。他谴责他们过去的行为,尝试向他们说明眼下的境况,但更多的是详述未来的远景,恳请他们继续忠诚于起初雇佣他们的人。最后,他亲自依照雇佣兵所属民族,依次向他们分发拖欠的佣金。

然而,有一个坎帕尼亚人,名叫斯彭狄乌斯(Spendius),[①]是一个从罗马军队逃跑的奴隶,这个家伙孔武有力,在战场上勇敢非凡。他害怕他的主人前来索要他,如果被交出去,依照罗马法律,他会被拷打、处死。因此,他不遗余力地通过演说和各种伎俩破坏雇佣兵与迦太基的谈判。斯彭狄乌斯得到雇佣兵中一个名叫马托斯(Mathos)的利比亚人的支持,此人尽管是一名自由人,却是这场骚乱的主要煽动者。马托斯非常恐惧和解之后被迦太基人单独挑出来处以重罚,所以极力支持斯彭狄乌斯。马托斯将利比亚籍雇佣兵召集到一起,对他们说,在其他民族的雇佣兵得到佣金,返回各自的祖邦后,他们将独自承受迦太基人愤怒的重罚。他说,届时迦太基人的目标将是,通过惩罚他们来恐吓所有利比亚臣民。

雇佣兵很快被这类说法激怒。他们以葛思科偿付佣金时拖延偿还马匹和口粮的费用为借口,立即举行了一次会议。斯彭狄乌斯和马托斯在会上诽谤和谴责葛思科与迦太基人,雇佣兵们全神贯注地听着,如果有人上前提出别的建议,他们甚至不看这个人支持还是反对斯彭狄乌斯,就立即用石头将其砸死。好几位长官和士兵在这类会议上被砸死。事实上,由于他们频繁地用石头砸死人,"砸死他"是所有雇佣兵唯一能听得懂的口号。他们常常这样做,尤其会在吃过午饭,喝得醉醺醺时举行这类会议,此时只要有人大喊"砸死他",石头立即就从各个方向飞来,速度之

---

① 此人可能是在迦太基与罗马争夺西西里的战争期间,背叛罗马人,转投迦太基麾下。

快,以至若是有人上前对他们演说,就不可能不被砸死。不久,再没有人敢表达不同意见,全体雇佣兵任命斯彭狄乌斯和马托斯为将军。

[70]尽管葛思科意识到雇佣兵已陷入彻底的无序和动乱,但他把国家利益放在首位。他清楚,随着这支雇佣兵部队变成野兽,迦太基显然已陷入极大的危险中。所以,葛思科不顾个人安危,时而与头领们商议,时而单独召集某个民族的雇佣兵进行演说,继续努力安抚他们。然而,利比亚籍雇佣兵尚未收到他们的粮饷($σιταρχίας$),认为葛思科逾期未付,以非常粗鲁的方式向葛思科索要粮饷。①葛思科想谴责他们的放肆,让他们去跟他们的将军马托斯要钱。②这让他们怒不可遏,以至他们毫不犹豫,立刻肆意抢劫能抓到的任何有价值的东西,然后逮捕葛思科和他的随从人员。

马托斯和斯彭狄乌斯相信,发动战争最快捷的方式是犯下暴行和背信弃义($παράνομόν\ τι\ πράξειαν\ καὶ\ παράσπονδον$),所以他们与那伙暴徒合作,抢劫葛思科及随从人员的个人财物和钱袋,将他们绑起来折磨,然后投入监牢。从这时起,他们公然向迦太基人开战,叛乱者以渎神的、完全违背人类共同习俗的誓言结成一体。这就是迦太基的雇佣兵战争,即所谓的利比亚战争的起源和开端。③

马托斯在实现目的后,立即派使者前往利比亚的各个城镇,督促他们为自由而战,要求他们提供支持和实际的帮助。于是,几

---

① 鉴于前文说过葛思科已经分发军饷,此处的粮饷应是指迦太基答应以现金支付雇佣兵的口粮。

② 葛思科的话是对利比亚籍雇佣兵背信弃义的讽刺:他们既然仍是迦太基的雇佣兵,私自选马托斯为将军就是背信弃义。所以,利比亚雇佣兵怒不可遏。

③ 此时是公元前240年,即秦始皇七年。蒙骜率军攻打庆都(赵邑,今河北望都县)时战死,秦师回朝途中攻打汲(今河南卫辉)。参《史记·秦始皇本纪》,前揭,页224。

乎所有利比亚人都同意加入反对迦太基的叛乱，愿意给叛军提供兵员和补给。然后，叛军分为两支，分别围困乌蒂卡（Utica）和希波－阿卡拉（Hippou Acra），[①]因为这两座城拒绝参与他们的叛乱。

[71]迦太基人一直依赖他们自己的土地来维持个人生活，用于军备和军粮供应的公共开支则来自利比亚臣民的税收。此外，他们历来雇佣士兵为他们作战。此刻，他们不仅发现自己一下子丧失所有这些资源，而且看到这些资源转而被用来对付他们。因此，在事态发生意想不到的转折之时，整个城市笼罩在沮丧和深深的绝望之中。他们已被在西西里的漫长战争消耗殆尽，本来期待和约的签订能给他们带来一个休养生息的时期，但是实际发生的与预期的完全相反，现在，一场更可怕、更危险的战争即将爆发。

在前一场战争中，他们是在与罗马人争夺对西西里的控制，但是，他们现在面临着一场内战，将要为自己和迦太基的生存而战。此外，经历了西西里战争中的所有海战后，他们现在既没有充足的武器，也没有后备水手和船只可用。他们甚至没有储备补给，也没有从朋友或盟友那里获得外部援助的一丝希望。这时，迦太基人才彻底明白，针对外邦在海外进行的战争与内战的差异有多大。不过，事态恶化到如此可怕的境地，主要还是迦太基人自己的责任。

[72]在西西里战争中，他们认为严厉对待利比亚的臣民有正当借口。他们强迫利比亚农民无一例外地缴纳农业收成的一半，对城镇居民征收双倍的税收，不允许有任何减免，甚至不允许对穷人进行部分减免。迦太基人敬重的不是那些仁慈宽厚地对待利比亚民众的总督，而是那些给迦太基带来最多补给、物品和极其严厉对待利比亚民众的总督，例如汉诺这样的人。结果就是，利比亚的男人们根本无需煽动就会叛乱，仅仅一个信使就足矣；

---

① 乌蒂卡位于突尼斯湾西侧，距迦太基32公里；希波－阿卡拉临地中海，也在迦太基西北方向，即现在的比赛大（Bizerta）。

利比亚的女人不断看到她们的丈夫和父亲由于没有缴纳税收被逮捕，所以，每个城市的妇女都庄严宣誓不会隐藏任何财产，甚至甘愿将自己的首饰捐献出来作为这次战争的资金。马托斯和斯彭狄乌斯因此非常富裕，这笔资金不仅足以支付士兵的佣金，以兑现他们在煽动叛乱时的承诺，而且足以应付一场长期战争。这告诉我们，正确的政策不仅关注当下，更着眼于未来。

[73] 然而，尽管形势这样严峻，迦太基人还是首先任命汉诺为将军，因为他们认为汉诺之前处理利比亚的赫卡同塔普洛斯（Hecatompylus）①的事务时，取得令人满意的结果。接下来，迦太基人忙于征召雇佣兵和武装城内的适龄公民。他们还把公民骑兵召集起来进行训练，集结西西里战争留存的船只——三列桨、五列桨战舰和大量小艇。与此同时，在17000名利比亚人加入叛军后，马托斯将叛军分为几个部分，分别用于维持对乌蒂卡和希波-阿卡拉的围困、保护突尼斯的大营、切断迦太基人进入利比亚其他地区的所有通道。

我要解释一下，迦太基城坐落于一个海湾，位于一个海角或半岛上，城市大部分被大海环绕，一小部分被一个湖环绕。与利比亚相连的地峡宽25斯塔德，地峡的临海一侧不远处就是乌蒂卡城，临湖一侧坐落着突尼斯城。现在，叛军驻扎在这两座城前，因而切断了迦太基与利比亚内陆的联系，持续威胁着迦太基城，时而晚上、时而白天出现在迦太基城下，给城内制造了极大恐慌和混乱。

[74] 战争准备在汉诺领导下进展顺利，因为他很擅长战争的准备方面，但是当率军走上战场，他就变了一个人。他不知道如何利用战机，总的来说，他既无能又迟钝。眼下，他率军救援被围困的乌蒂卡，试图通过强大的战象部队威吓敌人，他有超过

---

① 西西里的狄俄多儒斯（6.18.1和24.10.2）描述过汉诺攻陷此城。不过，汉诺对此的处理比较克制，强迫该城交出3000人作人质。

100头战象。① 他本来有机会取得一场决定性的胜利，但是他不知如何运用他的优势，以至差点给乌蒂卡和他自己带来毁灭性的灾难。他从乌蒂卡城内带出所有攻城装备，包括石弩、投掷物等，然后在城前扎营，准备突袭敌人有壕沟守护的营地。战象冲进敌营，敌人无法抵御战象的冲击，全都逃走。很多士兵被战象冲倒并踩死，逃走的敌人聚集在一个长满灌木的陡峭的山上，依靠地势确保安全。

汉诺习惯于与努米底亚人和利比亚人作战，努米底亚人和利比亚人一旦逃跑，就会逃跑两三天，想跑得越远越好。所以，汉诺认为，眼下战争已经结束，他已获得全面胜利，所以没有为部队和营地的安全采取任何预防措施，直接进入乌蒂卡城，忙着处理他的个人事务。躲在山上的雇佣兵，都是深受哈米尔卡·巴卡的大胆战术熏陶的人，在西西里作战时，习惯于在一天内不断撤退、不断发动新的攻击。现在，看到汉诺进入乌蒂卡城，他的部队因为胜利而放松警惕，涌出营地，四处玩乐，雇佣兵便突袭敌人营地，砍死许多人，迫使其他士兵可耻地逃往城墙下和城门。雇佣兵们俘获所有物资和武备，这些东西都是汉诺从乌蒂卡城带出来的，再加上他自己本有的，现在全部落入敌人之手。这并非汉诺唯一一次疏忽大意！几天之后，在一个名叫冈萨（Gorza）的地方又是如此，当时敌人与他面对面扎营，由于双方营地很近，汉诺本有四次机会击败敌人，两次是通过激战，两次是通过偷袭，据说，他每次都由于疏忽大意和缺乏判断力，放走了敌人。

[75] 迦太基人看到汉诺在战争事务上很糟糕，再次任命哈米尔卡·巴卡为将军，派遣他指挥战争，并拨给他70头战象，外加尽其所能招募的雇佣兵、敌人的逃兵和迦太基公民组成的骑兵和步兵，总数近10000人。哈米尔卡第一次出击，就以敌人没有预料到的攻击令其胆战心惊，摧毁敌人的士气，解除乌蒂卡之

---

① 汉诺可能是经海路进入乌蒂卡城。

围，这显示出他配得上过去的功绩和迦太基民众对他的期许。

哈米尔卡的这次战役过程如下。连接迦太基与利比亚的地峡是一连串难以通行的山丘，通往内陆的几条道路已被人为切断。马托斯已在所有方便经过那些山丘的地点布置岗哨。此外，他在一条名叫马卡拉斯（Macaras）的河的好几处切断了迦太基通往内陆的通道。由于水量很大，这条河大部分河段无法渡过，只有一座桥可通行，马托斯在桥头建造了一个要塞，派兵把守。所以，不仅迦太基的大军无法进入内陆，就是一个人避开敌人的监视进入内陆也不太容易。看到这些困难，哈米尔卡准备尽一切努力解决进军通道的困难，最后他想出下面这个计划。他注意到，当强风从某个方向吹来时，马卡拉斯的入海口就会淤塞，河水会变浅。于是，哈米尔卡让军队做好出击准备，对这个计划严格保密，等待强风的出现。那个时刻一出现，哈米尔卡立即率军趁晚上从迦太基出发，没有任何人注意到这一行动，在破晓时分，他们渡过马卡拉斯河。乌蒂卡城内的居民和敌人对此震惊不已，哈米尔卡率军穿过平原，朝守卫那座桥的敌人挺进。

［76］获悉所发生的事，斯彭狄乌斯率两支部队出动，预备在平原协助作战：一支不少于10000人，从那座桥附近的要塞出发；另一支超过15000人，从乌蒂卡出发。两支部队进入彼此视线后，认为哈米尔卡已被他们夹在中间，于是急切地传递战斗信息，督促对方迅速攻击敌人。哈米尔卡的行军顺序如下：走在最前面的是战象，其后是骑兵和轻步兵部队，走在最后的是重步兵部队。当看到敌人快速接近，他命令全军迎战，同时命令先锋部队迅速后撤，殿后部队向前迎击敌人的攻击。利比亚人和雇佣兵以为敌人是害怕他们才后撤，遂打乱队列，大胆地冲向敌人。

向后撤退的迦太基骑兵逐渐接近重装步兵的阵线时，再次转向，直面利比亚人。与此同时，迦太基方阵赶了上来，敌人大为震惊，立即转身仓皇逃跑，一如他们向前追击时那样毫无秩序、混乱不堪。因此，向后逃跑的人与后面仍在向前冲的战友撞在一起，造成二者的毁灭，不过大多数死者是被敌人的骑兵和战象踩踏而死。结果，6000名利比亚人和雇佣兵死亡，近2000人被俘。剩余的人要么逃往那座桥边的要塞，要么逃往乌蒂卡城下的营地。以这种战术取得胜利后，哈米尔卡紧追逃跑的敌人，用突袭战术占据桥边的要塞，要塞中的敌人逃往突尼斯。接下来，他率军穿过内陆，争取到一些城镇，袭击攻陷另一些。哈米尔卡因此恢复迦太基人的信心和勇气，他们之前的绝望和沮丧一扫而光。

[77] 马托斯率领手下的叛军持续围困希波-阿克拉，命令高卢雇佣兵的头领奥塔里图斯（Autaritus）和斯彭狄乌斯袭扰敌人。由于害怕敌人的骑兵和战象，马托斯告诫奥塔里图斯和斯彭狄乌斯不要靠近平原，而是沿着山脚与迦太基行军队伍保持平行，在敌人途经地势艰难的地段时，马上靠近袭扰敌人。采用这一策略的同时，马托斯派使者前往努米底亚人和利比亚人那里，恳求后者帮助他，不要错失赢得自由的机会。斯彭狄乌斯带着由驻守突尼斯的各族雇佣兵拼凑起来的6000名士兵，沿着山脚与哈米尔卡的部队平行行军。奥塔里图斯则率领2000名高卢籍雇佣兵，其余的高卢雇佣兵在厄律克斯附近扎营时已投靠罗马人。① 哈米尔卡在一处群山环绕的平地上扎营，恰在这时，努米底亚和利比亚的援兵前来与斯彭狄乌斯会合。迦太基人突然发现，利比亚人的援兵在他们前面，努米底亚人的援兵在他们后面，而斯彭狄乌斯在侧翼，形势非常危急，要想脱身不大容易。

[78] 这时，努米底亚援兵中有个年轻人，名叫纳劳阿斯（Naravas），出身于努米底亚的领导家族，极具尚武精神。由于家族传统，他对迦太基人一直有深厚的感情，现在由于他崇拜哈米尔卡，这种感情又有所加强。纳劳阿斯心想，眼下是与哈米尔卡见面的绝佳机会，可以向哈米尔卡介绍他自己，因此他和100名

---

① [英译注] 高卢雇佣兵本来有3000人，其中1000人在厄律克斯投奔罗马人。

努米底亚骑兵一起驰往哈米尔卡的营地。来到迦太基营地的栅栏处，纳劳阿斯气定神闲地停下来，不断挥手致意。哈米尔卡想知道纳劳阿斯有何目的，便派一位骑兵去见他，纳劳阿斯说，他想要与哈米尔卡会面。哈米尔卡依然非常惊奇，半信半疑，纳劳阿斯则将他的战马和矛枪（λόγχας）①交给随从，没带任何武器，勇敢地走进迦太基营地。

迦太基人对他的勇敢行为既敬重又惊叹，但还是接待了他。当他获准与哈米尔卡见面，他说，他祝愿所有迦太基人平安，但尤其渴望与哈米尔卡建立友谊，这就是他来支援哈米尔卡，并愿在哈米尔卡的一切行动和事业中提供真诚帮助的原因。听到这些，哈米尔卡对于这位年轻人一个人来见他表现出的勇敢和谈话时表现出的坦诚，感到非常高兴，他不仅同意与他联合作战，而且发誓要将自己的女儿嫁给纳劳阿斯，如果后者忠诚于迦太基。

达成一致后，纳劳阿斯带着他手下的2000名努米底亚骑兵前来援助哈米尔卡。得到这支援兵的帮助，哈米尔卡遂与敌人交战。斯彭狄乌斯在与利比亚人会师后，下降到平地，对迦太基人发动攻击。战斗非常激烈，由于战象部队表现良好，纳劳阿斯表现卓越，最后哈米尔卡获胜。奥塔里图斯和斯彭狄乌斯逃走，10000名叛军被杀，4000人被俘。这次胜利后，哈米尔卡欢迎俘虏中有意愿的人加入他的部队，用战死的敌人的武器武装他们；然后，他将那些不愿意加入他的人集合起来，向他们发表演说：到目前为止，他原谅他们的冒犯，他们可以自由选择去往他们想去的地方，但是——他威胁道——如果他们中有谁在未来拿起武器反对迦太基，一旦再次被他俘虏，他一定会将他们处死。

[79] 与此同时，驻扎在撒丁的雇佣兵，受马托斯和斯彭狄乌斯的蛊惑，开始袭击岛上的迦太基人。他们封锁卫城，处死当

---

① 矛枪是骑兵装备，尖头有倒钩。

地的迦太基将军波斯塔罗斯（Bostar）及其同胞。迦太基人派汉诺率领一支新的兵力前往撒丁岛，结果这支新的兵力背叛汉诺（Hanno），①加入叛军，并逮捕他，将他处死。然后，叛军设计出最精致的酷刑，拷打并处死撒丁岛上的迦太基人。叛军随后占据岛上所有城镇，用暴力掌控该岛，直到他们与岛上的土著居民发生争斗，被赶往意大利为止。②如此，迦太基人丧失撒丁岛，这个面积很大、人口众多、土地很肥沃的岛屿。很多作家详细描述过撒丁岛，因此我没有必要在此重复没有争议的叙述。

马托斯和斯彭狄乌斯以及高卢人奥塔里图斯，获悉哈米尔卡宽待俘虏政策的效果，恐惧利比亚人和大部分雇佣兵会受哈米尔卡的诱导而倒戈。③因此，他们发明出一些臭名昭著的罪行，好让雇佣兵们对迦太基的仇恨更加强烈。他们决定召开全军大会，准备在会上介绍一位谎称是撒丁同盟者派来的信使的人。信使所带的信劝告他们要严密看管葛思科和他们在突尼斯城抓捕的那些迦太基人，因为营地中有人正在与迦太基谈判释放这些俘虏。斯彭狄乌斯抓住这个借口，恳求士兵首先不要相信迦太基将军哈米尔卡宽待俘虏的传闻。他说："哈米尔卡那样对待俘虏，不是想饶恕他们，而是要通过释放他们，让我们落入他的手中，届时他处死的就不是某些人，而是我们中所有信任他的人。"然后，他警告全军严密看管葛思科和其他俘虏，切不可将其释放，若是释放这样一位有能力、优秀的将军——他无疑会

---

① 不清楚此人的具体信息。

② 这支叛军倒向罗马的日期不确定，可能是公元前239年哈米尔卡·巴卡剿灭斯彭狄乌斯后发生的。

③ 此事发生于公元前239年即秦始皇八年。始皇之弟长安君成蟜率军攻赵，在屯留（今山西长治市屯留区）叛乱，最终自杀于屯留壁垒之内，其麾下军吏因连坐皆被斩首。参《史记·秦始皇本纪》，前揭，页224-225。

变成他们最可怕的敌人，就会招致敌人的轻蔑，严重危及他们当下的处境。他尚未说完，另一个谎称来自突尼斯的信使抵达，带来与撒丁类似的信。

［80］高卢人奥塔里图斯是下一位演说者。他说，他们活命的唯一希望就是绝不信赖迦太基人。谁若继续期待迦太基人的仁慈，谁就不是他们真正的朋友。因此，他要求叛军只关注那些对迦太基人提出最恶毒、最卑鄙的指控的人，并且信任这些人，听从这些人，把发表相反说法的人视作叛徒和敌人。最后，他建议不仅要拷打并处死葛思科以及与葛思科一同被捕的迦太基人，而且要拷打并处死后来俘虏的迦太基人。由于很多雇佣兵能听懂他的语言，他发言的效果最大。他已经为迦太基人服役很长时间，所以学会了腓尼基人的语言，而雇佣兵们由于在西西里战争中长时间听这种语言，或多或少听得懂这种语言。因此，奥塔里图斯的发言得到一致赞扬，他在欢呼声中走下讲台。

接着，一些不同民族的雇佣兵一起上台演说，称俘虏们应该被饶恕，考虑到葛思科之前对他们甚是仁慈，俘虏们至少不应受到拷打。然而，没人能听懂他们的演说，因为他们在讲台上同时说话，并且是用自己民族的语言。但是，当发现他们要求减轻惩罚俘虏的力度后，听众立即吼到"砸死他们"，这些演说者随即被石头砸死。这些不幸之人仿佛是被野兽残杀，之后被他们的朋友们拉去埋葬。然后，斯彭狄乌斯和叛军将葛思科和其他俘虏拉出营地，这些俘虏总共约700人。带他们离开营地一小段距离后，斯彭狄乌斯一伙首先砍掉俘虏的双手，葛思科是第一个——不久之前，正是他们从所有迦太基人中挑出葛思科，称他是他们的恩主，愿意与他交涉有争议的条款——然后砍掉俘虏的双脚，再打断他们的腿，如此残害他们后，将他们活着扔入一个壕沟。

［81］当这个不幸的消息传到迦太基，迦太基人异常愤怒，但他们对此也无能为力，只能立即派使者到哈米尔卡和另外一位将军汉诺那里，要求他们为那些不幸的牺牲者复仇。同时，迦太

基人还派传令官前去索要牺牲者的尸体。但是,雇佣兵们不仅拒绝这个要求,而且警告传令官,不得再派任何使者前来,否则后续到来的使者会遭受与葛思科同样的惩罚。然后,叛军通过一个决议:未来捕获的每个迦太基人都将被拷打并处死,迦太基的盟友将被砍断双手并送回迦太基。他们将认真执行这个决议。

看到这些,任何人都会毫不犹豫地说,不仅人的身体部位在遭受溃疡和肿瘤的折磨后,会变得残暴,完全不可救药,而且人的灵魂更是如此。溃疡这种东西,如果我们治疗它们,有时治疗本身会引起发炎,并迅速扩展;反之,如果我们忽略它们,由于本性使然,它们会不断吃食新的血肉,直到完全破坏下面的组织。与之类似,黑青色的肿瘤和腐烂的溃疡常常在人的灵魂中生长,结果没有什么野兽比人更邪恶、更残酷。①就处于这种状况的人而言,如果我们用宽恕和仁慈对待他们的疾病,他们会认为,我们是在耍诡计,在欺骗他们,进而变得更不信任甚至敌视曾经的恩人;反之,如果我们用报复治疗这种恶,他们会比我们还要愤怒,直到没有什么更野蛮、更残暴之事是他们不愿去做的,他们在犯下暴行的时刻,反而认为自己正在展示真正的勇气。因此,他们最终完全变成野兽,不能再被称为人。这种情形的起源和最根本的原因是,他们从孩童时起就生活在邪恶之中,接受的是坏的教育,②造成这种状况的因素很多,最重要的是领导阶层惯于狂妄残暴和贪婪无耻。所有这些情形都存在于这支雇佣兵叛军中,尤其存在于他们的头领身上。③

[82]敌人的疯狂令哈米尔卡非常焦急,他恳求汉诺加入他,

---

① 卷六认为这种堕落是政制衰落的最后一个阶段的特征,对照6.9.9。
② [英译注]关于教育的重要性的论述,对照4.20–21;6.11a7;24.7;36.15.5。
③ 此处是珀律比俄斯为数不多讨论灵魂的段落。灵魂疾病与身体疾病的对比,可以经廊下派一直回溯到柏拉图那里。

因为他确信如果两支军队合成一体，这场战争会很快结束。与此同时，他不断杀死战场上被击败的敌人，而那些被带到他面前的俘虏，则被扔给大象踩死。他很清楚，只有将敌人全部消灭，才能平息这场叛乱。

迦太基人的战争前景现在看起来更为光明，但是事态的发展突然变得对他们完全不利。首先，哈米尔卡和汉诺两位将军相遇后，爆发严重的争吵，以至他们不仅忽视可以给予敌人致命一击的诸多战机，而且为敌人提供攻击他们的诸多机会。获知这一事件后，迦太基人命令其中一位将军离职，另一位将军单独掌握指挥权，谁应该留下、谁应该被调离，由军队决定。其次，迦太基人的船队在海上遭遇风暴，全军覆没，当时这支船队正在从他们称之为厄姆珀里亚（Emporia）①的地方往迦太基运送补给，他们完全依赖这个地方为迦太基提供的粮食和其他必需品。最后，如我前面所说，他们已失去撒丁岛，这个岛在危急时刻总是给予他们巨大帮助。

然而，最严重的打击还是希波-阿卡拉和乌蒂卡两城的背叛，这两座城不仅在眼下这场战争中表现勇敢，而且在阿加托克勒斯和罗马人入侵时期都表现英勇，事实上，这两座城市从未在任何时候对迦太基表现过敌意。②但是现在，除了他们不义的背叛，他们也突然转变了同情心，对叛军极为友好和忠诚，对迦太基人则充满愤怒和憎恨。两城屠杀了迦太基派驻的守军，包括指挥官在内总数约500人，将尸体从城墙上扔了下来，然后将城市交给利比亚人。他们甚至不允许迦太基人埋葬那些不幸的同胞。与此同时，马托斯和斯彭狄乌斯受到这些事件的鼓舞，开始率军围困迦太基城。这时，哈米尔卡得到一位新同僚：迦太基人派汉尼拔（Hannibal）前来取代汉诺，两位将军爆发争吵时，士兵们依照迦

---

① 位于现在的加贝斯湾周边。

② [英译注] 西西里的狄俄多儒斯（20.54–55）叙述了乌蒂卡对阿加托克勒斯的长期抵抗，不过两城最后都于公元前307年被阿加托克勒斯攻陷。

太基元老院赋予他们的权力，选择让汉诺离开。得到汉尼拔和纳劳阿斯的辅佐，哈米尔卡率军洗劫利比亚乡野，截断马托斯和斯潘迪乌斯的补给。在所有这些事上，努米底亚人纳劳阿斯都给予哈米尔卡极大帮助。这就是战场上双方军队的态势。

［83］由于从各个方向被封锁，迦太基人不得不求助于盟友。在这次战争期间，希耶罗极为迅速地满足了迦太基人的请求，甚至比以前更殷勤。他认为这样做符合他的利益，既可维护他在西西里的统治，又可维持与罗马人的友谊。他认为迦太基应该被保留，不希望更强大的一方不经斗争就全部实现最终的目标。在这个问题上，希耶罗的看法非常明智，因为人永远都不应忽视这样一种处境：绝不应该帮助某个邦国赢得如此强大的权力，以至于没有人敢与它争论，甚至在每个人都知道正义属于哪一方时也不敢。[1]

但是现在，罗马人也和希耶罗一样，忠诚地遵守他们强加给迦太基的条约。起初，迦太基和罗马有过一次争吵。原因如下：迦太基人在海上逮捕从意大利前往利比亚为叛军提供补给的罗马商人，将他们带到迦太基并投入监狱，这批罗马商人有500人之多。罗马人非常愤怒，当即派出一个使团到迦太基，通过外交手段要回所有囚犯，所以非常感激迦太基人，以至他们释放了西西里战争中的所有迦太基俘虏。[2] 自那以后，罗马人友好且迅速地回应迦太基的全部请求。罗马人允许他们的商人将迦太基需要的所有供给品出口到迦太基，但是不得为雇佣兵叛军提供补给品。不久，撒丁岛的雇佣兵发动叛乱，邀请罗马人前去占领该岛，遭到罗马人的拒绝。此外，当乌蒂卡城的居民提出要把城市交给罗马人时，他们也没有接受，而是选择遵守与迦太基的条约。迦太基

---

[1]　4.16赞扬过希耶罗与罗马全心全意的合作。
[2]　迦太基与罗马签订的停战条约规定，迦太基无条件释放罗马俘虏，但是罗马俘虏的迦太基人则需要赎金。此处罗马人与迦太基交换了俘虏。

人从他们的朋友那里得到这些帮助，继续抵御叛军的围攻。[1]

[84] 马托斯和斯彭狄乌斯本来是围城者，现在也被围困。哈米尔卡切断他们的补给，以至他们最后不得不放弃围困迦太基。不久，马托斯和斯彭狄乌斯从雇佣兵和利比亚民众中精选出一支兵力，约50000人，其中包括利比亚人扎尔扎斯（Zarzas）统领的士兵。他们再次重复之前的战术：与哈米尔卡平行行军，监视哈米尔卡。他们害怕敌人的战象和纳劳阿斯的骑兵，所以避开平原地带行军，总是抢先占据山丘和狭窄的道路。在这次行动中，他们的攻击和战斗精神与敌人不相上下，但由于缺乏战术技巧，他们常常居于不利地位。

这是一个机会，可以根据事实来判断，通过学问探究获得经验和深谙将道（ἐμπειρία μεθοδικὴ καὶ στρατηγικὴ δύναμις）的将军，与一位对战争技艺一无所知、盲目遵从规章的士兵的差异有多大。[2] 在很多局部战斗中，哈米尔卡就像一位优秀的棋手，通过切断和包围敌人的大部队，遇到抵抗前就把敌人消灭；在较大规模的战役中，哈米尔卡有时将其引诱进埋伏阵，有时在夜晚或白天敌人没有预料到的时刻突然出现在其面前，以此让敌人陷入恐慌。哈米尔卡还将俘虏的所有敌人全部丢给战象踩死。最后，哈米尔卡出其不意地占据一处对迦太基人有利、对敌人的战术施展不利的位置，接着建造了一条壕沟和栅栏，以包围敌人营地，使敌人陷入极端困难的境地，既不敢冒险出战，也不能打破包围。最后，敌人受饥饿逼迫，竟然彼此相食，[3] 由于他们违背神法和

---

[1] 此事发生于公元前238年即秦始皇九年。秦军攻打魏国的垣（今河南长垣市）和蒲阳（今山西隰县）。参《史记·秦始皇本纪》，前揭，页227。

[2] 对照4.105处的类似讨论。通过学问探究获得的经验，例如通过几何学、天文学和地理学获得的知识。

[3] 叛军首先是吃俘虏，然后吃奴隶。下文有述。

人法对待他人的罪行，他们遭受了命定的应得报应（τοῦ δαιμονίου τὴν οἰκείαν ἀμοιβήν）。叛军们不敢冒险退走，也不敢作战，因为等待他们的是必然的失败和所有俘虏应有的惩罚，由于犯下的暴行，他们甚至没有想过投降。由于一直期待突尼斯的援兵——这是他们的头领向他们允诺的，所以他们无所顾忌地犯下这些罪行。[1]

[85] 但是，在叛军们以令人发指的方式吃完俘虏，后来又吃完他们的奴隶后，突尼斯的援兵依然没有到，他们的头领看到士兵们由于人数不断减少而陷入极度恐惧中，整个军队面临极大危险，所以，奥塔里图斯、扎哈仓斯和斯潘迪乌斯决定向敌人投降，与哈米尔卡商讨投降条件。因此，他们派一位传令官到哈米尔卡那里，被允准派一个使团去后，他们又派出十人使团。

哈米尔卡提出的投降条件是，迦太基人从叛军中挑选出10个人，剩余的人则可以每人带一件外衣自由离开。叛军同意这个条件后，哈米尔卡立即说，他就选择十人使团留下。以这种手段，迦太基人抓获奥塔里图斯、斯彭狄乌斯和别的首领。利比亚人听说他们的头领被逮捕后，认为头领们已经背叛他们，因为他们对投降条约的内容一无所知，所以拿着武器冲出营地，但是哈米尔卡用他率领的40000士兵、战象将敌人包围，然后将他们全部砍死。战斗发生在名为锯子（πρίονα）的地方，它之所以得到这个名字，是因为它与名叫普利昂纳的工具相似。

[86] 通过这次胜利，哈米尔卡再次让迦太基人对未来充满希望，尽管到这时为止，他们已几乎丧失一切。然后，在纳劳阿斯和汉尼拔的协助下，哈米尔卡开始劫掠利比亚乡野及其城镇。由于迦太基最近的胜利，利比亚人普遍屈服，倒向迦太基人。压服利比亚的大部分城镇后，迦太基人抵达突尼斯城下，开始围攻马托斯。汉尼拔在紧靠迦太基城的一边扎营，哈米尔卡在另一侧

---

[1] 这里的罪行指他们吃人的罪行。

扎营。① 然后，他们将斯彭狄乌斯和别的俘虏带到城墙下，在众目睽睽之下将他们钉死在十字架上。

马托斯注意到汉尼拔粗心大意、盲目自信，便袭击他的营地，杀死很多迦太基人，然后将其余的士兵赶出营地。所有辎重落入叛军的手中，汉尼拔被俘。叛军立即把汉尼拔带到处死斯彭狄乌斯的十字架旁，将斯彭狄乌斯的尸体从十字架上取下来，又将汉尼拔钉死在上面，同时在斯彭狄乌斯尸体旁，处死30名迦太基最高等级的贵族。机运（τῆς τύχης）仿佛故意要让双方进行对抗，轮流给予交战双方理由和机会以最残忍的惩罚伤害对方。由于迦太基的两处营地间有一定距离，过了一段时间，哈米尔卡才听说汉尼拔被偷袭，不过由于两处营地之间的地势难行，他的援救太迟。因此，他拔营离开突尼斯，抵达马卡拉斯河，驻扎在马卡拉斯河的出海口处。

[87] 这次形势的突转（περιπετείας）令迦太基人震惊不已，他们再次变得绝望和士气低迷。短短几天前，他们的士气才恢复，现在他们再次回到原来的状态。不过，他们没有忘记采取措施确保自身的安全。他们任命三十元老委员会，命其由汉诺陪同，前往哈米尔卡那里——汉诺之前被撤职，现在又复职——同时还带着迦太基城内剩余的适龄服役的公民兵，迦太基人是本着孤注一掷的心态武装这些士兵的。三十元老委员会的使命是尽一切办法调和汉诺与哈米尔卡之间的矛盾，让他们为了局势考虑，相互和解。元老们将两位将军拉到一起，以各种言辞劝说他们，最后汉诺和哈米尔卡听从了三十元老委员会的劝告，按他们的要求取得和解。

二人和解后，一切事情都如迦太基人希望的那样顺利，马托斯在包围勒普提斯（Leptis）②和其他城市的多次战斗中失利，最后下决心通过一次决战来定胜负，这正中迦太基人下怀。双方带

---

① 汉尼拔的营地位于突尼斯城北，哈米尔卡的营地位于城南。
② 位于现在的苏塞城东南32公里处。公元前203年，汉尼拔率军返回利比亚，就是在此地登陆。

着这种目的，召集各自的所有盟友，还有各个城镇的守军，仿佛将一切都压在这场战役上。① 双方准备好进攻，面对面列好阵势，按照预定的信号开始交战。迦太基人取得胜利，大多数利比亚人战死，剩余的人逃往一座城中，不久之后向迦太基人投降。马托斯本人被敌人逮捕。

[88] 这次战役之后，利比亚的其他地区立即向迦太基屈服，但是希波－阿克拉和乌蒂卡考虑到它们当初背叛迦太基时犯下的违反人道和宽容的罪行，认为自己已经没有合理的理由期待投降条约，所以依然顽强坚持。这告诉我们，即使是犯下背信弃义这样的罪行，也最好保持节制，不要再犯下不可原谅的罪行。然后，汉诺围攻其中一座城，哈米尔卡围攻另一座城，没过多久就迫使这两座城接受迦太基人认为最适于加在其身上的条件和条款。

这次给迦太基人带来极大痛苦的利比亚战争，最终不仅使得迦太基人重新控制利比亚，而且使他们得以严厉惩罚叛乱的始作俑者们。这次战争的最后一幕是年轻人的胜利大游行，他们押着马托斯穿过迦太基城，用各种刑罚折磨他。这场战争持续了三年零四个月，就残酷和无道而言，远远超过我们所知的战争。大约在同一时间，罗马人接受那些从撒丁岛投靠他们的雇佣兵的邀请，对这个岛发动了一次远征。迦太基人对罗马人的做法异常愤怒，认为撒丁岛属于他们而不是罗马，并开始准备远征以惩罚撒丁岛叛乱的罪魁祸首。罗马人以此为借口，向迦太基人宣战，断言迦太基人的战争准备不是针对撒丁岛，而是针对他们。迦太基人刚刚从上一场战争中解脱出来，这时各个方面都不适合恢复对罗马人的敌对关系。因此，迦太基人屈服于形势，不仅放弃撒丁岛，而且同意额外赔偿罗马人1200塔兰同，以避免战争。② 这就是这些事件的真实!

---

① [英译注] 类似的比喻，对照2.63；3.94。

② 不久，撒丁岛成为罗马人第二个海外行省。这是汉尼拔战争的原因之一。

第二卷

[1] 在前一卷中，我首先叙述罗马人征服意大利后，发起海外征伐的时间；接着叙述了罗马人如何跨海到西西里，以及为夺取这个岛与迦太基开战的原因。叙述过罗马人首次打造海军的时间和方式后，我不偏不倚地叙述了这场战争的进程，直到战争结束，最后迦太基人撤离西西里岛，罗马人获得除希耶罗的领土之外的整个西西里。接下来，我叙述了迦太基的雇佣兵如何爆发叛乱，如何挑起所谓的利比亚战争。然后，我叙述这次战争中所有令人发指的罪行，全部出人意料的转折，直到迦太基最后取得胜利。现在，依照原先的叙述计划，我首先将概述随后发生的事件。

迦太基人迅速整顿好利比亚的秩序后，立即派哈米尔卡·巴卡统领一支大军前往伊比利亚。① 与大军同行的还有哈米尔卡的儿子汉尼拔（Hannibal），汉尼拔那一年只有9岁。哈米尔卡率大军渡过赫拉克勒斯之柱，② 着手在伊比利亚复兴迦太基的权力。哈米尔卡在伊比利亚任职凡9年，③ 在这9年间，他或运用军事手段，或运用外交手段，迫使很多伊比利亚部落归附迦太基。哈米尔卡最后得到与他辉煌的成就相称的结局：与一个极好战、极强大的

---

① 时间是公元前238年即秦始皇九年。四月，秦始皇举行表示成人的冠礼。长信侯嫪毐作乱之事被发觉，始皇尽诛其党。始皇十年（公元前237年），吕不韦受嫪毐牵连被罢相，李斯开始主事。参《史记·秦始皇本纪》，前揭，页227–230。

② 现在的直布罗陀海峡。

③ 公元前238年至前229年。

部落作战时，他不顾个人安危杀敌，英勇战死。迦太基人之后将总督之职（στρατηγίαν）交给哈斯德鲁巴，他是哈米尔卡的女婿和主要的海军将领。①

[2] 哈米尔卡去世的同时，罗马人第一次率军跨海登陆伊利里亚和那部分欧洲地区。这件事不能轻易略过，希望真正理解我这部史书的意图和罗马统治权（δυναστείας）的增长及形成的读者应该对其严肃对待。罗马人决定跨海到伊利里亚的形势如下。

伊利里亚国王阿格戎（Agron）是普卢拉图斯（Pleuratus）之子，麾下的海军和陆军比所有前辈国王都要强大。腓力五世之父德米特里乌斯二世（Demetrius II）②此前通过贿赂引诱阿格戎救援曼迪翁城（Medion），当时埃托利亚人正在围困此城。③埃托利亚人无法说服曼迪翁人加入他们的联盟，决定用武力迫使曼迪翁人屈服。埃托利亚人纠集全部兵力发动远征，环绕曼迪翁城扎营，运用各种暴力手段和攻城机械，持续围攻该城。这时，埃托利亚联盟年度选举④的时间临近，他们必须选举出另外一位将军。由于曼迪翁城接近崩溃边缘，每天都有可能投降，所以在任的将军对埃托利亚人说，是他一直在承受围城的危险和艰辛，因此待曼

---

① 迦太基在西班牙推行的军事 – 民政一体殖民制，哈米尔卡作为远征大军的统帅，既是军事主帅，又负责民政管理。

② 公元前239年登基，公元前229年驾崩。

③ 公元前231年之前不久，伊庇鲁斯王国爆发内乱，王室被推翻，伊庇鲁斯随即寻求阿凯亚和埃托利亚联盟支持，而阿卡纳尼亚人宣称独立。公元前231年，埃托利亚人开始围攻曼迪翁城，此城是阿卡纳尼亚人的城市。马其顿国王德米特里乌斯二世有意救援，但是他正忙着与达尔达尼亚人作战，遂雇佣伊利里亚人救援曼迪翁。

④ 年度选举在每年秋分时节，这一年是公元前231年。

秦始皇十一年（公元前236年），秦王派王翦、桓齮、杨端和各领一军攻打赵国的邺城（今河北临漳县），没有攻下，先夺取邺周边九座城邑。王翦继续攻打阏与（今山西和顺）、橑杨（今山西左权县），然后三军合为一军，王翦为主将。

迪翁城陷落后，他有权分配战利品并将他的名字刻在纪念这次胜利的盾牌上。然而，一些人有异议，尤其是埃托利亚将军之职的诸位候选人，他们恳求民众不要预先决定此事，而是照战事的进展，留待机运来决定它会将荣誉授予谁。埃托利亚人随即通过一个决议：曼迪翁城陷落时，不管届时在任将军是谁，都要与现任将军分享对战利品的处置权和将名字刻在盾牌上的荣耀。

［3］这个决议通过之后，第二天进行将军选举，依照埃托利亚人的习惯，新任将军立即上任。但是，那个晚上，100艘船载着5000名伊利里亚士兵抵达离曼迪翁城最近的海岸。伊利里亚人在那里下船上岸，等天一亮，这支伊利里亚部队以他们的传统方式列阵，静悄悄地迅速抵近埃托利亚人的营地。发现敌人出现后，埃托利亚人对敌人攻击的突然性和大胆惊骇不已，但是由于他们多年来一直自视甚高，认为他们的军力强大，所以此时并不沮丧。

埃托利亚人将大部分重装步兵和骑兵置于他们阵线的前方

王翦统军十八天，让军中俸禄不满百石的小官返家，十人中挑选二人留在军中继续攻邺城，攻下邺城后，大军由桓齮统领，秦军逼近赵国都城邯郸。始皇十二年（公元前235年），文信侯吕不韦去世，秦王清理其党羽。始皇十三年（公元前234年），桓齮率军攻赵国的平阳（今河北临漳县境内），赵将扈辄领兵十万救援，兵败被杀。始皇十四年（公元前233年），桓齮率军从上党越太行攻赵国之平阳，攻取宜安（今河北石家庄东南），破赵军，杀赵将，攻占平阳和武城（今河北磁县西南）。秦国另一军攻韩国，韩王遣韩非子使秦国，秦王用李斯的计谋，韩非子被扣，死在云阳（今山西淳化县），时年47岁。韩王向秦称臣。始皇十五年（公元前232年），秦国大举出兵，一军到邺城，一军到太原，攻占狼孟。这一年，项羽出生。始皇十六年（公元前231年），派军接收韩国之南阳，任命内史腾驻守南阳。这一年，秦国开始要求男子登记年龄，以便征兵和派徭役。魏国也献地于秦。始皇在今西安临潼区设置丽邑，负责始皇陵墓的修建工程。参《史记·秦始皇本纪》，前揭，页231-232。

平地，用轻步兵和一小部分骑兵占据营地前方一些有利的高地。伊利里亚人依靠优势兵力和阵型的冲击力，率先攻击敌人的轻步兵，将敌人轻步兵驱离高地，同时迫使协助轻步兵的那一小部分骑兵退往重装步兵那里。之后，伊利里亚人利用攻取的高地优势发动攻击——此时敌人全部集结在平地，很快迫使敌人逃跑，曼迪翁人也出城加入追击埃托利亚人。他们杀死众多，俘虏一大批，捕获敌人所有武器和辎重。这支伊利里亚部队如此执行他们国王的命令后，将辎重和别的战利品装船，立即返航伊利里亚。

[4] 曼迪翁人出其不意的获救后，举行大会商讨各项事务，其中一项就是盾牌上的铭文该如何刻写。他们决定，把讽刺埃托利亚人的那项决议刻在盾牌上：他们是从埃托利亚人那里赢得胜利，而不是被埃托利亚人的现任和后任将军赢得胜利。似乎是机运故意设计了临到曼迪翁人身上的遭遇，以此向所有人展示它的威力：它让曼迪翁人在如此短的时间和战斗内加在埃托利亚人身上的遭遇，正是埃托利亚人原先准备加在曼迪翁人身上的遭遇。埃托利亚人这次意想不到的灾难，对人类来说是一个教训：讨论未来时，绝不可认为未来已经板上钉钉，永远不要抱着任何确定的希望去期待那些结果可能完全不同的事情。我们不过是凡人，在一切事情上都应该考虑到不可预料的因素，尤其是在战争中。

伊利里亚船队返回后，部队指挥官报告了这次战役的过程，阿格戎国王对打败埃托利亚人这个最骄傲的民族非常兴奋，以至日夜宴饮，放纵过度，患上胸膜炎，没过几天竟撒手人寰。他的妻子忒乌塔（Teuta）继承王位，这个女人将大大小小的政事全部交给她信靠的朋友。① 忒乌塔有女人天生的弱点，只能看到眼前的胜利，看不到别处发生的事情，她首先命令伊利里亚私掠船劫掠他们遇到的所有船只，然后集结一支舰队和同样规模的陆军，将

---

① ［英译注］时间是公元前231年。阿格戎死于公元前231年，忒乌塔实际上是幼王皮涅斯（Pinnes）的摄政和监护人。

他们派往海外，命令将领劫掠所有海岸地带。

［5］这支伊利里亚远征部队的第一个目标是厄利斯（Elis）和墨瑟尼亚（Messenia）的海岸，伊利里亚人惯于劫掠这两个地方。① 由于这两个地方的海岸线很长，而两城居于内陆，任何被派来反击劫掠的援兵都因距离过远而无法及时赶到，伊利里亚人总能肆无忌惮地蹂躏和劫掠这两个地方。然而，这一次他们抵达伊庇鲁斯的（Epirus）的菲尼卡（Phoenice）② 城进行补给时，遇到一队受雇于伊庇鲁斯人的高卢士兵，有800人。③ 伊利里亚人跟这些高卢人提议背弃这个城市，得到他们同意后，伊利里亚人在高卢雇佣兵的帮助下，通过偷袭夺取菲尼卡及其居民。伊庇鲁斯人获悉这事，立即派出全部兵力赶来援助。伊庇鲁斯大军抵达菲尼卡，在流经菲尼卡城前的那条河边扎营，并拆掉河上的桥的木板确保安全。伊庇鲁斯大军获悉斯科蒂拉达斯（Scerdilaidas）④ 带着5000名伊利里亚人正在经安提哥尼亚（Antigonia）附近的关隘接近菲尼卡，立即派出一部分兵力前去守卫安提哥尼亚，而大军主力则悠闲自在，尽情享用田里的庄稼，没有想到布置警戒哨。菲尼卡城内的伊利里亚人获悉伊庇鲁斯军力分散成了两处和他们将军的疏忽大意，便发动一次夜袭，修复河上的桥，安全渡过河流，占据一处有利位置，等待天亮。第二天天一亮，双方军队在城前列阵，开始交战。战斗的结果是，伊庇鲁斯人战败，很多人

---

① 时间是公元前230年。两城都是埃托利亚人的盟友。

秦始皇十七年，秦王派内史腾领军攻打韩国都城，俘获韩王，尽占韩国土地，韩国灭亡，其土地被设置为颖州郡。此为秦灭六国之始。参《史记·秦始皇本纪》，前揭，页232。

② 即现在阿尔巴尼亚的Feniki城，从公元前230年起，菲尼卡成为伊庇鲁斯的都城。

③ 这些高卢人是迦太基在第一次布匿战争期间的雇佣兵。他们的行为与雇佣兵夺取墨西拿和雷吉姆非常相似，对照1.7。

④ ［英译注］此人可能是伊利里亚国王阿格戎的兄弟。

被杀，更多的人被俘，剩余的人逃往阿提塔尼亚（Atintania）。

[6] 伊庇鲁斯人遭受这样的不幸后，对自身完全丧失信心，派使团到埃托利亚联盟和阿凯亚（Achaen）联盟恳求援助。两个联盟都同情他们的处境，同意援助，没过多久，他们的援军抵达赫利克拉诺斯（Helicranum）城。占据菲尼卡的伊利里亚人立即与斯科蒂拉达斯联合，共同挺进到赫利克拉诺斯，面对阿凯亚人和埃托利亚人的营地扎营。伊利里亚人急于交战，但是地势崎岖，不利于他们作战。

正在此时，忒乌塔的使者抵达，命令他们以最快速度返回伊利里亚，因为一些伊利里亚人在达尔达尼亚人（Dardanians）的支持下发动了叛乱。因此，劫掠伊庇鲁斯后，伊利里亚远征队与伊庇鲁斯人签订了条约。依照条约内容，伊利里亚人把菲尼卡城及其居民交还伊庇鲁斯人，没要任何赎金。然后，他们将奴隶、各种物品和牛群装船，一部分经海路返回伊利里亚；斯科蒂拉达斯率陆军经安提哥尼亚附近的隘口返回。这支伊利里亚远征队令海岸地带的希腊居民恐慌不已：眼见伊庇鲁斯地利最优、最强大的城市突然被攻陷和毁坏，他们全都焦虑不已——不再是像在之前的时代为农业收成被劫掠焦虑，而是焦虑他们自己和城市的安全。

伊庇鲁斯人出乎意料地获救后，不仅没有向犯下恶行的人复仇，更没感激前来援救他们的人，反而派出一个使团到忒乌塔那里，和阿卡纳尼亚人（Acarnania）一起与伊利里亚人结成联盟，打算在将来和伊利里亚人一起对付阿凯亚人和埃托利亚人。[①] 他们的全部行动表明，他们不仅对待自己的恩人愚蠢至极，而且他们的政策一开始就不明智。

[7] 我们不过是凡人，遭遇无法预料的打击不是受害者的错误，而是机运和使他受苦之人的错误。但是，当我们由于愚蠢让自

---

① 时间是公元前230年夏或秋。从此，伊庇鲁斯和阿卡纳尼亚成为马其顿王国的盟友。

己跌入不幸的深渊，而这本来可以避免，任何人都会同意我们只能怪自己。因此，那些被机运引入歧途的人会得到怜悯、原谅和帮助，但如果他们的不幸是由于不审慎，所有思想健全的人都会谴责他们。在眼下这个事例中，希腊人当然有正当理由谴责伊庇鲁斯人。

首先，如果知道高卢人的普遍名声，也考虑过他们很容易受利益引诱而背叛，还会有谁在将一座富裕之城交给他们时，不三思而行？其次，有谁不会对这群恶名昭著的人保持戒心？最重要的是，他们本就是由于在祖邦背叛朋友和亲人而被驱逐之人。再者，当初由于西西里战争形势危急，迦太基人接纳了他们，让他们驻守阿格里真托城，但是他们之后立即利用士兵与将军关于军饷的争端，劫掠了此城，当时他们总数超过3000人。之后，迦太基人派他们援救被罗马人围困的厄律克斯城，他们又试图背叛该城和那些正遭受围城之苦的同胞。背叛阴谋失败后，他们又叛向罗马人。罗马人派他们守卫厄律克斯山顶的阿芙洛狄忒神庙，他们又再次洗劫这座神庙。罗马人非常清楚他们臭名昭著的品性，所以与迦太基的战争一结束，立即乘机解除他们的武装，将他们送上船，禁止他们再踏上意大利的土地。伊庇鲁斯①人雇来守卫他们的礼法和自由的就是这群高卢人，他们还把自己最富庶的城市交给这些高卢人守卫。伊庇鲁斯人怎么能将他们遭受的不幸归咎于其他因素？

这就是伊庇鲁斯人的愚蠢。我认为值得警示：没有哪个明智的民族会接纳一支强过他们自己军队的守军，尤其是这支守军还是由蛮夷组成。

[8] 很长一段时间内，伊利里亚人频繁猎取意大利航来的船只。远征队在菲尼卡时，一些脱离舰队的伊利里亚船抢劫或杀死很多意大利商人，捕获不少俘虏。迄今，罗马人仍对意大利人针对伊利里亚人的抱怨置若罔闻，但是现在，很多人到罗马元老院抱怨伊利里亚人的掠夺（公元前230年），元老院任命两

---

① 珀律比俄斯此处所谓的伊庇鲁斯是内乱推翻王室后形成的共和联盟。

位使节——盖乌斯（Gaius）和卢西乌斯·康洛卡尼乌斯（Lucius Coruncanius）——前往伊利里亚调查此事。与此同时，伊利里亚船队从伊庇鲁斯返回后，忒乌塔被带回来的战利品之多、之精美所震撼——菲尼卡是伊庇鲁斯最富庶的城市，渴望再次掠夺希腊人。然而，由于眼下国内陷入混乱，她不得不推迟这个计划。忒乌塔迅速镇压伊利里亚人的叛乱，然后长期围困伊萨（Issa）城，因为唯独此城拒绝屈服于她，这时，罗马使节乘船抵达。

获准面见忒乌塔后，两位罗马使节开始抱怨伊利里亚人对他们犯下的罪行。在整个面见期间，忒乌塔听罗马使团的抱怨时表现得极为傲慢且不可一世。罗马使节说完之后，忒乌塔说，她会确保罗马不受伊利里亚王国的官方伤害，至于伊利里亚民众对其的伤害，她不会阻止臣民从海上夺取战利品，因为这与伊利里亚国王们的习惯相悖。罗马使节中更年轻的那位对忒乌塔的话非常愤怒，直言不讳地——这样做完全正当，但很不符合外交礼节——大声说道："忒乌塔，罗马人也有一种受人敬重的习俗，即官方惩罚针对个人的恶行，官方帮助那些受害者。在诸神帮助下，我们会竭尽全力，很快让您改变伊利里亚诸王针对臣民的这种习惯。"忒乌塔的脾性就像一位妇女那样，丝毫不顾后果，她对这位罗马使节的坦率发言极为恼怒，于是公然违背各民族公认的法则，在罗马使节正准备登船离去时，派密使刺杀了那位发言鲁莽的罗马使节。这个消息传到罗马，这个女人的暴行引起极大愤怒，罗马人立即着手准备战争：征召军团、装备舰队。

[9] 当适合航行的季节来临，忒乌塔装备了一支比先前更庞大的船队并将其派往希腊海岸。① 一部分船只径直驶往科西拉

---

① 时间是公元前229年春。
秦始皇十八年，秦大举发兵攻赵。王翦率上地（今陕西北部）兵经井陉攻邯郸，杨端和率河内兵、羌瘣率羌兵攻邯郸。杨端和部包围邯郸。此为秦灭赵之战。参《史记·秦始皇本纪》，前揭，页233。

岛（Corcyra），另外一部分进入厄庇达玛努斯（Epidamnus）的港口，伪称补充淡水和补给，实际上计划奇袭和占领厄庇达玛努斯城。厄庇达玛努斯人毫无戒心地接待了他们，伊利里亚人下船上岸，仿佛真的是要取淡水，他们拿衣服盖在水桶上，下面藏着刀剑。伊利里亚人砍死城门的守卫，立即攻占城楼。依照事先安排的步骤，船上立刻下来一批士兵赶来增援，伊利里亚人的力量得到加强，很轻松地攻占大部分城墙。

厄庇达玛努斯人大受震惊，毫无防备，但是他们拿起武器，英勇地战斗，结果，伊利里亚人抵挡一阵后，被赶出城市。在这次事件中，厄庇达玛努斯人由于疏忽差一点丢掉他们的城市，但最终凭借英勇的战斗逃过一劫，获得有益的教训。伊利里亚人的将军立即出海，带着剩余的船只航向科西拉。他们在那里登陆，围困科西拉城，居民惊慌失措。科西拉人陷入极端危险和绝望的境地，遂与阿波罗尼亚人（Apollonia）和厄庇达玛努斯人一起派使节到阿凯亚人和埃托利亚人那里，请求他们立即援助，不要让伊利里亚人把他们赶出家园。阿凯亚联盟和埃托利亚联盟听取并同意了使节的请求，一起装备了10艘属于阿凯亚人、有甲板的战舰。几天之后，他们准备完成，航向科西拉，希望能解救科西拉。

［10］阿卡纳尼亚人依照他们与伊利里亚人的盟约，派出7艘有甲板的战舰支援伊利里亚人。得到这支阿卡纳尼亚舰队后，伊利里亚人率舰队出海，与阿凯亚人的舰队在帕克索斯群岛（Paxi）①相遇。据说，两支舰队在这里进行了海战，不过双方都没有获得优势，没有造成多大伤亡，只有几名船员受伤。接着，伊利里亚人将他们的轻型船（λέμβους）每四艘绑在一起，与敌人作战。②他

---

① 这个群岛由两个岛屿组成，位于科西拉岛南方9公里处。
② 轻型船与有甲板的重型船撞击时没有丝毫优势。将轻型船联排使得体积更大，反映出古代海战由撞击术到登船战斗术的演变。罗马人在第一次布匿战争中"乌鸦"的创举，对此有显著影响。

们不顾自己船只的安危，将船只侧面留给敌人撞击，因为敌人一次成功的、有破坏性的攻击会令敌舰暂时易受攻击：一旦敌舰的撞击槌钻入四艘联排船的侧面，从而使双方船只暂时固定在一起，伊利里亚人就跳上阿凯亚船只的甲板，以人数优势击败对方。凭借这种战术，伊利里亚人捕获4艘阿凯亚人的四列桨舰，击沉1艘五列桨舰，这艘舰上有卡律内斯人玛古斯（Margus of Caryneia），①此人从始至终都忠心耿耿地为阿凯亚人服务。与阿卡纳尼亚战舰交战的阿凯亚人看到伊利里亚人取得的胜利，凭借他们战舰的速度，乘顺风安全逃回阿凯亚。

伊利里亚人受这次胜利鼓舞，继续不受干扰、信心十足地围困科西拉城。盟友的这次失败让科西拉人不再抱任何希望，他们短暂地忍受一段时间的围城后，向伊利里亚人投降，允许伊利里亚人在科西拉派驻一支守军，守军将领是法洛斯的德米特里乌斯②（Demetrius of Pharos）。之后，伊利里亚的将军们立即离开科西拉，前往厄庇达玛努斯，开始围困这座城市。

[11]大约同一时间，罗马执政官格奈乌斯·森图马鲁斯（Gnaeus Fulvius Centumalus）率领200艘战舰从罗马出发，另一位执政官奥卢斯·阿尔比努斯（Aulus Postumius Albinus）率陆军出发。③由于认为科西拉的围城仍在继续，福尔维乌斯原初计划是驶往科西拉，不过当发现已经来不及解救该城时，他仍然航向科西拉。因为，他一方面想获知科西拉事件的准确信息，另一方面想检验法洛斯的德米特里乌斯的信是否真实。这位德米特里乌斯与忒乌塔闹翻，又害怕忒乌塔，遂写信给罗马人，愿将

---

① [英译注]阿凯亚联盟的一位领袖，更多的信息参2.41；2.43。
② [英译注]忒乌塔的一位封臣，此人要么是一个希腊人，要么是一个希腊化的伊利里亚人。
③ [英译注]两人是公元前229年的罗马执政官，珀斯图米乌斯的名字是错的，"奥卢斯"是他父亲的名。

科西拉城和他控制的一切资源交给他们。科西拉人欢迎罗马人的到来,得到德米特里乌斯的同意后,把伊利里亚驻军交给罗马人。罗马人提议将科西拉置于罗马的保护之下,科西拉人对此一致同意,因为他们认为,这是他们未来确保安全,免受伊利里亚人欺凌的唯一办法。

将科西拉置于罗马保护之下后,福尔维乌斯率舰队航往阿波罗尼亚,法洛斯的德米特里乌斯在后续战争中担任向导。与此同时,珀斯图米乌斯正在把陆军从布林迪西(Brundisum)运过来,兵力包含20000步兵和2000骑兵。两支军队在阿波罗尼亚会合,该城的民众也同意接受罗马的保护,得知厄庇达玛努斯正在被围困后,军队立刻航往此城。听说罗马人即将抵达,伊利里亚人放弃围城,落荒而逃。罗马人又将厄庇达玛努斯置于自己的保护之下,继续朝伊利里亚腹地挺进,顺路征服了安赫狄艾斯人(Ardiaeans)。

很多使者前来拜见他们,包括帕提尼人(Parthini)的一个使团,称愿意无条件投降。罗马人一与帕提尼人的代表团完成保护国手续,立即跟阿提塔尼人(Atintanes)的使节完成保护国手续,随即航往伊萨城,该城此时仍在被伊利里亚人围困。抵达伊萨城后,罗马人立即迫使敌人放弃围城,然后将伊萨人置于保护之下。罗马舰队沿着海岸航行时,通过奇袭占据数座伊利里亚人的城市,但是攻击努特里亚(Nutria)时,损失很大,不仅损失很多兵力,而且数位军团长和财务官战死。罗马舰队还捕获了正在运送从乡村地区劫掠而来的物品的20艘敌船。围困伊萨城的一些伊利里亚兵力,经德米特里乌斯斡旋,获准不受伤害,待在法洛斯岛,其他士兵则四散逃跑,逃往阿尔沃(Arbo)。忒乌塔携少数心腹逃往赫利仓(Rhizon),这是座小城,但防卫坚固,坐落在赫利仓河上,距离海边有一段距离。取得这些胜利后,罗马人将大部分伊利里亚国土置于法洛斯的德米特里乌斯统治之下,让他成为一个重要的统治者后,两位执政官率领舰队和陆军返回厄庇达玛努斯。

[12]格奈乌斯·福尔维乌斯·森图马鲁斯率领大部分兵力返回罗马,珀斯图米乌斯则带着剩下的40艘战舰,从邻近城市征召了一个军团,在厄庇达玛努斯过冬,以保卫安赫狄艾斯人和其他置于罗马保护之下的部落。第二年开春,忒乌塔派一个使团到罗马人那里,双方达成一项条约。①依照这项条约,忒乌塔同意支付罗马人提出的任何数目的贡赋,放弃整个伊利里亚,只有少数几个地方除外。这项条约中与希腊人最相关的是,忒乌塔不可带两艘以上的商船向东越过里苏斯城(Lissus)。②条约达成后,珀斯图米乌斯派人出使埃托利亚联盟和阿凯亚联盟。使者抵达后,首先解释这次战争的原因和罗马人渡过亚得里亚海的原因,接着叙述他们在战争期间取得的胜利,最后宣读罗马人与伊利里亚人签订的条约。罗马使节以应有的礼节会见埃托利亚联盟和阿凯亚联盟的代表后,乘船返回科西拉。这一条约把希腊人从极大的恐惧中解救出来,因为伊利里亚人不单是这个民族或那个民族的敌人,而是全人类的敌人。

这就是罗马军队第一次远征伊利里亚和那部分欧洲的原因和过程。这也是他们第一次经官方使者与希腊大陆的正式接触。以之为始,罗马人此后不久立即派使者前往科林多和雅典。正是在那一次,科林多人首次允准罗马人参加地峡竞技会(Isthmian games)。③

---

① 此事发生于公元前228年即秦始皇十九年。王翦大军攻破邯郸,俘获赵幽缪王,赵灭亡。秦军欲趁势攻打燕国,屯于中山(今河北定州)。赵国公子嘉率宗族数百人到代地(今山西北部),自立为代王,与燕国军队组成联军,驻扎于上谷(今河北怀来),防御秦军。参《史记·秦始皇本纪》,前揭,页233。

② 今莱什(Lesch)城,位于德林(Drin)河河口附近。

③ 地峡竞技会意在荣耀波塞冬,在科林多附近举行;尼米亚竞技会(Nemean Games)一开始在尼米亚,后改在阿尔戈斯举行,意在荣耀宙斯。这两个竞技会都是每2年举办一次。皮托竞技会(Pythian Games)在德尔斐举行,意在荣耀阿波罗;奥林匹亚竞技会,意在荣耀宙斯,每4年举办一次。罗马人获准参加地峡竞技会,可能是在公元前228年,这是罗马人的影响力得到希腊人承认的重要标志。

［13］前文中断叙述伊比利亚事务的时间正是此时。哈斯德鲁巴证明自己是一位明智谨慎、擅长统治的总督。他取得许多重大成就，通过建造有人称为新迦太基、有人称为新城的城市，让迦太基人在伊比利亚的权势得到极大提升，此城的位置尤其有利于在伊比利亚或利比亚进行军事行动。在更适合的场合，我会描述此城的位置，解释它对伊比利亚和利比亚的战略意义。

看到迦太基人正在公正地创建一个比他们之前拥有的帝国更大、更令人生畏的帝国，罗马人决心插手伊比利亚事务。意识到自己这几年一直在沉睡，而迦太基人建立和装备起一支强大的军队，他们决定尽其所能弥补失去的时间。但是，眼下，他们不敢给迦太基人下最后通牒，也不敢和迦太基人开战，因为凯尔特人入侵的威胁迫在眉睫，他们随时可能遭到攻击。因此，罗马人决定先对哈斯德鲁巴采取怀柔政策，然后攻击凯尔特人，与之决战。他们认为只要凯尔特人仍在威胁他们的边界，他们就不仅无法掌控意大利，甚至罗马城本身也不安全。因此，他们派人出使哈斯德鲁巴，与之签订了一个条约，①条约没有提到如何处理伊比利亚剩余地区，但禁止迦太基军队越过埃布罗河（Ebro）。然后，罗马人立即发兵征讨意大利北部的凯尔特人。

［14］我认为，叙述一下这场战争是有益的，但为了不偏离这部史书前言开头提出的叙述计划，对这场战争的叙述必然是一份概述。然而，我们必须回溯到凯尔特人首次占据意大利北部地

---

① 即所谓的"埃布罗条约"。虽然未经证实，但普遍认为罗马人也接受了类似条款：不得率军跨过埃布罗河。迦太基元老院没有批准这项条约，这成为后来争论迦太基是否受这项条约约束的重要因素。不管罗马与萨贡托（Saguntum，在埃布罗河以南）的盟友关系是这项条约之前还是之后确立，都与之矛盾。

区的时代。我认为，凯尔特各部移居意大利北部的过程不仅应该知道并牢记，而且对于我的意图也很必要，因为汉尼拔后来试图摧毁罗马的领导权时，依赖的正是这些部落及其地区。我需要首先描述这个地区的自然和位置以及它与意大利其他地区的关系。因为对这个地区的性质——局部的和总体的性质——有所了解，会更容易理解我接下来所述事件的重要性。

意大利整体上是一个三角形。东部的那条边毗连伊奥尼亚海，然后是亚得里亚海；南—西边毗邻西西里海和第勒尼安海。这个三角形顶点，即这两个边相交形成的点，是意大利最南端名为科赛图斯（Cocynthus）的海角，这个海角把伊奥尼亚海和西西里海分割开来。最后，这个三角形的最后一个边在北部以内陆为边界，毗邻阿尔卑斯山脉，这条山脉始于马赛和撒丁尼亚海的北岸，几乎一直延伸到亚得里亚海的顶端，直至离亚得里亚海很近的地方，没有与亚得里亚海相连。

我们应该把阿尔卑斯山脉的山脚视作这个三角形的底部，在这个底部的南端坐落着一个平原，这个平原是意大利的最北端。这片平原就是我们关注的重心，它比我们所知的欧洲其他平原更肥沃、面积更大。这片平原的形状也像一个三角形，顶端由亚平宁山脉与阿尔卑斯山脉在距离马赛（Marseilles）不远处交汇构成。如我上面所说，它北部的那条边由阿尔卑斯山脉构成，长度大概有2200斯塔德，南部的边是亚平宁山脉，延伸的长度达3600斯塔德。整个三角形的底部是亚得里亚海的海岸，底部从塞纳（Sena）城[①]延伸到亚得里亚海的顶端，长度超过2500斯塔德。所以，整个平原的周长不下10000斯塔德。

[15] 这块平原的肥沃程度不大容易描述。这块平原出产大量庄稼，在我处的时代，1西西里斛（Sicilian medimnus）小麦的

---

① 即今西尼加利亚（Sinigalia）。

价格是4欧玻尔（obols），① 相同容积的大麦则是2欧玻尔。② 1希腊石（metretes）③酒与1西西里斛大麦的价格相同。糜子和小米（panic and millet）的产量也很大。生长在树林中的橡果遍布平原，其产量可按下述事实估算：意大利每年要杀很多猪以供个人食用和军队补给，数量非常巨大——这些猪几乎都是靠这个平原所产橡果喂养。所有食品之廉价和丰富，可以清楚地从下述事实中看到：到这个地区来的旅行者投宿时，不会就他们所需要的食品讨价还价，而是只问每个人住宿需多少钱；客栈老板同意客人入住后，会以每种食品半阿斯（as）④的价格为每位住客提供其所需的任何食品，1阿斯等于四分之一欧玻尔，很少会超过这个价格。至于当地居民的数量、身材、俊美和战场上的勇武程度，他们的战争史会证明一切。

阿尔卑斯山脉南北两麓的丘陵地带有很多肥沃的土地，面向罗讷河（Rhone）一侧的北麓居住着特拉萨阿尔卑斯－高卢人（Γαλάται Τρανσαλπῖνοι），在南麓面向这个平原的一侧，居住着陶里斯基人（Taurisci）、阿格奈斯人（Agones）和其他几个蛮夷部落。特拉萨阿尔卑斯不是一个民族的名字，而是一个地

---

① 这里的容积单位是 μέδιμνος，1阿提卡斛等于54升。中国古代容积单位1斗为10升，5斗为1斛（斛原等于10斗，南宋时改1斛为5斗，2斛为1石）。所以，阿提卡的 μέδιμνος 约等于中国的斛。阿提卡斗是 ἑκτεύς，是 μέδιμνος 的六分之一，大约可以对应中国古代的斗。此处西西里的 medimnus 略有不同，约合51.5公升。Obol 是古希腊货币单位，6 obols 等于1德拉克马。

② ［英译注］珀律比俄斯在34.8提到，在他的时代，西班牙地区1西西里斛大麦的价格是6欧玻尔，是意大利北部价格的三倍，小麦的价格则是意大利北部的二倍多，达9欧玻尔。

③ μετρητής 是古希腊容积单位，1 metretes 约合81.8公升。依照中国古代容积单位，1石等于10斗，古希腊的 μετρητής 要比中国古代的石约少五分之一。

④ 古罗马铜币。

名，τρανς的意思是"越过"，这个词的意思是"越过阿尔卑斯山"的人。阿尔卑斯山山顶无人居住，因为山顶太过险峻，终年积雪。

［16］马赛与阿尔卑斯山脉在亚平宁山脉交汇处的两侧居住着利古里亚人，那里一侧面向第勒尼安海，一侧面向这个平原。利古里亚人的土地在海岸一侧一直延伸到比萨（Pisa）——这是埃特鲁里亚西部的第一座城市，在内陆一侧一直延伸到亚雷提恩（Arretium）。[①]挨着利古里亚人居住区、沿着亚平宁山脉靠第勒尼安海一侧居住的是埃特鲁斯坎人，再往下沿着亚平宁山脉两侧居住的是翁布里亚人（Umbrians）。之后，亚平宁山脉在距离亚得里亚海500斯塔德处，与这个平原分离，走势转右，穿过意大利中部，直达西西里海。这个三角形平原最后那条边，非常平坦，一直沿着亚得里亚海延伸，直到塞纳城。

波河，诗人赞美它为厄里达努斯（Eridanus），[②]发源于阿尔卑斯山，靠近这个三角形平原顶端的某处，流势向南。抵达这个平原后，折向东，流经整个平原，注入亚得里亚海，并且有两个入海口。波河将这个平原分割为两块，较大的那部分以波河、阿尔卑斯山和亚得里亚海顶端为界。波河的水量比意大利的任何河流都充沛，因为，阿尔卑斯山脉和亚平宁山脉流入这个平原的所有河流都汇入波河。波河在天狼星升起[③]时，水量最大，也最美，因为那时山上的积雪都已融化。波河从源头出发只有一条河道，但是在名为特利迦博（Trigaboli）的地方分叉，从而有两个出海口，一个名叫帕多瓦（Padua），一个名叫奥拉纳（Olana）。从奥

[①] 即今意大利的阿雷佐（Arezzo）城。

[②] ［英译注］厄里达努斯之名第一次出现是在希罗多德《原史》3.115处。在那里，希罗多德说，这条河是欧洲地区出产琥珀的神奇河流。

[③] 在七月份。

拉纳（Olana）河口往上，有2000斯塔德的距离可以航行。奥拉纳河口有一个港口，与亚得里亚海别的港口一样安全。当地人称波河为波登库斯（Bodencus）。

撇开这些事实，希腊人熟知这条河的各种传说，尤其是法厄同（Phaethon）从天上摔下来和白杨树哭泣的传说，据说这条河附近的居民至今都穿着黑色的衣服，以示对法厄同的纪念。但是，我眼下要略过所有这类传说和肃剧，因为详细叙述这类东西尤其不适合我的这篇导言。① 不过，我会在更适宜的场合更充分地提到它们，尤其在纠正蒂迈俄斯（Timaeus）对这个地区的错误叙述之时。

[17] 埃特鲁斯坎人是波河平原最古老的居民，在那个时期，他们还拥有紧挨着卡普亚（Capua）和诺拉（Nola）的斐勒基拉（Phlegraean）平原，众所周知，斐勒基拉平原非常肥沃，易于进入。因此，那些想研究埃特鲁斯坎人曾经的领导权的人，不应专注于他们现在居住的地区，而应关注这两块平原和他们从中获得的资源。凯尔特人与埃特鲁斯坎人是近邻，交往甚多。凯尔特人觊觎埃特鲁斯坎人美丽的家园，以一个微不足道的借口，率一支大军突袭了埃特鲁斯坎人，将他们从波河平原赶走，从而窃取了这个平原。

靠近波河源头处定居的是莱维人（Laevi）和勒波基人（Lebecii）；挨着他们的是因苏布雷人（Insubres），这是凯尔特人中最大的一个部落；挨着因苏布雷人的是科诺玛尼人（Cenomani），他们住在波河岸边。波河靠近亚得里亚海的那部分平原一直属于一个非常古老的部落，名叫维内蒂人（Veneti），他们在习俗、衣着上与高卢人略有不同，说着另一种语言。关于这个部族，肃剧诗人们讲过很多奇妙的故事。在波河南岸、靠亚平宁山脉的那片地区，从西到东居住着阿纳勒斯人（Anares）和波伊人（Boii）；挨着波伊人

---

① 依照珀律比俄斯的框架，前两卷是导言性的回溯。

居住、朝向亚得里亚海的是林贡斯人（Lingones），最后靠着亚得里亚海居住的是塞诺尼人（Senones）。

这就是在这个平原居住的主要部落的名称。他们的村落没有围墙，没有任何多余的家具。他们的生活非常简单：睡在树叶铺成的床上，以肉食为主，除战争和农事外，对艺术或科学一窍不通。他们的财产由牛群和黄金构成，因为当他们依照环境变化向其他地方迁移时，牛群和黄金是唯一可以随身带走的东西。他们认为，拥有追随者是最重要的事情，因为他们那里最可怕、最有权势之人，恰恰是那些被认为拥有最多随从和伙伴的人。

[18] 凯尔特人第一次入侵[①]时，不仅征服这个地区，而且征服邻近的诸多民族，因为他们的胆大妄为令后者恐惧不已。不久之后，他们在一次激战中打败罗马人及其盟友（公元前386年），大举追击溃逃的敌人。那次激战后的第三天，他们攻占除卡皮托山外的整个罗马城。但是，维内蒂人入侵了他们的土地，要求他们回师，凯尔特人遂不得不与罗马人签订了一项条约，从罗马城撤退，返回家园。之后，凯尔特人陷入内战，住在阿尔卑斯山区与他们相邻的一些部落，看到凯尔特人远比自己繁荣，所以常常联合起来攻击凯尔特人。与此同时，罗马人重建了他们的统治，再次掌控了拉丁姆地区。

攻陷罗马30年后，凯尔特人再次率领一支大军兵临阿尔巴（Alba）城下（公元前360年）。罗马人这次没有冒险与敌人交战，因为凯尔特人的这次攻击令罗马人措手不及，他们还没来得及召集盟友的军队。12年后，凯尔特人再次大规模入侵，罗马人这次提前得到消息，召集盟友的军队，雄赳赳地前去与敌人交战，渴望进行一次决战。高卢人看到罗马人勇敢迎战，震惊不已，他们内部又发生内讧，所以等到夜晚降临，便撤军回

---

① 高卢人第一次入侵在公元前5世纪后半叶。

家,他们的撤退如同一次溃败。之后,凯尔特人保持平静13年,当看到罗马人的权势迅速增长,他们与罗马人签订了一项正式条约(公元前334年)。他们此后长达30年都很老实地遵守这项条约。

[19] 随着阿尔卑斯山北边的高卢人开始新的迁徙,山南的凯尔特人担心双方之间爆发大战,他们借助贿赂和同族关系,将阿尔卑斯山北边的高卢人对自身的攻击转移开来,蛊惑这些迁移的高卢部落进攻罗马人,甚至他们自己也加入这次入侵(公元前299年)。大军穿过埃特鲁里亚时,埃特鲁斯坎人又加入他们,搜刮大批战利品后,从罗马领土内安全撤退。但是,他们一返回家园,就因如何分配战利品陷入纷争,并在纷争中消耗大量兵力和从罗马土地上掠夺来的战利品。掠夺邻人的财产这种事在他们中间很平常,主要是因为他们饮宴过度,毫不节制。4年后,这批高卢人与萨莫奈人结盟,与罗马人在卡曼里努姆(Camerinum)地区激战,给罗马人造成很大损失。[①]罗马人对失败愤怒不已,几天之后,率全部军团在森提努姆(Sentinum)地区与高卢人和萨莫奈人再次激战,屠杀大批敌人,迫使幸存者仓皇逃往各自的家园。

10年后,这些高卢人再次率军入侵,围攻亚雷提恩城(公元前283年)。罗马人派兵来救,在城前与敌人交战,但被击败。在这次战役中,罗马执政官卢西乌斯·曼特卢斯(Lucius Caecilius Metellus)阵亡,罗马人任命曼尼乌斯·邓塔图斯(Manius Curius Dentatus)继任。曼尼乌斯派使者到敌人那里商谈释放俘虏一事,敌人却将使者残忍杀害。这让罗马人无比愤怒,后者遂立即朝高卢人进军。罗马大军与名为塞诺尼人的高卢部落相遇后,通过一场激战将敌人击败,屠戮众多,将幸存者赶出家园,占据塞诺尼人的全部土地。这是罗马人在高卢人

---

① 时间是公元前295年。这是第三次萨莫奈战争的关键一年。

居住区建立的第一块殖民地，罗马人依照先前在此居住的高卢部落的名字，将此地命名为塞纳。我在上文提到过这个城市，它位于波河平原最东边，紧靠亚得里亚海。

［20］塞诺尼人的邻居波伊人，看到塞诺尼人被罗马人从其家园赶走，害怕自己和自己的土地也遭遇类似的命运，便请求埃特鲁斯坎人的帮助，率领全部军队进攻罗马人。联军在瓦迪蒙湖（Lake Vadimon）附近与罗马人交战（公元前282年）。在这次战斗中，大部分埃特鲁斯坎人被砍死，只有一小部分波伊人逃脱。但是，在下一年，波伊人与埃特鲁斯坎人再次联合，率领由年轻人组成的军队——有些还是十几岁的小伙子，与罗马人进行了激战。波伊人被彻底击败，只是他们直到勇气丧失殆尽之时，才派出使者请求投降，最后与罗马人签订了一份条约。这次战事发生在皮鲁士到意大利的3年前，高卢人在德尔斐遭受毁灭的5年前。这时，机运仿佛用四处蔓延的战争折磨着所有高卢人。

从这些战事中，罗马人获得两大优势。首先，由于他们已经习惯被高卢人砍成碎片，所以正在他们身上发生的或未来可能发生的事情都不会比他们已经经历过的更可怕；其次，由于已经在战争中得到完美的锻炼，又由于及时挫败高卢人的勇气，他们能全心全意与皮鲁士作战，之后，他们又与迦太基为争夺西西里而展开激战。

［21］遭受这些挫败后，高卢人不再轻举妄动，与罗马人维持长达45年的和平。但是，随着时间的流逝，那些亲身经历过惨烈战争的高卢头领离世，年轻一代继承父辈的职位，他们心怀未经检省过的激情，没有经受过灾难和不幸，开始再次骚扰罗马殖民者，凭借一些微不足道的借口将怒火对准罗马人，并邀请阿尔卑斯山区的高卢人一起进攻罗马人（公元前236年）。一开始是部落首领秘密私下商议，民众完全不知情。所以，当山北高卢人抵达阿里米努姆（Ariminum）城，波伊人觉得这些人非常可疑，

遂与自己的头领以及山北高卢人发生争吵，杀死他们的王阿提斯（Atis）和伽拉托斯（Galatus），并与别的高卢人进行了激战，双方死伤无数。

罗马人得知高卢人的行动后，大为震惊，派一个军团前往，但是，军团半路听说高卢人自相残杀后，又返回罗马。这次事件5年后，在马尔库斯·勒庇都斯（Marcus Aemilius Lepidus）任执政官那一年（公元前232年），罗马人在高卢人居住区名为皮克努姆（Picenum）的地区设置殖民点给罗马公民，罗马人之前征服塞诺尼人、将他们赶走后占取了这块土地。提出这一政策的是盖乌斯·弗拉米尼乌斯①（Gaius Flaminius），不可否认，这是罗马民众道德衰落（χεῖρον τοῦ δήμου διαστροφῆς）的第一步，也是接下来罗马人与高卢人的战争的原因。这一政策促使很多高卢人，尤其是与罗马领土接壤的波伊人采取行动，他们深信罗马人不再是出于领导权和统治的要求对他们发动战争，而是要把他们全部驱逐出这个地区，将他们赶尽杀绝。

[22] 高卢人中两个最大的部落因苏布雷人和波伊人结成同盟，遣使者到居住在阿尔卑斯山中间和罗讷河附近的高卢部落，后者被称为盖萨塔伊人（Gaesatae），②由于他们中的很多人去当雇佣兵，他们遂得到这个名字。因苏布雷人和波伊人的使者当场送给盖萨塔伊人的王康克里塔诺斯（Concolitanus）和阿涅罗斯图斯（Aneroestus）一大笔黄金，同时指出罗马有多么富有，如果战胜罗马人，能获得多么巨大的财富，以此劝诫和煽动两位王向罗马人发动战争。两个部落的使者毫不费力地说服两位王，除此之外，使者们还宣誓成为其忠诚的盟友，向两位王历数他们祖先

---

① [英译注] 此人是他的家族的第一位元老。作为护民官，弗拉米尼乌斯不顾元老院的反对，通过一项法律，把没收的高卢人的土地分给有需要的罗马公民，可谓一个世纪后的格拉古兄弟改革的先驱。

② Gaesatae的意思是职业士兵。

的辉煌：他们的祖先不仅在战场上打败罗马人，而且曾奇袭攻陷罗马城，夺取罗马城中一切财富；占领罗马城长达7个月后，他们自愿将城市交还罗马人以作为对罗马人的恩赐，之后带着战利品安然返回家园，毫发未损。

两位王听了使者们的话，急切地渴望发动远征，竟毫不犹豫地立即派出山北高卢地区历史上最庞大的军队，全部由最优秀和最勇武的士兵组成。这时，罗马人要么已获悉这些事情，要么预见到将要发生之事，整个罗马处于一种恐慌和混乱的状态，以至他们摇摆不定，时而召集军团，准备粮草和其他补给，时而朝边界进军，仿佛敌人已经入侵他们的领土。事实上，凯尔特人此时尚未离开他们的土地。高卢人的这些动作对迦太基人迅速、不受阻碍地征服伊比利亚贡献很大。如我前文所述，罗马认为高卢人的威胁更紧迫，因为这一威胁在他们国土侧腹，所以他们被迫放任迦太基人在伊比利亚扩展势力，先着手应对高卢人。因此，罗马人通过与哈斯德鲁巴签订的那项条约来防御迦太基人——条约的条款前文有述，然后全身心对付意大利的敌人，认为彻底解决高卢人的威胁更重要。

［23］盖萨塔伊人召集了一支装备精良和令人生畏的大军，在皮克努姆被罗马人划为殖民点8年后（公元前225年），跨过阿尔卑斯山，下降到波河平原。因苏布雷人和波伊人坚定地追求原初的目标，但是罗马人遣使到维内蒂人和科诺玛尼人那里，这两个部落决定支持罗马人，所以，因苏布雷人和波伊人的首领不得不留下一部分兵力防止这两个部落入侵他们的家园。然后，凯尔特诸部满怀信心地率领全部可用的军队朝埃特鲁里亚进发，他们共有50000步兵，20000骑兵，还有两轮战车。

获悉高卢人已跨过阿尔卑斯山，罗马执政官盖乌斯·雷古鲁斯（Gaius Atilius Regulus）此时已率军团驻扎撒丁岛，所以罗马人立即派另一位执政官卢西乌斯·帕普斯[①]（Lucius Aemilius Papus）率军前往阿里米努姆等待敌军，同时派一名裁判官（ἑξαπελέκεων）[②]前往埃特鲁里亚。罗马城内一片恐慌，因为罗马人认为他们正处于迫在眉睫的严重危险之中。

事实上，罗马人有这样的反应非常自然，毕竟，曾经那次入侵引发的恐惧还印在他们的心中。罗马人全神贯注地忙着征召军团，同时命令盟友做好准备。他们命令所有属邦提供适龄服役士兵的名册，因为他们想知道能动员的总兵力有多少。他们囤积谷物、武器和别的战争补给，其数量超过此前任何一场战争的准备。罗马的属邦在各个方面都愿尽一切可能提供帮助，因为意大利的居民对高卢人入侵深感恐惧，以至不再有哪个属邦认为他们是在支持罗马作战，也不曾想到过罗马这场战争的目标是要建立

---

① 公元前225年的罗马执政官。

秦始皇二十年（公元前227年），燕国太子丹恐秦军灭燕，十分恐慌，派荆轲去刺杀秦王。刺杀未成，荆轲被诛，遂令王翦攻燕。燕、代联军发兵迎击秦军，双方战于易水边，燕、代联军溃败。始皇二十一年（公元前226年），秦王派王翦之子王贲将兵攻打楚国，又增派援军给王翦，击败燕国太子丹的军队，攻克燕国都城蓟城。燕王率宗族部属撤往辽东，在辽东继续称王。王翦因年老多病请求辞去将军之职。始皇二十二年（公元前225年），王贲统军攻魏国都城，水灌大梁，大梁城墙塌坏，魏王请求投降，魏国灭亡。参《史记·秦始皇本纪》，前揭，页233-234。

② 罗马裁判官制度的发展与罗马对外扩张密切相关。执政官本是最高长官，负责治理罗马城内一切事务。但是，随着不断的对外战争，执政官长期在外，故设立裁判官来处理罗马城内的司法事务。公元前367年，罗马首次设立裁判官，裁判官仅一人，任期一年，算是执政官的副手。公元前242年，罗马增补一名裁判官，处理罗马与外邦人之间的司法纠纷，称其为外事裁判官，原来的那一位称城市裁判官。公元前227年，为了管理西西里和撒丁两个海外行省，又增补两名裁判官。裁判官是执政官的副手，分享执政官的部分权力，算是执政官的代表。执政官有12名刀斧手扈从，裁判官有6名刀斧手扈从。ἑξαπελέκεων的字面意思就是有6名刀斧手扈从的人。

领导权，每个人都认为灾祸即将临到他自己、他的城市和他的土地身上。所以，罗马的属邦非常乐意遵从罗马的命令。

[24] 在此，我想尽可能依据下述事实来清楚表明汉尼拔后来攻击的国度的实力。要想表明汉尼拔挑战的国度的力量多么强大，要想理解汉尼拔后来给予罗马人的那些灾难性失败多么巨大，以及汉尼拔如何几近于实现他的目标，我必须描述一下罗马人可利用的资源和他们的兵力有多么强大。

两位执政官指挥4个由罗马公民构成的军团，每个军团由5200步兵、300骑兵组成。每位执政官可以指挥的盟邦兵力是30000步兵和2000骑兵。萨宾人和埃特鲁斯坎人的骑兵也临时援助了罗马人，援助的兵力有4000人之多，步兵人数超过50000。罗马人率领这些兵力抵达埃特鲁里亚的边界，由一位裁判官指挥。居住在亚平宁山脉的翁布里亚人和撒西纳特人（Sarsinates）征召20000人支持罗马，维内蒂人和科诺玛尼人提供的兵力亦是20000。这40000兵力位于高卢人的边界上，准备入侵波伊人的土地，以迫使波伊人回援。这是守卫罗马人边界的兵力。罗马还有一支预备军，以应付任何突发状况，由罗马公民组成的20000步兵和1500骑兵、罗马盟友提供的30000步兵和2000骑兵组成。

适龄服役的士兵人数如下：拉丁人有80000步兵和5000骑兵，萨莫奈人有70000步兵和7000骑兵，伊阿皮吉亚人（Iapygians）和美萨皮亚人（Messapians）有50000步兵和1600骑兵，卢卡尼亚人（Lucanians）有30000步兵和3000骑兵，马尔西人（Marsi）、马鲁齐尼人（Marrucini）、弗伦塔尼人（Frentani）和维斯蒂尼人（Vestini）共有20000步兵和4000骑兵。西西里和塔兰托有两个预备军团，每个军团有4200步兵和200骑兵。罗马人和坎帕尼亚人可资征召的总兵力是250000步兵、23000骑兵。

所以，罗马和盟友有能力动员的总兵力达700000步兵，70000骑兵。然而，汉尼拔入侵意大利时，带领的军队却不足

20000人。关于这一点,我在叙述汉尼拔战争时会讲得更详细。

[25] 凯尔特人冲下埃特鲁里亚,肆意蹂躏和洗劫这个地区,因为没有军队阻止他们,他们决定朝罗马城进发。他们抵近克鲁西姆(Clusium)[1]——此城距罗马仅3天路程——时获悉罗马人部署在埃特鲁里亚边界上的军队紧追不舍,正在接近。高卢人立即掉头,渴望与敌决战。两军在日落时分已接近,在相距不远的地方扎营过夜。入夜之后,凯尔特营地燃起点点营火,主队悄悄撤往一个名为斐苏莱(Faesulae)的小城,在那里准备决战。凯尔特人同时命令骑兵等到天亮可以看到敌人时,再循着步兵的足迹后退,待与骑兵会合之后,给予敌人出其不意的攻击。天一亮,罗马人看到敌人只剩下骑兵,认为凯尔特人已经逃走,就全速循着敌人骑兵的撤退路线追击。当他们抵近后,凯尔特人发动突然攻击,一场激战爆发。最后,凯尔特的人数和士气占据上风,超过6000名罗马人战死,剩余的士兵溃逃。大多数溃兵逃往一座地势险峻的山上固守。凯尔特人起初试图攻击这群罗马溃兵,但是由于昨夜的行军非常艰辛,他们很疲惫,所以他们决定回到营地,进行休整,只留一下一支骑兵监视那座山,打算如果这些罗马逃兵第二天还不投降,就攻击他们。

[26] 这时,指挥大军抵达亚得里亚海附近的卢西乌斯·埃米里乌斯,获悉凯尔特人已经入侵埃特鲁里亚,且正在接近罗马,立即驰援。很幸运,卢西乌斯·埃米里乌斯在关键时刻抵达。他在敌营附近扎营,聚集在山上的溃兵看到埃米里乌斯的营火,知道救兵已经抵达,立即重振士气,趁着夜色派出几名不带武器的信使穿过树林,向埃米里乌斯报告他们的困境。埃米里乌斯听说后,看到在目前的形势下别无选择,命令他的军团长们在天亮时率步兵出战,他本人则立即率骑兵提前朝逃亡者躲藏的山进发。高卢人的头领在夜晚看到敌人燃起营火,猜到敌人已经抵

---

[1] [英译注]此城距离罗马160公里。

达,遂举行军事会议。阿涅罗斯图斯王提出:既然已经捕获如此多的战利品——他们已获得大量奴隶、牛群和各种各样不可胜数的掠夺品,他们不应该再冒着损失一切的危险与敌人交战,而是应安全返回家园,待摆脱这些累赘后,再轻装上阵,选择适当的时机与罗马人一决雌雄。面对当时的形势,阿涅罗斯图斯的建议得到众头领的同意,他们在夜里做出决定:凯尔特人在天亮之前拔营,沿着海岸穿过埃特鲁里亚撤退。埃米里乌斯成功解救山上的幸存者,率领他们与自己的部队会合。他认为,此时冒险进攻敌人绝非明智之举,遂决定跟在敌人的背后,等待有利的时机和地点攻击敌人,或从敌人手中夺回战利品。

[27] 正在这时,另一位执政官盖乌斯·阿提利乌斯已经率领他的军团从撒丁岛抵达比萨城,正在朝罗马进发,与敌人撤退的路线正好相反。凯尔特大军抵近埃特鲁里亚的特拉蒙(Telamon)时,先遣搜粮队与阿提利乌斯的先锋部队相遇,被罗马人俘虏。阿提利乌斯拷问俘虏后得知最近发生的战事和两军的现状:高卢人的主力马上就到,埃米里乌斯则跟在高卢人后面。这个消息让他非常震惊,同时也让他感到大有希望,因为他认为敌人陷入前后两军夹击之中。阿提利乌斯命令军团长摆出战斗阵势行军,寻找适于攻击的地形。阿提利乌斯很幸运地发现一个有利的山丘,该山丘位于凯尔特人必经之路的上方,遂带着骑兵全速前进,急于在敌人抵达之前抢先占据山顶,从而率先发动进攻。他确信,这样一来,他的战果将确保他会是胜利的主要功臣。

凯尔特人起初对阿提利乌斯的抵达毫不知情,以为是埃米里乌斯的骑兵乘着夜色绕过他们的侧翼,抢先占领了那个山丘。得知山丘被敌军占据后,他们立即派出骑兵和部分轻步兵与敌人争夺山丘。但是,他们很快从一些俘虏那里获悉阿提利乌斯已经到来,遂立刻派出重步兵,朝前后两个方向进行部署。因为从情报和亲眼所见,他们得知一支军队在背后追击,前方又会碰到另一支军队。

［28］埃米里乌斯此时已得知阿提里乌斯在比萨城登陆，但还不知道后者已离他如此近。现在，当看到前方围绕山丘发生的激战，他才知道另外一支罗马军队近在咫尺。因此，他派出骑兵支援山丘处的战斗，他本人亲率步兵以惯常的阵型攻击敌人。由于预见到埃米里乌斯的攻击，凯尔特人已在身后部署好部队迎击他，迎击主力是从阿尔卑斯山来的盖萨塔伊人及其背后的因苏布雷人。面对阿提利乌斯的军团，凯尔特人在波河右岸部署陶里斯基人和波伊人迎战。凯尔特人将四轮马车和双轮战车部署在两翼的远端，战利品则被安置在邻近的山丘上，由一支兵力守护。凯尔特大军的部署面向两个方向，不仅显出令人生畏的景象，而且也适于当前的严峻形势。

因苏布雷人和波伊人穿着长裤和轻披风，但盖萨塔伊人极度自信，他们脱掉这些衣物，赤身裸体地站在全军的前面，手中只有武器。[①]盖萨塔伊人认为，这样做更高效，因为有些地方灌木丛生，可能会钩住他们的衣服，有碍他们使用武器。一开始，战场仅限于那座山丘，所有的士兵都凝视着那里的战斗，双方有大量骑兵在那里混战。执政官阿提利乌斯在这次混战中不顾一切冲杀而阵亡，他的头颅被带到凯尔特人的王面前，但是罗马骑兵经过顽强战斗，最后击败敌人，攻占那座山丘。这时，双方步兵近乎紧挨在一起，这个景象非常怪异，不仅那些实际参战的人如此觉得，就是那些事后根据战告想象这幅景象的人也如此觉得。

［29］首先，参与这次战役的有三支军队，它们互相攻击的动作必定极其奇怪和不寻常。其次，当时在场的人，甚至我们现在的人，依然非常好奇，由于要同两个方向的敌军作战，凯尔特

[①] 珀律比俄斯在坎尼之战中也强调了高卢士兵的赤身裸体，见 3.114。

人的处境是非常危险，还是相反，由于必须同时保护自己的后方，以至完全被切断撤退之路，或被击败后逃跑的任何可能——这是两面受敌的独特性，因而更加勇猛？

然而，罗马人一方面受他们已将敌人完全夹在中间这一事实鼓舞，另一方面又对凯尔特人井然有序的阵势和令人胆战的怒吼感到恐惧，因为凯尔特人有数不清的号角和大鼓，当全军发出战争怒吼，就会爆发出一阵震天的响声，仿佛不仅号角和战士们在怒吼，而且整个大地都在跟着怒吼和颤抖。凯尔特人阵前那些赤裸的武士的姿势和面貌也着实令人望而生畏。那些赤裸武士正值壮年，身材高大，领头的武士还佩戴着黄金项圈和臂环。事实上，这些人足以令罗马人感到恐慌，与此同时，想到可以赢得战利品，凯尔特人的士气更加高昂。

［30］但是，罗马投枪手从军团队列向前，按照往常习惯密集迅速地投掷标枪，凯尔特阵后穿着裤子和披风的人受到很好的保护，而站在阵前赤身裸体的武士由于没有预料到敌人的这种战术，陷入艰难和无助的困境。因为高卢人的盾牌不能遮住全身，所以那些赤身裸体的武士处于劣势，并且越是高大之人，被标枪命中的几率就越大。最后，罗马的投枪手距离远且投射密集，他们无法赶走这些投枪手，于是陷入极大的不幸和混乱中。一些人只能徒劳地怒吼，疯狂地冲向敌人，丢掉了性命；其他人一步一步向后撤退到战友的队列旁，他们显示出的这种懦弱，让凯尔特人陷入混乱。

高傲的盖萨塔伊人就这样被罗马投枪手击垮。但是，当罗马投枪手队列后撤，重步兵方阵凸前开始发动攻击时，因苏布雷人、波伊人和陶里斯基人仍然进行了顽强的近身抵抗。尽管几乎全部被砍死，他们依然坚守阵地，勇气与敌人不相上下，只是无论单兵还是整支大军，他们的武器都不如敌人。罗马人盾牌的防御力如他们刀剑的攻击力一样优秀：他们的盾牌与敌人的不同，能够遮盖全身，刀剑则既适合砍又适合刺，而高卢人的刀剑只适合砍，不适合刺。最后，罗马骑兵充分利用他们地势高的优势，从山丘上高速向下俯冲，猛烈地冲击凯尔特人，凯尔特步兵在他们站立的地方被砍死，骑兵逃遁。

［31］总共约有40000名凯尔特人被杀，10000人被俘，其中包括康克里塔诺斯王。另一位王阿涅罗斯图斯带着少数随从逃走，逃到某个地方后全体自杀。罗马执政官埃米里乌斯把战利品运送回罗马，将高卢人掠夺的战利品物归原主。然后，埃米里乌斯率领军团穿过利古里亚，侵入波伊人的土地。让军团尽情掠夺波伊人的家园后，埃米里乌斯率军返回罗马。他用高卢人的黄金项圈和旗帜装饰卡皮托山，剩余的战利品和俘虏则用来装点他进入罗马城的凯旋式。①

罗马人如此终结了凯尔特人曾发动的最危险的进攻，这次进攻令整个意大利，尤其是罗马陷入生死攸关的时刻。这次胜利极大鼓舞了罗马人，让他们有望把凯尔特人彻底逐出波河平原。第二年，两位执政官昆图斯·弗拉库斯（Quintus Fulvius Flaccus）和提图斯·托夸图斯（Titus Manlius Torquatus）率领一支强大的远征军侵入波河平原。② 他们立即击溃波伊人，迫使后者臣服罗马，但是由于暴雨不断和军中爆发过一次瘟疫，其他的战斗没有取得实际的战果。

---

① 罗马人投票同意让埃米里乌斯举行一次凯旋式，时间是公元前224年3月5日。

② 公元前224年的罗马执政官。

这一年是秦始皇二十三年，秦王强行征召王翦将兵攻打楚国。王翦为主将、蒙骜之子蒙武为副将统率六十万大军发动灭楚之战。秦军攻克楚国的陈（今河南周口淮阳区），占领直至平舆（今河南平舆县）的土地，俘虏楚王。楚国将军项燕立昌平君为楚王，继续在淮南抗击秦军。昌平君是楚考烈王之子，原本在秦国为官，因平定嫪毐之乱有功，任秦国丞相。参《史记·秦始皇本纪》，前揭，页234。

[32] 次年，执政官普布利乌斯·菲鲁斯（Publius Furius Philus）和盖乌斯·弗拉米尼乌斯（Gaius Flaminius），[1]再次率军侵入凯尔特人的土地，直抵离马赛不远的阿纳勒斯人的家园。将这个部落纳为罗马盟友后，两位执政官从波河与阿达河（Adda）的交汇处，进入因苏布雷人的土地。渡过波河并在河对岸扎营时，两位执政官受到一些损失，遂停留在原地，最终与因苏布雷人签订一项协定，后者允许他们安全撤离因苏布雷人的土地。迂回行军几天后，两位执政官渡过克鲁西斯河（Clusius），进入科诺玛尼人的疆界，这个部落是罗马人的盟友。两位执政官由这个部落陪同，沿着阿尔卑斯山脚再次入侵因苏布雷人的平原地带，蹂躏他们的土地，劫掠他们的房舍。因苏布雷人的首领，看到罗马人坚持攻击他们，决定在决战中碰碰机运。

因苏布雷人将所有兵力聚集在一处，从雅典娜神庙取下"不可移动"的黄金旗帜，做好一切必要准备后，大胆地在敌人对面占据一处对敌人构成威胁的地势。因苏布雷人兵力达50000人。一方面，看到敌人兵力比他们多得多，罗马人渴望雇佣其他高卢部落来助战；另一方面，考虑到高卢人背信弃义以及这些盟友要进攻与他们同为一族的人，两位执政官又不敢要求这样的人参加如此至关重要的战斗。最后，他们决定留在克鲁西斯河对岸，同时派科诺玛尼人返回并毁掉河上的桥梁，这样做一来可以提防他们的凯尔特盟友，二来可将全军置于死地，他们如果不能取胜，就无法安全渡过身后的河流。采取这些措施后，罗马人准备交战。

[33] 人们认为，罗马人在这次战役中的做法非常明智，不过这要归功于军团长们预先教会了每位士兵如何战斗，包括个体

---

[1] 公元前223年的罗马执政官。

这一年即秦始皇二十四年。王翦、蒙武南攻楚国都城寿春，楚军溃败，昌平君战死，项燕自杀，楚国灭亡。参《史记·秦始皇本纪》，前揭，页234。

单独战斗和集体战斗两方面。军团长们从以前的战役中观察到，高卢人一般在第一波攻击中最具威力、士气最鼎沸。如我已经解释过的，他们刀剑的制作方式使得他们第一波攻击最有效。经过第一波攻击后，他们的剑立刻剑身变弯，剑刃变钝，除非他们有时间将剑抵地，用脚将剑弄直，用刮剑器将剑刃弄得锋利，否则，高卢人的第二波攻击就不再有杀伤力。

罗马的军团长们将身处阵型后部的老兵队的长枪交给前列部队，命令他们首先使用长枪，然后再使用剑。之后，罗马人摆出阵型与敌人开始交战。高卢人猛砍罗马前卫部队的长枪后，他们的剑丧失战力，罗马人立即发动近身格斗。高卢人的砍杀失去效力，他们陷入无助的境地，只能徒劳地劈砍，这是他们唯一能使出的招数，因为他们的剑没有尖，无法击刺。与之相反，罗马人不用劈砍，而是继续用他们没有弯曲的剑进行刺击，他们的剑尖非常锋利。罗马人重重击刺敌人的脸部和胸，杀死绝大部分敌人。这种战法只能归功于军团长们的远见，而执政官弗拉米尼乌斯则被认为指挥失误：① 他将部队紧贴河岸列阵，使得罗马士兵无法进行战术上的回旋运动，因为他没有为方阵后移留下一点空间。在这次战役中，要是军队被迫向后轻微地移动，罗马士兵只能跳进河里，这都是他们的将军的愚蠢所致。然而，他们通过自身的技巧和勇敢，赢得决定性的胜利，带着大量战利品和纪念胜利的装饰品返回罗马。

［34］下一年，凯尔特人遣使向罗马人恳求和平，愿接受任何条件，但是新任执政官马尔库斯·马塞卢斯（Marcus Claudius Marcellus）和格奈乌斯·卡尔乌斯（Gnaeus Cornelius Scipio Calvus）

---

① ［英译注］他失去了元老院的支持，参2.21。

坚决反对给予凯尔特人和平。① 遭到拒绝后，凯尔特人决定孤注一掷，再次请求住在罗讷河附近的盖萨塔伊人帮助，雇佣一支30000人的军队。凯尔特人召集起这支大军，做好准备，等待敌人的进攻。夏季来临，两位执政官率领军团侵入因苏布雷人的土地。罗马人环绕一座名为阿克拉（Acerrae）的城市扎营——这座城市位于波河与阿尔卑斯山之间——并围困该城。因苏布雷人无法前来援救被围困者，因为罗马人已控制所有有利的地势，但是，为了让罗马人放弃围困阿克拉，他们率领部分军队渡过波河，进入阿纳勒斯人的土地，围困一座名为克拉斯提狄乌姆（Clastidium）的小城。两位执政官获悉这个消息后，马尔库斯·克劳狄乌斯立即率骑兵和一小部分步兵前去解围。凯尔特人一获悉敌人援兵前来，立即放弃围城，前去与敌人交战，摆出战斗阵型。

罗马骑兵大胆地冲击他们，他们一开始坚守阵型，但没过多久，身后和侧翼都受到敌人攻击，他们处境艰难，最终被罗马骑兵击溃，很多人掉入波河，被激流冲走，大多数士兵被敌人砍死在战场。罗马人随即攻占阿克拉城，城中储存着大量谷物，高卢人则撤往曼迪昂拉努姆（Mediolanum），这是因苏布雷人的核心地区。格奈乌斯·科涅利乌斯紧追敌人不放，突然出现在曼迪昂拉努姆。高卢人一开始按兵不动，但在格奈乌斯·科涅利乌斯回师阿克拉的路上，他们倾巢而出，猛击罗马人的后卫部队，杀死很多罗马士兵，甚至击溃一部分部队，直到格奈乌斯·科涅利乌

---

① 两人是公元前222年的罗马执政官，马尔库斯·克劳狄乌斯·马塞卢斯四次当选执政官，成为汉尼拔战争中最伟大的战士。普鲁塔克在《对比列传》中将他与忒拜的佩洛庇达斯（Pelopidas）并列。

公元前222年是秦始皇二十五年。秦国大规模举兵，派王贲将兵攻辽东之燕，俘虏燕王，燕国灭亡。王贲回师攻代，俘虏代王。同时，王翦大军平定楚国长江以南一带，降服越族之首领，设置会稽郡。参《史记·秦始皇本纪》，前揭，页234。

斯呼召前锋部队赶来援助,才制止士兵逃亡,挡住敌人的进攻。之后,罗马人奉格奈乌斯·科涅利乌斯的命令,猛烈反击敌人,凯尔特人由于受先前的胜利鼓舞,坚守一段时间,但是随后很快被击溃,逃往山间。格奈乌斯·科涅利乌斯追击溃逃的敌人,蹂躏因苏布雷人的土地,通过突袭攻占曼迪拉昂拉努姆。

[35]之后,因苏布雷人的首领感到获得安全已经毫无希望,遂无条件臣服罗马人。这就是罗马人与凯尔特人战争的结局。从参战双方的视死如归、勇敢无畏以及参战人数和战死人数来看,这次战争在历史上无出其右。但是,高卢人各次战役中的战略以及执行战略时表现出的判断力,则相当可鄙,他们采取的每一步都是出自狂热的激情,而非冷静的盘算。没过多少年,我就亲眼目睹凯尔特人被彻底驱逐出波河平原,阿尔卑斯山脚的少数地区除外。

我认为不应忽略他们最初入侵波河平原和后来的军事行动以及最后被驱逐等一系列历史事件,因为在我看来,史书本来的使命就是纪录和向后代传达机运的这些插曲,从而让后人不至因对这些事件毫无所知而被蛮夷出其不意和突然的入侵吓倒。同时,如果正确理解了这类野蛮民族的势力多么短命、多么容易被消灭,后代就能勇敢面对蛮夷的入侵,不惜一切代价确保安全,而非放弃他们所珍视的任何东西。

事实上,我认为,那些把波斯人入侵希腊、高卢人打劫德尔斐的战事写成史书,传递给我们的作家,对希腊人共同的自由奋战贡献极大。后代的读者如果牢记这些战事中出其不意的部分,仔细考虑野蛮民族带领浩浩荡荡的大军、决死一战的士气和超强的装备入侵别的城邦,却被后者凭借智慧和冷静带来的决心和力量击败,那么他们在面对人数庞大、资源丰富的敌人时,就不会因恐惧而放弃最后的希望,而会为了他的祖国奋战到底。不仅是在古时候,就是在我的时代,希腊人仍会被高卢人的入侵吓得心惊胆战,这尤其是我叙述罗马人与高卢人的战争时,虽说要简要概述，却回溯战争开端的动机。

［36］这次离题已让我们严重偏离对伊比利亚事务的叙述。哈斯德鲁巴统治伊比利亚8年[①]后，在一个晚上被一个凯尔特人由于私人恩怨刺死在他的住处。他通过军事行动以及与当地部落的友好交往，已极大扩张迦太基的势力。然后，迦太基人任命汉尼拔统治伊比利亚，尽管这时汉尼拔还很年轻，但是他的功勋表明他非常敏锐和精明。[②]从他任伊比利亚总督这个时刻起采取的种种措施来看，他显然决意对罗马开战。事实上，他将很快发起战争。

从这个时刻起，迦太基与罗马关系的特点是互相猜疑和摩擦不断。迦太基人继续设计对付罗马的策略，因为他们急于为西西里的失败复仇。罗马人察觉迦太基人的计划后，更加不信任迦太基人。至此，所有有见识的人都能看出，罗马人和迦太基人不久之后将爆发战争。

［37］大约同一时间（公元前220年），阿凯亚人和腓力五世及其盟友联合起来攻打埃托利亚人，此即众所周知的"同盟战争"。我已回溯罗马与迦太基为争夺西西里的战争、利比亚的战争，接下来如果我叙述同盟战争、罗马人与迦太基人的第二次战争，即众所周知的汉尼拔战争，就契合我原初的叙述计划。但是，如果我想遵照我在开头提出的叙述计划，把眼下这个日期当作我真正叙述的开端，我必须暂且把这些战争放在一边，回溯希腊历史的进展，这样我才能完成导言的任务，把每个地区的事务都带到同

[①] 公元前229至前221年。

[②] 这一年是公元前221年，汉尼拔于公元前237年陪同父亲远征伊比利亚时9岁，此时25岁。

公元前221年是秦始皇二十六年。齐王田建与其相国后胜派军守其西部边界，欲阻秦军。秦王令王贲率军由燕国南下攻齐，俘虏齐王田建，齐国灭亡。至此，秦灭六国，一统天下的大业完成。如果从秦昭襄王任范雎为相推行远交近攻之略开始算起，至此历时45年。参《史记·秦始皇本纪》，前揭，页235。

一个时刻，然后再开始我的详尽叙述（τῆς ἀποδεικτικῆς[①] ἱστορίας）。因为，我与之前叙述单个民族或单个国家例如波斯或希腊的史家不同，我的目标是叙述天下已知部分发生的所有事件——我生活的时代的鲜明特征尤其与我的这项事业相关，我在后面会更详细解释这一点——因此，开始我的叙述主体（τῆς κατασκευῆς）之前，我必须简要叙述天下最著名、最重要的国家和民族的状况。

关于叙利亚和埃及，[②]在上述真正的开端日期之后提及那里发生的事足矣，因为很多作家之前叙述过它们的历史，人们对此也很熟悉。此外，在我们的时代，机运也没有给这些国家带来令人震惊的变化，也就没有必要回溯它们过去的历史。但是，关于阿凯亚人和马其顿王室，却需要回溯它们早先的历史，因为我们的时代见证了马其顿王室的灭亡，而阿凯亚联盟则成长为一个权力和政治高度联合的联盟，这一点着实非凡。过去很多城邦曾试图整合伯罗奔半岛，但从没有哪个城邦成功，每个城邦都只关注自己的领导权，而非共同的自由（κοινῆς ἐλευθερίας）。但是，现在这个目标取得很大进展，几乎就要实现。在我的时代，阿凯亚诸邦不仅结成一个互相支援、彼此友好的共同体（συμμαχικὴν καὶ φιλικὴν κοινωνίαν），而且拥有共同的律法（νόμοις）、度量衡（σταθμοῖς καὶ μέτροις）、货币（νομίσμασι）、官员、元老院（βουλευταῖς）和法庭。总之，整个伯罗奔半岛与单个城邦的唯一差异在于这个半岛的居民不是由一堵城墙环绕，但是在其他所有方面，不管是整体上还是各个城邦，它都近乎一体。

[38] 首先，我们需要知道阿凯亚人如何、凭借何种手段控制伯罗奔半岛，以至这个半岛上的所有人现在都被称为阿凯亚

[①] ἀποδεικτικῆς的意思是"有充分理由支持的"，要追溯事件的原因和效果，不同于仅仅基于论断的叙述。

[②] 指塞琉古王国和托勒密王国。由于塞琉古王国核心部分位于叙利亚，珀律比俄斯用叙利亚代指塞琉古王国。

人。毕竟，最初的阿凯亚疆界很小，城邦数量也不多；它们既不富庶，公民也不太英勇。那时，阿卡狄亚人（Arcadian）和拉哥尼亚人（Laconian）不管是在人口还是疆界上，都要远远超过阿凯亚人，这两个民族的军事英勇也不弱于任何希腊人。但是，为何这两个民族不仅同意模仿阿凯亚人的政制，甚至还同意使用阿凯亚这个名称？显然，如果我们说这是机运导致的结果，并非一种恰切的解释。相反，我们必须寻求更深层的原因，因为任何事情的发生，不管是可能发生之事，还是不可能发生之事，必定有某种原因。

在我看来，伯罗奔半岛发生这种变化的原因如下。除了在阿凯亚联盟，人们不可能在他处找到能在公民大会上平等、自由发言（ἰσηγορίας καὶ παρρησίας）的机构和原则（σύστημα καὶ προαίρεσιν）——总之，不可能找到真正的民主制（δημοκρατίας ἀληθινῆς）。①尽管由于这种政制，有一小部分伯罗奔半岛人自愿加入阿凯亚联盟，这个联盟还是一方面通过说服和辩论赢得更多的人，另一方面也在合适的时机通过施加压力，强迫另一些人依附于联盟。阿凯亚联盟没有保留创始成员的特权，而是让所有新成员享有同样的权力。凭借两个强大帮手——平等和人道（ἰσότητι καὶ φιλανθρωπίᾳ），阿凯亚联盟很快便实现它为自身设定的目标。因此，我们必须把这种政制视作建立伯罗奔半岛当今繁荣的阿凯亚联盟的本源和原因。

这些典型的原则和这种政制很久之前就已存在于阿凯亚。大

---

① 这可能是"民主制"这个词第一次用于不同于单个城邦的政治体。珀律比俄斯用这个词指阿凯亚联盟内各个城邦的平等，不同于公元前5世纪雅典的民主制。珀律比俄斯此处对阿凯亚联盟政治原则的强调，实际上提出了一种统一希腊的政制形式。这是公元前5世纪以来希腊统一问题的痼疾。可与此前试图统一伯罗奔半岛的城邦的失败经历对比，珀律比俄斯说那些城邦无不是在追求领导权（2.37），故统统失败。但是，罗马统一意大利各城的政治原则，显然不同于阿凯亚联盟的原则，而是类似于此前试图统一伯罗奔半岛的那些城邦的原则，即以追求领导权为目标。

量的证据可证明这一点，但眼下，我只援引一两个例子就足以印证这个断言。

[39] 例如，当毕达哥拉斯派的本部在当时名为大希腊①的意大利地区被烧毁，那里自然而然爆发了普遍的政治动荡，②每个城邦的领导者均出其不意地被杀，大希腊地区的所有希腊城市遍布谋杀、暴乱和各种混乱。希腊大多数城邦派出使节调解，但大希腊地区的城邦最信赖阿凯亚人，托付阿凯亚人结束他们的混乱。不仅是在这个时期，他们认可阿凯亚人的政治原则，而且不久之后，他们也决定效仿阿凯亚联盟的政制。克罗顿人（Crotonians）、锡巴里斯人（Sybarites）和考罗尼亚人（Caulonians）召集会议，③组成一个联盟，④首先建立荷马里乌斯·宙斯（Zeus Homarius）的神庙⑤和圣所，用来举行联盟会议和商讨各种事务，接着采用阿凯亚人的习俗和律法，决定效仿阿凯亚人管理他们的政府。直到叙拉古僭主老狄奥尼修斯（Dionysius I of Syracuse）时期，他们屈服于周遭的蛮夷部落，形成一个联盟的目标才受挫，他们违背了自己的意愿，被迫放弃这种政制。

---

① 大希腊地区指意大利南部从洛克里到塔伦托的希腊城邦区。珀律比俄斯此处似乎将大希腊的出现与毕达哥拉斯派的影响联系起来。毕达哥拉斯在大希腊地区的影响始于毕达哥拉斯公元前530年从萨摩斯移民克罗顿（Croton）。毕达哥拉斯派的成员随后在很多城邦确立基于毕达哥拉斯的哲学和宗教教诲的政府。

② [英译注] 珀律比俄斯有所夸张，动荡没有持续多久，学派成员吕西斯（Lysis）和阿基布斯（Archippus）迁往希腊，在忒拜和菲鲁斯（Philus）重建学派中心，其他成员则继续活跃在大希腊地区，尤其是雷吉姆。

③ 克罗顿和锡巴里斯都是阿凯亚人的殖民城邦。

④ 具体时间不明。

⑤ [英译注] 阿凯亚联盟的联盟圣地，在埃吉翁（Aegium）附近；不清楚意大利的对应神庙的位置。

再比如，当拉克岱蒙人后来在琉克特拉出人意料地被击败，忒拜人出人意料地索要希腊的领导权时，全体伯罗奔半岛人陷入恐慌，尤其是拉克岱蒙人尚不知晓他们已被击败，而忒拜人又不敢完全相信他们获得胜利。然而，这两个城邦都把争端交给阿凯亚人仲裁，它们这样做不是认为阿凯亚人有多么强大，因为那时阿凯亚在希腊几乎是最弱的城邦，而是认为阿凯亚人值得信赖和各方面皆具崇高的品质。事实上，正如人们普遍承认的那样，当时所有希腊人都这么认为。

直到那时，这些政治原则也仅仅存在于阿凯亚人中间，但是阿凯亚人没有采取任何切实可行的措施来增强力量，因为他们中似乎无法诞生一位配得上这些政治原则的政治家，只要有一个政治家表现出实践这些政治原则的倾向，它就会被拉克岱蒙人或马其顿人压制，扼杀在萌芽状态。

[40] 然而，在合适的时刻，阿凯亚人中诞生了有能力推行这些政治原则的政治家，阿凯亚人的权力立即得以彰显，不久就取得使伯罗奔半岛和谐一致（ὁμόνοιαν）的辉煌成果。希库温的阿拉图斯是这项事业的发起人和构想人；迈加洛波利斯的斐洛珀门为之奋斗，最终使之实现；吕科塔斯及其友人强化这一联盟的地位，使之维持了一段时间。①

我会尝试叙述这三位政治家的成就，以及他们如何、何时取得那些成就，同时不妨碍我这部史书叙述的流畅性。② 不过，我

---

① 阿拉图斯（公元前271—前213年）是阿凯亚联盟的建立者。斐洛珀门（公元前252—前183年）改革了阿凯亚的军队，于公元前206年击败斯巴达，成为阿凯亚联盟在公元前2世纪最著名的政治家。珀律比俄斯为斐洛珀门写过一部传记，今已不存。吕科塔斯亦是迈加洛波利斯人，是珀律比俄斯的父亲，公元前167年去世，公元前192年担任阿凯亚联盟的将军。吕科塔斯任职期间，对罗马保持中立，强化与帕加马和托勒密两个王国的关系。

② 珀律比俄斯的意思是，他不会混淆传记与标准的史书。

在此处及后面将仅概述阿拉图斯对阿凯亚联盟的治理，因为他在他的《回忆录》中就他本人的成就已经给出一份真实清晰的叙述。对于另外两人的成就，我会叙述得更详细，篇幅也会更大。我认为，从马其顿王国诸王解散阿凯亚联盟后，各城邦为了恢复联盟开始彼此接近的那个时期开始叙述最容易，同时我的读者也能跟得上。从那以后，阿凯亚联盟不断壮大，直到在我的时代达至我刚刚描述过的顶峰。

［41］第124个奥林匹亚年时，帕特雷（Patrae）和杜迈（Dyme）首先组成一个联盟，拉古斯之子托勒密一世（Ptolemy I son of Lagus）、吕西马科斯（Lysimachus）、塞琉古一世（Seleucus I）和托勒密·雷电（Ptolemy Ceraunus）等人都死于这个奥林匹亚年。① 阿凯亚人在此之前的状况如下。他们的第一位国王是奥瑞斯特斯（Orestes）之子提萨曼努斯（Tisamenus），奥瑞斯特斯被斯巴达放逐后，在返回赫拉克利德（Heraclids）的路上，占取阿凯亚。阿凯亚人一直被提萨曼努斯王室统治到奥古古斯（Ogygus）王时期。由于对奥古古斯之子们专制且无法无天的统治不满，阿凯亚人将他们的政制变成民主制。自那之后，直到腓力二世和亚历山大大帝统治时期，阿凯亚人尽管不得不适应形势的变化，但如我所说，他们始终尽力维持联盟的民主制。

这个联盟由12个城邦组成，除奥勒努斯（Olenus）和赫利科（Helice）在琉克特拉之战前被大海淹没外，其余10个城

---

① 第124个奥林匹亚年是公元前284至前280年，上述所有统治者皆死于公元前283至前279年之间。公元前282年11月1日，托勒密一世驾崩，其幼子托勒密二世继承王位，长子托勒密·雷电远走色雷斯王国的吕西马科斯宫廷。吕西马科斯的王后阿尔西诺伊二世是他同父异母的妹妹。在此期间，塞琉古一世与吕西马科斯为争夺小亚细亚，于公元前281年爆发克罗派狄翁（Corupedium）之战，吕西马科斯战死，七个月后，即公元前281年9月，塞琉古斯一世被托勒密·雷电刺杀。随后，托勒密·雷电谋得马其顿王国的王位，于公元前279年在与高卢人的战争中阵亡。

邦至今仍在。这些城邦是帕特雷、杜迈、法莱（Pharae）、特里塔（Tritaea）、勒奥提翁（Leontium）、埃吉翁（Aegium）、埃格拉（Aegira）、培伦涅（Pellene）、布拉（Bura）和喀吕奈亚（Caryneia）。自亚历山大大帝驾崩后到第124个奥林匹亚年之前的一段时间，由于马其顿诸王的介入，阿凯亚联盟陷入无序和混乱，所有城邦脱离联盟，开始违背彼此的利益。结果是一些城邦先由德米特里乌斯一世和卡桑德（Cassander）派兵驻守，随后又被安提哥努斯二世（Antigonus II Gonatas）[①]派兵驻守。安提哥努斯二世甚至将僭政强加在阿凯亚诸邦身上，这位国王比另外两位国王在希腊扶植了更多的僭主。

但是，如我上文所说，在第124个奥林匹亚年之间，阿凯亚人开始悔悟，重新结成联盟，那时正值皮鲁士渡海到意大利的时间。迈出第一步的城邦是杜迈、帕特雷、特里塔和法莱，这也解释了我们为何无法找到记载这一事件的碑铭。5年后，埃吉翁驱逐马其顿驻军，加入联盟，接着是布拉处死他们的僭主，加入联盟。喀吕奈亚加入联盟的时间与布拉相同，因为它的僭主伊赛斯（Iseas）看到驻守埃吉翁的马其顿人被驱逐，布拉城的僭主被马尔古斯（Margus）和阿凯亚人杀死，周围的城邦眼看就要向他开战，所以在确保阿凯亚人会保证他的生命安全后，他放弃僭主之位，将喀吕奈亚交给阿凯亚联盟。

[42]为何我要回溯这些时期？首先，我想阐明哪些阿凯亚城邦最先、在什么时候形成联盟；其次，这些史实可以印证我关于阿凯亚联盟的政治原则的断言。我的断言是，阿凯亚联盟始终只有一种政体，一边以他们的平等和自由吸引其他城邦加入，一边通过攻打和镇压那些要么靠自己、要么靠马其顿诸王奴役城邦的僭主，从而迫使其他城邦加入。阿凯亚人以这种方式追求这一目标，部分是凭靠自己，部分是靠盟友的帮助，最终完成他们的

[①] 德米特里乌斯一世之子，公元前276年至前239年在位。

目标。阿凯亚人的盟友此后对联盟事业的贡献也应该归功于阿凯亚人和他们的政治原则。尽管阿凯亚人参与过其他民族的许多事业,尤其是最频繁、最光荣地与罗马人并肩作战,但他们从未表现出丝毫想从那些胜利中谋取私利的欲望,而是要求确保联盟城邦的自由和伯罗奔半岛人的和谐,以作为他们对盟友全力援助的交换。当我们审视阿凯亚联盟实际的运作时,这一点会更加明显。

[43] 组成联盟后的前25年,①这些城邦轮流为联盟任命一位秘书和两位将军。之后,它们只选举一位将军,委托他全权管理联盟事务,第一位享此殊荣的是喀吕奈亚的马尔古斯。马尔古斯任职4年后,希库温的阿拉图斯尽管只有20岁,还是通过他的进取心和勇敢,推翻他的城邦希库温的僭政。②由于一直爱慕阿凯亚联盟的政治原则,阿拉图斯带领希库温加入联盟。8年后,阿拉图斯在他的第二任将军任职期间,成功策划了一次军事行动,占领原先由马其顿国王安提哥努斯二世控制的科林多卫城。③凭借这次胜利,阿拉图斯将所有伯罗奔半岛人从恐惧中解救出来,促使科林多也加入阿凯亚联盟。在第二次将军任期内,阿拉图斯凭借同样的方式让麦加拉依附于阿凯亚联盟。这些事件都发生在迦太基人在西西里战争中战败,被迫从西西里撤出,以及首次向罗马人偿付赔款之前。

鉴于阿拉图斯在如此短的时间内领导联盟取得如此辉煌的进步,他继续统领阿凯亚人,他所有的计划和行动都趋向一个目标,即将马其顿人赶出伯罗奔半岛,镇压僭主们,为联盟和各个

---

① 公元前280至前255年。

② 马尔古斯出任将军是公元前255年,阿拉图斯推翻希库温僭政是公元前251年。

③ 此事发生于公元前243年。阿拉图斯公元前243年第一次担任阿凯亚联盟将军,攻占科林多卫城是阿拉图斯最著名的功绩。公元前250年,安提哥努斯二世的总督亚历山大叛乱,占据科林多卫城。公元前245年,亚历山大去世,安提哥努斯二世再次占据科林多卫城,该城两年后被阿拉图斯攻占。

城邦的自由重建坚实的基础。安提哥努斯二世在世时，阿拉图斯持续反抗这位国王对伯罗奔半岛的干预，同时坚决打击贪婪的埃托利亚人。尽管这两个既傲慢又好战的势力结成盟友旨在瓦解阿凯亚联盟，阿拉图斯还是取得很大成功。①

[44] 但是，安提哥努斯二世一死（公元前239年），阿凯亚人就与埃托利亚人结成盟友，支持后者主动发起抵抗德米特里乌斯二世的战争，因此在这段时间内，阿凯亚人和埃托利亚人不再有矛盾和敌意，而是或多或少产生了一种友谊与和睦。德米特里乌斯二世仅统治10年，他死于罗马人首次跨海到伊利里亚之时（公元前229年）。之后有段时间，事件的发展看起来有利于阿凯亚人一贯的目标：伯罗奔半岛上的僭主由于德米特里乌斯二世的去世变得很沮丧，换句话说，德米特里乌斯二世是这些僭主的后台和金主。与此同时，受阿拉图斯态度的威胁——阿拉图斯要求他们主动退位，向那些同意这样做的僭主提供丰厚的奖赏和荣誉，恐吓那些拒绝听从他建议的僭主，说阿凯亚人将狠狠地惩罚他们——那些僭主立即同意他的要求，放弃僭主之位，解放他们的城邦，加入阿凯亚联盟。迈加洛波利斯的僭主吕狄阿德斯（Lydiades）②之前已经预见到未来，他极富智慧和审慎地预言了德米特里乌斯二世的死亡，主动地放弃僭主之位，让迈加洛波利斯城加入阿凯亚联盟。之后，阿尔哥斯的僭主阿里斯托马库斯（Aristomachus）、赫米欧尼（Hermione）的僭主克塞诺（Xenon）、斐留斯（Phlius）的僭主科勒奥努莫斯（Cleonymus），全部退位，

---

① 安提哥努斯二世重返科林多地峡，埃托利亚人与之结盟，侵入伯罗奔半岛。公元前241年夏，阿拉图斯第三次任联盟将军，率军在培伦涅城击败埃托利亚人。

② 安提哥努斯二世于公元前245年重返科林多地峡不久，吕狄阿德斯霸占迈加洛波利斯，自立为僭主。

加入民主制下的阿凯亚联盟。①

[45] 这样，阿凯亚联盟在规模和力量方面得到极大提升。埃托利亚人由于天生对扩张充满无理性的激情——或者是由于嫉妒，或者是希望分裂阿凯亚联盟——此前曾与亚历山大二世（Alexander II）②一起分裂阿卡纳尼亚联盟，不久后又与安提哥努斯二世一起分裂阿凯亚联盟，现在又与马其顿摄政王和腓力五世的监护人安提哥努斯三世（Antigonus III Doson）以及斯巴达国王科勒奥门涅斯三世（Cleomenes III）联合，再次试图分裂阿凯亚联盟。③

埃托利亚人看到安提哥努斯三世是马其顿无可争议的主人，且公开与阿凯亚为敌，因为阿凯亚人此前阴谋攻占科林多卫城，遂据此认为，如果他们能激起拉克岱蒙人对阿凯亚联盟的憎恨，让拉克岱蒙人加入他们，他们就能在恰当的时机从四面八方发动攻击，从而轻松压垮阿凯亚联盟。事实上，他们本来有可能做到这一点，但是他们的计划忽略了最重要的因素。他们从未考虑到，他们的行动是与阿拉图斯——一位有能力处理任何紧急形势的政治家——为敌。因此，埃托利亚人的阴谋和不义入侵不仅全面失败，而且恰恰巩固了阿凯亚联盟的力量。那时，阿拉图斯正是联盟的将军，他灵巧地扭转和破坏了埃托利亚人的全部计划。④下面的叙述将说明他如何做到了这一切。

---

① 阿尔哥斯和斐留斯于公元前229年加入阿凯亚联盟。

② 亚历山大二世，伊庇鲁斯国王，公元前272年，其父皮鲁士去世后，继承王位。亚历山大二世曾与埃托利亚人分裂阿卡纳尼亚联盟，具体日期很难确定。

③ 科勒奥门涅斯三世（公元前260—前219年），公元前235年至前222年在位。德米特里乌斯二世于公元前239年登基，公元前229年驾崩。其子腓力五世继位时仅9岁，由安提哥努斯（Antigonus III Doson）摄政。安提哥努斯是德米乌斯二世的堂弟。公元前227年，安提哥努斯已经攫取国王的全部权力，成为马其顿国王，一般称之为安提哥努斯三世。在他于公元前221年去世后，腓力五世才正式掌握大权。

④ 公元前229年，阿拉图斯第九次任阿凯亚联盟将军。

[46] 阿拉图斯看到，埃托利亚人羞于公开对阿凯亚人宣战，因为阿凯亚人在他们不久前抵抗德米特里乌斯二世的战争中帮助过他们，但是他们与拉克岱蒙人如此一致，非常嫉妒阿凯亚人，以至科勒奥门涅斯三世背信弃义，占据泰格亚（Tegea）、曼提尼亚（Mantinea）和奥科门诺斯（Orchomenus）时——这三个城邦那时不仅是埃托利亚人的盟友，还是埃托利亚联盟的成员——埃托利亚人非但不愤怒，反而承认科勒奥门涅斯三世的占领。

阿拉图斯看到，埃托利亚人本性热衷于掠夺，惯于找借口向那些丝毫没有伤害他们的城邦宣战，但是他们现在竟准许自己遭受科勒奥门涅斯三世背信弃义的攻击，还损失掉几个最大的城邦，其意图是让科勒奥门涅斯三世成为令阿凯亚人生畏的敌人。因此，阿拉图斯和联盟所有领袖决定，不主动攻击任何人，只抵抗斯巴达人的入侵。这至少是他们最初的决心，但不久之后，科勒奥门涅斯三世开始在迈加洛波利斯疆界内修筑名为雅典奈乌姆（Athenaeum）的要塞，公开承认他是阿凯亚人的死敌，阿拉图斯和联盟的领袖于是召开联盟会议，决定对斯巴达开战。这就是著名的科勒奥门涅斯战争①的开端和起源。

[47] 阿凯亚人一开始打算只靠自己迎战拉克岱蒙人，他们认为，首先，不依赖他人而是靠自己保卫他们的城邦和领土最光荣；其次，他们渴望维持与托勒密三世（Ptolemy III Euergetes）②的友谊，他们对托勒密三世负有一些义务，不想让托勒密三世认为他们投靠其他国王。但是，战争持续一段时间后，科勒奥门涅

---

① 这次战争从公元前228年一直持续到前222年。

② 托勒密三世（公元前276—前221年），托勒密王国国王，公元前246年至前221年在位。他继承其父的政策，每年给予阿凯亚人部分资金援助。公元前251年，阿拉图斯出使埃及，与托勒密二世敲定这项援助，托勒密王国每年援助阿凯亚联盟6塔兰同。

斯三世颠覆斯巴达的古代政制，将王政变为僭政，在战场上既精力充沛又勇猛无敌，阿拉图斯预见到可能发生的事情，又忧虑鲁莽无耻的埃托利亚人入侵，决定预先防备他们，破坏他们的计划。

阿拉图斯认识到，马其顿国王安提哥努斯三世是一位精明、审慎和富有荣誉感的人，他知道国王们绝不会把任何人视作天然的敌人或朋友，而是以利益为唯一标准衡量敌人和朋友。① 因此，阿拉图斯决定接近安提哥努斯三世，通过向这位君主指出当前希腊事务可能会趋于何种结果，让自己成为他值得信赖的人。但是，眼下由于一些原因，他认为不宜公开这样做。理由如下。首先，要是公开这样做，会提前暴露计划，从而被埃托利亚人和科勒奥门涅斯三世破坏；其次，求助于敌人和表现得完全放弃他曾对阿凯亚人许诺的希望，会伤害阿凯亚军队的士气。因此，构思好这一计划后，阿拉图斯决定用秘密手段实现。随后，他被迫在公开场合说和做一些与他真实意图相反之事，营造与其真实意图完全相反的印象，以掩盖他真正的计划。正是出于这个原因，他在他的《回忆录》中也没有记述其中的细节。

[48] 阿拉图斯知道迈加洛波利斯人深受这次战争之苦，因为此城紧靠拉克岱蒙人的边界，不得不承受战争的全部压力，同时他们又得不到阿凯亚人的帮助，因为后者当时遭受的战争压力也很大，处境艰难。阿拉图斯也知道，迈加洛波利斯人自阿敏塔斯之子腓力二世（Philip II son of Amyntas）时期接受马其顿人的帮助以来，一直对马其顿王室怀有善意。他确信，由于科勒奥门涅斯三世施加的战争压力极大，迈加洛波利斯人愿意向安提哥努斯三世求助，希望马其顿能保障其安全。因此，阿拉图斯秘密地与两位迈加洛波利斯人尼克法涅斯（Nicophanes）和克尔基达斯

---

① [英译注] 对照修昔底德6.85.1处的类似说法。

（Cercidas）商量他的计划，① 这两人是他的家族朋友，适合执行这项任务。通过这两人，阿拉图斯毫不费力地促使迈加洛波利斯遣使到阿凯亚人那里，请求后者向安提哥努斯三世求助。迈加洛波利斯任命尼克法涅斯和克尔基达斯为使节，令其首先前往阿凯亚，如果阿凯亚联盟同意他们的请求，就立即前去觐见安提哥努斯三世。阿凯亚人同意让迈加洛波利斯派一个使团到马其顿去，并指派使者与迈加洛波利斯使团一同立即前往马其顿。面见安提哥努斯三世时，使团遵照阿拉图斯的指示和建议，先简单扼要地叙述他们城市的处境，没有丝毫多余之言，然后详细地向马其顿君主阐述希腊的整体局势。

[49] 阿拉图斯要求使团向安提哥努斯三世阐明埃托利亚人和科勒奥门涅斯三世的战争行动的重要意义和可能后果，并向这位马其顿国王强调：第一，阿凯亚人已陷入险境；第二，安提哥努斯三世将受到更大威胁。因为阿凯亚人显然不可能挡住两个敌人的进犯，任何有头脑的人都能轻易地看到，如果埃托利亚人和科勒奥门涅斯三世取胜，他们届时肯定不会满足于获得的利益。埃托利亚人的领土扩张绝不会止于伯罗奔半岛，甚至不会止于希腊，而尽管科勒奥门涅斯三世眼下仅图谋伯罗奔半岛的领导权，但是待实现这一目标后，他的雄心和全部抱负（φιλοδοξίαν καὶ τὴν ὅλην ἐπιβολὴν）会立即促使他意图成为所有希腊人的主人，届时科勒奥门涅斯三世必定要首先摧毁马其顿的统治，否则他的这个野心和抱负就不可能实现。

使团恳求安提哥努斯三世着眼于未来，考虑他最大的利益是什么——是在阿凯亚人和波俄提亚人（Boeotians）的支持下，前往伯罗奔半岛与科勒奥门涅斯三世为希腊的领导权而战，还是让希腊最伟大的民族听天由命，到时候与埃托利亚人、波俄提亚

---

① 尼克法涅斯，其人不详。克尔基达斯是著名犬儒哲人，现存此人部分诗句。

人、阿凯亚人和斯巴达人在忒萨利为马其顿的王冠而战。使者们说，如果埃托利亚人由于在与德米特里乌斯二世的战争中得到过阿凯亚人的帮助，目前还有所顾虑，因而没有采取行动，那么阿凯亚人将单独与科勒奥门涅斯三世作战。如果机运（τῆς τύχης）护佑阿凯亚人，他们就不需要帮助。但是，如果他们被科勒奥门涅斯三世击败，埃托利亚人又来攻击他们，使者们恳求安提哥努斯三世密切注意，不要让机会溜走，而应在还可能挽救之时，援救阿凯亚人。至于结成盟友的条件和阿凯亚人对安提哥努斯三世的帮助的回报，使者们说他无需担心此事，因为他们向他承诺，一旦阿凯亚人得到帮助，阿拉图斯一定会找到令双方满意的条款。使者们还说，阿拉图斯已交代好他们请求安提哥努斯三世帮助的具体日期。

[50]听完使者们的陈述后，安提哥努斯三世确信阿拉图斯对形势的分析真实且符合实际，便审慎考虑接下来采取的步骤，之后通过信件向迈加洛波利斯人承诺，他会前来帮助他们，如果阿凯亚人也希望如此的话。尼克法涅斯和克尔基达斯返回迈加洛波利斯，向民众出示了安提哥努斯三世的信件，同时也向民众保证安提哥努斯三世对他们是善意的，乐意帮助他们。迈加洛波利斯人听到这个消息非常兴奋，大多数人准备去阿凯亚联盟会议的会场，恳求他们邀请安提哥努斯三世，并立即将战争事务交给他。

阿拉图斯私下从尼克法涅斯那里得知安提哥努斯三世对联盟和他心存善意，他的计划没有失败令他非常高兴。与埃托利亚人的期待相反，他发现安提哥努斯三世没有冷落他。他认为这个计划具有极大的优势：迈加洛波利斯人已经同意通过阿凯亚人接近安提哥努斯三世，如我前面所说，他的本心是不寻求任何外部援助。但如果必须求助他人，他希望这种求助不仅仅是他个人的意愿，而且是整个联盟的意愿。这是因为，他害怕安提哥努斯三世出现在伯罗奔半岛，击败科勒奥门涅斯三世和拉克岱蒙人之后，会对阿凯亚联盟采取敌视政策，届时他将因此备受谴责，因为考虑到阿拉图斯攻占科林多卫城时对马其顿王室造成的伤害，安提哥努斯三世那样做似乎也并没有错。因此，迈加洛波利斯人来到联盟大会，出示安提哥努斯三世的信件，向参会者保证安提哥努斯三世对阿凯亚联盟持友好态度，同时恳求阿凯亚人立即请求安提哥努斯三世介入战事。阿拉图斯看到这也是阿凯亚人的意愿，于是站起来发言，他首先感激安提哥努斯三世愿意帮助阿凯亚人，赞同大会对请求安提哥努斯介入的态度，然后发表长篇演说，敬告听众，若是他们通过自身努力能挽救城邦和土地，当然最值得自豪，也最有益，但如果机运（$τῆς$ $τύχης$）不护佑他们，他们靠自己毫无获胜的希望时，就应该向朋友求助。

[51] 听众对他的演说欢呼鼓舞，然后通过一项决议，决定当前继续单独与科勒奥门涅斯三世作战。但是，一连串灾难接踵而至。首先，托勒密三世放弃阿凯亚联盟，转而给予科勒奥门涅斯三世资金支持，[①] 期待后者攻击安提哥努斯三世。托勒密三世认为，拉克岱蒙人比阿凯亚人更有能力遏制马其顿国王的野心。其次，阿凯亚人被科勒奥门涅斯三世接连击败，第一次是在行军到吕凯昂（Lycaeum）附近，第二次是在迈加洛波利斯境内名为拉多科亚（Ladoceia）的地方遭遇激战，吕狄阿德斯（Lydiades）在此役中战死，最后一次是全军在杜迈境内的赫卡托姆拜乌姆（Hecatombaeum）被彻底击败。[②] 形势已不容拖延，阿凯亚人不得不请求安提哥努斯三世援助。在这个紧急时刻，阿拉图斯派他的儿子出使马其顿，与安提哥努斯三世商谈援助的种种条件。[③] 阿凯亚人认为主要的障碍和困难是科林多卫城，只有把科林多卫城还

---

① 发生于公元前226年。

② 阿拉图斯在他的第十次将军任期（公元前227年），接连两次被科勒奥门涅斯三世击败。此处阿凯亚联盟的第三次失败，发生于公元前226年，当时的联盟将军是许佩巴图斯（Hyperbatus）。

③ 安提哥努斯三世提出的援助条件是占据科林多卫城。

给安提哥努斯三世,他才会同意出兵,那样他就可以把科林多当作参加这次战争的后备基地。但是,阿凯亚人又不能违背科林多人的意志,直接将科林多卫城交予马其顿。这个棘手的难题甚至使商讨安提哥努斯三世的条件的联盟会议休会了一段时间。

[52] 科勒奥门涅斯三世的三次胜利在阿凯亚人中间激起巨大恐慌,他得以在各个阿凯亚城市之间畅通无阻地穿行,通过说服和威胁赢得它们。他以这种方式让卡夫阿(Caphyae)、培伦涅、斐涅乌斯(Pheneus)、阿尔哥斯、斐留斯、科勒奥奈(Cleonae)、厄庇道卢斯(Epidaurus)、赫米欧尼、特洛伊西纳(Troezen)和科林多臣服。现在,他又开始围困希库温,但他因此也解决了阿凯亚人的主要难题:科林多人要求阿拉图斯——当时他还是将军[1]——和阿凯亚人退出科林多卫城,然后邀请科勒奥门涅斯三世前来,从而为阿凯亚人提供正当理由,将科林多卫城交予安提哥努斯三世,后者就可占据科林多卫城。阿拉图斯以这种方式不仅弥补了之前对马其顿王室的伤害,而且充分保证自己未来也会忠于马其顿,并为安提哥努斯三世进攻拉克岱蒙人提供一个战争基地。

意识到阿凯亚人和安提哥努斯三世之间的同盟关系后,科勒奥门涅斯三世离开希库温,前往科林多地峡扎营。他在科林多卫城与奥奈昂(Oneion)山之间修建栅栏和壕沟,自信整个伯罗奔半岛从此将由他单独统治。安提哥努斯三世此时已经备战很长时

---

[1] 这事发生于公元前225年,阿凯亚联盟将军是提莫克赛努斯(Timoxenus),珀律比俄斯的意思可能是说阿拉图斯此时仍在指挥军队。依照普鲁塔克的说法,阿拉图斯受命清洗希库温和科林多两城的斯巴达分子,此时他已完成希库温的清洗任务,在科林多获悉阿尔哥斯被科勒奥门涅斯攻陷的消息,科林多人试图逮捕他,他立即逃往希库温。科勒奥门涅斯占据科林多,但是无法驱逐驻守科林多卫城的阿凯亚军队。随后,科勒奥门涅斯与阿拉图斯谈判,并于公元前225年7月率军围攻希库温。

间,如阿拉图斯所建议的,他一直在等待出兵时机。现在,他从事件的进展趋势得出判断,预料到科勒奥门涅斯三世即将进攻忒萨利,便与阿拉图斯和阿凯亚人取得联系,依照双方的条约,率军穿过欧波亚,进抵科林多地峡。安提哥努斯三世之所以走这条路线,是因为埃托利亚人想尽各种办法阻止他援助阿凯亚人,禁止他率军穿过温泉关,还威胁他说,如果他强行穿过,他们必将前去阻击。现在,安提哥努斯三世和科勒奥门涅斯三世面对面扎营,一方试图进入伯罗奔半岛,另一方试图阻止。

[53] 阿凯亚人尽管已遭受几次惨败,却仍未放弃他们的目标和自力更生的原则。阿尔哥斯的阿里斯托特勒斯(Aristoteles)[①]叛变,攻击科勒奥门涅斯三世的党羽,阿凯亚人派出一支部队援助阿里斯托特勒斯。援军在提莫克赛努斯(Timoxenus)将军的率领下突袭攻占阿尔哥斯城,最终使阿尔哥斯重新回到阿凯亚联盟。我们应该把这个成就视作阿凯亚人随后由衰转盛的主要原因。后来的事件也清楚表明,正是在阿尔哥斯的失败大大打击了科勒奥门涅斯三世的锐气,挫伤了他部队的士气。尽管他所占据的地理位置比安提哥努斯三世更有利,补给也更充分,同时还有超强的勇气和雄心,但是,当听说阿尔哥斯已被阿凯亚人占领后,他便因恐惧被敌人包围,立即放弃这些优势,迅速撤退。抵达阿尔哥斯后,科勒奥门涅斯三世占据阿尔哥斯城的一部分,但是阿凯亚人进行英勇反击,阿尔哥斯人也热情地协助他们,科勒奥门涅斯三世重新占领阿尔哥斯的计划泡汤,他之后经曼提尼亚,撤往斯巴达。

[54] 安提哥努斯三世现在安全地进入伯罗奔半岛,占据科林多卫城。他没有浪费时间,直接挺进到阿尔哥斯。感谢过阿尔哥斯人,整顿好阿尔哥斯各项事务后,安提哥努斯三世马不停蹄

---

① 阿拉图斯的朋友。他利用科勒奥门涅斯的失败在阿尔哥斯发动政变,阿拉图斯立即派出1500名援军。

地朝阿卡狄亚进军。安提哥努斯三世驱逐阿卡狄亚各要塞中的拉克岱蒙守军——这些要塞都是科勒奥门涅斯三世为掌控埃古斯（Aegys）和贝尔比纳（Belbina）地区而建的，将那些要塞交给迈加洛波利斯人后，返回阿凯亚联盟议会所在地埃吉翁。安提哥努斯三世向大会解释他采取的各项政策，商议接下来的战争行动。阿凯亚人随即任命安提哥努斯三世指挥所有盟友的军队，安提哥努斯三世然后前往希库温和科林多附近过冬。①

第二年春天（公元前223），安提哥努斯三世率军在三天之内抵达泰格亚。阿凯亚军队在这里与他会合，开始围困泰格亚城。马其顿人竭尽全力围攻，尤其是通过挖地道，泰格亚人很快放弃坚守，向安提哥努斯三世投降。确保泰格亚的安全后，安提哥努斯三世继续推进作战计划，迅速赶往拉科尼亚。他遇到驻扎在边境保卫拉科尼亚的科勒奥门涅斯三世，开始利用小股部队反复骚扰后者，但是他从警戒哨处获悉，有援军自奥科门诺斯（Orchomenus）前来援助科勒奥门涅斯三世，安提哥努斯三世立即拔营，急行军前往奥科门诺斯，突袭攻占了此城。他的出现让奥科门诺斯人震惊不已。之后，他开始围困曼提尼亚，这座城同样因为害怕马其顿人而迅速屈服。然后，他前往赫莱阿（Heraea）和特尔弗萨（Telphusa），这两城主动投降。这时，冬季即将来临。安提哥努斯三世解散部队，令马其顿士兵回家过冬，他本人则来到埃吉翁，参加阿凯亚联盟的会议，与阿凯亚人商讨眼下的形势，共同部署未来的计划。

［55］科勒奥门涅斯三世这时注意到，安提哥努斯三世已解散马其顿部队，身边只有雇佣兵，此时正在埃吉翁逗留，此城距离迈加洛波利斯只有3天路程。他知道迈加洛波利斯城很大，有

---

① 公元前224年，安提哥努斯三世已经建立一个囊括各希腊城邦的联盟，并指挥联盟的军队。他可能也被选为阿凯亚联盟的霸主，有权指挥阿凯亚联盟的军队。

些部分已经荒芜，极难防守；迈加洛波利斯人又由于安提哥努斯三世还驻扎在伯罗奔半岛，所以防守松懈；最重要的是，吕凯昂和拉多科亚之战中，迈加洛波利斯的大部分适龄公民已经战死。因此，科勒奥门涅斯三世诱使一些此时待在迈加洛波利斯的墨瑟尼亚流亡者与他合作，通过后者的帮助，在晚上悄悄进入迈加洛波利斯城。第二天天一亮，他差点儿被赶出城，因为迈加洛波利斯人勇敢战斗，他遭遇顽强抵抗——事实上，3个月前，他在突袭迈加洛波利斯城内名为康莱俄斯（Colaeum）的区域时，就曾被迈加洛波利斯人击败赶走。但是，这次由于他军力雄厚，已占据最有利的位置，他的阴谋最终实现，他赶走迈加洛波利斯人，攻占这座城市。

占据此城后，科勒奥门涅斯三世带着报复心理将这座城市毁灭，其手段之残忍竟达到这样的程度：没有人认为这个地方还可以重新居住。我认为，他之所以这样做，是因为在他的整个政治生涯中，迈加洛波利斯人和斯图姆法洛斯人（Stymphalians）是仅有的他无法吸引党徒参与他的事业、无法诱使任何人叛变的两个城邦。克里托里人（Clitorians）对自由的高贵热爱，只被一个名为忒阿克斯（Thearces）的人玷污过。正如人们所料，克里托里亚人否认忒阿克斯是他们的公民，说他是一位外邦士兵的儿子，从奥科门诺斯买来，被一个克里托里人家庭养大并视如己出。

［56］与阿拉图斯同时代的作家中，斐拉库斯（Phylarchus）被一些人认为值得信赖，尽管他的很多说法与阿拉图斯不同，甚至相互矛盾。由于我选择信赖阿拉图斯对科勒奥门涅斯战争的叙述，我认为检省这两人究竟谁更可信，既必要又有益，目的是不让他们作品中的谎话与真实具有同等地位。整体而言，斐拉库斯的整部作品充斥着粗心大意和不可靠的叙述，但是我认为这里没有必要详细批评他的所有错误，只需要细致审查与我正在叙述的时期——科勒奥门涅斯战争时期——相关的那些错误即可一窥一二。不过，我这种局部性的审查足以传达斐拉库斯那部作品的

整体意图和特征。

例如,为了强调安提哥努斯三世和马其顿人、阿拉图斯和阿凯亚人的残忍,斐拉库斯告诉我们,曼提尼亚人向安提哥努斯三世投降时遭受了惨重不幸——降临在阿卡狄亚最古老、最大的城邦身上的不幸。这种不幸程度如此之深,以至所有希腊人都为之落泪。为了唤起读者的怜悯和吸引其注意,他为我们呈现出这样一幅画面:或是头发凌乱、袒胸露乳的妇女们挤在一起,或是男人和女人及他们的孩子还有头发花白的父母挤在一起,他们泪水涟涟,哀鸣不断,因为他们将被掳去当奴隶。斐拉库斯在他的整部作品中到处穿插这类描述,试图将这种惊骇的场景活灵活现地带到读者眼前。暂且不管他以如此低劣和女里女气的方式处理他的主题,我们先考虑一下史书的性质和用途(οἰκεῖον καὶ χρήσιμον)。

记述历史的作家不应该通过任何夸张的场景刺激读者,也不应该像肃剧诗人那样,试图虚构历史人物的言辞,罗列他叙述的事件所有可能的结果,而是应该仅仅记述真实发生之事和历史人物真实说过的言辞,不管这些事件和言辞多么普通。因为史书和肃剧(ἱστορίας καὶ τραγῳδίας)的目的截然相反。肃剧诗人应该将貌似真实的言辞放入角色的口中,以此让现场的听众震颤和迷醉(ἐκπλῆξαι καὶ ψυχαγωγῆσαι)。但是,史家的职责是记述真实的事件和言辞,以此教育和劝导(διδάξαι καὶ πεῖσαι)所有时代的好学之人(φιλομαθοῦντας)。在肃剧中,可能之事优先,即便它们不真实,其目的是为观众制造幻觉;然而,史书要记载真实,以此施惠于好学之人。

除此之外,斐拉库斯在他的作品中仅仅叙述最惨烈的灾难,却不讲明这些灾难的原因和目的,因此读者在任何情况下都不可能感受到正当的怜悯(ἐλεεῖν εὐλόγως)或合适的愤怒(ὀργίζεσθαι καθηκόντως)。例如,哪个人不会为一个自由人受到殴打而愤怒?但是,如果一个自由人受到殴打是因为他先诉诸了暴力手段,那么我们会认为他遭到殴打是罪有应得；如果殴打是为了矫正错误或教育别人，那么那些进行殴打的人不仅不应该被谴责，而且应得到感激和赞美。再者，杀死一位公民被认为是最大的恶，也应该遭到最严厉的惩罚，但是，如果杀死的是一个盗贼或奸夫，那就不应受到惩罚；如果杀死的是叛徒或僭主，则在任何地方都会得到荣誉和奖赏。所以，在任何情况下，对这类事情的最终评判都不在于所做的事情本身，而是在于行为者的行动原因、行动目的和事件的具体情况。

[57] 曼提尼亚人背弃阿凯亚联盟后，主动将自己和城市先后交给埃托利亚人和科勒奥门涅斯三世。曼提尼亚人经过深思熟虑后投靠科勒奥门涅斯三世，成为斯巴达联盟的成员，但是，在安提哥努斯三世进入伯罗奔半岛一事发生的4年前，曼提尼亚又投靠了阿拉图斯，后被阿凯亚人攻陷。在这个时刻，曼提尼亚人非但没有因最近的罪行受到惩罚，反而因在两方之间快速转变而声名远播。阿拉图斯一接管这座城市，便立即命令他的部队不得碰曼提尼亚人的财产，接着召开曼提尼亚人大会，告诉他们要坚定，不必忧心他们的财产，如果他们加入阿凯亚联盟，他会确保他们的安全。安全的前景就这样突然展现在曼提尼亚人面前，完全出乎他们的预料，他们的情感也由此普遍逆转。

曼提尼亚人在刚刚结束的战斗中曾看到他们的许多亲人被阿凯亚人所杀，许多人受伤，现在却邀请这些阿凯亚人进入他们的家里，还尽可能友好地招待他们，双方相处得很好。这是很自然的，因为我从未听说哪个城邦比曼提尼亚人遇到的敌人更仁慈，或哪个城邦在遭遇被认为是最大的灾难时受到的伤害比曼提尼亚人更小，这一切都是因为曼提尼亚人受到阿拉图斯和阿凯亚人的人道主义对待。

[58] 随后，曼提尼亚人预见到他们内部的不和，以及埃托利亚人和拉克岱蒙人会搞阴谋，便遣使到阿凯亚人那里请求驻军。阿凯亚人同意了他们的请求，抽签挑选出300名公民。这

300人抛家舍业，前往曼提尼亚，守卫曼提尼亚人的自由和安全。与此同时，曼提尼亚派200名雇佣兵帮助阿凯亚驻军维持政局。然而，此后不久，曼提尼亚人爆发内讧，他们邀请拉克岱蒙人前来，将城市交到后者手中，还将阿凯亚那300名驻军全部屠杀。很难说，还有比曼提尼亚人更大、更卑鄙的背叛行为。他们既然决定抛弃对阿凯亚人的友谊和感激，就至少应该饶恕那300名驻军的性命，允许他们有条件地离开。毕竟，依照人世公认的律法，饶恕驻军的性命是惯例，即使是敌人也有权得到这样的对待。

但是，曼提尼亚人不过是为了让科勒奥门涅斯三世和拉克岱蒙人相信他们变节的诚意，就公然违反人世公认的律法，故意犯下最可憎的罪行。阿凯亚人此前占据曼提尼亚时没有伤害任何人，还派兵保卫曼提尼亚人的自由和生命，现在却遭到报复性的谋杀，面对这样的人，扪心自问，何种程度的愤怒算得上适当？他们应受何种与其罪行相称的惩罚？有人可能会说，若是曼提尼亚被部队攻陷，那么曼提尼亚的妇女和孩子应该被卖为奴隶。但是，依照战争的法则，即使没有犯下这种罪行的人也会遭遇这种事。曼提尼亚人应该受到更重、更极端的惩罚。换言之，他们若是遭受斐拉库斯描述的那些惩罚，那么希腊人的反应不应该是怜悯，相反，他们应该称赞和褒扬惩罚他们恶行的人。

但是，且不说曼提尼亚人没有遭受比财产被掠夺、自由人被卖为奴更大的惩罚，斐拉库斯为了让他的叙述耸人听闻，不仅编造了虚假之事，而且编造了不可能发生的虚假之事。由于极其无知，斐拉库斯甚至没有能力比较相似的事件，无法解释同一群人在同一时间攻占泰格亚后，为何没有犯下任何此类暴行。如果曼提尼亚人遭到残酷惩罚的原因在于阿凯亚人的野蛮，那么泰格亚人也应该遭受同样的命运，因为阿凯亚人几乎是同时攻占曼提尼亚和泰格亚。如果只有曼提尼亚人遭到例外的对待，我们必须如此推断：阿凯亚人之所以对曼提尼亚人如此愤怒，必定有特殊的原因。

[59] 再者，斐拉库斯告诉我们，阿尔哥斯的阿里斯托马库斯（Aristomachus II）[1]是阿尔哥斯的僭主和僭主后代，出身非常高贵，最后落入安提哥努斯三世和阿凯亚人之手，被当作俘虏带到肯克里埃（Cenchreae），在那里被折磨至死。[2]他说，没有人应该得到这样悲惨的命运。在这个事例中，斐拉库斯运用他独有的天才，编造出阿里斯托马库斯被折磨时的哭喊声在夜晚直抵邻居的耳朵，一些人对这一罪行非常惊恐，一些人几乎不敢相信自己的耳朵，还有人愤怒地跑向折磨阿里斯托马库斯的房子。

关于斐拉库斯这种耸人听闻的恶习，我无需再多说什么，因为我给出的证据足够充分。至于阿里斯托马库斯，我认为，即便他没有对阿凯亚人犯下那些罪行，他也应该因一生所为和将自己凌驾于祖邦律法之上的恶行，遭受最严厉的惩罚。为了夸大阿里斯托马库斯的重要性，为了让他的读者分享他对阿里斯托马库斯遭受那种命运的愤怒，斐拉库斯说阿里斯托马库斯不仅本人是僭主，而且是僭主的后代。但是，对任何人来说，"僭主"恰恰是最严重、最严厉的指控！为何？单单"僭主"这个词就能表明其所犯罪行之极端，人所有的邪恶和罪行都汇集在这个词上。即便就像斐拉库斯告诉我们的，阿里斯托马库斯遭受最残酷的惩罚是真事，这种惩罚也抵不过他一天之内犯下的恶行，我指的是阿拉图斯率领阿凯亚人占据阿尔哥斯城的入口那天，他们冒着极大的危险为解救阿尔哥斯奋战，最终却被阿里斯托马库斯赶出阿尔哥

---

[1] 公元前272年，阿尔哥斯的僭主是阿里斯提普斯一世（Aristippus I）；公元前249年，阿尔哥斯僭主是阿里斯托马库斯一世（Aristomachus I），此人在公元前241年被阿里斯提普斯二世（Aristippus II）谋杀，后者成为阿尔哥斯僭主。此处的阿里斯托马库斯继任阿里斯提普斯二世，并加入阿凯亚联盟。

[2] 此事发生于公元前224年阿尔哥斯被攻陷后。

斯城，因为城中那些之前同意协助阿拉图斯的阿尔哥斯人，由于害怕僭主阿里斯托马库斯，都不敢行动。① 阿里斯托马库斯这时以有一些人认识占据阿尔哥斯城入口的阿凯亚人为借口，找出80名完全无辜的贵族公民，先当着他们亲人的面拷打他们，后将他们全部处决。阿里斯托马库斯及其祖先所犯下的罪行实在太多，如果一一叙述它们，将会花很多篇幅。

[60] 因此，如果阿里斯托马库斯确实遭受类似的结局，我们也不必震惊。要是他没有遭受任何惩罚，平和安详地死去，我们才应感到震惊。如果安提哥努斯三世和阿拉图斯真的在战争中俘获一位僭主，然后将他折磨至死，我们也不应指控他们犯下罪行，因为即便有人在和平时期杀死或惩罚了一位僭主，他也会得到所有神智健全之人的褒扬和尊敬。要是我接下来补充阿里斯托马库斯对阿凯亚人背信弃义的伤害，我们还会说他的结局太悲惨吗？

一些年前，由于德米特里乌斯二世驾崩，阿里斯托马库斯发现自身处境危急，遂放弃僭主之位。与他的预料相反，他没有遭受任何伤害，反而受到阿凯亚人的保护。阿凯亚人表现得非常宽宏大量：他们不仅没有因做僭主时犯下的罪恶惩罚他，而且接受他加入阿凯亚联盟，让他成为阿凯亚人的将军，全权指挥联盟军队，以此赋予他最高的尊贵。② 但是，他转头就把这些恩惠忘得一干二净，一想到如果他与科勒奥门涅斯三世联合，他的未来会更光明，他就立即放弃阿凯亚人，在关键时刻背离阿凯亚人，转而支持阿凯亚人的敌人。的确，阿凯亚人抓到阿里斯托马库斯时，本不应该像斐拉库斯说的那样，趁晚上在肯克里埃将他折磨至死，而是应该绑着他游行伯罗奔半岛，将他公开折磨至死。然

---

① 公元前235年，阿拉图斯率军试图趁夜晚攻占阿尔哥斯，但是没有得到城内阿尔哥斯人的接应，苦战一晚，最后被迫撤退。

② 公元前228年，阿里斯托马库斯任阿凯亚联盟将军。

而，尽管这个人令人憎恶，他所遭受的全部惩罚不过是，被驻守肯克里埃的阿凯亚军官淹死在海里。

[61]再举一个例子。斐拉库斯极尽夸张和详尽地叙述曼提尼亚人的灾难时，明显认为一位史家的职责是强调犯罪行为，根本没有提及几乎同一时间迈加洛波利斯人的高贵之举，仿佛史书的功能就是记录发生的罪恶，而非让读者关注正确的、高贵的事迹，仿佛他的读者不会因他叙述善行而有所提升；事实上，我们更应该效仿善行，规避恶行。

斐拉库斯告诉我们，科勒奥门涅斯三世攻占迈加洛波利斯城后，未对此城造成任何伤害。他先派一个信使去逃亡到墨瑟尼亚的迈加洛波利斯人那里，声称要将城市毫发无损地还给他们，条件是他们要将自身托付给他。斐拉库斯告诉我们这些，是想要表明科勒奥门涅斯三世的宽宏大量和他对敌人非常温和。他继续讲述，科勒奥门涅斯三世的信在迈加洛波利斯人面前公开宣读时，后者如何阻止信使读完，如何差点用石头砸死信使。到此为止，斐拉库斯把一切都说得很清楚，但是，他在此结束，没有得出任何结论，因而剥夺了史书的独特功能。而这正是史书的目的，即史书应赞美和荣耀那些因其本身的善而值得大书特书的选择。

现成的例子就在眼前。当某个城邦仅仅因为发表有利于朋友和盟友的演说或制定有利于朋友和盟友的法律，而不得不忍受战争时，这个城邦的人会赢得我们的称赞；要是他们遭遇围城，家园被毁，我们不仅会用语言，还会用慷慨的援助和礼物表达我们的感激。那么，我们该如何看待迈加洛波利斯人？难道他们不值得我们致以最深的敬意和最高的钦佩？首先，他们离开自己的家园，任由科勒奥门涅斯三世摆布；其次，由于支持阿凯亚人，他们彻底丧失自己的城市；最后，当他们出乎意料地可以完好无损地重新拿回城市时，他们宁愿失去土地、坟墓、神庙、房舍和财产，总而言之，他们宁愿失去人最珍贵的东西，也不愿背叛他们的盟友。过去或未来，会有比这更高贵的行为？对一位史家而言，还有什么事情比这样高贵的行为更能吸引读者的注意？还有什么事情比这样高贵的行为，能更好地激励读者忠于誓言，从而加入真正的、值得信赖的事业？但是，斐拉库斯仿佛瞎子一般，完全看不到这类最高贵的行为和那些值得史家关注的事迹，对这个主题只字未提。

[62] 斐拉库斯进一步告诉我们说，拉克岱蒙人从迈加洛波利斯掠夺来6000塔兰同战利品，科勒奥门涅斯三世拿走2000塔兰同。针对这个说法，读者首先会对斐拉库斯缺乏实践经验、对希腊的财富和力量一无所知感到惊讶：一位史家必须拥有这些知识。且不论伯罗奔半岛被马其顿诸国王彻底摧毁以及其后战争连绵不断的时代，就是在我们的时代，这个所有人和谐一致、极为繁荣的时代，我认为，就算卖掉不包括奴隶在内的所有商品和牛群，整个伯罗奔半岛的财富也达不到6000塔兰同这个数目。我并不是随便下结论，而是经过恰切的估算才这样断言。证据如下。当年雅典人和忒拜人联合起来进攻拉克岱蒙人，雅典人派出10000人的部队，还有100艘三列桨战舰。为了凑够军费，雅典人征收财产税，为此还对整个阿提卡地区的房产和别的财产进行估价。雅典人估价的总额距离6000塔兰同还差250塔兰同。由此看来，我关于现在伯罗奔半岛财富的断言不是很离谱。

至于我正在叙述的时代的财富，即便有人夸张点，也不敢说迈加洛波利斯的财富超过300塔兰同。因为众所周知，大多数自由民和奴隶已逃往墨瑟尼亚。但是，关于我的断言最好的证据如下。正如斐拉库斯所言，曼提尼亚在财富和力量方面是阿卡狄亚的翘楚，在它经历围攻投降后，没有人逃走，也没有财产被偷，但是包括奴隶在内的所有战利品的价值总额才区区300塔兰同。

[63] 斐拉库斯接下来告诉我们的更荒谬：断定拉克岱蒙人从迈加洛波利斯城掠夺那么多战利品后，他说，在科勒奥门涅斯

三世与安提哥努斯三世决战①的10天之前，托勒密三世的一位使节抵达，通知科勒奥门涅斯三世说前者要撤销对他的支助，并要求他与安提哥努斯三世签订和约。斐拉库斯说，科勒奥门涅斯三世听到这些后，决定在士兵们获悉这个消息前冒险进行一战，因为他已没有钱支付军饷。但是，如果这时他有6000塔兰同，他就会在支付军饷时比托勒密三世还要大方；即便他只有300塔兰同，也足够支持他继续与安提哥努斯三世作战。但是，斐拉库斯一方面说，科勒奥门涅斯三世完全依靠托勒密三世的资金支持，一方面又说科勒奥门涅斯三世拥有这样一大笔财富，这是斐拉库斯极为轻率和缺乏反思的标志。类似说法不仅存在于他对这一时期的叙述中，而且遍布于他的整部作品。但是，考虑到这次离题的初衷，我认为我已说得够多。

[64]科勒奥门涅斯三世攻占迈加洛波利斯时，安提哥努斯三世仍在阿尔哥斯过冬。春季一到（公元前222年），科勒奥门涅斯三世立即召集部队，向士兵发表与形势相宜的演说后，率军入侵阿尔哥斯。大多数人认为，由于阿尔哥斯边界上的山道崎岖难行，科勒奥门涅斯三世的这一行动是鲁莽和危险的，但是如果我们判断正确，就会知道他的这次行动安全且明智。由于获悉安提哥努斯三世此前已解散部队，所以科勒奥门涅斯三世清楚：首先，他的入侵不会有任何危险；其次，如果阿尔哥斯人看到自己的土地遭到他的蹂躏，势必非常恼怒，进而谴责安提哥努斯三世。因此，安提哥努斯三世如果不能忍受阿尔哥斯人的谴责，就会率领仅有的部队冒险出城一战，他很可能轻松赢得胜利。但是，如果阿尔哥斯人坚定追随安提哥努斯三世，他就按兵不动，恐吓敌人并振奋己方士兵的士气之后，再安全撤到拉科尼亚。实际情形的确如此演进。

阿尔哥斯的土地被科勒奥门涅斯三世蹂躏后，阿尔哥斯民众举行会议辱骂安提哥努斯三世，但是，这位马其顿君主就像一位

---

① 此处的决战指公元前222年7月的塞拉西亚（Sellasia）战役。

真正的将军和国王那样,只专注明智的行动,没有冒险出战。科勒奥门涅斯三世达到践踏阿尔哥斯土地、威吓敌人、鼓舞自己部队的士气这些目的后,安全撤往拉科尼亚。

[65]这年初夏时节,马其顿士兵和阿凯亚士兵重新集结,安提哥努斯三世率领他的马其顿部队和盟友的军队挺进拉科尼亚。他的马其顿部队有10000人组成的方阵,3000名持盾兵(peltasts)[①]和300名骑兵。此外,还有1000名阿格里亚尼亚人(Agrianians)[②]和1000名高卢人。他的雇佣军包括3000名步兵和300名骑兵。阿凯亚人提供了3000名精选步兵和300名骑兵,还有依照马其顿人的方式武装起来的1000名迈加洛波利斯步兵,由迈加洛波利斯的克尔基达斯(Cercidas)指挥。[③]此外,盟友的军队还包括波俄提亚的2000名步兵和200名骑兵,伊庇鲁斯的1000名步兵和50名骑兵,阿卡纳尼亚的1000名步兵和50名骑兵,最后是法洛斯的德米特里乌斯统领的1600名伊利里亚士兵。安提哥努斯三世的总兵力为28000名步兵和1200名骑兵。

科勒奥门涅斯三世预料到这次入侵,预先控制进入拉科尼亚的各处隘口,派驻守军,通过挖掘壕沟和设置树木路障,加强各通道的防卫,他本人则率军在名为塞拉西亚(Sellasia)的地方扎营,总兵力为20000人。之所以在此处扎营,是因为他预判到敌人最有可能走这条路线。事实上,敌人确实走的是这条路线。从这条路线进入拉科尼亚的隘口后有两座山,一座叫厄阿(Euas)

---

① 马其顿王国的持盾兵等同于亚历山大大帝的持盾兵,是一支与方阵协同作战的精锐部队。

② 居住在色雷斯地区的洛多佩山脉,使用各种武器,包括标枪、投石器、弓箭。这个民族组成的部队曾是亚历山大大帝麾下最勇猛的部队之一,常与持盾兵部队执行特殊任务。

③ 由于迈加洛波利斯人的城市陷落,安提哥努斯三世按照马其顿方式装备这支步兵部队及其骑兵,他们使用铜盾。

山，一座叫奥林姆珀斯（Olympus）山，通往斯巴达城的道路沿着奥诺斯（Oenous）河穿过这两山之间。科勒奥门涅斯三世在两座山前挖出一条壕沟，修筑一条栅栏，将珀里俄基人（Perioeci）①和盟友的军队部署在厄阿山，由他的弟弟厄科勒达斯（Eucleidas）指挥，他本人则率领斯巴达人和雇佣兵驻守在奥林姆珀斯山上。奥诺斯河两岸的平地上，部署有骑兵和一部分雇佣兵。

安提哥努斯三世抵达后，看到此地地势险峻，科勒奥门涅斯三世已明智地利用一切地理优势在每个位置部署好相宜的部队，整个部署可谓万无一失。因为这个阵型可同时用于进攻和防守，既是一个难以接近、防守牢固的营地，又是一条随时准备出击的战线。

[66] 因此，安提哥努斯三世决定不与敌人仓促交战，而是隔一段距离扎营，营地前方是葛古罗斯（Gorgylus）河。他在那里停留数日，观察地势特征和敌人的兵力部署，与此同时，他通过一些威胁性行动，试图引诱敌人出击。但是，他没有找到任何防守虚弱或无防守的地方，因为科勒奥门涅斯三世总是通过相应的行动阻击他，安提哥努斯三世被迫放弃这个战术。最后，两位国王决定一决胜负。机运就这样将两位极具天赋、旗鼓相当的将军抛入同一个战场。

安提哥努斯三世命令阿克曼图斯之子亚历山大（Alexander son of Acmetus）和法洛斯的德米特里乌斯指挥马其顿的铜盾兵和伊利里亚士兵，迎战厄阿山上的敌军。马其顿人和伊利里亚人之后是阿卡纳尼亚人和克里特人，最后是作为预备队的2000名阿凯亚人。骑兵则迎击奥诺斯河边的敌军骑兵，由亚历山大（Alexander）②指

---

① 居住在拉科尼亚海边和山区的非斯巴达人，属于自由农民。对外时，他们被统一视作拉克岱蒙人，但是在内部，他们没有政治权利，地位低于斯巴达人。

② 这位亚历山大并非上文的阿克曼图斯之子，可能与安提哥努斯三世为腓力五世任命的那位王家骑兵卫队统领是同一个人，参4.87。

挥，且有1000名阿凯亚步兵和1000名迈加洛波利斯步兵支持。安提哥努斯三世本人率领剩余的马其顿士兵和雇佣兵攻击奥林姆珀斯山上的科勒奥门涅斯三世。他将雇佣兵部队部署在最前面，然后是两个马其顿方阵，中间毫无间隔，阵型如此紧凑是受地势所迫。安提哥努斯三世如此安排作战顺序：伊利里亚人看到奥林姆珀斯山上升起一面亚麻旗后，立即攻击厄阿山，因为前一晚，安提哥努斯三世已成功攻占奥林姆珀斯山脚靠近葛古罗斯河床的地方。迈加洛波利斯人和骑兵发起进攻的信号是安提哥努斯三世挥动一面猩红的旗帜。

［67］发起攻击的时刻到来，伊利里亚长官们看到信号，命令士兵牢记自己的职责，然后立即冲向厄阿山，发动攻击。但是，在攻击过程中，主力部队与尾部的阿凯亚预备队逐渐脱离。部署在科勒奥门涅斯三世骑兵之后的轻步兵雇佣兵，看到这一点，立即从后面攻击他们。进攻厄阿山的整支部队立即面临惨重灾难的威胁，因为厄科勒达斯的部队从前面攻击他们，敌人的轻步兵雇佣军从后面攻击他们。在这个关键时刻，迈加洛波利斯的斐洛珀门看到发生的事情，预见到接着可能发生的事情，首先提醒指挥官注意这一状况，但是没有人留意他的提醒，因为此时他还很年轻，从未担任过指挥官。斐洛珀门于是召集他的同胞跟着他，大胆攻击迎面的敌人。正从后面攻击安提哥努斯三世一方进攻厄阿山部队的轻步兵雇佣军，听到喧闹声，看到双方骑兵开始交战，立即放弃攻击，跑回原来的位置帮助己方骑兵。伊利里亚人、马其顿人以及其他攻击部队看到背后已摆脱敌人的攻击，于是重新冲击敌人，士气高昂。正如后来的证据表明，能成功击败厄科勒达斯要归功于斐洛珀门。

［68］据说，安提哥努斯三世后来指责骑兵指挥官亚历山大犯了错误，问后者为何在信号发出之前就发动攻击。亚历山大否认他提前发动攻击，并说与安提哥努斯三世的判断相反，骑兵的攻击由一位迈加洛波利斯的年轻人发动。安提哥努斯三世然后

说，这位年轻人抓住战机，表现得像一位优秀的将军，而亚历山大则像一个平庸的年轻人。

厄科勒达斯的部队看到敌人的阵线前移，浪费了地势赋予他们的优势。他们本来应该从山上向下冲击敌人，冲散敌人的队列，然后慢慢撤退，安全返回更高的地势。这样一来，他们就能首先破坏和瓦解携带特殊武器的敌人形成的密集阵型，从而利用地理优势轻易将敌人击溃。但是，他们没有这样做，仿佛胜券在握，采取了相反的战术。他们待在山顶，等敌人到达很高的地方才攻击敌人。他们采取这种战术是考虑到敌人一旦被击溃，就需要很长一段距离才能跑下陡峭的斜坡。但是，结果与他们预料的相反。当遭到秩序井然、士气高昂的马其顿大队的攻击后，他们已没有退路，只能艰难地与敌人争夺山顶。从这时开始，每当他们受敌人的武器和阵型压迫后退，伊利里亚人立即占据他们原先站立的地方，而厄科勒达斯人每次后退，都只能退向更低的地方，因为他们原先没有为自己留下有序撤退或重整队形的任何空间。结果，他们很快掉头逃跑。但是，由于逃跑的距离很长，要经过陡峭崎岖的斜坡，他们遭受毁灭性的灾难。

［69］与此同时，双方骑兵也在激战。阿凯亚骑兵，尤其是斐洛珀门，表现最卓越，因为他们是在为自由而战。斐洛珀门在战马受伤后，下马徒步战斗，双腿受了重伤。与此同时，科勒奥门涅斯三世和安提哥努斯三世在奥林姆珀斯山上率领各自的雇佣兵和轻步兵展开激战，双方兵力各约5000人。双方时而分几队互相攻击，时而整条战线对战，都表现得极为勇敢，因为所有士兵都是在两位国王眼前战斗。士兵们单对单或一群对一群地作战，勇气非凡。

科勒奥门涅斯三世看到他的弟弟已经逃跑，平地上的骑兵也被击败，担心自己遭到各个方向的围攻，被迫推倒部分栅栏，带着部队沿着营地摆成一列。接着，两位国王用号角命令各自的轻步兵撤出战场,双方重装方阵发出怒吼,放低长矛($\sigma\alpha\varrho\iota\sigma\alpha\varsigma$),[①]开始对战。一场激烈战斗随之而来。一开始,面对敌人的压迫,马其顿方阵逐渐后退,在敌人勇猛的攻击之下,后撤了很长一段距离。但是,拉克岱蒙人随后也遭到马其顿的重装方阵挤压,不断后撤。安提哥努斯三世随即命令士兵收拢长矛,利用双方阵的独特优势,发动猛烈冲击,最终迫使拉克岱蒙人撤离营地。整个斯巴达军队开始溃逃,敌人紧追不放,大部分士兵被砍死,只有科勒奥门涅斯三世带着一小股骑兵安全逃回斯巴达。夜晚降临后,他南下古忒翁(Gythion)——以防万一,那里早就为航行备有船只——带着他的朋友驶往亚历山大里亚。

[70] 安提哥努斯随后攻占斯巴达,他在各个方面都宽宏大量且人道地对待拉克岱蒙人。恢复斯巴达的古代政制后,安提哥努斯三世几天之后率军离开此城,因为他接到消息说,伊利里亚人已侵入马其顿,正在蹂躏他的国土。这就是机运($\dot{\eta}$ $\tau\acute{v}\chi\eta$)随意决定人间最重大事件的方式。在那个时刻,假如科勒奥门涅三世斯仅仅推迟几天进行战役,或在战后等一段时间,利用事件的突转,再返回斯巴达,就可以保住他的王冠。

安提哥努斯三世抵达泰格亚后,也恢复其古代政制。两天之后,他抵达阿尔哥斯,当时正值复仇女神(Nemean)节,阿凯亚联盟和每个城邦授予他各种各样的荣誉,想让他英名不朽。然后,他迅速返回马其顿,发现伊利里亚人确实已经入侵。他与伊利里亚人进行一场激战后,战胜了后者。但是,战斗期间,他大声喊叫、鼓舞部队时,突然口吐鲜血,随之病倒,很快去世。他已在整个希腊唤起人们对他的高度期待,不仅是因为他在战场上为希腊人所做的,更多是因为他本人的品质和卓越。德米特里乌

[①] 希腊方阵的矛与罗马方阵的枪不同,参4.22–23。

斯二世之子腓力五世继承马其顿王位。①

[71] 为何我要花这么多笔墨叙述这次战争？这是因为，这个时期的终点紧挨着我计划叙述的时期的开端，我认为叙述这次战争有助于读者明白这个时刻的马其顿和希腊的状况，这部史书的原初计划也要求我这样做。大约在这个时刻，托勒密三世患病去世，由托勒密四世（Ptolemy IV Philopator）继承王位；塞琉古二世（Seleucus II Callinius or Pogon）之子塞琉古三世（Seleucus III Soter）去世，他的弟弟安提俄库斯三世（Antiochus III the

---

① 这一年是公元前221年，腓力五世（[公元前238年—前179年]，公元前221—前179年在位）17岁。

公元前221年即秦始皇二十六年。秦国刚统一天下，始皇对丞相、御史说："从前韩王交出土地献上印玺，请求做守卫边境的臣子，不久又背弃誓约，与赵、魏联合反秦，所以举兵讨伐韩国，俘虏韩王，我认为这很好，因为这样或许就可以消弭战争。赵王派相国李牧前来订立盟约以修好，所以我归还赵国的质子。不久，赵国背叛盟约，在太原反抗我们，我于是举兵讨伐，俘虏赵王。赵国公子嘉自立为代王，也被我击败灭亡。魏王起初与我订约顺服秦国，不久却与韩、赵合谋突袭秦国，也被我秦军击败灭亡。楚王献出青阳（今安徽青阳县）以西的地方与我修好，不久也背誓弃约，攻我南郡，所以派兵讨伐楚国，俘虏楚王，平定楚地。燕王昏乱糊涂，其太子丹竟然阴谋派荆轲刺杀我，故我秦军攻灭燕国。齐王采纳后胜的计策，断绝与秦国的往来，想要作乱，秦军前去讨伐，俘虏齐王，平定齐地。我仅靠渺小之躯，举兵诛讨暴乱，全赖祖宗护佑，六国之王的罪过遭受应有的惩罚，得以安定天下。现在如果不更改名号，就无法显扬我的功业，从而传给后世。请商议我该有什么帝号。"丞相王绾、御史冯劫、廷尉李斯等都说："从前五帝的土地纵横千里，周边还有侯服、夷服等地区，结果诸侯有的朝见，有的不朝见，天子也无可奈何。现在您举正义之师，讨伐暴虐之人，平定了天下，设置郡县，法令归于一统，这是亘古不曾有、五帝也比不上的功业。我们与诸博士商议说：'古代有天皇、有地皇、有泰皇，泰皇最尊贵。'我们冒死献上尊号，王称为'泰皇'，发布教令称为'制'，下命令称为'诏'，天子自称'朕'。"始皇说："去掉'泰'字，留下'皇'字，采用上古'帝'的位号，称为'皇帝'，其他的皆同意。"参《史记·秦始皇本纪》，前揭，页235–236。

Great）继承叙利亚王位。① 托勒密三世、塞琉古三世、安提哥努斯三世这三位国王都死于同一时期，正如亚历山大大帝的三位继任者一样，塞琉古一世、托勒密一世和吕西马科斯都死于第124个奥林匹亚年之间，前面三位国王都死于第139个奥林匹亚年之间。②

　　我已经完成这部史书的导论或预备性部分。在这两卷中，我首先叙述了罗马人在征服意大利后何时、如何、为何首次离开大陆，与迦太基人争夺对海洋的控制；接着，我叙述了希腊和马其顿的事务以及当时迦太基发生的战事。如此，依照我原初的计划，我抵达眼下这个时刻：希腊人正值同盟战争前夕；罗马人正值汉尼拔战争前夕；亚洲的国王们正值科勒叙利亚战争前夕。现在，我必须结束这卷书，这个时刻正好紧邻这三次战争的开端和那三位国王的死亡。

---

　　① 托勒密四世（公元前238—前205年），公元前221年至前205年在位。安提俄库斯三世（公元前241—前187年），公元前223年至前187年在位。
　　② 托勒密三世于公元前221年2月去世；塞琉古三世于公元前225年继承王位，公元前223年被谋杀；安提哥努斯三世于公元前221年去世。

第三卷

[1] 在我这部史书第一卷，即从本卷往前数的最后一卷中，我曾说，要将同盟战争、汉尼拔战争和科勒叙利亚战争作为我这部史书的开端。同时，我在那里也解释过，为何我要用前两卷叙述这个时刻之前的各种事件。接下来，我将用证据解释上述战争的初始原因以及它们何以达到如此大的规模。但首先，就我这部史书，我有几句话要说。

我处理的主题是天下的单一行动和单一景象（ἑνὸς ἔργου καὶ θεάματος ἑνὸς τοῦ σύμπαντος），亦即天下的已知部分如何、何时以及为何臣服于罗马的统治。由于它有公认的开端、固定的过程、毫无争议的终点，我认为，对整个过程从开端到终点的主要部分做一个简要的预备性概览，不无裨益。我相信，这是让好学之人充分了解我的整体意图的最佳方式。因为对整全进行预先概观，对灵魂获得部分的知识帮助极大，同时，对部分进行预先概观有助于我们获得整全的知识，所以我认为基于这两个方面提出预备性的概览是最佳方式，这也是我接下来对我这部史书进行预备性概览的原则。

我已经叙述过这部史书的整体主题和范围。分解成部分的话，它的开端是上述三次战争，终点是马其顿王国覆灭。从开端到终点横跨53年，[1]这段时间要比过去任何相同时段都包含更多规模更大、更重要的事件。因此，我的叙述始于第140个奥林匹亚

---

① 公元前220至前168年。

年,并以下述方法展开。

[2]首先,我将指出罗马人和迦太基人的战争即著名的汉尼拔战争的原因,然后叙述迦太基人如何侵入意大利,如何终结罗马在意大利的统治,把罗马人抛入恐惧的深渊——他们不仅忧虑性命不保,而且恐惧母邦灭亡——迦太基人在那个时刻有极大希望占领罗马,这是他们从未奢望过的前景。接下来,我将转而叙述,同一时期,马其顿的腓力五世结束与埃托利亚人的战争,安顿好希腊事务后,如何构想出与迦太基人结盟的计划;安提俄库斯三世和托勒密四世为何发生争执,最后为争夺科勒叙利亚而诉诸战争;罗德岛人和普卢西阿斯一世[1]为何联手向拜占庭人(Byzantines)宣战,强迫后者停止对罗德岛人航往黑海的船只征收费用。

在结束上述叙述的时刻,我会中断叙述,转而论述罗马人的政制。同时,我将指出罗马政制的独特性质,它如何使罗马人不仅重新征服意大利和西西里,接着又征服伊比利亚人和凯尔特人,而且最终战胜迦太基,进而谋划建立天下帝国。同时,我会插入一段离题话,叙述叙拉古的希耶罗的倒台。然后,我会叙述埃及的动乱,讲述托勒密四世死后,安提俄库斯三世和腓力五世如何阴谋瓜分托勒密四世那位无助的幼君[2]的领土,如何犯下种种不义的侵略罪行:腓力五世占领埃及、卡里亚和萨摩斯岛;安提俄库斯三世占领科勒叙利亚和腓尼基。

---

[1] 比提尼亚王国的君主。比提尼亚王国位于小亚细亚半岛西北部。亚历山大大帝驾崩后,部将吕西马科斯控制该地,公元前281年,吕西马科斯在与塞琉古一世的战争中战死,其后不久塞琉古一世亦被刺杀。小亚细亚西北地区陷入混乱,比提尼亚人于公元前280年趁机立国。普卢西阿斯一世,公元前228年至前182年在位。

[2] 指托勒密五世(Ptolemy V Epiphanes),他的生卒年是公元前205年至前180年。托勒密四世于公元前205年去世,此时托勒密五世还不满一周岁。

［3］接下来，总结罗马人与迦太基人在伊比利亚、利比亚和西西里的战事后，我将明确转移我的叙事场景，正如戏剧转换场景一样，我将转向希腊以及邻近地区。我将叙述阿塔罗斯一世①和罗德岛人与腓力五世的海战，然后叙述罗马人与腓力五世的战争：它的过程、参与的人物和结局。之后，我将叙述埃托利亚人被愤怒所激，邀请安提俄库斯三世进入希腊，从而在亚洲点燃与阿凯亚人和罗马人的战争。叙述过这次战争的原因以及安提俄库斯三世渡海进入欧洲后，我将首先叙述他从希腊逃走；其次叙述他在那次失败之后丧失陶鲁斯山脉（Taurus）以北的所有亚洲领土；最后叙述罗马人镇压傲慢的加拉太－高卢人（Galatian Gauls）后，在亚洲确立无可置疑的领导权，从而让陶鲁斯山脉以北的居民摆脱对蛮夷的恐惧和加拉太－高卢人无法无天的掠夺。

之后，我将引导读者观察降临在埃托利亚人和克法勒尼亚人（Cephalenians）身上的不幸，然后叙述欧墨涅斯二世（Eumenes II）对普卢西阿斯二世（Prusias II）和加拉太－高卢人的战争，以及欧墨涅斯二世和阿里阿拉特斯四世（Ariarathes IV）一起对法尔纳克斯一世（Pharnaces I）的战争。②叙述过伯罗奔半岛的统一和安定、罗德岛的壮大后，我将把整个叙述引入终点：安提俄库斯四世（Antiochus IV Epiphanes）远征埃及、罗马人与珀尔修斯的

---

① 阿塔罗斯一世（公元前269—前197年），帕加马王国国王，公元前241年至前197年在位。公元前238年，阿塔罗斯一世采用国王头衔。帕加马王国位于小亚细亚西北，公元前281年，控制该地的吕西马科斯战死后，部下自立为王，建立帕加马王国。

② 欧墨涅斯二世是阿塔罗斯一世之子，帕加马王国国王，公元前197年至前159年在位。普卢西阿斯二世，比提尼亚王国君主，公元前182年至前149年在位。阿里阿拉特斯四世是卡帕多西亚王国的君主，公元前220年至前163年在位。法尔纳克斯一世是本都王国的君主，该王国位于小亚细亚北部，临黑海海岸。法尔纳克斯一世于公元前195年至前170年在位。

战争以及马其顿王国的覆灭。①上述所有事件将让我们懂得,罗马人如何应对每一个危机,从而让整个天下臣服于他们的统治。

[4]如果只从成败就足以判断众男儿和诸邦国（$ἀνδρῶν$ $καὶ$ $πολιτευμάτων$）该受到多大程度的褒贬,那么我该就此搁笔,我原初的意图正是在上述最后提到的事件那里结束。因为53年的时段正是在那个时刻结束,罗马领导权的增长和提升在那个时刻已经完成。此外,在那个时刻,所有人必须臣服于罗马人、遵守他们的命令,这已被公认是一个必然事实。但是,只依据实际的成败来褒贬征服者和被征服者,绝非最终标准。因为最大的胜利,如果使用不当,也会带来最大的灾难;反之,最恐怖的灾难也会对勇敢忍受它们的人有利。因此,我必须在上述历史时段之后,补充征服者后来的政策和他们统治天下的方法,以及臣服于他们的人如何评判他们的统治。最后,我还必须描述支配他们的私人生活与公共生活的偏好和野心。显而易见,补充这样的叙述将使同代人能够看清,罗马人的统治是否可以被接受。未来的世代也可以看清楚,罗马人的统治该受到赞美和崇敬,还是该受到谴责。

事实上,这正是我这部史书对现在和未来的主要益处。不管是统治者本人还是评判他们的人,都不应把征服和让所有人臣服于他们的统治视作终极目标。没有哪位神智健全之人会仅仅为了毁灭他的一个敌人而对邻人开战,没有哪个人出海航行只是为了跨越大海。事实上,没有谁会仅仅为了知识而研究种种技艺。相反,每个人在做自己的事情时,皆是为了获得快乐或高贵或利益（$ἡδέων$ $ἢ$ $καλῶν$ $ἢ$ $συμφερόντων$）。因此,只有让读者搞清楚自被罗马人征服、臣服于他们的统治,直到后来的动荡不安（$κινήσεως$）时期,每个民族的实际处境如何,我这部史书才算完整。这些后

---

① 安提俄库斯四世,公元前175年至前164年在位;珀尔修斯,马其顿王国的末代君主,公元前179年至前168年在位。

来的事件的重要程度和出人意料的特征——尤其是由于我本人不仅亲眼见证大多数，而且参与一些，甚至主导一些——诱使我叙述它们，这仿佛是写一部新的史书。

［5］这个动荡（κίνησις）时期发生了如下事件。首先是罗马人对凯尔特-伊比利亚人（Celtiberians）和瓦凯伊人（Vaccaei）的战争，迦太基与利比亚国王马西尼萨（Massinissa）的战争，① 阿塔罗斯二世（Attalus II）与普卢西阿斯二世在亚洲的战争；② 其次是卡帕多西亚王国国王阿里阿拉特斯五世（Ariarathes V）③ 被欧洛斐涅斯（Oropherenes）驱逐，后者借助德米特里乌斯一世（Demetrius I）④的力量实现这一目标，然而阿里阿拉特斯五世又在阿塔罗斯二世的帮助下恢复王位。

之后，塞琉古四世（Seleucus IV，公元前187—前175年在位）⑤ 之子德米特里乌斯一世在统治叙利亚12年后，由于其他国王联合起来反对他而失去王位，他本人也被杀。接着，罗马人释放了那些希腊人——由于珀尔修斯战争，被指控阴谋反对罗马的那些希

---

① 第二次凯尔特-伊比利亚人战争在公元前153至前151年进行；迦太基在公元前151年冬天向马西尼萨宣战。

② 阿塔罗斯二世（公元前220—前138年），帕加马王国国王，公元前159年至前138年在位。阿塔罗斯二世与普卢西阿斯二世的战争，始于公元前156年，以普卢西阿斯二世公元前154年战败结束。

③ 阿里阿拉特斯五世，公元前163年至前130年在位。阿里阿拉特斯五世前158年被欧罗斐涅斯从卡帕多西亚驱逐，公元前156年在阿塔罗斯二世帮助下复位。

④ 这位德米特里乌斯一世是塞琉古王国的君主，公元前161年至前150年在位。

⑤ 从安提俄库斯三世开始，塞琉古王国的王位继承如下：安提俄库斯三世公元前187年去世，其子塞琉古四世（公元前185—前175年在位）继位；塞琉古四世去世后，安提俄库斯三世第三子安提俄库斯四世（Antiochus IV，公元前175—前164年在位）继位；安提俄库斯四世去世后，其子安提俄库斯五世（Antiochus V）继位。公元前162年，塞琉古四世之子德米特里乌斯谋杀堂弟安提俄库斯五世，攫取王位，称德米特里乌斯一世。

腊人——准许其返回故乡。① 之后不久,罗马人进击迦太基,起初他们打算迁走迦太基城,最后决定毁灭这座城,个中原因我会在适当之处交代。与此同时,马其顿人放弃与罗马人的联盟,拉克岱蒙人退出阿凯亚联盟,这些事件是笼罩整个希腊的共同灾难的开端与终点(τὴν ἀρχὴν καὶ τὸ τέλος)。

这就是我的叙述计划,但是这一计划需要仰赖机运,以免生命的无常阻止我完成它。不过,我相信,即使我未完成它就离世,我的这项计划也不会因缺乏能人而废置,会有很多人承续这项事业,最终完成它。

我已经概述最重要的事件,并向我的读者表明这部史书的整体目标以及诸部分,现在我要言归正传,回到我的叙述的开端。

[6] 一些处理汉尼拔和他的时代的史家,也试图指出导致罗马与迦太基爆发战争的原因。他们把迦太基人围攻萨贡托视作第一原因,把迦太基人违反条约跨过埃布罗河视作第二原因。我同意这两件事是这次战争的开端(ἀρχὰς),但绝不赞同它们是这次战争的原因(αἰτίας),除非我们可以把亚历山大渡海进入亚洲视作他远征波斯的原因,把安提俄库斯三世在德米特里(Demetrias)港登陆视作他与罗马人开战的原因——这些论断既不合理,也不真实。

那些把此类事件视作战争之原因(αἰτίας)的人,难道没有想过,亚历山大远征波斯的战争计划和准备早就已经完成,其中有些准备甚至在腓力二世活着时就在进行?他们难道没有想过,埃托利亚人与罗马人的战争计划和准备早在安提俄库斯三世抵达希腊前就已经完成?这类史家无法看到,战争的开端(ἀρχή)与原因或借口(αἰτίας καὶ προφάσεως)有巨大区别,它们完全不同,他

---

① 在马其顿王国的末代国王珀尔修斯于公元前168年战败后,罗马人指控阿凯亚人在战争期间阴谋反对罗马,遂要求阿凯亚联盟交付1000名反罗马人员到意大利服役,珀律比俄斯本人也是其中一员。

们没有认识到，原因或借口总在前，开端总在后。[1]事件的开端指把已经决定的计划付诸执行的第一步，而原因是引导我们做决定和下判断的东西，亦即我们的观念（ἐπινοίας）、灵魂状态（διαθέσεις）、对观念和灵魂状态的推理（συλλογισμοὺς），总之，原因是一切驱使我们做决定和筹谋计划的东西。

上面列举的事例可以清晰表明我的意思。任何人都能轻易看出，亚历山大发动波斯战争的真正原因和这种念头的源头。第一个原因是，色诺芬（Xenophon）率领希腊万人雇佣军在波斯的内陆总督辖区上行（ἄνω σατραπειῶν）归返，尽管他们横穿整个亚洲，即穿过一片完全属于敌人的领土，蛮夷却不敢冒险攻击他们。[2]第二个原因是，斯巴达国王阿格西劳斯二世（Agesilaus II）渡海入侵亚洲，整个过程中没有遇到什么抵抗，只是由于希腊发生动荡才被迫无功而返。[3]这两件事让腓力二世认识到，与他自己和马其顿人的战争能力相比，波斯人是多么懦弱，多么懒散。腓力二世于是看到发动波斯战争所能获得的巨大、崇高的奖赏摆在他的面前。刚得到希腊人普遍支持，他便一刻也不耽误，立即抓住下述借口——他急于为波斯人曾经伤害希腊人复仇——振作精神，开始尽其所能备战，准备发动战争。因此，我们必须将我刚刚提到的前两项考虑视作远征波斯的原因（αἰτίας），把为希腊人

---

[1] 可以比较修昔底德对这个问题的看法。对修昔底德来说，αἰτίαι即战争的直接原因，一般是某种不满，ἀληθεστάτη προφάσις则是对战争爆发的真正解释。珀律比俄斯对这两个词的用法则完全不同。对珀律比俄斯来说，αἰτία是让某些个体产生战争意愿的东西，προφάσις则是战争参与者给出的或真或假的借口。对修昔底德来说，引发战争不满的αἰτίαι只不过是更深层的敌意的表征。

[2] 参色诺芬,《居鲁士上行记》(Κύρου ἀναβασίς)，中译见色诺芬,《长征记》，崔金戎译，北京：商务印书馆，2011。

[3] 参色诺芬,《希腊志》, 3; 4。阿格西劳斯二世（公元前444—前360年），公元前399年至前360年在位。

复仇视作战争的借口（πρόφασιν）。亚历山大跨海登陆亚洲则是战争的开端。

[7] 与之类似，安提俄库斯三世与罗马人的战争的原因，显然是埃托利亚人的愤怒。因为他们认为，自己帮助罗马人战胜腓力五世，之后却在诸多方面遭到罗马人的轻视，所以，他们不仅邀请安提俄库斯三世跨海进入希腊，而且由于心怀那种愤怒，准备不惜一切代价做任何事。埃托利亚人陪同安提俄库斯三世造访各个城邦时，违背理性，罔顾真相，宣称战争的目的是解放希腊。我们必须将这种宣称视作那次战争的借口，把安提俄库斯三世在德米特里港登陆视作那次战争的开端。

我花这么大篇幅讨论这个问题，目的不是批评之前的史家，而是纠正好学之人的某些观念。医生若对身体发生某些状况的原因无知，他能治愈疾病吗？政治家若是不知道每一事件如何、为何、从何处发生，他能成为合格的政治家吗？医生若是不懂得病因，几乎不可能对身体进行恰当治疗；政治家要是不懂得每一事件如何、为何、从何处发生，完全不可能恰切应对每一种形势。因此，我们应该更加细致、更加勤奋地探寻每一事件的第一原因，因为许多最重大的事件常常源于细微琐事，这些细微琐事构成每一事件的初始动机和判断，也最容易在萌芽阶段纠正它们。

[8] 罗马史家法比乌斯·皮克托说，除迦太基人围攻萨贡托外，汉尼拔战争的另一个原因是哈斯德鲁巴贪恋权力、极富雄心。他告诉我们，攫取伊比利亚的统治权后，哈斯德鲁巴回到利比亚，试图废除迦太基的政制，将其转变为君主制。然而，其他领袖人物听到风声，联合起来反对他，哈斯德鲁巴怀疑那些人的意图，遂离开利比亚，专注于治理伊比利亚，不再理会迦太基元老院。法比乌斯·皮克托说，汉尼拔从小就敬重哈斯德鲁巴且共享他的原则，继承伊比利亚的统治权后，汉尼拔采用的治理方法与哈斯德鲁巴相同。

因此，在法比乌斯·皮克托看来，汉尼拔对罗马人发动战争完全是他本人的决定，与迦太基政府无关：没有任何迦太基显贵支持他围攻萨贡托。他接着说，萨贡托被汉尼拔攻陷后，罗马代表抵达迦太基，要求迦太基人要么交出汉尼拔，要么接受战争。如果这就是实情，那么法比乌斯·皮克托需要回答一些疑问。迦太基人本来更好的选择是什么？既然他说，迦太基人从一开始就不赞同汉尼拔的行动，他们有没有其他更正当、更符合他们利益的选择？如果他们遵从罗马人的命令，把引发冲突的汉尼拔交给罗马人即可。这样做，不仅能假罗马人之手合理除掉被认为是整个迦太基的敌人的汉尼拔，而且能通过根除战争威胁确保疆界的安全，这一切只需一纸命令就能实现。法比乌斯·皮克托该如何回答这些问题？显然，他会哑口无言。因为，迦太基人不仅没有这样做，反而支持汉尼拔的战争决定，追随汉尼拔不间断地打了17年之久，直到他们耗尽一切可能性，祖邦迦太基城及其居民陷入毁灭的危险之中，才不得不放弃战争。

　　[9] 我为什么要提到法比乌斯·皮克托和他的这个说法？这并不是因为我担心他的说法会由于似是而非而被某些人接受。即便没有我上面的评论，任何读到这个说法的人都会认识到它毫无道理。我的意图是，告诫读他作品的读者，不要专注作者的头衔，而是专注事实。有些人不重视作者的作品，而是重视作者本人，他们考虑到法比乌斯·皮克托是汉尼拔的同代人，且是罗马的元老，就认定法比乌斯·皮克托所说的话值得相信。我的看法是，作者的权威固然不能忽视，但也不应该将权威作者写的东西视为定论。相反，读者在大部分情况下应该参考真实的事实去检验作者的叙述。

　　这次离题已走得太远，现在回到罗马与迦太基的这场战争。我们必须把汉尼拔之父哈米尔卡·巴卡的愤怒（θυμὸν）视作汉尼拔战争的第一个原因。争夺西西里的战争并未消弭他的精神，因为他一直指挥军队在厄律克斯战斗，直到战争结束，迦太基人海战战败后，才迫于形势同意和平。所以，他始终保持那些激情（ταῖς ὁρμαῖς），等待攻击的机会。要不是迦太基的雇佣兵爆发叛乱，哈米尔卡本来会尽其手中的力量，通过其他的手段找到资源，尽快重启战争。但是，雇佣兵的叛乱阻碍他追求这个目标，因为镇压那次叛乱占据了他所有的时间和精力。

[10]在迦太基人镇压雇佣兵叛乱时，罗马人宣称要对迦太基开战，迦太基人认为正义在他们一方，首先准备就所有争议进行谈判，相信自己会成功——我在前面两卷书中已经叙述这些事件，要是没有熟读前两卷，就不可能明白我现在以及接下来叙述的内容——但是，罗马人拒绝谈判，迦太基人不得不屈服于形势。他们尽管深受委屈，但无能为力，不得不撤离撒丁岛，同时，为了不被强迫接受战争，又同意在原来的赔款金额外，再支付1200塔兰同。我们必须将这一点视作汉尼拔战争的第二个原因，这也是最重要的原因。

哈米尔卡带着他和他的同胞对这次事件的愤怒，再加上他旧日的愤怒，平定雇佣兵叛乱、确保迦太基的安全之后，立即倾注全部精力征服伊比利亚，旨在利用从伊比利亚获取的资源，为将来对罗马开战做准备。迦太基人成功征服伊比利亚，必须被视作汉尼拔战争的第三个原因，因为正是这种力量的增长为迦太基人对罗马开战提供了信心。

尽管在汉尼拔战争开始的十年前，哈米尔卡就已去世，还是有大量证据可以证明他跟这场战争的爆发关系极大。我接下来讲的事情足以确证这一点。

[11]汉尼拔被罗马人打败后，离开祖国，待在安提俄库斯三世的宫廷。① 罗马人洞悉埃托利亚人的计划，遣使到安提俄库

---

① 公元前195年的事。

斯三世那里，希望弄清楚这位国王的真实意图。[1]罗马使节看到安提俄库斯三世受埃托利亚人怂恿，准备对罗马开战，就对汉尼拔格外关注，希望让安提俄库斯三世怀疑汉尼拔，事实上，他们也成功做到了这一点。随着时间流逝，安提俄库斯三世越来越不信任汉尼拔。一个偶然的机会使两人得以谈论他们之间渐渐增长的疏远。在这次谈话中，汉尼拔用各种方式为自己辩护，最后，当交谈陷入僵局，无法继续时，汉尼拔诉诸下述故事。

他说，他的父亲曾准备率军远征伊比利亚，在此之前要举行向宙斯的献祭仪式，他当时只有9岁，站在祭坛旁边。征兆很吉利，哈米尔卡向诸神洒下祭酒，完成所有传统仪式后，命令所有参加献祭的人退后，留出一块空地，然后将汉尼拔叫到跟前，温和地问他，是否想随他远征伊比利亚。汉尼拔高兴地接受，甚至孩子气地恳求父亲带着他。他父亲握着他的手，把他领到祭坛旁，命令他将手放到祭品上，发誓他绝不会成为罗马人的朋友。

汉尼拔接着恳求安提俄库斯三世说，现在他知道了此事，只要他打算与罗马人为敌，就可以放心地依赖汉尼拔，相信汉尼拔是他最忠实的支持者。但是，假如他要同罗马人缔结和平、成为盟友，他就不应该再听汉尼拔对罗马人的指责，而应该不信任他、提防他。因为没有什么东西可以阻止汉尼拔与罗马人为敌。

[12] 安提俄库斯三世听完汉尼拔的故事后，认为他说的既真实又真诚，遂摒弃之前全部的怀疑。不过，我们应该把这件事视作哈米尔卡对罗马人充满敌意及其整个意图无可争辩的证据，后来的事实证明了这一点，因为哈米尔卡让他的女婿哈斯德鲁巴

---

[1] 公元前194年，安提俄库斯三世遣使罗马；公元前193年，罗马派使团回访安提俄库斯三世。

和儿子汉尼拔成为罗马的终身狂热敌人。哈斯德鲁巴死得太早，所以他没来得及让世人知晓他的意图，但形势的变化使得汉尼拔完全表现出他从父亲那里继承的对罗马人的仇恨。因此，当旧的敌人和解，或新的友谊形成，政治家们需要把发现当事人的真实动机作为他们的首要任务。他们应该观察，敌人妥协是迫于形势的压力，还是源于士气崩溃。就前一种情形而言，政治家们必须认识到，敌人妥协不过是为了等待有利时机，因此需要始终保持警惕；就后一种情形而言，政治家们应该信任被击败的敌人，把已经臣服的人视作真正的朋友，当有需要时，可以毫不犹豫地征召他们前来帮忙。

上述就是汉尼拔战争的原因（αἰτίας），它的开端（ἀρχὰς）是下述事件。

[13] 迦太基人早已对西西里战争的失败愤愤不平，如上文所述，撒丁岛事件和额外的赔款又大大激化这种愤怒。因此，他们征服伊比利亚大部分地区后，开始准备随时采取任何措施伤害罗马。哈米尔卡去世后，迦太基人将伊比利亚的治理大权交给哈斯德鲁巴，但是，在哈斯德鲁巴也去世后，迦太基人没有立即任命新总督，而是等了一段时间以听取军队的意志。当士兵一致推举汉尼拔为统帅的消息传到迦太基，迦太基人立即召集公民大会，全体公民一致同意士兵们的选择。接过统帅大权后，汉尼拔立即前去征服名为欧卡得斯（Olcades）的部落。汉尼拔率军兵临欧卡得斯人最强大的城市阿塔亚（Althean）城下，就地扎营，然后通过一系列猛烈可怕的攻击，迅速征服此城。欧卡得斯部落其余的人恐惧不已，向迦太基人投降。汉尼拔接着对各个城镇索要贡赋，获得一笔很可观的收入后，率军返回新迦太基城过冬。汉尼拔对待部下非常慷慨，他先支付士兵们的军饷，并承诺未来的军饷会更多。汉尼拔以此激起士兵们对他的极大善意和对未来的高度期待。

[14] 接下来的夏季，①汉尼拔再次出击，攻掠瓦凯伊（Vaccaei），旋即突袭占领赫尔曼迪卡（Hermandica）②城。但是，阿尔巴卡拉（Arbacala）是一座大城，人口众多且非常彪悍，汉尼拔不得不进行围城，经过很大伤亡后，才攻占此城。汉尼拔接下来在返回新迦太基时，突然发现自己深陷险境。卡佩塔尼人（Carpetani）③——那个地区最彪悍勇猛的部落——聚集起来攻击

---

　　① 指公元前220年。天下初定，丞相王绾等上书曰："六国被诛灭不久，燕、齐、楚等地遥远，如果不分封诸侯王，没法镇守。请立诸子为王。"始皇让群臣商议，群臣皆以为分封诸侯王有利。廷尉李斯反驳说："周文王、武王所封儿子、兄弟不少，但是随着时间流逝，同姓子孙彼此疏远，相互攻击如仇敌，诸侯更是相互征伐，周天子没有能力禁止。当今天下赖陛下神灵归为一统，皆为郡县，拿赋税重重赏赐诸子功臣，非常容易控制。天下没有异议，才是保持安宁的大道。分封诸侯王不利于天下安宁。"秦始皇说："天下人都苦于连年战争无止无休，就是因为有诸侯王。赖祖宗护佑，今天下初定，若再立诸侯，是培植兵乱，若再消弭战乱寻求安宁，就会非常困难。李斯的意见正确。"这是决断分封制和郡县制的关键会议。秦始皇于是在全国设立三十六郡，每郡设置守、尉、监。郡守掌行政权，尉掌兵权，监负责监察。百姓的称呼被改为"黔首"。下令全国聚饮以示庆祝。又收集天下之兵器，聚集咸阳，熔化之后铸成大钟、十二个铜人，每个重千石。又统一法令和度量衡，统一车辆两轮间的宽度，统一文字的书写样式为隶书。秦之天下东至大海和朝鲜，西到临洮和羌中，南至需要向北开窗户才能照到太阳的地方，北边据黄河为要塞，沿着阴山往东直到辽东。秦始皇二十七年（公元前220年），秦始皇巡游陇西、北地，穿过鸡头山（今甘肃庆阳镇原县境内），经回中（今陕西陇县西北），回到咸阳。这是一统天下后，始皇首次巡游。这一年，始皇在渭河南面建造信宫，不久，将信宫改名极庙，以象征天极。又从极庙修筑通往骊山的道路，修建甘泉前殿，又修造从咸阳一直连接到骊山的甬道。这一年，始皇下令开始修筑供皇帝巡游用的通往全国各地的驰道。参《史记·秦始皇本纪》，前揭，页238-241。

　　② 现在的萨拉曼卡城，位于西班牙西北部。

　　③ 位于现在的西班牙瓜达拉马（Guadarrama）山脉，托雷多（Toledo）是他们的城镇之一。

他，邻近的部落也加入攻击他，这些部落是被欧卡得斯和赫尔曼迪卡的逃亡者煽动起来的。迦太基人要是被迫与这些部落进行决战，必败无疑。但是，汉尼拔非常明智、冷静地应对这一情势，他率军后撤到塔古斯（Tagus）河前，与敌人隔河对峙，并阻止敌人渡河。他依靠塔古斯河地势和明智运用他的40头战象，使战事照他谋划的方式进行，完全超出其他人的预料。大多数蛮夷在几个地段试图强行渡河，都在半渡状态被汉尼拔的军队射杀；象队则沿着河岸警戒，一有敌人登岸，立即射杀。很多敌人在半渡状态被迦太基骑兵砍杀，因为战马在水流中站得更稳，骑兵又比徒步渡河的敌人有高度优势。最后，汉尼拔转而令迦太基大军渡河攻击蛮夷，迫使约100000蛮夷溃逃。这次战役后，埃布罗河以南的部族，没有哪个敢再冒险攻击迦太基人，只有萨贡托人例外。汉尼拔遵从父亲的建议和告诫，决定在完全征服这个地区之前，尽量不攻击萨贡托，以免罗马人找到有利的借口对其发动战争。

［15］但是，萨贡托不断遣使罗马，一方面为自己的安危担忧不已，并预料到接下来被攻击的可能，另一方面希望向罗马人通报迦太基的力量在伊比利亚的扩展。罗马人之前不止一次忽视萨贡托人的报告，但是在这个时刻派出一个使团调查事件的进展。与此同时，汉尼拔征服他意欲打击的部落后，率军返回新迦太基过冬，此城某种意义上是迦太基帝国在伊比利亚的桂冠和都城。汉尼拔在这里见到罗马使团，当面听取他们的陈述。罗马人警告他不要染指萨贡托，因为此城受罗马保护，他们还警告汉尼拔不要违反他们与哈斯德鲁巴签订的条约，越过埃布罗河。

此时汉尼拔还是个年轻人，极富尚武激情，他受在伊比利亚一连串胜利的鼓舞，也受长期以来对罗马的敌意激发，回复罗马使团时，伪称要保护萨贡托人的利益，指责罗马人不久之前的不义之举：不久之前，萨贡托发生党争内讧，罗马人被请来仲裁，不义地处死一批尊贵人物。汉尼拔说，迦太基不会对这种违背信义的不义视而不见，因为迦太基自古以来的传统是帮助不义之举的受害者。然后，汉尼拔派人回迦太基请求指示，因为萨贡托凭借与罗马的盟友关系，正在伤害臣服于迦太基的其他部落。

由于完全处于不理智和暴怒（ἀλογίας καὶ θυμοῦ βιαίου）的影响之下，汉尼拔没有指出真实的原因（ἀληθιναῖς αἰτίας），而是诉诸毫无根据的借口（προφάσεις ἀλόγους）。这是那些被激情左右行动之人的典型表现。如果汉尼拔要求罗马人归还撒丁岛，取消他们利用不幸降临在迦太基身上的时机而不义地勒索的赔款，该有多好！如果罗马人拒绝满足他的要求，他本应该威胁开战！但实际情况是，汉尼拔对真正的原因缄口不言，却虚构出根本不存在的关于萨贡托的借口，由此让人以为：他发动战争的借口不仅似是而非，而且没有正当原因。清楚看到战争不可避免后，罗马使团航向迦太基，向迦太基政府表达同样的抗议。不过，罗马使团从未想到战争竟然会在意大利进行，他们本来以为战争会以萨贡托为基地，在伊比利亚进行。

[16] 因此，罗马元老院根据罗马使团的设想拟定战争计划，决定首先确保在伊利里亚的据点，因为他们预见到，与迦太基的战争将是艰难的持久战，战场会远离家园。碰巧在这时候，法洛斯的德米特里乌斯不仅由于遗忘罗马人曾赐予他的恩惠，而且由于罗马起初面临高卢人的威胁，现在又面临迦太基的威胁，因而轻视罗马，也由于他在科勒奥门涅斯战争中与安提哥努斯三世并肩作战遂转而投靠马其顿王室，所以洗劫和摧毁伊利里亚臣服于罗马的城镇，违反与罗马人的条约，派遣50艘船航向里苏斯以南，劫掠基克拉迪群岛（Cyclades）。

罗马人得知战争进展和马其顿实力大增，急于确保位于意大利东方的伊利里亚的据点，他们自信有充裕的时间纠正伊利里亚人的错误，制止和惩罚法洛斯的德米特里乌斯的忘恩负义和鲁莽。但是，他们的这种盘算大错特错：汉尼拔抢先攻占萨贡托，结果，战争不是在伊比利亚进行，而是在罗马城门前以及整个意大利进行。不过，罗马人受上述盘算驱使，在第140个奥林匹亚年第一年的初夏，派遣执政官卢西乌斯·埃米里乌斯·保卢斯

（Lucius Aemilius Paullus）率军出征伊利里亚。①

［17］在同一时刻，汉尼拔率军从新迦太基启程，朝萨贡托进发。这座城坐落在连接伊比利亚和凯尔特－伊比利亚山脉朝海一侧，距大海只有7斯塔德。萨贡托的土地出产各种农作物，是伊比利亚最肥沃的地方。汉尼拔在城前扎营，预见到攻下此城可收获巨大利益，遂猛烈攻城。首先，他认为攻占萨贡托将彻底消除罗马人在伊比利亚进行战争的可能性；其次，他确信通过这次猛攻，将激起普遍的恐惧，致使伊比利亚那些已经臣服于他的部落更听话，那些保持独立的部落更谨慎；最重要的是，这次胜利，可以确保后方没有敌人，从而无后顾之忧地挺进意大利。

此外，攻下萨贡托还可以获得大量金钱，这笔钱既可以供给即将进行的远征，又可以通过分发战利品鼓舞远征军的士气，还可以将战利品送回迦太基，取悦迦太基人。基于上述考虑，他积极进行围城作战，时而不辞辛劳，亲自操作攻城机，为士兵树立榜样，时而不顾一切地暴露在危险之中，在前线鼓舞士气。最

---

① 发生于公元前219年。卢西乌斯·埃米里乌斯·保卢斯是公元前219年的罗马执政官。

秦始皇二十八年，始皇巡游东方诸郡县，登邹峄山（今山东邹城市境内），立了石碑，又与鲁地儒生们咨询封禅之事。于是登泰山立碑，举行祭天大典；又在梁父山举行祭地大典，刻石颂扬秦的德业。始皇接着往渤海东行，途经黄县（今山东龙口市）、腄县（今山东烟台福山区），攀成山（今山东荣成市境内，成山是中国海岸线最东端，悬崖峭壁，气势雄伟），登芝罘山（今山东烟台芝罘岛），立颂扬秦之德业的石碑。又一路向南登琅琊（今山东青岛琅琊镇），停留三月，修筑琅琊台，立颂扬秦之德业的石碑。始皇欲返咸阳，路经彭城，斋戒祈祷祭祀，想要从泗水中打捞落水的周鼎。派千余人潜入水底寻找，没有找到。于是，向西南渡过淮河，经衡山（今湖北黄冈），到南郡（今湖北荆州）。又渡江，抵达湘山祠（今湖南岳阳君山岛）。然后，返回南郡，经武关返回咸阳。参《史记·秦始皇本纪》，前揭，页242-248。

后，经过8个月的艰辛和焦虑，汉尼拔以猛攻占领萨贡托。[1]大量金钱、无数奴隶和财富落入他的手中。依照之前的盘算，汉尼拔将金钱留作远征军补给，依照士兵的职级把奴隶分给他们，把其他各种财富立即运回迦太基。这次作战没有辜负他的期望，原初的目的全部实现：他的军队更渴望面对危险，迦太基人愈发愿意答应他的种种要求。他本人留下的资金，后来也在许多场合证明对他本人帮助极大。

[18] 与此同时，法洛斯的德米特里乌斯听闻罗马人的计划，立即派遣一支颇具规模的部队，带着所需补给物资驻守迪马勒（Dimale）城。在别的城市，德米特里乌斯驱逐反对他政策的人，将城市交给友人管理，他本人则精选出6000名最勇敢的士兵，驻守法洛斯岛。卢西乌斯·埃米里乌斯·保卢斯率军抵达伊利里亚，发现敌人对迪马勒的地势非常自信，已经采用各种措施强化防御，普遍认为该城坚不可摧。但是，这位罗马执政官决定首先攻击此城，希望以此令敌人恐惧。向军官下达命令，竖起攻城机后，埃米里乌斯开始围攻迪马勒。结果，他仅用7天就攻占此城，凭此一战摧毁敌人的精神，其他各城立刻争先恐后地向罗马无条件投降。

接受这些城市的投降，安顿好每个城市后，埃米里乌斯航向法洛斯进攻德米特里乌斯。获悉法洛斯城墙坚固，又有精锐大军防守，且补给物资非常充足，埃米里乌斯明白，围攻此城势必要花很长时间，且必定伤亡惨重。考虑到这些，埃米里乌斯采取下述即兴战术。他率军趁着夜色航向法洛斯岛，部队登陆后，隐藏在森林茂密的小山谷。天亮后，他派遣20艘战舰公然驶向离法洛斯城最近的港口。看到这些船后，德米特里乌斯蔑视罗马人战舰数量稀少，率军赶到港口，阻止罗马人登陆。

[19] 两军一相遇，立即爆发激烈战斗，于是越来越多的军

---

[1] 公元前219年年末，汉尼拔攻占此城。

队从城中赶来支援，最后全部守军鱼贯而出，加入战斗。这时，隐藏在小山谷的罗马士兵，沿着一条隐蔽小路，突然杀出，占据城市与港口之间的一道斜坡，切断守军撤入城内的道路。德米特里乌斯看到战况突变，停止攻击正在登陆的罗马人，转而聚拢部队，鼓舞他们与占领斜坡的罗马人激战。看到伊利里亚人决心凛凛、秩序井然地向他们靠近，罗马人立即对敌人阵型发动猛烈进攻。与此同时，已经登陆的罗马士兵看到正在进行的战斗，立即攻击敌人的后方。于是，伊利里亚人受到前后夹击，陷入可怕的混乱。最后，由于前后两个方向受到罗马人强大的压力，德米特里乌斯的部队转头逃跑，一些士兵逃入城中，大部分士兵四散逃往这个岛屿的乡野。德米特里乌斯老早就在一个偏僻之所备好几艘船，以应对此种紧急情况，他逃往那里，趁着夜色乘船逃跑。他乘船抵达腓力五世王的宫廷，余生都待在那里。德米特里乌斯是一位大胆的、有冒险精神的人，但是完全缺乏推理能力和判断力，这些缺陷又让他得到下面这个结局。得到腓力五世的首肯后，德米特里乌斯竟然制定出一个有勇无谋、考虑不周的攻占墨西拿的计划，结果在战斗中殒命。我叙述到那个时期时，会详细叙述他的那次行动。

罗马执政官埃米里乌斯立即强攻法洛斯，占领此城后，将其夷为平地。之后，他继续征讨伊利里亚其他城市，以他认为最好的方式安顿好一切后，在暮夏时节率军返回罗马。在民众的欢呼声中，埃米里乌斯举行了凯旋式，因为他取得伊利里亚之战的胜利，似乎不仅凭靠他的才干，还靠他至高的勇气。

[20] 萨贡托陷落的消息传到罗马后，罗马人并没有就战争问题进行明确辩论。有些作家断言罗马人为此辩论过，甚至就此编造出一大堆用于辩论的演说词，这着实荒谬。一年前，罗马人就告知迦太基人，只要他们进入萨贡托的领地，就将被视作挑起战争，现在这座城市已然被迦太基人攻占，罗马元老们怎么可能去争论是否要开战？但是，这些作家一边描绘整个元老院进行讨

论时的沮丧画面,一边又告诉我们,父亲们带着12岁以上的儿子来到元老院大厅,这些孩子们也参与辩论,却没有透露只言片语给最亲近的人,这怎么可能?这完全不真实,也毫无可能,除非机运让每个罗马人生来就有智慧。我无需再批评诸如凯瑞斯(Chaereas)和索苏洛斯(Sosylus)的作品。①在我看来,他们的作品不过是理发店里才会谈论的八卦,根本不是史书。

罗马人一听说萨贡托陷落的灾难,立即任命使团,将其火速派往迦太基,并给予迦太基人两个选择,迦太基人若是接受其中之一,就会遭受羞辱和伤害;若是接受另一个,则会引发巨大的战争和冲突。这两个选择就是:迦太基人要么把汉尼拔及其参谋交给罗马人,要么罗马人宣布战争。罗马使团抵达迦太基,出现在元老院,宣告了他们的要求。迦太基人带着愤怒听取罗马使节给出的两个选择,然后派他们中最有才能的人发表演说,为自己辩护。

[21]迦太基人没有谈论罗马人与哈斯德鲁巴签订的条约,认为那个条约要么不存在,要么即便存在,也与他们没有关系,因为那个条约没有得到他们的批准。他们引证罗马人的先例断言,西西里战争时,卢塔提乌斯与迦太基人签订的条约,尽管已得到卢塔提乌斯的认可,却被罗马人拒绝,理由是没有得到罗马人的批准。迦太基人的辩护始终基于西西里战争结束时签订的条约,他们声称,那份条约中根本没有提到伊比利亚,但有一条明确规定,罗马和迦太基任何一方的盟友都应免受另一方的攻击。他们指出,那时萨贡托还不是罗马的盟友。为了证明他们的观点,他们好几次大声朗读那份条约的条款。罗马人断然拒绝讨论迦太基人的辩护是否正当,仅仅宣告,若萨贡托没有受到伤害,

---

① [英译注]今人对于前者一无所知,后者是一个斯巴达人,参与了汉尼拔的远征。依照西西里的狄俄多儒斯的说法(26.4),索苏洛斯著有《汉尼拔战纪》七卷。

他们可以承认迦太基人的辩护,双方的分歧通过论辩可能达成一致,但是,现在迦太基人已经攻占萨贡托,事实上已违反条约:[1]如果他们交出汉尼拔这个罪犯,就可以表明全体迦太基人没有参与这次犯罪,汉尼拔的罪行没有得到迦太基的批准;如果他们拒绝交出汉尼拔,就表示承认他们也参与此次犯罪,那么他们必须接受战争。

罗马与迦太基双方关于条约的争论都基于抽象的论点,但我认为,应该更细致地研究这个问题。这种研究对两类人非常重要。首先,政治家若想在此类至关重要的争论中避免犯错,就需要掌握此类事务的知识;其次,好学之人若想避免被史家的无知和偏见误导,也需要准确掌握这类知识。因此,有必要对罗马与迦太基从最早的时代直到我们这个时代所签订的各项条约,进行准确的研究。

[22] 罗马与迦太基的第一份条约是卢西乌斯·布鲁图斯(Lucius Junius Brutus)和马尔库斯·霍拉提乌斯(Marcus Horatius)任执政官时签订的。他们是驱逐国王后选出的第一任执政官,也是卡皮托山上的朱庇特神庙的建立者。那是薛西斯(Xerxes)跨海远征希腊的28年前。[2] 我会尽我所能翻译这份和约,但是古罗马语言与现在的差异很大,以至理解力最强的人,经过大量研究,也只能理解那份条约的一部分。那份条约的内容大致如下:

> 罗马人和其盟友与迦太基和其盟友,根据下述条款建立友谊:

---

[1] 很难确定此处所说的条约是指西西里战争签订的条约,还是罗马人与哈斯巴鲁巴签订的那份条约。因为无论基于哪份条约,罗马人都可以辩称迦太基人违反条约。

[2] 即公元前508年。

1.罗马人及其盟友不得越过公正角（Fair Promontory）[1]航行，除非是迫于风暴或被敌人追击。一旦迫于上述两种情形越过这个海角，任何人不得购买或运走超过修理船只所需或献祭所需的物品，且必须在5日内离开。

2.罗马人不得越过公正角出卖商品，除非有传令官或城镇公职人员在场。如果交易发生在利比亚或撒丁岛，任何商品的价格都应由迦太基为卖方提供保证。

3.在迦太基的西西里行省，罗马人应享有与其他人同等的权利。

4.迦太基人不得伤害阿尔代亚（Ardea）、安提乌姆（Antiun）、拉维尼（Lavinium）、塞色伊（Circeii）、塔拉基纳（Tarracina）和其他臣服于罗马的拉丁城市。

5.迦太基人不得染指尚未臣服于罗马的拉丁城市。迦太基人假如攻占其中任何一座，都应该毫发未损地交予罗马人。

6.迦太基人不得在拉丁姆地区建立要塞。

7.迦太基军队如果出于战斗需要进入拉丁姆地区，不得在此过夜。

[23]公正角位于迦太基正北方。迦太基人严禁罗马人越过这个海角向南航行。我认为原因在于，迦太基人不希望罗马人熟悉布萨提斯（Byssatis）周围区域或靠近小苏尔提斯（Lesser Syrtis）地区，因为那里是迦太基人最肥沃的土地，他们称之为厄姆珀里亚（Emporia）。假如罗马人迫于风暴或被敌人驱逐至此，若是出于修船或献祭的目的，他们可以获得所需物资，但不能超过必要的限度，且必须在5日内离开。罗马人可以到迦太基本土、公正角这一侧的利比亚所有地区、撒丁岛、迦太基的西西里行省出卖商品，迦太基保证会支付他们的合法所得。这份条约的措辞

---

[1] 按珀律比俄斯的描述，这个海岬即今法里纳角（Cap Farina）。

表明，迦太基人把撒丁岛和利比亚视作他们的领土，但是用明显不同的措辞界定西西里，在条约中仅提到西西里受迦太基统治的部分。与之类似，罗马人在条约中也只提到拉丁姆地区，没有提及意大利其他地区，因为那时这些地区还尚未臣服于他们。

[24] 之后，双方又签订第二个条约。① 在这份条约中，迦太基人提到推罗（Tyre）、乌蒂卡。除公正角外，迦太基人还提到马斯提亚（Mastia）、塔西昂（Tarseum）这些地名。他们禁止罗马人越过这些地方进行远征掠夺或建立城市。这份条约的内容大致如下：

  罗马人及其盟友与迦太基人、推罗人、乌蒂卡人及其各自的盟友基于下述条款建立友谊：

  1. 罗马人不得越过公正角、马斯提亚、塔西昂进行掠夺、贸易、建立城市。

  2. 迦太基人如果攻占没有臣服于罗马的拉丁姆城市，可以带走财物和俘虏，但要交出城市。

  3. 迦太基人如果俘获与罗马签订和平条约却没有臣服于罗马的部族的人员，不得将这些人员带至罗马的港口。如果迦太基人将此类人员带进罗马的港口，俘虏被罗马人抓住，迦太基人应释放被俘者。罗马人也不可对迦太基人做此事。

  4. 如果从迦太基统治的地区获得水或物资，罗马人不得用来伤害与迦太基签订和平条约或与迦太基友好的民族。迦太基人也不可对罗马人做此事。假如任何一方做了此事，受害者不得私自进行报复。假如迦太基或罗马私自进行报复，其罪行将被视作针对另一方的罪行。

  5. 罗马人不得在撒丁岛和利比亚进行贸易或建立城市，在这两个地区停留的时间不得超过取得补给或修船的必要时间。如果迫于风暴到达这两个地方，罗马人必须在5天内离开。

---

① 可能是公元前348年。

6.在迦太基的西西里行省和迦太基城，罗马人有权贩卖任何获准销售的商品给迦太基人。迦太基人也有权在罗马城这么做。

在这份条约中，迦太基人再度强调他们拥有利比亚和撒丁岛，断言这两个地方是他们的私人财产，禁止罗马人接近。但是，涉及西西里时，他们的措辞有所不同，只提及西西里岛的一部分属于他们。与之类似，罗马人也禁止迦太基人伤害阿尔代亚、安提乌姆、塞色伊和塔拉基纳这些拉丁姆地区靠海的城市。

[25] 在皮鲁士入侵时期，罗马人与迦太基人签订了西西里战争之前的最后一份条约。这份条约保留了之前所有条约的条款，并补充了下述条款：

如果迦太基和罗马要结盟对抗皮鲁士，双方必须明确基于下面这个条件：无论罗马或迦太基哪一方受到攻击，另一方必须援助受攻击的一方。不管哪一方需要援助，迦太基人都需要为运输和军事行动提供船只，但双方必须为各自的军队提供军饷。如果必要，迦太基人应在海上帮助罗马人，但双方不能违反水手的意志，强迫他们登陆。

签订上述条约时，双方以下述方式宣誓。签订第一份条约时，迦太基人凭祖先之神宣誓，罗马人则依照其古老习俗，凭朱庇特圣石进行宣誓。签订第二份条约时，罗马人凭战神马尔斯和奎里努斯（Mars and Quirinus）宣誓。罗马人凭朱庇特圣石宣誓的方式如下。宣誓之人手拿一块石头，以罗马的名义宣誓，并在宣誓完成后扔掉石头：

如果我遵守我的誓言，愿所有善归于我！假如我的思想或行动违背我的誓言，愿其他民族在他们的土地上安居乐业，遵从他们的习俗和法律，拥有自己的家灶、神庙以及坟墓，唯独我的下场如这块石头。

［26］上述条约确实存在，它被保存于铜碑之上，存放在卡皮托山的朱庇特神庙旁边的营造官（ἀγορανόμων）的金库。① 所以，有充分的理由对费里努斯的叙述感到惊讶。这并不是因为他对这些条约一无所知，时至今日，罗马人和迦太基人中那些年龄最大的人，以及最熟悉政治事务的人，也不知道这些条约。那么，费里努斯是基于哪个权威，竟敢宣称相反的事实，说罗马与迦太基曾签订过一个条约，那项条约规定，罗马人不得染指整个西西里，因此罗马人第一次跨海到西西里时，就已违反条约和誓言？事实上，根本不存在这样的条约。但是，费里努斯在他的第二卷中，对此着墨很多。在这部史书的导言中，我曾提到这个主题，但一直等到眼下这个场合才细致讨论，我这样做的原因是，很多人信赖费里努斯的作品，对这个主题有很多错误的看法。如果费里努斯谴责罗马人跨海到西西里，是因为罗马人与那些无耻地占领墨西拿和雷吉姆的战神之子成为朋友，并援助那些无耻之徒，他的谴责确实说得过去。但是，假如他认为，罗马人跨海到西西里是违背条约和誓言的行为，他显然对真相一无所知。

［27］西西里战争结束后，罗马与迦太基又签订一份条约，条约的条款如下：

  1. 迦太基人必须从整个西西里以及意大利与西西里之间的所有岛屿撤走。

---

① ［英译注］按照罗马人的规定，营造官与财务官共享一个金库，仓库位于卡皮托山下的萨杜恩神庙（Temple of Saturn）内。但是，珀律比俄斯此处明显认为营造官有一个独立金库，且金库位于卡皮托山上。

2. 任何一方不得攻击另一方的盟友。

3. 任何一方不得在对方统治地区强征贡赋、建立公共建筑、征用士兵，也不得与另一方的盟友结盟。

4. 迦太基人在10年之内赔偿罗马人2200塔兰同，其中1000塔兰同必须立即赔付。

5. 迦太基人必须无条件交出所有罗马战俘。

后来，利比亚战争结束时，罗马人决议向迦太基宣战，如我前面所述，罗马人又增加下面一项条款：

6. 迦太基人必须撤离撒丁岛，另外赔偿1200塔兰同。

上述条约之外，罗马与迦太基签订的最后一项条约，是与哈斯德鲁巴在伊比利亚签订的，其中规定"迦太基军队不得越过埃布罗河"。这就是罗马和迦太基直到汉尼拔时代的外交关系史。

［28］因此，我们可以断定，罗马人跨海到西西里并没有违反条约。同样，对于导致签订关于撒丁岛的条约的第二次战争，[①]罗马人没有合理的借口或原因。在这件事上，每个人都会同意，利用迦太基人的不利处境，强迫他们撤离撒丁岛，额外支付赔款，是不义之举。罗马人的确指控过迦太基人在利比亚战争期间伤害了来自罗马的商人。但是，罗马人接回所有被迦太基抓起来的商人后，没要求迦太基人用赎金赎回其所有俘虏，双方的争论已经得到解决。在前一卷的最后，我已经叙述过这些事。[②] 经过这番研究，确立上述事实后，接下来我们仍需思考，迦太基和罗

---

① 那次战争没有开打，只是罗马威胁迦太基要开战。

② 珀律比俄斯记错了，叙述这些事的是第一卷最后，而不是第二卷最后。

马究竟谁应该为汉尼拔战争的原因负责。

［29］我已经叙述过迦太基人在这个时刻的指控，接下来要叙述罗马人的答复。事实上，罗马人由于对失去萨贡托非常愤怒，没有立即在迦太基的元老院给出答复。但是，他们后来在罗马的不同场合、由不同的人给出了答复。首先，罗马人辩称，不能像迦太基人厚颜无耻说的那样，忽视与哈斯德鲁巴签订的条约。因为，与当年卢塔提乌斯与迦太基人签订的那份条约一样，与哈斯德鲁巴签订的条约最后也有一个无条件条款：如果罗马人接受，这份条约就有效。哈斯德鲁巴签订条约时，也全权同意下述条款：迦太基军队不得越过埃布罗河。

其次，迦太基人在西西里战争结束时签订的那份条约的其中一条是：任何一方不得攻击另一方的盟友。这一条款的含义，不是像迦太基人的解释一样，仅指条约签订时双方的盟友。因为，如果依照迦太基人的解释，条约本来应增补一条规定：双方不能再增加盟友，或者双方后来接受的盟友不受此项条约保护。但是，既然没有增补这样一条规定，显然，不管是当时的盟友，还是后来新加入的盟友，都应免受对方的攻击。这的确是一种看起来很合理的观点。双方的确不可能签订这样一项条约，其中规定任何一方在任何情况下都无权接受新盟友，双方也不可能眼睁睁看着第三方伤害他们赢得的新盟友。

本质上，适用于双方的条约的含义是，任何一方不得伤害对方现在的盟友，双方在任何情况下都可接受其他民族成为自己的盟友。那些后来加入双方的盟友受到下述条款限定：任何一方不得在对方领土和盟友领地内征收贡赋、雇佣士兵，双方所有盟友都应免受对方的攻击。

［30］既然如此，就得承认下述事实：在汉尼拔时代的很多年前，萨贡托人就已宣誓效忠罗马。确凿的证据——就连迦太基人也承认的证据——是，萨贡托发生内乱时，没有邀请迦太基人仲裁，尽管那时迦太基人近在身边，且一直关注伊比利亚事务，

而是邀请罗马人仲裁,并在罗马人的帮助下,结束内乱,重归正轨。

因此,我们如果认为萨贡托的陷落是汉尼拔战争的原因,就必须承认,迦太基人在战争的开端问题上犯了错。因为,首先,西西里战争结束时,迦太基与卢塔提乌斯签订的条约规定:任何一方不得攻击另一方的盟友;其次,罗马人与哈斯德鲁巴的条约规定:迦太基军队不得越过埃布罗河。① 但是,如果我们把罗马人不义地占取撒丁岛,向迦太基人勒索额外赔款视作汉尼拔战争的原因,我们就必须承认,迦太基人有正当理由开启汉尼拔战争。因为,之前迫于形势,他们被迫屈服,现在形势已经改变,他们可以报复曾伤害他们的人。

[31] 某些毫无判断力的人可能会说,我没有必要如此详细地讨论这类问题。我的回答是,如果有人认为他能完全靠自己应付各种情况,我会说,关于过去的知识对他是好的,但不是必需的;但是,如果没有哪个凡人敢在涉及私人事务或邦国的事务上,如此自负地宣称——因为,即便眼下一切顺遂,任何有理智的人也不会基于此自信地以为未来就会繁荣昌盛——那么在我看来,关于过去的知识不仅是好的,而且绝对必要。

假设一个人或他的母邦成为罪行的受害者,那么他需要找人帮他,站在他这边;假定他一切称心如意,他也需要找到一种诚实的方式激励他人支持他的事业,维持一切顺遂的状态。如果他对他人过去的历史一无所知,他怎么能做到这类事情?毕竟,每个人都在一定程度上适应环境并掩饰自己,每个人的言辞和行动都让人难以看清他的原则,并常常遮蔽真相。但是,如果我们让过去的事实本身指导我们的判断,人们过去的行为就会准确无误地解释他们的原则和动机,从而向我们表明去哪里获取仁善、灵魂宽广和帮助以及与之相反的东西。

---

① 珀律比俄斯似乎忘记了萨贡托位于埃布罗河以南。

在不同时刻、不同处境，正是过去的事实帮助我们找到一些人来同情我们，分享我们的愤怒，与我们共同伸张正义。没有什么比过去的知识更能有益于我们的私人生活和政治生活。因此，史书的作者和读者不应该仅仅聚焦于现实发生的事件，还应该关注某事件前发生了什么，该事件如何进行，该事件之后又发生了什么。如果史书不探究事件为何、如何、从何处发生，以及事件的结果是否符合我们合理的预期，那么史书就只是没有教育价值的争夺奖品的散文（$ἀγώνισμα$）。① 这样的散文只能带来一时的愉悦，不会有益于所有世代。

［32］因此，我坚信，那些抱怨我这部史书由于卷帙浩大所以难以阅读、难以抓住主旨的人，着实无知。学习和阅读一部由40卷交织成一体的史书是多么容易！因为这40卷清晰连贯地叙述了从皮鲁士时代到迦太基毁灭这段时间内发生在意大利、西西里、利比亚的事件，以及天下其他地区从斯巴达的科勒奥门涅斯三世逃亡埃及到罗马人与阿凯亚在科林多地峡的战争的事件，这要比阅读或购买那些只叙述上述时期个别事件之人的史书容易得多！且不说那些人的史书加起来的篇幅要超过我的这部史书好多倍，更重要的是，读者根本不能从那些人的史书中清楚了解事件的真相。原因何在？首先，大多数那类史书对同一事件的叙述千差万别；其次，它们忽略同时代发生的其他事件，而通过参照和比较同时代的其他事件，让我们得出与个别叙述不同的结论；第三，那些史书没有能力触及真正重要的东西。在我看来，史书最本质的部分不仅要覆盖诸事件的结果和必然性推论，而且尤其要探究诸事件的原因。

在我看来，罗马与安提俄库斯三世的战争源于罗马与腓力五世的战争；汉尼拔战争是西西里战争的结果。这些战争之间发生

---

① ［英译注］珀律比俄斯对修昔底德的隐射，对照修昔底德，1.22.4。

的所有事件，不管其目的多么不同，最终都趋于同一个目的。只有从普遍历史的视角出发（διὰ μὲν τῶν γραφόντων καθόλου），才能认识和理解所有这些事件，要是只从叙述某次战争本身的史书出发，例如叙述罗马与珀尔修斯的战争的史书，或叙述罗马与腓力五世的战争的史书，就根本无法理解所有这些事件。有人兴许认为只阅读那些史书对诸战役的描述，就能清晰理解一场战争的部署和性质（οἰκονομίαν καὶ διάθεσιν）。然而，这根本不可能。我认为，我这部史书与叙述个别事件的史书之间的差异，就如学问与道听途说之间的差异那么大！

[33] 回到我离题（παρέκβασιν）之处：罗马使团听完迦太基人的演说后，沉默不语。罗马使团中最年老的那位，指着他托袈袍的腹部对迦太基元老们说，这里有战争与和平两个选项，他会给他们留下一个，至于留下哪一个，由迦太基人决定。迦太基的王（βασιλεύς）[1]告诉那位罗马使节，由他决定留下哪一个选项，然后那位使节说，他决定留下战争！听到此话，大多数迦太基元老立即大声喊道："我们接受战争！"罗马使团和迦太基元老院就此分道扬镳。

这时，汉尼拔正在新迦太基过冬。[2]首先，他把伊比利亚士兵遣回各自的城市，寄希望于他们将来乐意帮助他；其次，他嘱咐他的兄弟哈斯德鲁巴（Hasdrubal），[3]当他不在时，该如何治理伊比利亚，向后者传授抗击罗马人的种种策略；最后，他采取预防措施确保利比亚的安全。他采用的策略非常聪明和智慧：他派利比亚士兵驻守伊比利亚，派伊比利亚士兵驻守利比亚，通过这一

---

[1] 珀律比俄斯用"王"这个词指称迦太基的年度首席行政官，拉丁语词是 Suffete。

[2] 公元前219年冬。

[3] 汉尼拔的二弟，名叫哈斯德鲁巴·巴卡，公元前207年战死，是汉尼拔战争中迦太基在伊比利亚地区的主要将领。

策略，确保两个行省互相忠诚于对方。驻守利比亚的军队由特尔西特人（Thersitae）、马斯提亚尼人（Mastiani）、伊比利亚－奥瑞特斯人（Iberian Oretes）、欧卡得斯人组成，共1200骑兵、13850步兵。此外，还有870名巴利阿里人（Balearians），这个民族由于战斗方式又被称作投掷者，这一称呼也指他们的部落和所在的岛屿。①汉尼拔将这支军队的大部分士兵部署在利比亚的曼塔冈尼亚（Metagonia），其余士兵驻扎在迦太基城。他又从曼塔冈尼亚各城派遣4000名步兵加强迦太基城的防御，这4000人同时也是人质。

在伊比利亚，汉尼拔留给他的弟弟哈斯德鲁巴50艘五列桨舰、2艘四列桨舰、5艘三列桨舰，其中32艘五列桨舰和所有三列桨舰皆是满员。汉尼拔又给弟弟留下一支骑兵部队，由450名利比亚－腓尼基人和利比亚人、300名勒基托人（Lergetes）、1800名努米底亚人组成，这1800名努米底亚人由居住在海边的马西力人（Masylii）、马塞西力人（Masaesylii）、马凯伊人（Maccoei）、毛鲁西人（Maurusii）组成。汉尼拔给弟弟留下的步兵部队包括11850名利比亚人、300名利古里亚人、500名巴利阿里人以及21头战象。

读者无需诧异，我竟对汉尼拔在伊比利亚的部署给出如此精确的说明，因为就连原初负责各处部署的将领也很难获得如此细致的信息。我不应立即受到指责说，我的做法就像那些用可信的表象掩饰其编造的事实的史家。事实是，我在拉基尼亚海角（Lacinian promontory）发现一块铜碑，那块铜碑是汉尼拔在意大利作战时所立，上面详细记录了上述部署。②我认为，那块铜碑是

---

① 即现在的巴利阿里群岛。

② ［英译注］即今靠近克罗顿（Croton）的克罗涅角（Capo Colonne）。铜碑是汉尼拔在公元前205年夏季所立，参李维，《罗马史》28.46.16。

绝对可信的权威，遂决定采用它的记录。

［34］预先为利比亚和伊比利亚的安全部署妥当后，汉尼拔焦急等待他派往凯尔特的信使返回。他已准确获悉阿尔卑斯山脚、波河附近的土地非常肥沃，那里人烟稠密，男人们在战争中勇猛彪悍，最重要的是，那里的居民由于之前与罗马人的战争——我在前一卷中叙述过那场战争，意图是使读者能够跟上我即将叙述的事件——非常憎恨罗马人。由此之故，汉尼拔对那里的居民期待极高，非常谨慎地派遣使者过去，给予住在阿尔卑斯山以南和阿尔卑斯山中的凯尔特人慷慨许诺。汉尼拔认为，只有得到这些凯尔特人的合作和帮助，才能克服远征路线的艰险，越过中间的蛮荒之地，把对罗马人的战争带到意大利。信使归来报告说，凯尔特人同意他的建议，期待他的到来。信使同时还告诉汉尼拔，穿越阿尔卑斯山极为艰难，但也不是不可能。

然后，他在这一年初春时节，命令冬季营地的各处军队集结。[①]关于罗马使团在迦太基的遭遇的消息此时也刚好抵达新迦太基，明白他已经得到同胞的支持，汉尼拔变得更加振奋，向全军发表演说。汉尼拔向全军强调，罗马人要求他本人和所有主要军官奉献自我，同时指出他们即将远征的目的地多么富庶，他们未来的盟友高卢人对他们多么友好，如此公开号召士兵们对罗马发动战争。汉尼拔看到士兵们聆听演说非常兴奋，像他一样渴望远征，称赞他们的激情，命令他们在预定日期做好启程准备，然后解散全军。

［35］在冬季完成上述各项部署，确保利比亚和伊比利亚的安

[①] 此事发生于公元前218年即秦始皇二十九年。始皇第三次巡游，在阳武县博浪沙（今河南原阳县城东郊），遇到张良等人行刺（始皇第二次遇刺），刺客误中副车，始皇受到惊吓，没有捕拿到刺客，下令全国大规模搜捕十天。之后，前往渤海边，再登芝罘山，刻石颂秦之德业。不久，前往琅琊，经上党郡返回咸阳。参《史记·秦始皇本纪》，前揭，页249-250。

全后，汉尼拔在预定日期率领90000名步兵、12000名骑兵踏上远征。渡过埃布罗河后，汉尼拔着手征服远至比利牛斯山（Pyrenees）的伊卢盖特斯人（Ilergetes）、巴古西人（Bargusii）、埃勒诺西人（Aerenosii）、安多西尼人（Andosini）几个部落。汉尼拔以意想不到的速度，征服上述部落，攻占一些城市，但是期间爆发不少激战，伤亡不小。汉尼拔于是命汉诺（Hanno）①扼守埃布罗河以北地区，将巴古西人置于绝对统治之下，因为这个部落对罗马人很友好，汉尼拔毫不信任这个部落。

汉尼拔给汉诺留下10000名步兵和1000名骑兵，并把远征军的全部重型辎重一并留给汉诺。与此同时，汉尼拔遣散相同数量的士兵回家，意图在后方只留一支忠诚于他的军队，同时亦可鼓励其余的伊比利亚士兵——包括汉诺指挥的和即将随同汉尼拔远征的——怀抱不久也将安全返回故土的希望，从而士气高昂地展开接下来的行军，准备好在未来各尽其责。然后，汉尼拔率领50000名步兵、9000名骑兵，朝比利牛斯山挺进，准备渡过罗讷河。汉尼拔的这支军队虽然数量不是很庞大，但因在伊比利亚经历了一连串战斗，所以训练有素、战斗力极强。

［36］为了不让读者由于对地理无知而认为我的叙述晦涩难懂，现在我描述和解释，汉尼拔从何处出发、穿过哪些地区、［从阿尔卑斯山］下来后首先抵达意大利哪个地区。我不会单单给出汉尼拔经过的地区、河流和城镇的名称，有些史家就这样做，认为单单如此就足以让读者自动获得清晰的知识。我认为，如果涉及众所周知的地区，只提名称，便足以令读者回忆起关于它们的知识，但是，如果涉及不知名的地区，只提名称就无甚价值，名称看起来只是些不可理解的杂乱音节。因为，读者心灵中没有可以依靠的回忆，无法将这些名称与任何已知的地方联系起来。结果就是，叙述不会与读者的心灵密切联系，对读者而言，这样的

---

① 此人后来被罗马人俘虏，参3.76。

叙述毫无意义。因此，我们必须指明一种方法，使我们在提到那些未知的地区时，能向读者传达尽可能真实和有意义的知识。

最基本和最重要、也是全人类共有的观念是空间的划分和秩序，凭借这种秩序，所有人，即便是最差劲的人，都能区分东、西、南、北。第二个最重要的概念是，依照此种对空间的划分，整理大地的各个区域，这就使得我们在精神上能将正在谈论的地区与四个方向之一联系起来，从而让未知和未见的地方变得已知和熟悉。

［37］假定这种方法适用于大地的划分，下一步就是依照我建议的边线划分已知世界。已知世界分为三部分，各有其名：亚细亚、利比亚和欧罗巴。它们各自的界线分别是顿河、尼罗河和赫拉克勒斯之柱处的海峡。亚细亚位于顿河与尼罗河之间，其对应的空间是东北和南。利比亚位于尼罗河与赫拉克勒斯之柱之间，对应的空间区域是从南向西南，再到正西，直达太阳西落的尽头，即赫拉克勒斯之柱那里。亚细亚和利比亚这两个区域，从一般视角来看，从东到西延伸，皆位于地中海的南面。欧罗巴正好与利比亚和亚细亚相对，位于地中海的北边，也是从东到西延伸。

欧罗巴最重要、人口最稠密的部分位于空间的北方，即顿河到纳尔波河（Narbo）①之间的区域，纳尔波河位于马赛和罗讷河三角洲以西不远，罗讷河汇入撒丁尼亚海。凯尔特人的居住区靠近纳尔波河，西部一直延伸到比利牛斯山脉，这条山脉一直从地中海绵延到大西洋。比利牛斯山以南直达赫拉克勒斯之柱的地区，一侧是地中海，另一侧是大西洋。这个地区靠地中海一侧，绵延到赫拉克勒斯之柱的区域即所谓的伊比利亚。靠着大西洋一侧的区域迄今没有统一的名称，因为它最近才进入人类的视线，不过，这里居住着各种蛮夷部落，我在后面的场合会更详细地谈到它们。

---

① 即今法国奥德河。

[38]亚细亚和利比亚在埃塞俄比亚相汇,迄今没有人能说清,这两块大陆往南是一块连续不断的大陆,还是被一个海洋隔开。欧巴罗的情形也相同,顿河与纳尔波河之间以北的区域迄今不为我们所知,除非充满好奇心的探险者未来有所发现,否则这种状况会一直持续下去。任何就上述问题说出或写下不同意见的人,都应该被视作神话和传说的提供者。

我希望上述所言足以确保,没有哪个读者由于不熟悉我提到的地点,被我的叙述弄糊涂。现在,不管我提到哪个地方,读者都应该至少知晓主要的地理划分,凭借记忆和我的叙述,以及空间的四个方向,确定其位置。就像视觉,我们习惯性地将目光转向任何指向我们的物体,我们现在也应该将我们的心灵朝向我的叙述提及的每个地点。

[39]现在,我暂且把地理搁置一边,继续我的叙述。在我正在叙述的时期,迦太基人统治着起自斐莱努斯祭坛(Altars of Philaenus)——位于大苏尔忒斯(Greater Syrtis)地区——直达赫拉克勒斯之柱之间的利比亚沿海地区,该地区海岸线超过16000斯塔德。渡过赫拉克勒斯之柱那里的海峡,迦太基人还统治着靠地中海一侧向北直到比利牛斯山的伊比利亚地区;比利牛斯山是凯尔特人与伊比利亚人的边界。这个地区有8000斯塔德长:从赫拉克勒斯之柱到新迦太基城是3000斯塔德——汉尼拔正是从这座城市出发远征意大利;从新迦太基至埃布罗河是2600斯塔德,从埃布罗河至厄姆珀里翁(Emporium)是1600斯塔德;从厄姆珀里翁到罗讷河是1600斯塔德,[从纳尔波河到罗讷河是1600斯塔德。如今,罗马人已精确测量这一部分的道路,并每隔8斯塔德竖立一座里程碑。]① 渡过罗讷河后,沿着这条河逆流而上,翻越

---

① [英译注]从厄姆珀里翁到罗讷河的路,后来被多米提安大道取代。这一句可能是珀律比俄斯后来插入的。公元前122年,陪同执政官多米提乌斯远征的阿凯亚同胞,兴许将罗马人修建多米提安大道的事告诉了他。

阿尔卑斯山下到意大利的山道入口的距离是1400斯塔德;翻越阿尔卑斯下到波河平原山路的距离是1200斯塔德。所以,从新迦太基出发,抵达波河平原,总共要走9000斯塔德。当然,从整体距离来看,汉尼拔已经走了一半路程;但是,若从艰难程度来看,最艰难的一段路正横在他面前。

[40]此时,汉尼拔正在翻越比利牛斯山,因道路险峻,他非常害怕凯尔特人。与此同时,罗马人从他们派往迦太基的使团获悉在迦太基进行的辩论以及最终的决定。不久,汉尼拔率军越过埃布罗河的消息来得比他们预料的早得多,他们决定派执政官普布利乌斯·科涅利乌斯·斯基皮奥(Publius Cornelius Scipio)率军团出征伊比利亚,派另一名执政官提比略·隆古斯(Tiberius Sempronius Longus)率军团出征利比亚。[1]

与此同时,罗马人还在急切地实施他们早就决定的在山南高卢殖民的计划。他们积极加强各城镇的防御,命令殖民者们必须在30天内到达殖民之地——每个殖民城市大概有6000殖民者。他们在波河南岸建立了一座名叫普拉克提亚(Placentia)[2]的城市,在波河北岸建立了名为克雷莫纳(Cremona)的城市,这两个殖民地尚未完全建立。波伊人一直以来都想放弃对罗马的忠诚,但苦于一直找不到机会,现在通过汉尼拔派来的信使获悉迦太基人即将抵达,遂放弃上一卷描述的战争结束后交给罗马人的人质,开始反叛罗马。波伊人邀请因苏布雷人加入,由于因苏布雷人一直怨恨罗马,波伊人轻松赢得因苏布雷人的支持。两个部落开始蹂躏罗马殖民城市分配的土地,罗马殖民者落荒而逃。两个凯尔特部落追击殖民者到穆提纳(Mutina)——这也是一个罗马的殖民城市,开始围攻此城。被围者中有三位显贵,他们被派来监督

---

[1] 两人是公元前218年的罗马执政官。派执政官远征的决定是公元前218年6月末或7月初做出的。

[2] 即今皮亚琴察(Piacenza)。

殖民城市的土地分配，一位是前执政官盖乌斯·卢塔提乌斯·卡图卢斯（Gaius Lutatius Catulus），[1]另外两名官员是前裁判官。

这三人请求与波伊人谈判，得到后者同意。但是，这三个罗马人出城谈判时，被波伊人背信弃义地逮捕，希望用此三人交换他们的人质。裁判官卢西乌斯·乌尔索（Lucius Manlius Vulso）获悉此事时，正率军驻扎在附近，便立即赶来救援。波伊人听闻曼利乌斯接近，便在必经之路上的一处树林中设下埋伏，待曼利乌斯一到，波伊人从四面八方发起攻击，杀死很多罗马人。幸存者立即落荒而逃，一直到地势较高之处才重新聚合，得以有序撤退。波伊人跟着罗马人的败兵，到达名叫塔尼提斯（Vicus Tannetis）的地方，将罗马败军包围。第四军团被波伊人包围的消息传到罗马，罗马人立即派遣一名裁判官统领原定配给斯基皮奥的军团前去救援，同时命令斯基皮奥在盟邦中再征召一个军团。

［41］我在前一卷以及这一卷的前面已经叙述过，凯尔特人从最开始到汉尼拔抵达期间的状况及历史。做好一切准备后，两位罗马执政官率领各自的军团，在初夏之时起航，执行已经决定的军事行动。斯基皮奥带着60艘船前往伊比利亚，塞姆普洛尼乌斯率领160艘五列桨舰前往利比亚。塞姆普洛尼乌斯用这些战舰威胁进行令人畏惧的远征，在利利巴厄姆进行大规模备战，从各处聚集军队，仿佛他期待抵达迦太基城下后，立刻攻取它。同时，斯基皮奥沿着利古里亚海岸航行，花5天从比萨抵达马赛附近，在罗讷河第一河口即著名的马赛里亚河口下锚登岸。斯基皮奥在此地听说，汉尼拔已经翻过比利牛斯山。不过，他确信，由于凯尔特地区地势难行，部落众多，汉尼拔还要花很长时间才能抵达罗讷河。

然而，汉尼拔通过重金贿赂或武力逼迫，已经顺利通过凯尔

---

[1] 此人是公元前220年的执政官。

特人居住区，沿着撒丁尼亚海海岸行进，此时已出人意料地抵达罗讷河岸边，正准备渡河。斯基皮奥获悉敌人已经抵达的消息，起初还不相信敌人的行军速度竟然如此之快。他需要确认此消息的真实性，遂派出300名最勇敢的骑兵去查证，还派出一支马赛人的凯尔特雇佣兵作为向导陪同。斯基皮奥本人率领部队就地休整，与军团长们商议选择哪个地点与敌人交战最明智。

［42］抵达罗讷河附近后，汉尼拔立即尝试渡过这条河。他选择的渡河地点距离大海4天行程，罗讷河的河道在那里还没有分叉。汉尼拔尽最大努力与当地居民交朋友，搜集他们所有的独木舟和小船，搜到的船只数量极大，因为罗讷河两岸有很多居民从事海上贸易。汉尼拔还从当地居民那里得到很多适合制造独木舟的树木，所以他两天之内就获得难以计数的渡船，每个士兵都尽自己最大的努力避免其他人帮助，仅靠自己渡河。

与此同时，大批蛮夷聚集在罗讷河对岸，试图阻止汉尼拔渡河。汉尼拔看到这一点，认为在这种情况下，面对如此强大的敌人，既不可能强行渡河，又绝不能拖延。为了免受各个方向的攻击，汉尼拔在抵达此地第三晚，派出一支分队，这支分队由迦太基王波米尔卡之子汉诺（Hanno the son of Bomilcar the Suffete）统领，当地人做向导。汉诺带领这支分队沿着罗讷河前行200斯塔德后，抵达一处河水分流之地，河中形成一个小岛，遂停下来准备渡河。他们就地寻找可用的木材，将它们绑或钉在一起，很快造出一大批足够他们渡河的木筏。他们用这些木筏安全渡过罗讷河，没有遇到任何抵抗。过河之后，这支分队占据一处有利地势，用当天剩余的时间就地休整，一来他们渡河已消耗很多体力，二来根据汉尼拔的指令为即将到来的行动做准备。与此同时，与汉尼拔一起留在原地的那支军队也同样忙得不可开交。汉尼拔面临的最大难题是，如何让37头战象渡河。

［43］在第五个晚上，已经渡河的那支分队在日出之前沿着河对岸朝蛮夷聚集之地挺进。此时，汉尼拔已让他的部队做好准

备，等待渡河时机。汉尼拔让小船装载轻骑兵渡河，让步兵用独木舟渡河，较大的船置于上游，较小的船置于下游，这样较重的船只可以减缓水流的力量，独木舟渡河的风险就小得多。迦太基人让马匹跟在船后游泳渡河，每船船尾两侧各有一个士兵，士兵每人牵三、四匹马，一次就可以渡过很多士兵。看到敌人的计划，蛮夷乱哄哄一片，倾巢而出，确信阻止迦太基人上岸易如反掌。

当汉诺依照之前的安排放出一缕烟雾，汉尼拔知道他之前派出渡河的部队就在对岸附近，立即命令所有负责摆渡的人上船，向激流猛进。士兵们听到他的命令后，立即上船，朝着激流奋力猛进，互相叫喊着向对岸冲去，唯恐落后。两军在河岸两侧对峙，迦太基人随着船只前进，大声欢呼，同时带着极大的恐惧；对岸的蛮夷则发出战争怒吼，准备战斗，这一幕极为震撼人心，令人毛骨悚然。

这时，蛮夷已经全部离开营区。隐蔽在附近的汉诺率领士兵发动突然袭击，少部分士兵放火烧敌人的营地，大部分士兵攻击阻止迦太基人渡河的敌人。蛮夷震惊不已，一部分冲回去抢救营地，另一部分抵抗迦太基人的袭击。汉尼拔看到战斗依照他谋划的方式进行，便在第一批渡河的部队上岸后，简短地鼓励士兵，随即率领他们与蛮夷交战。凯尔特人由于毫无秩序、乱哄哄一片，且遭到出其不意的突袭，很快转头溃逃。

［44］控制渡口、击败敌人后，汉尼拔立刻忙着招呼仍在对岸的士兵渡河。全军花很短时间渡过罗讷河，当晚在河边扎营。次日早晨，汉尼拔听说罗马舰队已经抵达罗讷河河口后，精选500名努米底亚骑兵，将其派出去侦察敌人的踪迹、数量和意图。

与此同时，他派合适的人运战象过河，并召集全军集会。汉尼拔在大会上把从波河平原过来的马基卢斯（Magilus）和其他一些首领介绍给全军，在一名翻译的帮助下，士兵们获悉这些首领的决定。听完首领们的演说，士兵们极受鼓舞：首先，在场的凯尔特首领邀请他们到意大利去，并允诺会与他们并肩对罗马作战；其次，这些凯尔特首领真诚允诺会引导他们前往意大利，他们在途中不会缺少必要的补给，可以安全且快速地抵达意大利。此外，他们高兴地得知他们的目的地非常富庶，土地众多，那里的民族拥有与他们共同迎击罗马军团的强大决心。

凯尔特首领说完后退后，汉尼拔上前开始演说。他首先回顾了全军过去取得的成就，他们尽管发起过很多危险的战斗，但只要遵从他的命令和建议，就从未遭受败绩。他接着告诉他们要振作起来，因为他们已经成功强渡罗讷河，这是整个行程中最艰难的一段，现在又亲眼见证盟友的忠诚和承诺。他请求士兵们不要关注远征的细节，因为那是他的职责，他们的职责是遵守他的命令，证明他们的勇敢，不要辜负他们已经取得的成就。士兵们为他的演说大声喝彩，他称赞士兵们展现出的激情和决心。然后，他代表全军向诸神祈祷，命令士兵们做好继续远征的一切准备，于次日早上拔营出发。

[45] 全军集会刚刚结束，汉尼拔派出侦察敌情的努米底亚骑兵便返回营地，或者说幸存的骑兵仓皇逃回营地。他们出发不久，就在距离营地不远处，遭遇斯基皮奥派出的执行相同任务的罗马骑兵。双方立即展开激战，罗马人和凯尔特人损失140名骑兵，努米底亚骑兵的损失超过200名。之后，罗马骑兵一直追到迦太基营地附近，侦察一番后，迅即离去。他们一返回营地，就立即向斯基皮奥报告敌人已经到达。斯基皮奥立即将辎重装船，率军沿罗讷河逆流行军，渴求与迦太基人交战。

全军集会的次日早晨，汉尼拔令骑兵作为掩护部队，往大海方向前进，令步兵拔营启程，朝内陆挺进。他本人则留下等待战象和象夫渡河。战象渡河的方式如下。

[46] 迦太基人在两岸建造了大量非常结实的木筏，将其两两牢固地捆在一起，固定在渡口，两个木筏加起来大概有50尺。

然后，把两两捆在一起的木筏连接起来，形成凸向河心的浮桥。他们将浮桥面向河心的一端用绳子固定在岸边的树上，以防止浮桥被激流冲走。浮桥到200尺长后，他们用两块建造得非常结实的木筏与浮桥连接，这样，连接浮桥的木筏可以被轻松砍断。然后，他们用很多缆绳连接浮桥与木筏，缆绳由船只拖拽，这样就可确保当战象过河时，木筏不会晃动。接着，他们又在浮桥与岸边连接处堆积许多泥土，直到与河岸等高，以此使浮桥的入口与岸边道路相连。

战象一直到河边都听从象夫的命令，但绝不踏入水中。所以，象夫令战象在堆积出的泥地列队，领头的是两头母象。全部战象一踏上连接浮桥的那对木筏，迦太基人立即砍断连接木筏与浮桥的绳子，负责拖拽的船只立即拉紧缆绳，迅速将大象和木筏与岸边堆积的泥土分离。战象惊慌失措，它们起初转过身来，想四处乱窜，但它们已被水流包围，又缩了回去。迦太基人随即在浮桥末端继续连接木筏，成功用这种办法让大多数战象到达对岸。但是，有些战象非常害怕，走到一半时掉入河中。象夫溺亡，战象却获救。因为战象的鼻子很长、很有力，可以伸出水面呼吸，把灌入其中的水吐出来。以这种方式，大多数战象得以涉水渡过罗讷河。

[47]战象渡河之后，汉尼拔将战象与骑兵合成后卫部队，令其远离大海，沿着罗讷河逆流而上，向东朝欧罗巴腹地挺进。罗讷河的源头在亚得里亚海顶端的西北部，位于阿尔卑斯山北部。它的流向呈西南走势，汇入撒丁尼亚海。罗讷河大部分流经一个深谷，它的北侧居住着一个名叫阿尔杜斯（Ardyes）的凯尔特部落，南侧则是阿尔卑斯山北麓。我之前详细描述过的波河平原——它始于马赛，一直延伸到亚得里亚海顶端——与罗讷河谷被阿尔卑斯山脉隔开。汉尼拔现在已经过罗讷河谷，准备翻越这条山脉，进入意大利。

有些描述汉尼拔翻越阿尔卑斯山过程的史家，希望通过描述这条山脉的非凡特征打动读者，因而染上两种与记述历史真实截然不同的恶习：他们被迫虚构事实和编造自相矛盾的说法。这些作家一方面把汉尼拔描述成一位具有超绝勇气和远见的统帅，又信誓旦旦地告诉我们汉尼拔完全缺乏审慎；另一方面，由于深陷一直坚持的谎言，他们就把诸神和诸神之子们引入政治史书（πραγματικὴν ἱστορίαν）。他们把阿尔卑斯山描述得陡峭崎岖，不仅骑兵和战象无法通过，就连最灵活的步兵也难以通过，同时又把那个地区描述得极为荒凉，要不是有某个神或英雄帮助汉尼拔，向他指路，汉尼拔的军队必然全部覆灭。无疑，他们患有我上面提及的两种恶习。

[48] 首先，依照这类史家所说，汉尼拔率领数万大军进入阿尔卑斯山，他胜利的全部希望全在于成功翻越此山，而他事先根本不知道路线和地形，对于即将途经之地、会遇到什么民族、他的计划是否可行一无所知。如果这是实情，那么汉尼拔就是最愚蠢的统帅，他的无能令人难以置信。这类史家想让我们相信，汉尼拔没有遇到任何阻碍，他对成功翻越阿尔卑斯山的高度期待从而降低，所以冒险选择这样一条路线，而即便已经惨败、别无选择的将军，也绝不会率军进入事先一无所知的地区。

同样地，他们关于这条路线之荒凉、地形之陡峭崎岖的种种描述，明显是谎言。他们从未花功夫去搞清楚，居住在罗讷河附近的凯尔特人，在汉尼拔到来之前多次——不是一两次，也不是在遥远的古代，而是在最近——率领大军翻越阿尔卑斯山，与居住在波河平原的凯尔特人一道与罗马人作战，我在前一卷已叙述过此事。他们也不清楚，阿尔卑斯群山间住着很多人。他们对这些事实一无所知，遂告诉我们，某些英雄显现，为汉尼拔指路。

结果自然就是，他们陷入与肃剧作家一样的困境。肃剧作家的剧作原初的前提就是虚假和荒谬的，所以他们为了让剧作完成，只能选择机械降神（a deus ex machina）解决矛盾。这类史家也必然陷入同样的境地：他们由于假定的起点即虚假和不可能，遂虚构出英雄和神的种种幻影。既然起点荒谬不堪，我们为何要期待一个合理的结局？

与这类史家的描述完全相反，汉尼拔执行他的计划时具有良好的实践智慧。汉尼拔对他的目的地和那里的居民对罗马人的敌意了如指掌；途经地形艰难的地区时，他雇佣向导和同情他事业的当地人预先进行侦察。我可以自信地宣称上述说法真实，因为我曾向参加此次远征的人询问过，我本人又循着汉尼拔翻越阿尔卑斯山的路线，对这个地区进行过实地考察。①

[49] 罗马执政官斯基皮奥率军抵达迦太基人渡过罗讷河的地点时，迦太基人已经离开3天。发现敌人已经离开，斯基皮奥非常震惊，因为他原本以为，由于那个地区的凯尔特人数量众多且不可信赖，汉尼拔绝不会冒险翻越阿尔卑斯山到意大利。看到迦太基人已经选择这条路线，斯基皮奥立即全速返回海边，让部队登船。然后，他派他的弟弟前往伊比利亚继续作战，他本人则航往意大利。他的意图是，全速通过埃特鲁里亚，赶在敌人之前抵达阿尔卑斯山脚。

从罗讷河出发行军4天后，汉尼拔的大军到达一个名叫"岛"的地方。此地人烟稠密、盛产谷物，其名称源于地势，因为罗讷河与伊泽尔河（Isere）在此地交汇。它的形状和面积很像埃及的三角洲，不过后者的底部由大海构成，尼罗河的两条分流在那里汇聚，但是"岛"的底部由一系列难以翻越的高山构成，也可以说，这些山根本无法接近。到达此地后，汉尼拔发现这里的两位王室兄弟在争夺王位，彼此的军队在对峙。年长的哥哥与汉尼拔取得联系，恳求他帮助自己取得王位，汉尼拔同意哥哥的请求。这一计划是必然的选择，在当时的形势下，这样做对他极为有利。与哥哥联合，攻击并赶走弟弟后，汉尼拔从获胜的哥哥那里获得极大帮助。获胜的哥哥不仅为汉尼拔的大军提供大量谷物

---

① 时间可能是公元前151年或前150年。

和其他补给，而且更换汉尼拔士兵所有已经用旧的武器，从而及时让整支大军焕然一新。这位哥哥还为汉尼拔提供大量棉衣和棉鞋，这些东西在翻越阿尔卑斯山时非常有用。最重要的是，迦太基人对穿过名为阿洛布罗吉人（Allobroges）的凯尔特部落的土地满心忧虑，获胜的哥哥用自己的军队为迦太基人殿后，从而使汉尼拔顺利抵达翻越阿尔卑斯山的山道入口的脚下。

[50] 沿着伊泽尔河行军10天、行经800斯塔德后，汉尼拔率大军开始攀登阿尔卑斯山时，立即发现危险重重。汉尼拔的军队在平地行军时，阿洛布罗吉人的各位首领由于害怕汉尼拔的骑兵和为他殿后的蛮夷，并未骚扰迦太基大军。但是，在那位获胜的哥哥的军队离开、汉尼拔的军队进入阿尔卑斯山区时，阿洛布罗吉人的首领聚集起一支规模可观的军队，占据迦太基人必经之路上的有利位置。如果阿洛布罗吉人能严格保密要施行的计划，他们本来能完全消灭汉尼拔的军队，但是，他们的计划被汉尼拔发现了。结果，他们尽管给汉尼拔造成很大的伤害，但是自己伤亡更大。原委如下。

汉尼拔得知，阿洛布罗吉人已经占据关键位置，遂在山道的山脚扎营，派出部分高卢向导侦察敌人的计划和整体形势。汉尼拔从这些向导的侦察情报获悉，敌人白天会严格把守山道的关键位置，但在晚上会退回附近的镇子，针对这一情报，他做出如下部署。汉尼拔率军公开向上行进，接近敌人占据的险要位置时，在距敌人不远处扎营。夜晚来临后，汉尼拔命令整个营区点燃火把，令大部分军队留在营区。他挑选出最适合执行任务的士兵，令这些士兵脱掉重甲，轻装而行，穿过山路最窄的路段，占据敌人暂时弃守的位置，因为敌人此时已像往常一样退回附近的镇子。

[51] 第二天，敌人看到发生的事情后，起初与迦太基人保持一定距离。但是，他们随后看到迦太基的负重驮兽和骑兵缓慢而艰难地沿着狭窄的绵延山道蜿蜒而行，决定骚扰敌人的行军。

阿洛布罗吉人在不同位置发动攻击，迦太基人遭受很大的损失，损失的主要是马匹和驮兽。与其说这些动物死于蛮夷的攻击，不如说它们死于险峻的地势，因为山道不仅狭窄崎岖，而且异常险峻，最小的动作或混乱都会使得很多驮兽以及所驮物资一起掉落山谷。会引起这样混乱的主要是受伤的马匹，这些马匹受疼痛的折磨，乱转不停，与驮兽相撞，别的驮兽立即往前冲，把挡在狭窄山道上的东西踢开，因而让整个队伍陷入混乱。

看到这种情况，汉尼拔想到，如果辎重损失殆尽，军队即便能从敌人的攻击中活下来，最终也没有机会活命，于是带领前一晚占据山顶的部队，立即赶去援救行军队伍的头部。由于从高处发动攻击，汉尼拔给阿洛布罗吉人造成很大伤亡，但是，由于参加战斗的双方奋力砍杀，互相吼叫，行军队伍立即陷入更大的混乱，他自己的部队损失也不小。直到汉尼拔率军砍杀大部分敌人，迫使余部仓皇逃走后，剩余的辎重和马匹才得以缓慢艰难地穿过险象环生的小径。敌人逃跑后，汉尼拔立即聚集更多的士兵，突击敌人的那个镇子。他发现这个镇子几乎空无一人，因为所有居民都受劫掠迦太基人的诱惑，倾巢而出，攻击汉尼拔，结果，汉尼拔占据了这个镇子。这一行动对当下和未来的行军都极有帮助：汉尼拔不仅找回大批驮兽和马匹以及和它们一起被俘虏的许多士兵，而且获得足够军队食用二天或三天的牲畜和谷物。最重要的是，他的攻击让邻近的部落陷入恐慌，住在更高地段的部落没有一个再敢袭扰他。

［52］攻占这个镇子后，汉尼拔令全军就地扎营，休整一天再继续行军。接下来几天，汉尼拔率领大军安全通过一段路程。在第四天，他又陷入重重危险之中。住在山道附近的部落一起密谋，他们带着狡诈的意图，手持橄榄枝和花环——几乎所有蛮夷都将此视作友谊的象征，正如希腊人把传令官的权杖视作友谊的象征——一起来见他。汉尼拔对他们的结盟提议心存疑虑，费尽心思破解他们的意图和真实动机。这些蛮夷告诉汉尼拔，他们已

经知道他已攻占阿洛布罗吉人的镇子，试图伤害他的人已遭受毁灭，意欲使他相信，正是基于这个原因，他们才前来见他：他们不希望伤害他，也不想被他伤害，承诺会把人质交给他。但是，汉尼拔一直充满疑虑，不信任他们的这些话。他反复考虑，他如果接受这些蛮夷的建议，或许可以让他们不那么鲁莽地攻击他，反而对他温和些；但是假如拒绝他们的建议，他们就会成为他的敌人。最终，他同意这些蛮夷的建议，假装接受他们的友谊。随后，蛮夷交付人质，为他提供大量家畜，宣称整个部落任由他处置。汉尼拔相信他们，甚至让他们带路穿过接下来的险要路段。但是，两天后，这些蛮夷聚集起来，尾随在迦太基人队伍的后面，正当迦太基人翻越一段险峻陡峭的狭窄山道时，开始攻击他们。

［53］要不是汉尼拔从未消除怀疑并预料到这种突发情况，令辎重和骑兵走在行军队伍的前面，重装步兵殿后，在这个时刻，汉尼拔的大军会全军覆灭。重装步兵掩护整个队伍，抵挡了蛮夷的攻击，所以损失不算严重。即便如此，依然损失不少士兵、驮兽和马匹。因为敌人沿着斜坡迂回占据了较高的地势，他们要么从上面往下滚巨石，要么近距离投掷石块，迦太基人陷入极度的危险和混乱，以至汉尼拔不得不带着一半兵力在一处由巨石掩护的地方过夜，并且与骑兵和驮兽队伍分开，以掩护后者继续前进。骑兵和辎重队伍花了整整一夜才走完面临峡谷一侧的狭窄路段。

第二天，敌人已经离开，汉尼拔重新赶上骑兵和辎重队，朝阿尔卑斯山山道的最高点挺进，没有再遇到大批蛮夷的攻击，只是时不时会遭到占据高地的零星敌人的袭扰，他们要么袭扰行军队伍的后部，要么袭扰前部，掠走一些驮兽。面对这种情况，战象对他的帮助极大，因为敌人害怕战象怪异的样子，从不敢接近战象所在的队伍。经过9天的攀登，汉尼拔抵达阿尔卑斯山山道的最高点，准备在那里扎营，休整两天，一来让幸存的士兵好好休息，二来等待掉队者。在此期间，大批受惊逃走的马匹和甩下辎重逃走的驮兽，竟不可思议地循着行军队伍的踪迹，返回了营地。

［54］当昴宿星（Pleiades）即将下沉（δύσιν）时，冰雪已经在山顶凝聚。[①]士兵一路艰辛，也预料到接下来更多的艰辛，所以士气极为低落，汉尼拔注意到后将士兵召集起来，试图振奋他们的精神。他唯一的优势就是意大利近在眼前：意大利就位于群山脚下，从全景上看，他们此刻站立的阿尔卑斯山就像意大利的卫城。因此，汉尼拔让部下眺望波河平原，提醒他们住在那里的高卢人对他们极为友好，同时向他们指出罗马的方位，用这种方法在一定程度上恢复了士兵们的士气。

次日，汉尼拔拔营，开始下山。下山过程中，除了一些偷偷摸摸的抢掠者，汉尼拔没有遇到敌人。但是，由于险峻地势和冰雪，汉尼拔丧失几乎与上山时同样多的人马。下山的山道很窄又极为陡峭，且覆盖积雪，士兵和动物根本不知道他们脚下踩的是什么，只要偏离道路或是滑倒，就会跌落深谷。然而，由于这一次已经熟悉这种痛苦，他们经受住了考验，最后抵达一处战象和驮兽都无法通过的窄道。早前的一次山崩使得整个山坡塌陷大半，最近又发生一次山崩，士兵们再度灰心丧气，简直快要绝望。汉尼拔起先认为可绕道而行，避开断路，但是一场大雪使任何前进都变得不可能，他不得不放弃这个想法。

［55］整个景象极其独特而怪异。新雪覆盖在前一个冬天的旧雪上，由于新雪极为松软，所以道路非常滑，同时新雪不是很

[①] 大约是公元前218年9月的第三个星期。依照现代天文学，昴宿星在秋末和冬季的夜空最亮。当夜晚能观察到昴宿七星时，代表天气转凉。《尚书·尧典》载："日短星昴，以正仲冬。"此句意思是如果日落时看到昴宿出现在中天，就意味着冬至节气到了。昴宿星是古人界定四时的重要依据，中西皆然。4.37处，珀律比俄斯会提到昴宿星上升时是夏初。

厚，士兵们踩上去，可以透过新雪踩到冰冻的旧雪上，双脚不会陷下去，但是滑来滑去，如同走在覆盖了一层泥浆的地面。但是，接下来发生的事情更危险。士兵们无法在雪地上站立，很容易摔倒，摔倒之后试图凭着膝盖和双手站起来，由于斜坡很陡，他们向下滑的速度反而更快。但是，驮兽和马匹以及战象这些动物，摔倒后挣扎着站起来时，脚会戳破下面那层结冰的雪，由于这些动物以及所驮的行李的重量很大，它们仿佛与雪地黏在一起，根本无法站起来。汉尼拔遂放弃绕道而行的想法，清扫山道的积雪之后，在那里扎营。接着，他命令士兵们沿着悬崖凿路，这一任务非常辛苦。仅用1天时间，汉尼拔就凿出一条足够驮兽和马匹通过的路，于是赶紧带领部队穿过冰冻区，在无雪的半山腰扎营，让这些动物自由觅食。然后汉尼拔带着努米底亚人继续拓宽道路，经过3天极为艰辛的劳作后，终于可以让战象通过，阿尔卑斯山顶以及山道附近的区域寸草不生，终年白雪覆盖，战象由于饥饿已陷入悲惨境地。① 但是，半山腰却花草茂盛，丛林茂密，适合人类居住。

［56］重新聚集所有士兵以及动物后，汉尼拔继续下山。经过3天行军，汉尼拔从上文刚提到的悬崖地带抵达波河平原。在渡河以及行军过程的战斗中，他已经损失很多人马；翻越阿尔卑斯山过程中，他不仅损失很多士兵，而且损失不少马匹和驮兽。从新迦太基出发到波河平原，汉尼拔整整花费5个月，翻越阿尔卑斯山又用时15天。现在他抵达波河平原，这里是因苏布雷人的土地。② 此时，汉尼拔的军队仅剩12000利比亚步兵，8000伊比利

---

① 这里的意思是，汉尼拔一开始凿出的道路只适合马匹、驮兽、士兵通过，这一路段通到半山腰后，汉尼拔带着努米底亚人返回，继续拓宽道路，经过3天努力，战象才下到半山腰。

② 汉尼拔大约于公元前218年4月末从新迦太基出发，于公元前218年10月初抵达波河平原北部。

亚步兵，骑兵人数不超过6000。他自己在拉基尼亚的铜碑上，记载了他到达意大利时的兵力总数。

大约同时，如我前文所述，罗马执政官普布利乌斯·斯基皮奥（Publius Cornelius Scipio）派他的兄弟格奈乌斯·斯基皮奥（Gnaeus Cornelius Scipio）率他的军团前去伊比利亚作战，大力攻击哈斯德鲁巴，他本人率领一小部分随从航往比萨。他在比萨登陆，穿过埃特鲁里亚，接管正在与波伊人作战的裁判官率领的军团，之后挺进到波河平原，在那里扎营，等待敌人的到来，焦急地等待一战。

［57］现在，我已经将我的叙述、这场战争以及两位将军带到意大利。继续叙述这次战争之前，我要就我写作这部史书的恰切方法说些题外话。有些读者可能想知道，我为何详细叙述过利比亚和伊比利亚的状况，却没有描述赫拉克勒斯之柱那里的海峡、大西洋及其特性，也没有描述不列颠诸岛和挖掘锡矿的方法，更没有描述伊比利亚的金矿和银矿，而这是各位史家争论不休的主题。

我省略这些东西，不是因为我认为它们与我的史书无关，而是因为，第一，我不希望频繁打断我的叙述，将读者的注意力引离真正的主题；第二，我不打算随意、分散地提到这类主题，而是决定将它们分配到合适的场合与时机去处理，尽我所能给出真实的描述。如果在我的这部史书中，遇到这样的地方——基于刚才阐述的理由我略去对它们的描述，读者不应感到惊讶。要是有人坚持对提到的每个地点进行描述，这样的人可能没有意识到，他们就像参加一个晚宴，可以品尝桌子上的每一道菜，却没有真正及时享受任何佳肴，因为他们没法全部消化所吃的食物，从而无法获得有益的营养。① 所以，以同一种方式阅读史书的人，既无法在当时从中获得任何真正的愉悦，从长远来看，也无法获得有

---

① ［英译注］关于这个比喻，对照柏拉图，《王制》，354b。

益的教训。

[58] 不可否认，史书写作的这个方面尤其需要一种理性的方法，尤其需要根据真正的知识不断修正。几乎所有的史家或至少绝大多数史家，都尝试描述天下的边缘地带的位置和特性，但是他们中的绝大多数人在许多方面错误百出。所以，我们绝对不能略过这个主题，对之保持缄默绝对是我的失职，但是，我对他们观点的任何反驳最好以连贯的方式表达出来，而不是随意地分散在各处。当然，我们不应批评或贬低这类史家，最好在该称赞的地方称赞，同时纠正他们的错误。要知道，假如他们拥有我们今天的优势，定会纠正和修改自己的表述。

事实上，在古代，希腊人很少探究天下的边缘地带，因为这种尝试没有成功的可能。在那时，横渡大海要面临数不尽的凶险，陆地旅行则比海上旅行还要危险许多倍。即便有人或凭着主动谋划，或凭着偶然，到达天下的边缘地带，也不意味着他就能实现他的目的。因为天下的边缘地带要么住着蛮夷，要么极为荒凉，亲自考察很多东西非常困难；又因为语言不同，要想获得考察对象的信息更是难上加难。即便有人亲自到达天下的边缘地带，亲自考察过诸多事实，他们的描述要想避免夸张，不去谈论奇迹和鬼怪，也更加困难。对他们来说，热爱真理本身，实事求是地告诉我们天下边缘地带的知识，几乎不可能。

[59] 因此，在古代，获得天下边缘地带的知识不仅很困难，而且几乎不可能，所以，我们不应该对那些史家的省略或错误而吹毛求疵，而是应该称赞和敬重他们，尤其在考虑到他们所生活的时代时，更应该感激他们已经就这个主题弄清一些事实，提高了我们的知识。但是，在我们的时代，由于亚历山大大帝在亚洲建立帝国，罗马人对天下其他地区进行征讨，几乎所有地区都可凭船只或步行到达，又因为我们希腊人已从军事或政治事务的雄心中解脱出来，有充分的手段进行探究和学习，所以我们应该能对以前鲜为人知的地区有更充分的知识。这也是我本人将要做的

事,在这部史书合适的位置,我将引入这个主题,我请求那些对这个主题感兴趣的读者,届时全神贯注留意我的描述,因为我本人不顾危险地漫游了利比亚、伊比利亚和高卢地区,并乘船游历过这三个地区的大西洋海岸,我这样做的意图是纠正前辈作家的错误,让希腊人知晓天下的这三个地区的真实情况。①

现在,我要回到离题之处,接着叙述罗马人与迦太基人在意大利的战斗。

[60]我已经叙述汉尼拔到达意大利后的兵力情况。一到波河平原,汉尼拔立即在阿尔卑斯山脚扎营,让部队休整。他的士兵不仅由于翻越阿尔卑斯山以及山道崎岖陡峭而筋疲力尽,而且由于物资缺乏,身体需要被忽视而处于糟糕状态。事实上,不少士兵由于饥饿和持续的艰辛,已陷入极度沮丧的状态。因为阿尔卑斯山道的艰险使为数万人运送足够的食物根本不可能,而他们本来携带的大多数物资又随驮兽一起跌落山谷。如我之前提到的,汉尼拔渡过罗讷河后有38000步兵和超过8000骑兵,但在翻越阿尔卑斯山时损失近一半人马。幸存下来的士兵由于所遭受的艰辛,外表看起来简直形同野兽,而非人类。

因此,汉尼拔尽力照料士兵和马匹,直到他们的身体和精神完全恢复。此时,居住在阿尔卑斯山脚的陶里斯基人(Taurisci)与因苏布雷人发生争执,前者不信任迦太基人。汉尼拔起初试图与陶里斯基人建立友谊,与之结盟,但是被拒绝。他立即率军包围他们的首府,三天之内将之攻占。他将反抗他的人全部杀死,这一行动让邻近的蛮夷部落惊恐不已,他们立即全部臣服于他。波河平原的其他凯尔特部落原先急切地要加入迦太基人这一边,但是罗马军团到他们那里后,切断他们与汉尼拔的联系,那些部落遂保持沉默,有些部落甚至被迫为罗马人服务。看到这一状况,汉尼拔没有拖延,立即进军,试图通过某些行动鼓励希

---

① 应指第三十四卷,这一卷是对天下地理的描述,可惜已经散佚。

参与他事业的部落。

[61] 当得知斯基皮奥已经率军渡过波河,距离他近在咫尺时,汉尼拔正准备执行上述计划。一开始,汉尼拔拒绝相信这个消息,因为他记得,距离他在罗讷河与这位罗马执政官分离并未过去多长时间,而且从马赛到埃特鲁里亚的航程要花不少时间,航程也并不轻松。他还发现,第勒尼安海到阿尔卑斯山脚的陆路也很长,并不适宜行军。但是,不断有进一步的报告和确切消息传来。汉尼拔对斯基皮奥的整个战略及其行军路线非常震惊。斯基皮奥也有相同的感觉,他起初从未想到过,汉尼拔会带领一支由外邦人组成的军队翻越阿尔卑斯山,他原本以为,即便汉尼拔敢于这样做,这支军队也必然会遭受毁灭。所以,当听说汉尼拔平安抵达意大利,正在围攻意大利的城镇时,他对汉尼拔的无畏和冒险精神($τὴν\ τόλμαν\ καὶ\ τὸ\ παράβολον$)非常震惊。

这个消息在罗马也引起同样的反应。迦太基人攻陷萨贡托的消息引发的骚动才刚刚平息,那时他们采取的对策是派遣一位执政官率军前往利比亚围攻迦太基,派另一位执政官率军前往伊比利亚作战,他们那时以为汉尼拔会在伊比利亚等着他们。现在他们得到的消息却是汉尼拔已经率大军抵达意大利,且正在围攻一些城市。因此,这个消息令他们十分震惊,他们非常惊慌,火速派人到利利巴厄姆,告诉隆古斯,敌人已到达意大利,命他放弃攻击利比亚的计划,立即驰援本土。隆古斯立即集结舰队,全速返航意大利。隆古斯命令他的军团长们必须率士兵们在指定日期到达阿里米努姆(Ariminum)。这是一个靠近亚得里亚海、位于波河平原南部的城市。城里到处都是动荡和对正常生活的破坏,以及对未来不确定性的巨大忧虑。

[62] 在这个时刻,汉尼拔和斯基皮奥彼此靠得很近,两位统帅皆向大军发表与形势相宜的演说。汉尼拔鼓舞士兵的策略如下。士兵集合后,汉尼拔下令从俘房中带出几个年轻人——迦太基人翻越阿尔卑斯山时,从袭扰他们的部落中抓获这些俘房。汉

尼拔故意让他们遭受恶劣对待：这些俘虏戴着沉重的镣铐，饿得瘦骨嶙峋，身体遍体鳞伤。汉尼拔让这些俘虏站在全军前面，然后拿出高卢人的盔甲——他们的国王单独战斗时，习惯于穿这类盔甲。汉尼拔又命人牵来几匹马，带来一些价值不菲的斗篷。他告诉这些年轻的俘虏，若有人愿意在众人面前进行决斗，获胜者将获得所展示的奖品，失败者将死去，从当下的痛苦中解脱，问他们有谁愿意决斗。

所有年轻的俘虏异口同声地说愿意决斗，汉尼拔命令他们抽签，被抽中的两人将武装起来，进行决斗。这些年轻的俘虏听到这话，举起双手向诸神祈祷，希望自己被抽中。当抽签的结果宣布后，被抽中的两人非常兴奋，其余的俘虏则悲痛沮丧不已。决斗结束后，剩余的俘虏祝贺被杀那位的程度，不亚于祝贺获胜者，因为前者已从所有不幸中解脱，活着的那位却要继续忍受种种痛苦。绝大多数迦太基人对这一幕感同身受，他们为那些重新被囚禁的活俘虏感到难过，为他们继续遭受不幸感到难过，通过比较，他们发现那个已经被杀死的俘虏更幸运。

［63］当汉尼拔通过这种方法在士兵的灵魂中激发出他希望的这种情绪，他站起来告诉他们：他如此对待俘虏是有意为之，目的是让他们在他人身上看到，他们自己可能遭受的痛苦，所以面对眼下的危机应该听从更明智的建议。他说：

> 机运已经把你们带到同一个境地，它已为你们准备好一场类似的决斗，它为你们提供的奖品和前途也是一样。你们要么取胜，要么战死，要么成为敌人的俘虏。对你们来说，胜利的奖品不是拥有战马和斗篷，而是成为最值得羡慕的对象，即掌控罗马人的全部财富。在战场上战死的奖品就是在战斗最激烈的时刻失去生命，为最高贵的目标战斗到最后一刻，无需经历任何痛苦。但是，那些留恋生命以至想要逃跑或找到其他手段避免死亡的人，一旦被击败，等待他们的是

数不尽的痛苦和不幸。

你们中没有哪个蠢蛋竟然会希望飞回自己的家乡,尤其是想到,从此地出发到家乡的路途有多么远,这条道路上有多少敌人,有多少宽阔的河流要渡过。因此,我恳求你们,抛弃这类幻想,好好审视一下你们的处境,你们刚对那些俘虏表达过相同的看法。正如你们认为刚刚抽签的胜者和败者皆是幸运儿,但更怜悯刚刚那位活着的胜者,现在你们也该想想自己,你们应该抱着必胜决心赢得胜利,如果不能赢得胜利,就选择战死。我恳求你们,不要心存战败之后仍可活着的妄想。你们如果像我敦促你们的那样思考且下定决心,显然将获得胜利和安全,因为任何出于必然或主动选择而下定决心战斗的人,都不会在消灭敌人的希望上受骗。敌人此刻怀抱相反的希望,大多数罗马人确信逃跑可以获得安全,因为他们的家乡近在咫尺。显然,置之死地的勇士将获得一切。

全军把汉尼拔用俘虏做的演示和他的演说牢记在心,心中升起他所希望的狂热和自信。称赞他们之后,汉尼拔解散大军,命令他们第二天拂晓拔营开战。

[64] 与此同时,斯基皮奥已渡过波河,决定继续行军渡过提契诺(Ticinus)河,①他命令工程人员架一座桥,同时召集剩余的士兵,向他们发表演说。他演说的大部分内容与罗马崇高的地位以及祖先的伟业相关,关于当前处境的内容如下。他说,他们即使近来没有与敌人作战的经验,但单单知道将与迦太基人作战,就应对取得胜利抱有坚定的信心。他们应将迦太基人胆敢挑战罗马人视作令人惊讶和骇人听闻之事,因为迦太基人经常被他

---

① 波河上游支流。斯基皮奥的行军路线为先向北渡过波河,然后在向西渡过提契诺河。

们打败,迦太基人献给他们很多贡赋,迦太基人多年来几乎就是他们的奴隶。他继续说:

> 但是,且不管这些事实,我们凭借经验就可断定,此刻距离我们不远的迦太基人根本不敢看我们的眼睛,我们前面的迦太基人不敢冒险攻击我们。所以,如果衡量所有因素,我们该如何评估我们的胜败?迦太基人的骑兵在罗讷河碰见我们的骑兵后,立刻溃败,损失一大半人马后仓皇逃回他们的营地。他们的将军以及士兵,一得知我们的大军即将到来,便由于恐惧我们而立刻撤退,其速度如同逃跑。他们放弃原定路线,选择翻越阿尔卑斯山。现在,汉尼拔已经到达意大利。但是,由于路途艰辛,他已损失大部分兵力,剩下的兵力衰弱不堪,无法战斗。他也已丧失大部分骑兵,剩下的骑兵由于路途漫长和行军艰难而毫无用处。

斯基皮奥通过这些话试图让士兵确信,他们只需让敌人看到自己即可。他敦促士兵从他本人在场这一事实获得信心。他说,要不是他清楚驰援意大利对罗马生死攸关,要不是他清楚在意大利获取胜利实为板上钉钉之事,他本来绝不会放弃他的舰队和被委派远征伊比利亚的作战。由于斯基皮奥本人诚实可信,他的言辞又真实坦率,大军对战斗表现出极大热情。斯基皮奥称赞他们的热望后,解散大军,要求他们准备好执行他的命令。

[65]第二天,两支大军沿着波河靠阿尔卑斯山一侧的河岸行军,行军时波河在罗马人的左侧,在迦太基人的右侧。[①]第三天,两支大军从侦察人员那里知道对方已近在咫尺,两军统帅遂下令就地扎营,待在原地。第四日早晨,双方统帅率领各自全部骑兵——斯基皮奥另外还带了投枪队——穿过两军之间的平地,

---

① 双方都在波河北边,彼此相向前进。

侦察对方的兵力。随着两支骑兵接近，双方看到行军激起的烟尘，立即准备战斗。[1]斯基皮奥将投枪队和高卢骑兵置于阵前，其余骑兵在后，缓缓向前行进。汉尼拔将配有缰绳的骑兵和全部重装骑兵布置在阵前，令他们与敌人接战，将努米底亚骑兵置于两翼，令其随时准备从侧翼发动迂回包围。

两位统帅及骑兵都极渴望立即交战，以至斯基皮奥的投枪队在战斗伊始没有时间投出标枪，由于害怕被即将向他们冲过来的骑兵踩在脚下，只得立即穿过空隙，撤退到骑兵之后。双方的骑兵直接对战。有一段时间，双方势均力敌，由于下马战斗的士兵很多，战斗变成骑兵与步兵的混战。然而，努米底亚骑兵从侧翼发动攻击，包围了罗马人后部，先前从阵前后撤的投枪队遭到优势努米底亚骑兵的踩踏；一开始就与迦太基人交战的罗马骑兵，对敌人造成重大伤害的同时也已损失惨重，此时背后又遭到努米底亚骑兵的攻击，立即陷入溃败，大多数骑兵四散而逃，只有少数人紧紧围在执政官斯基皮奥身边。

［66］斯基皮奥立马拔营撤军，急速穿过平原，朝波河桥撤退，希望在敌人追来之前率领军团渡过波河。鉴于此时的形势——这个地区地势非常平坦，敌人骑兵占据优势，他本人又受伤严重——斯基皮奥决定将部队撤到安全之地。汉尼拔原以为罗马人会利用步兵进行决战，看到敌人迅速拔营撤退，立即尾随他们抵达提契诺河的桥梁。但是，桥上的木板已经被拆除，负责守桥的敌人依然留在河这一边，汉尼拔将之俘虏，共俘虏600人。获悉其余的罗马人已经渡河远去，汉尼拔立即掉头，朝相反方向行军，意欲抵达波河上游易于架桥的地段。经过两天行军，汉尼拔停下来，建造由船只组成的浮桥，命令哈斯德鲁巴（Hasdrubal）[2]监督部队渡河，他本人先行渡河，前去会见各个地区来的使者。

---

[1] 即提契诺河战役。
[2] 汉尼拔大军中负责军需供应的将领，后面还会多次出现。

如他们一开始就希望的那样，汉尼拔取得胜利后，附近的所有凯尔特人部落迫不及待与迦太基人结盟，为迦太基人提供各种补给和派遣军队。汉尼拔礼貌地接待了凯尔特人的使者，他的部队也从波河对岸过来与他会合，然后他率领部队向东而行，期望与敌人相遇。同时，斯基皮奥已经渡过波河，在普拉克提亚（Placentia）扎营，这是一个罗马殖民城市。斯基皮奥在这里忙于治疗自己和其他受伤的士兵，认为他的部队现在所处位置非常安全，无需移动。但是，渡过波河两天之后，汉尼拔率军抵达普拉克提亚附近。第二天，汉尼拔在罗马人眼皮底下摆出战斗阵型。但是，罗马人没有接受他的挑衅，汉尼拔遂在距离罗马营地50斯塔德之处扎营。

［67］考虑到迦太基人的前景更光明，罗马军中的凯尔特人分队私下勾结，筹划出一个阴谋。他们暂时待在各自营区按兵不动，等待袭击罗马人的时机到来。由壕沟环绕的罗马大营吃过晚饭后，全体士兵返回营帐睡觉。凯尔特人静静度过大半个夜晚，于黎明时分武装起来，开始攻击离他们最近的罗马人营帐。他们杀死、砍伤众多罗马人，最后砍下死者的头，出营投靠迦太基人，死者人数约为2000名步兵和200名骑兵。他们的到来受到汉尼拔的热烈欢迎，汉尼拔立即发表演说鼓励他们，向他们允诺适宜的奖赏，然后派这些人返回各自的城镇，向同胞们宣告他们的所为，督促同胞加入他这一方。汉尼拔此时非常确信，凯尔特人一旦知道这次背叛罗马人的行为，必将全部加入他这一方。

这时，波伊人的使者来见汉尼拔，并将那三位罗马高官交给他——如我前文所述，那三位高官负责分割他们的土地，他们通过背信弃义俘获那三位高官。汉尼拔对他们的友好举动表示欢迎，通过使者与波伊人正式结盟。不过，他将那三位高官交还给波伊人，建议带他们回去交换波伊人在罗马的人质，这正是波伊人原本的打算。斯基皮奥因凯尔特人这次背信弃义而非常担心。考虑到凯尔特人对罗马人的积怨已非一日，这次背信弃义会刺激附近的所有高卢人加入迦太基人一方，他决定防患于未然。因此，在凯尔特人背弃后的第二天拂晓，斯基皮奥拔营，朝特雷比亚河（Trebia）①及其附近山丘行军，他认为那个地区的地势和邻近盟友的忠诚可以确保其安全。

[68] 汉尼拔一得知敌人离去，立即派努米底亚骑兵进行追击，随即又派出剩余骑兵前往，他本人率领剩余部队紧随其后。努米底亚骑兵发现罗马营地空空如也，将其付之一炬。事实证明，这一举动对罗马人极为有利，因为要是努米底亚骑兵没有焚烧营地，而是马不停蹄地追赶他们，罗马人的辎重部队将遭受惨重损失。因为这个地区地势平坦，骑兵有速度优势。结果，大部分罗马士兵渡过特雷比亚河，拖在行军队伍最后的士兵被迦太基人砍死或俘虏。部队渡过特雷比亚河后，斯基皮奥立即在山丘处扎营，用壕沟和栅栏加强营地防御，等待隆古斯所率军团的到来。与此同时，斯基皮奥小心翼翼地治疗他的伤口，他非常渴望参加即将到来的战役。汉尼拔在距敌人40斯塔德处扎营。平原地带的凯尔特人非常稠密，满腔热情地支持迦太基人的事业，为迦太基大营运来大量补给，随时准备参加汉尼拔的军事行动。

骑兵首次交战失利的消息传到罗马，所有人都惊讶于结果与他们料想的相反，但是他们找到许多似是而非的原因，让人以为他们没有真正失败。有些人将失利归因于斯基皮奥的轻率，有些人归因于凯尔特人的懦弱，凯尔特人后来的逃跑可证明这一点。但是，整体而言，由于他们的步兵完好无损，他们对取得最终胜利仍信心满满。所以，当隆古斯率领他的军团经过罗马城时，罗马人普遍认为只要这支部队到达战场，就能取得战役胜利。隆古斯的士兵依据誓言，在阿里米努姆集结后，隆古斯率领他们全速前进，与斯基皮奥会合。两位执政官会合后，隆古斯率他的军团

---

① 发源于热那亚东北部亚平宁山地，向东北流经波河低地，在皮亚琴察西面汇入波河，全长115公里。

紧靠斯基皮奥的大营扎营。经过从利利巴厄姆到阿里米努姆的40天急行军之后，他的士兵急需休整。同时，他做好一切战斗准备，与斯基皮奥密切磋商，弄清楚近来发生事情的真相，与后者商讨当下的局势。

[69] 这时，汉尼拔占领克拉斯狄乌姆城，[①] 罗马人委任的该城长官，一位布林迪西人，将这座城市献给汉尼拔，最终，卫戍部队和城内全部谷物落入汉尼拔之手。汉尼拔拿走谷物以满足眼下需要，但没有伤害俘虏的士兵。通过此举，汉尼拔意在展示自己的宽大仁慈，这样，那些深陷困境的人就不会恐惧，不会放弃他会饶他们一命的希望。他慷慨地奖赏那个布林迪西叛徒，渴望以此争取身居高位之人支持迦太基人的事业。

之后，发现居住在特雷比亚河与波河之间的、已经与他结盟的一些凯尔特人也在与罗马人进行谈判——他们以为这样做可以从罗马和迦太基两方获得安全，汉尼拔立即派2000名步兵和1000名由凯尔特人与努米底亚人混合组成的骑兵劫掠这些地区。劫掠任务大获成功，迦太基人抢到大量战利品。这个地区的凯尔特人立即前往罗马大营寻求帮助。隆古斯一直在寻找采取积极行动的理由，此时他利用这个借口派出大部分骑兵和1000名投枪手。这股部队越过特雷比亚河，与敌人争夺战利品，凯尔特和努米底亚骑兵逐步撤退到迦太基人营地。守卫迦太基营地前哨位置的士兵看到所发生的情况，立即派出援兵支援。罗马骑兵和投枪手仓皇后退，往己方营地逃跑。隆古斯看到这一情况，立即派出剩余骑兵和投枪手，增援正在溃逃的己方部队，汉尼拔的凯尔特人骑兵再次溃退，撤往安全位置。

汉尼拔此时尚未准备进行决战，他认为决战不应随意地、未经周密谋划地进行——我们必须说，这是一位优秀将军的标志——所以，汉尼拔面对这种情形，命令撤退的骑兵在接近营地

---

① 位于普拉克提亚附近，即现在的卡斯泰焦（Casteggio）。

时停下来，转过身面对敌人，同时派遣军官并利用鼓号手将他们召回营地，不允许他们再去追赶敌人，使其重新与敌人交战。过了一会儿，罗马人撤走，此次战斗的损失少于给敌人造成的损失。

[70]隆古斯对这次胜利得意洋洋，渴望尽快进行决战。尽管斯基皮奥由于受伤行动不便，但没有什么能阻止他做他想做的事，不过他仍想得到同僚的同意，遂去征询斯基皮奥对进行决战的看法。斯基皮奥的看法与他完全相反。斯基皮奥认为，他们的军团可利用冬季得到更好的训练。只要汉尼拔按兵不动，在军事上无所成就，反复无常的凯尔特人就不会一直忠于迦太基人，届时也会背叛他们。此外，他希望伤愈之后，两人一起举行决战。基于这些理由，斯基皮奥建议隆古斯不要改变眼下的局势。隆古斯十分清楚这些理由真实、具有说服力，但他受雄心驱使，不切实际地相信战事会遂他的意，急于由他本人指挥决战，不希望看到斯基皮奥参与决战，同时不想让新任执政官在决战举行之前接管他们的指挥权——此时正是年度执政官选举的时间。因此，隆古斯没有依照形势选择决战时间，而是主观决定。他的做法大错特错。

汉尼拔对形势的判断与斯基皮奥完全契合。因此，他急于与敌人决战，这样做有几个好处。第一，可以利用凯尔特人对他仍旧充沛的热情；第二，罗马军团士兵是新招募的、未经过充分训练的新兵；第三，在斯基皮奥康复之前，进行决战有利；第四，也是最重要的一点，他不希望时间白白流逝，自己却毫无建树。因为，如果一位将军率领大军进入异邦的土地，从事这样危险的事业，那么他获得安全的唯一方式就是让当地的盟友始终对他抱有希望。知悉隆古斯急于决战后，汉尼拔的计划如下。

[71]汉尼拔早就注意到，两军营地之间有一块平坦、毫无树木的地方，这个地方非常适合埋伏。平地上有一条小河流过，两岸高高凸起，长满稠密的荆棘植物。汉尼拔在此处设了一个诡

计以惊扰敌军。这个计谋不大可能被敌人察觉，因为罗马人对树木茂密之地充满疑心——因为凯尔特人常常选择埋伏树林袭击他们，但是他们不害怕平坦且无树之地，不会想到平坦无树之地比树林更适于隐蔽，埋伏起来也更安全：在这种地方埋伏的部队可远距离环视敌人，同时，这些地方在大多数情况下又有足够的掩护物。任何小河两岸都会微微凸起，旁边长满芦苇、蕨类植物或荆棘类植物，这类地方不仅可隐蔽步兵，甚至可隐蔽下马的骑兵，如果骑兵谨慎地把盾牌平放在地上，将头盔隐藏在盾牌之下的话。

在汉尼拔与他的兄弟马戈（Mago）①以及其他将领商议即将进行的决战后，全体将领都赞同他这个计划。部队吃过晚饭后，汉尼拔叫来马戈，此人相当年轻，但从孩童时起就对战争充满热情，谙熟战争技艺。汉尼拔分配给他100名骑兵和100名步兵。这200名士兵是汉尼拔在白天亲自挑选的，他认为这200人是军中最勇敢的士兵，命令他们晚饭后到他的营帐集合。汉尼拔向200名勇士演说，令他们热血沸腾后，命令他们每个人从各自连队再挑选9名最勇敢的士兵，然后到营区指定地点集合。这些勇士按照汉尼拔的命令行事，聚集起1000名骑兵和1000名步兵。汉尼拔为他们提供向导，告知他的弟弟马戈发动攻击的时间，然后在夜晚将他们全部派往预定埋伏之地。

拂晓时分，汉尼拔召集来努米底亚骑兵，这些骑兵具有非同寻常的忍耐力。向他们发表演说，承诺表现卓越之人会得到奖赏后，汉尼拔命他们全速奔向敌人营地，并在渡过特雷比亚河后，向罗马营地投掷枪矛，引诱罗马人出击。汉尼拔希望敌人没吃早饭或没有做好任何准备，就投入战斗。然后，他召集其他军官，以同样的演说激发他们参加即将来临的战斗，然后命令全军立即

---

① 这位马戈是汉尼拔的三弟，坎尼之战后，此人返回迦太基报告获胜的喜讯，后被迦太基派往伊比利亚作战。

吃早饭,检查武器和马匹,做好战斗准备。

[72]看到努米底亚骑兵疾驰而来,隆古斯首先派出骑兵迎敌,接着派出6000名投枪手,然后率领主力军团出营列阵。他的军力优势和前一天的骑兵胜利让他非常自信。他以为,只要主力军团露面就能决定胜败。此时已接近冬至,天空飘着雪,天气极为寒冷,而他的步兵和骑兵离开大营时没有吃早饭。起初,战斗热情和冲劲支持着他们,但是,当他们要渡过特雷比亚河时,由于前一晚上游山区下过雨,特雷比亚河河水暴涨,步兵渡河时,水没过胸膛。结果整支部队因寒冷而严重受损,随着时间推移,他们又受到饥饿的折磨。

相反,迦太基人在营帐里吃饱喝足,照料马匹,围绕着篝火涂油和整理装备。一直在等待战机的汉尼拔,看到罗马人已经渡过特雷比亚河,先派出8000名长矛兵和投掷兵作为掩护部队,然后率主力出营。前进大约8斯塔德后,他令步兵列阵,步兵约20000人,由伊比利亚人、凯尔特人和利比亚人组成;他命10000名骑兵分别镇守两翼,将战象部署在两翼骑兵的前方,这样,迦太基人的两翼就可得到双层保护。隆古斯看到他的骑兵无法对付敌人,遂召回他们,因为努米底亚骑兵聚散自如,能轻易分散开撤退,然后突然转身,发动勇猛的冲锋,这正是他们的独特战术。隆古斯然后令步兵按照罗马人惯常的方式列阵,兵力为16000名罗马士兵和20000名盟军。这是两名执政官联合起来应对严重威胁、罗马军队可用于关键军事行动的兵力总数。隆古斯又在两翼部署4000名骑兵,全军缓慢有序地向敌人推进。

[73]双方进入交战距离后,轻步兵开始战斗,罗马的轻步兵非常吃力,迦太基的轻步兵则占据优势,因为罗马的投枪手从拂晓起就受尽折磨,对付努米底亚骑兵的袭击时,已经用尽大部分标枪,剩下的标枪由于持续潮湿的天气而无法使用。罗马骑兵和步兵皆处于这样的状态,迦太基人则正好相反。他们站在阵前等待,精神饱满、蓄势待发,随时准备发动攻击。所以,当双

方轻步兵投掷完标枪、撤入己方阵线背后,重装步兵方阵准备出击时,迦太基骑兵立即攻击罗马方阵线翼,他们不仅数量上占据绝对优势,而且精神饱满、斗志昂扬。当罗马骑兵在敌人攻击下后撤,将方阵侧翼暴露出来时,迦太基长矛兵和努米底亚骑兵快速穿过己方前面的部队,冲向罗马阵型侧翼,造成严重伤害,使罗马人无法与迎面扑来的敌人作战。与此同时,位据双方阵线中央的重装方阵开始激烈战斗,很长一段时间内,双方都没有取得优势。

[74] 这时,埋伏的努米底亚步兵和骑兵突然从后方攻击敌人方阵中央,罗马方阵立马陷入极度混乱和困境。最后,隆古斯所率军队的两翼前方受到战象的挤压,侧翼遭到敌人轻步兵的攻击,开始掉头向后,被敌人压迫着朝特雷比亚河边后退。罗马方阵后部中心遭到汉尼拔伏兵攻击,损失极为惨重,方阵前部士兵奋力战斗,击败凯尔特人和部分利比亚人,并杀死很多敌人后,突破敌人阵线。但是,他们看到己方两翼已被驱离战场,由于害怕敌人数量庞大的骑兵,中间又有河流和敌军阻隔,此刻又正值大雨倾盆,对救援战友和返回营地感到绝望,遂保持战斗秩序,撤往普拉克提亚,此部分罗马士兵不少于10000人。其余的绝大部分士兵被战象和骑兵杀死在特雷比亚河边,极少数逃脱的步兵和大多数骑兵撤往普拉克提亚,与先前撤往此地的重装步兵会合。迦太基人将敌人追赶到河边,由于暴雨倾盆,无法继续前进,遂撤回营地。他们对这场战役的结果欢欣鼓舞,认为这是决定性的胜利。利比亚和伊比利亚士兵损失极小,主要的伤亡是凯尔特人。然而,他们之后先遭遇暴风雨,随后遭遇暴风雪,结果除了一头战象,所有战象死亡,很多士兵和马匹也死于严寒。

[75] 隆古斯尽管对战况一清二楚,但是为了对罗马人尽可能隐瞒真实战况,于是遣使回罗马报告如下:他们进行了一次战斗,但是暴风雨雪剥夺了他的胜利。罗马人一开始相信这个说法,但不久后得知迦太基人的大营仍在,所有凯尔特人已经倒向

迦太基一边，而他们的军队已放弃营地，从战场撤走，此时正聚集在邻近的城市，通过海上经波河获得补给。罗马人由此得知这次战役的真相。

不过，他们尽管对战役结果大为震惊，但仍然采取一切方法准备接下来的战争，尤其注意保护毫无防备的据点。他们派遣军团前往撒丁和西西里，派遣卫戍部队到塔兰托以及其他重要据点，并且装备了一支60艘五列桨战舰的舰队。新任执政官格奈乌斯·葛米努斯（Gnaeus Servilius Geminus）和盖乌斯·弗拉米尼乌斯（Gaius Flaminius），①忙着召集盟军和招募罗马军团，同时运送补给到阿里米努姆和埃特鲁里亚，打算把这两个地方作为战争基地。他们同时向希耶罗寻求帮助，后者派来500名克里特弓箭手和1000名轻盾兵。总之，他们在各个方面积极备战。就罗马人而言，当他们面临真正的危险时，无论是整体的罗马国家还是个人，都最令人恐惧。

［76］如我前文所述，在这期间，格奈乌斯·科涅利乌斯·斯基皮奥，受他兄长普布利乌斯·科涅利乌斯·斯基皮奥之命，率领舰队从罗讷河河口起航，抵达伊比利亚的厄姆珀里翁，以之为基地，发起一系列登陆行动。直达埃布罗河的沿海城镇若是反对他，会立即遭到他的围城攻击；若欢迎他，就会受到公正对待，他会用一切方法确保它们安全。确保臣服于他的沿海城镇的安全后，他率领大军向内陆挺进，此时已聚集起数量颇为可观的伊比利亚盟军。他一边争取行军路线两旁的一些城镇，一边征服另一些城镇。这时，当初奉汉尼拔之命防守这个地区的迦太基部队在汉诺统率下，在名叫基萨（Cissa）的城市附近扎营，与格奈乌斯·斯基皮奥的大营正好相对。格奈乌斯·斯基皮奥在战斗中击败汉诺，获益颇多：首先，他虏获大量贵重的战利品——汉尼拔前往意大利时留下的重型物资都在其中；其次，这次胜利让埃

---

① 公元前217年的罗马执政官。

布罗河以北的伊比利亚部落全部与罗马人结盟；最后，他俘虏迦太基将军汉诺和伊比利亚人的将军安多巴勒斯（Andobales），后者是伊比利亚中部地区的僭主，也是迦太基人强有力的支持者。

哈斯德鲁巴（Hasdrubal）[①]得知这次灾难的消息后，立即渡过埃布罗河准备营救汉诺。得知罗马舰队的水手留在后方，由于对陆军取得的胜利非常自信，罗马舰队竟毫无防卫，哈斯德鲁巴带领8000名步兵和1000名骑兵前去攻击。哈斯德鲁巴发现罗马水手离开战舰，分散于乡野，趁机杀死大部分罗马水手，迫使幸存者逃回船上。然后，哈斯德鲁巴撤退，返回埃布罗河以南，通过修筑要塞和派驻卫戍部队，加强埃布罗河以南地区的防卫。完成这些事后，哈斯德鲁巴前往新迦太基过冬。格奈乌斯·斯基皮奥与舰队重新会合后，依照习俗惩罚了应对舰队遭袭负责之人，之后集结陆军和海军前往塔拉康（Tarraco）过冬。他将虏获的战利品平分给士兵，使士兵们对他充满好感，迫不及待想继续战斗。

[77] 这就是伊比利亚的战况。次年初春（公元前217年），盖乌斯·弗拉米尼乌斯率军穿过埃特鲁里亚，在亚雷提恩（Arretium）城前扎营，格奈乌斯·塞维利乌斯率军挺进到阿里米努姆，以防备敌人从那个地区侵入。在此期间，汉尼拔在山南高卢地区过冬，他严加看管战场上俘获的罗马俘虏，只给他们仅能维生的食物，但是对待作为罗马盟友的俘虏，则表现出极大的善意。汉尼拔将他们召集起来，对他们讲话。他说，他来到此地不是要跟他们打仗，而是要与罗马人作战，因此，他们如果明智的话，就应该欢迎他的友谊，因为他来意大利的首要目的是恢复意大利人民的自由，帮助意大利人民收复被罗马人抢走的城市和土地。讲完这些话后，他将他们释放，让他们回家，也没要赎金。他这样做的意图是，争取让意大利人民支持他的事业，离间他们与罗马人的感情，同时煽动那些认为自己的城市或港口是由于罗

---

① 汉尼拔之弟。

马人统治才惨遭破坏的人反抗罗马人。

［78］在山南高卢过冬期间，汉尼拔还运用了一个真正的腓尼基式诡计（$Φοινικικῷ\ στρατηγήματι$）。由于与凯尔特人建立友好关系时间不长，他担心凯尔特人背信弃义并谋害他，因此他制作了很多假发，不同的假发对应不同年龄段。他不断更换假发，同时不断更换衣着以对应不同的假发。这个诡计不仅让与他仅有一面之缘的人认不出他，而且那些熟悉他的人也很难认出他。

汉尼拔注意到，凯尔特人对战争在他们的领土上进行非常不满，迫不及待想入侵敌人的领土，他们声称这是由于憎恨罗马人，实际上主要是因为他们渴求战利品。汉尼拔因此决定尽快行动，以满足他的军队的欲望。不久，天气转暖，[①]他向最了解这个地区的人询问后确定，入侵罗马领土的其他路线很长，且明显对敌人有利，但是穿过沼泽到达埃特鲁里亚的路线，尽管非常艰难，但路程不长，可以出其不意打击弗拉米尼乌斯。[②]汉尼拔天性偏爱这类出其不意的策略，因此决定走这条路。在统帅准备带领大军穿越沼泽的消息在营地传播开后，每个士兵一想到路上到处是泥泞沼泽，布满泥潭，都很不情愿上路。

［79］但是，汉尼拔已经仔细询问并确定，大军将穿过的地面积水很浅，比较坚实，然后拔营出发。他把利比亚和伊比利亚士兵以及军中最优秀的部队安置在队伍前部，在他们中间穿插安置辎重队伍，这样就可暂时维持全军的食物供给。考虑到未来的战事，汉尼拔并不担心驮兽的安危，他预计进入敌人领土后无非两种结果：如果他被击败，就不再需要补给；如果他能控制广阔的乡野，就无需担忧后勤补给。

利比亚和伊比利亚队伍后面是凯尔特士兵，行军队伍最后是

[①] 汉尼拔似乎是公元前217年5月拔营南进。

[②] ［英译注］这条路线可能是从博洛尼亚（Bologna）到皮斯托亚（Pistoia）。

汉尼拔的骑兵，由他弟弟马戈指挥，负责殿后。汉尼拔如此部署有很多考虑，但最主要的考虑是，凯尔特人缺乏忍耐力，厌恶艰辛。如果由于行军艰辛，凯尔特人掉头逃跑，马戈就可用骑兵阻止他们。伊比利亚士兵和利比亚士兵通过沼泽时，地面还算坚硬，所以没遭受什么损失，再者，他们也习惯忍受疲劳和艰辛。但是，凯尔特人经过沼泽时，由于地面已被前面的士兵踩踏得很松软，所以他们不仅举步维艰，而且由于之前从未经历过这种艰辛，因而疲惫不堪、痛苦不已。然而，队伍最后的骑兵阻止了他们掉头逃跑。事实上，全军都受尽磨难，主要是由于缺乏睡眠，因为他们有四天三夜必须不间断地在水中行军，只不过凯尔特人更加疲惫，比其他部队损失更多。大多数驮兽陷入沼泽中死去，它们唯一的贡献是，当它们陷入沼泽时，士兵将它们所驮的行李堆在它们的尸体上，这样行李高出水面，士兵们在夜晚可躺在这些行李上小憩一会。很多马匹由于在泥沼中不间断行进，变得一瘸一拐。汉尼拔本人骑着仅剩的那头战象穿过沼泽时也受尽折磨，因为严重的眼疾正在折磨他，他也没有时间停下来治疗——当时的情况根本不能停下来——以致他最后失去一只眼睛。

［80］出人意料地穿过沼泽区后，汉尼拔发现弗拉米尼乌斯在埃特鲁里亚的亚雷提恩城前驻扎，便立即在沼泽区边缘扎营，目的有二：第一，让士兵好好休整；第二，搜集当面的敌人和前面这个地区的信息。获悉这个地区战利品丰富，弗拉米尼乌斯不过是一个民众煽动家（δημαγωγόν），缺乏实际作战的才干，并且极端自信，汉尼拔思虑到，如果他径直向前，当着弗拉米尼乌斯的面经过罗马大营，那么一方面，当他蹂躏周边乡野时，这位罗马执政官耻于被罗马士兵嘲笑，必然不会袖手旁观；另一方面，这位执政官必然非常悲痛，从而愿意追击敌人到任何地方，在同僚到来前，就会急着独自赢得胜利。总之，汉尼拔认为，弗拉米尼乌斯会给他很多攻击他的机会。

［81］汉尼拔的这些推论非常明智可靠。不可否认，那些认

为将军还有比了解对手的行事原则和性情（προαίρεσιν καὶ φύσιν）更重要之事的人，实属无知愚蠢之辈。例如，单兵对战或队列对战时，想取得胜利的一方必须观察怎样才能最好地达到目的，敌人队列哪个部分或身体哪个部分没有防备。同理，统率一支大军的将军，尽管无需考虑敌方将军的身体是否有防御薄弱之处，但必须时刻观察敌方将军灵魂的弱点。很多将军由于懒散和不思进取（ῥᾳθυμίαν καὶ τὴν σύμπασαν ἀργίαν），不仅让自己身死沙场，而且导致祖邦毁灭；有的将军嗜酒如命，以至不喝醉就无法入睡；还有的将军沉溺于性欲以及与之伴随的精神发狂，结果不仅应为祖邦及其建筑被夷为平地负责，而且他们的死亡方式也给自己带来耻辱。

怯懦和迟钝（δειλία καὶ βλακεία）是恶。普通人沾染这两种恶，只会带来耻辱，但是，一名将军要是沾染这两种恶，就会给国家带来最大的灾难。沾染这两种恶的将军，不仅让他的军队效率低下，而且常常把仰赖他的部下置于极端危险之中。此外，冒失、鲁莽、盲目发怒（προπέτειά γε μὴν καὶ θρασύτης καὶ θυμὸς ἄλογος）、虚荣、自大（κενοδοξία καὶ τῦφος）这些恶，会让一个将军易受敌人攻击，对朋友们则异常危险。这种将军很容易成为诡计、埋伏和诈术的受害者。因此，能够迅速取得决定性胜利的统帅，能识别对手的错误，能充分利用敌人的弱点，能采取相应策略攻击敌人。一艘船如果没有舵手，整艘船及水手就会落入敌人之手；同样，一位将军如果在战略和推理方面胜过敌人的将军，通常就能俘获全部敌军。当前的情形正是如此，汉尼拔已经正确预见和估计到弗拉米尼乌斯会采取的行动，他的计划如他期望的那样取得成功。

[82] 所以，汉尼拔一离开斐苏莱（Faesulae）地区，贴着罗马大营经过，侵入当面乡野，弗拉米尼乌斯立即暴跳如雷（θυμοῦ πλήρης），认为敌人蔑视他。接着，当汉尼拔开始劫掠乡野，四处腾升的烟雾证实这种毁坏行为，弗拉米尼乌斯更加愤怒，认为是可忍孰不可忍。他的一些军官建议不应追击敌人，进而与敌人交

战，而是应加强防卫，谨防敌人的优势骑兵，特别力劝他等另外一位执政官前来会合后，率领所有军团再与敌人决战，弗拉米尼乌斯不仅对这些建议置若罔闻，而且根本没有耐心听这些建议，反过来让那些军官好好想想，如果这个地区几乎被夷为平地，罗马军团却龟缩在埃特鲁里亚的大营，罗马民众会怎么说。最后，他拔营出发，全然不顾作战时机和地势，只想与敌人交战，仿佛胜利已经板上钉钉。弗拉米尼乌斯让部下对获胜信心十足，以至随军的乌合之众在人数上远远超过士兵，他们手持铁链、镣铐（ἁλύσεις καὶ πέδας）和其他工具，要去抢夺敌人的战利品。①

与此同时，汉尼拔穿过埃特鲁里亚向罗马进军，科尔托纳（Cortona）城②及群山在他的左侧，特拉西梅诺湖（Trasimene）在他的右侧，他接连烧毁并蹂躏沿途乡野，意在激怒敌人。当看到弗拉米尼乌斯已经靠近，同时发现一个有利于作战的地点，汉尼拔开始布置作战计划。

[83] 此处有条路穿过一个谷底平坦、道路狭窄的山谷（αὐλῶνος），山谷两侧是连绵不断的高山。③山谷入口处有一座很陡峭的山，几乎爬不上去，山后则是特拉西梅诺湖，这座山与特拉西梅诺湖之间通往山谷的路非常窄。汉尼拔率全军沿着湖岸前行，穿过山谷，占据山谷入口处那座陡峭的山，命利比亚和伊比利亚重装步兵在那里扎营；命投枪兵和长矛兵脱离先锋部队，在山谷右侧的山丘背后绵延排列；投枪兵和长矛兵之后则是骑兵和凯尔特士兵，也呈绵延阵势；凯尔特士兵和骑兵队伍的尾部扼守群山与特拉西梅诺湖入口。

---

① 讽刺弗拉米尼乌斯的细节。
② 此城位于亚雷提恩南部28公里处。
③ 这条山谷成东南走向，距离不长。这条窄道首先是沿着特拉西梅诺湖岸前行，然后经过这个山谷离开特拉西梅诺湖，珀律比俄斯在叙述时将沿着湖岸的道路与山谷混淆，所以显得有些含混。

所有部署皆在那天夜里完成，整条山谷已被汉尼拔的大军包围，等待罗马人进入陷阱。弗拉米尼乌斯率大军紧随其后，急于赶上汉尼拔。在同一个夜里，弗拉米尼乌斯在距离特拉西梅诺湖很近的地方扎营。第二天天一亮，由于急着与敌人交战，他率领前锋部队沿着湖岸进入山谷。

［84］那天很不寻常，山谷中有很厚的雾。一看到敌人大部进入山谷，先头部队已进入伏击范围，汉尼拔立刻发出战斗信号，命令各处伏兵同时攻击罗马人。敌人突然出现，令弗拉米尼乌斯震惊不已，且雾气很大，他很难看清敌人。敌人居高临下从各处发动攻击，罗马人的百夫长和军团长不仅无法采取有效抵御措施，甚至无法弄明白究竟发生了什么。罗马人的前面、后面和侧面在同一时刻遭到攻击，结果很多士兵在仍处于行军秩序时就被杀死，根本无法保护自己，仿佛被他们缺乏判断力的将军出卖。

敌人的袭击完全出乎意料，罗马士兵还在考虑如何行动时就被杀死。弗拉米尼乌斯本人极度沮丧和绝望，被一些凯尔特士兵砍死。大约15000名罗马士兵丧生于这个山谷，他们不能投降或逃跑，因为他们习惯于在任何情况下都不逃跑或脱离队列。那些被拦截在群山与特拉西梅诺湖之间的士兵死得更悲惨、更屈辱。他们被敌人紧逼，乱糟糟地跳进湖泊中。一些人惊慌失措，试图身着铠甲往远处游，结果溺水而亡；大多数人费力游到远处，只有头露出水面。当汉尼拔的骑兵靠近他们，死神凝视着他们，尽管他们举起双手，哀求敌人饶恕他们，最终还是或被敌人砍死，或恳求同伴砍死自己。

只有大约6000名士兵击退当面之敌，但他们无法援助自己所在的部队，也无法绕到敌人后面，因为他们根本看不到战场的状况，尽管他们本来可以发挥非常重要的作用。因此，他们什么也没做，继续向前推进，坚信自己一定会碰到同胞，直到他们发现自己位处高地，已经脱离战场。此时浓雾已经消散，他们这才看清遭受的灾难有多么惨重，但已经来不及支援，因为敌人已取得彻底胜利，控制了整个战场。因此，他们一起撤往一个埃特鲁斯坎人的村子。战役结束后，汉尼拔命令马哈巴（Maharbal）①率领伊比利亚步兵和投枪兵围攻那个村子，罗马士兵发现自己已陷绝境，遂放下武器，以敌人饶恕他们的性命为条件，向敌人投降。

这就是罗马人和迦太基人在埃特鲁里亚进行的战役的结果。

［85］马哈巴将投降的6000名罗马士兵带到汉尼拔面前，加上其他俘虏，总数超过15000人，汉尼拔将他们集合起来，首先告诉马哈巴俘虏的那些人，马哈巴没有征得他本人的同意，无权允诺保全他们的性命，然后恶言谩骂罗马人，最后将罗马俘虏交给士兵看守，却释放了作为罗马盟友的俘虏，让他们回家，就像上一次那样，同时告诉他们：他不是来与意大利人打仗的，而是为了意大利的自由，来与罗马人作战的。然后，他令部队休整，给予阵亡者中最高级别的人以最高的荣誉，获得这一荣誉的大概有30人，而他整体上损失1500人，且主要是凯尔特人。之后，他与弟弟以及朋友们商议，接下来在什么地方、以何种方式攻击罗马人最好，现在他对取得最终胜利信心满满。

战败的消息传到罗马，由于灾难的规模太大，罗马的领袖们无法隐藏或弱化战败事实，不得不召集民众大会，宣告战败的消息。裁判官在广场讲坛上说出"我们已在一次大战中战败"，引起极大恐慌，以至在经历那次战役的人看来，眼下的灾难要比实际战斗时严重得多。事实上，这是很自然的，因为多年来，罗马民众既没有听过战败这个词，也没有经历过真正的战败，所以无法审慎、高贵地忍受失败。然而，元老院不是如此，元老们依然保持镇定，此时正在讨论每个人未来该做些什么，如何做才最好。

---

① 汉尼拔非常重要的骑兵将领。

[86]罗马人与迦太基人在埃特鲁里亚作战的同时,另一位执政官格奈乌斯·塞维利乌斯驻扎在阿里米努姆地区。这个地区靠近亚得里亚海,山南高卢的平原与意大利北部在这里汇合,离波河的入海口不远。塞维利乌斯获悉,汉尼拔已经入侵埃特鲁里亚,且已对着弗拉米尼乌斯扎营,遂计划带领全军与弗拉米尼乌斯会合,但由于重装步兵速度缓慢,无法及时抵达,遂立即派遣盖乌斯·森特尼乌斯(Gaius Centenius)率领4000骑兵先行,如果情势危急,这支先锋部队可以赶在他之前与弗拉米尼乌斯会合。山谷的战役结束后,汉尼拔得知这支援兵正在靠近,便派遣马哈巴率领投枪兵和一部分骑兵前去堵截盖乌斯·森特尼乌斯。与后者相遇后,马哈巴在战斗中杀死盖乌斯一半骑兵,将剩余的人马逼迫到一个山上,第二天将之全部俘虏。特拉西梅诺湖战役战败的消息传到罗马3天后,这次战败的消息再次抵达罗马。当时,整个罗马城的痛苦仿佛发炎化脓($\varphi\lambda\varepsilon\gamma\mu\alpha\acute{\iota}\nu o\nu\tau o\varsigma$)正值高峰,这次失败的噩耗又接踵而至。① 现在,不仅罗马民众,就连元老院也陷入恐慌。元老院放弃选举年度执政官,决定更坚决彻底地应对当前局势,认为当前局势和迫在眉睫的危险要求他们任命一位拥有绝对权力的统帅。

这时,汉尼拔确信最终的胜利属于他,于是暂时放弃直接进攻罗马城的想法,转而不受阻碍地劫掠沿途乡村,一直挺进到亚得里亚海边。穿过翁布里亚和皮克努姆后,汉尼拔在出发后的第十天到达亚得里亚海边。在这次行军途中,汉尼拔收获大量战利品,以至大军无法将其全部带走。由于对罗马人的憎恨根深蒂固,汉尼拔令大军沿途杀死很多居民。汉尼拔规定,攻陷城市后,要杀死落入迦太基人手中的全部成年罗马人。

[87]汉尼拔现在在亚得里亚海附近一个盛产各种农产品的地区扎营,竭尽全力确保部下和马匹恢复健康。由于他们在山南

---

① [英译注]关于这个对比,对照柏拉图,《王制》,372e。

高卢野外过冬时遭受过严寒，加上他们无法获得习惯使用的橄榄油来涂抹身体，再加上他们穿越沼泽区时遭受的艰辛，几乎所有士兵和马匹都患有坏血病和类似疾病。所以，凭靠这样一个富庶的地区，汉尼拔让马匹恢复力量，改善士兵的身体和精神状况。同时，他从俘获的装备中挑选武器和盔甲，依照罗马人的方式武装利比亚步兵，因为此时他已拥有大量俘获的装备。由于这是入侵意大利以来首次靠近海边，汉尼拔还抓住机会派使者走海路回迦太基报告战况。使者的报告令迦太基人欢欣鼓舞，他们立即尽一切能力支持意大利和伊比利亚两个战区的战事。

罗马人已任命昆图斯·法比乌斯（Quintus Fabius）为独裁官（δικτάτορα），这是一位判断力和天赋受人敬重的卓越之士。事实上，在我的时代，这个家族的成员由于这位贤者的成就和功业，依然享有马克西姆斯（Μάξιμοι）的称号，意思是"最伟大的人"。独裁官和执政官的区别如下：每位执政官有 12 位持束棒的扈从，独裁官则有 24 位；执政官在诸多事务上需与元老院合作，独裁官则拥有绝对权力；独裁官被任命后，除护民官外，罗马所有官员立即退职。① 我在后面会更详细地讨论这个主题。同时，罗马人任命马尔库斯·儒福斯（Marcus Minucius Rufus）② 为骑兵将军（ἱππάρχην）。骑兵将军隶属于独裁官，当独裁官忙于其他事务时，骑兵将军是独裁官的继任者。

［88］汉尼拔不断转移营地，但始终靠近亚得里亚海。那里有储量极大的陈年老酒，汉尼拔令士兵用这些酒涂抹马匹以治疗它们的疥癣和瘦弱，成功让马匹恢复健康。用同样的方式，汉尼拔彻底治愈他的伤兵，并让其他士兵恢复健康，准备好愉快地迎接接下来的战斗。穿过和蹂躏普莱图提亚（Praetutia）、阿德里亚纳（Hadriana）、马尔卢基纳（Marrucina）和弗伦塔

---

① 与实情不符，实情是所有官员转而听命于独裁官。
② 此人于公元前 221 年出任过执政官。

纳（Frentana）几个地区后，汉尼拔朝伊阿皮吉亚（Iapygia）进军。这个地区住着三个民族，道尼亚人（Daunii）、潘乌克蒂亚人（Peucetii）、莫萨皮亚人（Messapii）。汉尼拔首先入侵道尼亚人的土地。他从卢克里亚（Luceria）开始——这是一座罗马殖民城市——劫掠周边乡野，接着在维比努姆（Vibinum）①附近扎营，蹂躏阿尔及里帕（Argyripa）的土地，劫掠整个道尼亚地区，没有受到任何抵抗。

与此同时，昆图斯·法比乌斯被任命为独裁官，在向诸神献祭后，他率领四个紧急招募的军团和他的副手，奔赴战场。法比乌斯在纳尼亚（Narnia）附近接收从阿里米努姆赶来支援的军团，解除执政官格奈乌斯·塞维利乌斯的职权，派护卫护送后者前往罗马，同时授命他采取形势要求的各种措施，以防备迦太基人的海上行动。法比乌斯和他的骑兵将军接管全军，在埃卡伊（Aecae）附近距离敌人大营50斯塔德处扎营。

[89] 汉尼拔获悉法比乌斯抵达，希望发动猛烈打击从而威吓敌人，遂率领全军出营，行进到罗马军营前摆出战阵。但是，过了好一会儿，罗马营地也没有一个人出来，汉尼拔只好退回营地。法比乌斯已经下定决心不冒任何风险，不参加任何战斗，只将确保他指挥的军队的安全作为首要目标，他决定执行这一策略。一开始，这一策略让他备受鄙视。罗马人指责他怯懦，不敢与迦太基人交战，但是，随着时间流逝，他让每个人认识到，面对当前局势，没人比他更审慎、更明智。事实很快证明他的策略非常明智，不过，这也不足为奇。

这是因为敌人有下述优势：第一，敌人的军队从早年就不断接受实战检验；第二，敌人拥有一位与他们一起长大的将军，这位将军从孩童时起就熟知战争技艺；第三，敌人已在伊比利亚赢得诸多胜利，如今又接连两次击败罗马人和他们的盟军；第四，

---

① 今意大利的波维诺（Bovino）。

也是最重要的一点，敌人没有什么可以失去，获得战争胜利是他们活下来的唯一希望。然而，罗马军队在这些方面与敌人完全相反，法比乌斯因此不愿与敌人决战，因为那样做必然导致战败。经过审慎考虑，法比乌斯决定采取罗马人占优势的手段，让自己集中于这些手段，以此指导战争行动。罗马人的优势是源源不断的补给和兵员。

[90] 因此，法比乌斯接下来尾随敌人行军，由于他非常熟悉这个地区，所以总是提前占据最有利的位置。由于背后的补给很充足，所以他绝不允许他的士兵以任何借口离开营地，始终让全军聚集一处，随时留意时间和地势提供的战机。用这种方法，法比乌斯杀死或俘虏一些敌人，这些人由于蔑视他，在离开营地搜罗粮草时迷了路。他采取这种策略，一方面可以不断损耗敌人有限的兵力，另一方面可以利用小规模胜利逐渐恢复和增强己方部队的士气，之前的几次战败已摧毁他们的士气。不过，他绝对不会回应敌人想进行决战的挑衅。但是，法比乌斯的这些做法令他的副手骑兵将军马尔库斯·米努基乌斯·儒福斯非常不快，后者迎合民众的意见，指责法比乌斯是个懦夫，作战太过迟缓，而儒福斯本人汲汲渴求一战。

迦太基人蹂躏我上文提到的地区后，穿过亚平宁山脉，下降到萨莫奈人境内，他们的土地非常肥沃，那里已很久没有发生过战争。所以迦太基人在此地获得丰富的补给，以至他们没法用尽或销毁劫到的战利品。迦太基人又蹂躏贝内文托（Beneventum）的土地——这是一个罗马殖民地，并占领维努西亚（Venusia），这座城市没有城墙，存储着各种各样的物品。罗马人继续尾随迦太基人行军，将与敌人的距离维持在一天或两天的行军里程内，拒绝靠近敌人或与敌人交战。看到法比乌斯显然希望避免决战，又不想完全放弃乡野地带，汉尼拔率军大胆挺进卡普亚平原一个叫法勒努姆（Falernum）的地方。汉尼拔确信这样做必然会导致两个非此即彼的结果：要么迫使敌人决战，要么让所有人明白他即将获胜，罗马人已把乡野地带拱手相让。若是后一种结果，汉尼拔希望受到惊吓的各城镇立即抛弃对罗马的忠诚。因为迄今为止，尽管罗马人已在两次战役中被击败，却没有一个意大利城市倒向迦太基人，有些城市尽管遭受惨重灾难，却仍对罗马忠心耿耿。由此也可看出众盟友对罗马的畏惧和敬重。

[91] 不过，汉尼拔仍有充分的理由谋划让罗马盟友叛离罗马。卡普亚平原是意大利的宝地，既美丽又肥沃，靠近大海，有很多港口，天下各地到意大利的船只几乎都要经停这些港口。这个地区还有全意大利最著名、最美的众多城市。海边坐落着锡纽萨（Sinuessa）、库迈（Cumae）、狄凯阿凯亚（Dicaearchea）、那不勒斯（Naples）和努克里亚（Nuceria）诸城。内陆北边有卡勒斯（Cales）和提亚努姆（Teanum）两城，东边和南边是道尼亚（Daunia）和诺拉（Nola）两城，这个平原最中间是卡普亚，此城曾是所有城市中最富裕的城市。

卡普亚平原和其他与它类似的平原在神话中被称作弗莱格莱亚（Phlegraean），①这极有可能是事实：这个平原美丽肥沃，成为诸神发生冲突的特殊原因很自然。除上述优势外，卡普亚平原受到自然强有力的保护，很难接近：它一边是大海，另一边是高耸的山脉，所以只有三条道路进入这个平原。那三条路又狭窄难行，第一条从萨莫尼乌姆进入，第二条从拉丁姆进入，第三条经希尔皮尼人（Hirpini）的土地进入。所以，迦太基人在这个平原驻扎，将其变成他们的战场，由此不仅可以恐吓并震慑这个地区，而且可以令敌人的怯懦暴露无遗，从而无可置疑地证明，他们是整个乡野地带的主人。

[92] 汉尼拔怀揣着这些盘算，率领全军离开萨莫尼乌姆，

---

① 原初指哈尔息底斯地区的帕勒涅平原（the plain of Pallene），是诸神与巨人战斗的地点，后来传到其他各地。

穿过紧靠名叫厄里比阿努斯（Eribianus）山的道路，在奥忒努斯河（Athyrnus）边扎营，这条河差不多把这个平原分成两半。在这条河北边建立大营后，汉尼拔派兵肆无忌惮地劫掠并蹂躏整个平原，没有遇到任何抵抗。法比乌斯尽管对敌人这个大胆的策略惊诧不已，仍继续坚定地坚持他原先的战略。但是他的副手马尔库斯·米努基乌斯·儒福斯以及全体军团长和百夫长，认为他们已经堵住汉尼拔，督促他全速挺进到卡普亚平原，阻止敌人破坏这个最美丽的平原。法比乌斯假装赞同部下的急躁和轻率，率军向前急进。但是，当抵达法勒努姆、能看到敌人时，法比乌斯令军队沿着群山边缘前进，一来不想让盟友认为罗马人已经放弃乡野地带，二来不必率军下到平原地区，以避免与敌人交战。他这么做除了前面所述的原因外，还因为他认为迦太基的骑兵在平原地区明显强于他的骑兵。

汉尼拔大肆劫掠整个平原并以此引诱罗马人决战的同时，发现已聚集大量战利品。他不想浪费这些战利品，遂决定撤退，找一个适宜过冬的地方确保安全，这样，他的部队不仅眼下补给充足，而且整个冬季都不会缺少补给。法比乌斯预计汉尼拔会从他进入平原的那条道路撤退，而那条道路非常狭窄，很适合攻击敌人，因此在道路两侧布置4000人，命他们在恰当时间全力以赴地投入战斗，他们同时占据有利的地势。他本人则率领主力在通道前的一座山上扎营，以俯瞰通道的状况。

［93］迦太基人抵达那条道路的入口，在山下的平地扎营。法比乌斯认为他至少可以轻易夺走汉尼拔的战利品，甚至认为他占据的优势位置可以结束这次战争。事实上，他全神贯注地思虑在哪里、如何利用地形优势，用哪类军队发动攻击，从哪个方向发起攻击。但是，当罗马人为第二天的战斗做准备时，汉尼拔预料到敌人可能会如此行动，决定不给敌人时间执行战斗计划。他把哈斯德鲁巴召来，此人是全军先锋部队的将军。汉尼拔命令他率部下尽快弄到尽可能多的干柴、干木头，将之集中堆在营地前

方，并从捕获的牛群中选出2000头最强壮的耕牛。这两项任务完成后，汉尼拔集合前锋部队，向他们指出他们的营地和他们即将穿越的道路之间的一个高地。他命令前锋部队，接到信号后，尽可能猛烈地将那2000头牛驱赶向那个高地，直到高地的顶部。接着，他命令士兵们吃晚饭，及早休息。

夜里三点，他领着前锋部队出营，命令他们将干柴绑在牛尾巴上。由于人手众多，这一任务很快完成。然后，汉尼拔命令士兵们点燃木柴，将牛群驱往山脊。他令投枪兵部队跟在前锋部队之后，要求他们帮助前锋部队驱赶牛群一段时间，只要牛群开始奔跑，投枪兵就沿着牛群两边跑，确保牛群集中。投枪兵部队的目的是前往那个高地，占据山顶。这样，不管敌人挺进到哪一地段，他们都可以与敌交战。与此同时，汉尼拔本人带领大军主力——重装步兵走在前面，然后是骑兵，接着是捕获的牲口，最后是伊比利亚和凯尔特士兵——朝通道的狭窄入口进发。

［94］守卫通道入口的罗马人，一看到火光朝山坡移动，以为汉尼拔在快速往那个方向前进，便离开自己的岗位，朝山上跑以攻击敌人。但是，当他们靠近牛群时，火光令他们困惑不已，他们以为要面对比牛更可怕的动物。汉尼拔的投枪兵出现后，双方短暂地进行了交战，狂奔的牛群冲进罗马阵中，罗马士兵被冲散，待在山顶附近等待天亮，根本不知道发生了什么。

法比乌斯部分由于不知道发生了什么——如荷马所说，认为这是汉尼拔玩的一个诡计——部分由于他原本就不打算进行决战，所以待在营地按兵不动，等待天亮。与此同时，由于汉尼拔的计谋大获成功，他的军队和所有战利品安全通过那个狭窄通道——如上文所述，那些本来负责守卫通道的罗马士兵离开岗位，前去攻击狂奔的火牛。第二天天一亮，汉尼拔看到罗马士兵在山顶与他的投枪兵对峙，遂派遣一部分伊比利亚步兵前去支援。援兵在战斗中杀死大约1000名罗马人，轻松解救己方轻步兵。

从法勒努姆成功撤退之后，汉尼拔待在营地，开始谋划该在何处过冬以及如何过冬。他已在意大利所有城市和居民中散布巨大的恐怖和混乱。尽管公众普遍谴责法比乌斯太过怯懦，让敌人从这样一个有利地势逃脱，法比乌斯依然没有放弃他的战略。一些天后，他不得不离开营地前往罗马举行献祭，遂将大军交给骑兵将军马尔库斯·米努基乌斯·儒福斯指挥。他走时，严厉交代米努基乌斯不得将重心放在伤害敌人上，而是首先要避免自己遭受灾难。米努基乌斯，这位骑兵将军，根本没有把这个告诫放在心上，甚至在法比乌斯告诫他时，他就已经在全神贯注地策划决战。

[95] 这是意大利此时的局势。在同一时期，迦太基人在伊比利亚的将军哈斯德鲁巴，过冬期间整修了他兄长为他留下的30艘战舰，同时又增加10艘。初夏时节，哈斯德鲁巴率领已配备甲板的40艘战舰从新迦太基出发，并任命哈米尔卡（Hamilcar）为他的海军将领。同时，他命令各个冬季营地的部队集结，率领他们进入战场。他的舰队紧贴海岸航行，陆军也贴着海边行军，他的目标是率领两支部队挺进到埃布罗河。格奈乌斯·斯基皮奥推测这是迦太基人的战争计划，首先决定放弃冬季营地，准备在海上和陆上迎敌。但是，当他得知敌人军力强大、准备很充分后，他宣布放弃在陆上与敌人交战的计划，并装备35条船只，从陆军中挑选出最适合的水手，从塔拉康出发，第二天即抵达埃布罗河口附近。他在距敌人80斯塔德处下锚，派出2艘马赛人的快船前去侦察，因为马赛人习惯在航行和战斗时打头阵，绝不会发起没有准备好的战斗。事实上，如果说有哪个城邦对罗马的支持最慷慨，那无疑就是马赛人，尤其是汉尼拔战争期间。前去侦察的士兵报告说，敌人的舰队正在埃布罗河口下锚，格奈乌斯·斯基皮奥听后立即拔锚，迅速驶向埃布罗河口，希望给敌人突然打击。

[96] 哈斯德鲁巴早就派人进行过侦察，此时已注意到敌人在接近。他将陆军布置在岸边，命令水手们登船准备迎敌。由于罗马人近在咫尺，哈斯德鲁巴决定进行一场海战，遂发出战斗信

号。但是，迦太基舰队与敌人交战不久，就开始撤退。岸上的陆军本来应使海军对战斗充满信心，但是海军因有这种安全保障便轻易撤退，给己方带来很大伤害。迦太基舰队的2艘战舰及其上面所有人员全部损失，另有4艘战舰损失大部分人员，剩余战舰撤往岸边。在罗马舰队猛烈追击下，迦太基海军将战舰搁浅在海滩，跳离战舰，逃往陆军处躲避。罗马人大胆靠近岸边，把能浮在水面的船只全部拖走后，兴高采烈地驶离。罗马人只用一次进攻，就击败敌人，控制海洋，共俘获敌人25艘战舰。

这次胜利让罗马人在伊比利亚的战事前景变得明朗起来。但是，迦太基人一听到失败的消息，立即装备70艘战舰派往伊比利亚，因为他们认为控制海洋对他们的事业非常必要。这支舰队首先抵达撒丁岛，然后抵达意大利的比萨。舰队的指挥官原本以为可以在比萨与汉尼拔会面，但是听说罗马人装备起120艘的五列桨战舰要攻击他时，立刻航向撒丁岛，然后返回迦太基。格奈乌斯·塞维利乌斯是这支罗马舰队的指挥官，率舰队跟在后面追击迦太基舰队，认为可以赶上敌人。但是，他被远远抛在后面，决定放弃追击。之后，他首先航往西西里的利利巴厄姆，然后航往靠近利比亚的科尔基纳（Cercina）岛，[①] 他从此岛居民那里得到一大笔钱，条件是他不蹂躏该岛，然后率舰队返航。返航途中，他攻占科斯苏鲁斯（Cossyrus）岛，[②] 留下一支驻军，然后返回利利巴厄姆。舰队停驻港口后，格奈乌斯·塞维利乌斯很快前去与陆军会合。

[97] 得到格奈乌斯·斯基皮奥海战获胜的消息后，罗马元老院认为不忽视伊比利亚的战事是有利的，或者说是必须的。他们决定增兵伊比利亚，继续对迦太基人施压，遂装备20艘战舰，

---

① ［英译注］今Kerkinah岛，位于突尼斯加贝斯湾，李维说此地居民给了格奈乌斯·塞维利乌斯10塔兰同钱（《罗马史》，22.31.2）。

② 今潘泰莱里亚岛（Pantelleria）。

由普布利乌斯·斯基皮奥率领，命他立即前往伊比利亚，与他的弟弟格奈乌斯汇·斯基皮奥会合，共同负责伊比利亚的战事。罗马元老院非常清楚，迦太基人一旦占领整个伊比利亚，就能集聚大量供给和士兵，若是再花大力气重新掌控海洋，就可以通过源源不断的援军和资金支持汉尼拔对意大利的入侵。派遣普布利乌斯·斯基皮奥率舰队前往伊比利亚，可以充分表明罗马人多么重视这场战争的这个战区。普布利乌斯·斯基皮奥一到伊比利亚与他的弟弟会合，就立即证明他们两人一起行动益处极大。罗马人之前从未敢跨过埃布罗河，而只满足于与此河以北的民族确立友谊和结成盟友。现在罗马人越过埃布罗河，首次谋求统治该河南部的地区。事实证明，就连偶然事件（ταὐτομάτου）也大大帮助了他们的事业。

用武力威慑埃布罗河附近的伊比利亚人部落后，斯基皮奥兄弟率军抵达萨贡托，在距离该城5斯塔德处扎营，营地挨着阿芙洛狄忒神庙，位置极佳，既能确保安全，又能便捷地从海上获得供给，因为他们的舰队就停靠在岸边。

[98] 此时，发生了一件非常偶然的事。汉尼拔从伊比利亚前往意大利时，从不可靠的伊比利亚的城市带走许多人质，这些人质是各部落首领的儿子。他将他们安置在萨贡托，因为这座城市坚固无比，又留下忠于他的人守卫该城。这时，有一个伊比利亚人名叫阿比吕科斯（Abilyx），此人在萨贡托的地位和财富无人可及，迄今为止，他被认为是迦太基人在伊比利亚地区最忠实的支持者。阿比吕科斯审视当下的形势，认为罗马人的前景更光明，这种想法让他生出出卖人质的念头——这是伊比利亚蛮夷的典型做法。他确信如果及时帮助罗马人，向罗马人证明他的忠诚，他在罗马人那里就能成为大人物，所以，他谋划背叛迦太基人，将人质交给罗马人。

哈斯德鲁巴之前派波斯塔罗斯（Bostar）前来阻止罗马人渡过埃布罗河，但是，波斯塔罗斯没有冒险这样做，此时已经撤往萨贡托附近，靠近海边扎营。阿比吕科斯知道波斯塔罗斯为人天真（ἄκακον），天性柔顺（πρᾷον τῇ φύσει），又对自己非常自信，就来与他商讨人质问题。阿比吕科斯说，罗马人已经渡过埃布罗河，迦太基人不再能凭借恐惧掌控伊比利亚诸部落，眼下的形势要求所有臣属部落对迦太基人友善。所以，罗马人已经接近萨贡托，且就在城外不远处扎营，而这座城市现在非常危险，如果波斯塔罗斯能释放人质，让他们回到父母身边和各自的城市，那么第一，可大大挫败罗马人雄心勃勃的计划——如果罗马人得到这些人质，也会采取相同的做法；第二，如果采取措施，确保人质的安全，可以收获所有伊比利亚部落对迦太基人的感激。

阿比吕科斯又说，如果波斯塔罗斯允许他——阿比吕科斯——亲自操办这件事，他保证这一做法会让伊比利亚人对迦太基人的感激成倍增加。因为，他遣返人质，不仅可以得到他们父母的感激，而且会得到各个城市普通民众的感激，由此可以生动展示迦太基人对待盟友的原则和宽宏大量。阿比吕科斯还告诉波斯塔罗斯，这一行为还可以让他从人质父母那里获得数不清的礼物，因为任何人出乎意料地接回至亲后，都会争先恐后用礼物，向这一恩惠的施与者表达感激之情。通过这些话以及拥有同样效果的其他言辞，阿比吕科斯最终说服波斯塔罗斯同意他的建议。

[99] 阿比吕科斯与波斯塔罗斯约定好由他和他的友人们护送人质回家的日期后，返回萨贡托。但是，在返回萨贡托的那个晚上，阿比吕科斯就来到罗马大营。发现一些伊比利亚人在罗马军中服役后，他通过他们的帮助来到斯基皮奥兄弟面前。他相当详尽地向两位将军指出，如果他们将那些人质归还伊比利亚人，伊比利亚人会如何感激罗马人，而他本人会负责将人质交给两位罗马将军。普布利乌斯·斯基皮奥抓住机会，允诺事成之后给予阿比吕科斯大额奖赏。他本人由于不得不返回罗马一段时间，遂与阿比吕科斯敲定他的部下在哪天、哪时、哪个地方等待他交接人质。然后，阿比吕科斯带着他最亲密的朋友在约定日期来见波

斯塔罗斯。他在得到人质后，趁着夜里离开萨贡托，仿佛不想被人看到。

阿比吕科斯带着人质，沿着敌人设有壕沟的大营行进，抵达约定的地点，在约定时间将人质交给罗马将军。普布利乌斯·斯基皮奥给予阿比吕科斯巨额奖赏，命他及其友人负责送人质返回各自的城市。①阿比吕科斯及其友人一个城市接着一个城市遣返人质，以此展现罗马人的仁慈和宽宏大量，与迦太基人的怀疑和残酷形成鲜明对比。阿比吕科斯同时现身说法，将自己的叛变呈现为弃暗投明的典范，从而使得很多伊比利亚部落变成罗马人的盟友。波斯塔罗斯将人质交给敌人这一做法就像一个孩子，与他的年龄完全不匹配。要不是此时冬季即将来临，他还险些丧命，双方解散军队到冬季营地过冬。在这次人质事件中，机运（τῆς τύχης）对罗马人实现他们的目标贡献极大。这就是伊比利亚的战况。

［100］此时，汉尼拔正在意大利寻找过冬营地。他从侦察队得知，卢克里亚（Luceria）和格鲁尼乌姆（Gerunium）地区谷物非常丰富，搜集补给的最佳地点是格鲁尼乌姆，所以他决定在这个地方过冬，遂率军穿过利比努斯山（Mount Libyrnus），②抵达格鲁尼乌姆。格鲁尼乌姆距卢克里亚200斯塔德。一抵达格鲁尼乌姆，汉尼拔立即遣使此城，要求结盟，并承诺提供种种好处，但当地居民没有理睬他的使者，于是汉尼拔开始围城。汉尼拔很快攻占格鲁尼乌姆，屠杀城中居民，但城墙和大多数房屋完好，他打算在冬天用它们存储谷物。

然后，汉尼拔在格鲁尼乌姆城前扎营，用栅栏和壕沟增固营

---

① 前文说，普布利乌斯·斯基皮奥有事需返回罗马，所以交接人质应该是普布利乌斯·斯基皮奥从罗马返回后进行的。

② ［英译注］可能是错的，最有可能的是提弗努斯（Tifernus）山，即今马泰塞山（Matese）。

地。完成这些后，他将大军分为三队，派遣两队士兵出营搜集谷物，命令每一队士兵必须搜集本队当天消耗的数量，超过的谷物上交粮食补给官。第三队士兵守卫军营，掩护四处搜集谷物的搜粮队。由于格鲁尼乌姆大部分地区非常平坦，极易劫掠，所以搜粮者可以说数不胜数，另外天气也很适合取得谷物，所以汉尼拔每天都能搜集到大量谷物。

[101] 罗马的骑兵将军马尔库斯·米努基乌斯·儒福斯从法比乌斯手里接过指挥权后，起初沿着群山尾随迦太基人行军，一直期待在敌人横穿群山时，与其相遇。但是，获悉汉尼拔已经占据格鲁尼乌姆，并在此城前建立了坚固的大营，此时正在劫掠这个地区，米努基乌斯令全军调转方向，沿着一条向下倾斜到格鲁尼乌姆的山脊下山。抵达拉里努姆（Larinum）地区后，米努基乌斯率军在一个叫卡勒纳（Calena）的山边扎营，迫切地想与敌人决战。

看到罗马人逼近，汉尼拔让第三队士兵继续搜集谷物，他本人率领另两队士兵前进到距格鲁尼乌姆16斯塔德处，在一个山边扎营。此处既可威胁敌人，又可保护搜粮的士兵。双方营地之间，还有一座山，此山距离敌人营地很近，且可俯瞰敌营。汉尼拔于是在夜里派出2000名投枪兵占据这座山。第二天，米努基乌斯看到所发生的事，派他的轻步兵部队对山头发动攻击。双方在山上爆发短促激烈的战斗。罗马人获胜，然后米努基乌斯将罗马大营转移至这座山上。由于敌人近在咫尺，汉尼拔有一段时间固守营地、按兵不动，但是他不能一直让大军待在营地。几天后，他不得不派一些士兵带牲畜出营吃草，另一些士兵出营搜集谷物。依照原初的计划，汉尼拔急于避免损失之前捕获的牲畜，也急于搜集尽可能多的谷物。这样一来，过冬期间，他的士兵、马匹和驮兽就不会缺乏补给。就组成全军的各单位而言，汉尼拔的胜利尤其仰赖他的骑兵部队。

[102] 注意到大部分敌人分散在格鲁尼乌姆周边搜集谷物，

米努基乌斯选择在中午时分率军出营,向敌营靠近。他令军团列好阵势,将骑兵和轻步兵分为数队,攻击敌人的搜粮队,同时下令只可杀敌,不得俘虏敌人。此时,汉尼拔发现自己形势危急,既没有充足的兵力与敌人一战,也无法派兵援助分散的搜粮队。米努基乌斯派出攻击敌方搜粮队的部队杀伤众多,在汉尼拔营前列阵的罗马军团开始蔑视敌人,他们拆毁栅栏,差一点摧毁迦太基大营。汉尼拔此时万分危急,尽管深陷困境,仍继续指挥士兵驱赶攻击者,艰难地防守营地。这时,哈斯德鲁巴率领4000人赶来救援,这4000人是在敌人攻击下逃往格鲁尼乌姆城前那座大营躲避的搜粮队士兵。得到援军后,汉尼拔信心有所恢复,遂率领士兵从营区突围,在距营地很近的地方集结,组成阵型,发动反击,从而艰难地扭转迫在眉睫的灾难。

然后,米努基乌斯率军撤回自己的大营。在这次战斗中,罗马士兵杀敌众多,在乡间地带杀死的敌人多过在敌营杀死的敌人。此战过后,米努基乌斯对获胜的信心更足。第二天,迦太基人撤离山边大营,米努基乌斯立即占领敌营。汉尼拔唯恐罗马人发现格鲁尼乌斯城前的营地无人防守,担心敌人在夜晚对之发动攻击,继而夺走他的辎重和物资,遂决定重新回到那里扎营。之后,迦太基人愈发谨慎,严加保护外出搜粮的士兵。与之相反,罗马人外出搜粮更加大胆、更加鲁莽。

[103] 对这次胜利言过其实的夸大战报传到罗马后,罗马民众极为兴奋,部分因为这次胜利缓解了他们普遍的沮丧;部分因为他们据此次胜利推测,他们军队之前无所作为和士气低迷,不是士兵不够勇敢所致,而是将军太过谨慎所致。因此,所有人开始挑法比乌斯的毛病,指责他没有大胆地抓住战机。而米努基乌斯的声望由于这次胜利如日中天,以至罗马人作出一个史无前例的决定,他们竟同意米努基乌斯共享独裁官法比乌斯的绝对权力,相信这位骑兵将军会很快结束这场战争。所以,罗马人事实上任命了两位独裁官去指挥同一个战场,这是罗马从未有过

的事。

得知自己在罗马受到极大欢迎，民众授予自己新职务，米努基乌斯更加渴望冒险，决定对敌人采取一些大胆行动。法比乌斯返回军中，丝毫没有受最近发生之事影响，甚至比之前更坚定地坚持他原来的战略。留意到米努基乌斯过度兴奋，且对他充满嫉妒，处处反对他，很想冒险一战，法比乌斯提出两个选择：要么两人轮流隔日全权指挥全军，要么将全军一分为二，两人依照自认为合适的方式指挥各自的军团。米努基乌斯爽快地同意把全军一分为二，所以他们分割全军，分开扎营，两个营地相距12斯塔德。

［104］部分从俘虏那里听说，部分通过自己的观察，汉尼拔意识到罗马人的两位将军彼此不睦，而米努基乌斯较为冲动，雄心勃勃。思虑到敌人眼下的情势于他有利，汉尼拔转而重点留意米努基乌斯，并预测后者会发动进攻，急于阻止他的冒险行为。汉尼拔的营地与米努基乌斯的营地之间有座小山，谁要占据这座小山，就能给予对方有效攻击，汉尼拔决定抢先占据这座山。汉尼拔非常清楚，米努基乌斯由于前一次胜利，会立即阻止他实现这个目标，于是设计出下述策略。

小山周围的土地没有树木，但有很多不规整的空洞。天黑之后，汉尼拔挑选出500名骑兵和5000名轻步兵以及其他步兵，将其分成数队，每队200或300人，命其到最适宜设伏的地点埋伏。为了避免让早晨外出搜粮的罗马士兵发现这支伏兵，汉尼拔率领他的轻步兵部队天一亮就攻占小山。米努基乌斯看到敌人的行动，认为这是一个绝佳战机，立即派出轻步兵投入战斗，与敌人争夺小山。然后，他先派出骑兵，接着亲自率领全部军团，以密集队形前进。这是他上次胜利采取的战术，这次他又重演上次的战术。

［105］此时，天刚破晓不久，罗马人全神贯注于山上的战斗，没人怀疑过敌人会设置伏兵。汉尼拔不断往山上增派援兵，很快又亲自率领骑兵和剩余士兵加入战斗。不久，双方的骑兵投入战

斗。面对迦太基人优势骑兵的攻击，罗马人的轻步兵部队被迫后撤。他们的撤退令重装步兵方阵陷入混乱，汉尼拔见此，立即向伏兵发出信号。迦太基伏兵立即从四面八方涌出，发动攻击，不仅罗马的轻步兵，而且整支军队都发现自己处于极其危险的境地。

这时，法比乌斯看到发生的事情，深恐会导致一场全面灾难，立即率领他的军团前来增援。法比乌斯赶到后，罗马人此时尽管已陷入完全混乱，仍再次鼓起勇气，重拾信心，环绕军旗聚拢，在法比乌斯的掩护下撤退。此时，他们已经损失大部分轻步兵，重装军团的损失也相当严重，包括那些最勇敢的士兵。增援同胞的法比乌斯军团精神焕发、秩序井然，令汉尼拔有所畏惧，所以他禁止部下追击敌人，结束了这场战斗。

对那些参加这次战斗的人而言，米努基乌斯的鲁莽无疑会导致全军覆没，正如之前的数次情势，而正是法比乌斯的谨慎再次拯救了罗马人。对罗马城中的人而言，下面这一点变得非常清晰，无可置疑：一位有远见、清醒、能冷静推理的将军与一位冲动、鲁莽的士兵的差异非常之大。不过，这次事件给了罗马人一个教训：他们再次整合到一个营地，将全军合为一处，从此之后，士兵们对法比乌斯言听计从。迦太基人则在那座小山和他们的营地之间挖掘一条壕沟，绕着那座小山修筑坚实的栅栏，并派出一支部队守卫那座小山，以此获得足够安全，安心为过冬做准备。

［106］这时，执政官选举的时间临近，罗马人选举卢西乌斯·保卢斯（Lucius Aemilius Paulus）和盖乌斯·瓦罗（Gaius Terentius Varo）为执政官。① 接受任命后，两位独裁官卸任，上

---

① 公元前216年的罗马执政官。

公元前216年即秦始皇三十一年。十二月，始皇有求仙之志，所以把腊月改为"嘉平"，赐给每里（每里一户）六石米，二只羊。始皇便装游咸阳，由四名武士陪同，晚上在兰池遇到强盗，情势危急，武士击杀强盗。始皇下令在关中搜捕二十天。参《史记·秦始皇本纪》，前揭，页251。

一年的两位执政官格奈乌斯·塞维利乌斯·葛米努斯和马尔库斯·雷古鲁斯（Marcus Atilius Regulus）——盖乌斯·弗拉米尼乌斯战死后，此人继任为前一年执政官——被保卢斯任命为副执政官（ἀντιστράτηγοι），获援指挥军队参加战役的权力。与元老院商议过后，卢西乌斯·保卢斯立刻开始征召士兵，补充战场上军团的缺员，然后将这些士兵派往前线，同时命令格奈乌斯·塞维利乌斯绝不可冒险发动大规模战役，而是应该灵活地、不间断地发起小规模的战斗，以便锻炼新兵，让他们获得参加大战役的信心。元老院认为，最近的失利的主要原因是战斗中使用的是没经过训练的新兵。

两位执政官又分配一支军队给裁判官卢西乌斯·阿尔比努斯（Lucius Postumius Albinus），①派遣他到山南高卢，在支持汉尼拔的凯尔特人中间制造分裂。同时，两位执政官召回正在利利巴厄姆过冬的舰队，命舰队往伊比利亚运送斯基皮奥兄弟需要的一切物资。两位执政官和元老院忙于这些事情以及其他战争准备时，格奈乌斯·塞维利乌斯接受执政官的命令，开始发起他们所要求的小规模战斗。我不会提到或描述这类小规模战斗，这些战斗既不具决定性也不值得记述。格奈乌斯·塞维利乌斯接受的命令和他的处境共同确保了在这期间发生很多规模很小的战斗。在这些战斗中，罗马的指挥官们表现更优异，他们被普遍认为既勇敢又谙熟战斗技艺。

［107］整个冬季和春季，两军都一直面对面扎营，直到天气转暖，士兵能够外出搜集当年的谷物，汉尼拔才率领全军离开格鲁尼乌姆城前的大营。②确信用他掌控的一切手段迫使敌人进行决

---

① 此人是公元前229年的执政官，参与罗马人与伊利里亚人的第一次战争。参2.11–12。

② 大概是公元前216年6月初。

战对他有利,汉尼拔率军占领一个名叫坎尼(Cannae)①的城市的卫城。之前,罗马人从坎努西乌姆(Canusium)周边乡村搜集谷物和其他补给贮存于此,时不时将其运往营地满足需求。坎尼城虽然之前就已被夷为平地,但卫城的陷落和各种补给的丧失让罗马全军恐慌不已。他们之所以对这个地方被敌人攻占感到恐慌,并非仅仅因为会因此失去补给,而且还因为占领坎尼的卫城就可控制周边地区。因此,罗马大营不断遣使罗马,询问该怎么办,信使报告:如果向敌军靠近,将免不了与敌决战,因为如果这个地区遭到敌人蹂躏,各盟友的态度将发生变化。元老院决定进行决战,但他们命令格奈乌斯·塞维利乌斯先等等,同时将两位执政官派往前线。

所有人的目光都集中在卢西乌斯·埃米里乌斯·保卢斯身上。罗马人将全部希望都寄予这位执政官,不仅因为他的一生展现出他高贵优秀($\kappa\alpha\lambda o\kappa\dot\alpha\gamma\alpha\vartheta\acute\iota\alpha\nu$)的品格,而且因为他不久之前奉命指挥伊利里亚战争②时,证明自己是一个勇敢的将军,是一个以国家利益为重的将军。元老院决定派8个军团参战,这是史无前例之事——每个军团由5000名罗马士兵组成,这还不包括盟友的士兵。如我之前解释的,罗马人通常征调4个军团,每个军团约4000名步兵和200名骑兵,但是当局势异常严峻时,罗马人会将每个军团的人数增加到5000名步兵和300名骑兵。罗马人还要求盟军提供同等数量的步兵;按照惯例,盟友提供的骑兵则是罗马骑兵的三倍。元老院派执政官开战时,一般令两位执政官各率领2个罗马军团和一半盟军。大多数战役都由一位执政官率领自己的兵力进行,只有少数情况才会令两位执政官集合全部兵力参与一场战役。但是面对眼下

---

① 位于奥菲多斯河右岸,距离此河入海口8公里处。

② 指公元前219年,攻打法洛斯的德米特里乌斯的第二次伊利里亚战争。参3.18–19。

的局势，他们非常焦虑和恐慌，以至决定派8个军团而非4个军团进入战场。

［108］埃米里乌斯·保卢斯出发前，元老院向他强调这次战役的结果将具有重大意义，命他全权负责这次战事，当战斗的时刻来临，他要勇敢战斗，不要辜负罗马对他的期待。埃米里乌斯·保卢斯一到达罗马大营，就召集全军传达元老院的命令，发表与形势相宜的演说，字字发自内心。他的演说大部分致力于解释先前的失败，因为正是先前的失利让全军士气低迷，急需鼓舞。因此，他试图激发他们的勇气。他说，之前的失败绝非源于一两个原因，而是很多原因导致的，但是眼下，他们如果像男子汉那样战斗，没有任何理由不取得胜利。他说道：

那两位执政官从未联合各自的军团进行作战，他们麾下的士兵是未经锻炼的、从未经历过战争之恐怖的新兵。但是，最重要的因素是，我们的部队对敌人无知到这种地步，以至几乎可以说，他们尚未看清敌人长什么样子，就冒险列阵与敌人决战。特雷比亚河战役中殒命的士兵，前一天才抵达战场，第二天天一亮就投入战斗；埃特鲁里亚战役中殒命的士兵，不仅没有看到面前的敌人，甚至由于天气原因，连自己人都看不清。但是，我们眼下面临的形势，与此前的战役完全相反。

［109］第一，我和盖乌斯·瓦罗两位执政官都在这里，不仅我们将与你们一起战斗，我们还让上一年的两位执政官也留在这里，他们也将与你们一起战斗。第二，现在你们不仅能看到敌人的武器，他们如何排兵布阵，他们的人数，而且这两年里你们几乎天天与他们战斗。因此，我们现在面临的形势与我刚刚提到的前几场战事的形势完全相反，我们可以期待眼下这次战斗的结果与先前战事的结果将完全相反，因为在与敌人进行如此多小规模战斗且大部分都获胜，并且

我们的人数超过敌人不止一倍的情况下，现在以全部兵力与敌人决战，说我们会被击败，即便并非不可能，至少也难以想象。

因此，我的士兵们，我们已采取一切措施来确保胜利，但唯独缺少一样东西，那就是你们的勇气和决心。就这一点而言，我认为，再继续鼓舞你们已不适宜。因为，那些雇佣兵或那些依照盟约为邻人奋战的士兵，会恐惧战斗本身，并且或多或少对战斗的结果不在意。面对这类士兵，战前进行鼓舞是必要的。但是，面对像你们这样的士兵——你们不是为了别人而战，而是为你们自己、你们的祖邦、你们的妻子和孩子而战，对你们来说，即将到来的战斗危险与战斗的结果相比，根本不值一提——根本不需要鼓舞你们尽职尽责战斗，提醒一下便足矣。因为，面对眼下这种形势，哪个男子汉会不希望在战斗中征服敌人，获取胜利？如果无法获胜，哪个男子汉不会奋战而死，而是选择眼睁睁看着自己最珍视的一切被侵犯、被毁灭？

因此，我的将士们，你们根本不需要我说这些话！你们应该紧紧盯住失败和胜利的差异！你们不仅仅是为你们祖国的军团之存亡而战，也是为你们祖国本身之存亡而战！罗马已经耗尽她的全部资源：如果这场战役失败，你们的祖国就没有资源再去战胜敌人！她已经把她的全部精神和力量赋予你们，她的安危完全仰仗你们！不要辜负她的期望！你们要全部偿还亏欠她的感激！我们要让天下人知道，我们之前的失败不是由于罗马人不如迦太基人勇敢，而是由于前几次战役中的士兵缺乏经验和形势所逼。

如此演说后，埃米里乌斯·保卢斯解散部队。

[110] 第二天，两位执政官拔营，率军朝已获悉的敌人大营所在地挺进。经过一天行军，敌人进入他们的视线范围，两位执

政官在距敌人50斯塔德处扎营。埃米里乌斯·保卢斯看到地势非常平坦且没有任何树木，强烈反对在此攻击敌人，因为此地对敌人的骑兵有利，因此他建议将敌人引到一个由步兵决定胜败的地点。但是，特伦提乌斯·瓦罗由于缺乏经验，不赞同埃米里乌斯·保卢斯的建议，两位将军就此爆发争论、产生不和，这是最致命的麻烦。

依据一般惯例，两位执政官隔一天轮流指挥全军，因此接下来的一天轮到瓦罗指挥。尽管埃米里乌斯·保卢斯极力反对，瓦罗仍然拔营，率军朝敌人进军。汉尼拔派出轻步兵和骑兵突袭特伦提乌斯·瓦罗，罗马大军还在行军时就陷入混乱。然而，瓦罗首先派出部分重装步兵挡住汉尼拔的第一次攻击，随后派出投枪兵和骑兵扭转局势，并占据上风。这是因为迦太基人没有派出充足的掩护部队，而罗马的重装步兵却与轻步兵一起攻击敌人。

黑夜来临，双方被迫收兵，迦太基人的第一次攻击没有取得预想的胜利。第二天，埃米里乌斯·保卢斯判断进行决战不可取，同时认为不再能安全撤军，遂率全军在奥菲多斯（Aufidus）[①]河边扎营。这是唯一一条贯穿亚平宁山脉的河流，这条绵延的山脉将意大利所有河流分割，山脉西侧的河流流入第勒尼安海，山脉东侧的河流流入亚得里亚海。然而，奥菲多斯河流经亚平宁山脉，它的源头在意大利朝向第勒尼安海那一侧，却流入亚得里亚海。埃米里乌斯·保卢斯将全军一分为二，三分之二的兵力在奥菲多斯河南岸扎营，另外三分之一的兵力在河对岸位于奥菲多斯河入海口浅滩的东边扎营，距离他自己的主力大营10斯塔德，距离敌人大营则更远。他如此部署的意图是，第二营地既可保护从主力大营派出的搜粮队渡过奥菲多斯河，又可攻击迦太基人的搜

[①] 即今奥凡托河，位于意大利南部，长约145公里，流经坎帕尼亚、阿普里亚地区，在巴列塔附近注入亚得里亚海。

粮队。

[111] 看到与敌人决战不可避免,担忧他的士兵已被最近的失利挫伤士气,认为眼下的形势需要用言辞激励一番士兵,汉尼拔召集全军集合。全军集合后,汉尼拔首先命令士兵们环顾周围地势,问他们,面对眼下的形势,他们还能从诸神那里期待什么更好的恩惠。如果决定与敌人决战,由于此地地势对他们的骑兵极为有利,是否有比此地更好的选择。众士兵由于能亲眼看到这一点,遂全体欢呼,汉尼拔继续说道:

> 首先,你们要感谢诸神为你们准备这一优势,正是诸神引导敌人来到此,从而将帮助你们取得胜利;其次,你们要感谢我迫使敌人进行决战,他们不再能逃过决战,而在此地进行决战明显对我们有利。
>
> 我之所以认为我不再需要进一步激励你们鼓足勇气、渴望决战,原因就在于此。当你们缺乏与罗马人战斗的经历时,激励你们一番非常必要,过去我也常常在演说中描述他们作战的事例,但是现在的你们已经连续在三次大战中无可置疑地击败罗马人,我又有何种言辞可比你们本身的事迹更能激发你们的勇敢?我曾对你们允诺,你们将会征服整个乡野地带,夺取它的财富,我的承诺已全部实现:那三次战斗已让你们控制乡野地带,夺取它的财富。
>
> 接下来的这场战斗,将让你们掌控所有城市及其财富。你们的胜利将会使你们立即成为意大利的主人!这场战斗将终结你们眼下的磨难!你们将拥有罗马的全部财富!你们将成为天下的主人!我无需再多言,现在是行动的时刻!如果诸神愿意,我非常确信我刚刚对你们的许诺将全部兑现。

汉尼拔如此说完并进一步阐释他的大意后,全军衷心地爆发出阵阵欢呼。汉尼拔称赞士兵，向全军致谢，后解散全军。然后，他立即在奥菲多斯河罗马主力大营一侧，建造有栅栏防护的营地。

[112] 第二天，汉尼拔命令全军整理装备和照料自己。第三天，他率军沿奥菲多斯河列阵，意在尽快与敌决战。埃米里乌斯·保卢斯对决战地势不满意，他看到迦太基人为了获得补给将不得不很快转移营地，遂部署掩护部队确保两个营地的安全后，一直按兵不动。迦太基大军等待了一段时间，但没有人出来迎战，汉尼拔只得令全军撤回营地，只派出努米底亚骑兵拦截罗马第二营地外出取水的队伍。努米底亚骑兵来到罗马第二大营栅栏外，阻止罗马士兵外出取水，这不仅狠狠刺激到特伦提乌斯·瓦罗，而且士兵们显示出要与敌人决战、不愿再拖延的决心。对一般人来说，没有什么事情比长时间拖延不决更难忍受，但是，一旦做出决定，他们就要做好忍受任何事的准备，甚至包括最痛苦的事！

全军与敌人面对面扎营后，战斗一触即发的消息每天都会传到罗马，整个城市都陷入极度的紧张和恐惧中。由于已经遭受过几次战败，罗马民众非常恐惧战斗的结果，他们仿佛已经预先看到和想象到这次战事惨败后的场景。所有曾经发布过的神谕都挂在人们的嘴上，每座庙宇和每所房子都充斥着种种征兆和异象，以至发誓、献祭和盛大的游行、冗长的祷告遍布全城。每当面临危险时，罗马人都会尽其所能安抚诸神和人类，在这种时候，他们丝毫不认为这类仪式有何不得体或有损尊严。

[113] 接下来的一天轮到特伦提乌斯·瓦罗指挥全军。太阳一升起，他立即率领全军从两处营地出发。他率领主营地的士兵渡过奥菲多斯河后，立即命令士兵摆好战斗阵型，同时令第二营地的士兵紧挨着主营的阵型同一线布阵，全军面向南方。他将罗马骑兵置于右翼，紧挨着奥菲多斯河。罗马骑兵旁边是重装步兵，重装步兵以比平常更为密集的队形列阵，纵深超过宽度好几

倍。盟军骑兵被置于左翼，整个阵型前方是轻步兵部队。全部罗马军力加上盟军的人数，共约80000名步兵和6000多名骑兵。

与此同时，汉尼拔派投枪兵和长矛兵渡河，将他们置于阵型前面，然后率领其余士兵在两个地点渡河后，在敌人对面摆好阵型。汉尼拔在自己阵型左翼，即挨着奥菲多斯河边部署伊比利亚骑兵和凯尔特骑兵，以迎击罗马骑兵，紧接着是半数重装利比亚步兵、伊比利亚步兵和凯尔特步兵，再是另一半重装利比亚步兵，右翼则是努米底亚骑兵。全军成直线水平列阵后，汉尼拔又令阵线中央的伊比利亚和凯尔特步兵凸前，同时与其他作战单位保持连接，如此形成一个新月形状，随着阵型往两侧延伸，两翼越来越薄。汉尼拔的意图是，让伊比利亚和凯尔特步兵首先与敌人接战，利比亚步兵则是后续攻击力量。

［114］利比亚士兵配备有罗马人的武器，汉尼拔已用之前战役中俘获的最好装备来武装利比亚士兵。伊比利亚步兵和凯尔特步兵使用的盾牌一样，但他们的剑完全不同。伊比利亚士兵的剑砍杀时具有致命的效用，但高卢人的剑只能猛砍，且需要大幅度挥舞。凯尔特和伊比利亚步兵组成的中央阵线以交错的方式构成。高卢人裸着上身，伊比利亚人则穿着镶有紫色边的束腰短衣，这是他们的民族服饰。因此，汉尼拔的整个中央阵线显得非常怪异。迦太基人的骑兵约10000人，步兵——加上凯尔特步兵——不超过40000人。

罗马军队的右翼由埃米里乌斯·保卢斯统领，左翼由特伦提乌斯·瓦罗统领，中央阵线由两位前执政官马尔库斯·阿提利乌斯·雷古鲁斯和格奈乌斯·塞维利乌斯·葛米努斯统领。哈斯德鲁巴统领迦太基军队的左翼，汉诺统领右翼，汉尼拔和他的弟弟马戈统领中央阵线。因此，如我前文所述，罗马人面朝南，迦太基人面朝北，双方都没有由于正在升起的太阳而感到不便。

［115］双方的先锋轻步兵部队首先交战。起初，双方的轻步兵势均力敌，谁都没有占据优势，但是，自居于左翼的伊比利亚

和凯尔特骑兵与罗马骑兵接战开始,随之而来的战斗变得相当残酷,他们没有像往常进行迂回攻击,而是一相遇就立即下马,开始一对一的步战。最终,凯尔特和伊比利亚骑兵取得胜利。罗马骑兵尽管勇敢决绝地战斗,但是大部分在混战中被杀,幸存者被凯尔特和伊比利亚骑兵沿着奥菲多斯河驱赶后退,遭到敌人无情屠杀。

这时,双方的重装步兵取代轻步兵开始接战。一开始,伊比利亚和凯尔特步兵还能保持队形,勇敢抗击罗马重装步兵,但是没过多久,他们就被罗马重装军团方阵压倒,不得不向后撤退,新月阵型被打散。罗马重装步兵方阵猛烈压迫迦太基的中央阵线,将其轻松穿透,因为一来,中央的凯尔特步兵的纵深本来就很薄,二来,随着战斗集中在阵线中部,罗马士兵从两翼涌向中部,使得中部阵线的纵深愈发厚重。

迦太基阵型两翼没有与中央同时展开战斗,而是中央阵线先行接战,凯尔特人被部署在新月阵型的顶端,突出两翼之前很长一段距离,结果凯尔特步兵率先与敌人交战。然而,罗马重装步兵不断压迫凯尔特步兵,向迦太基阵线中部推进。这部分敌人溃退后,罗马士兵追击敌人太远,以至他们的两侧现在面临利比亚重装步兵的威胁。随即,迦太基阵型中居于右翼的利比亚重装步兵向左转,攻击罗马重装步兵的右侧;居于左翼的利比亚重装步兵向右转,攻击罗马重装步兵的左侧。战斗的结果如汉尼拔谋划的,罗马重装步兵追击凯尔特人时太过深入,导致两翼被敌人包围,此时他们已无法保持紧凑队形,只能由单个士兵或几个士兵面对冲击他们侧翼的敌人。

[116]埃米里乌斯·保卢斯尽管从战事开始就居于右翼,且已参与骑兵作战,但此时依然安全。但是,为了践行他在战前对士兵们的许诺,他这时再次加入战斗。他看到,此战的胜败主要由军团来决定,遂骑马来到整个战线的中央。他不仅亲自加入战斗,与敌人对战,而且不断鼓舞己方士兵。汉尼拔自战斗开始一

直居于战线中央，这时也在做类似的事情。

与此同时，居于右翼的努米底亚骑兵开始攻击罗马左翼的盟军骑兵。由于他们独特的作战模式，努米底亚骑兵既没有获得任何巨大的优势，也没有遭受任何严重的损失，而是通过将罗马盟军骑兵引离战场，然后立即从各个方向攻击他们，阻止罗马盟军骑兵对整场战斗发挥作用。这时，哈斯德鲁巴已几乎把奥菲多斯河边的罗马骑兵消灭干净，开始从左侧帮助努米底亚骑兵。罗马盟军骑兵看到哈斯德鲁巴带领部下向他们这边冲来，立即溃散逃走。在这个关键时刻，哈斯德鲁巴展现出极高的技巧和审慎。考虑到努米底亚骑兵人数多，追击溃逃的敌人时威力最大，因此他让努米底亚骑兵追击逃散的罗马盟军骑兵，他本人则率领他指挥的伊比利亚和凯尔特骑兵赶到步兵激战之处，以支援利比亚重装步兵。

哈斯德鲁巴从背后攻击罗马重装步兵，且在不同位置反复冲击敌人，利比亚步兵的士气因此大大振奋，罗马步兵则惊慌失措。就在此时，埃米里乌斯·保卢斯在激战中身体多处受伤后阵亡。可以说，这个人一生忠于他的祖邦，在生命的最后时刻依然如此。罗马重装步兵仍在尽力坚持，但是各个方向皆是敌人，敌人已经包围他们。随着外围的队列不断被敌人砍倒，剩余的士兵逐渐挤作一团，最终在他们站立的地方被敌人全部砍死，包括两位前执政官马尔库斯·阿提利乌斯·雷古鲁斯和格奈乌斯·塞维利乌斯·葛米努斯，这两人在战斗中极为勇敢，以行动证明自己是真正的罗马人。这种凶残的屠杀进行之时，努米底亚骑兵追击敌人逃跑的盟军骑兵，杀死绝大部分敌军，并将其他人拉下马。只有极少数罗马骑兵逃到坎努西乌姆，其中就有执政官盖乌斯·特伦提乌斯·瓦罗，他可耻地逃跑。作为执政官，他没有给祖国带来丝毫益处。

［117］这就是罗马人与迦太基人在坎尼决战的结果。在这场战役中，胜者和败者都表现得非常勇敢，事实本身可以证明这一

点。罗马的6000名骑兵中，只有70名与特伦提乌斯·瓦罗逃到坎努西乌姆，另300名盟军骑兵分散逃往几个不同的城镇。罗马步兵中有10000人在战斗中被俘，但不是在战场上被俘。参加战役的步兵只有3000人从战场逃往邻近的城镇，剩余的士兵将近70000人，都勇敢地战死。这次战役和前几次战役一样，汉尼拔数量众多的骑兵对胜利的贡献最大。这向后人证明，在未来的战斗中，就算步兵只有敌人的一半，骑兵也要具有压倒性优势。在坎尼战役中，汉尼拔的大军损失4000名凯尔特人，1500名伊比利亚人和利比亚人，以及200名骑兵。

那些罗马人并非在战场上被俘，原因如下。埃米里乌斯·保卢斯留下10000名步兵在自己的营地，他的意图是，一方面，如果汉尼拔倾巢出动，敌营无人防守，这10000名步兵就可趁战役进行的间隙攻占敌营，虏获敌人全部物资。另一方面，如果汉尼拔预见到这种危险，留下重兵防守营地，那他派往战场用来攻击罗马人的兵力就会遭到削弱。这10000名步兵被俘的过程大致如下。汉尼拔已部署足够的兵力防守营地，当战场上的战斗开始后，这10000名步兵按照埃米里乌斯·保卢斯战前的命令，开始攻击汉尼拔营地的那支守军。起初，敌人能顶住罗马人的进攻，但是逐渐陷入困境，这时，汉尼拔已在战场各个部分取得胜利，开始派援兵帮助营地的守军。于是，迦太基人将这10000名罗马步兵包围在自己营地。汉尼拔率军杀死2000名步兵，将剩余的全部俘虏。努米底亚骑兵还猛攻这个地区周围可以庇护逃跑的敌人的各个据点，俘虏大约2000名罗马骑兵。

［118］这次战役的结果意味着这场战争已到达临界点，我在前面已经叙述过双方的这一预期。凭借这次胜利，迦太基人立即成为几乎所有剩余海岸的主人，塔兰托立即向汉尼拔投降，阿尔及里帕和一些坎帕尼亚城镇邀请汉尼拔到他们那里去。从那时起，所有其他城市都转向迦太基人一边，迦太基人发现自己甚至有能力短时间内拿下罗马城。对罗马人来说，这次战败意味着他

们立即丢掉了在意大利重新赢得领导权的希望,他们的生命和祖邦的土地立即面临生死存亡的危险。由于预料到汉尼拔会随时抵达罗马城下,他们恐惧不已。

事实上,仿佛机运也在与罗马人作对,在他们与绝境的抗争中分发额外的痛苦给他们。因为坎尼战役结束几天后,当罗马城被痛苦淹没之时,他们派往山南高卢的将军卢西乌斯·珀斯图米乌斯·阿尔比努斯中了凯尔特人的埋伏,全军覆没。但是,罗马元老院仍继续尽职尽责,不断激励和鼓舞民众,积极强化城市的防御,商议如何应对这一处境,显示出男子汉应有的冷静。随后发生的事件证明他们是对的。尽管罗马人现在已无可置疑地被击败,他们的军事领导权也已落入他人之手,但是凭着他们政制的独特性质($πολιτεύματος\ ἰδιότητι$)和深思熟虑的明智,他们后来不仅恢复在意大利的领导权,彻底击败迦太基人,而且没用多少年便成为天下的主人。

叙述过第140个奥林匹亚年在伊比利亚和意大利发生的事件后,现在我将结束这一卷。待叙述完希腊在同一时期发生的事件后,我将中断叙述,转而论述罗马的政制。我相信,对罗马政制的论述,不仅在体例上契合我这部史书的整体规划,而且对好学之士和从事实际政治事务的人改革其他政制或创建政制益处极大。

第四卷

〔1〕在前一卷中，我解释了罗马与迦太基第二次战争的原因，叙述了汉尼拔对意大利的入侵，直到双方在坎尼城下、奥菲多斯河边进行的数次战役。接下来，我将叙述第140个奥林匹亚年希腊发生的事件。但是，我首先要帮助读者简短回顾，我在第二卷中叙述的希腊事务的梗概，尤其是阿凯亚同盟在我的时代和更早时期令人惊异的快速成长。

阿凯亚联盟的历史始于奥瑞斯特斯之子提萨曼努斯王，提萨曼努斯王室一直统治到奥古古斯时期。之后，阿凯亚人采用了最优异的政制：民主制。然而，有一段时间，阿凯亚联盟又被马其顿诸王解散，分散在不同的城市和乡村。接下来，我又叙述了阿凯亚人如何、何时再次组成联盟，第一批组建联盟的城市是哪些。在这之后，我又叙述了他们凭靠何种方式、何种原则吸引了其他城市加入，最终把伯罗奔半岛的所有城市统一在一个单一名称和单一政治体之下。

概述完阿凯亚联盟的这一历史过程后，我又接着概述了直到斯巴达国王科勒奥门涅斯三世倒台的一连串事件。然后，我总结了作为导言的两卷书的内容，直到安提哥努斯三世、塞琉古三世、托勒密三世驾崩——这三位国王死于同一个奥林匹亚年。最后，我宣称我的史书将以紧接着上述时刻发生的事件作为开端。

〔2〕我把那个时刻作为我的史书的开端有几个原因。第一，阿拉图斯的《回忆录》在那个时刻结束，我决定从他终止的时刻开始，继续叙述希腊的事务；第二，紧接着那个时刻的时期，即我的史书涵盖的时期，正好与我这一代和前一代人的时代吻合，

这意味着我要么本人亲历过那些事件，要么可以向亲历那些事件的人打听。在我看来，如果我的史书涵盖比这个时期更早的事件，就只能复述一些道听途说之事，我的判断和陈述都不会可靠。

不过，我从那个时刻开始我的叙述，最重要的原因是，机运在紧接着那个时刻的时期彻底更新了天下。在那个时刻，德米特里乌斯二世之子腓力五世还是个孩子，刚刚继承马其顿王位；阿凯俄斯（Achaeus），这位陶鲁斯山脉以北的亚洲的统治者，此刻不仅已拥有君主的威仪，而且兵力极大；别号"大帝"的安提俄库斯三世在几年前兄长塞琉古三世去世后继承叙利亚的王位，尽管他此时还很年轻；在同一时刻，阿里阿拉特斯四世成为卡帕多西亚的国王，"爱父者"托勒密四世继承埃及王位；在那个时刻后不久，吕库古斯（Lycurgus）成为斯巴达国王；也是在那个时刻前不久，迦太基人任命汉尼拔为远征意大利的统帅。① 各地统治者的更替预示着一个新的开端（καινῶν ἀρχή）：这是注定发生的——当事情注定发生时，它们往往会发生！不管如何，那个时刻之后发生下述事件：罗马人与迦太基人爆发汉尼拔战争；安提俄库斯三世和托勒密四世爆发争夺科勒叙利亚的战争；阿凯亚联盟与腓力五世结盟，对埃托利亚联盟和斯巴达开战。

[3] 阿凯亚联盟与腓力五世结盟，对埃托利亚联盟和斯巴达开战的原因如下。埃托利亚人长期以来对和平不满，因为和平要求他们消耗自己的资源，而他们已经习惯依靠邻族的资源过活。埃托利亚人天性贪婪，他们被这种恶习奴役，过着贪婪的猛兽般的生活，他们认为世间毫无友爱，所有人都是他们的敌人（πολέμια）。② 然而，在安提哥努斯三世在世时，他们由于恐惧马其

---

① 吕库古斯于公元前220年冬季成为斯巴达国王；汉尼拔被任命为统帅是公元前221年。

② 关于埃托利亚人尚劫掠，参修昔底德，《战争志》，1.5。

顿人不敢妄动，但是这位国王去世后，年少的腓力五世继位。埃托利亚人认为，他们可以忽视这位少主，开始寻找各种借口和事由插手伯罗奔半岛的事务。他们的旧习惯诱使他们劫掠伯罗奔半岛，认为自己能够在战争中与阿凯亚人匹敌，因为后者此时孤立无援。这就是他们的动机和目的。他们推进这一计划时，偶然事件起到一点作用：这个偶然事件为他们执行计划提供了借口。

特里康尼斯的多利马库斯（Dorimachus of Trichonis）是尼科斯特拉图斯（Nicostratus）之子，后者曾背弃（$παρασπονδήσαντος$）泛波俄提亚节（Pan-Boeotian）的神圣规定。多利马库斯此时还是一个年轻人，具有埃托利亚人的典型特征：好斗成性、贪婪无度。他被派往斐戈利亚（Phigalea）执行公务。斐戈利亚是伯罗奔半岛上的一座城市，靠近墨瑟尼亚边境，后者当时是埃托利亚联盟的成员。多利马库斯的职责表面上是守卫斐戈利亚及其土地，实际上是刺探伯罗奔半岛事务的状况。一帮最近聚集起来的劫匪到斐戈利亚与他会合，但是他无法为这帮劫匪提供合法机会进行劫掠，因为安提哥努斯三世在希腊确立的和平还没有被破坏。最后，由于没有别的选择，多利马库斯让这帮劫匪去劫掠墨瑟尼亚人的牛群，尽管墨瑟尼亚当时仍是埃托利亚人的朋友和盟友。

这帮劫匪起初只在墨瑟尼亚的边境上偷窃牛群，但是随着时间流逝，他们逐渐变得肆无忌惮，开始进入墨瑟尼亚人的腹地侵占居民家舍，趁着夜色劫掠毫无防备的居民。墨瑟尼亚人对这种行径越发愤怒，派使者到多利马库斯那里抱怨。他起初对墨瑟尼亚人的抱怨毫不在意，因为不仅手下这股劫匪能继续获益，而且他本人也能分到一部分劫掠品。但是，由于劫掠暴行丝毫没有减弱，墨瑟尼亚不断遣使控诉。多利马库斯告诉使者，他将亲自到墨瑟尼亚为埃托利亚人辩护，反驳墨瑟尼亚人的指控。他来到墨瑟尼亚，受害者上前控诉埃托利亚人的罪恶时，他要么嘲讽和讥笑他们，要么用反控进行攻击，要么用辱骂进行恐吓。

[4]多利马库斯待在墨瑟尼亚城期间，他手下的那帮劫匪趁着夜色接近该城，靠着梯子闯入名叫科洛诺斯（Chyron）的农庄，杀死所有反抗者，把剩余的奴隶捆起来，连同牛群一起掳走。墨瑟尼亚的监察官们（ἔφοροι）一直以来对发生的劫掠事件非常不满，认为劫掠科洛诺斯农庄实属雪上加霜，正好多利马库斯在城中，遂将他召到诸监察官面前。这时，其中一位名叫斯库洛（Scyron）的很受邦民敬重的监察官，提议除非多利马库斯补偿墨瑟尼亚人的全部损失，将那些劫匪正法，否则多利马库斯不能离开墨瑟尼亚城。在场监察官赞同斯库洛的提议。这时，多利马库斯立马火冒三丈，吼叫道，如果诸监察官认为现在只是在侮辱多利马库斯而非已经得罪埃托利亚联盟，他们就是群彻头彻尾的蠢货。总而言之，多利马库斯扬言整件事令人发指，警告诸监察官墨瑟尼亚城将遭到惩罚，届时遭到惩罚完全是墨瑟尼亚人活该。

那时有一个令人作呕的人生活在墨瑟尼亚，此人叫巴布塔斯（Babyrtas），是多利马库斯的狂热跟屁虫。巴布塔斯对多利马库斯的声音和肢体特征的模仿程度之深，以至如果让巴布塔斯穿上多利马库斯的衣服、戴上他的帽子，就几乎难以分别谁是谁。多利马库斯对之也很清楚。多利马库斯傲慢地说出上述威胁之辞后，斯库洛非常愤怒，对多利马库斯说，"巴布塔斯，你认为我们会在意你和你的威胁吗？"听了这话，多利马库斯意识到眼下无法逃脱，只能暂时屈服于形势，同意赔偿劫掠罪行对墨瑟尼亚人造成的所有伤害。但是，他对斯库洛的奚落、嘲弄非常愤怒，一直怀恨在心，回到埃托利亚后，多利马库斯找不出更好的理由，便以斯库洛对他的嘲弄为借口对墨瑟尼亚人发动战争。

[5]这时，埃托利亚人的将军（στρατηγὸς）是阿里斯通

(Ariston)。① 但是，这位将军由于体弱多病，无法胜任将军之职，且由于与多利马库斯和斯科帕斯（Scopas）是亲属关系，他这时已基本上将权力让渡给这两人。多利马库斯不敢凭公开演说劝诫埃托利亚人对墨瑟尼亚人开战，因为他确实缺乏有效的理由，但是每个人都知道，他对墨瑟尼亚人的敌意源于他无视法律和对斯库洛嘲弄的怨恨。他放弃公开煽动埃托利亚人发动战争，转而私下劝说斯科帕斯支持他对墨瑟尼亚开战。

多利马库斯向斯科帕斯指出，第一，由于马其顿新王年少，此时还不满17岁，无需担忧马其顿人的干涉；第二，拉克岱蒙人对墨瑟尼亚也充满敌意；第三，厄利斯是埃托利亚人的朋友和盟友。多利马库斯基于上述三点推断，入侵墨瑟尼亚不会遇到阻碍。然后，他又向斯科帕斯描绘了入侵墨瑟尼亚能获得的巨量战利品——对一个埃托利亚人来说，这是最有说服力的论点——而墨瑟尼亚不仅对入侵毫无戒备，而且是科勒奥门涅斯战争唯一未波及的地区。最后，多利马库斯又对斯科帕斯详细勾勒了入侵墨瑟尼亚会让埃托利亚人对他们俩多么感恩戴德。

至于阿凯亚人，他说，如果他们阻止，那他们就没有理由抱怨埃托利亚人对他们进行报复；如果阿凯亚人缄默不言，入侵墨瑟尼亚的计划就可顺利进行。而攻打墨瑟尼亚人的借口并不难找到：墨瑟尼亚人一直以来都向阿凯亚人和马其顿人允诺，他们将与这二者结盟，一直在伤害埃托利亚人。通过这些说法和其他一些同样意思的巧言，多利马库斯说服斯科帕斯及其友人们立即入侵墨瑟尼亚，以至他们没有采取任何正常的步骤，如举行埃托利亚公民大会讨论，经过元老议事会（$\mathit{\dot{α}ποκλήτοις}$）②同意等。他们仅

---

① 埃托利亚联盟每年秋天选举一位将军，阿里斯通是公元前221至前220年度的将军。

② 埃托利亚联盟的最高行政机构，人数超过30人，负责贯彻公民大会的决议。

仅凭着喜好和判断就做出决定，立即对墨瑟尼亚人、阿凯亚人、伊庇鲁斯人、阿卡纳尼亚人和马其顿人开战。

［6］在海上，埃托利亚人的第一项行动是派出私掠船。私掠船在库特拉（Cythera）附近与马其顿国王的一艘战舰发生冲突，将那艘战舰和所有船员掳到埃托利亚，将军官、士兵和那艘战舰出售。然后，他们在克法勒尼亚海军的帮助下劫掠伊庇鲁斯海岸。他们还试图攻陷阿卡纳尼亚的图里翁（Thyrium）城。

在陆上，埃托利亚人同时秘密派遣一支轻兵穿过伯罗奔半岛，占据迈加洛波利斯中部名叫克拉里翁（Clarium）的要塞，将之作为出售战利品的市场和进一步劫掠的基地。但是，这个要塞不久遭到阿凯亚人围攻，几天后被阿凯亚联盟的将军提莫克赛努斯在陶立翁（Taurion）的协助下攻占，后者是安提哥努斯三世任命负责伯罗奔半岛事务的马其顿官员。作为科勒奥门涅斯战争的结果，科林多已经被阿凯亚人让给安提哥努斯三世。安提哥努斯三世袭取奥科门诺斯后，没有将之交还阿凯亚联盟，而是一直将其占据。我认为，安提哥努斯三世的意图不仅在于控制进出伯罗奔半岛的要道，而且在于通过在奥科美诺斯派驻守军和设置军械库，保护他在伯罗奔半岛内陆的利益。

在提莫克赛努斯将军任期即将期满，下一任将军阿拉图斯[①]虽已经被任命，还没有到任时，多利马库斯和斯科帕斯立即在赫利翁（Rhium）集结大军。他们的渡船和克法勒尼亚人的舰队在那里等着，将大军运往伯罗奔半岛，开始向墨瑟尼亚挺进。穿过帕特雷人、法莱人和特里塔人的土地时，埃托利亚人最初并不打算伤害任何阿凯亚人。但是，他们的士兵由于热衷劫掠，无法不染指阿凯亚人的土地，所以在穿过阿凯亚人的土地时，大肆蹂躏和劫掠，直到抵达斐戈利亚。他们从斐戈利亚出发，突然大胆地

---

① 阿拉图斯被任命为公元前220至前219年度的联盟将军。

侵入墨瑟尼亚，全然不顾他们与墨瑟尼亚人长期的友好和结盟，完全蔑视人间公认的正义。埃托利亚人的贪婪压倒其他一切考虑，他们肆意劫掠墨瑟尼亚人的乡野地带，没有遇到任何阻挠，因为墨瑟尼亚人根本不敢出来攻击他们。

[7] 这时，阿凯亚联盟举行联盟大会的法定时间到来，阿凯亚人的代表在埃吉翁聚集。在联盟大会上，帕特雷和法莱的代表控诉埃托利亚人途经他们的土地时犯下的暴行。同时，一个墨瑟尼亚使团也来到大会恳求帮助，说他们遭到背信弃义和不义的侵略。阿凯亚人听取这些陈述后，对帕特雷和法莱两城的遭遇愤怒不已，对墨瑟尼亚人的不幸充满同情。但是，他们无法容忍埃托利亚人的最重要的原因是，埃托利亚人未经阿凯亚人的许可，未证明他们的行动合法，就敢违背条约，率军进入阿凯亚联盟境内。阿凯亚诸代表被这些考虑激怒，投票决定援助墨瑟尼亚人，命令他们的将军召集阿凯亚军队，军队可全权决定如何行动。

这时，提莫克赛努斯还是阿凯亚联盟的将军。由于他的将军任期即将结束，且他本人对阿凯亚联盟的军事力量毫无信心——因为阿凯亚人近来完全忽视对军队的训练，所以他对率军参战畏畏缩缩，甚至没有积极征召军队。事实上，自斯巴达的国王科勒奥门涅斯三世倒台，所有伯罗奔半岛人已被前几次战争耗尽一切，所以变得疲惫不堪，相信和平会一直持续下去，根本没有为进一步的战争做任何准备。

但是，阿拉图斯对埃托利亚人的大胆无耻非常愤怒，以巨大的热情备战，而且他本人与埃托利亚人长期为敌。因此，阿拉图斯积极征召阿凯亚军队，渴望与埃托利亚人交战。最后，他在距离正式就任联盟将军之职还有5天时，就从提莫克赛努斯手中接过将军印，然后写信给阿凯亚各城，命令所有适龄士兵在迈加洛波利斯集结。

继续叙述这次战争之前，我认为我应该描述一下阿拉图斯的独特天性（*ἰδιότητα τῆς φύσεως*）。

［8］总的来说，阿拉图斯具备一个完美政治家的所有品质：他是一位强有力的演说家、头脑清楚的思想家，有能力坚持自己的判断；他心平气和地处理政治争论的能力、获取朋友和赢得盟友的能力，无人能出其右；他还有一种设计谋略的天赋，能找出各种方法对付敌人，还有极大的耐心和勇气贯彻这些计谋。有很多事例可以证明他的这些品质，不过最明显的事例是我们掌握的他攻占希库温和曼提尼亚、将埃托利亚人驱离培伦涅的详细叙述，尤其是他突袭攻占科林多卫城的事例。但是，每当率军与敌军在野外公开对战时，阿拉图斯就会头脑迟钝，犹豫不决，不敢面对危险。所以，他在伯罗奔半岛摆满纪念他失败的各种奖杯。总而言之，在这个方面，他的敌人总能轻易打败他。

事实上，人的天性（*τῶν ἀνθρώπων φύσεις*）不仅在身体方面多种多样（*πολυειδές*），而且在灵魂方面也多种多样，这不仅可以解释为何同一个人在一些事情上有天赋，在其他事情上则非常平庸，而且可以解释同一个人何以显得既非常聪明又非常愚蠢，既非常大胆又怯懦至极。这并非悖论，而是细心的观察者非常熟悉的事实。例如，有的人面对凶猛的野兽时胆子极大，但是在战场上面对敌军时就成了懦夫；在战争中，有的人是单打独斗的能手，但是与其他人排成队列组成方阵作战时，则非常差劲。再比如，忒萨利骑兵团队出击时无人可挡，但是分散开来与敌人进行单独对战时就变得迟钝而笨拙。埃托利亚人的骑兵则恰恰相反。克里特士兵不管在陆地上还是海上，不管是搞埋伏、偷袭、欺骗敌军、夜晚作战还是其他所有需要欺诈的小型行动，都无人能敌，但是在一场公开的面对面的大规模战斗中，则怯懦不堪，士气消沉。阿凯亚士兵和马其顿士兵则正好相反。无论如何，如果我曾对同一个人在类似情况下的行为给出前后不一的判断，我希望上面所说的东西足以消除读者的怀疑，相信我的判断。

[9]适龄士兵依照阿凯亚人的命令在迈加洛波利斯集结后——这是我刚刚离题的时刻,墨瑟尼亚人再次遣使恳求阿凯亚人,不要忽视埃托利亚人公然违背条约的行为,同时申请加入同盟,恳求他们准许其立即成为同盟成员。阿凯亚大军的长官拒绝了后一个请求,因为若不首先与腓力五世和同盟其他成员协商,他们无权接收一个新成员加入同盟。因为,科勒奥门涅斯战争期间,安提哥努斯三世缔结的阿凯亚人、伊庇鲁斯人、佛基斯(Phocis)人、马其顿人、波奥提亚人、阿卡纳尼亚人和忒萨利人的同盟仍然有效。

不过,阿凯亚大军的长官说,如果墨瑟尼亚使团成员同意将他们的儿子放在斯巴达做人质——这样做可以阻止墨瑟尼亚人不经阿凯亚人同意便与埃托利亚人媾和——他们就同意出发援助墨瑟尼亚人。此时,斯巴达人依照他们与阿凯亚人的同盟条款,已经率军参战,正驻扎在迈加洛波利斯边界,他们不是作为同盟的全权成员,而是作为预备部队和旁观者参战。

完成这些安排后,阿拉图斯写信告知埃托利亚人阿凯亚人的决定。他要求埃托利亚人立即撤出墨瑟尼亚,并且撤军时不得侵犯阿凯亚人的土地,警告他们对阿凯亚土地的任何侵犯都将被视作战争行为。针对阿拉图斯的最后通牒和阿凯亚军队已经集结的消息,斯科帕斯和多利马库斯认为眼下最好同意阿拉图斯的要求。因此,他们立即派使者到驻扎在库勒涅(Cyllene)的埃托利亚联盟将军阿里斯通那里,请求他尽快派船到厄利斯海岸外名叫菲亚斯(Pheias)的岛。两天后,斯科帕斯和多利马库斯率领军队带着战利品朝厄利斯方向进军。埃托利亚人一直设法获得厄利斯人的友谊,因为与厄利斯人的友好关系可以帮助他们劫掠伯罗奔半岛的其他地区。

[10]阿拉图斯愚蠢地($εὐήθως$)相信所有迹象都表明埃托利亚人真的会离开伯罗奔半岛,所以在两天后解散斯巴达的军队和阿凯亚多半军队,令其返回各自的城市,只率领3000名步兵、

300名骑兵以及陶立翁的军队,朝帕特雷挺进,意图尾随敌人行军。获悉阿拉图斯只率领部分部队尾随自己行军,多利马库斯唯恐阿拉图斯在他们登船时攻击他们,此外他也想继续战争,遂先将战利品装上船,指派充足的兵力护送船只,命他们先航行到赫利翁等他,他打算在那个地方登船。一开始,多利马库斯率军沿着海岸护送船队以确保战利品安全,然后调转方向朝奥林匹亚进军。

多利马库斯接着获悉,陶立翁的军队正在克勒托(Cleitor)附近,由此断定如果不经过一战,他无法在赫利翁安全登船。他判定眼下于他最有利的措施是尽快与阿拉图斯的军队相遇,后者此时兵力虚弱,且毫无戒备。多利马库斯认为,如果能击败阿拉图斯,就可争取到时间。届时阿拉图斯将不得不再次召集阿凯亚军队,而他不仅能在赫利翁安全登船,而且可以首先放肆地劫掠乡野地带;如果阿拉图斯胆怯而不敢接战,他可以在他认为合适的时机安全撤走。依据对形势的这种判断,多利马库斯继续进军,进入迈加洛波利斯境内,在曼图德里翁(Methydrium)附近扎营。

[11] 获悉埃托利亚人已经进入阿凯亚境内,阿凯亚军队的将领们($\eta\gamma\epsilon\mu\acute{o}\nu\epsilon\varsigma$)[①]对局势变化的应对方式之愚蠢,竟至这样的程度:不可能有人比他们更愚蠢。他们首先从克勒托撤退,驻扎在卡夫阿附近。当埃托利亚人开始从曼图德里昂朝奥科门诺斯进军时,他们率军集结于卡夫阿平原,有条河从在他们的营地前流过。两军之间的地势不利,因为除流经平原的河流之外,河流前还有几条不好跨过的沟渠。埃托利亚人注意到这些,也注意到阿凯亚人已经做好准备在此战斗,决定不依照原先计划在此与阿凯亚人交战,改为秩序井然地朝奥林谷托斯(Olygyrtus)山进军。

---

① 主要指阿拉图斯。

埃托利亚人本来只想避开敌人攻击,无须与敌人交战。但是,正当埃托利亚人的先锋部队开始爬奥林谷托斯山,他们一直殿后的骑兵部队也已抵达山脚名叫普罗普斯(Propous)的地点时,阿拉图斯派出骑兵和轻步兵,令其在阿卡纳尼亚人厄庇斯特拉图斯(Epistratus)的指挥下袭扰敌人的后卫。如果阿拉图斯本来已经决定与敌人交战,他就不应该在敌人已经离开平原后攻击敌人后卫,而是应该在敌人刚进入这个平原时就攻击敌人的先锋部队,这样整场战斗就会在平坦地段进行。若是那样的话,埃托利亚人由于武器和战术一般,就会处于劣势;阿凯亚人则会因在这两个方面非常强大而居于优势。但是,阿拉图斯放弃适合他的部队的地形和时机,让敌人占据优势。所以,战斗的结果从一开始就不可避免。

[12] 阿凯亚轻步兵一靠近敌人后卫,埃托利亚骑兵立刻秩序井然地退回山脚,意在与他们的步兵会合。阿拉图斯没有看清敌人的这一行动,也错误地判断接下来会发生什么。他一看到敌人骑兵正在撤回队伍的尾部,便乐观地以为敌人在逃跑,遂立即命令侧翼穿着胸甲的部队(θωρακίτας)[①]前去支援轻步兵,而他本人率领剩余的士兵们组成一个纵队,继续向前。

埃托利亚骑兵一与步兵会合,立即背靠山坡列阵,开始通过喊叫把步兵聚集在他们两翼,仍在行军的步兵听到喊声立即跑到骑兵身边。这些埃托利亚人认为他们已足够强大,开始组成密集队形,攻击阿凯亚人的骑兵和轻步兵。他们由于兵力多过敌人,且从较高地势发起攻击,最终成功迫使敌人逃跑。正当阿凯亚人的骑兵和轻步兵溃逃时,此前被派出支援轻步兵的胸甲部队乱哄哄地、一群一群地抵达。部分由于不知道前边发生了什么事,部分由于与逃跑的轻步兵和骑兵撞到一起,整个重装步兵团因此也

---

① 穿胸甲的部队与轻步兵和重装步兵明显不同,可能是介于二者的士兵类型。

被迫掉头逃跑。结果，在战场上被击杀的阿凯亚人不足500人，逃跑的却超过2000人。此时的形势告诉埃托利亚人该怎么做：他们一边紧追敌人，一边粗俗放肆地大声喊叫。

一开始，阿凯亚人以为可以找到他们的重装步兵，便朝着重装步兵的位置撤退，以为重装步兵此时仍保有原初队形和固守原来的安全位置。只要他们相信这一点，撤退就既有序又安全。但是，当阿凯亚人看到重装步兵已从原地撤退，且已撤得很远，他们的队形立即崩溃。一部分士兵立即四散逃命，乱哄哄地逃往邻近的城镇，而那些与己方方阵相遇的士兵，根本不需要敌人，就和同伴陷入恐慌，转而仓皇逃窜。所以，他们也逃往同一些城镇躲避。幸好奥科门诺斯斯和卡夫阿两城离战场很近，庇护了很多逃兵，否则整支军队将面临意想不到的全军覆没的危险。

这就是卡夫阿战役的过程。

[13] 迈加洛波利斯人获悉埃托利亚人在曼图德里昂扎营，立即用号角召集全部军队，准备前去援助阿凯亚人。但是，他们在战事结束后的第二天才抵达战场，只好埋葬被敌人杀死的士兵，而他们原本期待在战场上与敌人激战一番。他们在卡夫阿平原挖掘一条壕沟，将所有尸体收集起来，举行隆重的葬礼后，将阵亡者埋葬。

埃托利亚人只凭轻步兵和骑兵便赢得出人意料的胜利，然后率军穿过伯罗奔半岛中部，没有遇到任何抵抗。这次向半岛中部进军过程中，他们曾尝试攻击培伦涅，并劫掠希库温的土地，最后经由科林多地峡撤退。

这就是同盟战争的原因和借口，它的开端则是所有盟友齐聚科林多，在马其顿国王腓力五世主持下，全体一致通过他的开战提议。

[14] 卡夫阿战役结束几天后，阿凯亚联盟大会举行常规会议。在这次会议过程中，无论是在正式的会议上，还是私下，阿凯亚人对阿拉图斯都非常愤怒，没人怀疑他是否应该为卡夫阿战

败负责。他的政治对手甚至公开演说，指控他的罪责一目了然，这使得参会人员对他愈发愤怒和怨恨。

普遍认为阿拉图斯的此次失败是源于以下几个错误。第一，阿拉图斯在就职时间还没到时，就为了从事他知道自己常常失败的那种事业，过早接过将军之职，这毫无疑问是错的。第二个错误更严重，即埃托利亚人还停留在伯罗奔半岛中心地带，既然他已经知道斯科帕斯和多利马库斯会寻隙发动战争，解散阿凯亚军队便是大错特错。第三个错误是，他率领一支兵力不多的部队与敌人交战，而当时并没有迫切的交战需要，他本来应该安全地撤往附近的城镇。即便他确信当时交战是最佳选择，他也本应召集大军，再进攻敌人。最后一个也是最严重的错误是，在他已经决定交战后，如实际过程所示，他对战斗的部署和指挥毫无目的，判断失当：他没有利用平地地势拿重装步兵进攻敌人，而是只派轻步兵与敌人在山坡处交战，而后者显然对埃托利亚人有利，以致敌人占据优势。

听了这些指控后，阿拉图斯走上前对大会发表演说。他提醒他们他自己作为政治家在过去为联盟所做和取得的一切成就，针对上述指控为自己辩护，坚称他不应为卡夫阿战败负责；然后他请求他们宽宥他的错误，如果说他在卡夫阿战斗中有疏忽的话。最后，他说，在任何情况下，最好不要带着愤怒看待事实，而是应同情地看待。他的演说迅速且决定性地扭转大会的气氛，以至攻击他的政治对手失去大会的支持。从那之后，阿凯亚人在所有事情上都采用他的政策。

这次会议举行于第139个奥林匹亚年，紧接着就是第140个奥林匹亚年。①

[15] 在这次会议上，阿凯亚联盟通过下述决议：第一，派

---

① 这次会议于公元前220年8月1日举行，正好与第140个奥林匹亚年的开端吻合。

使者到伊庇鲁斯人、波俄提亚人、佛基斯人、阿卡纳尼亚人和腓力五世王那里，向他们指出埃托利亚人如何违反和约，接连两次全副武装入侵阿凯亚，恳求他们依照盟约援助阿凯亚人，同时恳求他们接纳墨瑟尼亚人加入同盟。第二，命阿拉图斯征召5000名步兵、500名骑兵前去援助墨瑟尼亚，要是后者遭到埃托利亚人侵犯的话。第三，阿拉图斯负责安排斯巴达和墨瑟尼亚分别应派多少骑兵、多少步兵以满足联盟需要。这些决议表明，阿凯亚人勇敢地接受了上次战败，既没有抛弃墨瑟尼亚，也没有放弃他们的目标。派往各个盟邦的使者迅速履行使命，阿拉图斯在阿凯亚征召决议所规定数目的兵力，安排斯巴达和墨瑟尼亚分别派出2500名步兵和250名骑兵，因此阿凯亚联盟接下来能够参战的兵力共有10000名步兵和1000名骑兵。

此后不久，埃托利亚联盟的常规大会来临。埃托利亚人在大会上做出狡诈的决议：维持与斯巴达、墨瑟尼亚以及其他城邦的和平，唯独引诱和颠覆阿凯亚联盟。至于阿凯亚人，如果他们抛弃与墨瑟尼亚人的同盟，就维持与他们的和平；如果他们坚持与墨瑟尼亚保持盟友关系，就向他们开战。这是一个荒谬至极的决定：埃托利亚人本来就是阿凯亚人和墨瑟尼亚人的盟友，现在却威胁要进攻阿凯亚人——如果这两个民族保持友好关系、维持盟友的关系的话；只有阿凯亚人选择与墨瑟尼亚人为敌，他们才同意单独与阿凯亚人维持和平。他们的计划如此扭曲，以至他们的恶意也毫无意义。

［16］伊庇鲁斯人和腓力五世王听取阿凯亚使者的阐述后，同意接纳墨瑟尼亚加入同盟。他们对埃托利亚人的行径略表愤慨，所发生的事并没有令他们震惊，毕竟埃托利亚人的所为属于他们的惯常习性，没有什么稀奇之处。所以，他们并未对埃托利亚人特别愤怒，决定维持与埃托利亚人的和平。所以，不间断的恶行要比偶尔、不正常的罪孽更容易被原谅。无论如何，埃托利亚人继续以同样的方式行事，不断劫掠希腊城邦，不表明意图就

直接攻打希腊人。他们不仅认为不再需要针对他人的抱怨进行辩护，而且嘲笑那些要求他们就已犯下的恶行或正在犯下的恶行进行解释的人。至于拉克岱蒙人，尽管他们不久前由于阿凯亚人和安提哥努斯三世坚持不懈的努力获得自由，尽管他们有义务不做任何违背腓力五世和马其顿人的希望的事，他们却偷偷派一个使团到埃托利亚人那里，与之秘密结盟。

这时，阿凯亚联盟的适龄年轻人已被征召完毕，斯巴达和墨瑟尼亚也依照盟约派来各自的部队。此时，斯科蒂拉达斯和法洛斯的德米特里乌斯违背与罗马人的条约，率领90艘船的舰队从伊利里亚出发，越过里苏斯。他们首先在皮洛斯登陆，发动几次攻击，但没有成功。之后，德米特里乌斯率领50艘船航向基克拉迪群岛进行劫掠或敲诈勒索。斯科蒂拉达斯应阿塔马尼亚（Athamania）①国王阿明纳斯（Amynas）的邀请，率领剩余40艘船返航抵达瑙帕克图斯（Naupactus），他们两人有姻亲关系。斯科蒂拉达斯在此地通过阿格劳斯（Agelaus）与埃托利亚人达成平分战利品的约定，所以答应加入埃托利亚人一边，入侵阿凯亚。阿格劳斯、多利马库斯和斯科帕斯此时正在引诱库那忒亚（Cyneatha）城叛向他们。与斯科蒂拉达斯达成上述约定后，他们召集全部埃托利亚军队，和伊利里亚人一起侵入阿凯亚。

[17] 与此同时，埃托利亚联盟将军阿里斯通故意对正在发生的事情视而不见，在埃托利亚一直保持沉默，断言他不会与阿凯亚人开战，只会保持和平——真是愚蠢天真的伪装。显然，任何认为通过言辞就可掩盖清楚事实的人，无疑都会被视作一个愚蠢天真的人。多利马库斯率军穿过阿凯亚，突然出现在库那忒亚城前。住在库那忒亚城里的阿卡狄亚人，多年以来陷入永无休止的、仇恨极深的党派内讧，城中不时出现一个党派对另一个党派

---

① 伊庇鲁斯人的同族，居住在品都斯（Pindus）山脉西部。

的屠杀、驱逐、抢夺物品、重新分配土地。最后，阿凯亚人支持的一派占据上风，控制了该城。阿凯亚人为他们提供了一支守军护卫城墙，一名将领护卫该城。这就是在埃托利亚军队到来之前不久库那忒亚的状况：被流放的一派写信给城中掌权的一派，恳求和解，让他们返回家园。掌权的一派于是派使者到阿凯亚联盟，希望阿凯亚联盟同意与被放逐者和解。

阿凯亚联盟同意了使者的请求，因为他们确信这样可以同时赢得两派的善意：掌权的一派此时已完全忠诚于阿凯亚联盟，那些渴望返回家园的被放逐者也会由于安然返回家园而忠诚于阿凯亚联盟。因此，库那忒亚人解散阿凯亚的驻军和将领，同意让大约300名被逐者返回。被逐者返回前，被要求作出人类通常认为最具约束力的誓言。但是，这些被逐者一回到库那忒亚，就开始密谋反对他们的城市和挽救他们性命的人。他们没有任何理由或借口这样做，没有发生任何事让他们以为旧日的不和再次爆发。事实上，我倾向于认为，他们在献祭仪式上面对神圣的牺牲发誓和交换誓言时，就已经在谋划针对诸神和那些信任他们的人的渎神罪行。因为，他们返回城内后，一获准参与城市的治理，就与埃托利亚人密谋，把城市出卖给埃托利亚人。他们用最安全、最迅速的方式彻底毁灭了挽救他们性命的人和养育他们的城市。

[18] 他们为达目的发动的大胆突袭如下。一些返回城市的被逐者担任了军事长官（πολέμαρχοι）①之职。这些长官的职责是守卫城门：夜间，他们负责保管城门钥匙；白天，他们打开城门，住在门楼里。埃托利亚人已经做好准备，他们携带云梯，等待攻击时刻的到来。军事长官中那些被逐者，在门楼杀死同僚，打开城门。一部分埃托利亚人通过城门立刻冲入城中，另一部分人架

---

① 这个词本意是指战争统帅，各希腊城邦皆有此职，但是功能很不同。在库那忒亚，这个职务负责城门防卫。

云梯登上城墙，控制了库那忒亚的防御工事。

城中居民陷入恐慌，面对这种危急形势，不知道该怎么办。埃托利亚人对城墙的攻击使他们无法集中精力对付从城门涌入的敌人，敌人对城门的冲击又使他们无法有效保卫城墙。由于这些原因，埃托利亚人很快完全控制库那忒亚，随即在他们所有罪孽中出现一项堪称典范的正义之举（τῶν ἀδίκων ἔργων ἐν τοῦτ' ἔπραξαν δικαιότατον）①：他们首先杀死并掠夺那些把他们引入城内的叛国贼的财产。但是，他们也以同样的方式对待其他居民。他们霸占居民的房舍，抢走一切财产。被怀疑把钱财、艺术品和其他贵重物品藏起来的很多居民，则遭到残酷折磨。

如我所描述的糟蹋库那忒亚后，埃托利亚人留下一支守军，之后离开该城，朝卢索（Lusi）城挺进。他们一到阿尔忒弥斯神庙——这座神庙位于克勒托与库那忒亚之间，希腊人认为它神圣不可侵犯——就威胁要抢走神庙的牛群和其他财物。但是，卢索的居民非常明智地用阿尔忒弥斯神庙中的一些艺术品收买了埃托利亚人，使神庙免于被这些渎神之徒毁灭。接受卢索人的贿赂后，埃托利亚人迅速离开，在克勒托城前扎营。

[19] 这些事发生的同时，阿凯亚联盟的将军阿拉图斯一边遣使马其顿，向腓力五世请求帮助，一边召集阿凯亚新征召的军队，同时要求墨瑟尼亚人和拉克岱蒙人依照盟约派出应提供的分遣队。埃托利亚人劝说克勒托人离弃阿凯亚联盟，与他们结盟，遭到克勒托人的直接拒绝。埃托利亚人于是发动攻击，试图通过云梯攻占克勒托城，但是，城中居民进行英勇无畏的抵抗，埃托利亚人遂放弃攻击，拔营掉头，再次朝库那忒亚进军。但是，这一次，他们又把阿尔忒弥斯神庙的牛群偷走。埃托利亚人起初想把库那忒亚交给厄利斯人保护，但是厄利斯拒绝，他们遂决定自己占据该城，由欧里比达斯（Euripidas）率一支驻军驻扎该城。

---

① 珀律比俄斯将这句话视作一个谚语，对照15.26a。

但是不久之后，获悉一支马其顿援军正在挺进该城，埃托利亚人恐惧不已，将库那忒亚城付之一炬，然后率军前往赫利翁，决定从那里渡过海湾。

陶立翁获知埃托利亚人的入侵和库那忒亚的遭遇，看到法洛斯的德米特里乌斯已从基克拉迪群岛返航肯克里埃，便恳求他帮助阿凯亚人，要求德米特里乌斯将他的船只运过科林多地峡，在埃托利亚人渡海过程中攻击后者。德米特里乌斯劫掠基克拉迪群岛时已经狠赚一笔，但他返航途中有些丢脸，因为罗德岛人正在追击他，所以德米特里乌斯接受了陶立翁的提议，而且后者答应支付转运船只通过科林多地峡的费用。但是，穿过科林多地峡后，德米特里乌斯发现自己已失期两天，埃托利亚人已于两天前渡过大海，于是他蹂躏埃托利亚人的海岸后，率舰队返回科林多。

拉克岱蒙人背信弃义地没有向阿凯亚人派出规定数目的分遣队，而是只派来极少数骑兵和步兵——纯粹是为顾及脸面。尽管阿拉图斯已征召阿凯亚军队，但是面对这种情势，他表现出的不是将军的勇敢，而是政治家的谨慎。由于对上次战败耿耿于怀，他克制自己，暂时按兵不动，直到斯科帕斯和多利马库斯实现所有目标，返回埃托利亚，尽管埃托利亚人返程过程中很容易受到攻击，因为他们穿过峡谷时对进攻者来说最有利，那些地方只需一声号角即可。

库那忒亚人在埃托利亚人手中遭受可怕的灾难，但是，公众普遍认为他们完全是罪有应得。

[20] 阿卡狄亚人在希腊人中素有美德之名。他们不仅具有仁善和好客的品质和习惯，而且尤其虔敬诸神。因此，库那忒亚人的野蛮着实令人费解，值得花点时间探究一下原因——尽管他们无可置疑是阿卡狄亚人，但他们为何成为当时希腊最残暴、最无法无天的人。我认为原因在于，库那忒亚是阿卡狄亚人中第一个也是唯一一个抛弃祖先习俗的城市，那种习俗是他们的祖先考

虑到那个地区的居民的自然天性引入的。

热爱音乐——我指的是真正的音乐——对每个人都有益处，但对阿卡狄亚人来说则是一种必需品。我们不应该相信厄弗儒斯（Ephorus）①在他史书前言中给出的那个与他不相称的轻率论断，认为音乐被发明出来只是为了引诱和迷惑人。我们不应该认为，古代的克里特人和拉克岱蒙人是随意地用簧管取代战场用来计时的号角，也不应该认为早期的阿卡狄亚人没有正当理由把音乐掺入他们的公共生活中。他们对音乐的重视竟达到这样的程度，不仅孩子，而且30岁以下的年轻人都要不断学习音乐，尽管他们生活的其他方面非常艰苦。

这是众所周知的事实。每个人都熟悉，阿卡狄亚人几乎是独一无二的。首先，每个阿卡狄亚人从孩童时起就被训练以规定的方式唱诵每个城市用来赞美本地英雄和诸神的传统歌曲和赞美诗；稍长后，他们要学习斐罗克瑟努斯（Philoxenus）和提莫忒乌斯（Timotheus）的曲调（νόμους），每年都要在他们的剧场参加由专业簧管演奏者伴奏的舞蹈竞赛，竞赛非常激烈，分成两级：适合孩子们的初级竞赛和成人竞赛。②不仅如此，而且在他们的一生中，他们在私人宴会场合搞娱乐时，不是雇乐手进行表演，而是由他们自己轮流演唱。在阿卡狄亚，人们不以否认熟知其他研究为耻，但不会否认熟知音乐，因为每个人都必须学习音乐。此外，年轻人在簧管伴奏下进行军事操练，练习舞蹈，在剧场中进行年度表演，所有这些都受城邦监督，

---

① 厄弗儒斯（公元前405—前330年），在小亚细亚撰写了30卷的《共通史》（*Histories*），今已不存。珀律比俄斯认为，他是第一位撰写普遍历史的史家，参卷五，33。

② 斐罗克瑟努斯（公元前435—前380年），一位富于创新精神的诗人，生活在叙拉古的狄奥尼修斯一世的宫廷；提莫忒乌斯（公元前440—前360年），另一位伟大的创新诗人。两位诗人都写酒神赞美歌和合唱歌。

费用也由城邦支付。

[21]我相信，所有这类习俗被古时候的人引入阿卡狄亚，不是为了追求奢侈和享受。他们这样做的理由在于，首先，那时的阿卡狄亚人普遍是个体农夫，他们的劳作非常辛苦和艰难；其次，阿卡狄亚人那时的性情严酷（αὐστηρίαν），这是阿卡狄亚气候寒冷、潮湿导致的结果。天下各地之人的性情必然趋同于当地的气候条件，这也是不同地区的民族在品性、体型、肤色以及生活方式上彼此不同的原因。因此，古时候的阿卡狄亚人为了软化、调和他们顽固且严酷（αὔθαδες καὶ σκληρόν）的天性，引入我上文所述的所有习俗。正是出于同样的原因，他们创立下述习俗：男人和女人一起参加公共集会和神圣节庆，这类集会和节庆在阿卡狄亚非常多，男孩和女孩也会在这类集会和节庆上共舞。总之，他们竭力引入这类习俗的唯一目的是驯服和软化阿卡狄亚人的严酷（ἀτέφαμνον）。

然而，库那忒亚人完全忽视这类习俗，尽管他们的土地在阿卡狄亚地区最粗糙，气候最恶劣，他们比其他人更需要此类习俗的陶冶。他们将全部精力花在本地事务和政治斗争上，最终变得极为野蛮，以至世界上没有哪个希腊城邦犯下过比库那忒亚更严重、更频繁的罪行。有一个明确的证据可以表明库那忒亚人在这个方面的无耻，以及其他阿卡狄亚人对库那忒亚人行事方式的憎恶。库那忒亚发生骇人听闻的屠杀后，派出一个使团到斯巴达，其他阿卡狄亚城邦在这个使团经过时，派遣传令官要求使团立即离开。曼尼提亚人在使团离开后，竟然举行赎罪献祭仪式，举着用来赎罪的祭品绕着他们的城市和边界洁净自身。

我已就这个主题说得足够多。首先，不应该因一城的罪孽谴责所有阿卡狄亚人的品性；其次，阿卡狄亚人不应怀抱音乐是奢侈之物和已经过时的想法，从而轻视音乐实践；第三，如果诸神护佑库那忒亚人的状况有所改善，他们应该通过注重教育，尤其是注重音乐来驯服自己。因为这是他们远离曾经出现在他们那里的野蛮的唯一方式。关于库那忒亚人及其状况，我以离题话的方式已经说得够多，接下来我将回归我的叙述。

[22] 埃托利亚人在伯罗奔半岛取得上述胜利，安全返回家乡后，腓力五世率军抵达科林多，以帮助阿凯亚人。他抵达得太迟，遂派传令官到各个盟邦，要求各邦尽快派代表到科林多，商讨如何行动最符合它们的共同利益。腓力五世本人离开科林多，前往泰格亚，因为他听说斯巴达爆发内乱和屠杀。

拉克岱蒙人世代习惯国王统治，无条件服从国王。但是，不久前，安提哥努斯三世帮助他们赢得自由，他们现在没有国王，任何人都想比其他人拥有更多的政治权力，因而开始党派内讧。起初，五位监察官中的三位倾向于与埃托利亚人结盟，因为他们认为腓力五世太年幼，不可能成为伯罗奔半岛有力的保护者，另外两位监察官没有卷入其中。但是，埃托利亚人撤离伯罗奔半岛的速度超过他们的预期，腓力五世从马其顿抵达伯罗奔半岛的速度甚至更快。面对这种形势，那三位监察官怀疑另两位中名叫阿德曼图斯（Adeimantus）的监察官——他知道他们的所有计划，但不完全赞同。腓力五世抵达伯罗奔半岛后，他们开始担心阿德曼图斯会向腓力五世揭发他们的阴谋。

那三位监察官与军队的一些年轻人秘密协商后，用正式公告要求所有适龄人员携带武器，到雅典娜的铜庙（Χαλχιοίχου）[①]集合，以应对马其顿人的逼近。虽然这个命令既奇怪又出人意料，但所有适龄人员还是迅速集合。这时，阿德曼图斯不赞同召集这次集会，他走上前开始对众人演说。他说：

这份公告和要求全军集结的命令已经太迟，我们本应在获知埃托利亚人在我们边界附近时发布，而不是在眼下获悉

[①] 斯巴达的雅典娜神庙是用铜修建的。

马其顿人正在到来时发布。埃托利亚人是我们的敌人,马其顿人是我们的恩主和救主。

当他正在以这样的风格高谈阔论时,受那三位监察官指派的年轻士兵将他刺死,一同被杀的还有不少同胞,包括斯特涅劳斯(Sthenelaus)、阿尔克墨涅斯(Alcamenes)、图厄斯特斯(Thyestes)、比俄尼达斯(Bionidas)。珀律丰塔斯(Polyphontas)以及小部分人早就预见到会发生这种事,已经明智地提前离开,与腓力五世会合。

[23] 这次刺杀事件后,三位监察官凭借他们的官职,立刻派使者出使腓力五世,控告他们的受害者,恳求腓力五世推迟行军,等斯巴达眼下的骚乱结束,斯巴达城恢复正常后,再到泰格亚。使者同时告知腓力五世,斯巴达人意在维持对马其顿的义务,愿意维持友好。斯巴达使者在帕特尼奥山(Parthenium)附近见到腓力五世,依照监察官的指令向腓力五世提出上述请求。听完使者的陈述后,腓力五世命令监察官们立即返回斯巴达,告诉他们,他会继续进军,在泰格亚扎营。腓力五世还要求斯巴达尽快派足够有权威的人到泰格亚与他商讨斯巴达的现状。使者遵从腓力五世的命令返回斯巴达。斯巴达的长官们一接到腓力五世的命令,立即派出十名使者到腓力五世那里。使团的负责人是欧米亚斯(Omias)。十人使团一到泰格亚,就在腓力五世的议事会(συνέδριον)面前陈述,将斯巴达内讧的责任全部推到阿德曼图斯头上,保证他们会全力遵守与腓力五世王的盟约,并向腓力五世保证,与那些被认为是他真正的朋友的人相比,他们会更忠诚于他。

十人使团做了这类以及其他有相同效果的保证后,撤出议事厅。腓力五世的议事会产生分歧。一些成员认为斯巴达当局在耍诈,确信阿德曼图斯和其他人是由于支持马其顿才被杀,拉克岱蒙人的计划是与埃托利亚人结盟,因此建议腓力五世效仿亚历山大大帝当年在统治初期对忒拜城的处置,以斯巴达人为例,惩一戒百。① 但是，一些年龄更大的成员认为这样的惩罚超过斯巴达人的罪行。他们建议腓力五世只惩罚犯有罪责的那个派别，剥夺他们的官职，将斯巴达交给他的朋友们治理。

［24］腓力五世做出最后决定——如果我们认为他在那个场合表达的看法出自他本人的话，毕竟，一个17岁的孩子几乎不可能决断如此重大的事情。但是，我们史家的职责就是将议事会中占上风的观点归于最高统治者。不过，读者兴许会怀疑腓力五世最终的决断和这些决断赖以做出的论证，应归于参加会议的人，尤其是他最亲近的人。就眼下的例子而言，腓力五世的最终决断很可能源自阿拉图斯。

腓力五世说，不管哪里的盟友爆发内部战斗，只要暴力没有蔓延，不管是通过口头命令还是书面命令纠正和斥责这类暴力，都不是他的职责所在。只有整个同盟受到这类暴力的伤害，才应该进行惩罚和矫正，并且应该通过同盟共同行动。由于拉克岱蒙人没有明显伤害整个同盟，且一直允诺会忠诚于对他本人的义务，过分严厉对待拉克岱蒙人并不正确。他补充说，考虑到他的父亲以敌人的身份征服拉克岱蒙人后，却没有伤害他们，如果仅仅因为这样一个微不足道的错误，他就严厉报复他们，于他不利。②

腓力五世的看法得到议事会的赞同，后者决定忽视斯巴达发生的事件。腓力五世随即派遣他的一位朋友佩特雷奥斯（Petraeus）随同欧米亚斯返回斯巴达，告诫斯巴达人要忠于与腓

---

① 公元前335年，谣传亚历山大战死，忒拜的民主派攻占卡德米亚卫城，似乎将引发全希腊的叛乱。亚历山大急行军14天，击败忒拜人，占领忒拜城。然后，亚历山大主持科林多联盟会议并作出决议：将忒拜夷为平地。

② 这里的父亲不是指他的生父德米特里乌斯二世，而是指继父安提哥努斯三世。安提哥努斯三世在塞拉西亚战役中击败拉克岱蒙人，参2.65-69。

力五世和马其顿的友谊，与其交换确认同盟的誓言。然后，腓力五世拔营返回科林多。他对斯巴达的处置，为其他盟友提供了他的政策原则的绝佳例证。

[25] 腓力五世返回科林多时，各盟邦的代表已经齐聚科林多。他召集会议商讨对埃托利亚人该采取何种政策。波俄提亚人指控埃托利亚人在和平时期抢劫伊托尼亚的雅典娜（Athene Itonia）神庙；佛基斯人痛斥埃托利亚人曾攻击阿姆布吕苏斯（Ambrysus）和道里斯（Daulis），试图吞并这两城；伊庇鲁斯人控告埃托利亚人曾劫掠和蹂躏他们的土地。阿卡纳尼亚人描述埃托利亚人曾组织过一次奇袭，趁夜里攻击图里翁（Thyrium）城。最后，阿凯亚人详述埃托利亚人占取迈加洛波利斯境内的克拉里翁；穿越阿凯亚人的土地时劫掠帕特雷和法莱两城；洗劫库那忒亚城；偷盗卢索的阿尔忒弥斯神庙；围攻克勒托；他们的海军在皮洛斯登陆；与伊利里亚人勾结，一起侵入人口刚刚有所恢复的迈加洛波利斯，[①]意图再次把该城夷为平地。

盟邦的代表们听完这些控诉后，一致同意向埃托利亚人开战。开战法令的开头列举上述指控后，还补充了一项附加说明：他们一致同意要为各盟邦收复自腓力五世的父亲德米特里乌斯二世去世以来，被埃托利亚人占据的土地和城镇。出于同样的原因，他们允诺要为那些迫于形势加入埃托利亚联盟的城市恢复它们祖先的政制，允许它们保留土地和城镇，同盟不派军驻守，免除它们的贡赋，承认其完全独立，使其依照它们祖先的政制和律法生活。代表们还增加了一个条款：恢复近邻同盟（Ἀμφικτύοσιν）[②]的传统律法，恢复德尔斐神庙的权威，当时这个神

---

① 公元前223年，科勒奥门涅斯三世将迈加洛波利斯毁灭。参2.55。

② 近邻同盟是以神庙为中心建立的同盟，由雅典、忒萨利等12个邻近城邦组成。

庙在埃托利亚人手里，他们掌控着这座神庙的事务。

［26］这项法令在第140个奥林匹亚年的第一年颁布，著名的同盟战争就此爆发。这是一场正义之战，是对埃托利亚人犯下的种种罪行的公正回应。同盟大会立即派使者前往各盟邦，意在使大会作出的法令得到各邦公民大会批准，从而形成统一阵线，发起对埃托利亚人的战争。腓力五世也写信给埃托利亚人，告诉他们同盟对他们的各项指控，他们如果想为自己的行为辩护，此时依然可以通过开会商讨，达成解决方案。他在信中写道，如果他们认为，没有任何预先宣战，就蹂躏和劫掠希腊各地，却不会遭到受害者的报复，他们简直是愚蠢透顶；或者，受害者如果决定进行报复，就会被他们视作这次战争的始作俑者，那他们同样愚蠢透顶。

接到这封信后，埃托利亚联盟的领袖们立即回信，约定在赫利翁与腓力五世会面，但是暗中期待腓力五世不会来。获悉腓力五世已经抵达赫利翁，埃托利亚联盟的领袖们派遣信使告诉腓力五世，他们无权决定影响埃托利亚联盟的任何事情，只能等联盟大会举行例行会议后再定。阿凯亚联盟在自己的常规大会上一致通过科林多作出的战争法令，正式对埃托利亚人宣战。腓力五世来到埃吉翁，出席了阿凯亚联盟大会，发表长篇演说。阿凯亚人欣然接受他的演说，并恢复阿凯亚人曾授予腓力五世祖先的所有特权。[①]

［27］与此同时，埃托利亚联盟选举将军的日期邻近，他们选举斯科帕斯为联盟将军，此人是我前面所述的各类恶行的罪魁祸首。对于这件事，我几乎词穷语竭。埃托利亚联盟会议投票反对战争，却决定继续让他们的军队劫掠邻人，不仅没有惩罚那些罪行的任何罪犯，反而敬重他们，把他们选举为主要将领。在我

---

① 这类特权包括阿凯亚联盟每年对马其顿国王宣誓效忠，马其顿国王有权召集阿凯亚联盟会议。

看来，这真是邪恶至极。我们该如何定义如此卑鄙的行径？下述例子有助于阐明我的意思。

在拉克岱蒙人弗厄比达斯（Phoebidas）背叛斯巴达与忒拜之间的条约，攻占忒拜卫城卡德米亚（Cadmea）后，拉克岱蒙人惩罚了这位有罪的将军，却没有从卡德米亚撤军，仿佛作恶者遭到的惩罚已经足以弥补这次不义行径。①拉克岱蒙人本来应该做相反的事，因为忒拜人关心的是他们的卫城被占领，而不是弗厄比达斯这个人。又如，依照安塔尔基达斯和约（Peace of Antalcidas）的规定，拉克岱蒙人要让所有希腊城邦恢复自由和自治，但是他们没有从各希腊城邦撤走他们的军事总督，反而再次霸占曼尼提亚，把曼尼提亚人从他们的家园驱逐，而后者一直都是他们的朋友和盟友。②拉克岱蒙人还宣称，他们没有对曼尼提亚人行不义，只不过是把他们从一个城市转移到其他几个城市。在这两个例子中，拉克岱蒙人的愚蠢和欺诈恶行一览无遗，这相当于他们认为，如果一个人闭上眼睛，附近的人也就成了瞎子。总而言之，对埃托利亚人和拉克岱蒙人来说，他们丝毫不顾正义的政策带来的毁灭性灾祸。对于明智之人来说，不管是私下生活还是从事政治事务，都不应在任何情况下模仿他们。

处理完阿凯亚联盟的事务后，腓力五世率军返回马其顿，立即着手进行战争准备。他制定的开战法令不仅传给各盟邦，而且传给所有希腊人。对希腊人来说，他们有很好的理由期待腓力五世的统治会温和仁善，具有王者的宽宏大量（$\mu\varepsilon\gamma\alpha\lambda o\psi v\chi i\alpha\varsigma\ \beta\alpha\sigma\iota\lambda\iota\kappa\tilde{\eta}\varsigma$）之德。

［28］在希腊发生这些事件的同时，汉尼拔征服埃布罗河以南的伊比利亚全境，转而围攻萨贡托。如果汉尼拔在伊比利亚的行动和希腊发生的事件在开端就有联系，那么显然，我本应该在

---

① 参色诺芬，《希腊志》，5.2。
② 参色诺芬，《希腊志》，5.2。

上一卷中，以恰当的编年法交替叙述伊比利亚和希腊的事务。但是，事实上，在意大利、希腊和亚洲进行的三场战争在开端处并不相关，直到最后阶段才彼此相关。因此，我认为，分别叙述这三场战争是恰当的，直到它们彼此相关且趋于一个单一结果的时刻，我才会同时叙述它们。通过这种方式，我对这三场战争的开端的叙述会足够明晰。当我表明它们何时、如何、为何互相关联时，它们之间的联系——我在这部史书的开头提到过这种联系——也就可以被理解。

这三场战争在第140个奥林匹亚年的第三年，即在同盟战争将近结束时，开始变得互相关联。讲完那个时刻之后，我将依照编年顺序统一叙述各地发生的事件。但是，在叙述那个时刻之前，如我刚刚所说，我会分别叙述这三场战争，但也仅限于概述前一卷已经叙述过的同一时间其他两个地区发生的事情。这样，我的整个叙述不仅容易理解，而且会让我的读者印象更深刻。

［29］在马其顿过冬期间，腓力五世为即将到来的征战制定了一份全面的征兵计划，同时打击邻近的蛮族，保卫马其顿的边界。然后，他安排与斯科蒂拉达斯会面，这是一项大胆的行动，因为这意味着他要听凭斯科蒂拉达斯这个伊利里亚人的摆布。在会面中，腓力五世提出双方缔结友好同盟条约的建议，一方面允诺帮助斯科蒂拉达斯平定伊利里亚，另一方面通过控诉埃托利亚人——这并非难事，轻松说服斯科蒂拉达斯同意他的建议。

事实上，针对个体的犯罪和针对政治体的犯罪没有任何本质差异，只是后者的后果更多、更大。小规模的骗子、小偷团伙之所以会失败，最重要的原因是他们没有公正对待彼此。一般而言，他们常常互相欺骗，这正是埃托利亚人所做的。他们本来向斯科蒂拉达斯承诺，如果他帮助他们入侵阿凯亚，就分给他一部分战利品，斯科蒂拉达斯同意且确实帮助了他们。在斯科蒂拉达斯帮助下，埃托利亚人洗劫库那忒亚，劫获大量奴隶和牛群，却没有给斯科蒂拉达斯任何战利品。所以，斯科蒂拉达斯与腓力五世会面时已经对埃托利亚人愤怒至极。腓力五世只需简单提及这种不满，就能立即争取到斯科蒂拉达斯，说服后者同意加入同盟。腓力五世向他保证，每年付给他20塔兰同，斯科蒂拉达斯也相应地保证，他将率30条船攻击埃托利亚人。

［30］腓力五世正忙于这些事的同时，派去各盟邦的使团首先抵达阿卡纳尼亚。阿卡纳尼亚人严肃认真地批准了战争法令，一致同意向埃托利亚人开战，即使他们对开战犹豫不决、拖延，乃至因恐惧而拒绝邻国开战，也应比同盟的其他成员有更多的理由被原谅。原因有三：第一，埃托利亚是他们的邻国；第二，也是更重要的一点，他们的军事力量根本不足以保卫自己；第三，也是最重要的一点，由于与埃托利亚人为敌，他们最近已遭受惨重的灾难。但是，我认为，正直可敬之人，无论在公共生活还是私人生活中，都把履行职责（τοῦ καϑήκοντος）看得比什么都重要。我们发现，在这个方面，阿卡纳尼亚人比其他希腊人都更加坚守职责，尽管他们资源贫乏。在危急时刻，任何人对寻求阿卡纳尼亚人的帮助都不应感到犹豫，相反，与阿卡纳尼亚人结盟要比与其他希腊人结盟更值得向往，因为他们在公共事务和私人事务方面皆坚定不移、热爱自由（στάσιμον καὶ φιλελεύϑερον）。

伊庇鲁斯人却与阿卡纳尼亚人完全相反。接待同盟使团后，他们一边像阿卡纳尼亚人那样爽快批准战争法令，一致同意只要腓力五世率军进入战场，他们立即对埃托利亚人开战，但是他们一边又告诉埃托利亚使团，他们会议决定维持与埃托利亚人的和平，从而扮演着卑贱的两面派。同盟还派一个使团到托勒密四世那里，要求他不要为埃托利亚人提供金钱，不要为他们提供任何可能用来对抗腓力五世和同盟的物资。

［31］这场战争爆发的原因就是帮助墨瑟尼亚人，但是，同盟使团抵达墨瑟尼亚后，墨瑟尼亚人如此回复使团：只有埃托利

亚人放弃斐戈利亚城，他们才会参与战争，这座城位于他们的边界上，当时仍在埃托利亚人手里。尽管墨瑟尼亚大会很多人反对，这一决定还是被寡头集团（τῶν ὀλιγαρχικῶν）的一些成员强行通过，其中包括监察官奥尼斯（Oenis）和尼基普斯（Nicippus），他们非常害怕埃托利亚人。

在我看来，他们大错特错，他们的决定非常愚蠢。我承认，战争是可怕的，但是战争没有可怕到我们要不惜一切规避它。毕竟，如果和平是最好之物，我们为何要珍视平等和在会议上表达想法的权利以及自由这个词所指称的一切东西？事实上，我们并不称赞忒拜人的做法。他们在波斯人入侵时太过恐惧，没有为希腊而战，反而与波斯人站在一边；我们也不称赞品达（Pindar），他在下述诗行中劝诫忒拜人不要打仗：

> 要确保共同体的安宁，
> 你们所有公民们，去寻求那闪耀着光芒的强大和平。①

虽然从短期来看，他的建议似乎很好，但是人们很快就发现，没有什么比他提倡的这一政策更可耻、更有害。事实上，天下没有任何财富比公正且光荣的和平更美、更有价值，但是，也没有什么比卑贱且丢脸的、被懦弱玷污的和平更可耻、更有害。

[32] 统治墨瑟尼亚的寡头集团只盯着眼前利益，所以总是狂热地拥护和平。因此，尽管他们经历过相当多的危机和紧急情况，有时甚至陷于生死攸关的险境，但他们总是设法在不发生战争的情况下溜过去。这种政策引发的罪恶不断增加，最终他们被迫与最惨重的灾难斗争。

我认为，导致这种状况的原因如下。墨瑟尼亚人的邻居是伯

---

① 品达的意思是指忒拜城内的和平，珀律比俄斯对他的指责不公正。

罗奔半岛——甚至整个希腊——最强大的民族：阿卡狄亚人和拉科尼亚人，后者一直是他们难以和解的敌人。首次占领他们土地的正是拉科尼亚人，而阿卡狄亚人一直是他们的朋友和保护者。但是，他们从未全心全意与拉克岱蒙人为敌，或全心全意与阿卡狄亚人为友。所以，每当拉克岱蒙人被内部或外部的战争分心时，墨瑟尼亚人就因位于战争区域之外而保持和平，享受宁静。但是，每当拉克岱蒙人有空闲，无事可干时，就会伤害墨瑟尼亚人，因为墨瑟尼亚人没有能力独自对抗拉克岱蒙人的军队，也没有采取预防措施，确保盟友在任何情况下都坚定地支持他们。结果他们要么被迫成为拉克岱蒙人的奴隶，要么因为不想被奴役，而只得带着妻子和孩子逃离故土家园。在过去相对较短的时间内，这种事已在他们身上发生过不止一次。

我希望并祈祷伯罗奔半岛眼下的安定能牢固确立，那样我接下来给出的建议就是多余的。① 但是，如果安定被破坏，动荡再次降临伯罗奔半岛，我认为墨瑟尼亚人和迈加洛波利斯人有望保全领土的唯一方法是彼此结盟——这也是埃帕米农达斯（Epaminondas）曾建议的方法——进而在每种情况下、一切行动中都选择全心全意合作，并肩战斗。

[33] 我的这个建议可以从古代历史中得到一些支持。除我提到的许多其他事情外，还有卡利斯忒涅斯（Callisthenes）②告诉我们的，墨瑟尼亚人在阿里斯托米涅斯（Aristomenes）时代在吕

---

① 明显指公元前149年以前的安定局面。公元前149年后，伯罗奔半岛再起动荡。

② 卡利斯忒涅斯（公元前370—前327年），亚里士多德的外甥，著名史家，陪同亚历山大大帝远征东方，著有《亚历山大行迹》（*Deeds of Alexander*），该书现已不存，但对亚历山大的史述传统极有影响。他还著有一部10卷本的《希腊志》（*Hellenica*），记述公元前386至前356年的历史。他在远征期间与亚历山大闹翻，错误地卷入一场针对亚历山大的阴谋中，被后者处死。

凯俄斯的宙斯（Zeus Lycaeus）神庙旁边竖立了一根石柱，石柱上的铭文如下：

> 时间不会遗忘不义，
> 它已将邪恶的国王绳之以法，
> 宙斯已将墨瑟尼亚的叛徒绳之以法，
> 这并不难，难的是一个伪誓者要逃脱神的注视，
> 啊，我主宙斯！请护佑阿卡狄亚直到永远！

事实上，这根石柱是墨瑟尼亚人失去家园后树立起来的，他们用铭文祈祷诸神护佑阿卡狄亚，仿佛阿卡狄亚是他们的第二故乡。他们这样做合情合理，因为在阿里斯托米涅斯战争期间，他们被从墨瑟尼亚驱逐后，阿卡狄亚人不仅接收了他们，而且把他们带到家里，让他们成为那里的公民。阿卡狄亚人还通过一个决议：墨瑟尼亚的适龄男子可以与阿卡狄亚的女子成婚。此外，阿卡狄亚人仔细调查壕沟之战（battle of the Trench）中阿里斯托克拉底王（King Aristocrates）① 的背叛行为后，将他处死，并诛杀了他的家人。

抛开古代历史不谈，我的建议也可从迈加洛波利斯和墨瑟尼亚建立后发生的事件得到强有力支持。埃帕米农达斯在曼提尼亚战役中阵亡，让人怀疑他的胜利成果不会长久。② 斯巴达人拒绝墨

---

① ［英译注］阿里斯托米涅斯的统治时代及此人是否存在极有争议。依照传说，阿里斯托米涅斯是墨瑟尼亚国王，以在伊拉山（Mount Ira）抵抗斯巴达人11年而闻名，最后，此山落入斯巴达人手中，他逃走时，被诸神擒获，死在罗德岛。阿里斯托克拉底历来被认为是墨瑟尼亚人抵抗斯巴达的伟大英雄。泡萨尼阿斯（Pausanias，卷四）记述了他的故事，不过他最后被收买从壕沟战役中撤走阿卡狄亚人，导致墨瑟尼亚人被击败。

② 此事发生于公元前362年。

瑟尼亚人参与停战协定，因为斯巴达人依然希望吞并墨瑟尼亚。但是，迈加洛波利斯人和其他阿卡狄亚人联合起来积极行动，最终不仅让墨瑟尼亚被同盟接受为成员，并受到和平条约的保护，而且让斯巴达人成为唯一被排除在和平条约外的希腊人。从过去的种种事例来看，未来怎么会有人怀疑我刚才提出的建议的合理性？

我希望我说得足以让阿卡狄亚人和墨瑟尼亚人牢记，他们的家园曾在拉克岱蒙人手中遭受多少不幸，希冀他们不要伤害相互间目前获得的善意和友好。无论是战争的威胁还是对和平的渴望，都不应让任何一方面临危机时抛弃另一方。

［34］回到我的叙述中断的地方。面对同盟派来的使团，拉克岱蒙人以惯常的方式行事，没有给出任何答复，就将使团打发走。由于他们最近的政策既不合理又卑鄙，他们根本无法做出决断。事实上，我认为下面这句话是真理：过度的大胆往往导致愚蠢和徒劳无功。无论如何，任命新的年度监察官后，我在前文描述的屠杀的罪魁祸首们遣使埃托利亚，邀请埃托利亚人派密使到斯巴达谈判。埃托利亚人爽快接受邀请，马卡塔斯（Machatas）旋即率使团抵达斯巴达。马卡塔斯在斯巴达人中的亲埃托利亚派——也是这个派别邀请他前来斯巴达——陪同下去见新任监察官，亲埃托利亚派要求监察官允许马卡塔斯出席公民大会，恢复古代的政制，因为他们希望终结赫拉克勒斯王室被非法废除的状态。监察官们对整件事非常不满，但还是迫于压力同意了，因为他们恐惧那些适龄的年轻军人再谋划针对他们的阴谋。不过，他们拖延恢复古代政制，只同意让马卡塔斯在公民大会上讲话。

公民大会上，马卡塔斯走上讲台，用相当篇幅劝说斯巴达人与埃托利亚人结盟。他的演说充斥着对马其顿人毫无根据、令人发指的谩骂，和对埃托利亚人完全荒谬、毫无真实可言的赞美。待他演说完退下后，斯巴达人爆发激烈争论。一些人支持埃托利亚人，建议与后者结盟；另外一些人则坚决反对，提出相反的观点。然而，一些年老的公民提醒众人回想安提哥努斯三世和马其顿人赐予斯巴达人的恩惠，以及埃托利亚人全军入侵拉科尼亚时卡利克塞努斯（Charixenus）和提麦欧斯（Timaeus）对他们的伤害：他们蹂躏拉科尼亚的土地，奴役珀里俄基人（Perioeci）的乡村，并设计出一个阴谋，让流亡者加入他们，用计谋和武力相结合的方式强占斯巴达城。那些年老公民的话改变了大会氛围，大会最终一致同意维持与腓力五世和马其顿人的同盟关系。马卡塔斯没有实现目的，空手而归。

［35］但是，上次动乱的罪魁祸首没有放弃，他们又腐化一批年轻士兵，在这些士兵的帮助下，再次犯下最渎神的罪行。在一次传统献祭仪式上，适龄的年轻军人必须携带武器，列队前往雅典娜铜庙，而监察官们需在神庙内主持献祭仪式，这是他们的职责。这使得部分年轻军人有机会在监察官们主持献祭仪式时发动突然刺杀。众所周知，神庙是任何人的安全和避难之所，即便是犯有死罪的人也可在神庙避难。但是，斯巴达的谋反团伙根本不管这一点，他们在神庙内将5名监察官杀死在雅典娜的祭坛旁和圣桌上。为了实现他们的目的，他们接下来又杀死长老院（Council of Elders）成员古利达斯（Gyridas），驱逐反对埃托利亚人的公民，从自己的派别选出新的监察官，与埃托利亚人缔结同盟。

斯巴达人犯下这些恶行的主要原因，即他们甘心与阿凯亚人为敌、忽视对马其顿人的亏欠以及一般而言对所有人都行不义的原因，是他们对科勒奥门涅斯三世的依恋，他们从未停止过希望和渴望他从流放中安全归来。这说明，那些拥有高妙手段团结追随者的人，不仅在掌握权力时能唤起追随者为他们肝脑涂地，而且即使已经不在场，也仍然能让追随者对他们保持忠诚。我兴许可以援引其他事例，但是眼下这个时刻，尽管那些暴徒在科勒奥门涅斯三世被废黜后，已在依照古传政制建立的政府下生活三年,却从未想过为斯巴达任命新国王,但是科勒奥门涅斯三世去世的消息一传到斯巴达,每个人,从普通民众到监察官,都立即渴望斯巴达重新确立国王。①

所以,监察官们——他们参与了这次阴谋,如我刚刚提到的,他们已与埃托利亚人缔结同盟——成为国王拥立者。他们拥立的国王是阿基西珀利斯三世(Agesipolis Ⅲ),此人当时尚幼,这是一个合法且恰当的选择。阿基西珀利斯三世是阿基西珀利斯之子,后者的父亲是科勒姆布罗图斯二世(Clembrotus Ⅱ)之子。科勒姆布罗图斯二世是勒奥尼达斯二世(Leonidas Ⅱ)的近亲,后者当年被放逐后,科勒姆布罗图斯二世成为斯巴达国王。监察官们命科勒奥门涅斯(Cleomenes)作阿基西珀利斯三世的监护人,此人是科勒姆布罗图斯二世之子,也就是新国王的叔叔。

但是,监察官们对另一支王室的选择并不能称为合法且恰当。② 尽管优达米达斯(Eudamidas)之子阿基达姆斯五世(Archidamus V)与希波墨东(Hippomedon)③之女育有两子;尽管希波墨东此时仍在世,他是阿基西劳斯之子,优达米达斯之孙;尽管这时这个王室还有好几位成员虽不像阿基达姆斯五世之子和希波墨东那样正统,但也具有王室血统,监察官们却略过这些人,选择让吕库古斯继承王位,而这个人的祖先中没有一个曾担任过国王。吕库古斯通过贿赂每位监察官1塔兰同,成为斯巴达国王,成为赫拉克勒斯后裔的一员。天下各地的荣誉竟变得如此廉价,竟可以用金钱买到!不过,监察官们愚蠢地作出这一任命

---

① 公元前222年,科勒奥门涅斯三世在塞拉西亚战役中战败后,逃往埃及。

② 斯巴达的国王出自两个王室:欧里庞提德王室(Eurypontids)和亚基亚德王室(Agiads)。

③ 阿基斯四世于公元前241年去世后,希波墨东离开斯巴达,不久在托勒密三世麾下服务。

的代价不是由他们的后代承负，而是首先由他们自己承负。①

［36］马卡塔斯听说斯巴达发生的事后，再次返回斯巴达，催促监察官和新国王向阿凯亚人开战，宣称这是终结反对斯巴达与埃托利亚结盟的一派与极力推崇与埃托利亚结盟的一派互相倾轧的唯一方式。监察官和新国王同意他的建议，马卡塔斯凭借他的支持者的愚蠢（ἄγνοιαν）完成他的使命，返回埃托利亚。

国王吕库古斯于是率领雇佣兵和部分公民兵侵入阿尔哥斯。由于阿尔哥斯承平日久，疏于防范，吕库古斯顺利地突袭攻占珀里卡纳（Polichna）、普拉西亚（Prasiae）、勒乌卡（Leucae）和库法塔（Cyphanta），但是在进攻格鲁曼普斯（Glympes）和扎拉克斯（Zarax）时被击退。吕库古斯取得这些胜利后，拉克岱蒙人对阿凯亚人宣战。马卡塔斯又利用他劝说拉克岱蒙人的那套说辞，成功说服厄利斯人向阿凯亚人宣战。

由于事情的进展超过他们的预期，埃托利亚人满怀信心地开启战争。但是，阿凯亚人的态势则完全相反：他们非常倚重腓力五世，而他此时尚未完成战争准备，伊庇鲁斯人对参加战争犹豫不决，墨瑟尼亚人没有采取任何行动；而此时埃托利亚人在厄利斯和斯巴达愚蠢（ἄγνοιαν）政策的支持下已经包围阿凯亚人。

［37］这时，阿拉图斯的将军任期即将结束，他的儿子小阿拉图斯（Aratus）被选为接替他的将军。斯科帕斯这时仍然是埃托利亚联盟将军，他的任期刚过去一半，因为埃托利亚人选举将军的时间是在秋分时节，阿凯亚人当时选举将军的时间则是在昴宿星（Pleiades）上升（ἐπιτολήν）时。②

---

① ［英译注］这批监察官在公元前218年被杀，参4.81。珀律比俄斯此处的灾难能延及后代的观念，可能源自柏拉图，参柏拉图，《王制》，377a。

② 大概是每年5月22日，参3.54处注释。

小阿拉图斯在夏初时分接任将军，正好碰到天下各地的战争的初始行动和开端。[1]如我在前一卷中所述，在这个时刻，汉尼拔正在围攻萨贡托，罗马人派卢西乌斯·埃米里乌斯·保卢斯到伊利里亚攻打法洛斯的德米特里乌斯。在同一时刻，忒奥多图斯（Theodotus）率托勒迈斯（Ptolemais）和推罗（Tyre）两城向安提俄库斯三世投降后，安提俄库斯三世正准备入侵科勒叙利亚地区，托勒密四世也正在准备迎战安提俄库斯三世。斯巴达国王吕库古斯想效仿科勒奥门涅斯三世，已经开启战争：他已在迈加洛波利斯境内的雅典奈乌姆城附近扎营，正在围攻该城。阿凯亚人为应对迫在眉睫的战争，招募了雇佣兵，其中既有步兵也有骑兵。腓力五世已率军从马其顿出发，大军包括10000名方阵步兵，5000名轻盾兵和800名骑兵。

当天下各地爆发战争和准备战争时，罗德岛人与拜占庭人也爆发战争，原因如下。

[38]就海洋而言，天下没有比拜占庭更好的地理位置，它的天然防御能力一流，它的位置又确保城市的繁荣。至于陆地一侧，拜占庭在两个方面有严重缺陷。就海洋而言，拜占庭扼守黑海的出海口，竟达至这样的程度：任何船只要没有得到拜占庭的允许，根本无法进出黑海。这意味着拜占庭完全掌控黑海产品的出口，那些产品的量很大，且是天下各地居民的日常生活所需。就日常必需品而言，公认的事实是，黑海地区提供的畜群和奴隶，在质量和数量方面都没有竞争对手，贸易量又极大；就奢侈品而言，黑海地区能提供的量也非常大，如蜂蜜、蜡和腌鱼。黑海地区也从我们这个地区进口大量橄榄油和各种酒。至于谷物，则互有贸易：有时，我们从黑海地区进口谷物，有时他们从我们这里进口。

因此，如果拜占庭人有意对希腊人不友好——如他们曾与高

---

[1] 公元前219年。

卢人结盟，尤其是眼下与色雷斯人结盟后果更严重——如果他们放弃那个地方，不在那里生活，必将无法获得这些商品，希腊人也无法从这种贸易中获得利益。因为那里的海峡非常窄，附近又居住着很多野蛮人，毫无疑问，黑海将成为我们的禁区。的确，尽管拜占庭人凭借其优越的地理位置生活得繁荣富裕，因为他们能方便地出口他们的剩余和进口所需获利，且不会遇到任何危险或艰辛，但是，如我所说，他们也让许多商品抵达其他地方，对其他民族帮助极大。因此，既然拜占庭人是我们所有人的共同恩主，他们就有权期待希腊人不仅感激他们，而且在他们面临野蛮人威胁时，共同行动去帮助他们。

由于拜占庭位于天下的偏僻之地，所以大多数人不熟悉它独特的位置优势。但是，每个人都想了解这些地方。毕竟，我们都喜欢亲自去看看不同寻常或充满异域风情的地方，但是，如果没法亲自去，我们至少要尽可能对它们有一个准确的印象和观念。所以，我应该描述一下拜占庭的地理位置，解释是什么因素让这座城变得如此繁荣富足。

[39] 黑海的周长接近22000斯塔德，有两个相对的出口，一个是连接普罗庞提斯海（Propontis）的海峡，另一个是连接亚速湖（Maeotis）的海峡，① 亚速湖的周长为8000斯塔德。多条发源于亚洲的河流和更多发源于欧洲的河流汇入这两个海盆。亚速湖通过它的出口注入黑海，黑海通过它的出口注入普罗庞提斯海。亚速湖的那个出口叫基姆墨里亚－博斯普鲁斯海峡（Cimmerian Bosporus），宽约30斯塔德，长约60斯塔德，整个海峡不怎么深。黑海的出口名叫色雷斯－博斯普鲁斯海峡（Thracian Bosporus），长约120斯塔德，宽度也比亚速湖的海峡宽得多。这个海峡在普罗庞提斯海一侧的入口，位于卡尔克顿（Chalcedon）和拜占庭之间，有14斯塔德宽；这个海峡黑海一侧的入口始于所谓的圣地

---

① 即刻赤海峡。

(Hieron)，据说伊阿宋（Jason）从科尔基斯（Colchis）返航途中就是在此地首先向十二主神献祭。圣地位于入口靠亚洲一侧，正好与欧洲一侧色雷斯海岸的塞拉皮斯神庙相对，二者的距离约12斯塔德。

亚速湖和黑海不断有水流出的原因有两个。第一个原因显而易见，很多河流汇入面积有限的海盆，水位会不断上升，如果没有出口，水位必然会上升得更高，海盆的面积会变得更大；若是有出口让水外流，多余的水会不断溢出，经海峡流出。第二个原因是，暴雨过后，很多河流携带大量泥沙注入海盆，淤泥迫使水位上升，基于同样的原则，水通过出口流走。既然泥沙的淤积和水的流入是不间断且持续的，那么通过出口流出的水必然也是不间断且持续的。这就是水从黑海流出的真实原因。这一解释不是海上商人们的胡言乱语，而是基于对自然法则的观察，很难想象还有比这更精确的方法。

[40] 但是，既然我们的注意力已经集中于这个主题，我没有必要在此停下，仅仅陈述事实，却不进一步解释。这是大多数作家的习惯，但我要给出详尽的解释，以免我的读者对他们可能提出的问题有任何疑问。因为这正是我们这个时代的典型特征，天下各处都可凭陆路或海路抵达，我们不再被迫仰赖诗人和神话讲述者填补我们的知识空白，就像我们的先辈就大多数主题做的那样。用赫拉克利特的话说，诗人和神话讲述者不过是为有争议的事实提供"不可靠的保证（ἀπίστους βεβαιωτὰς）"，但是我必须尽力给我的读者提供一份其本身值得相信的叙述。

我认为，黑海的淤塞从远古以来一直在持续，且会一直持续下去，随着时间的流逝，黑海和亚速湖会完全被淤泥填满，如果该地区的地形保持不变，导致泥沙淤积的因素会始终存在。时间是无限的，而亚速湖和黑海两个海盆是有限的，因此，即便河水携带的泥沙很轻，亚速湖和黑海最终也会被泥沙填满。依据自然规律，如果有限的数量在无限的时间里持续增长或减少，那么即便增量或减量是无穷小——我暂且如此假设，合乎情理的结果都是：变化过程最终必然会完成。如果增量不是很小，而是很大，即如果河水携带的泥沙非常大，显然我刚刚谈到的结果不久就将实现，而不是在无限久远的未来。

事实上，这是正在发生的事，很容易就能看到。亚速湖已经淤塞，它的大部分水域的深度目前只有5或7臂尺，以至大船没有领航员根本无法在其上航行。如所有古代作家赞同的，亚速湖原初与黑海是一体，现在已成为一个淡水湖，咸的海水已被沉积的泥沙和不断汇入的河水取代。同样的事未来也会发生在黑海身上，事实上，这种变化已经开始，尽管黑海面积庞大，观察者很难觉察到这个过程。但是，尽管如此，片刻的思考也会证明我的说法是真实的。

[41] 多瑙河流经欧洲，通过数个河口注入黑海。① 多瑙河通过这些河口带入黑海的沉积物，在海上形成一条长达1000斯塔德的浅滩，离陆地有一天的行程。在黑海上航行的船只，晚上仍然会意外地在浅滩搁浅，船员们称那条浅滩为"乳房"（$\Sigma\tau\eta\theta\eta$）。多瑙河带来的沉积物为何不是在靠近岸边的地方形成浅滩？为何浅滩会被推到远离海岸之处？我认为原因如下。多瑙河水流的力量很大，能够推动沉积物冲向大海，泥沙和其他东西必然被水流继续推入大海，不会中途停止或向下沉积。但是，当海洋足够深，海水足够多，能够抵消水流的力量，依照自然规律，泥沙和其他东西就会停止向前，开始下沉到海底。这就是为什么湍急的大河携带的沉积物会在海中形成浅滩，而近岸的海床仍维持其深度，那些水流柔缓的小河携带的沉积物则在其河口处形成浅滩。

这在暴雨期间尤其明显。水流柔缓的小河如果因为暴雨获得足够的冲击力，就能战胜河口的波浪，将沉积物推向大海，其距

---

① 在希罗多德时代，多瑙河有5个河口；在奥古斯都时代，有7个河口。

离与河水的力量成正比。怀疑多瑙河形成的浅滩规模之大是愚蠢的，或者总体上怀疑各条河流带入黑海的石头、木头和泥沙量之大是愚蠢的。我们常常亲眼看到，一条只在冬天流过的小河，竟能迅速挖出河床，在高地开辟出一条狭长的沟，沉积大量的木头、泥沙和石头，有时竟使一些地方面目全非。

［42］有一点毋庸置疑，奔流的大河常年产生这类影响，最终会填满黑海。这不仅是一种可能性，而且是一种逻辑必然性。下述事实预示着未来：正如亚速湖的盐度小于黑海，黑海的盐度明显小于地中海。这证明，未来一大段时间后——其时间量与亚速湖被填满的时间成正比，其比例与亚速湖的面积和黑海的面积比例相同——黑海将像现在的亚速湖一样，变成一个很浅的淡水湖。事实上，这一过程可能会以更快的速度进行，因为注入黑海的河流不仅大得多，而且数量也多得多。

我希望我上面所述足以让怀疑者相信，黑海正在淤塞，这个过程不会停止，直到最后黑海变成一个浅水湖。最重要的是，我希望我上面所述足以反驳海上商人那些虚假的、异想天开的胡言乱语：我们不应该像孩童一样，因为无知而相信我们听到的一切。在我们掌握真理的一些线索后，我们可以用它们来推断听到的故事的真伪。但是，现在我必须回到对拜占庭的天然优势的叙述。

［43］连接黑海与普罗庞提斯海的那条海峡，正如前面说过的，长120斯塔德。在黑海一侧，这个海峡的起点位于圣地（Hieron）；在普罗庞提斯海一侧，这个海峡的起点在拜占庭。这个海峡的最窄处，在欧洲一侧升入海峡的海角上坐落着一座赫尔墨斯神庙，距离对面的亚洲海岸只有5斯塔德。据说，大流士一世当年跨海进入欧洲攻击斯基泰人时，正是在这里架桥。

在流经此处之前，由于博斯普鲁斯海峡两岸的地形均匀，来自黑海的海流以固定速度流动。但是，当海流抵达赫尔墨斯神庙（Hermaeum）所在的海角——如我所说，这里是海峡最窄处——狭窄的空间会使得海流猛烈撞击海角，海流继而像被重击后进行反弹，从海角退下，撞向对面的亚洲一侧海岸。海流在亚洲一侧的海岸转个大弯，又折回欧洲一侧海岸，撞向名叫灶神（Hearths）的海角，在灶神角再次被弹向亚洲一侧名叫母牛（Cow）的海岸，传说此地就是伊城（Io）渡海后在亚洲最先登陆之地。最后，海流径直冲向拜占庭，但是在靠近此城的地方，海流被分为两支。较小的一支流入名叫金角（Horn）的海湾，较大的一支再次被弹回。不过，此时海流已没有足够的力量冲向对岸，对岸坐落着卡尔克顿城，因为海流已经经过几次来回反弹，此处的海峡也已变宽。这意味着，海流到此已经失去力量，不再能以锐角路线快速冲向对面的海岸，只能以钝角路线偏转，所以无法抵达对岸的卡尔克顿，开始平稳地流出海峡。

[44] 我刚刚所述恰好正确说明拜占庭所在位置的天然优势，卡尔克顿则不具备这种优势，尽管两城乍看上去皆具有同样的优势。然而，如果有人想经海上抵达卡尔克顿，即便他的愿望非常强烈，他也很难做到，因为如我刚刚解释的，海流总是无情地将船只带到拜占庭这一侧。下述事实可以证明：要想坐船从卡尔克顿到拜占庭，不能直接沿着直线穿过海峡，而是必须绕道母牛海岸，抵达对岸的克律索波利斯（Chrysopolis）——雅典人当年听从阿尔喀比亚德（Alcibiades）[①]的建议占领此地，第一次在此地对驶往黑海的船只征税——然后乘船顺流而下，海流总能把船只带向拜占庭。

从靠欧洲一侧经海上抵达拜占庭则非常容易，从赫勒斯滂海峡前往拜占庭，有南风吹拂；从黑海前往赫勒斯滂海峡，则有季风吹拂。从黑海到赫勒斯滂海峡的航程，成直线状，可以沿着欧洲一侧海岸从拜占庭轻松抵达普罗庞提斯海在阿拜多斯

---

① 色诺芬，《希腊志》，1.1.22。

（Abydus）和塞斯图斯（Sestus）最狭窄的地段，从这里返航拜占庭的航程也同样容易。但是，从卡尔克顿沿着亚洲一侧海岸航行则非常困难，需要绕过库基库斯（Cyzicus）半岛和两侧很深的海湾，这个半岛向普罗庞提斯海凸出很远。

至于从赫勒斯滂海峡到卡尔克顿的航程，需要先沿着欧洲一侧的海岸航行，靠近拜占庭时再转向，直奔卡尔克顿，海流和上面提到的因素使得航程非常艰难。返程同样艰难：从卡尔克顿出发，直接驶向对面的色雷斯海岸根本不可能，原因在于海流湍急且逆风。事实上，在卡尔克顿和拜占庭之间直线往返会受到风的阻挠，南风会把船只吹向黑海，北风会把船吹得远离黑海，而只要在海上航行都需要风。这就是拜占庭靠海一侧占据绝佳优势的原因。我接下来解释它在陆地一侧的缺陷。

[45] 从黑海到普罗庞提斯海，拜占庭的土地被色雷斯完全包围。这意味着拜占庭人被迫卷入与色雷斯人旷日持久的战争。战争又极为艰难，拜占庭人没法通过仔细谋划一场决战来一劳永逸地解决敌人。色雷斯人中适龄兵役之人的数量使此类决战不可能进行，色雷斯土地上又有很多王公。就算拜占庭人战胜其中一个首领，也会有其他更强大的首领入侵他的土地。就算他们放弃抵抗，与色雷斯人签订条约，向他们纳贡，也不会有丝毫差别：向一个首领纳贡会为他们制造五倍的敌人。所以，他们被迫卷入旷日持久的艰难战争。还有比与一个蛮夷邻居的战争更危险、更恐怖的吗？

似乎被这些无休止的陆地麻烦折磨还不够，拜占庭人还不得不忍受战争的许多邪恶后果之一，这让人想起荷马对坦塔罗斯（Tantalus）遭受的惩罚的描述。[①] 拜占庭人拥有肥沃的土地，当他们精心劳作，取得大丰收后，蛮夷就会出现，毁坏一部分庄稼，将剩余的抢走。即使不考虑他们辛苦的劳作和成本，看到这样的好庄稼被毁，他们也会感到沮丧和愤怒。然而，他们已经习惯且能

---

① 参荷马，《奥德赛》，11.582行以下。

够忍受与色雷斯人的战争，从没有放弃对希腊人的原初义务。但是，当他们遭到克芒托里乌斯（Comontorius）率领的高卢人的攻击，他们的处境变得极其危险。

[46] 那群高卢人在波勒诺斯（Brennus）①率领下离开家乡，从德尔斐战役逃脱后，抵达赫勒斯滂。他们垂涎拜占庭的土地，所以没有渡海到亚洲去，而是在赫勒斯滂海峡边住了下来。他们击败色雷斯人，占据图里斯（Tylis）城，给拜占庭城造成极大威胁。起初，这群高卢人在克芒托里乌斯——此人是他们的第一位王——率领下袭扰拜占庭，拜占庭人不得不纳贡，每次都要支付3000或5000金币，有时竟要支付10000金币以确保他们的土地免受劫掠。最终，在卡瓦卢斯（Cavarus）王统治这群高卢人期间，拜占庭人被迫同意每年支付80塔兰同，②也是在这位国王统治期间，这群高卢人被色雷斯人击败并消灭。正是在那时，由于纳贡的负担太重，拜占庭人首次遣使请求希腊人帮助他们解除不幸和危险。但是，他们的请求基本上被希腊人忽视，所以拜占庭人被迫开始向进入黑海的船只征税。

[47] 拜占庭人对从黑海出口的货物征税，给商人带来相当大的不便和利润损失。商人们非常愤怒，遂一致向罗德岛人求助，后者被认为是当时的海上霸主。这就是我即将叙述的战争的起源。

罗德岛人不仅受到盟友遭受的损失的激励，而且因为自己的利益也受到损害，所以一开始派出一个联合使团前往拜占庭，要求后者终止收税。但是，拜占庭人不愿做任何让步。拜占庭人深信他们的事业是正义的，遂派他们的两位领袖（προέστησαν）赫卡托多罗斯（Hecatodorus）和奥林姆皮奥多洛斯（Olympiodorus）与罗德岛的联合使团会面，明白无误地表明

---

① 公元前279年，波勒诺斯率高卢人入侵德尔斐，在战役中被击败。波勒诺斯在战役后不久去世。

② 等于24000个金币。

他们不会让步。罗德岛的使团没有实现目标，待他们的使团返回后，罗德岛人认为他们有足够充分的理由对拜占庭开战。所以，罗德岛人立即遣使谒见普卢西阿斯一世（Prusias I），[①]劝诫他也一起对拜占庭宣战，因为他们清楚普卢西阿斯一世对拜占庭积怨颇深。

[48]拜占庭人也采取类似政策，遣使谒见阿塔罗斯一世和阿凯俄斯寻求帮助。[②]阿塔罗斯一世非常乐意参与这项事业，但是他的支持在当时没有多大作用，因为他正被阿凯俄斯封锁在他祖先的王国之内。阿凯俄斯此时已控制整个小亚细亚，最近还宣布自己为国王，他决定帮助拜占庭人。他的决定大大鼓舞了拜占庭人，令罗德岛人和普卢西阿斯一世恐惧不已。因为阿凯俄斯是安提俄库斯三世的亲戚，后者已经继承叙利亚的王位，且如我刚刚所说，阿凯俄斯已经控制整个小亚细亚。

阿凯俄斯控制小亚细亚的手段如下。安提俄库斯三世的父亲塞琉古二世去世后，后者的长子继承王位，称塞琉古三世。[③]塞琉古三世一继承王位，就得知阿塔罗斯一世已经接收小亚细亚，这个消息促使他前去保卫叙利亚王国在小亚细亚的领土。出于亲属关系，阿凯俄斯加入这次翻越陶鲁斯山脉的战役，此事发生于我正在叙述的事件的两年前。

塞琉古三世率一支庞大的军队翻过陶鲁斯山脉，但是被高卢人阿帕图里乌斯（Apaturius）和尼卡诺尔（Nicanor）背信弃义地

[①] 比提尼亚王国君主，公元前229年至前182年在位。

[②] 阿塔罗斯一世（公元前241—前197年），帕加马王国国王，是阿塔罗斯王室的第一位国王。阿凯俄斯之父安德罗马库斯（Andromachus）是塞琉古二世王后劳迪西娅（Laodice）之兄，所以，阿凯俄斯是安提俄库斯三世的表兄。

[③] 塞琉古王国的这几位国王继承时间如下：塞琉古二世，公元前246年至前225年在位；塞琉古三世，公元前225年至前223年在位；安提俄库斯三世，公元前223年至前187年在位。

暗杀。阿凯俄斯作为国王的亲属，立即处决尼卡诺尔和阿帕图里乌斯，为国王报仇，同时接管大军和统治权。在这个位置上，阿凯俄斯行事谨慎，显出宽宏大量之德。尽管他有机会，尽管军队希望他戴上王者冠冕，他却没有这样做，而是把自己视作叙利亚王权的守卫者，让塞琉古二世的幼子安提俄库斯三世继位，积极恢复王国在陶鲁斯山脉以北的领土。

经过一场规模浩大的战役，阿凯俄斯重新获得整个小亚细亚的统治权。事情出乎意料地顺利：阿凯俄斯将阿塔罗斯一世的王国缩小到只有帕加马，他成为小亚细亚其他地区的主人。这些胜利令他忘乎所以，他很快偏离正道，迷失方向。阿凯俄斯戴上王者冠冕，宣布自己是国王，成为当时小亚细亚所有国王和统治者中最强大、最令人生畏的国王。这个人就是拜占庭人决定对罗德岛和普卢西阿斯一世开战时所仰赖的砥柱。

[49] 普卢西阿斯一世之所以对拜占庭人饱含愤怒，有以下几个原因。第一，拜占庭人曾允诺为他竖立雕像，但是，他们不仅没有这样做，而且完全忽视并忘记了此事。第二，拜占庭人曾尝试结束阿凯俄斯与阿塔罗斯一世之间的战争，力图让两位国王和解，但普卢西阿斯一世认为，阿凯俄斯与阿塔罗斯一世维持友好将在很多方面危及他本人的利益，因此他很不喜欢拜占庭人的做法。第三，拜占庭人曾遣使出席阿塔罗斯一世在雅典娜节举行的献祭活动，但是没有派代表出席他本人在拯救节（τὰ Σωτήρια）[1]期间举办的活动，他感觉受到了侮辱。他对拜占庭人怀有这些怨恨，所以非常欢迎罗德岛人的到来和他们提供的战争借口，遂与罗德岛使团达成一致：罗德岛人负责海上战斗，他本人希望能在陆上给予敌人同样严重的损害。

这就是罗德岛与拜占庭的战争的原因和开端。

[50] 拜占庭人在战争开始阶段斗志昂扬，因为他们相信阿

---

[1] 这个节日明显创立于普卢西阿斯一世于公元前229年继位以后。

凯俄斯的帮助，他们还确信如果邀请提伯埃特斯（Tiboetes）[①]从马其顿加入他们，普卢西阿斯一世会感到震惊，他也会感受到自己给拜占庭人带来的威胁。基于我已经陈述过的理由，普卢西阿斯一世坚定地加入战争，占据博斯普鲁斯海峡名叫圣地的地方，此处是博斯普鲁斯海峡的战略要害。拜占庭人几年前花了一大笔钱才获得这个地方，因为他们不想让任何人有机会把这个地方当作攻击进入黑海的商船的基地，或干扰黑海出口奴隶和鱼的基地。普卢西阿斯一世还夺取拜占庭人在亚洲一侧的米西亚（Mysia）地区长期占有的土地。

罗德岛人命克塞诺法图斯（Xenophantus）统率舰队，他本人率领10艘战舰——6艘由罗德岛人装备，4艘由盟友装备——前往赫勒斯滂海峡。克塞诺法图斯令舰队在塞斯图斯下锚，以阻止船只进入黑海，他本人亲率一艘战舰前去试探拜占庭人的态度，想看看这场战争是否已让拜占庭人足够恐惧，从而使其改变主意。但是，拜占庭人没有理会他的提议。克塞诺法图斯返回塞斯图斯，与其他战舰会合后，返回罗德岛。拜占庭人不断遣使向阿凯俄斯请求援助，并派一支护送队到马其顿接提伯埃特斯，后者作为普卢西阿斯一世之父的兄弟，被认为同样有权继承比提尼亚王国的王位。看到拜占庭人进行战争的决心很大，罗德岛人设计出一个达到其目的的妙计。

[51] 罗德岛人看到拜占庭人决心继续战争的最重要原因是他们期待阿凯俄斯会帮助他们，同时知道阿凯俄斯最关切的事情是他父亲安德罗马库斯（Andromachus）的安危，后者当时被关押在亚历山大里亚，所以决定遣使到托勒密四世那里，请求后者把安德罗马库斯交给他们。事实上，罗德岛人此前已经向托勒密四世提出过这个要求，但那时只是半心半意，现在他们决定全力以赴达成这个目的。他们的盘算是，通过帮阿凯俄

[①] 此人是普卢西阿斯一世父亲的同父异母兄弟。

斯这个忙，使阿凯俄斯对他们感恩戴德，以致满足他们的一切要求。

罗德岛人的使者抵达后，托勒密四世对是否释放安德罗马库斯犹豫不决。他本来计划在适当时机利用此人，彼时他与安提俄库斯三世之间的纠纷尚未解决。阿凯俄斯既然已经自立为王，届时他能够在某些大事上有所作为，因为阿凯俄斯的父亲安德罗马库斯是塞琉古二世的王后劳迪西娅（Laodice）的兄弟。但是，由于同情罗德岛人的事业，想尽自己所能帮助罗德岛人，托勒密四世遂同意罗德岛人的请求，将安德罗马库斯释放，令罗德岛人把他交还阿凯俄斯。

实现这个计划，并额外授予阿凯俄斯一些荣誉后，罗德岛人切断了拜占庭人最重要的援助来源。与此同时，拜占庭人又遭遇另外一个不幸，他们邀请提伯埃特斯前来的计划落空：此人已在从马其顿来的路上去世。面对这种局势，拜占庭人对继续战争丧失信心。普卢西阿斯一世则嗅到胜利的气息，继续从亚洲一侧猛攻敌人，同时令色雷斯雇佣兵在欧洲一侧将拜占庭人包围在城内。一切都没有如拜占庭所愿，各处战场都面临威胁，他们开始寻找体面地结束战争的方法。

［52］所以，当那群高卢人的王卡瓦卢斯带着结束战争的意图来到拜占庭，决心亲自阻止战争双方继续战争，普卢西阿斯一世和拜占庭人同意了他的全部提议。听过卡瓦卢斯提议的详细内容以及该提议得到普卢西阿斯一世默许的消息后，罗德岛人看到实现目的的机会，立即命阿里狄克斯（Aridices）出使拜占庭，同时派遣珀勒莫克勒斯（Polemocles）率领3艘三列桨战舰随其前往。换言之，罗德岛人给拜占庭人派去了俗话所说的"长矛和传令官的权杖"。①

---

① 也就是说，罗德岛人带去了战争与和平，让拜占庭人选择。长矛代表战争，传令官的权杖代表和平。

罗德岛人一到拜占庭，就迅速与拜占庭签订和约，时间是卡利革同之子康托（Cothon son of Calligeiton）任拜占庭圣事官（ἱερομνημονοῦντος）那一年。[①] 拜占庭与罗德岛的条约如下：

拜占庭人不得对进入黑海的商船征税，如果这个要求得到满足，罗德岛人及其盟友必须与拜占庭人保持和平。

拜占庭与普卢西阿斯一世的条约如下：

1. 普卢西阿斯一世与拜占庭人永远保持和平和友好。拜占庭不得向普卢西阿斯一世开战，普卢西阿斯一世不得对向拜占庭发动战争。

2. 普卢西阿斯一世无条件归还所占据和掠夺的拜占庭土地、要塞、农奴和市民。此外，普卢西阿斯一世还要向拜占庭归还战争开始时夺取的船只、从要塞中缴获的物资，以及从圣地（Hieron）掠夺的木材、石头和砖瓦。——普卢西阿斯一世为阻止提伯埃特斯返回，已经摧毁关键位置的所有要塞。

3. 普卢西阿斯一世还要命令所有掠夺米西亚地区属于拜占庭人财产的比提尼亚人，将所掠夺财产还给拜占庭农民。

这就是罗德岛人与普卢西阿斯一世联合针对拜占庭人的战争的始末。

[53] 几乎同一时间，克诺索斯人（Cnossians）遣使罗德岛，成功说服后者不仅派珀勒莫克勒斯统率舰队前去支援，而且还额外派出3艘没有甲板的船。舰队装备停当后，航往克里特。伊柳

---

① ［英译注］圣事官（Hieromnemon）是古希腊城市的一个负责宗教事务的官职，负责管理神庙和各种圣事。时间可能是公元前220年秋。

塞拉人（Eleuthernae）怀疑珀勒莫克勒斯已经应克诺索斯人请求，遂杀死了一个名叫蒂马库斯（Timarchus）的公民。他们首先宣称自己报复罗德岛人无罪，然后便向罗德岛公开宣战。

此前不久，吕克图（Lyctus）城刚被彻底摧毁。克里特当时的基本局势如下。克诺索斯人通过勾结戈提纳人（Gortynians），已经征服整个克里特岛，只有吕克图城除外。[①]由于吕克图是唯一拒绝接受他们领导权的城市，他们遂向吕克图宣战，意图将之夷为平地，以警告其他克里特城市。起初，所有克里特城市联合起来对吕克图作战，但是，不出所料，克里特人像往常那样，再次因鸡毛蒜皮的小事发生冲突。珀吕勒尼亚城（Polyrrenia）、科瑞亚城（Cerea）、拉帕城（Lappa）、霍里翁城（Horium）和阿卡狄亚城（Arcadia）一起脱离与克诺索斯的联盟，决定与吕克图结盟。戈提纳城则陷入内讧，年老的一派继续站在克诺索斯一边，年轻一派则与吕克图结盟。克诺索斯人没有料到他们的盟友会崩乱，遂请求埃托利亚人派1000人帮助他们，因为他们与埃托利亚人是盟友。这支援军一到克里特，戈提纳的年老派立即占领卫城，接纳克诺索斯人和埃托利亚人，将年轻一派或屠杀或驱逐，把戈提纳城交给克诺索斯人保护。

[54] 与此同时，吕克图人已经全面侵入敌人境内。获悉这个消息，克诺索斯人立即夺取未设防的吕克图城，将妇女和儿童掳往克诺索斯。然后，克诺索斯人将吕克图城付之一炬，夷为平地，无所不用其极地将此城变为一片废墟，然后返回克诺索斯。吕克图人从远征中返回，看到发生的一切，沮丧至极，以至没人能忍心入城一看。他们绕着城外看，边走边流泪，为自己和家乡遭受的不幸流泪。然后，他们掉头前往拉帕城。吕克图人在那里受到友好对待，拉帕人不遗余力地让他们感受到

---

① 克诺索斯和戈提纳是克里特岛最重要的两个城市，前者位于岛北，后者位于岛南。

欢迎。仅仅一天之内，吕克图人竟变成无家可归的避难者和外邦人，但是他们继续和盟友一起同克诺索斯人作战。这就是克里特岛最古老的城市、斯巴达人的殖民地和分支、无可置疑的最勇敢的克里特城市，突然之间遭遇彻底毁灭的过程。

［55］珀吕勒尼亚人、拉帕人和其他盟友看到，克诺索斯人仰仗与埃托利亚人的盟友关系，而后者是腓力五世和阿凯亚人的敌人，所以遣使到腓力五世和同盟那里请求帮助，并恳求加入同盟。阿凯亚人和腓力五世同意这些克里特人加入同盟，并派400名伊利里亚人、200名阿凯亚人、100名佛基斯人，在柏拉托尔（Plator）率领下前往克里特。这支援军在克里特没待多久就返回希腊，但是，在他们的帮助下，珀吕勒尼亚人及其盟友的战事取得巨大进展。他们很快围困伊柳塞拉、库多尼亚（Cydonia）和阿普特拉（Aptera）三城，迫使它们脱离克诺索斯人，转而与他们结盟。此后，珀吕勒尼亚联盟给腓力五世和阿凯亚人送去500名克里特弓箭手，克诺索斯人此前不久给埃托利亚人派去1000名克里特弓箭手。这些克里特士兵随后在同盟战争中为各自的盟友战斗。被驱逐的戈提纳年轻派占据费斯图斯（Phaestus），甚至攻占戈提纳的港口。以这两个地方为基地，他们继续与城中的老年派斗争。

［56］这就是克里特岛的事务。几乎同时又爆发米特里达特斯二世（Mithridates II）与西诺佩（Sinope）的战争。[①]事后证明，这场战争是西诺佩随后衰落的开端和缘由（ἀρχὴ καὶ πρόφασις）。西诺佩人遣使罗德岛，请求后者在这次战争中帮助他们，罗德岛人投票选出一个三人委员会，并拿出140000德拉克马，由这个委员会支配，将其用来为西诺佩人提供他们所需要的任何东西。这

[①] 米特里达特斯二世，公元前250年至前220年统治本都王国。对于他攻击西诺佩的战争，我们一无所知，连战争是否发生过也难以确定。只有珀律比俄斯在此处说，西诺佩居民等待着米特里达特斯二世的进攻。

个委员会为西诺佩人提供了 10000 桶酒，300 塔兰同精制的毛发，100 塔兰同精制的弦，1000 套完整的武器和盔甲，3000 枚金币，以及 4 架配有操作手的石弩机。[①]西诺佩使者接受这些物资后，返回西诺佩，每个西诺佩人都在焦急地等待米特里达特斯二世在海上和陆上的围攻。一切可能的战争准备都已经做好。

西诺佩城位于黑海南岸，朝法希斯（Phasis）航行时会经过此城。[②]这座城建在一个伸入黑海的半岛上，该半岛与大陆相连的部分不足 2 斯塔德。西诺佩城一直延伸到半岛的北部狭长区域，并将其完全占据。半岛的其他部分伸入大海，地形平坦，非常容易进入，虽然四周都是悬崖峭壁，没有安全的锚地，适合攀登的地方极少。西诺佩人担心，米特里达特斯二世从城市临大陆一侧建起攻城机发动围城，同时从海上登陆，占据可以俯瞰城市的平地。因此，他们忙于加强半岛沿海地区的防御，用木桩和栅栏保护海上一侧的通道，在所有关键地点部署士兵和投掷物。整个半岛并不很大，易于防御。

[57] 这是西诺佩的事务。现在，我要回到同盟战争叙述中断之处。腓力五世开始率军离开马其顿，朝忒萨利和伊庇鲁斯进发，打算从那里侵入埃托利亚。与此同时，亚历山大[③]和多利马库斯正在谋划突袭埃格拉（Aegeira），他们已在奥阿忒亚城（Oeantheia）聚集 1200 名埃托利亚人，此城是一个位于海湾、与埃格拉隔海相望的埃托利亚小城。亚历山大和多利马库斯已在此城准备了足够多的船只以运送士兵渡海。埃托利亚人正在等待有利天气发动攻击。一个埃托利亚逃兵在埃格拉逗留已有些时日，他注意到埃格拉城面朝埃吉翁的城门的守卫总是酗酒，疏于看守之责。此人好几次冒险横渡海峡，面见多利马库斯，劝诱后者突

---

① 毛发和弦都是制造投石器的材料。
② 即沿今土耳其北岸朝格鲁吉亚方向航行。
③ 对这位亚历山大一无所知。

袭埃格拉，他非常清楚这正是多利马库斯擅长的那种冒险。

埃格拉城位于伯罗奔半岛科林多湾一侧的埃吉翁与希库温之间，城市建在一座陡峭、令人生畏的山脊上，面朝对岸的帕纳塞斯山（Parnassus），距离海边仅7斯塔德。有利于渡海的天气出现后，多利马库斯率军出海，在流经埃格拉城的那条河的河口下锚，当时还是晚上。亚历山大、多利马库斯和帕塔勒奥斯之子阿奇达姆斯（Archidamus the son of Panteleon）率领主力部队，沿着埃格拉城通往埃吉翁的那条路朝城市进军，而那位逃兵和20名精选出的士兵没走大路，而是通过攀爬悬崖抵近埃格拉城。这支小股部队先到城下，因为那个逃兵对周围的道路非常熟悉。这支小股部队通过一条引水渠进入城中，发现城门守卫在睡觉，直接将他们杀死在床上。然后，他们用斧头砍断门闩，放埃托利亚人进城。埃托利亚人迅速冲入城中，但随后表现得却如此笨拙，一定程度上至少要为自己的伤亡和埃格拉幸存负责。他们的行动仿佛基于这样一个假设：若想攻占敌人的城市，只要通过门楼即可。

［58］埃托利亚人入城后聚集在广场周边，只过了一会儿，他们就按捺不住劫掠的欲望，开始分散到全城进行抢劫。此时，天已发亮，他们闯入民房，偷盗财物。埃格拉人胆战心惊，对此完全没有预料。遭到埃托利亚人抢劫的居民惊慌失措，惊恐地逃离城市，以为城市此时已经完全落入敌手。但是，其他居民的房子还完好，他们被吵闹声惊醒，跑出来，聚集到卫城。随着人数越聚越多，他们也愈发勇敢。埃托利亚人的数量，却由于我刚刚解释的原因，正在减少。

多利马库斯看到这种威胁，命令士兵集合，攻击卫城，认为只要发动一次猛烈攻击，就可吓走聚集在卫城、试图拯救自己城市的埃格拉人。但是，埃格拉人鼓起勇气，英勇抵抗。由于埃格拉卫城没有城墙，所以战斗是一对一、一群对一群。起初，战斗势均力敌，因为一方在为他们家园和后代的存亡而战，一方在为他们的性命而战。但是，埃托利亚侵略者最后掉头逃跑。受他们逃跑的鼓舞，埃格拉人愈发勇敢地追击敌人。大多数埃托利亚侵略者由于极度恐慌，在争着逃跑时，被自己人踩死在城门口。亚历山大在卫城的战斗中丧生，阿奇达姆斯死于城门口的混战和踩踏。剩余的埃托利亚人要么被踩踏而死，要么在试图顺着悬崖逃跑时摔成肉酱。幸存者只得丢弃盾牌，仓皇绝望地逃到他们的船边，耻辱地逃走。所以，埃格拉人起初由于疏忽差点失去生养他们的城市，后又通过决心和勇敢奇迹般地再次夺回城市。

[59] 与此同时，欧里比达斯——他被埃托利亚人派去指挥驻扎在厄利斯的军队——劫掠属于杜迈、法莱和特里塔人的土地，捕获大量牲畜，此时正在返回厄利斯的路上。杜迈的米库斯（Miccus）——他是那一年阿凯亚联盟的一位裨将（ὑποστράτηγος）——率领麾下的士兵从这三城尾随欧里比达斯行军。他们发现欧里比达斯及其军队正在返程，遂发动攻击，但是由于太过冒进，中了埋伏。这个错误的代价非常沉重：40人战死，200名步兵被俘。这次胜利让欧里庇得斯极为兴奋，仅仅几天之后，他便再次出发，在阿拉克苏斯（Araxus）占据一个非常关键的名叫"堡垒（Τεῖχος）"的杜迈要塞。传说这个要塞在很久之前由赫拉克勒斯建造，当时他对厄利斯用兵，以这个要塞作为打击厄利斯人的基地。

[60] 由于对入侵者的追击失败，现在"堡垒"要塞又被敌人占据，杜迈、法莱和特里塔三城的民众格外担忧，遂写信给阿凯亚联盟的将军小阿拉图斯，告诉他发生的事，请求帮助。不久，他们又派出一个官方代表前去提出同样的请求。但是，小阿拉图斯没能组建一支雇佣兵部队。这部分是因为科勒奥门涅斯战争中，阿凯亚人没有向雇佣兵支付全额佣金。但总的来说，是因为小阿拉图斯缺乏主动性，他对整场战争的基本态度是缺乏进取心和草率。结果，吕库古斯成功占领迈加洛波利斯境内的雅典奈

乌姆，欧里比达斯再次获胜，成功夺取特尔弗萨附近的戈图纳（Gortyna）。

当绝望地意识到小阿拉图斯不会前来帮助他们，杜迈、法莱和特里塔三城的民众一致同意，往后不再缴纳联盟贡赋，并组建一支雇佣兵，包括300名步兵和50名骑兵，用来保护他们的土地。尽管从他们内部来看，这是一个正确的决定，但是从这个决定对阿凯亚联盟的影响来看，则不然。在这个方面，这三城的做法堪称一个有害的先例，为未来任何想要破坏联盟的城市铺平了道路。但是，它们三城最大的错误应恰当地归因于阿凯亚联盟的将军小阿拉图斯，他在处理各城的请愿时，总是粗心、拖拉和懒散。毕竟，当一个人面临危险，有望得到来自友人和盟友的帮助才能让他勇敢面对危险；当他面临困难时，根本指望不上外在的帮助，他就别无选择，只能尽自己所能照看自己。所以，当阿凯亚人的将军对请求拖延时，我们不应该谴责特里塔、法莱和杜迈三城民众自己组建雇佣兵，但是他们拒绝缴纳联盟贡赋的行为则应受到斥责。当然，联盟本不应该忽视三城的需要，既然他们有手段和资源。相应地，三城也仍然应该遵守对联盟负有的义务。除此之外，联盟的法律保证他们能收回他们缴纳的贡赋，最重要的是，这三城是阿凯亚联盟的创始成员。

［61］这就是伯罗奔半岛的事务。与此同时，腓力五世率军穿过忒萨利，抵达伊庇鲁斯。腓力五世在那里将伊庇鲁斯的全部军队补入他的军队，还有300名阿凯亚投石兵和300名来自珀吕勒尼亚的克里特士兵在这里与他会合。然后，腓力五世率军穿过伊庇鲁斯，抵达阿姆布拉希亚（Ambracia）境内。如果他接下来统率这支强大的军队直接挺进埃托利亚腹地，他本来必定会让埃托利亚人措手不及，进而直接结束这场战争。但是，为了满足伊庇鲁斯人的要求，他首先围攻阿姆布拉库斯城（Ambracus），这给了埃托利亚人稳定自己、为未来谋划和准备的时间。

伊庇鲁斯人将他们的利益置于盟友的共同利益之上。他们把控制阿姆布拉库斯城视作最重要之事，所以不断请求腓力五世率先围攻此城，进而削弱此城势力。伊庇鲁斯人的首要关切就是夺取埃托利亚人的阿姆布拉希亚，但是他们看到实现这个目标的唯一方式是首先掌控阿姆布拉库斯城，然后围攻阿姆布拉希亚。因为阿姆布拉库斯扼守阿姆布拉希亚的土地和全境，且此城防御极佳，筑有外围工事和防护墙，位于沼泽地的中部，只有一条狭窄的堤道能够通行。无论如何，腓力五世同意了伊庇鲁斯人的请求，他在阿姆布拉库斯附近扎营，开始为围城做准备。

［62］与此同时，斯科帕斯率埃托利亚全部兵力，穿过忒萨利，侵入马其顿境内。他首先对佩里亚（Peiria）采取行动，毁坏那里的庄稼，劫获大批牲畜，然后朝狄翁城（Dium）[①]行进。在他进入该城前，居民已经逃走。斯科帕斯率军入城，拆毁城墙、房屋和体育馆，焚烧神庙周围的柱廊，无所顾忌地捣毁所有神圣的捐赠品，不管那些捐赠品是为了装饰神庙而敬献，还是为给那些前来参加各种节庆之人提供便利而敬献。斯科帕斯还将所有国王的雕像推倒。在这次战争的开始阶段，斯科帕斯的第一个行动竟是侵犯诸神和人。然后，他率军返回埃托利亚，他在那里不是被当作渎神的罪犯对待，而是被当作整个联盟的恩主对待。他被授予种种荣耀，因让埃托利亚人充满空洞的希望和非理性的骄傲而受到敬重。埃托利亚人现在认为，无人胆敢接近埃托利亚，自己现在不仅可以肆无忌惮地入侵伯罗奔半岛，而且可以入侵忒萨利和马其顿。

［63］所以，腓力五世尝到伊庇鲁斯人自私自利的恶果。接到马其顿传来的消息后，他立即着手围攻阿姆布拉库斯。他的攻城机非常强大，土方工事尤其强大，以至阿姆布拉库斯的居民很快丧失信心，他只花了40天就攻陷了阿姆布拉库斯。他向守城的500名埃托利亚人发誓保证，如果他们离开此城，他会保全他们

[①] 位于欧波亚的奥林普斯山脚，距离大海不远。

的性命，然后依照伊庇鲁斯人的心愿，将此城交给他们。腓力五世之后率军穿过卡拉德拉（Charadra），抵达阿卡纳尼亚人名叫亚克兴（Actium）的神庙，他想在阿姆布拉希亚湾最窄处横渡这个海湾。阿姆布拉希亚湾是西西里海的一个小海湾，位于伊庇鲁斯和阿卡纳尼亚之间，海湾的入口非常窄，宽度不足5斯塔德，但是海湾内部则较宽阔，有100斯塔德宽，从入口到陆地有300斯塔德。这个海湾把伊庇鲁斯和阿卡纳尼亚分开，北边是伊庇鲁斯，南边是阿卡纳尼亚。

腓力五世率军渡过阿姆布拉希亚湾的入口后，穿越阿卡纳尼亚——途经阿卡纳尼亚时，他的大军又补充了2000名阿卡纳尼亚步兵和200名骑兵——抵达名叫斐埃提亚（Phoetiae）的埃托利亚城市。腓力五世率军在这座城前扎营，发动一系列猛烈和可怕的攻击，埃托利亚守军两天之内即投降。他发誓保证守军的安全，让守军撤走。然而在第二天晚上，一支500人的埃托利亚援军抵达，因为他们以为斐埃提亚城还在自己人手中。获悉敌人正在接近，腓力五世找到一处合适的伏击地点。这支埃托利亚援军绝大多数被杀，只有极少数被俘。然后，他从在斐埃提亚捕获的巨额物资中拨出足够大军吃30天的粮食，之后率军前往斯特拉图斯（Stratus）。他在距此城10斯塔德处、阿克罗斯（Achelous）河边扎营，劫掠周边的土地。劫掠非常顺利，因为没有一个敌人敢出城阻止他。

［64］阿凯亚人已在这场战争中饱受苦难，当得知腓力五世就在附近，他们立即遣使求助。阿凯亚使团在斯特拉图斯见到腓力五世，向他报告受命传达的信息，竭力劝说他渡海到赫利翁（Rhium），入侵厄利斯。使团极力强调，腓力五世的大军可在厄利斯境内劫获大量战利品。腓力五世听取他们的意见后，请他们先留下来，好让他好好考虑他们的意见。然后，他拔营朝曼特罗波利斯（Metropolis）和科诺佩（Conope）进军。曼特罗波利斯的埃托利亚守军弃城，据守卫城。腓力五世将该城付之一炬，然后

前往科诺佩。

在科诺佩，一支埃托利亚骑兵大胆出动，与腓力五世在距该城20斯塔德的阿克罗斯河的一处浅滩相遇。埃托利亚骑兵确信，他们可以阻止腓力五世渡河，至少可以在马其顿军队渡河时造成重大伤亡。腓力五世看透敌人的打算，命令他的轻盾兵领头过河。轻盾兵肩靠肩排成密集阵型，并用盾牌交叠防护。腓力五世的命令被执行，第一批轻盾兵顺利抵达对岸。埃托利亚骑兵简短探察后，发现敌人的阵型异常牢固，盾牌组成的盾墙坚不可破。然后，第二批、第三批相继抵达，马其顿士兵一登岸，立即用盾牌与已经登岸的部队组成盾墙。埃托利亚人无从下手，只得悻悻撤走，返回科诺佩城。从那之后，埃托利亚人虽然仍然傲慢，但只能固守在城墙后，没有采取任何军事行动。

腓力五世率军渡过阿克罗斯河，劫掠周边土地，没有遇到任何抵抗。然后，他出发朝伊托利亚（Ithoria）挺进。这是一座有驻军守卫的城镇，扼守大道，天然的和人工的防御俱佳。但是，随着他的接近，城中守军闻风丧胆，弃城逃走。所以，腓力五世占据伊托利亚，将之夷为平地，又命他的劫掠部队以相同的方式摧毁该地区的其他城镇。

［65］穿过这段峡谷后，腓力五世放缓行军速度，让大军有充分时间劫掠周边土地。抵达奥尼阿戴（Oeniadae）后，大军已劫获大量补给。腓力五世在派尼翁（Paeanium）城前扎营，决定首先攻取此城。此城面积不大，周长不足7斯塔德，但是它的房子、城墙和塔楼建造得无与伦比。经过猛攻，该城落入腓力五世手中，他将该城城墙夷平，将房子拆解，把木头和瓦片固定在木筏上，然后小心翼翼将木筏放入奥克罗斯河，送到奥尼阿戴城。

埃托利亚人起初打算据守奥尼阿戴的卫城，他们已在那里建造防护墙和其他防御工事，但是，随着腓力五世大军接近，他们丧失信心，弃城逃走。现在，这座城也落入腓力五世手中，他把该城作为进一步征伐的基地。他随后围攻卡吕东（Calydon）境内名叫俄劳斯（Elaus）的战略要塞。这个要塞被城墙和其他防御工事保护得特别好，因为阿塔罗斯（Attalus）曾负责为埃托利亚人建造工事。马其顿大军攻占此要塞，劫掠卡吕东全境后，返回奥尼阿戴。

腓力五世注意到奥尼阿戴位置极佳，尤其适合横渡海湾，抵达伯罗奔半岛，遂打算强化此城防御。奥尼阿戴是一座海滨城市，位于阿卡纳尼亚和埃托利亚的边界，扼守科林多湾。正对岸的伯罗奔半岛地区是杜迈城所在的海岸，距最近的阿拉克苏斯海角（Cape Araxus）不足100斯塔德。腓力五世于是强化奥尼阿戴的卫城的防御，绕港口和船坞建造一堵墙，忙着用从派尼翁运来的建筑材料，把这堵墙和卫城连起来。

[66] 正当腓力五世在奥尼阿戴忙于此项工程时，一位信使从马其顿抵达并告知：达尔达尼亚人[①]利用腓力五世忙于伯罗奔半岛征伐的时机，正在集结兵力，准备大举入侵马其顿。对腓力五世来说，面对这种形势，尽快返回解救马其顿势在必行。他将阿凯亚使团打发走。至于他们的请求，他回复说，一旦他解除马其顿面临的这个新威胁，他将立即尽他所能帮助阿凯亚人。然后腓力五世迅速拔营启程，照来时的路线朝马其顿疾进。

正当他准备在阿姆布拉希亚湾从阿卡纳尼亚渡海到伊庇鲁斯时，法洛斯的德米特里乌斯只乘着一艘小船抵达。如我在前一卷中叙述过的，他已被罗马人从伊利里亚驱逐。腓力五世对他表示欢迎，让他乘船到科林多，然后从那里穿过忒萨利到马其顿。腓力五世之后渡海到伊庇鲁斯，迅速返回马其顿。他一到佩拉（Pella）城，[②]达尔达尼亚人便从一些色雷斯逃兵那里获知他已返回。达尔达尼亚人是如此恐惧，以至他们立即放弃远征，尽管他们已经接近马其顿。腓力五世王获悉达尔达尼亚人已经放弃入

---

① 伊利里亚人的一支，马其顿的宿敌。
② 马其顿王国的都城。

侵，遂令麾下马其顿士兵回家收庄稼，他本人则前往忒萨利，在拉里萨（Larisa）度过剩余的夏天。①

与此同时，埃米里乌斯·保卢斯已从伊利里亚返回罗马，正在举行盛大的凯旋式；汉尼拔攻陷萨贡托后，令大军前往冬季营地过冬；罗马人听闻萨贡托陷落的消息，立即遣使迦太基，要求迦太基人交出汉尼拔，尽管他们同时已经在准备战争，也已任命普布利乌斯·科涅利乌斯·斯基皮奥和提比略·塞姆普洛尼乌斯·隆古斯为下一年执政官。我已经在前一卷详细叙述这些事件，现在之所以提到它们，是为了兑现我在开头的诺言，好让读者始终了解天下其他地区在同一时期发生的事件。

这个奥林匹亚年的第一年就这样结束了。

[67] 这时正值埃托利亚人选举联盟将军，多利马库斯当选。多利马库斯一上任，立即召集埃托利亚军队，侵入伊庇鲁斯。他带着一种彻底毁灭伊庇鲁斯的心理，大肆毁坏伊庇鲁斯的乡野，就此而言，他的意图不是从毁坏中获益，而是为了报复伊庇鲁斯人。在多多那（Dodona）神庙，他将柱廊付之一炬，毁坏各种捐赠品，将神庙推倒——这证明，和平或战争对埃托利亚人并没有差别，因为不管是和平期间还是战争期间，他们都会违背人类的共同法则。多利马库斯之后率军返回埃托利亚。

此时已到冬季，每个人都以为腓力五世在这个季节不会返回战场，但是，他此时已率领3000名铜盾兵、2000名轻盾兵、300名克里特士兵和400名皇家骑兵，从拉里萨出发。腓力五世率这支军队从忒萨利渡海到欧波亚（Euboea），又从欧波亚渡海到库诺斯（Cynus），从库诺斯穿过波俄提亚和麦加拉，于冬至时节抵达科林多。他的行军是如此迅速和隐秘，以至他抵达科林多的消息令每个人都大为惊愕。腓力五世一抵达科林多，立即关闭科林多的城门，在周边道路部署警戒哨。第二天，他要求阿拉图斯从

---

① 时值七月初，是马其顿北部庄稼成熟的季节。

希库温赶来与他会合，并写信给阿凯亚联盟将军小阿拉图斯和各盟邦，告诉他们在何时、何地率军与他会合。做出这些安排后，腓力五世离开科林多，率军朝斐留斯进发，在斐留斯的狄俄斯库里（Dioscuri）神庙扎营。

［68］与此同时，欧里比达斯已经率2200名步兵——包括自由劫掠者和雇佣兵以及两个厄利斯连队——和100名骑兵，从普索菲斯（Psophis）出发，正在途经菲尼乌斯（Pheneus）和斯图姆法洛斯（Stymphalus）境内，他的目的地是希库温，他打算劫掠那里的土地。欧里比达斯完全没有意识到腓力五世已经抵达伯罗奔半岛——腓力五世在狄俄斯库里神庙扎营的那个晚上，欧里比达斯率军从腓力五世的营地附近经过。天亮后，正当欧里比达斯准备入侵希库温的土地时，腓力五世的一些克里特士兵外出搜寻补给，与他的部队相撞。欧里比达斯询问这些克里特士兵，得知腓力五世已经抵达。他没有告诉任何人这个消息，立即率军掉头，沿着来时的路撤走。他的计划是将马其顿大军阻挡在斯图姆法洛斯以东多山的崎岖之地。腓力五世由于完全不知道敌人在附近，所以按原计划行事。他在天亮后拔营，计划经斯图姆法洛斯抵达卡夫阿，他此前要求阿凯亚军队在那里与他会合。

［69］腓力五世的先锋部队经过阿佩劳洛斯（Apelaurus）时——此地距斯图姆法洛斯10斯塔德，碰巧与欧里比达斯的先锋部队即厄利斯连队相遇。欧里比达斯依据此前得到的消息判断出两军此时的形势，他在一队骑兵护送下穿过人迹罕至的地区，撤往普索菲斯，以逃避危险。剩余的厄利斯人由于已被指挥官遗弃，对事态的发展感到惊慌，虽仍保持着行军秩序，但不知道该怎么办、朝哪里走。

有一段时间，受铜盾兵敌军误导，厄利斯人的军官以为看到的敌人是一支阿凯亚人部队，遂决定与敌人交战。他们以为，铜盾兵是迈加洛波利斯人的部队，因为迈加洛波利斯士兵就曾由安提哥努斯三世装备铜盾，在塞拉西亚战役中与科勒奥门涅斯三世作战。因此，这些厄利斯人保持秩序，占据一处高地，相信他们能活命。但是，马其顿人向前准备战斗，待他们走得足够近，厄利斯人才意识到真相，后者立即丢弃盾牌，转身逃跑。厄利斯人中有约1200人被俘，其余的人不是被杀就是摔下悬崖，只有不足100人逃脱。腓力五世将战场得到的战利品和俘虏送往科林多，继续率军朝卡夫阿挺进。伯罗奔半岛人对所发生的事简直难以置信，因为腓力五世抵达伯罗奔半岛和他获胜的消息竟同时抵达各城。

[70] 途经阿卡狄亚时，奥林古托斯山道的积雪给腓力五世的行军带来极大困难，但是，他还是只花两天一夜便抵达卡夫阿。他命大军在卡夫阿休整两天，与阿凯亚人的军队会合后，再次出发，后者的军队约10000人，由小阿拉图斯指挥。腓力五世率军经克勒托朝普索菲斯进发，沿途从各城搜集弓弩和云梯。普索菲斯无疑是阿卡狄亚人在阿扎尼亚（Azania）的一个古老聚居点，位于伯罗奔半岛内陆，正好位于阿卡狄亚西部边界与阿凯亚西部边界接壤处。普索菲斯的位置恰好可以威胁厄利斯地区，此城当时由厄利斯人统治。

腓力五世花3天时间从卡夫阿抵达普索菲斯，在该城对面的山上扎营，从那里可以安全地俯瞰整个城市和周边地区。普索菲斯的防御极佳，以至腓力五世不知该如何进攻。这座城的西边有一条只有在冬天才流淌的激流，在冬季的大部分时间里无法渡过。河床的深度随着山地海拔的下降逐渐变深，这意味着普索菲斯的西边坚不可摧，无法接近。普索菲斯的东边是一条名叫欧律曼图斯（Erymanthus）的河，河面很宽，河水湍急，很多神话都提到过这条河。城西的那条冬天才流淌的河与欧律曼图斯河在城南交汇，所以普索菲斯三面有河流环绕和保护。最后，普索菲斯北部的道路由一座陡峭的、筑有防御工事的山扼守，此山可谓普索菲斯的卫城。普索菲斯的城墙又非常高，非常牢固。此外，厄利斯人已在城内部署一支守军，欧里比达斯眼下就躲避于城内。

[71] 所有这些障碍让腓力五世认为，兴许放弃用围城夺取普索菲斯的计划方属上策，但是普索菲斯的战略位置又让他决心围城。因为正是上述因素让普索菲斯在当时威胁着阿凯亚人和阿卡狄亚人，同时又让厄利斯人安全无虞。如果落入腓力五世手中，该城就可成为阿卡狄亚人的桥头堡和盟友攻击厄利斯人的完美基地。基于这些考虑，腓力五世命令马其顿士兵，在第二天天一亮吃过早饭后，做好一切战斗准备。

第二天，腓力五世率军渡过欧律曼图斯河。由于没人预料到他会发动攻击，所以他没有遇到阻击，恐惧席卷整座城市。城内上自欧里比达斯，下到普通民众，无人知道该如何应对，因为他们之前确信敌人绝不会率先通过猛攻夺取这样一座固若金汤的城市，也不会在一年的这个季节发起旷日持久的围城。他们对这一点是如此确信，以至怀疑腓力五世可能招募城内奸细，以秘密占领城市。但是，他们没有找到背信弃义的证据，大多数人于是跑上城墙抵御，厄利斯人的雇佣兵则在北城门利用地势攻击敌人。

腓力五世将大军分成三部分，命其各在三个地方架设云梯攻城。随着战鼓发出攻击信号，普索菲斯的城墙立即遭到各个方向的攻击。城内守军有一段时间拼力防守，一次又一次把攻城者从云梯上丢下去。但是，由于他们的战斗准备不足，一段时间后，他们的投掷物和其他必需品逐渐耗尽。同时，马其顿士兵的战斗意志并未减弱，他们前仆后继，一旦前面的士兵被从云梯上扔下，后面的士兵立即毫不犹豫，继续攀爬。最后，所有守军逃往卫城，马其顿士兵攻占城墙。与此同时，克里特士兵击败聚集在北城门战斗的厄利斯雇佣兵，迫使他们丢弃盾牌，掉头逃跑。克里特士兵紧追不舍，最终突入城内。如此，普索菲斯各个方向全部落入敌手。城内妇孺老幼与欧里比达斯和幸存的守军全部撤往卫城。

[72] 马其顿士兵立即闯入民居，将之洗劫一空，然后把民

居当作住所，占领城市。逃往卫城的民众，由于对敌人攻城毫无准备，认为前景暗淡，决定投降。他们派一个传令官前去商洽，腓力五世承诺保证代表团的安全。所以，普索菲斯的官员和欧里比达斯前去谈判，与腓力五世达成投降协定：所有在卫城避难的人皆可活命，不管他是普索菲斯的公民还是来自其他城市。代表团之后返回卫城，要求所有人待在卫城，直到马其顿军队离开，以防有士兵打破停战协议，把他们当作战利品。

此时碰巧下了一场大雪，腓力五世遂在普索菲斯多停留了几天。在此期间，他召集随军的阿凯亚人开会。他首先向阿凯亚人指出普索菲斯的防御优势和战略位置对这场战争的重要意义，然后向他们保证他对阿凯亚联盟的喜爱和善意，最后说，眼下他将把普索菲斯交予阿凯亚人，将之当作他给予阿凯亚人的礼物和他尽其所能、全心全意照看阿凯亚人利益的象征。阿拉图斯和与会的阿凯亚人感谢了国王，然后腓力五世解散会议，率军朝拉西温（Lasion）进发。这时，普索菲斯人才从卫城下来，他们的城市和房子被交还，欧里比达斯则经科林多前往埃托利亚。阿凯亚官员在那里留下一支守军，命希库温的普洛斯劳斯（Proslaus of Sicyon）守卫卫城，培伦涅的皮提亚斯（Pythias of Pellene）负责守卫下城。这就是普索菲斯事务的结果。

［73］拉西温的厄利斯守军获悉普索菲斯发生的事，一听说马其顿大军正在朝拉西温挺进，立即弃城逃走。不久，腓力五世抵达城下，轻松占据拉西温。他进一步兑现自己对阿凯亚人的承诺，把拉西温交予阿凯亚人。同样地，厄利斯人弃守斯特拉图斯（Stratus）后，他将此城交还给特尔弗萨（Telphusa）人。这次胜利5天后，腓力五世率军抵达奥林匹亚，他在那里向宙斯献祭，设宴款待他的将领们。他让士兵在此休整3天，然后再次出发。腓力五世进入厄利斯境内，派出劫掠者四处劫掠，他本人停驻阿尔忒弥斯神庙。待劫掠者携带战利品返回后，他率军抵达狄俄斯库里神庙。

劫掠厄利斯让马其顿大军捕获大量俘房，尽管有大量的民众逃往附近的村镇和难以接近的山顶避险。因为厄利斯供养的人口量很大,所以在此地比在伯罗奔半岛其他地方俘获的奴隶和畜群数量要大得多。厄利斯人很喜欢农村生活,甚至有些大人物也是如此,以至他们甚至有两三代人的时间都不出席公民大会。这导致下述事实:那些参与政治生活的人非常关心乡下的亲属,极为观照他们的利益。他们竟把事务安排到这种程度:法律案件都放在当地审判,乡下的亲属富足无比,什么都不缺。

在我看来,这些措施和规定很久以前就已形成,它们存续下来不仅是因为他们的土地广阔,更重要的是因为他们曾过着神圣不可侵犯的生活。古时候,厄利斯人与其他希腊人之间有一个约定:由于奥林匹亚竞技会(Olympic Games)在厄利斯境内举办,他们的土地神圣不可侵犯,所以他们从不知道恐惧和战争。

[74]但是后来,阿卡狄亚人与他们争夺拉西温和皮萨(Pisa),他们被迫守卫他们的土地,改变生活方式。①随后,他们变得对从希腊人那里赢回他们古老的、不可侵犯的传统特权毫无兴趣。他们维持着新的处境。我认为,他们被这种新处境误导,这表明他们缺乏先见之明。毕竟,所有人祈求诸神赐予他们的是什么?我们愿意忍受一切极力渴望获得的东西是什么?在所有人认为的好东西中,唯一不容置疑的善是什么?是和平!如果有某个民族能得到希腊人给予的公正适宜的和平作为无可置疑、永久的财富,而这个民族却毫无兴趣,或更喜欢其他东西,单凭这一点难道还不足以证明他们愚蠢吗?

可能有人会争辩说,这样一种生活会让他们易受敌人攻击:敌人会完全不顾他们神圣不可侵犯的权利,故意对他们发动战争。但是,这是不可能发生的,如果发生这种事,希腊人会联合起来保护他们。除此之外,如果他们遭受小规模的侵犯,鉴

---

① 最著名的当属公元前365年至前363年间,阿卡狄亚人一度夺占奥林匹亚。

于长久的和平，他们必定非常富足，以至根本看不到自己会缺乏辅助部队或雇佣兵，以使其在不同场合保卫不同的地方。但是，就眼下的情形而言，仅仅由于厄利斯人恐惧罕见的且不可能发生的危险，他们和他们的土地卷入一场又一场毁灭性的战争。我希望这些话能提醒厄利斯人，因为眼下是让所有希腊人承认厄利斯人不可侵犯的特权的最佳时机。[1]但是，由于他们古老的生活方式仍旧残存，如我已经说过的，他们的土地能供养大量人口。

[75] 这也是为何腓力五世的大军在厄利斯捕获大量奴隶，同时逃亡者数量更大的原因。厄利斯的大量人口和牲畜以及巨额财富被集中在一个名叫塔拉玛（Thalamae）的地方，它之所以叫这个名，是因为通往此地的道路狭窄难行，这座城本身也固若金汤、难以接近。腓力五世获悉大量人口聚集在此城，认为如果不试一试攻取此城，他的使命就不完整。

他将辎重和大部分兵力留在营地，命雇佣兵控制扼守通往塔拉玛道路入口的各处，他本人亲率轻盾兵和轻步兵经峡谷朝塔拉玛挺进。他没有遇到任何抵抗，抵达塔拉玛城下。他的到来令城中避难者恐慌无比，他们对战争全无经验，所以毫无准备，总之，聚集在城中的是一群乌合之众。所以，他们迅速投降。投降者中有一支来自各地的雇佣兵，人数为200人，由厄利斯将军阿姆斐达姆斯（Amphidamus）带入城中。腓力五世在此城捕获大量财富和5000多名俘虏，还围捕了不可计数的牲畜。然后，他率军返回营地，随后又退往奥林匹亚扎营，因为捕获的各种巨额战利品已经严重拖累大军的行进。

[76] 安提哥努斯三世为腓力五世留下很多辅臣（ἐπιτρόπων），其中一个叫阿培勒斯（Apelles），此人这时对腓力五世影响极大。阿培勒斯想把阿凯亚联盟削弱到忒萨利人那样的地位，遂制定出

---

[1] 此处所谓的眼下指珀律比俄斯写作这段话的时刻。

一个卑劣的计划。理论上，忒萨利人还享有他们自己的政制，地位与普通马其顿人不同。但是实际上，他们的地位与普通马其顿人没有差别：他们在各个方面都受到与马其顿人一样的待遇，需要完全服从马其顿国王的法令。为了达到这个目的，阿培勒斯开始故意激怒阿凯亚人。

首先，阿培勒斯允许马其顿士兵从他们的营地驱逐任何已获得营舍的阿凯亚士兵，同时侵占阿凯亚士兵的一部分战利品；其次，他令他的下属惩罚阿凯亚士兵微不足道的错误，如果他本人碰巧在惩罚现场，且有其他阿凯亚人抗议或试图帮助被鞭打的人，他本人会亲自下令拘捕这些人。阿培勒斯的盘算是，这些策略会逐渐地、不知不觉地让阿凯亚人习惯，无论他们受到马其顿国王怎样的对待，都不会感到丝毫委屈，尽管他本人不久前陪同安提哥努斯三世与科勒奥门涅斯三世作战时，曾亲眼见过阿凯亚人宁愿死，也不愿屈从于科勒奥门涅斯三世。

然而，一群年轻的阿凯亚士兵来找阿拉图斯，向他报告阿培勒斯的意图。阿拉图斯直接去见腓力五世，因为他认为腓力五世应该立即提出正式申诉。得到觐见腓力五世的机会后，阿拉图斯向腓力五世申诉发生的事。腓力五世向他保证，阿凯亚人不必担心，往后不会再发生这种事。同时，他警告阿培勒斯，向阿凯亚人发布任何命令前，必须得到阿凯亚将军的同意。

［77］腓力五世对战争盟友的这种态度和他大胆高效应对战争的方法，不仅在那些在战场上与他并肩作战的人中，而且在伯罗奔半岛的各个地方为他赢得众多朋友。就政治统治所必需的种种品质来说，很难找到比腓力五世更有天赋的国王。腓力五世机敏过人，记忆力超群，魅力非凡；他拥有一位国王应有的威严和权威；最重要的是，他还是一个勇敢善战之士。三言两语无法解释，他的这些品质后来是如何被打败的（καταγωνισάμενον）；即他如何从一位优秀的贤君变成一个野蛮的

暴君（*τύραννον ἄγριον*），所以，我会在后文更适宜的地方讨论和探究这个问题。①

腓力五世率军从奥林匹亚往法莱的大道出发，经特尔弗萨抵达赫莱阿（Heraea）。在赫莱阿，他出售战利品，修复阿尔菲斯（Alpheus）河上的桥，准备渡过阿尔菲斯河，侵入特里弗里亚（Triphyria）。与此同时，埃托利亚将军多利马库斯应厄利斯人的请求帮助保护他们的土地，派遣斐利达斯（Philidas）率600名埃托利亚人前去支援。斐利达斯率军一抵达厄利斯，立即接收当地兵力，包括厄利斯人的500名雇佣兵、1000名公民兵和塔伦托兵（Tarentines）。②这是斐利达斯带往特里弗里亚的兵力总数。

特里弗里亚得名于特里斐洛斯（Triphylus），此人是阿尔卡斯（Arcas）③之子。特里弗里亚位于厄利斯和墨瑟尼亚之间的海岸，面朝利比亚海，处于阿卡狄亚的西南角。特里弗里亚包含下述城镇，它们皆在不久之前被厄利斯人征服和吞并：萨米库斯（Samicum）、勒普勒翁（Lepreum）、许帕纳（Hypana）、图帕涅（Typaneae）、皮古斯（Pyrgi）、埃皮翁（Aepium）、波拉科斯（Bolax）、斯图拉吉翁（Stylangium）和弗里克萨（Phrixa）。厄利斯人还控制了阿里斐拉（Alipheira），此城一直是阿卡狄亚的一部分——迈加洛波利斯的吕狄阿达斯（Lydiadas）做僭主期间，为了回报厄利斯人对他的帮助，将此城交予厄利斯人。

[78]斐利达斯派厄利斯公民兵防守勒普勒俄斯，雇佣兵防守阿里斐拉，他本人率埃托利亚士兵驻扎图帕涅，观察战事的进

---

① 见7.11–14。

② ［英译注］一种轻装骑兵，现在已经无法得知他们为何得到这样一个名称。

③ 传说中的宙斯和卡里斯托之子，以自己的名字命名阿卡狄亚的英雄。

展。腓力五世将辎重留在赫莱阿后,渡过流经赫莱阿的阿尔菲斯河,朝阿里斐拉进发。阿里斐拉坐落在一座山上,四周都是崖壁,只有一条超过10斯塔德的山道可抵达该城。此城的卫城位于山顶,有一座雅典娜铜像,雕像很高,非常美丽。这座铜像的历史——最初出于何种原因竖立这座铜像,又是谁花钱修建——存在争议,就连当地人也说法不一,因为没有确切证据表明是谁、出于何种原因捐赠了它。但是,所有人都同意这座铜像是一件完美的艺术品,是现存最宏大、最具艺术性的雕像之一,是赫卡托多罗斯(Hycatodorus)[①]和索斯特拉图斯(Sostratus)的杰作。

腓力五世抵达阿里斐拉的第二天,天空万里无云。天刚刚破晓,腓力五世就将用云梯攻城的部队分成几队,每队前面有雇佣兵支援,后面有马其顿士兵支援。随着太阳升起,他命令所有人朝阿里斐拉所在的山进发。马其顿士兵迅速执行他的命令,以令人胆寒的气魄向前挺进。阿里斐拉人一看到马其顿人靠近,就冲到敌人抵达的地方,聚集在那里准备防守。但是,与此同时,腓力五世还精选一支兵力,命其沿着崖壁攀爬,悄无声息地抵达卫城下方的居民区。这时,腓力五世发出攻击信号,所有攻击部队立即对着城墙竖起云梯,开始攻击。

腓力五世迅速占据卫城下方的居民区,因为他发现那里无人守卫。然后,他纵火焚烧居民区,城墙上的守卫者看到发生的事,唯恐卫城陷落,那样他们最后的活命希望就将破灭。所以,他们放弃城墙,跑向卫城。马其顿士兵于是迅速攻陷城墙和城市。没过多久,躲在卫城中的阿里斐拉人遣使谈判,腓力五世允诺饶恕他们的性命,他们遂依照约定投降。

[79]腓力五世的这次胜利让特里弗里亚民众惊恐不已,他们开始考虑怎么做才能挽救自己和城市。斐利达斯劫掠图帕涅的

---

① 珀律比俄斯可能把许帕托多洛斯(Hypatodorus)误写为Hycatodorus。这座铜像可能修建于公元前5世纪中叶。

部分民居后，撤往勒普勒俄斯。这就是埃托利亚人的盟友那时常常要付出的代价：不仅在关键时刻会被埃托利亚人无耻地抛弃，而且会遭到劫掠或被埃托利亚人背信弃义地对待——在埃托利亚手上遭受常常是被击败的敌人才会受到的对待。

斐戈利亚人（Phigalae）那时已对埃托利亚人极为不满，听闻特里弗里亚发生的事件，遂武装自己的公民，包围那位埃托利亚军官的营房。埃托利亚的劫掠者——他们此前驻扎在城中，因为斐戈利亚很方便他们劫掠墨瑟尼亚——起初摆出一副气势汹汹的架势，准备攻击斐戈利亚人，但是当看到城中居民大批聚在一起，战斗决心坚决，便放弃攻击计划。他们转而与斐戈利亚人达成协定：他们将带着自己搜集的战利品，离开城市。斐戈利亚人之后遣使腓力五世，将自己和城市交给他保护。

［80］这些事情发生的同时，勒普勒俄斯民众占据城市的一部分，要求厄利斯人、埃托利亚人和拉克岱蒙人——斯巴达此前也派出一支援军来此——立即离开他们的城市。起初，斐利达斯没有理会勒普勒俄斯民众的要求，寄望于通过恐吓他们，令他们放弃。但是，陶立翁受腓力五世之命，正在率一支部队，经斐戈利亚接近勒普勒俄斯。陶立翁越接近该城，斐利达斯越沮丧，而勒普勒俄斯民众越勇敢，决心越坚决。

这是勒普勒俄斯民众取得的大胜利。城中当时有1000名厄利斯人，1000名包括劫掠者的埃托利亚人，500名雇佣兵和200名拉克岱蒙人。此时，卫城还不在勒普勒俄斯民众手中，但是他们勇敢坚守，拒绝放弃希望。面对勒普勒俄斯民众勇敢的抵抗和马其顿人的不断接近，斐利达斯最后率埃托利亚人、厄利斯人和拉克岱蒙人撤离该城，前往萨米库斯，斯巴达提供的那些克里特雇佣兵则经墨瑟尼亚返回家乡。

勒普勒俄斯民众控制城市后，遣使腓力五世，请求他保护该城。腓力五世听闻在勒普勒俄斯发生的事情后，先派一支部队前往该城，他本人则率轻盾兵和轻步兵急进，意图截住斐利达斯。腓力五世确实追上了敌人，捕获敌人所有辎重，但斐利达斯及其部下先于他们进入萨米库斯。腓力五世于是在萨米库斯城下扎营，从勒普勒俄斯召集剩余的部队。城中的人很清楚，腓力五世将发动围城。埃托利亚人和厄利斯人对围城毫无准备，除了人数，他们毫无优势。他们惊慌失措，遂与腓力五世谈判。腓力五世允准他们全副武装离开，然后他们前往厄利斯城。腓力五世于是立即占领萨米库斯。之后，所有其他城市赶来请求他的保护，他又获得弗里克萨、斯图拉吉翁、埃皮翁、波拉科斯、皮古斯和厄庇塔里翁（Epitalium）诸城。腓力五世之后率军返回勒普勒俄斯。他只花6天就征服了整个特里弗里亚。

腓力五世王在勒普勒俄斯对民众发表与形势相宜的演说，在卫城部署了一支驻军。然后，他命阿卡纳尼亚人拉蒂库斯（Ladicus）统治特里弗里亚，他本人率军前往赫莱阿。他在赫莱阿为全军分配战利品，然后带上之前留在此地的辎重，前往迈加洛波利斯。他于隆冬时节抵达该城。

［81］腓力五世在特里弗里亚征战时，克塞隆（Cheilon）在斯巴达煽动了一次政变。他宣称自己有权继承王位，对监察官忽视他而选吕库古斯怀恨在心。克塞隆认为，如果他追随科勒奥门涅斯三世的脚步，鼓动普通民众期待重新分配土地，并且承诺每个人都将分到一份，他很快就能获得大量民众的支持，遂开始致力于这个计划。通过友人们的通力合作，他招到200个同谋，之后着手实施他的计划。他认为，他的计划要想成功，最大的障碍是吕库古斯和选吕库古斯当国王的监察官。所以，他开始谋划对付他们。他在监察官们正在吃饭时将他们抓住，当场杀死他们。这是机运（τῆς τύχης）的安排，他们得到应得的惩罚。只要想想是谁对他们施加这个惩罚以及为什么施加，我们就必须承认他们得到了应得的报应。

处理掉监察官后，克塞隆立即赶往吕库古斯家中。他发现吕库古斯在家，但没有抓到他。因为吕库古斯的家人帮助他从邻居家溜走，使他得以逃过克塞隆的魔爪。吕库古斯一路逃到特里波利斯（Tripolis）的佩勒涅（Pellene）。克塞隆对计划的失败感到沮丧，因为吕库古斯的死是他的计划的关键环节，但他眼下已没有选择，只得硬着头皮将计划进行到底。他前往广场，在那里逮捕他的敌人，发表演说以安抚家人和朋友，并向普通民众描绘了土地改革的前景。但是，这样做根本没有为他赢得任何支持，反而吸引敌对的人群聚集。克塞隆看到事态的变化，偷偷离开斯巴达，孤身一人经拉哥尼亚逃往阿凯亚。由于恐惧腓力五世驻留于伯罗奔半岛，拉克岱蒙人将能移动的财产从乡下搬入城中，拆毁迈加洛波利斯境内的雅典奈乌姆要塞后，从那里撤离。

拉克岱蒙自吕库古斯立法起，一直享有最佳的政制，直到琉克特拉战役前一直是希腊最强大的城邦。但是，从那以后，机运就转而与他们作对。他们的政制逐渐衰败，最后没有哪座城市比斯巴达的内讧和动乱更多，没有哪个城市比斯巴达更受土地改革、政治流放和财产没收的折磨。他们以前根本无法忍受听到僭主这个词，但是他们竟不得不在僭主纳比斯（Nabis）[①]统治期间，经历比希腊任何城市都更残酷的僭政奴役。不过，关于斯巴达的古代历史，尤其是近世的很多事件，已有很多作家记述，他们已经强调过好的和坏的两个方面。但是，在科勒奥门涅斯三世颠覆古传政制之后的斯巴达历史，还是极富教诲意义的，我会继续时不时在合适的时机提及这段历史。

[82] 腓力五世离开迈加洛波利斯，经泰格亚抵达阿尔哥斯，他在那里度过剩余的冬天。让人们印象深刻的不仅是他的一连串胜利，还有他前一年征战中娴熟的策略。然而，阿培勒斯不顾此前的挫折，仍打算推行他的计划，意图逐渐令阿凯亚人臣服。显然，两个阿凯亚人，即阿拉图斯父子，是他实现目的的主要障碍。腓力五世对这父子二人甚是尊敬，尤其看重阿拉图斯，这首先是因为阿拉图斯与安提哥努斯三世的友谊，其次是因为阿拉图斯在

[①] 于公元前207年至前192年统治斯巴达。

阿凯亚联盟崇高的地位，最重要的是阿拉图斯很明智，有良好的判断力。所以，阿培勒斯想出一个狡猾的诡计打击阿拉图斯。

阿培勒斯首先打听阿拉图斯的政敌是谁，然后邀请他们从各城来与他会合。他抓住与他们会面的机会，引诱他们，赢得他们的友谊。然后，他又把他们引荐给腓力五世。在每次引荐会上，他都向腓力五世指出，只要他与阿拉图斯交好，他对阿凯亚人的处置就必须遵从联盟条款。他说，他的建议是赢得阿拉图斯的政敌的支持，那样腓力五世就可随心所欲地对待每个伯罗奔半岛人。阿培勒斯还直接插手阿凯亚联盟的选举，因为他想让一个新朋友赢得将军之职，同时阻止阿拉图斯获得此职。为了实现这个目的，他怂恿腓力五世前往埃吉翁观摩阿凯亚联盟选举。他对腓力五世说，埃吉翁恰好位于他前往厄利斯的路上。腓力五世认为这是一个好主意，阿培勒斯于是抓住机会亲自前往埃吉翁，尽管形势千钧一发，阿培勒斯还是说服或劝阻足够多的人，最终确保法莱的厄培拉图斯（Eperatus of Pharae）当选将军，阿拉图斯支持的提莫克赛努斯落败。

[83] 阿凯亚联盟将军选举结束后，腓力五世离开埃吉翁，经帕特雷和杜迈抵达名为"堡垒"的要塞。① 这个要塞扼守杜迈的土地，我前文叙述过，欧里比达斯不久前已经控制这个要塞。腓力五世打算尽全力收复这个要塞，以将其交还杜迈人，所以命全军在要塞旁扎营。厄利斯守军望风而逃，要塞轻松落入腓力五世之手。这个要塞虽然不大，但格外安全。它的周长不超过1.5斯塔德，但是，任何一处围墙的高度都不低于30肘尺（$\pi\acute{\eta}\chi\epsilon\omega\nu$）。② 腓力五世将这个要塞交还杜迈人，继续蹂躏毁坏厄利斯的土地。然后，他率军带着截获的战利品返回杜迈城。

---

① 公元前218年5月。

② 即肘尖到中指尖的距离，古希腊长度单位，四肘尺等于一臂尺，后者的长度是1.84米，所以一肘尺约46厘米。

[84] 由于已经成功影响阿凯亚联盟的将军选举，阿培勒斯认为他的计划进展良好，遂再次攻击阿拉图斯。他想让腓力五世彻底断绝与阿拉图斯的友谊，遂在腓力五世面前诋毁阿拉图斯。他制定的计划如下。

厄利斯将军阿姆斐达姆斯和其他逃跑者在塔拉玛被俘，前文我已叙述过。他与其他俘虏抵达奥林匹亚后，一直坚持面见国王。获准觐见后，他告诉腓力五世，他可以诱使厄利斯人与国王签订友好条约并结盟。腓力五世相信了他，没有要赎金就让他返回厄利斯。腓力五世让阿姆斐达姆斯回去告诉厄利斯人，如果他们愿意与他结盟，他将归还所有劫掠的牲畜，无赎金释放所有俘虏，亲自确保他们的土地安全，免遭侵略，允许他们保持自由，不会派马其顿军队驻守，贡赋也会被免除，他们的政制也不会被改变。这个明显极富诱惑且宽大的建议，却被厄利斯人忽视。

阿培勒斯把这个事实当作诽谤、诋毁阿拉图斯的基础。他对腓力五世说，厄利斯人冷落他的建议一事要归因于阿拉图斯从中作祟，这个事实表明阿拉图斯对马其顿的友谊是虚伪的，他对腓力五世的忠诚是伪装出来的。他说，当腓力五世遣阿姆斐达姆斯从奥林匹亚返回厄利斯时，阿拉图斯曾将阿姆斐达姆斯拉到一旁，宣称如果厄利斯被腓力五世控制，那将是整个伯罗奔半岛的灾难。阿培勒斯还说，这也是厄利斯人冷落他的建议，仍与埃托利亚人维持盟友关系，不惜代价坚持与马其顿人作战的原因。

[85] 腓力五世听完阿培勒斯的诋毁，立即命他把阿拉图斯叫来，要他当面控告阿拉图斯。阿拉图斯来到后，阿培勒斯以屈尊俯就的傲慢态度控告他。最后，腓力五世还没来得及说话，阿培勒斯就为了达到目的又补充道："阿拉图斯，国王发现你忘恩负义，粗鲁无礼。他已经决定返回马其顿。他将召集阿凯亚人开会，解释他这样做的原因。"

在反驳控告时，阿拉图斯提醒腓力五世，在未检省证据的情况下，永远不要相信别人告诉他的任何事情，这一原则尤其适用于被告是朋友和盟友之时。因此，他要求腓力五世，在严肃认真地检查证据前，不要相信这类指控。一个国王尤其需要坚持这个原则，这样做总是最符合他的利益。他说："现在，我请求您召集所有听到我说过阿培勒斯指控我的那些话的人，请您让阿培勒斯把他的线人叫来。我还请求您，在召集阿凯亚人开会并将此事公布于众之前，尽您所能查清真相。"

［86］腓力五世同意了阿拉图斯的请求。他向两人保证，他将把查清这件事的真相当作头等大事。过了几天，阿培勒斯仍没有为他的指控提供任何证据，此间发生的一件事却帮助了阿拉图斯。腓力五世蹂躏厄利斯土地的一个后果是，厄利斯人不再信任阿姆斐达姆斯，计划抓捕他，将他捆起来送往埃托利亚。但是，阿姆斐达姆斯听闻厄利斯人的计划后，迅速逃走。他本来计划立即赶到奥林匹亚，但是听说腓力五世在杜迈照看战利品，遂以最快速度秘密抵达杜迈。

阿姆斐达姆斯逃离厄利斯并抵达杜迈的消息令阿拉图斯激动不已，因为他知道自己问心无愧。阿拉图斯安排了与腓力五世的一次会面，请国王允准阿姆斐达姆斯也参会，因为没有人比阿姆斐达姆斯更清楚阿培勒斯对他的指控的真相。阿拉图斯还说，阿姆斐达姆斯一定会说出真相，因为阿姆斐达姆斯已经逃离家园，是无家可归之人，他的性命完全仰赖腓力五世。腓力五世认为这是一个好主意，遂叫来阿姆斐达姆斯质询，结果发现阿培勒斯的指控是谎言。从那之后，腓力五世愈来愈喜爱和敬重阿拉图斯，同时怀疑阿培勒斯。但是，腓力五世由于长期偏袒阿培勒斯，只得让他逍遥法外，逃过惩罚。

［87］然而，阿培勒斯根本没有放弃他的计划，转而诋毁马其顿派驻伯罗奔半岛的总督陶立翁。不过，阿培勒斯这次的策略不是诋毁，而是赞扬陶立翁，说他是腓力五世征战时应陪在身边的不二人选。之所以这样说，是因为他想让其他人取代陶立翁，做伯罗奔半岛的总督。通过赞扬伤害同僚是一种新的伤害他人的方式，是一种恶毒、邪恶和狡诈的新方式，是朝臣们发明出来、服务于对彼此的嫉妒和实现野心的一种新方式。

同样，阿培勒斯也抓住一切机会诽谤腓力五世的王家骑兵卫队（ϑεραπείας）的指挥官亚历山大（Alexander），[1]因为他想把保护腓力五世安全的权力抓在自己手里。总而言之，他想推翻安提哥努斯三世去世时留下的一切制度安排。安提哥努斯三世在世时将他的王国和养子照看得很好，他在去世时也为一切做了很好的安排。我的意思是，他在遗嘱中解释了他给马其顿做的各项安排，意图是不让他的朝臣有任何借口互相倾轧，而要尽力齐心协力；他还就未来的各项事务如何管理留下诸多指示，也安排好了谁应该负责什么事务。例如，在那些陪同腓力五世进行这次征伐的人中，安提哥努斯三世在遗嘱中点名让阿培勒斯做腓力五世的护卫者，命列昂提俄斯（Leontius）指挥轻盾兵部队，命麦加勒斯（Megaleas）担任首席书记官（γραμματείου），命陶立翁任伯罗奔半岛总督，命亚历山大统领王家骑兵卫队。

完全掌控列昂提俄斯和麦加勒斯后，阿培勒斯现在又竭力想把亚历山大和陶立翁从他们的职位上赶走。他想掌控每个官职及其官员，要么直接掌控，要么让他的朋友取而代之。他本来可以轻而易举达到这个目的，要是他没有将阿拉图斯当作敌人的话。然而，事实证明，他不久将为他的自私和贪婪付出代价：他竭力对付同僚的那些手段最终落在他身上，就在此后不久。但是，眼下我要略过此事，将它留在后面详细叙述。[2]我将在此结束这卷书，眼下这个时刻，阿培勒斯指控阿拉图斯的事件已经尘埃落定，腓力五世将他的部队遣回马其顿，他本人则返回阿尔哥斯，在那里与他的友人度过剩余的冬天。[3]

---

① ［英译注］此处的亚历山大可能是2.66提到的那位，此人当时陪同安提哥努斯三世参加科勒奥门涅斯战争。Θεραπεία是希腊化诸王国宫廷的专有词汇，指国王的骑兵卫队。

② 见5.14–16。

③ 此时应该已到公元前218年2月底或3月初。腓力五世在公元前219年的冬季战役持续两个多月，他在冬至时节抵达科林多，到公元前218年2月底战役结束，一直驻留阿尔哥斯。

第五卷

[1] 依照阿凯亚人当时的历法体系，小阿拉图斯的将军任期在昴宿星升起时结束。①所以，他卸任后，厄培拉图斯接任联盟将军，彼时多利马库斯仍是埃托利亚联盟的将军。在这年的初夏，汉尼拔公开向罗马宣战，他从新迦太基城出发，已经渡过埃布罗河，按照既定计划，开始率军朝意大利挺进；与此同时，罗马人派提比略·塞姆普洛尼乌斯·隆古斯率军前往利比亚，派普布利乌斯·科涅利乌斯·斯基皮奥率军前往伊比利亚。在同一时间，安提俄库斯三世和托勒密四世已经放弃通过外交手段解决他们关于科勒叙利亚的争夺，转而开始战争。

由于大军缺乏粮草和金钱，腓力五世召集阿凯亚联盟的官员召开联盟大会。联盟大会依照惯例在埃吉翁召开，腓力五世注意到，阿拉图斯由于阿培勒斯在上一次联盟将军选举中的阴谋而故意拒绝与他合作。与此同时，他看到厄培拉图斯天性无能，人人都瞧不起他，终于意识到阿培勒斯和列昂提俄斯所犯错误的恶果，再次决定支持阿拉图斯，因此他劝说阿凯亚联盟官员把联盟会址迁往希库温。腓力五世在那里见到阿拉图斯父子，他谴责阿培勒斯的种种行径，恳求阿拉图斯父子不要放弃他们原初的政策。阿拉图斯父子爽快同意，腓力五世于是在联盟大会上演说，在阿拉图斯父子的帮助下，他获得想要的一切。阿凯亚人一致同意为腓力五世提供50塔兰同用于第一次征伐——其中包括他的大

---

① 公元前218年5月22日。

军三个月的军饷——和10000阿提卡斛①谷物。联盟大会还同意，只要腓力五世未来在伯罗奔半岛与阿凯亚联盟一起作战，阿凯亚联盟就每个月向他提供17塔兰同。

[2]这项法令通过后，大会解散，阿凯亚各邦代表返回各城。腓力五世与友人们（τῶν φίλων）②商议后决定，待大军从冬季营地集结后，他将把海洋作为主要战场。他已经确信，这是他能够从各个方向出其不意打击敌人的唯一方法，同时又可剥夺敌人遭受突袭时互相援助的能力。原因在于，他要与之对战的敌人是埃托利亚人、拉克岱蒙人和厄利斯人，他们在地理上彼此分离，没有一条共有的边界。这三个敌人各有其理由恐惧来自海上的敌人，因为敌人可迅速且秘密地从海上突然袭击他们的土地。

做出这个决定后，腓力五世开始在勒凯翁（Lechaeum）召集舰队，包括他的和阿凯亚人的战舰，同时加紧训练他的方阵士兵划船。马其顿士兵坚决执行他的命令，因为他们不仅是常规陆战中的优秀战士，而且也可在紧急情势下于海上战斗。③当涉及挖沟和建营地等繁重工作时，他们也热情地履行自己的职责，就如赫西俄德描述的埃阿科斯（Aaecus）之子们那样，他们"像享受盛宴一样享受战争（πολεμῳ κεχαρηότας ἠΰτε δαιτί）"。

所以，腓力五世和马其顿军队在科林多忙着训练和为海战做各项准备。然而，阿培勒斯发现他自己已无法影响腓力五世，又不能容忍失宠导致的耻辱，遂与列昂提俄斯和麦加勒斯策划出一个阴谋。阴谋如下：这两人仍然陪在腓力五世身边，抓住一切机

---

① 这里的容积单位是 μέδιμνος，1阿提卡斛等于54升。中国古代容积单位1斗为10升，5斗为1斛（斛原等于10斗，南宋时改1斛为5斗，2斛为1石）。所以，阿提卡的 μέδιμνος 约等于中国的斛。阿提卡斗是 ἑκτεύς，是 μέδιμνος 的六分之一，大约可以对应中国古代的斗。

② [英译注] 友人是希腊化王国的一个等级。在马其顿王国，友人这个等级发挥着重要作用，负有军事义务。

③ 关于马其顿士兵的素质，对照16.22。

会阻碍和破坏国王的计划,而阿培勒斯本人离开国王,前往卡尔基斯(Chalcis),①阻挠国王得到战争计划所需要的一切物资。与两个同谋达成上述约定后,阿培勒斯向腓力五世提出他本人必须待在卡尔基斯的借口,之后航往卡尔基斯。在卡尔基斯,阿培勒斯凭靠过去最受腓力五世宠爱的身份,确保每个人对他言听计从。他竭力信守对两个同谋的承诺,以至于腓力五世极度缺钱,最后竟被迫靠典当部分银器维持大军。

舰队集结完毕,马其顿士兵已经掌握水手的各项技能后,腓力五世分发补给和军饷,率军出海。两天后,大军抵达帕特雷。腓力五世麾下大军有6000名马其顿士兵和1200名雇佣兵。

[3] 大约与此同时,埃托利亚联盟将军多利马库斯派阿格劳斯(Agelaus)和斯科帕斯率500名新克里特士兵(Neo-Cretans)②前往厄利斯。厄利斯人因恐惧腓力五世会围攻库勒涅城,正在忙着招募雇佣兵,训练自己的公民兵部队备战,同时精心加强库勒涅的防御。考虑到厄利斯人的备战,腓力五世命令阿凯亚人的雇佣兵、他的一部分克里特士兵和高卢骑兵,外加2000名阿凯亚精兵在杜迈集结,让这支部队防卫厄利斯人可能造成的威胁,同时也将其作为一支预备兵力。

腓力五世写信给墨瑟尼亚人、伊庇鲁斯人、阿卡纳尼亚人以及斯科蒂拉达斯,让他们准备好战舰,与他在克法勒尼亚岛会合。他依照计划从帕特雷出发,航往克法勒尼亚,抵达该岛的普罗尼(Pronni)城下。考虑到进入该城的通道非常狭窄,攻击这个小城显然很困难,腓力五世令舰队起航,抵达帕洛斯(Palus)城下。看到乡野有足够的谷物可供养大军,他命令大军登陆,在帕洛斯城下扎营。此外,他让战舰紧靠在一起停泊,并挖掘一条

---

① 位于欧波亚,是马其顿在希腊的领导权的核心据点。
② 克里特士兵一般是弓箭兵,此处这个词可能指一种不同于弓箭兵的克里特士兵。

壕沟、建造一圈栅栏保护战舰。然后，他派出马其顿士兵搜集谷物，他本人骑马绕城一周查看城墙，以确定他该如何建造攻城工事和攻城机。

他的计划是等待盟友到来后与其一同攻占帕洛斯城。攻占此城有下述益处，第一，将使埃托利亚人丧失关键的支持：他们过去常常用克法勒尼亚人的舰队入侵伯罗奔半岛，蹂躏伊庇鲁斯和阿卡纳尼亚的沿海地区。第二，将为他和盟友提供一个优良的基地，从这里可以突袭敌人领土。因为克法勒尼亚岛位于科林多湾外，延伸至西西里海，所以该岛既扼守伯罗奔半岛西北部，尤其是厄利斯地区，又扼守伊庇鲁斯、埃托利亚和阿卡纳尼亚西南部。

［4］克法勒尼亚岛不仅是盟友集结的绝佳位置，而且腓力五世本人也想控制该岛，因为该岛极具战略意义，不仅进可攻击敌人领土，而且退可防守盟友领土。帕洛斯大部分地区被大海和悬崖环绕，但是面朝扎辛托斯（Zacynthus）一侧有一小块平地，腓力五世打算在那里建造攻城工事，发动围城。

腓力五世忙于围城准备时，斯科蒂拉达斯的50条船抵达，伊利里亚各城统治者们的阴谋和动荡阻止他将整支舰队派来。伊庇鲁斯和阿卡纳尼亚的部队也已抵达，墨瑟尼亚人也派出部队，因为斐戈利亚被腓力五世攻陷意味着他们再没有正当理由拒绝提供支持。当围城各项准备就绪后，腓力五世将石弩和投石机部署在能给守城者带来困难的所有地方，之后向大军下达命令。攻城机被推到城墙下，士兵在攻城机的保护下挖沟。马其顿士兵坚定果断地向前推进，很快，一段200尺长的城墙的根基被挖空。腓力五世骑马走到城下，邀请居民与他达成协议。但是，帕洛斯民众拒绝他的提议，腓力五世遂令士兵纵火烧毁支撑城墙的支柱，城墙继而倒塌。

随着城墙出现一个大缺口，腓力五世首先派出列昂提俄斯率领持盾兵，让他们组成队列，突入缺口。但是，列昂提俄斯忠于与阿培勒斯的约定，连续三次阻止他的士兵完全攻占帕洛斯，即便他们已经冲入垮塌的城墙缺口。列昂提俄斯已经收买他所指挥部队的高级军官,他本人又故意逃避职责,战斗时从不坚决,结果持盾兵部队被赶出城,受到严重打击,尽管他们本来能轻松击败敌人。腓力五世看到他的军官犹疑不决,很多士兵受伤,便下令停止攻城,与友人们商议下一步该如何行动。

[5]与此同时,吕库古斯率军侵入墨瑟尼亚,多利马库斯率领一半埃托利亚兵力攻击忒萨利,这两项行动旨在扰乱腓力五世对帕洛斯的围攻。阿卡纳尼亚人和墨瑟尼亚人分别派使团前来,请求腓力五世应对埃托利亚人的进攻。阿卡纳尼亚使团想让腓力五世入侵埃托利亚,他们力陈入侵埃托利亚将迫使多利马库斯放弃攻击马其顿,国王也会发现埃托利亚完全不设防,可以随心所欲地劫掠。墨瑟尼亚代表想让腓力五世援助他们,他们的首席代表葛尔古斯(Gorgus)[①]指出,季风已经吹拂,腓力五世只需一天就可从克法勒尼亚横渡墨瑟尼亚,这意味着腓力五世能对吕库古斯发动出其不意的有效打击。

列昂提俄斯为了实现他的阴谋,积极支持葛尔古斯,因为他意识到腓力五世若横渡墨瑟尼亚,就将在伯罗奔半岛浪费整个夏季,因为虽然此时横渡墨瑟尼亚毫不困难,但是在季风吹拂期间,要想返航克法勒尼亚则根本不可能。一旦横渡墨瑟尼亚,腓力五世及其大军将被限制在墨瑟尼亚,在夏季的剩余时间被迫待在那里,什么事都做不成。与此同时,埃托利亚人将有机会蹂躏忒萨利和伊庇鲁斯,放肆劫掠和破坏,不会遇到任何抵抗。

这就是列昂提俄斯出于恶意的建议,但阿拉图斯也在军中,他支持另一个计划,即腓力五世应该航往埃托利亚,集中全部力量对付埃托利亚人。阿拉图斯指出,既然多利马库斯率军在外,腓力五世就有一个难得的机会攻击并摧毁埃托利亚。由于列昂提

---

① [英译注]此人是墨瑟尼亚当时最杰出的人物,倡导与阿凯亚人结盟,反抗斯巴达。参泡萨尼阿斯,6.14.11。

俄斯在进攻帕洛斯时的表现，腓力五世已经怀疑他，眼下他也意识到列昂提俄斯支持横渡墨瑟尼亚的意图并不像看上去那么单纯，于是决定采纳阿拉图斯的建议。

腓力五世写信给阿凯亚联盟将军厄培拉图斯，命令他用阿凯亚兵力帮助墨瑟尼亚，然后他本人率舰队出发。从克法勒尼亚出发的第二天晚上，腓力五世的舰队抵达勒夫卡斯（Leucas）。做好穿过那个狭窄海峡的一切准备后，腓力五世横渡阿姆布拉希亚湾。如我之前所述，这个海湾从西西里延伸至埃托利亚内部。破晓前不久，腓力五世在海湾靠近利姆奈（Limnaea）一侧下锚。他命令大军做好出击准备。大军吃过早餐，把大部分辎重储存后，全副武装上路。与此同时，腓力五世会见向导，向他们询问这个地区和附近城镇的信息。

［6］恰在这时，阿卡纳尼亚人的将军阿里斯托法图斯（Aristophantus）率全部阿卡纳尼亚军队抵达。阿卡纳尼亚人过去曾受尽埃托利亚人欺侮，眼下准备不惜一切代价夺回损失，反过来报复埃托利亚人。面对眼下这个形势，他们很高兴得到马其顿人的支持，所以他们的军队中不仅有适龄的服役之人，还有一些老年人。出于同样的原因，伊庇鲁斯人和阿卡纳尼亚人一样忠诚，但是他们领土的大小和腓力五世的突然抵达意味着，他们没能及时动员他们的军队。

如我前文所述，多利马库斯此时率一半埃托利亚兵力在外征战，认为留在国内的半数军队，面对无法预料的入侵时，足以保卫城池和土地。腓力五世留下足够兵力守卫辎重，然后率剩余军队在下午从利姆奈出发，向前挺进60斯塔德。等大军吃过晚饭且短暂休息后，他再次上路，率领大军彻夜行军，于黎明前抵达科诺佩（Conope）和斯特拉图斯两城之间的阿克罗斯河。他的意图是对忒尔摩斯（Thermum）发动突然的、出其不意的攻击。

［7］列昂提俄斯预见到腓力五世必定实现他的目的，埃托利

亚人必定无法充分应对当下形势。原因如下：第一，马其顿大军已经迅速、出其不意地抵达埃托利亚；第二，埃托利亚人原先以为忒尔摩斯地势险峻、难以接近，腓力五世绝不敢在这么短的时间内冒险攻击忒尔摩斯。因此，埃托利亚人必定对眼下形势措手不及，毫无准备。即便如此，列昂提俄斯仍然决意忠诚于他的阴谋，向腓力五世建议在阿克罗斯河边扎营，让大军有更多时间从彻夜行军中得到恢复。若是这样做，埃托利亚人就将有时间做抵抗准备。但是，阿拉图斯认为机不可失，时不再来，而列昂提俄斯又明显在阻止国王实现目标，遂极力劝诫腓力五世绝不要拖延，绝不要错过战机。

腓力五世赞同阿拉图斯，命令大军直接向前挺进，而列昂提俄斯此刻已经失宠。腓力五世率大军渡过阿克罗斯河，急速朝忒尔摩斯挺进，沿途大肆劫掠和毁坏农田。他的行军路线如下：左侧是斯特拉图斯、阿格里尼翁（Agrinium）和忒斯提亚（Thestia），右侧是科诺佩、吕西玛凯亚（Lysimachia）、特里康尼斯（Trichonis）和弗泰翁（Phytaeum）诸城。距忒尔摩斯60斯塔德处，腓力五世抵达曼塔帕（Metapa）城，该城坐落在特里康尼斯湖畔右侧，扼守道路的入口。埃托利亚人已经弃守该城，腓力五世留下500名士兵驻守，以防卫道路入口，并掩护他届时撤退。这是因为特里康尼斯地区山峦密布，地势崎岖不平，森林密集，紧贴湖畔的道路非常狭窄，很难通行。腓力五世之后率军穿过这条道路，雇佣兵位于行军队伍前部，然后是伊利里亚士兵，再然后是持盾兵和方阵步兵。克里特士兵殿后，色雷斯士兵和轻步兵部队与主力行军队伍保持平行，沿着主力队伍右侧的山脊行军。行军队伍的左侧则由长达30斯塔德的特里康尼斯湖保护。

[8] 穿过这条窄路后，腓力五世抵达一个名叫帕姆菲亚（Pamphia）的村庄，他同样派部分兵力守卫这个村庄，然后继续沿一条小路朝忒尔摩斯挺进。这条小路不仅崎岖不平，而且两

侧还有陡峭的斜坡。这条小路需向上行军30斯塔德，又窄又危险。但是，马其顿大军保持轻快的步伐，以同样的速度通过这段山路。

腓力五世抵达忒尔摩斯城下时天色已暗。一建好营地，他立即遣士兵外出扫荡平原、劫掠附近的村庄。他还令外出劫掠的士兵洗劫忒尔摩斯的居民区，那里的民居不仅有粮食和其他各种补给，而且设备也非常齐全，比埃托利亚的其他任何地方都要好。这是因为埃托利亚联盟每年的将军选举都在此地举行，选举时将举办盛大的集会和节庆，每个人都将自己最有价值的物品存放在那里，以便招待客人，并准备好提供客人可能需要的任何东西。除了方便外，他们还认为没有比忒尔摩斯更安全的地方存放他们的财产，因为从未有敌人敢攻击此地。可以说，此地是埃托利亚天然的卫城。因此，这个地区长期享有和平，与神庙相连的房屋和周围所有农庄都堆满各种贵重物品。①

当夜，马其顿大军携带劫掠到的各种战利品，在原地扎营。第二天，他们挑出最值钱、可搬运的物品，将其余的在营地前烧毁。他们还在神庙柱廊找到15000套武器，并以同样的方式处理了这些战利品，即他们挑出最值钱的，要么作为战利品留下，要么替换自己的武器，然后将其余的堆在一起烧毁。

［9］迄今为止，腓力五世没有做任何耻辱或不义之事，没有违背战争的法则。但是，该如何描述接下来发生的事？那些事不堪言状！马其顿士兵为报复埃托利亚人对狄昂城和多多那神庙的毁坏，竟将忒尔摩斯的神庙柱廊焚毁，摧毁所有捐赠品，其中一些是极有价值的艺术品，由昂贵的材料以极高的技艺制作而成。他们不仅烧毁各建筑的屋顶，而且将之夷为平地。他们推倒所有雕像，总数不下于2000尊。绝大多数雕像被损坏到无法修复，只剩下那些刻有诸神名字或形象的东西。他们在墙上涂写萨

---

① 忒尔摩斯的神庙是阿波罗神庙。

姆斯（Samus）创作的名句，此人是克律索哥努斯（Chrysogonus）之子，与腓力五世一同被抚养大（σύντροφος）。[①] 萨姆斯那时已是一个冉冉升起的天才。士兵们在墙上涂写下了下述诗句：你们看看，宙斯的雷电跑得多快（ὁρᾷς τὸ δῖον οὗ βέλος διέπτατο）！事实上，腓力五世及其友人们陷入狂怒，深信自己的所作所为公正且恰当，即他们认为自己只是在报复埃托利亚人在狄昂城犯下的渎神罪行。

然而，我完全不赞同上述做法，现成的证据可以证明我的看法是否正确。我们不必随意举例，只需援引马其顿王室的事例。安提哥努斯三世在决战中打败科勒奥门涅斯三世，掌控斯巴达后，整个斯巴达城及其民众的存亡完全握在他的手中，他本可随心所欲地对待他们，但是他不仅没有虐待他们，反而做了恰恰相反的事。安提哥努斯三世恢复斯巴达古老的政制和自由，赐予斯巴达及其民众最大的恩惠后，立即返回马其顿。他本人立即被斯巴达民众授予"恩主"称号，死后又获得"救主"称号：他对斯巴达的处置为他带来永久的名声和荣耀，这种名声和荣耀不仅仅在斯巴达回荡，而且响彻整个希腊。

[10] 我们再看看腓力二世，他最先让马其顿变得伟大，最先让他的王室获得崇高尊严。他在凯洛尼亚（Chaeronea）战役中征服雅典人后，凭借公正和仁善（ἐπιεικείας καὶ φιλανθρωπίας）所达成的成就要远超凭借军队达成的成就。战争和武力只能让他击败和镇压当下的敌人，但是凭借精明和节制（εὐγνωμοσύνῃ καὶ μετριότητι），他赢得全体雅典人的服从和雅典城的投降。他不会出于愤怒而延长战争，只会为了胜利而奋战，直到胜利为他赢得展示宽厚和高贵慷慨（πρᾳότητος καὶ καλοκἀγαθίας）的机会。所以，他没有索要一分赎金就遣散雅典俘虏，还善待雅典阵亡者，将阵亡

[①] Σύντροφος 是一个称号，授予在宫廷与王位继承人一同长大的年轻人。腓力五世后来处决了萨姆斯，见23.10。

者的尸骨交予安提帕特，并且确保俘虏被释放后仍有衣服穿。这样做根本没让他花费多少，而他的敏锐睿智（ἀγχίνοιαν）为他赢得至关重要的结果：他的宽宏大量（μεγαλοψυχία）征服了雅典人的骄傲，让他们在他所有冒险行动中从敌人变为心甘情愿的盟友。

亚历山大呢？他对忒拜人愤怒至极，将忒拜全体居民变卖为奴，将忒拜城夷为平地，但是他攻陷忒拜后，也从未忘记要敬重和敬畏诸神。事实上，他采取一切预防措施，以确保神庙等各处圣所不会受到意外伤害。再者，他侵入亚洲是为惩罚波斯人对希腊人的不敬，但他只是从人的层面惩罚波斯人的罪行，从未伤害波斯人献给诸神的圣所，即便波斯人在希腊的确犯下过侵犯圣所的罪行。

同样的道理也适合眼下这个场合。腓力五世本应该牢记先辈的这些范例。他本应该向世人证明，他从先辈那里继承的不只是王位，更重要的是他们的原则和宽宏大量（τῆς προαιρέσεως καὶ τῆς μεγαλοψυχίας）。尽管腓力五世毕生都在艰难地证明，他是腓力二世和亚历山大大帝的后代，他却从未做过丝毫努力来效仿他们。所以，既然他的行为与那两位伟大王者的行为相反，随着年岁越大，他也就赢得相反的荣誉。

[11] 腓力五世眼下的所为就是这样的事例。他任由自己被愤怒掌控，试图以恶制恶（κακῷ κακὸν ἰώμενος），以渎神之举还治埃托利亚人的渎神之举，他从未想过这样做是错的。他不断谴责斯科帕斯和多利马库斯渎神的罪行，强调他们亵渎狄昂城和多多那神庙神灵的罪行，却从未想过任何人听到他这样说后，也会这样看他，因为他的所为与多利马库斯和斯科帕斯没有丝毫不同。占取和摧毁敌人的要塞、船坞、城市、民众、战舰、庄稼等——换言之，尽力削弱能增强敌人力量的一切资源，同时壮大自己，实现自身的目标——是为战争法则所迫。但是，即便是战争期间，若是无端毁伤神庙、雕像和其他艺术品等一系列行为，并丝毫没有帮助自己的事业或削弱敌人的可能，就只是陷入狂怒

(θυμοῦ λυττῶτος)的确切标志。

毕竟，好人（τούς ἀγαθούς ἄνδρας）向恶人开战的意图不是摧毁或消灭恶人，而是旨在提升他们，矫正他们的错误。好人绝不会将无罪之人和有罪之人一同消灭，而会宽恕和救护他断定有错者和无辜之人。这是因为，伤害民众、利用民众的恐惧统治他们是僭主的确切标志；而施惠于每个人，在民众心甘情愿的前提下领导和统治他们，才是王者的标志。僭主憎恨他的臣民，所以他被民众憎恨；而王者则因他的善行和仁善（εὐεργεσίαν καὶ φιλανθρωπίαν）得到民众的爱戴。

理解腓力五世的错误的最佳方式是，想象假若他做相反的事——他如果没有摧毁他们神庙的柱廊、雕像，没有损坏他们的任何捐赠品——埃托利亚人会如何看他。我确信，他们会认为腓力五世是最公正、最仁善的王者。他们会羞愧曾在狄昂城和多多那神庙的所为；他们会相信：腓力五世当时本可随心所欲地对待他们，即便腓力五世已亵渎他们的神庙，他也是对的，他们是罪有应得，但结果——依照上述假设——腓力五世竟选择仁善和宽宏大量的做法，以不同于他们在狄昂和多多那的所为对待他们。

[12] 在这种情况下，如果腓力五世能克制对埃托利亚人的愤怒，显明他对诸神的虔敬，那么埃托利亚人十有八九会为他们过去的恶行感到羞愧，腓力五世也会因他的王者气度和宽宏大量（βασιλικῶς καὶ μεγαλοψύχως）受到埃托利亚人的赞许和敬重。总而言之，用高贵慷慨和正义（καλοκἀγαθίᾳ καὶ δικαίοις）征服敌人要比用武力击败他们更有利。首先，从失败者的视角来看，主动屈服和因别无选择而屈服有天壤之别。其次，从胜利者的视角来看，用武力惩罚敌人代价高昂，用另一种方式让敌人认识到自己的错误则不费什么事，无需付出高昂成本。最重要的是，战场上的胜利很大程度上归功于部下，而另一种胜利则完全归功于统帅本人。

不过，也许腓力五世还太年轻，不能对发生的事负全部责任；兴许他的友人们应该承担大部分责任，因为他们当时正陪在他身边，在这些事件中发挥了不小的作用。阿拉图斯和法洛斯的德米特里乌斯皆是这个友人小圈子的成员，不过，根本不需要亲临当时的现场就可轻松判断，摧毁埃托利亚人神庙的诸建议是来自他们二人中的哪一个。首先，他们二人一生的总体原则（προαιρέσεως）如下：阿拉图斯的一生中从未鲁莽冒失（προπετὲς）或缺乏判断力（ἄκριτον），德米特里乌斯则不然。其次，从他们二人后来在类似形势下给腓力五世的建议中，我们可清楚看到他们二人的行事原则（προαιρέσεως）。我会在恰当的地方给出相宜的说明。

[13] 言归正传。腓力五世带着可以携带或驱赶的尽可能多的战利品，从忒尔摩斯出发，沿来时的路返回。畜群和重装步兵走在行军队伍前面，阿卡纳尼亚人和雇佣兵殿后。他想尽快穿过崎岖难行之路，因为他预见到埃托利亚人会利用地势骚扰后卫部队。没过多久，这样的骚扰果然出现。约3000名埃托利亚人在特里康尼斯的亚历山大的统领下，聚集起来抵抗。只要腓力五世还待在忒尔摩斯的高地，埃托利亚人就躲得远远的，藏在隐蔽之处。但是，腓力五世的后卫部队一移动，埃托利亚人立即冲进忒尔摩斯，开始攻击马其顿军队尾。看到攻击引发了敌军后卫部队的混乱，埃托利亚人遂加大攻击力度，利用地势将敌军后卫部队死死压制。但是，腓力五世已经采取预防措施：他命令伊利里亚人和一支持盾兵精英分队埋伏在一处山坡背后。当这支伏兵越出伏击区，向冲在最前面的敌人发动进攻时，所有埃托利亚人立即掉头逃跑，只留下130具尸体以及几乎同样数目的俘虏。

这次胜利后，马其顿后卫部队将帕姆菲亚付之一炬，顺利通过那条窄道。后卫部队迅速赶上主力部队，因为腓力五世正驻留在曼塔帕等候他们。第二天，离开曼塔帕后，腓力五世继续前进，驻留阿克莱（Acrae）城。第三天，他继续行军，大肆劫掠和蹂躏沿途乡野，并驻留科诺佩。他在此城驻留两晚，然后继续行军，朝斯特拉图斯城旁的阿克罗斯河挺进。渡过此河后，他在投掷物射程之外列阵，准备应对防守者的攻击。

［14］腓力五世事先得知，一支埃托利亚人军队聚集在斯特拉图斯城，约有3000名步兵、400名骑兵和500名克里特士兵。没有埃托利亚人出城应战，于是他令前卫部队继续上路，朝利姆奈挺进，他的舰队在那里等候。但是，马其顿后卫部队刚经过该城，一小股埃托利亚骑兵便出来试探性地攻击后卫队列，然后全部克里特士兵和一部分埃托利亚士兵也鱼贯而出，协助他们的骑兵。随着战斗规模不断扩大，腓力五世的后卫部队被迫转身与敌战斗。双方起初势均力敌，但是随着伊利里亚人赶来援助腓力五世的后卫雇佣兵，埃托利亚人的骑兵和雇佣兵立即四散逃遁。他们大多数逃往斯特拉图斯，腓力五世的部队一路追击到城门和城墙下，杀死大约100人。此战之后，斯特拉图斯的防守者大为泄气，不再出击，腓力五世的后卫部队得以与主力和舰队安全会合。

腓力五世那天很早就扎营。由于这次进攻作战取得胜利，他向诸神献祭，以表感谢，同时设宴款待众将领。他已成功发动一次被普遍认为非常危险的战役，在埃托利亚之前从未看到过敌军的几处地方扎营。他不仅率大军抵达埃托利亚，而且已实现设定的所有目标，又带领大军安全返回。所以，他兴致极高，准备宴请众将领。但是，麦加勒斯和列昂提俄斯对国王的胜利非常不快：依照他们与阿培勒斯的密谋，他们的任务是阻止国王实现任何目标。结果，他们一无所成。事情没有如他们所愿，他们郁郁寡欢地出席了腓力五世的宴会。

［15］从宴会开始，他们二人就引起腓力五世和其他宾客的怀疑。他们显然不像其他人对战役取得胜利感到高兴。酒上桌后，众人开始开怀畅饮，麦加勒斯和列昂提俄斯别无选择，只得加入。没过多久，他们二人就露出真面目：宴会一结束，已经喝得醉醺醺的两人前去找阿拉图斯。他们在阿拉图斯返回自己营帐

的路上碰到他，先是辱骂，然后用石头砸阿拉图斯。随后不少人赶来加入双方，营地回荡着喧嚷和骚动。

腓力五世听到喧闹声，派人去查看发生了何事并予以制止。国王的人抵达现场后，阿拉图斯说明事件经过，并提供证人，然后返回自己的营帐，因为他暂时没有受伤的危险，而列昂提俄斯乘乱不知用什么方法偷偷溜走。腓力五世得知所发生之事后，派人叫来麦加勒斯和克里诺（Crinon），对其严厉训斥一番。但是，他们二人不仅没有悔改，反而进一步激怒国王，说他们不会善罢甘休，直到报复阿拉图斯为止。这话让腓力五世愤怒至极，他立即下令如果他们不拿出20塔兰同作为保证，就将监禁二人。

[16] 第二天早晨，腓力五世找来阿拉图斯，告诉他不要害怕，他会全力以赴处理这件事。列昂提俄斯听说麦加勒斯的遭遇后，携带一些持盾兵去国王的大帐，心想用不了多久，他就能迫使年轻的国王改变主意。见到国王后，他问是谁胆敢抓捕麦加勒斯，是谁胆敢监禁他。腓力五世根本没有被吓倒，回答说是他下的命令。列昂提俄斯没有预料到国王会这样回答，抱怨一番后，拂袖而去。

马其顿舰队随后出海，横渡阿姆布拉希亚湾。一抵达勒夫卡斯，腓力五世立即命令指定官员出售战利品，他本人则召集友人开会，审查麦加勒斯的案件。阿拉图斯为控方发言，详细列举列昂提俄斯及其同伙的所为，从当年安提哥努斯三世离开后，他们在阿尔哥斯下令屠杀开始讲起，直到他们与阿培勒斯密谋，阻止攻占帕洛斯的种种行为。每一件事皆有证据和证人支持，麦加勒斯和克里诺无力辩驳。腓力五世的友人们共同宣读了二人罪行。克里诺仍被监禁，但是列昂提俄斯为麦加勒斯保释罚款。这就是阿培勒斯和列昂提俄斯密谋的结果，这与他们最初的期望完全相反。他们本来以为可以威胁阿拉图斯，孤立腓力五世，然后让事情依照他们设想的方向发展。但是，事与愿违，结果恰恰相反。

[17] 与此同时，吕库古斯率军从墨瑟尼亚返回，没有取得任何值得一提的成就。吕库古斯之后再次从斯巴达出发，试图攻

占泰格亚,但是在围攻泰格亚卫城时——那里的居民在他攻城时已撤往卫城——遭遇完败,不得不返回斯巴达。大约同时,厄利斯人蹂躏杜迈的土地。杜迈的一支骑兵进行抵抗,但是厄利斯人将他们引入伏击区,将他们轻松击败。厄利斯人杀死不少高卢人,俘虏埃吉翁的珀律莫德斯(Polymedes)、杜迈的阿格西波利斯(Agesipolis)和狄奥克勒斯(Diocles)。

如我之前所述,多利马库斯早先率军出征时,以为自己可安全地劫掠忒萨利,同时迫使腓力五世放弃围攻帕洛斯。但是,他在忒萨利发现克律索哥努斯(Chrysogonus)和佩特莱俄斯(Petraeus)准备战斗,只得待在山区,不敢下到平原地带。当获知马其顿大军侵入埃托利亚,他放弃在忒萨利的征伐,立即驰援埃托利亚。但是,当他返回后,马其顿大军已经离开——他的行动太慢、太迟。

腓力五世率舰队从勒夫卡斯起航,途经奥阿忒亚城时顺路劫掠那里的土地,最后安全抵达科林多。舰队在勒凯翁下锚,他令大军登岸,并写信给同盟的伯罗奔半岛各成员,告知他们在指定日期率各自全副武装的部队在泰格亚集结。

[18]在科林多处理完这件事后,腓力五世立即率军出发,两天后经阿尔哥斯抵达泰格亚。得到已聚集在泰格亚的盟友部队的支援后,他率军朝山区挺进,意在给拉科尼亚出其不意的打击。他率军沿着群山无人居住的山脊蜿蜒穿行,在离开科林多的第四天,沿着斯巴达对面的群山行军,经他右侧的墨涅拉奥斯(Menelaum)神庙,①最终抵达阿姆克莱(Amyclae)城。

拉克岱蒙人看到敌军从城前经过,震惊不已,惊慌失措。他们从未料想到这样的情况。他们当时仍忧心于腓力五世在埃托利亚的胜利,尤其是忒尔摩斯被毁灭的消息,当时还有人提议派吕

---

① 这是一座海伦和墨涅拉奥斯神庙,位于攸洛塔斯河左侧的山上,在斯巴达城以南。

库古斯前去支援埃托利亚人。所以，考虑到埃托利亚离拉科尼亚那么远，谁也没有想到他们转眼就陷入危险之中。

他们不禁对形势意想不到的突转感到震惊，因为他们仍然倾向于认为腓力五世太过年轻，不足为惧。但是，腓力五世以一个更成熟的统帅才具有的自信和效率来执行他的战争计划，让所有敌人惊慌失措、惶恐不安。如我之前所述，他从埃托利亚中部出发，仅用一晚便横渡阿姆布拉希亚湾，停靠在勒夫卡斯。在那里停留两天后，他在第三天早上起航，两天后抵达科林多并在勒凯翁下锚，沿途还劫掠埃托利亚的海岸。然后，他率军出发，不间断行军。7天后，他的大军已经经过群山中的墨涅拉奥斯神庙，从那些群山可俯瞰斯巴达城。绝大多数人根本无法相信自己的眼睛，也就不足为奇。拉克岱蒙人陷入极端恐惧之中。他们不知所措，不知该如何应对这一形势。

[19] 这次战役的第一天，腓力五世在阿姆克莱扎营，此城位于拉科尼亚，靠近大海一侧，距离斯巴达城20斯塔德。阿姆克莱盛产橄榄树和谷物，还有拉科尼亚最著名的一座神庙，即阿波罗神庙。第二天，他继续朝海边行军，沿途大肆劫掠，最后抵达名叫皮鲁士之营（Camp of Pyrrhus）的地方。他在那里停留两天，劫掠并洗劫了周围地区，然后行军抵达卡尼翁（Carnium）。他从卡尼翁出发，抵达亚辛（Asine），对此城发动攻击，攻击没有成功。他之后率军沿着面朝克里特海的海岸行军，大肆蹂躏所到之处，最后抵达泰纳罗斯角（Cape Taenarum）。

腓力五世之后调转方向，朝斯巴达城曾经的港口进发。这个港口名叫古提翁（Gythium），距斯巴达城230斯塔德。离开这个港口后，他向北进发，在赫洛斯（Helus）附近扎营，该城无疑拥有拉科尼亚最大、最肥沃的乡野。他将此处营地作为外出劫掠的基地，劫掠队将整个地区付之一炬，毁坏所有庄稼。马其顿人的劫掠地区不仅包括阿克里阿斯（Acriae）和琉卡斯（Leucae），还远达波埃（Boeae）。

[20] 收到腓力五世要求派遣军队的信后，墨瑟尼亚人比任何其他盟友都积极。他们迅速装备一支包括2000名步兵和200名骑兵的部队——所有被选中的士兵皆是士兵中最优秀者，然后将他们派出。由于赶往泰格亚的距离较远，他们错失与腓力五世会合的时间。他们一开始不知所措，但是忧心墨瑟尼亚人会据此认为他们逃避职责，因为他们早先的行动已经引起墨瑟尼亚人的怀疑，遂决定经阿尔哥斯境内朝拉科尼亚行军，以尽一切可能与腓力五世会合。他们抵达名叫格吕姆佩斯（Glympes）的城镇扎营，该城位于拉科尼亚和阿尔哥斯边界上，但是他们扎营的方式很不专业，非常拙劣。他们没有绕着营地挖沟，也没有竖立栅栏，甚至没有选择最佳扎营地，而是把一切都寄托在格吕姆佩斯居民的善意上，在该城右前方扎营。

获悉墨瑟尼亚人抵达，吕库古斯率领他的雇佣兵和少数公民兵出击。大概破晓时分，他抵达格吕姆佩斯，对墨瑟尼亚人的营地发动猛攻。尽管这支墨瑟尼亚部队接连犯错，尤其是不顾兵力不足就从泰格亚向拉科尼亚挺进，扎营也很不专业，但是当面临吕库古斯攻击的危险时，他们尽最大努力来确保安全。敌人一露面，他们却立即放弃一切，朝格吕姆佩斯城跑去。所以，尽管吕库古斯捕获敌人大多数马匹和辎重，却没有抓到一个俘虏，只杀死8名敌方骑兵。

遭遇这次挫败后，这支墨瑟尼亚部队经阿尔哥斯返家。这次胜利却让吕库古斯不再安于现状，返回斯巴达后，他开始制定计划，与友人商议该如何阻止腓力五世不经一战就安然无恙地离开拉科尼亚。与此同时，腓力五世从赫洛斯出发，大肆劫掠所到之处，于行军第4天中午返回阿姆克莱，一个兵力都没有损失。

[21] 向下属和友人下达战斗命令后，吕库古斯率至少2000名士兵离开斯巴达，进占墨涅拉奥斯神庙。留在城中之人的安排如下：他们一看到他发出的信号，就要立即从各处率士兵出城，在城前列阵，战阵面朝攸洛塔斯（Eurotas）河，这条河离城最

近。这是吕库古斯和拉克岱蒙人的部署。

我不想让读者由于不熟悉这个地区而认为我的叙述混乱晦涩，所以我应该描述一下此地的自然特征和相关位置的情况。我打算在我的这部史书中，不断比较和关联未知之地和长久以来为人熟知的已知之地。陆上或海上战争的失败常常归因于地理因素，既然我们总是更想知道事件如何发生，而非仅仅知道它发生过，那么地形描述对所叙述的任何事件都非常重要，尤其是对军事行动至关重要。我会毫不犹豫地用港口、海洋、岛屿、神庙、山峦和有独特绰号的地名这类东西做标记。最后，我也会毫不犹豫地用天空的不同方位做标记，因为如我前文所述，它们对每个人都是共通的，是我让读者了解未知之地的唯一方式。

我正在叙述的这个地区的特征如下。

[22] 斯巴达的整体形状是一个圆形，它周边的乡野地势平坦，偶尔有崎岖不平之处。沿城东流过的那条河名叫攸洛塔斯，一年中大部分时候都很深，不能涉水而过。墨涅拉奥斯神庙所在的群山在攸洛塔斯河的另一侧，位于斯巴达城的东南偏东方向，即冬至时日出的方向。群山异常高，崎岖难行，令人生畏，且扼守斯巴达城和攸洛塔斯河之间的区域。攸洛塔斯河紧贴着群山脚下流过，距斯巴达城不足1.5斯塔德。

如果腓力五世朝泰格亚撤军，他必须经过这片区域。在他行军路线的左侧，是斯巴达城，他将在此发现拉克岱蒙人已经列阵，准备战斗；在他行军路线的右侧，是攸洛塔斯河，吕库古斯已率军埋伏在山中。此外，拉克岱蒙人已经在攸洛塔斯河上游筑起水坝，使得河水漫过斯巴达城和群山之间的区域。在这种情况下，这是一个明智的策略，因为它导致地面太过松软，步兵无法在上行走，只有骑兵方可通过。对打算通行此地的大军来说，唯一的选择是沿着攸洛塔斯河右侧，紧贴着群山山脚，以纵列通过，那样的话，行军队伍极易受敌人攻击，且很难防守。

面对这一形势，与友人们商议后，腓力五世决定，必须首先将吕库古斯从群山中逐出。他带着一支包括雇佣兵、持盾兵和伊利里亚士兵的小分队从阿姆克莱出发，渡过攸洛塔斯河，朝群山挺进。吕库古斯看透腓力五世的计划，立即令士兵做好准备，简单说明即将进行激战后，向城内发出预定信号。城内负责的将领立即率公民兵出城，依照预先的安排，在城前列阵，骑兵位于战阵右翼。

［23］腓力五世一进入战场，立即派雇佣兵迎战吕库古斯。起初，拉克岱蒙人占据优势，因为他们的重装武器和地形给了他们巨大帮助。但是，腓力五世随后把作为预备部队的持盾兵派出，又令伊利里亚士兵从侧翼迂回攻击敌人。得到两支援兵的支援后，雇佣兵士气大振，继续猛攻。吕库古斯的人马在全副武装的步兵面前后退，转身逃跑。大约100人战死，至少同样数目的人被俘。吕库古斯本人穿过这片区域，夜幕降临后和少数人逃回斯巴达城。

腓力五世令伊利里亚士兵守卫群山，他本人率轻步兵和轻盾兵返回与主力会合。与此同时，阿拉图斯派出的方阵此时已靠近斯巴达城。腓力五世渡过攸洛塔斯河，令轻步兵、持盾兵、骑兵列阵，以掩护重装方阵兵经过陡峭山崖脚下的崎岖地面。拉克岱蒙人从城中涌出，攻击掩护步兵的马其顿骑兵，战斗逐渐蔓延开来。持盾兵的勇武再次为腓力五世赢得辉煌的胜利。拉克岱蒙骑兵被赶回城中，腓力五世安全渡过攸洛塔斯河，令方阵步兵走在行军队伍的后部。

［24］这时，夜幕降临。腓力五世别无选择，只得就近扎营。他将营地建在山谷的底部。纯粹是出于偶然，腓力五世的军官们封锁了进攻拉科尼亚的最佳通道，这条通道紧临斯巴达城。若是从泰格亚前往斯巴达，或是从伯罗奔半岛内部其他地区前往斯巴达，必须经过此山谷，而腓力五世扎营地点位于山谷的入口，距离斯巴达城仅2斯塔德，位于攸洛塔斯河右侧。面向斯巴达城和攸洛塔斯河的一侧，被很高的、无法攀爬的崖壁保护，崖壁顶部

是一块平地，水土俱佳，是军队来去的绝佳地点。任何在这里扎营并占据能俯瞰山谷的山丘的部队，似乎都选择了一个非常不利的位置，因为它距离斯巴达城很近，实则不然。此处是最佳扎营地点，因为它扼守山谷和其入口。

无论如何，腓力五世在此处扎营。第二天，他令辎重部队先行，令主力部队在斯巴达城视线可及之处列阵。他等了一会，然后令大军变成行军队列，朝泰格亚进发。当晚，他在安提哥努斯三世和科勒奥门涅斯三世决战之地扎营。① 第三天，他视察当年的战场，在两侧山上向诸神献祭———一侧是奥林普斯山，另一侧是厄阿山———然后强化后卫部队，率军抵达泰格亚。他在泰格亚出售劫获的所有战利品，然后经阿尔哥斯朝科林多进发。

一个罗德岛-希俄斯岛（Rhodian-Chian）联合代表团抵达科林多，提议腓力五世结束与埃托利亚人的战争。代表团获准觐见国王，在会面过程中，腓力五世隐藏意图：他告诉他们他始终准备与埃托利亚人议和，允许这个代表团与埃托利亚人谈论如何结束战争。然后腓力五世前往勒凯翁港视察他的舰队，因为他要去佛基斯处理非常重要的事务。

［25］与此同时，列昂提俄斯、麦加勒斯和托勒迈俄斯（Ptolemaeus）仍然确信自己可以威胁腓力五世，消除他们之前的错误。他们开始在持盾兵和王室卫队（Royal Guard）②中广散谣言，说他们的处境极其危险，某种意义上会丧失全部特权，不再能得到通常应得的战利品份额。列昂提俄斯等三人成功激怒这些士兵，以至有一伙士兵竟开始潜入国王最杰出的友人们的住所偷窃，还把国王住所的门撬开，把屋顶的砖瓦砸碎。这个事件把科林多整个城市搅得紧张不安，腓力五世获悉此事，立即从勒凯翁港赶回。

---

① 关于塞拉西亚，参2.65。
② 一支约2000人的持盾兵部队。

他在科林多剧院召集马其顿人集合，向他们发表演说。他首先安抚部下，同时公正地谴责应对所发生的事负责的人。这话引发轩然大波，全军意见出现明显分歧。一些人想看到犯错者被逮捕并被石头砸死，其他人则主张宽恕罪犯，令其赔偿即可。腓力五世假装被众人说服，同意宽大处理罪犯，进一步安抚全军后，再次前往勒凯翁港。他对谁应该对这次骚乱负责了然于胸，但是面对眼下的情势，他假装不知情。

［26］这次骚乱之后，腓力五世在佛基斯的谋划已人所共知，因此遇到一些挫折。同时，面对各项计划一无所成的事实，列昂提俄斯不再相信凭靠自己可以取得成功，遂向阿培勒斯求助。他写信给阿培勒斯，将他的无助和困难归咎于他与国王之间的裂痕，请求阿培勒斯从卡尔基斯返回。

在卡尔基斯，阿培勒斯的所为已远远超出他的职位赋予他的权力。他让人人皆知，腓力五世作为一个小伙子，完全由他掌控，根本没有自己的主意，他已牢牢掌控所有大权。结果，马其顿和忒萨利的总督和官员们让他决定一切事务，他们对希腊城市发布的法令、敬敕和奖赏中根本不提腓力五世，阿培勒斯就是那里的至高权力。腓力五世对这一点心知肚明，一直愤怒不已，尤其是看到阿拉图斯尽职尽责，把手头的所有事情都办得圆满。不过，腓力五世保持忍耐，不让任何人知道他的意图和心计。

阿培勒斯对他的处境一无所知。他确信，若是与腓力五世面对面商讨，他能确保所有事务按照他的意愿去办，怀抱这种信念，他从卡尔基斯出发，以回应列昂提俄斯的请求。得知他即将抵达科林多，列昂提俄斯、托勒迈俄斯和麦加勒斯以及指挥持盾兵和最负盛名的各部队的军官，尽其所能地动员士兵欢迎他的到来。欢迎阿培勒斯的将领和各级军官人数众多，让他的入城显得浮夸狂妄。一进城，阿培勒斯径直前往国王官邸。依照惯例，他料想自己可直接进入，但是一位内务官秉国王之命，挡住了他，说国王此刻有其他事忙。阿培勒斯大吃一惊。他花了好长一段时间消化这意想不到的突转给他带来的震惊，慌慌张张退了出去。跟随他的众人立即开始溜走，毫不掩饰他们的所作所为，直到他走进自己的营帐，只剩下奴隶陪同。

众所周知，转瞬即逝的机会就能让一个人高升或跌落，这在国王们的宫廷中最真实。朝臣们的确像计算板上的计数器，根据计算人的意愿，眼下值1欧玻尔，转瞬就值1塔兰同。就这样，凭着国王的意愿，朝臣们先是成为众人嫉羡的对象，随后成为怜悯的对象。当麦加勒斯看到阿培勒斯的到来并没有如他所愿给予他帮助，他惊恐不已，准备逃跑。阿培勒斯仍然受邀出席种种宴会，但已被排除在决策程序和日常议事之外。几天后，腓力五世再次从勒凯翁起航去佛基斯处理要事，令阿培勒斯陪同。

[27] 但是，他的佛基斯计划彻底落空，他遂从埃拉提亚（Elatea）返航。与此同时，麦加勒斯让列昂提俄斯支付那20塔兰同保释金，他本人则前往雅典，但是雅典将军拒绝他进城，麦加勒斯又前往忒拜。①腓力五世的舰队经基拉（Cirra）②港附近驶过，并率持盾兵在希库温港口登陆，从港口直接入城。进城后，腓力五世拒绝该城官员为他提供的住处，而是住在阿拉图斯家中，一直和阿拉图斯待在一起，同时派阿培勒斯先回科林多。

腓力五世获悉麦加勒斯逃走，便派列昂提俄斯麾下的持盾兵出征特里弗里亚，持盾兵由陶立翁率领，后者伪称那里有急需处理的紧急事务。持盾兵部队一出发，腓力五世立即下令逮捕列昂提俄斯，罪名是没有支付麦加勒斯的保释金。但是，持盾兵部队一获悉发生的事——列昂提俄斯给他们写了一封信，立即派密使

---

① 同盟战争中，雅典保持中立。
② 此港是德尔斐的港口，当时由埃托利亚人控制。

求见国王。持盾兵要求腓力五世不要在他们缺席时审判列昂提俄斯，如果列昂提俄斯是出于其他理由而非未付保释金而被捕；如果国王在他们缺席的情况下审理列昂提俄斯的案件，密使说持盾兵部队将认为这是对他们严重的轻慢，是对他们所有士兵的谴责——马其顿士兵一直有权这样对国王坦率讲话。密使说，如果案件的关键在于麦加勒斯的保释金，他们愿意集资支付这笔钱。持盾兵的这些努力让腓力五世暴怒无比，使他比原计划更早地处决列昂提俄斯。

[28] 这时，罗德岛-希俄斯岛联合使团从埃托利亚返回。他们带回一份30天停战协定，说埃托利亚人愿意结束战争。他们选定腓力五世前去参加和平会议的日期——如果腓力五世愿意去的话，并向国王保证，埃托利亚人绝不会妨碍和平。腓力五世同意了罗德岛-希俄斯岛联合使团带回的停战协定，写信告诉各盟友派遣代表在帕特雷召开会议，讨论与埃托利亚人缔结和平的事务。① 然后，他从勒凯翁港出发，第二天抵达帕特雷。

正在这时，他收到从佛基斯寄来的几份麦加勒斯写给埃托利亚人的信件的誊写版。在那些信中，麦加勒斯竭力安抚埃托利亚人，劝诫他们继续战争，因为腓力五世资金紧张，无法继续战争。信中还包含一些对国王的指控和报复性的人身攻击。读完这些信后，腓力五世立即命人逮捕阿培勒斯——他确信此人是他遇到的所有麻烦的主谋——及其儿子和男友，将其押往科林多。他还派亚历山大到忒拜，公开抓捕麦加勒斯。亚历山大立即前往，但是，麦加勒斯在他到达前自杀。大约同时，阿培勒斯与他的儿子和男友，也结束了各自的一生。这就是这些人的结局，他们都是罪有应得（τῆς ἁρμοζούσης τυχόντες καταστροφῆς），尤其是考虑到他们对阿拉图斯的攻击。

---

① 腓力五世作为同盟的霸主，有权签订停战协定，但是若要签订结束战争的和平条约，需与盟友商议条约条款。

[29] 埃托利亚人一直渴望结束战争。这场战争已给他们带来巨大灾难，一切都不像他们预想的那样。他们原以为腓力五世年幼和缺乏历练这一点会让他们仿佛在与一个愚蠢的孩子作战，事实是他们发现腓力五世在谋划战争和执行计划方面非常成熟，反而是他们无论在小规模战斗还是大规模战斗方面都显得无能和幼稚。但是，他们获悉持盾兵的骚乱及阿培勒斯和列昂提俄斯的死，认为这是腓力五世宫廷蔓延严重内乱的表征，遂开始拖延在赫里翁的会面。

腓力五世急切地抓住这个借口，因为他对战争的前景信心满满，已经决定想方设法避免议和。所以，他告诉已经抵达帕特雷的盟友代表，无需讨论和平谈判的事项，而应讨论继续战争的事项。然后，他再次航往科林多。他在科林多派马其顿士兵经忒萨利回马其顿过冬，他本人将船只运过地峡，抵达肯克里埃。他从那里沿着阿提卡海岸航行，穿过欧利普斯（Euripus）海峡，抵达德米特里（Demetrias）港。他在那里安排审判托勒迈俄斯，此人是列昂提俄斯的最后一个同伙。在马其顿同胞的法庭面前，他判处此人死刑。

在同一时期，天下各地的事务如下：汉尼拔已抵达意大利，正在波河平原上对着罗马大军扎营；安提俄库斯三世已经征服科勒叙利亚大部，正退往冬季营地；斯巴达的吕库古斯已出逃，避难于埃托利亚，斯巴达的监察官认为他原打算发动叛乱。这并非实情，但是监察官提前获得这方面的情报，遂寻求军队支持，在一天夜里去吕库古斯家里抓捕他。但是，吕库古斯有所警觉，带着家人提前逃跑。

[30] 阿凯亚部队轻视他们的将军厄培拉图斯，雇佣兵也丝毫不敬重他。所以，没人遵从他的命令，而腓力五世已经返回马其顿过冬，这意味着没有任何措施保护阿凯亚人的土地。这一形势引起埃托利亚人普里亚斯（Pyrrhias）的注意，此人此前被派往厄利斯负责那里的战事。当时，他麾下有3000名士兵，包括1300

名埃托利亚人和厄利斯人的雇佣兵、1000名厄利斯人步兵和200名骑兵。他率领这支部队发起对杜迈、法莱和帕特雷三城的一连串突袭。最后,他在可俯瞰帕特雷的帕纳凯库斯(Panachaicum)山扎营,派兵外出劫掠直达赫里翁和埃吉翁的土地。

这几座阿凯亚城市因为在危急时刻没有得到帮助,变得不愿向联盟交付贡赋。同时,已经征召的军队由于被拖欠军饷,也不愿抵抗普里亚斯的侵犯。随着公民和士兵彼此攻讦,情势愈来愈糟糕,最后雇佣兵部队被解散——这都是因为他们将领的无能。这就是阿凯亚的事务状况,但是,厄培拉图斯的将军任期随后结束。在第二年初夏时分(公元前217年),阿凯亚人再次选举阿拉图斯为将军。

这就是欧洲的事务状况。由于我们已经抵达适当的时刻——不仅新的一年将开始,而且眼下是战争的停顿——我应该转而叙述同一个奥林匹亚年亚洲发生的事务。

[31]如我在开头所允诺的,我将首先叙述安提俄库斯三世与托勒密四世之间争夺科勒叙利亚的战争。我很清楚,在眼下这个时刻,尽管希腊的这场战争已决出胜负,接近尾声,但是我仍选择在此刻中断对希腊事务的叙述。我以顺带提及的方式记录各个事件在其各自奥林匹亚年的开端和结束日期,同时将它们与同时期希腊发生的事件联系起来,这一做法让我确信我已为阅读这部史书的读者提供充分信息,以免他们弄错各个事件的准确时间。但是,我也希望我的叙述能清晰(σαφήνεια)和连续(συνέχεια)。① 就以眼下这个奥林匹亚年为例,我认为,如果我不把同一时期发生的事件交织在一起,很容易获得这种清

---

① 珀律比俄斯很清楚,中断叙述希腊事务,转向叙利亚事务,会被他人批评叙述不清晰和不连续,如后来哈利卡纳苏斯的狄奥尼修斯批评修昔底德对某个主题叙述不完整,参《论修昔底德》,卷9。清晰和连续是古希腊修辞术理论的特征。

晰的叙述。但是，我认为，分开叙述各地的事件非常必要，直到从下个奥林匹亚年开始，我才会逐年叙述各地同时发生的事件。毕竟，我的目的不只是叙述一些特殊事件，还要叙述天下各地发生的所有事件。毫不夸张地说，如我之前解释过的，我从事的这项事业要比前辈的宏大得多，我必须全力以赴，注重对事件的处理和组织，以确保我这部史书的结构在特殊和一般层面都清晰易懂。所以，正如在其他情形下，眼下对安提俄库斯三世与托勒密四世之间的战争的叙述，应该回溯一些年，以尝试为我即将叙述的事件找到一个确定无疑、众所周知的起点——没什么比这更重要！

[32] 古代贤哲说，开端是整体的一半（ἀρχαῖοι τὴν ἀρχὴν ἥμισυ τοῦ παντὸς εἶναι）。① 这提醒我们在最大程度上确保我们所做的每件事都有一个好开端。尽管这句名言常被人们认为有点夸张，但我认为这话并不太符合真理。某种意义上，应该自信地宣称：开端不只是整体的一半，而是直达终点。要是某人尚未对他的计划的结局胸有成竹，他如何谋划一个好开端，也就是说，要是他不知道他将抵达何方，不知道他的目的何在，不知道他最初从事这项计划的初衷是什么，他如何谋划一个好开端？再者，他若不同时回溯开端，看看他们从何处出发、如何、出于何种原因取得当下的成就，他如何能把事情引向恰切的结局？因此，我们应该认为，开端直达终点，而不只是整体的一半。作为叙述大规模事件的作者或阅读大规模事件的读者，我们尤其应该关注开端。这正是我接下来要做之事。

[33] 当然，我不是不知道，别的一些史家也坚称他们写作的是普遍历史（τὰ καθόλου γράφειν），宣称他们从事的事业要比任何前辈的都更宏大。请厄弗儒斯谅解——他是第一位、也是唯一一位写作普遍历史的史家——我一般避免讨论其他史家，或提

---

① 此语引自赫西俄德，《劳作与时日》，40。

到他们的名字。我只想说：我们同时代的一些人，仅仅写下三四页关于罗马与迦太基的战争的叙述，就声称自己在写作普遍历史。然而，事实逃不过任何人的眼睛，不管此人多么迟钝：那个时期，在伊比利亚、利比亚、西西里和意大利发生了许多至关重要的事件；如果我们不把迦太基与罗马的西西里战争算在内，汉尼拔战争就是有史以来最著名、最漫长的战争；那些事件的规模如此之大，我们［希腊人］如此恐惧它们的后果，以至我们所有的目光都被吸引到那里。

然而，有些史家所写的东西比政府当局依照编年顺序记录在墙上的临时事件还要少，他们竟然宣称自己的书已经涵盖希腊和海外发生的所有事件。这一切都是由于下述事实：宣称做一项重要的事业相当容易，而漂亮地完成它则很难。没什么能阻止一个人做这样的宣称，只需胆大一点即可做到。然而，实实在在的成就则非常罕见，很少有人能在一生中得到它。我之所以说这些话，是因为有些人太过自以为是，他们夸大自己和其作品的重要性。不过，现在我将从我提出要叙述的主题开始，继续我的叙述。

［34］"爱父者"托勒密四世在他父亲去世后（公元前221年），继承埃及王位。处决他的兄弟玛加斯（Magas）及其派别后，托勒密四世认为自己已高枕无忧——一方面，这项行动已使他在国内已安全无虞；另一方面，由于机运，海外也已安全，因为安提哥努斯三世和塞琉古三世已经去世，而他们的继任者安提俄库斯三世和腓力五世非常年轻，实际上还只是少年。[①] 由于这种处境，他没有理由感到惊慌，他在统治之初，就仿佛在度假一般。他开始变得漫不经心，使他的朝臣和治理

[①] 托勒密四世于公元前221年2月继位，安提哥努斯三世去世于公元前221年7月，塞琉古三世去世于公元前223年暮夏。腓力五世继位时17岁，安提俄库斯三世继位时19岁。

埃及的各级官员都无法接近他，他还蔑视那些掌管埃及海外领地的人。

他的前任们，比起统治埃及本土，更关注他们的海外领地。他们所掌控的科勒叙利亚和塞浦路斯使得他们有能力从海上和陆上威胁叙利亚诸王；[①]他们还掌控了从帕姆菲利亚到赫勒斯滂海峡沿海最著名的城市、地区和港口以及吕西玛凯亚（Lysimacheia）地区，这让他们有能力影响亚洲各小国的君主和爱琴海诸岛屿；他们对伊纳斯（Aenus）、马洛奈亚（Maroneia）和更边远城市的掌控，使得他们有能力监视色雷斯和马其顿事务。凭靠这些海外领地，他们长期保持着影响力；以诸小王国作为缓冲区，他们从不需要担忧对埃及的统治——这也正是他们如此关注海外领地的原因。但是，托勒密四世对这些海外领地的管理漫不经心，他被不合宜的寻欢作乐分散很多精力，又被无休止的狂欢弄得精疲力竭。自然而然，不久他就发现他的性命和王位受到几个阴谋集团的威胁，首先是斯巴达的科勒奥门涅斯三世为首的集团的威胁。

[35] 别号"施主"的托勒密三世一直是科勒奥门涅斯三世的盟友和保护者。托勒密三世在世时，科勒奥门涅斯三世无所行动，因为他确信他将得到帮助以恢复祖先的王位。但是，托勒密三世去世后，随着时间推移，希腊的局势不断呼唤科勒奥门涅斯：安提哥努斯三世去世，阿凯亚人陷入战争，拉克岱蒙人与埃托利亚人结盟对抗阿凯亚人和马其顿人，这正是科勒奥门涅斯三世一直渴求的局面。在这种情况下，他觉得有必要尽早离开亚历山大里亚。他向托勒密四世请求统领一支资金充足的部队远征希腊。但是，这个请求被无视，他接着请求让他和他的家庭成员离开，因

---

① 对希腊人来说，科勒叙利亚起初指黎巴嫩山脉和前黎巴嫩山脉之间的狭长谷地，依次有里塔尼峡谷、约旦河谷、死海，一直向南延伸到亚喀巴（Aqaba）和红海。但是，这个词的所指后来扩展得很含混，通常与"腓尼基"合在一起，指埃及和西里西亚之间的整个地区。

为他认为面对希腊当时的局势，重获他祖先的王位不会太难。

然而，托勒密四世基于我已经给出的理由，根本没有花时间在这些事上，毫不关心王国的未来，继续愚蠢地漠视科勒奥门涅斯三世的请求。所以，王国当时的实际掌控者索西比俄斯（Sosibius）与议事会商讨该如何对待科勒奥门涅斯。他们认为让科勒奥门涅斯三世带着一支舰队和各种补给离开毫无意义，因为自安提哥努斯三世去后，他们根本没有预见到未来会面临来自海外的麻烦，所以，他们认为给科勒奥门涅斯三世提供一支舰队和相应补给纯粹是浪费钱财。此外，安提哥努斯三世离世后，希腊的在世统治者没有哪个是科勒奥门涅斯三世的对手。他们担忧，一旦送科勒奥门涅斯三世返回希腊，就没什么能阻挡他迅速掌控希腊，进而成为埃及强大而可怕的对手。尤其是科勒奥门涅斯三世对埃及已知根知底，他对托勒密四世的评价很低，知道诸多领地远离王国，是滋生各种阴谋的温床。例如，驻萨摩斯的舰队有不少战舰，大量士兵在以弗所驻扎。

索西比俄斯和议事会成员基于这些考虑，反对为科勒奥门涅斯三世的远征提供资金，同时也清楚轻视和得罪这样一个强大的人对他们没有好处，肯定会使他与他们反目成仇。另一个选择是将科勒奥门涅斯三世强行留在亚历山大里亚，但是每个人都毫不犹豫地当场拒绝这个提议，因为将一头狮子与羊群关在一起非常危险。索西比俄斯本人也非常怀疑这样做是否明智，理由如下。

[36] 此前，玛加斯和贝勒尼基二世（Berenice II）[①] 被谋杀前，索西比俄斯及其派别就担忧阴谋会败露，因为贝勒尼基很勇

---

① 托勒密三世的王后，托勒密四世和玛加斯的母亲。贝勒尼基二世约于公元前246年嫁给托勒密三世。她在历史上最著名的是贝勒尼基之发的故事：她奉献一缕头发以庆祝托勒密三世从与塞琉古王国的战争中安全返回。那缕头发消失后，数学家和天文学家萨摩斯的科农（Conon of Samos）宣布，那缕头发已变成一个星座。

敢，所以他们觉得必须向每个人暗示如果阴谋成功，他们会有何种益处来掌控整个法庭。索西比俄斯认为科勒奥门涅斯三世是一位明智且有洞察力的人，他那时注意到此人正在向托勒密四世请求帮助，遂通过向科勒奥门涅斯三世描述未来处境的改善，将他纳为同谋。

科勒奥门涅斯三世看到索西比俄斯主要是因为恐惧外国雇佣兵而非常忧虑，让他不要担忧，并向他保证，外国雇佣兵不仅不会伤害他，反而会大大有助于他。索西比俄斯对这个承诺十分惊讶，科勒奥门涅斯三世反而说道："瞧，有3000名雇佣兵是伯罗奔半岛人，另有1000名来自克里特。只要我点头，他们就会乐意为你效劳。有这样一支部队支持你，你还需要恐惧什么人？哦，我猜肯定是叙利亚人和卡里亚人的部队！"①

科勒奥门涅斯三世的话顿时令索西比俄斯笑逐颜开，后者遂以更大的信心实施谋杀贝勒尼基二世的阴谋。然而，不久，托勒密四世对治国愈来愈冷淡，索西比俄斯却始终牢记那次对话，对科勒奥门涅斯三世的傲慢和雇佣兵对他的忠诚心存警惕。正是在上文所述的讨论如何对待科勒奥门涅斯三世的会议上，索西比俄斯力劝国王及其友人们同意立即逮捕并监禁科勒奥门涅斯三世。然后，他找到实施这个计划的方法，详情如下。

［37］有一个墨瑟尼亚人叫尼喀戈拉斯（Nicagoras），此人是斯巴达国王阿基达姆斯五世（Archidamus V）的世代友人（πατρικος ξένος）。他们之前的交往并不是很密切，但是阿基达姆斯五世由于恐惧科勒奥门涅斯三世，从斯巴达出奔，避难于墨瑟尼亚。为表热烈欢迎，尼喀戈拉斯赠给阿基达姆斯五世一座房子，为他提供一切所需，两人从那以后形影不离。他们成为坚定的朋友，变得亲密无间。后来，当科勒奥门涅斯三世提出让阿基达姆

---

① 这是一句反讽，科勒奥门涅斯三世对叙利亚人和卡里亚人的部队评价极低。

斯五世返国，消除他们之间的敌意时，尼喀戈拉斯负责写信与和解谈判。待一切安排妥当后，阿基达姆斯五世信任尼喀戈拉斯敲定的协定，出发返回斯巴达，但是，双方见面后，科勒奥门涅斯三世杀死阿基达姆斯五世，饶恕尼喀戈拉斯和随行扈从。表面上，尼喀戈拉斯假装感激科勒奥门涅斯三世饶自己一命，内心却对整件事愤怒至极，因为他似乎要对阿基达姆斯五世被杀负责。

没过多久，索西比俄斯的计划成形。尼喀戈拉斯运送一批马到亚历山大里亚。他登岸后，看到科勒奥门涅斯三世、潘特俄斯（Panteus）、希庇塔斯（Hippitas）在沿着港口码头散步。科勒奥门涅斯三世看到他后，走过来，热情地问候，问他送什么东西到亚历山大里亚。尼喀戈拉斯回答他运送的是马匹。科勒奥门涅斯三世说道："你若是运送娈童和弹竖琴的女孩会更好，这些才是国王的最爱。"尼喀戈拉斯听到这话，笑了笑，没有言语。几天后，他就马匹事务与索西比俄斯会面多次，向后者转述了科勒奥门涅斯三世在码头对他说的话。他看到索西比俄斯很感兴趣，遂向后者吐露他当初如何与科勒奥门涅斯三世闹翻的整个过程。

［38］索西比俄斯获悉尼喀戈拉斯憎恨科勒奥门涅斯三世，当场给了他一些钱，同时承诺事成后给他更多钱，劝他写一封揭发科勒奥门涅斯三世的信。索西比俄斯让尼喀戈拉斯写完信，密封好，并在离开亚历山大里亚前将信留下，这样，一个奴隶几天后会把信交给他，造成这封信来自尼喀戈拉斯的假象。尼喀戈拉斯照索西比俄斯的要求行事。待尼喀戈拉斯离开亚历山大里亚后不久，那位奴隶把那封信交给索西比俄斯，后者立即带着那位奴隶和那封信去见托勒密四世。那封信的要点是，一旦托勒密四世拒绝给予科勒奥门涅斯三世用于远征的合适武器和物资，后者将发动叛乱。索西比俄斯抓住机会，力劝托勒密四世及其友人们立即拘捕并监禁科勒奥门涅斯三世。

命令下达，科勒奥门涅斯三世被软禁于一座巨宅。他的住处有卫兵看守，与普通囚犯唯一的差异是他的囚室要大得多。在这种情况下，眼见未来惨淡，科勒奥门涅斯三世开始谋划一个孤注一掷的计划。这倒不是因为他认为这个计划能成功——毕竟，他没有乐观的理由——而是因为，他宁愿死个痛快，也不愿忍受任何与他过往英勇事业不相称的事。我认为，那时，他心中肯定萦绕和回荡着下述诗句——高尚之人往往会想到它们：

> 我不能坐以待毙，暗无光彩地死去，
> 我还要大杀一场，给后代留下英名。①

[39] 科勒奥门涅斯三世等待着时机。有一天，托勒密四世要去卡诺普斯（Canopus），他便在卫兵中散布谣言，说国王将释放他。他说，这是一个值得庆贺的理由，于是设宴款待卫兵，给他们端上肉、酒，还给他们戴上花环。毫无戒心的卫兵尽情饮宴，喝得酩酊大醉。中午时分，科勒奥门涅斯三世和陪同他的友人、仆人手持匕首，离开那所巨宅，卫兵们毫不知情。他们挺进到城市广场，在那里发现托勒迈俄斯（Ptolemaeus），此人被留下来暂时管理亚历山大里亚。科勒奥门涅斯三世一伙袭击了托勒迈俄斯的随从，将他从马车中拖出来，绑起来，然后以自由之名号召人群。但是，这场预谋的政变太过出人意料，根本没人听他们的呼喊，没有人加入他们的叛乱，所以他们只得前往卫城，意图强行进入卫城，释放那里的囚犯，以使其加入叛乱。但是，这个行动也没有成功，因为卫城的守卫官员事先得到警告，已经把守好各处入口。拉克岱蒙人作为真正的勇士，此刻选择自杀。科勒奥门涅斯三世就这样死去，他不仅擅长与人打交道，而且有处理政事的天赋。总而言之，他天生具备统帅和国王的诸品质。

[40] 此后不久，科勒叙利亚的总督，一个名叫忒奥多图斯（Theodotus）的埃托利亚人，决定与安提俄库斯三世展开谈判，

---

① 《伊利亚特》，22.304-305。此话出自赫克托尔之口。

打算把科勒叙利亚地区诸城出卖给他。忒奥多图斯鄙视托勒密四世放荡的生活方式和性情,已经完全不信任宫廷的成员。因为不久前,尽管他为托勒密四世做出卓越贡献,尤其是在安提俄库斯三世第一次染指科勒叙利亚时,但是,他不仅没有得到奖赏,反而被召到亚历山大里亚,差点丢了性命。眼下这个时刻,安提俄库斯三世非常欢迎忒奥多图斯给他提供的机会,事情很快办妥。

塞琉古王室应该得到和托勒密王室一样的对待,所以我将回溯到安提俄库斯三世继承王位的那个时刻,然后总结那个时刻和我即将叙述的这次战争开始之间的事件,以作为叙述这次战争的序言。

安提俄库斯三世是塞琉古二世的幼子。塞琉古二世去世后,安提俄库斯的兄长塞琉古三世依照年龄继承权,继承王位。一开始,安提俄库斯迁往内陆居住,但是塞琉古三世率军翻越陶鲁斯山脉远征时被刺杀,他返回叙利亚继承王位,成为国王。① 安提俄库斯三世继位后,将小亚细亚的治理权交予阿凯俄斯,把王国内陆省份交予莫隆(Molon)及其兄弟亚历山大(Alexander)治理,莫隆任米底亚(Media)总督,亚历山大任波斯总督。

[41] 莫隆和亚历山大两兄弟想发动叛乱,让自己的总督辖区获得独立。由于安提俄库斯三世太年轻,他们不认为这位新国王会给他们带来太多麻烦,同时他们又期待得到阿凯俄斯的援助。但是,他们俩很害怕赫米亚斯(Hermias),此人残忍且狡诈,当时是叙利亚王国的首席大臣。赫米亚斯是卡里亚人,塞琉古三世远征阿塔罗斯一世时,将他留下掌管王国事务,他的权势就始于那个时刻。获得这一高位后,赫米亚斯憎恨宫廷中其他显赫之

---

① 塞琉古王国的这几位国王继承时间如下:塞琉古二世,公元前246年至前225年在位;塞琉古三世,公元前225年至前223年在位;安提俄库斯三世,公元前223年至前187年在位。

人，遂通过惩罚一些犯有错误的同僚来放纵他的残忍，总是恶意解释同僚的错误，捏造出种种指控。在所有这些案件中，他都是一个冷酷无情的法官。

赫米亚斯最想除掉的人是厄庇格涅斯（Epigenes），他认为除掉此人是他的头等大事。厄庇格涅斯率领随同塞琉古三世远征的人返回叙利亚，赫米亚斯看到他很有影响，不管对士兵讲话时，还是在战争行动中，他都在军队中极受欢迎。赫米亚斯耐心等待，密切关注种种能将厄庇格涅斯打倒的机会和借口。

议事会讨论莫隆的叛乱时，安提俄库斯三世让参会的每个人轮流讲自己认为应对叛乱的最佳策略。第一个发言的人就是厄庇格涅斯。他说，他们应该立即掌控局势，绝不能有所拖延，最重要的一步是国王本人要亲征，亲自处理叛乱地区的局势。他说，如果国王本人驾临当地，敌人的士兵看到国王带来庞大的军队，要么莫隆根本不敢制造麻烦，要么如果他坚持叛乱，发起战争，他很快就会被部下抓捕，被当作俘虏交给国王。

[42] 没等厄庇格涅斯讲完，赫米亚斯就勃然大怒，打断厄庇格涅斯的讲话。他咆哮道，厄庇格涅斯一直以来秘密谋划背叛王国，现在待一切谋划已经完成，终于公开提出这个建议，这个建议显然是想让国王本人只率领小股部队，毫无防护地出现在叛军面前。赫米亚斯暂时克制住不攻击厄庇格涅斯，也就是说，他让诽谤缓慢发酵。他把这当作不合时宜的愤怒发作，而不是出于真正的敌意。他认为，剿灭莫隆叛乱的战斗会非常危险，因为他本人对战争毫无经验，所以反对战争，但是他又支持攻击托勒密四世，他认为这位埃及国王对政事的冷淡能让他轻松取得胜利。

他的这次爆发——那次爆发令整个议事会无比震惊——后，他派遣克塞诺（Xenon）和绰号为"赫米奥留斯"的忒奥多图斯（Theodotus Hemiolius）统率一支军队前去镇压莫隆的叛乱，同时鼓动安提俄库斯三世进攻科勒叙利亚。赫米亚斯认为，只有让年轻的国王面临四面八方的战争，他才能避免因先前的罪行而受到惩罚，同时不受妨碍地保住眼下的权力，因为国王将忙于各种战争行动，不断被战争和危险包围，根本无暇顾及其他。最后，他伪造了一封信，并将其带到国王面前，宣称此信由阿凯俄斯所写。信的内容可说明一切：托勒密四世鼓动阿凯俄斯发动争夺权力的战争，并允诺在战争期间给他提供船只和资金，还鼓动阿凯俄斯立即戴上王冠，不要掩饰觊觎安提俄库斯三世王位的事实。毕竟，阿凯俄斯已是事实上的国王，尽管他否认自己有国王头衔，拒绝接受机运给予他的王冠。安提俄库斯三世认为这封信是真实的，受它影响，渴望入侵科勒叙利亚。

［43］安提俄库斯三世此时正在祖格马·塞琉西亚（Seleucia at Zeugma）城，他在这里与他的海军将领第欧根尼图斯（Diognetus）会合。此人从黑海岸边的卡帕多西亚赶来，还带来米特里达特斯二世之女劳迪西娅（Laodice），她被许配给安提俄库斯三世。[①] 米特里达特斯家族自称是波斯当年杀麻古（Magus-slayers）那七人之一的后代，拥有大流士一世（Darius I）曾赏赐给他的先祖的、黑海岸边的一个王国。[②] 安提俄库斯三世以应有的隆重和庄严欢迎他的新娘，以盛大和真正的王家礼仪直接举行婚礼。婚礼仪式一结束，他立即离开内陆，返回安提阿（Antioch）。他在那里宣布劳迪西娅为皇后，然后忙于准备战争。

与此同时，莫隆在自己的总督辖区忙着准备战争，然而他的部队既对未来充满信心，又深怀恐惧：他一方面让士兵们拥有获胜的希望，另一方面又通过伪造国王写的充满威胁的信给各级军官灌输恐惧。他的兄弟亚历山大亦积极支持他，他还获得附近行省总督的支持。然后，他率领一支大军迎战国王派来的将领。由

---

① 米特里达特斯二世曾迎娶塞琉古二世之女。他的幼女嫁给阿凯俄斯，参8.20。

② 参希罗多德，《原史》，3.65以下。

于对莫隆大军的接近恐惧不已,克塞诺和忒奥多图斯撤往各城,莫隆轻松控制阿波罗尼亚,[1]他在这个地区获得巨额粮草补给。实际上,这次胜利之前,莫隆的实力已经令人生畏,因为他的总督辖区很大。

[44]米底亚的实力和广袤根本无法用语言描述。所有王家马场都在米底亚,米底亚还有取之不竭的谷物和动物。[2]米底亚位于亚洲中部,毫无疑问,它是亚洲面积最大的地区,有巍峨的山脉,边界上还有最好战、最勇武的民族。它的东边,即太阳升起的方向,坐落着分割波斯和帕提亚(Parthia)的大荒漠。米底亚还扼守所谓的里海诸门(Caspian Gates),一直延伸到塔普里(Tapyri)的群山,那些山距里海不远。米底亚往南一直延伸到美索不达米亚和阿波罗尼亚,与波斯接壤,并在那里的交界处受到扎格罗斯(Zagros)山脉的保护。翻越扎格罗斯的山路约100斯塔德长。这条山脉蜿蜒曲折,有很多断断续续的洼地或山谷,那里居住着大量野蛮部落,如康塞伊人(Cossaei)、科布勒奈人(Corbrenae)、喀赫凯人(Carchi),众所周知,他们都是一流武士。

米底亚往西是所谓的阿特洛帕特斯地区($Σατραπείοις$),[3]该地区又紧挨那些居住在黑海沿岸的部落。米底亚以北住着厄吕迈亚人(Elymaeans)、阿尼拉卡人(Aniaracae)、卡杜西亚人(Cadusii)和马提阿尼人(Matiene),可俯瞰黑海与亚速湖相接的那些地区。米底亚境内也有数座东西走向的大山脉,山脉之间的平原布满城镇和村落。

[45]如我上面所论,莫隆掌控米底亚后,近乎掌控一个王国的全部财富,这赋予他令人生畏的实力。但是,现在由于安提

---

[1] 位于底格里斯河以东。
[2] 米底亚是著名的贰师马(Nesaaen)的产地。
[3] 这是一个专有名词,指波斯帝国时代总督阿特洛帕特斯(Atropates)的辖区,即今阿塞拜疆地区。

俄库斯三世的将军们显然已放弃乡野地带,又由于之前的成功,莫隆的大军信心和决心爆棚,亚洲各地居民非常害怕他,他似乎势不可挡。他原初的计划是渡过底格里斯河,围攻底格里斯河畔的塞琉西亚城,但是宙克西斯(Zeuxis)通过夺取所有内河船只,挫败该计划。莫隆只得撤往泰西封(Ctesiphon)[①]的大营,准备过冬(公元前222年冬)。

叛乱的扩大和将军们的退缩再次点燃安提俄库斯亲征莫隆的欲望,他想趁早放弃攻击托勒密四世的战役。但是,赫米亚斯坚持原初计划。首先,他让阿凯亚人克塞诺塔斯(Xenoetas)指挥镇压莫隆的战争,为他提供部队,将他派往前线。赫米亚斯告诉国王,平叛是将军们的职责,国王的职责是做出战略决策,与其他国王们进行决战。年轻的国王对赫米亚斯唯命是从,然后前往阿帕米亚(Apamea),[②]召集军队在那里集结。然后,他率军前往劳迪西亚(Laodicea)城。

安提俄库斯三世率领浩浩荡荡的大军从劳迪西亚出发,穿过沙漠,进入马西亚斯峡谷,该峡谷位于黎巴嫩山脉和前黎巴嫩山脉之间,形成一条狭窄的通道。这条通道最窄处点缀着沼泽和湖泊,那里出产白菖(sweet flag)。

[46]最窄的那段通道一侧坐落着布罗基(Brochi)城,另一侧有座名叫格拉哈(Gerrha)的小城,两城之间的道路非常窄。安提俄库斯三世花了几天穿行马西亚斯峡谷,威逼沿途城镇投降,然后抵达格拉哈城。他发现埃托利亚人忒奥多图斯守卫着格拉哈和布罗基两城,后者用壕沟和栅栏强化了沿湖道路的防卫,各处要地皆有士兵把守。安提俄库斯三世起初试图强攻通过,但是一来他们不占据地利,二来忒奥多图斯的士兵积极防守,他承

[①] 塞琉西亚位于底格里斯河左岸。泰西封位于底格里斯河对岸,此时还只是一个营地,后来成为帕提亚帝国的首都。

[②] 位于奥龙特斯河畔,塞琉西亚港以南。

受的损失比敌人损失多得多,遂放弃强攻。此地地势的确非常险峻。所以,当获知克塞诺塔斯已在决战中被击败,莫隆已经控制所有内陆地区,安提俄库斯三世决定放弃进攻托勒密四世,转而进军保卫王国受威胁的核心地区。

克塞诺塔斯作为统帅被派往战场后,发现自己的权力要比自己梦想的大得多,于是开始对友人们耍威风,低估敌人。他率军在底格里斯河边的塞琉西亚扎营,要求苏西阿纳（Susiana）总督狄奥根涅斯（Diogenes）和波斯湾沿岸总督皮忒阿德斯（Pythiades）提供帮助。然后,他在底格里斯河边扎营,防守他的前线,敌人位于对岸。莫隆麾下的一大堆逃兵游过底格里斯河,前来投奔克塞诺塔斯。他们告诉克塞诺塔斯,只要他渡过底格里斯河,莫隆的大军就将瓦解,因为大多数叛军都怨恨莫隆的统治,忠诚于国王。

克塞诺塔斯对这一消息欣喜若狂。他决定渡河,同时在河中小岛上搭桥。但是,他的前期准备与这个计划毫无关联,莫隆事实上根本没有注意到他的佯攻,他遂忙着收集和修复船只。然后,他从全军精选出一支骑兵、步兵混合的精锐,令宙克西斯和皮忒阿德斯留守营地,他本人率这支精锐在一个夜晚距离莫隆大营下游80斯塔德之处,凭借船只渡过底格里斯河。他趁天还黑着,在一个绝佳地点扎营,那里大部分被底格里斯河环绕,还有沼泽与湿地保护。

［47］莫隆发现所发生的事后,立即派出骑兵以阻止敌人进一步渡河,同时消灭已经渡河的敌人。但是,派出的骑兵由于对地势无知,不待敌人动手就已失败:他们接近克塞诺塔斯营地后,立即发现自己陷入沼泽,只能不断挣扎,不断下沉。所以,此次攻击完全失败,很多人被杀。

克塞诺塔斯深信他的部队一抵近敌人,莫隆的部队就会叛变,遂沿着底格里斯河溯流而上,对着敌人扎营。这时,莫隆放弃营地、辎重等,在黑夜掩护下,轻装朝米底亚方向撤退。这可能是一个诡计,也有可能是他怀疑部队的忠诚,担心发生克塞诺塔斯预期的大规模叛变。无论如何,克塞诺塔斯认为是他的接近令莫隆怀疑部下的可靠性,因而望风而逃。他首先攻陷敌人大营,又命令河对岸宙克西斯大营的军队携带一切装备在第二天渡河。然后,他向集结的部队演说,鼓励部下对战争结果要乐观,还告诉他们莫隆已经逃走,最后告诫士兵们照看和打点好自己,准备第二天早上追击敌人。

[48]克塞诺塔斯的大军认为他们已无需担忧什么,因为他们拥有各种给养,遂纵情酒宴和享乐——这导致的不可避免的结果是军纪崩溃。但是,莫隆率军撤离一段距离后,令士兵们吃晚餐,然后掉头返回。莫隆抵近营地后,发现所有敌人醉倒在地,便下令天亮发动攻击。因遭到意想不到的攻击,又无法把部下从醉酒状态中唤醒,克塞诺塔斯盲目地冲向敌人,最后被砍死。大量士兵在床上被杀死,其余士兵跳进底格里斯河,试图游回对岸,结果大多数人溺亡。

营地各处乱作一团,人仰马翻。所有人因震惊和恐惧而呆住,除了自救,什么都不想。对岸的己方营地清晰可见,他们忘记水流湍急,渡河很难。出于对活命的极度渴望,他们跳入河中,把托载行李的骡子也赶入河中,仿佛底格里斯河会奇迹般地帮助他们,把他们安全地送到对岸营地。所有这些把这条河变成一幅生动的画面,马、骡子、武器、尸体和各种各样的装备连同奋力挣扎的士兵一起顺流而下。

莫隆夺取克塞诺塔斯的营地,然后轻松渡过底格里斯河,因为对岸已没有人阻挡他,随着莫隆渡河,宙克西斯已经逃遁。一夺取宙克西斯的营地,莫隆立即朝塞琉西亚城推进。此城轻松落入他手中,因为宙克西斯及其部下、该城总督狄奥墨冬(Diomedon)已经一起逃走。从那个时刻起,莫隆征服内陆省份已经没有阻碍。莫隆一控制巴比伦尼亚和波斯湾沿岸,立即朝苏萨进军。该城也立即沦陷,但是对苏萨卫城的攻击没有成功,因为该城总督狄奥根涅斯事先躲避于卫城防守。莫隆放弃攻城尝试,留下部分兵力围攻,他本人立即拔营出发,率剩余军队返回塞琉西亚,确保满足大军的一切需要。安顿好军队后,莫隆径直向前,控制帕拉波塔米亚(Parapotamia)到欧罗普斯(Europus)城、从美索不达米亚到杜拉(Dura)①城的地区。

安提俄库斯三世获悉这些消息——如我前文所述,让他放弃攻占科勒叙利亚,回师保卫王国。

[49] 安提俄库斯三世再次召集议事会,要求大臣们献策如何打败莫隆。这一次还是厄庇格涅斯率先发言。他说,国王本来应该遵循他原来的建议,在莫隆有机会取得如此大规模胜利前,立即采取行动,但是,眼下全神贯注于平叛也不算太迟。这时,赫米亚斯再次咆哮,谩骂厄庇格涅斯。他以一种粗俗的方式吹嘘自己,对厄庇格涅斯提出虚假和子虚乌有的指控,请求国王不要犯下无端放弃科勒叙利亚战争的错误。参会的大多数人觉得他的话太过冒犯,安提俄库斯三世非常不悦。唯一的事实是,安提俄库斯三世坚持让他们和解,这才制止赫米亚斯继续诽谤。

议事会最终一致同意,厄庇格涅斯的看法最具可行性,也最有益。安提俄库斯三世决定向莫隆进军,集中力量平叛。赫米亚斯立即适应新的形势,改变态度,赞同优先平叛。他说全体大臣应全心全意支持国王的决定,开始积极地亲自监督各项准备工作。

[50] 大军在阿帕米亚集结后,士兵们由于被拖欠军饷,几近爆发哗变。赫米亚斯清楚国王非常惊恐——如此危急关头爆发这类骚乱尤其无法接受,所以,他提出付清拖欠的全部军饷,条件是国王不能带厄庇格涅斯参与平叛。赫米亚斯说,如果最高指挥者脾气暴躁,二人又存在如此严重的分歧,他们就不可能实现任何军事目标。安提俄库斯三世不喜欢这个提议,他尤其想让厄庇格涅斯陪同他进行平叛,因为后者战争经验丰富,又懂战争。

---

① 位于幼发拉底河畔。

但是，赫米亚斯故意让国王陷入忙碌，全神贯注于行政事务、种种预防措施和需要他留意的各种事项，以致他忙得晕头转向。最后，国王不再坚持，同意了赫米亚斯的要求。

厄庇格涅斯服从命令，辞去公职。议事会成员对赫米亚斯的恶毒震惊不已，但是各级将士一得到应得的军饷，便情绪缓和，转而拥戴赫米亚斯，因为是他负责支付他们军饷。只有库勒赫斯托人（Cyrrhestae）例外，他们的人数有6000之多：他们哗变，离大营而去。很长一段时间里，库勒赫斯托人的哗变给全军造成很大麻烦，但是，他们最终被国王的一位将军击败。大多数人在战斗中被杀，幸存者投降，宣誓忠诚于安提俄库斯三世。赫米亚斯一边恐吓国王的友人们，一边讨好士兵们，由此赢得军队的拥戴。然后，他和安提俄库斯三世率军从阿帕米亚出发，朝敌人挺进。

至于厄庇格涅斯，赫米亚斯又想出下述阴谋陷害他。他借助阿勒克斯（Alexis）的帮助来行陷害之事，此人是阿帕米亚守军的将领。赫米亚斯伪造了一封莫隆写给厄庇格涅斯的信，买通厄庇格涅斯的一位奴隶，让他把信混入主人的私人信件盒。阿勒克斯之后带人立即赶到厄庇格涅斯家中，质问他是否收到过莫隆的信。厄庇格涅斯愤怒地说没有，阿勒克斯要求搜查。进入厄庇格涅斯的房间后，没过多久就找到那封信，阿勒克斯据此处死厄庇格涅斯。在这种情况下，安提俄库斯三世也确信厄庇格涅斯应该被处死，尽管诸位大臣怀疑这是个阴谋，但是，由于太恐惧赫米亚斯，他们不敢提出质疑。

[51] 大军抵达幼发拉底河后，安提俄库斯三世让部队短暂休整，然后继续行军。安提俄库斯三世大约冬至时节抵达米格多尼亚（Mygdonia）的安提阿[①]城，选择在该城度过最寒冷的时节。

---

① 该城即两河流域著名的尼西比斯城，塞琉古一世将其变为一座希腊城市，命名为安提阿，即今土耳其边境城市努赛宾（Nusaybin）。

在该城休整约40天后，安提俄库斯三世率军朝利巴（Libba）[①]进发。国王在利巴召集议事会商讨，选哪条路线迎战莫隆，以及如何、从何处获取补给，此时莫隆的大军仍在巴比伦尼亚。赫米亚斯的建议是朝底格里斯河进军，这样可充分利用底格里斯河、吕库斯（Lycus）河、卡普洛斯（Caprus）河对大军侧翼进行防护。[②]宙克西斯想到厄庇格涅斯的遭遇，非常恐惧，起先不敢说自己的建议，但是由于赫米亚斯的建议大错特错，他最后鼓起勇气提出他的建议：大军应该渡过底格里斯河。

宙克西斯指出，赫米亚斯朝底格里斯河进军建议的主要问题在于，他们在行进相当一段距离后，将不得不面对6天的沙漠行军，才能抵达王家运河（Royal Canal）。届时，如果运河被敌人控制，大军将无法渡过运河，不得不再经沙漠撤退，那样会面临极大风险，至少会面临补给匮乏的困境。但是，如果选择渡过底格里斯河，阿波罗尼亚地区的居民必将转到国王一边，因为眼下他们屈服于莫隆并非出于自愿，而是因为莫隆军力强大和恐惧。此外，阿波罗尼亚土地肥沃，能够保证大军补给充足。他说，最重要的原因是，渡过底格里斯河可以切断莫隆与米底亚的联系：那样，莫隆就无法退往他的行省，也无法得到米底亚的援助。面对那种形势，莫隆只有选择决战，如果他拒绝决战，他的大军将迅速倒向国王一边。

[52] 宙克西斯的建议获得一致同意。安提俄库斯三世立即决定将大军分成三部分，让大军和辎重在底格里斯河的三个地点渡河。然后，大军朝杜拉城挺进，该城此时正遭受莫隆一位大将的围攻，安提俄库斯三世迅速替该城解围，然后继续前进。经过8天行军，大军穿过奥瑞克斯（Oricum）山，抵达阿波罗尼亚。

与此同时，莫隆不信任苏西阿纳和巴比伦尼亚的民众。毕

[①] 该城地名不可考，可能位于今伊拉克哈特拉（Hatra）以东50公里处。
[②] 这两条河皆是底格里斯河的支流。

竟，他刚刚征服这两个地区，他接管这两地非常突兀。莫隆还需要同时确保撤往米底亚的路线安全。获悉安提俄库斯三世率大军挺进后，他决定在底格里斯河搭桥，渡河到另一边。他的计划是占据阿波罗尼亚的山区地带，他相信麾下的库尔特（Curtii）投枪部队将在那里发挥威力。

莫隆迅速执行这一计划，率领大军急速挺进。这意味着安提俄库斯三世率全军从阿波罗尼亚出发时，莫隆正在快速接近目的地，同时双方的轻步兵前锋部队已在山区相遇。双方前锋部队进行小规模接战，但是双方主力接近时，他们已经互相脱离战斗。双方遂暂时撤往各自营地，两军营地相距40斯塔德。

莫隆不敢想象在白天与国王的大军进行决战，因为类似情况下，部下临阵倒戈会极为不利。随着黑夜降临，他决定对国王发动夜袭。他从全军挑选出最英勇的士兵组成精锐，率其迂回接近国王大营，意图从地势高的地段发动攻击。然而，接近敌人大营的途中，有十名士兵叛逃，跑向国王的大营。莫隆发现后，立即叫停攻击，按原路返回营地。此时天刚刚亮，他的抵达让整个营地陷入混乱。营内士兵此时刚刚醒来，看到他的抵达，陷入恐慌之中，几乎遗弃营地。莫隆只得全力安抚全军。

［53］安提俄库斯三世已经做好决战准备，天一亮就令全军出营列阵。他将长矛兵部署在右翼远端，由阿尔杜斯（Ardys）指挥，此人过去的战绩非常辉煌。接着是克里特士兵，然后是赫利古萨哥斯－高卢人（Gallic Rhigosages）。[①]之后是希腊雇佣兵，最后是重装方阵。安提俄库斯三世在左翼部署名为"伙伴团"[②]的骑兵，他还将十只战象部署在阵线前方，每只战象间隔一定距离。

[①]［英译注］从欧洲迁徙到亚洲加拉太地区的高卢人雇佣兵。

[②]［英译注］这支骑兵全部由马其顿人组成。

他将步兵和骑兵预备队部署在两翼之间，令其待战斗开始后，迂回侧击敌人。列阵完毕后，安提俄库斯三世骑马沿着阵型巡视，对全军发表与形势相宜的演说。他令赫米亚斯和宙克西斯一起指挥左翼，他本人指挥右翼。

莫隆一方，前一晚骚乱的恶劣影响在大军离营列阵时仍在，所以他的部署混乱一团。然后，考虑到敌人的布阵，他将骑兵分置两翼，骑兵之间是重装步兵，其中包括携带椭圆盾牌的高卢士兵。他的弓箭手、投枪兵位于两翼骑兵之前，两侧装有长柄大镰刀的战车位于整个阵线前方。他令他的兄弟涅奥劳斯（Neolaus）指挥左翼，他本人指挥右翼。

[54] 双方大军开始向前接战。莫隆的右翼仍保持忠诚，与宙克西斯指挥的部队展开激战，但是左翼刚前进到安提俄库斯三世可以清楚看到他们的距离，便立即倒戈。左翼的倒戈导致全军陷入恐慌，安提俄库斯三世对胜利信心倍增。莫隆获悉左翼倒戈，又发现自己已被包围，遂自杀，因为他很清楚一旦被俘，他将遭受任何折磨。所有参与叛乱的将领也立即逃往各自家乡，以同样的方式结束性命。涅奥劳斯从战场逃脱后，逃往波斯，那里是莫隆的兄弟亚历山大的老巢。涅奥劳斯杀死自己的母亲和孩子，然后劝说亚历山大也效仿他自杀。

安提俄库斯三世劫掠敌人营地后，下令将莫隆的尸体钉上十字架，悬挂在米底亚最显眼的地方。负责这一任务的士兵带着莫隆的尸体立即出发，将尸体带到卡隆尼亚（Callonitis），[①]将其竖立在翻越扎格罗斯山脉通道的入口。安提俄库斯三世接下来花费很多时间训斥叛乱的军队。但是，他保证叛乱者的安全，派兵护送他们返回米底亚，并整顿那里的秩序。然后他本人前往塞琉西亚，恢复邻近行省的秩序。宽大和明智是他自始至终的指导原则，赫米亚斯则忠于他的本性，谴责塞琉西亚城民众，罚他们交

---

① 这个地区位于阿波罗尼亚以东，面朝扎格罗斯山脉。

出1000塔兰同。他还放逐了名为佩里加涅斯（Peliganes）的所有官员，处死一大批塞琉西亚人，要么砍掉他们的四肢，要么砍掉他们的头，要么直接杀死。然后，通过一边说服赫米亚斯，一边亲自处理各项事务，安提俄库斯三世最终得以恢复塞琉西亚的和平与秩序。他最终只令该城交出150塔兰同作为参与叛乱的惩罚。处理好塞琉西亚的事务后，安提俄库斯三世立即任命狄奥根涅斯为米底亚总督、阿波罗多洛斯（Apollodorus）为苏西阿纳总督、全军的参谋长（ἀρχιγραμματέα τῆς δυνάμεως）图康索纳（Tychon）为波斯湾沿岸总督。如此，莫隆的叛乱及其引发的动乱被平息，王国得以恢复原状。

[55] 受这次胜利鼓舞，安提俄库斯三世决定远征边境上的蛮夷小国。他想威胁和恐吓它们，以阻止它们为王国内部的任何叛乱提供兵员或补给。他的第一个目标是阿尔塔巴赞纳斯（Artabazanes），此人是阿特洛帕特斯地区（Atropatene）和邻近部落的统治者，并被公认为各蛮夷小国中最令人生畏、最有权势的统治者。

深入内陆远征令赫米亚斯恐惧不已，他一直渴望恢复对托勒密四世的进攻。但是，获悉王后产下一子，赫米亚斯改变态度，赞同国王远征。[①]他盘算，安提俄库斯三世在远征中兴许有可能死在内陆蛮夷手中，或者他有机会利用远征除掉安提俄库斯三世。他毫不怀疑，一旦安提俄库斯三世战死或被他除掉，他将成为幼君的监护者，独享统治王国的大权。

做出继续战争的决定后，安提俄库斯三世和赫米亚斯翻越扎格罗斯山脉，侵入内陆。阿尔塔巴赞纳斯统治的土地一侧与米底亚接壤，扎格罗斯山脉构成二者的边界，另一侧则与黑海岸边的法希斯地区接壤，同时还临里海。阿尔塔巴赞纳斯统治的那片土

---

① 小安提俄库斯出生于公元前220年。公元前209年，安提俄库斯三世令其与己共治。小安提俄库斯于公元前193年去世。

地可召集大批好战之士，尤其是骑兵，战争的各项资源也自给自足。阿尔塔巴赞纳斯统治的小国自波斯帝国时代起一直延续至今，亚历山大大帝远征时绕过了该国。获悉安提俄库斯三世在朝自己的国土挺进，阿尔塔巴赞纳斯放弃反抗，同意安提俄库斯三世提出的一切条件。他被安提俄库斯三世的阵势吓倒，但主要原因是他的年龄：此时，他已很老。

[56] 与阿尔塔巴赞纳斯签订条约后不久，极受安提俄库斯三世宠爱的御医阿波罗法涅斯（Apollophanes），[①]看到赫米亚斯行使权力时毫无限制，转而担忧国王的安危，甚至忧虑他自己的安危。他找到一个恰切的机会，对国王说不要放松警卫。他说，赫米亚斯专横放肆，国王应该采取预防措施，以免遭受跟他兄长一样的不幸。最后，他请求国王保持警惕，立即采取措施保护他本人和友人们，因为危险近在眼前。安提俄库斯三世回答说，他也不喜欢且害怕赫米亚斯，他亲切地感激阿波罗法涅斯，因为阿波罗法涅斯让他们之间的情谊战胜可能有的任何犹豫，让他勇敢地与他谈论如此敏感之事。

阿波罗法涅斯非常高兴他没有误判国王的品质和洞察力，安提俄库斯三世要求他不要把帮助局限在口头上，而是采取实际措施确保他的国王及其友人们的安全。阿波罗法涅斯说，他愿倾力相助，并设计出下述计谋。他们设法让国王假装患头疾，这个办法能让国王几天不用视事，日常警卫也不在，同时让友人们以探病为借口，偷偷觐见国王。这给了他们招募合适人选的机会，所有愿意出力之人皆是出于憎恨赫米亚斯。

把计谋付诸实际的时机来临。安提俄库斯三世的医生让他在早晨散步，赫米亚斯在约定时间前来觐见国王，由那些参与此项

---

① [英译注] 此人是一位非常著名的医学教师，是埃拉西斯特拉图斯（Erasistratus）医学学派的成员，凯尔苏斯、盖伦、特拉勒斯的亚历山大（Alexander of Tralles）皆提到过他。

计谋的国王友人们陪同。其他人错失约定时间,因为国王通常在较晚的时候才去散步。参与计谋的人把赫米亚斯带到一处远离营地的僻静之所,在安提俄库斯三世转过身做出要小解的姿态时,众人将赫米亚斯刺死。赫米亚斯就这样死去,死得要比他的罪行应受的惩罚轻松得多。[①] 从赫米亚斯带来的恐惧中解脱,各项行动不受阻碍后,安提俄库斯三世启程返家。返程途中,他碰到的全是对他的行动和计划的赞同,尤其是处决赫米亚斯这一行动。这时,赫米亚斯的妻子在阿帕米亚被妇女们用石头砸死,孩子们也死于同一种刑罚。

[57] 返家后,安提俄库斯三世解散大军,令其过冬(公元前220年冬),然后写信给阿凯俄斯表示抗议。他指责阿凯俄斯太过放肆,竟然戴上王冠,把自己当成国王,并警告说阿凯俄斯与托勒密四世的勾结,以及肆意扰乱塞琉古王国的种种行动,并没有逃过他的注意。此前,阿凯俄斯确信,安提俄库斯三世远征阿尔塔巴赞纳斯过程中会遭遇不幸,或至少远离国内很长一段时间,遂决定快速入侵叙利亚。得到叛乱的库勒赫斯托人的帮助,阿凯俄斯原期待整个王国迅速落入他手,遂率领全部士兵,怀揣势在必得的决心从吕底亚(Lydia)出发。抵达弗里吉亚(Phrygia)的劳迪西亚城后,他戴上王冠,首次敢于宣称自己是国王,并以国王之名写信给各城。他是受到伽塞里斯(Garsyeris)的鼓动迈出这一步的,后者当时避难于阿凯俄斯的宫廷。

随着一天天过去,阿凯俄斯离塞琉古王国的都城愈来愈近。但是,即将抵达吕考尼亚(Lycaonia)时,他的大军发生哗变。士兵们极其不满于要进攻那个一直是他们国王的人。阿凯俄斯意识到士兵们的情绪后,放弃入侵,试图让士兵们相信他从未想过入侵叙利亚,转而掉头蹂躏皮西迪亚。阿凯俄斯的大军在

---

① 可比较阿培勒斯之于腓力五世。

皮西迪亚劫获大量战利品，并承诺继续忠诚于他，然后返回吕底亚。

[58] 安提俄库斯三世对阿凯俄斯的所作所为一清二楚，如前文所述，他不断给阿凯俄斯送去谴责信，但是他本人在全力准备进攻托勒密四世的战争。这一年初春（公元前219年），安提俄库斯三世在阿帕米亚集结大军，令友人们商议如何入侵科勒叙利亚。很多人夸大入侵的难度，如谈论地势、大军所需的军备和舰队的支援，但是阿波罗法涅斯——我前面提到过此人，他出生于皮里亚的塞琉西亚（Seleucia-in-Pieria）城——结束了所有这类争论。

他说，对安提俄库斯三世来说，垂涎科勒叙利亚进而发动一次入侵，毫无意义，因为皮里亚的塞琉西亚城①尚在托勒密四世手中，而塞琉西亚是帝国的母城，也就是说，塞琉西亚是帝国的心脏。除该城被埃及诸王控制这一事实令人羞耻外，还有很多现实的理由夺回此城。只要塞琉西亚被敌人控制，它就会成为安提俄库斯三世一切主动的军事行动的障碍，亦即不管安提俄库斯三世朝哪个方向进军，塞琉西亚的威胁将迫使他花相当多的精力防守本土以免遭到敌人攻击。但是，如果塞琉西亚回到安提俄库斯三世手中，它至关重要的战略位置将为国王在海上和陆上的所有计划和事业提供巨大帮助，同时可使国王有能力确保本土安全。

阿波罗法涅斯的发言说服了议事会所有成员，他们决定首先收复皮里亚的塞琉西亚。自从别号"施主"的托勒密三世为给贝

---

① 此塞琉西亚城位于奥龙特斯河河口，是一座港口城市，与安提阿城相连，由塞琉古一世于公元前300年营建。此城极具战略意义和经济意义，于第三次叙利亚战争（公元前246—前241年）期间被托勒密王国攻占。

勒尼基①（Berenice Phernophorus）的死复仇而入侵叙利亚攻占此城以来，埃及士兵一直驻守该城。

［59］下定决心收复塞琉西亚后，安提俄库斯三世立即命令他的海军将领狄奥根尼图斯（Diognetus）率舰队航往塞琉西亚，他本人则率军从阿帕米亚向该城挺进。他在距塞琉西亚5斯塔德之处的一个竞技场旁扎营，派忒奥多图斯（Theototus Hemiolius）率一支军队朝科勒叙利亚挺进，占据并守卫那条窄路。

我应该描述一下皮里亚的塞琉西亚的位置和周边地区最重要的特征。该城位于西里西亚和腓尼基的海边，从一座名叫康卢法俄斯（Coryphaeum）的海拔相当高的山上可俯瞰该城。塞琉西亚西边是塞浦路斯和腓尼基之间的大海，东边则是安提阿城。塞琉西亚城在康卢法俄斯山南部，山与城之间有条很深的、无法通行的峡谷。一串破碎不齐的土地从城下延伸到海边，海岸几乎被峭壁和陡峭的悬崖包围。

这串破碎不齐的土地的底部是一块平地，是商业和居民区所在，塞琉西亚这片地势较低的区域防御格外坚固。上城也有价值不菲的城墙保护，建有神庙和其他宏大的建筑。从海边只有一条道路抵达上城，那是一条弯弯曲曲的小径，由手工雕刻的台阶组成。城市不远处是奥龙特斯河（Orontes）河口，这条河发源于黎

---

① 这位贝勒尼基是托勒密二世的女儿，托勒密三世的姊妹。公元前253年，塞琉古王国与托勒密王国结束第二次叙利亚战争，签订协议：托勒密二世（公元前285—前246年在位）之女贝勒尼基嫁给安提俄库斯二世（公元前261—前246年在位），安提俄库斯二世遂抛弃王后劳迪西娅一世（Laodicea I）。公元前248年，安提俄库斯二世宣布他与贝勒尼基之子为王国继承人。公元前246年，托勒密二世去世，安提俄库斯二世再度召回劳迪西娅一世。不久，安提俄库斯二世中毒身亡，劳迪西娅一世遂宣称她的子女为王国继承人，贝勒尼基遂请求刚刚登基的兄弟托勒密三世帮助。托勒密三世率军抵达时，贝勒尼基及其儿子已被劳迪西娅一世毒杀，托勒密三世遂以复仇名义发动第三次叙利亚战争。

巴嫩山脉和前黎巴嫩山脉，穿越阿姆科斯（Amyce）峡谷，流向安提阿城。奥龙特斯河穿安提阿城而过，其湍急的水流可带走居民产生的所有污秽，最后在离塞琉西亚不远处汇入大海。①

［60］安提俄库斯三世首先写信给塞琉西亚的长官，承诺给他们提供金钱和各种奖励，期待不经战斗就得到该城。塞琉西亚的最高指挥官不受引诱，但是部分低级官员受到引诱。与后者达成密约后，安提俄库斯三世开始集结大军，打算同时从海上和陆上发动进攻。

将大军分为三部分后，安提俄库斯三世向将士们介绍战情，下达各项命令，允诺任何表现勇敢之人都会得到花冠和其他各种奖赏，不管是军官还是普通士兵。他令宙克西斯位于安提阿之门，赫摩格尼斯位于狄俄斯库里神庙，命阿尔杜斯和狄奥根尼图斯负责攻击港口和下城。他与城内盟友达成的约定是，如果下城落入他手，上城将投降。攻击信号发出后，各处立即爆发猛烈的攻击，不过最无畏的当属阿尔杜斯和狄奥根尼图斯，因为云梯轻易就可竖立，进而攻击港口和下城的城墙，而用云梯攻击其他地方则完全不可能到，它根本够不到城墙，除非士兵能徒手攀爬。

所以，舰队的士兵架起云梯攻击港口的城墙，阿尔杜斯的士兵竖起云梯攻击下城，进行拼死一击。上城的守军忙于应对来自各处的攻击，来不及援助下城，下城随即被阿尔杜斯攻陷。随着下城落入安提俄库斯三世之手，已被他买通的低级官员跑向守军指挥官勒昂提俄斯（Leontius），建议他在上城被攻陷前，派代表与安提俄库斯三世谈判。勒昂提俄斯对他的部下被收买一事毫不知情，反而被他们唆使，派人去与安提俄库斯三世谈判，条件是国王要保全上城所有人员的性命。

［61］安提俄库斯三世听到使者的请求，同意饶恕塞琉西亚

---

① ［英译注］依照斯特拉波的说法（《地理志》，16.751），塞琉西亚位于奥龙特斯河口以北40斯塔德处。

所有自由民，其人数约6000人。接管该城后，他饶恕自由民的性命，承诺让那些被驱逐的人返回城市，同时归还从流放中归返者的公民权和财产，并部署守军防卫港口和卫城。

正当安提俄库斯三世忙于这些安排时，忒奥多图斯送来一封令他震惊不已的信。忒奥多图斯在信中说，将把科勒叙利亚交给他，请他尽快赶到该地。安提俄库斯三世起初不能确定该怎么做，也不知该如何回复忒奥多图斯。如我前文所述，忒奥多图斯是一位埃托利亚人，对托勒密王国贡献巨大，但是他不仅没有得到奖赏，反而差点丢掉性命。此事发生于安提俄库斯三世远征莫隆期间。眼下，由于蔑视托勒密四世、不信任他的宫廷，忒奥多图斯已控制托勒密城（Ptolemais），[①]并派帕奈托罗斯（Panaetolus）控制推罗城，现在遂急切派人与安提俄库斯三世联络。

安提俄库斯三世决定推迟打击阿凯俄斯，搁置其他一切计划。他立即率军拔营出发，沿着他上次的路线朝科勒叙利亚挺进。他穿过马西亚斯峡谷，停驻那条道路中段的格拉哈城时，获悉托勒密四世的海军将领尼克劳斯（Nicolaus）已把忒奥多图斯封锁在托勒密城，此刻正在围攻该城。安提俄库斯三世亲率轻步兵部队前去解围，令重装步兵留下攻击布罗基城，该城扼守着那个湖和道路。尼克劳斯提前获悉安提俄库斯三世赶来，遂率军撤离，同时派克里特人拉格拉斯（Lagoras）和埃托利亚人多律曼涅斯（Dorymenes）防卫贝鲁特（Berytus）附近的道路。但是，安提俄库斯三世发动了对这两人的攻击，因而迫使他们溃逃，然后他在道路旁扎营。

[62]安提俄库斯三世待其余军队会合后，向全军简短阐明任务，然后先于大军出发，因胜利的前景而信心满满、兴致高昂。当忒奥多图斯、帕奈托罗斯及其友人们前来见他，他热情地欢迎他们，从而占据推罗和托勒密两城，顺带得到他们的全部武

[①] 即今巴勒斯坦地区北部的阿卡（Acre）城。

备，包括40艘战舰，其中20艘是装备精良的有甲板的战舰，没有一艘小于四列桨舰，其余的20艘则是三列桨舰、两列桨舰和单列桨舰。安提俄库斯三世将这些战舰交给他的海军将领狄奥根尼图斯。

获悉托勒密四世远在孟斐斯（Memphis）城，埃及王国的军队已在培琉喜阿姆（Pelusium）集结，[①] 正忙着凿开灌溉渠，封锁所有饮用水来源，安提俄库斯三世决定先不攻击培琉喜阿姆，而是一个城市接一个城市地攻击，试图通过武力或外交占取诸城。那些防守薄弱的城市等他一到，便立即投降。那些信靠自身人数和地理优势的城市顽强抵御，这意味着他不得不花很多时间不断扎营，不断围城。

鉴于安提俄库斯三世的这次进犯公然违背条约，托勒密四世本应立即保卫他的海外领地。但他对备战毫不上心，以致他缺乏进行任何此类防卫行动的资源。

[63] 最终，王国的两位首席大臣阿加托克勒斯（Agathocles）和索西比俄斯召集议事会商议该如何应对眼下的危机。他们决定备战，同时向安提俄库斯三世派遣使者以强化他对托勒密四世的固有印象，从而让他放松警惕：托勒密四世根本不想要战争，而是想诉诸外交手段，通过友人们的斡旋，用言辞说服安提俄库斯三世退出科勒叙利亚。

阿加托克勒斯和索西比俄斯负责执行议事会通过的计划，他们开始不断遣使安提俄库斯三世。与此同时，他们写信给罗德岛、拜占庭和库基库斯，还有埃托利亚联盟，邀请上述诸城派人仲裁安提俄库斯三世与托勒密四世之间的纠纷。上述诸城的使者抵达后，往来于两位国王之间，这样将有足够的机会使事态缓和，从而为阿加托克勒斯和索西比俄斯备战赢得时间。

阿加托克勒斯和索西比俄斯驻留孟斐斯，友好得体地接待上

[①] 该城位于尼罗河三角洲东端，即今泰勒-法拉玛（Tell Farama）城。

述诸城源源不断的使团和安提俄库斯三世派来的使团。与此同时，他们一边召集此前用来防卫海外领地的雇佣兵在亚历山大里亚集结，一边派人招募更多的雇佣兵，为已有的部队和在路上的部队征集军饷和补给。他们一丝不苟地关注备战的每个方面，二人中总有一个经常奔赴亚历山大里亚检查战争所需要的各种物资是否已准备停当。

他们把武器的制造、士兵的拣选和部队的分配委托给忒萨利人厄凯克拉底（Echecrates）、曼利塔人弗科希达斯（Phoxidas of Melita）、马格尼西亚人欧卢洛克斯（Eurylochus of Magnesia）、波俄提亚人苏格拉底（Socrates）和阿拉里亚人科诺庇阿斯（Cnopias of Allaria）。这些人的帮助非常重要，因为他们曾在德米特里乌斯二世和安提哥诺斯三世麾下服务，对战争拥有广博的知识和丰富的经验。上述诸人接受乌合之众，并将他们训练为善战的武士。

［64］首先，他们依照种族和年龄，把全军划分为不同的编制，为每个士兵配备合适的武器，根本不考虑他们原有的武器。其次，他们依照眼下形势的需要，将全军分为不同的战斗单位，即便这意味着要打破现存编制并重新登记军饷。最后，他们训练全军，直到每个士兵都知道如何回应将军的命令，如何使用武器。他们甚至召集全军聆听演说，在这个方面，他们得到阿斯朋都的安德洛马科斯（Andromachus of Aspendus）和阿尔哥斯的珀律克拉底（Polycrates）的大力帮助，这两人是希腊人中熟知战争各个方面的措施和观念的行家。这两人在本国也是杰出之士，家财万贯。珀律克拉底尤其以其悠久的家族历史和父亲姆纳西阿德斯（Mnasiades）是大名鼎鼎的运动员而闻名。他们两人有时发表小规模演说，有时对全军演说，这大大鼓舞了士兵，使得他们有信心面对即将到来的战斗。

［65］我上述提到的诸人皆获得与其经历匹配的职位。马格尼西亚人欧卢洛克斯负责指挥著名的王家卫队，兵力近3000人；

波俄提亚人苏格拉底指挥2000名持盾兵。阿凯亚人弗科希达斯、阿斯朋都人忒拉西奥斯之子托勒密（Ptolemy the son of Thraseas）和安德洛马科斯指挥方阵步兵和希腊雇佣兵；① 托勒密和安德洛马科斯指挥的方阵步兵约有25000人；弗科希达斯指挥的雇佣兵约有8000人。珀律克拉底负责指挥王家骑兵队，数量约700人，外加利比亚和埃及本土骑兵，数量约3000人。忒萨利的厄凯克拉底对2000名来自希腊和其他地区的雇佣兵的训练非常杰出，他们在后来的战争中发挥突出作用。没有谁的部下比阿拉里亚人科诺庇阿斯的部下更难驾驭，他负责统领3000名克里特士兵，其中1000名是新克里特士兵。科诺庇阿斯命克诺索斯人斐洛（Philo）指挥这1000名新克里特士兵。

还有一支3000人的利比亚人分队，他们以马其顿士兵的方式装备，由巴尔卡的阿摩尼俄斯（Ammonius of Barce）指挥。索西比俄斯指挥20000名埃及人方阵步兵，色雷斯人和高卢人组成的分队由色雷斯人狄奥尼修斯（Dionynius of Thrace）指挥，这支分队约4000人，其中一半是在埃及的军事定居者或军事定居者的后代，另一半是从别处新招募的。这就是托勒密四世准备用于战争的兵力总数和各战斗单位的详情。

［66］安提俄库斯三世此时正在围攻多拉（Dora）②城，但是由于该城地势险要且得到尼克劳斯全力支援，他没有取得进展。此时，冬季已到，安提俄库斯三世与托勒密四世的使者达成4个月的停战协定，双方同意用外交手段结束战争。安提俄库斯三世并非真心想谈判，但是他又不愿远离本土太长时间。因为阿凯俄

---

① ［英译注］弗科希达斯来自曼利塔，该城位于弗忒奥蒂斯·阿凯亚（Phthiotic Achaea）地区，该地区位于希腊大陆、温泉关东部，与欧波亚岛隔海相望。忒拉西奥斯之子托勒密来自阿斯朋都，阿斯朋都位于帕姆菲利亚。

② 一座以色列小城。

斯已公开与他为敌,毫无疑问,他已与托勒密四世有所勾结,安提俄库斯三世决定率大军到塞琉西亚过冬。停战协定签署后,安提俄库斯三世令诸使团返回托勒密四世那里,告知他们,如果托勒密四世做出决定,要尽快到塞琉西亚告诉他。留下充足兵力守卫该地,并将其交予忒奥多图斯全权指挥后,他率军返回塞琉西亚。

一到塞琉西亚,安提俄库斯三世立即遣散军队,令其过冬。他没看出大军需要继续训练;他相信未来不再会有战斗。鉴于托勒密四世完全不愿进行决战,他期待整个科勒叙利亚地区和腓尼基那些尚未落入他手中的部分,无需经过战争,只需凭借谈判就全部收入囊中。这也是那些外交人员的看法,因为驻留孟斐斯的索西比俄斯总是礼貌得体地接待诸外交使团,确保任何使节都不会发现亚历山大里亚如火如荼的备战行动。

[67]然而,诸使团这次返抵埃及时,索西比俄斯已经准备好战争。安提俄库斯三世的首要任务是利用这些谈判向亚历山大里亚人展示他在军事和法律方面的绝对优势。所以,当托勒密四世的使节抵达塞琉西亚,并依照索西比俄斯的指示参与前述安排的细节性争论时,安提俄库斯三世试图证明托勒密四世此前遭受的挫败并没有那么严重,并淡化他目前占据科勒叙利亚的明显不义。

他的基本策略是争辩——他的所为并非不正当的侵略,而是收回他应得的东西。他说,科勒叙利亚原先由独眼的安提哥努斯占据,后又由塞琉古一世统治,这二者拥有最权威和最合法的占有权,这意味着科勒叙利亚属于他,而不属于托勒密四世。他说,事实上,托勒密一世当年进攻独眼安提哥努斯的意图是立塞琉古一世为科勒叙利亚的统治者,而不是立他本人为该地统治者。他强调,最重要的是,诸位国王当初击败独眼安提哥努斯后共同宣布:经过深思熟虑,卡桑德(Cassander)、吕西马科斯和塞琉古一致决定,整个叙利亚归属塞琉古。①

然而,托勒密四世的使节持相反的论点。他们夸大安提俄库斯三世入侵科勒叙利亚的不义,对所发生的事表示强烈抗议;他们坚称忒奥多图斯的叛变和安提俄库斯三世的入侵是对条约的违背。他们也回溯托勒密一世时代寻求理据支持。他们宣称,托勒密一世当初帮助塞琉古一世的条件是,塞琉古一世获得亚洲的统治权,但是科勒叙利亚和腓尼基归托勒密一世。

这些论点在双方外交会晤中被反复提出,但是谈判没有取得任何实质进展,因为争论发生在双方共同的朋友之间,这意味着没有中立者可阻止和约束那些观点错误的人。但是,双方达成妥协的主要绊脚石是阿凯俄斯。托勒密四世想把他纳入条约,安提俄库斯三世则拒绝牵涉阿凯俄斯,单单托勒密四世提到这个反叛者就令他暴怒,更何况还试图通过条约保护这个反叛者。

[68]这导致的结果是,随着春天临近(公元前218年春),双方因无休止的外交谈判后没有签订任何条约而感到厌倦。安提俄库斯三世于是召集大军,从海上和陆上侵入科勒叙利亚,意在征服尚未臣服于他的地区。托勒密四世则命尼克劳斯指挥战争,运送大量补给到加沙(Gaza),同时送去海陆援军。得到补给和援军后,尼克劳斯信心十足地开战,还找到一个称心如意的合作同僚佩里涅斯(Perigenes),此人是埃及海军将领,托勒密四世任命他指挥30艘有甲板的船和40多艘运输船以协助尼克劳斯。尼克劳斯是埃托利亚人,是托勒密四世军队中最富经验、最有进取心的将领。他将麾下部队分成两部分,一部分负责扼守普

---

① 亚历山大大帝驾崩后,独眼安提哥努斯占据叙利亚。公元前301年,卡桑德、吕西马科斯和塞琉古一世联合对独眼安提哥努斯开战,后者在伊普苏斯(Ipsus)之战中被杀。三位获胜的国王瓜分独眼安提哥努斯的领土,塞琉古一世获得叙利亚。

拉塔诺斯（Platanus）的道路，他本人率另一部分扼守珀斐勒昂（Porphyreon）附近的道路，等待安提俄库斯三世的进攻，海军舰队则停靠在岸边支持他。

安提俄库斯三世一抵达马拉图斯（Marathus），部分阿拉都斯（Aradus）的民众就赶来求见，请求他保护阿拉都斯城。他同意了这一请求，通过令住在海岛上的阿拉都斯人与住在大陆上的阿拉都斯人和解，终结了一直折磨阿拉都斯的内乱。然后，他继续行军，经过忒奥普洛斯滂（Theoprospon）海角，抵达贝鲁特。他在途中攻陷波特律（Botrys），还将特里勒斯和卡拉莫斯两城付之一炬。在贝鲁特，安提俄库斯三世命尼喀科斯（Nicarchus）和忒奥多图斯率先锋出发保护吕卡斯（Lycus）河边的道路，他本人则率大军在该城休整，然后出发抵达达姆拉斯（Damouras）河，在河边扎营。与此同时，狄奥根尼图斯率舰队沿海岸航行以保护他。安提俄库斯三世在此地再次率尼喀科斯和忒奥多图斯的轻步兵出发，侦察尼克劳斯扼守的道路。了解周围地势后，他率军返回大营。第二天，他令尼喀科斯率重装步兵留守营地，他本人亲率其他士兵前去与敌人交战。

［69］黎巴嫩山脉将这个地区的海岸线挤压成狭长状。安提俄库斯三世眼下即将通过的这段海岸线被一条崎岖不平的山坡拱起，只留下一条紧贴海岸的既狭窄又难行的通道。尼克劳斯就在此处驻守，他已部署很多兵力防守各处要地，同时用人工工事强化各要点。他毫不怀疑自己将在此轻松地阻击安提俄库斯三世的入侵。

安提俄库斯三世将大军分为三部分。一部分由忒奥多图斯统领，任务是强行在山脚打开一条通道，与敌人交战。第二部分由美涅德莫斯（Menedemus）统领，重点攻击山坡中部。第三部分由狄奥克勒斯（Diocles）指挥——此人是帕拉波塔米亚（Parapotamia）的军事总督，负责攻击海岸。安提俄库斯三世及其扈从位于中央，如此，他可观察整个战场，届时可将预备部队派往急需支援的地方。

与此同时，安提俄库斯三世的海军将领狄奥根尼图斯和托勒密四世的海军将领佩里格尼斯已令海军做好战斗准备，他们占据了攻击位置，尽可能靠近海岸，以使海战和陆战形成共同战线。发出攻击信号后，各将领下达攻击命令，各军开始发动攻击。海战并不具有决定性意义，因为双方舰队的规模和兵力大体相当。在陆上，尼克劳斯的部队充分利用地形优势，起初占据绝对优势。但是，随着忒奥多图斯的部队赶走山坡边缘的敌人，然后攻击占据稍高地势的敌人，尼克劳斯的部队全体仓皇溃逃。溃逃过程中，大约有2000人被杀，同样多的士兵被俘。其余的人撤往西顿（Sidon）。在海上的战斗中，佩里格涅斯的形势起初一片大好，但是他看到己方陆战失败后，信心顿失，遂放弃战斗，也航往西顿。

［70］安提俄库斯三世率大军抵达西顿城下，将之围得水泄不通。他决定不强攻此城，因为城内贮藏着大量补给，且人满为患，既有居民，又有逃往城内躲避的敌军士兵。他令海军将领狄奥根尼图斯率舰队航往推罗，他本人拔营朝菲洛特里亚（Philoteria）①进发，此城位于约旦河汇入的那个湖的岸边，约旦河流出那个湖后再次流经斯库托波利斯（Scythopolis）②城周边的平原地带。这两城皆依照一定条件向安提俄库斯三世投降，这一胜利让他对未来更加信心满满，因为与这两城相连的周边地区很容易就能满足大军的需要和战役所需的各种补给。

安提俄库斯三世留下驻军守卫菲洛特里亚和斯库托波利斯，他本人率军穿过中间的高地，抵达阿塔布里翁（Atabyrium）城

---

① ［英译注］该城位于太巴列湖边，可能是由托勒密二世所建，意在纪念他的姊妹斐洛特拉（Philotera）。

② 该城位于约旦河右岸，即今伯善（Bet Shean）城。约旦河汇入太巴列湖后，流出该湖，最后汇入死海。

下，该城位于一座圆形山①的山顶，山顶距离坡底超过15斯塔德。在这种情况下，要攻占此城需要伏击和计谋。首先，他用小规模战斗引诱守军出城，然后令先头部队佯装败退，敌人穷追不舍。陷阱由此布下：佯装败退的先锋部队回身攻击，伏兵再越出伏击区，切断守军后路。很多敌人在战斗中被杀，剩余的士兵在安提俄库斯三世大军的追击下溃逃。一片恐慌的阿塔布里翁城随即投降。

与此同时，托勒密四世一位名叫克莱阿斯（Ceraeas）的高级官员叛向安提俄库斯三世。克莱阿斯受到安提俄库斯三世的慷慨对待，以致不少敌人官员也蠢蠢欲动。总之，不久后，忒萨利人希波洛克斯（Hippolochus）带400名骑兵叛向安提俄库斯三世，这支骑兵此前一直为托勒密四世服务。派兵驻守阿塔布里翁后，安提俄库斯三世拔营出发，接连攻占佩拉（Pella）、卡莫斯（Camous）、格弗罗斯（Gephrous）三城。

［71］这一连串胜利的结果是，阿拉伯的全部居民一致选择依附于安提俄库三世。随着胜利前景愈发光明和补给大为改善，安提俄库斯三世再次率军出发，抵达加拉蒂（Galatis）地区，在那里攻占阿比拉（Abila）②城，击败尼基阿斯（Nicias）率领的一支援军，此人是美涅阿斯（Mennaes）③的朋友和亲戚。该地还有一座因防卫牢固而闻名的城市，名叫加达拉（Gadara）。然而，安提俄库斯三世在城下扎营，竖起攻城机后，城内居民恐惧不已，很快投降。

获悉有支大军聚集在拉巴塔玛纳（Rabatamana）④——该城位于阿伯拉地区，正在劫掠和蹂躏刚刚归附的阿拉伯人的土地，安

---

① ［英译注］《旧约》中的他伯山（Mount Tabor）。
② 位于约旦河左岸。
③ ［英译注］美涅阿斯可能是当时的名人，但我们对此人一无所知。
④ 即今约旦国首都安曼（Amman）。

提俄库斯三世放下一切要事，立即率军赶赴那里。他率军在该城所在的山丘边扎营。他骑马环视了位于山丘顶部的城市一周，发现只有两处可接近该城，遂令大军靠近这两地，竖起攻城机。他令尼喀科斯指挥一处军队，令忒奥多图斯指挥另一处军队，他本人则作为两位将军的中立督察，督令他们各司其职。忒奥多图斯和尼喀科斯竭尽所能地竞赛，看谁先攻破城墙。结果，两地攻城机对面的城墙比预期的倒塌得还快。

城墙被攻破后，他们开始向城内进攻，抓住出现的一切机会，不管是黑夜还是白天，力图突入城内。但是，他们尽管全力奋战，仍没有取得实质进展，城内仍有大批敌军。直到一位俘虏告诉他们城内居民有条隐秘的地下通道用来获取水源，他们才改变了策略。他们于是破坏了那条取水通道，用木头和石头将之堵塞，城内居民由于无法获得水源，选择投降。

拉巴塔玛纳城如此投降后，安提俄库斯三世命尼喀科斯驻守该城，给他留下兵力不小的驻军。他还委派托勒密四世的两位叛将希波洛克斯和克莱阿斯率5000名步兵前往撒玛利亚（Samaria）。他们的任务是在那里驻留，防守倒向他的各城。然后，他率大军主力返回托勒密城，准备在那里过冬。

［72］在同一个夏季（公元前218年），潘德涅利西亚人（Pednelissians）遭到塞尔吉亚人（Selgians）围困，危在旦夕，遂向阿凯俄斯遣使求助，阿凯俄斯爽快地同意。很快将得到援助这一消息让潘德涅利西亚人继续忍受围攻。阿凯俄斯没有耽搁，立刻派伽塞里斯（Garsyeris）率6000名步兵、500名骑兵前去救援。塞尔吉亚人获悉援军即将抵达，令军队主力扼守名叫"梯子"的道路要地，控制通往萨帕达（Saporda）的入口，并将所有小路毁坏。

伽塞里斯进入米吕阿斯（Milyas），在克勒托波利斯（Cretopolis）城扎营。获悉各条道路已被敌人控制，不可能继续前进，他想出下述计策。他拔营佯装撤退，造成他因道路被敌人控制而放弃援救潘德涅利西亚人的假象，塞尔吉亚人立即上当，以为伽塞里斯真的已放弃救援。塞尔吉亚人弃守要道，有的返回大营，有的返回塞尔格（Selge），此时正值庄稼收获的季节。之后，伽塞里斯迅速掉头，返回敌人此前控制的要道。发现敌人已经离开，伽塞里斯命法乌洛斯（Phayllus）率一支部队守卫该道路，他本人率主力朝佩尔格（Perge）城挺进。他在该城遣使皮西迪亚和帕姆菲利亚各城，渲染塞尔格给周边带来的威胁，邀请他们与阿凯俄斯结盟，共同援助潘德涅利苏斯（Pednelissus）城。

[73]与此同时，塞尔吉亚人的一位将军领兵攻击法乌洛斯。他们以为自己对当地地势的熟知可帮助他们偷袭法乌洛斯，把他从防守的各要点赶走。但是，这项行动不仅没有成功，而且在攻击过程中损失很多士兵。塞尔吉亚人遂放弃这个计划，以更大的决心围攻潘德涅利苏斯城。

居住在皮西迪亚高地的西狄亚（Side）城北部的恩特奈斯人（Etennes），给伽塞里斯派来8000名重装步兵，阿斯朋都城派来4000名。西狄亚城没有派兵，因为该城不想得罪安提俄库斯三世，更重要的原因是他们憎恨阿斯朋都人。伽塞里斯得到这支援兵加强后，率军朝潘德涅利苏斯进发，相信他可直接为该城解围。然而，塞尔吉亚人毫不畏惧，伽塞里斯只得在距该城相当一段距离处扎营。潘德涅利西亚人此时粮食奇缺，伽塞里斯想尽可能帮助城内居民，遂召集了一支2000人组成的特别部队，令每位士兵携带1阿提卡斛小麦，派他们在夜里突入城内。但是，塞尔吉亚人提前侦悉此次行动，发动阻击，结果伽塞里斯派出的特别部队中的绝大部分士兵被杀，所有粮食落入塞尔吉亚人手中。

这次胜利令塞尔吉亚人大受鼓舞，他们决定同时攻击伽塞里斯和潘德涅利苏斯城。他们的作战风格鲁莽大胆。他们留下足够兵力守卫营地，其余人马包围伽塞里斯的营地，在好几处同时发动猛烈攻击。伽塞里斯的士兵遭到四面八方的攻击，措手不及。

正当好几处营地栅栏被攻破，态势异常严峻时，伽塞里斯令骑兵从一处没有敌人攻击的地方冲出大营。塞尔吉亚人对此毫不在意，他们以为冲出大营的是仓皇逃走的逃兵，所以直接忽视。但是，伽塞里斯的骑兵冲出大营后，掉头冲向敌人后部，依照预定计划攻击敌人。见此情景，伽塞里斯的步兵大受鼓舞，尽管他们已经在后撤，此时又开始勇猛反击。发现自己遭到各个方向的攻击，塞尔吉亚人最终逃跑。与此同时，潘德涅利西亚人出城攻击留守营地的敌军，将他们赶走。潘德涅利西亚人发动猛烈追击，他们追击了很远，以至至少10000名塞尔吉亚人被杀。幸存者中的盟友部队逃往各自家乡，剩余的塞尔吉亚人穿过群山，返回自己的城市，开始担忧城市的安危。

[74] 伽塞里斯立即拔营追击塞尔吉亚人。他想在敌人还未来得及停下思考如何应对时，穿过地势艰难之地，抵达塞尔格城下。伽塞里斯率军抵达塞尔格城下，塞尔吉亚人极度担忧自己的性命和生养自己的城市的安危。他们的盟友已经无法依靠，因为盟友们也遭受了同样的失败。他们被面临的灾难之大压垮，遂召集会议，并决定派一位名叫洛格巴西斯（Logbasis）——此人与安提俄库斯·希拉克斯（Antiochus Hierax）[①]关系很好，是他的宾客和朋友，后者死在色雷斯——的市民作为谈判代表，与伽塞里斯谈判。此外，洛格巴西斯早前被委任做劳迪西娅[②]的监护人——劳迪西娅后来嫁给阿凯俄斯，他负责将她养大，像爱自己

[①] 安提俄库斯·希拉克斯（公元前263—前227年），是安提俄库斯二世的次子。塞琉古二世继位后，他起兵反叛并击败塞琉古二世，夺取小亚细亚的统治权。但是，他后来被帕加马的阿塔罗斯一世击败，逃往色雷斯。公元前227年，他在色雷斯被杀。

[②] 这位劳迪西娅是前文嫁给安提俄库斯三世的劳迪西娅的妹妹，也是米特里达特斯二世的女儿。所以，安提俄库斯三世与阿凯俄斯既是表兄弟，又是连襟。

的女儿一样爱她。所以，他在洛格巴西斯是最合适的人选，塞尔吉亚人将他作为使者派出城。但是，在他单枪匹马抵达伽塞里斯的大营后，事实证明帮助他的母邦是他最不想做的事。相反，他劝说伽塞里斯立即遣使到阿凯俄斯处，允诺把塞尔格城交给阿凯俄斯。伽塞里斯抓住这个机会，写信给阿凯俄斯，陈述了当下形势，请求他赶来。与此同时，他与塞尔吉亚人达成停战协定，但是他不断提出刁难性的反对意见和质疑，拖延签署最终的条约。因为他在等待阿凯俄斯抵达，从而给拉格巴西斯勾结同谋和做好各项准备争取时间。

[75] 与此同时，双方的谈判和磋商也在紧密地进行，伽塞里斯的部队得以依照惯例进入塞尔格城购买粮食——这是一项过去证明很致命的惯例。事实上，我认为，人不像通常被认为的那样是最狡猾的族类，而是最容易上当受骗（εὐπαραλογιστότατον）的族类。有多少大营、要塞以这种方式被出卖？有多少城市以同样的方式被出卖？要是知道过去常常发生这种事，我们每次面对这样的诡计时，做法又怎么会像刚刚出生的无辜婴儿？这只能归因于我们对过去的灾难缺乏了解。无论付出多少艰辛和费用，我们都应把仓库存满粮食，钱库堆满金钱，我们都应建筑防卫工事和各种武器，以确保我们可应对任何突发情况。我们不应忽视这种最简单的预防措施，这是防范危险的最佳办法。这既可以让我们从学习和探究历史中获得这类经验，同时又可让我们的头脑以得体的方式获得放松和愉悦。

尽管如此，阿凯俄斯依旧按时抵达。塞尔吉亚人与他会面后，心想将得到宽大对待。但是，洛格巴西斯已在他的房子周围聚集起一些阿凯俄斯的士兵，这些士兵以购买粮食的名义进入城内。洛格巴西斯现在建议同胞不要错失时机，抓住阿凯俄斯施予他们的稍纵即逝的怜悯。他说，全体市民应该集体讨论眼下的处境，最后敲定条约的条款。不久，市民大会举行。所有人都被召去开会，甚至包括城市各处的卫兵。

[76]洛格巴西斯向敌人发出信号，告诉他们时机已到。然后，他令藏匿于家中的敌军士兵做好准备，他本人和儿子们也全副武装准备战斗。阿凯俄斯率一半兵力抵达城下，伽塞里斯率另一半兵力前往科斯皮狄昂（Cespedium），此地是宙斯神庙所在，可俯瞰全城，相当于塞尔格的卫城。一个牧羊人看到发生的事，跑去市民大会报告。听到这一消息后，一些人立即奔向科斯皮狄昂，一些人跑向各自守卫的地点，大多数暴怒的市民跑向洛格巴西斯的家，眼下他的阴谋已经暴露。暴怒的市民要么爬上屋顶，要么破门而入，不仅杀死洛格巴西斯及其儿子们，而且杀死藏匿在此的所有敌军。随后，他们宣布凡是愿意帮助守城的奴隶都将获得自由，之后便分散跑向各处要点进行抵抗。

发现科斯皮狄昂已被占据，伽塞里斯放弃攻击。不过，阿凯俄斯正在猛攻城门。塞尔吉亚人拼死抵抗，阿凯俄斯损失700名米西亚士兵，无功而返。这次突袭失利后，阿凯俄斯和伽塞里斯返回营地，塞尔吉亚人仍恐慌不已，不仅因为敌人的大营近在咫尺，而且担忧未来还会发生内部叛变。所以，他们派几位德高望重的老人出城，拿着恳求和平的橄榄枝，达成停战协定，进而通过谈判结束战争。最终签署的条约规定，塞尔吉亚人立即赔偿400塔兰同，立即释放潘德涅利西亚俘虏，之后再赔偿300塔兰同。洛格巴西斯的叛变差点儿让塞尔吉亚人丧失母邦，但是他们的勇气帮助他们保全家园和独立，没有让他们与拉克岱蒙人的亲属关系蒙辱。①

[77]阿凯俄斯接着征伐米吕阿斯和帕姆菲利亚大部，然后返回萨尔迪斯（Sardis）。与阿塔罗斯一世继续战争的同时，阿凯俄斯开始威胁普卢西阿斯一世，成为小亚细亚令人恐惧和具有压迫性的统治者。阿凯俄斯远征塞尔格时，阿塔罗斯一世已经雇佣

---

① ［英译注］塞尔吉亚人与拉克岱蒙人的亲属关系出自神话，并非事实。

高卢-埃格萨格斯人（Gallic-Aegosages）攻打埃奥利斯（Aeolis）以及附近的城市。那些城市此前出于恐惧依附于阿凯俄斯，现在大多数出于自愿又倒向阿塔罗斯一世，只有少数城市是阿塔罗斯一世用武力赢得的。① 第一批倒向阿塔罗斯一世的城市是库迈（Cyme）、穆里纳（Myrina）和佛凯亚（Phocaea），接着是埃盖伊（Aegae）和特姆诺斯（Temnus），它们因恐惧阿塔罗斯一世的大军而向他屈服。忒乌斯和克罗丰两城遣使阿塔罗斯一世，把城市交给他。阿塔罗斯一世按照以前的条件重新接纳它们为盟友，不过这次要求它们交人质。与士麦那城使者的会面最友好，因为该城最忠诚于他。

阿塔罗斯一世接着渡过吕卡斯河，进击米西亚的居民。之后，他前往卡塞伊（Carseae）和狄杜马忒凯（Didymaateiche）两城。他的到来令两城守军恐惧不已，阿凯俄斯任命的负责这个地区防卫的将军忒米斯托克勒斯（Themistocles）向他投降。然后，他率军蹂躏了阿皮亚（Apia）平原，翻越佩勒卡斯山（Mount Pelecas），在曼吉斯图斯（Megistus）河边扎营。

[78] 阿塔罗斯一世在曼吉斯图斯河边扎营时，发生了一次月食，高卢雇佣兵认为征兆不详，拒绝继续前进。② 他们不断抱怨行军的艰辛。他们作战时带着妻儿，后者坐着大车走在队伍最后。阿塔罗斯一世仍需要他们服务，但他也清楚他们愈来愈危险，因为他们开始不守规矩，藐视官长，例如，这些高卢雇佣兵行军时不与其他人交往，单独扎营。阿塔罗斯一世发现自己陷入极为艰难的境地。一方面，他不想看到雇佣兵站到阿凯俄斯一边与他作对；另一方面，他又担心，他如果围歼这群雇佣兵，会损害他的

---

① 当时阿凯俄斯仍忠于安提俄库斯三世。
② 公元前218年9月1日。

名声。[1] 人们普遍认为，这群高卢人之所以能从欧洲跨海到亚洲，得益于他提供的保护。所以，他抓住月食的机会，答应短期内先把他们带回边界，赐良田给他们居住，还答应只要他们需要且他有能力，他就会长期帮助他们。他认为这样做尽管冒险，却光荣。

阿塔罗斯一世于是带高卢-埃格萨格斯人返回赫勒斯滂海峡。抵达那里后，他接见了来自拉穆普萨库斯（Lampsacus）、亚历山大里亚-托罗阿斯（Alexandria Troas）和伊利昂（Illium）的代表。会议氛围非常友好，因为这三城仍忠诚于他。然后，他率军返回帕加马。

[79] 次年春季伊始（公元前217年），安提俄库斯三世和托勒密四世已完成战争准备，即将进行决战。托勒密四世带70000名步兵、5000名骑兵和73头战象从亚历山大里亚出发。

安提俄库斯三世获悉托勒密四世出发，立即召集大军。大军的编成情况如下。5000名达赫伊人（Dahae）、卡马尼亚人（Carmanians）和西里西亚人组成机动兵团，由勤勉的马其顿人布塔库斯（Byttacus）[2]指挥。从托勒密四世那里叛变过来的埃托利亚人忒奥多图斯指挥10000名精锐部队，这支精锐大部分人持银盾，以马其顿的方式装备。尼喀科斯和忒奥多图斯·赫米奥留斯指挥方阵，兵力为20000人。还有2000名阿哥利亚尼亚人（Agrianians）和波斯人是弓箭手和投石兵，外加1000名色雷斯士兵，由阿拉巴达人美涅德莫斯（Menedemus of Alabanda）指挥。米底亚人、奇西亚人（Cissians）、卡杜西人（Cadusii）、卡马尼亚人士兵共5000人，由米底亚人阿斯帕西阿诺斯（Aspasianus）

---

① 阿塔罗斯一世由于兵力短缺，遂从欧洲雇佣部分高卢人。他把这批高卢人安置在赫勒斯滂海峡岸边，后者随后成为这个地区的祸患，后于公元前216年被消灭。参5.111。

② [英译注] 此人可能是安提俄库斯四世的将军德莫克拉底（Democrates）的父亲。

指挥。阿拉伯和邻近地区的士兵约10000人,由查巴蒂伯洛斯(Zebdibelus)指挥。忒萨利人希波洛克斯(Hippolochus)统领希腊雇佣兵,人数约5000人。还有1500名克里特士兵由欧律洛克斯(Eurylochus)统领,以及1000名新克里特士兵由戈提纳人策洛斯(Zelys of Gortyn)指挥。还有500名吕底亚轻步兵,装备投枪,1000名由高卢人吕西马科斯(Lysimachus the Gaul)指挥的卡达克斯(Cardaces)士兵。安提俄库斯三世的骑兵约6000人,其中三分之二由国王的外甥安提帕特(Antipater)指挥,剩余的三分之一由忒米松(Themison)指挥。安提俄库斯三世兵力总数为62000名步兵、6000名骑兵和102头战象。

[80]托勒密四世率军朝培琉喜阿姆进发,先在该城扎营。等待掉队者赶上且分配补给后,他率军继续出发,穿过沙漠地区,途经卡修斯(Casius)山和巴拉忒拉(Barathra)沼泽。从培琉喜阿姆出发5天后,托勒密四世抵达预定地点扎营,此地距拉菲亚(Raphia)[①]55斯塔德。拉菲亚是经赫利诺康卢拉(Rhinocolura)城离开埃及后进入科勒叙利亚的第一座城。与此同时,安提俄库斯三世率军抵达加沙城。大军在该城休整一段时间后,继续缓慢行军。安提俄库斯三世经过拉菲亚城,趁夜里在距敌人10斯塔德处扎营。

两军在一段时间里维持着这样的距离,但是几天后,安提俄库斯三世拔营,继续靠近敌人。他一方面想找一处更有利的位置,另一方面想激发部下的斗志,遂挑衅地贴近敌人扎营:两军营地相距不足5斯塔德。这导致两军收集饮水和搜集粮草的小队爆发不少冲突,双方骑兵和步兵在无人地带爆发不少小规模战斗。

[81]在这个节骨眼上,忒奥多图斯想出一个典型的埃托利

---

① 今以色列与埃及边境上的拉法(Rafah)城,距离加沙城32公里。

亚式计划,但是需要相当的勇气去执行。由于过去曾陪伴托勒密四世很长时间,忒奥多图斯深谙这位国王的性情和习惯,遂带着两名同伙黎明前混入敌营。天色很黑,根本看不清他的脸。由于托勒密四世的部队混杂多样,他的衣着和外表没有引起敌人注意。由于前几日的小规模战斗几乎紧贴敌人营地,忒奥多图斯已经查明托勒密四世营帐的位置。

他大胆地径直走向托勒密四世的营帐,其间逃过所有哨兵的注意,最后冲入托勒密四世惯常召集会议和进餐的营帐。他四处寻找,没有找到他的猎物:托勒密四世就寝的地方在别处,远离处理政事的营帐。但是,忒奥多图斯还是杀死两名熟睡的侍卫和国王的御医安德里亚斯(Andreas)。[①] 他有足够的勇气完成任务,但是这一任务在计划阶段就注定失败:他本应该搞清楚托勒密四世惯常就寝的位置。

[82] 两位国王对峙扎营5天后,准备用决战解决问题。两位国王同时率军出营列阵,皆把以马其顿方式装备的重装方阵和精锐部队部署在彼此对面。至于两翼,托勒密四世命珀律克拉底统领骑兵位于左翼远端,珀律克拉底的骑兵与重装方阵之间的战斗序列如下:首先是克里特士兵;然后是王家卫队;最后是利比亚步兵、苏格拉底统率的持盾兵。右翼远端是忒萨利人厄凯克拉底统领的骑兵,挨着他的是高卢和色雷斯雇佣兵,最后是埃及重装步兵、弗科希达斯统领的希腊雇佣兵。40头战象位于左翼,左翼也是托勒密四世所在位置,另外33头战象位于右翼雇佣兵部队的前方。

安提俄库斯三世位于己方阵线右翼,因为他想与托勒密四世对战。他部署60头战象在阵线前方,由他的义兄弟($σύντροφος$)[②]

---

① [英译注] 此人是希罗菲卢斯(Herophilus,公元前330或320—前260或250年)医学学派成员,是当时的名医。

② $Σύντροφος$是一个称号,指与国王在宫廷中一起被抚养长大的年轻人。

腓力（Philip）指挥；战象背后是安提帕特指挥的2000名骑兵，还有2000名骑兵在他们旁边，成一定角度。紧挨着骑兵的是克里特士兵，然后是希腊雇佣兵，之后是马其顿人布塔库斯统领的5000名重装步兵。左翼远端，首先是忒米松的2000名骑兵，然后是卡达克斯士兵和吕底亚轻步兵，之后是美涅德莫斯统率的3000名轻步兵，接着是奇西亚人、米底亚人和卡马尼亚人的士兵，最后紧贴中央方阵的是阿拉伯士兵。剩余的42头战象部署在左翼前方，由安提俄库斯三世的侍从穆伊斯科斯（Myiscus）指挥。

[83] 双方列阵完毕后，两位国王在高级将领和友人们的陪同下分别骑马巡视阵线，向大军发表演说。由于双方主要倚仗重装方阵，两位国王主要对各自阵线中部的重装士兵发表慷慨激昂的演说。二人皆由各自重装方阵的指挥官陪同，托勒密四世由安德洛马科斯和索西比俄斯陪同，安提俄库斯三世由忒奥多图斯和尼喀科斯陪同。托勒密四世的姐姐阿尔西诺伊三世（Arsinoe III）也陪着他。① 两位国王演说的主旨类似。因为他们不久前才继承王位，尚未取得辉煌显赫的胜利，所以只能通过重述祖先们的光辉胜利、麾下大军曾赢得的胜利来激发士兵们的士气和勇敢。不过，他们着重强调了可能获得的奖赏，以此督促和劝诫全体士兵，尤其让各级军官们在接下来的战斗中英勇奋战，力求表现出色。两位国王如此骑着马对全军说这些话和具有类似效果的话，有些话是直接对士兵们说，有些是通过翻译。

[84] 演说完毕后，托勒密四世和姐姐经过整个阵线，抵达左翼远端；安提俄库斯三世和王家卫队抵达右翼远端。两位国王之后发出战斗信号，双方战象率先交战。托勒密四世的几头战象与敌人大象近距离接战，塔顶的士兵战斗勇猛，用长矛击伤敌人。战象也互相打斗，用头撞击对方。战象的战斗方式是缠绕和

---

① 按照埃及王国惯例，托勒密四世与姐姐阿尔西诺伊成婚，后者称阿尔西诺伊三世（公元前246或245—前204年）。

锁住对方牙齿，然后靠在一起用力推挤，试图逼对方后退，直到胜过对方，将对方的鼻子推到一边，从而令对方暴露侧翼。更强壮的战象直接用象牙撞击对手，就像公牛之间用角打斗。

　　托勒密四世的多数战象撤离战场，因为利比亚大象倾向于这样做。① 它们无法忍受印度大象的气味和声音，我认为，它们实际上是被印度大象的体型和力量吓倒。无论如何，利比亚战象倾向于不与敌接战，就掉头逃跑。这正是此刻战场上发生的事。随着象队陷入混乱，奔向己方阵线，托勒密四世的王家卫队被迫后撤。安提俄库斯三世随即率骑兵绕过己方战象队，对珀律克拉底统领的侧翼骑兵发动猛攻，与此同时，紧贴方阵部署的右翼希腊雇佣兵攻击托勒密四世的持盾兵部队，因为后者的队列已经因为战象的冲击而陷入混乱。面对敌人雇佣兵的攻击，托勒密四世的持盾兵部队后撤溃败。如此，托勒密四世的整个左翼被击溃。

　　[85] 位居托勒密四世右翼的厄凯克拉底起初在等待左翼的战斗结果，当他从漫天尘沙中看到己方局势不利，他所在的右翼前方的战象不愿接近敌人，他立即命令弗科希达斯率希腊雇佣兵直接攻击前方敌人，他本人则率骑兵和战象后方的部队绕过前方战象，进行侧翼迂回运动，以此攻击敌人骑兵的后部。他击溃敌人骑兵前不久，弗科希达斯也刚好取得胜利，他们对面的阿拉伯和米底亚士兵抵挡不住他们的攻击，掉头仓皇溃逃。

　　安提俄库斯三世的右翼取得胜利，但是如我刚描述的，他的左翼大败。双方的重装方阵丧失各自的两翼后，仍待在战场中部，没有采取行动，双方士兵的情绪皆夹杂着希望和恐惧。虽然安提俄库斯三世的右翼取得胜利，但恰在此时，托勒密四世由于左翼溃退，正好躲避于己方方阵后部，出现在他的士兵面前。这一偶然行动引发敌人方阵的恐慌，却大大增强己方方阵的斗志和

---

　　① 托勒密王朝诸王从埃塞俄比亚、厄立特里亚、索马里等地得到大象，这些大象要比塞琉古王朝诸王从印度得到的大象体型小得多。

决心，他们放低长矛，开始向敌人挺进，由索西比俄斯和安德洛马科斯指挥。叙利亚精锐部队抵挡一阵后，尼喀科斯的方阵很快后退，然后开始溃逃。

由于安提俄库斯三世年轻且无战争经验，他看到所在的右翼获胜就以为整个战场皆获胜，遂一直追击敌人。然而，他的一位高级将领不久喊他停下。这位将领让他看战场上的烟尘正远离方阵所在位置，朝他们的大营而去，安提俄库斯三世这才明白战场的真相。他立即率王家卫队驰援战场，但是发现他的士兵全部逃走，于是撤往拉菲亚。他认为，他已尽一切努力夺取胜利，失败是其他人的怯懦和胆怯所致。

[86] 托勒密四世的方阵大获全胜，右翼的骑兵和雇佣兵在追击过程中给敌人造成惨重损失。托勒密四世离开战场，暂时在大营过夜。第二天，他收集并埋葬己方阵亡者，剥夺敌人尸体的铠甲和武器，然后拔营朝拉菲亚进发。

大军溃败后，安提俄库斯三世集合部分在逃亡过程中仍维持某种秩序的士兵，起初打算在远离拉菲亚城的一处占据位置。但是，大多数士兵已逃到拉菲亚城，所以他别无选择，只得进入城中。第二天早上，他率领残余部队离开拉菲亚，朝加沙进发。他在加沙扎营，请求托勒密四世允许他收集阵亡者的尸体。得到允许后，他为阵亡者举行了葬礼。

安提俄库斯三世损失近10000名步兵和300名骑兵，逾4000人被俘。3头战象战死在战场，2头因伤势过重而死。托勒密四世损失约1500名步兵、700名骑兵；16头战象战死，大多数战象被俘。① 这是托勒密四世与安提俄库斯三世两位国王争夺科勒叙利亚

---

① [英译注] 这话讲不通。托勒密四世既然赢得战役，就不大可能损失所有战象。此外，孟斐斯一处献给托勒密四世的铭文记载，托勒密四世在此战中捕获所有大象。所以，珀律比俄斯在此可能搞混了双方的战象损失。

的拉菲亚战役的结果。[①]

收集阵亡者尸体后,安提俄库斯三世率军返回。托勒密四世立即重新控制拉菲亚和其他诸城,因为每个城市皆争先恐后,想成为第一个改变阵营、重新效忠于他的城市。在这种情况下,也许每个人都会随波逐流,但那个地区的人有一种独特天赋,即善于投机取巧地逢迎。所以,面对这种形势,他们的做法实属意料之中,因为忠于埃及诸王在那里早已盛行。科勒叙利亚的普通民众一直更偏爱托勒密王室而非塞琉古王室。所以,他们表现得极其谄媚($ἀρεσκείας$),以各种花冠、牺牲、祭坛等来荣耀托勒密四世。

[87] 与此同时,安提俄库斯三世返回安提阿城。他立即遣他的外甥安提帕特和忒奥多图斯·赫米奥留斯出使托勒密四世,与之签订条约,结束战争。他非常担忧托勒密四世会趁机入侵他的王国,因为拉菲亚战役失败后,他怀疑部下已不再忠于他。事实上,托勒密四世根本没有这种想法。他对这次意料之外的胜利狂喜不已——也就是说,他根本没有想过重新赢得科勒叙利亚——所以,他不反对与安提俄库斯三世缔结和平条约。不仅如此,和平是他梦寐以求之物:他对政事的冷漠和堕落的生活方式令他渴望和平。安提帕特抵达后,托勒密四世只是稍稍威胁和抱怨了一番安提俄库斯三世的所为,便立即同意签订长期和约。

托勒密四世遣索西比俄斯与安提俄库斯三世的代表敲定和约,他本人则在叙利亚和腓尼基逗留3个月,以安顿诸城的事务。他任命阿斯朋都人安德洛马科斯为该行省总督,然后携姐姐和友人们返回亚历山大里亚。考虑到他的生活基调,他的臣民完全没有想到他竟能成为这场战争的胜利者。安提俄库斯三世一与索西比俄斯签署条约,立即转向原初目标,准备攻打阿凯俄斯。

[88] 这就是亚洲的战事。大约同时,罗德岛人正在忙着化

---

① 这次战役发生于公元前217年6月22日。

危为机。几年前,他们遭受一次地震,这次地震把巨大的克洛索斯(Colossus)像震倒,还毁坏他们的绝大部分防卫工事和船坞。① 罗德岛人以冷静和有序的方式应对该次灾难,以至这次灾难对他们利大于弊。对国家和个人来说,散漫随意($ῥαϑυμία$)与事事上心($ἐπιμελείας$)之间有天壤之别:如果行事愚蠢,胜利也会带来灾祸;如果行事明智,灾难也可带来益处。罗德岛的代表不管在正式会议上发言,还是私下里交谈,皆渲染这次灾难之大和恐怖,而他们本身又举止端庄、令人敬佩。这种拜谒其他城市尤其是拜谒诸国王的行事方式,效果很好,不仅让他们获得难以置信的巨额捐赠,甚至让捐赠者对他们心存感激。

例如,希耶罗二世和格隆(Gelon)② 不仅赠给他们75塔兰同银币——部分是立即赠予,余款也很快支付,以让他们重建城墙并确保橄榄油供应充足——而且赠送了银锅、银支架、银壶用以供奉于神庙,还有10塔兰同用于祭祀,10塔兰同用于抚恤民众,他们共赠予罗德岛人100塔兰同。希耶罗二世和格隆还免除罗德岛船只进入叙拉古港口依照惯例应付的费用,又送给他们50套3肘尺大小的石弩。最后,仿佛这些捐赠还不够似的,也仿佛希耶罗二世和格隆还感觉有义务继续捐赠,二人又在罗德岛市场树立了一组雕像,画的是叙拉古人为罗德岛人戴花冠的场景。

---

① 塞琉古二世曾因地震救助过罗德岛,而他去世于公元前225年,所以这次地震必定早于公元前225年。珀律比俄斯打乱编年顺序,将这个事件插入此处,意在说明诸城和诸国对罗德岛地震的慷慨救助。罗德岛的克洛索斯像是一尊献给太阳神赫利俄斯的巨型青铜像,有32米高。公元前305年,罗德岛成功抵御"征服者"德米特里乌斯一世(Demetrius Poliorcetes)的长期围城,林多斯人卡勒斯(Chares of Lindos)受命建造这座雕像献给太阳神,以纪念胜利。地震后,托勒密三世曾提供金钱修复该雕像,但罗德岛人最后放弃修复。

② 希耶罗二世是叙拉古统治者,死于公元前216年。格隆是其子,与其父为叙拉古共治者。

[89]托勒密三世捐赠300塔兰同银币，100万波斯斛[①]（*ἀρταβῶν*）谷物；能建造10艘五列桨战舰和10艘三列桨战舰的木材，包括总长近40000肘尺的松木方形板；1000塔兰同铜币，3000塔兰同麻，3000块帆布；3000塔兰同铜用于修复克洛索斯像；100名建筑工，350名泥瓦匠，这些工人每年获酬14塔兰同。此外，托勒密三世还赠与罗德岛人12000波斯斛谷物，用于体育竞赛和祭祀牺牲，20000波斯斛谷物用于供给10艘三列桨战舰的船员。这些捐赠中的大部分，包括三分之一的银币，皆是立即赠予的。

安提哥努斯三世承诺捐赠10000根木材，长度介于8肘尺到16肘尺之间，用来建造船只的椽；5000根7肘尺长的梁木；3000塔兰同铁；1000塔兰同沥青（*πίττης*）[②]和1000希腊石生沥青；100塔兰同银币。安提哥努斯三世的妻子克律塞伊丝（Chryseis）[③]赠与罗德岛人100000阿提卡斛谷物和3000塔兰同铅。

安提俄库斯三世的父亲塞琉古二世允准免除罗德岛船只进入王国诸港口的惯常费用，又赠予他们10艘全副武装的五列桨战舰和200000阿提卡斛谷物，还有总长10000肘尺的木头和1000塔兰同毛发和松脂。

[90]普卢西阿斯一世和米特里达特斯二世对罗德岛人的捐赠也相当慷慨；小亚细亚的各位王公，如吕萨尼亚斯（Lysanias）、奥林姆皮克斯（Olympichus）、利姆奈俄斯（Limnaeus），皆有捐赠。很难一一列举所有有所捐赠的城市。所有这些捐赠意味着，就时间而言，考虑到罗德岛重建前的状况，罗德岛个人和国家恢复繁

---

① 波斯斛的容积比阿提卡斛略大，约58升。
② 考古研究发现，早在公元前1200年，人们已经开始使用天然沥青，用于装饰兵器和工具，也为雕塑添加颜色。
③ 又名弗斌娅，腓力五世之母，德米特里乌斯二世的王后。德米特里乌斯二世去世后，安提哥努斯三世纳其为妻，所以这里说是安提哥努斯三世的妻子。

荣的速度着实令人惊讶。不过，只要考虑下罗德岛的地理位置多么优越、它从海外得到的捐赠多么巨大、它的重新繁荣得到多少援助，就不会感到惊讶。事实上，人们认为罗德岛的财富远未达到应有水平。

我希望我说的足以证明，首先，罗德岛人相当善于处理事务，这真正值得赞扬和效仿；其次，今日的国王们如此吝啬，诸联盟和各城市如此容易满足（μικρολημίας）。对诸国王而言，他们如果仅捐赠4或5塔兰同，实在难以称得上慷慨，他们也不应该期待得到希腊人对他们的前人那样的尊敬和感激。对诸城市而言，如果它们记得过去得到的捐赠多么慷慨，就会意识到，它们授予那些国王最高的荣誉、最大的特权，它们获得的捐赠却如此少、如此微不足道。希腊人应该尽力坚持以真实价值评估万物的原则，这是希腊人独有的原则。

[91] 我在阿拉图斯刚刚继任阿凯亚联盟将军的那个时刻，中断了对同盟战争的叙述，其时阿格塔斯（Agetas）是埃托利亚联盟将军。在这年初夏时节（公元前217年），斯巴达的吕库古斯从埃托利亚返回：斯巴达监察官们发现此前迫使他出逃的指责是错的，遂邀请他返回。吕库古斯返回后，开始与当时负责厄利斯事务的埃托利亚将军普里亚斯敲定入侵墨瑟尼亚的战争计划的细节。[①]

与此同时，阿拉图斯发现联盟的雇佣兵状态糟糕，联盟各成员不愿交付应交的税款。如前文所述，阿拉图斯的前任将军是厄培拉图斯，此人处理联盟事务不善，对联盟各成员的利益管理不善。但是，经过向联盟大会提议讨论后，阿拉图斯获准解决这些问题，他得以积极备战。阿凯亚人一致同意保留包括8000名步兵和500名骑兵的雇佣兵部队，外加阿凯亚人组成的3000名步兵和300名骑兵精锐，其中500名步兵和50名骑兵来自迈加洛波利斯的铜盾兵部队，阿尔哥斯贡献的士兵人数也是500名步兵和50名

---

① 普里亚斯的任职状况，参5.30。

骑兵。阿凯亚人还一致同意,让3艘战舰在阿克特(Acte)和阿尔哥斯湾(Gulf of Argolis)巡航,3艘战舰在帕特雷和杜迈海岸巡航。

[92]阿拉图斯忙于这些事务时,吕库古斯与普里亚斯密切联络,同时率军出发,挺进墨瑟尼亚。阿拉图斯率雇佣兵和部分本土精锐抵近迈加洛波利斯,援助墨瑟尼亚人。他刚出发,吕库古斯就通过里应外合的阴谋攻占一座名为卡拉迈(Calamae)的墨瑟尼亚城市。吕库古斯继续行军,想与埃托利亚侵略军取得联系。但是,普里亚斯从厄利斯出发时所率兵力很小,尚未来得及侵入墨瑟尼亚,就受阻于库帕里西亚(Cyparissia)城,被迫折返。由于无法与普里亚斯的部队会合,他本人的兵力又不足,吕库古斯对安达尼亚(Andania)①进行了虚弱无力的攻击,没有取得任何成就,便返回斯巴达。

即便敌人的计划已经一败涂地,阿拉图斯仍保持冷静,未雨绸缪。他与陶立翁和墨瑟尼亚人商定,两方皆提供50名骑兵和500名步兵。他的计划是用这支部队保护墨瑟尼亚、迈加洛波利斯、泰格亚和阿尔哥斯,这四城皆与拉科尼亚接壤,相较伯罗奔半岛其他地方而言,更容易受到拉克岱蒙人的侵犯。阿凯亚联盟的精锐部队和雇佣兵则用来守卫面朝厄利斯和埃托利亚的地段。

[93]做好这些安排后,依照阿凯亚联盟会议的决议,阿拉图斯的下一项工作是安抚迈加洛波利斯。几年前,迈加洛波利斯人被科勒奥门涅斯三世赶出家园,丧失一切,如俗语所说,他们连地基都被剥夺。他们缺少很多东西,甚至每种东西都奇缺。尽管他们精气神仍在,但是,不管是个人还是城邦,皆没有资源做任何事,城内充斥着争端、不和与相互倾轧。雄心会因缺乏资源而挫败,在公共层面和私人生活层面,这种情形都屡见不鲜。

他们最初争论的焦点是城市的防御。一些人说,他们应该缩

---

① [英译注]墨瑟尼亚的著名神庙,紧靠阿卡狄亚边界。

减城市面积到这样的程度：他们不仅有能力为之建造城墙，而且在紧急情况下能有足够的人员守卫城墙。他们说，事实上，城市原先面积大、人口却很少，这才是导致它衰败的根源。他们还提出，地主应该贡献出三分之一的财产，以鼓励新移民，从而增加城市人口数量。但是，他们的反对者认为缩减城市面积的观点不可取，也完全不赞同自己应该交出三分之一的财产。不过，更麻烦的争端涉及原先由普鲁塔尼斯（Prytanis）制定的法典，此人是一位杰出的逍遥派哲人，曾受安提哥努斯三世资助为迈加洛波利斯立法。迈加洛波利斯人已严重分裂，但是阿拉图斯扭转局面，终结其内部不和。和解的条款铭刻在霍马里翁（Homarium）内赫斯提亚（Hestia）祭坛旁的一块石碑上。①

［94］平息迈加洛波利斯的不和后，阿拉图斯拔营离开该城。他前去参加阿凯亚联盟大会，把雇佣兵部队交给法莱人吕科斯（Lycus）指挥。欧里比达斯应厄利斯人请求，取代不受欢迎的普里亚斯，成为埃托利亚人驻厄利斯的将军。他在阿凯亚联盟召开大会时，趁机率2000名步兵和60名骑兵侵入阿凯亚。他率军穿过法莱的土地，沿途大肆劫掠，直达埃吉翁，期间劫获大量战利品。但是，吕科斯积极迎战，在欧里比达斯返程、朝勒奥提昂前进时，将敌人堵住。吕科斯直接发动攻击，杀死400人，俘虏200人，其中包括部分高级军官弗西亚斯（Physsias）、安塔诺尔（Antanor）、科勒阿科斯（Clearchus）、安德罗洛克斯（Androlochus）、欧阿诺里达斯（Euanoridas）、阿里斯托革同（Aristogeiton）、尼卡西珀斯（Nicasippus）和阿斯帕西俄斯（Aspasius）。吕科斯还虏获敌人武器和装备以及全部辎重队。

大约同时，阿凯亚的海军将领航往莫吕克里亚（Molycria），带回近100名俘虏。这名海军将领随后再次出发，航往卡尔科亚

---

① ［英译注］霍马里翁是阿凯亚联盟圣地的名称，指宙斯神庙，位于埃吉翁，神庙内有一座赫斯提亚祭坛，赫斯提亚是古希腊的灶神。

（Chalceia），埃托利亚人出海迎战，阿凯亚人捕获两艘敌舰及其船员。阿凯亚海军还在埃托利亚一侧的赫利翁城俘获一艘有甲板的船及其船员。[①] 海上和陆上俘获的战利品意味着，阿凯亚联盟的将领们立即获得足够资金，从而得以提升整体的士气：士兵们现在可期待得到军饷，联盟各成员可稍稍缓解沉重的战争税收。

[95] 与此同时，斯科蒂拉达斯认为自己遭受了腓力五世的恶劣对待：后者没有全额支付当初在协定中规定的款项。[②] 斯科蒂拉达斯决定用卑劣手段得到这笔钱，遂派出15艘船办理此事。这支船队抵达勒夫卡斯，该城居民将他们当作朋友款待，因为此时他们仍是盟友。抵达该城后不久，这批伊利里亚人尚未来得及制造任何灾祸，科林多人阿加忒诺斯（Agathinus）和卡桑德（Cassander）就率陶立翁麾下的4艘船抵达，想着彼此是朋友，遂挨着他们的船下锚。这批伊利里亚人背信弃义，攻击并俘获4艘阿加忒诺斯等人的船，以及阿加忒诺斯和卡桑德等所有人员，然后派人把俘获的船和人员遣送斯科蒂拉达斯处。随后，这批伊利里亚人离开勒夫卡斯，航往马莱阿角（Cape Malea），在那里强迫过往商船靠岸，实施抢劫。

此时正值收获庄稼的时节。由于陶立翁此前疏于保护我前文提及的与拉科尼亚接壤的四城，阿拉图斯只得率联盟精锐保护阿尔哥斯境内的庄稼收获活动。与此同时，欧里比达斯率埃托利亚人再次从厄利斯出发，劫掠特里忒亚的土地。吕科斯和德摩多科斯（Demodocus）——此人是阿凯亚联盟的骑兵将军——发现敌人入侵后，在杜迈、帕特雷和法莱征召士兵，然后率征召的士兵和雇佣兵侵入厄利斯。他们抵达名叫弗科西翁（Phyxium）的地

[①] 埃托利亚一侧的赫利翁城与伯罗奔半岛的赫里翁城隔海相望，两城皆名Rhium。

[②] 参4.29。

方后，派出轻步兵和骑兵劫掠，将重装步兵埋伏在某处。厄利斯人的部队倾巢而出，保卫他们的土地，阿凯亚的劫掠者在敌人攻击下且战且退，吕科斯的伏兵从埋伏地跃出，攻击敌人。厄利斯人无力抵抗，立即掉头逃跑。吕科斯杀死200名敌人，俘虏80人，之后带着部下劫获的全部畜群安全返回。

与此同时，阿凯亚的海军将领对喀吕多尼亚和瑙帕克提亚发动数次突袭，大肆劫掠那里的土地，两次击退对方的抵抗。阿凯亚海军还俘获瑙帕克图斯城的科勒奥尼克斯（Cleonicus of Naupactus）。此人由于阿凯亚人的外邦客人保护者（πρόξενος）[①]这一身份，没有立即被卖为奴，不久便被释放，没有交纳任何赎金。

[96]这些事情发生的同时，埃托利亚联盟将军阿格塔斯召集全部适龄军人，劫掠阿卡纳尼亚，蹂躏伊庇鲁斯全境，没有遇到任何抵抗。然后，他率军返回，解散军队。阿卡纳尼亚人对斯特拉图斯土地的报复性突袭因恐慌而失败，不过他们成功撤退，除了不光彩外，没有遭受损失，因为斯特拉图斯的守军认为，阿卡纳尼亚人的撤退意在引诱他们进入埋伏区，遂放弃追击。

一个接一个的阴谋出现：背信弃义的例子接下来发生在法诺忒斯（Phanoteus）。腓力五世任命的佛基斯总督亚历山大（Alexander），策划出一个打击埃托利亚人的计划，并争取到一个名叫伊阿宋（Jason）的人的协助，亚历山大此前任命此人治理法诺忒斯。伊阿宋写信给阿格塔斯，通过誓言和条款与后者秘密达成一项约定，借此将把法诺忒斯的卫城交给阿格塔斯。在约定的日期，阿格塔斯在夜色掩护下率军抵达法诺忒斯城下，派出精选的100名士兵前往卫城，他本人和剩余的士兵躲在距离该城不远

[①] Πρόξενος是一种身份，指别的城邦指派某城的一位公民作为代表，以保护客居该城的本国人。科勒奥尼克斯是瑙帕克图斯城内的阿凯亚人保护者，负责保护客居该城的阿凯亚人。

处。伊阿宋事先已经向亚历山大报备，后者率领一支军队在城内等待。伊阿宋依照承诺接应入城的100名埃托利亚士兵后，悄悄潜入卫城——这时，亚历山大突然出现，阿格塔斯的100名精锐被俘。第二天，阿格塔斯知晓了事情的真相，率军返回。他成为一个诡计的受害者，而这个诡计与他曾对其他城市实施的诡计如出一辙。

[97] 大约同时，腓力五世攻占派奥尼亚（Paeonia）最大的城市布拉左拉（Bylazora），该城扼守达尔达尼亚通往马其顿的道路。这次胜利大大降低了达尔达尼亚人的威胁，因为布拉左拉城让腓力五世得以控制他们进入马其顿的道路，他们不再能轻易入侵马其顿。确保布拉左拉的安全后，腓力五世派克律索哥努斯到马其顿内陆征召额外的军队，他本人率来自波提亚（Bottiaea）和阿姆法克西提斯（Amphaxitis）的分遣队前往埃德萨（Edessa）。克律索哥努斯率马其顿军队与他在埃德萨会合，腓力五世然后率全部军队出发。经6天行军，他抵达拉里萨，没有在此停留，继续行军。经过一夜的高强度行军，他在第二天早上抵达墨里忒亚（Melitaea）城下。他对着城墙竖起云梯，侦察该城防卫状况。他出其不意地出现，令该城居民恐慌不已，他本可据此轻松攻占该城。但是，攻城行动由于云梯太短而受阻，他没有实现目标。

[98] 每个人都明白，这是指挥官犯的最严重的错误之一。请想象这样一位将军，他攻占一座城的策略就是率军抵达城下，除此之外，他根本没有将此事放在心上，没有制定任何计划，甚至没有测量过城墙的高度或悬崖的高度，没有测算过他打算攻入城内所用工具的长度。有谁不会谴责这位将军？或假设他已经尽力测量过城墙，但是把建造云梯之类的工作随意地交给拙劣的工匠——只要他稍稍多用点心，结果就会完全不同。有谁不会觉得他难辞其咎？

一位将军这样做，不仅意味着他无法完成任务，更重要的是，他注定会遭受灾难。他的无能会造成各种各样的毁灭性后果：在实际的战役中，他置部下的性命于危险之中；若是他率军离去，危险则更大，因为那时他已遭到敌人的蔑视。找到证明这一点的例子非常容易：这种类型的失败更容易导致全军覆没或陷入极端险境，而非安然无恙地撤离战场。此外，这样一位将军必然会让他的部下彻底不信任他或彻底不忠诚于他，因为他让部下陷入对他的戒备之中。我的意思是，只要部下在实际战斗中遭受他的无能带来的失败或听说这样的失败，每个士兵都会在一定程度上小心提防他。

将军们绝不应该粗心大意地处理这类事务。制造云梯以及确定梯子的长度牵涉的代数并不复杂，只要方法正确，结果绝对不会有错误。眼下，我必须回归我的叙述，我会在合适的场合和语境，再来讨论这个主题，竭力阐明在此类行动中如何取得最大的成功。

［99］腓力五世攻占墨里忒亚受阻后，在埃尼派夫斯（Enipeus）河边扎营，从拉里萨和别处找来过冬期间制造的攻城器械，他的首要目标变为攻占弗忒奥蒂斯（Phthiotis）地区的忒拜城。①该城距离海边不远，距拉里萨30斯塔德，是连接马格尼西亚（Magnesia）与忒萨利的要冲，尤其是连接马格尼西亚的德米特里港与忒萨利的法萨卢斯（Pharsalus）和费莱（Pherae）的要冲。当时，忒拜在埃托利亚人手中，埃托利亚人以该城为基地发动对德米特里港和法萨卢斯的一系列突袭，甚至还突袭了拉里萨，他们的突袭队伍深入到阿姆洛斯（Amyrus）平原。所以，腓力五世将攻陷此城视作头等大事，为攻城准备花费相当多功夫。

待150套石弩和25架投石机一到，腓力五世立即挺进忒拜。他将大军分为三部分，将忒拜包围，第一部分驻扎在斯科皮翁（Scopium），第二部分驻扎在名叫赫利奥特洛皮翁（Heliotropium）

---

① ［英译注］该忒拜城并非波俄提亚地区的忒拜城。该城也位于弗忒奥蒂斯·阿凯亚地区，靠近今新安恰洛斯（Nea Anchialos）。

的地方，第三部分驻扎在可俯瞰该城的山顶。他用壕沟和双重栅栏保护三处营地之间的空地，用人造的木质塔楼加强防卫，每座塔楼高100尺。然后，他把所有攻城器械部署于一地，将其对准忒拜的卫城。

[100] 最初的三天，由于守军顽强抵抗，他无法在攻城机的帮助下向前推进。但是，持续的战斗和数不尽的箭矢令敌人损失惨重。待到有足够多的敌人在战斗中受伤或阵亡，抵抗逐渐减弱，马其顿士兵便开始挖沟。尽管地面坚硬，马其顿士兵还是只用了9天时间便将沟挖到城墙下。之后，他们不分昼夜地挖掘，最终用3天挖空长达300尺的城基，并用东西暂时支撑，使其不倒。但是，支撑物不够粗壮，不足以承负重量，以至在纵火烧墙前，城墙垮塌。马其顿士兵遂努力清理瓦砾，直到清理出可突入城中的缺口。但是，他们刚冲入城内，惊恐不已的忒拜人就立即投降。

这次胜利让腓力五世确保了马格尼西亚和忒萨利的安全，与此同时，他也阻断埃托利亚人主要的劫掠来源。这次胜利也表明他处死列昂提俄斯是正确的，后者早先在帕洛斯围攻战中渎职。忒拜城一陷落，腓力五世立即把全城居民卖为奴隶，迁来马其顿人到此城定居，将该城改名腓立比（Philippi）。

腓力五世处理完忒拜城的事务后，一群使团抵达，其中有希俄斯岛、罗德岛、拜占庭和托勒密四世的使团，这些使团试图调停同盟战争。腓力五世的回复与前一次的一致：他不反对和平，并派他们前去探察埃托利亚人对结束战争的想法。然而，他本人根本没有做任何可推进和平的事，无意改变战争的当下进程。

[101] 腓力五世获悉斯科蒂拉达斯那支15艘小艇的船队正在马莱阿角打劫过往商船，向所有过往商人宣战，又获悉这批劫掠者曾在勒夫卡斯阴险地攻击与他们停泊在一起的他的船只，决定装备一支包括12艘有甲板的战舰、8艘无甲板的战舰和30艘小艇的舰队。这支舰队装备妥当后，腓力五世率舰队穿过欧利普斯

(Euripus)海峡。他的计划是抓捕这批伊利里亚劫掠者,并且继续与埃托利亚人的战争,因为他尚未收到来自意大利的消息,即他正在围攻忒拜时,罗马人在埃特鲁里亚被汉尼拔击败。[①]希腊当时尚未收到意大利战事的相关报告。

腓力五世抵达得太迟,没有抓到伊利里亚人的劫掠船队,遂率舰队停靠肯克里埃,命舰队中有甲板的战舰经马莱阿角航往埃吉翁和帕特雷,令剩余的船只经过科林多地峡,在勒凯翁港等候。他和友人们随后匆忙赶往阿尔哥斯,参加复仇女神节。但是,就在他刚刚动身准备去观看体育竞技时,一个信使从马其顿抵达,带来罗马人已在一场大规模战役中失败、汉尼拔已经控制意大利乡野地带的消息。起初,腓力五世只把这封信给法洛斯的德米特里乌斯看,警告他不能向其他人透露信的内容。德米特里乌斯伺机建议腓力五世尽快结束与埃托利亚人的战争,之后集中精力征服伊利里亚,然后入侵意大利。他说,全希腊眼下已经臣服于腓力五世,这种情势会持续下去,因为阿凯亚人已选择跟腓力五世结盟,埃托利亚人正在力求从战争创伤中恢复。但是,进击意大利才是征服天下的第一步,这是专属于腓力五世的事业,而眼下是入侵意大利的最佳时机,因为此时罗马人已陷入困窘。

[102] 腓力五世很快被德米特里乌斯的提议迷住。我认为,对一位年纪尚轻、在战争中好运不断、以勇敢闻名的君王来说,这是意料之中的事。此外,他来自一个始终热切追求统治天下的王室。[②]

如我所说,腓力五世暂时只把那封信给了德米特里乌斯看。没过多久,他召集友人们商议与埃托利亚人缔结和平的问题。看

[①] 指特拉西梅诺湖战役(公元前217年6月),见3.84–85。
[②] 珀律比俄斯想的显然是腓力二世和亚历山大大帝。尽管腓力五世与亚历山大父子并非出自同一个王室,但他们在珀律比俄斯的时代往往被认为同属一宗。

到阿拉图斯也支持这个建议——在他看来，眼下通过谈判缔结和约时机合宜，因为他们正在战争中占据上风，此时通过谈判结束战争对他们有利——腓力五世甚至不等此前派往埃托利亚进行和平谈判的联合使团返回，便立即任命瑙帕克图斯的科勒奥尼克斯为他的专使，前往埃托利亚。但是，他发现科勒奥尼克斯仍在等待阿凯亚联盟开会讨论他被囚禁之事。然后腓力五世召集舰队和陆军从科林多到埃吉翁集结。他率军从那里朝拉西温进发，占据佩里皮亚（Perippia）要塞，造成即将入侵厄利斯的态势，因为他不想显得太渴望和平。

待科勒奥尼克斯被释，往返双方几次后，埃托利亚人请求腓力五世亲自参与谈判，腓力五世同意了他们的请求。他立即叫停所有军事行动，遣使各盟友，令其派代表参与即将召开的和谈会议，共同致力于和平谈判。然后，他令大军集结于帕诺莫斯（Panormus），这是科林多湾靠伯罗奔半岛的一个港口，与瑙帕克图斯城隔海相望。他就在该地等待盟友代表抵达。由于代表们需要一些时间才能抵达，腓力五世趁空闲发动对扎金索斯（Zacynthos）岛的海上远征，亲自恢复岛上的和平，然后返回帕诺莫斯。

[103] 盟友代表全部抵达帕诺莫斯后，腓力五世遣阿拉图斯、陶立翁和其他几人前往埃托利亚人处，后者已聚集在瑙帕克图斯。阿拉图斯和同僚与埃托利亚人会面后，经过简短讨论就发现埃托利亚人真诚地渴求和平，遂返航帕诺莫斯，向腓力五世汇报。埃托利亚人是如此渴望结束战争，以至他们派特使与阿拉图斯等人一道抵达帕诺莫斯，请求腓力五世和他的大军移驻对岸，以方便谈判并尽快达成恰切的解决方案。腓力五世为他们的请求所动，率军渡过海湾，抵达名叫哈洛斯（Hollows）的地方扎营，该地距瑙帕克图斯20斯塔德。他用栅栏加强舰队和营地的防卫，等待和谈会议的召开。埃托利亚人全部抵达瑙帕克图斯，不过没有带武器，他们在距腓力五世大营2斯塔德处扎营。双方派遣代

表,开始谈判。

腓力五世将各盟友的代表作为第一使团派往埃托利亚人处,指示他们要在承认现状的前提下向对方提出和平条款。埃托利亚人爽快接受,之后双方不断举行会议商讨条约细节,有时在腓力五世大营,有时在埃托利亚人大营。大多数会议没有什么值得记述的趣事,唯有瑙帕克图斯人阿格劳斯(Agelaus)在第一次会议上对腓力五世和众盟友的演说值得一记。他的演说内容如下:

[104] 希腊人应永不互相攻伐。如果希腊人能言行一致,如果他们能携起手,就如人们渡河时手挽手那样,击退野蛮人的侵犯,保护他们自己和他们的城市免受伤害,这实属诸神给希腊人的最大恩惠。如果这一期待太高,在当前的情况下,鉴于西方集结的巨量军队和那里正在进行的大战,希腊人也应该团结合作,有所防范。即使是那些毫不关心天下事务的人也不能无视下述事实:不管迦太基人和罗马人中谁赢得战争,胜利者若满足于只统治意大利和西西里,着实令人难以置信。胜利者绝不会满足,他们会越过正当的界限,带着野心和大军抵达我们这里。

因此,我恳求你们采取预防措施应对这种危险。我尤其要对腓力国王说:陛下,对您来说,确保安全的上策,绝非耗尽希腊人的资源,让他们易受攻击。恰恰相反,您应该把希腊人视作您御体的一部分,照看希腊各处的安危,仿佛它们是您本人的财产和土地。如果您采纳这个政策,希腊人将对您感激不尽。万一您遭受攻击,您会发现希腊人是您的盟友,他们会真诚帮助您,他们的忠诚将使海外无人胆敢觊觎您的王国。

如果您渴望战争,您应该让眼光朝向西方,关注那里的战争,明智地等待时机。这样,您就可以在恰当的时刻谋取统治天下。目前的形势绝非不利于这种希望。所以,您应搁置与希腊人的分歧和这里的战争，待到不那么关键的时刻再来解决。眼下，您应全神贯注于西方，否则您将丧失可随心所欲与那里的战争双方进行战争或维持和平的能力。一旦您允许眼下高悬在西方上空的那团乌云（ τὰ προφαινόμενα νῦν ἀπὸ τῆς ἑσπέρας νέφη）飘到希腊，我深恐我们现在玩的这些游戏，将如我们的停战、开战，被彻底否决，以至我们届时不得不祈求诸神赐予我们依照我们自己的意愿进行战争与和平的权利。换言之，我们届时将不得不祈求诸神赐予我们自己解决内部争端的权利。

[105] 听完阿格劳斯的演说，所有盟友皆同意达成和平。腓力五世对此尤其热切，因为阿格劳斯的话切合他此前在德米特里乌斯建议下形成的计划。所以，双方就诸条款细节达成一致，签订条约。① 会议结束后，各代表返回，他们带回家的是和平而非战争。罗马人在埃特鲁里亚被击败、安提俄库斯三世在科勒叙利亚被击败，马其顿–阿凯亚同盟与埃托利亚联盟签署和平条约，这三件事皆发生于第140个奥林匹亚年的第三年。

这次和谈会议使希腊、意大利和利比亚的事务第一次互相联系起来。从这个时刻起，腓力五世和希腊各城的领袖们在决断战争或和平时，不再只考虑希腊发生的事，每个人的眼睛都朝向意大利，关注那里的民族的意图。这个时刻之后不久，爱琴海诸岛屿和亚洲大陆上的民众也发现他们处于同一处境：那些对腓力五世不满的人，或与阿塔罗斯一世闹翻的人，不再向南或向东，即向托勒密四世或安提俄库斯三世求助，而是把目光转向西方，遣使到迦太基和罗马求助。在同一时刻，罗马人也开始接近希腊人，他们担心腓力五世的冒险品性，力图避免他会在他们生死攸关的时刻与他们的敌人结盟。

---

① 时间可能是公元前217年8月。

如我在这部史书开头所承诺的,我已经表明——我相信我已经清晰地表明——希腊事务在何时、如何以及为何与意大利和利比亚的事务相互交织在一起。接下来,我将继续叙述,直到罗马人在坎尼战败那个时刻的希腊事件——我正是在那个时刻中断了对意大利事务的叙述,继而结束这一卷。

[106] 同盟战争结束后不久,阿凯亚人选举提莫克赛努斯为将军。战争的结束意味着阿凯亚人可回归传统的生活方式。事实上,伯罗奔半岛各地的民众已着手恢复生计、耕种土地、复兴各种习俗,如传统的献祭和节庆等等,这些习俗构成各城的宗教历法。在大多数城邦,由于连绵不断的战争,这些习俗已被遗忘。出于种种原因,伯罗奔半岛人本来比任何其他地区的人都更有条件过上平静和谐的生活,但是至少在不久前的时代,他们发现过这样一种生活要比任何其他地区的人都难。这大概是因为,如欧里庇得斯所说,伯罗奔半岛人"始终辛劳奔忙,他们的长矛从不停歇(aye vexed with toil, their spears never at rest)",[①] 在我看来,这是伯罗奔半岛人的天性不可避免的结果:他们热衷于统治他人,热爱自由。他们从来没有停止过斗争,因为他们拒绝屈服于邻人的统治。

至于雅典人,马其顿人带来的威胁的消除让他们感觉他们的自治在可见的未来会一直持续下去,在欧律克莱德斯(Eurycleides)和米基翁(Micion)的领导下,他们已不再参与希腊其他地区的事务。依照他们的领袖制定的政策和计划,他们千方百计讨好诸国王,尤其是托勒密王室的国王。由于他们的领袖缺乏见识,他们忽视应尽的义务,只管提出和通过他们在正常情况下完全无法忍受的种种法令和公告。

[107] 就在我刚刚提及的希腊、意大利和利比亚的事务彼此交织在一起的那个时刻之后,埃及爆发托勒密四世与他的臣民的战争。

[①] [英译注] 不知此句出自欧里庇得斯哪部剧。

托勒密四世此前武装埃及人与安提俄库斯三世进行战争的决定，在当时的情势下还算合理，但是从长期来看是一个错误。由于拉菲亚取得胜利后进一步信心倍增，托勒密四世麾下的埃及人部队拒绝服从他的命令，认为他们有能力关照他们自己的利益，开始寻求人物领导他们争取独立。没过多久，他们终于实现这个目标。

安提俄库斯三世在这年冬季致力于大规模的战争准备，在第二年（公元前216年）初夏率军翻越陶鲁斯山脉。得到阿塔罗斯一世的协助后，他对阿凯俄斯开战。

埃托利亚人有段时间满足于与阿凯亚联盟的和平条款，因为战争没有如他们期待的那样进行。事实上，他们选举瑙帕克图斯的阿格劳斯为将军，此人在和平谈判中发挥过重要作用。但是，没过多久，阿格劳斯就失去支持。埃托利亚人抱怨说，阿格劳斯本不应该与所有希腊城邦缔结和平，而只应与其中一些缔结，因为阿格劳斯的做法已经完全切断他们从外邦劫掠战利品的途径，也让他们没有机会在未来生出一种赚钱的生计。阿格劳斯忍耐着这种愚蠢的批评，并牢牢控制着埃托利亚人。尽管这违背他们的意愿，但他们别无选择，只得忍耐。

［108］和平条约签署后，腓力五世乘船返回马其顿。他发现斯科蒂拉达斯以同样的借口——他曾以腓力五世欠他钱为借口，背信弃义地攻击国王在勒夫卡斯的船只——任由部下劫掠培拉哥尼亚（Pelagonia）境内名叫皮塞昂（Pissaeum）的城镇，并通过威胁或承诺接管达萨勒提亚（Dassaretis）境内的三座城：安提帕特里亚（Antipatreia）、克律索多昂（Chrysondyon）和格尔图斯（Gertus）。此外，他还发现斯科蒂拉达斯已蹂躏马其顿边境上的许多部族。

腓力五世立即率军前往收复叛变的城市，同时将这些行动作为全面打击斯科蒂拉达斯的战争的一部分。他已经决定，平定伊利里亚对他来说至关重要，在此之前，他的任何计划都无法实施，更不用说入侵意大利。法洛斯的德米特里乌斯不断激起他的这种希望和抱负，直到他在梦中梦到这一事业，他才开始考虑它的可行性。德米特里乌斯这样做并非为腓力五世好。在他的动机中，腓力五世只排在第三位，他对罗马的憎恨排在第二位，排在首位的是他本人和他的野心。他认为，唆使腓力五世入侵意大利是他重新统治法洛斯的唯一途径。

腓力五世对斯科蒂拉达斯的征伐大获成功。他收复叛变的城市，夺取达萨勒提亚的科勒奥尼翁（Creonium）和格罗斯（Gerus）两城，吕克尼斯（Lychnis）湖地区的恩克拉奈（Enchelanae）、克腊克斯（Cerax）、萨提温（Sation）、波伊（Boei）四城，咯罗基尼人（Caloecini）的班提亚（Bantia）城，皮萨提尼人（Pisantini）的奥古苏斯（Orgyssus）城。腓力五世之后解散大军过冬。这是汉尼拔摧毁意大利一些重要地区后的那个冬天，他此时正打算在道尼亚的格鲁尼乌姆过冬；罗马人此时已经选举盖乌斯·特伦提乌斯·瓦罗和卢西乌斯·埃米里乌斯·保卢斯为执政官。①

[109] 在这个冬季，腓力五世开始意识到他需要一支舰队和水手。他倒不是想进行海战，因为他从未想过能在海上与罗马人较量，而是想将其作为运输部队的工具。他认为要想入侵意大利，必须迅速渡过大海，抵达目的地，给敌人出其不意的打击。在他看来，要想达成这些目的，伊利里亚的造船工是最优秀的。尽管这一行动几乎完全没有先例，他还是下令先造100艘小艇。

在这年初夏时节（公元前216年），待舰队准备停当，腓力五世立即令大军集结。短暂训练马其顿士兵成为娴熟的划桨手后，他率舰队出海，此事发生于安提俄库斯三世率军翻越陶鲁斯山脉后不久。腓力五世率舰队穿过欧利普斯海峡，绕过马莱阿角，抵达克法勒尼亚和勒夫卡斯。他在此地停靠，试图获取罗马舰队的信息。得知罗马舰队此时远在利利巴厄姆，腓力五世松了一口

---

① 参3.101。

气,再次出海,驶向阿波罗尼亚。

[110] 但是,腓力五世率舰队抵达流经阿波罗尼亚的奥乌斯(Aöus)河河口时,由于出现了陆军中才更常见的恐慌,远征半途而废。过程如下。舰队尾部的一些小艇——这些小艇停靠在奥乌斯河在伊奥尼亚海入海口处、名叫撒松(Sason)[①]的小岛边——在夜里赶上腓力五世,向他报告说,一些经过墨西拿海峡的海员在撒松停靠时告诉他们,他们离开雷吉姆时,看到罗马人的部分五列桨战舰停靠在那里,准备前往阿波罗尼亚的斯科蒂拉达斯处。罗马舰队即将抵达的消息令腓力五世惊恐不已,他命令舰队立即起锚,一刻也不停地返航。他们乱哄哄一片地出发,昼夜不停地航行,两天后抵达克法勒尼亚。至此,腓力五世的恐惧才稍稍减轻,他在克法勒尼亚停留一段时间,造成他返航是为了处理伯罗奔半岛的一些要事的假象。

但是,事后证明,腓力五世的这次恐慌完全是虚惊一场。斯科蒂拉达斯在上年冬季发现马其顿人在建造小艇,意识到腓力五世将从海上攻击他,遂与罗马人联络,解释他的处境,恳求他们帮助。罗马人从他们在利利巴厄姆的舰队中拨出10艘战舰,将其派往斯科蒂拉达斯处,在雷吉姆停靠的正是这支分遣舰队。罗马人当时的全部计划和准备皆旨在应对汉尼拔和坎尼战败的后果,如果腓力五世没有惊慌失措地逃走,他本来有绝佳机会实现征服伊利里亚的目标。十有八九,他本来也可俘获那支罗马分遣舰队。但事实是,他率舰队返回马其顿,除他的声誉受损外,没有遭受其他损失。

[111] 在这个时刻,普卢西阿斯一世的一些功业也值得一提。阿塔罗斯一世当初从欧洲招募一些高卢人帮助他与阿凯俄斯作战。这些人素有勇敢之名,但是他后来不再信任他们,彼此失和。那群高卢人开始对赫勒斯滂岸边的城市发动野蛮且极具破坏

[①] 位于今阿尔巴尼亚法罗拉(Valona)湾入口处。

性的袭击，最终将伊利昂城包围。

亚历山大里亚-托罗阿斯城的民众对这一形势的反应非常勇敢。他们派出忒弥斯特斯（Themistes）率领的4000名士兵，不仅解救了被围的伊利昂，而且通过切断高卢人的补给，让整个托罗阿斯成为高卢人的禁区，迫使他们放弃一切袭击托罗阿斯的计划。但是，高卢人攻占阿拜多斯地区的阿里斯巴（Arisba）城，开始秘密或公开地攻击邻近城市。普卢西阿斯一世率军攻打他们，与他们激战。他将敌方男人全部消灭在战场上，同时把他们的孩子和妇女几乎全部杀死在营地，待战斗结束，才令部下抢劫敌人的辎重。普卢西阿斯一世如此把赫勒斯滂岸边的各城从严重的危险中解救出来，并向后代清楚表明：从欧洲来的蛮夷将会发现，进入亚洲绝非易事。

这就是希腊和亚洲的事务。如我在上一卷中所述，坎尼战败的一大后果是，意大利的众多城市叛向迦太基人。至此，我已叙述第140个奥林匹亚年发生在亚洲和希腊的事务，我将在此中断叙述。在下一卷中，我将首先简短重述我在导言中提出的叙述框架，然后兑现我的承诺，论述罗马政制。

第六卷

从卷六开始,《罗马兴志》的剩余部分由或长或短的残段组成。这些残段的相对顺序是确定的,但无法确定它们之间原本有多少内容。插入的小标题原文是拉丁文,表明新主题的开始。卷六剩余的残段约是原文的三分之二。

一、前言

[2] 我不是不清楚,一些人很好奇为何我中断连贯的叙述,直到眼下这个时刻才提供对罗马政制的论述。我从一开始就把对罗马政制的论述视作我的整体意图必不可少的部分,我确信我已在诸多段落清楚表明这一点,尤其是在这部史书的开头和前言位置。我在那里说,我的意图最好、最有益处的结果是,让阅读这部史书的读者明白和理解一件史无前例的大事,即罗马人如何、凭借何种独特的政制在不到53年的时间里征服几乎整个天下,让天下臣服于他们的单一统治。

既然这是我决意要做之事,我认为没有哪个时刻比眼下这个时刻更适合聚焦于罗马政制,检验我关于罗马政制将要说的东西真实与否。在日常生活中,如果人们要对某人形成真实的评判,以判断他是好人还是坏人,人们对此人的观察不会基于他不受外部环境扰乱的平静时段;相反,人们会观察他处于逆境($\dot{\varepsilon}\nu$ $\tau\alpha\tilde{\iota}\varsigma$ $\dot{\alpha}\tau\upsilon\chi\dot{\iota}\alpha\iota\varsigma$ $\pi\varepsilon\rho\iota\pi\varepsilon\tau\varepsilon\iota\tilde{\omega}\nu$)或顺境($\dot{\varepsilon}\nu$ $\tau\alpha\tilde{\iota}\varsigma$ $\dot{\varepsilon}\pi\iota\tau\upsilon\chi\dot{\iota}\alpha\iota\varsigma$ $\kappa\alpha\tau\circ\rho\vartheta\omega\mu\dot{\alpha}\tau\omega\nu$)时的表现,因为人们认为,检验一个人是否真的具备各种德性的唯一方式是,观察此人是否能勇敢地忍耐机运($\tau\tilde{\eta}\varsigma$ $\tau\dot{\upsilon}\chi\eta\varsigma$)的颠转,

并丝毫不改变他的行事原则。这也是检验一种政制的方式。由于我在我们的时代找不到比罗马人在那个时期经历的颠转更大或更剧烈的颠转,所以我把对罗马政制的论述推迟到眼下这个时刻。可以从下述事实看出这种颠转程度之大。

能让史书读者感到愉悦且对他们最大的益处是,对每种情况下选择最佳政策的原因和由此产生的结果进行研究。我认为,不管面临何种处境,导致一个政治体在所有事务上取得成功或遭遇失败的主要因素都是该政治体的政制的性质。政制是源泉,也就是说,政制不仅产生所有蓝图和种种实际的行动,而且使它们得以实现。

只有不可能之事才不为说谎之人提供任何借口。

二、诸政制

[3] 在希腊世界,很多城邦常常臻至鼎盛,然后经历彻底的颠转。描述这类城邦的过去、预测它们的未来轻而易举,因为重述众所周知的事实不难,依照过去预测未来也很容易。但是,同样的道理不适用于罗马:它的政制的复杂性使得描述它当下的状况很难,同时,由于我们对罗马人过去的公共生活和私人生活所知甚少,预测它的未来又并非易事。所以,要想辨认罗马政制的独特特征,需要花大力气研究和思考。

那些想在这类事务上教育和指导我们的大多数人说,存在三种政制,他们称之为王制($\beta\alpha\sigma\iota\lambda\varepsilon\acute{\iota}\alpha\nu$)、贵族制($\dot{\alpha}\varrho\iota\sigma\tau o\varkappa\varrho\alpha\tau\acute{\iota}\alpha\nu$)和民主制($\delta\eta\mu o\varkappa\varrho\alpha\tau\acute{\iota}\alpha\nu$)。[①] 但是,我认为我们完全有理由让这类人告诉我们:这三种政制是仅有的政制类型,还是最佳政制类

---

① [英译注] 我们不知道珀律比俄斯所指这类认为只有三种政制的思想家是谁。西方古代最著名的政制论思想家当属柏拉图和亚里士多德,但是,他们非常清楚三种基本政制的堕落形式:僭主制、寡头制和暴民制。

型？事实上，在我看来，不管他们如何回答，答案都是错的。一方面，我们毫无疑问应当把三种基本政制的混合（συνεστῶσαν）形式视作最佳政制。我们不仅有理论上的证据，而且有现实证据：斯巴达政制就是这种混合政制，吕库古斯依据这些原则创立这种政制。另一方面，我们不会同意只存在三种基本政制类型，因为我们亲眼见过过去存在强人制（μοναρχικὰς）和僭主制（τυραννικὰς），这两种政制与王制有些许类似，但差异巨大。这也是所有强人（μόναρχοι）掩盖真相，竭力称自己为王者的原因。此外，寡头制（ὀλιγαρχικὰ πολιτεύματα）有好几种类型，它们与贵族制有些类似，但实际上极不相同。同样的道理也适用于民主制。

[4] 下述证据可充分表明我所说的真实无误。无疑，我们不会径直把每种强人制视作王制。相反，我们只会把征得臣民同意、凭靠理性而非凭靠恐惧和强迫统治的强人制称为王制。我们也不会把每种寡头制均视作由最卓越之人统治的贵族制，只有那种由一群德性高迈、极具智慧之人统治的政制才配称作贵族制。与之类似，我们不会仅仅因为所有人都有权随心所欲、肆无忌惮，就称某个城邦是民主制。我们只称那种大多数人决定邦国大事，同时保留虔敬诸神、孝敬父母、敬重长辈、服从律法等传统价值的政制为民主制。

我们认为存在六种政制，其中三种是我刚刚提及的公认的类型，另外三种与这三种与生俱来（συμφυῆ），分别是僭主制、寡头制和暴民制。首先出现的是强人制，① 这种政制的形成是一种自然的、完全自发的过程，之后出现的是王制，王制审慎矫正强人制的种种缺陷，把强人制转变为王制。然后，王制堕落为其与生俱来的邪恶形态，即僭主制，待僭主制崩解后，转变为贵族制。贵族制因其本性堕落为寡头制，当民众对寡头们的种种不义之举怒

---

① 珀律比俄斯对强人制（μοναρχικὰς）这个词的用法有些含混。在他笔下，这个词既指最初出现的那种政制，又指王制的堕落形态僭主制。

不可遏，试图报复他们时，民主制诞生。随着时间流逝，一旦民主制变得目无法纪，肆意违背法律，暴民制就出现了。如此，政制的演进过程完成。

不管是谁，只要细心观察每种政制的自然开端、发展和衰败，就能深谙我刚刚所阐述的理论千真万确。除非他看到每种政制如何自然而然地产生和发展，否则他不可能明白诸政制如何发展、臻至顶峰、衰败、最后崩解，以及每个阶段如何、在何处发生转变。在我看来，这种解释尤其契合罗马政制，因为它的形成和发展从一开始就出自自然。

[5] 诸政制自然而然地转变为其他类型的理论已经被诸如柏拉图这样的哲人详细阐述过，但是，他们的讨论太过复杂，太过冗长，大多数人很难理解。因此，我接下来将尽力简要叙述这一理论与政治史相关、同时可诉诸人类共通理智（τὴν κοινὴν ἐπίνοιαν）的部分。如果有读者认为我刚刚给出的普遍性论述有诸多遗漏，那么他会发现下面的详细叙述足以回报他。他所有的困惑都会得到解答。

我所谓的开端是什么意思？在何种条件下，我所谓的政制开始产生？传说告诉我们，过去人类曾被诸如洪水、饥荒、庄稼歉收等灾难毁灭，我们有充分的理由认为未来还会一再发生这种事。这类灾难导致所有生活方式和技艺同时丧失。随着时间推移，当大灾难的幸存者像种子那样在大地播撒，人口再次增长，自然而然会形成各种群体。其他动物也会这么做，所以可以合理推断，人类也会通过与同类组成群体来弥补他们天生的虚弱。①在这种情况下，只要有人在体力和灵魂的大胆（τῇ σωματικῇ ῥώμῃ καὶ τῇ ψυχικῇ τόλμῃ）方面出众，他就不可避免地会统领和统治其他人。既然我们在没有理性的动物中也可看到这种情形——因为在诸如公牛、野猪、公鸡等动物中，无可置疑的事实是最强者发

---

① [英译注] 对照柏拉图《法义》卷三关于政治起源的说法。

号施令——我们必须断定这是一种自然而然的结果。因此，可以合理地认为，这就是初人的生活形态，即像动物那样结成群体，每个群体追随他们中最勇敢、最威猛的人。决定这类人成为统治者的因素就是他们的力气。这就是我们所谓的强人制。

王制的起源随之而来。随着时间流逝，这类群体内部逐渐产生兄弟情谊和共同的习俗（συντροφία καὶ συνήϑεια），①人类首次获得关于美丑、善恶和对错的观念。

[6] 这些概念形成和扎根的方式如下。两性交媾是人的自然本能，结果是生育子女。这些子女中的一些被养育成熟后，不仅不保护或感激养育他们的父母，反而辱骂和虐待父母。显而易见，这种行为会让那些与他们父母熟识的人心生不满和恼怒，因为那些人亲眼见证了他们的父母细心照料、费尽心力将他们养大。由于人和其他动物的区别在于唯独人有理智，显然，人不可能像其他动物那样，忽视这类反常的行为。人绝不会赞同这种行为，想到他们每个人将来都可能遭受这种对待，他们的不悦和恼怒会更强烈。再者，假设某人在处于危难时得到其他人的帮助和支援，却不仅对恩人忘恩负义，甚至伤害恩人，显然，那些听闻此事的人，十有八九会分享受害者的愤怒，想象自己遭受同样的对待，从而对这种行为恼怒不已。

由于发生这些事情，每个人内心逐渐产生义务（καϑήκοντος）很重要的概念，每个人开始反思这个概念。这正是正义的开端和目的。再者，如果有人面对危险时，挺身而出，勇猛抗击最凶恶的野兽以保护同伴，民众自然会感激和敬重他，同时厌恶和谴责行事相反之人。可以合理推定，这会引导人们反思什么是善、什么是恶，以及二者的差异。为了获益，善行开始受到敬重和模

---

① συντροφία 和 συνήϑεια 意思大体一致。前一个词突出具有同一个养育者（父亲），后一个词突出具有同一个母亲。因此前一个词指共同体成员之间的平等情感，后一个词则暗示了对待母亲的特殊习俗，即乱伦禁忌。

仿，恶行被规避。

在这种情况下，如果共同体的领导者即那位最强大之人始终如一地支持民众所认为的善恶，他的臣民看到他恰切地赏善罚恶，他们就不再害怕他的力量，而是因为赞同他的种种政策而接受他的统治。不管他变得多老，臣民都会齐心协力保卫他的统治，全心全意抗击那些试图终结他的统治的攻击和图谋。通过这种方式，强人制不知不觉变成王制，理性取代血气和体力占据统治地位。

［7］这就是人类最初获得关于美丑、善恶、对错的观念的方式，以及真正的王制产生和发展的方式。我之所以说是真正的王制，是因为臣民不仅捍卫最初那位王者的统治，而且同意把王权交给他的后代，相信这类王者生育且由他们养大的后代会分享他们的统治原则。此外，从那之后，如果有哪个后代没有得到他们的青睐，他们用来选择新统治者和新王者的标准不再是体力和血气的勇猛，而是卓越的判断力和理智，因为臣民迄今已经对两类统治者拥有亲身经验。

总之，在往昔，某人一旦成为王者，获得国王的权威，就会终生保留王权。他通过修筑要塞、修建城墙保护臣民，通过夺占土地（χώραν κατακτώμενοι）确保臣民粮食供应充足。由于他一心忙于这些事，没有人会辱骂他或怨恨他，因为他的穿着、饮食在某种程度上与臣民无异，他的生活与臣民没有两样，且终生重视与臣民保持密切联系。

但是，随着王权在同一个家族一代又一代继承，一旦某些国王已让王国和臣民足够安全，已经赢得充足的食物供应，一切应有尽有这一事实会诱使他们开始放纵欲望。他们开始认为统治者的穿着应该与臣民不同，他们的饮食应该丰盛奢靡，他们应该不受阻碍地满足性欲，甚至与亲密之人睡觉（χρείας καὶ συνουσίας）。①

---

① 暗指乱伦。

这类行为招致臣民的厌恶和怨恨，他们转而开始憎恨和敌视国王们，王制这时堕落为僭主制。与此同时，僭主制崩解的种子已经播下，因为反对僭主们的阴谋已经开始形成。这些阴谋不是产生于王国的最下层民众，而是产生于那些最高贵、灵魂最豪迈、最勇敢之人中间，因为这类人无法忍受僭主们对他们傲慢无礼。

[8] 由于我上面提及的原因，民众支持上述人物反对僭主，所以王制和僭主制落幕，贵族制的新纪元开始。民众立即对废黜僭主的那批人表示感激，授予他们权威，乐意服从他们。起初，这批新领袖愉快地承担这一重任，他们认为共同利益至关重要，尽职尽责、勤勉地照看民众的私人和公共事务。然而，他们的儿子随后继承他们的权位。新一代的统治者由于终生被他们父亲的权力和特权包围，对艰辛一无所知，丝毫不懂得公民平等和民众有权畅所欲言（ἰσότητος καὶ παρρησίας）。所以，他们要么沉溺于贪婪，不择手段地赚钱；要么沉溺于享乐，无休无止地宴饮；要么沉迷于诱拐良妇、猎捕男童。然而，不久便会轮到他们在民众中激起我不久前提到的民众对僭主的那种情感，即厌恶和怨恨，继而遭遇同样的结果：他们像僭主们那样，遭受灾难性的结局。

[9] 接下来发生的事是，迟早会有某个人注意到同胞对寡头们的怨恨，当他鼓起勇气要么用言辞、要么用行动反对寡头们时，他发现民众已经准备好全力支持他。他们要么杀死、要么驱逐寡头们，但是对僭主们曾经的不义的恐惧阻止他们推举另一位国王，同时寡头们最近的邪恶之举阻止他们将统治权交给少数人，剩下唯一尚未尝试的选择是民众自己统治。所以，他们把政制由寡头制转变为民主制，自己承担起管理自己的义务和职责。这就是他们建立的政制。

那些经历过寡头不义统治的幸存者，对新政制心满意足，全心全意致力于公民同等发言和畅所欲言的权利（ἰσηγορίας καὶ παρρησίας）。但是，随着时间推移，新一代的年轻人出生，民主制已经迎来第三代人。这批年轻人已习惯于公民同等发言和畅所欲言的原则，看不出这一原则有何重要性，一些年轻人开始想超越于其他人之上。富人尤其容易受到这种欲望诱惑，渴望获取权力。但是，富人发现他们的财富和长处不足以让他们获得想要之物，遂散尽家财用各种方法贿赂和败坏民众。一旦对荣耀的徒劳渴望让民众贪求这类免费馈赠，并乐意接受馈赠，就会轮到民主制被推翻，取而代之的是凭靠暴力的统治。因为一旦民众惯于免费获取食物、期待免费获得日常需要，并发现某个支持他们事业的人——一个野心勃勃、胆大包天之人，此人此前由于贫穷被排除在政府职位之外——他们就会在此人领导下凭靠暴力建立统治：他们成群结队搞谋杀、驱逐、重新分配土地，直到完全变成一群野兽，再次找到一位强人和主人。

这就是诸政制的循环（ἀνακύκλωσις）过程，在这一过程中，诸政制自然而然地发展、变质，然后重新开始循环。透彻掌握这一理论的人，兴许无法对政制转变何时发生做出绝对无误的预测，但是，只要他的判断不受愤怒或怨恨的干扰，他在判断一种政制处于上升还是衰败阶段，或它接下来将经历何种变化时，几乎不会出错。总之，就罗马政制而言，这种理论赋予我们理解它的形成、发展、臻至顶峰，预测它在未来衰败的绝佳机会。正如我不久前说过的，罗马政制是那种其形成和发展从一开始就出自自然的政制的绝佳范例，因此它的衰败也将遵从自然规律。后面有机会我会展开论述这个论点。①

［10］接下来，我将简述吕库古斯的立法，它绝非与我的目的不相关。吕库古斯深谙我刚刚叙述的自然进程不可阻挡，深知每种政制要是不混合其他政制、仅凭它本身的原则非常不稳定，因为用不了多久，每种政制皆会堕落为其与生俱来的邪恶形态。正如铁锈是铁固有的腐蚀物，蛀虫和蚀船虫是木头固有的腐蚀物，即便铁和木头不受任何外在因素的影响，它们也会被自己

---

① 很遗憾，这部分内容已经遗失。

固有的腐蚀物毁灭。每种政制皆有与生俱来、不可分割的邪恶形态。对王制而言，是僭主制；对贵族制而言，是寡头制；对民主制而言，是野蛮的暴力统治的形态。依照我刚刚勾勒的理论，每种政制最终都会不可避免地退化为其邪恶形态。

作为一种预防措施，吕库古斯创立的政制不是基于单一原则。他把三种基本政制的优点和独特特征混合，意图阻止每种政制过度发展继而堕落为其邪恶形态。他让每种政制的潜能受到另外两种的制衡，所以它们永远都不会超过另外两者；他希望这种混合政制永久持续，并基于互惠原则保持高度平衡和均衡。国王由于恐惧民众而避免变得专横，因为民众在政制中也占据相应份额；反过来，民众由于恐惧长老们，也被阻止蔑视国王，长老们必须忠于正义，因为他们被选入长老院的标准是品行。这意味着，斯巴达政制中由于保守而处于弱势的那部分，[①]因长老们的偏爱和倾向而得到补充和加强。结果是吕库古斯创立的这种政制让斯巴达在历史上保持独立的时间要比其他任何邦国都要长。

吕库古斯凭借他的理智预见到每种政制的本性如何决定其开端和结束。他没有经历整个循环过程，就创立了斯巴达政制。但是，罗马政制则不然，即便罗马人也创立出混合政制，它也不是理性谋划的结果，而是经历诸多斗争和考验的结果。每一次，他们都运用从挫折中获得的知识做出最佳选择，以此获得与吕库古斯一样的结果，让他们的政制成为当今天下的最佳政制……

三、罗马古史考

[11a1] 包括迈加洛波利斯的珀律比俄斯在内的一些人

[①] 珀律比俄斯指的是斯巴达政制中的王制成分，它需要得到长老院的支持。

说，帕拉蒂尼（Pallantium）得名于一位死在那里、名叫帕拉斯（Pallas）的年轻人。他们说，帕拉斯是赫拉克勒斯和拉维妮娅（Lavinia）之子，拉维妮娅是拉丁努斯（Euander）①之女。帕拉斯的外祖父将他葬在山上，用他的名字将山命名为帕拉蒂尼。（哈利卡纳苏斯的狄奥尼修斯，《罗马古史》，1.31.5）

[11a2] 我认为像迈加洛波利斯的珀律比俄斯那样，说罗马于第7个奥林匹亚年的第二年（公元前751/750年）建城是不对的，也不认为只对祭司们保留的铭文给予无限信任是正确的。（哈利卡纳苏斯的狄奥尼修斯，1.74）

[11a3] 厄利斯人阿里斯托德莫斯（Aristodemus of Elis）说，将奥林匹亚竞技会冠军的名字用文字记录下来的惯例始于第27届。在那之前，没有冠军名字的记录，因为早期的人们对此不关心。在第27届奥林匹亚竞技会上，厄利斯人克罗伊博斯（Coroebus）成为田径比赛的冠军，是第一位被记录名字的冠军。这届奥林匹亚竞技会随后被视作第一届（公元前776）。从此，希腊人以之计算年份。此说法出自阿里斯托德莫斯和珀律比俄斯的史书。

[11a4] 如珀律比俄斯在其史书卷六所述，罗马妇女被禁止饮酒，但是她们可以喝名叫帕索斯的饮料。这种饮料由干葡萄酿制而成，味道近似埃格斯忒涅人和克里特的甜酒。因此，罗马妇女口渴时就喝这种饮料。罗马妇女若是饮酒，必被发现。原因有如下几点。第一，她们没有酒窖的钥匙；第二，她们每天首次遇到丈夫以及包括丈夫堂兄弟在内的亲属时，必须亲吻他们。她们由于不知道会遇到谁，所以必须谨慎小心，因为她们即便只喝一点酒，亲吻时也会被闻到酒味。（雅典奈乌斯，《欢宴的智术师》，10.440e）

[11a5] 依照我们卓越的珀律比俄斯的说法——在探究古代

---

① [英译注] Euander是拉丁努斯的希腊文转写。

方面没人比他更细致，努马·庞皮留斯（Numa Pompilius）平静和睦地统治39年后去世。（西塞罗，《论共和国》，2.27）

［11a6］珀律比俄斯在其史书卷六说，安库斯·玛尔基乌斯（Ancus Marcius）在台伯河畔建立奥斯提亚城。（拜占庭的斯特法涅斯［Stephanus of Byzantium］，①"奥斯提亚"词条）

［11a7］科林多人德玛拉图斯（Demaratus）之子卢西乌斯（Lucius），决定前往罗马。②他相信凭靠自己的才干和财富，会在罗马赢得重要地位，此外他还有一位在其他方面很有益处的妻子，她随时准备在任何事业中成为他能干的助手。抵达罗马并获得公民权后，卢西乌斯立即跟随当时的国王。不久，由于富有和天生聪慧，不过最重要的是由于年轻时接受过良好的教育，他赢得国王的好感和信任。随着时间流逝，他竟取得这样大的权力，以至他开始与马尔基乌斯共同治理罗马。由于他在治理国家方面能力出众，乐于助人，又由于他加入那些需要帮助者的行列，竭力获得对他们有用的东西，并一直慷慨及时地用他的财富满足他们的需要，卢西乌斯赢得很多人的感激，得到所有人的信任，最后成为国王，以美德闻名。

［11a8］像谨慎且明智之人那样行事：像赫西俄德一样认识到一半远胜整体。③

［11a9］学会对诸神诚实是与人打交道时保持诚实的动力。

［11a10］在人类的大多数事务中，那些凭自己获得某种东西的人一心想保持它，那些通过继承得到某种东西的人则倾向于挥霍。

---

① ［英译注］6世纪拜占庭的文法学家，著有一本名为《民族志》（Ethnica）的地理词典，词典只有少量残段存世。

② ［英译注］一个古老的虚构故事把卢西乌斯·普里斯库斯（Lucius Tarquinius Priscus）说成科林多人。

③ 赫西俄德，《劳作与时日》，40。

四、两条无法确定位置的残段

[11a11] 那些立志追求卓越的人，必须从童年做起，特别是在男子气概方面。

[11a12] 珀律比俄斯在其史书卷六说，沃尔西（Volci）是埃特鲁里亚的一座城。（拜占庭的斯特法涅斯，"沃尔西"词条）

五、处于顶峰的罗马政制

[11] ……从薛西斯入侵希腊30年后起，罗马政制的各部分不断完善。在汉尼拔战争期间，罗马政制达至顶峰。我正是在那个时刻中断我的叙述，转而离题论述罗马政制。我已经叙述它的形成，眼下我将解释坎尼之役失败后，罗马人处于最低谷时罗马政制的状况。

我非常清楚，在罗马政制中长大之人会发现我的描述不完整，因为我略去一些细节。① 这类人从小就熟悉罗马政制的习俗和律法，对这种政制了如指掌，所以他们不会被我的论述之广度震撼，而是想看到罗马政制的所有细节样样俱全。这类人不会想到作者会故意略去次要主题，例如，如果作者略去一些事情的背景和后来的演变，他们就认为这是由于作者无知。如果我的论述涵括那类细节，他们也不会注意，因为它们微不足道且琐碎，但是，一旦略去它们，他们就会抗议，仿佛那类细节至关重要。这一切都是因为他们想显得比作者更渊博。一个优秀的评论家应依照作者写下的东西评判他们，而不是依照他们省略的东西评判。如果这位评论家发现一部书错误百出，他有权认为作者遗漏某些东西是源于无知，但是，如果他发现作者的叙述

---

① 此处清楚表明，珀律比俄斯的写作对象还包括罗马人。

准确无误，他就必须承认作者略去某些东西是故意为之，而非出于无知。

对那些热衷炫耀而非秉持公正的评论家来说，这就是我的回应……语境也决定一部作品的某些段落应受称赞还是被谴责。若是脱离语境，将某个段落置于不同的场合，即便最优秀、最可靠的作品也常常显得不仅不可接受，甚至难以忍受……

罗马政制有三个基本组成部分，即我前文所述的三种基本政制。这三种基本政制的每一种都被公平且适当地用于对一切事项的治理，以至土生土长的罗马人也很难说他们的政制是贵族制、民主制还是王制。这不值得惊讶，罗马政制的面相取决于观察者关注的部分，如果关注执政官的权力，罗马政制显得是王制；如果关注元老院的权力，罗马政制显得贵族制；如果关注平民的权力，罗马政制显得是民主制。由于情况迄今几乎没有变化，这三个部分各自的权力范围仍然如故，详情如下。

[12] 执政官在罗马期间——领军外出征战前——是所有公共事务的最高权威。除保民官外，所有官员皆服从他们，执行他们的命令。外邦使团由执政官领到元老院。执政官提出需元老院紧急商议的议题，全权负责执行元老院的决议。此外，执政官还负责处理需平民大会批准的一切国家事务，如召集平民大会、提出议案、召集平民做出决议。至于战争准备和战场上的一切行动，执政官的权力几乎不受限制：他们有权随心所欲地对盟友发号施令、任命军团长、征召军团、挑选最合适之人随军；外出作战时，他们有权惩罚所有部下；他们还有权动用国库资金以满足战争需要。虽有一位财务官随军出征，但他几乎不可能拒绝执政官的要求。这一切意味着，如果有人格外关注罗马政制的这个部分，他就可合理地认为，罗马政制是纯粹的强人制或王制。这些职权或我即将讨论的职权很可能在我们的时代或未来时代发生变化，但那不会影响我眼下分析的有效性。

[13]元老院最重要的职能是掌管国库,即元老院负责国家的全部收入和几乎所有开销。除执政官用于战争的开销,财务官若在其他事项上花钱,必须先得到元老院的正式批准。监察官负责每五年重修、重建公共建筑,这项事业开支巨大——这是罗马最大的开销事项,也由元老院掌控,只有得到元老院的授权,监察官方可开始。同时,所有在意大利发生的需要公共调查的罪行,如叛国、谋反、群体中毒和派别谋杀,皆属元老院管辖。如果意大利的个人或共同体需要仲裁、控诉、援助或保护,所有这类事务也由元老院负责。此外,对意大利之外的地区,元老院负责遣使仲裁争端、提供建议、提出要求、接受投靠、宣布战争。与之类似,外邦使团从海外抵达罗马,由元老院全权决定给他们何种待遇、如何回复他们。这些事项皆没有民众的份,所以,若一位异邦人来访罗马,而执政官恰好外出征战,他会认为罗马政制是不折不扣的贵族制。的确,这正是希腊人和诸王国给人的印象,因为它们的几乎所有事务皆由元老院处理。

[14]考察过执政官和元老院后——尤其是元老院,它掌管我刚刚提及的所有事项,最重要的是掌管着国家的全部收入和开支,而执政官在战争准备和野外作战事务上则有无限权力——有人可能会好奇罗马政制还有什么权力留给平民。罗马平民在政制中的确发挥着作用,且是非常重要的作用,因为他们掌管赏罚。罗马政制并没有对赏罚的特殊规定,但若是没有它们,人的生活本身都不会有凝聚力,更别提国家和政制会有凝聚力。若高贵与卑劣之间的差别被忽视,若即使认识到它们的差异却没有公正地赏罚,任何事业都不会有好结果。若坏人和好人得到同等的评判,事业怎么可能会有好结果?所以,罗马平民负责审理需支付巨额罚款的案件——尤其是被告担任高官的案件——和需处以死刑的案件。审理死刑案件时,罗马人有一种值得称道的做法。如果一人被判死刑,依照罗马惯例,只要有权批准判决的部族中有一个没投赞成票,被告就被允许离开罗马,且是公开离开。其效

果仿佛是被告故意选择被放逐。被放逐者可在如那不勒斯、普莱涅斯特（Praeeste）、提布尔（Tibur）等城市避难，罗马与这类城市签有条约，允许它们这样为他们提供庇护。

此外，罗马平民分配官职给配得上的人，这正是一个共同体对美德的最高奖赏。他们还负责评估立法，最重要的是，他们有权批准开战与否，有权批准或废除盟约、协定和条约。所有这一切意味着，我们可以合理认为罗马平民的职权至关重要。从这个视角来看，罗马政制是民主制。

[15]我已表明三种基本政制如何构成罗马政制，接下来，我将解释它们如何依照自己的意愿与另外两个合作或对抗。

执政官领军出发后，似乎有绝对权力执行他的任务，因为他被授予我上文提及的那些权力，但是，他实际上仍需要平民和元老院支持。若没有平民和元老院的支持，执政官不可能完成他的任务。理由如下。第一，不言而喻，执政官需要为他的部下提供源源不断的补给，如谷物、口粮和军饷，但这些皆需得到元老院的同意。如果元老院阻挠，执政官的任何作战计划都是徒劳。第二，元老院有权推动或阻碍执政官完成他的作战计划，因为执政官任期即将结束时，元老院有权决定派人接替他还是允许他继续保留指挥权。第三，元老院有权决定为执政官取得的任何胜利举行凯旋式，或贬低他的胜利。举行凯旋式是一位执政官在同胞面前展示他的辉煌胜利的机会，而凯旋式是否盛大、能否举行，全看元老院是否愿意提供资金。

对执政官来说，把平民放在心里同样非常重要，不管他率军离家有多远。如我前文所述，平民有权批准或拒绝协定和条约，最重要的是，执政官卸任时，必须接受平民对他任期内的行为的审议。因此，执政官若忽视元老院和平民的支持，会极不安全。

[16]元老院虽然权力巨大，但是在政治上必须特别关注平民，听从平民的意愿。元老院影响最深远、最重要的任务，包括

调查和惩罚政治犯罪、判处死刑。若元老院就这些事务草拟的命令不能得到平民大会的批准，则这类事务根本不能顺利完成。对那些直接影响元老院本身的事务同样如此：平民大会有权批准或拒绝元老院提出的事关元老院成员的法令，如剥夺元老院的一些传统职权，或废除元老们诸如有权在剧场挑选座位的特权，或削减他们的收入。最重要的是，如果保民官动用他的投票权，那么元老院不仅不能完成议事，甚至不能举行会议，而保民官必须始终执行平民的决议，顺从平民的意愿。基于上述理由，元老院恐惧民众，无法忽视平民大会。

［17］罗马平民的处境相同：他们依赖元老院，必须服从元老院。罗马平民不仅必须在公共事务上服从元老院，而且在私人事务上也得服从，因为整个意大利多到难以计数的建筑工程，即监察官负责修葺和新建的公共建筑工程，皆由监察官承包给私人。此外，罗马直接控制的所有财产，如通航河流、港口、庄园、矿产和农庄等，全都由平民承担经营，所以，可以毫不夸张地说，几乎每个人都参与这类合同的招标，从中获益。事实上，有的平民向监察官购买工程合同，有的平民是工程的主要合伙人，有的平民是合同买卖的担保人，有的甚至将财产抵押给国家以得到合同。

元老院掌管所有这类事务。元老院有权延长还款期限；在紧急情况下，有权降低利息；如果证明承包商无法履行合同，元老院可终止合同。事实上，元老院有很多方法让那些经营国家财产的人遭受大亏损或挣大钱，因为元老院在这类事务上有最终决定权。元老院在这个方面最重要的职权是，绝大多数涉及重大利益纠纷的商业诉讼，不管是私人诉讼还是公共诉讼，其法官皆出自元老院。因此，每个平民都不可避免地依赖元老院，他们都面临一种令人忧虑的可能，即他们有一天会需要元老院的帮助，所以小心翼翼地不做任何忤逆元老院意志的事情。出于同样的原因，平民也不会反对执政官的计划，因为当外出征战时,每个平民,不管是个人还是群体,皆必须服从执政官的权威。

[18]因此,罗马政制的三个组成部分在很大程度上可互相阻挠或互相帮助。三部分组成的整体可面对遇到的一切情况,这就是使它成为最佳政制的原因。例如,当来自海外的巨大威胁出现时,只要三个部分通力合作、齐心协力,罗马就可获得巨大威力:首先,由于争先恐后、想方设法应对危局,每个人在公共和私人两个方面合作完成手头任务,所以根本不存在无法应对的情形;其次,决策和行动皆非常迅速。这赋予罗马独有的特征:它不可战胜,并能逐一实现它为自己设定的所有目标。

假设外部威胁已经解决,罗马人开始收获胜利带来的成功和财富（εὐτυχίας καὶ περιουσίαις）,享受这种繁荣（εὐδαιμονίας）;假设这种生活逐渐冲昏他们的头脑,懒散像它惯有的那样,让罗马人变得傲慢和目空一切。在这种情况下,罗马凭靠自己的资源自救的方式一目了然。假设罗马政制的三个组成部分,都出于对自身地位至关重要的夸大想象,想扩展自己的权力,压过另外两个部分——显然,没有哪个部分会如此膨胀或放肆,因为如我刚刚解释的那样,它们每一个皆不自足,它们每一个的意图都会受到另外两个的制衡和阻碍。所以,每个部分皆待在其指定位置,要么是因为扩张权力的冲动受到遏制,要么是因为从一开始就恐惧被另外两部分压制……

六、罗马军事体系

[19]年度执政官选出后,他们接下来任命军团长,其中有14位从服役5年的士兵中选出,其他10位从服役10年的士兵中选出。至于普通士兵,骑兵需服役10年,步兵在46岁之前需服役16年。这条规定不适用于财产低于400德拉克马的人,后者全部进入海军服役。情况紧急时,步兵服役的最高年限会被延长至20

年。凡服兵役未满10年者，不得担任任何官职。[①]

执政官每年在平民大会上宣布所有适龄青年必须登记服役的日期。指定的那天到来后，需服兵役的人抵达罗马，在卡皮托山集合。那14位资历较浅的军团长依照执政官任命他们时的次序，分成四组，之所以要分成四组，是因为罗马军队基本且主要的划分是四个军团。首先被任命的四位军团长到第一军团，接下来的三位到第二军团，再接下来的四位到第三军团，最后三位到第四军团。那十位资历较深的军团长，依照被任命时的次序，前两位到第一军团，接下来的三位到第二军团，再接下来的两位到第三军团，最后三位到第四军团。

[20]众军团长以如此方式被分配到各个军团，每个军团的军团长人数相等，接下来，他们依照军团顺序分开。接着，各军团军团长抽签从各部族挑选士兵，依照抽签顺序把他们一个一个叫到跟前。每个部落同时选出年龄和身体状况相近的四人。这四人来到军团长面前，第一军团首先挑选一个，接着第二军团挑选一个，第三军团挑选一个，最后一个归第四军团。第二批四人组到来时，变成首先由第二军团挑选，然后依照军团次序进行，第一军团最后挑选。第三批四人组到来，轮到第三军团首先挑选，第二军团变成最后挑选的军团。挑选士兵就以这样的方式有序轮转，每个军团最后的人数相等。每个军团规定的步兵人数是4200人，非常时期则会达到5000人。罗马人过去的做法是，步兵挑选完毕后，接着挑选骑兵，但是现在顺序倒过来，他们首先挑选骑兵，方式是监察官依照财产多少进行挑选。每个军团配备300名骑兵。

[①] [英译注]珀律比俄斯此处关于罗马兵役的说法有些含混。普鲁塔克认为在格拉古时代，正常兵役期是10年，16年的兵役期是奥古斯都时代的要求。罗马人从17岁始服兵役，服役未满10年不得担任公职的限制，意味着罗马人至少到27岁才可担任公职。

[21]征召程序结束后,各军团的军团长令自己军团的士兵集合。军团长从每个军团挑选一位最合宜的士兵,令他在自己的军团面前宣誓服从军团长,尽其所能执行军团长的命令。其他士兵接着依次出列宣誓,宣誓内容和第一位士兵完全相同。

与此同时,执政官写信告诉意大利各盟友城市的统治集团需要为战争提供的部队,包括他们需派出多少部队、何时以及在哪里与罗马军团会合。各盟友用同样的方法征召士兵和发誓,任命一位军需官和指挥官,然后派部队出发。

在罗马,士兵宣誓完毕后,军团长会告知所属军团士兵无需携带武器和装备集结的时间和地点,然后暂且解散军团。当士兵遵从命令再次集结后,军团长挑出最年轻、财产最少的士兵组成轻步兵部队(velites);从下一个年龄段挑选士兵组成青年兵(hastati),挑选正值壮年的士兵组成壮年兵(principes),挑选年龄最大的士兵组成盛年兵(triarii)。这就是一个罗马军团四个部分的名称,每个部分不仅年龄不同,而且武器和装备也不同。军团长要确保挑选的结果是,盛年兵为600人,壮年兵为1200人,青年兵为1200人,剩下的士兵即年龄最小者组成轻步兵部队。如果一个军团超过4000人,军团长会按比例增加各部分的人数,只有盛年兵除外,它始终保持600人。

[22]军团长命令轻步兵装备一把短剑、一支标枪和一面盾牌。盾牌成圆形,非常坚硬,很大,直径有3尺,能很好地保护身体。轻步兵还装备一顶没有装饰的头盔,士兵们有时用狼皮之类的材料包裹头盔,这样做既可保护头盔,又是一种标志,资历较浅的军团长在战斗时通过这类标志可以判断谁表现英勇,谁表现懦弱。标枪的木柄长约3尺,粗有一指宽。标枪的枪头有一掌长,被锤打得很尖,一次撞击必定弯曲,这样敌人就不能把标枪扔回来,否则敌我双方皆可运用这种武器。

[23]青年兵被要求全副武装。依照罗马人的标准,全副武装的第一项装备是一顶曲面盾,2.5尺宽,4尺长,中间曲面处有

一掌厚。这种盾牌由两层木板黏合而成,外层由帆布和牛皮包裹,上下边缘有铁镶边,既可保护盾牌免受剑向下的砍伤,当盾牌抵在地面时,又可免受损坏。盾牌还有一个铁头附在表面,可以转移石头和长矛等危险投掷物可能造成的致命打击。全副武装的第二项是一把剑,这是一种伊比利亚剑,挎在身体右侧。这种剑的剑尖非常锋利,两侧也是锋利的刃,剑身坚硬有力。全副武装还包括两支投枪、一顶铜盔和护胫甲。

第三项装备是两支投枪,一支较粗,一支较细。较粗的那支的木柄要么是圆的,要么是方的,不管是哪种形状,皆一掌粗。较细的投枪大小类似中型狩猎长矛,它不是较粗投枪的替代品,而同样是标准装备。两支投枪的木柄皆3肘尺长,配备一个带刺的铁尖,铁尖的长度与木柄一样。铁尖与木柄连接得非常牢固——方式是在木柄中间开槽,用铆钉将铁尖紧紧固定在恰当位置——以至铁尖在使用后且松动前就会折断,甚至在铁尖与木柄连接处都有一指半粗。这表明铁尖与木柄的连接设计得极好。

方阵步兵所戴头盔有羽毛饰品,即盔顶耸立三根红色或黑色的羽毛,约一肘尺高,其高度超过其所有武器,让士兵看起来比实际身高高一倍。这让罗马士兵威风凛凛,让敌人心生恐惧。普通士兵的最后一项装备是一块方形金属甲,放在心脏部位,称作护心甲。但是,那些财产超过10000德拉克马的人戴的不是护心甲,而是一套锁子甲。壮年兵和盛年兵的装备与青年兵一样,唯一的差别是盛年兵所携的是常规刺枪($\delta o\varrho\acute{\alpha}\tau\alpha$),而非投枪。

[24] 军团长按功绩为各个部分(轻步兵部队除外)挑选十名队长($\tau\alpha\xi\iota\acute{\alpha}\varrho\chi o\upsilon\varsigma$),然后再挑选十名队长。第一个被挑选的队长可列席军事会议。然后这些队长再任命同样数量的殿后官($o\grave{\upsilon}\varrho\alpha\gamma o\acute{\upsilon}\varsigma$)。接下来,军团长和队长一起把每个部分(轻步兵部队除外)分为十队,每队配备两名队长和两名殿后官。轻步兵部队也分成十队。这些队被称作团($\tau\acute{\alpha}\gamma\mu\alpha$)或连($\sigma\pi\epsilon\tilde{\iota}\varrho\alpha\nu$)或旗队

（σημαίαν），他们的长官则被称为百夫长（κεντυρίωνας/centurions）或队长（ταξιάρχους）。各队队长再选出两位能力出众、勇敢无畏的士兵作为每个连队的掌旗兵（σημαιαφόρους）。

之所以为每个连队配备两名队长，是因为永远无法预知既定的队长在战场上会如何行动或发生什么意外。战争不容任何借口，罗马人希望每个连队在任何时候都有队长统领。若两位队长同时在任，首先被任命的那位负责指挥连队的右边一半，随后被任命的那位负责指挥连队的左边一半。若其中一人不在，则另外一位指挥整个连队。在罗马人看来，理想的队长是天生的领兵者，他灵魂刚毅坚定且朴实稳重，而非那种好冲动、爱冒险之人。罗马人更喜欢看到队长即使面临敌人压力和失败时仍能稳住阵脚，死守阵地，而非主动发起攻击和战斗。

[25]骑兵同样被分为十个分队（ἴλας）。军团长为每队任命三名队长（ἰλάρχας），这三名队长分别任命三名殿后官。第一位被任命的队长负责指挥整队，另外两位分别指挥一个十人队，不过这三名队长皆被称作十夫长（δεκουρίωνες/decuriones）。如果第一队长不在，第二队长接替指挥整个分队。

罗马骑兵当今的装备与希腊骑兵一样。然而，他们过去不穿甲胄，而是着轻便的衣服战斗。这样做的好处是能灵巧地上马、下马，不利之处是身体缺乏甲胄保护，战斗中很容易受伤。罗马骑兵过去的长矛也不利于作战，这表现在两个方面。第一，他们的长矛很轻，易弯，骑兵很难用它击中敌人，此外战马奔驰导致长矛在击中敌人前就已折断。第二，由于长矛尾部没有装备铁尖，所以只能用一端攻击，一旦折断，就毫无用处。罗马骑兵过去还携带一种包有牛皮的盾牌，形状类似于献祭时用的圆饼，不过，这种盾牌不够坚硬，无法抵御敌人的投掷物，而且一旦粘雨，牛皮就会腐烂脱落，最终变得毫无用处。

但是，实践告诉罗马人他们的骑兵武器存在缺陷，他们很快改用希腊骑兵装备的打造方式。希腊骑兵的长矛坚硬、不易弯曲，可以很好地瞄准目标，能保证第一次攻击的有效性。此外，希腊骑兵的长矛可转过来使用，尾部装有铁尖，这意味着第一次攻击后，可继续进行有效攻击。希腊骑兵的盾牌同样很好，其设计足以抵御投掷物和敌人的击打。罗马人一意识到希腊人在这些装备上的设计更优，便立即效仿。我想说的是，罗马人和其他民族一样，愿意采纳新做法，向其他民族学习如何做得更好。

［26］军团长以这种方式划分军团各个部分的编制，告诉士兵如何装备自己后，会解散士兵，令他们暂时回家。当指定的那天到来，所有发过誓遵守命令的应征士兵必须到执政官指定的地点集合。一般而言，每位执政官指挥两个军团和一半的盟军部队，他们令各自部队集结的地点不同。所有士兵必须全部集结，因为唯一可接受的不遵守誓言的理由是凶兆和不可抗力。

盟友的部队需与罗马军团同期抵达集结地，他们的组织和管理由盟军将军（πραίφεκτοι/praefecti sociorum）负责。盟军将军共12位，由执政官任命。盟军将军的第一项事务是从已集结的所有盟军部队中挑选最优异的步兵和骑兵组成一支精锐部队。这支部队即著名的特选部队（ἐκτραορδιναρίους/extraordinarii）。盟友提供的步兵人数与罗马军团人数相同，但是骑兵人数则是罗马骑兵的三倍，三分之一的骑兵和五分之一的步兵被选出组成特选部队。剩余的盟军部队分为两个单位，分别称作右翼和左翼。

一切准备工作完结后，军团长接管罗马军队和盟军，进行扎营。罗马人只有一种简明的扎营方案，用于所有环境和地形，所以我认为，眼下是一个合适的场合，可向读者描述罗马军队行军、扎营、列阵的做法，只要能用言辞表达出来。读者要做的只是阅读我的描述，如此就能成为一个重要且有价值的主题的行家。难道有人竟如此厌恶取得光辉、令人钦佩的业绩，拒绝耗费一点精力去理解如此重要的事情？

［27］罗马人扎营的方式如下。扎营地选定后，视野最佳、最便于沟通的位置放置执政官的营帐。方式是在打算建立执政官

营帐之地竖立一杆旗,然后绕着旗子量出一块方形区域,每条边的中点距离旗子100尺,整个区域的面积为40000平方尺。沿着这个方形区域最适宜外出搜粮和取水的方向,军团营区的安排如下。

如我不久前所说,每个军团有6名军团长。因为每位执政官总是指挥两个罗马军团,所以显然每位执政官麾下有12名军团长。罗马人将12名军团长的营帐呈直线排列,与执政官营帐所在方形区域上被选定安排全军营区方向的那条边平行,且距那条边50尺。中间的空地放置军团长的辎重行李,如他们的马匹、驮兽等等。军团长营帐背朝执政官营帐区,面朝前方——从现在起,我会把这个方向称作前方。军团长营帐以相等的间距排列,其具体的距离由下述事实决定:12顶军团长营帐必须与罗马军团营区所占空间的宽度相等。

[28]接着,罗马人从军团长营帐线向前方量出100尺,然后划一条与军团长营帐平行的线,这条线是安排军团营区的起始线。军团营区的布局如下。罗马人在这条起始线的中点划一条垂直于它的线,两个军团的骑兵在这条垂直线两侧面对面扎营,中间留有50尺宽的距离,两侧营帐分别距离那条垂直线25尺。① 步兵营区与骑兵营区布局相同,每个骑兵分队或步兵连队的营区整体呈长方形。每个长方形营区前有一条通道,临通道的那一侧的长度是固定的,准确来说是100尺。罗马人也常常让这种长方形营区的宽度达到100尺。当使用规模更庞大的军团时,罗马人会成比例增加这种长方形营区的长度和宽度。

[29]骑兵营区沿着军团长营帐线的中点向前延伸,形成一条与军团营区起始线和军团长营区前面宽100尺的区域相垂直的通道。事实上,通道的布局方式使它们极其像街道,每个骑兵分

---

① 军团营区的整体布局是,以这条垂直线为界,两侧各安排一个军团扎营。

队或步兵连队就在街道两侧扎营。盛年兵营区是个例外，不过其基本布局类似：盛年兵在骑兵营区背后扎营，每个盛年兵连队对应一个骑兵分队，二者的营区背靠背排列，中间不留一点空间。但是，每个盛年兵连队营帐的宽度是其长度的一半，因为一般而言，盛年兵的人数是军团其他步兵单位的一半。营帐宽度的变化可以确保，当步兵各单位的人数不同时，营区的长度相同。

接下来，在那条垂直线两侧，在盛年兵营区对面50尺处，安排壮年兵扎营。由于两侧壮年兵营区分别与盛年兵营区空出50尺的距离，遂又形成两条通道。与骑兵营区之间的那条通道一样，这两条新通道也与军团长营区前方那块宽100尺的区域连接，与那条军团营区起始线垂直，通向军团长营区对面的方向，我不久前称这个方向为整个营地的前方。壮年兵营区背后是青年兵营区。就如盛年兵营区和骑兵营区的关系，青年兵营区背朝壮年兵营区，中间不留一点空间。由于军团每个部分被划分为10个队，所有通道的长度相同，止于营地前方的同一条线。每条通道两侧最后一个步兵连队或骑兵分队的营帐，面朝营地前方。

[30] 青年兵对面50尺处，安置有盟军骑兵，这样又出现两条通道，这两条通道的开端和终点与前述通道相同。至于盟军的人数，我之前已经说过，盟军的步兵与罗马军团的步兵相同。由于组建特选部队，人数减少了五分之一，且特选部队还包括三分之一的盟军骑兵，所以盟军骑兵眼下是罗马骑兵的两倍。留给盟军骑兵的营区很宽，其比例与他们的人数相应，这样就可确保他们营区的长度与罗马军团营区的长度相等。现在军团营区已经出现五条通道，盟军步兵则紧挨着盟军骑兵扎营。与盟军骑兵类似，盟军步兵也依照他们人数的比例增加营区宽度。盟军步兵营区背对盟军骑兵营区，这样盟军步兵直接面朝营地的栅栏。

在每个连队的营区，两位队长的营帐分据首尾。营地的基本布局如我刚刚所述。不过，罗马人要求军团各个部分的第五步兵连队和第六步兵连队、第五骑兵分队和第六骑兵分队之间空出50尺的距离，这样又出现一条贯穿营地的通道，与前述五条通道垂直，与军团长营区平行。罗马人称这条通道为第五通道，因为它紧邻第五步兵连队和第五骑兵分队。

[31]军团长营区背后，紧挨执政官营区的是市场，执政官营区的另一侧是财务官金库和军需库。军团长营区两翼侧后的营地，供从特选部队挑选的一支骑兵分队和那些应执政官要求自愿加入远征之人扎营。这些单位在营地两侧边缘扎营，要么面对财务官金库，要么面对市场。一般而言，这些人不仅扎营时挨着执政官营帐，而且在行军和其他环境下，他们唯一的职责也是照看执政官和财务官。与这些单位背靠背扎营从而面朝营地栅栏方向的是，与精选骑兵分队同负有护卫职责的步兵分队。

接下来，罗马人在执政官营区背后空出100尺宽的通道，这条通道与军团长营区背后的市场、执政官营区和财务官金库平行，贯穿整个营地。在通道外侧安排特选部队的骑兵扎营，营区面朝市场、执政官营区和财务官金库。特选部队骑兵营区中间空出一条50尺宽的通道，正对执政官营区，通向营地的后方，与我刚刚提及的那条100尺宽的通道垂直。特选部队的步兵与骑兵营区背靠背、面朝整个营地后方的栅栏扎营。特选部队营区左右两侧剩余的、靠近营地边缘的空间，留给那些临时加入大军的外邦人和盟友的部队扎营。

最后，整个营地的形状呈正方形，通道的布局使之类似于一个城镇。营区和营地每侧栅栏之间留出200尺的空间，这个空间有许多重要的功能。例如，它对全军进出营地至关重要，即每个营区的士兵皆可通过各自门口的通道抵达这个空间，否则如果他们涌入同一条通道，必将导致拥挤和混乱。此外，罗马人还可在夜里把自己携带和从敌人那里偷来的牲畜圈养在这个空间。不过，这个空间最重要的功能是，在罗马人遭受敌人夜袭时，保护其免受敌人火球或投掷物的伤害，因为只有极少的人能投那么远，而且在任何情况下，由于营区周边这块巨大的空地，敌人的火球或投掷物基本上不会造成伤害。

［32］任何人只要清楚一个罗马军团的步兵和骑兵人数——不管是4000人还是5000人，还知道每个连队营区的占地面积、连队的数量、次要通道和主要通道的面积以及所有其他细节，并且愿意在这件事上花点精力，都可计算出整个营地的面积和总周长。

有时，盟军部队的人数特别多，要么是从一开始就加入远征，要么是临时加入。如果额外的部队是临时加入，罗马人会将市场和财务官金库营区的面积缩减到它可运作的程度，然后把这些额外临时加入的部队安排在执政官营区两侧。如果从远征开始盟友部队的人数就很多，罗马人会在军团营区两侧、靠近营地边缘的地方再造出两条通道，安排这些部队扎营。

如果两位执政官率4个军团一起扎营，营地的基本布局如上文所述。两支军队会背靠背扎营，即两支军队的特选部队营区彼此相邻，我之前称这个方向为整个营地的后方。这样，整个营地就会变成长方形状，面积是上文所述营地的2倍，周长则是其1.5倍。如果两位执政官一起扎营，就是这种布局。但是，如果他们让各自军队分开扎营，布局基本保持不变，唯一的变化是，他们把两军的市场、财务官金库和执政官营区安排在两军之间。

［33］营地安排妥当后，军团长召集所有人在营中集合，包括奴隶和自由民，要求他们挨个发誓。他们要发誓不在营地内偷盗，把发现的任何东西交给军团长。军团长接着为每个军团的青年兵和壮兵年连队分配任务。两个连队负责照看军团长营区前的区域。由于大多数士兵都在这个区域度过白天的时光，所以他们为了自己的便利，总是确保给这个区域洒上水并清扫干净。

剩下的18个连队，每三个一组分配给诸军团长。每个军团有六名军团长，20个青年兵和壮年兵连队。三个一组的连队需轮流为军团长服务：扎营时，负责搭建军团长的营帐、平整地面，如果军团长的驮兽需要围栏保护，也是由他们负责建造。三个一组的连队还需各为军团长提供两支哨兵队，每支四人，两名卫哨军团长营帐前方，两名在军团长营帐后、紧靠军团长马匹处站岗。每名军团长有三个连队为他服务，每个连队人数超过100——盛年兵和轻步兵不被计算在内，他们无需履行这一义务——所以，这项工作并不繁重：每个连队每三天才值班一次。但是，从军团长的视角来看，这项服务不仅必要，而且可维持他的职务的尊严和威望。

盛年兵无需为军团长服务，但是他们每天要为骑兵部队提供一支哨兵队，即每个连队要为该连队营区背对着的骑兵分队提供一名哨兵。这支哨兵队的职责是照看马匹，确保马匹既不会因被缰绳缠住腿而变瘸，也不会因挣脱缰绳冲出马圈，给营地造成混乱和骚动。最后，所有步兵连队皆需轮流派人为执政官站岗，这不仅可保护执政官，而且可凸显他的职务的尊荣。

[34] 营地防御工事栅栏和壕沟的建造，由盟军部队和罗马军团一起负责。盟军负责建造他们驻扎两侧的工事，罗马军团则负责另外两侧，每个军团负责一侧，每个连队负责建造一段。各连队队长负责监督工事建造，两位军团长分别负责评估其中一侧工事的整体质量。

军团长还需监督营地内的所有其他活动。12位军团长两人一组，制定一份轮值表，每组负责两个月。轮值的军团长还负责两个月内的一切战斗行动。盟军将军使用同一套系统指挥麾下的盟军部队。

每天清晨，骑兵和步兵的所有队长需到军团长营帐报告，军团长则需先面见执政官。执政官向军团长下达当天需完成的任务，军团长再将命令下达给各队长，各队长再及时把命令下达普通士兵。

罗马人确保夜间安全传递口令（$\sigma\upsilon\nu\vartheta\acute{\eta}\mu\alpha\tau\text{o}\varsigma$）的方式如下。从

各部分的第十步兵连队和第十骑兵分队选出一名士兵,这个连队或分队的营区位于每条通道的末端。该名士兵被免除担任哨兵。每天太阳快要降落时,该名士兵到轮值的军团长营帐报到,接受口令或一块写有口令的木板。这名士兵接着返回自己的连队,在众人见证下把口令板和口令交给紧邻连队的队长,后者再把口令板和口令交给紧邻连队的队长,以此类推。这个传递过程沿着直线进行,最终驻扎在靠近军团长营区的第一连队队长得到口令板,再在天黑前把口令板交还军团长。如果所有口令板被归还,军团长就清楚所有人已接到口令,口令板在所有连队传递完毕。如果有口令板遗失,军团长立即就可查清发生了何种差错,因为从口令板的标记就可判断出哪个部分没有归还口令板。被发现阻碍口令板传递的士兵会遭到应得的惩罚。

[35] 夜哨的安排如下。负责执政官营帐的哨卫需整夜值班,军团长营帐和骑兵营区的哨卫由每个连队轮流派人负责,我上文已描述过。每个连队也需自己派人哨卫自己的营帐。其他地点的哨卫皆由执政官指派。一般来说,三名哨兵守卫财务官金库,两名哨兵守卫外邦使节和军事议事会($\sigma\upsilon\mu\beta o\acute{\upsilon}\lambda\omega\nu$)[①]成员的营帐。营地外侧四周由轻步兵部队负责守卫,他们选出部分士兵整夜巡逻栅栏外侧四周;他们还需派十名哨兵在营地每个门口站岗。无论哪个位置的哨兵队,每个哨兵队负责的那名士兵,夜晚降临后都由所在连队殿后官领到当值军团长的营帐。军团长给这些士兵每人一个刻有字的小木板,每处岗哨一个,然后这些士兵返回各自岗哨。

夜里巡视各处岗哨的任务由骑兵负责。第一天清晨,每个军团第一骑兵分队的第一队长通知他的殿后官,挑选四名骑兵负责夜间巡视。夜晚降临后,第一骑兵分队的第一队长告诉第二分队的第一队长,第二天夜里由他的分队负责巡视。得到这个指令

---

① 议事会成员是执政官的顾问团。

后，第二分队的第一队长再在第二天夜里告诉第三骑兵分队第三天夜里由他的分队负责巡视，以此类推。第一骑兵分队殿后官选出的四名骑兵抽签决定巡视顺序，然后前往当值军团长营帐领取已经写好的指令，指令上已规定他们在什么时间巡视哪个岗哨。然后，这四名骑兵来到第一盛年兵连队营帐处，因为该连队的队长负责吹号，以宣告夜哨开始。

[36]夜哨开始后，抽到首先进行巡视的那名骑兵，在友人的陪同下开始巡视。他需要巡视我上文提及的所有岗哨，不仅要巡视栅栏外和各门口的哨兵，而且要巡视所有步兵连队和骑兵分队营帐的岗哨。在第一处岗哨，如果发现哨兵清醒，他就取走他们的小木板；如果发现有人睡着或擅离职守，他会在前往下一个岗哨前叫陪同的友人见证这个实情。接下来负责巡视的骑兵依照同样的路线进行巡视。如我刚刚所说，每个军团的第一盛年兵连队的队长每天轮流吹号以宣告每班夜哨，这样巡视的骑兵就可依照号声在恰当的时间巡视各处岗哨。

拂晓时分，所有负责巡视的骑兵需把小木板交还给军团长。如果他们交还全部木板，则无需接受质询，可直接离开。但是，如果交还的木板少于岗哨的数量，通过木板上的记号就可查清哪个岗哨玩忽职守。一旦查明，军团长会把相关连队的队长召来，后者带着整个哨兵队前来，在负责巡视的骑兵面前对质。要查明哨兵队是否玩忽职守易如反掌，因为前一晚当值的骑兵可叫来他的友人作证。但是，如果查明哨兵队没有失职，罪责将由巡视的骑兵承担。

[37]众军团长组成的法庭会立即审讯案件，如果被告被证明有罪，他将遭受杖刑（ξυλοκοπεῖται）。这种刑罚的方式如下。当值军团长手持一根木棍，轻触罪犯一下，然后在罪犯经过人群走出营地时，营地内的所有士兵用木棍打或用石头砸他。大多数情形下，罪犯不会活着走出营地，不过，即便能活着走出去，他也没法活命。因为，当罪犯被禁止返回故乡，家人也不敢收留他

时，他怎么能活命？遭受这样的不幸，就等于彻底毁灭。骑兵分队的殿后官和队长若没有在正确的时间下达巡视指令或把巡视任务告知相邻分队，也将遭受这种惩罚。罗马人对违反军规的惩罚如此严厉和残酷，足以确保营地夜哨不出差错。

　　普通士兵向军团长负责，军团长向执政官负责。军团长或盟军部队的盟军将军有权对麾下士兵处以罚款、扣押财产和鞭刑（$\mu\alpha\sigma\tau\iota\gamma\tilde{\omega}\nu$）。杖刑也用来惩罚在营地内偷盗、作伪证、搞同性恋和因同一错误被处罚三次的人。这类罪行及其惩罚就是这样，下述是一名士兵被视作怯懦和耻辱的罪行，如为了获得奖赏，对军团长撒谎说自己作战英勇；被分配到掩护部队，却由于恐惧而擅离职守；战斗时由于恐惧而丢失武器。对惩罚的恐惧有时迫使掩护部队的士兵面对优势敌人时战死在阵地，迫使那些在战斗中丢失盾牌、剑或其他武器的人义无反顾地冲向敌人，希冀通过找回武器或死亡而逃避战友对他的羞辱和蔑视。

　　[38] 如果有大量士兵而非几个士兵犯下这类罪行，例如一整支连队在敌人的压力下放弃阵地，罗马人不会对所有士兵处以杖刑或死刑。他们想出一种既不损害他们的利益，又极具震慑力的办法。军团长令军团集结，让弃守阵地的士兵出列，好让全军皆可看到他们。严厉训斥他们一番后，军团长会从弃守阵地的士兵中抽签选出一些人。他抽出的人数——有时是五人，有时是八人或二十人——不多不少，正好等于罪犯总数的十分之一。被抽中的士兵将遭受残酷的杖刑，剩余的士兵将遭受口粮由小麦替换为大麦、必须在营地外扎营的惩罚。在这种惩罚过程中，每个士兵面临同等风险，同样恐惧被抽中，因为抽签完全是随机的，每个人也同等面临口粮被换成大麦的羞辱。罗马人发明出这种有效的方法来激发恐惧，矫正已造成的灾难。

　　[39] 罗马人还有一套激励士兵勇敢面对危险的卓越机制。若一些士兵在战斗中表现英勇，战斗结束后，执政官会召集全军集合，将表现英勇的士兵叫到全军前面。执政官首先发表演说，

挨个赞美这些士兵，不仅会大加称赞他们的勇敢，而且会提及他们生活中值得效仿的方方面面，最后奖赏这些士兵。

若击伤一名敌人，可获奖一支长矛；若杀死一名敌人且剥夺敌人的武器装备，步兵获奖一个杯子，骑兵获奖马匹饰品，原初这一战功的奖赏也是一支长矛。这些奖赏并非授予常规战斗或攻城战中取得类似战功的士兵，而是授予在小规模激战或在个人冒险并非不可避免的战斗中，主动自愿、不顾危险、奋力战斗的士兵。攻城战中第一个登上城墙的士兵获奖一顶金冠。保护和挽救罗马战友或盟军战友的士兵，不仅会得到执政官授予的类似奖励，而且会得到被救护者献出的一顶金冠，不管被救护者是自愿还是被迫献出。如果他不愿主动献出，军团长经过调查后会强迫他献出。此外，被救护者必须终身敬重他的恩人，在各个方面都要像对待父亲那样对待恩人。

这些激励措施会激励其他人争先效仿，使他们在危险时刻努力出类拔萃。此外，罗马人不仅将这种激励效果加给参加奖励仪式、聆听称赞演说的士兵，而且加给家乡的人，因为受奖励者所获得的赞赏和尊重远不止来自军中战友和家人。只有那些因勇敢被执政官嘉奖的人才有权公开佩戴奖章；返回家乡后，他们有权在献祭游行和阅兵游行中走在前列，引导游行；有权在家中最显眼的位置展示象征他们英勇的奖品。罗马人在军队中对奖惩一丝不苟，这有助于解释他们在战争中取得的巨大成功。

罗马步兵每天的军饷是2欧玻尔（ὀβολούς），[①]百夫长每天的军饷是4欧玻尔，骑兵每天的军饷是1德拉克马。步兵每个月的口粮是三分之二阿提卡斛小麦，骑兵每月口粮是7阿提卡斛大麦和2阿提卡斛小麦。盟军步兵的口粮与罗马步兵一样，但是盟军骑兵的口粮不同，为5阿提卡斛大麦和一又三分之一阿提卡斛小麦。

---

① 古希腊钱币。6欧玻尔等于1德拉克马。古希腊普通劳动人民每天的收入是4欧玻尔。

这些口粮免费供给盟军，对罗马军团士兵则不然，财务官会依照规定的价格，从他们的军饷中扣除他们的粮食、衣服和所有额外装备的费用。

［40］罗马人拔营分三个阶段。第一个信号出发时，拆解营帐——首先拆解军团长和执政官的营帐，正如扎营时首先搭建他们的营帐——每个人打包行李。第二个信号发出时，将行李辎重装载到驮兽上。第三个信号出发时，前锋部队出发，之后全军出发。

特选部队一般位于行军纵队前方，之后依次是盟军右翼、这两支部队的辎重队、罗马第一军团及其辎重队、罗马第二军团，第二军团和盟军左翼部队的辎重队，为行军纵队殿后的是盟军左翼部队。各骑兵分队有时走在所属部队的后面，有时走在各自部队的辎重队的两侧，以确保辎重队驮兽不散开并保护它们。如果行军纵队后方遭遇敌情，则基本的行军序列不变，只是特选部队变为后卫，盟军左翼部队变为前锋。两个罗马军团和盟军两翼部队，每隔一天轮流在前或在后。通过交替在前，就可确保每个部队有均等机会获得未受污染的水源和未被劫掠的庄稼。

如果预见到有敌人威胁，且周边地势开阔，罗马人会采用另外一套行军队形，即青年兵、壮年兵和盛年兵组成三列行军纵队。纵队前方是各个第一连队的辎重队，第一连队后面是第二连队的辎重队，第二连队后面是第三连队的辎重队，以此类推。这种行军队形可使他们依照受到攻击的方向，向左或向右转，然后脱离辎重队，向前迎击敌人。这意味着他们只需很少时间和简单操作就能组成适于战斗的重装步兵方阵——不过，有时青年兵必须绕过兄弟单位方可组成方阵，同时将辎重队和赶车人留在阵线背后，那里正是他们在危险时刻应该待的地方。

［41］当行军的大军快到扎营时间时，一位军团长和被选中的队长先期出发，勘察预定扎营地。如我已经解释过的，他们要

首先选定搭建执政官营帐的区域，以及沿着执政官营帐区的哪侧安置军团营区。接下来，他们首先划出执政官营帐区，然后划出军团长营区的直线，再划出安置军团营区的起始线，这条线与军团长营区线平行。他们还需划出执政官营区背后的区域，我已经细致描述过其布局。

这项工作并不费事，因为这不牵涉复杂的测量，所有数据皆是固定的，军团长和队长们很熟悉。接下来，他们会树立旗子：第一面旗子立在执政官营帐区；第二面旗子立在执政官营区被选定安置营地的那一侧；第三面旗子立在军团长营区线的中点；第四面旗子立在军团营区的起始线中点。标志执政官营区的那面旗是白色的，另外三面旗是红色的。在执政官营帐区背后，他们要么立没有装饰的长矛，要么立不同颜色的旗子。然后，他们划出各条通道的界线，立长矛以标记每条通道的所在。

这些方法意味着大军一抵达扎营地，就可清晰看到营地的概况，营地的整个规划一目了然，因为他们从执政官营帐区的标志，就可推断出其他营区的位置。每个人都清楚自己应在哪条通道边扎营和具体的扎营位置，因为每个人的营帐位置始终固定不变。这就如同一支大军返回母城：返城大军的士兵在城门口分开，准确无误回到家中，因为每个人都知道他的家在城中的位置。这正是一支罗马大军进入扎营地的情形。

［42］我认为，罗马人扎营的方式与希腊人非常不同。希腊军队扎营时，首要考虑是利用地形的天然优势。希腊人这样做有两个原因：第一，希腊人想避开挖掘壕沟的艰辛；第二，希腊人认为人造防御工事弱于天然的地形优势。这不仅影响整个营地的布局，即受制于地形约束，希腊人任何两个营地的形状都是不同的，而且他们必须改变营地细节以适应各种不便利的地形。结果就是，每个士兵都不知道他或他的连队营区的位置。与希腊人相反，为了便利，罗马人不惜忍耐诸如挖掘壕沟的种种艰辛，建立始终如一的营地，每个士兵皆熟悉自己营区的位置。

罗马军队理论（τὰ στρατόπεδα θεωρίας）最重要的方面，尤其是它的扎营方式，就叙述到这里……

七、罗马政制与其他政制的比较

［43］斯巴达、克里特、曼尼提亚和迦太基的政制一直享有盛名，几乎所有史家都提到过它们。有些史家还把雅典和忒拜的政制加上，但我会略过这两个城邦的政制。我认为没必要浪费笔墨讨论这两个没有遵从正常发展过程、顶峰又很短暂的城邦的政制。这两个城邦的衰落也不正常，仿佛是稍纵即逝的机运让它们短暂地达至辉煌，正如俗语警示的那样，它们在处于辉煌的顶峰且拥有光明未来的时刻，经历彻底的颠转。

例如，忒拜人当年利用拉克岱蒙人的愚蠢策略和盟友敌视后者的时机，赢得的卓越名声，实际上归因于两个杰出人物，那两个人物洞察当时形势，抓住机会取胜。忒拜人当时的成功不是归因于他们的政制，而是如机运随后迅速向世人显明的那样，应归因于他们的领袖的品质。因为忒拜的发展、崛起和崩溃正好与埃帕米农达斯和佩洛庇达斯的一生契合，所以我们应该把忒拜当年取得领导权归因于这两人，而不是它的政制。

［44］同样的结论也适用于雅典政制。尽管有人会说雅典有过几个兴盛期，但最光荣的莫过于忒米斯托克勒斯（Themistocles）掌权的那个时期，此后不久，雅典政制固有的反复无常（ἀνωμαλίαν）导致雅典经历彻底的颠转。我之所以说雅典政制反复无常，是因为最契合雅典民主制的比喻是一艘没有船长的船。在这样一艘船上，只要对公海或风暴的恐惧迫使船员们齐心协作、遵守舵手的命令，船员就能出色地履行职责。但是，当没有这样的恐惧时，他们就开始蔑视比他们更好的人，然后内讧开始：一些人想要继续航行，另一些人则竭力让舵手靠岸；一些人展开风帆，另一些人极力阻止，命令收帆。这种内讧和倾轧不

仅让任何看到的人感到厌恶，而且在整个航程中，会给船上的其他人带来致命危险。屡见不鲜的是，即便成功穿过开阔的公海、从最猛烈的风暴中活下来，他们也会在港口或陆地附近沉没。这就是雅典经历过好几次的事。不止一次，民众和领袖展现出的美德使雅典挺过可怕的危机，但是随后它在无风无浪的平静时期，又无缘无故陷入困境。

我无需再多言这两个城邦的政制，它们都由暴民的一时冲动所统治，其中一个的暴民顽固刚愎、性情暴躁，另一个的暴民在充斥着暴力和愤怒的氛围中长大。

［45］至于克里特政制，有两个问题需要注意。第一，为何过去的大多数权威作家，如厄弗儒斯、色诺芬、卡利斯忒涅斯和柏拉图等人，都说克里特政制和斯巴达政制一样？第二，为何他们更推崇克里特政制？

在我看来，他们在这两个问题上皆是错的。接下来，我们辨析一下这两个问题，先从两种政制的差异说起。据说斯巴达政制的独特特征是，第一，他们对土地所有权的规定：没有谁的土地比别人的多，所有公民拥有同等数量的由国家分配的土地。第二，他们对赚钱的态度：斯巴达完全拒斥赚钱，以至收入不平等引起的冲突已被完全排除出斯巴达。第三，斯巴达的国王是世袭制，长老院的成员是终身制，这就是直接或间接负责治理斯巴达的官员。

［46］克里特政制在这三个方面完全相反。在克里特，第一，法律允许民众尽其所能地无限占有土地；第二，赚钱不仅被视作必要之事，而且被视作一个人所能从事的最光荣的营生。这就是克里特人高度重视财富的原因。总之，对财富的贪婪在克里特如此根深蒂固，以至克里特是天下唯一不把追逐钱财视作可耻的地方。第三，克里特按照民主程序每年选举他们的官员。

所以，我常常纳闷，为什么那些作家说这两种截然不同的政制同源且相似。但是，这种观点的拥护者不单忽视了这些显著的差异，他们还补充了一个冗长的论证，大意是说吕库古斯是过去唯一抓住下述关键事实的人：每个政治体的存活（σῴζεται）归结于两个因素，即勇敢抵御外部敌人和同胞间和睦相处。他们说，通过消除贪婪，吕库古斯同时消除了一切内部的不和与纷争。因此，由于拉克岱蒙人摆脱了这些恶，希腊没有哪个城邦在内部治理与和谐方面超过他们。这就是那些作家的论证，但是，尽管他们看到克里特人的贪得无厌滋生出大量纷争、倾轧和内战——既有局部内战又有全面内战，他们仍认为这些恶无关紧要，并大胆宣称两种政制非常类似。叙述这两种政制时，厄弗儒斯甚至用相同的术语描述它们，读者若忽视两地的名称，就很难搞清楚厄弗儒斯谈论的是哪个地方的政制。

这就是我为何认为这两种政制极为不同的原因。接下来，我将解释，我为何认为克里特政制既不值得称赞，也不值得效仿。

［47］我认为，每个国家都是两个因素的产物，这两个因素决定一个国家力量的强弱和稳固与否。这两个因素即习俗和律法（ἔϑη καὶ νόμοι）。如果习俗和律法优良，它们会使公民正派且节制，使国家文明且正义。反之，如果习俗和律法恶劣，就会有相反的结果。因此，我们可以合理推断，有优良习俗和律法的国家的公民本身也会优良，也会有优良的政制，得出下面这个结论也实属合理：如果我们碰到一个国家，它的公民贪婪、国家政策不正义，那么它的律法、习俗和政制便皆恶劣。很难找出哪个地方的人比克里特人在私人生活上更邪恶，在公共政策上更不义。因此，我断定克里特政制不仅与斯巴达政制不同，而且丝毫不值得称赞和效仿，所以我把这种政制从政制比较序列中排除。

接下来，柏拉图的那种政制（τὴν Πλάτωνος πολιτείαν）[①]怎么样，既然它在哲人圈内广受称赞？但是，把这种政制纳入讨论很不公正。我们不会让艺术家或运动员参加竞赛，除非他们取得资格或接受过训练，也不应该让柏拉图的那种政制参加竞赛，争夺

---

① 指在柏拉图《王制》中由苏格拉底创建的哲人王政制。

奖项，除非它证明它能在现实世界运转，或到它能证明这点时再参加竞赛。如果现在拿柏拉图的那种政制与斯巴达政制、罗马政制和迦太基政制进行比较，无异于拿一尊雕像与活生生的人比较。雕刻这尊雕像可能需要高妙的技艺，但是，拿无生命的东西（τῶν ἀψύχων）与活生生的东西比较，必定会让观众觉得荒谬不堪和徒劳无用。

[48] 因此，让我们排除这两种政制，回到斯巴达政制上来。在我看来，吕库古斯用以确保邦民和睦、守卫拉科尼亚安全和维持拉克岱蒙人自治的种种立法和规定，非常高明，令人钦佩，以至我只能认为他的智慧源于神，而非人。土地平等分配、简朴的会餐习俗具有培养节制、消除政治混乱的效果，又通过训练拉克岱蒙人惯于忍耐艰辛和面对危险，让他们变得坚毅勇敢。正如节制和勇敢的结合能抑制邪恶，使个体几乎无法被他人打败，对国家来说，也是如此。因此，吕库古斯基于这些原因创建的政制，使整个拉科尼亚享有稳定的安全，使拉克岱蒙人长期保持自治。

但是，我没看到吕库古斯在用政治手段和军事手段侵略邻邦的问题上提出过任何规定，不管是宽泛的还是详细的规定，尤其是在吞并邻邦土地、谋取政治领导权方面。他没有制定规定或要求来约束同胞，从而使斯巴达整体具备自足和节制的品质，就像他已成功地让拉克岱蒙人具备自足和节制的品质那样。尽管他让拉克岱蒙人在私人生活方面质朴和节制，使得他们在城邦内部和睦，但他没有做任何事来阻止他们由于野心勃勃和贪求权力而大肆侵略希腊同胞。

[49] 例如，有谁不知道，拉克岱蒙人在希腊人中最先觊觎邻邦土地，当时他们的贪婪让他们对墨瑟尼亚人发动战争，意在奴役后者？① 难道不是所有的史家都提到，他们当年下定决心赢得战争胜利，甚至发誓不攻占墨瑟尼亚绝不撤军？同样众所周

---

① 指公元前735年至前715年的第一次墨瑟尼亚战争。

知的是，对希腊领导权的贪求竟使得他们屈服于曾在战场上击败的那个民族。波斯人入侵希腊期间，拉克岱蒙人为希腊的自由而战，并取得胜利，但是波斯人逃回亚洲后，拉克岱蒙人竟在安塔尔基达斯和约中背叛希腊人，目的是获得统治希腊同胞所需的财政资源。

从那时起，拉克岱蒙人就已意识到他们已经超越其政制的限度。如果他们的目标是统治近邻，或只是统治伯罗奔半岛上的同胞，他们凭靠拉科尼亚本身的资源和供给就可做到，因为对他们来说，在伯罗奔半岛征伐很容易就可搜集到所需的物资，他们也可迅速撤回本土或迅速运送补给到战场。但是，他们一旦装备舰队和陆军到伯罗奔半岛外征战，显然会受制于吕库古斯的立法，他们的铁币和物物交换原则——他们习惯用每年剩余的粮食换取所缺乏的物品——不足以支持他们。到伯罗奔半岛外征战时，他们的作战行动需要通行的货币和雇佣士兵，所以他们被迫向波斯人乞求和平，向各海岛征税，强令希腊人纳贡。他们终于承认，受制于吕库古斯的立法，他们在现实中只能实现一种有限的优势，不能谋求统治整个希腊。

[50] 通过这次离题叙述，我想用事实表明吕库古斯的政制意在维护安全现状和自治。那些相信这就是一个国家的目的的人，必须同意斯巴达政制是最佳政制。但是，如果有人有比这更大的野心，即如果他认为成为天下的主人、统治广袤的帝国、成为天下人焦点更美好、更神圣，他就必须承认斯巴达政制有缺陷，罗马政制则更优、更有力量。事实本身就可证明这一点：拉克岱蒙人想要谋取希腊领导权的决心很快就让他们濒临丧失自治的边缘，而罗马人征服意大利之后，没用多少年就令整个天下臣服。罗马人能够轻松且便捷地维持部队的补给，这对他们实现这一目标帮助极大。

[51] 在我看来，迦太基政制最初设计得很好，至少就其主

要特征而言是如此。迦太基有国王,[①] 元老院作为贵族行使权力,平民有其负责的领域。总之,迦太基政制的整体结构与罗马和斯巴达的政制非常类似。然而,汉尼拔战争时,迦太基政制已经劣于罗马政制。所有生命、所有政制、所有行动皆自然地经历成长、鼎盛和衰落三个阶段,所有事物在其鼎盛时期都最强大。这就可以解释为何汉尼拔战争时期的两个邦国会出现质的差距。迦太基的崛起和强盛早于罗马。汉尼拔战争时期,迦太基已度过其鼎盛阶段,而当时正值罗马的鼎盛时期,至少罗马政制正值鼎盛时期。在那时的迦太基,平民已成占主导地位的政治力量,在罗马则是元老院主导国事。由于迦太基的政策由民众决定,罗马的政策由最优秀的人决定,所以罗马的政策占优。因此,罗马人尽管在汉尼拔战争中遭遇多次决定性的失败,最终仍凭借明智合理的政策,战胜迦太基人。

[52]细节可证明这一点。我想到的第一个例子是他们的战舰。如人们所料,迦太基人的海军训练有素、装备精良,因为海军技术在迦太基早已出类拔萃。事实上,迦太基人与海洋的关系比天下任何民族都要密切。罗马人则更擅长陆地作战。罗马人最关心陆军,迦太基人则完全忽视步兵,只是略微对骑兵有点兴趣。原因在于,迦太基人使用外邦雇佣兵,而罗马军队由意大利当地人和罗马公民构成。在这个方面,罗马政制明显更优,因为迦太基人的自由始终仰赖雇佣兵的忠诚,罗马人的自由则仰仗他们本身的勇敢和盟友的协助。所以,即便罗马人在战争的早期阶段接连失败,他们也与迦太基人不同,最终总能转败为胜。因为他们的国家和子女的安危完全仰赖他们,所以他们即便遭遇失败,仍能保持高昂斗志,勇猛地坚持战斗,直到最后战胜敌人。因此,正如我之前所述,即便他们的海军技术远远弱于迦太基人,他们军队的勇敢最终却能给他们带来胜利。经验无疑是决定

---

① 珀律比俄斯用国王指称迦太基的首席行政官(suffete)。

海战胜败的主要因素,但船员们的勇敢献身总是使天平朝胜利的方向倾斜。

意大利人在力气和灵魂的大胆方面天生强过腓尼基人和利比亚人,此外罗马人也有一些习俗有助于向年轻人注入勇敢精神。一个例子就足以说明,罗马为培养只为在同胞中赢得卓越名声而甘愿忍受任何艰辛的人,要花费多少心血。

[53]每当一个杰出人物去世并举行葬礼时,他的遗体会被隆重地抬到广场旁的演讲台。遗体有时平躺,更多时候是坐立。人们围得水泄不通,这时会有个人——一般是死者的儿子,如果死者有儿子且正好在场,否则就是其他家庭成员——走上演讲台发表演说,细数死者的美德和一生的功绩。对聚集的人而言,当死者生前的诸多功绩被一一细数,生动地展现出来,不仅那些参与死者功绩的人,就是那些没有参与的人,都会深受感动,以至他们认为死者的离世不单单是一个家庭的损失,更是每个人的损失。

之后,待遗体下葬、葬礼仪式举行完毕,罗马人会制作一个死者的肖像,放在木质神龛中,置于家中最显眼处。这个肖像是一个面具,制作得非常逼真,与死者很像。一遇到公共节日,罗马人会打开神龛,精心布置面具。每当家族中又有杰出人物去世,他们会把面具从神龛中取出,让家族中与死者长得最像的人戴上面具参加葬礼游行。每个戴死者面具的人也会穿上死者生前所任官职的服装。如果死者生前是执政官,扮演者就穿镶有紫边的托袈;如果死者生前是监察官,扮演者就穿全紫色的托袈;如果死者生前举行过凯旋式或取得过类似功绩,扮演者就穿镶有金边的托袈。扮演者坐在战车上,前面是举着束棒、戴着各种徽章的仪仗队,仪仗队的规模要依照每位死者生前获得的荣誉地位而定。游行队伍抵达演讲台后,所有扮演者在象牙椅子上坐成一排。

对一个志在变得卓越的雄心勃勃的年轻人来说,很难想象还有比这更美好的景象。的确,看到那些著名英雄栩栩如生、排列整齐的面具,有谁会无动于衷?

[54] 接下来,向待葬死者致敬的那位演说者完成对死者的赞美后,会称赞面具所代表之人——从最古老的祖先开始,一一讲述他们的胜利和功绩。这些过去的英雄们因卓越而赢得的名声因此不断更新,行过高贵事迹之人的名声永不消逝,为国尽心尽力之人的荣耀众人皆知,代代流传。最重要的影响是,年轻人被激发出坚忍不拔的勇气,以赢得勇敢者应得的名声。

事实可证明我方才所说。过去,很多罗马人自愿通过决斗决定战役的胜败,不少人选择勇敢赴死,要么是在战争中救护其他同胞,要么是在和平时期救护国家脱离危险。甚至一些地位很高的人会采取不同寻常、令人惊讶的步骤杀死自己的儿子,因为他们把罗马的利益置于家族自然血亲之上。罗马有很多这样的故事和个人,但是我只举一例。就眼下的目的而言,这个例子足以证实我方才所言。

[55] 据说,贺拉提乌斯·科克勒斯(Horatius Cocles)正在台伯河桥的远端与两个敌人战斗,那座桥位于罗马城前,过桥即可攻击罗马。① 这时,科克勒斯看到一大批敌人正在向他涌来,意图与那两个敌人会合。因为担心敌人通过桥进而攻入城内,科克勒斯转身命令身后的同胞撤往桥的另一边,然后把桥砍断。身后的同胞遵令后撤,开始砍桥。同胞砍桥的过程中,科克勒斯不顾重伤,坚守桥端,阻挡敌人的攻击。让敌人惊讶的不是他的力气有多么大,而是他的勇敢和无畏。桥一被砍断,敌人的攻击立即受阻。然后科克勒斯全副武装跳入台伯河。他自愿牺牲性命,因为他认为罗马的安全和死后将获得的名声要比他活下来更重要。看来,凭借罗马的习俗,完成高贵事迹的决心和意志在罗马每一代年轻人心中都根深蒂固。

[56] 此外,就对待赚钱的态度而言,罗马的律法和习俗要

---

① [英译注] 此处是贺拉提乌斯故事的最早版本。在李维笔下,贺拉提乌斯没有牺牲。

比迦太基的更好。在迦太基，但凡能获取财富的营生皆被认为高贵；在罗马，接受贿赂或从不正当的交易中获利被视作最可耻。准确来说，罗马人赞成凭正当手段获取财富，谴责以不正当手段牟利。一个明显的证据是，在迦太基，竞选公职的候选人公开向选民行贿，而在罗马，贿选是死罪。既然两个邦国对奖赏美德的态度完全不同，那么丝毫不令人惊讶的是，两个邦国的民众为获得这种奖赏所付出的努力自然也不同。

我认为，罗马最明显的优越之处是它对待诸神的态度。在我看来，我们批评的其他民族的迷信（δεσιδαιμονίαν），恰恰是令罗马拥有凝聚力的东西。在罗马，无论在私人生活还是公共生活中，没有哪种活动比迷信发挥着更复杂、更广泛的影响。我的很多读者兴许会觉得这一点很奇怪，但是在我看来，罗马这样做是为普通民众着想。如果一个国度由智慧者组成，兴许它就没有必要搞迷信。但是，既然天下各地的普通民众受各种非法的欲望、盲目的怒气和暴烈的激情驱使，天性反复无常，唯一的选择就是运用神秘的恐怖和这类盛大的活动约束他们。

正是基于这个原因，我认为古人将诸神的观念和地狱惩罚的信念引入民众中，绝非随意和盲目；与之相反，那些想废除宗教的今人倒是非常轻率和愚蠢不堪。且不说其他后果，废除宗教就是一个希腊政治家不能被委托保管哪怕1塔兰同钱的原因，即使有十位会计及其封印，外加二十位证人作证，那位政治家也会动歪心思，无法遵守誓言。然而，罗马政治家和外交人员担任官职时要处理数额巨大的钱财，他们仅仅受曾许下的誓言约束，就能始终行事正派。在其他地方，很难找到谁没贪污过公款；在罗马，则很少听到有谁因贪污被抓……

八、结论

［57］我几乎无需论证：一切既存事物都会朽坏和衰亡，这

是自然无可逃避的规律。至于国家,有两种导致其衰亡的自然原因,一个来自外部,一个来自内部。外部的原因太过不确定,难以进行确切的研究,但是对内部的原因可进行有序的研究。我已经阐述过各种政制的演变进程,即它们如何转变为另一种。任何有能力从前提得出结论的人,现在都可凭借我的理论预测未来。

我认为,罗马的未来确定无疑。当一个国家摆脱种种威胁,取得无可置疑的领导权和统治,很容易就能看出,经过长期稳定的繁荣后,该国的生活方式会变得更加奢侈,对政治权力和其他类似东西的争夺会变得比本应有的更加激烈。随着这些恶习不断增长,国家开始恶坏。恶化的原因是贪恋权力和蔑视一生在政治上默默无闻,以及追求个人的炫耀和奢侈。对于这种转变,民众应承担责任,当他们一方面已对某些政客自私自利的野心感到不满,另一方面又被渴求权力的其他人激起种种徒劳的希望时,转变就会发生。在这种情况下,民众的所有决定都将受愤怒和激情驱使,他们不再会同意屈居他人之下或与他人平起平坐。他们会想要一切权力,或竭力为自己争取最大的份额。当这种情形发生,人们会用最动听的词语"自由"和"民主"描述这种新状态,但实际上,它是所有政制中最坏的政制,即暴民统治。

我已论述罗马政制的形成、发展和顶峰,以及这种政制与其他政制或好或坏的差异。现在,我将结束政制研究。

[58] 不过,我首先要回到我开始这次离题叙述的那个时刻,简要叙述一件事。我仿佛在展示一位优秀艺术家的作品,目的是不仅用言辞,还要用事实展示处于顶峰的罗马政制在那个时刻展示出的强大力量。

汉尼拔在坎尼战役中击败罗马人后,守卫罗马营地的8000名士兵落入他手中。他们全部成为战俘,汉尼拔允准他们派一个使团回罗马,商讨赎身和营救他们的事宜。全体俘虏选出十名高级军官,在他们发誓定会返回迦太基营地后,汉尼拔派他们上路。十人中的一人从营地出发后,立即返回,说他忘记带些东西。与其他9人再次会合后,此人再次上路,他认为自己通过这个花招已履行誓言,不再受誓言的约束。

抵达罗马后,10人代表团急切地恳求元老院不要放弃俘虏,而是让他们每人支付3米纳(minas),然后安全返回罗马。他们说,这就是汉尼拔的条件。他们还补充说,他们这些高级军官应被营救:他们没有在战场上表现怯懦,也没有做令罗马蒙羞的事。相反,他们被留下守卫营地,当其他同胞在战场上被杀死后,他们别无选择,只能投降敌人。

罗马人此时已遭受惨重的失败。在那个时刻,他们已几乎没有盟友,且整日忧心罗马城遭到汉尼拔攻击。然而,听完10人使团的陈述后,他们没有迫于危机采取不负责任的行动,而是理智地讨论了这个问题。由于深谙汉尼拔不仅想利用俘虏获得钱财,而且想让罗马人知道他们在失败后仍有望活命,以此削弱罗马军队在战场上的战斗意志,元老院不同意10人使团的要求。他们没有被对被俘者家人的怜悯左右,也不为这支俘虏部队一旦归来,未来将在战场上大有帮助这个想法所动。对他们来说,没有什么比挫败汉尼拔的算计和他对俘虏寄托的所有希望更重要。所以,他们最后拒绝为俘虏支付赎金。这个做法实际上等同于一项法令:他们的军队在战场上只有两个选择:要么获胜,要么战死,因为他们如果被击败,不能指望国家会营救他们。

他们一公布最终决定,立即遣十人使团中的九人返回,这九人由于受誓言约束,自愿返回汉尼拔那里。至于第十人,即那个自以为已经通过耍花招不受誓言约束的军官,罗马人将他捆起来送往汉尼拔那里。结果,当汉尼拔看到罗马人在商议俘虏事件时展现出的坚定和灵魂之崇高,他在战场上战胜罗马人的喜悦,远不如他的沮丧那么大。

第七卷

一、意大利事务

卡普亚和佩特里亚（Petelia）

［1］珀律比俄斯在其史书卷七说，坎帕尼亚的卡普亚人由于土地肥沃，染上奢侈的恶习，其程度远超流传至今的关于克罗顿和苏巴里斯（Sybaris）的传说。[①] 由于无法接受他们的繁荣消失，他们找来汉尼拔，也因此遭到罗马人的惩罚，那惩罚将他们的繁荣完全摧毁。[②] 始终忠于罗马的佩特里亚城，也在受汉尼拔围城期间，经历了物资极端匮乏的时期。佩特里亚人吃掉城中所有皮革、树皮和嫩枝后，忍受了长达11个月的围城，仍没有被解救，最后在罗马人的准许下向汉尼拔投降。[③]（雅典奈乌斯，7.538a）

卡普亚叛向迦太基一方后势力大增，引发其他各城的效仿。

[①]　［英译注］苏巴里斯城以奢侈著称，公元前510年被克罗顿摧毁，参希罗多德，《原史》，5.44–45。

[②]　［英译注］公元前211年，经过一年的围城收复卡普亚后，罗马人处决卡普亚幸存的议事会长老，逮捕300名上层人员，将很多人卖为奴隶。卡普亚并没有被毁灭，但是房产、土地被没收，所有动产、马匹和奴隶成为罗马人的战利品。自此以后，卡普亚丧失自治权，由罗马每年派一名长官治理。参李维，《罗马史》，26.14–16；26.33–34。

[③]　汉尼拔没有亲自指挥这次围城战，围城战于公元前215年夏结束。

二、西西里事务

叙拉古的希耶罗努穆斯

[2] 推翻叙拉古国王希耶罗努穆斯（Hieronymus）[1]的阴谋失败后，忒拉索（Thraso）被免职，仓伊普斯（Zoïppus）和安德拉诺多罗斯（Adranodorus）说服希耶罗努穆斯立即派使团与汉尼拔联络。[2] 希耶罗努穆斯任命昔兰尼人珀律克雷图斯（Polycleitus）和阿尔哥斯人斐洛德摩斯（Philodemus）为使者，将他们派往意大利，命令他们与迦太基人商讨联合行动的计划。与此同时，希耶罗努穆斯将他的兄弟派往亚历山大里亚。[3]

汉尼拔热情接待了珀律克雷图斯和斐洛德摩斯，对叙拉古年轻的国王寄予厚望。他一刻也没有拖延，立即派己方使者陪同叙拉古的两位使者返回叙拉古，他的三位使者分别是迦太基人汉尼拔——此人是他麾下三列桨战舰的指挥官、叙拉古人希波克拉底（Hippocrates）及其弟弟厄比克泰德（Epicydes）。希波克拉底兄弟俩当时在汉尼拔麾下服务，由于他们的祖父当年参与谋杀阿加托克勒斯之子阿加托阿科斯（Agatharchus）[4]而被叙拉古放逐，他们

---

[1] 希耶罗于公元前215年去世，他的孙子希耶罗努穆斯继位，后者当时仅15岁。

[2] ［英译注］两人是希耶罗的女婿，也是希耶罗为希耶罗努穆斯指定的15名辅政大臣的首领。

[3] ［英译注］出使埃及的主要意图可能是试图劝说托勒密四世支持其反罗马的政策。

[4] 阿加托阿科斯是阿加托克勒斯的长子，可能出生于公元前335至前330年间。他和弟弟赫拉克莱达斯（Heracleidas）陪同父亲阿加托克勒斯于公元前310年远征利比亚。公元前307年，阿加托克勒斯返回西西里，留下阿加托阿科斯两兄弟统率叙拉古军队与迦太基作战。阿加托阿科斯被包围在突尼斯，阿加托克勒斯的解救行动又被迦太基挫败，两兄弟被哗变的军队谋杀。

俩此时已经视迦太基为祖国。使团返回叙拉古后,珀律克雷图斯及其同僚立即汇报出使情形,三位迦太基使者依照汉尼拔的指示发言,希耶罗努穆斯立即表示愿意站在迦太基一方。他说,这位作为使者出使叙拉古的汉尼拔应当立即前往迦太基,他允诺会派使者与汉尼拔一道前往,以便与迦太基人商讨结盟事宜。

[3] 与此同时,驻扎利利巴厄姆的罗马舰队司令官[1]获悉这些动向后,立刻遣使叙拉古,要求与希耶罗努穆斯续订罗马人与希耶罗努穆斯的祖父的同盟条约。[2]此时,迦太基的使者仍在叙拉古,希耶罗努穆斯当着这些人的面对罗马使者说,他很同情罗马人在意大利的战役中被迦太基人击败。罗马使者尽管对他应答之不老练感到惊讶,还是问他是谁告诉了他意大利战役的事情。希耶罗努穆斯指了指在场的迦太基使者,并请求罗马使者,如果他们没有在意大利被击败,就驳斥迦太基使者。罗马使者说,相信敌人的话绝非罗马人的习惯,然后恳求希耶罗努穆斯不要做任何违反双方盟约的事,因为遵守盟约才既正义,又对他最好。希耶罗努穆斯说,他会慎重考虑这个问题,随后告知他们考虑的结果。

然后希耶罗努穆斯质问罗马使者,为何在他的祖父去世前派50艘战舰航往帕克诺斯角,然后又返回。这件事的实情是,此前不久,罗马人听闻希耶罗已经去世,担心叙拉古人由于蔑视希耶罗留下的继承者年幼,因而图谋改变叙拉古的政制,遂进行此次航行。但是他们途中获悉希耶罗仍然在世,又返航利利巴厄姆。面对希耶罗努穆斯的质问,罗马使者承认他们此前的确巡航到帕克诺斯,不过意图是保护年幼的他并维持他的统治,但是获悉他的祖父仍然在世,又掉头返航。听到罗马使者的话,这位年轻的国王回答说:"罗马人,也请允许我转换盟友,寄望于迦太基来维持我的统治!"罗马使者获悉希耶罗努穆斯的倾向,暂时保持

---

[1] 公元前215年的裁判官之一阿庇乌斯·克劳狄乌斯(Appius Claudius)。

[2] 罗马人与希耶罗签订的条约,参1.16; 5.1。

沉默，返回利利巴厄姆向舰队司令报告此事。从此以后，罗马人一直监视希耶罗努穆斯，像提防敌人一样提防他。

[4] 希耶罗努穆斯派阿加托阿科斯（Agatharchus）、欧涅西格涅斯（Onesigenes）和希波斯忒涅斯（Hipposthenes）为使节，命其与迦太基使节汉尼拔一同前往迦太基，并让他们根据下述条件与迦太基人签订同盟条约：

> 迦太基人必须用海军和陆军援助希耶罗努穆斯与罗马人作战，将罗马人从西西里驱逐后，双方以希莫拉斯（Himeras）河为界，平分西西里岛，这条河近乎将西西里二等分。

使节一抵达迦太基，立即展开谈判，迦太基人在所有问题上都显得极为宽和。但是，希波克拉底和他的兄弟紧紧缠住这位年轻的国王，通过热情洋溢地叙述汉尼拔在意大利的行军、战术和战斗来诱惑他，然后告诉他，没有谁比他更有资格统治整个西西里，因为，第一，他是皮鲁士之女涅瑞斯（Nereis）①之子，皮鲁士是唯一一个被所有西西里人出于爱戴而自愿接受为领袖和国王的人；第二，他是他的祖父希耶罗的统治权的继承者。②第三，希耶罗努穆斯被希波克拉底兄弟煽动到这样的地步，以致他变得目中无人。这个年轻人天生性情易变，加上希波克拉底兄弟的影响，变得更加轻浮鲁莽。所以，阿加托阿科斯及其同僚仍在迦太基谈判时，希耶罗努穆斯又派往迦太基一个使团，命其提出他有权得到整个西西里，并要求迦太基人帮助他收复西西里，同时承诺会援助迦太基人在意大利作战。

---

① 希耶罗之子格隆（Gero）娶皮鲁士之女涅瑞斯，生希耶罗努穆斯。格隆在其父去世前已经逝世。

② [英译注] 这兄弟俩此时已不再作为汉尼拔的代表行事，而是开始图谋个人在西西里的利益。

迦太基人尽管现在已完全看清这个年轻人反复无常和精神狂乱的品性，并认为放弃西西里违背他们的利益，却依然同意希耶罗努穆斯的全部要求。他们此前已经准备好战舰和军队，此时遂打算把军队派往西西里。

［5］罗马人获悉这一消息，再次遣使叙拉古，意图阻止希耶罗努穆斯违背他们与希耶罗签订的条约。希耶罗努穆斯召集议事会商讨该怎么办。议事会的本地成员由于担心国王缺乏判断力，故保持沉默。但是科林多人阿里斯托马科斯（Aristomachus）、拉克岱蒙人达米普斯（Damippus）、忒萨利人奥托诺斯（Autonous）支持遵守与罗马人的条约。只有安德拉诺多罗斯说，这是一个不容错过的机会，因为这是谋求整个西西里的统治权的唯一机会。安德拉诺多罗斯说完后，希耶罗努穆斯问希波克拉底兄弟的意见。当他们与安德拉诺多罗斯的意见一致后，议事会会议结束。这就是叙拉古决定对罗马开战的方式。

但是，他不想显得粗鲁地回复罗马使者，结果反而犯下一个致命错误，以致他确信不仅会失去罗马人对他的好感，而且会严重冒犯罗马人。他对罗马使者说，只要罗马人归还曾从他祖父希耶罗那里收取的全部金子，只要罗马人归还在他统治期间从叙拉古拿走的全部谷物和礼品，只要罗马人承认希莫拉斯河以东所有城镇和土地归叙拉古统治，他就愿意遵守与罗马人的条约。正是由于他提出这些条件，罗马使节与希耶罗努穆斯的议事会分道扬镳。从这时起，希耶罗努穆斯开始召集和武装他的军队，积极备战，尽全力准备战争物资……

［6］莱昂蒂尼城的大致方向是朝北。城中间是一个平坦的山谷，那里坐落着市政机构、法庭、市场等。这条山谷两侧皆有陡峭的山脊，山脊顶端是平地，建有房舍和神庙。莱昂蒂尼城有两座城门，一座位于山谷的南端，朝向叙拉古，另一座位于山谷的北端，朝向所谓的莱昂蒂尼平原和农田。西侧山脊下面，有条名叫里苏斯（Lissus）的河，与该河平行的山脊底部坐落着一排房

舍，房舍与里苏斯河之间即是我前面提到的那条路……

［7］一些叙述希耶罗努穆斯之死的史家，花了很大篇幅介绍许多奇事，叙述他开始统治前发生的异兆和叙拉古人的不幸，以肃剧笔法描绘他残忍的性情和渎神的举止，最后以描述他死亡时奇怪且可怕的环境结束，以至法拉里斯（Phalaris）和阿波罗多洛斯（Apollodorus）或其他任何僭主看起来都不如他残暴。① 希耶罗努穆斯还是一个少年时便继承统治权，统治时间不过13个月。在这样短的时间内，兴许会有一两个人遭到拷打，他本人和其他叙拉古人的一些朋友兴许会被处死，但是他几乎不可能犯下任何过度违法或极端渎神的罪行。

必须承认，希耶罗努穆斯的确性情反复无常且容易陷入狂怒，但是他根本不足以与法拉里斯和阿波罗多洛斯这两位僭主相提并论。在我看来，实情毋宁是那些叙述个别事件的史家，在必须处理一个受限制且狭窄的主题时，由于缺乏事实而被迫把小事夸大，因而花了大量篇幅叙述那些根本不值一提的事。对一个史家来说，把那些用来充实他的作品的篇幅用来叙述希耶罗和格隆，② 完全不提希耶罗努穆斯，难道不是更合理？这种写法才会令普通读者更愉悦，对好学者更有益。③

［8］首先，希耶罗凭借他的才干获取叙拉古及其盟友的统治权，而非凭借机运（τύχης）为他提供的现成的财富、名望或其他东西。其次，他凭靠自己的力量而非依赖外援成为叙拉古国王，在这个过程中没有杀戮、驱逐或伤害任何一个市民，这的确是很了不起的成就。最后，他不仅这样获得统治权，而且以同样的方式维持着统治。在希耶罗55年的统治期里，叙拉古国土安宁，无

---

① 前者是公元前6世纪阿格里真托的僭主，后者是公元前3世纪早期卡桑德利亚（Cassandrea）的僭主，两人皆以残暴闻名。

② 希耶罗之子。

③ 普通读者为愉悦而非为获取教诲而阅读。

人图谋推翻他，他行事举止毫不傲慢，从而远离与傲慢如影随形的嫉妒。实际上，希耶罗好几次想放弃统治权，但是叙拉古全体民众一致反对他这样做。此外，希耶罗给予希腊人诸多恩惠，因而赢得他们的高度称赞，留下极大的身后声誉，使希腊人普遍对叙拉古人持友好态度。尽管他的生活一直富裕且奢华，他仍活到90多岁，身体各项机能仍正常，身体各个部分仍健康。在我看来，这在很大程度上证明他一直过着节制的生活。

格隆活到50多岁，他认为自己一生的最高目标是服从他的父亲，不认为财富、王权以及其他东西比爱戴和忠于父母更重要。

三、希腊事务

汉尼拔与腓力五世的盟约

[9] 监誓之神（Ὅρκος），现在我们双方起誓。[1] 一方是统帅汉尼拔、马戈、[2] 穆卡诺斯（Myrcan）、巴尔摩卡（Barmocar）和所有与汉尼拔同在的迦太基元老以及他麾下的所有迦太基士兵；另一方是雅典人科勒奥马科斯（Cleomachus）之子克塞诺法涅斯

---

[1] 腓力五世与汉尼拔公元前215年结盟。这份盟约是汉尼拔的誓言，原文是腓尼基语，由腓力五世的使节克塞诺法涅斯译成希腊文。克塞诺法涅斯从迦太基返回希腊途中，落入罗马人之手。

是年为秦始皇三十二年。始皇前往碣石，派燕国人卢生访求方士羡门、高誓。在碣石山门刻石立碑，毁坏城墙，挖通堤防。遂派韩终、侯公、石生访求不死之药。始皇又巡游北部边境，从上郡返回咸阳。燕人卢生入海求仙回来后，上奏宣扬符命灵验的图书，上面写着"灭秦的是胡"。始皇于是派将军蒙恬统兵三十万北攻胡人，略取黄河以南的土地，此为秦汉时代北击戎狄之始。参《史记·秦始皇本纪》，前揭，页251—252。

[2] 此马戈非汉尼拔的弟弟，这位马戈在陪同腓力五世的使节克塞诺法涅斯从迦太基返回希腊时，被罗马人俘获。

(Xenophanes），他是德米特里乌斯二世之子腓力五世的使者，代表腓力五世本人、马其顿人及其盟友。

以宙斯、赫拉和阿波罗起誓；以迦太基人的神赫拉克勒斯和伊俄拉奥斯（Iolaus）起誓；以阿瑞斯、特里同（Triton）和波塞冬起誓；以帮助我们作战的太阳神、月神和大地神起誓；以众河流之神、湖泊之神和水神起誓；以迦太基人的所有神起誓；以马其顿人和希腊人的所有神起誓；以护佑这一誓言的士兵之神起誓。统帅汉尼拔、与他在一起的所有迦太基元老、他麾下的所有迦太基士兵，依照您和我们的意愿，我们发誓以友谊和善意紧密结盟，成为朋友、亲人和兄弟，盟约内容如下：

1. 腓力五世国王、马其顿人及其希腊盟友应保护迦太基公民、迦太基统帅汉尼拔、与他同在意大利的迦太基人、所有受迦太基统治生活在同一种法律之下的人；也应保护乌蒂卡人、所有臣服于迦太基的城市和民众，在意大利、高卢和利古里亚的全体我方士兵，以及我们在上述三地的全部盟友和城市，或上述三地将来加入我方的全部盟友和城市。

2. 迦太基人、乌蒂卡人、所有臣服于迦太基的城市和民众，我们在意大利、高卢和利古里亚的所有士兵、所有盟友城市和民众，以及将来在意大利及其相邻地区成为我们盟友的城市和民众，皆应保护腓力五世国王、马其顿人及其希腊盟友。

3. 我们绝不会参与任何针对彼此的阴谋，绝不会给彼此设置陷阱，而是用全部热忱和善意，不夹杂丝毫欺骗与密谋对待彼此。我们将与对迦太基人开战的人为敌，但是已经与我们宣誓结盟的国王、城市和民众除外。

4. 我们也将与对腓力五世国王开战的人为敌，但是已经与我们宣誓结盟的国王、城市和民众除外。

5. 在这场我们与罗马人的战争中，你［腓力五世国王］将是我们的盟友。在诸神将胜利赐给我们和你前，你应给予我们所需要的援助，或经过我们同意的援助。

6.只要诸神在这场我们与罗马人及其盟友的战争中赐予我们胜利，且罗马人届时要求与我们签订和约，我们将缔结包含你在内的和平条约，涉及你的条款如下：罗马人永不对你开战；罗马人不得掌控科西拉、阿波罗尼亚、厄庇达玛努斯、法洛斯、迪马勒、帕提尼和阿提塔尼亚；① 罗马人必须把法洛斯的德米特里乌斯在罗马领土上的所有朋友归还给他。②

7.如果罗马人未来向你或我们开战，我们双方将依照对方所需要的程度互相援助。

8.在上一条所提的战争中，双方在援助对方时，不得攻击与另一方宣誓结盟的国王、城市和民众。

9.如果其中一方决定从这份盟约中撤回或补充任何条款，都需经我们双方同意，方可进行。

墨瑟尼亚和腓力五世

［10］民主制在墨瑟尼亚确立后，城内显贵被放逐，政府掌握在瓜分被放逐者财产的人手中，留下来的年老市民很难忍受这些人主张的平等……

葛尔古斯③是当时墨瑟尼亚在财富和出身方面首屈一指的人物，他由于在壮年时期取得的竞技成就，已成为体育竞赛中最著名的选手。事实上，他的容貌也极美，举止端庄，赢得无数奖牌，同时代的人无人能及。葛尔古斯退出体育竞技后，转而从政，为祖国服务。在这个领域，他又赢得绝不逊色于在体育领域

---

① 此项条款清楚表明，腓力五世意在夺取罗马人在第一次伊利里亚战争（公元前229—前228年）后占领的领土。

② 腓力五世在公元前206年与罗马人媾和，显然违背此项条款。

③ 此人于公元前218年时力求赢得腓力五世帮助，以反对斯巴达人的侵略，眼下成为墨瑟尼亚民主制政府的领袖。

赢得的荣誉,与运动员通常表现出的粗野截然不同,他被认为是最富行动力、最谨慎明智的政治家……①

[11]在此,我要中断叙述,谈一下腓力五世,因为这个时刻是他品质逐渐变差的开端。②在我看来,对那些想通过研究历史而校正自身行为标准的政治家而言,不管这种校正的程度多么小,腓力五世都是一个显著的例子。由于地位显赫、天赋卓越,这位君王身上善与恶的冲动(ὁϱμὰς)非常明显,这在希腊尽人皆知,比较他的善恶冲动的实践后果也是如此。

尽管腓力五世继承王位后年龄不大,但从以下事实却不难看出,忒萨利、马其顿和他继承的所有领地对他的服从和依恋远超之前的任何国王。尽管由于与埃托利亚人和拉克岱蒙人的战争,他经常离开马其顿,但是,不仅国内没有任何叛乱,就连边境上的蛮夷部落也没有袭扰马其顿。很难用恰切的语言形容亚历山大、克律索哥努斯以及他的其他友人对他的爱戴和忠诚。也没人能准确形容他在短时间内给伯罗奔半岛人、波俄提亚人、伊庇鲁斯人和阿卡纳尼亚人带来的恩惠。事实上,就整体而言,如果有人用稍微过度的词语来形容,最恰当的说法是腓力五世由于仁善的政策,而成为整个希腊的宠儿(ἐρώμενος)。能证明他秉持高尚且值得信赖的原则最突出、最明显的证据是,全体克里特人组成一个联盟,一致选腓力五世为整个岛屿的领袖,这一成就是在没有诉诸武力或暴力的情况下取得的,历史上绝无先例。

但是,攻击墨瑟尼亚后,他的品质和行事原则发生翻天覆地

---

① [英译注]职业运动员过度训练,自色诺芬尼起就是被批评的对象。柏拉图在《王制》中批评运动员的专门训练与军事效率矛盾,珀律比俄斯也持有这一立场。

② 参4.77,珀律比俄斯在那里允诺说后文会谈论腓力五世品质的异变。

的变化,不过,这是意料中的事。既然他彻底颠覆曾经的原则,不断把这种颠覆的结果推到极端,颠覆人们对他的观感也就不可避免,他的事业也会遭遇完全不同的结果。我接下来叙述的事件会让那些密切关注这个问题的人明白我上述所言的确是事实。

［12］马其顿王腓力五世想占领墨瑟尼亚卫城,[①]他告诉该城官员,他想拜访卫城,向宙斯献祭。他带领随从前去献祭,当牺牲的内脏依照习俗被端到他面前,他双手接过内脏,往旁边挪了几步,把双手伸到阿拉图斯和其他随员面前,问:"牺牲预示着什么?是撤离这座卫城,还是占据它?"德米特里乌斯立刻抢着说:"如果您是占卜师,牺牲要求您立即撤离,但是如果您有王者气度,牺牲告诉您应立即占领卫城,若丧失眼下这个机会,便不可能再找到比这更有利的机会。只有抓住牛角,您才能控制整头牛。"德米特里乌斯将伊托马山(Mount Ithome)和科林多卫城比作牛角,把伯罗奔半岛比作牛。

腓力五世然后问阿拉图斯:"你的看法也一样吗?"阿拉图斯没有回答,腓力五世要求他说出真正的看法。略微迟疑后,阿拉图斯说:"要是不违背与墨瑟尼亚人的誓言就可占据此地,我建议您占据;但是,如果强占和驻守这座卫城意味着,您将丧失安提哥努斯三世国王交给您的所有要塞和盟友派驻的守军,那么请您三思,并立即从卫城撤出,让墨瑟尼亚人驻守,从而让墨瑟尼亚人和其他盟友认为您信守承诺,这样是不是更好?"

[①] ［英译注］即伊托马山,该山有三个山顶,其中两个是墨瑟尼亚卫城所在地。从普鲁塔克《阿拉图斯传》来看,此事的过程是,墨瑟尼亚发生内讧,腓力五世和阿拉图斯迅速赶往。腓力五世早一天抵达,煽动墨瑟尼亚敌对的两派相残。官员试图逮捕民众领袖。在乱斗中,众官员被杀,近200名市民被杀。珀律比俄斯此处叙述的是第二天阿拉图斯抵达后的事。此时,平民派已经掌握城市。

腓力五世本来的意图是要诈，正如他随后的行动所示。但是，小阿拉图斯不久前才谴责过他杀害墨瑟尼亚人。[1] 老阿拉图斯眼下发言又直言无隐、威严得体，恳求他不要对他的建议置若罔闻。腓力五世羞愧难当，当即拉住阿拉图斯的手说："我们原路返回！"

［13］看到腓力五世公开与罗马人为敌，且对盟友的态度已完全转变，阿拉图斯极力用种种困境和恳求劝阻他。现在事实已经证明我在卷五的说法，那个说法当时还只是一个毫无根据的论断。我想帮助那些紧追这个问题的读者回忆一下，好让我的任何说法皆有证据，没有争议。叙述腓力五世与埃托利亚人的战争时，我曾说腓力五世忒尔摩斯毁灭神庙的柱廊和其他祭品的行径太过野蛮。由于他当时太过年轻，我们不应把主要责任推到国王本人身上，而是应该推到他的朋友身上。然后我说，阿拉图斯一生的行为让人们不曾怀疑他曾做过这样邪恶之事，而法洛斯的德米特里乌斯的品质恰恰如此。然后我答应在后面的叙述中澄清这一点，眼下这个场合就能够为上述断言提供证据，如我刚刚对腓力五世如何对待墨瑟尼亚人的叙述，仅仅只是一天之隔——德米特里乌斯早到一天，阿拉图斯晚到一天——腓力五世就犯下第一个重大罪行。

从此以后，腓力五世仿佛尝到人血的滋味，尝到杀戮和背叛盟友的滋味，他不是像柏拉图引用的那个阿卡狄亚故事[2]所说，从人变成狼，而是从王者变成残暴的僭主。关于德米特里乌斯和阿拉图斯的态度的更有力的证据是他们就是否窃取墨瑟尼亚卫城给出的建议。因此，对于腓力五世当时在埃托利亚犯下恶行的原因，不再有丝毫疑问。

---

① ［英译注］这些墨瑟尼亚人殒命于民主制确立前夜，参普鲁塔克，《阿拉图斯传》，49.5。

② ［英译注］柏拉图，《王制》，565d。

[14]我们如果接受这一点，就可很容易判断他们的行事原则有多大的不同。正如在眼下这个场合，腓力五世采纳阿拉图斯的建议，对墨瑟尼亚人信守誓言，没有强取卫城，如谚语所说，他为屠杀造成的可怕伤害作出一点补救。在埃托利亚，腓力五世采纳德米特里乌斯的建议，不仅通过毁灭献给诸神的祭品犯下渎神罪行，而且因违反战争法则，对人类犯下罪行。他不顾自己的声誉，向敌人显示他的无情和残酷。腓力五世在克里特的行为也是如此。

只要他的整体政策受阿拉图斯指导，他就不仅不会对克里特人行任何不义，而且不会冒犯任何人，还能使全体克里特人为他效劳，他对原则的严格坚守吸引了全体希腊人的爱戴。但是，他采纳德米特里乌斯的意见后，给墨瑟尼亚人造成我刚刚描述的巨大灾难，导致他既失去盟友对他的爱戴，又失去其他希腊人对他的信任。对年纪尚浅的国王来说，选择什么样的朋友伴随左右至关重要，因为这要么会给王国带来灾祸，要么会使王国更加稳固，但是，绝大多数年纪尚浅的国王对这个问题漠不关心、毫不在意。

[14b]他们派出几个克里特人，后者像一支抢劫队，并交给他们一封伪造的信。① （《苏伊达辞书》[*Suidas*]，δ 985）

[14c]马苏里俄斯（Masylioi）是利比亚的一个部族，珀律比俄斯在其史书卷七称他们为马苏雷斯人（Masyleis）。② （拜占庭的斯特法涅斯）

[14d]如珀律比俄斯在其史书卷七说，奥利克斯（Oricus）

---

① ［英译注］从李维《罗马史》24.31来看，这句话所涉及的事实是希波克拉底试图用伪造的信诋毁叙拉古对罗马的友好。这句话的正确位置应该是8.2。

② 珀律比俄斯在3.33处称他们为Masaesylii，马西尼萨是他们的国王。

是阳性词。奥利克斯是亚得里亚海入口处右侧的第一个居民点。①
（拜占庭的斯特法涅斯）

四、亚洲事务

安提俄库斯与阿凯俄斯

[15] 在萨尔迪斯城周围，无论白天和黑夜，都不断发生着小规模战斗和激战，士兵们想方设法伏击和反伏击。②攻击和反攻击，详细描述这些行动不仅没有益处，反而冗长乏味。围城战持续一年多后，③克里特人拉格拉斯（Lagoras）介入。④此人极富军事经验，他明白一条通则：最强大的城市往往会由于居民的疏

---

① 公元前214年8月，腓力五世航往亚得里亚海，占据奥隆湾的奥利克斯城，试图与汉尼拔取得联络，后者当时正在攻击塔伦托。腓力五世留下一支驻军守卫奥利克斯，然后前往奥乌斯河围攻阿波罗尼亚。莱维努斯（Laevinus）受伊利里亚人请求，渡海收复奥利克斯，封锁奥乌斯河口，腓力五世被迫焚毁舰队，经陆路撤往马其顿。这个残段就属于这个语境。

② 公元前216至前215年。

③ 围城始于公元前215年初，眼下叙述的行动是公元前214年春。是年为秦始皇三十三年。始皇征发曾经逃亡的犯人、赘婿、商人攻取五岭以南的土地，设置桂林郡、象郡、南海郡，把受贬谪的人派去防守。又举兵在西北方向攻打匈奴。自榆中（今内蒙古伊金霍洛旗）沿黄河往东一直到阴山，新设四十四个县，沿河修筑城池，设置要塞。又派蒙恬向北渡过黄河夺取高阙（今内蒙古杭锦后旗境内）、阳山（今内蒙古乌拉山）、北假中（河套以北、阴山以南之夹山带河地区），修筑堡垒以驱逐戎狄。又迁徙北贬谪的人充实新设置的县。参《史记·秦始皇本纪》，前揭，页253。

④ 公元前219年时，拉格拉斯在托勒密四世麾下服务，与他的前任尼克劳斯一样，当时率军与安提俄库斯三世作战。但是，两人后来皆叛向安提俄库斯三世麾下。

忽，轻易落入敌人之手。① 由于这些城市仰赖天然地势和人工防御工事，其居民就容易忽略防卫，变得普遍懈怠疏忽。拉格拉斯还注意到，这类城市往往会在它们认为防御力最强、敌人不可能进攻的地点被攻破。他看到，由于普遍认为萨尔迪斯的防御异常强大，每个士兵都对通过强攻占领此城不抱希望。他们认为征服此城的唯一方法是通过长期围困，用饥饿征服它。这使得他更加重视此事，千方百计地想抓住一个有利时机。

拉格拉斯看到萨尔迪斯城墙一侧名叫"锯齿"的地带无人防守——"锯齿"连接卫城和城市，便试图利用这一点，开始谋划计策。他从下述环境发现此地无人防守。"锯齿"地带非常险峻，下面有一个峡谷。萨尔迪斯人通常把尸体、马和骡子的内脏从城内扔入峡谷，所以，常有大量秃鹫和其他鸟类聚集在峡谷。拉格拉斯还看到，鸟类填补肚子后，常常落在悬崖和城墙上休息，从而确定该段城墙无人守卫，已经荒芜。然后，他又趁着夜色勘察地形，仔细查看何处适合竖立云梯。发现悬崖的一处可以竖立云梯后，拉格拉斯前去觐见安提俄库斯三世。

［16］安提俄库斯三世赞同了他的计划，恳请他执行计划。拉格拉斯允诺尽全力施行，但是恳求安提俄库斯三世召来埃托利亚人忒奥多图斯②和王家禁卫队队长狄奥尼修斯（Dionysius），并让这两人参与此项计划，并说他认为这两人皆具备实施此项计划所要求的能力和勇气。安提俄库斯三世立即同意他的请求。三个人达成一致，敲定一切细节，之后便静静等待一个后半夜没有月光的夜晚。

这样的夜晚到来后，他们在准备采取行动的那天夜里，从军

---

① ［英译注］历史上的著名事例当属居鲁士于公元前546年攻陷萨尔迪斯，参希罗多德，《原史》，1.84；色诺芬，《居鲁士的教育》，7.2.1–4。

② 5.40叙述到此人叛向安提俄库斯三世；5.81讲过一件可表明此人蛮勇的事。

中挑选出 15 名力气和勇气俱佳的士兵。这 15 人的职责是携带云梯,与他们三人一起爬上城墙,参与危险的攻击。接下来,拉格拉斯等三人又选出 30 人,命其埋伏在一定距离处,待爬城墙分队爬上城墙、抵达最近的城门后,从外面攻击城门,把城门的铰链和门闩砍断。与此同时,爬城墙分队从里面砍断门闩。随后将有一支 2000 人的精锐部队冲入城内,占据剧场的上边缘,那里是攻击卫城和城市的绝佳位置。为了在挑选这批士兵时不引起怀疑,拉格拉斯还让人散布消息说,阿凯俄斯的埃托利亚人部队将通过一个峡谷进入城内,根据这个情报,必须采取有力措施加以防范。

[17] 待一切准备就绪,月亮落下去后,拉格拉斯率领参与行动的人员携带云梯,悄悄来到悬崖的脚下,藏在一块预先选好的巨石下面。天一破晓,敌人哨兵便撤走。此时,安提俄库斯三世按照惯例,正忙着派遣一些部队到前哨,让主力部队列队走向竞技场,摆出战斗阵型,一开始谁也不知道将发生何事。但是,当两架云梯竖起,狄奥尼修斯率先登上城墙,拉格拉斯第二个爬上时,全军爆发出一片欢呼和喧闹。城内的人或阿凯俄斯刚好从卫城看不到偷袭者,因为有巨型岩石挡住他们的视线。但是,安提俄库斯三世的大军对偷袭者极其危险的攀登画面尽收眼底,所以要么是由于惊讶和震惊,要么是由于钦佩和担忧攀爬能否成功,他们屏住呼吸。偷袭者成功登上城墙后,立即爆发出欢呼。

安提俄库斯三世注意到响彻营地的欢呼,希望转移他的士兵和城内人的注意力,遂率军突前,攻击萨尔迪斯另一侧的城门,即著名的波斯门。阿凯俄斯从卫城看到敌人举动异常,对敌人的举止困惑不解,对发生的事一头雾水,很长一段时间内不知所措。然而,他派出一支部队到波斯门迎战时,已经太迟,因为他们必须沿着一条狭窄陡峭的小径从卫城下来。萨尔迪斯城守军指挥官阿里巴祖斯(Aribazus)看到安提俄库斯三世正在朝波斯门挺进,立即毫不犹疑地率军向波斯门奔去,一边令部分士兵登上城墙，一边令剩余士兵穿过城门，同时抵抗安提俄库斯三世的攻击。

［18］与此同时，拉格拉斯、忒奥多图斯和狄奥尼修斯已经穿过陡峻的山脊，抵达山脊下面的城门。一些人与所遇之敌交战，剩余的人砍断门闩。那些埋伏在外面的士兵也抵达城门，从外面砍断铰链和门闩。城门很快被打开，2000名精锐冲入城内，占据剧场上边缘，城内守军匆忙从城墙和波斯门撤出——此前阿里巴祖斯派他们前往波斯门处阻击敌人，并互相喊话，前去阻击已攻入城内的敌人。但是，由于他们已撤走，安提俄库斯三世的部分士兵紧跟撤退的敌人，很快攻破波斯门，大批士兵立即涌入城内。其他人又从内打开邻近的大门。

阿里巴祖斯和所有守军与敌人短暂战斗后，匆忙撤往卫城。这期间，忒奥多图斯和拉格拉斯始终留在剧院附近，在整个行动中表现得稳健明智，始终严格扼守剧场。安提俄库斯三世的剩余士兵冲入城内，占据萨尔迪斯。接下来，部分士兵屠戮所有所遇之人，部分士兵纵火烧毁房舍，部分士兵四散抢劫战利品。萨尔迪斯被洗劫一空，彻底毁灭。正是凭靠这种方法，安提俄库斯三世占据萨尔迪斯……

第八卷

一、意大利事务[1]

[38b1] 珀律比俄斯在其史书卷八说,安卡拉(Ankara)是一座意大利城市。从种族上来说,该城居民是安卡拉底人(Ankarates)。[2](拜占庭的斯特法涅斯)

[38b2] 由于投降必定会遭受惩罚,阿凯俄斯抱着不确定的希望,决定忍受一切。

[35] 罗马将军提比略·塞姆普洛尼乌斯·格拉库斯(Tiberius Sempronius Gracchus)[3]落入埋伏,经过一番英勇抵抗,最后与同伴一起战死。对于这类命运的突转(περιπετειῶν),很难说遭受不幸者应受谴责还是应被宽宥,因为有很多人尽管已采取周密的预防措施,却仍成为肆无忌惮地违背人类既定法律的敌人的牺牲品。然而,我们不应由于懒惰就放弃对这个问题作出判断的尝试,而是应该考虑每个事例所处的时代和情境,从而谴责一些将军,宽宥其他将军。从下述事例可以明白我的意思。

阿基达姆斯五世是斯巴达国王,由于恐惧科勒奥门涅斯三世

---

[1] 此卷的残篇顺序遵从沃尔班克的看法。

[2] [英译注]意大利没有这座城市,因此珀律比俄斯此话的语境已经无法重现。

[3] 此人于公元前212年死于敌人伏击。

的野心，流亡避难。① 不久之后，他受引诱，落入科勒奥门涅斯三世之手。结果，他不仅失去王冠，而且身死殒命，没有为子孙留下任何辩护词。既然情境仍未变化，科勒奥门涅斯三世野心更大、权力更大，我们不得不承认，既然阿基达姆斯五世再次把自己交给这个他曾奇迹般逃脱其毒手的人，他就活该遭受那样的命运。

再如，尽管忒拜人佩洛庇达斯对费莱（Pherae）僭主亚历山大② 言而无信、毫无原则的品性心知肚明，也对每个僭主皆把自由的捍卫者视作主要敌人这一点一清二楚，但是，他在说服埃帕米农达斯不仅要在忒拜而且要在整个希腊建立民主制大业后，亲自率领一支兵力出现在忒萨利，意图推翻亚历山大的僭政，此次实际上是他第二次冒险出使这位僭主。结果，他落入敌人之手，不仅极大损害忒拜的利益，而且由于轻率愚蠢地信任一个完全不该信任的人，他先前的一世英名毁于一旦。

另一个相似的例子是罗马执政官格奈乌斯·科涅利乌斯·斯基皮奥在西西里战争时，愚蠢地向敌人投降。③ 我还能举出更多的事例。

[36] 因此，我们必须谴责那些鲁莽地把自己交给敌人的人，但是，不应该谴责那些尽管已采取周密的预防措施却依然落入敌人之手的人。不信任任何人绝对不可能，我们不能谴责任何在获得充分保证——这类保证如宣誓、妻子和子女扣为人质——尤其是熟知对方此前的生活原则之后，仍按照理性行事的人。因此，若是已经采取这类预防措施，仍被出卖和毁灭，遭受不幸者不应受到谴责，应受谴责的是叛徒。

因此，最安全的办法是寻求此类保证，使得我们信任之人不

---

① 参 5.37。

② 此处的亚历山大于公元前 369 至前 358 年是费莱城僭主，参色诺芬，《希腊志》，6.4。

③ 公元前 260 年的事，参 1.21。

可能背信弃义，但是这类保证很难获得。第二安全的办法是采取合理的预防措施。这样，我们即便受骗，也至少可以得到人们的宽恕。前代许多背信弃义的受害者就是这样，不过就我所叙述的时代而言，最著名的事例当属阿凯俄斯被出卖。阿凯俄斯尽管已采取周密措施预防背叛，确保安全，并在人类智慧所能达到的范围内预见并防范了一切偶发事件，最后仍落入敌人之手。这一事件引起人们对阿凯俄斯的同情和宽恕，他们普遍谴责和憎恨出卖他的叛徒。

二、西西里事务

叙拉古之围

〔3a〕因此，大多数人最不能忍受的往往是最容易的事，我指的是沉默（σιωπήν）。[①]

〔1〕在我看来，提醒读者留意罗马与迦太基这场战争的战场之宏阔、双方为实现其雄心进行的种种行动，与我这部史书的整体意图和原初计划并不冲突。谁能忍住不去赞叹这两个邦国从事这场战争的方式，尽管它们已在进行争夺意大利的大战，还有同样规模的争夺伊比利亚的大战，尽管双方能否取得胜利的前景同等不确定，双方面临同等危险的处境，却仍不满足于已从事的大业，又同时争夺撒丁岛和西西里岛，尽管双方不仅怀揣征服天下的雄心，而且为实现这一雄心储存物资、做好各项准备？的确，若我们进一步观察诸种细节，我们的钦佩之情会进一步迸发。

罗马两位执政官统率两支大军防守意大利，又有两位将军统率两支大军在伊比利亚作战，陆军由格奈乌斯·科涅利乌斯·斯

---

① 〔英译注〕这一句似乎是对叙拉古人安德拉诺多洛斯（参7.2）之死的评论。他因在一桩阴谋中行事轻率而自食其果，参李维，《罗马史》，24.4。

基皮奥指挥，舰队由普布利乌斯·科涅利乌斯·斯基皮奥指挥。迦太基一方的情形也是如此。但是，除上述军队外，罗马人还有一支舰队在希腊海岸游弋，以监视腓力五世的动向。这支舰队的第一任司令是马尔库斯·瓦勒里乌斯（Marcus Valerius），后由普布利乌斯·苏尔比基乌斯（Publius Sulpicius）接任。与此同时，阿庇乌斯·克劳狄乌斯（Appius Claudius）率一支100艘五列桨战舰的舰队、马尔库斯·马塞卢斯（Marcus Claudius Marcellus）率陆军保卫他们在西西里的利益。迦太基人哈米尔卡（Hamilcar）同样率舰队登陆西西里。

[2] 我认为，我在这部作品开头常常提及的那个说法因此得到事实的验证，我指的是我下面这个论断：不可能从处理个别事件的史家那里获得对整全事务（τὴν τῶν ὅλων οἰκονομίαν）的总览。若仅阅读在西西里或伊比利亚发生的事件，我们怎能指望明白和理解这些事件规模之宏大或最重大时刻之事件，又怎能懂得机运（ἡ τύχη）凭借何种手段、何种政制完成我们这个时代最令人震惊也是前无古人的伟业，即让天下各个部分屈服于罗马人的独一统治和其帝国？阅读叙述个别事务的史书兴许能搞清楚罗马人如何攻陷叙拉古、如何占领伊比利亚，但是，关于罗马人如何获得天下的统治权，何种独特的处境妨碍了他们的宏伟计划，何种处境如何以及何时对他们实现宏伟计划有利等问题，要是不阅读叙述普遍事务的史书（τῆς καθόλου τῶν πράξεων ἱστορίας），就很难弄清楚。

出于同样的原因，要是不阅读叙述普遍事务的史书，我们也很难认识到他们成就之伟大和政制之优良。罗马人觊觎伊比利亚和西西里，运用陆军和海军远征这两地，这本身不足为奇。但是，我们要意识到，这些事业和其他无数事业如何由同一个政府在同一时间执行，以及罗马人在从事这些事业时，他们自己的土地还在遭受战争和其他危险。只有这样，诸如远征伊比利亚和西西里这样的事件才能被正确理解，并激起人们的钦佩。也只有这样，这些事件才能得到应有的关注。对于那些认为通过研究个别事务就能熟悉整个天下的普遍和共通历史（τῆς καθολικῆς καὶ κοινῆς ἱστορίας）的人，我就说这么多。

[3] 与此同时，厄比克泰德和希波克拉底控制叙拉古后，极力让自己和叙拉古市民疏远罗马。① 罗马人这时已经获悉叙拉古僭主希耶罗努穆斯的遭遇，他们任命阿庇乌斯·克劳狄乌斯为总督（ἀντιστράτηγον），授命他指挥西西里的陆军，同时授命马尔库斯·克劳狄乌斯·马塞卢斯指挥驻守西西里的舰队。这两位将军占据距离叙拉古不远的一处位置，决定率陆军在赫科萨普罗（Hexapylus）附近发动攻击，率海军在阿卡拉蒂纳（Achradina）的斯库提克门廊（Stoa Scytice）发动攻击——叙拉古的城墙在阿卡拉蒂纳一直延伸到海边。

准备好工事、投掷物和其他攻城材料后，由于己方兵力庞大，两位罗马将军满怀希望地认为，5天之内，他们的进攻准备会比敌人的防御准备快很多。但是，他们没有考虑到阿基米德（Archimedes）的能力，也没有想到在有些情况下，一人的头脑远超众人的双手。现在，他们将从亲身经历中明白这句俗语的含义。

叙拉古的防御实力在于下述事实：城墙沿着一串山峦高耸的山脊呈圆形延伸，除极少几处地方外，即使无人阻止，也很难接近。阿基米德又在城内做了大量防御准备，以应对来自海上的攻击，因而防御方不会面临需紧急应对的情形，因为敌人的每个行动都会立即遭到防御方的反击。然而，阿庇乌斯试图用掩护工事和攻城梯攻击东面紧靠赫科萨普罗的那段城墙。

[4] 同时，马塞卢斯率60艘五列桨战舰从海上攻击阿卡拉蒂纳，两个方向的攻击部队皆装备有弓箭、投石机和投枪，打算击退城垛上的敌人。马塞卢斯麾下还有8艘已经拆除桨位的五列桨战舰，一半拆掉了左舷桨位，另一半拆掉了右舷桨位。罗马人把

---

① 在希耶罗努穆斯于公元前214年被刺杀后，这两人控制叙拉古。

这些战舰两两绑在一起，方法是将拆掉桨位的那一侧绑在一起，然后用船桨在另一侧划动船只。这些绑在一起的船只把所谓的"萨姆布卡"（Sambuca）登城机运到城墙下。

这种登城机的建造方式如下。首先，在船的恰当位置竖立一架宽4尺、与城墙同等高的梯子。梯子的每一侧建造一堵胸墙，由一块相当高的隔板遮住。然后，将梯子平放在两艘船相接触的地方，梯子突出船首外相当远。战舰桅杆顶部有滑轮。罗马人使用梯子时，将绳子拴在梯子顶部，几个士兵站在船尾，凭借桅杆顶部的滑轮将梯子吊起来，其他几个士兵在船首用木头撑住梯子，以确保梯子稳稳地竖立。之后，桨手们划动船只抵达岸边，对着城墙竖起这种登城机。梯子顶部有一个平台，平台三面有用柳条编成的围栏保护，可供4名士兵爬到平台顶部迎击敌人，以阻止敌人从城垛攻击登城机。待登城机成功竖起，且比城墙高时，士兵会毁掉柳条做的围栏，爬上城垛和塔楼，其余士兵跟在后面爬上城墙。梯子很稳，有绳索将它牢牢固定在船上。这种机械之所以被称作"萨姆布卡"，是因为它竖立起来时，船和梯子组合起来的形状很像萨姆布卡这种乐器。①

[5]这就是罗马人意图攻击城墙想出的妙计。但是，阿基米德已经造好可移动到投掷物射程内任何距离的各种机械。这样就可在罗马人起航准备攻击时，用更大、更有力的投石机和石弩远距离攻击敌人，使他们陷入困境，遭受极大痛苦。如果这类机械射程太远，阿基米德之后会使用小一点、射程短一点的机械，最后彻底击垮敌人的勇气，使他们的进攻和前进完全停止，直到马塞卢斯难以承受损失，只好趁夜深人静时，偷偷把船只拉到岸边。不过，当罗马舰队靠在岸边，投石机距离敌人太近无法打到时，阿基米德又想出一个妙计攻击在甲板上作战的敌人。

阿基米德命人在城墙上凿开许多间隔很短、一人高、外侧一

---

① [英译注]萨姆布卡是一种很像竖琴的乐器。

掌宽的洞,然后命令弓箭手和名叫"小蝎子"(small scorpions)[①]的投射器在城墙后射击,使得敌人无力招架。通过这些手段,阿基米德不仅让敌人的进攻毫无效果——不管是远距离攻击还是在城墙下攻击,而且杀死大批敌人。罗马士兵准备竖起萨姆布卡时,阿基米德已沿着城墙准备好各种机械,需要时可从城墙内架起这些机械,将发射装置伸出城垛外,有的机械可投掷重达10塔兰同的石块,有的可投掷大型铅块。不管何时,只要罗马人的"萨姆布卡"抵近城墙,这些器械都会将巨石投在"萨姆布卡"上,结果,不仅"萨姆布卡"被毁,就是船只和船上的士兵也陷入极端危险中。

[6]阿基米德还有一些机械用来攻击在柳条盾掩护下前进的敌人,以阻止敌人投射物穿过城墙造成伤害。这些机械投掷的石块很大,足以将进攻者驱离船首。同时,机械会放下一只铁手,这个铁手通过铁链与横梁相连,操作横梁的人用铁手把敌船抓住。操作者用铁手紧紧抓住船首时,会用力压位处城墙内的机械的另一端。当铁手将船只提起呈直立状,操作者会用绳子和滑轮把横梁另一端固定住,然后突然松开,将船首重重摔下。结果,一些船只翻入海里,一些完全覆没,大多数船只由于从高处摔下,内部涌入很多水,一片混乱。马塞卢斯被阿基米德的这些智谋搞得狼狈不堪,看到守军挫败他的进攻,不仅让他损失惨重,还大肆嘲笑他,他非常恼怒,不过,他仍自嘲道:"阿基米德用我的船把海水舀进他的酒杯,但是我的'萨姆布卡'却耻辱地被驱离他的盛宴。"

这就是罗马人从海上进攻叙拉古的结果。

[7]阿庇乌斯发现自己也处于类似困境,遂放弃进攻。他的士兵尚未抵近城墙就被投石机和石弩击倒,而叙拉古人的石块和投掷物的储备无论数量还是力量都令人钦佩,这些机械正是由希耶罗提供材料、阿基米德设计和建造的。阿庇乌斯的士兵若接近

---

① 一种发射箭矢的器械。

城墙，会遭受惨重损失，因为我上文提及的城墙上的洞会射出大量箭矢，导致前进受阻；如果他们带着柳条盾前进攻击，又会被城墙上落下的石块和木头砸死。被困在城墙下的士兵还会受到上文所述的铁手攻击，遭受不小的伤害，因为铁手会吊起人、盔甲和其他一切，然后将他们重重摔下。

最后，阿庇乌斯撤回营地，召集军团长商议。他们一致同意放弃强攻，采取其他方式达成目的。此后，阿庇乌斯坚持这个决议，在长达八个月的围城期间，他尝试过各种未经试验的策略或大胆的设计，再没有冒险发动过强攻。这表明，一个人将才智恰当地运用在一些事务上时，能取得多么伟大且神奇的成就。如果叙拉古的这位老人[①]被赶走，罗马人由于海军和陆军皆很强大，至少有希望立即攻陷叙拉古；但是，只要他在，罗马人甚至都不敢尝试用阿基米德有能力进行相应防御的方式发动进攻。相反，罗马人考虑到叙拉古人口众多，认为攻陷该城的最佳策略是饥荒。他们之后将希望寄托于此，用舰队在海上、用陆军在陆上切断叙拉古的供应。由于不想在围困叙拉古期间虚度光阴、无所成就，并在他处取得一些有益战果，两位将军决定分兵，由阿庇乌斯率领三分之二的军队围困叙拉古，马塞卢斯率另外三分之一的军队袭击西西里岛上支持迦太基人的城市。

三、希腊事务

腓力五世和墨瑟尼亚

［8］腓力五世一抵达墨瑟尼亚，就像一个凭借激情而非理性行事的敌人，开始毁灭这个地区。他显然期待，当他不断伤害这个地区时，那些受害者不会对他产生任何怨恨。

[①] 阿基米德于公元前287年出生，此时已70多岁。

促使我在这一卷和前一卷更详细地叙述这些事务的原因，除我上面提到的原因外，还有下述事实：一些作家要么由于敬重国王们，要么由于害怕他们，忽略了墨瑟尼亚发生的其他事件。他们不遗余力地阐明，腓力五世对墨瑟尼亚人犯下的违背神法和人法的暴行不应受到谴责；恰恰相反，他的一切行为都是值得称赞的功绩。不仅是在墨瑟尼亚人事务上，就是在其他事例中，我们也会发现叙述腓力五世行迹的史家有所偏袒，结果他们的作品更像颂辞（ἐγκωμίον），而非史书。在我看来，我们既不应辱骂，也不应像过去很多人常常做的那样不实地颂扬国王们，而是应该始终与已有的叙述保持一致，并依照他们每个人的行动原则（προαιρέσεσι）叙述他们。不过，这说起来容易，做起来却很难，因为生活中有诸多境遇和限制，使得人们无法说出或写下他们的真实看法。考虑到这一点，我们就必须原谅一些作家，但不能宽宥其他作家。

［9］在这个方面，忒奥庞姆普斯（Theopompus）是这些作家中最应受谴责的。① 他在叙述阿明塔斯（Amyntas）之子腓力二世的史书开篇说，促使他写作这部史书的主要原因是，欧洲还从未诞生过像腓力二世这样的伟人，然而他紧接着在序言甚至整部史书中都表明：第一，腓力二世在女人方面放纵无度，以

---

① 忒奥庞姆普斯（公元前378—前320年），希俄斯人，与其父达马西斯特拉图斯（Damasistratus）一同被希俄斯驱逐。公元前333年，凭借亚历山大大帝的干预，他才恢复公民权。亚历山大大帝驾崩后，他又避难于埃及。传统认为他和厄弗儒斯（Ephorus）皆是伊索克拉底的学生，是修辞史学的代表。他有两部主要作品，一是续写修昔底德《战争志》的《希腊史》，止于公元前394年，共12卷，今有少量残段存世；一是《腓力传》，58卷，即珀律比俄斯此处指涉的作品。他以一种严格的德性论评判政治人物，恰如此处珀律比俄斯对他的批评。

至他对这种事情的狂热和成瘾毁了他的家庭;① 第二,腓力二世在建立友谊和结成盟友方面,是最不义、最爱干坏事的人;第三,腓力二世运用武力和欺诈,奴役、背叛一大批城邦;第三,腓力二世嗜酒如命,以至他的友人经常能看到他在光天化日之下酩酊大醉。

凡是阅读过忒奥庞姆普斯史书第四十九卷开头的读者,都会对这位史家之荒唐惊诧不已。且不说其他事情,他竟大胆写下下面这些东西。他的原文如下:

> 腓力在马其顿的宫廷是希腊和海外所有最放荡、最无耻之徒的聚集地,这类人在马其顿被称为国王的同伴(ἑταῖροι)。他一般不喜欢有名望、爱惜自己财产的人,而是敬重和擢升那些挥霍无度之人,这类人饮酒成性、赌博成瘾。因此,腓力不仅鼓励他们的恶习,而且还让他们成为各种各样邪恶和淫乱的大师。有什么可耻的、骇人听闻的事是他们没有做过的?他们做过什么好的、值得称赞的事?他们中的一些人习惯把身体刮得干干净净,让其变得光滑软绵,尽管他们是男人;另外一些人尽管已胡子拉碴,实际上仍互相淫乱。② 他们随身带着两三个伴妓(ἑταιρευμένους),自己也以同样的身份为别人服务,所以我们可正当地称他们为高等男妓而非廷臣,称他们为娼妓而非战士。他们本应该是杀人的战士,却变成男妓。
>
> 总之,我不必太啰唆,况且我还有一堆其他事要叙述。

---

① [英译注]腓力二世在这个方面的确名声不好。他的妻子除摩洛希亚人国王之女奥林匹娅斯(Olympias)、厄利米奥蒂斯的公主菲拉(Phila)和阿塔罗斯的侄女克里奥佩特拉外,还包括数位妾妻,如伊利里亚公主奥达塔(Audata)、拉里萨的菲琳娜(Philinna)等。

② 暗指玩弄娈童。

我的看法是，那些被视为腓力友人和同伴的人，不过是最坏的畜生，他们的性情比生活在珀利翁山的马人（Centaurs）、居住在勒奥蒂尼平原吃人的巨人（Laestrygones）或别的怪物还要野蛮。①

[10] 每个人都必定会反对这位作家写下上述东西时流露出的恶毒和缺乏克制。忒奥庞姆普斯不仅应为他使用的言辞与已经陈述的叙述意图相矛盾而受谴责，而且应为他虚假地指控腓力国王及其友人，尤其是他运用粗俗、不合时宜的词语进行这种虚假指控而受谴责。要是他叙述萨达纳帕罗斯（Sardanapalus）②及其友伴，他兴许都不敢使用如此粗俗的言辞。我们都知道这位国王的行事原则和放荡的品性，他墓碑上的铭文说：

> 我拥有这一切，
> 我大快朵颐，嬉戏玩耍，
> 我尽享爱欲的欢愉。

但是，叙述腓力二世及其友人时，他不仅会犹豫是否要指责他们怯懦、娘娘腔和厚颜无耻，而且如果有人决定歌颂他们，他反而很难找到恰切的词语形容他们的勇敢、勤勉（φιλοπονίας），以及这些男子汉凭借勤勉和雄心，将马其顿从微末无名之国提升为天下最强大、最辉煌之国过程中展现出的无可置疑的各项美德。且不说他们在腓力二世治下取得的功业，单说腓力二世驾崩后，他们在亚历山大麾下取得的成就，就足以无可置疑地确立他们的英勇之名。

---

① 参荷马，《奥德赛》，10.77–132。
② 西方古代传统认为此人是尼尼微的亚述国王，过着奢侈和女性化的生活，参希罗多德，《原史》，2.150。

由于亚历山大是统帅，我们兴许应该把功劳归于他，尽管他当时非常年轻，但是，我们也应对他的同伴和友人给予同样评价。正是这些人在诸多不可思议的战役中击败敌人，正是他们常常陷入极端困苦、危险和磨难，并且即便在他们拥有足以满足每一种欲望的巨额财富和无限资源后，他们的身体力量也没有受到损害，他们也没有为了满足种种激情而荒废政事和荒淫无度。相反，可以说，他们所有人证明，追随腓力二世和亚历山大期间，由于灵魂豪迈大度、节制和勇敢，他们每个人皆具王者之气。不必在这里一一提到他们的名字。① 此外，亚历山大驾崩后，他们争夺天下帝国的各部分时，留下无数光辉事迹，以至我们兴许会认为蒂迈俄斯对西西里统治者阿加托克勒斯的恶毒谩骂合乎情理，不管他的谩骂看起来多么无度，毕竟他指控这位统治者是敌人、恶棍和僭主。② 但是，我们不能如此对待忒奥庞姆普斯。

　　[11] 在宣称他将叙述一位天性具备各种美德的国王后，忒奥庞姆普斯又用一切卑劣、可怕的罪名指控这位国王。所以，这位作家在其史书开篇说那番话要么是个骗子、马屁精，要么他的论断完全是愚蠢和幼稚的，他以为通过滥用毫无意义和牵强附会的言辞，就能确保自己的信誉，使读者接受他对腓力二世的赞美。

　　此外，没有谁会赞赏忒奥庞姆普斯的史书的整体布局。忒奥庞姆普斯预先宣布他的目标是接续修昔底德，叙述《战争志》之后的希腊历史，但在即将叙述到琉克特拉战役和希腊历史上最著名的时期时，③ 他竟改变原初叙述计划，决定叙述腓力二世的

---

　　① 主要是托勒密、安提帕特、佩蒂卡斯、克拉特洛斯（Craterus）、安提哥努斯、珀律伯孔（Polyperchon）、卡桑德、欧墨涅斯和塞琉古。

　　② 珀律比俄斯对蒂迈俄斯的严厉批评，见卷十二。

　　③ 实际上，忒奥庞姆普斯的希腊叙事止于公元前394年，远早于琉克特拉战役的公元前371年。

行迹。的确，用叙述希腊事务的史书涵盖腓力二世的功业，要比叙述腓力二世的史书涵盖希腊事务更崇高、更公正。即使是一个全身心忠于君主统治的人，如果他有权力并找到合适的机会，也会毫不犹豫地把他史书的核心部分和标题转向希腊事务；任何一个头脑清醒、判断明智之人，如果他已开始叙述希腊事务，并且已经叙述一部分，他不会贸然改变主题，去叙述一位国王的浮夸一生。

是什么迫使他忽略如此明显的矛盾，难道不是他著史的动机并不高贵，难道他叙述腓力二世的行迹不是为了自己的利益着想？的确，关于他改变叙述计划的错误，如果有人质问他的话，他兴许能找到自我辩护的理由，但是，关于他用在腓力二世友人们身上的粗俗言辞，我认为他根本无法为自己辩护，只能承认自己严重违背得体之职……

[12] 墨瑟尼亚人现在成了腓力五世的敌人，但是，他不再残忍伤害他们，尽管他试图毁灭他们的土地。然而，他却对最亲密的朋友犯下最大的暴行。不久之前，腓力五世通过他派驻伯罗奔半岛的代表陶立翁，把阿拉图斯毒死，因为后者反对他对墨瑟尼亚的处理方式。这一事实当时并不为人所知，因为陶立翁用的毒药并非能立即致人死亡的毒药，而是那种需要一些时间、逐步让身体陷入病态的毒药。不过，阿拉图斯本人清楚腓力五世的谋杀企图，具体经过如下述所示。

阿拉图斯虽然极力保守自己中毒的秘密，但他还是忍不住把它透露给克法洛斯（Cephalon），此人是他很亲密的老仆。这位仆人在阿拉图斯生病期间悉心侍候他，有一次注意到阿拉图斯的唾液中有血，阿拉图斯说道："克法洛斯啊，这就是腓力五世对我的友谊的奖赏。"节制这种品质如此伟大和美好，以至恶行的受害者比恶行的主人更感到羞愧，因为在他与腓力五世联合发起诸多伟大事业，对腓力五世的利益做出如此大的贡献之后，他竟因忠诚获得如此卑劣的奖赏。

这位男子汉由于长期在阿凯亚联盟任将军，并为联盟带来无数重要的恩惠，去世时获得他的母邦和联盟授予的恰切荣誉。他们为他献上英雄才有资格享有的祭仪和荣誉。总之，他们为他献上一切有助于一个凡人永垂不朽的东西，以至如果死者泉下有知，他必定会对阿凯亚人对他心存感激感到愉悦，也必定会在回忆一生所遭遇的痛苦和危险时感到愉悦。①

腓力五世攻陷伊利里亚的里苏斯②

[13] 由于觊觎里苏斯和其卫城已久，极度渴望占据这两个地方，腓力五世率军朝它们挺进。经过两天行军后，他穿越诸峡谷，在距离该城不远的阿达克萨诺斯（Ardaxanus）河边扎营。观察到里苏斯海陆两方面的防御——不管是自然地势还是人工工事——都俱佳，且里苏斯卫城紧靠该城，由于其高度和整体强度，看起来绝无可能用强攻占据，他放弃强攻，不过仍未对拿下两地绝望。注意到里苏斯城和卫城山脚之间有块平地，很适合用来对里苏斯城发动攻击，他决定在这里展开行动，并想出一个与当时情势相符的计谋。

腓力五世让他的马其顿士兵休整一天后，用与当时情势合宜的言辞对他们发表演说，夜里派轻步兵部队中最庞大、最善战的一部埋伏在树林浓密的山谷，该地位于前述那片空地上距离海边最远的地方。第二天，他率持盾兵和剩余轻步兵沿着里苏斯城另

---

① [英译注] 阿拉图斯的葬礼在希库温举行，他的坟墓被规定为英雄祠，每年举行竞赛，他被称作"救主"和"城邦再造者"。

② 腓力五世于公元前214年在奥乌斯河失败后，一支罗马舰队一直驻扎伊利里亚，被迫远离亚得里亚海岸。但是在公元前213年至前212年，他攻入伊利里亚内陆，然后重新控制进入亚得里亚海的里苏斯。这些征战的意图是将里苏斯以南的罗马盟友与斯科蒂拉达斯分离，同时夺取他与汉尼拔的条约规定的战后归他所有的领土。

一侧的海边行进。绕过里苏斯城后,军队抵达我前面提到的平地,他造成的假象是他将要从这一侧攻击里苏斯。他的大军并非秘密抵达此地,所以伊利里亚邻近地区的大批军队已经聚集在里苏斯。但是,伊利里亚人由于对里苏斯卫城的自然地势太过自信,只派出小股部队防守。

[14] 结果,随着马其顿士兵抵近,里苏斯城内的伊利里亚人自信他们军力占优且地势于他们有利,于是倾巢而出。腓力五世命令持盾兵在平地上列阵,轻步兵朝山丘前进,以给予敌人猛烈打击。全军闻令而行,战斗一度势均力敌。但是,腓力五世的轻步兵不久由于地势不利和敌人兵力庞大,掉头逃跑。马其顿轻步兵逃到持盾兵列阵处躲避时,伊利里亚人由于蔑视敌人,便追击敌人到山丘下,开始与平地上的持盾兵交战。

与此同时,里苏斯卫城的守军看到腓力五世各部正在缓慢撤退,认为他即将放弃战斗,又由于相信卫城地势的力量,不知不觉受到诱惑,放弃卫城,以小股部队经小道下到平地,以为可将敌人彻底击溃,进而获得战利品。但是,就在这时,此前埋伏在陆地一侧的马其顿部队突然跃出,发动干净利落的攻击。与此同时,持盾兵转身再度与敌人交战。面对这一突变,里苏斯城内涌出的士兵陷入混乱,四散朝城内溃逃,而那些已经放弃卫城的部队被腓力五世的伏兵切断后路。结果,出乎所有人预料,卫城未经一战便被立即攻占。里苏斯面对马其顿人几次猛烈浩大的攻击,经过绝望的挣扎后,在第二天投降。因此,出乎所有人意料,腓力五世成为这两个地方的主人。这次胜利确保了整个周边地区对他臣服,大多数伊利里亚人主动把他们的城市奉上。因为这两处堡垒被攻陷后,那些想要抵抗的人也就没有强大的堡垒可供栖身,不再能指望得到安全。

[14b1] 珀律比俄斯在其史书卷八说,达萨勒泰人(Dassaretae)是伊利里亚的一个部族。(拜占庭的斯特法涅斯)

[14b2] 珀律比俄斯在其史书卷八说,许斯卡纳(Hyskana)

是伊利里亚的一座城,许斯卡纳是中性复数名词。(拜占庭的斯特法涅斯)

四、亚洲事务

阿凯俄斯被俘[①]

[15] 有一个克里特人叫鲍里斯(Bolis),一直在托勒密宫廷任高官,被认为是一个具有卓越才智、非凡勇气、丰富军事经验的人。索西比俄斯与鲍里斯私交甚笃,很受后者信任,以至后者愿意受他驱使,随时为他赴汤蹈火。索西比俄斯对鲍里斯说,就眼下的情势而言,他为托勒密四世分忧解难的最好办法是,谋划出一个计划以解救阿凯俄斯。鲍里斯听他说完后,说会认真考虑此事,然后离开。

深思熟虑两三天后,鲍里斯来见索西比俄斯,说他同意执行这一任务,又补充说,他曾在萨尔迪斯逗留过一段时间,对该城地势了如指掌,且安提俄库斯三世麾下克里特部队的指挥官卡姆布罗斯(Cambylus)跟他不仅是老乡,而且是他的亲戚和朋友。此时,卡姆布罗斯恰好率领克里特部队警戒萨尔迪斯卫城背后的区域,那里的地势无法使用攻城器械,仅由卡姆布罗斯的部队警戒。索西比俄斯愉快地接受这一提议,因为他确信,要么不可能将阿凯俄斯从险境中解救出来,要么只要有机会解救阿凯俄斯,鲍里斯就是最佳人选。更何况,鲍里斯对于此事极有热情。这一任务迅即被执行。索西比俄斯首先预付了这项任务的所有费用,并许诺事成之后给予鲍里斯重奖,然后通过夸大事成之后托勒密四世和阿凯俄斯可能给予他的奖赏,将鲍里斯拯救阿凯俄斯的渴望提升到极致。

---

① 此事发生于公元前214年。

鲍里斯做好各项准备后，没有拖延，立即启程。他带着密函和凭证，首先前往罗德岛的尼克马科斯（Nicomachus）处，后者对阿凯俄斯的感情和忠诚如同父亲对儿子那般，然后前往以弗所的莫拉克马斯（Melancomas）那里。这两人之前曾作为阿凯俄斯的代表参与和托勒密四世的密谋以及与其他邦国的全部谋划。

[16] 鲍里斯一抵达这两地，就与二人交涉。他发现他们愿意满足他的请求，然后便派一位名叫阿里亚努斯（Arianus）的官员前往卡姆布罗斯处，告诉后者自己受命离开亚历山大里亚募集军队，期望与他会面，商议一些紧急事务。鲍里斯认为，最好确定一个他人无从知晓的会面日期和地点。阿里亚努斯匆匆赶往卡姆布罗斯处，递交信函。卡姆布罗斯欣然答应这个要求，定好双方都知晓的会面日期和地点，并且说双方应该在晚上见面，然后令阿里亚努斯返回。

作为一个克里特人，鲍里斯天性狡猾，一直在权衡这一计划的各种可能情况并检验每一步的可靠性，最终还是决定按照阿里亚努斯带回的安排与卡姆布罗斯会面。会面时，两人完全从克里特人的视角讨论这件事。他们既没有考虑营救深处险境的阿凯俄斯，也没有顾及派他们执行这项任务之人的忠诚，只考虑追求自己的安全和利益。这两个克里特人迅速达成一致，决定先平分索西比俄斯预先支付的10塔兰同，然后向安提俄库斯三世报告这一密谋。如果安提俄库斯三世愿意承诺预付一大笔钱，并承诺未来给予与这项任务之重要性匹配的奖赏，就把阿凯俄斯交给安提俄库三世。密约规定，卡姆布罗斯负责与安提俄库斯三世接触，鲍里斯则同意几天后派阿里亚努斯带着尼克马科斯和莫兰克马斯的密信去见阿凯俄斯，并要求卡姆布罗斯确保阿里亚努斯安全进出萨尔迪斯卫城。届时，若阿凯俄斯同意被营救且愿意写信回复尼克马科斯和莫兰克马斯，鲍里斯会保证对此事全力以赴，并告知卡姆布罗斯交涉结果。鲍里斯和卡姆布罗斯达成此密约，结束会面，之后按照约定好的阴谋分别施行接下来的计划。

[17]首先，卡姆布罗斯一逮到机会，就在安提俄库斯三世面前陈述此事。安提俄库斯三世对此事既兴奋又惊诧。他一方面极度兴奋，准备向卡姆布罗斯允诺后者想要的任何东西；另一方面又感觉难以置信，要求卡姆布罗斯详细说明他们的计划和打算运用的手段。听完汇报后，安提俄库斯三世打消疑虑，甚至认为这个计划简直是神灵所赐，因此督促卡姆布罗斯执行这个计划。

与此同时，鲍里斯也向尼克马科斯和莫兰克马斯报告了他与卡姆布罗斯的会面。这两人相信鲍里斯营救阿凯俄斯全然出于诚心，立即用惯常使用的密笺写密信给阿凯俄斯——这种信若落到他人手里，根本无法识读——命阿里亚努斯送往阿凯俄斯处，其内容是恳求阿凯俄斯信任鲍里斯和卡姆布罗斯。阿里亚努斯在卡姆布罗斯的帮助下进入萨尔迪斯卫城，将信交给阿凯俄斯。

阿里亚努斯从一开始就参与了这个计划，所以能准确且详细地回答阿凯俄斯的各种质询，包括关于索西比俄斯和鲍里斯，尼克马科斯和莫兰克马斯的问题，尤其是关于卡姆布罗斯的问题。阿里亚努斯之所以能自信且直率地应对阿凯俄斯的质询，主要是因为他对卡姆布罗斯和鲍里斯之间的密谋一无所知。对阿里亚努斯的质询主要围绕尼克马科斯和莫兰克马斯的密信展开。他的回答让阿凯俄斯疑虑全无，后者立即令阿里亚努斯返回并报告他同意这个计划。

经过几次信件往来后，阿凯俄斯最后将他的身家性命托付给尼克马科斯，因为眼下要想脱离险境已没有其他选择。他通过信件让尼克马科斯命鲍里斯和阿里亚努斯在一个月黑风高的夜晚前来，届时他会跟他们走。阿凯俄斯的如意算盘是，他一旦从险境脱身，便会立即单枪匹马奔赴叙利亚，因为他对下述前景抱有很大期待：出人意料地出现在叙利亚。届时安提俄库斯三世仍远在萨尔迪斯城下，这样他就能掀起一场声势浩大的支持他的运动，在安提阿、腓尼基和整个科勒叙利亚受到热烈欢迎。

［18］阿凯俄斯怀揣着这种期待和盘算，静静等待鲍里斯出现。莫兰克莫斯在阿里亚努斯返回，读过阿凯俄斯的密信，对鲍里斯仔细嘱咐一番后派他启程，对鲍里斯成功营救阿凯俄斯抱着极大希望。鲍里斯派阿里亚努斯先行，好让卡姆布罗斯得知他将要抵达。他在夜里抵达约定会面的地点。鲍里斯和卡姆布罗斯一起密谋一整天，准确敲定阴谋的每个细节，于夜晚降临后进入卡姆布罗斯部队的营地。他们的计划如下。

如果阿凯俄斯独自一人或只由鲍里斯和阿里亚努斯陪同走出卫城，就不足为虑，很容易就能抓到他。但是，如果阿凯俄斯由他的心腹陪同，就很难执行第一个方案，尤其是他们急于活捉阿凯俄斯——只有活捉才最能令安提俄库斯三世满意。针对这种情形，必须让阿里亚努斯走在最前面，以引导阿凯俄斯走下卫城，因为他已多次进出，谙熟卫城下山的路，同时让鲍里斯走在队伍最后，以便一抵达卡姆布罗斯预先布置伏兵之地，就可迅速抓住阿凯俄斯。这样做一来可防止阿凯俄斯趁黑夜在混乱中经树木茂密之地逃脱，二来可防止他绝望之余跳崖自杀，从而确保活捉阿凯俄斯。

这就是他们的计划，鲍里斯进入卡姆布罗斯营地那晚，卡姆布罗斯已带他私下里见过安提俄库斯三世。这位国王和蔼地接待了他，向他允诺事成之后会有丰厚奖赏，然后热情地鼓励他们不要拖延，立即离开营地，去执行这个计划。鲍里斯在天亮前，和阿里亚努斯进入萨尔迪斯卫城，当时天还黑着。

［19］阿凯俄斯以极高的热诚接待了鲍里斯。他细致询问整个计划的细节，从鲍里斯的神态和言谈举止判断出，后者足以胜任眼下这件大事，他一方面对将被营救出卫城极为高兴，另一方

面又因营救成功之后产生的重大影响而感到兴奋和焦虑。然而，阿凯俄斯绝非蠢人，具有丰富的实践经验，他知道最好不要对鲍里斯深信不疑。因此，他告诉鲍里斯，眼下不是他离开卫城的合适时机，但是他会派三四个朋友先跟他们出去，等这几位朋友与莫兰克马斯见面后，他再准备离开。阿凯俄斯的确已尽最大努力来防范，但是他没有想到，如俗语所说，他在跟一个克里特人玩克里特式狡猾，因为没有任何可能的预防措施是鲍里斯没有想到过的。

阿凯俄斯之前说先让阿里亚努斯和鲍里斯带他的几位朋友离开卫城，所以第二天夜幕降临后，令阿里亚努斯和鲍里斯到卫城出口处，等待将和他们一同离开的那几位朋友。鲍里斯和阿里亚努斯按照他的要求在卫城出口处等待，但是，他在最后一刻把自己的计划向妻子全盘托出。后者震惊不已，差点失去理智，以致他不得不花些时间让她恢复平静，用这一计划的光辉前景来安抚她。之后，他叫来四个伙伴，让四个伙伴穿上华丽富贵的衣服，而他本人则换上一套朴素无奇的衣服，让自己看起来是一个普通人。然后，他命令其中一位友人回答阿里亚努斯的所有问题，作出所有必要的应答，并向阿里亚努斯说明队伍的其他人不懂希腊语。

［20］与阿里亚努斯在卫城出口会合后，后者由于熟悉路，走在最前面，鲍里斯依照事先的计划，走在最后面，对阿凯俄斯的几位朋友没有丝毫怀疑。尽管作为一名克里特人，他随时怀疑别人，但是，鲍里斯由于当时一片漆黑，没有认出哪个是阿凯俄斯，甚至不能肯定阿凯俄斯是否在队伍中。不过，下山的路险峻难行，有的路段既滑又危险。每当遇到这样的路段时，队伍中总有人要么拉着阿凯俄斯，要么把手伸给他，因为他们还一时无法改掉平日对他的尊敬态度，鲍里斯于是很快认出哪个是阿凯俄斯。

当他们抵达与卡姆布罗斯约定的地点，鲍里斯用口哨发出预先约定的信号,伏兵瞬间冲出,抓住所有人,鲍里斯则紧紧抓住阿凯俄斯和他的衣服,这样他的手就无法动弹,因为鲍里斯担心阿凯俄斯觉察到被背叛后,可能会自杀——阿凯俄斯事先已经备有一把短剑。阿凯俄斯很快被团团围住,落入敌人之手,后者立即将他和他的四位朋友带到安提俄库斯三世面前。

安提俄库斯三世一直在焦急兴奋地等待信息,此时已遣退平日的侍从,只留两三位侍卫陪他在营帐等待。待卡姆布罗斯及其部下进入营帐,把五花大绑的阿凯俄斯扔在地上,安提俄库斯三世惊诧得目瞪口呆,好长一会儿才回过神来,以至语无伦次、大受震撼、眼泪迸发。我认为,安提俄库斯三世之所以有这种反应,是因为他实实在在地看到机运多么难以抗拒。与所有期待相反,万事由机运决定。

阿凯俄斯是安德罗马库斯之子,后者是塞琉库斯二世的王后劳迪西娅的兄弟。阿凯俄斯娶米特里达特斯二世之女劳迪西娅,统治着陶鲁斯山脉北侧的亚细亚土地。① 前一秒,他的军队和敌人的军队还认为他安全地驻守在天下最坚固的要塞中;转眼,他就被五花大绑倒在地上,任由敌人摆布。除了阴谋的参与者,谁也不知道发生何事。

[21] 天亮后,当安提俄库斯三世的友人② 按照惯例成群来到他的营帐,亲眼看到眼前的一幕,他们的反应与安提俄库斯三世之前一样:太过惊诧以至不敢相信。在接下来的议事会上,很多人提议对阿凯俄斯施加应有的惩罚。会议最后决定首先砍掉这位

---

① 实际上,安提俄库斯三世和阿凯乌斯不仅是表兄弟,还是连襟:安提俄库斯三世娶米特里达特斯二世长女,阿凯俄斯娶其幼女,不过姐妹俩都叫劳迪西娅。

② 友人是希腊化王国的重要等级。塞琉古王国略微特别,友人有四个等级。

不幸国王的手足，再砍掉头，然后缝上驴子的皮，最后刺穿阿凯俄斯的尸体。① 如此惩罚阿凯俄斯后，安提俄库斯三世的大军获悉此事，整个大营立即陷入狂欢和疯狂的兴奋，而唯一清楚丈夫已经离开萨尔迪斯卫城的劳迪西娅，在亲眼目睹敌人大营的喧闹和骚动后，已明白丈夫的遭遇。

安提俄库斯三世的传令官很快赶来向她宣布阿凯俄斯的结局，命令她投降，然后撤出卫城。起初，卫城内没有任何反应，只是爆发出呼天号地的哭声，这倒不是因为士兵们爱戴阿凯俄斯，而是因为此事太过突然，完全在每个人的意料之外。这次哀恸之后，卫城守军陷入迷茫和犹豫之中。安提俄库斯三世在处决阿凯俄斯后，继续向卫城施加压力，他确信守军会为他提供攻占卫城的手段，尤其是守军的军官们。事实的确如他所料。守军内部发生内讧，分成两派，一派以阿里巴祖斯为首，另一派以劳迪西娅为首。两派互不信任，不久，先后向安提俄库斯三世投降，后者占取萨尔迪斯卫城。

阿凯俄斯就这样死去：在采取一切合理预防措施后，被他信任之人的背信弃义击败！他为后代留下两个有益的教训：第一，不可轻信他人；第二，成功时不可傲慢自大，而应泰然应对一切境遇。

五、意大利事务

汉尼拔攻占塔伦托

[24] 塔伦托的傲慢源于它的繁荣，正是它的傲慢让塔伦托人召来伊庇鲁斯的皮鲁士。只要过分的自由（ἐλευθερία）长期主导一

---

① ［英译注］此种刑罚是近东的惯例，当年杀害大流士三世的凶手就遭受此刑罚，参阿里安，《远征记》，4.7.3–4。

地，该地自然而然会对现状感到厌倦，转而寻求一个主人，接着又很快憎恶这个主人，这种转变显然是愈来愈糟。民众的一般心理认为未来的一切似乎都要比当下更好。当消息抵达塔伦托和图里，民众陷入骚乱。① 这就是后来发生在塔伦托人身上的事……

这群人先离开塔伦托，仿佛要进行一次征伐。② 夜里即将接近迦太基人营地时，只有斐勒曼诺斯（Philemenus）和尼康（Nico）两人朝营地走去，其余的人躲入路旁的树林中。两人被迦太基哨兵逮住，带到汉尼拔面前，因为他们丝毫没有透露自己是谁、从哪里来，只说要见汉尼拔。见到汉尼拔后，他们声言想与后者密谈。汉尼拔爽快应允，他们向他陈述了自己和其城市的处境，对罗马人提出许多指控，以避免让汉尼拔以为他们似乎没有正当理由执行眼下的计划。汉尼拔向他们表示感谢，并以最友善的方式同意他们的请求，很快将安排他们再来和他见面，尔后令他们返回塔伦托。

汉尼拔吩咐他们一离开他的大营，就在不远处把迦太基人先前赶到草场上的牛群和牧牛人掳回塔伦托，并嘱咐他们尽可放心大胆地去做，因为他会确保他们的安全。汉尼拔这样安排有两个意图。第一，争取时间以调查这两位年轻人的建议；第二，可让这两位年轻人赢得塔伦托民众的信任，如此，塔伦托民众就会相信他们此前出城真的是去袭击迦太基人。尼康和他的朋友们照汉尼拔的吩咐而行。汉尼拔现在很高兴终于找到实现他的计划的方法，斐勒曼诺斯及其友人则因求见汉尼拔十分顺利一事大受鼓舞。他们没想到汉尼拔如此慷慨，竟交给他们

---

① ［英译注］塔伦托在罗马的人质受一位同胞鼓动出逃。这群人质被抓到后，被从塔培亚之岩（Tarpeian Rock）扔下摔死。这一暴行让塔伦托和图里两城叛离罗马。参李维，《罗马史》，25.7.11–14；25.8.1–2；25.15.7–17。

② ［英译注］13位塔伦托年轻人在斐勒曼诺斯和尼康策划下，出城与汉尼拔联络。参李维，《罗马史》，25.8。

大量战利品来取得同胞的充分信任。他们出售一部分牛，又用剩余的牛犒赏同胞，以此不仅赢得塔伦托人的信任，而且赢得不少追随者。

[25] 这之后，他们像上一次那样再次出征并向汉尼拔发誓效忠他。汉尼拔也向他们发誓，他会给予塔伦托自由，迦太基人既不会向塔伦托征收任何贡赋，也不会对他们强加任何别的负担。并且，汉尼拔允诺，待他攻占塔伦托后，他们可劫掠城内罗马人的房舍和财产。双方还约定好一个口令，这样，每次他们来汉尼拔的大营，哨兵都会立即放他们入内。他们因此得以多次面见汉尼拔，有时伪称出城劫掠迦太基人，有时伪称出城狩猎。

为即将施行的计划敲定各项安排后，这个阴谋集团的大多数人静待行动时机，猎人组则被分配给斐勒曼诺斯，因为他非常热衷狩猎，大家公认狩猎是他生命中最重要的事。因此，斐勒曼诺斯被指示用狩猎得到的猎物首先巴结罗马派驻塔伦托守军的长官盖乌斯·李维乌斯（Gaius Livius），然后巴结特曼尼德门（Temenid Gate）背后那座城门的城楼上的卫兵。

被委派这项任务后，斐勒曼诺斯一边自己猎杀猎物，一边靠汉尼拔提供猎物，以确保持续不断地带猎物入城，将部分献给盖乌斯·李维乌斯，部分献给城楼上的卫兵，以确保城楼上的卫兵随时愿意为他打开城门的侧门。斐勒曼诺斯常常在白天出城狩猎，夜里又以害怕敌人为由从那座城门入城，实际上是为谋划已久的阴谋铺路。斐勒曼诺斯渐渐让城楼守军养成习惯，只要他在城外吹口哨为信，不管是夜里什么时候，城楼卫兵丝毫不会犹疑，随时会为他立刻打开城门的侧门。与此同时，阴谋集团已获悉罗马驻军的长官会在一天前往市场附近的缪斯宫（Μουσείῳ）参加盛大的聚会，遂与汉尼拔敲定就在那天发动袭击。

[26] 汉尼拔装病已有一段时间，以防止罗马人对他在一个

地方待这么久感到惊讶,现在他又假装自己的病进一步恶化。他的营地距塔伦托有三天路程。当约定的时刻到来,他从步兵和骑兵中挑选出一支在敏锐和勇气方面俱佳的精锐,总数为10000人,命令他们携带四天的补给,在破晓时分全速行军。他又选出80名努米底亚骑兵,命令他们走在主力部队前面,与主力部队保持30斯塔德的距离,以分散行进的方式监视道路两侧的区域,确保无人看到行进的主力部队。至于努米底亚前哨队在途中所遇之人,想必会有一部分被俘虏,而那些逃脱者也只会向城内报告说,仅有一支努米底亚骑兵劫掠小分队在朝城市挺进。

努米底亚前哨队距塔伦托120斯塔德时,汉尼拔命主力部队在一条河边吃晚餐,那条河位于一个谷地,不容易被发现。他在此地召集各位将领开会,会上,他没有把整个计划对众将领和盘托出,而是简要劝诫他们:第一,要像勇士一样作战,因为胜利的奖赏前所未有的大;第二,麾下所有士兵行军时必须保持紧凑队形,严厉惩罚所有擅自离开队形的士兵;第三,必须严格执行命令,只做他命令去做的事,不得擅自妄为。然后,他解散会议,并于夜幕降临后,率军继续出发,计划在午夜时分抵达塔伦托城下。他此前已命斐勒曼诺斯为他准备一个向导,他也已按照事先安排为斐勒曼诺斯备好一头野猪。

[27] 正如参与阴谋的年轻人所料,盖乌斯·李维乌斯在那天很早就与友人们前往缪斯宫宴饮。日落时分宴会达至高潮,这时,有人向他报告说,一队努米底亚骑兵正在劫掠周边乡村。盖乌斯·李维乌斯采取的措施只是为了应付这次劫掠:他召来麾下一些军官,命令他们第二天早上率领一半骑兵出城,阻止敌人毁坏乡间。他正是因为得知仅有敌人的一支劫掠骑兵队,才没有怀疑整个阴谋。

与此同时,尼康、特拉吉斯科斯(Tragiscus)和别的一些年轻人等天一黑,全部集合,等待盖乌斯·李维乌斯返回寓所。这次宴会结束得有点儿早,因为宴饮从下午就已开始。其他阴谋参与者退到一处,等待事件的进展。他们中的一些年轻人走到街上，试图与盖乌斯·李维乌斯及其伙伴迎面相遇。他们边走边相互逗乐，以造成他们也刚刚参与一场狂欢宴会的假象。盖乌斯·李维乌斯及其伙伴仍醉醺醺，两拨人相遇后，又聚在一起继续逗乐和戏谑，这些年轻人转而陪同盖乌斯·李维乌斯返回寓所。与人们整日饮酒后的自然反应一样，盖乌斯·李维乌斯也由于饮酒过多，上床便呼呼大睡，没有觉察到丝毫异常，也没有任何警觉，而是很愉悦，很安逸。

与此同时，尼康、特拉吉斯科斯与那群陪同盖乌斯·李维乌斯返回寓所的年轻人会合，把他们分成三队保持警戒，扼守各条通往市场的便道。这样，城外的任何动向和城内发生的任何事都不会逃过他们的眼睛。一些人守在盖乌斯·李维乌斯的寓所附近，因为他们知道，如果城内其他人对即将发生的事有任何怀疑，都会赶来通知他，而任何命令也将由他发布。所有宴会的参与者已返回各自家中，醉醺醺的宴饮者常常会引发的那类骚动不会出现。绝大多数市民已入睡，夜晚静谧无声，不再会发生可动摇他们获胜希望的事。阴谋集团集结在一处，准备实施阴谋。

［28］这批塔伦托年轻人与汉尼拔的阴谋如下。汉尼拔从塔伦托城东边接近该城，因为那一侧通向内陆。即将抵达特曼尼德门时，汉尼拔在一座坟墓上——一些人称这座坟墓为哈金图斯（Hyacinthus），另一些人称作阿波罗·哈金图斯（Apollo Hyacinthus）——点火为信。特拉吉斯科斯看到信号后，也点火为信，回应汉尼拔。这样做过之后，汉尼拔熄灭坟墓上的火，缓慢地朝特曼尼德门前进。依照敲定的安排，参与阴谋的年轻人之后穿过城内居民区，抵达墓地，因为塔伦托城内东部全是坟墓。他们的死者皆葬在城墙内，这是源自一个古老的神谕。据说，有位神曾告诉塔伦托人，如果他们让死者的居所与大多数居民靠得很近，他们就会有福、繁荣昌盛。塔伦托人依照这个神谕认为，最好把死者埋葬在城内。直到今天，他们仍坚持这种做法。

这些年轻人抵达皮提亚竞技会获胜者的坟墓边后，停了下来，等待事情的进展。汉尼拔抵近城外后，按照约定发出信号，尼康、特拉吉斯科斯和其他同伙一看到火光，立即勇气大增，点燃火把。看到汉尼拔熄灭火把，他们立即全速奔向特曼尼德门，希望及时抵达城门，突袭并杀死特曼尼德门城楼上的卫兵。依照事先的安排，迦太基人就可轻松入城。一切进展顺利，城楼上的卫兵惊诧无比。一些阴谋者负责杀死卫兵，另外一些人负责砍断城门门闩。很快，城门被打开，汉尼拔和他的军队恰在此时抵达城门，因为汉尼拔令大军以计算好的速度前进，以至行军路上没有停留休息。

[29] 汉尼拔就这样按照事先的安排，安全且毫无声息地进入塔伦托。汉尼拔至此认为这次行动最重要的部分已完成，现在信心十足地沿着一条宽阔的街道朝市场行进，这条街道从所谓的深街（Deep Road）通向市场。不过，汉尼拔在城外留下不少于2000人的骑兵作为后备部队，以应对可能从外部来的任何敌人和此类行动中可能发生的意外事件。汉尼拔抵达市场附近时，令大军停止前进，等待斐勒曼诺斯的出现，急切地想看看他的这部分计划如何实现。此前，他在城外点起火把作信号，准备朝特曼尼德门前进时，已让斐勒曼诺斯用担架抬着那头野猪和1000名利比亚士兵前往旁边的城门。这是汉尼拔早就谋划好的步骤，因为他不希望这次行动的成功完全依赖一个机会，所以多准备了几个机会。

斐勒曼诺斯抵近城下时，吹口哨为信，一名哨兵立即从塔楼下来跑向城门的侧门。斐勒曼诺斯从城外告诉哨兵快点开门，因为他们扛着一头野猪，已经筋疲力尽。哨兵闻言非常高兴，以最快速度打开侧门，希望能从斐勒曼诺斯的好运气捞到一些好处，因为他总是与他们分享狩猎得来的猎物。斐勒曼诺斯抬着野猪走在前，身边是一位牧人打扮的人，看起来就像乡下的农民，他们两人后面是其他两位抬野猪的人。这四人一进入城门，立即砍死开门的卫兵，那名卫兵当时正在打量和触摸野猪，对近在眼前的危险毫无预感。然后，他们悄悄地、从容不迫地放大约30名利比亚士兵进入，后者当时紧跟在他们身后，1000人在后面一点距离等待。之后，一些人砍断门闩，打开城门，一些人杀死城楼上的卫兵，一些人用预先安排的信号召集城外等待的那1000名利比亚士兵入城。这批主力也安全入城后，斐勒曼诺斯依照事先安排，率众朝市场急进。这批士兵会合后，汉尼拔很高兴行动的进展如他所愿，并在接下来继续执行他的计划。

[30] 汉尼拔挑出2000名凯尔特士兵，将之分为三队，每队由两三名参与这一阴谋的塔伦托年轻人率领，同时派他自己的军官陪同，命令他们占据通往市场最便捷的道路。这一步完成后，汉尼拔命参与阴谋的塔伦托年轻人四散开，救护遇到的任何同胞，并在远处大喊，让所有塔伦托人待在原地不动，他会保证他们的安全。同时，汉尼拔命令迦太基士兵和凯尔特士兵杀死遇到的所有罗马人。各部随即分散行动，开始执行他的命令。

塔伦托人一得知敌人已经入城，整个城市立即沸反盈天，乱作一团。盖乌斯·李维乌斯获悉敌人已经入城，意识到他的醉酒状态让他无力抵抗，遂领着他的仆人溜出寓所，朝通往港口的城门逃去。那里的卫兵为他打开侧门，他仓皇逃出，抓住停泊在港口的一艘船，和家人登船逃往塔伦托的卫城。与此同时，斐勒曼诺斯及其同伙拿出罗马人的军号——他们早备有此物，且有人已经学会如何使用——站在剧场吹响，召集罗马士兵集合。罗马士兵闻号而动，依照惯例跑向卫城集合，整个行动按照迦太基人设计的那样进行。由于罗马士兵混乱且零散地跑向各条街道，部分士兵死在迦太基士兵手下，部分士兵死在凯尔特士兵手下。以这种方式，大量罗马士兵被杀。

天亮后，塔伦托人静静地待在家中，还不清楚整个局势到底如何。由于夜里发出军号声，却没有发生暴行和抢劫，他们以为城市仍在罗马人手中。但是，当他们看到罗马人一片又一片地躺在街上，一些高卢人正在掠夺尸体的财物，才意识到迦太基人已占据城市。

[31] 这时，汉尼拔已令大军在市场扎营，罗马人已退往卫城，他们在卫城一直有驻军。眼下，天已大亮，汉尼拔命传令官召集所

有塔伦托人到市场集合，不得携带武器。阴谋集团也四处奔走，号召民众鼓起勇气，助力自由大业，还宣称迦太基人就是为他们的自由而来。那些支持罗马人的塔伦托人得知所发生的事后退往卫城，剩余的民众则应召在市场集合，没有携带武器，聆听汉尼拔的安抚演说。聆听演说的民众大声地为每句话欢呼，为意想不到的光明前景高兴不已。汉尼拔之后解散集会，令所有人尽快回家，然后在门上写上"塔伦托"。若有人胆敢在罗马人的寓所写上"塔伦托"，此人将被处死。汉尼拔接着挑选出最能干的将领，派他们前去劫掠属于罗马人的房舍，把凡是门口未写"塔伦托"字样的房舍视作敌人之产，同时让剩余的士兵列阵以待，在必要时援助己方劫掠者。

[32] 劫掠者搜刮到大量各式各样的战利品，总量远超迦太基人的期待。那晚，迦太基人全副武装地守卫战利品。第二天，汉尼拔召集全军和所有塔伦托人开会，他在会上决定切断城市与卫城的通道，这样，塔伦托人就不会再害怕仍然据守卫城的罗马人。汉尼拔的第一个措施是，绕着卫城的围墙及其前面的护城沟建造一圈栅栏。汉尼拔非常清楚，敌人不会允许他建栅栏，届时肯定会发动攻击，所以他令最精锐的部队负责建造攻城，因为他认为，着眼于未来，没有什么比令罗马人陷入恐慌的同时让塔伦托人信心倍增更重要。

刚开始建造栅栏时，罗马人果然立即发动了一次大胆勇猛的攻击。汉尼拔令士兵短暂抵抗后撤退，意在引诱攻击者追击。当大多数敌人越过护城沟时，汉尼拔令己方士兵转身迎敌。一场激战随之爆发，由于战场位于塔伦托和卫城之间的狭窄地段，罗马人最后被迫后退，继而溃逃。很多人在战斗中殒命，更多的人则是因溃逃时猛然跃入护城沟而丧生。

[33] 汉尼拔安全地建造好栅栏后，暂时按兵不动，因为他的计划已经达到预期效果。他已包围敌人，迫使敌人困守卫城，惶惶不可终日，同时又已赋予塔伦托人充足信心，以至他们认为就算没有迦太基人帮助，也可与卫城的罗马人抗衡。但是不久，汉尼拔又在栅栏外侧靠近塔伦托的方向，建造了一圈与栅栏和卫城

城墙平行的壕沟。建造壕沟挖出的土被沿着壕沟堆在壕沟靠城市一侧,汉尼拔又在土堆上竖起第二圈栅栏,防护力不亚于一堵墙。

汉尼拔接着准备在距离第二圈栅栏恰当距离处建造一堵围墙,这堵围墙更靠近城市,从所谓的救主街可直抵深街,以确保即便不派人守卫,也足以保证塔伦托安全无虞。汉尼拔留下一支精锐驻守塔伦托和刚才所言的那堵墙,又派一支骑兵驻守附近保护他们,然后率主力出城,在距塔伦托40斯塔德的一条河边扎营,一些人叫这条河加莱苏斯(Galaesus),更多的人叫它攸洛塔斯(Eurotas),得名于流经拉克岱蒙的攸洛塔斯河。塔伦托人的城市和邻近地区有很多这类名称,因为众所周知,他们是拉克岱蒙人的殖民城市,与拉克岱蒙人有血缘关系。上文所言的那堵围墙很快便建好,因为一来塔伦托人热情极高、充满干劲,二来有迦太基人的帮助。接下来,汉尼拔开始谋划攻占塔伦托卫城。

[34] 汉尼拔为围攻塔伦托卫城而做各项准备时,一些罗马援兵已从曼塔庞图姆(Metapontum)经海上进入卫城,困守其内的罗马人也多少恢复了士气,趁着夜晚发动攻击,摧毁汉尼拔的所有攻城器械和其他工事。面对这一突变,汉尼拔放弃通过猛攻占领卫城的计划。由于那堵围墙已经完工,他召集塔伦托人开会,向他们指出,在这种情势下,最要紧的是控制大海。如我前文所言,卫城扼守港口的入口,塔伦托人根本无法使用船只或驶出港口,罗马人却能从海上安全获得他们所需要的一切。汉尼拔说,这种情况下,要想长久安稳地确保塔伦托的自由简直是天方夜谭。汉尼拔向塔伦托人解释道,如果卫城守军从海上获得援助的希望被切断,他们很快就会主动屈服,放弃顽抗,交出卫城。

塔伦托人倾耳细听,对汉尼拔的说法心悦诚服,但是他们眼下想不出实现这个目的的计划,除非迦太基派来一支舰队,而这一点在当时根本不可能。因此,他们根本无法理解汉尼拔为什么与他们谈论这个问题。当汉尼拔进一步说即便没有迦太基舰队的帮助，他们自己眼下也完全可控制大海，他们惊讶得目瞪口呆，被他的话搞得一头雾水。

汉尼拔早已注意到，那堵墙与城市城墙之间的那条通道，从港口通向外海，可助他轻松实现他的目的，他打算把船从这条通道运往南部的外海。所以，当他把这个计划向塔伦托人说明时，他们不仅完全同意他的计划，而且对他更加敬仰，深信没有什么能胜过他的聪明和勇气。塔伦托人说到做到，很快造好转运船只的工具，因为他们既不缺热情，也不缺人手来完成这项工程。通过这种方式把船只转运到外海后，塔伦托人切断罗马人的外来补给，成功将他们围困于卫城内。汉尼拔在城内留下一支驻军后，率军撤走，经过三天行军返回原来的营地，在那里度过剩余的冬季。①

---

① 公元前213年的冬季。
这一年是秦始皇三十四年。执法不正的官吏被贬谪去修筑长城及戍守南越地区。始皇在咸阳宫设宴，七十位博士前去祝寿。仆射周青臣献颂词曰："从前秦国土地不过千里，仰仗陛下神灵明圣，平定天下，驱逐蛮夷，凡日月所照之地，无不臣服。改诸侯国为郡县，人人安居乐业，不必再忧心战争，功业可传之万代。您的威德，自古及今无人能比。"博士齐人淳于越上前说："我听说商、周统治天下千余年，分封子弟功臣，以拱卫京师。如今陛下拥有天下，您的子弟却是平民，一旦出现像齐国田常、晋国六卿之类谋杀君主的臣子，没有诸侯拱卫，靠谁来救援？凡事不师法古人而能长久者，未曾听说。刚才周青臣当面阿谀，欲加重陛下之过错，不是忠臣。"始皇令群臣讨论淳于越的看法。丞相李斯说："五帝的制度不是代代重复，夏商周三代的制度也不是一代因袭一代，它们各自皆能大治天下，不是由于它们故意要彼此相反，而是由于时代变异。现在陛下开创大业，建立万世不朽之功，这本来就不是愚陋的儒生所能理解的。况且淳于越所言的只是夏商周三代的事，哪里值得取法？从前诸侯并争，才大量招揽游说之士。现今天下平定，法令出自陛下一人，百姓就应该致力于农工生产，读书人就应该学习法令刑禁。儒生们不学习今天而效法古代，以此诽谤当世，惑乱民心。"丞相李斯冒死进言："古者天下散乱，没有人能够统一，所以诸侯并起，言论都

六、西西里事务

叙拉古的陷落[1]

［37］他算好了距离。城楼的砖石结构很均匀，所以算出城

是称引古人危害当时，矫饰虚言扰乱名实，人们只褒扬自己的私学，指责朝廷所建立的制度。当今皇帝已统一天下，分别是非黑白，一切决定于皇帝一人。可是，私学仍非议法令教化，人们一听说朝廷有命令下达，立即根据自己所学加以议论，入朝时在心里指责，出则去街巷议论，在君主面前夸耀自己以求取名利，追求奇异言论以抬高自己，在百姓中带头制造诽谤之词。若不能禁止此种情况，在上君主的威势就会减弱，在下朋党就会形成。禁止此种情况有利。我请求把不是秦国的史书全部焚毁，除博士官署所掌管的书籍外，天下敢有藏《诗》《书》、诸子百家著作的，全部送到郡之守尉那里烧掉。有敢聚集一处谈论《诗》《书》的，处以死刑。借古非今的，灭族。官吏如果知情不报，以同罪论处。命令下达三十天而不烧书的，处以黥刑并服劳役。所不取缔的是医药、占卜、种植之类的书。如果有人想学习法令，就以官吏为师。"始皇下诏说："可以。"参《史记·秦始皇本纪》，前揭，页253–255。

① 公元前212年的事。

这一年是秦始皇三十五年，开始修筑直道，经九原（今内蒙古包头九原区）一直修到云阳（今陕西淳化县）。这时，始皇认为咸阳人口多，先王宫殿小，听说周文王建都于丰（今陕西西安沣河以西），周武王建都于镐（今陕西西安长安区西北），丰、镐之间才是帝王之都。于是在渭河南上林苑内修建朝宫。先修前殿阿房宫，东西长五百步，南北宽五十丈，上面可容纳一万人，下面可树立五丈高的旗帜。四周建有阁道，从宫殿下一直通到南山。在南山的顶峰修建门阙作为标志，又建造天桥，从阿房跨过渭河，与咸阳连接，象征天上的北极星、阁道星越过银河抵达营室星。阿房宫尚未建完，计划等竣工之后，再选择一个好名字给它命名。因为是在阿房修建此宫，所以人们就称它为阿房宫。受过宫刑、徒刑的七十多万人，分别被派去修建阿房宫和骊山。从北山开采山石，从蜀地、楚地运来木料。关中计划共建造宫殿三百座，关外建造四百座。于是在东海边的朐山（今江苏连云港锦屏山）竖立大石，作为秦朝之东门。为此共迁徙三万家到丽邑，五万家到云阳，皆免除十年的赋税和徭役。参《史记·秦始皇本纪》，前揭，页256。

垛到地面的距离很容易……

几天后，一位叛徒向罗马人报告，三天后，叙拉古人将在城内庆祝阿尔忒弥斯节。届时，叙拉古人会吃少量面包，因为城内面包很少，同时会饮很多酒，厄比克泰德和叙拉古人一般会储备大量酒。马塞卢斯现在想起对叙拉古最低一段城墙的高度估算，认为届时叙拉古人将由于缺乏食物而放肆饮酒，很可能会喝得酩酊大醉，遂决定碰碰运气。他下令立即建造两架与城墙同高的云梯，开始施行他的计划：他首先与那些在他看来最适合第一批登城并承担主要风险的人沟通这个计划，承诺事成之后有重赏。然后，他选出协助登城和携带云梯的士兵，只告诉他们无条件服从指挥官的命令。

他的命令得到执行后，他在那晚夜里的恰当时刻叫醒负责登城的士兵。他派负责携带云梯的士兵先出发，他们由一支步兵连队和一名军团长护送，并再次提醒负责登城的士兵，如果他们勇猛奋战，将有重赏等待他们，然后将他们派出。马塞卢斯随即叫醒全军，每间隔一段时间派出一支连队。被派出的连队总人数约达至1000人时，马塞卢斯等待了一会儿，便率其余士兵出发。

当携带云梯的士兵对着无人防守的那段城墙竖起梯子，负责登城的士兵立即毫不犹豫地攀爬，后者在城墙上站稳脚跟，没有引起城内的注意，剩余的士兵顺势爬上城墙，不过这一批士兵不再以确定的顺序而是各自认为最好的方式攀爬。起初，他们沿着城墙前进，没有发现一个哨兵，因为叙拉古人已聚集在几处城楼献祭，一些人仍在喝酒，其他人则已醉得不省人事。罗马人悄无声息地突然杀死第一个城楼内的叙拉古士兵，然后悄悄杀死第二个城楼内的大多数人。他们抵达赫科萨普罗后，从城墙下来，打开城墙里的第一道侧门，马塞卢斯率大军由此入城。这就是罗马人攻陷叙拉古的方式……

由于距离很远，叙拉古城很大，没人知道发生何事……

（《苏伊达辞书》，α 3546）

罗马人因征服厄庇波莱（Epipolae）[①]而愈发自信……（《苏伊达辞书》，ε 2525）

七、亚洲事务

高卢王卡瓦卢斯（Cavarus）

［22］卡瓦卢斯（Cavarus）是色雷斯地区高卢人的王，天生具有王者气度和宽厚之德。这位王为前往黑海贸易的商人提供充分的安全保障，在拜占庭人与色雷斯人和比提尼亚人的战争中，对拜占庭人帮助很大。这位在其他方面也非常卓越的王，竟然被卡尔克顿一个名叫索斯特拉图斯（Sostratus）的马屁精给败坏……

安提俄库斯三世在阿莫萨塔

［23］薛西斯（Xerxes）国王驻扎阿莫萨塔（Armosata）城时——该城位于幼发拉底河与底格里斯河之间的"公正原"（Fair Plain）附近——安提俄库斯三世在城下扎营，围攻该城。[②]薛西斯看到安提俄库斯三世军威甚壮，起初弃城而逃，但是不久后害怕起来，担心如果他的都城被敌人攻占，王国的剩余领土也会陷入大乱，所以很后悔此前的弃城逃跑行为，遂派人求见安提俄库斯三世，提议进行谈判。安提俄库斯三世最信任的友人建议，一旦薛西斯这位年轻人落入他手，就绝不可让他离开，而是

---

① 叙拉古城外的高地。
② 这位薛西斯是亚美尼亚国王。该事件发生于公元前212年，这一年，薛西斯归顺安提俄库斯三世，得以继续保有王冠，并娶安提俄库斯三世之妹为妻。

应把阿莫萨塔据为己有，把统治权赐予他姐姐之子米特里达特斯（Mithridates）。[1]

然而，安提俄库斯三世没有理会这一建议，而是派人邀请薛西斯前来，消除了彼此的分歧，还免除薛西斯之父所欠的大部分贡款。收到薛西斯的300塔兰同钱、1000匹马和1000匹骡子及其饰品后，安提俄库斯三世归还薛西斯的王国，并把自己的妹妹安提俄库娅（Antiochis）嫁给后者，以拉拢薛西斯。这个做法让那个地区的所有居民对安提俄库斯三世赞叹不已，他认为自己的做法是真正宽宏大量、有王者气度的做法……

---

[1] 此人后来成为亚美尼亚西部的统治者，参25.2。

第九卷

一、前言

[1]这就是上一个奥林匹亚年发生的主要事件。一个奥林匹亚年包含四年,我每一卷各叙述两年之事。我不是不清楚,我的这部史书由于结构的统一性而有些艰涩($αὐστηρόν$),因而只适合一类读者的品位,并赢得他们的称赞。几乎其他所有史家,至少大部分史家,都会通过处理史学的各个部分,吸引不同的读者阅读他们的作品。叙述谱系的部分吸引那些爱好故事的读者,叙述殖民地、城市的创建、殖民地与母邦的亲缘关系的部分——如厄弗儒斯也在他的史书中谈到这一点——吸引爱好古代传说($πολυπράγμονα$)和爱好奇事($περιττὸν$)的读者,而政治家($πολιτικὸν$)对诸民族、众城邦、各统治者的事务感兴趣。由于我的这部史书把焦点严格限制在上述最后一个部分,除这个部分外不涉及其他,所以它只适合一类读者,不会吸引大多数读者来阅读。我已在其他场合详细陈述过排除史学的其他部分、选择以编年方式叙述天下政事的理由,① 但是为了强调这一点,在此简单提醒一下我的读者也无妨。

[2]各种谱系、神话、殖民地的创立、城市的创建和殖民地与母邦之间的亲缘关系,已被很多作家以不同方式叙述过。当今的作家若从事这一任务,必定会将其他人的作品据为己有,

---

① 已佚失,现存章节没有这部分内容。

这是最无耻的做法；但如果不这样做，他又必定徒劳无功，被迫承认他所写的和他献身的主题已被前代作家写尽并传给后代。所以，由于上述和其他各种理由，我决定叙述现时的政事（πραγματικός），理由如下。第一，由于总是有新发生的政事需要新的叙述，古人不可能叙述他们身后的时代发生的事件；第二，这样一部史书不论在之前的时代，还是在当今，都极具实际益处。既然诸学问和技艺已突飞猛进，我们几乎可以说，也应该为史学的好学者提供一种可应对任何突发事件的方法。因此，由于我的目标不是取悦读者，而是给予细致阅读此书的读者切实的益处，所以我忽略史学的其他部分，写作这类史书。[1]那些勤勉细致地阅读这部史书的读者将证明，我上文所述绝非虚言。

二、意大利事务

卡普亚之围[2]

［3］汉尼拔率军包围阿庇乌斯·克劳狄乌斯·普尔切（Appius Claudius Pulcher）[3]的营地后，首先通过小规模战斗袭扰他，意在

---

[1] 对比修昔底德《战争志》1.22.4的著名说法。

[2] 塔伦托沦陷后，意大利南部的希腊城市纷纷归顺汉尼拔。公元前212年，新任执政官决定围攻卡普亚。汉尼拔派汉诺进入坎帕尼亚，阻击罗马军队，但后者在贝内文托附近遭受惨败。汉尼拔不得不亲自上阵，但是由于补给短缺，被迫退回意大利南部。两位罗马执政官最后得以形成对卡普亚的包围。到公元前211年，围城仍在持续。

[3] 公元前212年的执政官，其同僚是昆图斯·弗拉库斯（Quintus Fulvius Flaccus）。眼下叙述的是公元前211年的事。两人暂时被延长统兵时限，等待新执政官的到来。

是年（公元前211年）为秦始皇三十六年。有颗陨石坠落在东郡，有人在那块石头上刻下"始皇帝死而土地分"。始皇听说此事，派御史前去挨家查问，无人认罪，于是把那块陨石周围的人全部杀掉，捣毁陨石。始皇不高兴，

激怒他，进而迫使他出营决战。但是，罗马人毫不在意，汉尼拔的攻击最后变得很像要猛攻罗马人营地，骑兵各连队向前疾驰，怒吼着朝罗马营地内投掷长矛；步兵各队猛攻，试图摧毁营地栅栏。但是，即使如此，汉尼拔也没有撼动罗马人坚守不出战的决心：罗马人用轻步兵击退攻打栅栏的敌人，令重装步兵列阵于军旗下，保护自己免受投掷物的伤害。

汉尼拔因既不能攻入卡普亚城，又不能诱使罗马人决战非常不满，开始考虑这种境况下的最佳行动策略。在我看来，当时的情形的确不仅令迦太基人困惑，而且也让任何听说这一情形的人困惑。谁能相信，已在战场上多次被迦太基人击败的罗马人，此时甚至不敢迎战敌人，又不肯让出或放弃乡野地带？迄今为止，罗马人仅限于沿着群山尾随敌人运动，他们已在意大利最漂亮的平原站稳脚跟，正在围困最强大的城市。同时，敌人包围和攻击他们时，他们甚至不敢生出与敌人决战的念头；与此同时，已赢得一连串胜利的迦太基人则偶尔才遭遇惨重的损失。我认为，造成这种奇怪局面的原因在于，双方都认识到汉尼拔的骑兵部队才是迦太基人接连获胜、罗马人接连败北的原因。因此，罗马人认识到以前让被击败的军队沿着山脉与敌人平行行军的战术是正确的，于是就让大军沿着敌方骑兵无法发挥效力的地区行军，所以，卡普亚城眼下的局势实属意料之中。

令博士作一首《仙真人诗》，等巡游天下时，走到一处就传令乐师弹奏吟诵。这年秋天，使者从关东走夜路经过华阴平舒道，有人手持玉璧拦住使者说："替我送给滈池君。"顺便说："今年祖龙死。"使者问其缘由，那人放下玉璧，飘忽消失。使者拿着玉璧向始皇汇报，始皇沉默好一会说："山鬼本来不能预知一年之事。"之后又说："祖龙就是人的祖先。"因此，"祖龙死"与他无关。始皇又令御府查看那块玉，竟然是始皇二十八年巡游渡江时沉入水中的那块。始皇于是为此事进行占卜，占卜的结果是迁徙才吉利。于是始皇迁徙三万户到北河榆中地区。参《史记·秦始皇本纪》，前揭，页259。

［4］事实上，罗马军队没有勇气出营与敌人决战，是因为他们害怕敌人的骑兵，但是他们可以信心满满地待在营内，因为他们深知，当他们待在营地内时，致使他们屡遭败绩的敌方骑兵无法伤害他们。迦太基人也非常清楚，他们的骑兵不能长期与敌人扎营对峙，因为罗马人已毁坏周边地区的所有草料，他们也不可能在如此漫长的征途中为他们的战马和骡子携带足够的干草和大麦。但是，如果继续在此地扎营却缺乏骑兵，他们就无法大胆地攻击有壕沟和栅栏防护的敌人营地；而若是缺乏骑兵，双方在同等条件下进行野战，他们能否取得胜利也大有疑问。此外，迦太基人很担心罗马新任执政官率军出现在其背后并建立营地。若是新任执政官率军切断他们的补给，他们将陷入险境。由于这些原因，汉尼拔认为用武力解除卡普亚之围是痴人说梦，遂决定改变计划。

他考虑到，如果军队经过一番秘密行军，突然出现在罗马城下，可能会在罗马城内引发恐慌和沮丧，从而赢得对抗罗马的一些优势；如果不能达到此效果，也至少可迫使阿庇乌斯·克劳狄乌斯要么放弃围困卡普亚，立即驰援母邦，要么派出一部分军队回援罗马。这样就可分割他的大军，留在卡普亚城下的罗马军队也可被轻松击败。

［5］汉尼拔谋划好这一计划后，打算派一个人送一封信到卡普亚，方式是劝导一个利比亚人假装叛逃到罗马大营，再从罗马大营进入卡普亚，同时务必保证信的安全。汉尼拔之所以如此安排，是因为他担心卡普亚人看到他的大军撤离后，会认为他已抛弃他们，从而在惊慌之中向罗马人投降。因此，他写下解释他离开此地意图的信，并把那位利比亚人派出。这样，当卡普亚人获悉他的意图，懂得他何以率军离开的原因后，便会继续勇敢地忍受罗马人的围困。

汉尼拔正在卡普亚与他们对峙扎营并围困他们的消息传到罗马后，引发普遍的兴奋和焦虑，因为他们感觉即将进行的决战将影响整场战争。接下来，罗马城内每个人的注意力都放在为卡普亚城下的己方大军提供补给和派出援兵。卡普亚人收到那位利比亚人送来的信，获知汉尼拔的计划，于是决心继续坚守，全力支持汉尼拔的变通之计。

信送入城内的第五天，汉尼拔在大军吃过晚饭后，让营火继续燃烧，然后悄悄撤走，敌人对发生的事一无所知。迦太基军队经过几天急速行军穿过萨莫尼乌姆，汉尼拔每天派前哨部队侦察并占据道路两侧附近地区。正当罗马人忙着关心卡普亚和那里的战局时，汉尼拔神不知鬼不觉地渡过阿尼奥（Anio）河，抵达罗马城附近，在距罗马城城墙不足40斯塔德的地方扎营。

［6］当这一消息传到罗马，城内爆发普遍的恐慌。这件事如此突然，完全出乎意料，因为汉尼拔此前从未距罗马城如此之近。此外，城内开始蔓延不好的预感：既然敌人大胆接近罗马城，想必卡普亚城下的军团已被歼灭。因此，男人们立即据守城墙和城外最有利的地点，女人们则绕着众神庙祈祷，恳求诸神护佑罗马，用她们的头发清扫众神庙的人行道——这是她们的祖国陷入极端险境时的习俗。但是，正当汉尼拔建好营地，谋划第二天攻击罗马城时，出人意料的好运（τυχικὸν σύμπτωμα）拯救了罗马。

格奈乌斯·马克西姆斯（Gnaius Fulvius Centumalus Maximus）和普布利乌斯·马克西姆斯（Publius Sulpicius Galba Maximus）①已征召一个军团，两人此前要求这个军团的士兵发誓全副武装并集结罗马的日子，正好是汉尼拔打算攻击罗马的日子。眼下，两人又在征召第二个军团，结果，正当罗马急需时，恰好有大批士兵聚集城内。两位执政官率军团满怀信心地出城，在城前列阵，成功抑制汉尼拔的攻城冲动。迦太基人当初朝罗马城急进，绝非不想通过进攻占领罗马，但是，当看到敌人严阵以待，又很

---

① 公元前211年的执政官。

快从一位俘虏那里得知城内实情,他们便放弃攻击罗马的计划,转而劫掠和蹂躏周边乡村,纵火焚烧房舍。迦太基人很快掠得大量牲畜,因为当地人民从未想过敌人会到来,所以他们毫无防备。

[7]之后,当两位执政官大胆地在距汉尼拔大营10斯塔德处扎营时,汉尼拔率军撤离。他已经搜集到大量战利品,遂放弃攻占罗马的计划。最重要的是,依照他原初的估计,眼下阿庇乌斯·克劳狄乌斯·普尔切么已经解除卡普亚之围,正率军全速赶来救援罗马,要么只留下部分兵力围困卡普亚,率大部分兵力赶来救援罗马。不管是哪种情形,汉尼拔认为他的目的已经达到,因此在破晓时分率军出营,准备返回卡普亚城下。此时,普布利乌斯·苏尔比基乌斯已经摧毁阿尼奥河上的桥,汉尼拔不得不率军泅渡该河。正当迦太基人渡河时,普布利乌斯·苏尔比基乌斯率军攻击,给他们造成不小损失。由于敌方骑兵占据优势,努米底亚骑兵又可在任何地势疾驰,普布利乌斯·苏尔比基乌斯没有进行决战,而是抢回部分战利品且杀死300多敌人,之后撤回了营地。

之后,普布利乌斯·苏尔比基乌斯认为,迦太基人是由于恐惧才全速撤退,遂决定沿着山脉行军,尾随敌人,而汉尼拔则是全速行军,急于赶回卡普亚城下。但是,当在行军的第五天获悉阿庇乌斯·克劳狄乌斯仍在围困卡普亚,他令全军停下,等待后面的部队赶上,然后对普布利乌斯·苏尔比基乌斯的营地发动夜袭,杀死相当多敌人,将剩余的赶出其营地。然而,汉尼拔天亮后看到普布利乌斯·苏尔比基乌斯已率领败军撤往山上的一处险要,遂放弃进一步打击普布利乌斯·苏尔比基乌斯的部队,行军经道尼亚和布鲁提恩时,突然下到雷吉姆,几乎攻占此城,彻底切断城内民众与周边乡野的联系,俘虏许多雷吉姆人。

[8]我认为,我们完全有理由钦佩罗马人和迦太基人在这次

行动中展现出的英勇和雄心。在此举一个有几分相似的事例。[①]忒拜人埃帕米农达斯由于在下述环境下的行动而广受钦佩。埃帕米农达斯率联军刚抵达泰格亚,就发现拉克岱蒙全军及盟友已抵达曼提尼亚并打算与忒拜大军决战。他命令全军提前吃晚饭,并在太阳刚刚落山时,就率军出营,仿佛他急于及时占领战场的有利地带。给人们造成这种印象后,埃帕米农达斯率军直入斯巴达,第二天上午便突然出现在斯巴达城下。发现该城无兵防守,埃帕米农达斯率军突进到斯巴达城内市场处,占据该城朝攸洛塔斯河的城区。

但是,意外之事发生了。一个叛徒夜里逃往曼提尼亚,向阿格西劳斯王报告了此事。拉克岱蒙人随即迅速回援,在埃帕米农达斯即将占领整座斯巴达城时抵达。尽管如此,埃帕米农达斯仍没有放弃希望,而是令军队在攸洛塔斯河边吃过早餐后,才决定原路返回。他估计既然拉克岱蒙人及其盟友赶来援救斯巴达,曼提尼亚可能无人防守,事实正如他所料。因此,他劝勉忒拜人继续坚持。经过整夜急速行军,大军在第二天中午抵达曼提尼亚城下,并发现该城无人防守。恰恰在这时,雅典人受他们与拉克岱蒙人的条约激发,急于参战对抗忒拜人,遂赶来援助拉克岱蒙人。所以,正当忒拜军队抵达波塞冬神庙——此处距曼提尼亚城仅7斯塔德——时,雅典人出现,他们仿佛是故意出现在曼提尼亚城上方的山上。城内的少量曼提尼亚人看到雅典人出现,立即鼓起勇气守卫城墙,阻击忒拜人的攻击。史家们已恰当地指出这些行动失败的原因,他们告诉我们,埃帕米农达斯可谓已做到一位优秀将领应做的,他本来可击败敌人,但被机运挫败。

[9] 同样的评价也可用在汉尼拔身上。只要想想,汉尼拔首先如何试图通过一连串战斗打击敌人以解卡普亚之围,攻击失败后又如何朝罗马进军,然后当攻击罗马的计划被偶然事件挫

---

① 关于这个事例的详细叙述,参色诺芬,《希腊志》,7.5.4–16。

败，又如何边打击尾随他的敌人，边提防他们——这样做旨在迫使围困卡普亚的敌军有所移动，从而利用敌人的移动解除卡普亚之围——以及直到最后他仍怀揣这一目的，转而致力于狠狠打击敌人，差一点毁灭雷吉姆，有谁会不钦佩这样一位将军？至于罗马人，我们必须承认他们的表现好过拉克岱蒙人的表现。后者得知埃帕米农达斯进占斯巴达时，全部涌回援救斯巴达，将曼提尼亚留给敌人，而罗马人不仅挽救了罗马城，而且没有撤去卡普亚之围，继续毫不动摇地追求他们的目的，以更大的信心压迫卡普亚人。

我说这些话不是想赞颂罗马人或迦太基人——尽管只要有机会，我都对这两个民族不吝溢美之词，而是为这两个邦国的领袖们着想，进而为所有邦国负责政治事务的人着想，通过回顾或描画这些事件，激励他们效仿这些事件中的人物：执行计划时应雷厉风行，不管它们看起来多么危险重重，都要勇敢去执行，丝毫不惧怕危险；他们的明智和卓越值得钦佩，不管结果是胜利还是失败，他们都值得被世人永远铭记；他们的事例证明，一切功业皆是慎思明辨的结果。

阿特拉（Atella）是意大利奥皮坎人（Opicans）的一座城，位于卡普亚与那不勒斯之间。该城居民从人种上来说是阿特拉诺斯人，如珀律比俄斯在其史书卷九说"阿特拉诺斯人向罗马投降"。[①]

［当罗马人正在围困塔伦托时，][②]迦太基的海军将领波米尔卡（Bomilcar）率领一支庞大的舰队前来援助，却发现他无法给予卡

---

① ［英译注］参李维，《罗马史》，26.16.5。卡普亚被罗马攻陷后，阿特拉和卡拉提亚投降。该城被保留自由，但拉丁公民权被剥夺，显贵和官员的财产被没收。

② ［英译注］这话不是珀律比俄斯的原文，而是抄写者的。从上下文来看，抄写者误解了语境。参李维，《罗马史》，26.20.7—11。

普亚城任何帮助,因为罗马人的营地防御非常严密,而在他搞清楚这一点时,舰队的补给已经耗尽。此前,他是迫于紧急恳求和巨大承诺才来救援,现在又迫于居民的殷切恳求而不得不率舰队离开。

三、西西里事务

叙拉古被毁

[10] 让一座城熠熠生辉的不是外在的壮丽,而是其居民的美德……①

罗马人基于这个理由决定将叙拉古洗劫一空,将所有东西运往罗马。关于罗马人这样做是否正义且是否符合他们的利益,有很多争论,但是,更有分量的观点认为他们的行为不仅在当时大错特错,而且现在来看也是大错特错。如果罗马人本就依赖这些东西促进国家的发展,那么显然,他们把这类有助于装点他们城市的东西运回罗马堪称正当。但是,如果不是如此,如果他们正是依赖于简朴的生活,远离这类不必要的壮丽,才不断战胜那些拥有数不胜数、精美无比的艺术品的民族,我们难道不是必须承认罗马人犯下一个大错?

罗马人抛弃胜利者的习俗,效仿被征服者的习俗,不仅掳走被征服者的艺术品,而且还引起嫉妒,因为嫉妒与他们所拥有的财富形影不离,这是当权者最应戒惧之事,所以,不可否认,罗马人已犯下大错。在任何情况下,一个痴迷此类艺术品的人,都绝不会因欣赏已占据他人艺术品之人的好运而感动。相反,他会嫉妒,同时怜悯原主人。当这类财富继续增加,胜利者把其他民

---

① 公元前211年,罗马人在马尔库斯·克劳狄乌斯·马塞卢斯统帅下攻陷叙拉古,该城随后遭到罗马人洗劫。

族的艺术珍宝全部据为己有——这些珍宝几乎可以说是在邀请那些被掠夺者前来参观，情况变得更糟。参观者不再怜悯他们的邻人，而是怜悯他们自己，因为他们会回想起曾遭受的灾难。

现在，他们面对的不仅有嫉妒，还有一种对财富宠儿的强烈憎恨，人们对自身灾难的回忆让他们憎恶曾给他们带来灾难的人。的确，罗马人可能有占有所有金银的正当理由：若是不削弱其他民族的资源进而加强自己，就不可能建立一个天下帝国。但是，把那些不会增加他们力量的东西以及与占有这些东西如影随形的嫉妒留在原来的地方，也是可能的。他们不应用各种画作和浮雕而应用高贵和宽宏大量之德来装点他们的城市。总而言之，这些话有助于教育未来所有继承帝国的人：他们不应该怀揣他人的不幸是自己国家的荣耀这种观念，去剥夺诸城市的财富。

就眼下这个时刻而言，罗马人把所有这类艺术品从叙拉古运回罗马，用从叙拉古私宅掠夺的艺术品装饰他们自己的私宅，用属于叙拉古公共财产的艺术品装饰他们的公共建筑。

四、伊比利亚事务

［38］他吩咐步兵把驮载辎重的牲畜从后面赶到前面，这样一来，驮兽提供的保护比任何栅栏都有效。(《苏伊达辞书》，K 313 Adler)

［11］伊比利亚的迦太基指挥官已制服敌人，但是无法消除内讧。[①] 他们认为打击罗马人的战斗已经结束，于是开始内讧，贪婪和对权力的热衷导致摩擦不断，而它们正是腓尼基人的天性。葛思康（Gescon）之子哈斯德鲁巴（Hasdrubal）就是其中一人。他滥用职权，企图从安多巴勒斯那里索取一大笔

---

① 指公元前211年斯基皮奥兄弟在伊比利亚的战败。

钱，而安多巴勒斯是迦太基人在伊比利亚最忠诚的盟友，此人之前的王国被迦太基人剥夺，最近又因对迦太基人的忠诚得以恢复。安多巴勒斯出于过去对迦太基的忠诚，拒绝哈斯德鲁巴的索贿，后者巴因此对他提出子虚乌有的指控，强迫他交出女儿们作为人质。

五、意大利事务

罗马遣使托勒密四世

［11a］罗马人遣使托勒密四世，希望后者为罗马人提供谷物。① 他们正遭受着谷物极度匮乏的痛苦，意大利直到罗马城下的谷物已被军队全部毁坏，也没法随时从海外得到援助，因为天下各地除埃及外，都在进行战争，战场上又有敌军扎营。罗马谷物匮乏到这种地步，以至于1西西里斛谷物要价15德拉克马。② 但是，罗马人尽管如此困乏，却仍未忽视军事备战……

论将道

［12］谋划军事行动时，需要对很多意外事件慎之又慎。如果我们执行计划的每一步皆经过充分推演，那么在任何情况下都可能取得成功。在军事行动中，凭借军队实力公开战斗取得的胜利远少于凭借计谋（δόλου）和利用战机（σὺν καιρῷ）取得的胜

---

① ［英译注］不确定这次遣使是不是李维在《罗马史》27.4.10提到的那次。李维的叙述不实：托勒密四世的王后阿尔西诺伊三世（李维则说王后是克娄帕特拉）从未与托勒密四世共治埃及。不过，罗马遣使托勒密四世可能确有其事。

② 对照1.15，珀律比俄斯在那里说，和平年代，1西西里斛小麦价值4欧玻尔、仅三分之二德拉克马。

利，很容易就能从以往的战争史学到这一点。从以往的战争史同样可轻易学到，那些能否获胜全靠抓住战机的军事行动，失败远多于胜利。任何人都不会怀疑，这类失败要么归因于将帅的无知（ἀγνοίας），要么归因于将帅的渎职（ῥᾳθυμίας）。因此，我们必须探究这类失败的原因。

把战争中意外发生的偶然事件描述为战争行动是不恰当的，这类事件更应该被归为意外事件（περιπετείας）① 或巧合（συγκυρήσεις），因为它们的发生没有确定的规则，没法对之进行科学探究。所以，我接下来将略过它们，只论述由将帅谋划的行动。每种这类行动皆需要一个确定的开始时间、一个确定的时间阶段、一个选定的地点，还需要保密、明确的信号、执行任务的恰当人选和恰当手段。显然，恰切选定时间、时期和地点，同时在所有其他细节方面做得恰切的将帅，不会遭遇失败；忽视上述事项的将帅则会毁掉整个计划。真相是，一个微不足道的小错误就足以导致一项军事计划失败，而确保每个细节准确无误才勉强能让一项军事计划取得成功。

[13] 因此，在谋划这类计划时，将帅必须做到事无巨细。第一也是首要的是，必须保密，绝不能因出现某种不期然的希望变得忘乎所以，或因恐惧向与计划无关的人员透露计划，也不能因熟悉或喜爱某人就这样做，而应仅限于向最必要之人透露——最必要之人指若没有他们，整个计划就无法施行的人。即使向最必要之人透露计划，也不宜过早，而应在需要他们参与时才透露。我们不仅必须管住我们的嘴，更要管住我们的心。许多守口如瓶的人也会通过他们的面部表情或身体动作泄露计划。

第二是必须精熟在夜里和白天于陆上行军和海上航行的路线，对军队在陆上或海上需行进多少路程烂熟于心。第三也是最重要的是，通过观察天象确定正确的时间，并成功地利用这一点来实现目

---

① Περιπετείας 这个词是突转、颠转的意思，在珀律比俄斯笔下，多指形势的突然颠转，因而有遭遇灾难的意思。

标。第四，为突袭选定地点绝非小事，因为选定地点这个问题常常表明，看似不可能之事会变得可能，看似可能之事会变得不可能。第五，也是最后一点，我们必须留意行动信号和回应信号，还要操心派谁负责执行计划以及为负责人挑选合适的队员。

[14] 上述知识源自实践历练（τὰ μὲν ἐκ τριβῆς）、向他人询问（τὰ δ' ἐξ ἱστορίας）和系统学习获得的见识（τὰ δὲ κατ' ἐμπειρίαν μεθοδικὴν θεωρεῖται）。对于一位将帅来说，若他本人就熟悉各条道路、他准备去的地方、那里的地势特征，还有他派去负责执行任务的人以及与之一同行动的成员，当然是最好的。次好的是，就上述事项向他人仔细询问，不轻信偶然碰见之人提供的信息。在这类行动中，必须始终确保据神起誓的向导忠诚可靠。因此，处理这类和相似问题的知识时，将帅通过军事历练，部分通过亲身经历，部分通过向他人询问，就可掌握。但是，那些需要系统学习的见识要求学习和沉思，尤其是天文学和几何学。虽然无需对这两门学问进行深入研究，但它们非常重要，能在我们眼下所谈的军事谋划中发挥极大作用。

对将帅而言，天文学中最必要的那部分知识是关于昼夜变化的知识。如果昼和夜的长度始终一样，就无需为这个问题费心，通晓这部分知识也就无关紧要。但是，既然昼和夜不仅不同，而且各有消长，显然，懂得昼夜的消长对将帅至关重要。如果将帅不知道昼和夜的长短，他怎能正确计算一百天行军或一整夜行军的距离？实际上，要是没有这种知识，任何事都不可能在恰当的时间达成：要么出现得太早，要么出现得太迟。而在我们眼下所谈论的事务方面，提早到达要比延后到达更糟。比预定时刻更晚抵达的人，只会对计划没有成功感到失望，因为他已然清楚事实，此时距目的地还有一定距离，来得及安全撤退；但是，那些提前抵达的人，若靠近敌人并被敌人发现，不仅会功败垂成，而且有全军覆没之险。

[15] 实际上，正是时机的恰切选择主导着一切人类行动，

尤其是战争事务。所以,一位将帅必须熟知夏至、冬至、春分、秋分的日期,以及昼夜在上述四个时刻之间的消长变化。如果不懂这种知识,将帅绝不可能正确地估算出他在海上或陆上的行军距离。将帅也必须熟知昼和夜的时刻划分,从而知道何时该叫醒士兵,何时该行军。若是一项计划开始的时间就不合适,那绝不可能得到一个满意的结果。对于白昼的时刻,没有什么会妨碍我们观察,我们可通过观察影子的长短、太阳的轨迹、太阳在天空中的位置和高度来判断白昼的具体时刻。但是,黑夜的时刻很难判断,除非将帅熟悉黄道带在繁星满天的夜空的体系和十二宫的排序。

通过研究星座能轻松获得这种知识。尽管一年中黑夜的长短不一,但是每个夜晚黄道十二宫必有六宫浮现在地平线之上。这是必然规律:每晚的相同时刻,黄道十二宫的六宫必然升到地平线之上。由于太阳每天在黄道带的位置是已知的,显然,太阳落下时,相对的六宫正好必然上升。所以,夜晚的时刻依照太阳落下后上升的黄道十二宫中的六宫在天空中的位置来判断。黄道十二宫的数量和大小是已知的,夜晚的时刻与它们的位置变化相对应。但是,在多云的夜晚,我们必须观察月亮的位置,因为作为一种规律,月亮的体积巨大,它不管在天空什么位置,都可以被看到。如果我们足够熟悉每天夜晚月亮升起时刻和位置的变化,我们就可通过观察它升起的时刻和位置、落下的时刻和位置来推断黑夜的时刻。这也是一种估算黑夜时刻的简易方法,因为月亮由盈到缺的时间正好是一个月。据我们所知,月亮盈缺的变化在所有月份皆是如此。

[16] 因此,荷马对最有能力的统帅奥德修斯的描述应该受到称赞——荷马描述后者通过观察星星的位置来引导自己海上和陆上的行程。那些让我们措手不及、无法准确预见的意外事件数量非常多,足以使我们经常面临巨大的困难,我指的是突降暴雨、洪水、霜雪、大雾和乌云密布等。如果我们甚至不留意这类可预见的事,我们必然会由于自己的过错,在大多数行动中遭遇

失败。所以，如果不想铸成许多其他将帅曾铸下的大错，我们一定不能忽视上述提及的事项。接下来，我将举例证明。

[17] 阿凯亚联盟的将军阿拉图斯，在谋划好让库那忒亚城叛向他的计划，与城中支持他的人达成一些密约后，确定了一个日期。那时，他将率军在夜里从东侧抵达流经该城的河边，并在那里静静等待。城内同伙相应的行动是，在正午时分，抓住机会派一个同伙头戴斗篷悄悄出城，前往城外一处坟地，以接应阿拉图斯。与此同时，其余同伙将攻击把守城门的卫兵，因为卫兵们其时正在午睡。在这个时刻，阿拉图斯将率阿凯亚人从埋伏之地冲出，全速奔向城门。

如此安排好各处细节后，阿拉图斯在约定的那天抵达库那忒亚城外那条河，令部队隐藏在河床，静待发动攻击的信号。但是，那天将近正午时分，一群绵羊的主人——这些绵羊平常在库内忒亚城附近吃草——有紧急要事与他的牧羊人商量。他头戴一顶头篷出城，站在同一处坟地寻找他的牧羊人。阿拉图斯和他的军队以为这就是发动攻击的信号，迅速奔向城门，但是守卫立刻当着他们的面关上城门，因为城内同伙尚未采取行动，结果，阿拉图斯的计划不仅一败涂地，而且给城内同伙带来灭顶之灾。他们立即被发现，并被拖出去处死。如果我们问导致这一灾难的原因是什么，答案显然是阿拉图斯只设定了单一行动信号，当时他还年轻，不知道设置双重信号和回应信号才能保证行动的精确。军事行动的成败就取决于这些小事。

[18] 再如，斯巴达的科勒奥门涅斯三世背信弃义地做好了窃取迈加洛玻利斯的谋划。他收买该城名叫洞穴之地附近的那段城墙的守卫者，达成阴谋，准备在半夜率军抵达那段城墙之下，因为他的同谋在那个时刻正好守卫那段城墙。但是，科勒奥门涅斯三世没有注意到昂宿星座已经升起，黑夜已经变短，所以日落后才率军出发。结果，他没能及时赶到，天亮才抵达迈加洛波利斯城下，发动鲁莽轻率的攻击，试图强攻入城，结果被耻辱地驱逐，

遭受惨重损失，勉强逃过一劫。要是他依照约定时辰及时抵达，彼时他的同伙把守城门入口，他率军入城，就不会遭遇失败。

再如腓力五世的例子，我前文叙述过这件事。当时，一些墨里忒亚人提出把该城出卖给腓力五世，后者在处理这事时犯下两个错误。第一，他用来攻城的云梯太短；第二，他没有在正确的时刻抵达。他原计划在全城已经入睡的午夜时分抵达，但是他提前从拉里萨出发，然后进入墨里忒亚的疆域，既没法静静待在那里等待——因为他担心城内民众获知他率军抵达的信息，又不能悄悄撤回。结果，他只得被迫挺进到墨里忒亚城下，城内民众当时还醒着。所以，由于他准备的云梯太短，他无法通过强攻登上城墙，又由于他抵达时刻太早，城内同伙没法配合他，继而无法经城门入城。最后，他激怒守军，遗尸众多后，便灰溜溜地撤走，功亏一篑。此事同时公开警示其他人不要信任他，而要提防他。

[19] 再如，雅典将军尼西阿斯本可在叙拉古城下挽救他的军队，他那时已经确定趁敌人不注意，在夜里的恰当时刻撤往安全之地。① 但是，那晚发生了月食，尼西阿斯被迷信吓倒，认为月食预示着某种灾难，因而推迟了撤离时间。结果是，当他在第二晚撤离营地时，敌人已预见到他的意图，众将领和全军皆被叙拉古人俘虏。他当时只需向熟知天文学的人咨询一下发生月食的缘故，便不会错过撤军时机，他本能利用敌人的无知。没有什么比邻国同胞缺乏教育更能帮助知识渊博之人取得胜利。

就我所提到的上述几点错误而言，我们应该探究天文学，而确定云梯长度的方法如下。如果城内有同谋告知我们城墙的高度，云梯的长度就很好确定。比如，城墙的高度是 10，那云梯的长度应该是 12。为了便于士兵攀爬，放置云梯的点到城墙的距离应是云梯长度的一半。如果云梯距离城墙太远，士兵成群攀爬时，云梯容易折断；如果距离太近，云梯与地面近乎垂直，则无

---

① 参修昔底德，《战争志》，7.50.3。

法保证攀爬士兵的安全。即使无法测量城墙的高度，或难以接近城墙，任何垂直于一个平面的物体的高度也都可从远处测得，对学习数学的人来说，测量方法轻而易举。

[20] 所以，此处再次表明，那些期待军事计划和突袭城镇取得胜利的人，必须学习几何学，就算没有透彻掌握这门学科，也至少要懂得比例概念和相等理论（ὁμοιότητας θεωρίας）。这类知识不仅对上述目的非常必要，而且对调整营地的大小至关重要。我们拥有比例概念和相等理论的知识才能，要么改变营地的规模，以保证营地内不同单位之间保持相同比例的距离；要么在其他时候坚持营地规模不变，按照新抵达部队或离开部队的人数，成比例地扩大或缩小营地内的空间。关于这个问题，我已在论述战略的书中详细讨论过。[①]

若有人由于我督促志在掌握将道的人去研究天文学和几何学，而指责我为将道规定的条件太多，那么我会认为这人的批评说不上公正。事实是，我坚决反对从事一项职业的人为炫耀和卖弄而学习多余的知识，也不赞成任何超出实际用途的研究，我恰恰认为只应追求一项职业所必需的知识。想学习舞蹈、簧管演奏的人会学习节律和音乐理论，甚至还要进行适当的体育锻炼，因为人们认为要是没有体育锻炼，舞蹈和簧管演奏就不能达至完美，而对于那些有志指挥千军万马之人，如果我们只要求他们哪怕轻微涉猎其他科学，他们就牢骚满腹，这的确是一桩奇事。这意味着那些学习粗鄙（βαναύσους）技艺之辈竟然要比那些渴望在最高贵、最庄严的职业中出类拔萃之人更勤奋、更富雄心——任何有理智的人都不会赞同这一点。关于这个主题，上述论述已经足矣。

---

① 珀律比俄斯写过一部论战术的专论，阿里安（Arrian）和埃里安（Aelian）都在他们论战术的专论中提到过它。

[21] 这就是罗马人和迦太基人各自的状况。① 他们轮流经历机运的极端颠转,这是非常自然的,如荷马所说,快乐和痛苦在人的灵魂内部如影随形……

汉尼拔的品质

[22] 罗马和迦太基两大邦国遭遇的一切,都归因于一个男人和其灵魂:汉尼拔。毫无疑问,汉尼拔直接指挥这场战争在意大利战场的战事,他还先后指示两位兄弟——先是二弟哈斯德鲁巴,然后是三弟马戈——负责伊比利亚的战事,这两位将军在伊比利亚杀死那两位罗马人统帅。② 此外,汉尼拔还统领西西里的战事,他先是通过希波克拉底,随后又通过利比亚人缪诺托斯(Myttonus)遥控西西里事务。同样地,他也积极参与伊利里亚和希腊事务,通过与腓力五世结盟,从这些地区威胁罗马人,让罗马人惊慌和分心。这个伟大的、令人惊异的男人是自然的产物,他原初的灵魂构造本就适合追求人力范围内的任何功业。

既然事态的进展要求我们审视汉尼拔的天性($φύσεως$),我认为我眼下有义务就那些争议极大的独特品质发表我的看法,因为一些人指责他太过残酷,另一些人指责他太贪婪。说清汉尼拔的真相,或一般而言说清政治人物的真相,绝非易事。有人说,要看清人真正的天性,要看其所处的境遇:部分天性要看他们掌握大权时的表现,即便他们在掌权之前伪装得很好;另一部分天性要看他们遭遇不幸时的表现。我不认为这种看法是不明智的。在我看来,不是在少数情形,而是在绝大多数情形中,政治人物都会由于现实之

---

① [英译注] 双方最近各自的得失,参李维,《罗马史》,27.37.1–9。
② 马戈本来和汉尼拔一同远征意大利,坎尼战役后,汉尼拔派马戈回迦太基报告胜利的消息。公元前215年,马戈率12000名步兵、1500名骑兵和20头战象奔赴伊比利亚,加强二哥哈斯德鲁巴的兵力。

复杂和友人的劝告，被迫违背自己的真实原则。

[23] 许多古代事例可证明这一点。以西西里僭主阿加托克勒斯为例。难道不是所有史家都告诉我们，阿加托克勒斯在草创事业和攫取权力时非常残暴，但是随后在认为已让西西里人牢牢臣服他的统治时，从外表上看竟变成最有教养、最宽厚之人？再如，斯巴达的科勒奥门涅斯三世，难道不是同时既是最卓越的国王，又是最残忍的僭主，私人交往方面却非常机智活泼、宽厚仁慈？我们很难想象，同样的天性竟存在截然相反的性情。事实毋宁是，政治人物被迫依照环境的变化而改变，所以常常向其他人展示与其真实天性相反的性情。因此，通过观察他们在不同境遇下的表现无法洞察政治人物的天性。相反，那些表现遮掩了他们的天性。

友人们的劝告不仅对将帅、王子和国王，而且对诸城邦也会产生类似的效果。至少我们发现，雅典在阿里斯提德（Aristides）和伯里克勒斯统治期间，很少出现暴行，而是涌现出很多崇高神圣之举。而在克里昂（Cleon）和卡勒斯（Chares）统治期间，情形完全相反。① 再如，拉克岱蒙人是希腊的霸主时，科勒奥姆布罗图斯一世（Cleombrotus I）国王对众盟友尊重友好，阿格西劳斯（Agesilaus）国王则完全相反。② 所以，城邦的品质也随统治者的变化而改变。再如腓力五世国王，当遵照陶立翁和法洛斯的德米特里乌斯的建议行动时，他就最渎神，但是当听从阿拉图斯和克

---

① 阿里斯泰德斯是雅典公元前5世纪上半叶的政治家，伯里克勒斯于公元前461至前429年主治雅典。伯里克勒斯去世后，克里昂攫取大权，并于公元前422年在安菲波利斯战役中阵亡。珀律比俄斯可能指雅典关于米提勒涅的辩论，参修昔底德，《战争志》，3.36–50。卡勒斯是公元前4世纪雅典的政治人物，公元前366年后，活跃于政治舞台，是坚定的反马其顿派，公元前332年站到波斯一边反对亚历山大大帝。

② 科勒奥姆布罗图斯一世于公元前380年继承斯巴达王位，同时期的另一位国王是阿格西劳斯。色诺芬《希腊志》3.3对珀律比俄斯此处所指叙述甚细。

律索哥努斯的建议时,他就最富教养。

[24]我认为,汉尼拔也是如此。他不得不面对各种特殊且复杂的环境,他最亲近的友人们的品质又差异极大,所以单从他在意大利的行动来看,很难看清这个男人的真实天性。至于哪些应归因于环境的刺激,可从我先前的叙述和接下来的叙述中看出,但我们一定不能忽视他对友人们建议的感激,尤其是从一条简单的建议中,我们就可能对他们的品性有非常充分的认识。

当汉尼拔谋划率军从伊比利亚远征意大利时,不难想到他要养活部队、为大军提供源源不断的补给是很困难的。由于远征路途遥远,途中所经地区住着众多残忍的蛮夷,看起来几乎无法克服远征的困难。汉尼拔似乎不止一次举行军事会议讨论这些困难,他的一位别号为莫诺马科斯(Monomachus)的友人说,他认为大军只有凭借一种办法才可能抵达意大利。汉尼拔追问他此种办法是什么,他说汉尼拔必须教会大军吃人肉,并习惯吃人肉。汉尼拔没有反对这个大胆且实用的建议,但是他既不能说服自己,也不能说服友人们真正接受这个建议。与其说汉尼拔在意大利的种种残暴之举皆是莫诺马科斯所为,毋宁说是环境使然。

[25]汉尼拔似乎确实爱钱($φιλάργυρος$),他坐镇布鲁提恩的战友马戈(Mago)也是如此。我从两处获知此事,一处是迦太基人那里,因为如俗语所言,本地人不仅清楚当地的风向,还深知同胞的品性;另一处是马西尼萨那里,他详细和我谈论了迦太基的普通人对金钱的贪婪,尤其是汉尼拔和刚刚提到的被称作萨莫奈人的马戈爱钱的种种表现。马西尼萨还告诉我一些别的事情:汉尼拔和马戈从年轻时起就分别承担各种战事,各自凭借武力或阴谋夺取伊比利亚和意大利的许多城市。但是,他们从未一起作战,而是始终互相提防,其程度远超对敌人的提防,所以,当一人攻占某城时,另一人不会出现,以避免因上述原因和利

益分配不均而爆发冲突，因为他们两人地位等同。

［26］但是，不仅是友人们的建议让汉尼拔改变真正的天性，从我前文所述和将要叙述的可清晰看出，环境的力量对汉尼拔改变天性的作用也很大。卡普亚落入罗马人之手后，其他城市对汉尼拔的忠诚也开始动摇，纷纷寻找借口和机会打算倒向罗马。面对这一危机，汉尼拔似乎遇到极大困难，不知该如何应对这种局面。由于各城相距很远，他既无法监视所有城市——如果他率大军在某城驻扎下来，会立即有好几支敌军准备截断他的行动——又不能分兵守卫。若是分兵守卫，由于兵力劣势且他无法亲临各处，他将被敌人轻松击败。因此，他不得不公开放弃一些城市，撤走他的驻军，以免那些城市叛离迦太基人的同时，他还得损失不少士兵。对有些城市，他甚至会违背之前签订的条约，把居民转移到其他城市，放任他们的财产被劫掠，从而犯下种种罪行，以至他被指控渎神和残暴。

事实上，采取上述措施的同时，离开和到来的军队会以任何借口进行抢劫、谋杀，犯下种种暴行，每个人都假定那些被留在身后的市民将向敌人投降。所有这些使得我们很难对汉尼拔的真实天性下结论，因为我们必须考虑他的友人和环境的力量对他的影响。但是，无论如何，汉尼拔在同胞中间留下爱钱之坏名，在罗马人中间留下残暴之恶名。

六、西西里事务

如何计算城市的大小

［26a1］绝大多数人都仅依据一城的周长判断其大小。有人说迈加洛玻利斯周长50斯塔德，斯巴达周长48斯塔德，［所以斯巴达的面积小于迈加洛玻利斯的面积，］但实际上斯巴达的面积是迈加洛波利斯的两倍。在这类人看来，这个事实令其难以

置信。

为了让这类人更加迷惑，有人告诉他们，某城或某个营地的周长是40斯塔德，面积却是周长为100斯塔德的城市或营地的两倍。在他们看来，这个说法简直骇人。造成这种状况的原因是我们已经忘记小时候学的几何知识。我之所以这样说，是基于下述事实：不仅普通人，甚至一些政治家和军队统帅都感到惊讶，他们搞不清楚既然斯巴达周长比迈加洛波利斯小，面积又怎么可能不仅比迈加洛波利斯大，而且大得多；或者他们有时仅仅根据营地的周长来估算营内士兵的人数。另一个非常类似的错误关涉城市的面积。大多数人以为，丘陵密布地带比平原地带能容纳更多房舍。事实并非如此，因为房舍的墙不是与斜坡成直角，而是和山本身所在的水平面成直角。一个孩子都明白这一点。如果把斜坡上所有房舍的屋顶弄得一样高，显然，所有房舍的屋顶形成的平面的面积就与山丘和房舍地基在水平面上的那个平面相等，且两个平面平行。对那些志在赢得统治大权和指挥千军万马，却对上述事情一无所知且惊诧不已的人，我就说这么多。

阿格里真托

[27] 阿格里真托不仅在上述几个方面，而且在防卫之坚固、位置之优越和建筑之优美方面胜过大多数城市。它距离大海仅18斯塔德，因此享有一座海滨城市的所有优势。它周围环绕着天然和人工的防御工事，城墙建在陡峭的山脊上——要么是天然就陡峭险峻，要么是人工修建得陡峭险峻。它还被河流环绕，从城南流过的那条河与该城同名；海普萨斯河（Hypasas）流经该城西边和西南边。

阿格里真托的卫城从东北方向可俯瞰该城，卫城由外围一条无法通行的深谷包围，从卫城内只有一条道通往阿格里真托城内。卫城的顶部坐落着雅典娜神庙和阿塔布利俄斯宙斯（Zeus

Atabyrius）神庙，① 正如罗德岛那样。这是因为阿格里真托由罗德岛人创建，所以这位神的名字与罗德岛的一样。装点该城的其他神庙和门廊也非常宏伟，最宏伟的当属奥林匹亚宙斯神庙，② 这座神庙尽管未建成，但是在设计和大小方面，没有哪座希腊神庙超过它。

然后，珀律比俄斯说，阿格里真托河和阿格里真托城皆得名于叫阿格里真托的那片土地。（拜占庭的斯特法涅斯）

珀律比俄斯在其史书卷九说，阿加图尔纳（Agathyrna）是西西里的一座城。马尔库斯·瓦勒里乌斯（Marcus Valerius）③ 劝告该城的逃亡者撤往意大利，发誓会保证他们的安全，条件是他们要从雷吉姆得到补给，然后劫掠布鲁提恩，占有从敌人土地上掠夺的所有战利品。

［40.4-6］阿卡纳尼亚人获悉埃托利亚人入侵，部分由于沮丧，部分由于愤怒，决定孤注一掷……（《苏伊达辞书》，A 2880 Adler）

如果有人从战斗中逃跑或苟活，无人可在城内接待他，也不可给他提供火。

他们对所有人发出庄严的诅咒，尤其是那些可能接受逃跑者的伊庇鲁斯人……④（《苏伊达辞书》，E 1136 Adler）

---

① ［英译注］阿塔布利俄斯是阿格里真托卫城所在山的名字，名称出自罗德岛的同名山。因为阿格里真托是罗德岛人建的殖民城市，所以其祭仪也来自罗德岛。

② ［英译注］这里的意思是模仿厄利斯奥林匹亚宙斯神庙建造的神庙。

③ ［英译注］此人是公元前210年的罗马执政官，关于他的行动，参李维，《罗马史》，26.40.16-18。

④ ［英译注］公元前211年，阿卡纳尼亚人受到埃托利亚人入侵的威胁，做出拼死一战的决定，遂有上述种种规定。参李维，《罗马史》，26.25。

七、希腊事务

卡莱尼阿斯（Chlaeneas）和吕西斯科斯（Lyciscus）在斯巴达的演说：[1]

[28] 拉克岱蒙人，我确信没人敢否认，希腊被奴役源于马其顿诸王，此事原委如下。雅典人和卡尔基斯人曾在朝向色雷斯的地区建立一群希腊城市，最著名、最强大的当属奥林索斯（Olythus）。腓力二世将该城民众卖为奴隶，[2] 惩一儆百，不仅占有了色雷斯诸城，而且以此恐吓忒萨利诸城向他俯首。[3] 不久之后，他在一场战役中击败雅典人，[4] 慷慨地运用他的胜利，并非真的施恩于雅典人。事实根本不是这样，而是想用他对雅典人的仁慈，诱使其他城邦自愿遵从他的命令，不要反抗。

---

[1] 卡莱尼阿斯是埃托利亚联盟使者，吕西斯科斯是阿卡纳尼亚人的使者。此事背景是公元前211年，埃托利亚人联合罗马人对腓力五世开战，埃托利亚人和阿卡纳尼亚人分别派使者争取斯巴达站在自己一方。首先是卡莱尼阿斯发表演说，然后是吕西科斯。此事的时间是公元前211年。

秦始皇三十七年（公元前210年），十月，始皇外出巡游。这是始皇第五次巡游天下，也是行程最长的一次。左丞相李斯跟随出游，右丞相冯去疾留守咸阳。少子胡亥请求跟随，始皇答应了他。十一月，始皇抵达云梦，在九嶷山祭祀舜帝。然后乘船沿长江东下，经丹阳到达钱塘。到钱塘江时，水波凶险，于是往西走一百二十里，从江面狭窄处渡过。然后，登会稽山，祭祀大禹，遥望南海，立歌颂秦之德业的石碑。始皇返回途经吴地，渡江沿海岸北上，到达琅琊。始皇到达平原津（今山东平原县西南约15公里处）时生了病。七月，秦始皇在沙丘平台（今河北广宗县大平台村）驾崩，时年五十岁。胡亥继承帝位，时年二十岁，称二世皇帝。参《史记·秦始皇本纪》，前揭，页260-264。

[2] 奥林索斯是卡尔基斯联盟的首府，公元前349年被腓力五世毁灭。

[3] 公元前344至前342年间，忒萨利全境向腓力二世臣服。

[4] 公元前338年的喀罗尼亚战役中，腓力二世战胜雅典-忒拜联军。

那时，你们这座城市的声望还在，你们看起来将成为希腊的领袖。结果，腓力二世以莫须有的借口，率军来到此地，肆意破坏，踩躏农田，砍倒树木，焚烧村舍，最后切割你们的城镇和领土，将其一部分分给阿尔哥斯，一部分分给泰格亚和迈加洛波利斯，另一部分分给墨瑟尼亚，希望通过伤害你们来施予上述四城不正当的恩惠。他的继承者是亚历山大。这位国王认为，忒拜是希腊恢复自由的星火，遂以你们都清楚的方式毁灭忒拜。

[29] 至于亚历山大的那些继业者如何对待希腊人，还需要我详细告诉你们吗？没有谁会冷漠到对下述事实充耳不闻：安提帕特在拉米亚（Lamia）战胜希腊联军后极其严厉地处置不幸的雅典人和其他希腊人。他恣意妄为、无法无天，甚至任命那些被各城流放的人①为搜捕者，将他们派往各城去抓捕那些反对或冒犯马其顿王室的人。一些人被从神庙中强制拖走，一些人被从祭坛处拖走，折磨至死。那些逃脱抓捕的人则被迫离开希腊，除埃托利亚联盟外，没有哪个地方敢接纳他们。谁又能忘记卡桑德、德米特里乌斯一世、安提哥努斯二世的恶行，毕竟他们的恶行皆是近世发生的，人们仍旧对之记忆犹新？这几位君主要么在各城驻军，要么扶植僭主，以至没有哪个城市称得上未被奴役。

抛开这些不谈，我现在要谈谈安提哥努斯三世，以防你们竟不怀疑他的做法，反而以为自己欠马其顿人恩情，需要感激他们。

安提哥努斯三世参与针对你们的战争，不是想拯救阿凯亚人，也不是因为他反对科勒奥门涅斯三世的僭政，从而解放斯巴达。如果有人竟怀抱这种想法，那他必定是个头脑简

---

① 尤其是图里人阿基亚斯（Archias of Thurii），死于此人手下的最著名的人物是德摩斯忒涅斯。

单的家伙。安提哥努斯三世之所以攻打你们,是因为他看到,一旦你们在伯罗奔半岛坐大——科勒奥门涅斯三世正是实现这一目标的最佳人选,并且机运也站在你们这边——他本人的权力就不会稳固。安提哥努斯三世率军来到伯罗奔半岛是由于恐惧和嫉妒,他不是想帮助伯罗奔半岛人,而是旨在挫败你们的雄心,羞辱你们的声望。所以,你们不应由于马其顿人占据你们的城市时没有劫掠,就对他们心存感激,① 而应该视他们为敌人,憎恨他们,因为他们屡次阻止你们攫取希腊领导权。

[30] 至于腓力五世的种种罪行,还需要我谈论吗?关于他的渎神行径,只提他在忒尔摩斯对众神庙的暴行足矣,关于他对希腊人的残暴,我只需提到他对墨瑟尼亚人的背信……希腊人中间,只有埃托利亚人敢挑战安提帕特,敢于为他不义暴行的受害者提供庇护所;只有埃托利亚人经受住了波勒诺斯率领的那群高卢人的攻击;② 只有埃托利亚人回应了你们的请求,赶来伯罗奔半岛,帮助你们恢复了世代相传的领导权。

对这个主题,我已说得够多。至于眼下该怎么办,有人兴许会说,你们必须投票通过决议,正如你们在决定是否开战时那样,事实上你们无需这样做。我认为,阿凯亚人非但没有能力给你们的领土造成任何伤害,反而当被敌人包围时——一方面,由于厄利斯人和墨瑟尼亚人与我们结盟,他们会进攻阿凯亚人;另一方面,他们会遭到我们埃托利亚人的进攻——只要能保护自己,就会谢天谢地,极力感激诸神。至于腓力五世,我确信他对你们的侵犯很快会终止,因为埃托利亚人将与他在陆上战斗,罗马人和阿塔罗斯一世将

---

① 安提哥努斯三世在斯巴达被尊为"救主"。
② 公元前279年,波勒诺斯率高卢人入侵德尔斐,在战役中被击败。

与他在海上战斗。① 事实上，很容易就可从过去推断将来可能发生之事。既然他单独与埃托利亚人作战时都无法征服我们，面对如此强大的联盟，他又怎么有实力承受眼下这场战争？

[31] 与我的初衷一致，我说这么多是希望，你们应该认识到，即便你们从未想过这个问题，现在是第一次考虑，你们也应该与埃托利亚人而非马其顿人结盟。如果你们预先考虑过这个问题，且已经拿定主意，那还有什么可说？如果说你们确实是在安提哥努斯三世施予你们恩惠前与我们结了盟，对你们来说，是否应该由于后来的恩惠而忽视对先前盟友的义务，兴许是一个值得考虑的问题。但是，既然在安提哥努斯三世建立这种自诩的自由和安全后，马其顿人不断训斥、责骂你们，既然是在频繁讨论过应该与埃托利亚人结盟还是与马其顿人结盟后，你们才决定与埃托利亚人结盟，并交换了结盟誓言，埃托利亚人之后又同你们肩并肩与马其顿人在后来的战争中战斗，还需顾虑什么正义问题？因为通过与埃托利亚人肩并肩战斗，你们事实上已经终止与安提哥努斯三世和腓力五世的友好关系。所以，你们必须要么有能力指出埃托利亚人后来对你们犯下不义，要么指出马其顿后来对你们有哪些恩惠，如果你们无法回答这两个问题，当你们还拥有自由时，又怎么能屈从于这个你们之前曾正确地决定反对的民族，② 进而打算违背盟约、誓言和人类众所周知最神圣的保证？

克莱尼阿斯说完这些似乎很难反驳的话后，结束了他的长篇

---

① 埃托利亚与帕加马的阿塔罗斯一世早有盟约，公元前211年，罗马与埃托利亚结盟后，邀请阿塔罗斯一世加入反马其顿联盟。

② 指马其顿人。

大论。

[32]之后，阿卡纳尼亚使者吕西斯科斯走上前台。他起初静默不言，因为他看到所有人都在热切议论克莱尼阿斯的演说，但是当大会恢复平静后，他开始演说。

拉克岱蒙人，我们是阿卡纳尼亚联盟派来的使团。同时，由于我们一直与马其顿站在一起，所以我们认为这个使团既代表阿卡纳尼亚，也代表马其顿。正如战争中由于马其顿的优势和力量，他们的英勇关系到我们的安全一样，在外交斗争中，阿卡纳尼亚的利益也关系到马其顿的权力。因此，如果我的演说花了很大篇幅提及腓力五世和马其顿人，你们一定不要惊讶。克莱尼阿斯在演说结尾已突兀地总结埃托利亚人的主张的本质。

他问你们，你们当年与埃托利亚人结盟后，是否遭受过他们的伤害和冒犯，或是否得到过马其顿人的友善对待，眼下这个会议有理由重新审议这个问题。但是，如果上述情形皆未发生，如果我们阿卡纳尼亚人现在认为，凭借指控安提哥努斯三世统治期间所发生之事并得到你们赞许的种种善举，我们就该摒弃誓言、推翻条约，那我们就是天下最大的笨蛋。

好吧，如果如克莱尼阿斯所说，你们与埃托利亚人结盟之后没有发生任何大事，希腊当下的局势与你们和埃托利亚人结盟时仍然一模一样，我就承认我是天下最大的笨蛋，我将对你们说的话是一派胡言，毫无意义。但是，如果实情恰恰相反，正如我接下来将为你们清楚指出的，那么我认为，你们应相信我的建议，这样才符合你们的利益，克莱尼阿斯的建议大错特错。我们之所以到这里来，是因为我们相信，我们应该向你们澄清这件事，并向你们证明：一旦你们懂得威胁希腊的危险多么严重，那么接受我的建议并加入我们的事业，采纳这种既光荣又配得上你们的政策，既对你们的信誉有益，也符合你们的利益；如果你们不这样做，至少也应该保持中立。

［33］但是，既然我们的对手胆敢提及很早之前的事例来攻击马其顿王室，我认为我有义务首先就这些事情向你们谈论一二，以便纠正盲信那些指控之人的错误。克莱尼阿斯说，阿明塔斯之子腓力二世凭借毁灭奥林索斯之举已成为忒萨利的主人，然而在我看来，不仅忒萨利人，而且所有希腊人的安全都要归功于腓力二世。因为**奥诺马科斯**（Onomarchus）**和斐洛曼罗斯**（Philomelus）占据德尔斐，① 渎神且不义地夺取阿波罗的财宝时，你们根本没有意识到这两人已经建立整个希腊无人敢抗衡的军事力量。事实上，这两人凭靠渎神之举近乎成为整个希腊的主人。正是腓力二世自愿出兵，毁灭了这两位僭主，保护了德尔斐神庙，维护了希腊的自由，事实已向后代证明这一点。事实不像克莱尼阿斯厚颜无耻地所说的那样，不是因为腓力二世曾伤害忒萨利人，而是因为他是希腊的恩主，希腊人才选择让他统领海洋和陆地，才把这项之前从未授予给哪个凡人的荣誉授予腓力二世。

但是，有人会指责腓力二世率军进入拉科尼亚的行为。

---

① ［英译注］奥诺马科斯是厄拉忒亚人，斐洛曼罗斯是勒顿（Ledon）人。两人于公元前356年掌控佛基斯。其时，数位大人物因亵渎诸神被德尔斐近邻同盟判处罚款，两人遂煽动佛基斯联盟支持这些大人物，抵制这一判决。依照狄俄多儒斯（16.23.6）的说法，斐洛曼罗斯被任命为全权将军，奥诺马科斯被任命为他的副手。随后，近邻同盟对佛基斯发动第二次神圣战争，纠集忒萨利、洛克里斯和多里斯联军进攻佛基斯。斐洛曼罗斯从德尔斐圣库中挪用款项，组建一支雇佣军，外加上佛基斯公民部队，兵力超过10000人。公元前355年，斐洛曼罗斯在帕纳索斯山北麓对阵忒萨利、波俄提亚和洛克里斯联军时战死。随后，奥诺马科斯接管指挥权。奥诺马科斯大肆挪用德尔斐圣库资金组建雇佣军，兵力总数达到20000名步兵和500名骑兵，希腊诸城皆不敢挑战奥诺马科斯（对照狄俄多儒斯，16.35.4）。

的确如此,但是,你们都清楚,那不是腓力二世的本意,而是由于他的友人和伯罗奔半岛盟友的屡次请求和呼吁,他才被迫前来。他抵达拉科尼亚后,克莱尼阿斯,请考虑一下他的表现如何。彼时他完全有能力利用邻近城邦对拉克岱蒙人的仇恨毁灭斯巴达的土地,羞辱这座城市,赢得广泛的感激。但是,他没有这样做,而是采取了这样一种做法:他以同样的方式威慑斯巴达人和他们的敌人,迫使他们为了共同利益,通过谈判解决分歧。他不认为自己有权裁断他们的争端,而是从希腊各城邦任命了一个仲裁法庭承担这一任务。这件事难道应该谴责?

[34] 再者,你强烈谴责亚历山大惩罚忒拜的决定,但是你从未提及,他为报复波斯人对希腊人的暴行,如何伤害了波斯人;也从未提及,他如何通过奴役蛮夷、剥夺他们常用来毁灭希腊人的资源——波斯人当年正是用那些资源支持雅典人和忒拜人去攻打这些斯巴达人的祖先——把我们从最大的恶中解救出来。总而言之,你从未提及他如何让亚洲向希腊俯首称臣。

至于亚历山大的那些继业者,你怎么有自信提到他们?他们的确常常在不同的环境下施恩或伤害不同城邦。其他城邦兴许有理由憎恨他们,但是你们埃托利亚人根本无权这样做,你们埃托利亚人从未对一个人行过善,而是多次对很多城邦行不义。克莱尼阿斯,告诉我,是谁邀请德米特里乌斯一世之子安提哥努斯二世去瓦解阿凯亚联盟?是谁与伊庇鲁斯国王亚历山大二世(Alexander II)①达成誓约,以奴役和分裂阿卡纳尼亚?难道不是你们埃托利亚人?是谁选派出那些将军,他们甚至胆敢劫掠神圣不可侵犯的神庙——提迈俄

---

① 伊庇鲁斯国王,公元前272年,其父皮鲁士去世后,继承王位。参2.45。

斯（Timaeus）曾劫掠泰纳罗斯（Taenarus）城的波塞冬神庙、卢索城的阿尔忒弥斯神庙，① **法吕科斯（Pharycus）曾劫掠阿尔哥斯的赫拉神庙，珀律克利图斯（Polycritus）曾劫掠曼提尼亚的波塞冬神庙？**关于拉塔布斯（Lattabus）和尼科斯特拉图斯，②我们又该说什么？他俩难道不是曾在和平时期侵犯神圣的泛波俄提亚（Pamboeotian）节，③做出堪与斯基泰人和高卢人媲美的行为？而亚历山大的继业者们从未犯下这类罪行。

[35] 在抵御高卢蛮族入侵德尔斐这件事上，你们没有提供任何值得夸耀的帮助，你们无权要求希腊人为此事感激你们。如果只因你们提供的那微不足道的帮助就感激你们，又该授予马其顿人何等高的荣誉，他们为了希腊的安全，一生中大部分时间都在和蛮夷战斗？对那些没有意识到希腊一直面临极大危险的人来说，难道不是由于马其顿人和他们国王的崇高雄心，我们才免于那些危险？最好的证据如下。那群高卢人击败托勒密·雷电（Ptolemy Ceraunus）④后，蔑视马其顿人，波勒诺斯轻视其他所有敌人，率军沿着希腊中部进军，如果我们的边界不是受到马其顿人的保护，这是常常

---

① 参 4.18；4.34。

② 多利马库斯之父，参 4.4。

③ 波俄提亚联盟的节日，在克罗涅（Corone）的伊托尼亚雅典娜神庙举行，参 4.25。

④ 公元前 282 年 11 月 1 日，托勒密一世驾崩，其幼子托勒密二世继承王位，长子托勒密·雷电远走色雷斯王国的吕西马科斯宫廷。吕西马科斯的王后阿尔西诺伊二世是他同父异母的妹妹。在此期间，塞琉古一世与吕西马科斯为争夺小亚细亚，于公元前 281 年爆发克罗派狄翁（Corupedium）之战，吕西马科斯战死。七个月后，即公元前 281 年 9 月，塞琉库斯一世被托勒密·雷电刺杀。随后，托勒密·雷电谋取马其顿王国的王位，于公元前 279 年在与高卢人的战争中阵亡，参 2.41。

会发生的事。

　　关于过去的事，我还有很多话可说，但是，我认为我已说得够多。至于腓力五世的行为，埃托利亚人提到他毁灭神庙作为他渎神的例子，但是他们没有说，他们自己在狄昂、多多那神庙和神庙辖区犯下的暴行。他们本应该首先提到这件事。你们埃托利亚人细说自己遭受的种种恶时，肆意夸大那些恶的严重程度，却对你们无缘无故对其他城邦犯下的无数恶行只字不提。众所周知，所有人都会把谴责、不义和伤害归咎于首先诉诸此类暴力的人。

　　[36] 至于安提哥努斯三世的行为，我只提一点，以免显得我轻视发生的事，或认为他的功绩不重要。就我本人而言，我不认为历史上有哪个人像安提哥努斯三世那样授予你们这么多恩惠。事实上，在我看来，就授予你们的恩惠而言，无人超过安提哥努斯三世。事实是否如此？安提哥努斯三世与你们交战，在一场决战中击败你们，凭借军事力量占据你们的土地和城市。严格来说，他本应该行使胜利者的权利。但是，他不仅没有严厉惩罚你们，反而除了其他恩惠外，还为你们驱逐僭主，重建古老的政制和礼法。作为这一恩惠的回报，你们在公共节庆中当着全希腊人的面宣告安提哥努斯三世是你们的救主和恩主。在那之后，你们本该采取何种政策？先生们，我来告诉你们我的看法，你们千万不要生气，我这样做并非想对你们进行毫无意义的指责，而是迫于形势的压力，也为了普遍的善。我想说的如下。

　　同盟战争时，你们本不应加入埃托利亚人一方，而是应站在马其顿一方。面对眼下形势的进展，你们应该加入腓力五世一方，而非与埃托利亚人结盟。但是，有人会对我说，那样你们就得破坏一份盟约。但是，你们想想，放弃你们曾与埃托利亚人秘密签订的盟约，与放弃曾在全体希腊人见证下签订的、刻在石柱上的神圣盟约，哪一个过错更大？

你们为何要对抛弃你们、从未给予你们任何恩惠的人感到内疚，却不敬重腓力五世和马其顿人，而你们眼下审议这个问题的权力甚至都要感谢马其顿人？你们兴许认为有必要对朋友守信，但是，虔诚地遵守书面条约要比邪恶地攻击自己的救主好得多，而埃托利亚人现在就要求你们攻击你们的救主。

[37] 关于这个主题，我说的已够多，就让那些热衷吹毛求疵的人认为我的话与目前的局势无关吧！现在我来谈谈我的对手所说的主要问题。问题的关键在于，如果眼下的情势与你们当年和埃托利亚人结盟时一样，那你们应该保持你们原先的态度。如他们所说，这是头等大事，但是，如果情势已经完全不同，你们现在有理由重新讨论他们向你们提出的要求。

因此，科勒奥尼克斯（Cleonicus）和克莱尼阿斯，我问你们，你们第一次要求斯巴达人与你们结盟时，还有哪些盟友？那时，难道不是所有希腊人都是你们的盟友？但是，你们眼下要与谁结成同盟，或者说你们要邀请斯巴达人加入哪类同盟？难道不是要与蛮夷结盟？① 彼时，你们要求斯巴达人加入的同盟与现在邀请他们加入的同盟，不仅不相似，反而情势完全不同。彼时，你们为领导权和声望而战，敌人是阿凯亚人和马其顿人，他们都是你们的同族，腓力五世是他们的统帅。但是眼下，整个希腊受到一场外来族类施加的战争的威胁，这个外来族类意在奴役希腊。你们以为自己在号召人们反对腓力五世，实际上是在反对你们自己和整个希腊。

那些受战争威胁的城邦，引入比自己的军队更强大的驻军来追求安全，这样做的确可以抵御敌人施加的危险，但他们同时也必须屈从于盟友的权威。埃托利亚人眼下的谋划就是如此。他们急于战胜腓力五世和羞辱马其顿人，他们不明

---

① 吕西斯科斯称罗马人为蛮夷。

就里地从西方引来这团乌云。① 这团乌云起初兴许只是想打击马其顿，但是随着时间推移，它必将给整个希腊造成巨大的灾难。

[38] 因此，全体希腊人，尤其是你们拉克岱蒙人，应该预见到即将到来的风暴。斯巴达人，当年薛西斯遣使前来索要水和土地时，你们的祖先为何把那位使者扔入水井，又在其上堆上土，命令那位使者向薛西斯报告，他已经得到他索要的水和土？为何列奥尼达斯（Leonidas）和他的勇士们甘愿赴死？显然，他们甘愿置生死于不顾，不是为了他们自己的自由，而是为了别的希腊人的自由。

勇士们的后代，你们现在竟然要与蛮夷结盟，与他们一道战斗，向伊庇鲁斯人、阿凯亚人、阿卡纳尼亚人、波俄提亚人、忒萨利人开战，你们事实上是与除埃托利亚人外的所有希腊人开战！埃托利亚人习惯干这事，他们认为只要能获益，就不会对引外敌入希腊感到耻辱，但你们不是这样！埃托利亚人当年得到伊利里亚人的帮助，通过背信弃义的海上突袭占领派罗斯，在陆上围攻克勒托，将库内忒亚人全部卖为奴隶，你们能指望他们在得到罗马人的支持后取得什么壮举？如我前文所述，他们曾与安提哥努斯二世结盟摧毁阿凯亚联盟和阿卡纳尼亚联盟，现在又与罗马人结盟反对整个希腊。

[39] 一个人明白这些后，怎能不怀疑罗马人的东进，怎能不痛恨埃托利亚人毫无原则的行径，反而胆敢结成这种盟约？他们已经夺取阿卡纳尼亚的奥尼阿戴和纳苏斯（Nasus），就在几天前还与罗马人一起侵占安提库拉

---

① 关于这个比喻，参 5.104 阿格劳斯的演说。

(Anticyra),将全城百姓卖为奴隶。①罗马人正在掳走妇女儿童,让她们遭受落入外族人之手必然遭受的不幸,埃托利亚人则忙着抽签瓜分这些不幸之人的土地和财产。任何人都可决定加入一个高贵的联盟,尤其是你们拉克岱蒙人!当年你们规定击败波斯人后,忒拜人必须缴纳什一税给诸神,因为忒拜人当时被迫决定在波斯人入侵期间保持中立,且他们是所有希腊人中唯一如此做的城邦。

拉克岱蒙人,你们的光荣和尊严要求你们铭记自己的祖先。你们应该反抗罗马人的入侵,怀疑埃托利亚人罪恶的阴谋。最重要的是,你们应该铭记安提哥努斯三世施予你们的惠恩,憎恶邪恶,拒绝埃托利亚人的友谊,把你们的未来与阿凯亚人和马其顿人绑在一起。但是,如果你们中最有权势的人反对这个政策,你们至少应保持中立,不参与埃托利亚人的罪孽。

[40.1-3]这就是雅典总是试图保持的一种品质。

友人主动提供的帮助益处极大,但是,如果帮助来得太慢、太迟,则没什么价值。

如果他们愿意不仅通过这封信,而且在行动上尊重联盟……

腓力五世围攻厄克西奈斯②

[41]腓力五世决定攻占厄克西奈斯(Echinus)城。他在该城对面修建了两处塔楼,在每座塔楼前建造了一处工兵和攻城锤的庇护所,在两处塔楼之间修建了一条从一处攻城锤到另一处攻

---

① [英译注]公元前211年,莱维努斯征服奥尼阿戴,随后将其交给埃托利亚人。参李维,《罗马史》,26.24.15。公元前210年春,莱维努斯又征服安提库拉。获悉他已被缺席选举为公元前210年度的执政官,舰队司令遂由普布利乌斯·苏尔比基乌斯接任。

② 公元前211年末至前210年。

城锤的通道，通道与城墙平行。整个工事建造完成后，看起来与城墙非常像。由于柳条的编织结构，庇护所上层建筑的外观和布局与塔楼很像，两处庇护所之间的空间就像一堵墙，上面的柳条按照编织的方式分成城垛。工兵把塔楼底部的地面弄平整，把土抛到两侧，修出一条通道，然后驱动攻城锤前进。其次，塔楼有水缸和别的灭火装置，还有石弩。第三，塔楼与城墙城楼同高，上面有士兵守卫，随时准备迎战那些企图破坏攻城锤的敌人。从两座塔楼之间的通道，挖出两条壕沟，直抵城墙下。此外还有三座投石机，一座可投掷1塔兰同重的石块，另两座可投掷半塔兰同重的石块。

马其顿大军营地到庇护所的途中，建有地下通道，所以从营地前往庇护所或从庇护所返回营地都不会被城内的投射物击中。所有这些工事只用几天就建造完成，因为周边地区有大量工事所需要的材料。厄克西奈斯城坐落在马里亚湾（Malian Gulf），[①] 朝南，面对忒洛尼翁（Thronium）的土地，该地物产丰富，所以腓力五世所需要的材料应有尽有。如我所说，当工事建造完成后，攻城机和士兵开始沿着壕沟向前推进。

［42.1-4］腓力五世正在围攻厄克西奈斯的同时，既要确保城下的攻城阵地安全无虞，又在外侧用壕沟和栅栏强化营地的防卫，罗马将军普布利乌斯·苏尔比基乌斯[②]和埃托利亚联盟将军多利马库斯出现，前者率一支舰队，后者率一支骑兵和步兵混合部队。在他们攻击腓力五世固若金汤的营地且被击退后，腓力五世下令更加勇猛地攻击厄克西奈斯。城内居民失去信心，向腓力五世投降。多利马库斯无法切断腓力五世的补给——腓力五世的补给来自海上，进而迫使腓力五世撤离。

[①] 又名伊纳斯湾（Gulf of Aenus），参10.42。
[②] 此人于公元前211年第二次任前211年至前210年度埃托利亚联盟将军，这是他第一次任该联盟将军时发生的事，参4.3。

罗马人占领埃吉纳（Aegina）[①]

［42.5-8］罗马人占领埃吉纳后，那里的居民没有逃跑，而是聚集在船上，恳求普布利乌斯·苏尔比基乌斯允许他们派使团到同族城邦求取赎金。[②] 普布利乌斯·苏尔比基乌斯起初一口回绝，说他们本应该在掌控该城之时而非现在即将成为奴隶之时遣使请求同族同胞前来援救他们。他还说，埃吉纳人不久前甚至不愿接待他的使团，现在他们落入他之手后再请求遣使到同族那里实在愚蠢至极。所以，他当时立即赶走前来请求的埃吉纳人，但是第二天又召集所有俘虏宣布，他本人没有义务对埃吉纳人仁慈宽大，但是，既然遣使请求同族帮助是希腊人的惯例，他允许埃吉纳人遣使求取赎金。

八、亚洲事务

幼发拉底河

［43］幼发拉底河发源于亚美尼亚，流经叙利亚以及四周地区，流向巴比伦尼亚地区。普遍认为，它最后流入波斯湾，但这不是事实。因为它流入波斯湾之前，各条运河已经耗尽它的水量。所以，幼发拉底河与其他大多数河流的状况相反。别的河流所流经的地区越多，水量会越大，它们在冬季时水量最大，夏季时水量最低。但是，幼发拉底河水量最高时是在天狼星升起时，水量最大的地区是在叙利亚，越往下游水量越小。原因在于，它

[①] 埃吉纳是阿凯亚联盟成员，罗马人把该城交给埃托利亚人，后者又把该城卖给帕加马王国的阿塔罗斯一世。

[②] 最后，几乎全城居民被罗马人卖为奴隶。罗马人把战争之残暴提升至希腊人闻所未闻的程度。

的水量暴涨不是由于冬季雨水，而是由于积雪融化，水量减退是由于为灌溉而挖掘了数条运河。所以，这时，军队要渡过该河会很慢，船只装载得太满，而河水水位正值最低，水流的力量只能缓慢地推动船只移动。①

［44］那些缺乏忠诚和热情就发动战争的邦国，在战争中不会成为真正的盟友。

我们常说的是对的：那些叙述个别事件的史家，不可能充分理解和欣赏从整体视角观察天下所有事件（τῶν γεγονότων, λέγω δὲ τὴν τῶν ὅλων οἰκονομίαν）时看到的最美景象。②

［45］珀律比俄斯在其史书卷九提到一条名叫库阿忒斯（Cyathus）的河，该河位于埃托利亚的阿尔西诺（Arsinoë）城附近。

阿尔西诺伊（Arsinoë）是利比亚的一座城……该城居民从人种来说是阿尔西诺特斯人（Arsinoites），而阿尔西诺是一座埃托利亚城市，如珀律比俄斯在其史书卷九所说。

珀律比俄斯在其史书卷九说，克许尼亚（Xynia）是忒萨利的一座城……弗洛纳（Phorunna）是色雷斯的一座城。

---

① 这一残段关涉的是安提俄库斯三世远征塞琉古王国的东部诸省，时间是公元前211年，安提俄库斯三世的大军沿着幼发拉底河顺流而下。

② 沃尔班克把词组 τὴν τῶν ὅλων οἰκονομίαν 译成 the universal history，可见在珀律比俄斯笔下，普遍历史等于叙述天下事务的历史。

图书在版编目（CIP）数据

罗马兴志. 上 ／（古希腊）珀律比俄斯著；马勇译. -- 北京 : 华夏出版社有限公司, 2025. -- （西方传统 : 经典与解释）. -- ISBN 978-7-5222-0894-7

I. K126

中国国家版本馆 CIP 数据核字第 202508C1E8 号

罗马兴志（两卷本）

作　　者	（古希腊）珀律比俄斯
译　　者	马勇
责任编辑	王霄翎　程　瑜
责任印制	刘　洋
出版发行	华夏出版社有限公司
经　　销	新华书店
印　　刷	三河市万龙印装有限公司
装　　订	三河市万龙印装有限公司
版　　次	2025 年 7 月北京第 1 版
	2025 年 7 月北京第 1 次印刷
开　　本	880×1230　1/32
印　　张	36
字　　数	871 千字
定　　价	268.00 元

华夏出版社有限公司　地址：北京市东直门外香河园北里 4 号　邮编：100028
网址：www.hxph.com.cn　电话：(010)64663331(转)
若发现本版图书有印装质量问题，请与我社营销中心联系调换。

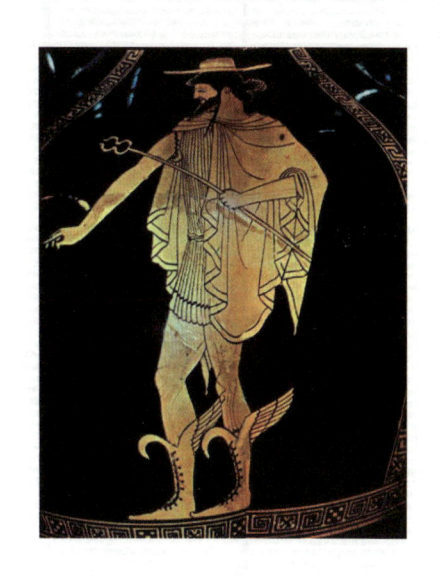

HERMES

在古希腊神话中，赫耳墨斯是宙斯和迈亚的儿子，奥林波斯神们的信使，道路与边界之神，睡眠与梦想之神，亡灵的引导者，演说者、商人、小偷、旅者和牧人的保护神……

HERMES

经典与解释 古今丛编

中国社会科学院外国文学研究所古典学研究室 ◎ 编

刘小枫 贺方婴 ◎ 主编

罗马兴志
'Ιστορίαι

— · 下卷 · —

[古希腊] 珀律比俄斯 Polybius ｜ 著

马勇 ｜ 译

华夏出版社
HUAXIA PUBLISHING HOUSE

本书由中国社会科学院
"绝学"、冷门学科建设项目——"古典学研究"资助出版

目　录

译者前言 / 1

第一卷 / 1
第二卷 / 90
第三卷 / 157
第四卷 / 255
第五卷 / 330
第六卷 / 421
第七卷 / 465
第八卷 / 482
第九卷 / 517
第十卷 / 555
第十一卷 / 598
第十二卷 / 626
第十三卷 / 663
第十四卷 / 671
第十五卷 / 683
第十六卷 / 717
第十七卷 / 747
第十八卷 / 748

第十九卷 / 796

第二十卷 / 797

第二十一卷 / 808

第二十二卷 / 850

第二十三卷 / 869

第二十四卷 / 885

第二十五卷 / 897

第二十六卷 / 903

第二十七卷 / 905

第二十八卷 / 919

第二十九卷 / 936

第三十卷 / 953

第三十一卷 / 978

第三十二卷 / 1003

第三十三卷 / 1015

第三十四卷 / 1027

第三十五卷 / 1049

第三十六卷 / 1053

第三十七卷 / 1065

第三十八卷 / 1066

第三十九卷 / 1084

第四十卷 / 1090

附录一 《罗马兴志》梗概 / 1091

附录二 希腊化王国简史 / 1108

第十卷

一、意大利事务

收复塔伦托

[1]从西西里海峡和雷吉姆到塔伦托的距离超过2000斯塔德,但是意大利半岛的这一侧除塔伦托外,再无其他港口。意大利半岛的这一部分面朝西西里海,与希腊隔海相望。这一部分包含人口众多的蛮族部落和最著名的希腊城市,内陆居住着布雷提恩人、卢卡尼亚人、部分萨莫奈人、卡拉布里亚人和其他几个部族,海岸带则散布着雷吉姆、考罗尼亚、洛克里斯、克罗顿、曼塔庞图姆和图里诸城。所以不管是从希腊还是从西西里前往上述诸城的人,都必须在塔伦托的港口登陆,塔伦托因此成为意大利半岛这一地区所有居民的贸易和交通枢纽。

从克罗顿人的繁荣就可对塔伦托的地理位置之优势有所了解,因为尽管克罗顿有适于夏季停靠的锚地,尽管很少有船只在那里停靠,尽管它根本无法与塔伦托及其港口相比,但是,它还是能仅凭靠其位置优势就获得巨大财富。即使在今天,与亚得里亚海的诸港口相比,塔伦托的地理位置仍非常优越,以前更是如此。此外,若有人想从亚得里亚海对岸的伊利里亚地区渡海到伊阿皮吉亚角直到西普托(Sipontum)的任一港口贸易,都要经过塔伦托。① 他们把塔伦托当作货物交易中心,那时布林迪西城尚未建成。② 所以,昆图斯·法比乌斯(Quintus Fabius Maximus Verrucosus)③ 将收复塔伦托视作首要任务,因此不顾其他事务,全神贯注于此事。

二、伊比利亚事务

斯基皮奥的品质

[2] 现在我将叙述斯基皮奥在伊比利亚的功业,总而言之,我将叙述斯基皮奥一生取得的功业。我认为,首先向我的读者描述斯基皮奥的品质和天性实属必要。因为,斯基皮奥几乎是有史以来最著名的人物这一事实,让每个人都渴望知道,他是哪类人,他的自然禀赋如何,是何种历练让他成就如此伟大的功业。但是,所有人都无法避免对他产生错误印象,因为那些向我们介绍过他的作家对他的评价与史实南辕北辙。④ 那些通过阅读我的叙述能真正理解斯基皮奥最光辉、最危险的功业的人,会明白我的这一论断完整属实。

其他作家则将斯基皮奥描述为一个受机运偏爱的人,斯基皮奥本人也总是把他的胜利归功于意想不到的、罕见的偶然。这类

---

① 伊阿皮吉亚角指塔伦托湾东侧最南端的海角,西普托位于现在加尔加诺半岛南侧曼弗雷多尼亚湾内。换言之,从伊阿皮吉亚角到西普托的区域指加尔加诺半岛直到萨伦蒂纳半岛的区域,这一区域直面亚得里亚海对岸的伊利里亚地区。也就是说,塔伦托太过重要,以至伊利里亚地区的商人们根本不考虑航行最短距离,而是绕过萨伦蒂纳半岛,先抵达塔伦托,再从塔伦托前往其他地区贸易。
② 说法有误,公元前244年,罗马人就在布林迪西设置了一个殖民地。
③ 公元前210年的罗马执政官。
④ 珀律比俄斯批评当时认为斯基皮奥的胜利源自机运的流行看法,一再宣称斯基皮奥的胜利源自审慎的谋划,斯基皮奥本人却让大多数人以为他的胜利源于神助。

作家认为,凭靠偶然得来的胜利要比凭靠谋划得来的胜利更神圣、更值得赞美。他们没有意识到,二者之一应受到赞美,另一种只应得到祝贺($\mu\alpha\varkappa\alpha\varrho\iota\sigma\tau\acute{o}\nu$),后者对常人很平常,但是只有拥有健全判断力和精神力量的人才应受到赞美。我们应该把这类人视作最神圣、最受诸神喜爱的人。

在我看来,斯基皮奥的天性和原则,与拉克岱蒙立法者吕库古斯很像。我们一定不能认为,吕库古斯是受迷信影响和纯粹受皮提亚祭司怂恿才创建斯巴达政制。同理,我们也不能认为斯基皮奥为他的祖国赢得这样一个帝国是源于他遵从梦和征兆。事实上,这两人看到大多数人无法接受不熟悉之物,若没有神意许诺也不敢冒险,所以吕库古斯才通过援引皮提亚的神谕来支撑他谋划的事业,从而让他的行动为常人接受和信任。与之类似,斯基皮奥通过向部下灌输他的计划皆来自神灵启发这一信念,才让麾下士兵变得更有信心,更乐于面对危险重重的事业。实际上,斯基皮奥的一切行动皆源于谋划和远见。从我接下来的叙述中可清楚看到,他所有的事业皆出自他的谋划。

[3] 人们普遍同意,斯基皮奥心地仁善、胸怀宽广,但是,他也机灵敏锐、小心翼翼,总是能全神贯注于选定的目标,除知己外,无人可让他动摇。他的品质只会对他的知己清晰地显露出来。他的知己之一即盖乌斯·莱利乌斯(Gaius Lailius),此人见证了斯基皮奥从年轻到生命的尽头的全部言辞和行动。正是他给我造成上述印象,因为他的说法既从表面看起来可信,又与斯基皮奥的真实行动一致。

他告诉我们,在斯基皮奥的父亲和汉尼拔于波河附近的那次骑兵战役中,[①] 斯基皮奥第一次脱颖而出。当时,斯基皮奥年仅17岁,第一次走上战场,他的父亲令他指挥一队精选骑兵以确保他的安全。但是,当看到他的父亲被敌人围住,身边只有两三名骑兵护卫,且身受重伤,危在旦夕,斯基皮奥立即劝说麾下的

---

① 指提契诺河战役,参3.65。

骑兵赶去营救。由于敌人人多势众,斯基皮奥的部下犹豫不前。据说,斯基皮奥不顾一切地独自大胆冲击敌人。部下见此也被迫跟着行动,敌人感到恐惧而散去。他的父亲普布利乌斯·斯基皮奥出人意料地获救,首次当着所有人的面向自己的儿子致敬,称斯基皮奥是他的救命恩人。斯基皮奥凭此行动赢得举世公认的勇敢之名。但是,后来在祖国把胜利的希望寄托在他身上后,他就很少在战役中冲锋陷阵——显然,这不是一位仰赖机运的统帅的做法,而是一位有理智的统帅的行为。

[4]之后,他的兄长卢西乌斯(Lucius)参加了市政官($ἀγορανομίαν$/aedile)竞选,这个官职几乎是罗马年轻人所能获得的最高官职,惯例是由两位贵族担任。但是,这一次有好几位贵族竞选者,斯基皮奥一直不敢与兄长竞争这一官职。然而,临近选举时,斯基皮奥从民众的倾向看出他的兄长几无胜算,而他本人很受欢迎,由此得出结论,他的兄长胜选的唯一办法就是两人达成协议共同参选,于是为此制定了下述计划。

斯基皮奥看到母亲前往各个神庙,代表他的兄长向诸神献祭,显得非常关心选举结果——他只需影响母亲即可,因为如我前文所述,他的父亲当时已被授命负责伊比利亚的战事,此时已离开意大利前往伊比利亚——他告诉母亲,他做了两次同样的梦。他说,他梦到他和兄长被选为市政官,正从广场讲坛返回家中。母亲在家门口碰到他们,搂住他们的脖子亲吻他们,像妇人常有的那样。他的母亲听后大受感动,惊喜地叫道:"我会看到那一天吗?"以及类似的话。斯基皮奥说:"母亲,你希望我们俩一起参选吗?"得到母亲的同意后——因为她从未想过斯基皮奥敢于竞选,认为斯基皮奥的说法不过是一个随意的玩笑,毕竟那时斯基皮奥很年轻——斯基皮奥恳请母亲立即为他准备一件白色托袈,这是竞选人的穿着惯例。

[5]斯基皮奥的母亲早已把说过的话抛到九霄云外,斯基皮奥则等到时机来临后,穿着白色托袈出现在广场讲坛。那时,他的母亲还在睡觉。民众一来由于从未想到斯基皮奥会出现,二来

由于斯基皮奥很受欢迎，便热情地欢迎他。斯基皮奥随后来到为竞选者指定的位置，站到他的兄长身旁，结果民众不仅选举斯基皮奥为市政官，而且由于他的缘故，还选举他的兄长为市政官。这样，两人真的同时当选市政官。这个消息迅速传到他母亲那儿，她在门口高兴地迎接他们，深情拥抱兄弟俩，以至听说过斯基皮奥那个梦的人在这种情况下深信，斯基皮奥不仅睡觉时与诸神交流，就是在白天醒着时也与诸神交流。

实际上，斯基皮奥根本没有做过那个梦，而是因为他仁善、慷慨大方、谈吐温和可亲，所以他估计自己在民众中很有声望，遂巧妙地让自己迎合民众和他母亲的情绪，结果不仅心想事成，而且让民众深信他是受到诸神启示才行动。对于那些无法正确区分机会、意愿和性情的人来说，他们要么由于缺乏天赋，要么由于缺乏经验和懒散，总是把凭机灵、谋划和远见完成之事归功于诸神。

为我的读者着想，我才写下上述评论，以免他们接受众人持有的关于斯基皮奥的错误意见，而忽视他最神圣、最值得敬重的品质，我指的是机灵（ἐπιδεξιότητα）和勤勉（φιλοπονίαν）。从我接下来对他真实功绩的叙述，可清晰看到这两种品质。

[6] 言归正传。这时，① 斯基皮奥召集士兵，告诫他们不要被

---

① 公元前209年。这一年是秦二世元年。这年七月，戍卒陈胜在原楚国之地造反，国号为"张楚"。陈胜自居楚王，派遣将领四处夺取土地。函谷关以东各郡县的年轻人因受尽秦官吏之苦，皆杀其郡守尉令造反，以响应陈胜，并在各地拥立侯王，联合起来向西进攻，旗号都是讨伐秦，队伍不可胜数。谒者从函谷关以东出使归来，将造反情况上报秦二世。秦二世很生气，把谒者交付有司审讯。后边再有使者返回，秦二世问函谷关以东的情况，使者回答说："不过是一群强盗，郡守、郡尉正在追捕，已被全部抓获，不值得担忧。"秦二世很高兴。与此同时，武臣自立为赵王，魏咎自立为魏王，田儋自立为齐王，刘邦在沛县举兵，项梁在会稽举兵。参《史记·秦始皇本纪》，前揭，页269。

最近的失败打倒。① 他说，罗马人由于超强的勇气永不会被迦太基人打败，最近的失败应归因于凯尔特－伊比利亚人的背叛和罗马人的轻率，两位将军由于信任凯尔特－伊比利亚人而被迦太基人分割包围。他说：

> 这两种劣势也影响着敌人。第一，他们的营地距离我们很远；第二，他们由于对待盟友非常专横，使得盟友成为他们的敌人。所以，他们的部分盟友正准备与我们谈判，其他盟友一旦也有勇气这样做，并且看到我们渡过埃布罗河，会乐意与我们接触。他们之所以如此，与其说是出于对我们的友爱，不如说是因为他们渴望报复迦太基人的野蛮行为。最关键的是，敌人的将军们彼此不和，不愿意一起进攻我们。如果他们分开单独攻击我们，击败他们就很容易。

因此，他恳求士兵们好好考虑这一切，自信地渡过埃布罗河。在此之后，就由斯基皮奥和其他将军决定下一步的计划。演说完毕后，斯基皮奥让同僚马尔库斯·尤尼乌斯·西拉努斯（Marcus Iunius Silanus）率3000名步兵和500名骑兵在该河浅滩监视河流两侧的盟友，他本人率剩余的军队渡河，没有向任何人透露他的计划。事实是，他已经下定决心，渡河之后不做他公开宣布过的事，而是突袭新迦太基城。我认为，这是对我刚才所述观点首要且最有力的证实。首先，斯基皮奥此时年仅27岁。由于前任将军最近几次失败导致局势非常不利，他接任时的局势在大多数人看来简直是绝境。其次，应对这一局势时，他把通常应对此种局势的众所周知的措施弃置一旁，谋划了一种不仅他的敌人预料不到，就是他的友人也意想不到的策略。这一切无不是经过仔细审慎的谋划而成。

---

① 最近的失败指斯基皮奥的父亲和叔叔在公元前211年被迦太基人攻杀。

[7]从一开始,斯基皮奥便在罗马经过详细调查得知凯尔特-伊比利亚人的背叛以及罗马军队分开扎营的事实。认为他父亲的失败归因于这两个原因后,他就既不畏惧迦太基人,也没像大多数人那样丧失斗志。他随后获悉,埃布罗河北侧的盟友仍对罗马友好,而迦太基的将军们彼此有嫌隙,且专横地对待盟友,因此对远征新迦太基信心满满。这种信心不是源于仰赖机运,而是靠事实推断出的结论。

一抵达伊比利亚,斯基皮奥就让全军进入戒备状态,向每个人打听敌人的情况,获悉迦太基军队分为三部,分开驻扎。他得知,马戈部驻扎在赫拉克勒斯之柱北侧康尼人的地区;葛思康之子哈斯德鲁巴部驻扎在卢西塔尼亚塔古斯河河口附近;另一位哈斯德鲁巴正驻扎在卡佩塔尼人的一座城。三位迦太基将军距离新迦太基皆有不少于10天的路程。斯基皮奥因此认为,如果决定迎击敌人,将面临同时与三支军队决战的巨大风险。由于罗马驻伊比利亚部队的前任统帅已被击败,又由于敌人兵力占据绝对优势,他如果突袭敌人三部中的任意一部,都可能会陷入被另外两部包围的危险,他担心这样就会遭遇他的父亲和叔叔遭遇的灾难。

[8]因此,斯基皮奥反对任何此类作战方案。获悉新迦太基城对敌人至关重要,也正是此城在眼下的战争中给他带来巨大伤害,斯基皮奥便在过冬期间(公元前210年冬)详细向别人打听该城的信息。他首先得知,新迦太基城几乎是伊比利亚所有城市中唯一一座拥有适合舰队和海军停靠的港口的城市。与此同时,该城地理位置非常优越,迦太基人可直接从利比亚渡海到伊比利亚。其次,他得知迦太基人的绝大多数财物和行李($τὰς\ ἀποσκευὰς$)[①]存于该城,还有整个伊比利亚的人质也被关在该城。最后也是最重要的是,该城虽然由训练有素的部队驻守,但人数仅1000人。迦

---

① 还包括所有随军家属。

太基人之所以如此大胆，是因为他们认为在自己几乎掌控整个伊比利亚时，没人会生出围攻该城的念头，所以该城剩余的庞大人口由手艺人、技工和水手组成，这些人根本没有任何军事经验。斯基皮奥认为，如果他突然出现在该城面前，可对该城构成重大威胁。

与此同时，斯基皮奥并非不知道新迦太基的位置和布局以及环绕该城的泻湖。他从一些在那里捕鱼的渔民处了解到，整个泻湖很浅，大部分朝南，通常每天傍晚时分，里面的水都会退去。思虑过所有这些事实后，斯基皮奥得出结论：他如果成功攻占新迦太基，不仅能给敌人造成重大损失，而且可大大增加罗马一方的优势；万一失败，由于他掌控着海洋，他也可把军队部署在安全之地，确保营地的安全——这并非难事，因为敌人的部队距离新迦太基很远。因此，斯基皮奥放弃其他所有方案，在过冬期间全力准备这个计划。

[9] 尽管谋划出这样一个庞大的计划，且仅有27岁，斯基皮奥仍然未向任何人透露计划的内容，只有盖乌斯·莱利乌斯例外，直到他认为时机成熟才向全军公开。尽管作家们同意这项计划源于斯基皮奥的谋划，但他们不顾所有可能性，不顾那些与斯基皮奥并肩作战之人的亲眼见证，不顾斯基皮奥本人写给腓力五世的信叙述的事实——他在那封信中清楚说明，他在伊比利亚的一切军事行动，尤其是围攻新迦太基城的行动，全部出自我刚刚叙述的精心谋划——仍然把这项计划的实现归功于一些未知原因。总而言之，他们认为计划之所以能成功，并非源于斯基皮奥和他的远见，而是源于诸神和机运。

当作战时机到来，斯基皮奥秘密命令盖乌斯·莱利乌斯率领舰队航往新迦太基城——如我上文所说，只有莱利乌斯知晓这一计划——他本人则率陆军急行军奔赴新迦太基城。斯基皮奥的大军大约有25000名步兵和2500名骑兵。经过7天行军，斯基皮奥抵达新迦太基城外，在城北扎营，修筑了栅栏和两条壕沟保卫营地，栅栏和壕沟都通向海边，但是没有建造面向城市的防御工事，因为此处的地势足以确保他的安全。

现在我将叙述围攻并攻占新迦太基城的战斗。我认为，首先理应让读者熟悉新迦太基城周围地势和实际位置。

[10] 新迦太基位于伊比利亚海岸中部，有一个面朝西南方向的海湾，大约20斯塔德长，入口处宽10斯塔德。这个海湾之所以能成为港口，原因如下。海湾入口处有一小岛，这个小岛两侧只留下一条狭窄的进出海湾的通道。此外，由于该岛阻隔海浪，海湾内非常平静，只有西南风偶尔将海水从小岛两侧的通道吹进海湾，掀起一些微波。其他方向的风不会扰乱湾内的平静，因为其他方向皆被陆地包围。海湾最深处，有一座半岛形状的小山突起，新迦太基城就坐落其上，城市的东面和南面是大海，西面是一个泻湖，泻湖一直向北延伸，以至城市与陆地相接的部分宽度不超过2斯塔德。

城镇本身位于半岛较低的中心位置，其南侧从海边通往城门口的道路非常平坦。另外三侧皆由小山环绕，其中两座陡峻难行，另外三座尽管海拔低得多，也崎岖难行。上述小山中最大的那座位于城市东边，紧邻大海，山上建有埃什蒙（Eshmun）[1] 神庙。第二大的山在城市西侧，在同样位置矗立着一座宏伟的宫殿。据说，该宫殿由哈斯德鲁巴修建，当时他打算称王。另外三座较小的山位于城市北侧，最靠东的那座叫库索（Kousor）之山，中间那座叫阿勒特斯（Aletes）之山——据说他由于发现银矿而获此神圣荣誉，第三座叫巴尔·哈蒙（Baal Hammon）之山。[2] 泻湖和邻近的海之间建有一个通道，方便船只通行。分隔泻湖和大海的通道上方建有一座桥，供从乡下运送补给给城市的驮兽和马车通行。

---

① 珀律比俄斯的原文是阿斯克勒皮奥斯（Ἀσκληπιοῦ），是对闪米特名称的希腊文翻译。

② 这些地名可能皆是腓尼基语，珀律比俄斯分别将其替换为希腊神的名称，用赫菲斯托斯对应库索，用克罗诺斯对应巴尔·哈蒙。

[11] 这就是新迦太基的位置。罗马营地面向城墙的一边没有修筑任何防御工事,仅由泻湖和外海保护。在营地和城墙之间的空地,斯基皮奥也没有挖壕沟,可能是为了恫吓敌军,也可能是有他自己的独特用意,即他出发攻击,然后撤回营地不会有任何障碍。新迦太基的周长当时不超过20斯塔德——我知道很多人说周长是40斯塔德,但这个说法不对,因为我的数据不是源于道听途说,而是出自我实地考察的结果①——它的周长如今还有所缩小。

盖乌斯·莱利乌斯率领的舰队在恰切时机抵达后,斯基皮奥决定集合全军,向他们发表演说。除那些他本人相信和我刚刚细致陈述的要点,他在演说中没有使用其他论证。向全军证明他的这个计划切实可行,并简短指出一旦这个计划成功,敌人将遭受何种损失、他们自己将获得多大优势后,他接着允诺,第一个爬上城墙的人将得到金冠;凡表现得异常勇敢的人,都将得到通常应有的奖赏。最后,他告诉全军,是波塞冬出现在他的梦中,首先向他启示了这一计划。这位神还允诺行动的时刻来临后,将给予全军可见的帮助。这场综合精细谋划、金冠奖赏和相信波塞冬将帮助他们的演说,激起士兵对夺取胜利的巨大渴望和热情。

[12] 第二天,莱利乌斯率领装备有各种投掷物的舰队从海上包围新迦太基,斯基皮奥则从陆上派出2000名最勇猛的士兵和携带云梯者,在上午九点钟开始攻城。城内守军指挥官马戈,将那1000名守军分为两部,一部留守卫城,另一部守卫城市东边的山丘。至于其余地方的防御,他从城内找到武器武装城内最强壮的2000人,将他们部署在通往地峡和敌人营地的城门附近,然后命其他市民尽全力保卫城墙。

斯基皮奥一用军号发出攻击信号,马戈立即派武装好的市民穿城而出,确信以此可吓倒敌人,粉碎敌人的计划。迦太基人对从营地内出发、此刻前往地峡处的罗马人发动勇猛攻击。激烈战

---

① 珀律比俄斯的数据属实,他在公元前151年前后亲自考察过该城。

斗随之爆发，双方发出震天的鼓劲声：营地内的罗马人和城墙上的迦太基人分别为己方士兵大声呐喊。但是，双方随后派出的援兵无法相比：迦太基援兵只能从一处城门出发，且距离战场有近2斯塔德，而罗马援兵从各处涌来，距离非常近，因此战斗并非势均力敌。斯基皮奥故意把他的士兵部署在离营地很近的地方，以便引诱敌人尽量远离城墙。他非常清楚，如果他能摧毁新迦太基城内最坚定的那部分士兵，就能让敌人士气崩溃，陷入普遍的沮丧，从此无人再敢冒险出城。

战斗有一段时间很焦灼，因为双方战士皆是各自军队中精选的勇士。但是，由于罗马援兵不断从营地赶来，迦太基人被迫后退，最后迫于敌人的压力逃跑，很多人殒命于战斗，更多的人则是在逃跑时争相拥挤进入城门被踩踏而死。当这一幕发生时，城内民众陷入极大恐慌，以至守卫城墙的士兵也掉头逃跑，罗马人差一点就和逃跑者涌入城内。总之，他们在非常安全的情况下竖起云梯，开始攀爬城墙。

［13］斯基皮奥本人亲自参加此次战斗，不过他尽可能保证自己的安全。他令三名士兵带着很大的盾牌组成防护面，以抵御可能来自城墙的攻击，从而保护自己的安全。因此，他沿着这条线向地势较高的地方行进时，为胜利做出巨大贡献。因为他这样做既能总览战事的进展，又能让全体士兵看到他，从而大大激发士兵的士气。结果是，他没有遗漏战斗中任何必要事项，每当战斗形势要求他下令采取行动时，他都能立即着手做出必要的调整和应对。

在第一排士兵冲向云梯，开始攀爬时，让攻城变得危险的与其说是守城士兵的人数，还不如说是城墙的高度。城墙上的迦太基人看到攻城者所处的险境，又鼓起勇气。因为部分云梯由于同时攀爬的士兵太多而折断，有的士兵爬到云梯顶端由于太高而目眩，守城的迦太基人轻轻一击就足以让他们摔下云梯。此外，守城士兵从城垛扔下横木或类似东西时，云梯上的所有士兵就会一起摔落地下。但是，尽管有这么多困难，还是没能阻挡罗马人的冲劲和狂怒。第一批攀登者刚刚下坠，空缺位置立刻就被下一批士兵填补。然而，随着时间推移，攻城士兵逐渐精疲力竭，斯基皮奥遂通过军号把攻城部队召回。

［14］城内守军大声欢呼，因为他们以为已经击退危险。事实是，斯基皮奥正在等待潮水退去，令500名士兵携带云梯在泻湖岸边等待，同时在地峡和城门处整顿部队。向士兵们发表演说后，他为士兵准备了比之前更多的云梯，这样可对全部城墙同时发动攻击。第二次攻城信号发出后，攻城士兵在城墙各处竖起云梯，勇猛地向上攀爬。守城的迦太基人陷入极大混乱，变得沮丧泄气。他们本以为已经摆脱危险，现在又再次遭到新一轮攻城的威胁。与此同时，他们已耗尽投掷物，又损失惨重，士气低落。不过，他们虽然面临极大困难，却仍顽强抵抗。

正当攻城行动到达高潮时，潮水开始退去，水面逐渐从泻湖边缘退去，一股强大的激流穿过地峡流向外海，以至对此毫无准备的士兵惊得目瞪口呆。斯基皮奥则令向导做好准备，命令此前准备好的500名士兵进入泻湖，士兵没有丝毫恐惧。斯基皮奥的确有一种特殊天赋，他号召部下时，能激发他们的士气和共鸣。眼下，当500名士兵遵令穿过很浅的水面，全军认为这一定是某位神的杰作。士兵们回想起斯基皮奥当初演说时提到过波塞冬和这位神会帮助他们，士气更为高昂，在密集盾牌阵的防护下抵近城门，开始用各种斧头砍击城门。同时，那些穿过泻湖抵近城墙下的士兵，发现那里的城垛已经荒废，于是不仅在毫无干扰的情况下竖起云梯，而且没有受到任何抵抗就爬上云梯，占据城墙。守城士兵原先都被派往他处，尤其是地峡和城门处，因为他们从来没有想到敌人会从泻湖发起攻击，况且到处是乱糟糟的喊叫声，拥挤不堪、一片混乱，以至他们根本听不见，也看不见敌人在泻湖处的行动。

［15］罗马人一登上城墙，立即沿着城墙扫荡敌人，因为他

们的武器非常适合这一任务。抵近城门处后，部分士兵下到城门里面，砍断门闩，城外士兵一拥而入，同时，地峡处攀爬城墙的士兵也已击败守军，攻占城垛。最后，城墙以这种方式被罗马人攻占，从城门涌入的士兵驱逐守军后攻占城市东边的那座山。斯基皮奥认为已有足够多的士兵入城，遂派出大部分士兵攻击城内居民。这是罗马人的惯例，斯基皮奥命令士兵杀死遇到的所有人，一个不留，在新的信号发出之前，不得劫掠。我认为，他们之所以这样做，是为了激发恐惧，这样一旦一座城被罗马人攻占，不仅能看到所有居民全部被杀死，城内一片尸山血海，而且还能看到狗被杀死，所有动物全部被肢解。在这种时候，如果那座城人口众多，这样的场面就不会少。

斯基皮奥本人率1000人朝卫城进军。待他抵近后，马戈起初试图抵抗，但是当他看到整座城市已被敌人占领，便派出一名使者向斯基皮奥求饶，交出卫城。面对这一情形，斯基皮奥发出信号，命令停止屠杀，开始劫掠全城。夜晚降临后，那些原本奉命守卫营地的人仍待在营地，斯基皮奥率那1000人驻守卫城，又让军团长把剩余的士兵从各处民居召回，命令他们把战利品集中在市场，每个连队分开各自看管战利品。斯基皮奥又令轻步兵进城，将他们部署在城市东边的小山上。

这就是罗马人夺取伊比利亚的迦太基城的方式。

[16] 第二天，包括迦太基军队辎重和从市民、工匠家中搜刮来的战利品已全部集中在市场，众军团长依照惯例在各军团间分配战利品。罗马人攻陷一座城市后，常常会如下行事：依照城市大小，有时从每个连队抽出一定数量的士兵进行劫掠，有时是某几个连队进行劫掠，但是，从不用半数以上的军力进行劫掠；其余的士兵要么列阵在城外等候，要么在城内等候，这要依当时形势而定。罗马人的军队通常由两个罗马军团、两个盟友军团组成，鲜有四个军团一起出动劫掠的时候，各军团只会派出部分士兵劫掠，然后带战利品返回。军团长把所有战利品卖掉后，在所有士

兵间平均分配。分得钱财的士兵不仅包括那些留在后方担任警戒职责的士兵，还有那些守卫营地、患病和负特殊任务的士兵。

我在论述罗马政制那一卷已详细叙述过，罗马士兵绝不敢私自占有战利品，他们在第一次出征大会上就要发誓绝不私吞战利品。所以，当半数兵力四散劫掠时，另一半兵力会保持阵型，承担警戒职责。罗马人从来不会由于个体的贪婪而遭受灾难。之所以如此，是因为劫掠者和担任警戒任务的士兵都相信，他们将得到应得的战利品。没有哪个负责警戒的士兵会擅离警戒去劫掠，其他民族的军队则常常因为劫掠而遭受巨大损失。

［17］大多数人忍受艰辛、甘冒生命危险就是为了获利。显然，只要机会摆在他们面前，不管是那些担任守卫和警戒的部队还是那些在营地中的士兵，都绝不会克制不动，因为大多数民族的通则是任何人抢到的战利品皆归自己所有。即使是再怎么谨慎的国王或将军下令将战利品统一上交，每个人还是会尽其所能隐藏战利品。所以，一旦大多数士兵开始劫掠，统帅根本无法控制士兵，无法阻挡他们冒险。事实上，很多已经成功实现目标的军队，即便已攻占敌人营地或攻占某座城市，也不仅会被敌人逐出，而且也会仅仅由于劫掠而遭受毁灭。因此，统帅应该极度谨慎，应当预见到这类情形，并尽可能让全体士兵在遇到这样的时机时，有同等希望分享所有战利品。

军团长在忙着处理和分配战利品。俘获的俘虏人数不少于10000人，罗马统帅斯基皮奥将这些俘虏聚集起来，首先命令市民带着妻子儿女站到一旁，然后命令工匠们站到另一旁。这一任务完成后，他劝市民们对罗马人友好，要感激罗马人对他们的仁慈，然后令他们解散，返回各自家中。由于出人意料地被豁免，市民们喜极而泣，泪水涟涟，向斯基皮奥致敬后离开。他对工匠们说，他们眼下已成为罗马的奴隶，如果他们对罗马人友好，用自己的技术为罗马人服务，那么在与迦太基的战争取得胜利后，他将给予他们自由。

斯基皮奥命令工匠们在财务官那里登记，指定一位罗马监工管理30名工匠，工匠的总人数是2000。然后他从别的俘房中挑出最强壮、最俊美、正值壮年的，把他们作为水手编入罗马舰队，从而得到原有水手一半之多的新水手，然后又为俘获的敌舰配备了水手，使得每只战舰的水手比原先增加近一倍。他捕获的战舰是18艘，原有的战舰是35艘。斯基皮奥也向这些人允诺，如果他们对罗马友好且热情服役，待彻底击败迦太基后，他将给予他们自由。通过对俘房的这种处置，斯基皮奥让新迦太基的市民对他本人和共同的事业产生极大好感和忠诚，工匠们也由于未来有望获得自由而热情高涨。凭借他的远见，斯基皮奥抓住机会让罗马舰队规模扩大了二分之一。

[18]之后，斯基皮奥把马戈和与他一起的迦太基人挑出，其中2位是迦太基上元老院成员，15位是下元老院成员。斯基皮奥把这些人交给盖乌斯·莱利乌斯看管，要求他给予他们应有的照料。接着，斯基皮奥会见迦太基人掳到新迦太基的伊比利亚各部族人质，他们的总数超过300人。他让孩子一个一个走到他面前，爱抚他们，叫他们高兴起来，因为他们过不了几天就能见到他们的父母。他也嘱咐其他人质振作起来，要求他们写信给家中的亲属，告诉他们：第一，他们安然无恙；第二，罗马人愿意把他们安全送回家，如果他们的亲属选择成为罗马盟友的话。说过这些话后，他从战利品中拿出最适宜的东西，依照性别和年龄给予孩子们礼物，女孩是耳环和手镯，男孩是匕首和短剑。

这时，一位被俘的妇人——此人是曼多尼乌斯（Mandonius）的妻子，曼多尼乌斯是安多巴勒斯的兄弟，后者是伊卢盖斯特人的王——跪在他的脚下，流着眼泪恳求斯基皮奥要比迦太基人对他们更好些。他深受触动，问她眼下还有什么需要。这位妇人已经上了年纪，散发出一种庄严的高贵。看到这位妇人没有回答，斯基皮奥把负责照料她们的军官叫来。军官告诉他，他们已慷慨地为这些妇人提供所需要的一切，但这位妇人再次抱住他的膝盖,说了与上面同样的话。斯基皮奥非常困惑,以为负责照料妇人们的军官必定玩忽职守,刚才在撒谎。他要求众妇人振作起来,他会派别的军官照料她们以满足她们的一切需要。这位妇人略微犹豫后说道:"将军,如果您以为我们眼下祈求的是食物,您就错了。"斯基皮奥随即领会这位妇人的意思,注意到安多巴勒斯和其他王公的女儿们年轻貌美,意识到她只用寥寥之言就向他指出她们所面临的危险,他强忍住泪水,然后对这位妇人说,他已经领会她的意思,然后抓住她的右手,要求她和别的妇人放心,因为他会好好照看她们,像照看他的女儿和孩子那样,还会派值得信赖的人服侍她们。

[19]然后,斯基皮奥把捕获的迦太基人的所有公共款项交给财务官。这笔款项总数为600塔兰同,加上他从罗马带来的400塔兰同,他可以支配的总款项超过1000塔兰同。

这时,一些年轻的罗马士兵碰到一个美若天仙的少女。这些年轻人知道斯基皮奥喜欢女人(φιλγύνη),就把那位少女带到他面前,说他们想把这位少女礼物送给他。斯基皮奥被那位少女的美貌折服,惊叹不已,但是他告诉那几位年轻人,若他没有眼下的公共身份,没有比这更美妙的礼物,但是他现在是罗马统帅,这个礼物不会令他高兴。我认为,他如此回答是想让他们懂得,在生活中的闲暇时刻,性爱能给年轻人提供最令人愉悦的享受和快乐,但是在参与政治事务时,这类享受对身体和灵魂的伤害与那些沉迷此类享受的人所受的伤害一样。所以,他首先感谢那几个年轻人,然后立即叫来少女的父亲,将她交给其父,要求他将女儿嫁给他满意的市民。斯基皮奥在这件事上展示出的克制和节制赢得部下的热烈称赞。

安排好这些事务,把其他俘虏交给军团长后,他派盖乌斯·莱利乌斯乘一艘五列桨战舰返回罗马报捷,同时带回迦太基俘虏和其他最显赫的俘虏。鉴于罗马人很大程度上已经认为伊比利亚的战事已陷入绝境,他清楚这次大胜会让他们振作起来,从而加倍支持他在伊比利亚作战。

[20]斯基皮奥本人在新迦太基待了好些天，一来不断训练他的海军，二来指导军团长以下述方式训练陆军。第一天，他命令士兵们全副武装，徒步往返30斯塔德。第二天，他让士兵们休整，检修武器；第三天，继续休整。第四天，士兵进行训练，部分士兵用木剑练习格斗，木剑裹有皮革，剑尖有一纽扣；另外一部分士兵练习投掷投枪，投枪顶端也有一个纽扣。第五天，士兵们重新开始同样的训练流程。

为了确保在训练和实战中皆有充足的武器，斯基皮奥尤其关注工匠们。如我前文所述，他已指派有经验的士兵监督俘获的迦太基工匠，他本人也每天亲自考察兵器坊，亲自分配打造兵器所需要的各种原料。所以，步兵在城外空地训练，舰队在海上训练操控和航行，工匠们在打制兵器，锻造青铜兵器或木制兵器，总而言之，每个人都在忙着准备武器。任何人看到这一幕，都会禁不住用色诺芬的话说，新迦太基是"一座战争工场"。斯基皮奥看到下一步作战行动的要求皆已得到恰当满足，立刻为新迦太基部署驻军、修复城墙，然后率领海军和陆军出发，带着人质朝塔拉康（Tarracon）前进。

三、希腊事务

斐洛珀门

[21]阿凯亚联盟将军尤律勒翁（Euryleon）是怯懦胆小之辈，毫无军事才干。[①]现在我的叙述已把我带到斐洛珀门成就的开端。就像我在叙述其他杰出男儿时竭力勾画他们的教育（$\dot{\alpha}\gamma\omega\gamma\grave{\alpha}\varsigma$）和天性，我认为我眼下也有义务这样对待斐洛珀门。很多作家叙述城市的创建时，告诉我们它们如何、何时、由谁创建，也事无巨细地叙述了建城时的处境和困难，却对建城者接受

---

① 尤律勒翁，公元前211年至前210年度的阿凯亚联盟将军。

的教育和引导他们的目标沉默不言，的确是怪事一桩，尽管后一类信息更有益。因为人们更有可能效仿活人，而非无生命的建筑，就帮助读者得到提升而言，向活人学习重要得多。

要不是我已在另外一部作品中详细叙述过斐洛珀门的家世、年轻时所受教育①的本质，我本应该在此详细叙述这些主题。不过，既然我已用那部三卷本的作品专门处理过他——那部作品不是这部史书的组成部分，既然我已在那里叙述过他孩童时受的教育、一一列举过他最著名的行动，显然在眼下的叙述中，恰当的做法是略过他早年所受教育和年轻时所立志向的细节，增补我在那里概述的他在壮年时所取得的成就的诸多细节，这样两部作品皆可保留其各自的特性。就如那部作品的体裁是一种颂辞（ἐγκωμιαστικός），它要求概述他的功业并有所夸大，这部史书的职责是公正地分配褒扬和贬斥（ἐπαίνον καὶ ψόγου），它要求严格真实地叙述，提供褒贬所依赖的事实。

[22] 斐洛珀门出身高贵，他的家族是阿卡狄亚最高贵的家族之一。他由曼提尼亚的科勒阿德罗斯（Cleander）抚养和教育长大。科勒阿德罗斯是他家族的老朋友，是曼提尼亚最杰出的人，当时仍在流放。斐洛珀门长大后，成为厄克德莫斯（Ecdemus）和德莫法涅斯（Demophanes）的崇拜者，这两人皆是迈加洛波利斯人，但是受僭主压迫流亡。此二人流亡期间受教于哲人阿凯西劳斯（Arcesilaus），②然后通过组织反对僭主阿里斯托德莫斯（Aristodemus）的阴谋解放他们的祖邦，后来又参与阿拉图斯推翻希库温僭主尼科克勒斯（Nicocles）③的行动。除此之外，

---

① 指《斐洛珀门传》，三卷，这部传记已经佚失，不过普鲁塔克的《斐洛珀门传》大量引用珀律比俄斯的同名传记。

② 公元前260年至前241年柏拉图学园的掌门人，出生于帕加马附近的皮塔涅（Pitane）。

③ 尼科克勒斯的僭政仅持续4个月，在公元前251年被推翻。

昔兰尼人派人找他们帮忙，他们俩以辉煌的方式捍卫了昔兰尼人的事业和自由。①

斐洛珀门早年的大部分时光是与这两人度过的，他很快便在坚韧和勇气方面——不管在狩猎时还是战争中——变得比同时代人卓越。他的生活方式也谨小慎微，衣着和其他方面相当简朴，因为上述两人向他灌输了下述信念：一个对自己的生活方式粗心大意的人，不可能管理好公共事务；一个私人生活太过奢侈，以至其开销超过自己的财力的人，不可能不染指公共钱库。

此时（公元前210年），斐洛珀门被阿凯亚人任命为骑兵将军。他发现骑兵的编制非常混乱，士气低落，便让骑兵接受真正的训练，满腔热情地激励他们渴望胜利。短时间内，骑兵不仅变得比以前更优秀，而且也比敌人更优秀。在大多数被任命担任此职务的人中，部分人由于不擅长骑术，甚至不敢给下属下达任何恰切的命令，另外一些人则把骑兵将军之职视作攫取联盟将军职务的踏板，只会游说士兵，确保他们未来支持他，却从不责备任何士兵，反而忽视他们的错误，通过施予小恩小惠给那些信任他们的人造成无穷损害。此外，不管何时，尽管一些将军本身很有能力，且不愿染指公共钱库，但是，他们最终会不幸受野心驱使，反而对步兵造成远比忽视他们更大的伤害，给骑兵带来巨大不幸。

[23] 斐洛珀门认为，要想把骑兵训练得能适应任何环境，就应采取下述步骤。②每位骑手必须学会骑马向左或向右转，必须学会骑马立刻转身后撤，然后再次转身发动攻击。以中队形式出

---

① 从玛加斯（Magas）去世到托勒密三世（公元前246年继位），昔兰尼有一段很短时期的民主制经历。

② 珀律比俄斯此处对骑兵的论述，跟他在公元前169年任阿凯亚联盟骑兵将军有很大关系。在珀律比俄斯之前，色诺芬有两部短篇作品论述骑兵将军和骑术，分别是《论骑兵将军》（*Hipparchicus*）和《论骑术》（*On Horsemanship*）。

击时,骑手必须学会转四分之一圈、半圈或四分之三圈,然后必须学会从阵型两翼或中央冲出,必须学会突然勒紧缰绳,以恢复阵型、队形。此外,他们必须能够要么通过填补空缺,要么从后面插上,来延长他们的阵线。

斐洛珀门认为,骑兵无需练习向左或向右转向,因为这与行军顺序相差无几。之后,骑兵需要练习以各种队形冲锋和撤退,直到他们能够极速行动,又不会有人掉队或队形散乱,同时各个骑兵队在高速运动中能保持适当距离。他认为,对骑兵来说,最危险、最徒劳的事,莫过于各骑兵队以散乱的队形与敌人交战。如此吩咐骑兵和各城军官后,斐洛珀门说他在一段时间后会再次拜访各城镇,以检查骑兵们是否遵守命令,各城军官能否发布清晰、恰切的命令,因为他认为在实际战斗中,能力优异的军官极其重要。

[24]完成这些预备性的准备后,斐洛珀门把骑兵从各城镇召集到一处。接下来,他将亲自监督骑兵的队形演练并指导他们的训练。他的做法并非像我们当今的将军们那样,只是让骑马走在队伍前面——今天的将军们认为将军走在部队的最前面非常合宜。我很纳闷,对一位将军来说,难道还有比他能被所有部下看到,他却看不到任何部下更危险、更无益的吗?一位骑兵将军在军事活动中,不应把自己当作普通一兵,而是应该展示他作为一名将军的能力和力量,他应该时而在阵前,时而在阵后,时而在阵中。斐洛珀门所为就是如此,他骑着马亲自监督所有士兵,让那些有疑惑的士兵搞明白,改正所有错误。不过,由于之前对每个部分的练习都特别注意,此时这样的错误已经很少且都是不那么重要的错误。法勒隆的德米特里乌斯(Demetrius of Phaleron)[①]曾指出——如果不是在实践中,也至少

[①] 此人是亚里士多德学派哲人,忒奥弗拉斯图斯的学生。马其顿的卡桑德命他治理雅典,所以他从公元前317年至前307年治理雅典。

是用言辞指出——正如建一栋建筑时，如果每一块砖都摆放正确，每一层砖都精心铺设，那这栋建筑必定会坚实。一支军队也是如此，如果每名士兵、每个部分皆得到精心训练和指导，那整支军队也会变得非常强大。

一位马其顿演说家的演说片段[①]

[25] 眼下发生之事与军队的部署和管理极为相似。在部署军队方面，最先遭受危险和损失的就是大军中的轻装部队和最活跃的那部分，而方阵和重装步兵则因此而获利。与之类似，眼下首先面临危险的是埃托利亚人以及与他们结盟的那些伯罗奔半岛人，[②] 而罗马人就像方阵，随时保持戒备状态。如果前者被击败，罗马人就会毫发无损地撤走，但是，假如埃托利亚人获胜——但愿不会出现这个结果，罗马人就会像征服其他希腊人那样征服他们。由于民众缺乏理智，每个与民主制共同体结盟的联盟都需要很大的善意。

腓力五世

[26] 马其顿国王腓力五世庆祝过复仇女神节后，返回阿尔哥斯。[③] 他脱下王冠和紫袍，希望给众人留下下述印象：他

---

① 这篇演说可能发表于公元前209年的埃吉翁。公元前209年春，阿凯亚人请求腓力五世援助，后者当时在拉米亚击败埃托利亚人，然后返回法拉拉会见来自罗德岛、希俄斯、雅典、埃及和阿塔马尼亚的使节。腓力五世同意停战三十天，前往阿凯亚，6月底到达阿尔哥斯的赫拉城，然后前往埃吉翁召开和平谈判会议。这篇演说可能就发表于这次会议上。

② 指厄利斯人、墨瑟尼亚人和斯巴达人。

③ [英译注] 埃吉翁的和平谈判没有取得成功，腓力五世希望与波米尔卡指挥的迦太基舰队取得联系，据说后者正在赶来希腊的路上。但是，波尔米尔没有出现，腓力五世于公元前209年7月返回阿尔哥斯庆祝复仇女神节。赛会上，他被选为主持者。参李维，《罗马史》，27.30.9；27.30.17。

是一位平易近人、宽宏大量、受人爱戴的君王。但是,他的服饰越是平民化,他展示的权力就越大,就越像君王。因为他不再局限于勾引寡妇或败坏已婚妇人,而是习惯于强迫他看中的任何女人来见他,侮辱那些没有立即服从他命令的人,肆无忌惮地列队闯入她们的家。他以莫须有的借口召唤她们的儿子或丈夫前来,对其恐吓一番。总的来说,他的行为蛮横至极、无法无天。结果,由于在阿尔哥斯这种过分放纵的行为,他惹怒很多阿凯亚人,尤其是那些最受尊敬的阿凯亚人。但是,由于他们各个方向都受到战争的压力,他们不得不忍耐这种愤怒……

前代的所有君王中,没有哪位君王的品性像腓力五世一样混杂这样多的善与恶。在我看来,他品性中的善源自天性,而他的恶是随着年龄增长而逐渐沾染的,就如有些马随着变老沾染很多恶习。不过,与其他作家不同,我不会在第一次叙述某个人物的品性时就发表这类论断。相反,我在叙述事实时,总是用符合实情的措辞表达我对君王和其他重要人物的看法。我认为,这种方法最适合史家,对读者来说也最合宜。

四、亚洲事务

安提俄库斯三世远征阿尔沙克[①]

[27] 米底亚在地域之辽阔、人口之繁盛、民众之优良、出产良马之多等方面,是亚洲最著名的地区。几乎整个亚洲的战马都由米底亚提供,王室马场也交由米底亚人负责,因为米底亚的牧场非常优良。米底亚边界上有一连串希腊城市,它们皆

---

① 公元前210年的事。阿尔沙克(Arsaces)是安息王国国王的统称。阿尔沙克一世(约公元前247—前211年)建立安息王国,此时已经去世,应该是阿尔沙克二世(Arsaces II,公元前211—前191年在位)时期。

由亚历山大所建,旨在保护它免受周边蛮族的侵扰。厄卡巴塔纳(Ecbatana)[1]则是一个例外。该城位于米底亚北部,扼守与亚速海和里海接壤的那部分亚洲地区。该城一直是米底亚王宫所在地,据说它在富有和建筑之富丽堂皇方面远超其他城市。它位于奥龙特斯山(Mount Orontes)山脚,没有城墙,但有一座人工修建的卫城,防御固若金汤。卫城下面是王宫,关于这一点,我拿不准是该对其叙述一二还是该保持沉默。

对于那些热衷讲述传奇故事,惯于言过其实地、虚夸地叙述某些事情的人,厄卡巴塔纳的王宫是一个极好的主题,但是,对那些谨慎对待一切违背常理的叙述的人来说,叙述厄卡巴塔纳的王宫则会导致疑惑丛丛。这座王宫周长为7斯塔德,其各部分结构之宏伟壮丽,显示出建造这座王宫的人的富有程度。王宫建筑所用的木材皆是雪松和柏树,整个建筑的裸露部分全都镀有金或银:椽和屋顶各部分、门柱、廊柱,皆镀有金或银,所有砖瓦皆镀银。大多数金银在亚历山大入侵时就被刮走。剩余的则在独眼的安提哥努斯和塞琉古一世统治期间被刮走,但是,安提俄库斯三世抵达这座王宫时,埃尼(Aene)[2]神庙的门柱和廊柱仍有镀金,里面堆放着许多银瓦,此外还有一些镀金砖和不少镀银砖。从我上述提到的所有部分刮走的金银,可铸造近4000塔兰同的货币。

[28]阿尔沙克二世原本以为安提俄库斯三世最多能挺进到厄卡巴塔纳,却没有想到他竟敢率领一支大军穿越邻近的沙漠,因为这个地区极度缺水。不仅我眼下谈论的这个地区地表没有可见的水源,而且即使沙漠有不少地下水道与无名水井相连,不熟悉该地的人也根本不知道这些水井的位置。关于此事,当地居民讲过一个真实的故事。他们说,当年波斯人统治亚洲时,曾授予那些向无灌溉之地供水的人及其后四代子孙耕种这些土地的权

---

[1] 即现在伊朗西北部的哈马丹(Hamadan)。
[2] 波斯人的女神阿娜希塔(Anahita)的希腊文转写。

利。结果，由于陶鲁斯山脉[1]有许多大河流下，人们耗费巨资、付出极大努力，把地下水道修建得很长，所以现在使用水源的人不知道这些水道的水源在哪里。

阿尔沙克二世看到安提俄库斯三世试图穿越这片沙漠，立即着手堵塞和毁坏各处水井。安提俄库斯三世获悉这一消息，立即派尼克摩德斯（Nicomedes）率1000骑兵前去应对。尼克摩德斯发现阿尔沙克二世已经撤走大军，但仍有部分骑兵正忙着毁坏水道的入口，立即发动攻击，将毁坏者赶走，然后返回安提俄库斯三世那里。安提俄库斯三世接下来率军穿过沙漠，抵达名叫赫卡托姆珀律斯（Hecatompylus）[2]的城市，此城位于帕提亚（Parthia）地区中部。该城的得名，源于下述事实：它是通往周边地区各条道路的交汇点。

[29]安提俄库斯三世令大军在此城休整，并得出结论：若是阿尔沙克二世有能力进行决战，他就不会从他自己的土地上撤走，也不可能找到比赫卡托姆珀律斯附近地区更适合决战的位置。因此，在那些恰切思考此事的人看来，阿尔沙克二世撤走军队显然有其他意图。安提俄库斯三世因此决定朝赫卡尼亚（Hyrcania）[3]挺进。前往塔格斯（Tagae）城的途中，安提俄库斯三世从当地居民那里获悉，在抵达翻越拉布斯（Labus）山的通道前——那条通道通往赫卡尼亚，他必须途经的地区非常难走，途中蛮夷据点众多，后一点会让他的行军尤其艰难。他于是决定将轻步兵部队拆分，令其由不同将领率领，并告知他们应走的路线。

安提俄库斯三世还决定解散先锋部队，先锋部队原先的任务是与轻步兵部队共同行动，为重装方阵和辎重队伍开路。制定

---

[1] 应该是现在伊朗境内的厄尔布尔士（Elburz）山脉。
[2] 意思是有一百座城门的城市。
[3] 位于里海东南部。

好行动方案后，他命狄奥根涅斯指挥第一部，该部由弓箭手、投石兵和那些擅长投掷标枪和石块的山地居民组成。这些士兵没有固定位置，可随时随地应付任何突发状况，可单独奋战，面对艰难地势时作用极大。之后，他又命罗德岛人珀律克塞尼达斯（Polyxenidas）[1]率领2000名配备小盾的克里特人出发，最后派科斯岛人尼克摩德斯和埃托利亚人尼克劳斯率配备胸甲和盾牌的轻步兵出发。

[30] 三支部队向前挺进后，发现道路要比国王设想的更加狭窄和陡峭。向上攀登的里程约300斯塔德，大部分路段都要途经一条很深的河床。由于河道布满从高处悬崖坠落的乱石和树木，行军难度极大。同时，蛮夷还设置多处障碍。蛮夷砍倒大树并将其横亘在路上，又堆集大量巨石，从而在沿途制造出一连串路障，他们自己则沿着河道两侧高地占据有利的、他们认为安全的地势。所以，若非蛮夷估计有误，安提俄库斯三世本来会发现他的计划根本不可能执行。

的确，由于蛮夷设置一连串路障且占据河道两侧高地，安提俄库斯三世的大军只能经河谷经过。但是，他们没有想到，尽管安提俄库斯三世的方阵和辎重队除了他们估计的路线外没有其他路线可走——因为重装方阵和辎重队不可能攀爬山丘的斜坡，斜坡却无法阻碍无负重的轻步兵，后者能爬上光秃秃的岩石。

所以，狄奥根涅斯率军一抵达河谷的入口，并与蛮夷的第一个据点接近，形势立刻反转。他一与敌人相遇，立即依照环境所示行动，竭力避免与敌人交战，从敌人侧翼攀登斜坡，并向山上发起侧翼运动占据更高的地势，然后通过投掷标枪和石块，给予敌人巨大伤害，从远处投掷的石块造成的伤害最大。

---

[1] 此人是罗德岛流亡者，20年后成为安提俄库斯三世的海军将领。公元前190年，在一次海战中战胜罗德岛舰队。

狄奥根涅斯一迫使敌人撤离第一个据点，便立即将其占据。先锋部队从容清扫河谷的路障，士兵人数众多，很快便完成这一任务。事实上，通过这种策略，投石兵、弓箭手和投枪兵沿着河谷两侧高地呈散开队形行进，切断和占据两侧有利地势，克里特士兵部队掩护他们，同时沿着山谷与狄奥根涅斯部保持平行、有序缓慢地行进。蛮夷再也无法坚守据点，他们纷纷弃守各自据点，聚集到河谷的最高点。

[31] 安提俄库斯三世以我上面所述的策略，通过了这段路最艰难的部分，虽然行军缓慢且路况难行，但足够安全，终于在第八天抵达翻越拉布斯山通道的入口。蛮夷已在那里聚集，他们以为可以阻止敌人翻过拉布斯山，一场激烈的战斗随之爆发。在这场战斗中，由于下述原因，蛮夷被赶跑。蛮夷密集地挤在一起，绝望地与重装方阵对战。夜晚降临后，安提俄库斯三世的轻步兵进行了大范围迂回作战，占据蛮夷身后更高的地势。蛮夷一注意到这一点，便惊恐无比，立即溃散。安提俄库斯三世竭力阻止部下追击敌人，用军号将大军召回，因为他想让大军秩序井然、军容威严地下到赫卡尼亚。依照他希望的方式整理好全军秩序后，他率军抵达塔姆巴拉卡（Tambrax），这是一座没有城墙的城，但是规模很大，内有一座王宫，安提俄库斯三世就在此城扎营。

大多数敌人，包括前一场激战中逃走的和周边地区的蛮夷，撤往一座名叫西鲁卡（Sirrynx）的城市。该城距离塔姆巴拉卡不远，由于地理位置优越且地势险峻，而成为赫卡尼亚的首府。安提俄库斯三世决定通过猛攻夺取该城。因此，他率军抵达西鲁卡城下，绕城扎营，开始围攻该城。他的主要手段是利用盾牌保护工兵挖地道。西鲁卡城有三圈壕沟，每条壕沟30肘尺宽、15尺深，又有相应的一圈栅栏保护，壕沟后面则是坚固的城墙。在这些工事附近爆发持续不断的战斗，双方都没有给对方带来致命伤害，因为战斗不仅发生在地面，也发生在地下的地道。尽管如此，由于安提俄库斯三世兵力强大且亲自指挥，三圈壕沟很快被填平，城墙由于地基被挖空而倒塌。蛮夷士气彻底崩溃，他们将城中希腊人屠杀殆尽、抢走全部财宝后，试图在夜里逃走。安提俄库斯三世意识到这一事实后，派许佩巴萨斯（Hyperbasas）率雇佣兵前去围堵，蛮夷遭到他的攻击，丢弃辎重又逃回城中。然后，安提俄库斯三世的持盾兵从城墙缺口处勇猛地冲入城内，蛮夷绝望地投降。

珀律比俄斯在其史书卷十说，阿克里亚涅（Achriane）是赫卡尼亚的一座城。

珀律比俄斯在其史书卷十说，卡里欧佩（Calliope）是帕提亚的一座城。

五、意大利事务

罗马执政官克劳狄乌斯·马塞卢斯[1]之死

[32] 两位执政官想精准勘察山那边的地势，山的那边朝向敌人的营地，所以他们命令大军待在营地，率两支骑兵队和30名

---

[1] 马尔库斯·马塞卢斯（Marcus Claudius Marcellus）是公元前208年的罗马执政官，该年另一名执政官是提图斯·克里斯皮努斯（Titus Quinctius Crispinus）。

这一年是秦二世二年。冬，陈胜所派的周章等将向西攻打到戏水（源出陕西临潼县南骊山，北流入渭河），兵力达数十万。二世大为吃惊，跟群臣商议说："如何应对？"少府章邯说："盗匪已至，人数众多，现在征发附近各县的军队已然来不及。骊山徒役很多，可赦免他们，给他们武器，以迎击盗匪。"秦二世于是大赦天下，派章邯为将，击败周章的军队，于曹阳（今河南灵宝东北）斩杀周章。秦二世又遣司马欣、董翳去帮助章邯，在城父（今安徽亳州谯城区）斩杀陈胜，在定陶（今山东菏泽定陶区）击破项梁，在临济（今山东济南）灭魏咎。楚ъ起义军的名将被杀后，章邯北渡黄河，攻打赵王歇于钜鹿（今河北巨鹿县）。参《史记·秦始皇本纪》，前揭，页270。

轻步兵及扈从前去执行这一任务。部分努米底亚骑兵此刻正埋伏在山脚,努米底亚骑兵习惯于伏击敌人散兵,以及离开敌营的任何敌人。这支伏兵通过己方瞭望哨发出的信号得知部分敌人出现在上方的山顶,便悄悄沿着山坡向上摸去,把两位执政官返回营地的退路切断。马塞卢斯和部分随员在一开始就被砍死,其他人受伤,四散朝山下夺命狂逃。营地内的罗马人尽管目睹发生的惨事,却没有机会前来救援陷于危险中的统帅。因为当他们惊慌失措地大声喊叫,一些人上马,另一些人还在穿盔甲时,整个屠杀已经结束。不过,马塞卢斯之子虽然受重伤,却依然艰难地、出人意料地逃回营地。

必须承认,马塞卢斯遭受这一不幸,是因为他的所为不像一名将军,而是像一个傻瓜。纵观我这部史书,我常常提醒我的读者留意这类不幸,因为据我观察,将军们在这类事务上要比在他们职责范围的其他事项上更容易犯错误,尽管这种错误是如此明显。一位将军或一位统帅,如果不懂得必须让自己尽可能远离所有与整支大军的命运无关的小规模冲突,这样的将军或统帅有什么用处?如果他不懂得,如果有时形势迫使统帅亲自参与此类小规模冲突,那么他必须牺牲许多士兵才能避免危险降临至全军的最高统帅,这样的将军或统帅有何用处?正如谚语所说,应让普通士兵而非让将军去冒险。至于"我从未想到过这一点"或"谁能想到会遇到这种事"之类的说法,若出自一名将军之口,那恰恰是他无能和迟钝最明显的标志。

［33］正是由于这个原因,我们认为汉尼拔在很多方面都是杰出的将军。我们应该尤其强调下述事实:汉尼拔在敌国土地上驰骋多年,遭遇过各种各样的意外,他常常用智谋在局部战斗中挫败敌人。他尽管参加过无数次大战,却从未让自己遭遇不幸,因为他非常关注自己的安危。的确应该如此,当统帅安全且健康时,即使他遭受彻底的失败,机运($\dot{\eta}$ $\tau\acute{\upsilon}\chi\eta$)也会提供诸多手段以减轻损失,但是,统帅阵亡正如一艘船没有舵手。即便机运

($\dot{\eta}$ $\tau \acute{\upsilon} \chi \eta$)把胜利赐予士兵,也无济于事,因为士兵的全部希望都仰赖统帅。对那些要么是由于喜欢卖弄、基于幼稚的虚荣心,要么是由于缺乏经验,要么是由于蔑视敌人,而犯下这种错误的将军,就说这么多。这三类原因总有一个是这类不幸的原因。

守城士兵突然放下他们用机械装置抬高的铁闸,然后向入侵者发动攻击,俘获他们,并将俘虏钉死在城墙前。[①]

六、伊比利亚事务

[34]如我前文所述,罗马将军斯基皮奥正在伊比利亚的塔拉康过冬。[②]他首先着手把伊比利亚各部族的人质送回各自家中,并利用厄德塔尼人(Edetani)首领厄德康(Edeco)自愿提供的帮助,获得伊比利亚人的信任和友谊。厄德康获悉新迦太基陷落,且他的妻子和儿子们在斯基皮奥手中,立刻预料到伊比利亚人的态度将发生变化,遂渴望成为这种变化的引领者。他这样做,主要是由于,一来他确信他能寻回妻子和孩子,二来他想给人留下他不是出于被迫而是出于自愿站在罗马人一边的印象。事实证明的确如此。

将部队派往冬季营地后,厄德康率亲属和友人来到塔拉康。获准面见斯基皮奥后,他对斯基皮奥说,他感激上天让他成为伊比利亚诸王公中第一个与斯基皮奥站在一起的人。他说,其他王公一方面仍在与迦太基联络,留心迦太基人;另一方面又向罗马人传递善意,而他本人则直接前来,而且不仅让他本人,还让他的亲属和友人听命于罗马人。所以,如果斯基皮奥把他当作朋友和盟友,他将在当下和未来给斯基皮奥带来巨大帮助。因为其他伊比利亚人一旦看到他被斯基皮奥接受为友人,他的种种请求得到斯基皮奥的允

---

① 此事描述的是克劳狄乌斯·马塞卢斯遭伏击而死后,汉尼拔在攻占萨拉皮亚(Salapia)城时发生的一件事。

② 参10.20,此时是公元前209年冬。

准，会立即前来见斯基皮奥，渴望接回他们的亲属，成为罗马人的盟友。斯基皮奥对他们的尊重和仁慈会让他们对未来报以极大的期待，以至他们会在接下来的战争中毫无保留地与斯基皮奥合作。厄德康因此恳求接走妻子和儿子们，同时恳求在他回家之前宣布他为罗马人的朋友，这样他就有合理的借口，用他力所能及的一切手段展示他本人和他的友人们对斯基皮奥和罗马事业的友好。

[35] 厄德康差不多就以这样的话结束他的陈述，斯基皮奥原本就有意采取这种政策，他的看法与厄德康表达的观点一致，遂归还厄德康的妻子和儿子们，让他成为他的朋友。不仅如此，他们待在一起期间，斯基皮奥还以各种各样的手段吸引这些伊比利亚人，对所有与厄德康同来的人寄予厚望，然后把他们送回家。这件事很快不胫而走，埃布罗河北侧所有原先对罗马人不友好的伊比利亚部族，现在转而一致拥护罗马人的事业。

这些事情接下来正如斯基皮奥所希望的那样进行，伊比利亚人离开后，斯基皮奥解散舰队，因为海上已看不到敌人，他从船员中挑选出最能干的人补充到各步兵连队，以此加强他的陆军兵力。

安多巴勒斯和曼多尼乌斯是伊比利亚当时实力最强的王公，被认为是迦太基最忠诚的追随者。① 但是，他们两人早就对迦太基心怀不满，此时正在寻找反叛的机会，因为如我上文所述，哈斯德鲁巴此前以不信任他们二人为由，要求他们献出一笔巨额贡款，交出他们的妻子和女儿们作为人质。他们认为眼下正是绝佳时机，遂率全部人马趁夜离开迦太基营地，撤往一处坚固的、足以保证安全的要塞。此事发生后，大多数伊比利亚部族也背离哈斯德鲁巴。他们早已对迦太基人的傲慢怒不可遏，这是他们第一次有机会表达自己的意愿。

[36] 此事并不新鲜，同样的事以前发生过多次。如我经常

---

① 上一次提及两人是10.18；上次提及安多巴勒斯和哈斯德鲁巴是在9.11。

说的那样，政策的成功和战场上取得的胜利同样重要，需要相当的经验和谨慎才能充分运用战场取得的胜利。所以，你们会发现那些赢得战场胜利的人要比那些运用此种胜利扩大优势的人多得多。这就是这一时期迦太基人所经历的事。他们在击败罗马军队，杀死普布利乌斯·斯基皮奥和格奈乌斯·斯基皮奥两位将军后，认为自己在伊比利亚的地位已坚不可摧，就傲慢地对待当地人。结果，原本臣属于他们的各部族，不再是他们的盟友，而成为他们的敌人。

这是自然而然的结果，因为他们认为获取统治权的方法是一种，维持统治权的方法则是另一种。他们没有意识到，最能维持领导权之人恰恰是那些坚持原初建立领导权时所采用的诸原则的人。这一点显而易见，且已被许多人留意到，即人们通过善待邻族、展望未来能获取绝大利益的前景获得领导权。但是，人们实现这一目标后，通常就转而虐待属民，粗暴地对待他们。自然而然的结果是，随着统治权品格堕落，属民的倾向也会随之改变，这正是迦太基人眼下所经历之事。

[37] 至于哈斯德鲁巴，他被这些难题所困，对威胁自己的许多危险担忧不已。首先是安多巴勒斯叛离，接着是其他将军反对和疏远他，让他陷入困境。斯基皮奥即将率军抵近的前景更让他焦躁不已。预料到斯基皮奥即将率大军抵近，又看到伊比利亚人已经叛离他并一致加入罗马人一边，哈斯德鲁巴决定采取下述策略。他决定做好一切战备，与敌人决战。若是机运赐予他胜利，他会慎重考虑将来的行动；若决战失利，他将带领幸存部队撤离伊比利亚，前往高卢，在那里征召尽可能多的士兵，然后前往意大利，与他的兄长汉尼拔共命运。

哈斯德鲁巴做出决断后，开始积极备战。与此同时，盖乌斯·莱利乌斯已从罗马返回，斯基皮奥从他那里获知元老院的命令后，率军离开冬季营地向前挺进（公元前208年春），行军途中有很多伊比利亚人兴致勃勃地加入。安多巴勒斯已与斯基皮奥联络多时，现在他距离斯基皮奥不远，遂率友人来罗马营地面见斯基皮奥。双方会面后，安多巴勒斯首先为自己之前支持迦太基人辩解，同时也指出他曾为迦太基人所做的一切，以及他曾多么忠于迦太基人的事业。安多巴勒斯接着痛斥迦太基人对他的伤害和侮辱。他因此恳求斯基皮奥依照他的陈述评判他，如果斯基皮奥认为他对迦太基人的指控不正义，他完全可以肯定他将来也不会忠于罗马。但是，如果考虑到迦太基人的诸多不义之举，他是被迫放弃支持迦太基人，斯基皮奥兴许会确信，既然他眼下选择加入罗马一边，他对罗马的忠诚会很坚定。

[38] 安多巴勒斯就这个主题还说了很多。当他说完后，斯基皮奥回答说，他完全相信他的陈述，安多巴勒斯及其友人的妻女所遭受的耻辱对待让他对迦太基人的暴行一清二楚。斯基皮奥说，他发现安多巴勒斯及其友人的妻女现在的身份与其说是人质，不如说是奴隶。他又补充说，他一直忠心守护他们的妻女，这种忠心的程度不仅他们达不到，就连他们的父亲也达不到。双方于是达成一致，互相鞠躬示敬，所有人都敬斯基皮奥为王者，在场的人鼓掌欢呼。斯基皮奥大受感动，劝诫他们振作起来，因为他们会得到罗马人的盛情对待。然后，斯基皮奥立即交还他们的女儿。双方于第二天签署一项条约，条约的主要内容是安多巴勒斯等人应追随罗马将军，遵从他们的命令。之后，安多巴勒斯携友人们返回自己的营地，率麾下军队与斯基皮奥会合，加入罗马营地，之后便向哈斯德鲁巴挺进。

哈斯德鲁巴此时驻扎在距离那些银矿不远的拜库拉（Baecula）城附近的卡斯塔隆（Castalon）地区。一获悉罗马人抵达，哈斯德鲁巴立即将营地移往一处后方有河流、可提供有效保护的位置，前方则是一片有山脊保护的平坦地带，其深度足以保证他的安全，宽度足以让他展开部队。哈斯德鲁巴就在此处扎营，他的掩护部队则驻扎在前方的山脊上。斯基皮奥一抵达该地，就渴望进行决战，但他有些犹豫，因为他看到敌人的位置占尽优势、万无一失。等待两天后，斯基皮奥开始担心马戈和葛思康之子哈斯德鲁巴率军赶到，届时他将被敌人从各个方向包围，因此他决定孤注一掷，对敌人发动进攻。

[39] 斯基皮奥令大军做好准备，在营地静候命令。他先派出轻步兵和一支精选步兵登上山脊，攻击哈斯德鲁巴的掩护部队，他们勇敢地执行命令。一开始，哈斯德鲁巴也按兵不动，等待山脊战斗的结果。但是，当看到由于罗马人勇猛无畏，己方掩护部队险象环生，处境艰难，哈斯德鲁巴决定率军出营，在山脊边列阵，借助地势发动攻击。斯基皮奥立即派全部轻步兵支援进攻山脊的部队，同时令营内剩余部队出营列阵，亲率一半兵力绕过山脊攻击敌人左翼，命盖乌斯·莱利乌斯率另一半兵力以类似方式攻击敌人右翼。

罗马人如此行动时，哈斯德鲁巴仍然按兵不动，因为直到此刻他都据险列阵，以为敌人绝不会冒险攻击他。因此，由于罗马人的全面攻击出乎意料，哈斯德鲁巴来不及展开他的部队。由于敌人尚未占据平地两端的侧翼，罗马人在敌人两翼地带展开攻击，不仅成功登上山脊，而且在他们发动攻击时，敌人仍在展开阵型，所以他们通过攻击敌人侧翼杀死部分敌人，迫使其他仍在展开阵型的敌人掉头逃跑。

哈斯德鲁巴看到他的部队溃逃、陷入混乱，便依照原先的设想，拒绝奋战至死，而是带着金钱和象队，沿途聚集尽可能多的溃兵，沿着塔古斯河，朝翻越比利牛斯山前往高卢地区的道路撤退。斯基皮奥认为追击哈斯德鲁巴并不明智，因为他担心遭到其他迦太基将军的攻击，遂令麾下士兵洗劫敌人营地。

[40] 第二天，斯基皮奥令俘虏集合，俘虏总共有10000名步兵和2000多名骑兵，他此时正忙于处理这些俘虏。我正在谈论的这个地区的伊比利亚人之前是迦太基人的盟友，现在却转而顺服罗马人，以王者之礼面见斯基皮奥，称他为王。厄德康是此前第一个这样做的人，第二个是安多巴勒斯。斯基皮奥当时并没有留

意这个问题,尤其没有在意对他的称呼,但是这次战役之后,当所有人尊他为王时,他不得不重视这个问题。他召来伊比利亚人,告诉他们他希望他们像礼敬王者那般礼敬他——他们也的确是如此对他的,但是他不想做王,也不想任何人称他为王。如此说过后,他命他们称他为将军。兴许即使在这个场合,考虑到斯基皮奥年纪轻轻,机运对他宠爱有加,以至凡服从他的人都被驱使着对他形成这样高的评价,自愿授予他王者之名,他仍能保持冷静,不屈服于他们的热情,拒绝接受王者这个辉煌的称号,人们自然也不禁钦佩斯基皮奥灵魂之伟大。

我们若是观察他的一生,必定会愈发钦佩他灵魂的伟大。除在伊比利亚的功绩,斯基皮奥后来还摧毁迦太基的实力,让利比亚从斐莱努斯祭坛(Altars of Philaenus)到赫拉克勒斯之柱的区域服从于他的祖国的统治;① 此后,他征服小亚细亚,击败叙利亚诸王,让天下最广袤、最富庶的地区归附罗马,本来有机会在他征服的上述任何一个地区获得王权。这样的成就不仅会让一个人,甚至会让一位神睥睨一切——如果允许这么说的话。可是,斯基皮奥的灵魂之伟大超越任何人,当机运($τῆς\ τύχης$)频繁把王权——这是所有凡人向诸神祈求的最大福佑——交到他手上时,他竟能拒绝,认为他的祖国和他对祖国的忠诚高于世人所艳羡和梦寐以求的这种东西。

回到我的叙述。斯基皮奥从俘虏中挑出伊比利亚人,让他们无需交赎金自由返回各自家乡;命安多巴勒斯挑选300匹马,然后将其余的马分给那些没有马的人。之后,他率军住进迦太基人的营地,因为其地理位置极佳。他待在那里一边观察其他迦太基将军的动向,一边派一支部队翻过比利牛斯山,追踪哈斯德鲁巴的动向。之后,冬季来临,他率军返回塔拉康,在那里过冬。

---

① 参3.39,那里描述过迦太基人的统治区域。

七、希腊事务

腓力五世的行动

[41] 由于罗马人和阿塔罗斯一世的到来，埃托利亚人近来信心高涨，此时正在陆上恐吓和威胁所有人，罗马人和阿塔罗斯一世则在海上这样做。① 阿凯亚人因此向腓力五世请求帮助，因为他们不仅恐惧埃托利亚人，而且恐惧马卡尼达斯（Machanidas），② 后者当时正率军停驻阿尔哥斯边界。波俄提亚人由于恐惧敌人的舰队，恳求腓力五世派一名将军统率援军前去，但是，在腓力五世看来，欧波亚的居民在防范敌人方面是所有人中精力最充沛的。阿卡纳尼亚人也提出同样的请求，伊庇鲁斯也派出使节前来求援。同时，腓力五世又获悉斯科蒂拉达斯和普勒拉图斯（Pleuratus）③ 正在调动部队；边界上的色雷斯人尤其是麦地人（Maedi）打算，只要腓力五世率军出征就入侵马其顿。埃托利亚人也已控制温泉关，他们一边用栅栏和壕沟强化防御，一边派重兵守卫，认为他们这样做可封锁腓力五世，从而阻止他越过温泉关前去救援他的盟友。

在我看来，唯一合理的做法是在我的读者面前，突出地展示

---

① 公元前208年之事。公元前209年秋，腓力五世返回马其顿，抵抗伊利里亚和达尔达尼亚人的攻击。阿塔罗斯一世已经渡海抵达希腊，在埃吉纳与普布利乌斯·苏尔比基乌斯过冬。公元前208年春，普布利乌斯·苏尔比基乌斯和阿塔罗斯一世组成共有60艘战舰的联合舰队，航往利姆诺斯岛。腓力五世则率舰队抵达德米特里港，又令陆军集结拉里萨，以防备罗马－帕加马联合舰队的攻击。

② 斯巴达的摄政者，自公元前211年起掌控斯巴达，可能是吕库古斯国王之子佩洛普斯（Pelops）的老师。此人延续吕库古斯的政策，视马其顿为敌，给腓力五世的盟友阿凯亚联盟带来很大危险。

③ 斯科蒂拉达斯之子。

将军们的精神和身体能力真正遭受考验的场合。正如在狩猎中，野兽八面受敌时，才能真正显露它们的勇气和力量，将军们也一样，从腓力五世面对上述处境的行动就可看出。他在向各盟友使节允诺他将尽他所能援救、全身心投入这场战争后，遣散众使节，之后便开始观察他应该首先朝哪个方向、首先针对谁采取行动。

［42］获悉阿塔罗斯一世已经渡海在潘帕勒忒斯（Peparethus）[①]登陆、且已控制周边地区后，腓力五世派出一支部队保护该城；又派珀律法塔斯（Polyphantas）率一支兵力雄厚的部队前往佛基斯、波俄提亚及其邻近地区；又派曼尼普斯（Menippus）率1000名持盾兵、500名阿哥利亚尼亚兵前往卡尔基斯和欧波亚地区；他本人则径直前往斯克图沙（Scotussa），并命马其顿部队在该城与他会合。

获悉阿塔罗斯一世在尼凯亚（Nicaea），且埃托利亚人的将军正打算与前者在赫拉克勒亚（Heraclea Trachinia）[②]会面商讨局势，腓力五世立即率军从斯克图沙朝赫拉克勒亚急进，意在及时赶到，以恐吓敌人并破坏其会面。他没有及时赶到，但在蹂躏并劫掠伊纳斯湾（Gulf of Aenus）周边地区后，率军返回斯克图沙。他令大军驻扎在斯克图沙，他本人则率王家骑兵和轻步兵部队驻守德米特里港，等待敌人下一步行动。为确保可掌握敌人的全部动向，他派人到潘帕勒忒斯和位于佛基斯、欧波亚等地的将军那里，命他们用火信（πυρσῶν）对着提塞俄斯山（Mount Tisaeum）告诉他敌人的一切动向，此山位于忒萨利境内，是俯瞰上述等地的绝佳位置。

论火信

［43］我认为，最好不要忽视火信系统，而应该对它进行适

---

① 今斯科佩洛斯（Skopelos），位于欧波亚岛北部。
② 该城由斯巴达人于公元前426年所建，公元前280年被埃托利亚人占领。

当的论述。这种体系以前不够发达，现在则在战争中用处极大。众所周知，在一切事务尤其是战争中，在正确的时刻行动与事务取得成功关系极大，火信则是能帮助我们确认正确行动时刻最有效的方法。因为火信可告诉我们其他地方最近有何动向、正在进行何事。若有人使用这种体系，即使他在距离三、四天行程之外的地方，甚至是更远的地方，也可以告知我们那里发生的事。因此，人们一直好奇，形势需要时，火信如何传递信息。

以前的火信只是烽火，对于那些使用它们的人来说，基本上没什么用处。因为作战必须通过预先确定的信号来完成，而且战场形势变化多端，所以大多数情况下都不能通过火信准确传递信息。以我刚刚述及的例子为例，若有一支舰队抵达奥瑞俄斯（Oreus）、潘帕勒忒斯或是卡尔基斯，那些同意这一说法的人可能会用火信传递这一信息，但是，若遇到某个城市的公民态度转变或背信弃义或城内发生屠杀以及其他常常发生、却无法提前预见的事——主要是一些意想不到却需要立即处理和解决的事，所有这类事情都无法通过火信有效传递信息。因为不可能为那些无法预知的事情预先约定好信号编码。

[44] 埃尼阿斯（Aeneas）[①] 著有一本论战略的书，他希望能为上述难题找到解决办法。他的方法虽取得一定进展，但仍远远无法满足我们的要求，从下述描述可见一斑。他说，通过火信传递紧急消息的人，应该准备两个大小完全相同的陶罐，陶罐深3肘尺，宽1肘尺。然后，他们应该制作比陶罐口小一些的软木塞，每个软木塞中间留有一个可插入小木杆的口，小木杆是一根三指宽的等截面刻度杆，每个刻度区要与其他刻度区清楚区分开。接下来，在每个刻度区刻上战争中最明显、最普

---

① 公元前4世纪前半叶的人，对他的生平几乎一无所知，只知他是西方古代的兵家，著述颇多，涉及战争的各个方面，但其作品只有残段存世。

通的事,例如,在第一刻度区刻上"骑兵已抵达该地",第二刻度区刻上"重步兵",第三刻度区刻上"轻步兵",第四刻度区刻上"步兵和骑兵",第五刻度区刻上"战舰",第六刻度区刻上"谷物",如此在每个刻度区刻上战争中很可能发生的主要事件。

埃尼阿斯接着告诉我们,应该在每个陶罐上钻大小一样的孔,以确保流出的水量相同。然后,要给陶罐灌入水,装上软木塞和刻度杆,让水经小孔流出。这样做时,由于两个陶罐的型号完全一样,水显然会以相同比例流出,两个软木塞会以同等速度下沉,刻度杆会以同等速度下降。通过试验可以看到,两个陶罐的水流出的速度一样,然后两个陶罐被送到双方负责看管信号的地方,并存放在那里。埃尼阿斯告诉我们,若有刻度杆上所刻之事发生,一方要举起火把,等待另一方也做出相似回应。双方信号员看到对方的火把后,便放下火把,立即打开陶罐小孔让水流出。随着软木塞下沉,一方希望传递的事情所在的刻度区停驻在陶罐口,此时要立即告诉信号员举起火把。对方接到信号后,也立即堵上陶罐流水口,这样就会看到对方所告知的信息是停在陶罐口的刻度区所指示的事件。如果两个陶罐的流水口以同样的速率流出水,信息就得到精准传递。

[45]这种增加预先约定的信号编码的体系比烽火略有进步,但依然不能精准传递战场信息。显然,不可能预见到战场上的所有事件,即便能,也不可能全部刻在刻度杆上。所以,如果发生某些意料之外的事,埃尼阿斯的体系显然无法传递。再者,刻度杆上所刻内容并非确切的信息,所以不可能准确告知多少步兵抵达、抵达哪个地区,来了多少艘战舰或多少谷物。因为对于那些事先不可能知晓的事,我们不可能提前约定信号编码。这才是至关重要的问题:如果不知道敌人有多少兵力抵达或抵达何处,怎么确定如何提供援助?如果不知道敌人多少

战舰抵达或盟友运来多少谷物，怎么会士气大振，或相反，实事求是地考虑战事？

最新的火信体系能精准传递各种紧急信息，实际运用时则需要相当细心和精确的观察。这一信号体系由科勒克塞诺斯（Cleoxenus）和德莫克莱图斯（Democleitus）发明，后由我本人完善。这种体系的方法如下。我们把希腊字母分为5组，每组5个字母，最后一组虽然是4个字母，但对这个体系没有影响。[1] 准备传递消息的两方必须准备5块木板，每块木板上刻有相应的字母组，然后约定信号员首先举起两个火把，等待对方也以同样方式回应。这样做的意图是告知对方注意准备传递信息。信号员放下两支火把后，信号调度员左手举起一组火把，火把的数目表示应该查看第几组字母板，例如举一支火把表示应该查看第一组字母板，举两支火把表示应查看第二组字母板，以此类推。然后信号调度员以同样的原则用右手举起第二组火把，火把的数目表示应查看字母板上的第几个字母。

[46] 传递信号的双方如此约定后分开，每一方必须在信号传递点配备一部双管望远镜（διόπτραν），这样信号接收员就能观察到对方信号员左右两手的动作。字母板必须按顺序放在望远镜旁，同时信号调度员前面应摆放一个遮板，遮板应10尺长，一人高，这样做是为了让信号接收方清晰看到信号调度员放下火把或高举火把的数目。双方如此准备停当后，如果一方想传递"100名士兵已经叛向敌人"这个信息，信号调度员必须首先选择能以最少的字母准确传达信息的词，例如，"100名士兵已经叛向敌人"可浓缩为"100名克里特人叛变"。[2] 后者的字母数要比前者

---

[1] 古希腊语有24个字母。

[2] "一百名士兵已经叛向敌人"的希腊文是 τῶν στρατιωτῶν τινες εἰς ἑκατὸν ἀποκεχωρήκασι πρὸς τοὺς ὑπεναντίους；"100名克里特人叛变"的希腊文是 Κρῆτες ἑκατὸν ἀφ' ἡμῶν ηὐτομόλησαν。

少一半,意思却一样。把这句话写下后,信号调度员将用火把传递信息。第一个字母是K,这个字母位于第二组字母板,因此信号调度员左手举起2支火把,信号接收员就知道他需要查看第二组字母板。然后信号调度员右手举起5支火把,以指明是K,因为这个字母位于第二组字母板的第五位,然后信号接收员据此找到K,把它记下来。然后信号调度员左手举起4支火把,因为P位于第四组字母板。然后信号调度员右手举起2支火把,因为P位于第四组字母板的第二位。信号接收员据此写下P,依次类推。这种方法可精确地传递任何信息。

[47]当然,这种体系需要很多火把,因为每个字母都需要左右手的火把来确定。但是,如果一切准备充分,无论我们采用哪种体系,都可以完成任务。从事这项任务的人必须经过适当训练,这样当付诸实践时,他们就能做到不犯错误,顺利传递信息。凡是渴望弄懂这套体系的人,从许多事例中都很容易就明白,初次听闻某事和某事已成习惯有云泥之别。因为许多事情乍看起来不仅困难且不可能完成,但是经过反复练习后就变得相当容易。很多例子都能证明这一点,不过最明显的例子当属阅读。

如果我们让一位无知的、目不识丁却很聪慧的男子,与一个习惯于阅读的少年坐在一起,给少年一本书让他读,那位成年男子肯定无法相信阅读竟然需要全神贯注于每个字母、声调、不同字母的组合,每项都需要花相当多的时间。所以,当那位成年男子看到少年竟毫不停顿地一口气读完五行或七行,他很难相信少年以前从未读过该书,他绝对难以相信,阅读竟然能同时兼顾音节、延音符、声调的起伏变化。因此,我们不应由于某事乍看起来很难就放弃。相反,我们应让它变成习惯,所有好事情皆是通过勤奋练习才被人掌握,尤其是我们的保存(τῆς σωτηρίας)所凭靠的那些事情。

我之所以提供这些观察,是在履行我在这个奥林匹亚年开始时所做的承诺。我之前说过,在我们这个时代,所有技艺和学问进步巨大,以至它们的大多数都可以说已被简化为一个体系。这正是一部被正确书写的史书最有益的部分之一。

［11.7.1］他哀叹自己运气不好，差点儿就能俘虏阿塔罗斯一世。①

八、亚洲事务

奥克苏斯河②

［48］阿帕西亚凯亚人（Apasiacae）居住在奥克苏斯河（Oxus）和塔奈斯（Tanaïs）③河之间的区域，奥克苏斯河流入咸海，塔奈斯河流入亚速海。两条河都很大，可以通航。普遍认为，游牧者骑马穿越奥克苏斯河抵达赫卡尼亚是一件不可思议的事。关于此事有两个故事，一个听起来合情合理，另一个听起来不可思议，不过也不是不可能。我认为，奥克苏斯河源于高加索（Caucasus）④山脉，流经巴克特里亚地区时，由于好几条支

---

① 公元前208年，腓力五世先丢掉奥瑞俄斯，通过火信得知这一信息，立即突袭驻扎欧普斯（Opus）的阿塔罗斯一世，差一点俘虏阿塔罗斯一世。所以，沃尔班克认为这一条应该位于论火信这一节之后。

② 即今中亚地区的阿姆河（Amu Darya），我国古代旧译为妫水。《史记》和《汉书》作妫水，《北史》作乌许水；《隋书》《旧唐书》《新唐书》作乌浒水。阿姆河系突厥语，Darya是大河的意思，Amu源于沿岸城市Amul，因土著阿马德人（Amard）得名。

③ 即顿河。关于阿姆河以北的游牧民族的名称和来源，并无一致结论。余太山《塞种史研究》认为，公元前3世纪末至前2世纪越过阿姆河侵入巴克特里亚地区，灭掉巴克特里亚希腊化王国，进而建立塞族大夏、贵霜帝国的那群游牧部落皆是一个大塞族的部分。这个大塞族原先居于楚河、伊犁河流域，大月氏受匈奴逼迫西迁时，逼迫塞种向西迁往阿姆河以北的中亚地区。此后，随着巴克特里亚王国虚弱，塞种越过阿姆河，侵入巴克特里亚。据此，阿帕西亚凯亚人（Apasiacae）也应是塞种的一支。

④ 珀律比俄斯指的是帕米尔或兴都库什山，亚历山大大帝远征后，希腊人用高加索指称帕米尔或兴都库什山周边。

流汇入而水量大增,遂在流经巴克特里亚平原时水流很猛、河水浑浊。抵达沙漠地区后,奥克苏斯河流经一个悬崖,由于河水水量和悬崖落差很大——顶端到悬崖底部的落差超过1斯塔德——而变成一个瀑布。据说,阿帕西亚凯亚人正是沿着瀑布下的崖壁边缘骑马过河进入赫卡尼亚,鞋都不会弄湿。第二个故事要比第一个听起来更合理。据说,瀑布底部有巨型岩石,在河水的经年累月冲刷下,巨石被穿透,河水穿石而过一小段距离,再流出地面。阿帕西亚凯亚人熟知这一点,因而骑马经巨石表面渡过奥克苏斯河,抵达赫卡尼亚。

安提俄库斯三世在巴克特里亚的战役[①]

[49] 获悉欧西德莫斯一世(Euthydemus I)已率军抵达塔普里亚(Tapuria)城前,并以10000骑兵防守阿里乌斯(Arius)[②]河

[①] 公元前208年的事。公元前329年,亚历山大大帝征服中亚地区后,以巴克特里亚为东方领地的统治中心。巴克特里亚是古希腊人对现今兴都库什山以北的阿富汗东北部地区的称呼,该地是古代中亚、南亚、西亚的交通枢纽。公元前323年,亚历山大大帝病逝后,该地归塞琉古王国统治,大批希腊人和马其顿人移居此地。公元前255年,塞琉古王国的巴克特里亚总督狄奥多图斯一世(Diodotus I)趁帕提亚人反叛之际,宣告独立,委派功臣为各州总督。公元前230年,索格底亚那(Sogdiana)总督欧西德莫斯夺取王位,称欧西德莫斯一世(约公元前230—前200年在位)。

公元前208年,塞琉古王国安提俄库斯三世率军攻入此地,被欧西德莫斯一世击败,被迫承认巴克特里亚王国,此即我国古代史书中的大夏国。公元前200年,欧西德莫斯一世之子德米特里乌斯一世(约公元前200—前185年在位)即位后,乘印度孔雀王朝衰落之机,大举扩张,先后将中亚地区的喀布尔、印度河流域上游的犍陀罗和旁遮普等地并入王国版图。公元前2世纪70年代,该王国势力达至鼎盛。公元前145年,该王国被大月氏人和塞种人征服。

[②] 即今中亚哈里河(Hari-rud),从阿富汗中部山区流向土库曼斯坦,全长约1100公里,消失在卡拉库姆(Karakum)沙漠。

的浅滩，安提俄库斯三世决定放弃围攻，转而应对这一形势。他距阿里乌斯河有三天的路程，他率军先以中等速度行军两天。第二天夜里，他命大军天亮后再拔营，他本人则率骑兵、轻步兵和10000名持盾兵连夜急进。安提俄库斯三世如此安排是因为，他获悉敌人的骑兵白天时防守阿里乌斯河，但是夜里会退入20斯塔德之外的一座城过夜。由于平原地势易行，安提俄库斯三世夜里走完剩余路程，于拂晓时分成功让部队大部渡过阿里乌斯河。巴克特里亚王国的骑兵经侦察队获知这一事实后，立即赶来攻击仍在渡河的敌人。安提俄库斯三世看到必须首先迎击敌人，便召集惯常围绕他作战的2000名骑兵，同时命令其他士兵以平时的顺序就地列队，他本人亲率那2000骑兵迎击敌人。在这件事上，安提俄库斯三世比跟随他出战的部下表现得都要出色。

尽管双方都损失惨重，但安提俄库斯三世最终还是击退第一批敌人。然而，随着第二批、第三批敌人赶到，安提俄库斯三世逐渐陷入困境，处境愈来愈糟。就在这时，大多数骑兵就位，帕奈托罗斯（Panaetolus）① 率部下驰援安提俄库斯三世，迫使追击后者的巴克特里亚骑兵陷入混乱，最后掉头逃跑。巴克特里亚骑兵遭到帕奈托罗斯的追击，一刻不停地逃跑，并在损失大部分人马后与欧西德莫斯一世会合。安提俄库斯三世的王家骑兵杀敌众多、俘虏众多后，撤回到阿里乌斯河边扎营。

在这次战役中，安提俄库斯三世的战马战死，他本人嘴部受伤，损失几颗牙齿。总的来说，他在这次战役中赢得比其他战役更大的英勇之名。这次战役后，欧西德莫斯一世失魂落魄，率军撤往巴克特里亚名叫扎里亚斯帕（Zariaspa）② 的城市。

---

① 5.61–62提到过此人。

② 该城更常见的名称是巴克特拉（Bactra），《汉书·西域传》中的蓝市城，即今阿富汗北部的巴尔赫（Balkh）城，也是巴克特里亚王国的都城。

第十一卷

一、前言

[1a] 有人可能想知道，为何我在这部史书中不像前代作家那样为每一卷写序言（προγραφὰς），而是概述每个奥林匹亚年的事件。事实上，我认为序言有用，因为它能吸引渴望阅读此书之人的注意，激励他们完成阅读。此外，我们很容易就能通过序言找到我们想找的内容。但是，我看到由于各种偶然原因，序言极少受到重视，反而常遭到破坏，我被引导采用概述性摘要这种形式。因为概述性摘要不仅与序言的价值等同，而且某种程度上更有价值，同时概述性摘要在文本内有固定位置，是作品的内在组成部分，所以我决定整部史书采用这种形式，只有前六卷例外，这是因为给前六卷写概述性摘要不合适。①

二、意大利事务

哈斯德鲁巴的远征

[1] 哈斯德鲁巴抵达意大利要比预料的更容易、更

---

① 前六卷的前言已经佚失，珀律比俄斯从第七卷开始将前言切换成概述性摘要，类似于一份内容目录。前言原本是附在卷轴或抄本前的内容，很容易丢失，而概述性摘要是文本的组成部分，因此不容易佚失。

快。① 罗马从未如此激动又沮丧地等待着结果……

现在对哈斯德鲁巴来说，形势不容乐观，容不得丝毫拖延，因为他看到罗马人已列阵向他挺进，他被迫令伊比利亚人和高卢人列阵迎敌。他把 10 头战象部署在阵前，以增强己方阵型的纵深，同时将己方阵型前方缩得很窄，他本人则位于战象背后、己方阵线中央位置，直面敌人左翼。哈斯德鲁巴如此布阵的意图是，他决心要么取胜，要么战死。马尔库斯·萨里那托（Marcus Livius Salinator）率军气势汹汹地冲向敌人，与敌人接战后英勇战斗。盖乌斯·尼禄（Gaius Claudius Nero）位居右翼，由于前方地势不平，无法向前攻击敌人侧翼，而哈斯德鲁巴正是借助地势优势攻击罗马左翼。但是，当盖乌斯·克劳狄乌斯·尼禄由于被迫无所作为而一筹莫展时，战场形势向他表明他应如何行动。他在

---

① 汉尼拔之弟哈斯德鲁巴于公元前 207 年春抵达意大利。参李维，《罗马史》，27.39。

这一年是秦二世三年。章邯率军包围钜鹿，项羽率楚军前去救援。赵高为丞相，李斯被杀。章邯军屡次攻钜鹿不利，项羽军抵达后俘虏秦将王离等人，章邯军又多次败退，屡次请求加派援军。二世遣使责备章邯。章邯恐自己一旦兵败为赵高所害，于是率军投降项羽。此时，燕、赵、齐、楚、韩、魏之旧地皆立为王，函谷关以东几乎全部反叛秦吏，响应诸侯。反秦诸侯于是率军向西攻秦，刘邦已率军数万攻占武关。此前，赵高屡次对二世说"关东诸盗贼不会有所作为"，今诸侯大军已近，恐二世诛及自身，于是阴谋作乱逼杀二世。赵高又立子婴为秦王，让子婴斋戒，到宗庙祭拜祖先，接受秦王印玺。子婴于斋宫刺杀赵高，灭赵高三族。子婴做秦王四十六天，刘邦攻入武关，驻军于霸上，遣使劝降子婴。子婴用丝带系脖，乘白车白马，手捧天子印玺符节，在轵道亭旁向刘邦投降。刘邦于是进入咸阳，封闭府库宫室，还军霸上。过月余，诸侯大军抵达，盟主项羽杀子婴及秦公子宗族，随后屠戮咸阳，焚毁宫室，尽取秦之珍宝财货，与诸侯共分之。灭秦之后，将秦国土地划为三份，各自为王，分别是雍王章邯、塞王司马欣、翟王董翳。盟主项羽废除秦之郡县制，又行分封制，分封诸侯王。强大无比的秦朝竟然如此迅速灭亡。参《史记·秦始皇本纪》，前揭，页 273-275。

战场后方召集右翼士兵集结,然后从后方绕过左翼,从侧翼攻击敌方战象。

直到这时,胜利究竟属于哪一方还很难说,因为双方士兵同样勇敢,无论哪一方被击败都没有活命的可能。在这场战斗中,战象对双方的帮助一样大,因为它们被困于两军之间,又受到投枪的攻击,横冲乱撞,把罗马和迦太基的军阵冲得七零八落。但是,当盖乌斯·克劳狄乌斯·尼禄从后面扑向敌人,战斗开始失衡,因为迦太基人正遭受前后夹击。结果,大部分迦太基士兵在战斗中被砍死,6头战象及其象夫被杀,另4头冲过战场的战象被象夫抛弃,也在随后被捕获。

[2]哈斯德鲁巴无论在之前还是在生命的最后时刻,皆是一个勇敢的人,在战斗最激烈的时刻战死,不称赞一下这位将军就辞别他是不公正的。我已经说过,哈斯德鲁巴是汉尼拔的弟弟,汉尼拔离开伊比利亚远征时将那里的事务托付给他。我在前一卷中也叙述过,尽管迦太基派往伊比利亚协助他的人与他争吵不断,但在与罗马人的多次交锋中,在他与不利环境的频繁抗争中,他仍以无愧于其父巴卡的精神和勇气不断忍耐着不幸和失败。我认为,基于他在最后一次战斗中的表现,他值得我们敬重和效仿。

大多数将军和国王进行生死攸关的决战时,始终着眼于胜利带来的荣耀和利益,他们把注意力和考虑放在如果战斗对他们有利,他们将如何处理一切的方式上,不会设想不幸的后果,不会考虑万一遭遇不幸该如何行动,尽管前一件事非常简单,后一件事却需要足够的远见。

因此,他们中的大多数人,由于在这种情况下缺乏勇气,总会陷入无助。尽管他们的士兵英勇战斗,他们却使失败成为耻辱,让自己之前的功绩蒙羞,终身都活在耻辱之中。任何想看的人都能轻易看到,很多将帅都会在这个方面犯错,但在这一点上,人与人之间差异极大,因为过去的历史有许多事例。但是,对哈斯德鲁巴来说,只要有充分的希望能成就一番与过去功业相称的事业,他在行动中就会把自己的安全放在第一位。但是当机运剥夺他最后一丝希望,迫使他面对最后的绝境时,尽管他在战斗准备和战斗过程中没有忽视凡是能带来胜利的措施,他却会做好准备承受一旦遭遇彻底的失败而可能遭遇的意外,避免遭受任何与他过去成就不相称的痛苦。

我所言可以用来警示所有涉足政事的人,既不要轻率地让自己陷入危险,去欺骗那些信任他们之人的希望,也不要在职责禁止的情况下死死抓住生命不放,为自己的不幸增加耻辱和责难。

[3]罗马人取胜后,立即劫掠敌人营地,像屠杀动物一样屠宰很多高卢人,那些高卢人当时喝醉了酒,正在小床上酣睡。罗马人之后收拢俘虏,截获的战利品超过300塔兰同。在这次战役中,迦太基人和高卢人战死者不下10000人,罗马人损失约2000人。部分迦太基贵族被俘,其余的被杀。获胜的消息传到罗马后,人们由于太过于渴望看到这一结果,起初竟然拒绝相信,直到愈来愈多的信使抵达,不仅宣告取得胜利,而且带来战役的很多细节,罗马城才陷入狂欢,每个圣所皆披以盛装,每个神庙都堆满祭品和牺牲。总之,罗马人变得极为乐观和自信,以至每个人似乎认为,他们此前恐惧至极的汉尼拔此刻已经不在意大利。

三、希腊事务

他说,这篇演说充满创造力,但事实并非如此,反而恰恰相反……①

---

① [英译注]这个残句应该也归属下面这个演说残段。

一位使节的演说[1]

[4] 埃托利亚人,我认为,事实本身就可证明,托勒密四世、罗德岛、拜占庭、希俄斯、米蒂利尼绝非轻视与你们达成协议。这不是我们第一次或第二次建议你们缔结和平。相反,由于我们亲眼目睹战争给你们和马其顿人带来的毁灭,并为我们自己国家和希腊其他地区未来的安危着想,从你们与马其顿人开战之日起,我们就从未停止向你们建议此事,恳请你们接受它,欣然利用每个机会缔结和平。

战争就像火,一旦点燃,后果就不由我们控制,火会蔓延到机运($τύχη$)将它引向的任何地方,蔓延的速度主要由风和它所依赖的燃料消耗的速度决定,常常会出人意料地烧死点燃火的人,战争也是这样。一旦有人挑起战争,有时它会摧毁发动它的人,有时会盲目推进,不必要地破坏它遇到的一切,甚至会像火被风重新吹旺一样,也会被那些靠近它的人愚蠢地重新燃成熊熊战火。

因此,埃托利亚人,我们恳求你们,仿佛所有岛屿之人、小亚细亚的全部希腊人都在此现场,恳求你们停止战争,选择和平——因为小亚细亚的希腊人和我们一样关切这个问题,回归理智,同意并接受我们的请求。如果你们出于某种机运参与一场战争,就如每场战争的大多数参与者那样,虽实际上无利可图,但是参与战争的最初动机和结果都是辉煌的,那么你们出于野心勃勃的动机而参战的行为兴许

---

[1] [英译注] 抄本标明这篇演说的作者是罗德岛人忒拉绪克拉底(Thrasycrates)。演说的背景是公元前207年,罗德岛、希俄斯、埃及等中立方在埃托利亚联盟大会发表演说,调停马其顿与埃托利亚-罗马同盟之间的战争。

可以被宽宥。但是，如果这是一场最无耻的战争，充满耻辱和责难，难道这种处境不值得深思一番？我们将坦率陈述我们的看法，如果你们是明智之人，请安静地聆听。因为接受批评进而及时拯救自己，要比聆听那些巧言进而毁灭你们自己和其他希腊人要好得多。

[5]首先，请想想你们曾犯下的错误。你们说，你们与腓力五世作战是为了希腊人，这样希腊人就能被解放，此后不必再遵从他的命令。但是，你们实际上是在为奴役和毁灭希腊而战。这就是你们与罗马人所订条约的要义，这个条约以前只停留在纸面，眼下却被付诸实施。在此之前，条约的条款只是让你们蒙羞，现在当这份条约付诸实施时，所有人已看到你们的耻辱。腓力五世不过是你们发动这场战争名义上的借口，他对你们没有丝毫威胁，只是由于他是大多数伯罗奔半岛人、波俄提亚人、欧波亚人、佛基斯人、洛克里斯人、忒萨利人、伊庇鲁斯人的盟友，你们就与罗马人缔约攻击上述部族，条件是他们的人口和财产归罗马人所有，城池和土地则归你们埃托利亚人所有。

你们攻陷一座城后，本来不会粗暴对待自由民或焚烧他们的城市，因为你们将之视作残暴和野蛮之举。但是，你们竟与蛮夷签订一份条约，根据这份条约，你们让所有希腊人遭受蛮夷残暴野蛮的踩躏。这一点以前不为人所知，但是现在奥瑞俄斯①城民众的遭遇、埃吉纳人的不幸已让你们原形毕露，机运仿佛故意把你们的妄想暴露在舞台上。这就是这场战争的开端，这就是它已经昭示的后果，如果一切都如你们所愿，我们还要期待它结束吗？无疑，对所有希腊人来说，这只是可怕的灾难的开始。

---

① 位于欧波亚岛北端。公元前208年6月，腓力五世驻扎此城的将军柏拉托尔（Plator）叛向罗马一方。腓力五世于当年8月收复此城。

［6］我认为，下面这一点不言而喻：如果罗马人从意大利的战争中腾出手来——这用不了多久，因为汉尼拔眼下只占据着布雷提恩的一小片区域——届时他们将以帮助你们埃托利亚人进攻腓力五世为借口，倾其全力进攻希腊的土地，其真正的意图却是征服整个希腊。待罗马人征服我们后，如果他们仁慈地对待我们，信任和感激会归于他们。但是，如果他们届时虐待我们，占据他们所毁灭之城的财物，统治幸存者，那么你们即便请求诸神见证，届时也不会有哪位神愿意帮助你们，也不会有人能帮助你们。

你们兴许已从开端预见到全部后果，但是，由于人无法预见未来，当你们通过这些事件看清事实，你们现在有责任采取更好的建议。至于我们，我们认为在眼下这个场合没有忽视真正的朋友应该说或做的事，我们已坦率陈述对未来的看法。总而言之，我们恳请你们不要吝啬把自由和安全的福佑给予你们自己和其他希腊人。

这篇演说似乎给听众留下相当深刻的印象，之后腓力五世的使节登上讲台。他们暂且把细节的讨论搁置一旁，说他们带来两条重要口信：如果埃托利亚人同意缔结和平，腓力五世会欣然同意；如果他们不同意缔结和平，使节将受命呼请诸神和在场其他希腊人使节见证下述宣言然后离开：埃托利亚人而非腓力五世必须为之后可能降临在希腊人身上的命运负责……

腓力五世在忒尔摩斯

［7］腓力五世朝特里康尼斯湖（Lake Trichonis）[①]行军，之后

[①] 即今阿格里尼翁湖（Lake Agrinion），腓力五世此次侵入埃托利亚，可能与公元前218年那次所走路线相同。

抵达忒尔摩斯。该城有一座阿波罗神庙，腓力五世捣毁庙内所有雕像——他上一次在此地饶过了那些雕像。他被激情蒙蔽，在上一次和这一次犯下大错。① 出于对某些人的恼怒而犯下渎神之罪，是缺乏理智的标志。

珀律比俄斯在其史书卷十一说，俄洛皮翁（Ellopium）是埃托利亚的一座城。

珀律比俄斯在其史书卷十一说，弗泰翁（Phytaeum）是埃托利亚的一座城。

阿凯亚将军斐洛珀门

[8] 那些志在获得将道（στρατηγίας）的人，可以通过三种方式合理地获得此道。第一，研究史书，从中获取相应的教诲；第二，听从有军事经验之人的系统指导；第三，在实践中获得历练和习惯。但是，阿凯亚联盟此时的将军却对这三种方式一窍不通……

他们中的大多数人不合时宜地、可悲地效仿其他自命不凡之徒。他们尤其在意扈从和装束，通常表现出一种远远超出他们财富所允许的纨绔子弟的风度，对他们的武器则毫不在意……

大多数人甚至都不去模仿那些机运的宠儿（εὐτυχούντων）的本质特点，而是努力模仿他们的非本质特点，这也表明他们毫无判断力。

[9] 斐洛珀门告诉士兵们，武器和铠甲的亮度有助于威慑敌人，而且在战斗中，武器是否匹配也非常重要。② 他们恰恰应该把现在对服饰的关注转移到武器上，改变他们以前对武器的忽视。通过这种方式，他们的财富才有益处，如所有人承认的那样，

---

① 腓力五世上一次洗劫忒尔摩斯是在公元前218年。
② 斐洛珀门是公元前208年至前207年度的阿凯亚联盟将军，这是斐洛珀门首次任联盟将军。

才可以救护国家。斐洛珀门因此说，一个人参与检阅或战斗而穿护胫甲时，要留意它们是否合身，要让护胫甲比他的靴子和鞋子更闪亮，当他整理盾牌、胸甲和头盔时，要确保它们比他的斗篷和长袍更干净、更鲜亮。当一名士兵把真正有用的东西看得比表面的东西更重要时，从字面就能判断他在战斗中会有何种表现。

斐洛珀门请求士兵们把他们讲究的衣着看作是适合女人的衣着，甚至不适合一个谦逊的女人，而华美铮亮的铠甲才适合那些决心勇敢救护自己和祖国的勇士。在场的人对他的演说报以热烈掌声，对他提出建议的精神表示钦佩，以至他们一走出会场，就指着那些打扮得像花花公子的人，强迫他们中的一些人退出市场。从此以后，阿凯亚人在军事训练和战斗中更加重视这类问题。

[10]千真万确，一个权威人士适时讲的一句话，不仅能阻止听众去做最坏的事，而且能促使他们去做最好的事。若演说者又通过他本人的例子来强化他的建议，听众不可能不对他的话心悦诚服。这一点在斐洛珀门身上尤为明显。因为他的穿着和生活方式朴素无华。同样地，他对自己的仪表和言谈举止非常克制，从不飞扬跋扈。终其一生，斐洛珀门总是一丝不苟地讲真话，因此他口中几句普通的话就能赢得听众对他的完全信任，因为他生活中的每件事都可支持他的建议，所以听众无需他说多少话。结果，在许多场合，由于他的声誉和对事务的洞察力，他仅用寥寥数语就能彻底推翻对手似乎很有道理的长篇大论。

现在回到叙述。会议结束后，各城代表带着对演说和演说者的完全赞同返回各城，深信有斐洛珀门这样的领袖，任何灾难都无法击败他们。斐洛珀门随后巡行各城，尽心尽力地参观和视察每座城市。之后，他召集各城的部队，进行操练，最后花不到8个月的时间进行这些战备，之后在曼提尼亚集结军队，① 准备与斯巴达

---

① 发生于公元前207年6月。

那位僭主马卡尼达斯斗争，为整个伯罗奔半岛争取自由。

马卡尼达斯之死

[11] 马卡尼达斯满怀信心，认为阿凯亚人的攻击是天赐良机。他一获悉阿凯亚人在曼提尼亚集结，立即在泰格亚向拉克岱蒙人发表与形势相宜的演说，第二天天一亮就开始向曼提尼亚进军。他本人亲率方阵右翼，把雇佣兵排成平行纵队，分置双马战车两侧，战车上装满用来发射投掷物的器械。与此同时，斐洛珀门将他的部队分为三部出城，伊利里亚人和胸甲步兵以及所有雇佣兵和轻步兵沿着从波塞冬神庙出发的那条路出城，方阵步兵走西侧那条路，阿凯亚骑兵走更靠西的那条路。

斐洛珀门首先命轻步兵占据曼提尼亚城前的那座山丘，该山丘高出克塞尼斯（Xenis）大道和波塞冬神庙很多，紧临轻步兵南侧的是胸甲步兵，伊利里亚士兵则在他们附近部署。沿着这条直线紧挨着上述单位的是方阵步兵。斐洛珀门把方阵分成数部，沿着那条通向波塞冬神庙的壕沟部署，各部相隔一定距离，那条壕沟穿过曼提尼亚平原，与一系列山丘相连，形成厄利斯法西亚（Elisphasia）的边界。紧挨着方阵，斐洛珀门把阿凯亚骑兵部署在其右翼，由杜迈人阿里斯泰涅图斯（Aristaenetus）[①]指挥。他本人则指挥全部雇佣兵以密集队形镇守左翼。

[12] 敌人一进入视野，斐洛珀门立即骑马沿着军阵走过，并发表简单演说，指出即将进行的战役的重要性。他演说的大多数内容无法听清，因为士兵们由于热爱和信赖他，热情和激情高涨，以至他们用一波又一波的欢呼回应他的演说，争相劝诫他放

[①] ［英译注］原文拼写有误，应是阿里斯泰诺斯（Aristaenus）。阿里斯泰诺斯是杜迈人提摩卡德斯（Timocades）之子。此人起初与斐洛珀门合作，后来转而支持罗马，成为斐洛珀门的政敌。

心地率领他们迎敌。不过,斐洛珀门演说的大意是——他只要逮到机会就会向他们指出这一点——在眼下这场战役中,敌人是为可耻卑鄙的奴役而战,而他们则是为光荣不朽的自由而战。

马卡尼达斯起初似乎打算率方阵攻击敌人右翼,但是,随着双方接近,他在适合的距离向右转,以直线展开阵型,让己方右翼延展的范围可遮盖敌人左翼,同时令发射投掷物的部队上前以相等距离置于整个战线前方。斐洛珀门看到马卡尼达斯的战术是先用投掷物攻击自己的方阵,砸伤士兵从而让全军陷入混乱,便没有丝毫耽搁,果断地率他的塔伦托兵① 在波塞冬神庙附近发动攻击,那里地势平坦,适宜骑兵作战。马卡尼达斯看到这一幕,被迫做出类似反应,也立即命他麾下的塔伦托兵冲锋。

[13] 一开始,双方只派出塔伦托兵接战。他们勇猛激战,但是随着轻步兵逐渐赶来支援受到压制的塔伦托兵,双方的雇佣兵很快混杂在一起。他们在整个战场上各自为战,场面极其混乱。很长一段时间里,战斗势均力敌,以至等着观察战斗激起的烟尘会向哪个方向移动的其他作战单位无法看到任何动向,因为双方很长时间里都占据着原来的阵地。但是,一段时间后,马卡尼达斯的雇佣兵由于人数多、技艺精湛而占据上风,因为他麾下的雇佣兵皆训练有素。这是司空见惯之事,因为正如民主城邦的公民兵要比僭主的臣民兵更勇敢,僭主的雇佣兵在各个方面也都优于民主城邦的雇佣兵。正如在前一情形中,公民兵是为自由而战,臣民兵是为奴役而战;在雇佣兵的情形中,僭主的雇佣兵是为显著提升他们的地位而战,民主城邦的雇佣兵则是为佣金而战。所以,一个民主城邦消灭那些阴谋反对它的人后,就不再需要雇佣兵保护它的自由;但是,对于一个僭主城邦,它的野心越大,就越是需要更多的雇佣兵。因为僭主城邦越伤害臣民,就越

---

① [英译注] 一种轻装骑兵,现在已经无法得知他们为何会有这样一个名称。

是激发更多反对它的阴谋。总之，可以这样说，僭主的安全依赖于外邦士兵的爱戴和强大。

[14] 这也是当下战场上的情形。马卡尼达斯麾下的雇佣兵以决绝的勇气战斗，斐洛珀门麾下支援雇佣兵的伊利里亚兵和胸甲步兵不仅无法抵御敌人攻击，反而夺路而逃，乱哄哄地朝曼提尼亚逃去，战场距离曼提尼亚城7斯塔德。这场战役足以提供充分的证据说服怀疑下述事实的人：战争的大多数结果取决于将帅将道造诣的高低。若在战役之初获胜，那么继续扩大战果兴许是一项伟大的壮举。但是，若在战役之初遭遇失利，却仍能保持头脑冷静，能发现初胜一方的判断失误，进而利用对方的错误，取得最终的胜利，无疑更伟大。的确，我们常常看到那些看似已经取胜的人最后败得一塌糊涂，那些起初看似已经失败的人凭借他们的机敏，竟出人意料扭转局势，反败为胜。眼下这场战役中两位统帅的行动足以清楚地揭示这一点。

斐洛珀门麾下的全体雇佣兵最终溃逃。左翼崩溃时，马卡尼达斯没有按照原计划一方面侧翼迂回包抄敌人右翼后路，另一方面在正面对敌人右翼发动致命一击，而是愚蠢地丧失自制，竟冲上去与自己的雇佣兵一起追击逃跑的敌人，仿佛单凭恐惧还不足以把溃逃的敌人赶到曼提尼亚城门口。

[15] 斐洛珀门起初竭尽所能重振雇佣兵的士气，挨个呼喊雇佣兵指挥官的名字，鼓励他们。但是当看到他们被迫后撤，他既没有因沮丧而逃跑，也没有丧失信心和放弃希望，而是来到方阵所在的右翼，待敌人追击者跑过战场，刚刚战斗的战场空出来时，立即命方阵第一部急速向左转，同时没有打乱阵型，快速占据敌人放弃的战场，既切断敌人追击者的后路，同时可从侧翼迂回包围敌人方阵的后部。他鼓励方阵士兵振奋士气，等待他发布攻击命令。他命迈加洛波利斯人珀律埃诺斯（Polyaenus）迅速集结所有伊利里亚兵、胸甲步兵和留在后方或逃脱追击的雇佣兵，让他们支援方阵侧翼，同时等待敌人的追击者返回。

拉克岱蒙人的方阵虽然没有得到命令，但是受己方轻步兵胜利的鼓舞，放低长矛，开始向敌人冲锋。他们抵达壕沟边，一方面，他们已距敌人很近，所以来不及停下脚步。另一方面，他们轻视壕沟，以为沟不深——因为在炎热的夏季，沟内既没有水，也没有灌木——遂毫不犹豫跃入壕沟。

［16］当斐洛珀门看到脑海中萦绕已久的重创敌人的机会终于来临，他立即命令整个方阵放低长矛，开始冲锋。这时，阿凯亚方阵如同一个人，发出一声令敌人闻风丧胆的怒吼，便冲向敌人，而那些已经打破队列、跃入壕沟的拉克岱蒙方阵兵失去勇气，正当他们爬上壕沟对岸时，恰好遇到敌人站在他们头顶，遂转而溃逃。敌人大多数方阵兵殒命于壕沟，要么是被阿凯亚人杀死，要么是被战友砍死。这一结果不可归因于偶然（αὐτομάτως）或一时的幸运，而是应归功于斐洛珀门的机敏，因为他立即就看到可利用壕沟保护己方士兵。

斐洛珀门这样做并非像有人以为的是试图避免与敌人交战，而是精确算计的结果。他如一位老练的将军那样预见到，如果马卡尼达斯列阵向前时没有考虑到那条壕沟，敌人方阵就会遭遇我刚刚描述的命运，敌人方阵也的确遭此不幸；但是，如果马卡尼达斯考虑到壕沟带来的困难，从而改变战术，打乱原有阵型，摆出很长的行军阵型，以避免与敌人交战，斐洛珀门就无需进行全面会战便能取得胜利，马卡尼达斯则会遭遇失败。

这种事发生在很多将领身上。他们按照战斗顺序列阵后，要么由于地势不利，要么由于兵力劣势，要么由于其他理由，断定己方没有能力击败敌人，遂换成长长的行军阵型，期望只凭后卫部队，要么战胜追击的敌人，要么成功逃脱，从而成功撤走。这是将帅们犯这种错误最常见的原因。

［17］斐洛珀门对结果的预期没有落空：拉克岱蒙人已彻底溃败。当看到自己的方阵取胜，一切进展顺利，他转而考虑计划的剩余部分，即阻止马卡尼达斯逃脱。斐洛珀门清楚，马卡尼达

斯在愚蠢地追击溃兵时，便和雇佣兵们被截断在壕沟靠曼提尼亚城一侧，于是开始等待他的再次出现。马卡尼达斯停止追击时发现他的部队正在逃跑，意识到他追击得太远，导致方阵兵被击败，立刻试图聚拢周围的雇佣兵，迫使雇佣兵聚成紧凑阵型。部分雇佣兵起初怀着这个目的聚拢在他身边，希望凭此方式能安全撤离战场，但在抵达壕沟边并看到阿凯亚人正控制着壕沟上的桥时，他们全部灰心泄气，抛弃马卡尼达斯，转而各自为战，竭力自救。与此同时，马卡尼达斯对过桥已不抱希望，便骑马沿着壕沟拼命寻找能跃过沟渠的地方。

[18]斐洛珀门通过马卡尼达斯的紫袍和战马的装饰认出了他，命阿纳克西达莫斯（Anaxidamus）严密防守桥，绝不能让一个雇佣兵逃脱，因为斯巴达僭主正是一直依靠他们才维持其权力。他本人则率库帕里西亚（Cyparissia）部族的珀律埃诺斯和西米阿斯（Simias）——这两人此时是他的助手——沿着壕沟这一侧紧追马卡尼达斯及其随从，当时有两个人跟随马卡尼达斯，一个是阿勒克西达莫斯（Arexidamus），另一个是雇佣兵。马卡尼达斯抵达一处可轻易跃过的地段，猛刺战马，跃过壕沟，斐洛珀门这时也恰好抵达。斐洛珀门用长矛给马卡尼达斯造成致命伤，又用力猛刺让长矛贯穿，亲手杀死这位僭主。阿勒克西达莫斯也在斐洛珀门的两位助手手里遭受同样的命运。这两人被杀后，那位雇佣兵对跃过壕沟感到绝望，溜之大吉。

西米阿斯和同伴扒光敌人尸体，拿走马卡尼达斯的铠甲，砍下他的头，后迅速奔回桥边，向己方士兵展示敌人的统帅已死。士兵们通过眼见为实变得更加自信和无所畏惧，继续追击敌人到泰格亚。这一幕的确对激发士兵的斗志作用很大，正是由于这一幕，他们通过猛攻占据泰格亚，几天后又陈兵于攸洛塔斯河边，毫无争议地控制拉科尼亚地区。他们多年以来无法将敌人从自己土地上驱逐出去，现在则毫无畏惧地劫掠拉科尼亚，且在这场战役中几乎没有遭受什么损失，反而不仅杀死多达4000名拉克岱蒙人，而且俘获比这一数目更多的俘虏，敌人全部辎重和武器也落入他们手中。

四、意大利事务

[19a] 如果单单向读者叙述战争、战役和围城、城池的陷落，却不告诉他们每个事例成功或失败的原因，有何益处？因为上述行动的结果只会吸引读者，而负责这些行动的将帅先前的决策——如果能被恰切地揭示的话——才对读者有益。对那些关注这一点的人来说，最有益的是详细揭示将帅们如何处理每个具体问题。

汉尼拔[1]

[19] 任何人只要想想汉尼拔在意大利待的时间之长，细致思考他从事的大小战役和无数的围城战，诸城市如何从一方倒戈另一方，思考他面临的种种困难，思考他的整个计划及其执行所涉及的地域之广，思考他与罗马人连续战斗16年，不仅他的部队从未被打散和逐出战场，而且他还将他们牢牢控制在麾下，就像一位优秀的船长，这样一支庞大的军队——他的各作战单位不仅来自不同的地区，而且属于不同的种族——竟从未发生过哗变，内部也没有发生过内讧，那么必定会对汉尼拔的为将之道、勇气和

---

[1] 依照珀律比俄斯透露出的原则，这个残段应该对应着公元前206年，汉尼拔在意大利的征战完全丧失优势后，对汉尼拔远征意大利失败的总结。

公元前206年是汉高祖元年。这年正月，项羽自立为西楚霸王，封刘邦为汉王，统治疆域为巴、蜀、汉中，都城在南郑（今陕西汉中南郑区）。时年，汉王五十岁。四月，诸侯大军兵罢，返回各自封地。八月，汉王用韩信之计，出陈仓，奔袭雍王章邯。韩信统率汉军迅速攻灭章邯，又遣将攻占陇西、北地、上郡，夺占武关，欲争天下。项羽得报，立即发兵迎击，驻军阳夏（今河南太康县）欲挡汉军。项羽又令原吴县县令郑昌为韩王，抵抗汉军。参《史记·高祖本纪》，前揭，页365-368。

力量敬佩不已。

他麾下有利比亚人、伊比利亚人、利古里亚人、凯尔特人、腓尼基人、意大利人和希腊人，这些种族不仅在律法、习俗、语言方面不同，而且在其他所有方面也毫无共同之处。但是，他们的统帅有能力迫使他们听从一个人的命令，服从一个单一意志，而汉尼拔不是在简单的条件下而是在复杂的条件下做到这一点，机运的狂风有时对他有利，有时对他不利。因此，我们在这些方面不能不钦佩汉尼拔，并肯定地说如果汉尼拔从天下的其他区域开始他的征伐，最后选择与罗马人交战，那么他的计划本来不会失败。但是，事实上，他却首先征伐他本应该最后征伐的人，他的事业在意大利这片战场开始，又在这片战场结束。

五、伊比利亚事务

葛思康之子哈斯德鲁巴被斯基皮奥击败

[20] 哈斯德鲁巴从冬季营地召集部下集结，率军抵近到距伊里帕（Ilipa）城不远的地方扎营。[①] 他在群山脚下挖壕沟保护营地，山前是一片平地，适于进行决战。他麾下有70000步兵、4000骑兵和32头战象。斯基皮奥派马尔库斯·西拉努斯（Marcus Iunius Silanus）前往克里卡斯（Colichas）[②] 处接收已为他准备好的部队，人数为3000步兵和500骑兵。他本人则率剩余盟友朝敌人进军。斯基皮奥率军抵达卡斯塔隆附近的拜库拉周边时，马尔库

[①] 拜库拉之战（10.38–40）后，迦太基人派汉诺到伊比利亚招募部队，被罗马人于公元前207年击败；葛思康之子哈斯德鲁巴撤往加的斯避战，斯基皮奥在塔拉康过冬。这里的伊里帕之战进行于公元前206年春。

[②] 克里卡斯是伊比利亚一个部族的首领。马尔库斯·西拉努斯自公元前210年作为斯基皮奥的同僚远赴伊比利亚。公元前207年，他击败并俘获迦太基将军汉诺（Hanno）。

斯·尤尼乌斯率克里卡斯派来的军队与他会合,斯基皮奥发现此时形势非常险恶。

若没有盟友协助,他麾下的罗马军队不足以与敌一战,但是,在他看来,依赖盟友的协助进行一场决战又太过冒险。然而,他尽管犹豫不决,却发现为形势所逼,不得不仰赖伊比利亚盟友,利用伊比利亚人给敌人留下他的军力很强的印象,把真正的战斗交给他麾下的军团。他怀揣这一意图率军继续上路,他的大军有45000名步兵和3000名骑兵。抵达敌人附近且能看到敌人后,他在敌人对面几处低矮的山上扎营。

[21]马戈(汉尼拔的幼弟)认为敌人构筑营地时是发动袭击的绝佳机会,遂率麾下骑兵外加马西尼萨率其努米底亚骑兵,攻击敌人营地,以为斯基皮奥此时正疏于防备。但是,斯基皮奥早就预见到这一情形,已将与敌人骑兵人数大体相当的己方骑兵部署在山下。马戈的袭击部队遭到敌人骑兵出其不意的攻击,很多迦太基人看到敌人突然杀出,急忙掉头,却摔落马下,剩余的骑兵则勇敢迎敌。

然而,由于罗马骑兵灵活地下马作战,迎敌的迦太基骑兵陷入困境,战死众多,略微抵抗后撤退。他们撤退之初还保持秩序,但在罗马骑兵紧追不舍时,队列很快散乱,他们慌忙逃向己方营地。此战之后,罗马人的士气更旺,汲汲于决战,迦太基人则士气低落。双方有好几天都在彼此营地之间的空地列阵,用骑兵和轻步兵的小规模冲突试探对方,最后决定进行决战。

[22]在这次战役中,斯基皮奥运用了两种不同的战术。他观察到哈斯德鲁巴总是很晚才率军出营,将利比亚人部署在战阵中央,将战象部署在两翼前方,且他本人也养成习惯,每天比敌人更晚出营,让罗马方阵位于战阵中央正对利比亚人,让伊比利亚盟友的部队分居两翼。他决定在进行决战的那一天采取完全相反的战术,从而对促成己方的胜利、敌人的溃败贡献极大。

决战那天的拂晓时分,斯基皮奥就派副官传令所有军团长和士兵吃早餐，然后全副武装出营。这事过后，全军热切地执行命令，猜想会有什么大动作。斯基皮奥接着命骑兵和轻步兵接近敌人营地，大胆地向敌营投掷矛枪，他本人则率步兵迎着正在升起的太阳出营，抵达战场中部后，按战斗阵型布阵，部署方式与之前的方式完全相反：将伊比利亚人部署在阵中央，罗马军团分居两翼。

由于敌人骑兵突袭己方营地，又看到敌人其他部队正在列阵，迦太基人发现几乎已没有时间武装自己。所以，尚未吃饭的哈斯德鲁巴及其大军被迫立刻行动，他没有做任何准备就派出骑兵和轻步兵攻击敌人的轻步兵，他本人则率领重装步兵在距离山脚不远的地方列阵，和他之前的做法一样。在一段时间里，罗马人按兵不动，但是随着天逐渐大亮，双方的轻步兵部队都没有取得决定性优势，受到对方压制的轻步兵总是撤往己方方阵寻求保护，然后再次冲出继续战斗。斯基皮奥决定改变作战计划，他通过重装方阵连队之间的间隙接纳轻步兵，将他们分配到两翼的方阵后面，轻步兵后面是骑兵。一开始，他率整个战阵径直向前，但是走到距离敌人4斯塔德之处时，他命令伊比利亚人继续向前，右翼的骑兵和步兵右转，左翼的骑兵和步兵左转。

［23］然后，斯基皮奥率领右翼，卢西乌斯·玛尔基乌斯（Lucius Marcius）和马尔库斯·西拉努斯率领左翼，两翼冲在最前面的是三个作战单位：骑兵、轻步兵和三支方阵步兵连队——罗马人称步兵连队为cohort。他们率军急速径直朝敌人奔去。奔跑途中，左翼再次右转，右翼再次左转，后续队列紧跟前方队列进行转向。两翼行进到距离敌人不远时，中央的伊比利亚人仍在继续前进，他们距敌人仍有一段距离，因为他们行进速度有些慢。一切皆如斯基皮奥原初所谋划的进行，两翼的罗马纵队直接扑向敌人两翼。

随后的行动是使后方的队列与领头的队列进入同一条战线，使每个队列处于可攻击敌人的位置。无论是左右两翼还是步兵和骑兵，他们皆朝相反方向前进：右翼的骑兵和轻步兵朝右转向以迂回包抄敌人后部，重装步兵则向左转直接攻击敌人侧翼；左翼的重装步兵向右转攻击敌人侧翼，骑兵和轻步兵则向左转迂回包抄敌人后部。结果是，两翼的骑兵和轻步兵的运动方向左右相反。但是，斯基皮奥认为此事不重要，他把注意力放在真正重要的目标上——侧翼迂回包围敌人，并且他的看法完全正确：一位将军不仅应掌控行动的实际进展，而且应采取适合紧急情况的行动。

［24］由于这一攻击，敌人战象受到罗马骑兵和轻步兵的矛枪的攻击和来自四面八方的骚扰，非常痛苦，给己方和敌人造成同样严重的伤亡。因为它们在狂奔时会毁灭所有挡住他们去路的人，所以不会管他们是己方士兵还是敌人。迦太基人两翼的步兵已经溃败，位居阵线中央、战斗力最强的利比亚人对此无能为力，因为他们由于恐惧遭到罗马阵线中央的伊比利亚人的攻击，不能离开原有阵地去援助两翼，也无法有效配合两翼的战斗，只能待在原地不动，因为当面的敌人尚未接近他们。

不过，迦太基人的两翼仍勇猛战斗了一段时间，因为两翼的士兵非常清楚一切皆取决于这次战役的结果。但是，随着日近中午，迦太基人变得虚弱，因为他们早上并非主动出营，没有做好恰当的准备，而罗马人开始展现出超强的力量和斗志，这主要是由于他们统帅的远见，他用最精锐的部队对战敌人战力最弱的部队。哈斯德鲁巴的部队起初屈服于敌人压力，逐步缓慢后撤，但是不久，他们成群逃跑，撤往山脚。罗马人则发动更猛烈的攻击，迦太基人最后仓皇逃往营地。要不是某位神介入挽救他们，他们本来会立即被赶出营地。当时，天空突然乌云密布，暴雨倾泻而下，以至罗马人返回营地都非常艰难……

珀律比俄斯在其史书卷十一说，伊洛吉亚（Ilourgia）[①]是伊比

---

① ［英译注］公元前211年，斯基皮奥的父亲和叔叔战死后，该城叛离罗马，现在被斯基皮奥重新征服。参李维，《罗马史》，28.19–20。

利亚的一座城。(拜占庭的斯特法涅斯)

很多罗马人在寻找熔化的银块和金块时,被烧死……[①]

[24a]众人恭贺斯基皮奥把迦太基人赶出伊比利亚,恳请他休息一番,因为他已结束伊比利亚的战事。他说,他认为他们有此种希望是幸福的,但是对他来说,眼下正是该考虑如何向迦太基本土开战的时刻。因为迄今为止,一直都是迦太基人向罗马人发动战争,现在机运赋予罗马人向迦太基人开战的机会。

斯基皮奥在这个方面极有天赋,他优雅且机敏地对桑法克斯(Syphax)[②]说话,以至哈斯德鲁巴随后对桑法克斯说,在他看来,斯基皮奥在交谈方面比在战场上更令人生畏。[③]

罗马军队的哗变

[25]罗马营地内的部分士兵发生哗变时,斯基皮奥尽管已拥有相当丰富的实践经验,却发现自己从未如此难办和窘迫。这是意料之中的事。就像我们的身体,诸如寒冷、酷暑、疲劳和受伤等外部原因会让身体受到损伤,而这些外部原因未发生之时,我们可以防范它们,当它们发生时,也很容易治疗。但是,身体内部的疾病却很难被预见,它们发生时也很难被治疗,我们应认为国家或军队也是如此。对于外部的阴谋和战争,如果我们时刻警惕,战胜它们并找到补救办法是很容易的,但是,对于内部的

---

① [英译注]此事发生在阿斯塔帕(Astapa),参李维,《罗马史》,28.23。

② 马塞西力人(Masaesyli)的王,统治区域包括现在的奥兰城(Oran)和阿尔及尔城(Algiers),都城是锡格(Siga)。伊里帕战役后,斯基皮奥访问桑法克斯,试图与之结盟,返回伊比利亚后才征服伊洛吉亚城。

③ [英译注]在桑法克斯的宫廷,斯基皮奥和哈斯德鲁巴曾共进过一次晚餐,斯基皮奥试图说服桑法克斯与罗马结盟,哈斯德鲁巴则竭力劝说他保持与迦太基的盟友关系。参李维,《罗马史》,28.17–18。

反抗、哗变、动乱，找到补救办法则很难，需要极大的机敏和非凡的智慧。然而，在我看来，对军队、国家和身体有一条皆适用的规则，即绝不允许它们中任何一个长期懒散和怠惰，尤其是它们享受繁荣和富足时。

如我一开始所说，斯基皮奥非常勤奋，同时又非常睿智和富有经验。他召集军团长，向他们提出下述缓解局势的计划。他说，他们应该向哗变士兵承诺支付欠款，为了保证这一承诺具有可信度，应立即公开且积极地征收以前摊派给各城维持整支大军的贡款，以此向哗变士兵表明采取这一措施就是为了改变此前支付军饷的不规范。他请求这些军团长返回各自军团，督促哗变士兵悔改，并单独或集体到他面前领取军饷。他说，完成这项工作后，再依照届时处境的要求，考虑接下去应该怎么做。

[26] 军团长们怀着这个目的，忙着征收贡款……①当军团长把哗变士兵的决定告诉斯基皮奥，他对军事议事会陈述下一步该如何行动的看法。②会议决定选定一天面见哗变士兵，然后向普通士兵让步，但要严厉惩罚哗变的始作俑者，他们大概有35人。预定的那一天到来后，哗变士兵达成协议，领走他们的军饷。斯基皮奥密令军团长约见哗变头目，每位军团长负责约见5名头目，见到他们后，要首先表达友善，邀请他们到自己的住处。如果可能的话，留其住宿；如果不可能，就留他们吃晚饭或参加类似娱乐活动。三天前，他已命令麾下部队准备可用相当时间的补给，借口是马尔库斯·尤尼乌斯·西拉努斯将率领他们进攻安多巴勒斯。哗变士兵获悉这个消息后，更加自信，因为他们以为既然其他军团已经离开，届时，他们面见斯基皮奥时，将能掌控整个局势。

---

① [英译注] 从李维《罗马史》，28.25来看，这项任务没有完成。
② [英译注] 从李维《罗马史》，28.25来看，哗变士兵打算全体来见斯基皮奥。

[27] 当哗变士兵向此城前进时，斯基皮奥命其他士兵于第二天拂晓时分带着所有行李出发。届时，军团长和各级军官都要在场，他们首先要让士兵们先把行李存放好，然后全副武装分别看守各城门，确保任何一个哗变士兵都无法逃出。奉命约见哗变头目的军团长，遇到哗变头目时，热情地招待他们，并依照斯基皮奥的命令，带着他们离开前往自己住所。斯基皮奥给诸军团长的命令是，晚饭后立即逮捕35名头目，并且将他们绑起来，不准任何人离开，然后每名军团长派人告知斯基皮奥此事已办妥。诸军团长按这些命令行事。第二天早晨，斯基皮奥看到新抵达的哗变士兵已聚集在市场上，遂召集他们开会。

所有哗变士兵像往常一样服从集合令跑去集合，非常好奇斯基皮奥的气色如何，他会如何向他们谈论当下的处境。斯基皮奥则派人到驻守城门的诸军团长那里，命令他们率领麾下全副武装的士兵包围会场。他走上前台，众人一见他，皆大吃一惊。大多数哗变士兵原以为斯基皮奥气色不佳，而现在完全出乎他们的意料，他们突然看到斯基皮奥气色极好，吓得目瞪口呆。

[28] 斯基皮奥开始演说，首先说了大意如下的话。他说，他很好奇，是何种冤屈或何种期许促使他们造反。人们冒险反叛自己的祖国和上级，无非有三个原因。第一，他们挑剔和不喜欢统领他们的人；第二，他们对现实情况不满；第三，他们对改善处境抱有极大希望。他说：

> 我问你们，你们这次造反是出于哪个原因？显然是因为你们对我不满，因为我没有付给你们应得的军饷。但是，这不是我的错误，因为自从我统领你们以来，我始终全额支付。但是，你们如果对罗马有不满，因为它拖欠你们之前的军饷，因此就反叛自己的国家，拿起武器反抗养育你们的祖国，这难道是一种正当的抱怨方式？你们不是应该先跟我交涉这件事，请求你们的朋友帮助你们？我认为这样做要好

得多。雇佣兵反叛他们的雇主有时会被宽恕，但是那些为自己、妻子、子女而战的人若反叛祖国则在任何时候都无法得到原谅。

你们的行为，如同一个人在金钱事务上受到父亲的错待，就反过来杀死赐予他生命的父亲。老天呐！你们能说，我强令你们比其他人承受更多艰辛和危险，同时却赐予其他人更多的好处和战利品？你们绝不敢这样说，你们即使敢说，也拿不出证据。那么，究竟是什么不满让你们现在背叛我？我很想知道！但是，在我看来，你们中没有哪个能告诉我任何不满或冤屈。

［29］你们也绝不是对当下处境感到不满。因为一切何曾如此富足，罗马何曾享受过这么多胜利，它的士兵何曾有过比现在更光明的前景？你们中某个泄气沮丧之徒可能会告诉我，与敌人在一起会有更大的好处，会有更大、更好的前景！这些敌人是谁？是安多巴勒斯和曼多尼乌斯？你们难道不清楚，这两人起初背叛迦太基倒向我们，眼下又违背誓言和保证，再次宣称与我们为敌？你们竟认为与这两人为友、与你们的祖国为敌是一件美事！

此外，你们不要妄想仅凭你们就能征服伊比利亚，因为你们即使得到安多巴勒斯军队的支持，也根本不是我的对手，遑论单凭你们与我为敌！那你们脑中究竟装的是什么？我很想知道！除非事实是，你们依靠刚刚任命的领袖[①]的技艺和勇气，或是他们面前的束棒和斧钺，再说下去是可耻的。士兵们，不，根本不是这么回事，你们根本不能在我这里和你们的祖国前面为自己辩护。

因此，我替你们向罗马和我自己求情，用一种公认的理由：大众都容易被误导，很容易被诱使去做过分之事，所以

[①] ［英译注］哗变士兵选出两位领袖，参李维，《罗马史》，28.24。

总是像大海一样变化无常。就如大海本身对航行其上的人是无害的，是平静的，但是当暴风吹来，在那些航行其上的人看来，大海的特征与搅动它的风一样，大众也是如此。对那些与大众打交道的人来说，大众不论表面看来还是实际看来都与煽动他们的领袖和参谋的特征一样。因此，此时此刻，我和军队的高级将领都同意与你们和解，同意赦免你们，但是，我们拒绝赦免罪魁祸首，我们已经决定惩罚他们对祖国和我们的伤害。

［30］他的话音刚落，已包围会场的士兵立即挥动剑和盾牌发出铿铿之响，同时哗变的始作俑者也被绑着带入会场，他们此时赤身裸体。哗变士兵被周围的士兵和面对的恐怖吓得胆战心惊，以至当他们的部分头目被鞭打，另一些头目被斩首时，他们竟无人支持，一言不发。所有人都被震惊和恐惧击倒，吓得目瞪口呆。当所有罪魁祸首被以这样侮辱性的方式处死后，尸体被拖在地上经过哗变士兵面前，普通哗变士兵从斯基皮奥和其他将领那里得到一份共同保证：未来不会有人秋后算账，或重提他们这次的过错。接下来，他们挨个上前，向军团长发誓他们将遵守上级命令，永远忠诚于罗马。

斯基皮奥成功解决被证明是极度危险的哗变，使麾下部队恢复原来的纪律。

镇压安多巴勒斯的叛乱

［31］斯基皮奥在新迦太基召集部队集合，向他们陈述安多巴勒斯的大胆计划和他的背信弃义。他详细论述这个问题，彻底激起士兵们对这些王公的不满。他接着细数他们之前与迦太基人指挥下的伊比利亚和迦太基联军的所有战役，然后告诉他们，正如他们以前战无不胜，眼下也不应有丝毫疑虑，不应恐惧被安多巴

勒斯麾下的伊比利亚人击败。因此,他不愿意召唤任何一个伊比利亚人来协助他们,而是只凭罗马人去迎战安多巴勒斯。这样就可向世人证明,罗马人之前制服迦太基人、将他们赶出伊比利亚不可归因于伊比利亚人的帮助,而是归因于他们自己:他们此前击败迦太基人和凯尔特-伊比利亚人凭靠的是罗马人的无畏和勇敢行动。

说过这些后,斯基皮奥劝诫士兵要同心协力,如果他们曾满怀信心地走向战场,现在也应这样做。至于战斗的结果,在诸神的帮助下,他本人会采取适当措施来确保胜利。他的话使全军热情高涨、信心满满,以至从外表上看,他们个个都像眼前已有敌人,马上就要同敌人战斗。

[32]演说结束后,斯基皮奥解散集会。第二天,他率军出征。在第十天,他抵达埃布罗河,并于渡过该河后的第四天占据敌人阵前的一处地点扎营,他的营地和敌人营地之间有一个谷地。第二天拂晓,他将一群牛赶入山谷,牛群背后跟着士兵,并命令盖乌斯·莱利乌斯统领骑兵做好准备,命一些军团长让轻步兵做好战斗准备。很快,牛群让伊比利亚人陷入混乱,斯基皮奥派部分轻步兵发动进攻,由于双方皆派出援兵,战斗逐渐升级,山谷内爆发步兵间的小规模激战。眼下是骑兵发动攻击的绝佳时期,盖乌斯·莱利乌斯依照斯基皮奥的命令,率早已准备就绪的骑兵冲击敌人散兵,将他们切断在山这一侧,大多数敌人分散在山谷内,被罗马骑兵砍死。

面对这一情形,蛮夷愤怒至极,渴望出战,唯恐这一初次失利在军内制造出普遍的恐慌,遂等天一大亮,立即率全部军队出营,摆出战斗阵型。斯基皮奥对此早有准备,他注意到伊比利亚人全军冒失地准备下到山谷,然后让他们的骑兵和步兵在平地上列阵,他命令全军等到敌人全部进入山谷再发动攻击。他对麾下骑兵充满信心,对麾下步兵更有信心,因为在一场激烈的肉搏战中,他的骑兵和步兵,不管是在武器装备方面,还是在士兵的能力方面,都要比敌人强得多。

[33] 当看到他渴望的时机出现，他命轻步兵对抗在山脚处集结的敌人，他本人则率4支步兵连队从营地出击，以密集队形攻击那些下到山谷的敌人步兵。与此同时，盖乌斯·莱利乌斯率骑兵沿着从营地向下延伸到山谷的山脊前进，从后方包抄伊比利亚骑兵，使得后者只能防御。最终，敌人步兵此前本已依赖骑兵的支持下到山谷，眼下却由于失去骑兵的支持，陷入孤立无援的艰难境地。敌人骑兵的处境并不比步兵好，他们被堵塞在一处狭窄空间，无法发挥骑兵优势，自相残杀导致的损失远远超过敌人攻击造成的损失。同时，己方步兵又挤压他们的侧翼，敌人的步兵和骑兵也在对他们前后夹击。战斗的情形就是如此，几乎下到山谷的所有士兵皆被砍死，那些仍留在山上的得以逃脱。后者是轻步兵，构成安多巴勒斯军队的第三部分，安多巴勒斯正是在他们的陪同下成功逃入一个坚固的堡垒。

完成在伊比利亚的任务后，斯基皮奥满怀喜悦抵达塔拉康，将一场辉煌的凯旋、光荣的胜利作为礼物送给他的祖国。他急于尽早返回罗马参与执政官选举，于是安排好伊比利亚一切事项，将大军交给马尔库斯·尤尼乌斯·西拉努斯和卢西乌斯·玛尔基乌斯后，便携盖乌斯·莱利乌斯和其他友人航往罗马。①

六、亚洲事务

巴克特里亚的情况

[39] 欧西德莫斯一世本人是马格尼西亚人，此时正对特勒阿斯（Teleas）自我辩护。② 他说，安提俄库斯三世企图剥夺他的

---

① 参加公元前206年至前205年度的执政官选举，斯基皮奥成功当选。
② 此时是公元前206年，特勒阿斯也是马格尼西亚人。安提俄库斯三世经过长期却无效的围城后，派他与欧西德莫斯一世谈判。

王国是不义的，因为他本人从未反叛过这位国王，反而在其他人叛乱后，通过毁灭叛乱者的继承人才夺取巴克特里亚的王权。①就同样的意思长篇大论一番后，欧西德莫斯一世恳求特勒阿斯以一种友好的方式在他和安提俄库斯三世之间斡旋，使他们二人和解，并恳请特勒阿斯代他请求安提俄库斯三世不要嫉恨他的国王名号和王国。如果安提俄库斯三世拒绝这个请求，他们双方都不会安全，因为相当强大的游牧部落②正在接近，这不仅对他们二人是严重威胁，而且如果同意接纳那些游牧部落，巴克特里亚也肯定会重新陷入野蛮状态。如此说完后，他派特勒阿斯前去觐见安提俄库斯三世。

安提俄库斯三世一直在寻找解决巴克特里亚问题的方案，所以在接到特勒阿斯的报告后，由于上述原因，他很乐意同意和解。特勒阿斯在两位国王之间多次奔走，最后，欧西德莫斯一世派他的儿子德米特里乌斯前去签署协定。安提俄库斯三世接待这位年轻人时，从他的外表、谈吐和高贵的举止判断他配得上王室，遂首先允诺把女儿嫁给他，然后允许他的父亲自称国王。③就其他问题订立书面条约并宣誓结盟后，安提俄库斯三世为他的部队补充大量谷物，用欧西德莫斯一世的战象补充他的象队，然后率军离开。穿过高加索（Caucaus）④后，他下到印

---

① 公元前255年，塞琉古王国的巴克特里亚总督狄奥多图斯一世趁帕提亚人反叛之际，宣告独立，委派功臣为各州总督。公元前230年，索格底亚那总督欧西德莫斯夺取王位，称欧西德莫斯一世。

② 这里的游牧部落总称为塞种人（Sacas）。公元前145年，巴克特里亚王国被大月氏人和部分塞种人征服。

③ 不清楚后来是否履行这一婚约。

④ 珀律比俄斯指的是帕米尔或兴都库什山，亚历山大大帝远征后，希腊人用高加索指称帕米尔或兴都库什山周边。此处的意思是，安提俄库斯三世进入喀布尔谷地。

度，更新与印度王索法伽塞诺斯（Sophagasenus）的盟约。^①他在此地得到更多的战象，以至他的战象总数达到150头。进一步为大军补充谷物后，他率军启程，留下库基库斯人安德罗斯忒涅斯（Androsthenes）收集索法伽塞诺斯答应缴纳的贡款。

安提俄库斯三世翻越阿拉康西亚（Arachosia）、渡过欧律曼图斯（Erymanthus）河，^②经德拉基涅（Drangene）抵达卡马尼亚（Carmania），此时正值冬季到来，遂在此地过冬。^③

这就是安提俄库斯三世远征东方内陆的最终结果。经过这次远征，他不仅让内陆的行省服从他的统治，而且众海边城市和陶鲁斯山脉这一侧的王公也向他俯首称臣。^④一言以蔽之，他使他的王国重获安全，以他的勇气和勤勉震慑了所有臣民。正是这次远征让他不仅在亚洲的民众看来配得上他的王位，而且在欧洲的民众看来，他的王位也名副其实。

―――――――

① 这是更新公元前305年塞琉古一世与孔雀王朝国王旃陀罗笈多（Chandragupta）的盟约，索法伽塞诺斯应是孔雀王朝第六任国王舍利输迦（Shalishuka，公元前215—前202年在位）。

② 阿拉康西亚位于兴都库什山西南，该地此后被欧西德莫斯一世之子德米特里乌斯一世征服，后者在阿拉康西亚建立德米特里亚斯城（Demetrias）。欧律曼图斯河即现在的赫尔曼德河（Helmand）。

③ 公元前206年冬。

④ 这次远征之后，安提俄库斯三世获"大帝"之名。

第十二卷

一、利比亚事务

［1］珀律比俄斯在其史书卷十二说，拜萨基翁（Byzacium）是靠近苏尔忒斯（Syrtes）的一个地区，它的周长是2000斯塔德，外观呈圆形。

珀律比俄斯在其史书卷十二说，希波（Hippo）是利比亚的一座城。

珀律比俄斯在其史书卷十二说，辛加（Singa）是利比亚的一座城。

珀律比俄斯在其史书卷十二说，塔布拉卡（Tabraka）是利比亚的一座城。

珀律赫斯托（Polyhistor）在《利比亚》卷三说，卡尔克亚（Chalkeia）是利比亚的一座城，德摩斯忒涅斯（Demosthenes）也这么认为。[1] 珀律比俄斯在其史书卷十二中谴责德摩斯忒涅斯说："他对卡尔克亚一所无知，因为它并非一座城，而是一座铜矿。"

---

[1] 珀律赫斯托指米利都的亚历山大，此人生活于1世纪，作为战争囚犯被带到罗马，独裁官苏拉赐予他公民权。德摩斯忒涅斯可能是对提莫斯忒涅斯（Timosthenes）的误写，后者是托勒密二世的海军将领，著有一部论阿非利加的地理的书。

二、论莲花[1]

[2]珀律比俄斯在其史书卷十二，根据亲身观察给出和希罗多德一样的对所谓的利比亚莲花（λωτός）的描述。他说："莲花灌木不大，粗糙多刺。它的叶子呈绿色，形状与鼠李的叶子类似，但是更大、更宽。它的果实的颜色和形状起初类似于白色桃金娘的果实，成熟后，呈红紫色，有圆橄榄果那么大。它的果核很小。利比亚人摘取果实，然后将之混杂燕麦碾碎，装入罐子，作为奴隶的食物。自由人也吃这种食物，制作方式相同，不过要先把果核去除。作为一种食物，利比亚莲花果类似于无花果或枣椰，不过闻起来更香。利比亚人也会用莲花果酿酒，方法是先将果实碾碎，然后泡入水中。这种酒若不掺水喝，味道香甜，类似于上好的蜂蜜酒。但是，这种酒保质期很短，不超过10天，所以利比亚人有需要时才小量酿制。利比亚人也用莲花果酿醋……"（雅典奈乌斯，14.651d）

三、蒂迈俄斯关于阿非利加和科西嘉的错误

[3]利比亚土地之肥沃不可能不给人留下深刻印象。必须要说，蒂迈俄斯不仅不熟悉利比亚，而且很幼稚，完全缺乏判断力，他似乎完全被古人束缚，相信传统的说法：利比亚多沙、干旱和贫瘠。同样的道理也适用于动物。在利比亚，马、牛、绵羊、山羊数不胜数，以至我确信利比亚这类动物的数量和天下其他地区的一样多。原因在于，很多利比亚部族不事农业，而是靠

---

[1] 按产地划分，莲花有三种。希腊的莲花是一种三叶苜蓿，常作为马的饲料，拉丁语为lotus corniculatus；埃及尼罗河流域的莲花是一种水仙花或水莲花，拉丁语为Nymphaea lotus；利比亚的莲花可制作成笛子，拉丁语为Celtis australis。

放牧为生。此外，众所周知，利比亚野生动物成群，那里的大象、狮子和豹子威猛无比，还有漂亮的羚羊和体型巨大的鸵鸟。欧洲根本没有这些动物。但是，蒂迈俄斯根本没有提到它们，仿佛他要故意告诉我们事实的反面。

他对科西嘉岛的叙述与他对利比亚的叙述同样极具误导性。他在其史书卷二提到科西嘉时，说那里有很多野生动物，如野山羊、野绵羊、野牛、鹿、野兔和狼以及别的一些动物，科西嘉人把时间都花在狩猎这些动物上。他说，这实际上是科西嘉人唯一的营生。但是，科西嘉岛根本没有野山羊、野牛，更不用说野兔、狼和鹿这类动物。那里仅有的野生动物是狐狸、山兔和羊。从远处看，山兔很像小型野兔，但是近距离看，二者非常不同。它们的味道也不一样，而且山兔大多数时间都生活在地下。

[4] 科西嘉岛上的所有动物，之所以看起来都是野生的，原因在于该岛树林密布，地形崎岖，牧人很难跟得上他们的牧群。当牧人想聚拢牧群时，他们站在合宜的地方，用号角召唤牧群，所有动物会立即朝号角声方向奔去。所以，外来访客抵达该岛，看到成群山羊和牛无人看管，会试图围捕它们，但是牧群由于不习惯这种做法，会四散跑开。此外，如果牧人看到有人登岛，他会吹响号角，听到号角声，牧群会立即狂奔。这就是让外来访客以为这些动物是野生动物的原因。蒂迈俄斯没有进行充分切实的调查，就随意进行叙述。

动物遵从号角声并不值得大惊小怪，因为意大利的牧猪人以同样的方法管理猪群。与希腊不同，意大利的牧猪人不会紧跟在猪群后，而是每隔一段时间吹号角引领猪群。身后的猪群听到牧猪人的号角声，会朝号角声的方向奔去。那里的猪群习惯于这种独特的号角声已到令人惊讶的地步。事实上，首次听闻此事的人几乎无法相信。总的来说，意大利作物和饲料非常丰富，以至那里的猪群规模很大，尤其是埃特鲁里亚和波河平原的猪群。一窝母猪可以生育1000头以上的猪。牧猪人不会带庞大的猪群同时离开猪圈，而是让其按年龄分批出圈。如果不同年龄的猪群被带到一个地方放牧，很难让它们分开：它们在出圈、吃食、回圈过程中会混杂在一起。于是牧猪人想到用号角引导各自猪群，这样可以省去诸多麻烦。当一位牧猪人朝一个方向出发吹响号角，另一个牧猪人在另一个方向吹响号角，猪群就会跟从各自的号角声分开，以至要它们改变方向或阻止它们奔跑完全不可能。

然而，在希腊，当不同猪群在树林中觅食橡子而混在一起时，谁都有机会把邻居的猪带回家。有时，小偷藏在树丛中偷走无人看管的猪，结果牧猪人根本不知道他的猪是如何丢失的，因为当秋天橡子成熟，牧猪人赶着猪群觅食橡子时，猪群总是远远跑在牧猪人前面，四散开觅食。不过，关于这个话题，我已说得够多。

四、蒂迈俄斯的其他错误

[4a] 经过这些后，谁能原谅这类错误，况且这类错误是热衷于对其他作家的类似错误吹毛求疵的蒂迈俄斯犯下的？例如，他指责忒奥庞姆普斯说狄奥尼修斯二世（Dionysius II）① 乘一艘商船从西西里来到科林多，但事实上狄奥尼修斯二世乘坐的是一艘战舰。再者，他指责厄弗儒斯犯了大错，因为厄弗儒斯说狄奥尼修斯一世（Dionysius I）开始统治时23岁，统治42年，于63岁去世。显然，没有谁会指责厄弗儒斯犯下的这个错误，所以这无疑是抄书员误抄所致。要么厄弗儒斯比克罗伊布斯（Coroebus）和马基特斯（Margites）还要蠢，以至不知道23加42等于65；② 要么

---

① 狄奥尼修斯二世于公元前367年至前357年统治叙拉古。当他外出意大利时，他的统治被推翻，他本人被囚禁于叙拉古卫城。公元前346年，他短暂重建僭主统治，之后再次被囚禁于卫城。两年后，他向科林多将军泰摩利昂（Temoleon）投降，然后被带到科林多，在那里退隐。

② [英译注] 这两位是众所周知的傻瓜。

厄弗儒斯绝不会犯这种低级错误,这显然是抄书员误抄的结果。每个人都觉得蒂迈俄斯这种吹毛求疵的癖好令人反感。

[4b] 蒂迈俄斯在叙述皮鲁士战争时,说罗马人迄今都在纪念特洛伊的陷落,方式是每年都在同一天在战神广场前的空地上射杀一匹战马,因为特洛伊的陷落归因于那匹木马。[①] 我想不出还有比这幼稚的想法。如果蒂迈俄斯的说法真实,我们就得说所有蛮夷皆是特洛伊人的后代,因为几乎所有蛮夷,至少是大多数蛮夷在开战或决战前会献祭一匹马,从马倒下的方式决断开战与否以及是否进行决战。

[4c] 在我看来,蒂迈俄斯犯下如此荒谬的错误时,不仅显得无知,更多是得出下述结论时理智混乱:罗马人献祭战马竟然是因为特洛伊的陷落应归功于一匹木马。

所有这些证明蒂迈俄斯对利比亚、撒丁岛尤其是意大利的探究很不充分,总体上表明他完全没有严格审查从他人处探询来的信息。这恰恰是一位史家最重要的工作。天下各地同时发生各种事件,史家不可能同时出现在各个事件发生地,也不可能亲自访问天下的各个部分,无法亲自查明各地的独特特征。史家唯一的选择是向尽可能多的人打听,相信值得相信之人的说法,审慎判断所有听到的信息。

[4d] 蒂迈俄斯在这个方面大显身手,但我认为他的做法极不诚实。当他对他亲眼所见之事、亲自访问之地的叙述都不可靠时,我们怎能相信他凭靠打听得来的信息是真实的?我的证据是他叙述意大利时犯的错误。毕竟,如果他对自己出生和长大之地的叙述尤其是那里最著名之地的叙述都错误百出,我们理所当然应认为他对其他地区的叙述也不准确。

他告诉我们,叙拉古城的阿瑞特撒(Arethusa)喷泉的水源来自阿勒菲斯(Alpheus)河,而这条河在伯罗奔半岛,流经阿

---

① 珀律比俄斯提到的是罗马人在罗马历每年10月15日献祭战马的习俗。

卡狄亚和奥林匹亚。他宣称，阿勒菲斯河沉入地下，在西西里海下流经4000斯塔德后，在叙拉古流出地面。他为这一论断提供的证据是，奥林匹亚竞技会期间下暴雨时，阿勒菲斯河淹没所经地区，这时阿瑞特撒就会喷出大量牛粪，这些牛粪来自节庆期间献祭的牛。他说，阿瑞特撒还喷出过一个金杯，叙拉古人认定它是奥林匹亚竞技会用过的器具。

五、蒂迈俄斯关于洛克里斯的错误

［5］我碰巧访问过洛克里斯好几次，给予过当地居民很大帮助。正是由于我的努力，他们才被免除参加伊比利亚和达尔马提亚的战事。依照他们与罗马人的条约，他们本来有义务支持罗马在海外的战争。[①]这使得他们免受战争的艰辛、危险，也不用负担巨额开销，所以他们授予我种种荣誉和特权。既然有这份渊源，我本应当说洛克里斯人的好话，而不是相反。但事实上，关于洛克里斯建城的叙述，我会毫不犹豫地采用亚里士多德的说法，而非蒂迈俄斯的，因为亚里士多德的说法更真实。据我所知，洛克里斯人亲口承认，亚里士多德关于他们城市建城的说法而非蒂迈俄斯的说法，才与先辈流传下来的传统说法相契。洛克里斯人提到他们的两种习俗，来支持关于他们建城的古传说法。

第一，洛克里斯人所有世袭贵族全部出自母系，而非父系。例如，贵族完全出自"百家"的成员。那一百个家族是殖民意

[①] 汉尼拔战争期间，意大利的洛克里斯在坎尼战役后被迦太基人控制，直到公元前208年才被罗马收复。此处所谓的条约，可能是公元前208年罗马收复洛克里斯时签订。伊比利亚与达尔马提亚的战争发生于公元前2世纪50年代中期，彼时珀律比俄斯可访问洛克里斯一事表明，他当时已拥有相当大的自由。

大利之前，洛克里斯人选出来的领导家族，依照神谕的命令，洛克里斯人要从那一百个家族中抽签选出一些少女送往特洛伊。① 此外，属于这百家的一些少女要参与意大利的殖民远征。至今被认为是贵族的正是那些少女的后代，他们被称作百家的成员。

第二，洛克里斯的女祭司被称作持杯者。据说，洛克里斯人当年来到意大利，驱逐原先居住在当地的西克尔人（Sicels）。他们当时没有属于自己的传统，遂采用西克尔人的不少习俗。西克尔人的一个习俗是，从最显赫、最尊贵的家族选出一名少年，由他引领公共献祭游行。洛克里斯人采纳这种习俗后，对其做出的唯一的变化是用少女取代少年来做持杯者，原因在于他们的贵族出自母系。

[6] 至于意大利的洛克里斯人与希腊的洛克里斯人的条约，从未存在过，意大利的洛克里斯人也否认双方有过条约。倒是每个意大利的洛克里斯人都知道，他们与西克尔人签过条约。意大利的洛克里斯人曾亲口告诉我，他们当初来到意大利时，发现西克尔人占据着现今他们居住的土地。惊恐不已的西克尔人太过恐惧，遂放弃抵抗，洛克里斯人遂与他们达成条约，大意是他们双方友好共处，共享这片土地，"只要头顶在肩膀上，踏足这片土地"。洛克里斯人说，他们正在发誓时，已把泥土涂在鞋底，把蒜头藏在衣领下面。发过誓后，他们抖掉鞋底的泥土，扔掉蒜头。不久之后，机会来临，他们把西克尔人赶走。这是洛克罗斯人自己的说法。

---

① 希腊中部也有同名城邦。意大利南端的洛克里斯城是希腊的洛克里斯的殖民地，意大利的洛克里斯于公元前7世纪建立。依照传说，希腊的洛克里斯人的首领埃阿斯（不是特拉蒙之子埃阿斯）强奸了卡珊德拉。德尔斐神谕命令洛克里斯人必须每年送两位少女到伊利昂，起初两位少女被献祭，后来改成在雅典娜神庙服役。

蒂迈俄斯在其史书卷九说，希腊人没有购买奴隶的习俗，又补充道，希腊人普遍指责亚里士多德误解洛克里斯人的习俗，因为法律甚至禁止洛克里斯人拥有奴隶（雅典奈乌斯，6.264c）。珀律比俄斯在其史书卷十二批驳过蒂迈俄斯的这个说法（雅典奈乌斯，6.272a）。

[6a] 所有证据显示我们应该信赖亚里士多德，而非蒂迈俄斯。① 蒂迈俄斯的下述说法尤其荒谬：曾与拉克岱蒙人并肩作战的奴隶不可能对他们的主人产生像对朋友那样的忠诚。这个说法真是愚蠢。一旦奴隶遇到意想不到的好运，会发生什么？不久以后，他们不仅会修复对主人的忠诚，而且会努力与主人建立友谊和其他联系。事实上，他们要比自然血亲更在意这种联系，因为他们想通过让自己成为主人的后代而非成为自由人，来消除曾经为奴的耻辱。

[6b] 这很可能就是意大利的洛克里斯人的情形。他们已迁移到距离熟知他们过往之人很远的地方，且时间的流逝又对他们有利。所以，他们绝不会愚蠢到去做会使人们想起他们曾经为奴的事。相反，他们竭力隐藏这一过去。这就是意大利的洛克里斯人为何用他们的女人命名城邦、接受他们的女人的亲属网、凭靠女人一系来修复祖传的友谊的原因。

也正因为如此，我们不能用雅典人曾蹂躏洛克里斯人的土地作为证据，来反驳亚里士多德的说法。② 基于我刚刚所言，从希腊的洛克里斯离开并登陆意大利的洛克里斯人后来维护与拉克岱蒙人的友谊，完全说得通。他们即使曾为奴十次，也会这样做。所

---

① 接下来讨论的主题是亚里士多德和蒂迈俄斯关于意大利洛克里斯的来源之间的分歧。亚里士多德认为，意大利的洛克里斯城是希腊的洛克里斯的奴隶所建，蒂迈俄斯则反对这个说法。

② 雅典将军拉凯斯（Laches）公元前426年蹂躏洛克里斯，参修昔底德，3.103.3。

以，雅典人对意大利的洛克里斯人的敌意很好理解，因为那种敌意是基于雅典人推定他们会同情拉克岱蒙人。

再者，为何当年拉克岱蒙人送他们中处于壮年的士兵返回斯巴达生育后代，却不允许洛克里斯人这样做？[1] 这是有原因的，并且事实可证明这两种情况的原因完全不同：如果有人认为拉克岱蒙人曾阻止洛克里斯人去做他们自己做的事，那将非常荒谬。事实是，即使拉克岱蒙人准许洛克里斯人返回母邦，后者也不会像拉克岱蒙人那样行事，因为在斯巴达，三四个男人——如果牵涉兄弟的话，人数会更多——共享一个妻子是传统和常态，同一妻子生育的孩子被视作同一群男人的后代；[2] 此外，当一个男人已经生育足够多的孩子，他会把妻子转送给朋友，这也是常事。因此，既然洛克里斯人不像拉克岱蒙人那样发誓不攻占墨瑟尼亚绝不返回，那么他们当时不受任何赌咒或誓言的约束，就没有必要统一安排一批人回家生育后代。相反，他们是一个接一个、相当零散地返家。由于洛克里斯的男人返家很不频繁，所以他们的妻子有机会与奴隶而非丈夫更亲密，甚至就连他们未婚的女儿也有机会与奴隶亲密，结果就是移居意大利……

[7] 我不认为蒂迈俄斯在这类事务上一无所知，但是他似乎被自己好争论这一习惯蒙蔽了双眼。他一旦决定称赞或批评某人，就会忘乎所以，完全背离自己作为一名史家的职责。总之，我已充分表明亚里士多德如何写下对洛克里斯的叙述以及

---

[1] 有一个说法是，斯巴达人进行墨瑟尼亚战争期间，由于男人长期不在家，斯巴达妇女会与奴隶通奸，他们的后代创建了意大利南部的塔伦托城。珀律比俄斯此处的说法是，斯巴达人曾发誓不攻占墨瑟尼亚绝不返家，但斯巴达人在那场战争的第十年违背誓言，安排一部分士兵返回斯巴达生育后代。

[2] 此处是斯巴达存在一妻多夫制的唯一证据，色诺芬和普鲁塔克的说法仅限于斯巴达男人会把他们的妻子借给其他男人生育后代。

他的资料来源。我接下来对蒂迈俄斯及其整部作品的评述,以及对史家之职责的总体论述,兴许会遇到下述异议。我认为我已经充分让读者明白亚里士多德的叙述更有道理。但是,既然两人皆是从可能性出发进行推论,要绝对肯定这些事情的真实性当然不可能。好吧,让我们假定蒂迈俄斯的叙述更合理。但是,这是否能证明将各种侮辱和诽谤扔给那些叙述不太可靠的史家,就属正当?这是不是一个指控他们罪大恶极的合适理由?当然不是!如我前文所述,那些由于无知而犯错误的作者应得到原谅且被温和地纠正,但是那些故意犯错误的作者则应遭到无情的谴责。

[8] 有两种选择,要么如我刚刚所言,我们必须证明亚里士多德关于洛克里斯的叙述不公正、华而不实或充满偏见;否则,我们就必须承认那些像蒂迈俄斯对亚里士多德那样对其他作家怀有强烈敌意的人是错误的。蒂迈俄斯说亚里士多德傲慢、粗心大意、轻率冒失,然后指责他厚颜无耻地羞辱洛克里斯人,因为他说洛克里斯人当年远征意大利的殖民队由逃跑奴隶、仆人、通奸犯、诱拐犯组成。蒂迈俄斯又说,亚里士多德给出这些论断时的气势,让人以为他是刚刚在西里西亚之门打败波斯人的将军,[1] 而不是一个迂腐的、可憎的、刚刚关闭他旨在赚钱的诊所的智术师。[2] 蒂迈俄斯还说,亚里士多德闯入所有宫廷楼阁,是一个在所有事务上受胃统治的饕餮之徒。在我看来,即使一位无赖在法庭上口无遮拦,大肆谩骂这类话,也是不可容忍的。蒂迈俄斯似乎完全丧失分寸,任何一个政治史作家,任何一个真正一流的史家,都根本不敢生出这类想法,更不用说将它们诉诸笔端。

---

[1] 指亚历山大大帝于公元前333年在伊苏斯(Issus)之战取得的胜利。
[2] 亚里士多德的父亲尼克马科斯(Nicomachus)是马其顿宫廷的医生,可能是这一点引起人们嘲笑亚里士多德。

[9]接下来，我们检审一下蒂迈俄斯的做法，把他对洛克里斯的叙述和亚里士多德的进行比较，就能知道他们二人中谁应该受上述谴责。蒂迈俄斯在同一卷的一处向我们保证，他不再从可能性出发进行论证，而是亲自访问希腊的洛克里斯人，以调查洛克里斯人远征殖民意大利的事实。他说，第一，希腊的洛克里斯人向他出示当时仍然存在的一份与意大利的洛克里斯人的条约的铭文，那份条约以"如父母对孩子那般"开头；第二，希腊的洛克里斯人存在一些大意为两个城邦互认公民权的法令；第三，希腊的洛克里斯人每次听说亚里士多德对他们殖民活动的叙述，都震惊于亚里士多德的不负责任。蒂迈俄斯又前往意大利的洛克里斯，他说他发现那里的律法和习俗并不暗含奴性的自我放纵，而是由自由人创立。蒂迈俄斯说，总之，意大利的洛克里斯人有诸多规定惩罚通奸犯、诱拐犯和逃跑奴隶的法令，他们如果知道自己竟是这类人的后代，就不会创立这类法令。

　　[10]第一个令人疑惑的问题是，蒂迈俄斯访问和问询的是哪里的洛克里斯人。如果希腊就像意大利那样只有一个洛克里斯城邦，蒂迈俄斯的说法兴许就不会有任何麻烦，我们的问题也可轻易得到答案。但是，既然希腊有两个洛克里斯城邦，那么他访问的是哪一个？① 他去的是希腊两个洛克里斯城邦的哪一个，他在哪个城邦发现那份条约的铭文？他没有告诉我们这些信息。此外，我确信我们所有人都知道，这恰恰是蒂迈俄斯的强项，是他成名的基础和超越其他史家的方面——我指的是，他对事件日期和铭文的精确记录，他尤其关心这类信息。令人惊讶的是，他既没有告诉我们他在哪个城邦发现了那份铭文，也没有说记载铭文的碑在哪个地方，更没有提到向他出示铭文、与他讨论铭文的官员的姓名。要是他把这些信息记载下

---

① 两个城邦皆位于希腊半岛中部，一个靠西，位于科林多湾北岸，德尔斐以西；另一个靠东，位于佛基斯以东，与欧波亚隔海相望。

来，就不会有这类疑问，如果他精确地说出地点和城市的名称，就可消除读者的任何疑虑。

毫无疑问，他省略这些信息是有意为之。如果他知道这些信息，他不可能不置一词，而是会如俗语所说，用双手将其紧紧抓住不放。我的证据是，他明确指出他关于意大利的洛克里斯的信息来自厄凯克拉底（Echecrates）。他说，厄凯克拉底是他询问和质询意大利的洛克里斯的对象。为了避免让读者以为此人无足轻重，他还煞费苦心地告诉我们，狄奥尼修斯一世曾认为厄凯克拉底的父亲配得上使者身份。这样一位作家，如果他拥有一份公共铭文或纪念碑，会缄口不言吗？

［11］正是蒂迈俄斯编制出斯巴达监察官、国王和雅典执政官从最早时代开始的平行列表，正是蒂迈俄斯把阿尔哥斯女祭司的列表与奥林匹亚竞技会冠军列表联系起来，正是蒂迈俄斯认定上述诸城的编年记录与史实有三个月的误差。还是蒂迈俄斯，是他四处搜寻诸神庙内墙上的记录，诸神庙门柱上异邦人保护者的列表。所以，很难相信，如果有任何这类信息留存，蒂迈俄斯竟不知道，或如果他知道，竟会省略。他的撒谎行为无法得到原谅。蒂迈俄斯批评别人时严厉无情，因此，当别人批评他时，他也应该受到同等严苛程度的批评。

他在关于希腊的洛克里斯人的叙述中明目张胆地撒谎后，转而叙述意大利的洛克里斯。他告诉我们，第一，他发现两地洛克里斯人的政制和基本习俗大体相同；第二，他指责亚里士多德和忒奥弗拉斯图斯（Theophrastus）关于意大利的洛克里斯的叙述不准确。我清楚，为了澄清和强化我的论点，我不得不再次离题。这就是我为何将讨论蒂迈俄斯的事推迟到我能一次性谈完之时，免得我总是忽略我应做之事……

蒂迈俄斯说，一部史书最严重的错误是弄错事实，所以他建议那些被他指出种种错误的史家，给他们的书另起一个名字，只要不是"历史"就行。

[12] 蒂迈俄斯说，这就好比是木匠的一把尺子，那把尺子可能太短或太窄，即便如此，只要它拥有一把尺子的本质属性，它就应被称作一把尺子。但是，如果它不再笔直或不再拥有类似笔直的性质，那么它就不能再被称作尺子。他说，史书也是如此。一部史书在风格或谋篇或其他方面有缺陷，只要它紧贴真实，就可以称之为史书。然而，只要它背离真实，就不能被称作史书。我本人同意真实必须指导史书，我在这部史书的其他地方也表达过同样的观点。我在那里说，这正如一个生命体，如果它失去视力，就变得完全无用。史书也是如此，要是脱离真实，它的教育价值就跟故事奇谈的价值一样小……但是，我也说过，有两种谎言，一种是无知导致的谎言，另一种是故意撒谎，应该原谅无知导致的错误，却绝不能宽宥蓄意为之的谎言。

　　基于这些前提，我得出下述结论：史书的谎言即无知之错和蓄意为之的谎言之间，差异巨大。我认为，前者应该被原谅和温和纠正，后者应遭到无情的谴责。如我们接下来会看到的那样，蒂迈俄斯本人恰恰犯有故意撒谎的罪行。

　　[12a] 俗语"洛克里斯人和条约"用来指那些违背条约的人。蒂迈俄斯对之的叙述如下。他说，每个人，不管是不是专业史家，都会同意在赫拉克勒斯的后裔入侵期间，洛克里斯人与伯罗奔半岛人签过一份条约，条约大意是如果赫拉克勒斯后裔经赫里翁而非科林多地峡入侵伯罗奔半岛，洛克里斯人就会点燃烽火，以给伯罗奔半岛人预警，好让他们有时间抵御入侵。然而，洛克里斯人没有这么做。相反，当赫拉克勒斯的后裔抵达时，他们会点燃标志朋友抵达的烽火。然后赫拉克勒斯的后裔安全渡海登陆伯罗奔半岛，伯罗奔半岛人惊讶无比，无力抵抗敌人的入侵。由于洛克里斯人的背叛，他们根本没有采取任何防御措施。

　　[12b] 我们必须谴责和嘲笑有些史家的胡言乱语，他们的书

读起来就像说梦话，或者是像被人附魔之后写下的。但是，当人们制造大量同样毫无价值的东西时，他们应该避免谴责别人，而应庆幸自己没有受到谴责。蒂迈俄斯就是一个很好的例子。例如，他说卡利斯忒涅斯的史书夹杂乌鸦[①]和疯狂女人的故事，这表明卡利斯忒涅斯是一个谄媚之徒而非任何类型的哲人，并宣称卡利斯忒涅斯活该遭到亚历山大加给他的那种惩罚，因为他所做的只是腐化亚历山大。蒂迈俄斯称赞德摩斯忒涅斯和其他政治家是当时真正的希腊人，因为他们拒绝授予亚历山大神圣荣誉。但是，蒂迈俄斯说，那位授予一位凡人神盾和霹雳的哲人[卡利斯忒涅斯]，遭到的报应则是神的惩罚。

[13] 蒂迈俄斯说，德莫卡勒斯（Demochares）是一位口淫者，他本不应该被获准吹献祭时的圣火，还说德莫卡勒斯的具体做法要比波特律俄斯（Botrys）和斐莱尼斯（Philaenis）这类淫秽作家撰写的淫秽手册还要无耻。[②]妓女都不可能提出这种诽谤性指控，遑论一个有教养之人。但是，为了证明他满嘴脏话所指控的德莫卡勒斯淫秽不堪是真实的，蒂迈俄斯甚至从一个名不见经传的喜剧诗人那里援引谎言来诽谤德莫卡勒斯。

我凭什么推断他的指控是谎言？第一，德莫卡勒斯出身高贵、极富教养，众所周知，他是德摩斯忒涅斯的侄子；第二，雅典人认为他不仅配得上将军之职，而且配得上其他荣誉和官职。如果他有蒂迈俄斯所说的那类可耻行为，他不可能获得那些官职

---

① 卡利斯忒涅斯错误地卷入反对亚历山大的阴谋，被后者处决。乌鸦的故事是指亚历山大前往位于埃及西部沙漠的阿蒙神庙求问神谕时，途中迷路，两只乌鸦为他指路。斯特拉波以及一些晚期的作家认为卡利斯忒涅斯是这个故事的创造者。

② 德莫卡勒斯是德摩斯忒涅斯的侄子，公元前4世纪末至前3世纪前半叶的雅典演说家和政治家。我们对莫萨纳的波特律俄斯和萨摩斯的斐莱尼斯所知甚少，只知道他们写作露骨的性爱作品，斐莱尼斯著有《论性交体位》(*On Sexual Positions*)。

和荣誉。事实上，我会说，蒂迈俄斯像谴责德莫卡勒斯那样谴责雅典人，因为雅典人竟抬举这样一个人，把他们的家园和身家性命委托给这样一个人。如果这些指控有任何实质内容，蒂迈俄斯所引用的喜剧作家阿克狄科斯（Archedicus）就不可能是唯一一位这样描述德莫卡勒斯的人。如果这些指控真的有真凭实据，安提帕特的诸多朋友也会像阿克狄科斯那样做，因为德莫卡勒斯对安提帕特直言不讳，说过许多不仅伤及安提帕特本人，还伤及他的继承者和友人的话，所以德莫卡勒斯有很多政敌。

德莫卡勒斯的一个政敌是法勒隆的德米特里乌斯。[①] 在他的史书中，德莫卡勒斯严厉谴责德米特里乌斯。德莫卡勒斯说，作为雅典人的领袖，德米特里乌斯引以为傲的治理功绩竟是一个普通收税员才会自夸的方面，从而表明他的真实才干不过如此。德莫卡勒斯说，德米特里乌斯以雅典市场上便宜物品充足为荣，以每个人能随时在市场上得到生活必需品为荣。德莫卡勒斯还补充说，一只机器推动、嘴里吐着唾液的蜗牛走在德米特里乌斯的游行队伍前面，驴子列队穿过雅典剧场这一景象表明雅典已经把维护希腊之善的责任交给其他城邦，已全面服从卡桑德的命令。德莫卡勒斯说，德米特里乌斯竟一点也不感到羞耻。尽管如此，但是，德米特里乌斯没有，其他人也没有指责德莫卡勒斯有口淫这种堕落行为。

［14］因此，由于我认为德莫卡勒斯的同胞的证据要比蒂迈俄斯满怀恶意的叙述更可信，我可以毫不犹豫地断定，德莫卡勒斯与那些污蔑无关。此外，即便他真的有那些令人羞耻的行为，是何种历史处境或什么事件让蒂迈俄斯认为必须要把德莫卡勒斯的那些丢脸之事纳入他的叙述？当聪明人报复他们的敌人时，他们不会首先考虑对方应该遭受何种惩罚，而是首先考虑他们做什么

---

① 哲人和政治家，治理雅典长达10年，直到公元前307年被德米特里乌斯一世驱逐。

才恰当。同样的原则也适用于对他人的谴责：我们不应首先考虑用什么修饰词骂我们的敌人，而是应首先考虑我们说什么恰当。

因此，若我们遇到其评判标准出自他们的激情和嫉妒的作家，我们必须怀疑他们所说的一切，质疑他们不符合实际的论断。就眼下这个例子而言，我们拒绝蒂迈俄斯对德莫卡勒斯的诽谤非常正当。至于蒂迈俄斯，他不能指望得到任何人的宽宥或信任，因为显而易见，当他指责其他人时，他会被自己天生的恶毒（πικρίαν）冲昏头脑，越过得体的界限。

[15] 我也没法赞同蒂迈俄斯对阿加托克勒斯（Agathocles）[①]的谩骂，即便此人是天下最不虔敬之人。我指的是蒂迈俄斯在他史书靠近结尾的段落，他在那里说，阿加托克勒斯早年是一个公共男妓，愿意满足最放荡的欲望，像寒鸦和秃鹰一样性欲过度，随时准备与任何人交配。蒂迈俄斯还补充说，阿加托克勒斯去世时，他悲痛的妻子哀号道："有什么我没对你做过？有什么你没对我做过？"

蒂迈俄斯这些说法中显露出的过分恶毒令我瞠目结舌，因此我要再次重复我讨论他攻击德莫卡勒斯时所作的评价。毕竟，蒂迈俄斯对阿加托克勒斯的叙述就能证明，阿加托克勒斯必定极具天赋。阿加托克勒斯18岁时逃离转轮、烧窑和陶土，来到叙拉古。他从卑微的出身脱颖而出，用极短的时间成为整个西西里的主人，令迦太基人陷入极端险境，一直掌权到老，以国王头衔去世。既然阿加托克勒斯取得这些功业，他身上必定有某种非同寻常的卓越天赋，必定拥有搞政治所需要的品质和能力。

一个史家对未来世代所肩负的职责不仅在于描述可证实阿加托克勒斯的恶名、可表明他应该受谴责的那些方面，还必须描述阿加托克勒斯的可贵品质，因为这是史书的应有功能。然而，蒂

---

① 公元前316年成为叙拉古僭主，公元前305年僭取国王称号。

迈俄斯被他的恶毒蒙蔽，带着敌意、夸张地叙述阿加托克勒斯的缺点，同时丝毫没有提到他的优点。蒂迈俄斯根本没有意识到，史家隐藏真实与编造没有发生过的事情一样都是撒谎。我本人的做法是省略多余的细节，保留与我的意图密切相关的内容。

[16] 在洛克里斯，曾有两个年轻人争论一位奴隶的归属。那个奴隶跟随他现在的主人已有一段时间，但是，另一个年轻人在他的主人不在时前往农庄，把他绑走，带回自己家中。两天后，那个奴隶原先的主人听说所发生的事，前往对手家中，抓走奴隶，将他带到城邦官员前，宣称他提供适当的担保之后，奴隶将仍归他所有。奴隶原先的主人引用扎勒科斯（Zaleucus）[①]的一条法律支持他的主张，那条法律的大意是说，在类似的争端案件中，财产若被掳走或被绑架，在案件判决前，仍归原主人所有。但是，另一位年轻人则引证同一条法律支持他的主张，宣称被偷的是他，因为那位奴隶正是从他的家中被带走，然后带到官员面前。主审官不知道如何解决这个问题，请求城邦最高长官（κοσμοπόλιδι）来帮助裁定。最高长官对这条法律的解释是，被盗物品总是来自最后一个毫无争议地拥有该项物品相当长时间的一方；如果物品的原主人从偷盗者的家中重新拿回物品，那不是这条法律所指的盗窃。

第二位年轻人愤怒地抱怨，拒绝接受这就是立法者的意图。面对这种情形，最高长官要求他以扎勒科斯规定的方式讨论这条法律的意涵。讨论的方式是，在千人会议上，两人用绞索套住各自的脖子来讨论立法者的意图，那位被证明误解立法者意图的人将当着会上千人的面被勒死。这就是最高长官提出的方案。第二位年轻人回复说，这是一笔很糟糕的交易，因为最高长官当时已

[①] [英译注]扎勒科斯是公元前7世纪洛克里斯的人物，被视作希腊早期著名立法者之一。下文提到的κοδμοπόλιδι可能是洛克里斯的最高行政长官，千人会议是洛克里斯主要的政治机构。

接近90岁,所剩时日无多,而他还有大半生要活。第二位年轻人的机智使气氛变得轻松起来,但是主审官仍然决定支持最高长官对讨论方式的提议。

六、卡利斯忒涅斯叙述战争事务时的无能

[17] 为了不让读者以为我在随意质疑这些伟大人物的声誉,我将提到一场战役。之所以选择这场战役,是因为它非常有名,也是因为它发生的时间距离我们不算太久,最重要的是因为,卡利斯忒涅斯本人亲自参加了这场战役。我指的是亚历山大大帝和大流士三世(Darius III)在西里西亚的那场战役。①

卡利斯忒涅斯告诉我们,亚历山大率军穿越位于西里西亚之门的窄道时,大流士三世已经率军穿过阿玛尼德之门抵达西里西亚。大流士三世从当地居民处获悉亚历山大正在朝叙利亚行军,他尾随亚历山大而行,在靠近窄道的皮纳罗斯河(Pinarus)边扎营。卡利斯忒涅斯说,那里有一处平地,宽度不足14斯塔德,位于大海和山的侧翼之间,皮纳罗斯河流过这块平地。皮纳罗斯河在陡峭的、难以攀爬的山脊间穿行,而后从群山流下,流过那片平地汇入大海,在那片平地上冲刷出一条很深的河道。

如此描述过地势后,卡利斯忒涅斯说,亚历山大率军调转方向,朝波斯人所在位置挺进。看到亚历山大大军后,大流士三世和他的高级将领决定让全部步兵方阵在营地列阵。如刚刚所言,皮纳罗斯河紧贴波斯人营地的右侧,从而可以保护他们的前方。卡利斯忒涅斯接下来说,大流士三世将骑兵部署在靠海岸一侧,挨着骑兵的是贴着皮纳罗斯河岸的雇佣兵,再然后是持盾兵,阵线一直延伸到群山脚下。

---

① 公元前333年的伊苏斯战役。大流士三世(公元前380—前330年),波斯帝国末代君主。

［18］鉴于卡利斯忒涅斯说皮纳罗斯河位于波斯人营地右侧，很难理解波斯人如何在全部方阵前部署上述部队，尤其是波斯人人数众多的这些部队。依照卡利斯忒涅斯本人的说法，波斯人的骑兵达30000人，雇佣兵达30000人。要计算出这些部队需要多大空间易如反掌。对常规战役来说，骑兵的最大纵深是8排，每支骑兵分队要与前面的分队留出一定间隙，以方便转向。所以，800骑兵需1斯塔德，8000骑兵需10斯塔德，3200骑兵需4斯塔德。依照卡利斯忒涅斯所说的14斯塔德距离，只能部署11200名骑兵。如果大流士三世要部署30000名骑兵，单单这些骑兵就需要排成三部分，且三个部分必须成叠状部署。那雇佣兵该部署在哪？可能的回答是将其部署在骑兵后面。但是，事实显然不是这样，因为卡利斯忒涅斯告诉我们，第一波攻击中，雇佣兵就已与马其顿人交战。所以，我们必须认为靠近海岸一侧的空间由骑兵占据，靠近群山一侧的空间由雇佣兵占据。若是如此，也可轻易算出骑兵阵型的纵深、营地与皮纳罗斯河之间的空间是多大。

卡利斯忒涅斯接下来告诉我们，随着敌人开始前进，位于阵型中央的大流士三世令雇佣兵从右翼向中央靠拢。这一点很难说得通，因为雇佣兵和骑兵必定在阵线中部挨着。那么，大流士三世肯定已经位于雇佣兵部队的位置，卡利斯忒涅斯说大流士三世命令雇佣兵靠拢是什么意思？他是在哪个位置向雇佣兵下命令？他命令雇佣兵到哪个位置？

最后，卡利斯忒涅斯说，位于波斯阵线右翼的骑兵向前攻击亚历山大的骑兵。勇敢地挡住敌人的攻击后，亚历山大的骑兵发动反攻击，导致两军骑兵爆发激烈战斗。但是，卡利斯忒涅斯忘记两军之间有条河，他刚刚才描述过那条河。

［19］卡利斯忒涅斯对亚历山大一方排兵布阵的描述存在同样的问题。他说，亚历山大侵入亚洲时的兵力是40000名步兵和4500名骑兵，进入西里西亚地区前，又有来自马其顿的5000

名步兵和800名骑兵与他会合。如果我们减去此前数次战斗中损失的3000名步兵和300名骑兵，此时亚历山大的兵力总数当为42000名步兵和5000名骑兵。让我们假定这就是伊苏斯战役时亚历山大的兵力总数。

卡利斯忒涅斯告诉我们，亚历山大获悉大流士三世抵达西里西亚时，他已经穿过西里西亚之门的窄道，距离后者100斯塔德。所以，亚历山大掉头行军，方阵位于行军队列前面，之后是骑兵，最后是辎重队。亚历山大一抵达前文所述的开阔平地，立即命令方阵列阵，占据战斗位置。卡利斯忒涅斯说，亚历山大首先让方阵以32排纵深布阵，然后变成16排纵深，最后接近敌人时，变为8排纵深。

卡利斯忒涅斯这段叙述要比我刚刚批评过的更加荒谬。由于行军时每个人占据6尺的空间，所以当方阵纵深为16排时，1600人占据1斯塔德的空间，16000人占据10斯塔德的空间，32000人占据20斯塔德的空间。由此可清晰看到，亚历山大以16排纵深令方阵列阵时，必须有20斯塔德的空间，更不用说，这还没有包括骑兵部队和剩余的10000名步兵。

[20] 然后，卡利斯忒涅斯继续说道，亚历山大率部下以这种绵延极宽的阵线向敌人前进，当时他距离敌人大约40斯塔德。很难想象还有比这更荒唐的说法。哪里能找到这种地形，尤其是在西里西亚，竟有地方允许亚历山大率领阵线宽达20斯塔德、长矛耸立的方阵向前挺进40斯塔德？采用这种阵型可能遇到的障碍多得难以计数。卡利斯忒涅斯本人提到的一处障碍就足以说明问题之所在。他告诉我们，冬天从山上倾泻而下的急流对平地冲刷严重，以至大多数在后来的溃败中丧生的波斯人，都殒命于急流冲刷出的深沟。

亚历山大那样布阵兴许是想做好准备，以防备敌人突然出现。但是，还有什么比将方阵安排得支离破碎这种准备更不足的？对亚历山大来说，与令方阵组成一条支离破碎的阵线相比，让他的士兵组成一个适合战斗的行军队形前进，然后在灌木甚多、很不平整的地面变阵迎敌，要简单得多。一个更好的策略应该是以双叠阵或四叠阵向敌人挺进。这种策略不仅可为全军找到行进的空间，而且很容易就可变阵为战斗阵型，因为前锋部队早就告知他敌人的存在。最重要的是，就连延展极宽的阵线向前挺进时，亚历山大也没有把骑兵部署在前面，而是部署在方阵步兵的侧翼。

[21] 现在，我们来看卡利斯忒涅斯最严重的错误。他告诉我们，亚历山大接近敌人时，让方阵变阵为8排纵深。这显然意味着方阵阵线的长度将达到40斯塔德。即便所有士兵都像荷马所说的那样，彼此紧贴着，把盾牌收起来，方阵阵线的长度也足足有20斯塔德。① 但是，卡利斯忒涅斯说，整个战场的空间不超过14斯塔德，即便是这14斯塔德，也至少还要留出3斯塔德给骑兵——骑兵被分成两部，一部位于靠海岸一侧的左翼，一部位于右翼。此外，他说，亚历山大的整个阵线距离群山一侧有相当距离，意图是避免遭到控制高处地形的敌人的打击。事实上，我们知道亚历山大在皮纳罗斯河拐弯处部署一支部队以应对这一威胁。即使如此，仍有10000步兵无处安置。

由此得出的结论是，依照卡利斯忒涅斯的说法，整个战场最多给方阵留下11斯塔德的空间，在这一空间部署的32000名步兵必定以极为紧凑的、纵深为30排的形式排列。但是，他说，方阵为战斗组成的阵型为8排纵深。对这样的错误，我们不能有任何借口。因为当事实证明一件事不可能时，我们应立即相信它不可能。当所有这类信息都可获知——每个士兵占多少空间，总的可用空间是多少，士兵总数为多少——犯错误就不可原谅。

[22] 要是一一叙述卡利斯忒涅斯其他的荒谬说法，要花很长时间，我接下来只提其中一些。他说，亚历山大如此排兵布阵的意图是为了在战斗中直接与大流士三世战斗，他还说，大流士

---

① 荷马，《伊利亚特》，13.131–133。

三世起初也想与亚历山大战斗,但是后来改变主意。但是,卡利斯忒涅斯丝毫没有提到两位君王是如何发现对方在前线的哪个位置,没有说大流士三世改变主意后所在的位置。此外,他也没有告诉我们,数个方阵如何爬上对岸,既然河岸陡峭多刺?这完全不可理解。这种荒谬不应归于亚历山大,因为毋庸置疑,亚历山大从小就获得丰富的作战经验和知识。我们必须把这个错误归于卡利斯忒涅斯,必须认为他由于缺乏战争经验,没法分辨战争中什么可能,什么不可能。

不过,我关于厄弗儒斯和卡利斯忒涅斯已经说得够多……

七、对蒂迈俄斯的进一步批评

[23] 蒂迈俄斯猛烈批评厄弗儒斯,但他的史书本身在两个方面存在缺陷。第一,他无情批评其他人犯下的种种错误,而这些错误他自己也犯过;第二,他在史书中表达的看法和向读者传递的观念普遍受偏见驱使。实际上,如果我们同意卡利斯忒涅斯被处死是罪有应得,那蒂迈俄斯应受何种惩罚?神的惩罚降在他身上要比降在卡利斯忒涅斯身上更合理。卡利斯忒涅斯兴许想神化亚历山大,蒂迈俄斯则竭力把泰摩利昂(Temoleon)提升到最高的诸神之上。对于卡利斯忒涅斯提升的那个人,每个人都承认他身上有非同寻常、超人的东西,但是蒂迈俄斯提升的泰摩利昂,看起来不仅从未取得任何非同寻常的功业,也从未想过要取得那种功业。泰摩利昂在一生中只是完成了一次迁移,我指的是他从科林多前往叙拉古一事,而这个行动对广阔的天下来说微不足道。我认为,蒂迈俄斯实际上相信,如果泰摩利昂——他的作战区域是不值一提的西西里——能被认为值得与最杰出的英雄比较,他本人,即只叙述意大利和西西里的史家,就能合理地期待与叙述整个天下、写作普遍史书($τῶν\ καϑόλου\ πράξεων\ πεποιημένοις\ τὰς\ συντάξεις$)的史家们相提并论。

针对蒂迈俄斯的恶言攻击,我已经为亚里士多德、忒奥弗拉斯图斯、卡利斯忒涅斯、厄弗儒斯和德莫卡勒斯作了充分辩护,并且出于同样的原因,我已说服那些相信蒂迈俄斯不偏不倚、公正客观的读者不要相信他的话。

[24] 还有不少关于蒂迈俄斯性情的疑问。他自己说,诗人或散文作家的时代作品中反复出现的主题可揭示作者的真实性情。例如,他说,荷马诗歌中频繁出现的宴会场景表明荷马是一个贪吃鬼;亚里士多德作品中频繁列举食谱,表明亚里士多德是一个饕餮之徒,热衷美食。同理,僭主狄奥尼修斯一世喜欢摆弄家具、痴迷于不同种类纺织品的特性,揭示出他是一个女里女气的人。

那么,不可避免的结果是,我们也必须依照这个原则评判蒂迈俄斯,继而发现他的性情令人反感。尽管他在书中谴责其他作家时非常机灵和有力,但是他本人的作品充满各种梦、奇事和牵强附会的神话,总之,充斥着可鄙的迷信和女人般对奇事的痴迷。有许多人,由于缺乏经验和判断力差,有时似乎某种程度上既在又不在,睁着眼睛却看不见。我刚才所言和蒂迈俄斯的例子可证明这句俗语真实无误。

[25] 法拉里斯(Phararis)在阿格里真托铸造过一头铜牛。他把人放入铜牛中,然后点火烤铜牛的底部。这是他为臣民设计的可怕刑罚。随着铜牛逐渐变红,里头的人逐渐被烤死、变焦。由于铜牛的构造方式,在里头的人极度痛苦地大叫时,现场的人听起来就像一头牛在低嚎。迦太基人统治阿格里真托时,将铜牛带到迦太基,铜牛肩膀处用来把人放进去的门还在。尽管找不到迦太基人制造这样的铜牛的任何理由,蒂迈俄斯仍试图推翻普遍接受的版本,猛烈抨击讲述这个故事的诚实诗人和史家,宣称迦太基的那头铜牛不可能来自阿格里真托,总之,阿格里真托从未有过这样一头铜牛。蒂迈俄斯用相当长的篇幅辨析了这个问题。

我们该怎么评价蒂迈俄斯呢?该用什么样的词语评价他?我

认为，他评价其他作家的那些最刻薄的词语很适合用来评价他自己。我说的已经足够证明他是一个好争吵、爱说谎、轻率自大的人；我还将表明他也不是哲人，反而毫无教养。在他史书卷二十一结尾处，他让泰摩利昂发表一篇演说，泰摩利昂在演说中说苍穹覆盖的大地可划分为三部分：亚洲、利比亚和欧洲。这是一个令人难以置信的陈述。此话即使出自愚蠢的代名词马基特斯之口都难以置信，更不用说出自蒂迈俄斯。竟有如此无知的人，我不是指那些写作史书的人……

［25a］正如那则俗语所说，不管罐子有多大，只需一滴就能知道里面装的是什么。同样的原则可用在我们正在讨论的问题上。当我们在一部作品中，碰到一两处错误，发现它们是作者蓄意为之，我们显然不会再相信这位作者的任何说法。但是，对于天性爱好争论的人，可能还是需要说服他们相信这一点。所以，我会多言几句，尤其是关于蒂迈俄斯处理各种演说的方法，如政治演说、军事演说、外交演说等等。可以说，史书中的演说词发挥着概述诸事件、使叙述整体连贯的功能。任何读过他史书的人都不可能认识不到，蒂迈俄斯笔下的演说辞是他编造的。他不是逐字逐句抄录演说辞，也没有给我们准确的解释，而是首先假设历史人物应该说什么，然后详述他听说的所有观点、各事件的所有可能结果，仿佛他是一名针对给定主题进行练习的修辞学学生。他似乎更注重展示他的修辞才华，而非叙述历史人物真实说过的话……

［25b］史家的职责，第一是辨别历史人物真正说过的话，不管他们说的是什么；第二是弄清楚任何行动或言辞导致成功或失败的原因。单单叙述一件事可能会让读者感到愉悦，却没有教育价值；要使探究历史卓有成效，另一个必要因素是掌握成败的原因。正是不同的处境拥有的相似性，才为我们提供了预测未来的手段和远见。然后，依照处境的相似性，我们能通过效仿之前发生过的事，更有信心地采取预防措施，或着手应对所面临的处

境。但是，用虚假的修辞习作取代真实说过的话，在史书中插入冗长含糊的演说，却不探究成败的原因，会摧毁史学的独特性质。蒂迈俄斯在这个方面所犯的错误尤其严重，我们都知道他的史书遍布这类错误。

[25]如果蒂迈俄斯像我已证明的这么糟糕，为何有些人还是喜欢他，认为他值得信赖？这是因为他在书中花太多篇幅批评和谩骂他人。这导致人们评价他时不是根据他书中任何原创的东西，也不是根据他独到的主张，而是根据他对其他人的谴责。我认为他在这个方面非常勤奋、天分非凡。这也适用于自然学家斯特拉图（Stratus）。[①] 斯特拉图分析和反驳他人的观点时令人印象深刻，但是在他提出或展开自己原创的观念时，搞自然学的人会认为他比他们想象的要笨得多。在我看来，总体而言，文艺（γράφοντας）和人类生活没有区别：在现实生活中，挑他人的毛病很容易，但是自己很难避免那些错误；在现实生活中，同样值得注意的是，几乎总是那些最乐于批评别人的人，他们自己的生活尤其应该受到谴责。

[25d]除上面提到的错误外，蒂迈俄斯还有另外一个问题。作为寓居雅典近50年、孜孜不倦研究古代史家作品的人，他自认为特别适合成为史家。我认为，这是一个错误的认识。因为史学和医学类似。广义上讲，它们皆有三个主要分支，也有三种相应类型的人从事这些分支。

首先以医学为例，它的三个分支是病理学、营养学、手术与药剂学。病理学研究主要出自希罗菲卢斯（Herophilus）和卡利马科斯（Callimachus）学派在亚历山大里亚的研究。[②] 病理学研究

[①] 兰普萨库斯的斯特拉图是忒奥弗拉斯图斯之后的逍遥学派领袖，去世于公元前269年。他的著作主题广泛，包括自然学和宇宙论。

[②] 卡尔克顿的希罗菲卢斯是希腊化时代最伟大的医生之一，以主持人体解剖而闻名。卡利马科斯是希罗菲卢斯学派另一位著名成员。

只是医学的一个分支,但是它的宣称非常夸张,以至病理学的研究者以为只有他们才是医学专家。但是,如果你让这类理论家回到现实,让他们治疗一个病人,他们就会像从未打开过医学教科书的人一样毫无用处。过去常常有病人去找这类理论家,后者用言辞说服他们,以至他们差点丢失性命,即使他们一开始的病并不严重。这类理论家就像那些只从书本学习的舵手一样危险。然而,这类理论家还是声势浩大地周游各城,一旦吸引到一群人,就特别邀请那些在实践中真正证明自己的医生,为他们设置逻辑陷阱,让听众嘲笑他们。人们总是更喜欢似是而非的论证而非经检验属实的事实。医学的第三个分支展现出治疗疾病的真正能力,它不仅非常罕见,而且由于普通人没有能力辨别,又由于那些病理理论家傲慢的夸夸其谈,而常常被掩盖。

[25e] 同样地,政治史学($τῆς\ πραγματικῆς\ ἱστορίας$)也包含三个分支。第一个分支勤勉地研究种种历史记录,整理其中所包含的材料;第二个分支调查城池、地点、河流、港口,即调查内陆和近海的独特特征以及一地到另一地的距离;第三个分支拥有实际的政治经验。与医学类似,很多人被史学的声望吸引,想成为史家,但是那些动笔的人多半没有资格,只有自满、傲慢和放纵。他们像贩卖药品的小贩一样渴望得到认可,为了讨好读者并以史家头衔谋生,而让自己的叙述迎合时代的口味。

继续谈论这类人毫无意义。然而,另一类人写作史书的方法被广泛认为合理正当。这类人就像医学中的病理理论家,他们把时间花在图书馆,获得大量抽象的书本知识,然后自我催眠式地认为自己已经有足够的能力从事史学写作。门外汉兴许认为这类人已是合格的史家,但是在我看来,他们只不过掌握了史学三个分支的一支而已。的确,研读古代的史书有助于发现古人对一些地方、民族、政制、战役的看法和观念,从而获知古代特定地方经历的危机和机运的颠转。所有这些都是有用的知识,因为如果我们真的事无巨细地研究过去,它自然会提醒我们留意未来可能发生之事。但是，如果像蒂迈俄斯那样，以为仅凭对过去史书的精密研读，就能写好近世的历史，简直愚不可及。这就如同，有人认为他想成为优秀的、技艺精湛的绘画大师，只需遍览古代画家的画作即可。

[25f] 举一些例子有助于进一步澄清我的意思，就以厄弗儒斯史书的一些段落开始。厄弗儒斯对战役的叙述给我留下的印象是，他对海战的理解非常充分，却丝毫不懂陆战。如果我们聚焦于海战，诸如塞浦路斯海战、尼多斯海战①——两场海战都是波斯王的将军参与，前者是与萨拉米斯人欧阿戈拉斯（Euagoras）作战，后者是与拉克岱蒙人作战——我们必定会对厄弗儒斯的能力和专业知识敬佩不已，且能从中学到许多可在类似处境下对我们很有帮助的知识。但是，如果我们阅读他对忒拜人与拉克岱蒙人在琉克特拉或曼提尼亚的战斗②的叙述时——埃帕米农达斯就殒命于曼提尼亚战役——留意他叙述的细节，仔细思索他关于双方军队部署的叙述，以及整场战役过程中双方的战术变化，就会出现他的无知使他显得很可笑，仿佛他一生从未见过一场陆战。

的确，琉克特拉战役简单易懂，因为它只涉及军队的一部分，所以厄弗儒斯对这场战役的叙述并没有显示出他缺乏陆战知识，但是曼提尼亚战役完全不同。尽管他对这场战役的叙述给人的印象是，他对军事复杂性的描述很专业，但是他的描述与实际的战斗毫无关系，以致他的描述毫无意义。如果将厄弗儒斯描述

---

① 公元前381年，与波斯作战10年后，塞浦路斯的国王欧阿戈拉斯在基蒂翁（Citium）海战中被击败。公元前394年，一支波斯舰队在雅典人科农（Conon）统率下击败拉克岱蒙人。

② 公元前4世纪60年代，忒拜将军埃帕米农达斯在琉克特拉战役中取得大胜，然后侵入伯罗奔半岛，进而摧毁斯巴达人的领导权。公元前362年，埃帕米农达斯在曼提尼亚与希腊多城联军激战，战死于此次战役。此后，忒拜领导权迅速衰落。

的战役过程与地形匹配，这一点会更明显。忒奥庞姆普斯也犯有同样的错误，蒂迈俄斯尤其严重。当他们只简要、初步的描述战役时，他们的无知能逃过读者的注意，但是他们对战役的详细描述和评判会表明他们像厄弗儒斯一样，毫无陆战经验。

[25g] 重点在于，就像缺乏军事经验的人不可能写好战争一样，从未涉足政治领域或从未面对政治危机的人也不可能写好政治史。仅仅依靠书本学习的作者所写的东西缺乏个人经验所赋予的清晰，阅读他们的作品也没有什么收获。若没有教育价值，史书就无足轻重、毫无用处。此外，当这类作者尽管缺乏相关经验，却决定详细叙述城池和地势，显然也会发生同样的事：他们会省略许多值得一提的东西，却对不值得提及的事念念不忘。蒂迈俄斯由于没有亲自调查各地，在这个方面犯的错误极为严重……

[25h] 在其史书卷三十四，蒂迈俄斯说"我远离家乡，在雅典寓居50年"，从而承认他对战争毫无经验，也从未实地调查过他笔下的那些地方。所以他在书中谈论战争事务或地势时，犯下许多错误。在少数场合，他确实传达过一些真相，就像那些使用填充袋（θυλάκων）作模型的画家：他们有时可能会抓住模型的轮廓，却无法捕捉真实生物的活力和生气的痕迹，而这正是画家的职责。蒂迈俄斯和所有基于书本写作的史家正如画家：他们的作品缺乏真实生活的生动，因为只有个人经验才能提供这种生动。这就是为何没有直接经验的作家不能激发读者真正的雄心壮志。

这也是为何我们的前辈认为生动是史书写作的本质要素——这样的生动会让读者惊叹，当主题是政治事务时，作者一定已经获得政治家才懂得的治理政治事务的经验；当主题是军事事务时，作者一定在军中服役过、亲自参与过战争；当主题是私人生活时，作者一定已娶妻生子，拥有婚姻经验。生活中的其他领域亦然。这种生动性很可能只存在于那些获得政治生活的直接经验后才开始写史书的作家身上。当然，一个人不可能涉足所有领域，但史家必须对生活中最重要的领域即影响绝大多数命运的领域有个人经验。

[25i] 我们在荷马那里频繁遇到这种生动性，这证明这并非一个不可企及的目标。我想，读过我上面所言后，所有人都会同意对历史记录的研读只是史学的三个分支之一，且是三个分支中最不重要的那个。这一论断的真实性可从蒂迈俄斯在政治、军事和外交演说方面的做法中得到最好的证明。事实上，很少有场合需要提出每个可能的论点。通常，作者必须从他所想到的论点中挑出几个简要的。这些论点甚至有一些适合当代演说者，有一些适合过去的政治家，还有一些适合埃托利亚人或伯罗奔半岛人或雅典人。不管语境如何，涵括所有可能的论点是徒劳且不恰当的，而这就是蒂迈俄斯在书中的做法：不管主题是什么，他都要发明各种论点。这是错误的、幼稚的和迂腐的做法。这也是过去很多作家未能成功继而被视作二流作家的原因。重要的是，在每个场合，都要选择那些契合上下文、恰当的论点。

由于在任何场合，演说中哪种论点以及有多少论点该被使用，都并没有固定的程式，因此，我们如果想教育读者而不是误导他们，就需要异乎寻常地专注并确保原则清晰。适合特定情况的东西不能被规则轻易涵盖，但是，可以借助从个人经验和实践中学到的训诫来一瞥适合特定场合的论点。就目前而言，我所得到的一些想法最好如下所示。如果作者首先解释演说者的处境、目的和倾向，叙述过演说者真实说过的话后，告诉我们导致演说者成功或失败的原因，我们就会对发生的事情有一定程度的确切了解，而一旦我们学会辨认这些原因，当我们发现自己处于类似处境时，我们就能运用学到的，实现我们的目标。但是，我认为这类原因很难描述，而在写作演说词时编造一些原因又很容易。只有少数作家能发现并掌握使演说简单扼要的艺术，而创作冗长且无目的的演说不过是一种常见的、很普通的能力。

[25k] 我上述对蒂迈俄斯的指责，需要证据来支持，就如我之前批评他蓄意撒谎时所做的那样。我将简要提到一些毫无疑问

是他写的演说作为证据。

在老格隆（Gelon）①之后统治西西里的人物中，赫莫克拉底（Hermocrates）、②泰摩利昂和伊庇鲁斯的皮鲁士以特别务实著称，这三人根本不是那种演说幼稚和迂腐之人。但是，在其史书卷二十一中，蒂迈俄斯告诉我们下述故事。欧律墨冬（Eurymodon）在西西里时（公元前424年），试图联合各城进攻叙拉古，厌战的格罗斯人（Geleans）遣使到卡马里纳（Camarina）请求签署协定。卡马里纳人热情地表示同意，双方于是结为盟友，要求派有名望的人到格拉（Gela）城商讨签署条约的问题，并找到符合所有人利益的和平方案。

代表抵达格拉，会议开始后，赫莫克拉底走上前开始演说。依照蒂迈俄斯的说法，赫莫克拉底演说的主旨如下。赫莫克拉底的演说以祝贺格罗斯人和卡马里纳人开始：第一，两城停止了彼此敌对的状态；第二，两城是和平会议的首要推动者；第三，两城确保和平条约的条款将由西西里各城的领导人——这些人深谙战争与和平的差异——而非各城的民众大会商讨。接下来提出两三点要求后，赫莫克拉底要求所有代表聆听并向他学习和平与战争的巨大差异——尽管他刚刚已感谢过格罗斯人，即对和平条约的讨论不是在各城的民众大会上，而是在各代表皆充分熟知这种差异的大会上。

这表明蒂迈俄斯不仅缺乏政治见识，而且没有达到写作学校论文的水准。毕竟，尽管提供证据说服那些无知或持怀疑态度的听众非常重要，但是，无需特殊的知识就可辨别和平与战争，没

---

① 公元前491年至前478年的叙拉古僭主。公元前480年，格隆在希曼拉（Himera）大胜迦太基人，得以控制西西里全岛。据说，那次战役的同一天，希腊人在萨拉米斯海战中大胜波斯人。

② 此人最著名的行动是伯罗奔半岛战争期间，成功抵御雅典人对叙拉古的远征。不过，他死于公元前407年，珀律比俄斯在下文说赫莫克拉底曾参加羊河海战是错的。

有什么比喋喋不休地谈论听众早已熟知的东西更徒劳、更琐碎。除过这个根本性的错误，即他把大部分篇幅用在根本无需阐述的事情上，他还让赫莫克拉底说一些完全不可置信、出自一个毫无经验的年轻人之口的观点，根本不管赫莫克拉底曾与拉克岱蒙人在羊河并肩作战（公元前405年），并在西西里捕获整支雅典舰队及其将军（公元前413年）这一事实。

[26] 总之，蒂迈俄斯笔下的赫莫克拉底认为有必要提醒众代表，人们在战时是被号角声从梦中唤醒，和平时期则是被鸟儿唤醒。然后，赫莫克拉底说赫拉克勒斯在创立奥林匹亚竞技会和停战协定的过程中显示出他的本相。① 他曾迫于压力攻击和伤害与他打斗的人，因为他被命令这样做，但是，他从未主动给任何人制造麻烦。赫莫克拉底接着说，荷马让宙斯表明他对战神阿瑞斯的厌恶：

> 你是所有奥林波斯神中我最恨的小厮，
> 你心里喜欢的只有吵架、战争和斗殴。②

赫莫克拉底又引用荷马笔下最智慧的英雄的话：

> 一个喜欢在自己的人中挑起可怕的战斗的人，
> 是一个没有族盟籍贯、没有炉灶、
> 不守法律的人。③

然后，赫莫克拉底又通过引用如下诗句，指出欧里庇得斯也

---

① 古希腊传统认为赫拉克勒斯创立了奥林匹亚竞技会。每次奥林匹亚竞技会开始前，要宣布停战协定，禁止军队进入厄利斯，以此确保竞技会顺利进行。

② 荷马，《伊利亚特》，5.890。

③ 荷马，《伊利亚特》，9.63，涅斯托尔说的话。

赞同荷马：

> 哦，和平女神，丰饶的守卫者！
> 不朽诸神中最美的神！
> 我欣欣您长久留驻此地，
> 唯恐年老会压倒我，
> 我仰望您美丽的面容，
> 恳请您，让我再看看他们载歌载舞，
> 当他们成群结队离开宴会，
> 头上顶着花冠。①

赫莫克拉底继续说，战争与和平跟疾病与健康非常相似：和平让病人康复；战争让健康者死亡。此外，和平时期，自然秩序得以保留，年轻人埋葬老年人，战争时期则相反。赫莫克拉底说，尤其是，战争时期的危险直达城下，而在和平时期，直到土地边界都没有危险，等等。很难想象一个年轻人除此之外还能怎么论证和表达：赫莫克拉底的演说展示出他无非是一个修辞学和书本学习方面的新手，试图按照规定的指导原则，写出一篇被认为与他性格相符的演说。我认为，听蒂迈俄斯笔下的赫莫克拉底演说，就如同听蒂迈俄斯本人演说一样。

［26a］再者，在蒂迈俄斯史书的同一卷，泰摩利昂的演说怎么样呢？战前对希腊人演说时——实际上，他们当时即将与一支强大的迦太基军队交战——泰摩利昂劝说希腊人不要管迦太基的兵力优势，而是要盯着迦太基人的怯懦。泰摩利昂说，尽管利比亚人烟稠密，人口众多，但是，当我们想强调某地空旷无人时，我们有一句俗语叫"比利比亚还荒凉"。泰摩利昂解释说，这个俗语的意思不是字面上的空旷无人，而是指利比亚人怯懦。他说：

---

① 欧里庇得斯《克瑞斯丰忒斯》(*Cresphontes*) 的残篇。

总之，谁会害怕那些拒绝利用人类的独特之处，即把人类与其他动物区别开来的拥有自然禀赋的人？我指的是双手。利比亚人一生都把手放在衣服里！① 但是，最能说明问题的一点是，他们在外衣里面穿短衬袍，这样，即使他们在战斗中阵亡，身体也不会暴露给敌人！……

[26b] 史家们告诉我们，当年格隆允诺派20000名步兵和200艘有甲板的战舰援助希腊人对波斯作战，条件是要希腊人同意让他指挥联盟的陆军或海军，齐聚科林多的各城代表给了格隆的使者一个非常精明的答复。他们说，他们非常欢迎格隆和他的援军，但是事件本身会一如既往地揭示出谁才最合适统率大军。这不是那些指望依靠叙拉古人的援助取得胜利之人的反应。他们明显认为可以凭靠自己的资源取得胜利，他们只是邀请想检验自己勇敢以及想夺得勇敢之名的人参战。然而，蒂迈俄斯把这段插曲的每个细节都翻了出来，决心把西西里描绘得在各个方面都比希腊优越得多。他声称天下没有哪个地方比西西里发生过更著名、更高贵的事，天下最智慧的圣人是西西里人，在治国方面最能干、最受诸神眷顾的是叙拉古人。蒂迈俄斯对这个主题的阐述如此详细，以至没有哪个沉浸在陈词滥调中的修辞学新手在提出自相矛盾的演说主题——如"赞颂忒耳西忒斯（Thersites）"或"谴责佩涅洛佩（Penelope）"之类的主题——方面超过他。

[26c] 但是，蒂迈俄斯对悖论（παραδοξολογίας）②的过度运用只会使他想要拔高的人物和事件成为笑柄，而非有利于进行比较。他这种方法最终取得的效果和学园派追求完美的逻辑技巧差

---

① 迦太基人敬重首席行政官的标志。

② 珀律比俄斯在这里提及"悖论"这个哲学术语，表明蒂迈俄斯与阿尔凯西劳斯（Arcesilaus）之后的新学园派有瓜葛。

不多。在想给对话者设置逻辑陷阱时,一些学园派哲人也运用悖论,无论他们讨论的是看似不言自明的事物,还是不容易被立即理解的事物。实际上,他们擅长编造似是而非的论点,以至他们争论雅典人是否能闻到在以弗所煮鸡蛋的味道,怀疑他们是不是躺在家里的床上梦见学园中进行的这些讨论,而非在现实生活中进行过那些讨论。学园派对悖论的过度运用使他们的整个追求名誉扫地,甚至其恰切的辩论主题也普遍失去信誉。但是,他们自己的愚蠢并非最糟糕的结果:由于敬重他们,年轻人不再关注伦理和政治问题——而这两者恰恰是哲学的有益分支,反而把时间浪费在无用的、自相矛盾的废话上。

［26d］蒂迈俄斯及其追随者就犯有类似毛病。他运用悖论质疑每个问题,用言辞的力量吓住大多数读者,他表面的诚实又迫使读者相信他。他们中的一些人已经被他显而易见、无可置疑的证据说服和俘获——当他叙述殖民地、建城和谱系时,他设法给读者留下这样的印象。在这类段落中,他表现得非常严谨,驳斥他人时显得敌意满满,以至读者会认为其他作家都是在恍惚状态下随意叙述天下的种种事务,只有他本人进行过精密调查,并严密审验了每则信息,从所有谎言中筛出真相。

总之,有些人由于熟悉蒂迈俄斯史书前面的部分,即叙述殖民之类事务的部分,已开始相信他笔下的夸张论断。若有人最终拿出证据表明蒂迈俄斯也犯有自己严厉批评他人的那些错误,如我前文提及的讨论洛克里斯人的例子,蒂迈俄斯的拥趸的反应会是激烈且顽固地进行反驳,因为最勤奋地阅读他史书的学生从中学到的就是好争辩!另一方面,那些被他的夸夸其谈、漫无边际、毫无目的的演说词折服的拥趸,由于我上文所述原因,变得幼稚、迂腐,误入歧途。

［27a］蒂迈俄斯史书中叙述政治的部分错误百出,我已经指出大部分错误,现在我将解释他为何会犯这些错误。他犯那些错误的原因令大多数人觉得难以置信,但是,如我们接下来看到

的，我将指出的原因足以完美解释我对他的批评。在我看来，尽管他有细致研究的天赋和探究的能力，换言之，尽管他具备写作史书的一丝不苟的精神，但是在一些特定方面，他表现出的技巧和细心程度不及任何前代史家。请听我解释。

［27］自然赐予我们两个器官，即眼睛和耳朵。凭借它们，我们获取信息并探究万物。据赫拉克利特说，眼睛更可靠，眼见比耳听更准确。然而，蒂迈俄斯选择了较轻松却差劲的方式，也就是说他完全避免运用视力，只通过耳听获取信息。但是，基于耳听的探究有两种，尽管蒂迈俄斯阅读种种历史记录时勤奋细致，但在询问其他人时，如我已经提到的，他却表现得很马虎。

很难搞清楚他为何选择这种探究方法。基于书本的探究可免受危险和艰辛，至少找到一座有大量历史作品的城市或附近的图书馆不算太难。然后，你所要做的就是躺在软椅上进行探究，核对种种早期历史作品的叙述，其中没什么艰辛可言。尽管实地调查非常辛苦且耗资不菲，这项工作的回报也很高。事实上，实地考察是史家能做的最重要的事。

前辈史家也可证明这一点。例如，厄弗儒斯说如果所有事件发生时，我们都能亲临，那将是多么美妙的经验！忒奥庞姆普斯说，最伟大的军事行家是经历过大多数战役的人，最有威力的演说家是参与大多数政治辩论的人，同样的原则也适用于医生和舵手。荷马甚至着重强调过这一点。例如，当他想表明一个人在这个世界上需要何种品质才能强大时，他让奥德修斯说：

> 请为我叙说，缪斯啊，那位机敏的英雄，
> 他见识过不少种族的城邦和他们的思想，
> 在广阔的大海上身受无数的苦难。[1]

---

[1] 荷马，《奥德赛》，1.1–3。

在另一处,他又让奥德修斯说:

> 我经历过无数战争,受尽波涛的折磨。①

[28] 在我看来,史学的尊严也需要这样的人。无论如何,柏拉图告诉我们,人类要想过上美好的生活,只有哲人为王或王者成为哲人才可能。②我也认为,只有搞政治的人——不是马马虎虎搞的人,而是全身心投入的人,因为他们相信没有什么比搞政治更重要、更高贵——从事史书写作,或者准备写史书的人把获取政治实践经验视作史家的必备条件,史学才能变得美好。只有这样,才能终结史家的错误,而蒂迈俄斯对获取政治实践经验毫不关心。他一生都生活在远离家乡的一个地方,仿佛他刻意避免积极参与战争和政治,或刻意避免任何旅行和实地考察。然而,不知为何,他竟拥有一流史家的名声。

但是,要证明他对书籍的依赖易如反掌,因为他亲口承认过这一点。在其史书卷六的前言中,他提到一些人的观点,认为发表炫示演说要比写史书更需要天分、勤奋和准备。他说,尽管厄弗儒斯批评过这个观点,他本人却受到启发要比较史书和炫示演说,因为厄弗儒斯没有能力做出适当回应。实际上,这对他来说绝对是一件不寻常的事,这并不仅仅是因为他认为厄弗儒斯的看法是错的。阅读厄弗儒斯的史书时,人们常常惊讶于他的风格、谋篇和论辩水准之高:他扩展任何主题时,不管是离题话,还是表达他本人的看法,皆处于最强大的状态。实际上,厄弗儒斯论史书写作和演说创作差异的段落是雄辩和说服力的典范。蒂迈俄斯之所以歪曲厄弗儒斯,是因为他不希望任何人认为他是效仿厄弗儒斯,但是,这种做法也是对其他作家的不尊重。他以为,不

---

① 荷马,《奥德赛》,8.183。
② 柏拉图,《王制》,473c–e。

管他对原本完全得体的叙述进行的二手重述多么冗长、多么难以理解，而且肯定没有比原始版本更好，都不会有人注意到这一点。

［28a］总之，蒂迈俄斯试图通过宣称史书与炫示演说之间的差异，就如真实建筑物与建筑草图、实地风景与为剧院背景绘制的轮廓图之间的差异那么大，来提升史学的地位。他接着说，仅仅收集写史书的各种材料就比编写炫示演说稿繁重得多。他说，他确信如果他告诉人们为了收集推罗的编年史料，探究利古里亚人、凯尔特人和伊比利亚人的习俗，他有多么艰辛，花费多么高昂，人们不会相信他。这的确让人难以相信。

兴许有人想问蒂迈俄斯，他是否认为坐在城中收集编年史料和探究利古里亚人和凯尔特人的习俗，要比亲自实地考察众民族和众城池更艰辛、花费更多。再者，难道不是实地向那些参与战役、围城和海战的人了解战役、围城和海战的真实情形，或亲自参与战斗、体验战斗及其后果的花费更高？就我自己而言，我认为真实建筑物和建筑草图之间的差异，或史书与炫示演说之间的差异，在所有种类的史书中，远不如凭借亲身介入和经历叙述某事与仅凭二手资料或听他人转述叙述某事之间的差异那么大。

但是，蒂迈俄斯缺乏经验，无法分清二者的差异，所以他自然而然地假定，对史家来说，收集各种书籍、从知道的人那里获取事件的详细信息是最艰辛、最重要的工作，而这实际上不过是写作史书最容易、最不重要的一个方面。对撰写史书而言，经验才是至关重要的：要是没有相关事件的经验，作者必定会犯严重错误。一个人若是对战役、围城和海战一无所知，他怎么可能向别人就这些事务提出恰切的问题，或者理解别人就这些事务告诉他的细节？提问者和被问者对叙述的贡献一样大，某种意义上，提问者遵循事件的顺序提出问题会激发被问者想起更多新的细节。那些对战役毫无经验的人无法对参与战役的人提出任何有意义的问题。这样的人即便亲自观摩一场战役，也没法理解所发生的事。某种程度上，他即使亲自在战役现场，也等于没在。

第十三卷

一、希腊事务

埃托利亚人[1]

[1] 埃托利亚人由于连绵不断的战争和奢侈的生活方式,在其他任何人或他们自己都没有意识到前,就已负债累累。因此,由于天生爱变革他们的政制,埃托利亚人选出多利马库斯和斯科帕斯起草法

---

[1] 珀律比俄斯开始叙述公元前205年的事。

这年是汉高祖二年。汉王由咸阳东出攻略城邑,塞王、翟王投降,汉军平定三秦。函谷关以东之河南王申阳(封地在洛阳一带)投降。汉王于是在关内设置陇西、北地、上郡、渭南、河上、中地郡,在关外设置河南郡。韩王郑昌不降,韩信率军攻灭,改立原韩国太尉信为韩王。将领中以一万人或一郡投降的,封万户,又整修河上郡的要塞。秦朝原来的苑囿园池皆开放给百姓耕种。整饬关内后,三月,汉王从临晋渡黄河,魏王率兵跟随,攻下河内,设置河内郡。然后在平阴津南渡黄河,到达洛阳。这时,项羽正攻齐国,与田荣战于城阳。田荣兵败被杀,齐地投降项羽。楚军焚毁齐人城郭,齐人又反叛。田荣之弟田横立田荣之子田广为齐王,据城阳反楚。项羽虽然已得报汉军向东,还是打算先攻灭齐国,再击汉军。汉王抓住时机劫取五诸侯的兵力,进占项羽之都彭城。项羽得报,立即率军归返,与汉军战于彭城睢水边,汉军大败。诸侯见楚强汉败,皆离汉归楚。

汉王收拢兵卒,驻军砀县(今河南永城市芒山镇),又向西撤往虞县(今河南虞城县)。汉王遣使劝说九江王黥布反楚,楚遣将龙且讨伐,黥布败。汉王东出函谷关接连两败。关中增派援军,汉王遂驻军于荥阳,与楚军相持。参《史记·高祖本纪》,前揭,页369-372。

律，因为他们看到这两人倾向于改变现状，且这两人的财富在许多私人买卖中受损。被赋予这项权力后，他们两人起草了法律……

[1a] 多利马库斯和斯科帕斯立法期间，埃托利亚人亚历山大（Alexander）反对他们的法律草案，他引用许多事例表明，这种杂草一旦扎根，就不会停止生长，直到它给曾种下它的人带来最大的灾难。因此，他恳请他们不要只关注眼下解脱所承担的义务，还要着眼于未来。他说，在战场上，他们为了后代的安全甚至会献出自己的生命，但是在议事厅里，他们却不考虑未来，这的确是奇事一桩。

[2] 埃托利亚人的立法者斯科帕斯，由于冒险起草了这些法律而没有获得联盟将军之职，急切地转向亚历山大里亚寻求帮助。他相信，如果他在这方面的期望得到实现，他就能弥补损失的财产，满足其灵魂对利益的渴望。他不懂得，这就像身体患有浮肿，除非我们能治疗身体本身的病态，否则病人的口渴之苦绝不会停止，无论喝多少水也无济于事。同样地，除非我们通过理性纠正灵魂中固有的恶，否则灵魂对利益的贪婪永远不可能得到满足。我们现在谈论的这个人就是最明显的例子。

他抵达亚历山大里亚后，除过他从战场上获得的、由他本人完全支配的收益外，托勒密四世每天还付给他个人10米纳，他麾下的每位军官每人每天1米纳。① 尽管如此，他仍然不满足，反而从一开始就一心一意追求钱财，以致最后，由于他的贪得无厌，他的部下也对他深恶痛疾，他最后也为钱而死。

腓力五世的毒计②

[3] 腓力五世沉迷于那种奸诈（κακοπραγμοσύνην）之谋，没

---

① 斯科帕斯作为雇佣兵队长到亚历山大里亚托勒密四世麾下谋生。
② 第一次马其顿战争于公元前206年结束，公元前205年在菲尼卡签订合约，尽管罗马元老院迟至公元前204年春才批准和约。腓力五世在第一次马其顿战争中取得有限胜利，接下来把目标转向爱琴海。

有谁真的认为这符合一位国王的身份，但是由于现在奸诈盛行，有些人认为这种策略在现实政治中是必要的。我们知道，古人远离这类不义之举。他们绝不会为增强自己的势力而密谋对付朋友，他们甚至不同意以欺骗手段战胜敌人。他们认为，除非他们在光明正大的战斗中粉碎敌人的斗志，否则任何胜利都算不上辉煌或稳固。古人为此还形成一项惯例，即彼此不得放冷箭或远距离发射投掷物。他们认为，只有光明正当的近身肉搏才是真正决定性的。

因此，古人会事先宣战，当决定交战时，会事先告诉敌人这一事实，以及军队行军和列阵的地点。但是，今人则说，战争中任何光明正当的行为皆是不懂将道的表现。然而，战争的古代法则的一些轻微残留仍保留在罗马人那里。他们会宣战，几乎不会设伏，总是选择近身肉搏的战斗。之所以有上述反思，是因为我们现在的政治领袖在处理公共事务和战争事务时热衷于玩弄奸诈之谋。

[4] 腓力五世仿佛是专门为赫拉克莱德斯（Heracleides）找了一个合适的任务来发挥他的才能。他命令他想尽一切办法击损和摧毁罗德岛的舰队，同时遣使克里特并煽动克里特人，激发他们对罗德岛的战争热情。赫拉克莱德斯天生爱作恶，认为这个任务是天赐良机，谋划一番后，没过多久便乘船起航，出现在罗德岛。

赫拉克莱德斯是塔伦托人，父母皆是粗鄙的匠人，他拥有成为大胆妄为的无赖的强大优势。他早年就公开出卖身体，后来表现出极强的敏锐力和出色的记忆力。他一方面对下级恃强凌弱、厚颜无耻，另一方面对上级则最阿谀奉承。后来，由于被怀疑谋划过将塔伦托出卖给罗马人而被母邦放逐，这倒不是因为他当时在塔伦托掌握政治权力，而只不过是因为他是一个建筑师，塔伦托人当时打算修缮城墙，遂把通往内陆那座城门的钥匙交给他保管。赫拉克莱德斯随后逃往罗马人处，但是不久之后，他又被发现从罗马营地与塔伦托和汉尼拔暗通曲款，他预料到这一罪行的后果，于是向腓力五世寻求庇护。他在腓力五世的宫廷极受信任，获得极大权力，以致他几乎是毁灭这个强大王国的主要工具……

［5］罗德岛的主席团（πρυτάνεις）由于腓力五世在克里特人问题上的奸诈行为，已经不信任腓力五世，所以怀疑赫拉克莱德斯也卷入其中……①

赫拉克莱德斯来到罗德岛主席团面前，解释他为何背叛腓力五世。他说："腓力五世宁愿忍受一切，也不愿让罗德岛人知道他在这件事上的盘算。"通过这个办法，赫拉克莱德斯摆脱怀疑……

在我看来，自然已向人们表明真实（ἀλήϑειαν）是最伟大的神，并赋予她最强大的力量。至少当所有人试图压制她，所有可能性全部站在谎言一边时，她不知何故竟能凭靠自己的方法穿透人们的心灵，有时能立即昭显她的权能，有时则是经过多年黑暗后凭借自己的力量战胜和击垮谎言，赫拉克莱德斯的例子就是如此。腓力五世的使者来到罗德岛……

达摩克勒斯（Damocles）与普提翁（Python）一同被作为间谍派往罗马。②达摩克勒斯是一个得心应手的工具，在政事方面足智多谋。

斯巴达僭主纳比斯

［6］拉克岱蒙人的僭主纳比斯，③掌权已有两年。由于马卡尼达斯为阿凯亚人所败还是不久前的事，纳比斯尚不敢尝试任何重要的功业，而是忙着为持久的暴政打基础。他彻底根除斯巴达

---

① 主席团是罗德岛的最高权力机构，人数为五人，任期六个月。赫拉克莱德斯伪装成腓力五世的敌人，到罗德岛避难。他欺骗罗德岛人，烧毁罗德岛人的13艘三列桨战舰后，成功逃跑。

② 不知道这两人的任何信息，也不知道是谁派他们到罗马。

③ 公元前207年马卡尼达斯死后，纳比斯成为斯巴达僭主，一直统治到公元前191年。

王室的幸存成员，放逐在财富和血统方面的卓越公民，将他们的财产和妻子分给他的追随者的头目和雇佣兵，而这些人绝大多数都是谋杀犯、强奸犯、强盗和窃贼。这类人从天下各地源源不断涌向纳比斯的宫廷，他们由于对神和人犯下的罪行，根本不敢在祖邦立足。纳比斯让自己成为这类人的保护者和王，雇佣他们做他的随从和护卫。无疑，他的统治将凭借邪恶而流传后世。

除过上述恶行，纳比斯并不满足于放逐公民，他还不让被流放者活着，也不给他们留下任何安全的避难所。公民被放逐后，他又派人去追赶，在路上杀死他们，或在他们流放归来的途中杀死他们。最后，在各城镇，他通过不受怀疑的代理人租下流放者居所隔壁的房子，然后派出克里特人到这些房子。他们推倒院墙，向窗内射箭，杀死正在屋内站立或休息的流放者。所以，对不幸的斯巴达人来说，根本没有安全之所可逃，也没有一刻的安全。正是凭借这些手段，纳比斯毁灭大多数斯巴达公民。

[7] 纳比斯还建造了一台机器，如果可以称之为机器的话。事实上，那台机器是一个盛装女人的肖像，非常像纳比斯的妻子。每当他召来某个公民，打算向此人勒索钱财，他首先会很客气地对此人说话，指出斯巴达城和乡间正面临阿凯亚人的威胁，提醒此人注意他必须维持的雇佣兵数量以确保臣民的安全，同时还会提到花在宗教庆典和城市公共支出中的费用。如果此人屈服于这些说辞，那他的目的就算达到。但是，如果此人拒绝拿钱出来，他就会继续说："很可能我无法说服你，不过我认为我的阿潘佳（Apaga）能做到。"阿潘佳是他妻子的名字，他的话音刚落，我上面所描述的机器就会被推出来。此人向阿潘佳伸出手，让女人从椅子上站起来，双手抱住她，慢慢把她拉入怀中。阿潘佳衣服下面的胳膊、手和胸前皆布满铁钉。纳比斯接下来把手伸到阿潘佳背后，通过拉几个弹簧，将受害者拉入阿潘佳怀中，并不断加大力度，使得受害者紧贴阿潘佳的胸部，这样他就使得这个被阿潘佳紧紧抱着的男人愿意接受任何条件。事实上，

纳比斯通过这个办法杀死众多不愿拿钱的公民。

[8]纳比斯统治期间的其他行为与此相似,与此相当。他参加克里特人的海盗行动,在整个伯罗奔半岛搜罗抢劫神庙者、强盗和刺客。他分享这类人这些恶行的获利,让他们把斯巴达当作他们的基地和避难所。有一次,一些来访斯巴达的波俄提亚的外邦士兵试图引诱纳比斯的一个马夫与他们一同离开,并劝那个马夫带走一匹白马,那匹马被认为是纳比斯马厩内最好的马。那个马夫接受引诱且把那匹白马带走,纳比斯立即命手下追击,直到迈加洛波利斯才追上,之后便立即带走白马和那个马夫,没有人进行任何反抗。

但是,当纳比斯的手下要对波俄提亚的士兵动手时,后者起初要求面见地方官员,但是没人在意他们的请求,他们中的一人立即大喊"救命"。听到呼救声,当地民众立即赶来,强烈要求将这些波俄提亚士兵带到地方官员那里。纳比斯的手下这时被迫释放俘虏,让他们离开。纳比斯一直以来都在为破裂与阿凯亚人的关系寻找虚假的冤屈和似是而非的借口,此时遂立即抓住这个机会,劫掠普罗阿格拉斯(Proagoras)和其他人的牛群。这就是战争的开端。

二、亚洲事务

卡特尼亚和格拉人

[9]珀律比俄斯在其史书卷十三说,拉拜(Labae)是卡特尼亚的一座城。拉拜人在种族上类似于萨拜人(Sabaeus)。拉拜人和萨拜人同处一个地区,因为卡特尼亚(Chattenia)是格拉人(Gerraeans)[①]的土地。

---

① 波斯湾西岸的一个民族,他们的都城叫格拉(Gerrha),是商队和船只贸易的重要地区。

卡特尼亚位于波斯湾，是属于格拉人的第三块地区。卡特尼亚在其他方面是一个贫穷的地区，但是为了方便在这里耕种的格拉人，已建立村庄和塔楼……

格拉人恳求安提俄库斯三世不要取消诸神赐予他们的礼物，即持久的和平和自由。① 格拉人的恳求信被翻译给他听后，他说他同意他们的请求……

格拉人的自由被保留后，他们通过一条荣耀安提俄库斯三世的法令，同时送给这位国王 500 塔兰同银、1000 塔兰同乳香和 200 塔兰同香料（στακτῆς）。② 安提俄库斯三世之后航往图洛斯（Tylus）岛，③ 从那里返回塞琉西亚（Seleucia）。香料（ἀρώματα）来自波斯湾。

［10］珀律比俄斯在其史书卷十三说，巴迪察（Badiza）是布雷提恩（Bruttii）人的一座城。

珀律比俄斯在其史书卷十三说，拉姆佩蒂亚（Lampetia）是布雷提恩人的一座城。

塔曼西（Tamese）是意大利的一座城，也是那里一条河的名字，珀律比俄斯在其史书卷十三称此城为特曼西亚（Temesia）。

珀律比俄斯在其史书卷十三说，阿拉里亚（Allaria）是克里特的一座城。他说，该城居民在种族上是阿拉里亚特斯人（Allariates）。

珀律比俄斯在其史书卷十三说，伊拉提亚（Ilattia）是克里特的一座城。

珀律比俄斯在其史书卷十三说，斯布托斯（Sibyrtos）是克里

---

① ［英译注］安提俄库斯三世从巴克特里亚返程时，来到格拉，参普利尼，《自然史》，12.35。

② 指没药香料或肉桂香料。

③ 图洛斯岛即现在的巴林岛。此塞琉西亚指底格里斯河畔的塞琉西亚，是塞琉古帝国东部地区的政治中心。

特的一座城，该城居民在种族上是斯布提俄斯人（Sibyrtios）。

阿德拉涅（Adrane）是色雷斯的一座城……不过，珀律比俄斯在其史书卷十三称它为阿德勒涅（Adrene）。

阿瑞斯平原（Areion Pedion）……珀律比俄斯在其史书卷十三说，色雷斯也有一处贫瘠的、树木稀少的平原。

珀律比俄斯在其史书卷十三说，狄戈罗斯人（Digeroi）是色雷斯的一个民族。

珀律比俄斯在其史书卷十三说，卡布勒（Cabyle）是色雷斯的一座城，距离阿斯提（Asti）的土地不远。

珀律比俄斯在其史书卷十三说，曼丽图萨（Melitussa）是伊利里亚的一座城。①

---

① 从这一卷提及的这些地名来看，该卷主要叙述罗马人在布雷提恩与汉尼拔的战斗和腓力五世在色雷斯的一场战争。

第十四卷

一、前言

[1a] 的确,在所有奥林匹亚年中,由于所发生事件非常多、非常重要,对它们进行介绍性的概述能够吸引读者的注意,从而将整个天下的行动置于单一视角之下。但是,我认为这个奥林匹年[①]内发生的事件尤其具有实现这一目的的力量。首先,在这个奥林匹亚年期间,意大利和利比亚的战争结束,有谁不会好奇这两地战争的最终结果?对每个人来说,尽管他可能已完全接受我们对种种行动和言辞的叙述,但他仍然渴望知晓结果。其次,在这几年内,诸国王的政治抉择($προαιρέσεις$)得到完全清晰的揭示。这个时期之前,关于诸国王政治倾向的说法皆是流言,但是,在这个时期,他们的政治倾向被天下人熟知。正是由于这个原因,由于我希望对这些事件的重要性给出应有的叙述,我在这一卷中不会像前面几卷那样,叙述两年内的事件。

二、斯基皮奥在利比亚

[1] 格奈乌斯·凯皮奥(Cnaeus Servilius Caepio)和盖乌斯·葛米努斯(Gaius Servilius Geminus)两位执政官忙于这些

---

① 第144个奥林匹亚年,即公元前204年至前200年。

事。① 但是，正在利比亚过冬的普布利乌斯·斯基皮奥听说迦太基人正在装备一支舰队，遂忙于整饬自己的海军，继续围困乌蒂卡。② 他没有完全放弃争取桑法克斯的希望，而是经常与他联络，因为他们二人的军队相距不远，他确信可诱使对方放弃与迦太基人的同盟。斯基皮奥认为，桑法克斯完全可能已厌倦那个女人，③ 他正是由于那个女人才选择站在迦太基人一边。总的来说，他完全可能已厌倦与腓尼基人的友谊，因为斯基皮奥非常清楚，努米底亚人出于天性总是会逐渐厌恶他们所喜欢的东西，总是轻易违背对神和人的忠诚。

眼下由于敌人占据兵力优势，斯基皮奥恐惧在开阔之地进行决

---

① 公元前203年的罗马执政官。

② 此事发生于公元前204年冬。这年是汉高祖三年。魏王背汉归楚，汉王遣韩信击魏王，大破之，定魏地。汉王又令韩信经井陉攻赵，斩杀陈馀、赵王，封张耳为赵王。项羽与汉军在荥阳相持一年多，楚军夺取汉军连通敖仓的甬道，汉军缺粮，汉王被楚军围困于荥阳。汉王凭靠计谋得以逃离荥阳，入函谷关收集士卒，欲再次东进。袁生献计曰："汉楚相持荥阳数年，汉军常处不利。若从武关出击，项羽必定引兵南下，届时汉军若深沟壁垒，荥阳、成皋之地可以得到休息。再派韩信北定黄河以北，联合燕、齐，再赴荥阳决战。这样，楚军多处设防，军力分散，而汉军得到休息，必定可击败楚军。"汉王采纳袁生计策，出兵宛县、叶县之间，与黥布会合收集兵马。项羽得报汉王在宛，果然引兵南下，汉军坚壁固守，不与楚军交战。这时，彭越率军渡过睢水，与楚将项声、薛公战于下邳（今江苏邳州），大败楚军。项羽闻之，引兵东攻彭越，汉王于是引兵北驻成皋。项羽击败彭越，得知汉军驻扎成皋，又挥师西进，克荥阳，俘韩王，围汉军于成皋。

此时，韩信已北定赵地。汉王以计夺韩信军，又遣韩信东攻齐。汉王得韩信军，军威大振，遣卢绾、刘贾领兵两万入楚地，与彭越会师，在燕县城西击败楚军，又攻占楚城邑十多座。与此同时，韩信领兵攻破齐国。项羽听闻韩信已攻占齐地，遣楚将龙且、周兰前去讨伐。韩信与楚军交战，大败楚军，龙且战死。彭越则率军在梁地袭扰楚军，断绝楚军粮道。当此之时，汉王率汉军仍在成皋与楚军对峙。参《史记·高祖本纪》，前揭，页372-375。

③ 指葛思康之子哈斯德鲁巴之女索菲尼拔（Sophoniba）。

战，被各种各样的忧虑弄得心烦意乱，所以当下述机会出现时，他非常高兴。他派到桑法克斯的信使报告说，迦太基人在冬季营地用各种木头和树枝搭建小屋，没有混合任何泥土。最先抵达的努米底亚人用芦苇建造他们的营舍，其他从各城陆续抵达的部队没有材料可用，只能用现成的树枝搭建营舍。一些部队驻扎在营地内，但更多的士兵驻扎在壕沟和栅栏外面。斯基皮奥据此认为，火烧敌营不仅可让敌人大吃一惊，而且可极大改善他的处境，遂开始谋划。

桑法克斯此前与斯基皮奥联络时始终坚持下述立场：迦太基人应撤出意大利，罗马人也应撤出利比亚，每个民族继续占据各自在这两个邦国之间的据点。斯基皮奥此前完全拒绝这个提议，但是现在却命令信使向桑法克斯轻微暗示：实现他的提议并非不可能。桑法克斯因此大大地松了一口气，变得比以前更愿意谈判，结果是双方信使往来更为频繁，斯基皮奥的信使有时会在敌营不受阻碍地待好几天。斯基皮奥利用这个机会，在信使中间混入一些军官和专门的探子，这些人伪装成奴隶，看起来既卑贱又肮脏，目的是不受干扰地勘察和刺探两个营地的入口。迦太基人有两个营地，一个是哈斯德鲁巴的营地，有30000名步兵和3000名骑兵，另一个营地在10斯塔德之外，是努米底亚的营地，有10000名骑兵和50000名步兵。第二个营地最容易受攻击，营地内的营舍最适宜纵火，原因是我刚刚所述，努米底亚人建造营舍时没有木头可用，也没有混合泥土，而是只用芦苇和秸秆。

[2]春天到来时，[①]斯基皮奥已完成上述针对敌人的计谋的全

---

① 公元前203年。这年是汉高祖四年。经过汉高祖三年的战斗，刘邦的汉军取得对项羽的楚军的战略优势。当此之时，汉王在成皋与楚军相持，韩信大军破齐后欲攻楚，彭越又在二者的中间地区袭扰楚军，项羽逐渐陷入疲于奔命的态势。汉高祖四年，项羽欲先击败彭越，以保持粮道畅通，于是令大司马曹咎守成皋，自己率军东击彭越。临行前，项羽嘱咐曹咎万不可与楚军战。项羽大军行至睢阳，闻曹咎已被汉王击败，且包围楚将钟离眛于荥阳东，不得不返回援救钟离眛。项羽至荥阳，汉军速入要塞堡垒，

部必要的勘察。他让舰队下水，在船上建造攻城机，造成他将从海上封锁乌蒂卡的印象。接着，他命2000名步兵再次占据乌蒂卡所在的山丘，不惜一切代价加强那座山丘的防御，然后绕山挖掘一条壕沟，给敌人造成他如此做的意图是要围困乌蒂卡的印象，而他真实的意图则是确保火攻敌营时后方一切安全。他担心当他的军团离营出击时，乌蒂卡的守军会突围，攻占他的大营。他的大营紧挨着乌蒂卡城，所以他留下这支部队防守大营。

完成这些准备后，斯基皮奥派一名信使到桑法克斯那里，伪称他已同意桑法克斯提出的谈判条件，询问桑法克斯迦太基人是否同意签约，是否值得信任，会不会出尔反尔，以及接受他的让步之后会不会还要进一步考虑一番。他还指示他的使者，未得到这个问题的答复，不得返回。使者抵达，桑法克斯读过斯基皮奥的亲笔信后，确信斯基皮奥已经下定决心签署条约，原因有二：一者，斯基皮奥的使者已告知他若得不到答复，不会返回；二者，斯基皮奥显得急于让迦太基人同意签约。所以，他立即派人告知哈斯德鲁巴事情的进展，恳求他接受和平，而他本人则安逸懒散，允许麾下的努米底亚人在营地外扎营。斯基皮奥也假装这

坚守不战。

楚汉相持数月未战，项羽欲单挑汉王，相约见面，项羽伏弩射中汉王。汉王病愈后，西入关中，率关中兵增援，驻扎广武。当此之时，彭越袭扰楚军，断绝其粮草，韩信又从齐攻楚，项羽发现自身陷入战略劣势，恐惧不已，于是与汉王约定瓜分天下，以鸿沟为界，西属汉，东属楚。然后项羽率军东归彭城。汉王采纳张良、陈平计策，率军追项羽，至阳夏南传令韩信、彭越，要求发兵一起攻打楚军。汉王到固陵（今河南周口淮阳区），韩信、彭越未到。楚军攻击汉军，汉王大败。汉军再次深沟壁垒防守。

汉王采纳张良计策，割地增加韩信、彭越封地，韩信、彭越于是率军与汉王会师，又派黥布、刘贾率军包围寿春，诱降楚大司马周殷，周殷举九江兵与黥布、刘贾北攻项羽。汉王又封黥布为淮南王，然后率众诸侯会师垓下。参《史记·高祖本纪》，前揭，页375–378。

样做，暗地里则为火攻做各项准备。

当迦太基人告知桑法克斯同意签约后，他非常高兴，立即告知斯基皮奥的使者这一结果。斯基皮奥的使者立即返回，告知斯基皮奥桑法克斯行动的结果。斯基皮奥获悉后，又立即派出使者告诉桑法克斯，他本人同意签约，非常渴望实现和平，但是议事会成员有不同意见，坚称谈判要由他们决定。使者再次出发，向桑法克斯通报了这一点。斯基皮奥这次遣使的意图是告诉桑法克斯，既然正式的和平谈判仍在进行中，若他有任何敌对行动，那并非是他想违背协定。经过如此宣称后，他认为不管接下来发生什么，都无人可指责他的行动。

[3]桑法克斯获悉这一通报后，非常恼火，因为他原本已下定决心要实现和平。眼下他不得不去见哈斯德鲁巴，告知他从罗马人那里收到的通报。两人经过一番讨论后，商议好如何应对处境的新变化，但是，他们的忧虑和相应的谋划中丝毫没有对即将发生的事的怀疑。他们从未想过要采取预防措施保护自己的安全，也从未想过会发生任何灾祸，却汲汲于采取一些积极措施，准备与敌人公开决战。

与此同时，斯基皮奥一方面公开进行战备和各项部署，让士兵们以为他即将通过奇袭夺取乌蒂卡；另一方面在中午时分暗中召来最能干、最忠诚的军团长，向他们透露他的计划，命令他们早点吃晚饭，在号角手像往常一样吹过让所有人休息的号声后，率领军团出营。罗马营地的惯例是，晚饭之后，号角手会在将军营帐外吹响号角以提示夜哨的时间已到。之后，斯基皮奥叫来他常派往敌营的探子，仔细询问他们，比较他们关于敌营入口的说法，并让马西尼萨裁定探子们的报告，因为此人对这个地区的地理环境一清二楚。①

---

① 公元前206年，马西尼萨还与迦太基人一同在伊比利亚作战，此时已在斯基皮奥营内。

[4]火烧敌营行动的各项准备全部就绪后，斯基皮奥留下足以保卫营地的兵力，率领其他士兵在第一班夜哨结束时出发，距离敌营有60斯塔德。第三班夜哨结束时，斯基皮奥率军抵达敌人营地，将一半军团和所有努米底亚士兵交予盖乌斯·莱利乌斯和马西尼萨指挥，命令他们攻击桑法克斯的营地，告诫他们要勇敢，但不要鲁莽，因为他们很清楚，夜晚的黑暗越妨碍他们的视力，他们就越要用技巧和胆量来弥补视力的不足。他本人则率领剩下的军队，前去攻击哈斯德鲁巴。他已经打定主意，在盖乌斯·莱利乌斯纵火焚烧桑法克斯的营地前，不发动攻击，遂以缓慢的速度行军。

盖乌斯·莱利乌斯和马西尼萨将部队一分为二，同时率军发动攻击。如我上文所述，桑法克斯营地的营舍几乎是专门为纵火而建。罗马前排士兵一燃起火，火势立刻蔓延，由于营舍彼此很近、燃料又很充足，火势根本无法补救。盖乌斯·莱利乌斯所部留下掩护整个行动；马西尼萨由于清楚敌人哪些地方的士兵会竭力逃避大火，将所部部署到那些地点。没有哪个努米底亚人料想到会发生这种灾祸，就连桑法克斯也没有料想到，他们全都以为大火是意外引发。所以，无人怀疑大火是敌人故意所为。一些士兵从睡梦中惊醒，另一些士兵在痛饮狂欢时发现大火，然后全都往营舍外跑。很多人在通往营地外的通道上被踩死，不少人被大火吞噬，那些逃离大火的士兵则落入敌人之手继而被杀，死时根本不知道发生了什么，也不知道他们在做什么。

[5]与此同时，迦太基人看到努米底亚人的营地火光冲天，认为大火是意外所致。部分士兵冲出营地想去援救，其他士兵则一窝蜂冲出营地，没带任何武器，傻傻地站在营地外惊恐地看着努米底亚营地的灾祸。由于整个计划的进展皆如斯基皮奥所料，他开始攻击跑到营地外的敌人。他当场杀死一些敌人，然后追击其他敌人抵达营地前，还纵火焚烧了敌营内的房舍。结果是，我刚刚描述的努米底亚营地的冲天大火和彻底的破坏再次在腓尼基

人的大营上演。哈斯德鲁巴立即放弃扑灭大火的任何企图，因为他从所遭遇的灾难看出，努米底亚人遭遇的灾难绝非如他们原先以为的是意外所致，而是敌人处心积虑、大胆谋划的结果。他这时只想逃命，但是就是这一点也希望渺茫。因为火势蔓延太快，整个营地很快陷入熊熊大火之中，营地的通道上挤满马匹、骡子和士兵，一些已经半死、被火焰吞噬，旁边的人则陷入狂乱，以至就算有人想大胆救火，也被这些障碍阻挡。营内一片混乱，根本没有活命的希望。

桑法克斯及其他将领也处于同样的境地。不过，两位将军还是率小股骑兵逃出生天；剩余的成千上万的士兵、战马和骡子悲惨地死于大火；而得以逃离大火的士兵又耻辱地死于敌人之手：他们赤身裸体被砍死，既没有带武器，也没有穿衣服。总之，整个营地充斥着哀号、混乱的呼救、恐慌和奇怪的喧嚣，尤其是压倒一切抵抗的冲天大火，其中任何一种东西都足以让人心惊胆战，更何况是它们非同寻常地组合在一起。所以，任何活着的人，不管他怎么夸张，都不可能说出当时的真实情况，因为这次灾难的恐怖前所未有。因此，在斯基皮奥取得的所有辉煌成就中，我认为这一次最辉煌、最具冒险性……

[6] 天亮后，敌人要么死于大火，要么已仓皇逃遁，斯基皮奥力诫下属立即进行追击。迦太基将军起初仍待在逃往的那座城镇，尽管已得知罗马人即将抵达，但仍对那座城镇的防御能力充满信心。但是不久，他看到这个城镇的居民有叛意，遭到斯基皮奥攻击的前景令他信心顿失，遂再次率从大火逃脱的士兵逃跑，这支逃亡部队约有 500 名骑兵和 2000 名步兵。他们一走，这个城镇的居民立即一致决定酌情向罗马人投降。斯基皮奥饶恕该城，但是让士兵肆意劫掠了邻近的两座城镇，然后返回乌蒂卡城下的大营。

迦太基人现在看到原先计划的那种胜利前景已荡然无存，悲痛欲绝。他们原先希望将罗马人封锁在紧邻乌蒂卡的海角——那个海角也是他们大营所在地,希望用陆军在陆上、用海军在海上围困罗马人,并且已为此做好一切准备。所以,当遭受从未料想到的灾难——现在不仅被迫放任敌人自由控制广阔的乡野地带,而且预料到他们自己和他们的城市旦夕难保——他们变得灰心丧气,胆小怯懦。但是,形势本身要求他们采取防御措施,未雨绸缪,所以元老院召开会议时,充斥着种种难题,分歧极大、可导致大打出手的建议比比皆是。一些元老坚称,他们应该从意大利召回汉尼拔,认为他们唯一幸存的希望就是凭靠汉尼拔及其麾下的大军;另一些元老则坚持派使团到斯基皮奥那里恳求停战,与之进行和平谈判;还有一些元老说,他们应该振作起来,与已就近撤往阿布巴(Abba)的桑法克斯取得联络——聚拢逃脱灾难的部队。最后这条建议最终占据上风。

接下来,迦太基人开始聚集他们的部队,并任命哈斯德鲁巴从事这一任务,同时遣使到桑法克斯处,请求他帮助他们,恳求他坚守原初的承诺,并向他保证,哈斯德鲁巴将立即率军与他会合。

[7]斯基皮奥忙着为围困乌蒂卡做准备,获悉桑法克斯仍忠诚于迦太基以及迦太基人正在再次召集军队,遂率军出发,在迦太基城前扎营。与此同时,斯基皮奥分配战利品,虽向士兵们分配了大部分战利品,但把最好的送往罗马。他没有让士兵们获利太多,反而让商人大赚一笔。这是因为最近的胜利让士兵们对未来满怀憧憬,所以他们不太看重战利品的价格,很乐意把它们贱卖给商人。

桑法克斯及其友人们起初决定一路撤往本土,但是,他们在阿布巴附近碰到迦太基人雇佣的凯尔特-伊比利亚人,后者总数不下4000人。桑法克斯有这支额外的兵力依靠,遂停下撤退脚步,士气略有恢复。这时,那位年轻的姑娘——我在前文说过,这个姑娘是哈斯德鲁巴之女,桑法克斯的妻子——恳求他在这样生死攸关的时刻保持忠诚,不要背弃迦太基人。桑法克斯被说服，接受她的恳求。凯尔特-伊比利亚人对迦太基人重振士气的作用不可低估。实际上，他们的人数不是4000，而是10000，他们的勇武和武器让他们在战场上所向无敌。这些信息和乌合之众的流言极大地鼓舞了迦太基人的士气，以至他们敢于再次与敌人公开野战的信心倍增。最后，迦太基人用三十天的功夫，与努米底亚人和凯尔特-伊比利亚人一同在所谓的大平原（Great Plain）[①]扎营，挖沟防卫营地，兵力不下30000人。

[8] 当这个消息传到罗马营地，斯基皮奥立即准备进攻敌人。他留下必要的兵力继续从海上和陆上围困乌蒂卡，然后率军出征，大军以轻装急行。在第五天，斯基皮奥率军抵达大平原。靠近敌人后，他第一天在距离敌人30斯塔德的一座山上安营；第二天从山上下来，以骑兵在前的队形挺进到距敌人7斯塔德处安营。接下来的两天，双方大军按兵不动，只通过一些小规模战斗试探对方的实力；在第四天，双方将军小心翼翼地率全军前进，布置好阵型，准备决战。

斯基皮奥依照罗马人惯常的做法，将青年兵置前，随后是壮年兵，最后是盛年兵。意大利骑兵位于右翼，马西尼萨率领努米底亚骑兵位于左翼。桑法克斯和哈斯德鲁巴将凯尔特-伊比利亚士兵置于阵型中央对战罗马方阵，努米底亚骑兵位于左翼，迦太基骑兵位于右翼。两军一交战，迦太基一方左翼的努米底亚骑兵在意大利骑兵面前、右翼的迦太基骑兵在马西尼萨率领的骑兵面前立刻溃逃，因为他们的勇气已被之前的失败摧毁。只有凯尔特-伊比利亚人英勇战斗，坚持抵抗罗马人。这是因为，这些凯尔特-伊比利亚人一方面由于对该地地理环境一无所知，若逃跑根本没有活命的希望；另一方面由于背弃斯基皮奥而受雇于迦太基人与罗马人为敌——尽管斯基皮奥在伊比利亚作战期间，从未对他们有过任何敌对行为——他们如果被俘，

[①] 位于乌蒂卡以南125公里处。

就不可能被斯基皮奥饶恕。迦太基的两翼溃逃后，他们很快被罗马方阵的壮年兵和盛年兵包围，最后几乎被全歼，只有很少人逃脱。

事后证明，这些战死的凯尔特-伊比利亚人不仅在战斗中对迦太基人贡献极大，而且在迦太基人逃跑方面也帮助极大。如果罗马人没有遇到凯尔特-伊比利亚人这块硬骨头，他们本来会全力追击逃跑的敌人，那样很少会有敌人能逃脱。真实情形是，由于凯尔特-伊比利亚人勇敢抗击，桑法克斯得以率领他的骑兵安全逃回本土，哈斯德鲁巴也率领他的部队安全撤回迦太基。

[9] 斯基皮奥一安排好战利品和俘虏的处置问题，立即召集军事议事会讨论下一步该如何行动。讨论的结果是，斯基皮奥率一部分军队留在此地，攻占周边几座城镇；盖乌斯·莱利乌斯和马西尼萨率其他罗马军团和努米底亚骑兵追击桑法克斯，不给后者停下来准备抵抗的喘息之机。做出这个决议后，他们分头行动，盖乌斯·莱利乌斯和马西尼萨率军追击桑法克斯，斯基皮奥前往周边几座城镇。这些城镇中，一些由于恐惧主动投降，一些被围攻占取。事实上，整个地区都愿意改变态度，因为此前在伊比利亚的战事持续时间太长，他们生活得非常艰难，负担着不堪忍受的重税。

迦太基城的混乱此前已相当严重，眼下更是无以复加。看来经过第二次惨败后，他们已信心全无。不过，那些被认为最具勇敢精神的元老仍建议用舰队攻击围困乌蒂卡的罗马人，以解该城之围，击败敌人的舰队，后者对这样一场战斗毫无准备。这些元老还提出召回汉尼拔，并且是立刻召回。他们说，这两个办法是有望在合理判断范围内拯救国家的办法。但是，其他元老坚称，这两个办法的时机已经不再，眼下必须强化城市防御，为敌人的围城做准备。只要全城保持团结，偶然（ταὐτόματον）会提供很多机会。他们还建议考虑与敌人和谈，决定基于何种条件、用何种手段可摆脱眼下的恶。就上述提议发表多次演说后，元老院决定采纳全部建议。

[10]投票一结束,那些准备航往意大利的元老径直从议事大厅走向海边,海军将领也直接登船起航。剩余的元老则忙着查看城市的防卫,频繁碰头商讨防御细节。

斯基皮奥的营地现在堆满战利品,因为他无论攻击哪座城镇,都没有遇到任何抵抗。他决定把大部分战利品送往原先的大营,他本人率军攻占突尼斯前有壕沟防守的地点,并在可看到迦太基城的地方扎营。他认为这是威慑和恐吓迦太基人最有效的办法。迦太基人几天内就准备好船员和物资,准备下海执行他们的计划。与此同时,斯基皮奥抵达突尼斯城下,该城守军望风而逃,他占据了该城。突尼斯距迦太基120斯塔德,在该城附近可纵览迦太基城。如我早前所述,自然优势再加上人为的努力,使得迦太基城易守难攻。

正当罗马人在此扎营时,迦太基舰队航往乌蒂卡。斯基皮奥看到敌人如此前进,非常惊慌,因为他担心自己的舰队会出事,他的舰队中没有人预料到会遭到攻击,因而没有为此做任何准备。斯基皮奥立即拔营,急速行军前去帮助自己的舰队。他发现,他的战舰装满用来支撑和推动攻城机的装备以及各种用来围城的器械,却没有为海战做任何准备。同时,敌人舰队在过冬期间已为海战做好各项准备。斯基皮奥放弃交战的一切想法,只让战舰呈直线排列,每艘战舰旁是三或四艘运输舰。他还命人拆下桅杆和帆桁,用它们把运输舰牢牢绑在一起,中间只留可供通信船进出的空隙。

三、公元前213年以来的埃及事务[①]

[11]珀律比俄斯在其史书卷十四说,斐洛是奥纳忒娅(Oenanthe)

---

① [英译注]出自雅典奈乌斯,6.251c。

之子阿加托克勒斯（Agathocles）[1]的谄媚者，是托勒密四世的伴侣。

珀律比俄斯在其史书卷十四告诉我们，亚历山大里亚众多神庙内都有很多克勒诺（Cleino）的雕像——克勒诺是托勒密二世（Ptolemy Philadelphus）的斟酒人。雕像身穿一件长袍，手持角状杯。[2]珀律比俄斯说：

> 难道不是有些豪宅被称作穆尔提翁（Myrtion）宅、姆涅西斯（Mnesis）宅和珀忒涅（Potheine）宅吗？但是，姆涅西斯和珀忒涅却不过是簧管表演者，穆尔提翁只是个粗俗的哑剧表演者？托勒密四世难道不是高等妓女阿加托克勒娅（Agathocleia）[3]的奴隶，后者几近于颠覆整个王国？……

[12] 我的部分读者可能会好奇，为何我叙述其他地区时是逐年叙述连贯的事件，单单在叙述埃及时一次囊括较长时期的事件。我如此做的原因如下。我眼下正在谈论的托勒密四世，在科勒叙利亚战争结束后，完全放弃美德之径，过上一种如我刚刚描述的放纵糜烂的生活。在统治晚期，他被形势所迫，卷入我已提及的战争。[4]那是一场除了战斗者之间相互残忍至极、无法无天外，没有什么值得一提的战争，没有决战，没有海战，也没有围城战。因此，我意识到，如果我在叙述埃及事务时，不是仅仅提到每年那些丝毫不值得重视的小事，而是一次性勾勒出托勒密四世这位国王的品性的完全画像，不仅我写起来容易得多，而且我的读者也能跟上我的叙述。

---

① 阿加托克勒斯来自萨摩斯，公元前216年，他是亚历山大大帝和被神化的诸国王的祭司，也是托勒密四世宫廷仅次于索西比俄斯的人物。
② ［英译注］出自雅典奈乌斯，13.756c。
③ 前述阿加托克勒斯的妹妹。
④ 一场埃及原住民的叛乱，对照5.107。

第十五卷

一、利比亚和意大利的事务

[1] 迦太基人已捕获罗马人的运输舰和大量补给。① 斯基皮奥非常不安,因为不仅他的补给被敌人夺走,而且敌人因此获得大量补给。让他更痛心的是,迦太基人违背最近达成的神圣条约,又重燃战火。斯基皮奥于是立即任命卢西乌斯·塞尔基乌斯(Lucisu Sergius)、卢西乌斯·拜比乌斯(Lucius Baebius)、卢西乌斯·法比乌斯(Lucius Fabius)为代表,派他们去和迦太基人交涉最近发生的冲突,同时告知迦太基人,罗马民众已经批准条约:从罗马来的使者刚刚告知他这一消息。

抵达迦太基后,三位代表首先在元老院陈词,然后在平民大会演说,对形势畅所欲言。首先,他们提醒平民大会,之前迦太基使团抵达突尼斯城下的罗马大营。② 觐见军事议事会时,他们不仅向诸神和大地起誓——这是他们与其他民族交涉时的习俗,而且卑躬屈膝,匍匐在地,亲吻军事议事会成员的脚,

---

① 此事发生于公元前202年初。双方当时签订停战协定,进行和平谈判。

② [英译注]桑法克斯被俘后,迦太基人派使团前往斯基皮奥大营,参李维,《罗马史》,30.16。

然后站起来，严词控诉他们自己违背和罗马人的原初和约。① 那些迦太基使者当时接着说，他们很清楚罗马人对他们施加任何惩罚皆属正当，但是，他们以人类共同命运的名义，恳求罗马不要把迦太基逼到绝境，而是用他们的愚蠢来证明罗马人的宽宏大量。

　　三位罗马代表接着说，罗马将军斯基皮奥和当时在场的军事议事会成员现在想起迦太基使者当时的慷慨保证，还是非常惊讶。他们很不解迦太基人哪里来的自信，竟敢无视他们的使者当时宣过的誓言，撕毁不久前才签订的神圣条约。三位罗马代表说，几乎可以肯定，迦太基人这样大胆，是倚仗汉尼拔及其军队。三人接着说，迦太基人对汉尼拔及其军队的信赖极不明智。因为众所周知，过去两年，汉尼拔及其军队在放弃意大利各地后，撤往拉基尼亚海角，并被封锁在那，近乎被包围。汉尼拔只是成功脱困，然后返回利比亚。② 三位代表接着说：

　　　　即便汉尼拔在意大利赢得大胜后返回，你们再与我们交战，请你们想想，是谁在两次大战役中击败你们，你们的胜利前景相当不确定。你们不仅应想到胜利，也应该想到会有进一步的失败。你们万一战败，届时要向哪些神祈祷，要如何祈求胜利者怜悯你们的灾难？你们的背信弃义和愚蠢，难道不是已让你们根本不能指望诸神和人届时会怜悯你们吗？

----

　　① 不知珀律比俄斯所指的和约具体是哪个，可能是第一次迦太基战争结束后签订的和约，也可能是罗马人与哈斯德鲁巴签订的禁止迦太基军队越过埃布罗河的和约。

　　② 汉尼拔于公元前203年秋返回利比亚，在阿德卢曼图姆（Adrumetum）扎营。此地位于突尼斯城东南125公里处。

[2]罗马使者如此演说后离开大会。但是，同意接受条约的迦太基人寥寥无几。他们的主要政治领袖和参加会议的大多数人反对条约的苛刻条件，也无法忍受斯基皮奥三位使者的傲慢语言。此外，他们也不愿意放弃已经拖入港口的敌船和捕获的补给。不过，最重要的是，他们对在汉尼拔的帮助下击败敌人绝非不抱太大希望。相反，他们对此非常乐观。平民大会决定不给罗马使者答复，直接让他们离开。

但是，那些不惜一切代价重启战事的政治人物，举行会议，制定出下述计划。他们宣布应采取应有的措施，以确保罗马使者安全返回他们的营地，并立即准备两艘三列桨战舰护送他们。然后，他们派人告诉海军将领哈斯德鲁巴[1]准备一些战舰，在距罗马营地不远处待命，这样护送战舰把罗马使者的船护送到一定地点后，他们便可逼近，并击沉罗马使者的船。迦太基舰队当时停靠在乌蒂卡的海岸。向哈斯德鲁巴发布这一命令后，迦太基人派船送罗马使节出发。他们事先命令两艘三列桨战舰的指挥官，一过马卡（Macar）河河口，立即丢下罗马使节返航，因为那里已经可以看到敌人营地。护送的战舰遵令而行，一过马卡河河口，立即向罗马使者道别，然后返航。

卢西乌斯·塞尔基乌斯及同僚没有觉察到任何危险，只是有点不安，认为迦太基的护送战舰提早返航是由于疏忽。但是，随着他们继续前进，三艘迦太基三列桨战舰按照事先安排，向他们逼近。迦太基战舰赶上罗马使节乘坐的那艘五列桨战舰后，由于罗马战舰巧妙规避，没有撞击到它，又因为罗马船员勇敢抵抗，也没有能登上它的甲板。但是，迦太基的三艘战舰绕着它转圈，不断射箭，杀死很多人。直到罗马营地的士兵看到这一幕赶到岸边援救，这艘罗马战舰才得以靠岸。船上大多数人被迦太基人杀死，但是，三位使节幸运地保住了性命。

---

[1] ［英译注］此人是葛思康之子，参李维，《罗马史》，30.24。

[3]结果,战争又重新开始,其原因比原初的战争更严重,双方生出更多的愤恨。罗马人认为他们遭到背信弃义的攻击,下定决心要打败迦太基人,而后者意识到自己有罪,也下定决心忍受一切,绝不屈服于罗马人的威逼。双方都被这种愤怒驱使,显然,只能通过一场决战来定胜负。因此,不仅意大利和利比亚的民众,就是伊比利亚、西西里和撒丁的民众也焦虑不安,游移不定,翘首以盼决战的结果。

汉尼拔此时急缺骑兵,遂派人到名叫图凯俄斯(Tychaeus)的努米底亚人那里——此人是桑法克斯的亲戚,被公认为有利比亚最优秀的骑兵——恳求他提供帮助,一起挽救危局。图凯俄斯对下述情形了若指掌:如果迦太基人获胜,他还能保留封地;如果罗马人获胜,由于马西尼萨对权力极为贪婪,他将面临身死国灭的命运。因此,图凯俄斯被这一请求说服,率2000名骑兵赶来援助汉尼拔。

[4]斯基皮奥采取各种措施保护舰队,把舰队交给卢西乌斯·拜比乌斯指挥。他本人率军前往各城镇,不再接受愿投降之城的投降,而是通过攻击占领各城镇,把所有居民卖为奴隶,以表达他对敌人背信弃义的愤怒。同时,他也派人到马西尼萨那里,向他指出迦太基人违背条约,恳请他率一支尽可能强大的兵力来援助罗马人。如我前文所述,罗马人此前与迦太基人一签署条约,马西尼萨便立即率军离开,外加十个连队的罗马步兵和骑兵以及斯基皮奥的代表。这样做不仅旨在恢复世袭的王国,而且也可在罗马人的帮助下夺取本属桑法克斯的领土。他最终成功实现这一目标。

恰在这时,罗马来的使团抵达罗马海军大营。卢西乌斯·拜比乌斯立即送使团到斯基皮奥那里,但是扣留迦太基使者。迦太基使者普遍情绪低落,认为自己危在旦夕。他们听说迦太基人对罗马使者卑鄙无耻的袭击后,认为罗马人一定会为此报复他们。但是,斯基皮奥从罗马来的代表处获悉,元老院和平民大会皆乐意批准他此前与迦太基人达成的条约，还准备答应他的任何要求。斯基皮奥对此非常满意，遂命令卢西乌斯·拜比乌斯友好对待迦太基使者，然后将他们送回迦太基。我认为，斯基皮奥这样做既公正又明智。他很清楚自己的国家高度重视对各邦使节信守承诺，所以他考虑的根本不是迦太基人的背信弃义，而是罗马人的职责。因此，他克制着愤怒和强烈的怨恨，尽全力维持俗语所谓的"我们祖先的光荣记录"。结果，他用宽宏大量报答了敌人的卑鄙，让所有迦太基人和汉尼拔本人自惭形秽。

[5] 迦太基人看到他们的城镇不断遭到敌人洗劫，派人请求汉尼拔不要拖延，立即朝敌人挺进，用一场决战定胜负。听取使者的要求后，汉尼拔回答说让迦太基人关注其他事务，请他们对决战事务放心，他本人会选择最佳时机进行决战。几天后，他把大营从阿德卢曼图姆（Adrumetum）附近推进到扎马（Zama）附近。扎马城位于迦太基以西五天的路程处。汉尼拔派出三名探子，希望发现罗马人的扎营地，以及斯基皮奥在营内的部署。但是，这三名探子被罗马人俘获，然后被带到斯基皮奥面前。斯基皮奥不仅没有像惯常那样惩罚他们，反而命一名军团长接待他们，并向他们清楚指出营地的各种安排。之后，斯基皮奥问三位探子，那位军团长是否已勤勉地向他们解释过一切。他们回答说他已这样做。斯基皮奥为他们提供食物，派人护送他们返回，还要求他们详细向汉尼拔报告所经历的一切。

他们返回后，汉尼拔对斯基皮奥的宽宏大量和勇敢非常钦佩，以致他很奇怪地产生一种强烈的渴望，想见见斯基皮奥，并与他交谈。下定决心后，他派出传令官告诉斯基皮奥，他想与他商讨眼下的局势。斯基皮奥接到传令官的口信后，表示同意会面，并会派人告诉汉尼拔会面地点和时间。得到这一答复后，传令官返回大营。第二天，马西尼萨率6000名步兵和4000名骑兵抵达罗马大营。斯基皮奥友善地接待了他，祝贺他不仅恢复了自己的王国，而且夺取了桑法克斯的属地。斯基皮奥之后拔营，抵达名叫那拉迦拉（Naragara）的城镇，选择一处各方面皆有利、标枪射程内就有水源的地点扎营。

［6］斯基皮奥从此地派人告诉汉尼拔，他已准备好会面。汉尼拔接到口信后，拔营前进，在距罗马大营不足30斯塔德的一处小山扎营。这个地点对他目前的计划似乎很方便，但距离水源很远，事实上他的部下正由于缺水而痛苦不已。第二天，两位将军各自率少量精骑离营。双方见面后，将扈从留下，各自只带了一名翻译进行交谈。汉尼拔首先向斯基皮奥问好，然后说道：

罗马人之前从未觊觎意大利之外的土地，迦太基人也从未觊觎利比亚之外的土地。双方都是很好的帝国，整体上可以说自然（τῆς φύσεως）为两个帝国设定了界限。但后来，我们首先为争夺西西里开战，之后又为争夺伊比利亚开战。最后，我们拒绝听从机运的警告。我们竟走到这样的地步，不仅你的祖国一度陷入旦夕而亡的险境，而且我的祖国眼下也正处于这样的时刻。眼下我们难道不是只能考虑如何才能避免诸神的愤怒并平息我们之间的争端？我本人准备这样做，因为我从实际经历中懂得，机运多么变幻无常，它只要稍稍转一下天平，就能改变最重大的时刻，仿佛它在和小孩子嬉戏一般。

［7］普布利乌斯，我担心，你尚且年轻，且已在伊比利亚和利比亚取得一连串胜利，至少到目前为止，你还尚未遭遇机运的打击，因而不会相信我的言辞，不管它们多么值得相信。请考虑下面这个事例，它不是来自遥远的古代，而是来自我们的时代。我，汉尼拔，在坎尼战役后成为几乎整个意大利的主人。不久之后，我挺进到罗马城下，在距离城墙40斯塔德处扎营，考虑我该如何对待你们和你们的土地。现在，我却在利比亚为了我自己和我的祖国的安危，与你，一位罗马人进行商讨。我恳请你，好好考虑这个事例，不要太

过傲慢，在这个紧要关头，采纳一个凡人应接受的忠告，即选择最大的善和最小的恶。

请问，哪个有理智的人在身处你现在的处境时会去冒险？如果你获胜，你不过是为你的祖国和你自己增添了些许荣耀。但是，如果你失败，你将彻底抹去过去一切伟大且辉煌的成就。那么，我提出这次会面的目的是什么？我提议，我们双方之前争夺的所有地区，即西西里、撒丁和伊比利亚，全部归罗马统治，迦太基永不为上述三个地区向罗马开战。同样，意大利和利比亚之间的所有其他岛屿也全部归罗马统治。我认为，这些和平条件对迦太基人最安全，对你本人和所有罗马人也最光荣。

[8] 汉尼拔说完后，斯基皮奥给出下述答复。他说，不管是争夺西西里的战争，还是争夺伊比利亚的战争，罗马人都没有责任，迦太基人显然是这两场战争的发动者，汉尼拔本人应对此心知肚明。诸神也已通过把胜利赐予拿起武器自卫的人而非不义的入侵者，证明这一点。他说，没有人比他更懂得机运的变幻无常，他已在权力范围内充分考虑到人类事务的不确定。他说：

至于你提出的和平条件，如果你在罗马人渡海到利比亚之前、从意大利撤退时提出这些条件，我认为你的期待不会落空。① 但是，你现在是被迫离开意大利，而我们又已渡海抵达利比亚，且已控制广阔的乡野地带，形势显然已截然不同。

最重要的问题是，我们眼下的处境究竟如何？之前你的

---

① 对照公元前190年，斯基皮奥兄弟如何答复安提俄库斯三世的使节，见21.15。

同胞被击败，向我们恳请和平，我们拟定了一份书面条约。除你刚刚所提建议外，还规定迦太基人应无条件释放俘虏，交出所有战舰，赔偿我们5000塔兰同，并献出人质以保证履行上述条件。这就是我们当初一致同意的条件。之后，我们共同派使团前往罗马，把上述条约提交元老院和平民大会审议。我的使节代我表明我同意上述条件，你们迦太基使节祈求那些条件能被罗马人接受。元老院和平民大会最后表示同意。

但是，你们迦太基人在上述要求被允准后，竟背信弃义，违背和平条约。那我还能怎么做？请你站在我的位置上，告诉我答案！难道我们该撤销强加给你们的最苛刻的条件？那将意味着奖赏你的同胞的背信弃义，鼓励他们继续背叛他们的恩主。还是答应他们现在的要求以赢得他们的感激？但是，不久前他们通过诚挚的恳求，让自己的要求被允准后，一想到你从意大利返回带来的一丝获胜希望，就立刻把我们当作敌人对待。如果我们加上一些更苛刻的条件，我们可能仍需把条约提交我们的平民大会审议；如果我们撤销一些条件，即使提到在罗马举行的会议也无济于事。既然如此，那我为何会同意与你会面？我就是要告诉你，要么把你自己和你的祖国交给我们处置，要么击败我们。

[9] 经过这番谈话，两位将军不再抱和解的希望，便分道扬镳。第二天拂晓，两位将军引兵出营，列好阵势。迦太基人为他们的存亡和利比亚的统治而战，罗马人为他们的天下帝国而战。有谁在阅读这样级别的交锋时会无动于衷？再也找不到比这场战役更勇敢的士兵，再也找不到比这场战役更成功、战争艺术更高明的统帅。此外，机运为这场战役的胜利方提供的奖品史无前例。胜利方不仅将成为利比亚和欧洲的主人，而且还将成为天下其他在历史上占有一席之地的地区的主人。胜利方的确没用多久

就实现了这一目标。

斯基皮奥排兵布阵的方式如下。他在最前面部署青年兵连队,每个连队相隔一定距离,青年兵背后是壮年兵连队。他没有按照罗马人惯常的做法,在青年兵各连队的空隙后方部署壮年兵连队,而是将之直接部署在青年兵连队后面一定距离处,如此变阵的主要意图是应对敌人庞大的战象部队。最后则是盛年兵连队,左翼是盖乌斯·莱利乌斯统率的意大利骑兵,右翼是马西尼萨统率的努米底亚骑兵。他在前排的青年兵连队的空隙间部署轻步兵部队,命令他们先发动攻击。他们如果因为敌人战象的冲击而被迫退缩,就有时间沿着直达阵型后面的通道后撤,那些受到追击的轻步兵就能沿着前后排之间的间隙右转或左转,从而摆脱追击。

[10]布阵结束后,斯基皮奥骑马沿着阵线发表与处境适宜的简短演说。他说:

牢记你们过去的战役,像勇士一样战斗,不要辜负你们自己和你们的祖国。你们要明白,如果你们战胜敌人,你们不仅会成为利比亚无可置疑的主人,而且将为你们自己和你们的祖国赢得整个天下的统治权。但是,如果这次战役的结果相反,那些在战斗中英勇牺牲的士兵将永远躺在为国牺牲的荣耀中,而那些想要活命因而逃跑的士兵将在痛苦和耻辱中度过余生。利比亚没有哪个地方可保你们安全,如果你们落入迦太基之手,显而易见,任何人都能想到你们会遭受何种命运。我祈祷,愿你们都不要活着经历那种命运。

现在,既然机运为我们提供了一个争夺最光荣的奖品的机会,如果我们由于贪恋生命,竟拒绝最大的善、选择最大的恶,那我们就是彻头彻尾的懦夫,总之,我们就是愚不可及之徒。因此,冲吧,勇敢迎敌,要么胜利,要么战死!受这种精神鼓舞之人必定能战胜敌人，因为他们一踏上战场就已将生死置之度外！

[11] 这就是斯基皮奥慷慨激昂之辞的主旨。汉尼拔的阵型如下。阵线最前方是80多头战象，战象后面是12000名雇佣兵。雇佣兵由利古里亚人、凯尔特人、巴利阿里群岛人和摩尔人组成。雇佣兵队伍后面是利比亚人和迦太基人，位于整个阵型最后的是他从意大利带回的部队，其位置距离主阵型有1斯塔德。汉尼拔让骑兵保护两翼，左翼是努米底亚骑兵，右翼是迦太基骑兵。接着，他命令雇佣兵部队的各将领向各自士兵发表演说，使其相信胜利一定属于他们，因为他们可以仰赖他本人和他从意大利带回的军队。

至于迦太基人，他要求他们的将领明白，如果战役失败，将有何种遭遇落在他们的妻子和孩子身上。各将领遵令而行，汉尼拔本人骑马巡视他从意大利带回的部队，恳求和劝诫他们牢记过去17年并肩作战的情谊和他们此前无数次击败罗马人的战斗。他说：

> 在那些战斗中，你们已经证明你们是无敌之师，罗马人没有丝毫希望击败你们。撇开那些无数小胜利不谈，要牢记特雷比亚河战役中，你们击败对面的罗马将军的父亲；在特拉西梅诺湖战役中，你们击败盖乌斯·弗拉米尼乌斯；在坎尼战役中，你们击败卢西乌斯·埃米里乌斯·保卢斯。而马上要进行的战役，无论是敌人的数量，还是敌人的勇气，都无法与上述三次战役相提并论。

他在如此演说的同时，命令部下观察一下敌军的队列。敌人数量不仅比上述三次战役时少得多，而且只有微不足道的一小部分是他们曾对战过的敌人，且这一小部分敌人的勇气根本无法与上述三次战役中的前辈相比。彼时,他们的敌人坚不可摧且从未遭遇失败,而眼下对面之敌,部分是彼时敌人的后代,部分是他此前在意大利多次击败并迫使其逃亡的罗马军团的残兵。① 汉尼拔因此鼓励部下不要磨灭自己和统帅曾经的光辉战绩,而应英勇战斗,证明其无敌之师的名声名副其实。

这就是两位统帅慷慨激昂之辞的主旨。

[12] 当双方准备好战斗时,努米底亚骑兵已进行过一段时间的小规模战斗,汉尼拔命令战象发动冲锋。当尖利的号角声从四面八方响起时,部分战象受到惊讶,立即掉头向迦太基一方的努米底亚骑兵冲去。马西尼萨马上发动冲锋,攻击迦太基已经暴露在外的左翼骑兵。剩余的战象与罗马轻步兵在两军间的空地激战,双方皆死伤惨重,直至最后惊恐无比的部分战象穿过斯基皮奥在阵型中预先留的通道逃走,所以罗马方阵没有遭受损失,另外一些战象则逃向罗马人右翼,遭到骑兵投枪的攻击后逃离战场。

这时,盖乌斯·莱利乌斯抓住战象给迦太基人造成的骚乱,发起冲锋,攻击迦太基一方的右翼骑兵,迫使后者掉头逃跑。盖乌斯·莱利乌斯紧追不舍,就像马西尼萨此前追击敌人左翼骑兵时一样。与此同时,双方方阵缓慢且整齐地接近,只有汉尼拔从意大利带回的部队按兵不动。双方方阵接近后,罗马方阵朝敌人猛扑而去,像他们惯常的做法,边发出战争怒吼,边用剑击盾。迦太基一方的雇佣兵则发出阵阵奇怪混乱的怒吼。如荷马所说,他们的声音不是一种,而是

> 混杂各种声音,一片混乱,
> 他们来自不同的地方。②

---

① 最著名的残兵应是坎尼战役后的那一批残兵。那批残兵后来流落西西里,斯基皮奥征召远征利比亚的大军时,将之纳入麾下。
② 荷马,《伊利亚特》,4.437。

正如我前面所列举的，迦太基的雇佣兵来自不同的地区。

［13］由于整个战斗是肉搏战，士兵们用的不是长矛而是剑。迦太基雇佣兵起初利用他们的勇气和技艺，造成很多罗马人伤亡，但是，后者依靠他们令人钦佩的秩序和优越的武器，仍继续前进。罗马方阵的后排紧贴着前排的战友，不断给他们鼓劲。方阵中的迦太基人却表现得像懦夫，既不接近他们的雇佣兵，也不试图支持他们。最后这些蛮夷开始后撤，由于认为自己已被友军抛弃在战场，于是向撤退时遇到的人扑去，开始击杀友军。这迫使很多迦太基人像勇士那样死去，因为他们被迫违背意愿去对抗己方雇佣兵和罗马人。他们处于这一困境时，表现出发狂般的非凡勇气，杀死大量己方雇佣兵和罗马人。他们甚至用这种方式让罗马方阵一度陷入混乱。但是，壮年兵的指挥官看到所发生的情形，立即呼吁部下顶住压力，坚守阵地。结果，大多数迦太基人和他们的雇佣兵被砍死在原地，有的是被友军砍死，有的是被罗马青年兵连队砍死。汉尼拔不允许己方逃兵与自己从意大利带回的部队混在一起，而是命令后者用长矛对着逃兵，阻止他们加入。因此，逃兵被迫逃往两翼和开阔地带。

［14］此时，两军间的空地上血流成河，到处是杀戮和尸体。事实证明，敌人的雇佣兵和迦太基人方阵的溃败是一个障碍，给斯基皮奥带来很多困难。他看到，战场上布满血淋淋的尸体，它们一堆堆倒在地上，还有很多武器胡乱扔在地上。如果不打乱队列，很难在战场上攻击汉尼拔从意大利带回的部队。斯基皮奥命人把伤员送到后方，用号角召回仍在追击敌人的青年兵连队，把青年兵连队部署在战场前部，使其正对汉尼拔从意大利带回的部队；把壮年兵连队和盛年兵连队部署在两翼，命令他们跨过尸体向前推进。

两翼的壮年兵和盛年兵连队跨过障碍，与青年兵连队同处一条阵线。罗马方阵与汉尼拔的方阵以极大热情和渴望开始交战。由于双方在人数、意志和士气方面势均力敌，武器装备也不相上下，战斗在很长时间里都分不出胜负。双方士兵皆出于决一死战的决心，纷纷战死在原地，直到最后马西尼萨和盖乌斯·莱利乌斯从追击逃兵中返回，恰逢其时。马西尼萨和盖乌斯·莱利乌斯立即攻击汉尼拔方阵的后部，大多数人被砍死在阵中，那些想逃走的也只有少数活命，因为敌人骑兵紧追不舍，且地势很平坦。在这场战役中，罗马一方的损失超过1500人，迦太基一方约20000人被杀，几乎同样数目的迦太基士兵被俘。

［15］这就是斯基皮奥和汉尼拔最后决战的结果。① 这场战役决定着这场战争的最终结果，罗马获得胜利。战斗结束后，斯基皮奥继续追击敌人，并劫掠敌人营地，然后返回己方大营。汉尼拔由小股骑兵陪同，马不停蹄逃往阿德卢曼图姆。

汉尼拔在战役过程中以及对战役的准备，已经做到一位经验丰富的优秀将军所能做到的一切。首先，他尝试通过与斯基皮奥会面独自解决争端。他向斯基皮奥表明，尽管他此前已取得很多

---

① 扎马之战的时间是公元前202年10月19日。

这年是汉高祖五年。汉王与诸侯军会师垓下，与项羽决战。韩信率军三十万与楚军正面对阵，孔将军居左，费将军居右。汉王在后，周勃、柴将军在汉王后。项羽之军约十万。韩信率军先战，佯装败退后撤，孔将军、费将军从侧翼攻击，楚军不利，韩信再次发动攻击，大败楚军。楚军被诸侯军重重包围，项羽夜晚闻四周皆是楚歌，以为汉军已经全部占领楚地，于是率麾下八百余骑兵乘夜突围。第二天天亮，汉军发现项羽逃奔，令灌婴率五千骑兵追击，其余楚军被斩杀于垓下。项羽渡过淮河，逃奔到阴陵（今安徽定远县西北）迷路，陷大泽中。项羽再次向东逃奔至东城（今安徽定远县东南），汉军紧追不舍。项羽于是自刎乌江，汉军略定楚地。二月，汉王刘邦在氾水之阳（今山东定陶）登基称帝，时年五十四岁。高祖改封韩信为楚王，入都下邳；改封彭越为梁王，入都定陶；封韩王信于颍川郡，都阳翟。淮南王黥布、燕王、赵王皆如故，至此经过七年的大乱，天下再次大定。五月，诸侯罢兵归家。高祖欲以洛阳为都城，张良建议入都关中，高祖于是入都关中。四百年之强汉自此始，与罗马战胜迦太基恰好同时。参《史记·高祖本纪》，前揭，页378—379。

胜利,但他不相信机运($\tau\tilde{\eta}\ \tau\acute{\upsilon}\chi\eta$),他清楚意识到机运在战争中发挥着难以预料的作用。其次,在会谈失败,不得不与罗马人进行决战时,任何拥有同样武器的将领都不可能比汉尼拔做得更好。要想突破一支秩序井然的罗马军队非常困难,因为无需任何变阵,它就能让每个士兵单独地或与战友一起在任何方向上展现锋芒,距危险最近的连队只需一个转向就能直面危险。由于盾牌更大,刀剑更坚韧,能承受连续不断的击砍,罗马军队的武器也可很好地保护士兵、增强其信心。由于这些原因,罗马方阵是可怕的对手,很难被打败。

[16] 但是,尽管要面对罗马军队的这些优势,汉尼拔在关键时刻还是展现出无与伦比的技艺,采取了他力所能及的所有措施,并能合理地期待获胜。他匆忙召集那么多战象,在决战那天将其部署在阵前,以冲垮敌人的阵型,让敌人陷入混乱。他将雇佣兵和迦太基人部署在战象背后,意图是罗马人在最后推进到从意大利带回的方阵前,已经被耗尽体力,届时敌人的刀剑也会由于此前规模庞大的杀戮而变钝。他如此部署的意图还在于,迫使位于中间的迦太基人坚持战斗,用荷马的话来说就是:

他把胆怯的士兵赶到中间,他们被迫战斗。①

他将自己战力最强、最坚定的部队部署在整个阵型之后一定距离处,期待从远处观察战场的形势,从而在关键时刻以未衰减的力量和饱满的精神发挥他们的力量。如果这位此前从未遭遇败绩的将军,在采取一切可能措施以争取胜利后,仍然没有取胜,我们必须宽宥他。有时,偶然($\tau\alpha\dot{\upsilon}\tau\acute{o}\mu\alpha\tau o\nu$)会让勇士的谋划落空;再者,如俗语所说,有时,"一个勇士碰到另一个勇士"。可

---

① 荷马,《伊利亚特》,4.300。

以说,汉尼拔在扎马战役中的遭遇就是如此。

[17]当人们表达感情的方式比他们国家的一般习俗更激烈时,如果这种过激表达似乎是由于他们所遭受的巨大灾难而产生的真情实感,就会引起那些看到和听说此种表达之人的同情,那种表达的陌生感会触动我们所有人。但是,如果这种过激表达看起来只是一种装腔作势,它引起的就不是怜悯,而是愤怒和厌恶。迦太基使团此刻的情形就是如此。①

斯基皮奥一开始就直截了当地告诉他们,由于他们的过错,罗马人没有义务仁慈对待迦太基人,因为他们承认,当初是他们违背条约夺取萨贡托、奴役该城民众,从而开启对罗马的战争;他们还承认,他们不久前背信弃义地违反了一项他们曾发誓遵守的条约。斯基皮奥说:

> 但是,为了我们自己的利益,考虑到战争中的机运和人类的共同状况,我们决定宽容和宽宏大量。如果你们正确评估眼下的处境,这对你们来说也是显而易见的。如果我们把痛苦和义务强加于你们,或要求你们做出牺牲,你们不应感到奇怪;相反,如果我们给你们任何恩惠,你们才应感到惊讶,因为由于你们犯的错误,机运已经剥夺你们被怜悯或被宽宥的任何权利,把你们置于敌人的支配之下。

这样讲完之后,斯基皮奥首先告诉他们会对他们宽容,然后告知他们必须服从的严苛条件。

[18]斯基皮奥提出的严苛条件的要点如下:

---

① [英译注]迦太基派使团前往斯基皮奥位于突尼斯城下的大营求和。参李维,《罗马史》,30.35–36。

第一，迦太基可以保留这次大战之前在利比亚拥有的所有城市、利比亚的所有领土、所有兽群、牧群、奴隶和别的财产。从今往后，迦太基人不会再遭受伤害，他们将依照他们自己的律法和习俗进行统治，罗马不会驻军。这是仁慈的条件。

第二，在和谈期间，迦太基需对罗马犯下的一切不义行为作出赔偿。

第三，迦太基立刻向罗马交出所有俘虏以及不管何时倒向他们的叛徒。

第四，迦太基交出所有战舰和战象，只准保留10艘三列桨战舰。

第五，迦太基不得对向利比亚之外的任何民族开战。

第六，迦太基未经罗马允许，不得向利比亚的其他民族开战。

第七，迦太基需恢复马西尼萨的王位，恢复他王国的疆界，归还所有房产、土地、城市和别的属于马西尼萨及其祖先的财产。

第八，迦太基需为罗马大军提供三个月的粮草补给和士兵的军饷，直到罗马对条约的答复抵达。

第九，迦太基需在未来五十年内向罗马支付10000塔兰同，每年支付200欧波亚-塔兰同。

第十，迦太基需交付100名人质，人质的人选由斯基皮奥从14岁到30岁的迦太基年轻人中挑选。

[19] 这就是斯基皮奥对迦太基使团提出的和约条件。听闻这些条件后，迦太基使团立即报告迦太基城内的同胞。据说，这时，有一位元老反对接受这些条件，开始发表演说。汉尼拔上前，把他推下讲台。其他元老对汉尼拔在元老院大厅如此张狂非常愤怒。汉尼拔站起来说，他承认他这样做不对，但是如果他违

背他们的习惯，他们应该原谅他，因为他们清楚，他9岁时就已离开迦太基，眼下他再次回到迦太基，已经45岁。他因此恳求他们不要管他是否违背元老院的议事习惯，而是应该扪心自问，他汉尼拔是否真的爱国，因为正是这种爱国之情让他违背了元老院的议事习惯。他说：

> 在我看来，对于任何一个迦太基公民，如果他熟悉我们每个人和全体曾经筹划的反对罗马的种种谋划，同时意识到他眼下的［命运］虽然任由罗马人摆布却得到如此宽大的条件，而不暗自庆幸，着实令人震惊和难以理解。若是几天前有人问你们，万一罗马人在决战中获胜，你们料想自己的国家将遭受什么，由于战败导致的灾难过大和过多，你们的恐惧恐怕都无法诉诸言语。所以，我现在恳请你们不要反对这些条件，而是一致同意罗马人提出的条件；我恳请你们向诸神献祭，好好祈祷罗马民众会批准条约。

在大家看来，汉尼拔的建议既明智又合宜，遂投票赞成基于上述条件签订条约。元老院立即派出使团前往罗马，指示使团同意基于斯基皮奥的条件签订条约。①

二、马其顿和希腊事务

腓力五世和安提俄库斯三世对埃及的恶行

［20］令人惊讶的是，在托勒密四世的一生中，只要他不需要腓力五世和安提俄库斯三世的帮助，他们就会非常乐意帮助

---

① 使团抵达罗马后，罗马元老院决定依照斯基皮奥提出的条件签订条约。参李维，《罗马史》，30.42—43。

他。但是，他驾崩后留下一个幼儿继承王位。[①] 腓力五世和安提俄库斯三世本应帮助这个婴儿维持他的王国，这两位国王却相互鼓励，立即瓜分这个孩子的王国，毁掉了这个不幸的孤儿。他们甚至不愿像僭主那样煞费苦心地为这一可耻行径找些微不足道的借口，而是立刻公然采取肆无忌惮的野蛮行动，以至把鱼类相食的俗语用在他们身上，他们也当之无愧。这一俗语的意思即尽管它们是同族，小鱼却成为大鱼的食物。

若像照镜子一样看这份条约，哪个人不会看到这份条约映射出的是，这两位君王亵渎诸神、对人野蛮无礼以及贪婪无度的形象？与此同时，那些合理地指责机运处理人间事务方式的人，当他得知机运后来让他们付出应有的代价、向他们的继承者展示它对这两位君王的惩戒以作为对他们的警示，谁又不会与机运和解？就在腓力五世和安提俄库斯三世背信弃义，把这个男孩的王国撕成碎片的同时，机运引起罗马人对他们的注意，并且非常公正和恰当地用他们违背所有律法带给别人的邪恶来惩罚他们。这两位君王很快在战场上被罗马人击败。结果，他们不仅不能再贪图其他君王的领土，而且被迫向罗马人纳贡，服从罗马人的命令。最后，机运只用很短的时间就重建托勒密王国。至于这两位君王的王国及其继承者，机运彻底毁灭了其中一个，又给另一个带去近似灭国的灾祸。

腓力五世与基乌斯人

[21] 基乌斯（Cius）[②] 有个名叫默勒帕格拉斯（Molpagoras）的人，他是一位能干的演说家和政客，但品性上是个煽动家，贪

[①] 托勒密四世于公元前204年驾崩，托勒密五世仅5岁，后者的统治时间是公元前204年至前181年。

[②] 比提尼亚的一座城，今土耳其的盖姆利克城（Gemlik）。

恋权力。此人通过取悦民众，煽动群氓反对贵族，最后杀死一部分，驱逐另一部分，从而没收他们的财产，在群氓间分配，很快获得最高权力……

基乌斯人遭遇这些灾祸，不是因为机运或邻人的不义，主要是由于他们自己的愚蠢和恶政（κακοπολιτείαν）。为了抢劫同胞的财产，他们让最坏的人掌权，惩罚反对他们的人，他们是主动陷入那些不幸。可以说，一般人眼睁睁落入那些不幸后，不仅不会纠正自身的愚蠢，甚至都不会产生丝毫戒心，连野兽都不如。就野兽而言，它们不仅会在被陷阱和兽网缠住后产生戒心，就是在看到其他动物落入此类陷阱或兽网时，它们也不会再接近这类机关，并且会警惕所有地方，不相信它们看到的一切。

但是，人不是这样，尽管他们已听说一些城市由于我上面所描述的手段被彻底毁灭，尽管他们亲眼看到毁灭降临到其他城市身上，但无论什么时候，只要有人取悦他们，让他们拥有通过染指同胞的财产来补偿自己财产的希望，他们就会毫不犹豫地立即接近陷阱。尽管他们非常清楚所有吞下这类诱饵的城市没有一个得救，他们还是会义无反顾地采用上述众所周知的手段，毁灭养育他们的国家。

[22] 腓力五世对自己成为基乌斯的主人非常兴奋，[1] 仿佛欣然帮助他的亲戚和威慑那些反对他的人，[2] 然后利用抓到的俘虏和劫掠的钱财，理直气壮地敛财是一件高贵的善行。但是，他没有看到事情的另一面，尽管这一点一目了然。他没有看到，首先，他赶来援助的这位亲戚并不无辜，后者反而背信弃义地错待他人；其次，由于没有正当理由就给一座希腊城市带来最大的

---

[1] 公元前202年，腓力五世远征小亚细亚时发生的事。
[2] 指比提尼亚王国的普卢西阿斯一世，公元前228年至前182年在位，娶马其顿国王德米特里乌斯二世之女阿帕玛（Apama），是腓力五世的姐夫。腓力五世继位后，普卢西阿斯一世一直是他的盟友。

灾祸，他将担负残忍对待盟友的恶名，这两项罪行将让他在整个希腊留下侵犯一切神圣事物的骂名；再次，他粗暴对待我前文提到的那些城市的使者，[①] 他们赶来是为了把基乌斯人从威胁他们的危险中解救出来，但是，那些使者日复一日地听从他的恳求，被他欺骗，被迫见证他们根本不希望看到的事；最后，除上述错误外，他激起罗德岛人对他的强烈憎恨，以至他们无法忍受任何支持他的话。

[23] 事实上，机运非常明显地介入了此事。腓力五世的使者在罗德岛剧场为他辩护时，强调他的宽宏大量，断言尽管基乌斯眼下受他支配，但他会善待基乌斯民众，这样做的目的是驳斥对手的诽谤，并向罗德岛清楚表明他的真实情感。这时，一个刚刚返回罗德岛的人进入剧场，宣布基乌斯民众遭到奴役、腓力五世对基乌斯的全部暴行的消息。因此，正当腓力五世的使者还在滔滔不绝时，罗德岛主席团上前宣布了这一消息。罗德岛民众再也无法相信他的使者的言辞，可见背信弃义多么可怕！

腓力五世与其说是背叛基乌斯民众不如说是背叛自己。他变得如此执迷不化，甚至完全丧失廉耻之心，竟大肆夸赞他本来应感到耻辱不堪的行径，仿佛那些行径是善行。

从此之后，罗德岛人将他视作敌人，积极备战。[②] 同时，这一行径也让埃托利亚人憎恨他。[③] 尽管他不久前与埃托利亚人缔结和约，向他们伸出友谊之手，但眼下他甚至连借口都懒得找。针

---

① 其中就有罗德岛的使者。
② 罗德岛本来是调停腓力五世与基乌斯关系的众多城市之一，现在被腓力五世的行径激怒，成为他的敌人。
③ 公元前206年，第一次马其顿战争结束，腓力五世与埃托利亚联盟签订和约，基乌斯是埃托利亚人的盟友。

对不久前与埃托利亚人结盟的吕西玛凯亚、[1]卡尔克顿和基乌斯，他首先私占吕西玛凯亚，强迫该城脱离与埃托利亚人的联盟；然后强迫卡尔克顿脱离；现在又占取基乌斯，奴役该城民众，尽管当时一位埃托利亚将军就在城内领导各项事务。对普卢西阿斯一世来说，虽然他的目标达成令他欣慰不已，但是，这项事业的奖赏却被他人拿走，他本人没有分到任何战利品，只得到一座已成废墟的城市，所以他非常不满。但是，他没有能力采取任何行动。

腓力五世的恶行

[24] 腓力五世在返航途中，又犯下一宗背信弃义的罪行。他在中午时分抵达塔索斯（Thasos）岛。[2] 尽管该城对他非常友好，他还是占取该城，奴役其居民。塔索斯人告诉腓力五世的将军曼特罗多洛斯（Metrodorus），如果腓力五世允许他们保持现状，同时不派驻军，不收贡赋，不向他们征兵，允许他们依照他们自己的律法生活，他们愿意投降，交出城市……腓力五世同意这一要求，塔索斯人欢欣鼓舞，允许腓力五世入城……

兴许可以这么说，所有君王在统治初期，都会把畅所欲言作为一个礼物送给所有人，把所有如此行事的人当作忠诚的追随者、友人和盟友，但是，随着威权确立，他们又会立即把那些信任他们的人当作仆人而非友伴。因此，他们失去行事高贵的信誉，让追随者感到失望，尽管作为一名统治者，他们不会错过眼前利益。但是，当一位君王谋求伟大的事业，志在夺取整个天下，当他成功实现这一计划的可能性尚未被削弱，在这一事业的紧要关头，在他

---

[1] 该城位于色雷斯切索尼斯半岛，由吕西马科斯于公元前309年创建。该城是腓力五世于公元前202年远征小亚细亚的基地。公元前199年或前198年，马其顿驻军撤离后，该城被色雷斯人毁灭；公元前196年又被安提俄库斯三世重建。

[2] 塔索斯城位于该岛北岸。

要处理的紧要事务上,他却表现出背信弃义(ἀθεσίαν)和反复无常(ἀβεβαιότητα),哪个人不会认为这位君王愚蠢不堪、疯狂至极?

三、埃及事务

阿加托克勒斯的野心和命运

[25.3] 四五天后,王宫最大的柱廊处建了一个讲坛,他们召集卫队和王室部队以及步兵和骑兵的各级将领开会。所有人到齐后,阿加托克勒斯和索西比俄斯登上讲坛,首先公布托勒密四世和王后的死讯,要求众人按惯例进行哀悼。此后,他们为那位婴儿戴上王冠,宣称他为国王,然后阅读了一份遗诏,其中写明先王指定阿加托克勒斯和索西比俄斯辅佐他的儿子。① 他们恳求众将领效忠幼主,共同鼎力襄助幼主保持王位。之后,他们拿出两个银质骨灰盒,说一个装着先王的骨灰,另一个装着先王后阿尔西诺伊三世的骨灰。事实上,其中一个的确装着先王托勒密四世的骨灰,但另一个却装着香料。

于是,他们立刻举行葬礼,阿尔西诺伊三世的命运现在终于大白于天下。由于她的死已为人所知,每个人开始问她是如何死的。由于官方没有公布她死亡的原因,当真正的死因四处流传时,尽管人们还有所怀疑,但真相已烙在人心,人们深感震惊。至于新国王,无人关心,反而人人关心阿尔西诺伊三世,有人回忆起她幼时孤苦伶仃,有人回忆起她一生中遭受的侮辱和暴行,最后竟不幸地被谋杀。人们陷入一种心烦意乱的痛苦状态,整座亚历山大里亚城都充满叹息、眼泪和无休止的哀恸。在那些有判

---

① [英译注] 托勒密五世的正式登基礼只在公元前196年举行过一次,制作的登基石碑于1799年被法国人发现,称"罗塞塔石碑",现存于大英博物馆。

断力的人看来，这与其说是源于人们对阿尔西诺伊三世的喜爱，不如说是源于对阿加托克勒斯的憎恨。

[25.1] 索西比俄斯是托勒密四世的假护卫者（ψευδεπίτροπος）。他似乎是灵巧的邪恶工具，长期掌权，在王国作恶无数。① 第一，他谋杀了吕西马库斯，此人是托勒密三世与吕西马库斯之女阿尔西诺伊的儿子；第二，他谋杀了托勒密三世与贝勒尼基二世之子玛加斯；② 第三，他谋杀了托勒密四世之母贝勒尼基二世；第四，他谋杀了斯巴达的科勒奥门涅斯三世；③ 第五，他谋杀了贝勒尼基二世之女阿尔西诺伊三世。

[25.11] 阿加托克勒斯把骨灰盒放入皇家墓穴后，下令停止公共哀悼，首先向军队保证发两个月的饷，确信通过激发士兵的贪婪可减轻他们对他的憎恨；其次，他迫使军队宣那种新王继位时习惯宣的誓言；然后，他将谋杀阿尔西诺伊三世的凶手菲拉蒙（Philammon）送走，让他成为昔兰尼的首领，又让奥纳忒娅和阿加托克勒娅照看幼主。④

做完这些事后，他又派珀罗普斯（Pelops）⑤之子珀罗普斯前往安提俄库斯三世那里，恳求后者保持友善，不要违背与幼主之父托勒密四世签订的条约；⑥ 派索西比俄斯之子托勒密前往腓力五世那里提议联姻，⑦ 同时向腓力五世请求援助，以防安提俄库斯三

---

① 这段话应是对索西比俄斯一生盖棺定论的一部分。此后是阿加托克勒斯一人作恶。

② 参5.36。

③ 参5.37–39。

④ 阿加托克勒娅是阿加托克勒斯的妹妹，也是托勒密四世的情妇。奥纳忒娅是阿加托克勒斯兄妹的母亲。

⑤ [英译注] 此处的老珀罗普斯是托勒密二世统治时间驻扎萨摩斯的军队的将领，其子小珀罗普斯做过托勒密王国塞浦路斯的总督。

⑥ 指公元前217年拉菲亚之战后签订的条约，参5.87。

⑦ [英译注] 极有可能是提议托勒密五世娶腓力五世的女儿。

世企图违反条约。他又任命阿格撒库斯（Agesarchus）之子托勒迈俄斯（Ptolemaeus）为使节出使罗马，他并不希望此人匆忙赴任，而是希望他到达希腊时，留在那里会见朋友和亲属。阿加托克勒斯如此安排的意图是把所有杰出之士清除出埃及。

阿加托克勒斯又派埃托利亚人斯科帕斯前往希腊招募雇佣兵，还给了他一大笔钱用来预付军饷。这一计划有两个目的：第一，他希望用招募的雇佣兵对抗安提俄库斯三世；第二，将现有雇佣兵送往埃及的乡村要塞和外邦人定居点，用新招募的雇佣兵填补和替换王室部队、宫廷禁军以及亚历山大里亚的其他部队。他认为由他本人招募并支付军饷的这支新雇佣兵部队，由于对之前发生的事件一无所知，不会产生政治共鸣，只会把保全自身和获益的希望完全寄托在他本人身上，进而欣然支持他，并全心全意地执行他的一切命令。如我上文所述，所有这些都发生在与腓力五世谈判之前。但是由于我叙述的顺序安排，我必须首先叙述与腓力五世的谈判，在提到诸使节的任命和派遣之前，必须先叙述他们觐见腓力五世和他们的演说。

［24a］由于我逐年叙述天下各地同时发生的诸事件，显然，在某些情况下，我在叙述某事的开端前就会说出其结果。我的意思是，在叙述这类事件时，依据我这部作品的总体框架和叙述的顺序，我对事件最后结局的叙述会早于对其初始阶段的叙述……

［26a］阿加托克勒斯杀掉戴农（Deinon）之子德农，如俗语所说，这是"他诸多罪孽中最公正的"。当初，杀手抵达德农那里，向后者建议谋杀阿尔西诺伊三世时，他完全有能力报告这一阴谋，拯救王国。但他却选择与菲拉蒙沆瀣一气，因而成为接下来一系列罪恶行动的祸首。然而，当德农完成谋杀后，阿加托克勒斯发现他总是想起自己的恶行，向许多人哀叹，说自己很后悔没有及时报告那个阴谋。因此，他立刻遭受应得的惩罚，一命呜呼……

［25.20］阿加托克勒斯刚赶走所有显赫人物，并通过预付军

饷在很大程度上成功遏制军队的不满情绪后，又原形毕露。他又从仆人和侍者中选出最厚颜无耻、最胆大妄为之徒填补王室友人的空缺。他本人昼夜的大部分时间都在饮宴和通常与之伴随的淫荡中度过。他既不放过妙龄少妇，也不放过新娘和少女。结果激起各方对他的强烈厌恶，他本人也没有试图去安抚或帮助受侵害的人，反而继续重复暴行、傲慢和忽视。民众重新燃起此前对他的憎恨，回想起这些恶棍给王国带来的灾祸。但是，由于没有任何有分量的领袖人物，民众只能继续保持沉默。他们热切追随的、仅有的希望是特勒庞勒莫斯（Tlepolemus）。

托勒密四世在世时，特勒庞勒莫斯参与帷幄大事，但是，国王驾崩后，安抚一番民众后，他变成培琉喜阿姆周边地区的军事长官。起初，他就所负责的事务征询幼主，认为朝廷内阁的某位大臣会出任辅政大臣，并管理好一切事务。但是，当他看到所有配得上这一职务的大臣皆被清理，阿加托克勒斯竟掌控大权，很快改变态度。由于意识到长期与他们为敌会招致危险，他集结军队，采取各种措施储备资金，以免轻易成为敌人的猎物。与此同时，他对自己将来能获得辅政大臣之位、掌控王国事务并不灰心，而是认为，如果他的判断没错，他在各方面都比阿加托克勒斯强得多，尤其是当他听说，他麾下的部队和亚历山大里亚的民众都把推翻阿加托克勒斯专制的希望寄托在他身上。这就是特勒庞勒莫斯对自己的认识，他和阿加托克勒斯之间的分歧迅速尖锐化，两人对这一态势的出现都有责任。

由于渴望让众将领、各连队队长、低级军官支持他，特勒庞勒莫斯煞费苦心地举行各种宴会款待他们。在这些宴会上，要么是由于受到那些渴望讨好他的人对他的奉承，要么是由于他一时冲动——毕竟他此时还很年轻，众人又是酒后畅所欲言——他会评论阿加托克勒斯的家庭，起初还说得很隐晦，随后是含沙射影，最后则干脆直言不讳，对阿加托克勒斯进行最恶毒的侮辱。阿加托克勒斯过去常常向壁画师、竖琴少女和理发女郎祝酒。小时候做托勒密四世的斟酒人时,他在酒会上非常谦恭,总能引得宾客哈哈大笑,宾客也会常常逗弄他。

这事很快传到阿加托克勒斯耳中。现在,他们二人之间的敌意已经公开,阿加托克勒斯立即对特勒庞勒莫斯提出指控,指责他对国王大不敬,还图谋勾结安提俄库斯三世来取代国王。他的这种指控不乏似是而非的根据,有些是歪曲某些事实,有些则纯粹是莫须有的捏造。阿加托克勒斯如此做的意图是煽动民众反对特勒庞勒莫斯,却恰恰造成相反的结果。民众一直把希望寄托在特勒庞勒莫斯身上,他们看到二人的冲突愈来愈激烈,非常高兴。民众的这种态度源于下述事件。尼康(Nicon)是阿加托克勒斯的亲戚,托勒密四世在世时任海军大臣,现在则是……

［26］阿加托克勒斯首先召集军队中的马其顿人开会,还有阿加托克勒娅和幼主一同出席。一开始,他假装由于眼泪不止、数度哽咽而说不出话来,但是数次擦拭流泪后,他把幼主抱入怀中,说道:

这个孩子的父亲临终时把他放入这个女人——他指指他的妹妹——的怀中时,非常信赖你们这些马其顿勇士的忠诚!她对幼主的爱确实不足以保护他的安全,相反,幼主的命运完全在于你们和你们的勇敢。对那些有判断力的人来说,特勒庞勒莫斯显然渴望一个比他应有的更高的职位。现在,他实际上已经定好加冕的日期和时刻。

关于后一点,他告诉他们,不要相信他的一面之词,而要相信那些知道真相、刚从现场回来之人的话。说完这些后,他让克里托劳斯(Critolaus)上前,后者告诉众人他亲眼看到特勒庞勒莫斯那边已竖起祭坛,用于加冕典礼的牺牲已经备好。当马其顿士兵听到这一点,他们不仅不同情阿加托克勒斯,反而完全无视他的言辞，时而大声吼叫，时而窃窃私语，表现得轻浮多变，以致他都不知道自己是如何离开会场的。

阿加托克勒斯召集军队其他单位开会时也发生了同样的事。与此同时，上埃及的驻军乘船源源不断抵达亚历山大里亚，所有人都恳请他们的亲戚或朋友在眼下的危机中帮助他们，不要让他们被如此低贱之人肆无忌惮地欺压。士兵们向当权的阿加托克勒斯派复仇的主要动机是，他们知道任何拖延对他们都是不利的，因为特勒庞勒莫斯控制着到达亚历山大里亚的全部粮食供应。

[27] 阿加托克勒斯及其同党还做出一件激怒民众和特勒庞勒莫斯的事。他们从德墨忒尔神庙抓走特勒庞勒莫斯的岳母，将之扒光后拖着穿过城市，扔进监狱，以此展示对特勒庞勒莫斯的敌意。此事令民众异常愤怒，以至他们不再私下悄悄谈论此事。一些人夜里在全城到处涂写标语表达对当权者的痛恨，另一些人甚至在白天公开成群聚集表达痛恨。

阿加托克勒斯看到发生的事，认为自己活下来的希望渺茫，开始谋划逃亡。但是，由于他本人的不谨慎，他事先没有为此做任何准备，遂放弃这个计划。他接下来的做法是召集阴谋集团准备冒险，打算立即处死一部分敌人，再逮捕一些，这样他就能攫取独裁大权。当他忙于这项阴谋时，王室禁军中一位叫默拉格涅斯（Moeragenes）的成员受到指控，大意是他向特勒庞勒莫斯通风报信，由于他与布巴斯图斯（Bubastus）① 总督阿戴俄斯（Adaeus）交好，暗中为特勒庞勒莫斯服务。

阿加托克勒斯立即命令国务大臣尼康斯特拉图斯（Nicostratus）逮捕默拉格涅斯，严加审讯，用各种酷刑折磨他。默拉格涅斯立即遭到逮捕，被带到远离王宫的某地。尼康斯特拉图斯随即就种种指控进行审讯，结果都被默拉格涅斯一一否认。一些人开始拿出准备好的酷刑刑具，另一些人则脱掉他的斗篷，准备鞭打他。

---

① 指尼罗河三角洲东部地区。

这时，一位仆人匆忙进来，跑到尼康斯特拉图斯耳边耳语一番，然后又匆匆离去。尼康斯特拉图斯没有说一个字，也立即跟着仆人离开，边走还用拳头捶打大腿。

［28］很难描述默拉格涅斯所处的奇怪处境。一些行刑人手持鞭子正要抽他，另一些行刑人则在准备折磨他的刑具；但是，尼康斯特拉图斯离开后，大家都惊得哑口无言，看着彼此，期待尼康斯特拉图斯赶快回来。但是，过了一会儿，他们渐渐散去，只留默拉格涅斯一人在刑讯室。之后更令他吃惊的是，他竟得以穿过王宫，光着身子冲入离王宫不远的马其顿部队的一顶营帐内。当时，营帐内的马其顿士兵正在吃早餐，他讲述了自己的经历，以及获救的离奇方式。士兵们本无法相信他的话，但看到他赤身裸体后，被迫相信他。默拉格涅斯抓住形势的颠转，哭着恳求这些马其顿人不仅要救他的命，而且要拯救国王，更重要的是拯救他们自己。他告诫他们，如果他们不抓住眼下这个机会，当民众对阿加托克勒斯的憎恨沸腾，每个人准备向他报仇时，他们的毁灭也将不可避免。他说，眼下正是绝佳时机，民怨已经沸腾，只需有人振臂一呼。

［29］这些马其顿士兵听到这一点，大受鼓舞，最后采纳默拉格涅斯的建议，首先立即拜访营地的其他马其顿士兵，因为所有马其顿士兵都驻扎在一起，然后朝城内某地前进。由于民众早就想反抗，只是需要某个勇士振臂一呼，一旦有人领头，整个反抗就像燎原大火迅速蔓延。四个小时后，不同民族的人，既有士兵又有市民，已经同意攻击王宫。在这个时刻，意外事件也来协助他们。

此时，一些密探给阿加托克勒斯送来一封信，信的内容是特勒庞勒莫斯告诉军队他正在赶来亚历山大里亚的路上，而密探则说特勒庞勒莫斯事实上已经抵达城内。阿加托克勒斯竟完全丧失理智，以至没有采取任何行动或严肃对待特勒庞勒莫斯已抵达城内这一信息，反而在平常宴饮的时刻以惯常的方式进行宴饮、狂欢作乐。

奥纳忒娅非常悲痛地前往忒斯摩弗雷翁（Thesmophoreum），[①]此时正值这座神庙一年一度的公共献祭仪式。她首先跪下来，用各种手势向女神虔诚祈祷，然后坐在祭坛前，让自己平静下来。大多数妇女都乐于看到她如此沮丧和痛苦，所以沉默不语，但是珀律克拉底（Polycrates）的亲戚和别的一些贵妇，尚未意识到危险，打算过来安慰她。她向她们哭喊道："不要过来，你们这群畜生。我很清楚，你们恨我们，所以你们向女神祈祷，让最不幸的厄运降临到我们身上，但如果这就是天意，我会让你们尝尝自己孩子的肉。"说完这些后，她命令侍从把妇女们赶走，殴打那些拒绝离开的。所有妇女利用这个借口，边走边双手合十向女神祈祷，要让奥纳忒娅遭受她刚刚威胁其他人的那种命运。

〔30〕男人们本就已经决定反抗，但是现在又要加上各家妇女的愤怒，于是对独裁者的仇恨更加强烈。天黑后，整座城市到处是骚乱、火把和人群。一些人聚集在体育场大声呼叫，一些人互相鼓劲，另一些人则四处奔跑，寻找不太可能被怀疑的房子和处所躲避。王宫外的广场、体育场和大街挤满各色人等，狄奥尼索斯剧场前也是如此。阿加托克勒斯听说发生的事，从醉酒中惊醒——因饮宴结束才不久，带着除斐洛外的亲属赶往幼主那里。简短向幼主的不幸表示哀恸后，阿加托克勒斯用手抓起幼主，径直朝通往剧场入口的、迈安德罗（Maeander）和体育场之间的长廊走去。快速穿过前两道门后，他领着幼主、亲属和少数护卫退往第三道门。门是窗棂格构造，从里面可看到外面，每道门由两个门闩固定。与此同时，民众已从城里各处聚集到王宫外，不仅平地上到处是人，就是屋顶和台阶上也挤满人。到处是骚动和喧闹，女人、孩子和男人们混杂在一起。在迦太基和亚历山大里亚，孩子们在这种骚乱中的作用不比男人们小。

〔31〕天渐渐亮起来，很难分辨各种吼叫，但是"国王"的

[①] 德墨忒尔的神庙。

叫声最大。马其顿士兵起初占据王宫用于臣民觐见的大门,但是之后不久发现幼主藏身之处,遂绕道控制那条走廊的第一道门,然后来到第二道门,大声呼唤幼主。阿加托克勒斯为自己的安全着想,请求身边护卫代表他向马其顿士兵传递信息,大意是他将放弃摄政之职、全部权力和一切爵位以及所有收入,只求他们放过他,给他充足的食物就行,以便让他退回原初的默默无闻状态,这样即便他未来想害人,也没有能力。

护卫中除阿里斯托美涅斯(Aristomenes)外,无人愿意传话,此人后来成为丞相。他是一位阿卡纳尼亚人,他在阿加托克勒斯掌权时对后者的奉承,与他后来担任丞相时对托勒密五世和王国利益令人钦佩、一丝不苟的忠诚,一样引人注目。他是获邀参加阿加托克勒斯宴会的众人中第一个为阿加托克勒斯献上金王冠的客人,金王冠依照习俗只献给国王;他是第一个戴上印有阿加托克勒斯头像的戒指的人。此外,他给自己的一个女儿取名阿加托克勒娅。

关于此人的品性就说这么多。当时,他接受阿加托克勒斯的委托,经由一扇小门去见马其顿士兵。在他对他们言说几句以解释阿加托克勒斯的提议后,马其顿士兵立刻企图杀死他,但是有几个士兵制止住其他人,恳求他们饶过他。于是,他免于一死,不过马其顿士兵给他的命令是,要么带着国王出来,要么不再出来。马其顿士兵之后命他带信回去,同时攻破第二道门。阿加托克勒斯和身边的人通过马其顿士兵的举止和坚定的决心看出他们狂怒无比。他们一开始向士兵们恳求,但是磨破嘴皮也没能说动士兵们至少饶过他们的命,最后只得通过门上的棂格伸出双手苦苦哀求。阿加托克勒娅则解开衣服,露出胸膛,说幼主正在吃奶。

[32]他们悲痛欲绝地哀叹他们的厄运,发现一切努力皆是徒劳,只得让护卫把幼主送出去。马其顿士兵接过幼主,抱他上马,将他带往体育场。幼主一出现在体育场,民众立即发出热烈的欢呼和掌声。士兵们勒住马,把他抱下来,领着他向前走,让他坐在王

座上。人群的喜悦中夹杂着遗憾，他们一方面很高兴幼主在他们手中，另一方面因那些罪人没有被逮捕并遭到应有的惩罚而感到不快。所以，他们继续吼叫，要求把那些恶人抓起来，以儆效尤。

此时，天已大亮，民众找不到可供他们发泄仇恨的对象，索西比俄斯之子索西比俄斯①正好在现场，是王家禁军的一员，特别关心国王和王国事务。他看到没有希望平息民众的怒火，幼主因发现自己身处陌生人和骚动的民众中间而惴惴不安，遂问幼主，他是否允许把对他本人或他母亲犯有罪行的人交给民众。幼主点头同意，索西比俄斯遂命令部分禁军士兵传达国王的决定，让幼主站起来，带他前往自己家中接受照料。国王的决定被宣布后，震耳欲聋的欢呼声和掌声立刻响彻整个体育场。与此同时，阿加托克勒斯和阿加托克勒娅已经各自回家。很快，一大群士兵开始出发搜寻他俩，部分士兵是主动前往，部分是被民众所迫。

[33] 接下来的流血和杀戮归因于下述意外事件。斐洛是阿加托克勒斯的一位食客，他醉醺醺地来到体育场。他看到民众激动不已，遂对身旁的人说，如果阿加托克勒斯出现，他们一定会再次懊悔不已，就如几天前那样。听到这话，他身旁的人开始边骂他，边推搡他。他想要自卫，一些人很快剥去他的斗篷，一些人则举起长矛刺入他的身体。趁他还没断气，他被耻辱地拖到体育场中央。民众已经尝到杀戮的滋味，全都翘首以盼其他罪人被带来。没过多久，阿加托克勒斯戴着镣铐进来。他一现身，立即有人跑过去用长矛将他刺死。与其说这是敌意的体现，还不如说是对他行恩惠，因为直接将他刺死可让他免于遭受应受的惩罚。接着，尼康被带进来，在他之后是阿加托克勒娅、她的姊妹和所有亲属，其中阿加托克勒娅赤身裸体。最后，士兵们将奥纳忒娅从忒斯摩弗雷翁拖出，把她剥个精光，扔到马上带到体育场。

---

① 托勒密的兄弟。15.25 说，阿加托克勒斯已派托勒密出使腓力五世的宫廷。

他们都被交到暴怒的民众手中，一些人用牙咬，另一些人用矛刺，还有人挖他们的眼。若是有人已经断气，暴怒的民众会把尸体撕成碎片，直到所有人皆遭此下场。埃及人一旦被激怒，其残忍程度竟至于此。与此同时，曾是阿尔西诺伊三世密友的一些少女，听说菲拉蒙这个杀死王后的凶手三天前已从昔兰尼抵达亚历山大里亚，遂冲向他的房子，破门而入，用石头和木棒把他打死；他们还勒死他的儿子，后者当时还是一个孩子；又把他的妻子剥光，拖到街上，当众杀死。

这就是阿加托克勒斯、阿加托克勒娅及其同党的结局。

［34］我很清楚，一些作家描述这些事件时，引入耸人听闻的元素，精心编织材料，意在用整个设计吸引读者，在很大程度上越过他们的叙述连贯性所必需的界限。另一些作家则将一切归于机运，强调机运的反复无常和人无力逃避它。还有的作家重视这些事件的奇怪之处，力图为每件事找到原因或可能的原因。然而，我以前述方式叙述这些事件的目的却不同于上述作家，因为阿加托克勒斯既没有在战争事务上展现出勇气和卓越的才能，在治理国家方面也运气不佳、不称职；最后，他既没有作为权臣所需要的机敏和狡黠的言辞能力，也没有索西比俄斯和其他权臣直到临终都大权在握、可以辅佐几任君主的那种才干。相反，阿加托克勒斯上位的方式完全不同。只是由于托勒密四世作为统治者的无能，阿加托克勒斯才意外获得高位。在托勒密四世驾崩后，他在那一职位上发现形势有利于维持大权。结果，由于他本人的懦弱和放纵，他在很短的时间内就成为民众憎恨的对象，最后不仅丢失大权，而且惨遭横死。

［35］因此，如我所说，过分细致地描述这样一个人的命运很不明智，西西里的阿加托克勒斯和狄奥尼修斯以及其他著名的统治者则不然。后两位统治者中，狄奥尼修斯起于卑贱，起初不名一文；阿加托克勒斯则像蒂迈俄斯在嘲讽他时告诉我们的，他本来是陶工，在放弃陶轮、脏兮兮的泥木和烟熏火燎来到叙拉古

时，也是无名之辈。这两人都成为叙拉古的僭主，成为当时在财富和地位两方面极高之城的僭主，后来又被整个西西里推举为王，甚至还掌控意大利的一部分地区。①阿加托克勒斯不仅曾尝试征服利比亚，而且直到去世都保有尊位。所以，人们说，当有人问第一位令迦太基屈服的普布利乌斯·斯基皮奥，在他看来谁是兼具勇敢和智慧的最伟大的政治人物时，他回答说"西西里的阿加托克勒斯和狄奥尼修斯"。这类人物的一生确实适合呈现给我们的读者，叙述他们的确可触及机运之反复无常、人间事务之捉摸不定，总之可在我们贫乏的叙述中加入一些有益的反思。但是，我们绝不应如此对待萨摩斯人阿加托克勒斯②及其同党。

[36] 正是由于这些原因，我克制自己，不去夸大萨摩斯人阿加托克勒斯的故事，因为所有耸人听闻的事件只是乍一听值得注意，但是随后不仅阅读和关注它们毫无益处，而且活灵活现地展现这类事件会引人反感。对那些要么用耳朵、要么用眼睛研究任何学科的人来说，他们应该牢记两个目标：提升读者和愉悦读者。由于这两个目标尤其是史学研究的目标，太过详细地叙述耸人听闻的事件于它们无益。违反常规的机运之颠转不仅不会引起效仿，而且读者读到那些违背自然和人类一般情感的事件，也不会感到愉悦。的确，我们在首次看到或听到这类事件时会感到愉悦，这是因为我们天性爱看貌似不可能之事变成可能。但是，一旦我们已确信这一点，没人会从那些违背自然之事中得到愉悦，也没有人希望经常看到这类事件。

因此，我们史家应该要么激发读者效仿某事某人，要么给读者带来愉悦。精心处理违背自然的事件更适合肃剧，而非史书。不过，我们兴许应该谅解那些没有把读者的注意力吸引到天下自

---

① 狄奥尼修斯没有获得国王头衔；阿加托克勒斯于公元前305年获国王头衔，死于公元前289年。

② 埃及的这位阿加托克勒斯是萨摩斯人。

然而然发生或经常发生的事件上的作家。他们认为在过去发生的事件中,最伟大、最奇妙的是他们亲身经历的那些,或他们向目击者打听时特别引起他们注意的事件。所以,他们不自觉地花很大篇幅叙述那类前人已经谈论过的一点也不新奇、不能令我们受益又不能让我们感到愉悦的事件。关于这个主题,我就说到这里。

四、亚洲事务

安提俄库斯三世的品性

[37] 安提俄库斯三世起初是这样一人,既能构想宏大的计划,又拥有勇气和能力执行计划。但是随着年岁增加,他表现得比以前差劲很多,极大辜负人们对他的普遍期望。①

---

① 在珀律比俄斯看来,安提俄库斯三世远征东方后,变得愈来愈差劲。

第十六卷

一、马其顿事务

腓力五世远征小亚细亚[1]

[1]腓力五世抵达帕加马，认为他已给予阿塔罗斯一世致命打击，表明自己有能力做出各种骇人听闻的暴行。他屈服于近乎疯狂的愤怒，把绝大部分愤怒发泄在神而非人身上。由于帕加马城防坚固，在小规模战斗中，守军很容易就能把他挡在一定距离之外。但是，由于阿塔罗斯一世预先采取措施防止他劫掠，他在帕加马周边乡野所获甚少，因此对诸神的雕像和圣所倾泻他的愤怒。在我看来，他不是对阿塔罗斯一世发怒，而是对他自己发怒。他不但焚烧、拆毁神庙和祭坛，甚至打碎石头，以至被他毁坏的东西都无法修复。

---

① 珀律比俄斯在16.1–12叙述腓力五世于公元前201年远征小亚细亚的战事，主要事件包括希俄斯海战、拉德海战、攻击帕加马和侵入罗德岛人在卡里亚的佩莱亚地区。由于希俄斯海战是阿塔罗斯一世受罗德岛人唆使第一次与腓力五世的对战，且他未参加拉德海战，所以希俄斯海战应该发生于拉德海战之后。公元前202年，腓力五世占取基乌斯城，使得罗德岛人与他为敌。他接下来攻击帕加马并在那里发泄愤怒，显然是为报复阿塔罗斯一世联合罗德岛人对他作战。因此，事件的顺序应该是拉德海战—希俄斯海战—帕加马之战。

毁坏尼克弗里翁（Nicephorium）[1]后——他砍倒该区的圣林、推倒其围墙，又挖塌众多宏伟庙宇的地基——他首先率军前往图阿提拉（Thyatira）城，[2]离开该城后又侵入忒拜平原，以为在那个地区可劫获大量战利品。这个期望也落空后，他率军抵达希耶拉·科莫（Hiera Come），[3]在那里写信给宙克西斯，[4]恳请后者依照双方条约，为他提供谷物和支持。宙克西斯表面答应，实际上却不打算给腓力五世任何真正的、实质性的支持。

希俄斯海战

[2]由于此前围攻希俄斯城没有取胜，且敌人用庞大的舰队封锁了他，腓力五世发现形势非常险恶。但是，由于为形势所迫，别无选择，他出乎敌人的预料，率舰队出海。阿塔罗斯一世原本以为他会继续围城。由于腓力五世相信他的舰队比敌人速度快，他的核心盘算是突然出海，然后安全地沿着海岸航往萨摩斯。[5]但是，事实证明他的盘算大错特错。

阿塔罗斯一世和忒奥菲利斯科斯（Theophiliscus）[6]一看到腓力五世出海，立即采取相应对策。他们以松散队列航行，如我所说，他们尽管相信腓力五世仍会坚持原先的意图，还是决定攻击他。阿塔罗斯一世的舰队奋力划桨，攻击敌人舰队右翼，忒奥菲利斯科斯攻击左翼。腓力五世对此早有预料，命令右翼转

---

[1] 此地是雅典娜的圣地。
[2] 位于吕底亚西北。
[3] ［英译注］此时还是一个村庄，后来在此地建立了名叫希耶拉凯撒里亚（Hierocaesarea）的城市，位于图阿提拉和赫穆斯河（Hermus River）之间。
[4] 宙克西斯是安提俄库斯三世管理小亚细亚地区的总督，上一次提到此人是在5.60。
[5] 该岛原先由托勒密王国控制，在公元前201年被腓力五世控制。
[6] 忒奥菲利斯科斯指挥罗德岛舰队参战。

舵猛攻敌人，他本人则率少数小船退到海峡中间的小岛，等待战斗结果。腓力五世的参战舰队包括53艘有甲板战舰，无甲板战舰？艘，① 105艘舰艏成喙状的划桨帆船，因为他没有能把在萨摩斯的全部战舰装备好。敌人的舰队包括65艘有甲板战舰，其中包括拜占庭人的战舰，以及9艘无甲板战舰和3艘三列桨战舰。

[3] 阿塔罗斯一世的旗舰率先发动攻击，周围的全部战舰立即自动展开战斗。阿塔罗斯一世撞击一艘"8人桨"的敌舰，② 在水下给予敌舰致命一击，敌舰甲板上的士兵经过一番抵抗后沉没。腓力五世方一艘"10人桨"的划桨帆船战舰意外落入敌手，该舰是腓力五世舰队的旗舰。这艘旗舰加速冲向挡在前方的一艘无甲板战舰，发动势大力沉的一击，结果被牢牢卡在敌舰的桨架上，舰长无法摆脱敌舰。结果，这艘旗舰被敌舰拖住，陷入困境，完全无法动弹。敌人两艘三列桨舰抓住机会发动攻击，撞击它的两侧，将之撞沉。舰上所有人员全部阵亡，其中包括腓力五世的海军将领德莫克拉底（Democrates）。

大约同时，阿塔罗斯一世的海军将领狄奥尼索多洛斯（Dionysodorus）和德诺克拉底（Deinocrates）兄弟俩也在战斗中遭遇同样奇怪的事。③ 德诺克拉底的战舰撞击了一艘"8人桨"敌舰，他的战舰却同时遭到敌舰重击，因为敌舰舰艏很高，结果他战舰的水上部分遭到敌舰撞击，敌舰的水下部分遭到他的撞击，以致他一开始无法摆脱敌舰，反复尝试多次都没有成功。马其顿士兵愈战愈勇，他的战舰危在旦夕。这时，阿塔罗斯一世赶来援救，通过撞击敌舰，成功让两艘船分开。德诺克拉底意外获救，

---

① 原文缺失。

② 可能是8人划一支桨的大型战舰，类似的，下文有"10人桨"舰。

③ 兄弟俩是阿凯亚的希库温人，狄奥尼索多洛斯于公元前198年秋代表阿塔罗斯一世与腓力五世谈判，见18.1。

敌舰士兵经过一番英勇抵抗后全部战死，战舰被阿塔罗斯一世俘获。狄奥尼索多洛斯全力撞击一艘敌舰，但是没有撞到，擦着敌舰而过，以至战舰右侧桨板全部毁坏，舰塔也被撞掉。见此情形，敌舰立即将他团团包围，大声激动地欢呼，结果战舰沉没，船员落水而亡，但是狄奥尼索多洛斯和另外两人竟游向一艘赶来援救的无甲板战舰，幸免于难。

〔4〕双方舰队的其他战舰的战斗势均力敌，因为腓力五世数量庞大的划桨帆船战舰可抵消阿塔罗斯一世有甲板战舰的优势。腓力五世右翼的战况仍然非常胶着，阿塔罗斯一世却对取得胜利非常乐观。如我前文所说，罗德岛人从出发那一刻起就与敌人保持很大距离，但是，他们航行速度很快，绕到马其顿舰队后方，逮住敌人舰队尾部。起初，他们攻击敌人从前方退下来的舰只，破坏它们的船桨。但是，随着敌人其他舰只掉头赶来帮助陷于险境中的同伴，那些最后起航的罗德岛战舰遂与忒奥菲利斯科斯会合。于是，两支舰队把船头对准对方，勇猛地互相撞击，双方的战争怒吼和号角声响彻云霄。

若非马其顿的划桨帆船散布在他们有甲板的战舰中间，这场战斗本来会迅速并轻松地决出胜负，因为那些划桨帆船对罗德岛战舰的行动造成很大阻碍。罗德岛战舰原先的战斗顺序在第一次撞击后就被打乱，它们与敌舰混成一片，所以既不能轻易穿过敌舰序列，也不能调转船头，也就是根本无法施展所擅长的战术。敌人的划桨帆船要么妨碍他们划桨，使得船只很难移动，要么攻击舰艏或舰尾，结果无论舵手还是船员都无法有效战斗。但是，在舰艏对舰艏的对撞中，罗德岛人运用了一种技巧，方式如下。撞击时，他们压低己方舰艏，承受敌舰跃出水线之上的撞击。己方舰艏则可在水线以下刺入敌舰底部，造成无法修补的大洞。不过，这样的撞击机会很少，因为它要求避免与敌舰靠得太近。一旦靠得太近，马其顿士兵就会在甲板上进行英勇抵抗，多半会割断敌舰缆绳，破坏船桨，然后绕着敌舰转，在敌舰掉头时，或撞击舰艏,或撞击侧面,从而或给敌舰撞一个大洞,或撞坏转向装置。通过这种战术,马其顿人摧毁不少敌舰。

[5]整场战役中最耀眼的是3艘罗德岛人的五列桨战舰。一艘是忒奥菲利斯科斯所在的旗舰,一艘是斐洛斯特拉图斯(Philostratus)指挥的战舰,最后一艘由奥托吕科斯(Autolycus)作舵手,尼克斯特拉图斯(Nicostratus)作指挥。尼克斯特拉图斯的战舰撞击一艘敌舰,舰艏完全嵌入敌舰,敌舰沉没,全员牺牲,而他的战舰舰艏也灌入海水,随即被敌人包围。经过英勇战斗后,奥托吕科斯受伤,身着铠甲沉入大海,其余士兵勇敢抵抗一阵后也战死。

这时,忒奥菲利斯科斯率3艘五列桨战舰赶来救援。尽管由于尼克斯特拉图斯的战舰已灌满海水,他没有营救成功,他还是撞击两艘敌舰,迫使舰上士兵全部落水。他的战舰很快被敌人的一群划桨帆船和有甲板战舰包围,他的士兵经过勇敢战斗死伤大半,他本人也多处受伤。尽管如此,他仍表现得非常勇敢,着手挽救他的战舰。这时,斐洛斯特拉图斯赶来救援,英勇加入战斗。忒奥菲利斯科斯得到其他战舰的支援,再次攻击敌人,尽管受伤严重,却在勇气方面比以往任何时候都更加视死如归。现在,整个战役分为两个相距很远的战场。腓力五世的右翼遵循原初的计划,继续朝岸边攻击,离陆地已经不远;他的左翼则由于抵御来自后方的攻击,此刻正在距离希俄斯岛不远处与罗德岛人激战。

[6]不过,阿塔罗斯一世此时对马其顿右翼舰队取得明显优势,已经接近腓力五世观战并等待结果的岛屿。他看到自己的一艘五列桨战舰遭到敌舰撞击,已无法航行,即将沉没,立即率2艘四列桨战舰赶去援救。敌舰见此立刻朝陆地方向撤退。他紧追不舍,希望俘获敌舰。腓力五世看到阿塔罗斯一世远离其主队,率身边的4艘五列桨舰、3艘无甲板舰和一些划桨帆船顺势切断阿塔罗斯一世返回主队的退路,迫使阿塔罗斯一世慌忙朝岸边驶

去。之后，阿塔罗斯一世及船员逃往厄律忒拉（Erythrae）[①]城，腓力五世则捕获相应舰只和王室家私。

事实上，阿塔罗斯一世逃跑时运用巧计以避免敌人追击。他把最奢华的王家家私摆在甲板上，这样率先赶到的马其顿人看到这么多的酒杯、紫袍和其他珍宝，就会保护这些战利品，不会继续追击。阿塔罗斯一世就是用这个办法安全逃往厄律忒拉。

腓力五世本来败局已定，但是阿塔罗斯一世命运的颠转令他大受振奋，于是他再次破浪而出，急忙召集战舰，命令将士们继续奋战，因为胜利已属于他们。事实上，由于腓力五世带着阿塔罗斯一世的旗舰返回，敌人多半相信阿塔罗斯一世已经阵亡。但是，狄奥尼索多洛斯猜到实情，开始发出信号聚集己方战舰，待战舰迅速聚集后，他率舰队安全航往港口。与此同时，那些与罗德岛人激战的马其顿战舰形势危急，以赶去援助己方右翼舰队为借口成群撤出战场。在敌人撤离前，罗德岛人俘获一些敌舰，撞沉一些，然后航往希俄斯。

[7] 这次海战中，腓力五世右翼舰队在与阿塔罗斯一世的战斗中损失如下：1艘"10人桨"舰、1艘"9人桨"舰、1艘"7人桨"舰、1艘"6人桨"舰、10艘有甲板战舰、3艘无甲板战舰和25艘划桨帆船及其船员。他的左翼舰队与罗德岛舰队的战斗损失如下：10艘有甲板战舰、40艘划桨帆船被击沉，2艘四列桨舰和7艘划桨帆船及船员被俘。阿塔罗斯一世的舰队损失如下：1艘无甲板战舰和2艘五列桨战舰被击沉，2艘四列桨战舰和国王旗舰被俘。罗德岛舰队有2艘五列桨舰和1艘三列桨舰被击沉，没有战舰被俘。罗德岛损失约60名士兵，阿塔罗斯一世损失约70名，腓力五世损失3000名马其顿士兵、6000名水手，还有2000名盟

[①] 位于希俄斯岛对面的大陆上。

友和马其顿的士兵，以及700名埃及水手被俘。[①]

[8]这就是希俄斯海战的结果。腓力五世以下面两个说辞宣称自己获胜：第一，他已把阿塔罗斯一世驱赶到岸上，俘获后者的旗舰；第二，他停泊在名叫阿尔革努姆（Argennum）的地方，如同停泊在一片战舰残骸之中。第二天，他采取同样的行动，继续收集残骸和可以辨认的己方尸体，以便让他想象的胜利更具说服力。但是，罗德岛人和狄奥尼索多洛斯很快证明，他没法相信自己获胜。第三天，腓力五世仍在收集残骸和尸体时，罗德岛人和狄奥尼索多洛斯已事先联络好，再次出海列阵面对腓力五世，但是腓力五世不敢应战，于是他们又航回希俄斯。

腓力五世从未在一场无论是海上还是陆上的战斗中损失这么多士兵，对损失痛心不已，对这场战争的热情也大大衰减，但是他竭尽所能对其他人隐藏他对处境的看法，尽管事实本身会让他的隐藏徒劳。撇开其他不谈，战斗结束后的场面不能不使所有亲眼目睹的人感到恐怖。阵亡人数是如此巨大，以至实际战斗过程中，整个海峡漂满尸体，海水被染成殷红，海面上到处是武器和战舰残骸。此后很多天，在邻近海滩上仍能看到大量横七竖八的尸体。这一幕不仅令腓力五世大为沮丧，而且也让全体马其顿人垂头丧气。

[9]忒奥菲利斯科斯战后仅活了一天：他先写信告诉祖邦此战的结果、任命科勒奥奈俄斯（Cleonaeus）继任他的职位，然后便死于重伤不治。他在战斗中证明自己是一个非常勇敢的人，他在海战中的决定值得纪念。若非他及时大胆地向腓力五世发起攻击，其他人本来会被这位国王的大胆行动吓倒从而错失战机。事实上，正是忒奥菲利斯科斯一开始迫使同胞抓住战机，迫使阿塔罗斯一世不要拖延到做好准备后再进攻，而是立即坚决发动攻

[①] 之所以会有埃及船员，是因为腓力五世占取萨摩斯后，俘获托勒密王国在那里的海军，然后将其纳入自己的海军。

击。因此，罗德岛人在他死后给予他如此巨大的荣誉完全正当，这不仅意在激发当时活着的人，而且要激发后代为国献身。

［10］拉德（Lade）[1]海战后，罗德岛人逃遁，当时阿塔罗斯一世尚未参战。对腓力五世来说，当时航往亚历山大里亚显然极有可能。这是腓力五世如此行事时已经疯狂的最佳证据。那么，什么可证实他的冲动？只能是事物的本性！由于距离目标远，许多人有时看到希望很大，理智被欲望战胜，因而谋划追求不可能之事；但是，当行动的时刻来临，他们又受理智能力的限制而遇到无法克服的困难陷入混乱，他们又未经审慎考虑就放弃计划。

攻陷普利纳苏斯

［11］此后，腓力五世对该城连续发动几次攻击。由于城防坚固，攻击徒劳无功，他不得不撤退，洗劫周边的小型要塞和乡野村居。此后，他又从此地移师普利纳苏斯（Prinassus）[2]城下。迅速准备好柳条棚和其他材料后，他开始挖地道围攻该城。但是，由于该地地势坚硬，这个方法行不通，腓力五世转而采取下述计策。

马其顿人白天在地下制造巨大动静，仿佛挖掘工作在顺利进行，夜里再从其他地方带来沙土堆放在地道口。这样一来，城内的人就会从沙土的量判断挖掘进度，继而感到恐慌。起初，普利纳苏斯人勇敢坚守，但是腓力五世派人告诉他们，200尺长的城墙地基已被挖空，并问他们，是希望在腓力五世确保他们安全的承诺下放弃抵抗，还是准备在城市被攻破后所有人及其城市遭受灭顶之灾。普利纳苏斯人面对这种威胁，选择投降，交出城市。

---

[1] 米利都岸边的一个小岛。
[2] 罗德岛人在卡里亚的佩莱亚地区的一座小城。

[12]伊阿苏斯(Iasus)城坐落在米利都的波塞冬神庙和明多斯(Myndus)之间的海湾,有人称那个海湾为伊阿苏斯湾,更广为人知的名称是巴古里亚(Bargylia)湾,得名于海湾顶部诸城的名字。据说,该城最初是阿尔哥斯的殖民地,后又被米利都殖民。当年,该地居民由于在与卡里亚人的战争中损失惨重,遂邀请米利都的创建者涅琉斯(Neleus)之子前来。该城周长10斯塔德。据传,在巴古里亚,雪和雨从不会落到阿尔忒弥斯·基都阿斯(Artemis Kindyas)的雕像上,尽管它位于户外,伊阿苏斯城的阿尔忒弥斯·阿斯提亚斯(Artemis Astias)也是如此。甚至有些史家记述过这个传说。但是,在我这部作品中,我一直反对和厌恶史家记载这些说法。

我认为,相信那些不仅超越可能性的界限,而且超越可能性的东西,是一种相当幼稚的头脑简单的表现。例如,要是说某些坚硬的物体放在太阳底下却没有影子,这是智力迟钝的表现。忒奥庞姆普斯就曾告诉我们,进入阿卡狄亚的宙斯神庙的人没有影子。①关于巴古里亚和伊阿苏斯的雕像的说法同样如此。若是记载这类说法意在维持普通人对诸神的虔敬,我们必须原谅那些叙述此类传说和故事的作家,但是,我们绝不容忍一些作家超出这一目标。当然,很难在所有事务上划出界限,但是必须划出界限。因此,在我看来,我们应该原谅小错误、小谬见。但是,对于在这个方面越界的陈述,我们应该毫不妥协地反对。

二、希腊事务

纳比斯入侵墨瑟尼亚

[13]我已经叙述过斯巴达僭主纳比斯在伯罗奔半岛的政策,

---

① [英译注]关于这个故事的细节,参泡萨尼阿斯,8.38.6。

以及他如何放逐自由人，如何释放奴隶，让他们与主人的妻子和女儿结婚，如何向那些由于渎神和邪恶而被祖邦驱逐之徒宣传他可为他们提供强有力的、不受侵犯的庇护，从而在斯巴达聚集一批无耻之徒。接下来我将叙述，当时埃托利亚人、厄利斯人、墨瑟尼亚人和拉克岱蒙人结盟。[1] 各方通过宣誓和签订条约，承诺只要他们有谁受到攻击，其他人必须施加援助。但是，纳比斯根本不把这些神圣义务放在心上，转头就图谋背叛墨瑟尼亚。

对史家芝诺和安提斯忒涅的批评

[14] 一些史家已经叙述过包含纳比斯入侵墨瑟尼亚和我刚刚叙述的海战在内的这一时期的历史，我想对他们提出简短批评。不过，我不会批评所有叙述这一时期的史家，而是只批评我认为值得提及和详细审查的人。基于种种理由，我认为罗德岛人芝诺（Zeno）和安提斯忒涅斯（Antisthenes）值得注意。[2] 第一，他们二人是他们所叙述的事件的同时代人；第二，他们参与政治活动；第三，总体而言，他们写史书不是想获利，而是想赢得名声和尽政治家的职责。最重要的是，既然我和他们叙述同一批事件，我就不能避而不提他们，以免由于他们是罗德岛人以及罗德岛人有熟悉海军事务之名，当我的叙述和他们的叙述不同时，读者可能倾向于相信他们的叙述而非我的叙述。

芝诺和安提斯忒涅斯宣称，拉德海战不仅在重要性上不亚于希俄斯海战，而且战斗更猛烈、更危险。他俩还一致认为，不管

---

[1] 第一次马其顿战争后（结束于公元前206年），在埃托利亚人主导下，四方结成同盟。纳比斯入侵墨瑟尼亚发生于公元前201年。

[2] [英译注] 狄俄多儒斯（5.56.7）简要提到过史家芝诺，第欧根尼·拉尔修也提到过（7.35）。芝诺的史书名叫《编年史》，叙述罗德岛早期的历史和作者同时代的历史。第欧根尼·拉尔修也提到过安提斯忒涅斯，称他是罗德岛的一名史家，其作品可能叙述的是公元前3世纪后半期的历史。

是战斗中单打独斗，还是最后的结果，胜利都属于罗德岛人。我承认史家们对他们的祖国应有所偏袒，但是，他们不应捏造与事实相反的说法。无疑，我们史家会犯很多错误，并且作为凡人，我们很难避免犯错误。但是，如果我们为国家的利益或朋友的利益或别人的利益，故意捏造事实，那我们和那些靠卖字为生的人有啥区别？就如后一类人以钱衡量一切，他们的作品相当不可靠，政治家受自己的喜好左右，也常常导致同样的结果。因此，我想补充一点，读者应仔细辨认这类错误，作者也要警惕这类错误。

[15] 下面这个例子会证实我的所言。芝诺和安提斯忒涅斯坦陈，拉德海战中各战场的结果如下。罗德岛的两艘五列桨战舰及舰上全部人员落入敌人之手。一艘受到撞击、即将沉没的战舰升起应急桅杆（jury mast），它附近的战舰随即效仿，撤往开阔海面。面对这一形势，身边只剩少数战舰的海军将领也被迫后撤。整支舰队撤出战场后，受逆风驱使，抵达明多斯海岸停靠，第二天才继续上路，前往科斯岛。与此同时，敌人舰队俘获那两艘五列桨战舰，停泊在拉德岛，在他们营地附近过夜。

芝诺和安提斯忒涅斯还说，米利都人对海战的结果震惊不已，不仅因马其顿人出色的攻击授予腓力五世一顶王冠，而且还授予赫拉克莱德斯[①]一顶。告诉我们这些信息后——这些信息显然是战斗失败的表征，他们俩宣称，不管是海战中的单打独斗还是整场战斗，都是罗德岛人获胜，丝毫不顾下述事实：那场海战的罗德岛海军将领在战斗一结束立即遣使向罗德岛元老院和主席团通报战果——那份战报现在仍保存在罗德岛主席团大厅，战报根本没有证实芝诺和安提斯忒涅斯的说法，反倒证明我的叙述正确。

[16] 其次，芝诺和安提斯忒涅斯谈论过对墨瑟尼亚背信弃义的攻击。芝诺告诉我们，纳比斯率军从拉克岱蒙出发，在霍普利特斯（Hoplites）附近渡过攸洛塔斯河，沿着避开珀里阿西翁的

---

① 关于此人，参13.4。

窄道行军，抵达塞拉西亚区，然后经塔拉玛，① 抵达法莱② 城下的帕米苏斯（Pamisus）河。对这段叙述，我真不知该说什么，因为这段叙述的特征整体上类似于，有人说，一个人从科林多出发，渡过科林多地峡，抵达斯克罗尼克巨岩（Scironic Rock）后，立即进入康托珀里亚（Contoporia），经迈锡尼（Mycenae）前往阿尔哥斯。这可不是一个小错误，上述的地点南辕北辙，地峡和斯克罗尼克巨岩位于科林多东面，康托珀里亚和迈锡尼则位于科林多西南方向，所以要到后者那里去，绝无可能要经过前者。拉科尼亚的地理也是如此。攸洛塔斯河与塞拉西亚位于斯巴达东北方向，而塔拉玛、法莱和帕米苏斯河位于斯巴达西南方向。所以，若有人打算从斯巴达经塔拉玛到墨瑟尼亚去，他不仅不需要到塞拉西亚去，而且根本不必渡过攸洛塔斯河。

［17］此外，芝诺说，纳比斯从墨瑟尼亚返程时，经通向泰格亚的那座城门离开墨瑟尼亚。这简直是无稽之谈，因为墨瑟尼亚和泰格亚之间坐落着迈加洛波利斯，所以墨瑟尼亚不可能有哪座城门可被称作通向泰格亚的城门。不过，墨瑟尼亚的确有一座泰格亚门，纳比斯也的确是从泰格亚门撤退，芝诺被这个名字所诓，以为泰格亚与墨瑟尼亚相邻。事实并非如此，墨瑟尼亚和泰格亚之间横亘着拉科尼亚和迈加洛波利斯。

最后，芝诺还告诉我们，阿尔菲斯（Alpheius）河在其源头处流入地下，在地下流经很长一段距离后，又在阿卡狄亚附近的吕康亚（Lycoa）流出地面。实情是，该河从源头起流经地下的距离并不长，仅10斯塔德，之后在迈加洛波利斯地界流出地面，水流起初很小，最后逐渐变大，流经迈加洛波利斯全境，长度大约有200斯塔德，之后抵达吕康亚，在那里因为卢西乌斯（Lusius）

---

① 位于墨瑟尼亚湾。
② 即今墨瑟尼亚湾的卡拉马塔城。该城是墨瑟尼亚的城市，阿凯亚也有一座同名城市。

河汇入,整条河变得水流湍急,很难徒涉。

不过,我提到的上述错误需要一些解释。一些归因于无知,涉及战斗的错误归因于爱国情感。那我们是否有更正当的理由指责芝诺?有!大多数情况下,他不重视探究事实和恰切辨析材料,而是注重风格的优雅。就像其他著名作家一样,他常表现出对他的风格引以为傲的态度。在我看来,我们的确应注重叙述史实的恰切方式,显然这并非微不足道之事,反而对一部史书的价值影响极大。但是,我不认为头脑清醒的史家应把这视作首要目标。我认为,对一位曾参与实际政治事务的史家而言,应有其他令他引以为傲的卓越之处。

[18]我将通过下述事例表明我的所指。芝诺在叙述加沙围城战、安提俄库斯三世和斯科帕斯在科勒叙利亚的帕尼昂(Panium)①的战斗时,明显对风格煞费苦心,以致他夸张的语言一点也不比那些意在煽动群氓而创作的慷慨陈词高明。他很少关心事实是否准确,以至他的鲁莽和缺乏经验无人可比。首先,描述斯科帕斯的战阵时,他告诉我们,重装方阵及少数骑兵位于右翼的山丘,左翼的全部骑兵为此目的位于平地上。芝诺说,安提俄库斯三世在那天破晓就派其长子安提俄库斯(Antiochus)②率一部分军队占据可扼守敌人的山丘。天亮后,安提俄库斯三世率剩余部队渡过河流——对战双方的营地原本位于该河两岸,在平地上列阵:重装方阵针对敌人战阵中央,部分骑兵位于方阵左翼,部分骑兵位于右翼,右翼的骑兵包含其幼子安提俄库斯指挥的重装骑兵。

芝诺接下来告诉我们,安提俄库斯三世在方阵前部署战象和安提帕特(Antipater)③率领的塔伦托兵,每头战象之间穿插部署

---

① 位于约旦河源头附近,加沙以北。在这次战役中,斯科帕斯被塞琉古王朝击败。此次战役发生于公元前200年。

② 出生于公元前220年,从公元前209年起与父亲共治,逝世于公元前193年。

③ 王室成员,参5.79。

弓箭手和投枪兵，安提俄库斯三世本人率领他的骑兵和步兵卫队位于战象后面。这就是芝诺描述的双方排兵布阵的情况，但是他接下来告诉我们，国王幼子安提俄库斯指挥重装骑兵正对敌人左翼，从山丘发动冲锋，打垮并追击埃洛普斯（Aeropus）之子托勒密麾下骑兵——他指挥的骑兵由埃托利亚人组成，位于己方战阵左翼。双方方阵相遇，进行顽强的战斗。芝诺在如此叙述时，完全忘记两军方阵此时根本不可能交战，因为它们前面还有战象、骑兵和轻步兵部队。

［19］他接下来又说，安提俄库斯三世的方阵证明其战斗力低下，受到埃托利亚人压制，缓慢后撤，不过战象在帮助方阵撤退和攻击敌人方面贡献极大。从芝诺的叙述很难搞清楚，位于后面的方阵是如何前出交战，以及战象如何施加了帮助。一旦两军方阵相遇，战象根本不可能区分它们遇到的是敌人还是己方士兵。此外，芝诺说埃托利亚骑兵被赶出战场，因为他们看到战象时惊慌失措。但是，既然如他所说，右翼的骑兵岿然不动，而左翼的骑兵已经被安提俄库斯三世幼子安提俄库斯击败和驱散，那么，是哪一部分骑兵受到敌人战象的惊吓，当时安提俄库斯三世位于何处，他统率的最精锐的王家骑兵和步兵卫队发挥了何种作用？芝诺什么也没告诉我们！再者，安提俄库斯三世长子率军在战斗之初控制着可俯瞰敌人的要点，此刻又位于战场何处？依照芝诺的说法，这位年轻人在战役结束后没有返回营地。他当然不可能返回营地：芝诺以为安提俄库斯三世的两个儿子都参与此战，实际上只有一个儿子参战。

再者，芝诺能解释斯科帕斯为何既首先撤离战场，又最后撤离战场吗？他告诉我们，斯科帕斯看到安提俄库斯三世幼子从追击中返回，转而从后面威胁己方方阵，遂对获胜感到绝望而向后撤离。但是此后，激烈的战斗开始，己方方阵被敌方战象和骑兵包围，斯科帕斯遂成为最后撤离战场的人。

［20］在我看来，作家们应对上述荒谬的错误感到羞耻。作

家们应努力成为史学各项技艺的大师,这样做才好;但是,如果做不到,他们应努力掌握最必要、最重要的那部分技艺。

之所以给出这些评述,是因为我看到当今,就如在其他技艺和行当中,真实之物和真正有益之作总是遭到忽视,而做作的、华而不实之作受到追捧,仿佛那是伟大且美好之作。实际上这类作品就像所有其他文字作品一样,不仅制造起来容易,赢得的喝彩也廉价得多。

至于芝诺关于拉科尼亚地理的说法中的错误是如此显眼,以至我毫不犹豫地写信告诉他。这是因为我不像一些作家,我认为把他人的错误看成自己的美德是不对的。在我看来,为了普遍的益处,我们不仅应该尽力找出并改正自己作品中的错误,而且应该找出并改正其他作家的错误。芝诺收到我的信后,由于清楚已不可能改正错误——因为他那时已出版他的著作,所以非常苦恼,但仍然非常大度地接纳我的批评。我也请求我的同时代读者和未来世代的读者,阅读我的这部作品时,如果发现我叙述有误或故意忽视真实,请无情地谴责我;如果我的错误是源于无知,请原谅我;若是考虑到这部作品篇幅之大、涵盖的事件之多,就更应该原谅我。

三、埃及事务

特勒庞勒莫斯的品性

[21] 特勒庞勒莫斯[①]是埃及宫廷的首脑,当时还很年轻,一直过着沉迷于炫耀的军人生活。他生性浮躁,爱好出名。总体而言,他在治理国家方面既有不少优秀品质,也有很多坏品质。在行军打仗方面,他也颇有能力,天生擅长与士兵打交道。但是,

---

① 阿加托克勒斯倒台后,特勒庞勒莫斯从培琉喜阿姆抵达亚历山大里亚,成为宫廷的实际控制人。

在处理复杂的政策问题——这要求机敏和节制——和财政开销的问题以及一般而言所有与财政有关的事务时，他的才能差劲至极。所以，他不仅很快失败，而且大大削弱这个王国的实力。管理王国财政时，他把一天的大部分时间都花在与年轻人拳击和击剑比赛上。完成这些活动后，他又立即邀请他们饮宴，以这种方式和伙伴们度过生命中的大部分时光。

在一天中的固定时间，他会向客人发放钱财。非要说真话的话，更准确的应该是，他会向来自希腊的使节、酒神演员和在宫廷当值的将军和士兵分发王室资金。①他实在无法控制自己，只要有人讨他欢心，他立即就会赏赐他认为合适数额的钱。所以，邪恶就这样不断生长和繁殖。每个意外得到赏赐的人，为了已得到的赏赐和未来能再次得到赏赐，都会再三向他表达感谢。特勒庞勒莫斯听到大家对他的这些赞美，看到大家在饭桌上对他敬酒，又读到献给他的碑铭，听到乐师谱写的歌颂他的曲子在亚历山大里亚吟唱，于是变得非常虚荣，一天比一天自负，赏赐外邦人和士兵礼物时也愈来愈阔绰。

[22] 所有这些让其他大臣非常不满。他们不赞成他的一切行为，发现他的傲慢自大令人难以忍受。他们首先拿索西比俄斯与他比较，再拿他俩与小索西比俄斯比较，也因此愈发敬重后者。他们认为，小索西比俄斯在护卫国王方面，已显示出远超其年龄的智慧；在与外国使节交谈时，他的举止完全与他所受的委任相称，也就是与国王授予他的印章戒指相称。

这时，小索西比乌斯的兄长亦即索西比俄斯的长子托勒密从腓力五世的宫廷返回。甚至在他离开亚历山大里亚前，他就因其天性和父亲的影响一直很自负。抵达马其顿后，他结识那里宫廷的年轻人，认为马其顿人的男性气概就在于他们的服装和鞋子的高雅。他带着对这些东西的钦佩回到埃及，认为自己由于到过马

---

① 这里的酒神演员是职业演员，在各大希腊节日上演出。

其顿，与马其顿人有过交往，所以是整个埃及唯一的男子汉，而全体亚历山大里亚人不过是奴隶和笨蛋。结果，他很快对特勒庞勒莫斯妒火中烧，不断故意引发摩擦。由于所有大臣都站在他这边，且特勒庞勒莫斯对政治事务和财政的管理更像是一个继承王位的人而非一个受委托治理国家的人，双方矛盾变得愈来愈尖锐。

当其他大臣由于挑剔和恶意而产生的敌对言论传到特勒庞勒莫斯的耳中时，他起初拒绝听，且非常蔑视它们。但是，后来有几次，他们在开会时竟敢谴责他对王国事务管理不善，指责他缺乏治国才能，他终于被激怒，于是召集了一次大臣内阁会议，亲自出席，扬言：他们秘密地、私下对他进行各种诬告，但他认为当着他们的面公开指控他们才算恰当。

说完之后，他从小索西比俄斯手中取走国王印章，将之据为己有。之后，他继续在所有事务上随心所欲。

四、叙利亚事务

评加沙人[1]

[22a] 在我看来，在此处见证加沙人的美德既公正又恰当。尽管在战争中，他们并不比其他科勒叙利亚人英勇，但是，在行动始终如一和坚守诚信方面，他们要优秀得多。简言之，他们展现出一种极富魅力的勇气。

例如，在波斯人入侵期间，其他城市皆被侵略者强大的武力吓倒，纷纷向波斯人投降，只有加沙人独自面对危险，最后屈服于敌人的围城。[2] 再如，亚历山大到来时，不仅其他城市已经投

---

① [英译注] 这是珀律比俄斯对安提俄库斯三世攻陷和洗劫加沙后的评述。

② [英译注] 公元前525年，波斯王冈比西斯的入侵，参希罗多德，《原史》，3.19。

降,就连推罗城也已被攻陷、其民众已被卖为奴隶。[1] 当时的形势是,对那些试图抵抗亚历山大的城市而言,几乎没有任何活命的希望,而加沙是那时叙利亚唯一敢于不惜一切代价抵抗亚历山大的城市。这一次他们的行动又是如此:为了坚守对托勒密王国的承诺,他们不惜采取一切可能的手段进行抵抗。因此,正如我们在著史时有责任称赞勇士们个人,我们也应该对那些遵从传统和原则、行事高贵的整个城市给予应有的赞扬。

五、意大利事务

斯基皮奥返回罗马及他的凯旋式

[23] 普布利乌斯·斯基皮奥在上述日期后不久从利比亚返回罗马。[2] 由于人们对他的热切期盼与他的伟大功业相符,迎接他的凯旋式规模空前,他在民众中的声望响彻云霄,而这是非常自然、合理和正当的。罗马民众从未奢望过把汉尼拔逐出意大利,从未奢望过摆脱威胁他们自己和亲人的危险,而现在毫无疑问,他们不仅摆脱一切恐惧和危险,而且已经战胜敌人,这给他们带来无止境的快乐。所以,当斯基皮奥以凯旋式进入罗马城时,游行队伍中的俘虏

---

[1] [英译注] 加沙抵抗亚历山大的围城达两个月之久,参阿里安,《亚历山大远征记》, 2.26–27。

[2] 斯基皮奥于公元前201年年末返回罗马,举行凯旋式。

这一年是汉高祖六年。十二月,有人告发楚王韩信谋反,高祖问左右群臣如何处置,群臣皆争着要去讨伐韩信。高祖采用陈平计谋,伪装巡游云梦,在陈县大会诸侯。韩信去迎接,被高祖趁机逮捕。田肯以秦、齐为天下地理优越之地劝说高祖,需派亲子弟为齐王。十多天之后,高祖封韩信为淮阴侯,将韩信原来的封地分作两国,淮东封给刘贾,淮西封给高祖之弟刘交,立其子刘肥为齐王。又把韩王信从阳翟改封到太原,以防备匈奴,韩王信上书将自己的都城改封到马邑(今山西朔州城区)。参《史记·高祖本纪》,前揭,页382–384。

又声情并茂地提醒他们以前遭受的种种危险。民众热烈地表达对诸神的感激、对斯基皮奥的热爱，因为正是他带来如此巨大的颠转。

凯旋式中被领着游行罗马城的俘虏中，为首的是桑法克斯，他是马塞西力人的王，不久死于狱中。凯旋式结束后，罗马民众继续举行竞赛和庆典，所需费用皆出自斯基皮奥的慷慨赏赐。

六、马其顿和希腊事务

腓力五世在卡里亚

[24] 普布利乌斯·苏尔比基乌斯当选罗马执政官的那个冬季，[1]腓力五世仍待在巴古里亚。[2] 看到罗德岛人和阿塔罗斯一世不仅没

---

[1] 公元前201年冬，普布利乌斯·苏尔比基乌斯当选公元前200年度执政官，这是第二次当选，第一次是公元前211年。

公元前200年是汉高祖七年。匈奴冒顿单于将韩王信包围在马邑（今山西朔州城区），韩王信遂与匈奴联合谋反，攻打太原。高祖闻之，亲自率军前去讨伐，在铜鞮（今山西沁县）击败韩王信，韩王信投奔匈奴。韩王信的部将白土县（属上郡，今陕西神木）人曼丘臣、王黄立原来赵国的将领赵利为王，收集韩王信被击败逃散的军队，联合韩王信与匈奴继续叛乱。匈奴冒顿单于派左右贤王带领一万多骑兵和王黄等人驻扎广武（今山西代县西南），然后南攻太原。高祖率军与叛军交战于太原，大败之，追击至离石（今山西吕梁离石），再次大败之。匈奴在楼烦（今山西娄烦县）西北集结兵力，又被汉骑兵击溃。高祖在晋阳听说匈奴驻兵于代谷（今山西繁峙县至原平一带），派人侦察冒顿虚实。冒顿故意隐藏精兵，高祖于是认为匈奴不足惧，举兵北进。高祖率轻骑先抵达平城（今山西大同），汉军主力尚未完全抵达。高祖于是被匈奴围困于平城白登山。此时正值隆冬季节，风雪交加，汉军士兵被冻掉手指头的就有十之二、三。高祖被围白登七日，采纳陈平计策，方脱离包围，经赵地、洛阳返回长安，封兄长刘仲为代王。这是汉匈第一次战争，也是匈奴问题首次登上汉朝的政治舞台。参《史记·高祖本纪》，前揭，页388-399。

[2] 公元前201年秋，腓力五世被敌人封锁在巴古里亚。

有解散舰队，反而进一步装备战舰，更加认真地维持驻军，腓力五世感到处境窘迫，由于许多原因而对未来担忧不已。首先，他对从巴古里亚起航很恐惧，因为那样势必需要与敌人进行一次海战；其次，由于担心埃托利亚人和罗马人，他对马其顿国内的事务不是很放心，所以不想待在亚洲过冬。他已经获悉，埃托利亚人已派使节前往罗马商讨联合对他开战，毕竟罗马在利比亚的战争已经结束。所有这些让他极其不安，而眼下他又不得不待在巴古里亚，过着俗语所谓的狼的生活。

由于他的大军缺乏粮食，他不得不要么靠抢夺和劫掠，要么威胁他人，有时还需卑躬屈膝乞求。即使这样，他也偶尔才能吃到肉，有时只能吃无花果，有时则只有少量小麦。宙克西斯会给他提供部分食物，其他食物则需要从穆拉萨（Mylasa）人、阿拉班达（Alabanda）人、马格尼西亚人那里获得。不管他们主动给他什么食物，他都会感激一番。如果他们不给，他又要对他们咆哮，策划对付他们的阴谋。最后，他谋划让菲洛克勒斯（Philocles）将穆拉萨城出卖给他，但是，他因执行计划时太过愚蠢而失败。至于阿拉班达人的土地，他以需要为大军搜集食物为由，将之蹂躏摧毁，仿佛那是敌人的土地。

珀律比俄斯在其史书卷十六告诉我们，珀尔修斯之父腓力五世在亚洲征战时，由于大军粮食匮乏，从马格尼西亚人那里得到无花果，因为后者不种植谷物。作为回报，腓力五世把米奥斯（Myus）城送给马格尼西亚人。（雅典奈乌斯，3.78e-f）

阿塔罗斯一世在雅典

[25] 雅典人遣使阿塔罗斯一世，为已发生的事向他表达感激，并邀请他到雅典商讨局势。这位国王几天后获悉一个罗马使团已经抵达比雷埃夫斯港，认为有必要与罗马人会面，遂立即乘船出发。雅典人获悉他即将抵达，为了使欢迎仪式和款待配得上

这位国王，拨用一笔巨款。阿塔罗斯一世抵达比雷埃夫斯港的第一天，就去拜访罗马使节，非常高兴地发现罗马人还记得他过去与罗马的联合行动。同时，罗马人准备向腓力五世开战。

第二天，阿塔罗斯一世由罗马使节和雅典执政官陪同，率领浩浩荡荡的人马前往雅典。不仅所有官员和骑士都赶来迎接他，而且所有公民及其家人也走到街上一睹其风采。双方会面后的盛况足以证明雅典民众对罗马人的感情，尤其是对阿塔罗斯一世的强烈喜爱无人能及。他进入狄弗隆（Diphlon）门，①街道两侧是一排男女祭司。之后，雅典人打开所有神庙的大门，将牺牲带到祭坛前，恳求阿塔罗斯一世主持献祭。最后，他们授予阿塔罗斯一世多项荣誉，而他们此前从未心甘情愿对其他恩主这样做过。除其他种种荣誉外，雅典人以阿塔罗斯的名字把他们的一个部族命名为阿塔里斯（Attalis），又把阿塔罗斯的名字列入英雄名录——雅典各部族正是用那些英雄之名命名。

[26] 之后，雅典人召开公民大会，邀请阿塔罗斯一世出席。但是，他请求雅典人谅解他无法出席。他说，他如果出席公民大会，亲自历数他施予雅典人的种种恩惠，会显得很粗俗，雅典人也就不再坚持。雅典人转而请求他就眼下局势如何行动更明智向公民大会写一封信。阿塔罗斯一世同意，信写好后，在公民大会上宣读。那封信的要点如下。

第一，他提醒雅典人他此前施予他们多种恩惠；第二，他回顾了当下危机中对腓力五世采取的种种行动；第三，他恳求雅典人参加这场针对腓力五世的战争，并向他们宣誓保证：如果雅典人现在不立即宣布，他们愿同罗马人、罗德岛人和他本人一样以腓力五世为敌，而是错过眼下这个机会，寄希望于分享别人辛苦得到的和平，他们将得不到符合他们国家利益的东西。这封信被宣读后，雅典民众出于信的内容和对阿塔罗斯一世的喜爱，倾向

---

① 从比雷埃夫斯港进入雅典城的城门之一。

于参战。接下来，罗德岛代表上前，就同样的目的进行长篇大论。雅典人最后决定对腓力五世开战。他们还为罗德岛代表准备盛大的欢迎式，授予后者一顶称赞其勇敢的冠冕，还授予所有罗德岛人完整的雅典公民权，以报答罗德岛人归还在海战中俘获的雅典战舰和俘虏。罗德岛代表完成这项任务后，率舰队返回喀俄斯（Ceos）岛，警戒诸群岛。

罗马和腓力五世

[27] 罗马使节在雅典逗留期间，腓力五世的将军尼卡诺尔（Nicanor）率军蹂躏直达阿卡德米的阿提卡地区。面对这一形势，罗马使节首先派一个传令官去见尼卡诺尔，要求他告诉腓力五世，罗马人要求腓力五世不得攻打希腊城邦。同时，他们如一个公正的法庭会裁断的那样，要求他为对阿塔罗斯一世造成的伤害进行赔偿。如果腓力五世这样做，那他兴许能与罗马保持和平，但是，如果他拒绝接受上述要求，结果将是战争。尼卡诺尔听过之后离开。

罗马人已在菲尼卡向伊庇鲁斯人传达同样的内容，然后沿着海岸航行到阿塔马尼亚，对其国王阿明纳德罗（Amynander）宣布过同样的内容。[①] 他们也已分别到瑙帕克图斯和埃吉翁通知埃托利亚人和阿凯亚人。尼卡诺尔对腓力五世转达上述声明后，罗马使节又去见安提俄库斯三世和托勒密五世，以让两位国王结束战争，[②] 实现和平。

[28] 在我看来，虽然在许多情况下，人们大都开局良好，且进取精神和事业的发展齐头并进，但是，能成功实现计划，甚至当机运不利时，也能用理性来弥补热情之不足，从而实现最终

---

① 参 2.5。
② 结束第五次科勒叙利亚战争。

计划的人，寥寥无几。因此，面对眼下形势，我们有理由谴责阿塔罗斯一世和罗德岛人的怠慢与疏忽，称赞腓力五世真正富有王气的行动，即他的豪迈和对目标的坚定。这当然不是从整体上称赞他的品格，而是称赞他已做好准备应对当前形势。我之所以如此评论，是为了避免有人认为我自相矛盾，毕竟我刚刚才赞美过阿塔罗斯一世和罗德岛人，谴责过腓力五世，现在又反过来，赞美后者，批评前者。

正是基于这个原因，我在这部作品开头就提出一条原则：时而称赞、时而谴责同一个人是必要的，因为形势向坏或向好转变时，会改变人们的决心；此外，人的天性有时会驱使他们去做该做的事或不该做的事。这些事在腓力五世身上都发生过。由于对近来的损失感到恼怒，又受愤怒驱使，腓力五世以疯狂的、几乎受到神所激发的精神重新适应形势，凭借这些手段恢复与罗德岛人和阿塔罗斯一世的战斗，并取得随之而来的胜利。我之所以禁不住给出上述评论，是因为有些人就像差劲的田径选手，竟在接近终点时泄气，而其他选手正是在这个时刻战胜对手。

[29.1–2] 腓力五世希望切断罗马人在这些地方的资源和跳板。

如果他未来打算再次渡海到亚洲，他就可以拿阿拜多斯①作跳板。

阿拜多斯围城战

[29.3–14] 在我看来，事无巨细地描述阿拜多斯和塞斯图斯的位置以及两城的独特优势，毫无必要，因为它们的位置非常独特，凡是稍有智慧的人都对它们知晓一二。不过，我认为，就我眼下的目的而言，向读者概述两城的位置，以使他们把注意力集中于它们的地理位置，还是有些益处。人们对两城的认识与其说来自

---

① 位于赫勒斯滂海峡亚洲一侧，是当年薛西斯入侵希腊时的桥头堡。

对它们实际地形的研究，不如说来自对我即将引证的比较的思考。若是不经赫拉克勒斯之柱那里的海峡就不可能乘船从大西洋——一些人称之为大洋，另一些人称之为大西洋——进入我们的海域。同样，若是不经塞斯图斯和阿拜多斯之间的海峡，也不可能乘船从我们的海域进入黑海和普罗庞提斯海。仿佛机运以某种比例打造了这两个海峡，赫拉克勒斯之柱处的海峡要比赫勒斯滂海峡宽很多，前者宽60斯塔德，后者在阿拜多斯处仅宽2斯塔德[①]，仿佛机运如此设计两处的宽度是因为大西洋要比我们的海大很多倍。

不过，阿拜多斯正好位于赫勒斯滂海峡的入口处，那里的地形优势要比赫拉克勒斯之柱处的海峡的入口优越很多。在阿拜多斯入口处，两侧皆是人烟稠密的地区。它扼守两岸居民的往来通道，因而某种程度上类似一个大门。有时，那些打算徒步从一个大陆到另一个大陆的人会在这里架桥；在其他时候，人们则是乘船往来两岸。但是，由于住在两岸的民族缺乏交往，以及我们对大西洋缺乏知识，很少有人把赫拉克勒斯之柱处的海峡作为往来大西洋和我们的海域或欧洲和利比亚之间的通道。阿拜多斯城位于凸向欧洲的两个海角之间，有一个可抵御所有风暴的港口。由于海峡水流湍急，船只若是不进入那个港口，就不可能在阿拜多斯城停靠。

［30］腓力五世在港口入口处打下众多木桩，绕城挖掘一条壕沟，从海上和陆上发动对阿拜多斯的围攻。这次围城战之所以闻名遐迩，并非由于围城工事多么宏大或运用的手段多么繁杂——指围城者和被围者为挫败对方常常使用的种种诡计和阴谋，而是由于被围者展示出的高贵和极度英勇的精神。正是这一点使这场围城战尤其值得铭记，并传诵给后代。

首先，阿拜多斯人以旺盛的士气勇敢抵抗腓力五世精心设计的攻击，用石弩击毁腓力五世经海上运来的部分攻城机械，用大

---

① 实际宽约10斯塔德，约1950米。

火摧毁另一些机械,从而使得敌人艰难地把战舰从危险区撤走。其次,对于腓力五世在陆上的攻城行动,阿拜多斯人怀揣着战胜敌人的希望进行英勇抵抗。但是,外城墙被敌人挖塌后,马其顿人挖的地道又接近他们修建的用来取代外城墙的内城墙。他们最后任命伊菲阿德斯(Iphiades)和潘塔哥诺图斯(Pantagnotus)为使者,同意腓力五世占据该城,条件是腓力五世须同意,让阿塔罗斯一世和罗德岛人派来的援兵在停战谈判期间离开阿拜多斯,且所有自由民可背着衣物逃往他们想去的地方。但是,腓力五世要求阿拜多斯人要么无条件投降,要么勇敢战斗,两位使节只能返回。

[31] 阿拜多斯民众得知腓力五世的答复后,以孤注一掷的决心召集公民大会,商讨眼下局势。他们做出下述决议:第一,释放所有奴隶,这样就使奴隶们没有借口拒绝协助他们保卫城市;第二,把所有妇女集中到阿尔忒弥斯神庙,将所有孩子及其保姆集中到体育馆;第三,将全部金银集中在市场上,将所有珍贵的服装放在罗德岛的四列桨和库基克尼亚人的三列桨战舰上。做出上述决议后,所有公民一致同意执行法令。然后召集另一次会议,他们挑出50名上了年纪、最受信任的、有足够体力执行决议的人,让他们当着全体公民发誓,只要看到内城墙被敌人攻占,就立即杀死所有女人和孩子,纵火烧毁我刚提到的战舰,把金银和他们的诅咒扔入大海。之后,他们把所有祭司召集起来,要求后者发誓,要么击败敌人,要么为国战死。最后,他们宰杀牺牲,逼着男女祭司对着燃烧的牺牲内脏诅咒那些违背誓言的人。做好这些准备后,他们停止针对敌人反挖地道,决定一旦内城墙被敌人推倒,就在废墟上与敌战斗,直至战死。

[32] 所有这些会使人认为,阿拜多斯人决绝的勇气甚至超过佛基斯人著名的决绝和阿卡纳尼亚人无情的果决。据说,当年佛基斯人就他们的家庭也做出同样的决定。他们当时即将与忒萨利人进行一场公开野战,尚未完全放弃获胜的希望;阿卡纳尼亚

人预见到他们将遭到埃托利亚人的攻击,亦做出类似决断。我在此书前面已经提到过这两个事例。但是,阿拜多斯人则是在已经被包围、没有获胜的希望的形势下,毅然决然选择赴死,带着妻儿与敌人同归于尽,而非选择生活在家人会落入敌人之手的恐惧之中。

因此,在阿拜多斯人的事例中,人们会生发出对机运($τῇ$ $τύχῃ$)的强烈谴责。机运好似出于怜悯一般,为那些陷于绝境的民族带来胜利和安全以补偿他们的磨难,但是它对待阿拜多斯人则完全相反。阿拜多斯人的结局是:男人们战死,城市被攻占,孩子和他们的母亲们落入敌手。

[33] 内城墙被敌人攻破后,守军遵照誓言爬到废墟上继续勇敢战斗,以至腓力五世尽管一批接一批派出士兵,在傍晚时分仍没有攻入城内。他于是下令停止进攻,几近放弃谋求胜利的想法。最前面的阿拜多斯人爬上敌人的尸堆、带着置之死地的决绝继续战斗,不仅用剑和矛凶狠杀敌,而且当刀刃变钝,无法再杀伤敌人,或武器跌落时,他们就会用手抓住马其顿士兵,身着铠甲把敌人推翻在地,然后折断长矛,用长矛的残片反复刺和击打敌人,或者击打敌人脸部,或者击打敌人没有铠甲保护的部位,让敌人陷入彻底混乱。黑夜降临后,战斗停止,大部分守军战死在城墙废墟上,幸存的人则因伤口和疲劳而筋疲力尽。

这时,格劳西德斯(Glaucides)和忒奥格涅图斯(Theognetus)为了个人性命,决定牺牲公民决绝奋战中全部卓越的、令人钦佩的精神。他们召集部分老年公民开会,决定让女人和孩子活下去。第二天天一亮,他们派男女祭司手持求和橄榄枝去见腓力五世,交出阿拜多斯城,求他饶恕。

[34] 阿塔罗斯一世获悉阿拜多斯被围时,渡过爱琴海抵达忒涅多斯(Tenedos)岛,罗马使团最年轻的成员马尔库斯·埃米里乌斯(Marcus Aemilius)也从海上抵达阿拜多斯。罗马使团在

罗德岛获悉阿拜多斯被围，想亲自与腓力五世交涉，遂推迟出使其他王国，先派马尔库斯·埃米里乌斯去见腓力五世。双方在阿拜多斯附近会谈。马尔库斯·埃米里乌斯告诉腓力五世，元老院已经通过一项法令，请求他既不要对任何希腊城邦开战，也不要染指托勒密王国的任何领土。腓力五世还需为他此前对阿塔罗斯一世和罗德岛人的伤害作出赔偿。如果他这样做，罗马会与他保持和平；如果他拒绝立即接受这些条件，他将发现自己与罗马处于战争状态。

当腓力五世想证明罗德岛人是侵略者时，马尔库斯·埃米里乌斯打断他，问道："那雅典人呢？西阿尼亚人（Cianians）呢？眼下的阿拜多斯人呢？难道是他们首先攻击你的？"腓力五世吃了一惊，说他基于下述三个理由会原谅马尔库斯·埃米里乌斯说话如此傲慢。第一，马尔库斯·埃米里乌斯很年轻，毫无政治经验；第二，他是那个时代最俊美的人，这倒是事实；第三，他是一名罗马人。腓力五世说道："我对罗马人的首要要求是，不要违反我们之间的条约[①]向我开战，但是，如果罗马人这样做，我们将英勇迎战，愿诸神届时帮助我们。"

说完这些话后，双方分道扬镳。腓力五世占据阿拜多斯后，发现所有有价值的财物都被阿拜多斯人堆在一起，等着他去占有。但是，当他看到那些携妻带子自杀的人非常多以及他们的愤怒——要么割断脖子、要么自焚、要么上吊、要么投井、要么从高处跳下摔死——他非常震惊，非常痛苦，因而宣布他将给那些想自杀的人留出三天时间。阿拜多斯人坚持原先的决绝，认为他们自己活下去对那些已经为国战死的人来说近乎背叛，所以绝不愿苟活。除那些手被镣铐或类似强制措施困住的人，其他人则立即跑回家，全体自尽。

[35]阿拜多斯陷落后，阿凯亚联盟的一个使团抵达罗德岛，

---

① 双方于公元前205年在菲尼卡签订的和约。

恳求罗德岛人与腓力五世签订和约。但是，阿凯亚联盟使团走后，罗马使节上前，要求罗德岛人不要撇开罗马人单独与腓力五世媾和。① 罗德岛人于是决定与罗马人共进退，旨在维持与罗马人的友谊。

斐洛珀门征伐纳比斯

[36] 斐洛珀门计算好阿凯亚各城的距离以及它们的部队经同一条路抵达泰格亚的距离后，写信给各城，方式是首先把信送往距离最远的城市。他如此安排的意图是，每个城市不仅能收到本城的信，而且能收到同一条路线上其他城市的信。在写给距离最远的诸城的指挥官②的信中，他写道：

> 接到此信后，你需立即让全体适龄军人全副武装，在市场集结，并携带足够5天的补给和钱。等城内所有适龄军人集结后，你需立即率领他们前往下一座城市，抵达那里后，把信交予那里的指挥官，并遵照信中指示行动。

交给第二座城的信与交予第一座城的信内容完全相同，只不过信的抬头不同。这个程序一个接一个城市进行，取得的效果如下：第一，不会有人知道如此进行战备的意图是什么；第二，绝不会有人明白他的部队最终将开向什么地方，只知道行军的下一个城市的名称。这样，同一条路线的各城部队逐渐聚集，会对整体战争计划好奇不已。由于各城市距离泰格亚各不相同，斐洛珀门并非同时把信送到它们那里，而是依照距离的远近而有先后。

---

① 罗马使团之前派马尔库斯·埃米里乌斯去见腓力五世，所以阿凯亚联盟使团抵达罗德岛时，他们仍在此地。

② 每个城市皆有两位指挥官，分别指挥步兵和骑兵。

结果是，无论在泰格亚的部队，还是已经抵达那里的部队都不知道斐洛珀门的用意。所有阿凯亚部队全副武装，同时经泰格亚各城门进入该城。

［37］斐洛珀门如此大费周章设计的原因是，纳比斯已雇佣大量奸细和探子打探阿凯亚的军情。

阿凯亚大军抵达泰格亚的那天，斐洛珀门派他的精锐部队在夜里抵达塞拉西亚，命令他们第二天拂晓就发动对拉科尼亚的劫掠。如果届时纳比斯的雇佣兵出来保护乡野、阻挠劫掠，精锐部队则撤往斯康提塔斯（Scotitas），[①] 接受克里特人狄达斯卡隆达斯（Didascalondas）的指挥，此人深受斐洛珀门的信任，且已得到整个作战计划的全部指示。精锐部队随即信心满满地执行这一命令。

斐洛珀门命阿凯亚主力提早吃晚饭，然后率军从泰格亚出发，经彻夜急行军，于黎明时分抵达斯康提塔斯周边、位于泰格亚和斯巴达交界的一个地方设伏。位于佩勒涅的纳比斯雇佣兵通过其侦察兵获悉敌人入侵，依照其惯例立即出城攻击敌人。斐洛珀门的精锐部队依照先前指示，立即后撤，敌人则大胆且自信地紧追不舍。当他们抵达斐洛珀门设好的伏击地，阿凯亚人立即涌出，部分雇佣兵被杀，其他人被俘。

［38］腓力五世看到阿凯亚人对与罗马开战非常谨慎，遂想尽一切办法挑拨阿凯亚和罗马彼此敌对。

七、亚洲事务

［39］迈加洛波利斯的珀律比俄斯证实了这一点。他在其史书卷十六说："托勒密王国的将军斯科帕斯朝科勒叙利亚北部地区进发，在这年冬季毁灭犹太民族。"

---

① ［英译注］位于拉科尼亚和泰格亚之间的一处橡树林，此地有一座宙斯神庙。

"围城战进行得很糟糕,斯科帕斯名誉扫地,遭到猛烈攻击。"

珀律比俄斯在这一卷还说:"斯科帕斯被安提俄库斯三世击败后,后者占据巴塔奈(Batanea)、撒玛利亚(Samaria)、阿比拉(Abila)和加大拉(Gadara)诸城。不久后,住在耶路撒冷的犹太人向他投降。关于该城和宏伟的圣殿,我还有许多话要讲,不过暂时要搁一搁。"(约瑟夫斯,《犹太古史》12.3.3)

[40]珀律比俄斯在其史书卷十六说,巴布拉提翁(Babrantium)是紧靠希俄斯的一个地方。

珀律比俄斯在其史书卷十六说,吉塔(Gitta)是巴勒斯坦的一座城。

珀律比俄斯在其史书卷十六说,赫拉(Hella)是小亚细亚的一个地方,是阿塔罗斯一世的贸易中心。

珀律比俄斯在其史书卷十六说,因苏布雷人是意大利的一个民族。

珀律比俄斯在其史书卷十六说,坎达萨(Candasa)是卡里亚的一个地方。

珀律比俄斯在其史书卷十六说,迦太阿(Carthaea)是喀俄斯岛的四座城之一。

珀律比俄斯在其史书卷十六说,曼图亚(Mantua)是罗马人的一座城,其居民称曼图亚人。

第十七卷

（完全佚失）

第十八卷[①]

一、马其顿和希腊事务

弗拉米尼努斯和腓力五世

[1] 双方约定的会议时间即将到来,[②] 腓力五世乘坐一艘

[①] 第十七卷叙述公元前200年秋至前198年秋第二次马其顿战争中罗马与腓力五世的诸战役。依照李维,这个时期的战斗可分为三个部分:公元前200年至前199年,公元前199年秋至前198年春,公元前198年春至前198年秋,分别对应三位执政官——普布利乌斯·苏尔比基乌斯·加尔巴(公元前200年)、普布利乌斯·维利乌斯·塔普卢斯(公元前199年)和著名的提图斯·昆修斯·弗拉米尼努斯(公元前198年)。到公元前198年秋,腓力五世已退往坦佩山谷,罗马、埃托利亚、阿塔马尼亚联军进占忒萨利。此外,腓力五世已丢掉欧波亚大部、佛基斯和洛克里斯,伊庇鲁斯也于这年10月倒戈罗马,阿凯亚联盟也倒向罗马,于是决定与弗拉米尼努斯和谈。

[②] 公元前198年11月,双方在马里亚湾的尼凯亚城会面。

公元前198年是汉高祖九年。八年(公元前199年),匈奴劫掠代国,代王刘仲逃回,高祖改立其子刘如意为代王。高祖率军到东垣(今河北石家庄境内)讨伐韩王信的余寇。前一年,高祖从平城返回长安路过赵地时,辱骂赵王张敖,赵相国贯高等阴谋刺杀高祖。今年,高祖率军过赵都,没有停留,躲过刺杀。汉高祖九年,贯高欲谋刺高祖的事被发觉,高祖灭其三族,废赵王张敖,改立刘如意为赵王。这一年,楚国贵族昭氏、屈氏、景氏、怀氏、齐国贵族田氏被迁移到关中居住。参《史记·高祖本纪》,前揭,页385-386。

舰艏如喙的大舰以及五艘划桨帆船从德米特里港抵达马里亚湾。与他同行的有马其顿人阿波罗多洛斯（Apollodorus）和德摩斯忒涅斯（Demosthenes）——二人是他的内阁大臣，还有波俄提亚人布拉库勒斯（Brachylles）和阿凯亚人库克里阿达斯（Cycliadas），① 后者此前由于上述诸原因被迫逃离伯罗奔半岛。提图斯·昆修斯·弗拉米尼努斯（Titus Quinctius Flamininus）的随行人员有阿塔马尼亚国王阿明纳德罗和阿塔罗斯一世的代表狄奥尼索多洛斯，② 其他各城各族的代表有来自阿凯亚的阿里斯泰诺斯（Aristaenus）和克塞诺芬（Xenophon），③ 罗德岛海军将领阿克西姆布罗图斯（Acesimbrotus），埃托利亚联盟将军斐奈阿斯（Phaeneas）④ 以及几位来自其他城市的政治家。

弗拉米尼努斯及随行人员抵达尼凯亚岸边，站在海滩边等待，而腓力五世的船只抵近岸边后，却不上岸。弗拉米尼努斯要求腓力五世上岸谈话。腓力五世从船上的宝座站起来，说他不会上岸。弗拉米尼努斯问他畏惧谁，他回答说他不怕任何人，只畏惧神，但是他不信任在场的大多数人，尤其是不信任埃托利亚人。弗拉米尼努斯表示他对腓力五世的说法很惊讶，说危险对所有在场的人来说是一样的，危险程度是均等的。腓力五世说，弗

---

① 布拉库勒斯是忒拜人，其家族是波俄提亚豪族，依附马其顿已有好几十年。库克里阿达斯是阿凯亚法莱城人，曾任公元前210年至前209年度阿凯亚联盟将军，公元前200年再度被选为将军，但是很快被阿凯亚人驱逐，之后投奔腓力五世。珀律比俄斯应该在已经佚失的第十七卷叙述过他被放逐的过程。

② 提图斯·昆修斯·弗拉米尼努斯是公元前198年的罗马执政官。狄奥尼索多洛斯是阿塔罗斯一世的海军将领，参16.3。

③ 阿里斯泰诺斯是阿凯亚联盟公元前199年至前198年度的联盟将军，是主导阿凯亚联盟投奔罗马的主要人物，亦参11.11。克塞诺芬是埃吉翁人，他和父亲尤律勒翁（Euryleon）及儿子阿尔克图斯（Alcithus）是公元前211年至前168年阿凯亚联盟重要政治人物。

④ 斐奈阿斯是公元前198年的埃托利亚联盟将军。

拉米尼努斯的说法大错特错，因为如果斐奈阿斯遭遇不测，仍有很多人可担任埃托利亚联盟将军，但是，如果他腓力五世死在这里，眼下没有人可继承马其顿王位。在现场的人看来，腓力五世毫无庄严地开始了这次会议。

弗拉米尼努斯请求他先陈述参加此次会议的意图。腓力五世说，不应由他先说，而应让弗拉米尼努斯先说，于是他要求弗拉米尼努斯陈述达成和平的条件。这位罗马将军说，腓力五世要做的很简单，是明摆着的。他要求腓力五世，第一，交出手中所有俘虏和叛徒，撤出整个希腊；第二，把当年在伊庇鲁斯签订条约①后占据的伊利里亚地区交给罗马人；第三，归还他在托勒密四世驾崩后占取的托勒密王国的所有城市。②

[2] 弗拉米尼努斯说完后打住，要求身边的人按照派他们来的人的指示纷纷提出要求。阿塔罗斯一世的代表狄奥尼索多洛斯第一个发言。他说，第一，腓力五世应交出希俄斯海战中俘获的阿塔罗斯一世的全部战舰和士兵；第二，腓力五世必须把他已摧毁的阿芙洛狄忒神庙和尼克弗里翁圣地恢复到原状。

接下来发言的是罗德岛海军将领阿克西姆布罗图斯，他要求腓力五世：第一，撤出他占据的属于罗德岛的佩莱亚地区；第二，从伊阿苏斯、巴古里亚和欧洛莫斯（Euromus）撤走驻军；第三，允许培林图斯人（Perinthians）恢复与拜占庭的联盟，从塞斯图斯、阿拜多斯和所有位于小亚细亚的商业据点和港口撤军。罗德岛人提完要求后，阿凯亚代表提出腓力五世需毫发无损地归还科林多和阿尔哥斯。接下来，埃托利亚联盟将军所提的第一个要求与罗马人的完全相同：腓力五世从整个希腊撤出。他们的第二个要求是腓力五世需毫发无损地归还此前属于埃托利亚联盟的城市。

---

① 指双方于公元前205年在菲尼卡签订的结束第一次马其顿战争的条约。

② 弗拉米尼努斯此处提出的条件远远超过此前两次提出的条件，参16.27；16.34。

[3]埃托利亚联盟将军斐奈阿斯说完后，伊西亚人（Isian）亚历山大[①]——时人认为他是一位务实的政治家和能干的演说家——开口发言，说腓力五世既非真诚渴望和平，也没有在迫不得已时勇敢开战，而是在集会和谈判中设下陷阱，寻找机会，表现得像在打仗。但是在战争中，他又采取一种不义的、极卑劣的策略。他不是与敌人光明正大地对战，而是在敌人面前逃跑，焚烧抢掠城邑。通过这种策略，虽然他被击败，但胜利者的奖品也已被他毁掉。前代马其顿国王则不会这样行事，而是相反：他们习惯在战场上决胜负，很少破坏或毁灭城邑。

每个人都能从下述战争中看到这些：亚历山大大帝在亚洲与大流士三世的战争；亚历山大大帝的继业者们为争夺亚洲与独眼的安提哥努斯的长期冲突；[②]继业者们的继承者直到皮鲁士皆遵守同一战争原则。他们总是准备在战场上决胜负，总是尽其所能以武力战胜对手，但是，他们会放过城邑。这样，不管谁获得胜利，都将成为众城的统治者，受到臣民的尊敬。相反，摧毁战争的物质的同时不触及战争本身，是疯狂的表现，且疯得出奇。腓力五世经伊庇鲁斯匆忙赶回马其顿时，在忒萨利破坏的城市比任何敌人破坏的都多，尽管他是忒萨利人的朋友和盟友。[③]

就同样的意思又长篇大论一番后，他最后总结如下。他质问腓力五世，当吕西玛凯亚是埃托利亚联盟的一员，且埃托利亚联

---

① 此人是埃托利亚联盟的一位政治家，首次提到他是在13.1a。
② 继业者们争夺亚洲的战争包括两个阶段：第一个阶段是公元前315年至前311年，吕西马科斯、卡桑德、托勒密和塞琉古联合进攻独眼的安提哥努斯；第二个阶段，托勒密没有参与，即公元前301年，卡桑德、吕西马科斯和塞琉古联合对独眼的安提哥努斯开战，后者在伊普苏斯之战中被杀。三位获胜的国王瓜分独眼的安提哥努斯的领土。
③ 公元前198年，腓力五世在奥乌斯（Aoüs）被弗拉米尼努斯统帅的罗马军队绕过，腓力五世被迫紧急回援马其顿。

盟在该城派有驻军时,他为什么要驱逐驻军,派自己的军队驻守?基乌斯同样也是埃托利亚联盟的成员,且他当时又与埃托利亚人关系友好,但他为何要把基乌斯民众全部卖为奴隶?眼下他又是出于何种借口继续控制厄克西奈斯、弗忒奥蒂斯地区的忒拜、法萨卢斯和拉里萨诸城?

[4]亚历山大结束这番长篇大论后,腓力五世命大船更靠近海岸一些,站在甲板上说,亚历山大的说法才是真正的埃托利亚式的自负。他说,所有人都清楚,没有谁会故意进攻自己的盟友,但是,由于形势的变化,将军们有时被迫做许多他们原本不愿意做的事。腓力五世还没说完,视力很差的斐奈阿斯粗鲁地打断他,说他在胡说八道,因为他必须要么战斗并取胜,要么听命于比他更强的人。腓力五世尽管处境艰险,仍无法克制他那独有的讥讽天赋,对斐奈阿斯说:"斐奈阿斯,就是一个盲人也能看到这一点。"腓力五世的确有一种能随时嘲笑他人的天赋。然后,他继续对亚历山大说:

> 亚历山大,你问我为何要吞并吕西玛凯亚。由于你无知,所以你没有看到我这样做是要保护吕西玛凯亚不被色雷斯人屠戮殆尽。如实际发生的那样,我在这场战争中率军入驻吕西玛凯亚,不是像你说的要派军驻守,而是要成为它的保护者。至于基乌斯人,并不是我要对他们开战,而是普卢西阿斯一世对他们开战,我去帮助他消灭他们,且这些不幸都是你们的错误所致。有好多次,当我和其他希腊人遣使请求你们废除那条允许你们自由劫掠的法律时,你们的回答都是,宁愿从地图上抹掉埃托利亚,也不愿废除那条法律。

[5]弗拉米尼努斯说他很好奇那条法律是什么,腓力五世向他解释,说埃托利亚人有一个惯例:埃托利亚人不仅会劫掠与他

们处于战争状态的人民及其领土，而且如果他们的盟友之间发生战争，他们会在没有任何公共法令的情况下，去帮助交战双方并掠夺双方领土。所以，埃托利亚人对朋友和敌人没有明确的定义。不管哪里因何事发生冲突，他们都会立即将冲突双方视作敌人，对他们开战。腓力五世继续说：

> 所以，既然我是埃托利亚人的朋友，又是普卢西阿斯一世的盟友，我去帮助我的盟友进攻基乌斯人，埃托利亚人有什么理由指责我？不过，最让人愤怒的是，他们竟认为他们与罗马人地位平等，要求马其顿人撤出整个希腊。说出这样的话着实是傲慢的表现，我们虽然可以忍受这话从罗马人口中说出，但是断难忍受埃托利亚人这样说。此外，你要求我从整个希腊撤出，你如何定义希腊？大多数埃托利亚人不是希腊人。根本不是！阿格拉埃人（Agraae）、阿波多泰人（Apodotae）、阿姆菲罗凯亚人（Amphilochians）的土地不是希腊国土。你同意我继续留在这些地区吗？

[6] 弗拉米尼努斯听到这话笑了，腓力五世继续说：

> 这就是我对埃托利亚人的答复。我对罗马人和阿塔罗斯一世的答复是，一项公正的裁断应该是这样的：他们向我归还海战中俘获的战舰和士兵，显然要比我向他们归还更正义。并非是我率先攻打阿塔罗斯一世和罗德岛人，他们没法否认，他们才是侵略者。不过，应你的要求，我做出让步：把佩莱亚归还给罗德岛人，把幸存的战舰和士兵归还给阿塔罗斯一世。至于对尼克弗里翁圣地和阿芙洛狄忒神庙的破坏，我没有能力修复，但是我会送去树木花草，派园艺师去重植，看护被砍倒的树重新长大。

弗拉米尼努斯听到这个俏皮话又笑了，腓力五世接下来答复阿凯亚人。他首先历数从安提哥努斯三世和他本人施予阿凯亚人的种种恩惠帮助，接着一一列举他们授予马其顿诸王的种种崇高荣誉，最后朗读阿凯亚人决定抛弃他、投奔罗马人的法令[①]，还抓住机会痛斥阿凯亚人的见风使舵和忘恩负义。他说，尽管如此，他还是会把阿尔哥斯交还给阿凯亚人，但是对于该如何对待科林多，他要与弗拉米尼努斯商讨决定。

[7] 跟其他代表说完上述话后，腓力五世对弗拉米尼努斯说，接下来他将对弗拉米尼努斯本人和罗马人说话。他问弗拉米尼努斯，罗马人要求他从整个希腊撤出，是指他只需从他本人征服的城邑和地区撤出，还是指他同时还需从先辈继承来的城邑和地区撤出。弗拉米尼努斯没吭声，但是阿凯亚代表阿里斯泰诺斯和埃托利亚代表斐奈阿斯立即准备插话。然而，太阳此时即将落山，由于时间关系，没有让他们说话。腓力五世要求他们把和平的条件写下来给他，因为他眼下很孤独，没人可商量，所以希望能好好考虑他们的要求。腓力五世的俏皮话丝毫没有惹恼弗拉米尼努斯，他又不希望其他人以为他毫不恼怒，于是对腓力五世说："腓力，你孤独是自然的，因为你已杀死所有能给你好建议的朋友。"腓力五世冷冷一笑，没有再吭声。

所有人把各自的要求以书面形式交给腓力五世后——要求与我上文所述大体一致，双方散会，约定第二天再在尼凯亚会面。翌日早晨，弗拉米尼努斯和其他人准时抵达约定地点，但是腓力五世没有出现。

[8] 那一天过了很久，弗拉米尼努斯几乎准备放弃等待时，腓力五世终于在黄昏时分在同一批人陪同下露面。他本人自辩称一整天都在思索他们提的和平条件和讨论难点。但是在别人看

[①] ［英译注］阿凯亚联盟在希库温以微弱多数通过该法令，参李维，《罗马史》，32.20–23。

来，他是故意晚来，意在通过缩短会面时间阻止阿凯亚人和埃托利亚人对他指控。因为在前一天会面即将结束时，他看到阿凯亚和埃托利亚代表正准备同他争论并谴责他。腓力五世命船比前一天更靠近岸边，要求弗拉米尼努斯就眼下形势进行私下会谈，这样双方就无需在言辞上唇枪舌剑，而是致力于结束争端。他几次三番请求弗拉米尼努斯这样做，后者问在场之人的意见。他们都要求他去见腓力五世，听听腓力五世的要求。

弗拉米尼努斯带着阿庇乌斯·克劳狄乌斯以及一位军团长上前，命令已从海岸边退到后方一段距离的其他人待在原地不动，同时要求腓力五世上岸。这位国王由阿波罗多洛斯和德摩斯忒涅斯陪同下船上岸，与弗拉米尼努斯会谈了很长一段时间。很难说清双方在那个场合究竟谈了什么，但是，腓力五世离岸登船后，弗拉米尼努斯对其他人解释这位国王的提议，说腓力五世提出将向埃托利亚人归还法萨卢斯和拉里萨，但不归还忒拜；他将向罗德岛人归还佩莱亚，但不会从伊阿苏斯和巴古里亚撤军；他将把科林多和阿尔哥斯归还给阿凯亚人；至于罗马人，他提出会放弃他在伊利里亚的一切，并交出战争中俘获的所有俘虏，同时向阿塔罗斯一世归还他捕获的所有战舰和幸存的士兵。

［9］其他人对这些条件非常不满，坚称腓力五世首先应执行他们的共同要求，撤出整个希腊，否则他的其他让步荒诞可笑、毫无意义。腓力五世在船上注意到争论激烈，唯恐他们直接对他控诉，遂建议弗拉米尼努斯将会议再延期一天，因为且不说别的，时间本就已经很晚；然后他说他会在第二天说服其他人，或者被其他人的正义要求说服。弗拉米尼努斯同意了这个请求，约定第二天在忒隆尼翁（Thronion）[①] 海滩继续会谈，然后双方道别，结束了当天的会谈。

第二天，双方皆准时抵达约定的地点。腓力五世简短致辞，

[①] 位于尼凯亚东南部。

请求在场的人尤其是弗拉米尼努斯不要中止会谈，因为大多数代表现在已促成和解的氛围，很可能就彼此争论的要点达成一致。他说，如果不能在此达成一致，他将遣使到罗马觐见元老院，他们将要么就这些要点说服元老院，要么按照元老院的命令行事。他提出这一动议后，其他人都叫嚣应该继续战争，绝不能屈服于腓力五世的这个要求。但是，弗拉米尼努斯说，他本人很清楚腓力五世不大可能真的按照他们的要求去做，同时，这位国王的要求绝不会妨碍他们各自采取同样的行动，所以同意他的要求非常恰当。就目前情况来看，他们现在所说的任何事情若不经元老院同意都是无效的，同意腓力五世遣使元老院这一要求的好处多多，除过能借此了解元老院的意志外，即将到来的时节对采取这一做法也相当有利。事实上，由于冬季将至，军队无法作战，因此将时间花在与元老院交涉这些事情上绝非无用，而是相当有益。

[10] 众人由于看到弗拉米尼努斯明确不反对就这些事情与元老院交涉，立即表示同意，决定允许腓力五世派一个使团到罗马，他们同时也会派出各自使团到罗马控诉腓力五世。

这次会议的结果令弗拉米尼努斯相当满意，并与他原初的估计一致。他立即着手完成他的计划，一边加强自己的优势，一边削弱腓力五世的优势。由于准许腓力五世停战两个月，他要求这位国王在这段时间内完成出使罗马的行程，同时立即撤走佛基斯和洛克里斯的驻军。他同时代表盟友们采取积极措施加强防卫，使他们在这段时间内免遭马其顿人的侵害。

通过书信往来与腓力五世谈好这一点后，弗拉米尼努斯从此不再跟任何人商量，继续执行他的计划。他立即派阿明纳德罗前往罗马，因为他清楚这位国王生性柔弱，随时会听从朋友们的引导，不管他们选择往哪个方向前进。此外，他的国王头衔也会为整个出使过程增光添彩，让罗马人渴望见他。然后，他派出自己的代表：外甥昆图斯·法比乌斯（Quintus Fabius）、昆图斯·福尔维乌斯（Quintus Fulvius）和阿庇乌斯·克劳狄乌斯·尼禄（Appius Claudius Nero）。出使罗马的埃托利亚使节是伊西亚人亚历山大、卡吕东人达摩克利图斯（Damocritus）、特里康尼斯人狄凯阿库斯（Dicaearchus）、阿尔西诺伊人珀勒马科斯（Polemarchus）、阿姆布拉希亚人拉米俄斯（Lamius）、因被图里翁流放而居住在阿姆布拉希亚的阿卡纳尼亚人尼康马科斯（Nicomachus）、因被从忒萨利驱逐而居住在斯特拉图斯的费莱（Pherae）人忒奥多图斯（Theodotus）。阿凯亚人出使罗马的使节是埃吉翁人克塞诺芬；阿塔罗斯一世派出的使节是亚历山大；雅典人派出的使节是科菲索多罗斯（Cephisodorus）。①

[11] 上述诸使团抵达罗马前，元老院已经就将该年度的两位执政官都派往山南高卢，还是派一位去山南高卢，派另一位与腓力五世作战这一问题作出决定。但是，在弗拉米尼努斯的友人们获悉，元老院由于担心凯尔特人作乱，决定两位执政官都待在意大利后，上述使团进入元老院严厉控诉腓力五世。他们的控诉与他们此前当着腓力五世本人面的控诉差不多，但是他们全都处心积虑地向元老院强调：只要卡尔基斯、科林多和德米特乌斯港还在马其顿人手中，希腊人就不可能有任何争取自由的念头。他们说，腓力五世本人就说过这三个地方是希腊的枷锁，这个说法再准确不过，因为只要马其顿驻军科林多，伯罗奔半岛人就别想自由呼吸；只要腓力五世控制卡尔基斯和欧波亚岛剩余地区，洛克里斯人、波俄提亚人、佛基斯人就不会有获取自由的丝毫信心；只要马其顿人控制德米特里港，忒萨利人和马格尼西亚人就不会享有自由。

因此，腓力五世让出其他地方不过是他为摆脱目前困境作出的让步，如果他继续掌控上述三处要地，只要他愿意，他随时都

---

① ［英译注］科菲索多罗斯是雅典当时的领袖人物，泡萨尼阿斯在《希腊志》1.36记录过其成就。

能轻易征服希腊人。他们因此要求，元老院要么迫使腓力五世撤出包括上述三处要地在内的所有希腊城邑，要么遵守此前的约定，全力与之作战。因为战争最艰难的任务已经达成，马其顿人已连续两次被击败，他们的陆上资源已耗费殆尽。① 如此陈述之后，众使节恳求元老院不要骗取希腊人对自由的希望，不要剥夺他们最高贵的名声。众使节的话就是这样或非常接近这样。腓力五世的使节本来备有长篇大论，但听过上述言论后马上沉默不言。元老院问他们是否愿意交出卡尔基斯、科林多和德米特里港，他们回答说没有得到这方面的指示。

[12] 腓力五世的使节说完后，会面短暂停顿，元老院之后决定，一方面维持前述决议，继续派当年的两位执政官前往山南高卢，另一方面继续与腓力五世作战，任命弗拉米尼努斯全权处理希腊事务。这个消息很快传到希腊，一切皆如弗拉米尼努斯所愿。在这件事上，偶然对他几乎没有帮助，几乎全都是他审慎谋划的结果。这位将军表现出不亚于任何罗马人的机敏，以娴熟的技巧和良好的判断力处理公共事务和私人事务，而此时他还很年轻，不到30岁。他是第一位率军渡海到希腊的罗马人。

论背信弃义

[13] 我碰到许多事例让我常常对人所犯的诸多罪行，尤其是叛徒问题感到疑惑。因此，我想就这个契合我正在叙述的时代的主题谈论一二，尽管我深知这个主题很难判定，要决定谁是真正的叛徒绝非易事。显然，我们不能不假思索就说那些主动与国王或强人统治者结伙行动的人就是叛徒，也不能信口宣布那些被形势所迫改换盟友的人就是叛徒。鉴于这类人常常给他们的国家

---

① 公元前199年在通往马其顿境内的伊奥尔达亚垭口处的战斗；公元前198年在奥乌斯的战斗。

带来最大的利益,实情远非如此!根本不必从遥远的古代举例,从我正在叙述的时代就能轻松看到我所言不虚。

若非阿里斯泰诺斯及时让阿凯亚人放弃与腓力五世的联盟,转而投靠罗马,整个阿凯亚显然将遭受灭顶之灾。但是,且不说他为整个联盟赢得暂时的安全,就连他和他的建议都被公认为对阿凯亚联盟力量的增强贡献很大,所以全体阿凯亚人不仅不认为他是一个叛徒,而且把他视作阿凯亚土地的保护者和救星。其他人也一样,根据形势的变化采取类似政策。

[14] 正是由于这个原因,我们在很多事情上赞美德摩斯忒涅斯的同时,必须谴责他的一个错误。他胡乱地、不当地严厉谴责当时希腊最杰出的一些人,说阿卡狄亚的科尔基达斯(Cercidas)、希耶罗努摩斯(Hieronymus)和欧卡姆庇达斯(Eucampidas)由于加入腓力二世一方,因而成为希腊的叛徒。他还出于同样的理由,谴责墨瑟尼亚的斐利阿德斯的两个儿子尼昂(Neon)、忒拉叙洛克斯(Thrasylochus),阿尔哥斯的穆尔蒂斯(Myrtis)、特勒达莫斯(Teledamus)和穆纳西阿斯(Mnaseas),忒萨利的达奥克斯(Daochus)和基涅阿斯(Cineas),波俄提亚的忒奥该同(Theogeiton)和蒂摩拉斯(Timolas)以及其他几个城市的好几位人物是叛徒。但是,事实上,上述人物,尤其是阿卡狄亚和墨瑟尼亚的那几位人物如此捍卫他们的权益完全正当。

对墨瑟尼亚人而言,通过引腓力二世进入伯罗奔半岛压制拉克岱蒙人,首先可让伯罗奔半岛的所有居民自由呼吸并萌生争取自由的念头,其次可收复拉克岱蒙在强盛时期从墨瑟尼亚人、迈加洛波利斯人、泰格亚人和阿尔哥斯人那里夺走的土地和城邑,从而无可置疑地增强他们各自城邑的实力。反过来,他们无需与腓力二世战斗,而是全力为自己的荣誉而战。如果他们那时把城邑交予腓力二世驻军,或废除祖传的律法,剥夺邦民行动和说话的自由以攫取权力满足私人野心,他们就是名副其实的叛徒。但是,我认为,如果他们实际上保存各自祖邦的权利,只是对事实判断不同，认为雅典的利益并非他们的祖邦的利益，他们就不应因此就被德摩斯忒涅斯称为叛徒。

德摩斯忒涅斯以雅典的利益衡量一切，认为整个希腊都应以雅典为中心，如果有人不这样做，就称他们为叛徒。在我看来，这样做大错特错，与真实相去甚远，尤其是希腊人当时实际的遭际没有证明他的判断为真，反而恰恰证明欧卡姆庇达斯、希耶罗努摩斯、科尔基达斯、斐利阿达斯之子们的判断为真。雅典人反抗腓力二世导致他们遭受最惨重的灾难：他们在凯洛尼亚战役中被击败。若非腓力二世宽宏大量、热爱荣耀，他们的灾难本来会更深重，这都要归咎于德摩斯忒涅斯的政策。但是，由于上述我提到的那些人物，阿卡狄亚和墨瑟尼亚从拉克岱蒙人的欺压中解放出来，获得普遍的安宁，这两个地区的邦民也获得许多私人利益。

［15］因此，很难确定我们可以正当地称一些人是叛徒，不过把这个罪名用在那些深处急迫险境的人身上可能最接近真实：这些人要么是为了个人安全或利益，要么是出于党派分歧，把他们的城市交给敌人。如果这类人有下述行为，给予他们这个罪名就更正当：他们为个人安全或利益着想，打击敌对党派，接纳驻军，雇佣外部力量加强他们自己的实力，把他们的国家交予更大的强权统治。将上述这类人定为叛徒要公正得多。这类人的背信弃义从不会给他们自己带来真正的优势或益处，而是在任何情况下都带来相反的结果，无人可否认这一事实。所以，这让我们想弄明白，这类人的初始动机是什么；他们是出于何种意图、基于何种打算而一头扎进这类不幸。

没有哪个人背叛一座城、一支军队或一座要塞而不被发觉，即便当时没有被发觉，随着时间流逝，他们的恶行最终也会被发觉。他们中的任何人，一旦被发觉，没有谁能过上幸福的生活。相反，在绝大多数情况下，他们会受到应有的惩罚，而惩罚他们的恰恰是他们曾竭力讨好的人。将军和强人统治者们常常雇佣叛徒谋取利益，但是，当事成之后他们变得毫无用处时，如德摩斯忒涅斯所说，将军和强人统治者们会把他们当作叛徒对待，因为前者自然而然地认为，一个敢把祖邦和原初的朋友背信弃义地交给敌人的人，绝不会真正爱戴他们或忠于他们。就算他们碰巧逃过雇主的惩罚，他们也很难逃过所背叛之人对他们的惩罚。

即便他们碰巧逃过雇主和所背叛之人的惩罚，由于他们的恶名将伴随终生，他们也会终日活在真真假假的恐惧之中，时刻提防对他们怀有恶意的人，最终都无法忘记他们的过错，整日无法安然入睡，禁不住终日幻想身边到处是针对他们的阴谋和危险，因为他们很清楚每个人都疏远他们，对他们憎恨不已。不过，尽管如此，人们只要需要，都会找到一个叛徒，只有极少数例外。所有这些让我们有理由说，人这种被认为最聪明的动物，有充分理由被称作最蠢的动物。因为其他动物不过是身体需要的奴隶，只会因满足身体需要而落入各种陷阱，但是，人尽管有这么高的评价，由于缺乏理智犯的错误竟和由于满足身体需要犯的错误一样多。关于这个主题，我已说得够多。

阿塔罗斯一世在希库温

[16] 上一次，[①] 阿塔罗斯一世在花费巨额资金为希库温人赎回供奉阿波罗的那块地后，在希库温获得极高荣誉：作为这项恩惠的回报，希库温人为他打造了一尊10肘尺高的巨大雕像，将其树立在市场上阿波罗雕像旁边。这一次，他又施予希库温人10塔

---

① 指公元前198年10月，他出席阿凯亚联盟大会。正是在那次大会上，阿凯亚联盟做出决议背弃腓力五世，投奔罗马。腓力五世获悉他遣使罗马的要求被拒绝，安排把阿尔哥斯交给纳比斯，条件是如果他赢得这次战争，纳比斯应把阿尔哥斯交还，如果他失败，纳比斯就可保有阿尔哥斯。但是，纳比斯一得到阿尔哥斯，立即背叛腓力五世，公开与弗拉米努斯谈判。这次在希库温的会议，参会者是阿塔罗斯一世、弗拉米努斯、纳比斯和阿凯亚联盟将军尼克斯特拉图斯，商谈结束斯巴达与阿凯亚联盟之间的战事。

兰同钱、10000斛小麦，于是他的声望成倍增加。希库温人决定为他打造一尊金雕像，并通过一条法令，每年都要向他献祭。阿塔罗斯一世接受这些荣誉后，前往肯凯里埃。

纳比斯之妻在阿尔哥斯的暴行

［17］斯巴达僭主纳比斯令佩勒涅人蒂莫克拉底（Timocrates）驻守阿尔哥斯，因为他非常信任此人，雇佣他参与自己最雄心勃勃的计划。然后纳比斯返回斯巴达，几天后，又派他的妻子到阿尔哥斯，命她一到阿尔哥斯就聚敛钱财。她在阿尔哥斯的暴行之劣，远超纳比斯。她把所有妇女召集起来——有些是独自一人，有些是和她们的家人一起——用各种暴行虐待她们，最后几乎将她们搜刮个精光，不仅夺走她们的金首饰，还拿走她们最华美的服装……

阿塔罗斯一世发表长篇演说，细数他的祖先曾表现出的英勇。①

弗拉米尼努斯在忒萨利的战役和狗头山战役②

［18］弗拉米尼努斯无法找到敌人营地的确切位置，但知道敌人肯定在忒萨利，遂命令大军砍伐用来建栅栏的木桩，并将其随身携带，以备不时之需。按照希腊人的做法，这似乎是不可能之举，但是，对罗马人来说，这事易如反掌。因为希腊人

---

① 阿塔罗斯一世死于该年秋天。［英译注］这次演说的时间是公元前197年春，地点在忒拜，参李维，《罗马史》，33.1–2。

这年是汉高祖十年。八月，赵相国陈豨在代地谋反。九月，高祖率军前去讨伐。参《史记·高祖本纪》，前揭，页387–388。

② 公元前197年春，和谈失败，双方决定再回到战场角逐。弗拉米尼努斯从尼拉忒亚出发向北进抵忒萨利，得到埃托利亚6400人援军和来自阿波罗尼亚、阿塔马尼亚的分遣队，总兵力达到32000人，其中希腊人部队超过8000人。与此同时，腓力五世向南朝狄翁城进发，兵力为25500人。

行军时不会手里只拿长矛，很难承受负重带来的疲劳，但是，罗马人行军时，会用皮带把长盾牌绑在背上，手里只拿标枪，这样他们就能额外携带木桩。此外，罗马人和希腊人用来建栅栏的木桩也很不同。希腊人认为最好的木桩是树木主干周边最结实的枝杈，而罗马人认为最好的木桩是有两三个或最多四个笔直侧枝的枝杈，这些侧枝都在一边而非四周皆有。结果是，它们很容易携带，一名士兵可携带三到四根，将它们捆在一起，使用时也安全得多。

对希腊人来说，构成营地栅栏的木桩很容易被拔起，因为木桩只有底部紧紧插入地下，而木桩又多又大的枝杈暴露在外，三两个人同时抓住各枝杈就能很容易将其拔起。由于大小原因，木桩上马上就会出现一个缺口，且紧邻它的木桩也会松动，因为希腊人的木桩很少是交叉缠绕在一起的。罗马人的方式则相反。罗马人在插下木桩时，相邻木桩紧密地缠绕在一起，以至很难分辨枝杈究竟属于哪个木桩，由于木桩被深深打入地下，枝杈看起来彼此相属。由于相邻木桩的枝杈紧密缠在一起，顶端又被削得很尖，所以很难牢牢抓住木桩，即便能抓住木桩，也很难将之拔出，首先因为木桩所有暴露在外的部分都得到源自大地的极大抓力，其次由于相邻木桩皆是缠绕在一起的，若想拔出一根木桩必然连带拔动一排，所以两三个人一起都拔不动。即便有人力气很大，成功拔出一两根木桩，缺口也几乎可以忽略不计。因此，罗马人栅栏的优势很大，木桩也很容易找到和携带，建造的栅栏更安全、更持久耐用。显然，如果说罗马人的军事技巧有什么值得我们效仿和采纳，在我看来，至少建造栅栏的方式值得。

［19］回到我的叙述上来。弗拉米尼努斯准备好这些以备不时之需的木桩后，率军缓慢行军，在距离费莱[①]城50斯塔德处扎营。第二天拂晓，他派出侦察队竭尽所能查探敌人的位置和

---

① 今希腊中部的韦莱斯蒂诺（Velestino）。

动向。几乎同时，腓力五世获悉罗马人在忒拜附近扎营，率全部兵力离开拉里萨，朝费莱进军。行进到距离该城30斯塔德处时，天色尚早，腓力五世令大军扎营，每个士兵好好休整。第二天拂晓，腓力五世唤醒全营，派惯常先于主力部队出发的先头部队翻过费莱上方的群山，他本人则在天大亮后率主力拔营。双方的先头部队几乎在山口处相遇，双方在黑暗中瞥见彼此时，已经距离很近，遂立即停下来，各自派人向统帅报告，询问该如何行动。双方统帅决定当天先按兵不动，召回先头部队。

　　第二天，两位统帅派部分骑兵和轻步兵大概各有300人马，前去探察敌情。弗拉米尼努斯的侦察队中有两位熟知当地地理的埃托利亚人。双方的人马在费莱城附近朝拉里萨那一侧相遇，一场激战随之而来。埃托利亚人欧珀勒莫斯（Eupolemus）[①]率领的埃托利亚人全力以赴战斗，同时号召意大利人加入战斗，马其顿的侦察队处境艰难。经过长时间激战后，两支侦察队撤回各自营地。

　　[20]第二天，双方都对费莱附近的地势不满意，因为费莱周围的土地都已开垦，到处是各种围墙和小果园，遂撤离费莱。腓力五世朝斯克图沙城进军，希望从该城获得补给，然后再伺机寻找适合大军作战的地点。弗拉米尼努斯猜到他的意图，与腓力五世同时行动，意在抢先抵达斯克图沙，毁坏那里的谷物。由于两军之间有高山阻隔，所以罗马人和马其顿人都不知道对方的位置。经过一整天行军后，弗拉米尼努斯抵达弗忒奥蒂斯地区的厄勒特里亚（Eretria），腓力五世抵达奥克斯图斯（Onchestus）河。双方就地扎营，不知道对方营地的位置。

　　第二天，双方继续行军，腓力五世抵达斯克图沙境内名叫曼拉姆比翁（Melambium）的地方扎营，弗拉米尼努斯抵达法萨卢斯境内的忒提斯神庙扎营，双方对对方的行踪依然一无所知。那

[①] 此人后来成为埃托利亚反罗马派的领袖。

天夜里，电闪雷鸣，下起大雨，第二天早上乌云低垂，大雾满天。所以由于天色晦暗，两个人即使近在咫尺，也看不到对方。但是，腓力五世急于实现目标，遂率军拔营出发，由于发现大雾下行军非常艰难，行进一小段距离后，又就地扎营，派出掩护部队抢占两军之间的山顶。

[21] 弗拉米尼努斯仍在忒提斯神庙附近扎营，由于不知道敌人的位置，遂派出10支骑兵队和1000名轻步兵，谨慎探察周边地势。他的侦察部队在即将接近垭口时，由于天色晦暗，突然遇到马其顿的掩护部队。两支队伍都在短时间内陷入一定程度的混乱，但很快稳住阵脚，派人向各自统帅报告所发生的事。接下来的战斗中，罗马人一开始遭到压制，遭到来自马其顿掩护部队的很大杀伤，遂派人回营求援。弗拉米尼努斯召来埃托利亚人阿凯达莫斯（Archedamus）和欧珀勒莫斯以及两位军团长，命他们率5000名步兵和2000名骑兵赶去援助。这支援兵抵达后，战斗态势立刻扭转。罗马人由于得到援兵的加强，士气大振，加倍勇敢战斗。马其顿的掩护部队尽管奋力英勇抵抗，仍遭到压制，被完全压倒，最后不得不逃往垭口，派人向腓力五世求援。

[22] 由于前述原因，腓力五世没有想到那天会进行大规模激战，所以早就派出一支兵力相当的部队出营搜集粮草，现在获悉事态突变，立即命令古尔同人赫拉克莱德斯（Heraclides of Gyrton）率忒萨利骑兵，勒奥（Leo）率马其顿骑兵，雅典奈哥拉斯（Athenagoras）率除色雷斯人外的所有雇佣兵前去支援。待这支强大的援兵到来后，马其顿的掩护部队反过来向敌人施压，于是现在轮到他们转过来把罗马人赶下山顶。但是，彻底击溃敌人的主要障碍是埃托利亚骑兵高昂的斗志，他们以决死之勇气奋力战斗。尽管埃托利亚步兵在大规模战斗所需的装备和纪律方面都很差，但是他们的骑兵在单打独斗方面胜过其他希腊人的骑兵。因此，在这次战斗中，他们阻止敌人的进攻。罗马人没有像以前

那样被逼到平地上，而是在距平地不远处转过身，稳住阵脚。

弗拉米尼努斯看到不仅他的轻步兵和骑兵已溃败，而且他的大军见此甚是恐慌，于是率全军出营，在靠近山脚处列好战阵。与此同时，掩护部队的信使一个接一个朝腓力五世跑来，边跑边大喊："陛下，敌人正在溃逃！""不要错过良机！""这些蛮夷不可能是我们的对手！""胜利属于您！""这是您的时刻！"所以，腓力五世尽管对地势不满意，仍听任自己被激发出的战争冲动而选择进行决战。上文提到的群山名叫狗头山（Cynoscephalae），崎岖不平，海拔很高。正是由于预见到这一地势会带来的困难，腓力五世起初不愿在此地决战，但是，现在受那些过分夸张的乐观战报驱使，他命令全军出营列阵。

［23］弗拉米尼努斯率军列好战阵后，一边采取措施接应先头部队后撤，一边沿着阵列对士兵们发表演说。他的演说言简意赅，但是非常生动，很容易被士兵们理解。此时敌人已在视线之内，他手指向敌人，说道：

> 对面这些马其顿人，不正是当年扼守通往伊奥尔达亚的隘口，你们在普布利乌斯·苏尔比基乌斯率领下勇猛进攻，杀死许多人后迫使他们退往高地的马其顿人吗？[①] 对面这些马其顿人，不正是当年在伊庇鲁斯处于极度困难境地，你们凭英勇战斗迫使他们丢盔弃甲，一直逃到马其顿才停下来的同一批人吗？[②] 眼下不过是在同样条件下与同一批人作战，你们有何理由胆怯？你们又何必要害怕以前的危险重现？恰恰相反，你们应从过去的战斗中汲取信心！我的勇士们，互相鼓励冲向敌人，全力以赴！如果这就是老天的旨意，我相信我们会像前几次那样获胜！

---

① 公元前199年的事。
② 公元前198年在奥乌斯，罗马一方的将军正是弗拉米尼努斯。

如此演说完后，他命令右翼和前方的战象按兵不动，他本人率左翼气势汹汹地冲向敌人。罗马此前交战的先头部队得到步兵军团的支持后，开始转过身反击敌人。

［24］与此同时，腓力五世看到大部分士兵已在营外列好阵后，亲率轻盾兵和右翼方阵，气势汹汹地冲上通往山顶的山脊，命令绰号为"战象"的尼卡诺尔监督剩余的部队立即跟上。前方队列抵达垭口后，腓力五世令部队向左转，占据山顶。因为马其顿先头部队已经迫使罗马人后撤很长一段距离，所以山顶没有敌人据守。当他正在右侧展开部队时，他的雇佣兵部队遭到罗马人猛烈攻击。罗马重装步兵和轻步兵会合后，在战斗中给予后者支持，他们利用增加的冲力，给敌人施加强大压力，杀死很多人。腓力五世抵达山顶时看到自己的先头部队在离敌营不远处交战非常高兴，但是现在看到他的士兵被打败急需支援，他被迫给予援助，因而凭一时冲动决定了这样一个重大时刻的命运，尽管他的大部分方阵兵仍在向山顶行军。

接收被敌人击退的先头部队后，腓力五世将它们部署在右翼，命令轻盾兵和跟随他预先出发的那部分方阵兵把纵深加深一倍，向右靠拢。这些部署刚刚完成，敌人已经逼近，腓力五世命令方阵兵放低长矛，准备迎战，轻步兵负责守卫侧翼。与此同时，弗拉米尼努斯接收先头部队后，扑向敌人。

［25］由于双方士兵边跑边发出战争怒吼，战场外的士兵也怒吼助威，两军伴随着震耳欲聋的怒吼声开始交战，这个场面令人毛骨悚然、颤栗不已。腓力五世的右翼由于是从高处向下冲、其方阵的力量更强、他们的武器在这个场合有决定性优势，所以在战斗中表现非常出色。但是，他的其他部队，即这支交战部队背后的部队此时距离敌人仍有一段距离。左翼部队才刚刚爬上山脊，看到山顶。弗拉米尼努斯看到他的部队无法抵御敌人方阵的冲击，他的左翼正在被迫后退，一些人已经战死，另一些人则在

缓缓后撤，他获胜的唯一希望在于右翼，遂飞速驰往右翼亲自指挥。

弗拉米尼努斯看到敌人正在战斗部队背后的士兵队形散乱，其他部队有的在下山准备战斗，有的还留在山顶，遂命令战象发动冲锋，率右翼方阵紧随其后发动攻击。这部分马其顿部队由于无人下达命令，又由于地势崎岖无法组成适于方阵的阵型，此时仍在努力接近腓力五世指挥的正在激战的战场，所以仍成行军队列，而非战斗队列，以至他们还没等到与罗马人接战，就被敌人战象冲击得七零八乱，慌作一团。

［26］大多数罗马士兵追击这部分逃兵，不断砍倒敌人，其中一位追击的军团长率领不下20支步兵连队，凭一时灵感判断该如何行动，对最终的胜利贡献极大。这位军团长看到腓力五世率领的那部分马其顿部队与后方的部队有很大一片空隙，且正凭借方阵冲力在挤压罗马左翼部队后撤，他便率部下脱离此时已接近胜利的右翼，转而冲向己方左翼所在的战场，从后方攻击腓力五世指挥的马其顿部队。由于马其顿方阵无法转向，也不能进行单打独斗，这位军团长从后发动猛攻，杀死途中所遇和那些无法保护自己的敌人，直到整支马其顿部队遭到之前已经被他们的冲锋压制的敌人和从后方攻击他们的敌人的双重夹击，被迫丢盔弃甲溃逃。

如我前文所述，腓力五世起初从他直接指挥的部队的战况来判断战斗局势，进而认为最终的胜利属于他，但是，现在突然看到他指挥的部队正在溃败，敌人正在从背后攻击他们，他遂率小股骑兵和步兵退到离战场不远处，停下观察整个战况。当他注意到追击他左翼部队的罗马人已经抵达山顶，他急忙召集尽可能多的色雷斯和马其顿士兵，决定逃跑。弗拉米尼努斯在追击敌人过程中即将抵达山脊最高处时，看到逃跑的马其顿人刚刚到达山顶，遂立即停下。敌人这时举起长矛，这是马其顿人要么投降、要么倒戈时的习惯做法。弄懂这一动作的象征意义后，弗拉米尼努斯令部下停下追击，想要饶恕已被击败的敌人。但是，他还在如此思索时，一些冲在前面的罗马士兵开始攻击敌人，杀伤众多。大多数敌人战死，只有极少数丢掉武器后逃脱。

[27] 这次战役结束后，罗马人取得全面胜利，腓力五世朝坦佩（Tempe）山谷撤退。他在一处名叫"亚历山大之塔"的地方盖着帆布过了一晚，第二天撤往扼守通往坦佩山谷的格尼城（Gonni），待在那里期待接收幸存的士兵。

在追击逃兵一段距离后，部分罗马士兵开始剥夺敌人尸体，部分士兵开始抓俘虏，不过大部分士兵跑去劫掠敌人营地。然而，他们发现埃托利亚人已抢先抵达敌营，认为埃托利亚人取走了本该属于他们的战利品，开始指责埃托利亚人，对他们的将军抱怨说，他让他们承担战斗的危险，却把战利品交给其他人。他们暂时返回营地进行休整，第二天继续抓俘虏和敌人丢弃的战利品，然后朝拉里萨进军。在这次战役中，罗马人约有700人战死，马其顿一方有约8000人被杀，不少于5000人被俘。这就是罗马人和腓力五世狗头山战役的结果。

论方阵的利与弊[①]

[28] 在第六卷中我曾允诺，我会在合适的地方比较罗马和马其顿军队的装备和阵型（συντάξεως），以表明双方在这两个方面孰优孰劣。现在既然我们已看到双方在战斗中的实际表现，我将兑现那一承诺。往日的实践证明马其顿阵型优于亚洲和希腊使用

---

① 在这段论述中，珀律比俄斯用方阵这个词特指马其顿方阵，主题是论述马其顿方阵的利与弊。由于我们习惯上也称罗马军团的阵型为罗马方阵，故译文中仍称罗马阵型为方阵，分别用马其顿方阵和罗马方阵区别二者。

的阵型。同样，罗马的阵型也经实践证明优于利比亚和欧洲西部诸族使用的阵型。既然在我们的时代，两种阵型和两个邦国的士兵不止一次进行较量，探究二者的差异、查明在战场上罗马阵型总是占据上风并取得胜利的原因，是有用且有益的。这样我们就不必像蠢人那样，认为只是机运站在胜利者一方，没有发现胜利者获胜的真正原因就祝贺胜利者，而是弄清楚他们取得胜利的真正原因，给予他们合理的颂扬和赞赏。

这里没有必要详述罗马人与汉尼拔的数次战役及其失败，因为他们的失败不是由于装备和阵型，而是由于汉尼拔高妙的战争技艺。这一点我在叙述这些战役时已讲得很清楚，我所言之公允的最佳证据，首先是那场战争的结果：罗马人拥有与汉尼拔同等水平的将军后，很快就取得胜利。其次，汉尼拔本人在赢得第一次战役胜利后，立即丢弃原来的武器，装备罗马人的武器，一直使用到战争结束。至于皮鲁士，他不仅使用意大利人的武器，而且使用意大利的部队，在与罗马人的战斗中，将意大利士兵组成的连队在方阵中交替排列。但是，尽管使用了这些手段，他也没有赢得一次确切的胜利，他的那些战斗的结果始终可疑。

为防止我接下来的论述遭到反驳，我认为在进行比较前有必要给出上述开场白。现在我将展开比较。

[29] 马其顿方阵（$\varphi\acute{\alpha}\lambda\alpha\gamma\gamma o\varsigma$）拥有其本身的特性和力量时，没有什么作战单位能承受它的正面攻击或抗住它的冲锋，这一点很容易理解，原因如下。当方阵以紧凑形式作战时，每名士兵连同其武器占据3尺宽的空间，依照最初的设计，长矛长16肘尺，但是根据实际需要应改为14肘尺长，从中减去士兵持长矛时两手间的距离和用来确保长矛平端、留出的尾部距离，总共是4肘尺。显然，当一名重装步兵手握长矛冲击敌人时，长矛超出重装步兵身体的距离是10肘尺。结果，第二排、第三排和第四排士兵的长矛要比要比第五排士兵的长矛升得更远，第五排士兵的长矛超出

第一排士兵的身体2肘尺。这时，方阵在纵深和宽度方面呈特有的密集阵型，如荷马在下述诗句中所言：

> 战斗队列紧密得一片圆盾挨圆盾，
> 头盔挨头盔，人挨人，只要他们一点头，
> 带缨饰的闪光头盔便会盔顶碰盔顶，
> 手中的长枪稍一抖动就会被扭弯。①

我的描述真实且准确，显然必定会有五支长矛超出第一排的每个士兵，每支长矛相距2肘尺。

[30] 由此我们可轻松想象到，一个纵深为16排的方阵发动冲锋时的性质和力量。② 在这种情况下，第五排之后的队列就不能使用长矛来积极参与战斗。因此，他们不会放低长矛对准敌人，而是斜举着越过前排士兵的肩头，以此保护整个方阵的上方，用密集如林的矛阵挡开越过第一排士兵、可能会落在他们前面和后面战友身上的敌人投掷物。但是，第五排后面的各排士兵在冲锋时身体的重量会大大增强方阵的冲击力，导致第一排士兵绝不可能转身后退。

这就是马其顿方阵的总体布局和细节。接下来出于比较的目的，我将叙述罗马军队的装备和阵型的特性，以及两种阵型的差异。在罗马阵型中，每名士兵及其武器占据的空间也是3尺宽，但是在战斗中，由于每名士兵必须分开前进，转身迎接每一次预期的打击时必须用长盾掩护身体，要用剑挥砍和击刺，显然这要求一种松散的队形。如果要让他们发挥应有的作用，每名士兵与前后左右相邻士兵必须保持至少3尺的距离。结果是，罗马阵型第一排的每位士兵必定面对马其顿方阵的两名士兵，这样他就得

---

① 荷马，《伊利亚特》，13.131–133。
② 马其顿方阵的标准纵深是16排。

不得面对 10 支长矛。而双方近距离交战后，罗马方阵第一排的每位士兵不可能及时砍断所有 10 支长矛，要同时挡住 10 支长矛的攻击绝非易事，由于要么必须挡住长矛，要么用剑，罗马方阵后排士兵帮不上前排士兵。所以，如我开头所说，很容易就能看到，只要马其顿方阵保持其独特阵型和力量，没有什么作战单位能挡住它的冲击。

［31］既然如此，罗马人何以取得胜利，是什么令使用马其顿方阵的人失败？① 这是因为在战争中，战斗的时机和地形都不确定，而马其顿方阵只有在特定时机和特定地形才能发挥独特的威力。如果在决战即将进行时，敌人不得不适应方阵所要求的时间和地点，使用马其顿方阵的人由于上述原因，很可能总是会战胜敌人。但是，如果不仅避开方阵所要求的时间和地点是可能的，而且很容易就能做到，还有什么必要害怕这样一个集团的攻击？再者，众所周知，马其顿方阵要求平坦的、无障碍的地势，不能有诸如沟渠、裂缝、坑洼、山脊和水道之类的障碍，这些东西足以阻碍和打破方阵阵型。

此外，每个人都会承认，除极少数情况，几乎不能找到方圆 20 斯塔德或更大的没有任何障碍的地点。但是，即便假定找到这样大的地点是可能的，如果敌人拒绝在这样的地点跟其决战，而是四处洗劫城邑，蹂躏其盟友的土地，马其顿方阵又有何用？如果只待在适合它的地点，马其顿方阵不仅不能帮助朋友，而且甚至不能确保自己的安全。补给的输送很容易被敌人切断，尤其是敌人毫无阻碍控制乡野地带时。反之，如果马其顿方阵离开适合它的地点采取任何行动，它又很容易被敌人击败。再者，即便马其顿方阵在平地上与敌人交战，方阵也只有一次冲锋机会，此时若不动用全部兵力迎击马其顿方阵，而是在马其顿方阵冲锋的时

---

① 马其顿方阵的致命弱点是缺乏弹性，一旦其紧凑队列被打散，就变得毫无战斗力。

刻留出部分预备兵力，即便只是很小一部分预备兵力，从罗马人目前的所作所为也很容易就能判断会发生什么。

[32]这种战斗会有何种结果无需言辞论证，只需事实证据。罗马人不会将全部军队平行排列面对敌人，从而让所有军团遭到马其顿方阵的正面攻击，而是会留出部分兵力做预备队，让其他兵力先与敌人交战。随后，不管马其顿方阵是因其冲锋击退当面兵力，还是被当面兵力击退，它本身独有的阵型都会被打破。接下来，马其顿方阵无论是追击溃逃之敌还是在敌人攻击下逃跑，他们会都将己方其他作战单位抛在身后。此时罗马人的预备队抢占马其顿方阵此前占据的空间，不再从正面攻击方阵，而是通过迂回运动攻击方阵的侧翼或背后。因此，对罗马人来说，要防范马其顿方阵的冲击和优势很容易，但是，马其顿方阵无法阻止敌人利用恰当时机攻击它。罗马方阵在现实中自然而然证明自己优于马其顿方阵。

再者，运用马其顿方阵的人必须在各种地形行军和扎营，他们必须抢先占据有利地形，或者围攻某些据点，或在某些据点内遭到敌人围攻，在最意想不到的方向遭到攻击。这类意外事件是战争的一部分，胜利有时全靠这些意外事件，有时很大程度上由这些意外事件决定。在所有这类情形中，马其顿方阵要么用处甚微，要么毫无用处，因为方阵士兵无法单打独斗，而罗马阵型则能有效应对这些情形。每个罗马士兵一旦全副武装开始战斗，就能自如适应任何时间和地点，应对来自任何方向的攻击。对一名罗马士兵来说，无论是与军团一起作战，还是与连队作战，抑或单独战斗，他都同样准备充分、处于同样状态。所以，面对所有特殊情形时，罗马士兵的战斗力更高，罗马人的设计比其他民族的设计更容易取得胜利。正是由于很多希腊人得知马其顿人遭遇失败后对战役的结果感到难以置信，很多人好奇马其顿方阵为何、如何被以罗马方式武装的军队击败，我才认为有必要就这个主题给出上述详细论述。

[33] 腓力五世在狗头山战役中已尽全力，但还是被彻底击败。在搜集尽可能多的幸存者后，他率军匆忙从坦佩撤往马其顿。撤军前一晚，他派一名副官到拉里萨焚烧王家信函。他像真正的国王一样，即使在灾难时刻也没有忘记自己的职责：他深知如果那些文件落入罗马人之手，他会给罗马人提供很多材料来对付他本人和他的友人们。兴许在其他人身上也会发生这样的情形：在兴盛时期，他们不会适度行使其权威，但是在危险时刻，他们竟能谨慎行事，保持头脑清醒。腓力五世尤其如此，从我下文的叙述可清楚看到这一点。正如我之前清晰指出他早年时渴求行公正之事，但是，随着时间流逝、形势改变，他开始堕落，我也叙述了他堕落后的行为，现在我将以同样的方式指出他心灵的新变化和应对新处境的能力，他调整自己适应机运的颠转，以异常审慎的态度应对新处境。

狗头山战役后，弗拉米尼努斯对俘虏和其他战利品采取必要措施后，率军朝拉里萨进发……

[34] 弗拉米尼努斯对埃托利亚人关于战利品的过分贪婪非常不满，也不希望把腓力五世赶下台，从而让埃托利亚人成为希腊的主人。当他看到埃托利亚人声称他们对狗头山战役的胜利享有与罗马同等的声誉，并在整个希腊四处宣扬他们的英勇事迹时，他更无法忍受他们的吹嘘。因此，他同埃托利亚人谈话时回答有些粗暴，对公共事务也保持沉默，独自或在友人的帮助下推进他的计划。双方的这种僵硬关系仍在继续时，狗头山战役后没过几天，腓力五世的一个使团抵达，使团由德摩斯忒涅斯、库克里阿达斯（Cycliades）[①]和利姆奈俄斯（Limnaeus）组成。

弗拉米尼努斯携众军团长与之会谈，经过详细商议，允许

[①] 阿凯亚法莱城人，曾任公元前210年至前209年度阿凯亚联盟将军，公元前200年再度被选为将军，但是很快被阿凯亚人驱逐，之后投奔腓力五世。

给予腓力五世50天的停战期，在停战期内弗拉米尼努斯将与腓力五世会谈以商讨眼下局势。由于弗拉米尼努斯对这次会谈非常殷勤，埃托利亚人对他的怀疑更为强烈。由于那时行贿和任何人都不会免费做事的观念在希腊非常流行，也就是说在埃托利亚人中间很流行，埃托利亚人无法相信，若非得到腓力五世的一大笔贿赂，弗拉米尼努斯绝不可能完全改变对腓力五世的态度。他们对罗马人在这件事的行事原则和做法一无所知，只是从他们自己的原则来判断，从而揣测很可能是腓力五世迫于形势给予弗拉米尼努斯一大笔贿赂，金额大到弗拉米尼努斯无法抵御诱惑。

[35] 如果我是在叙述更早的时代，我会自信地断言所有罗马人绝不会做这种事。我所谓的更早的时代是指他们进行海外战争前的时期，那时他们遵守自己的原则和做法。但是，现在我不敢如此论断，只能满怀信心地说不少罗马人在这件事上仍持守他们的信念。为避免有人觉得我的说法是无稽之谈，我将引用两个人作为证据，这样就不会有人质疑我的断言。

第一个例子是卢西乌斯·埃米里乌斯·保卢斯，珀尔修斯（Perseus）[①]的征服者。他在成为马其顿王国的主人后，且不说巨量的战利品和其他财富，单单在马其顿王家财库就发现超过6000塔兰同的金银，但是，他不仅没有贪求一分，而且甚至不愿看它，只让其他人去处理这笔钱，尽管他本人不仅说不上富裕，而且还相当贫穷。至少，他在那次战争后[②]不久去世时，他的儿子

---

① 腓力五世之子，马其顿王国的最后一任国王。公元前168年6月22日，在皮德纳战役中，他被卢西乌斯·埃米里乌斯·保卢斯击败，他的王国随之终结。

② 指第三次马其顿战争，发生于公元前171年至前168年，标志性战役是公元前168年6月22日的皮德纳战役。卢西乌斯·埃米里乌斯·保卢斯于公元前160年去世。

普布利乌斯·小斯基皮奥（Publius Scipio）和昆图斯·马克西姆斯（Quintus Fabius Maximus）要归还他的妻子25塔兰同的嫁妆，兄弟俩发现很难凑齐这笔钱，若非变卖房产、奴隶和其他一些财产，兄弟俩原本没法归还母亲的那笔嫁妆。①

如果有人认为我的说法难以置信，那么他很容易就能确认这一说法的真实性。尽管很多事实，尤其是上述事情的相关人物，由于他们在政治上的分歧，在罗马是争论的焦点，但是，通过问询其他人，他会发现我刚刚所言不虚，是众所周知的事实。

第二个例子是普布利乌斯·小斯基皮奥，他从血缘上来说是卢西乌斯·埃米里乌斯·保卢斯之子，但是被过继到普布利乌斯·斯基皮奥·阿非利加努斯家族，成为大斯基皮奥②的孙子。小斯基皮奥成为迦太基的主人后，公认该城是天下最富庶的城市，但小斯基皮奥不管是用购买还是其他方式，都没有从该城拿一分一毫来补贴他本人的财产，尽管他本人不是特别富裕，只是中等水平。此外，小斯基皮奥不仅没有染指迦太基城内的财宝，甚至还不允许把任何来自利比亚的东西与他的私人财产混在一起。对小斯基皮奥这个例子，任何人若亲身去调查，都会发现在罗马，没有人质疑他在这方面的名声。

［36］关于这两个人，我会在更合适的场合更详细地讲。弗拉米尼努斯确定与腓力五世的会面时间后，立即写信给各盟友，告知他们开会的日期，几天后在既定时间抵达坦佩关口。盟友的代表到齐组成专门会议后，弗拉米尼努斯站起来要求众代表分别陈述与腓力五世达成和平的条件。阿明纳德罗国王言简意赅且温和地发言后回到座位。他恳求众人务必采取措施保护他的王国，以

---

① 依照罗马法律，丈夫去世后，寡妻有权向其继承人索要当年给付的嫁妆。

② 大斯基皮奥在第二次迦太基战争结束后，由于击败迦太基的功劳，获"阿非利加努斯"的称号。

防届时若罗马人离开希腊，腓力五世会报复他。他说，由于阿塔马尼亚力量虚弱且与马其顿相邻，他的臣民很容易受到马其顿人的欺辱。

之后，埃托利亚人亚历山大发言。他称赞弗拉米尼努斯召集盟友参与和平会议、邀请盟友陈述对和平条件的提议，但是他说，如果弗拉米尼努斯相信通过与腓力五世签订条约就能为罗马人带来和平或为希腊人带来自由，显然大错特错，简直错得离谱。这两种结果都不可能实现。他说，如果弗拉米尼努斯愿意彻底执行他的祖国的政策，兑现他曾对所有希腊人的承诺，那么只有一种方式与马其顿达成和平，即废黜腓力五世。他说，如果弗拉米尼努斯不让眼下的机会溜走，废黜腓力五世易如反掌。就同样的意思长篇大论一番后，他回到座位。

[37] 接着，弗拉米尼努斯发言。他说，亚历山大的说法才是大错特错，不仅是他关于罗马政策的说法错得离谱，而且他本人提出的方案，尤其是关于希腊利益的说法错得离谱。因为罗马人从未只经过一次战争就立即消灭他们的对手，他们对汉尼拔和迦太基人的行动可证明这一点，尽管他们在汉尼拔和迦太基人手上遭受过惨重的伤害。甚至当他们有能力完全按照己意处置迦太基人时，他们也没有采取任何极端措施。他说，他本人从未认可下述意见：放弃任何和解的希望，向腓力五世开战。相反，他认可这种意见：如果腓力五世同意强加给他的种种条件，他很乐意与腓力五世达成和平。他说：

> 因此，你们参加和平会议后反而不愿意和解，着实令我惊讶。是因为我们赢得了狗头山战役的胜利吗？——似乎明显是因为这个。但是，没有什么比这更无情。真正的勇士应该在战斗中对敌人严苛，发泄他们的愤怒。若是被击败，他们应行事高贵；但是若获胜，应该行事中道、温和与仁厚。你现在劝我做的事恰恰相反。再者，为希腊人的利益着想，

马其顿人的统治应该长期被削弱，但绝不意味着应该摧毁马其顿王国。

弗拉米尼努斯说，若是那样，希腊人很快将遭受色雷斯人和高卢人无法无天的侵害，如他们不止一次经历过的那样。他继续说，总的来说，他本人和其他在场的罗马人认为下述意见正当：如果腓力五世同意满足盟友们此前提出的要求，那么在咨询过元老院后，就能与腓力五世达成和平。至于埃托利亚人，他们可自行提出建议。

之后，斐奈阿斯说，所进行的一切皆是徒劳。对腓力五世来说，只要挺过眼下的危机，他会立即重建他的领导权。弗拉米尼努斯没有站起来而是坐着愤怒地打断他，大声吼道："斐奈阿斯，停止胡说八道！我会通过和平的安排让腓力五世无力再伤害希腊人。即便他想，他也做不到。"

［38］那天的会议就这样结束。第二天，腓力五世抵达，第三天，所有代表到场后，腓力五世进入会场，以娴熟的技巧和健全的理智摧毁众代表打算提出的严苛要求的基础。他是这样说的：他愿意屈服，愿意执行罗马人及其盟友之前的所有要求，也会把其他问题提交罗马元老院裁断。

腓力五世说完后，其他代表没有吭声，唯有埃托利亚代表斐奈阿斯说道："腓力，你为什么不把拉里萨·克勒马斯特（Larisa Cremaste）、法萨卢斯、弗忒奥蒂斯的忒拜和厄克西奈斯诸城交给我们？"腓力五世说请拿走它们，但是弗拉米尼努斯说，除弗忒奥蒂斯的忒拜，不应该拿走其他城邑。因为他率大军抵达该城时，曾要求该城向罗马投降，却遭到拒绝。现在该城被武力征服，所以他有权决定该城的命运。弗拉米尼努斯说到这里时，斐奈阿斯变得怒不可遏，说道：首先，由于他们与罗马人并肩作战，他们应该收回之前属于埃托利亚联盟的所有城邑；其次，这也是他们与罗马人原初盟约的自然结果。依照那份盟约，战争中可带走的战利品归罗马人，城市归埃托利亚人。

弗拉米尼努斯说，这两个点大谬不然。原初的盟约在埃托利亚人背弃罗马人、与腓力五世签订和约之时就已失效。即便盟约仍然有效，埃托利亚人也不应接收那些自愿向罗马人投降的城邑，如忒萨利的所有城市那样，而是只能接收那些他们凭武力攻陷的城市。

[39] 弗拉米尼努斯的说法令其他代表很高兴，埃托利亚代表却闷闷不乐。可以说，大灾难的序曲已经开始。正是这次争吵点燃罗马人后来先是与埃托利亚人的战争，之后又与安提俄库斯三世的战争。促使弗拉米尼努斯极力尽快达成和平的主要原因是，他获悉安提俄库斯三世已在叙利亚派出一支大军朝欧洲驶来。这让他一方面担心腓力五世一旦抓住这个获得支持的希望，可能会把他本人堵在城市里，将战争拖下去，另一方面担心届时另一个执政官抵达希腊，他所取得的成就的主要荣耀就会溜走，被继任者窃取。因此，他屈服于腓力五世的要求，给予后者四个月的停战期。

腓力五世立即向弗拉米尼努斯支付200塔兰同钱，并将儿子德米特里乌斯（Demetrius）①和他的一些友人作为人质，派人到罗马把签订和约的问题提交元老院裁定。之后，双方就和平条约交换誓言后分道扬镳。弗拉米尼努斯保证，如果和平条约最后没有被批准，他会把200塔兰同钱和人质归还腓力五世。之后，弗拉米尼努斯的众盟友派人前往罗马，一些为批准和平条约奔走，另一些则竭力阻挠它被批准……

[40] 我们所有人尽管三番五次被同样一些人用同样的手段欺骗，还是无法改掉我们的愚蠢，原因何在？这种诡计经常被许多人实施。这种诡计在其他人身上奏效兴许并不令人惊讶，让人震惊的是，发明这类诡计的人竟然受到同类诡计的欺骗。原因在于，我们没有牢记埃庇卡摩斯（Epicharmus）的绝佳忠告：要保

---

① 腓力五世的小儿子，出生于公元前208年。

持清醒和警觉,不去轻信,这才是智慧的关键。

珀律比俄斯在其史书卷十八说,曼迪翁是紧靠埃托利亚的一座城。

二、亚洲事务

以弗所的地利

[40a1] 罗德岛人极力阻止安提俄库斯三世的舰队沿着海岸航行,不是出于敌意,而是怀揣这一想法:一旦他前去援助腓力五世,他将成为希腊人获得自由的障碍。①

[40a2] 由于以弗所地利极佳,安提俄库斯三世非常渴望占据它。② 对爱奥尼亚和赫勒斯滂海峡的城市来说,以弗所可以说是海上和陆上的堡垒。对亚洲的君王来说,该城始终是对抗欧洲最有利的防御点。

阿塔罗斯一世的品性

[41] 阿塔罗斯一世就是这样死的。③ 按照我对待其他人物的做法,正义要求我对他的去世说几句相称的话。他一开始除财富外,没有任何外在资源来获得一个王国。财富这种东西只有配合智慧和勇气运用,才能对所有事业真正有帮助,但是,如果缺乏

---

① [英译注] 安提俄库斯三世在第五次叙利亚战争中获胜,彻底控制科勒叙利亚地区。然后,他把目光转向小亚细亚和色雷斯地区,利用第二次马其顿战争的机会,于公元前197年春率一支庞大舰队沿着小亚细亚南部海岸航行,陆军则挺进到萨尔迪斯。罗德岛人禁止他越过克里多尼亚群岛(Chelidonian Islands)。获悉狗头山战役的结果,罗德岛人与他达成协议,参李维,《罗马史》,33.19–20。

② 在罗德岛人的帮助下,安提俄库斯三世很快攻占以弗所,并于公元前197年冬在此地过冬。

③ 阿塔罗斯一世去世于公元前197年。

这两种德性,绝大多数事例证明财富恰恰是灾难的原因,会带来彻底的毁灭。财富是嫉妒和阴谋的源泉,就败坏身体和腐蚀灵魂而言,没有什么比得过财富。那些仅凭财富赋予的力量就能阻止这些恶果的人非常罕见。

因此,我们应该敬重阿塔罗斯一世灵魂之崇高,他没有用他的巨额财富去追求其他目的,而是用来获得王权——没有比这更伟大、更辉煌的事业。他不仅通过给予朋友们馈赠和恩惠,而且通过战争中的胜利来为他的计划奠定基础。征服高卢人这一小亚细亚最可怕的好战民族后,他确立了统治的基础,首次表明他是一位真正的国王。接受国王头衔后,他一直活到72岁高龄,统治时间长达44年;作为丈夫他始终节制谦虚;① 作为父亲,他始终保持庄重严肃;他从未背弃朋友和盟友;最后,他在从事一生中最伟大的事业——为希腊的自由而战——时去世。除此之外,最了不起的是,他留下四个成年儿子。② 他对王国的安排如此明智,以至王位毫无争议地一直传到他的孙子。③

三、意大利事务

诸使团出使罗马元老院

[42] 罗马执政官马尔库斯·马塞卢斯(Marcus Claudius

---

① 他的妻子叫阿波罗尼丝(Apollonis),是马尔马拉海南岸库基库斯城一位公民之女。

② 四个儿子分别是:欧墨涅斯二世、阿塔罗斯二世、斐勒泰洛斯(Philetaerus)和雅典奈俄斯(Athenaeus)。欧墨涅斯二世,公元前197至前159年在位;阿塔罗斯二世,公元前159年至前138年在位。

③ 阿塔罗斯二世去世后,欧墨涅斯二世之子阿塔罗斯三世(Attalus III)继任王位。公元前133年,阿塔罗斯三世去世,没有任何后代,也没有选定继承人,遗嘱宣布把王国赠予罗马。阿塔罗斯一世建立的帕加马王国至此亡国。

Marcellus)[1]就职后，腓力五世的使团、弗拉米尼努斯及其盟友派来的代表皆抵达罗马，就是否同腓力五世签订和平条约与罗马元老院进行交涉。元老院经过充分讨论后，决定批准和约。但是，当元老院把决议提交给民众大会审议时，马尔库斯·克劳狄乌斯·马塞卢斯本人由于渴望到希腊去，声言反对签署和约，尽其所能破坏谈判。尽管如此，民众大会还是满足弗拉米尼努斯的愿望，批准了和约。

和平实现后，元老院立即指派十名最杰出的成员前往希腊，与弗拉米尼努斯一起管理希腊事务，保证希腊人的自由。阿凯亚代表埃吉翁的达摩克塞努斯（Damoxenus）还在元老院提出签订盟约的倡议。[2]但是，由于当时有别的使节反对，厄利斯代表向阿凯亚索要特里弗里亚，墨瑟尼亚代表索要亚辛和派罗斯，埃托利亚代表索要赫莱阿，所以，元老院宣布阿凯亚与罗马结盟的问题由十人团来决定。这就是诸使团出使元老院的结果。

四、希腊事务

波俄提亚人的行为

[43]狗头山战役结束后，弗拉米尼努斯在厄拉忒亚

---

[1] 公元前196年的罗马执政官。
公元前196年是汉高祖十一年。冬，高祖率军抵达邯郸，陈豨之将侯敞率军一万多人四处袭扰，王黄率千余人驻曲逆（今河北顺平县东南），张春率一万多人渡过黄河攻聊城。高祖派将军郭蒙与齐国将领出击，大败之。太尉周勃从太原入代，平定代地，至马邑，攻残马邑。高祖封其子刘恒为代王，入都太原。春天，淮阴侯韩信被杀，灭三族。三月，梁王彭越谋反，被灭三族。七月，淮南王黥布谋反，高祖率军讨伐黥布。参《史记·高祖本纪》，前揭，页388—399。

[2] 公元前198年，阿凯亚联盟倒向罗马时，没有签订正式盟约。

（Elatea）①过冬，波俄提亚人急于寻回战役时在腓力五世麾下服役的人，遂派一个使节恳求弗拉米尼努斯为那些人提供安全，弗拉米尼努亚由于忧虑安提俄库斯三世的动向，想安抚波俄提亚人，遂爽快答应这一要求。那些人很快被从马其顿遣返，其中有布拉库勒斯。②波俄提亚人立马任命布拉库勒斯为最高长官之一，又继续任命那些公认是马其顿王室朋友的人为官员，授予他们荣誉。③他们还派一名使节感谢腓力五世归还士兵，贬低弗拉米尼努斯的善举。

宙克西普斯（Zeuxippus）、皮西斯特拉图斯（Pisistratus）以及其他公认是罗马的朋友的人看到这些事，非常不满，因为他们预见到将要发生的事，为自己和亲属的安全担忧不已。他们深知，如果罗马人离开希腊，腓力五世在他们的侧翼，届时腓力五世的力量与他们的政敌的力量将一起不断增强，他们就无法安全地参与波俄提亚的政治事务。因此，他们联合起来派人到厄拉忒亚觐见弗拉米尼努斯。

见到弗拉米尼努斯后，他们抛出各种各样的论据，首先指出波俄提亚人目前拥有激烈的反罗马情绪，然后强调民众的忘恩负义，最后大胆提出，除非通过杀死布拉库勒斯恐吓民众，否则待罗马代表离开希腊后，没有办法保证亲罗马派的安全。听完这些陈述后，弗拉米尼努斯说他本人不会参与此事，但是，若有人想要这样做，他不会阻止。④他还建议他们把这个计划向埃托利亚

---

① 厄拉忒亚是波俄提亚的主要城市。此前不久，该城居民被罗马人或埃托利亚人驱逐，此时正在阿卡狄亚的斯图姆法洛斯城避难。

② 参18.1。布拉库勒斯自公元前198年的尼凯亚会谈起，就追随腓力五世左右。

③ 波俄提亚的最高权力机构由七人组成，每人代表波俄提亚的一个区。

④ ［英译注］李维叙述布拉库勒斯被杀之事时，略掉了弗拉米尼努斯参与其中的细节。参李维，《罗马史》，33.27–29。

联盟将军阿勒克萨梅诺斯（Alexamenus）[①]讲明。宙克西普斯等人听从这一建议，告知阿勒克萨梅诺斯计划，后者很快被说服，同意参与阴谋，派三名埃托利亚士兵和三名意大利士兵暗杀布拉库勒斯……

没有什么像我们心中的良知那样，是如此可怕的见证者或如此令人生畏的控诉者。[②]

弗拉米尼努斯和罗马十人团在希腊

［44］正在这时，受命管理希腊事务的十人团带着元老院关于同腓力五世签订和平条约的决议，从罗马抵达希腊。和约的主要内容如下：

第一，亚洲和欧洲的所有希腊人恢复自由，遵从他们自己的法律生活。

第二，腓力五世需在地峡竞技会[③]前把他控制和派有驻军的城市交给罗马人。

第三，腓力五世需从欧洛莫斯、佩达萨（Pedasa）、巴古里亚、伊阿苏斯、阿拜多斯、塔索斯、穆里纳和培林图斯诸城撤走驻军，诸城恢复自由。[④]

第四，弗拉米尼努斯依照元老院决议写信告知普卢西阿

---

① ［英译注］此人是公元前197年至前196年度的联盟将军。公元前192年，他谋杀斯巴达僭主纳比斯，然后又被斯巴达人杀死。参李维，《罗马史》，36.34–36。

② ［英译注］依照李维的叙述，谋杀布拉库勒斯后，宙克西普斯逃往塔纳格腊（Tanagra），受尽良知的折磨，见李维，《罗马史》，33.28。

③ 指公元前196年的地峡竞技会。

④ 前四城是卡利亚地区的城市。穆里纳是利姆诺斯岛的城市，不知道腓力五世何时占据该城。

斯一世，命后者恢复基乌斯城的自由。

第五，腓力五世需在地峡竞技会之前把战争中的所有俘虏和叛徒交予罗马人。

第六，腓力五世交出所有战舰，只准保留5艘轻型帆船和他那艘十六排桨的大船。①

第七，腓力五世向罗马人赔付1000塔兰同钱，其中500塔兰同立即交出，另外一半在10年内付清。

[45] 元老院的这一决议在希腊传开后，除埃托利亚人外，所有希腊人喜出望外、欣喜不已。埃托利亚人对没有得到他们原先期待得到的东西非常失望，于是四处诋毁这份和约，扬言这份和约仅是言辞上的安排，而非实际的安排。他们说，关于腓力五世驻守的城市，这份和约有两个条款，其中一条要求腓力五世撤军，把诸城交给罗马人；另外一条又说要求腓力五世撤军，给予诸城自由。他们说，那些获得自由的城市被一一点名，且都位于亚洲，显然腓力五世派有驻军的、位于欧洲的城市将交给罗马人，即奥瑞俄斯、厄勒特里亚、卡尔基斯、德米特里港、科林多诸城。② 任何人都能从中轻易看到，罗马人将取代腓力五世控制希腊的咽喉要地，那意味着希腊更换主人，而非希腊摆脱奴役。这就是埃托利亚人令人作呕的说法。

弗拉米尼努斯和十人团从厄拉忒亚出发，下到安提库拉，然后立即渡海抵达科林多。一抵达那里，弗拉米尼努斯立即与十人

---

① [英译注] 这艘超大的战舰，可能是双排桨，每8人一排桨。这艘巨舰可能是吕西马科斯于公元前288年从德米特里乌斯一世手中夺得，直到公元前168年，该舰一直待在马其顿。第三次马其顿战争后，埃米里乌斯·保卢斯从珀尔修斯手中夺取该舰，将其停泊在台伯河。参李维，《罗马史》，45.35。

② 前三城位于欧波亚岛，后三城是希腊的战略咽喉要地。参18.11。

团开会，商讨整个局势。埃托利亚人的诽谤四处传播，已被一些人相信，弗拉米尼努斯不得不对同僚发表经过精心编织的长篇演说，向他们指出，如果他们希望在希腊赢得广泛的声誉，并说服希腊人相信罗马人当初跨海到希腊不是为他们自己的利益着想，而是为解放希腊而来，他们因此必须从各处撤军，给予腓力五世派有驻军的诸城自由。

参会人员对这个提议犹豫不决，这要归因于下述事实：之前在罗马已经就所有其他问题作出决议。关于其他问题，十人团已从元老院得到明确指示，但是，关于卡尔基斯、科林多和德米特里港的问题，由于担忧安提俄库斯三世介入，它们便被留给十人团酌情裁断，即十人团依照形势的变化裁断上述三城的归属问题。当时，安提俄库斯三世显然在等待介入希腊事务的机会。然而，弗拉米尼努斯说服同僚做出下述决定：立即恢复科林多的自由，依照原初的约定，将该城交给阿凯亚人，同时他本人控制科林多卫城、德米特里港和卡尔基斯。

[46] 做出上述决定后，地峡竞技会临近，几乎整个天下最杰出的人都想知道罗马人的决定，全部齐聚科林多。整个竞技会期间，各种各样的说法满天飞，一些人说罗马人不可能放弃一些要地和城市，另一些人说罗马人将放弃那些名满天下的城市，但是会保留那些不那么出名、仍能发挥同样功用的地方，甚至一一举出罗马人不会放弃的不那么出名的地方，他们说得一个比一个离奇。这就是众人齐聚科林多体育馆观看竞赛时的种种疑虑。这时，传令官上前，号手用号角令全场静寂无声后，大声宣读：

> 罗马元老院和提图斯·昆修斯·弗拉米尼努斯已经击败腓力五世和马其顿人，给予下述人民自由、不派驻军、无需缴纳贡赋、由他们自己的法律统治：科林多人、佛基斯人、洛克里斯人、欧波亚人、弗忒奥蒂斯的阿凯亚人、马格尼西亚人、忒萨利人和佩莱比亚人（Perrhaebians）。

传令官刚开始宣读声明，体育馆内就爆发出巨大的喊声，一些人甚至没有听清声明，其他人则想再听一遍。大多数人由于无法相信自己的耳朵，认为他们听到的仿佛是在做梦，因为这事太过出乎意料，每个人都受不同的动机驱使，大声要求传令官和号手到体育馆中央来，重新宣读一遍。我认为，他们如此要求是因为，他们不仅想再听一遍，而且由于这份声音不可思议的特征，想亲眼看看传令官的模样。传令官应要求来到体育馆中央，待号手用号角令全场安静后，再次宣读了一遍声明，体育馆立刻发出震耳欲聋的欢呼声，以至那些仅仅听闻此事的人根本无法想象当时欢呼的盛况。

持续很久的欢呼声渐渐停止后，没人再关心竞赛，所有人要么与旁边的人交谈，要么自言自语，仿佛所有人都是兄弟一般。确实如此，以至竞赛结束后，他们表达对弗拉米尼努斯的感激时差点把他挤死。一些人渴望一睹弗拉米尼努斯的风采，称他为救世主，一些人争先恐后与他握手，大部分人则把花冠和饰品扔给他，差点把他砸死。但是，不管他们的感激多么热烈，人们都可自信地说，这种感激比不上这件事的伟大。

这的确是一件了不起的事：第一，罗马人和他们的将军弗拉米尼努斯为了希腊的自由，会不惜一切代价，敢于面对任何危险；第二，他们此前率一支兵力庞大的军队实现此目的；第三也是最重要的是，没有任何意外事件妨碍他们的计划，一切都无一例外促成这一关键时刻，即单单通过一份声明，居住在亚洲和欧洲的所有希腊人就恢复自由，不会被派驻军，无需缴纳贡赋，由自己的法律统治。

[47] 地峡竞技会落幕后，十人团首先接见安提俄库斯三世的使团。十人团对后者的使团提出下述要求：关于亚洲的城邑，安提俄库斯三世不得染指那些自治的城邑，[①] 不得对它们动武，必

---

① 尤其是士麦那和拉穆普萨库斯（Lampsacus），两城皆遭到安提俄库斯三世的逼迫，遣使求助弗拉米尼努斯。

须从他不久前占据的原先属于托勒密王国和腓力五世的城邑撤军。同时,十人团告诫安提俄库斯三世不要图谋率军干预希腊事务,因为希腊人眼下没有受到任何邦国攻击,没有屈服于任何邦国。十人团还笼统宣称,他们的一些成员会出使安提俄库斯三世。赫格西阿纳科斯(Hegesianax)[①]和吕西阿斯(Lysias)带着这一答复向安提俄库斯三世复命。

之后,十人团将各族、各城代表召来,向他们解释十人团的决定。关于马其顿,他们令名叫奥瑞斯泰(Orestae)的部族自治,理由是在与马其顿的战争期间,这个部落站在罗马人一边;令佩莱比亚人、多洛皮亚人(Dolopes)和马格尼西亚人恢复自由。关于忒萨利,他们除恢复忒萨利人的自由外,还将弗忒奥蒂斯的阿凯亚人交予忒萨利,但夺走弗忒奥蒂斯的忒拜和法萨卢斯两城,因为埃托利亚人一直在执着地索要法萨卢斯,说依照原初的条约,法萨卢斯和勒夫卡斯属于他们。十人团决定推迟宣布法萨卢斯的归属问题,待埃托利亚人与罗马元老院就此事交涉以后再宣布,但是允许埃托利亚人把佛基斯人和洛克里斯人纳入他们的联盟,因为这两城原先属于他们的联盟。

十人团把科林多、特里弗里亚和赫莱阿交还阿凯亚人,且大多数成员支持把奥瑞俄斯和厄勒特里亚交给欧墨涅斯二世(Eumenes II)。[②]但是,弗拉米尼努斯就这个问题发言后,这个提议被否决。不久之后,罗马元老院做出决定:恢复奥瑞俄斯、厄勒特里亚连同卡律斯图斯(Carystus)[③]的自由。十人团把吕克尼

[①] 亚历山大里亚-托罗阿斯(Alexandria Troas)城人,诗人和史家,也是安提俄库斯三世的密友,常替后者出使各邦。

[②] 帕加马王国国王,阿塔罗斯一世的长子,公元前197至前159年在位。

[③] 位于欧波亚岛最南端。

斯（Lychnis）和帕图斯（Parthus）两城交给伊利里亚王普勒拉图斯（Pleuratus），这两城属于伊利里亚人，此前被迫屈服于腓力五世。[1] 十人团还允许阿明纳德罗占有他在战争期间从腓力五世手中夺取的全部要塞。

[48] 如此安排后，十人团分头行动。普布利乌斯·兰图鲁斯（Publius Lentulus）前往巴古里亚，恢复该城自由；卢西乌斯·斯特尔提尼乌斯（Lucius Stertinius）前往赫菲斯提亚（Hephaestia）、塔索斯和色雷斯，恢复那里的自由。[2] 普布利乌斯·塔普卢斯（Publius Vilius Tappulus）和卢西乌斯·马萨略塔（Lucius Terentius Massaliota）出使安提俄库斯三世，格奈乌斯·兰图鲁斯（Gnaeus Cornelius Lentulus）出使腓力五世。[3] 格奈乌斯·科涅利乌斯在坦佩附近与腓力五世会面，向他传达种种指示后，建议他遣使罗马请求结盟，那样罗马人就不会认为他在伺机而动，在等待安提俄库斯三世抵达。

腓力五世接受了这一建议，格奈乌斯·科涅利乌斯马不停蹄赶往忒尔摩斯，当时埃托利亚联盟正在那里举行一年一度的联盟将军选举大会。格奈乌斯·科涅利乌斯出席大会，发表长篇演说，劝诫埃托利亚人维持对罗马的态度，继续对罗马友好。但是，许多发言者在发言时，有的委婉谴责罗马人没有平等对待埃托利亚人，没有遵守原初的条约；有的则大骂，若非得到埃托利亚人的帮助，罗马人本不可能登陆希腊或击败腓力五世。格奈乌

---

[1] 上一次提到普勒拉图斯是10.41。吕克尼斯即现在北马其顿境内的奥赫里德（Ohrid）城，位于奥赫里德湖边。

[2] 赫菲斯提亚是利姆诺斯岛的城市，前文提到过另一座城穆里纳也被恢复自由。色雷斯有两座城伊纳斯（Aenus）和马洛奈亚（Maroneia），是腓力五世于公元前200年从托勒密五世手中夺取。

[3] 普布利乌斯·塔普卢斯是公元前199年的执政官；格奈乌斯·兰图鲁斯是公元前201年的执政官。

斯·科涅利乌斯克制住情绪，没有反击这些指控，而是恳请他们派一个使团到罗马，既然他们想从罗马元老院得到完全的公正。这就是他对埃托利亚人的劝诫。这就是与腓力五世的战争结束后的局势。

五、亚洲事务

［49.1］如谚语所说，如果他们被迫无奈，只能求助于罗马人，将他们自己和城市交给罗马人。①

安提俄库斯三世与罗马使节

［49.2-3］安提俄库斯的计划进展顺利，当他在色雷斯时，卢西乌斯·科涅利乌斯经海路抵达塞吕布里亚（Selymbria）②城。罗马元老院派他来督促安提俄库斯三世和托勒密五世签订和平条约。

［50］与此同时，十人团的三名成员也抵达塞吕布里亚，普布利乌斯·兰图鲁斯从巴古里亚来，卢西乌斯·特伦提乌斯和普布利乌斯·维利乌斯从塔索斯来。他们抵达的消息第一时间被报告给安提俄库斯三世，几天后双方在吕西玛凯亚③会面。此前出使弗拉米尼努斯的赫格西阿纳科斯和吕西阿斯也在同一时间抵达。在非正式会面中，双方交谈简单且友好，但是在随后双方就当前局势举行的正式会谈中，氛围截然不同。

卢西乌斯·科涅利乌斯要求安提俄库斯三世从原先属于托勒

---

① 可能是指拉穆普萨库斯城受到安提俄库斯三世的逼迫。
② 该城坐落在普罗庞提斯海北岸，位于培林图斯和拜占庭之间。
③ 该城位于色雷斯切索尼斯半岛，由吕西马科斯于公元前309年创建。该城是腓力五世于公元前202年远征小亚细亚的基地。公元前199年或前198年，马其顿驻军撤离后，该城被色雷斯人毁灭；公元前196年，又被安提俄库斯三世重建。

密王国、近来被他占据的城市撤军，至于原先属于腓力五世、近来被他占据的城市，则需立即撤出。卢西乌斯·科涅利乌斯说，安提俄库斯三世在战争已经尘埃落定后来到欧洲，拿走罗马人在战争中从腓力五世手中赢得的战利品，实在荒谬。他还劝诫安提俄库斯三世不要染指诸自治城市。总而言之，他说他很纳闷，安提俄库斯三世有何理由率如此庞大的兵力和舰队渡海到欧洲。任何判断力健全的人都无法想象，安提俄库斯三世到欧洲除打算对罗马人开战外，还有什么别的理由。这就是罗马使节的发言。

[51] 安提俄库斯三世回答说，第一，他很纳闷罗马人有什么权利对他在亚洲的城市指手画脚；罗马人是最没有资格这么做的人。第二，他要求罗马人不要操心亚洲事务，正如他本人没有操心意大利事务。他说，他率军跨海到欧洲是为收复切索尼斯半岛和色雷斯的城市，因为他本人比任何人都更有权统治这些地方。这些地方原先是吕西马科斯的王国的一部分，塞琉古一世当年通过战争击败吕西马科斯后，凭战胜者的权利，使吕西马科斯的王国全部归塞琉古一世所有。① 但是，那之后的许多年，他的祖先关心的重点在别处，没有重视此地，所以首先是托勒密王国，然后是腓力五世抢夺并占据该地。眼下，他并非利用腓力五世的逆境夺取该地，而是依照他的权利和实力重新拿回属于他的东西。

至于吕西玛凯亚城，该城民众被色雷斯人出其不意地赶走，他眼下带着他们返回其故土安居，丝毫没有伤害罗马人，并且他这样做并非要伤害罗马人，而是想为塞琉库斯（Seleucus）② 提供

---

① 指公元前281年的克罗派狄翁之战，吕西马科斯战死。
② 即塞琉古王国的塞琉古四世，是安提俄库斯三世的次子。公元前193年，他的兄长安提俄库斯去世后，他成为安提俄库斯三世的共治国王，并于公元前187年其父去世后，继承王位，在位时间是公元前187至前175年。公元前196年，安提俄库斯三世攻占切索尼斯半岛和色雷斯诸城后，任命他为该地总督。

一处居所。至于亚洲的自治城市,根本轮不到罗马人发令恢复它们的自由,而是应该凭他本人的宽宏大量恢复其自由。至于与托勒密五世的关系,他本人会用自己喜欢的方式解决,因为他已经决定不仅要与托勒密五世建立友谊,而且要进行家族联姻。①

[52]卢西乌斯·科涅利乌斯及其同僚决定召来士麦那和拉穆普萨库斯的代表问询,这一决定得到安提俄库斯三世的同意。拉穆普萨库斯派帕门尼翁(Parmenion)和皮托多洛斯(Pythodorus)、士麦那派康拉诺斯(Coeranus)前来。这两城的代表在会上侃侃而谈时,安提俄库斯三世非常生气,仿佛他把亚洲人之间的争论提交给一个罗马法庭裁断,遂打断帕门尼翁,说:"别再喋喋不休!我们之间的分歧应该交给罗德岛人而非罗马人裁断。"会议中断,双方不欢而散。

六、埃及事务

斯科帕斯和其他埃托利亚人在亚历山大里亚

[53]渴望拥有勇敢且名满天下的事迹的人很多,但敢于付诸行动的人很少。与科勒奥门涅斯三世相比,在面对危险和行动大胆方面,斯科帕斯有更好的资源。对科勒奥门涅斯三世来说,他的计划除他的仆人和友人外,无望得到其他援助。尽管如此,他没有放弃微弱的希望,而是尽其所能去行动,认为光荣地死亡比耻辱地活着更好。斯科帕斯则相反,当他有大量支持者,且由于托勒密五世彼时还是个孩子因而有绝佳的机会时,他却瞻前顾后,一拖再拖,最终被敌人占取先机。

---

① 安提俄库斯三世将他的妹妹克里奥帕特拉嫁给了托勒密五世,婚礼于公元前194年举办。

阿里斯托美涅斯（Aristomenes）[1]发现斯科帕斯总是聚集友人在他的宅邸密谋，派人将他召到王家内阁前质询。面对召见，斯科帕斯竟然方寸大乱，不敢执行他的计划，最糟糕的是，他竟然以为应接受国王的召见。阿里斯托美涅斯抓住他犹豫不决的时机，立即派部队和战象包围他的宅邸。阿里斯托美涅斯命令欧墨涅斯（Eumenes）之子托勒密（Ptolemy）率一些士兵进入斯科帕斯的宅邸将他带出，如果斯科帕斯主动就范最好，如果拒绝，就动武。托勒密走进斯科帕斯的宅邸，宣布国王召见斯科帕斯。斯科帕斯起初没有在意托勒密的话，而是直勾勾盯着托勒密好一会儿，似乎想以此震慑托勒密，对此人的大胆惊讶不已。直到托勒密走近他，大胆抓住他的披风，他才喊叫身边的友人帮助他。但是，由于进入宅邸的士兵人数众多，又有人告诉他宅邸已被包围，他屈服于形势，在友人陪同下跟着托勒密走出宅邸。

[54]斯科帕斯来到王家内阁大厅后，首先是托勒密五世简短指控了他，之后是刚从塞浦路斯抵达亚历山大里亚的珀律克拉底[2]指控他，最后是阿里斯托美涅斯。三人指控的罪名与我刚刚陈述的大体类似，只是补充了与友人秘密聚会、拒绝国王召唤的罪名。由于这些罪名，他不仅受到内阁的谴责，而且受到在场的外邦使节的谴责。阿里斯托美涅斯指控他之前，还把他叫到许多希腊来的许多显贵人物面前，其中包括前来调解托勒密五世与安提俄库斯三世关系的埃托利亚使团，使团成员之一就是尼科斯特拉图斯之子多利马库斯。[3]

---

[1] 阿卡纳尼亚人，特勒庞勒莫斯的继任者。托勒密五世登基之初，特勒庞勒莫斯平定阿加托克勒斯的暴政后，任内阁首席大臣。参15.31。

[2] 阿尔哥斯人，是参与公元前217年的拉菲亚战役的托勒密王国的将军之一，后被委任为塞浦路斯总督。参5.64。

[3] 二人曾是并肩作战的盟友，参4.5；13.1–1a。

各位指控者指控完毕后，轮到斯科帕斯答辩。由于现场乱糟糟一片，无人在意他的自辩，他和友人们立即被收监。夜幕降临后，阿里斯托美涅斯毒杀斯科帕斯及其友人。不过在杀死狄凯阿库斯（Dicaearchus）前，阿里斯托美涅斯代表希腊人让他受尽折磨和拷打，遭受应有的惩罚。腓力五世当年决定背信弃义地攻击基克拉迪群岛和赫勒斯滂海峡的诸城市时，任命这位狄凯阿库斯为海军将领，让他全权负责此项行动。被派去执行一项明显渎神的任务时，狄凯阿库斯不认为他犯下滔天罪恶，他过分的傲慢令诸神和凡人都感到恐惧。不管他的舰队停在哪里，他都会建立两座祭坛，一座是渎神之坛，另一座是无法之坛。他为这两座祭坛献祭，像崇拜神一样崇拜这两种力量。因此，他必须被宣布应遭受神和人施加给他的应得的惩罚：他以反自然的原则指导自己的生活，同样没有遭受自然的死亡。托勒密五世允准其他想离开埃及返家的埃托利亚人，带着财产离开。

［55］斯卡帕斯的贪婪甚至在他活着时就已臭名昭著——他的贪婪天下无人能比，但是，他死后，在他家中发现数不清的金钱和财宝，这使他更加恶名昭彰。在卡里摩图斯（Charimortus）[①]的野蛮和酒后暴力的帮助下，他像个窃贼一般将整个宫殿洗劫一空。

解决埃托利亚人问题后，内阁诸大臣立即筹备托勒密五世的亲政庆典（ἀνακλητήρια）。[②] 虽然他的年龄并不大，没有迫切的需要，但是众大臣认为，国王亲政不仅有助于解决各项事务，而且是王国向好转变的开端。进行大规模准备后，他们以与王国尊严相称的方式举行登基庆典，珀律克拉底看起来在这件事上发挥的作用最大。托勒密四世统治时期，珀律克拉底还是年

[①] 此人也是托勒密四世雇佣的将军，负责为国王狩猎大象。
[②] 于公元前197年与前196年冬春之际举行，彼时托勒密五世13岁。

轻人，公认在忠诚和能力方面整个宫廷无人出其右，现在他继续为托勒密五世服务。当年面对危险且复杂的局势，他被委任治理塞浦路斯并管理该岛的收入。他不仅为年幼的托勒密五世牢牢守住该岛，而且聚敛巨量税收，现在带着这笔钱来到亚历山大里亚交给国王，同时将塞浦路斯总督之职交给迈加洛波利斯人托勒迈俄斯。[①]

由于这一功绩，珀律克拉底在宫廷大受欢迎，并在随后的年月积累大笔财富。但是，随着年岁渐长，他放荡堕落的生活最终令他声名扫地。阿格撒库斯之子托勒迈俄斯在老年时也得到相似的名声。叙述到那个时期时，我会毫不留情地揭露他们掌握大权时的种种可耻行径。

---

① 阿格撒库斯之子，参15.25。托勒密四世驾崩，托勒密五世继位之初，托勒迈俄斯曾被阿加托克勒斯遣至罗马。

第十九卷

［1］珀律比俄斯说，在马尔库斯·加图（Marcus Porcius Cato）[①]指挥下，拜提斯（Baetis）河北侧的诸多城市的城墙一天之内被夷为平地。这些城数目众多，每城皆布满壮丁。（普鲁塔克，《马尔库斯·加图传》，10；对照李维，《罗马史》，34.17.11）

［2］汉尼拔曾在战争中俘获巨量俘虏，然后将之卖掉，因为他们的亲属付不起赎金。珀律比俄斯可证明赎回俘虏所需金额之大，他说阿凯亚人赎买俘虏花费100塔兰同，因为他们需为每个俘虏付给以前的主人500第纳尔作为补偿。[②]（李维，《罗马史》，34.50.5-6）

[①] 公元前195年的罗马执政官，他该年率军在伊比利亚作战。

公元前195年是汉高祖十二年。十一年冬十月，高祖在会甄（今安徽宿州市）击败黥布的叛军，黥布逃走，高祖命将领追击，杀黥布于鄱阳。十一月，高祖返回长安。高祖讨伐黥布时，为流矢所伤。四月，高祖驾崩，时年六十一岁。参《史记·高祖本纪》，前揭，页392。

[②] 公元前194年，弗拉米尼努斯在科林多召集希腊人举行的一次会议上，呼吁希腊人赎买罗马人在汉尼拔战争期间抓获的俘虏。李维的500第纳尔等于希腊的500德拉克马。

公元前194年是汉惠帝元年。高祖驾崩时，惠帝刘盈十七岁。惠帝元年，赵王刘如意被杀，时年十一岁。修筑长安城。惠帝二年（公元前193年），萧何去世。参《汉书·惠帝纪》，北京：中华书局，2010，页88。

第二十卷

一、希腊事务

[1] 埃托利亚人任命30人的元老议事会与安提俄库斯三世对接。① 安提俄库斯三世召集这个议事会开会,讨论当时局势。(来自《苏伊达辞书》,对照李维,《罗马史》,35.48.2)

安提俄库斯三世和波俄提亚

[2] 安提俄库斯三世遣使波俄提亚,后者回复使者:如果安提俄库斯三世亲自到波俄提亚,他们才会考虑他的要求。②(对照李维,《罗马史》,35.50.5)

---

① 此处开始叙述公元前192年秋,安提俄库斯三世在德米特里港登陆后的事。关于埃托利亚的这个议事会,参4.5。
汉惠帝三年春,朝廷征发长安周围六百里内的男女民工十四万六千人修筑长安城,三十天结束。匈奴冒顿单于写信给吕太后,措辞极为亵污傲慢。囿于国力,惠帝以宗室女作为公主,嫁给冒顿,以示和亲。夏五月,立名叫摇的闽越君为东海王,入都东瓯(今浙江温州)。六月,朝廷征发各封国的刑徒奴隶二万人修筑长安城。秋七月,南越王赵佗称臣奉员。参《汉书·惠帝纪》,北京:中华书局,2010,页89。
② 波俄提亚人随后选择与安提俄库斯三世结盟。

伊庇鲁斯和厄利斯遣使安提俄库斯三世

[3]这年冬季到来时，安提俄库斯三世在卡尔基斯，伊庇鲁斯的使者卡洛普斯（Charops）、①厄利斯的使者卡利斯特拉图斯（Callistratus）求见这位国王。伊庇鲁斯人恳求安提俄库斯三世不要把他们牵扯进与罗马的战争，因为一旦开战，他们将由于所在的地理位置而首当其冲。如果他确实能保护伊庇鲁斯和其安全，他们愿意在境内各城和港口接待他；但是，如果他现在无法做到这一点，他们请求他谅解无法接待他，因为他们害怕遭到罗马的打击。

厄利斯人恳求安提俄库斯三世派兵援救他们，因为阿凯亚人已决定对他们开战，他们担心遭到阿凯亚人的攻击。②安提俄库斯三世回复伊庇鲁斯使者说，他将遣使到伊庇鲁斯商讨符合双方共同利益的主题，回复厄利斯使者说，他将派克里特人欧法奈斯（Euphanes）率1000步兵前去协助。（对照李维，《罗马史》，36.5.1–8）

波俄提亚的衰落

[4]多年来，波俄提亚一直处于病态，与曾经的强健和名震天下大不相同。琉克特拉战役后，波俄提亚人名震天下，权势达至顶峰，但是在那之后，由于种种原因，他们的名望和权势逐渐双双衰落，尤其是阿拜俄克利图斯（Abaeocritus）③任将军期间。从那之后，他们的名望一落千丈，就连他们对曾经荣耀的记

---

① ［英译注］伊庇鲁斯的亲罗马派，公元前198年协助弗拉米尼努斯攻击过腓力五世，参李维，《罗马史》，27.15。

② ［英译注］四个月后，阿凯亚人对安提俄库斯三世宣战。参李维，《罗马史》，39.3。

③ 于公元前245年任波俄提亚人将军，同年率波俄提亚人与埃托利亚人在凯洛尼亚交战，被击败并战死。

忆都随风飘逝。当时，阿凯亚人与埃托利亚人爆发战争，波俄提亚人站在阿凯亚人一边，与之结盟，立即向埃托利亚人开战。当埃托利亚人在战争期间侵入波俄提亚，他们率全部兵力迎战。同时，阿凯亚人也集结军队赶来援助他们。他们不等阿凯亚军队抵达，就与埃托利亚人交战。他们在战斗中被击败后，勇武精神一扫而空，萎靡到再也不敢争取任何荣耀，不敢参与希腊人的任何军事行动或政治斗争，而是完全沉溺于享乐和酗酒，不仅身体被耗干，而且精气神也变得萎靡不振。

[5] 他们最愚蠢的行为如下所述。我刚刚提及的那次战斗失败后，波俄提亚人立即背弃阿凯亚人，转投埃托利亚联盟。此后不久，埃托利亚人对腓力五世的父亲德米特里乌斯二世开战，波俄提亚人再次背弃埃托利亚人，由于不想面对任何危险，所以待德米特里乌斯二世率军抵达波俄提亚，立即投靠马其顿。但是，由于他们祖先的荣耀仍有些许星火，有些人对这种状态和要对马其顿人唯命是从非常不满。结果，这类人激烈反对阿斯康达斯（Ascondas）和尼翁（Neon）——前者是布拉库勒斯的祖父，后者是布拉库勒斯的父亲——这两人当时是波俄提亚亲马其顿派的领袖。不过，由于下述偶然事件，阿斯康达斯和尼翁在斗争中获胜。

德米特里乌斯二世驾崩后，安提哥努斯三世成为摄政者。安提哥努斯三世乘船前往波俄提亚最东端的拉里穆纳（Larymna）城办事，由于潮水退得很低，他的船在途中搁浅。① 波俄提亚人此前听闻安提哥努斯三世打算蹂躏拉里穆纳周边，尼翁当时任骑兵将军，正好率波俄提亚全部骑兵在拉里穆纳周边巡逻，因而偶遇安提哥努斯三世，后者当时由于偶然事故正处于沮丧和无法动弹的状态。对尼翁来说，当时尽管有能力给予马其顿人重大打击，他却出乎马其顿人的意料，放过了他们。其他波俄提亚人称赞他的行为，但忒拜人非常不满。

---

① 此事发生于公元前227年。

不久潮水回涨，安提哥努斯三世脱困，非常感激尼翁没有乘人之危攻击他，然后按照原定目的航往亚洲。后来，安提哥努斯三世击败斯巴达的科勒奥门涅斯三世，成为拉克岱蒙的主人，为感激尼翁曾经的友善，任命尼翁之子布拉库勒斯为他在斯巴达城的代表。这对布拉库勒斯及其家族的兴旺帮助极大，安提哥努斯三世不仅当时通过授予他这一职务向他表示敬意，而且此后还和腓力五世不断赏赐他金钱、提升他的职位。布拉库勒斯家族因此很快肃清忒拜的反对者，迫使所有人站到马其顿一边，只有极少数人例外。

这就是尼翁家族对马其顿的依附，这个家族的兴旺也是源于此种依附。

[6.1-6] 但是，波俄提亚的公共事务混乱至极，以至近25年的时间里，其民事和刑事司法皆陷入停滞，全部由官员命令行事，官员们要么命令派驻军，要么命令发动一般性的战斗，总是想废除法律程序。有的官员甚至用公共财政给穷人发钱，民众因此学会追捧和贿赂能帮助他们逃避刑罚和债务的官员，甚至还能通过这类官员从公共财政中捞到一点羹。这类恶行的罪魁祸首是奥菲塔斯（Opheltas），他不断想出各种只是为了暂时造福民众，但最终肯定会毁灭所有人的计划。上述一切发生的同时，又出现一种最不幸的狂热。那些鳏寡孤独的老人去世时，不是像自古以来的习俗那样让他们最近的亲属继承其财产，而是将他们的财产用于举行宴会，让他们的朋友们分享这些财产。甚至许多有家室的人也把大部分财产分给党羽，以致很多波俄提亚人每个月参加宴会的次数超过每个月的天数。

麦加拉退出波俄提亚联盟

[6.7-12] 波俄提亚此种混乱状况的结果是，麦加拉人对之厌恶至极，怀念他们曾经与阿凯亚的联盟关系，再次倾向阿凯亚联盟及其政策。因为在安提哥努斯三世统治时期，麦加拉人是阿凯亚联盟的成员，但是科勒奥门涅斯三世通过控制科林多地峡，截

断他们与阿凯亚人的联系，得到阿凯亚人的同意后，他们加入波俄提亚联盟。就在我正在叙述的时刻前不久，他们又因不满波俄提亚的政治状况，再次投身阿凯亚联盟。面对这一事件，波俄提亚人对自己遭到藐视非常愤怒，率全部兵力进攻麦加拉。但是，麦加拉人认为他们的进攻无关紧要，波俄提亚人于是愤怒地包围麦加拉，发动攻击。然而，听闻斐洛珀门将率阿凯亚部队抵达，波俄提亚人惊慌失措，连云梯都来不及拿走，便落荒而逃。

［7］这就是波俄提亚的政治状况。他们非常幸运，凭借种种手段勉强度过腓力五世和安提俄库斯三世的关键时期。之后，他们就不再幸运，机运仿佛故意抛弃他们，将灾难降在他们身上，我将在适当的地方叙述他们的遭遇。

大多数波俄提亚人将他们与罗马之间的敌意归咎于罗马人暗杀布拉库勒斯一事，以及由于罗马人经常在大路上被谋杀，弗拉米尼努斯远征凯洛尼亚。实际上，他们敌视罗马人的真正原因是，上面所述混乱导致了他们精神状态的紊乱。当时，安提俄库斯三世就在附近，波俄提亚的官员前去拜会这位国王，以谦恭的语言对国王讲话，然后引他进入忒拜城。（对照，李维《罗马史》，36.6）

安提俄库斯三世的婚礼

［8.1-5］如珀律比俄斯在其史书卷二十告诉我们，被罗马人击败的安提俄库斯大帝，一抵达卡尔基斯，就举行大婚。[①] 这位

[①]［英译注］公元前192年，安提俄库斯三世登陆德米特里港，举行作战会议，汉尼拔提出要么争取腓力五世，要么攻击他，逼迫他采取更加积极的反罗马政策，这个建议被否决。腓力五世很快与马尔库斯·拜比乌斯·塔姆斐卢斯达成协议，后者已率2000人抵达阿波罗尼亚。安提俄库斯三世在阿明纳德罗和埃托利亚人的帮助下顺利挺进忒萨利，获悉阿庇乌斯·克劳狄乌斯抵达后，又从拉米亚撤回德米特里港，时间可能是公元前191年1月底。安提俄库斯三世遂在卡尔基斯停驻2个月。关于这位国王在卡尔基斯的大婚，参李维，《罗马史》，36.11。

国王当时已达知天命的年纪，正在进行两项大业：一是如他本人所言的解放希腊；二是与罗马开战。但是，在战争期间，他坠入爱河，爱上一位卡尔基斯少女，热切希望娶那位少女为妻，而他本人是个酒鬼，酗酒无度。那位少女是卡尔基斯贵族科勒奥托勒密（Cleoptolemus）之女，美若天仙，倾国倾城。在卡尔基斯举行过婚礼后，安提俄库斯三世整个冬季都待在卡尔基斯享受爱欲，丝毫没有考虑当时局势的进展。他给他的新娘赐名欧波娅（Euboea），与罗马的战争战败后，带着新娘逃往以弗所。（雅典奈乌斯，10.439e）

温泉关之战

[8.6] 安提俄库斯三世的大军，除国王身边的500名士兵外，无人逃脱。珀律比俄斯告诉我们，安提俄库斯三世登陆希腊时，兵力为10000人。（雅典奈乌斯，10.439e；对照李维，《罗马史》，36.19.11）

埃托利亚人求和

[9] 赫拉克勒亚（Heraclea Trachinia）落入罗马之手后，[①]埃托利亚联盟将军斐奈阿斯看到埃托利亚四面八方受到威胁，意识到其他城邑会遭遇什么，决定遣使向曼尼乌斯·格拉布里奥

[①] 安提俄库斯三世于公元前191年4月在温泉关大败后，逃往卡尔基斯，又从卡尔基斯逃回以弗所。执政官曼尼乌斯·阿基里乌斯·格拉布里奥开始围攻赫拉克勒亚。与此同时，腓力五世乘乱拿下阿洛佩（Alope）、拉里萨、弗忒奥蒂斯的忒拜诸城，并包围拉米亚，该城距赫拉克勒亚不到10公里。曼尼乌斯日夜攻击，迅速拿下赫拉克勒亚。腓力五世围攻拉米亚的行动没有进展，不得不撤兵。参李维，《罗马史》，36.22。

(Manius Acilius Glabrio)① 恳求停战与和平。下定决心后,他命阿奇达慕斯(Archedamus)、②潘塔莱翁(Pantaleon)和喀勒普斯(Chalepus)为使者。他们原本打算见到罗马将军后发表长篇演说,但是会面时被打断,并被阻止发表演说。格拉布里奥告诉他们,他眼下没有时间听他们演说,因为他正忙着处理从赫拉克勒亚得到的战利品,不过允准给他们10天的停战期,同时决定派卢西乌斯·弗拉库斯(Lucius Valerius Flaccus)③与他们一起返回,届时他们如果有什么要求,就向弗拉库斯提。

停战协定达成后,弗拉库斯在许帕塔(Hypata)与埃托利亚人会面,对形势进行充分讨论。埃托利亚人在发言时回溯到双方接触的开端,细数他们之前对罗马人的友好行为,但是弗拉库斯打断他们的滔滔不绝,说这种辩护不符合眼下形势。正是埃托利亚人率先打破原先的友好关系,眼下处境完全是埃托利亚人的错误所致,因此曾经的友好行为不能算作一种资本。因此,他建议埃托利亚人放弃自辩正义的努力,诉诸恳求的语言,求格拉布里奥原谅他们的过错。

埃托利亚人进一步审视自身处境后,决定全力恳求格拉布里奥,打算寄望于罗马的保证(πίστιν / fides),④实际上他们根本不知道这个词的准确含义,而是被这个词欺骗,仿佛他们能因此得到罗马人的宽宥。对罗马人来说,寄望于胜利者的"保证"等同

---

① 公元前191年的罗马执政官。

公元前191年是汉惠帝四年。三月,惠帝行成年加冠礼,大赦天下。检查法令中对官民有妨害的条目,废除秦律中禁止携带、收藏书籍的"挟书律"。参《汉书·惠帝纪》,北京:中华书局,2010,页90。

② 公元前191年的埃托利亚联盟将军。

③ 公元前195年的罗马执政官,此时与马尔库斯·加图一样,在格拉布里奥麾下服务。

④ 珀律比俄斯在36.4还解释过这个术语的含义,这个术语的意思等同于无条件投降。

于无条件投降。

[10] 如此决定后，埃托利亚人派斐奈阿斯和其他几个人陪弗拉库斯去见格拉布里奥。见到格拉布里奥后，埃托利亚人再次为自己的行为辩解，最后说埃托利亚人决定把自己交给罗马人作保证。听到这话，格拉布里奥说："这就是埃托利亚的决定，是吗？"斐奈阿斯等人给出肯定回答，格拉布里奥说："很好，那么，第一，不管是私自去还是受政府命令，埃托利亚人不得渡海到亚洲；第二，你们必须交出狄凯阿库斯（Dicaearchus）和伊庇鲁斯的墨涅斯特拉图斯（Menestratus）——墨涅斯特拉图斯不久前赶到瑙帕克图斯帮助埃托利亚人——以及阿明纳德罗国王和所有跟随他帮助你们的阿塔马尼亚人。"①

斐奈阿斯打断说："将军，您的要求既不公正，也不是对希腊人的要求。"格拉布里奥没有发怒，他希望让斐奈阿斯等人认清他们的处境从而威胁他们，说道："你们在无条件投降后，竟然还摆出希腊人的架子，奢谈希腊人该有何种待遇？我认为，把你们全都绑起来才算恰当。"说着，他吩咐人拿来铁链和铁圈套在每个埃托利亚代表脖子上。斐奈阿斯与其他代表惊得目瞪口呆，所有人一时语塞，仿佛这一幕让他们的身体和心灵失去了知觉。

但是，弗拉库斯和其他在场的军团长恳求格拉布里奥对这几个埃托利亚人不要太过残酷，毕竟他们是使节。格拉布里奥同意后，斐奈阿斯开始发言。他说，他和埃托利亚元老议事会将遵从格拉布里奥的命令，但是，如果命令是强制性的，就需经过埃托利亚公民大会同意。格拉布里奥表示同意，斐奈阿斯随即要求再停战10天。这一要求也得到批准，斐奈阿斯等人返回。抵达许帕塔后，使团向元老议事会报告了谈判经过。直到这时，埃托利亚人才意识到他们的错误，才意识到他们受到的束缚有多大。

---

① 阿明纳德罗此时已站在安提俄库斯三世和埃托利亚人一边。

他们因此决定写信给各城，召集公民大会商讨罗马人的要求。斐奈阿斯等人的遭遇四处传开后，埃托利亚人愤怒至极，以至无人愿意参会讨论与罗马人达成和平的事务。他们认为罗马人的要求根本无法接受，所以没有进行讨论。恰在这时，尼卡德罗（Nicander）[①]从小亚细亚出发抵达马里亚湾的法拉拉（Phalara）港，然后从法拉拉[②]港赶到许帕塔，告诉埃托利亚人安提俄库斯三世友好地接待了他，并允诺未来会帮助他们，埃托利亚人遂越发不重视与罗马人达成和平之事，没有采取任何措施推进谈判。结果，10天停战期结束后，埃托利亚人与罗马人又回到战争状态。

[11] 尼卡德罗的历险经历不能略过不提。他从以弗所出发，在第十二天抵达法拉拉。此时，罗马人仍待在赫拉克勒亚，马其顿人虽然已从拉米亚（Lamia）撤走，但驻扎在距离该城不远的地方。尼卡德罗通过向拉米亚人贿赂，得以乘夜晚躲过两支敌军。但是，他仍落入马其顿的巡逻队之手，被押着去见腓力五世。当时腓力五世举行的宴会正处于高潮，尼卡德罗心如死灰，以为自己要么会被这位暴怒的国王处死，要么会被交给罗马人。但是，腓力五世获悉此事后，立即命令巡逻队士兵照顾好尼卡德罗，在各方面善待他。过了一会，腓力五世离开宴会，来见尼卡德罗。

他当着尼卡德罗的面，严厉谴责埃托利亚人犯下的种种罪过，他们首先引来罗马人，后来又引来安提俄库斯三世攻击希腊人。谴责完后，他又转而恳请埃托利亚人忘记过去，与他建立友谊，不要再想着利用时机做损害双方的事。他恳请尼卡德罗把这

[①] 来自埃托利亚特里康尼斯城，埃托利亚的杰出政治家，三次任埃托利亚联盟将军。公元前193年，他试图争取腓力五世倒向埃托利亚联盟，没有成功。公元前191年，他得到腓力五世的友好对待，此后一直忠于马其顿王室，直到去世。

[②] 拉米亚的港口。

些话转达埃托利亚的政治家,劝诫尼卡德罗要铭记他的这种友善,然后派一支卫队护送尼卡德罗离开,命令卫队务必将尼卡德罗安全送到许帕塔。尼卡德罗看到腓力五世以这种他从未奢望过的态度对待他,又护送他安全返回埃托利亚,于是之后很多年一直对马其顿王室友好。甚至在珀尔修斯在位期间,他都出于当年腓力五世对他的帮助,不愿意反对珀尔修斯的计划,而他本人遭到罗马人的怀疑和诽谤,最后被押解罗马,死在那里。

珀律比俄斯在其史书卷二十说,康拉克斯(Corax)是卡里波利斯和瑙帕克图斯之间的一座山。

珀律比俄斯在其史书卷二十说,阿佩拉提亚(Aperantia)是忒萨利的一座城。

斐洛珀门在斯巴达[①]

[12.1-7] 斯巴达人想派一个他们自己的公民与斐洛珀门商讨此事。大多数情况下,人们准备提供这类恩惠来追求私人利益,从而迈出建立友谊的第一步,但是面对斐洛珀门,斯巴达人找不到一个愿意给斐洛珀门提供这种恩惠的人,最后不得不通过投票任命提莫劳斯(Timolaus)为使者,公认此人是斐洛珀门的家族朋友,与他私交甚笃。提莫劳斯两次出使迈加洛波利斯都没有勇气提及来意,直到第三次才对斐洛珀门提起斯巴达人给他的指示。斐洛珀门谦恭地接受他的提议,提莫劳斯没有想到斐洛珀门会答应,所有非常高兴,认为自己已经完成出使目标。斐洛珀门还说,他将在几天后到斯巴达,因为他想感谢所有提供这一恩惠的官员。

斐洛珀门抵达斯巴达后,被邀请出席长老院会议。他说,他

---

① 对照普鲁塔克,《斐洛珀门传》,卷15。此事发生于斐洛珀门将斯巴达纳入阿凯亚联盟之后,时间是公元前192或前191年。

早就认识到斯巴达人对他的友好感情,现在从他们给予他的礼物和崇高荣誉中,他比以往任何时候都更能感受到这种感情。他说,他非常感激他们,但是,他们这样做让他感到不安。因为这种一旦接受就难以洗刷掉带来的恶的荣誉和礼物,绝不应该授予斯巴达的朋友,而是更应该授予敌视斯巴达的人。这样斯巴达的朋友才能保留表达看法的权利,在提议帮助斯巴达时,才能得到全体阿凯亚人的信任,而吞下这一诱饵的敌人,可能要么被迫支持种种提议,要么不得不保持沉默,因而无力阻止会伤害斯巴达的任何提议。

二、无法确定位置的残段

[12.8] 根据道听途说和亲眼所见来判断事实不一样,区别极大。在所有事务上,基于亲眼所见得来的证据最有价值。

第二十一卷

一、意大利事务

拉克岱蒙人遣使罗马

[1] 这时,①拉克岱蒙人的使节抵达罗马,但没有达到目的。他们出使罗马要交涉的主题是人质和村庄,②关于村庄,罗马元老院答复说他们将授命元老院的代表处理此事;关于人质,罗马元老院答复说他们必须就此事进一步磋商。他们说,他们很惊讶为何不召回那些被放逐在外的老年人,既然斯巴达现在已经恢复自由。③

埃托利亚使节

[2] 一得知海战④获胜,罗马人立即命民众进行为期9天的

---

① 公元前191年夏或秋。

② 公元前195年,弗拉米尼努斯在希腊实现和平后,要求斯巴达向罗马交5名人质。依照公元前195年达成的和平条约,斯巴达的部分村庄被交给阿凯亚人,但是斐洛珀门把斯巴达纳入阿凯亚联盟后,那些村庄没有归还斯巴达。

③ 指纳比斯被杀之后。放逐在外的老年人指当年被纳比斯放逐的人。

④ 指克律克斯(Corycus)海战,公元前191年秋,罗马和欧墨涅斯二世的联合舰队击败安提俄库斯三世的舰队。

欢庆，向诸神献祭，感激诸神为他们带来胜利。之后，埃托利亚使节和格拉布里奥的代表被引入元老院。[1] 双方细述各自观点后，元老院决定给予埃托利亚两个选择：要么完全听命于罗马元老院，要么立即支付1000塔兰同，与罗马结成攻守同盟。埃托利亚使节要求元老院澄清完全听命于元老院的含义，元老院拒绝给出任何解释，埃托利亚因此继续与罗马维持战争状态。

腓力五世的使节

[3] 大约同时，元老院接见了腓力五世的使节。腓力五世遣使罗马的意图是，提醒罗马人注意他在罗马与安提俄库斯三世的战争中表现出的善意和提供的帮助。听完马其顿使节的陈述后，元老院立即释放腓力五世之子德米特里乌斯[2]——此前，他的这个儿子被送到罗马为质——同时还允诺减免腓力五世的部分赔款，如果他在当前形势下继续忠于罗马。[3] 此外，元老院还释放除纳比斯之子阿尔曼纳斯（Armenas）——此人不久病死在罗马——之外的拉克岱蒙人质。

二、希腊事务

欧墨涅斯二世和阿凯亚

[3b] 同一时间，欧墨涅斯二世的使节抵达阿凯亚，提议双方结盟。阿凯亚举行公民大会赞成结盟，决定派迈加洛波

---

[1] 公元前191年，格拉布里奥率军围攻瑙帕克图斯两个月后，与埃托利亚人达成停战协定，准许后者遣使罗马。

[2] 公元前197年，德米特里乌斯被送到罗马为质，此时已经15岁。

[3] 此时，罗马大军决定穿过腓力五世的领土，前往小亚细亚与安提俄库斯三世交战。

利斯的狄奥法涅斯（Diophanes）率1000名步兵和100名骑兵参战。①

埃托利亚人和罗马总督们

［4］罗马将军格拉布里奥正在围攻阿姆菲萨（Amphissa）②时，雅典人听说阿姆菲萨人遭遇的痛苦和普布利乌斯·斯基皮奥抵达希腊的消息后，派出以厄凯德摩斯（Echedemus）为首的使团，意图向斯基皮奥兄弟致敬，同时企图为埃托利亚人争取和平条件。斯基皮奥对雅典使团抵达非常高兴，很重视他们，因为他看到雅典使团对他筹谋的计划大有帮助。卢西乌斯·科涅利乌斯·斯基皮奥希望解决埃托利亚问题，即便埃托利亚人不愿屈服，他也决心忽视他们，然后渡海到亚洲去，因为他深知这次战争的对象和远征的目的不是征服埃托利亚联盟，而是击败安提俄库斯三世，让罗马成为亚洲的主人。因此，雅典使节一提到和平条约，普布利乌斯·斯基皮奥迅速接受提议，让他们去问埃托利亚人达成和平的条件。

厄凯德摩斯预先派人送信给埃托利亚人告知此事，然后亲自前往许帕塔，与埃托利亚官员商谈和平问题。埃托利亚人也愿意倾听罗马人的条件，任命使节前去面见罗马人。埃托利亚使节抵达罗马大营后——当时罗马大营位于距离阿姆菲萨60斯塔德处，对普布利乌斯·斯基皮奥发表长篇演说，细数埃托利亚人此前对罗马人的种种善行。普布利乌斯·斯基皮奥用更温和、更亲切的

---

① 指与罗马结盟对抗安提俄库斯三世的战争。狄奥法涅斯是公元前192年至前191年度阿凯亚联盟的将军，是一位能干的将军和颇有影响力的政治家。

② 洛克里斯最大的城市，位于德尔斐西北12公里处。格拉布里奥一直围攻该城，直到公元前190年度的执政官卢西乌斯·斯基皮奥（Lucius Cornelius Scipio）抵达，后者是斯基皮奥·阿非利加努斯的兄弟。斯基皮奥·阿非利加努斯也随同兄弟一起出征。

口吻对他们说话，一一叙述他在伊比利亚和利比亚的征伐，向埃托利亚使节解释他如何对待那些地区依靠他的民众，最后以下述观点结束讲话：埃托利亚人应该信赖他，依靠他。在场的人立即变得乐不可支，认为和平即刻就能达成。但是，当埃托利亚代表询问达成和平的条件时，卢西乌斯·斯基皮奥回答说，有两种非此即彼的选择：要么完全服从罗马；要么赔偿1000塔兰同，与罗马结成攻守同盟。埃托利亚使节痛苦地发现，这个决定与他们先前的谈话完全不同。尽管如此，他们还是回答说，他们会把这些条件提交埃托利亚公民大会讨论。

［5］埃托利亚使节返回许帕塔商议此事，厄凯德摩斯也去面见埃托利亚元老议事会商谈此事。埃托利亚人认为罗马人非此即彼的第二个条件根本无法接受，因为赔偿款数额太大，而第一个太过可怕，他们由于以前犯的错误，一旦选择完全服从罗马，无异于戴上锁链，成为奴隶。结果，他们左右为难，非常痛苦，再次派同一批使节向斯基皮奥兄弟恳求，希望对方要么减免赔付的数额，从而让他们有能力支付，要么把他们的妻子和孩子排除在完全服从之外。

见到斯基皮奥兄弟后，埃托利亚使节陈述了他们的诉求，卢西乌斯·斯基皮奥回复说，元老院授予他的权限仅限于基于前述条件达成和平，埃托利亚使节只得再次返回埃托利亚，厄凯德摩斯也随他们一起抵达许帕塔。厄凯德摩斯向埃托利亚人提出下述建议：既然眼下达成和平障碍重重，不妨先请求停战，暂时缓解当前的困境，然后派一个使团去跟罗马元老院交涉。如果届时他们的诉求被罗马元老院批准，当然很好；如果不能，他们也可借此等待形势的变化。他们的处境不可能比现在更糟，未来改善处境的希望很大。对埃托利亚人来说，厄凯德摩斯的建议似乎很好，他们于是决定遣使请求停战。面见卢西乌斯·斯基皮奥后，埃托利亚使节请求准许为期六个月的停战，以让他们有充裕时间遣使元老院。普布利乌斯·斯基皮奥长久以来渴望参与亚洲事务，遂说服他的兄弟接受这一请求。停战协定签署后,格拉布里奥放弃围攻,将大军及全部物资交给卢西乌斯·斯基皮奥后,立即带他的军团长返回罗马。

三、亚洲事务

佛凯亚的态势

[6] 佛凯亚人(Phocaeans),部分由于罗马人把舰队驻扎在他们那里,部分由于他们反对被迫为罗马舰队提供补给,非常不满。

与此同时,佛凯亚的长官一方面担心城内民众由于缺乏粮食而怨气沸腾,另一方面又担忧城内的亲安提俄库斯三世派积极活动,遂派一个使团到塞琉库斯①那里——塞琉库斯当时正在他们的边界上,恳请他不要接近该城,因为他们的意图是按兵不动,等待事态转变,届时他们会服从安提俄库斯三世。

佛凯亚的使者中,阿里斯塔库斯(Aristarchus)、卡桑德(Cassander)和赫洛东(Rhodon)亲塞琉库斯及其事业,而赫吉亚斯(Hegias)和格里亚斯(Gelias)亲罗马,敌视塞琉库斯。塞琉库斯接见使团后,立即承认前三人是他的密友,忽视后两人。但是,当获悉佛凯亚民众怨声鼎沸且食物奇缺,他没有正式接见使团,立即率军挺进该城。

两名高卢人或两名库伯勒(Cybele)②祭司头戴肖像、身着胸

---

① 安提俄库斯三世之子,后来的塞琉古四世。
② 库伯勒崇拜,又名大母神崇拜,是罗马人接受的第一个来自东方的宗教崇拜,公元前3世纪就已进入意大利半岛。罗马人引入库伯勒崇拜跟罗马历史上最大的危机有关。第二次布匿战争期间,罗马连战连败,陷入巨大的恐慌。他们请问神谕,神谕说应当引入库伯勒崇拜,才能击败迦太基人。陷入绝望的罗马人立即遣使弗里吉亚帕加马王国去请求引入大母神崇拜。罗马引入大母神之后,战争局势开始有所转机,罗马最终转败为胜。库伯勒由此得到罗马人顶礼膜拜。库伯勒起初被供奉在胜利女神庙。公元前191年,罗马专门为库伯勒建立神庙。

饰来到城外，恳求他们不要对这座城市采取极端手段。（对照李维，《罗马史》，37.11.7）

海军事务

[7] 罗德岛海军将领泡西斯特拉图斯（Pausistratus）使用的火攻机是漏斗形。船舷两侧皆有套绳沿着船沿内侧铺设，与朝着海面的木杆末端相绑。每个木杆末端挂着一根铁链，铁链上挂着一个漏斗形的容器，里面装满火。冲向或经过敌舰时，容器中的火被扔向敌人，但是，由于角度倾斜，火不会落到自己船上。

公认罗德岛将领帕姆斐利达斯（Pamphilidas）面对任何战况都比泡西斯特拉图斯更称职，因为他生性机敏，行事稳重，不爱冒险。大多数人都是基于所发生的事来判断形势，却不善于从事物的本性进行推断。他们任命泡西斯特拉图斯只是因为此人精力充沛、大胆勇猛，随后由于此人带来的灾难，又完全改变对他的看法。

[8] 这时，斯基皮奥兄弟的信抵达萨摩斯，信上告知卢西乌斯·雷吉鲁斯（Lucius Aemilius Regillus）① 和欧墨涅斯二世，他们已与埃托利亚签署停战协定，眼下正率罗马大军朝赫勒斯滂海峡进发。埃托利亚人也写信告知了安提俄库斯三世和塞琉库斯此事。

---

① 公元前190年，雷吉鲁斯接替盖乌斯·李维乌斯·萨里那托任罗马舰队司令。

汉惠帝五年春正月，朝廷再次征发长安六百里内男女民工十四万五千人修筑长安城，三十天后结束。秋八月，相国曹参去世。九月，长安城修筑完毕。参《汉书·惠帝纪》，前揭，页90—91。

迈加洛波利斯的狄奥法涅斯

［9］迈加洛波利斯的狄奥法涅斯战争经验丰富，因为在反对纳比斯的长期战争中——那场战争就在迈加洛波利斯附近进行，他一直在斐洛珀门麾下服役，因而获得战争技艺方面的丰富经验。除此之外，狄奥法涅斯容貌俊美，单打独斗时亦威猛无比，无人能敌。最重要的是，他是一名勇敢的战士，对武器的使用极为娴熟。

安提俄库斯三世的谈判

［10］安提俄库斯三世进入帕加马王国后，听说欧墨涅斯二世已经抵达，又看到敌人海军和陆军皆在向他围来，遂想同时与罗马人、欧墨涅斯二世和罗德岛人达成和平。[①]下定决心后，他率军抵达厄莱亚（Elaea），[②]占据该城对面的一处高地，令步兵扎营于此，命骑兵在厄莱亚城下扎营，人数超过6000人。安提俄库斯三世与骑兵驻扎在一起，然后派一名信使向当时驻扎城内的卢西乌斯·埃米里乌斯·雷吉鲁斯提议达成和平。

这位罗马将军召来欧墨涅斯二世和罗德岛人，令他们发表对形势的看法。欧达摩斯（Eudamus）和帕姆斐利达斯不反对谈和，但是欧墨涅斯二世说，眼下谈和既不符合他们的尊严，也不可能。他说：

---

① 公元前190年，雷吉鲁斯执掌罗马舰队后，和欧墨涅斯二世一起帮助罗德岛人征伐帕塔拉。乘欧墨涅斯二世离国，塞琉库斯侵入帕加马，首先攻击厄莱亚，然后攻击帕加马城。安提俄库斯三世也率军赶来蹂躏帕加马的国土，欧墨涅斯二世于是赶回厄莱亚，罗马舰队也随即从萨摩斯赶来帮助他。安提俄库斯三世于是决定和谈。

② 帕加马的港口，欧墨涅斯二世的海军基地。

当我们被封锁城内，如果我们与敌人谈和，结果怎能不令我们丧失尊严？再说，眼下怎么可能达成和平？除非我们等一位执政官级别的将军抵达，否则没有这样一位人物的同意，我们怎能确认任何协定的有效性？抛开这些不谈，即便我们能与安提俄库斯达成某种表面的协定，我也不认为你们的海军和陆军能返回意大利，除非元老院和罗马民众大会批准你们的决定。若是那样，等待你们将等同于在此耗费整个冬天，无所事事地等待消息从罗马传来，同时会耗尽你们盟友的补给和物资。届时，如果元老院不同意你们的决定，你们又得重新开战。不过，那时你们已丧失眼下这个可以终结战争的、神所恩赐的战机。"

欧墨涅斯二世如此说完后，卢西乌斯·埃米里乌斯·雷吉鲁斯同意他的建议，回复安提俄库斯三世说，执政官卢西乌斯·斯基皮奥抵达前，不可能谈和。获悉罗马人的决定后，安提俄库斯三世立即开始蹂躏厄莱亚周边的土地。之后，塞琉库斯继续驻扎在附近地区，他本人率军侵入所谓的忒拜平原，掠夺这个盛产各种作物的地区，用各种丰富的战利品补给他的大军。

安提俄库斯三世接洽普卢西阿斯一世

[11] 安提俄库斯三世一从我刚刚叙述的远征中返回萨尔迪斯，立即频繁遣使普卢西阿斯一世，邀请他结盟。普卢西阿斯一世此前不愿与安提俄库斯三世结盟，因为他很害怕罗马人渡海到亚洲废黜那里的所有王公。但是，他收到斯基皮奥兄弟的一封信，读过之后焦虑大大减轻，准确预见到将要发生之事，因为斯基皮奥兄弟在信中用很多清晰的证据确证了他们的声明。斯基皮奥兄弟在信中不仅为他们的政策，而且为罗马的整体政策辩护，指出罗马人不仅从未剥夺过哪位君王的王国，

而且还创立过一些新王国，增强其他君王的力量，让他们的领土比之前扩大许多倍。他们引证伊比利亚的安多巴勒斯和克里卡斯、利比亚的马西尼萨、伊比利亚的普勒拉图斯，说罗马人把这些原本微不足道、默默无闻的王公变成真正的、名重天下的君王。

关于希腊的君王，他们引证腓力五世和纳比斯的例子。关于腓力五世，他们在信中说，罗马人在战争中击败他后，通过强制他交人质和赔款约束他，但是，他们后来一看到腓力五世对罗马行善的轻微证据，就立刻归还他的儿子德米特里乌斯和其他人质，还减免他的部分赔款，归还了他们在很多战争中从腓力五世手中夺取的城市。关于纳比斯，他们在信中说，罗马人尽管本可以消灭他，却没有这样做，而是得到通常的誓言承诺后，饶了他，虽然他是一个僭主。他们在信中恳请普卢西阿斯一世，考虑到这些事例，不要担忧他的王国，而是安心地与罗马结盟，他们向他保证他将绝不会后悔做这个决定。

普卢西阿斯一世读过信后，改变了态度。此时恰好盖乌斯·李维乌斯·萨里那托出使他的宫廷。① 接见过这位罗马使节后，他完全放弃与安提俄库斯三世结盟的想法。安提俄库斯三世非常失望，率军前往以弗所，思虑到阻止敌人大军渡海到亚洲以及避免战争在亚洲进行的唯一方法是掌控海洋，遂决定在海上决战，忙于海战相关事务。

［12］海盗们看到罗马舰队向他们驶来，立刻掉头逃遁。②

---

① 公元前191年任罗马舰队司令。

② ［英译注］依照李维的叙述（37.27），此处的语境是，公元前190年姆尼索斯海战中，罗马人击败安提俄库斯三世海军将领珀律克塞尼达斯（Polyxenidas）统率的舰队，海盗在海战中帮助安提俄库斯三世作战。

安提俄库斯三世的求和努力

[13]安提俄库斯三世在特俄斯湾（Teos Bay）海战失败后，待在萨尔迪斯，因一再拖延行动而贻误战机，获悉敌人已经渡海登陆亚洲，顿时斗志全无，精神崩溃，认为毫无取胜的希望，遂决定遣使向斯基皮奥兄弟求和。他任命拜占庭人赫拉克莱德斯为使者，将其派往斯基皮奥兄弟处，指示他向罗马人表明：他将放弃拉穆普萨库斯、士麦那和亚历山大里亚-托罗阿斯三城——此三城即此次战争的起因，同时还放弃在此次战争中选择与罗马结盟的埃奥利斯和爱奥尼亚境内城市。他还准备赔偿此次战争中罗马人的一半开支。这就是他指示赫拉克莱德斯公开提出的和谈条件，还有其他一些私下告知普布利乌斯·斯基皮奥的条件，我会在后文详述。

赫拉克莱德斯抵达赫勒斯滂海峡后，发现罗马人仍驻扎在刚登陆亚洲的地方，对此非常高兴，心想敌人待在原地、按兵不动的事实将对他的出使有利。但是，他同时又获悉普布利乌斯·斯基皮奥仍待在赫勒斯滂海峡对岸，感到非常沮丧，因为出使能否成功全看罗马统帅的意图。大军登陆亚洲扎营、普布利乌斯·斯基皮奥仍待在对岸的真实原因是，普布利乌斯·斯基皮奥此时是罗马祭司团成员。我在论述罗马政制的那一卷说过，罗马祭司团由三个人组成，其职责是完成重大献祭，不管发生什么，祭司在献祭的三十天内都不得改换居所。普布利乌斯·斯基皮奥之所以仍滞留对岸就是出于这个原因，当时大军正在渡海，恰逢献祭节到来，所以他不能改换居所。结果是他与大军分离，仍滞留欧洲，诸军团渡海后留在原地等待，没有采取任何行动。

[14]几天后，普布利乌斯·斯基皮奥终于渡海与大军会合。赫拉克莱德斯被召到军事议事会，就和谈发表演说。他说，安提俄库斯三世愿放弃占领拉穆普萨库斯、士麦那和亚历山大里亚-托罗阿斯三城，以及埃奥利斯、爱奥尼亚地区与罗马结盟的诸

城，同时愿赔偿罗马人在战争中的一半开支。赫拉克莱德斯长篇大论、喋喋不休地劝诫罗马人：第一，牢记他们不过是凡人，不要过分考验机运；第二，应为他们的帝国设置限度，即应将帝国的限度确定在欧洲范围，因为即便只是囊括欧洲的帝国也已足够广袤，这是史无前例之事，过去没有哪个民族实现这一伟业。但是，如果罗马人决心要占据亚洲的一些部分，那就说清楚究竟要占据哪些部分，因为安提俄库斯国王会同意他力所能及的事。

演说结束后，罗马军事议事会决定让执政官做出下述答复：第一，依照正义原则，安提俄库斯三世应该赔偿罗马在战争中的全部开支而非一半，因为战争的发起者是安提俄库斯三世而非罗马人。第二，安提俄库斯三世不仅必须恢复埃奥利斯和爱奥尼亚地区诸城的自由，还必须从陶鲁斯山脉北侧的所有土地撤走。听到这一答复，赫拉克莱德斯认为这些条件远远超出他的出使范围，没有考虑它们，而是放弃公开交涉，转而培养与普布利乌斯·斯基皮奥的私人交情。

［15］刚逮到一个合适的机会，赫拉克莱德斯就立即依照安提俄库斯三世给他的指示与普布利乌斯·斯基皮奥交谈。他对斯基皮奥说，如果他能帮助安提俄库斯三世基于他所提条件达成和平，安提俄库斯三世愿回报如下：第一，安提俄库斯三世愿不要赎金归还斯基皮奥的儿子[①]——这次战争一开始，斯基皮奥的儿子就落入安提俄库斯三世之手；第二，他现在愿给斯基皮奥他提出的任何数额的钱，之后愿同斯基皮奥分享叙利亚王国的收入。斯基皮奥回答，他接受不要赎金归还他儿子的承诺。如果安提俄库斯三世这样做，他会非常感激。但是，至于其他要求，安提俄库斯三世简直大错特错，完全没有意识到他的王国的利益不仅取决于私下与他本人接触，还取决于军事议事会。

---

① 普布利乌斯·斯基皮奥的儿子在历史上并无大的作为，从未出任执政官，只在公元前174年做过裁判官。

斯基皮奥继续说，若安提俄库斯三世在掌控吕西玛凯亚、朝切索尼斯半岛挺进时提出和谈，他那时立即就能如愿以偿。或者即便安提俄库斯三世从这些地区撤走，率军朝赫勒斯滂海峡进军，摆出他将阻止罗马人渡海的态势，那时提出同样的和谈条件，安提俄库斯三世也很有可能如愿以偿。斯基皮奥继续说道：

> 但是，安提俄库斯三世已经放我们的军团登陆亚洲，现在他不仅被我们咬住，而且毫无优势可言。此时他再基于同样的条件求和，自然不可能成功，他的希望注定要落空。

因此，斯基皮奥建议安提俄库斯三世眼下应该接受更好的建议，并正视他的处境。为回报安提俄库斯三世释放他儿子的恩情，斯基皮奥提出他将提供与这一承诺等值的建议：立即同意罗马人的一切要求，不惜一切代价避免与罗马人一战。赫拉克莱德斯结束与斯基皮奥的交谈后，返回向安提俄库斯三世复命，详细汇报此次出使。但是，安提俄库斯三世认为，即便他在与罗马人的战役中败北，罗马人也不可能提出比现在所提的更严厉的条件，于是放弃和谈努力，开始全力备战，动用一切资源准备与罗马一战。（对照李维，《罗马史》，37.34-36）

马格尼西亚之战后斯基皮奥对安提俄库斯三世提的条件

［16］罗马人在战斗中击败安提俄库斯三世后，占据萨尔迪斯及其卫城……[①]安提俄库斯三世派穆塞俄斯（Musaeus）举着休战旗到罗马大营。得到普布利乌斯·斯基皮奥礼貌接待后，穆塞俄斯说安提俄库斯三世想遣使商讨整个形势，请求停战期。斯基

---

① 公元前190年12月，罗马与安提俄库斯三世在马格尼西亚进行决战。

皮奥同意了这一请求,穆塞俄斯返回复命。几天后,安提俄库斯三世的使团抵达。使团成员有吕底亚前总督宙克西斯、安提俄库斯三世的外甥安提帕特。两位使节急于面见欧墨涅斯二世,他们担心由于之前的冲突,[1] 欧墨涅斯二世会伤害他们。

但是,他们见过欧墨涅斯二世后发现,与他们的预料相反,这位国王通达温和,遂立即着手进行公开谈判。被召到军事议事会后,他们首先对罗马人进行了一番恳求,恳请他们仁慈地、宽宏大量地运用胜利,说这样做与其说对安提俄库斯三世有益,不如说是为罗马人着想,因为眼下机运已让罗马人成为整个天下的统治者和主人。但是,他们的主要目的是问清楚,为得到和平、与罗马结盟,他们必须怎么做。军事议事会的成员已提前想好条件,这时要求普布利乌斯·斯基皮奥传达他们的决定。

[17] 斯基皮奥说,胜利从未让罗马人变得更严苛,失败也从未让罗马人变得更温和,因此他们的条件与马格尼西亚战役前双方在赫勒斯滂海峡和谈时提出的条件一样。条件如下:

  第一,安提俄库斯三世撤离欧洲,且必须撤离陶鲁斯山脉北侧。

  第二,安提俄库斯三世必须赔偿罗马人15000欧波亚塔兰同,其中500塔兰同应立即支付。和平条约得到罗马民众大会批准后,再立即支付2500塔兰同。剩余的在12年内付清,每年付1000塔兰同。

  第三,安提俄库斯三世必须赔偿亏欠欧墨涅斯二世的400塔兰同,必须付清安提俄库斯三世当年与欧墨涅斯二世之父阿塔罗斯一世的协议[2]中没有交付的谷物。

---

[1] 安提俄库斯三世此前攻击过帕加马王国的都城。
[2] 公元前198年,安提俄库斯三世与阿塔罗斯一世签订的协议。

第四，安提俄库斯三世需交出迦太基人汉尼拔、[1] 埃托利亚人托阿斯（Thoas）、[2] 阿卡纳尼亚人穆纳西洛克斯（Mnasilochus）、[3] 卡尔基斯人斐洛和欧布里达斯（Eubulidas）。

第五，作为条约的保证，安提俄库斯三世需立即交20名人质，名单附在条约后面。[4]

这就是普布利乌斯·斯基皮奥以军事议事会之名宣布的和平条件。安提帕特和宙克西斯接受这些条件，双方一致决定遣使到罗马请求元老院和民众大会批准和约。基于这一协议，使团启程。接下来的几天，罗马人令他们分兵行进……几天后，安提俄库斯三世的人质抵达以弗所，欧墨涅斯二世、安提俄库斯三世的使团准备航往罗马，同行的还有来自罗德岛、士麦那、陶鲁斯山脉北侧几乎所有民族和邦国的使节。

四、意大利事务

众使节在罗马[5]

[18] 罗马人获胜那年[6]的初夏时分，欧墨涅斯二世、安提俄

---

[1] 第二次布匿战争结束后，汉尼拔流亡在外，投奔安提俄库斯三世。
[2] 埃托利亚的政治人物，四次任埃托利亚联盟将军。
[3] [英译注] 此人力主阿卡纳尼亚联盟与安提俄库斯三世结盟。参李维，《罗马史》，36.11–12。
[4] 其中有安提俄库斯三世之子安提俄库斯，后来继位为安提俄库斯四世。
[5] 对照李维，《罗马史》，37.52–56。
[6] 时间是公元前189年。

汉惠帝六年，允许百姓卖掉爵位。女子十五岁到三十岁未出嫁，罚五倍的算赋钱。夏六月，樊哙去世。修建长安西市和敖仓。参《汉书·惠帝纪》，前揭，页91。

库斯三世的使节,以及来自罗德岛和其他各地的使节抵达罗马。马格尼西亚战役后,小亚细亚的几乎全部邦国立即遣使罗马,因为它们的未来皆取决于罗马元老院。元老院彬彬有礼地接待所有使节,但是在接待规模和赏赐的礼物两个方面,对欧墨涅斯二世和罗德岛的使节尤为盛大。

约定的觐见日期到来,元老院首先邀请欧墨涅斯二世坦率陈述对元老院的请求。欧墨涅斯二世说,如果他是想向其他民族求情,他本会接受罗马人的建议,那样他就既不会助长任何过分的欲望,也不会提出任何过分的要求,但是此刻他是作为一个恳求者出现在罗马人面前,他认为最好把关于他本人及其兄弟们的决定托付给元老院。这时,一位元老打断他,让他不要害怕,畅所欲言,因为元老院决心在力所能及的范围内满足他的一切要求,但是欧墨涅斯二世仍坚持己见。过了一会,欧墨涅斯二世离开,元老院商讨该怎么做。他们最后决定单独请欧墨涅斯二世觐见,让这位国王坦率说明他来访的目的,因为他比任何人都更清楚他在亚洲的利益所在。如此决定后,元老院再次召见欧墨涅斯二世。一位元老向他宣布元老院的上述决定,他被迫谈论有关问题。

[19] 他说,他本不想在关于他本人的事上再多说什么,本想坚持己见,让元老院全权决定。但是,有一个问题令他非常忧心,即罗德岛人的行为。正是出于这个原因,他才被迫谈论这一情况。他说:

> 罗德岛人遣使来此旨在增进他们国家的利益,其热情不亚于我们在目前危机中为我们的领土进行恳求的热情。但是,在眼下的危机中,罗德岛人不管说什么,皆意在给人留下与其真实目的相反的印象,你们很容易就能发现这一点。他们进入这间大厅时,会说他们来此既非对你们有所恳求,也不是想对我有丝毫伤害,他们遣使只是为小亚细亚的希腊

人请求自由。他们会说，恢复那里的希腊人的自由，与其说是源于你们的宽宏大量，不如说是你们的责任，是你们已经取得的胜利的自然结果。这就是届时罗德岛使节的发言意在给你们留下的错误印象，但是，你们将会发现他们的真正意图完全是另一回事。

当他们为之请求的诸城得到自由后，他们在亚洲的势力就会大为扩张，我的王国兴许就会灭亡。因为一旦你们批准罗德岛人的请求，显然，自由和自治这一甜蜜美好之名不仅会让那些即将恢复自由的城市脱离我，而且那些曾经臣服于我的城市也会脱离我，最后全部归入罗德岛人麾下。这是万物的本性：那些恢复自由的城市会认为它们的自由源于罗德岛，它们名义上将成为罗德岛的盟友，实际上它们基于对罗德岛人这一大功劳的感激，还将乐意服从罗德岛的一切命令。因此，元老们，我恳求你们，警惕这一点，以免你们毫无意识地威胁而非帮助你们的一些朋友，失策地削弱另一些朋友，同时却帮助敌人，忽视和轻视你们真正的朋友。

[20] 至于我自己，若是涉及其他问题，我愿向我的邻邦作出任何必要让步，不去争论，但是，关于这件事，只要我还能提供帮助，我绝不会向任何一个与你们保持盟友关系、与你们友好的活着的人屈服。我认为，我的父王若是还在世，也会说同样的话。因为他是亚洲和希腊地区第一个赢得你们的友谊、与你们结盟的人，直到去世都忠诚地维持着与你们的友谊和联盟。他不仅在原则上，而且凭靠实际行动参与你们在希腊的全部战争，在那些战争中为你们提供远超你们任何一个盟友的陆军和海军，为你们供给的物资最多，也招致最大的危险。最后，在你们与腓力五世的战场上，他离开人世，当时他还说服波俄提亚人成为你们的朋友，与你们结盟。

我继承王位后，遵循父王的原则——尽管那些原则难以超越。我在实践中仍超越它们,因为这一次仿佛是在火中考验我,而他从未经历这样的考验。当安提俄库斯三世急着将他的女儿嫁给我,急着在各个方面与我确立盟友关系,把他之前夺走的城邑归还我,又允诺满足我的一切要求,条件是我在战争中与你们为敌,我根本没有接受这些提议,而是率远超你们任何盟友的庞大的陆海军与你们共同打击安提俄库斯三世,同时你们的大军补给匮乏时,我为你们的大军提供最多的补给。我在战争中,毫不动摇地与你们的将军共同面对战斗的危险,最终竟遭受帕加马城被围的惨祸,我本人的生命和我的王国都面临生死一线,所有这一切都是源于我对你们的友好。

[21] 罗马人啊,你们只要睁眼看看,就会明白我所言不虚,所以你们应为我的福祉着想。马西尼萨曾一度是你们的敌人,最后只带少数骑兵寻求你们的庇护,仅仅因为他在你们与迦太基的一次战役中忠诚于你们,你们就让他成为利比亚大部分地区的王;普勒拉图斯,除了始终忠诚于你们外,并无其他贡献,你们却让他成为伊比利亚最强大的君主;现在,若你们忽视我这个自从我父王开始就助力你们取得最重大、最辉煌功业的人,着实是最耻辱的事。

那么,我向你们恳求什么?我认为你们应该为我做什么呢?正如你们恳求我陈述我的看法,我将坦陈己见。如果你们决定继续占领陶鲁斯山脉北侧原属于安提俄库斯三世的地区,我非常乐意看到此事实现。我认为,你们的军队驻扎在我的边界上,我的王国会更安全,我也可分享你们的部分权势。但是,如果你们不这样做,而是撤离整个亚洲,我认为没有人比我更有权得到这次战争的战利品。

当然,有人会告诉你们,恢复被奴役之人的自由更美好。如果他们没有与安提俄库斯三世一起抗击你们,这样做当然美好。但是,既然他们在这次战争中是安提俄库斯三世的帮凶，那么给予你们真正的朋友适当恩惠来表达你们的感激，要比恩宠你们曾经的敌人美好得多！

［22］欧墨涅斯二世以如此雄辩的方式结束演说后，退出元老院大厅。元老院对国王本人及其演说热烈欢迎，他们愿意在力所能及的范围内满足他的请求。之后，元老院想召见罗德岛使团，但是由于其中一位使节迟到，他们转而命士麦那的使节觐见。该城使节细述了他们在战争中帮助罗马人时表现出的善意和迅捷。不过，由于公认士麦那是亚洲所有自治邦国中最积极支持罗马的邦国，我认为没有必要在此重述其使节的演说。

接下来轮到罗德岛使节觐见，他们简述对罗马的特殊帮助后，很快把演说主题转到他们的国家上来。他们说，其使团眼下的主要不幸是，事件的本性将他们置于一位国王的对立面，且这位国王无论在公共还是私人方面皆与罗马关系密切、非常友好。在罗德岛人看来，让亚洲的希腊人恢复自由，获得自治——这是所有人最深切的渴望——才是最高贵的做法，最配得上罗马人。但是，这样做不符合欧墨涅斯二世及其兄弟的利益，因为每位君主天生厌恶平等，天生渴望让所有人，至少是让尽可能多的人服从他们，听命于他们。他们说，尽管事实如此，他们仍有信心达到出使目的，这倒不是因为他们对罗马人的影响比欧墨涅斯二世的影响大，而是因为他们的请求无可置疑得更公正，更符合每个人关切的利益。

他们说，如果罗马人对欧墨涅斯二世表达感激的唯一方式是把诸自治城市交给他，那么这个问题兴许值得三思，因为那意味着他们将面临下述非此即彼的选择：要么必须忽视一位真正的朋友，要么无视荣誉和责任的召唤，玷污和贬低他们功业的目的。他们说：

但是，如果存在能同时满足这两个目的的方法，为何还要继续犹豫迟疑？根本不需要！这正如举办一场奢华宴会时，必然会把各种食物准备得超过所需。吕考尼亚、赫勒斯滂海峡边的弗里吉亚、皮西迪亚、切索尼斯半岛以及与之相接的欧洲部分，你们都可随意给予你们想给的任何人。上述地区中随便哪个交给欧墨涅斯二世，他的王国都会扩大十倍，届时他不会弱于任何国王。

[23] 所以罗马人，你们完全有能力既让你们的朋友变得强大，同时又不减少你们自己的荣耀。因为你们征伐天下的目标与其他民族不同。其他民族征伐是想夺取领导权、吞并城邑、劫掠财富、捕获舰船。但是，诸神通过让整个天下臣服于你们的统治，已让这些东西对你们而言变得多余。那么，你们真正需要的是什么？你们最应该热切获得什么？显然是天下人对你们的赞美和荣耀。要获得这种东西很难，当你们获得这种东西后，要想保住它们则更难。

让我们把我们的意思说得更清楚些。你们与腓力五世作战，不惜一切代价为希腊的自由奋战。这就是你们的目的，且这是你们通过那场战争赢得的唯一奖品。你们为希腊奋战赢得的荣耀远超你们强迫迦太基缴纳贡赋赢得的荣耀。钱这种东西并不稀奇，人人都能挣，但是美好的、光荣的和真正值得赞美的东西却唯独属于诸神和那些天性亲近他们的人。因此，你们完成的最高贵的成就就是解放希腊人。如果你们现在再解放亚洲的希腊人，你们的光荣记录就会完整；如果你们不这样做，你们已经赢得的荣耀将显著衰减。

罗马人，我们罗德岛人始终是你们的事业的拥护者。在你们最重大的战斗和危险中，我们提供过真正实在的帮助，所以我们会始终是你们的朋友。但是我们也会毫不犹豫地坦率提醒你们，在我们看来，怎么做才配得上你们的荣耀，才对你们有利。我们别无其他目标，只把这样做视作我们的最高职责。

在元老们看来，罗德岛使节的这篇演说可谓得体谦虚地表达了他们对这一问题的看法。

［24］接下来，他们召见安提俄库斯三世的使节安提帕特和宙克西斯。二人以哀求的口吻发表演说，元老院投票同意普布利乌斯·斯基皮奥在亚洲达成的和约。几天后，和约也被民众大会批准，安提帕特和宙克西斯与罗马人就和约交换誓言。之后，来自亚洲的其他使节觐见元老院，后者在简短听取他们的要求后，给出相同的答复，即元老院将派十人团裁断各城之间的分歧。给出这一答复后，元老院任命十人团，命他们自由裁断各种细枝末节的分歧，元老院制定出下述总体解决方案。

第一，陶鲁斯山脉北侧原属于安提俄库斯三世的地区交给欧墨涅斯二世；吕西亚和迈安德罗（Maeander）河以南的卡里亚地区交给罗德岛。

第二，那些原先向阿塔罗斯一世纳贡的希腊城市继续向欧墨涅斯二世纳贡，只有原先向安提俄库斯三世纳贡的城市被豁免。

在对亚洲的安排给出上述总体原则后，元老院派十人团与执政官格奈乌斯·曼利乌斯·乌尔索（Gnaeus Manlius Vulso）会合，一起前往亚洲。一切如此决定后，罗德岛使节再次来到元老院，代表西里西亚的索力（Soli）[①]城进行请求。他们说，索力城是阿尔哥斯的殖民地，正如罗德岛也是阿尔哥斯的殖民地，所以两城是姐妹关系。鉴于这种亲缘关系，他们认为支持索力城恢复自由是他们的职责。他们说，唯一公正的做法是经罗德岛人争取，罗马发令恢复索力的自由。

[①] 位于陶鲁斯山脉以东。

元老院听完他们的请求后,召来安提俄库斯三世的使节,首先命令安提俄库斯三世撤出整个西里西亚,但是安提帕特和宙克西斯拒绝这一要求,因为这违背刚刚批准的和约。元老院又要求安提俄库斯三世只交出索力城。安提帕特和宙克西斯再次坚定拒绝,元老院无奈只得让两人先离开,然后召来罗德岛使节告知安提俄库斯三世两位使节的答复,并补充说,如果罗德岛人坚持索要索力城,他们会竭尽所能帮他们实现这个目标。然而,罗德岛使节对元老院的这种热忱非常满意,说他们不再坚持,就让索力维持现在的状况。

十人团和其他使节正准备启程离开罗马,这时卢西乌斯·科涅利乌斯·斯基皮奥和卢西乌斯·埃米里乌斯·雷吉鲁斯抵达布林迪西。几天后,两人进入罗马,举行凯旋式。①

五、希腊事务

埃托利亚和希腊西部的局势

[25] 阿塔马尼亚国王阿明纳德罗此时认为已经恢复自己的王国,遂遣使罗马和仍在亚洲的斯基皮奥兄弟——此时斯基皮奥兄弟仍在以弗所附近,请求他们为他在埃托利亚人的帮助下返回阿塔马尼亚辩护,同时指控腓力五世,不过主要还是恳求罗马人再次接纳他为盟友。埃托利亚人认为这是收复阿姆菲罗凯亚(Amphilochia)和阿佩拉提亚的绝佳机会,遂决定远征这两个地区。埃托利亚联盟将军尼卡德罗集结全部兵力,侵入阿姆菲罗凯亚。当地大多数居民自愿加入远征军,尼卡德罗率军继续侵入阿佩拉提亚,在此地的居民也自愿加入大军后,尼卡德罗又侵入多洛皮亚。多洛皮亚人进行了短暂抵抗,但是,阿塔马尼亚的命运和腓力五世的逃

---

① 准确日期是公元前189年秋。

跑仍历历在目，他们很快转变态度，也加入埃托利亚远征大军。取得这一系列胜利后，尼卡德罗率大军返回埃托利亚，认为凭靠吞并上述地区和民族，埃托利亚将有能力抵御来自任何方向的侵袭。

上述事件之后，正当埃托利亚人欢庆胜利时，亚洲的战报传来，得知安提俄库斯三世被彻底击败，他们的士气再次跌落谷底。不久，达摩特勒斯（Damoteles）出使罗马返回，宣告双方仍处于战争状态。[1] 埃托利亚人又获悉马尔库斯·福尔维乌斯·诺比利奥尔（Marcus Fulvius Nobilior）[2]正率军渡海朝他们挺进，他们陷入一种完全无助的状态，绞尽脑汁也不知如何应对这种威胁他们存亡的危险。之后，他们遣使雅典和罗德岛，恳求这两个邦国遣使罗马，平息罗马人的怒气，用各种方法避免笼罩在埃托利亚头上的灾难。同时，他们也派出自己的使团出使罗马，使团成员有伊西亚人亚历山大、斐奈阿斯、喀勒普斯、阿姆布拉希亚人阿律普斯（Alypus）、吕康普斯（Lycopus）。（对照李维，《罗马史》，38.3）

[26] 伊庇鲁斯使节抵达后，罗马执政官马尔库斯·福尔维乌斯·诺比利奥尔采纳他们的建议，远征埃托利亚。那些使节建议他朝阿姆布拉希亚进军——彼时阿姆布拉希亚仍是埃托利亚联盟成员，断言如果埃托利亚人愿意与他的军团决战，阿姆布拉希亚周边地势是最佳战场；如果埃托利亚人龟缩不出，拒绝决战，该城位置会让它很容易被围困，因为周边地区有大量可用来建造攻城设施的材料。此外，流经该城的阿拉忒俄斯（Aratthus）河也对他有利，该河不仅可为大军提供水源——因为当时正值夏季，河水充足——亦可保护他的攻城工事。

---

[1] 公元前189年年初，埃托利亚与斯基皮奥兄弟达成6个月的停战协定。埃托利亚人派遣达摩特勒斯出使罗马，交涉签订和约的问题，他此时返回复命。

[2] 公元前189年的罗马执政官。前文提到，另一位执政官格奈乌斯·乌尔索与十人团被派往亚洲。

众人认为伊庇鲁斯使节的建议很好，执政官遂率军穿过伊庇鲁斯，朝阿姆布拉希亚进发。抵达那里后，埃托利亚人不敢决战，执政官转而保卫该城，积极准备围城。与此同时，埃托利亚派往罗马的使团被佩特莱俄斯（Petraeus）之子西布尔特斯（Sibyrtes）在克法勒尼亚被发现并扣押，然后被带到卡拉德洛斯（Charadrus）。伊庇鲁斯人起初决定把他们关在布克图斯（Buchetus），派人严密看管，但是几天后又决定让埃托利亚人赎回他们，毕竟他们此时与埃托利亚人处于战争状态。伊庇鲁斯人一开始要求埃托利亚人为每个人付5塔兰同，其他人虽然不情愿，但也同意支付，因为他们认为生命重于一切。但是，亚历山大却说他不会屈从于这个要求，因为赎金太多，如果他不得不交5塔兰同的赎金，他将夜夜难眠，哀叹自己的不幸。

伊庇鲁斯人预见到可能发生的事，担心罗马人一旦获悉他们逮捕了前往罗马的使节，会写信来要求他们放人，转而把赎金降低到每人3塔兰同。其他使节高兴地接受并做担保后离开，唯有亚历山大说他不会支付超过1塔兰同的赎金，即便是1塔兰同，对他来说，也太多。最后，他完全放弃赎身，待在监禁之地，尽管此前的数年他已积聚超过200塔兰同的财富。

我认为，他本来宁愿死，也不愿付3塔兰同：有些人对金钱的贪婪就是如此强烈。然而，在他身上，机运进一步强化了他的贪婪，由于出人意料的结果，他这种愚蠢的贪婪竟得到普遍的赞许和表扬。几天后，罗马人的一封信送达，命令伊庇鲁斯人释放使节，结果埃托利亚的使团中唯有亚历山大没有付赎金就被释放。埃托利亚人听闻亚历山大的遭遇，又任命达摩特勒斯再次出使罗马。但是，船只在抵达勒夫卡斯岛时，达摩特勒斯获悉马尔库斯·福尔维乌斯·诺比利奥尔正率军经伊庇鲁斯朝阿姆布拉希亚挺进，遂放弃出使，返回埃托利亚。

阿姆布拉希亚围城战

[27]埃托利亚人被罗马执政官马尔库斯·富尔维乌斯·诺比利奥尔围困在阿姆布拉希亚城，英勇抵抗攻城锤和其他器械的攻击。这位执政官建好营地后，便开始大规模围攻行动。他在普莱昂（Pyrrheium）附近的平地上竖起三架攻城机，攻城机间相距一定距离，处于同一水平线，第四架攻城机对准医神庙，第五架对准卫城。各处攻城机同时发动攻击，被围在城内的人对等待他们的命运恐惧不已。攻城锤猛击城墙，长镰刀形的抓斗试图粉碎城垛，守城者拼死抵抗，用起重机把铅块、石头和树桩扔向攻城锤，用铁锚钩住抓斗拖入城墙内。结果罗马人攻城机的器械杆撞断在城垛上，镰刀形的抓斗落入守城者之手。守城者还常常发动突袭，有时是在夜里突袭睡在攻城机上的敌人，有时是白天公开突袭换班的敌人，从而阻碍围攻的进展。（对照李维，《罗马史》，38.5）

尼卡德罗一直在罗马围城战线外围徘徊，此时抓住机会派500名骑兵入城：他们突破敌人的壕沟，然后进入城内。尼卡德罗命令这支骑兵在约定的日期从里向外突击，攻击罗马人的攻城机，届时他会从外围向里突击协助他们……但是，尽管城内的人勇敢向外突击，与敌人拼死战斗，但是由于尼卡德罗没有出现，这个计划最终失败。他之所以没有出现，要么是因为他害怕危险，要么是因为他认为手头的其他任务更紧迫。（对照李维，《罗马史》，38.5-6）

[28]罗马人继续用攻城机不断破坏城墙的各个部分，但是士兵却无法经缺口攻入城中，因为守军不断进行重建，且在废墟处拼死抵抗。所以，罗马人采用了最后一招——挖地道。保护好水平并置的三座攻城机中间的那座，并用柳条将其严密盖住后，罗马人在攻城机前面建造了一条与城墙平行的有防护的、

长200尺的走廊,开始不分昼夜轮番挖城墙的地基。好多天里,罗马人从地下运出大量泥土,丝毫没有引起守城者的注意,但是,当泥土越堆越多,守城的将军立即下令在城墙里面挖一条与城墙以及塔楼前的敌人走廊平行的壕沟。壕沟挖得足够深后,城内的人在壕沟靠城墙一侧放置了很薄的铜盘,将耳朵贴在铜盘上,就可听到城外挖地道的敌人的声音。他们通过铜盘传来的回声确定敌人所在的方位后,开始从城内挖掘相对应的地道,以与敌人相遇。

他们很快完成挖掘,这时罗马人的挖掘者不仅抵达城墙脚下,而且其地道两侧皆已做好相当程度的加固。双方在地道相遇后,埃托利亚人首先用长矛与敌人战斗,但是他们很快发现此举效果不大,因为敌人用盾牌保护自己。有人建议他们在前面放置一个足以堵塞地道口的巨型谷物罐,然后在罐底凿开一个足以嵌入一根铁管的孔。接着,他们在罐内装满羽毛,并在羽毛边缘放置少量火种,然后用一个布满小孔的铁盖盖住罐口,将罐口对准敌人。如此准备好之后,他们抬着罐子进入地道,士兵守住罐子两侧空隙,用长矛攻击敌人,阻止敌人靠近。然后,他们准备好铁匠所用的风箱,点燃羽毛边缘的火种,再把一根铁管伸入罐内,用风箱把火吹旺,然后把铁管抽出。上述步骤完成后,大量浓烟从铁盖小孔涌向敌人。由于燃烧的材料是羽毛,烟尤其刺鼻,结果罗马人遭受很大痛苦,陷入险境,因为他们无法阻止浓烟在地道内蔓延。正当围城战如此拖延不决时,埃托利亚联盟将军决定遣使求见罗马执政官。(对照李维,《罗马史》,38.7)

埃托利亚求和

[29] 这时,雅典和罗德岛的使节抵达罗马大营,调解双方达成和平。阿塔马尼亚国王阿明纳德罗得到马尔库斯·福尔维乌

斯·诺比利奥尔的安全通行许可，遂利用这个机会也赶来帮助阿姆布拉希亚人摆脱危局。这位国王与阿姆布拉希亚人关系很好，他在被放逐期间曾在该城住过很长一段时间。阿卡纳尼亚的代表也在几天后携达摩特勒斯及其同僚抵达。阿卡纳尼亚之所以派代表来，是因为罗马执政官此前获悉他们不幸的处境，写信给图莱昂（Thyrrheium）[①]人，让他们派代表来。上述使团抵达罗马营地后，开始积极进行谈判。

阿明纳德罗为达成目的，接近阿姆布拉希亚城，恳求城内居民们自救，不要自我毁灭，他们除非听从明智的建议，否则离毁灭已经不远。他多次登上城墙对城内的人喊话，阿姆布拉希亚人决定邀请他入城商谈。与此同时，雅典和罗德岛使节私下接触罗马执政官，试图用各种言辞平息他的愤怒。有人还建议达摩特勒斯和斐奈阿斯联络盖乌斯·瓦勒里乌斯·莱维努斯（Gaius Valerius Laevinus），发展与此人的私人关系。其父是马尔库斯·莱维努斯（Marcus Valerius Laevinus），后者是当年罗马与埃托利亚首次结盟的主导者。此外，他又是现执政官马尔库斯·福尔维乌斯·诺比利奥尔的表弟，他虽然此时很年轻，但非常能干，很受执政官信任。

达摩特勒斯及其同僚遵照建议恳求盖乌斯·瓦勒里乌斯·莱维努斯帮忙，后者也认为自己有责任做埃托利亚的保护者，遂开始竭尽全力，为挽救埃托利亚的危局而努力奔走。由于各方共同积极努力，和谈很快有了结果。阿姆布拉希亚人接受阿明纳德罗的建议，向罗马执政官投降，条件是允许埃托利亚人举着休战旗离开该城。这是他们为保持对其他盟友的忠诚，向执政官提出的第一个条件。

[30] 罗马执政官接下来与埃托利亚人就和约达成下述条件。

[①] 阿卡纳尼亚的一座城。

第一，埃托利亚人需立即向罗马人赔偿200欧波亚塔兰同，另300塔兰同分6年付清，每年付50塔兰同。

第二，埃托利亚人需在6个月内释放罗马的俘虏和叛徒，不得收取任何赎金。

第三，埃托利亚人需退出埃托利亚联盟，未来也不得接受卢西乌斯·科涅利乌斯·斯基皮奥所征服的城市或已经与罗马结盟的城市重新组建联盟。

第四，克法勒尼亚被排除在这份和约之外。

这就是当时粗略勾勒的议和条件。上述条件需首先被埃托利亚人认可，然后送交罗马审议。雅典和罗德岛使节留在阿姆布拉希亚城下等待埃托利亚人的决定，达摩特勒斯和斐奈阿斯回国复命，向埃托利亚人解释这些条件。埃托利亚人整体上对和平条件比较满意，因为他们从未奢望过这些条件。他们虽然对解散联盟的条款有过犹豫，最终还是接受和约条款。

马尔库斯·福尔维乌斯进入阿姆布拉希亚城，允许埃托利亚人举着休战旗离开，但是将所有艺术品、雕塑和绘画掳掠一空，其数目很庞大，因为该城曾是皮鲁士的王家行营。价值150塔兰同的财物也被献给他。在阿姆布拉希亚安顿好一切后，他率军朝埃托利亚内陆挺进，因为他对迟迟没有收到埃托利亚人的答复一事感到很惊讶。他抵达阿姆菲罗凯亚扎营，该城距阿姆布拉希亚180斯塔德。他在此处遇到达摩特勒斯，后者告诉他埃托利亚人已接受和约条款。然后，双方分道扬镳，埃托利亚人返回，马尔库斯·福尔维乌斯返回阿姆布拉希亚。他在该城忙着为渡海到克法勒尼亚做准备，埃托利亚人派斐奈阿斯和尼卡德罗出使罗马，请求罗马元老院和民众大会批准和约。罗马民众大会若不批准和约，和约将毫无效力。

［31］斐奈阿斯和尼卡德罗同雅典与罗德岛的使节一同前往罗马完成此项任务，马尔库斯·福尔维乌斯也派盖乌斯·瓦勒

里乌斯·莱维努斯及他的其他几位朋友协助此事。但是，他们抵达罗马后发现，罗马民众对埃托利亚的愤怒已被腓力五世重新激起，这位国王认为埃托利亚人不义地从他手中夺走阿塔马尼亚和多洛皮亚，遂遣使求见他在罗马的朋友，恳求他们分担他的愤怒，拒绝接受和约。结果，当埃托利亚人的两位使节觐见元老院时，元老院对他们漠不关心。不过，经雅典和罗德岛使节为他们讲话后，元老院改变态度，变得恭敬，愿意认真听他们的演说。

这实际上是因为基克西亚斯（Kichesias）之子、达蒙（Damon）之徒列昂（Leon）[①]的演说公认讲得好，且他在演说中运用了适合眼下处境的类比手法。他说，元老们对埃托利亚人感到愤怒是公正的，因为这个民族得到罗马人的许多恩惠，却不仅不感激，反而通过挑动罗马与安提俄库斯三世的战争来危及罗马人的领导权。然而，元老院和民众有一点是错的。发生在埃托利亚人身上的事与发生在大海上的事非常相似。大海依其本性总是风平浪静，一般情况下，这种特性不会给航行其上的人带来麻烦。但是，当暴风来袭，搅动大海，迫使它违背其本性时，就没有什么比大海更恐怖、更可怕。他说：

> 这正是发生在埃托利亚人身上的事。只要无人诱骗他们，他们就和其他希腊人一样，是你们最友好、最值得信赖的支持者。但是，当托阿斯和狄凯阿库斯从亚洲来勾引他们，[②] 墨涅斯塔斯（Menestas）和达摩克利图斯（Damocritus）从欧洲来搅动和劝诱他们，[③] 他们就违背其本性，变得在言辞和行动上鲁莽大胆、不计后果。事实上，

[①] 来自雅典的五个豪族之一。
[②] 托阿斯，参21.17；狄凯阿库斯，参20.10。
[③] 默涅斯塔斯，参20.10；达摩克利图斯，参18.10。

愚蠢的埃托利亚人虽然想伤害你们,却给自己招致灾祸。因此,你们毫不留情地惩罚教唆他们的人后,应怜悯他们。众所周知,当形势已变成无人会再引诱他们,且他们现在的生存全仰赖你们时,他们必将成为整个希腊最顺服你们的人。

凭借这篇演说,这位雅典使节说服元老院批准与埃托利亚人的和约。

[32] 接下来,元老院通过决议,民众大会也批准和约。定本和约的条款如下:

第一,埃托利亚人应毫无保留地维持罗马人的帝国和权势。①

第二,埃托利亚人不得允许任何进攻罗马及其盟友和朋友的军队经过埃托利亚领土,不得以任何公共形式支持这类军队。

第三,埃托利亚人需与罗马人共同抗击敌人,不管罗马人向哪个国家开战,埃托利亚人也必须向其开战。

第四,埃托利亚人需交出属于罗马及其盟友的所有逃兵、叛徒和俘虏。但是,总有例外,如成为俘虏后被释放回家又再次被俘的人,以及埃托利亚与罗马结盟期间俘获的敌人不包括在内。

第五,应交的俘虏、叛徒和逃兵需在和约宣誓后的一百天内交给科西拉的首席官员;如果在这一期限之后又找到这类人员,不管是什么时候发现,都需毫无保留地交给罗马人。和约生效后,这类人不得返回埃托利亚。

第六,埃托利亚人需立即向仍在希腊的执政官马尔库

---

① 此即所谓的"主权条款",意味着埃托利亚彻底丧失外交权。

斯·福尔维乌斯支付200欧波亚塔兰同成色不弱于阿提卡钱币的银币；如果埃托利亚人愿意，也可支付三分之一的金币，兑换比率是1米纳金币等同于10米纳银币。和约签订后的6年内，每年支付50塔兰同，这些钱应每年亲自送往罗马。

第七，埃托利亚人需交给执政官马尔库斯·福尔维乌斯40名人质；人质的年龄不得低于12岁或高于40岁；人质的人选由罗马人选择，为罗马服役6年；人质中不得包括曾任联盟将军、骑兵将军、政府官员、在罗马做过人质的人；这些人质需押送罗马，任何一位在服役期内去世，埃托利亚皆需补充一位。

第八，克法勒尼亚不受此项和约约束。

第九，在卢西乌斯·昆修斯·弗拉米努斯（Lucius Quintius Flamininus）和格奈乌斯·多米提乌斯·安赫诺巴布斯（Gnaeus Domitius Ahenobarbus）[①] 任执政官期间或那年之后被罗马人征服或与罗马人结成盟友的、原先属于埃托利亚的城邑和村庄，不再属于埃托利亚，埃托利亚人不得吞并它们。

第十，奥尼阿戴城及其土地归属阿卡纳尼亚。

双方对和约宣誓后，和平基于上述条件确立。这就是埃托利亚和整个希腊的最终结局。

罗马执政官攻占克法勒尼亚

[32b] 罗马执政官马尔库斯·福尔维乌斯利用秘密协议，乘

---

① 二人是公元前192年的罗马执政官。

夜占据克法勒尼亚的卫城,然后引罗马大军入城。[1](对照李维,《罗马史》,38.29.10)

斐洛珀门的智慧

[32c]高贵之事很少与有利之事一致,能把两者结合起来使之相互协调的人更是罕见。事实上,我们都知道,大多数情况下,眼前利益与善抵触,反之亦然。但是,斐洛珀门将结合两者当作他的目标,并最终实现目标。他让被囚禁的斯巴达放逐者返回家园是一件善举,同时,通过根除僭主的追随者削弱斯巴达是有利之事。由于天生理智健全,他是一位真正的领袖,斐洛珀门看到金钱是所有王权得以重建的根源,他竭尽所能阻止收取预付的款项。(对照李维,《罗马史》,38.30)

六、亚洲事务

曼利乌斯与亚洲高卢人的战争

[33.1]众使节在罗马商谈与安提俄库斯三世的和约、决定小亚细亚的命运的同时,埃托利亚联盟在希腊的战争仍在进行。在这期间,罗马镇压亚洲高卢人的战争开始并结束,我接下来就叙述这次战争。(对照李维,《罗马史》,38.12.1)

[33.2]执政官格奈乌斯·曼利乌斯·乌尔索对阿塔罗斯(Attalus)[2]这个年轻人印象很好,与他会面后,立即派他前往帕

---

[1] 与埃托利亚的战争结束后,马尔库斯·福尔维乌斯率军抵达克法勒尼亚,该岛诸城无条件投降,但是萨姆城旋即改变主意,关闭城门。福尔维乌斯遂发起围城,经过4个月,攻陷萨姆城。

[2] 阿塔罗斯一世的次子,欧墨涅斯二世之弟,后来继任为阿塔罗斯二世。此时,欧墨涅斯二世还在罗马。

加马。(对照李维,《罗马史》,38.12.7)

[34.1-2] 莫阿格特斯(Moagetes)是希布拉(Cibyra)的僭主。他是一个残酷、毫无信义的人,绝非无足轻重,值得我们留意。(对照李维,《罗马史》,38.14.3)

[34.3-13] 罗马执政官格奈乌斯·曼利乌斯·乌尔索抵近希布拉,派盖乌斯·赫尔维乌斯(Gaius Helvius)[①]前去探察莫阿格特斯的态度,后者遣使请求赫尔维乌斯不要蹂躏他的领土,因为他是罗马人的朋友,愿意完全服从罗马人。与此同时,莫阿格特斯送给赫尔维乌斯价值15塔兰同的礼物。赫尔维乌斯听取莫阿格特斯使节的陈述后,允诺不会侵入他的领土,但需到执政官那里请示整体的解决方案。他说,曼尼乌斯与其所率大军就在附近。莫阿格特斯又增派他的兄弟为使节,曼利乌斯在行军途中接见了他们,以严厉且威胁的口吻对他们讲话,说事实表明莫阿格特斯不仅比其他亚洲王公更敌视罗马,而且尽其所能破坏罗马人在亚洲的统治,因此莫阿格特斯应得的不是友谊,而是批评和惩罚。

使团被执政官的怒气吓倒,以至忽视了莫阿格特斯对他们的指示,转而恳请执政官亲自与莫阿格特斯会谈。执政官同意这一请求后,使团返回希布拉复命。第二天,这位僭主及其友人出城觐见曼利乌斯,他衣着简朴,举止谦恭,发言也甚是恭顺。他哀叹他的城市虚弱无力,恳求曼利乌斯接受15塔兰同钱——他所统治的领土除希布拉外,还有叙雷昂(Syleium)和与之同名的湖泊。

曼利乌斯对他的厚颜无耻惊讶不已,不愿多说什么,只是说如果莫阿格特斯不支付500塔兰同并感激他的善心,他不仅将纵兵蹂躏他的领土,还将围困和攻占希布拉。莫阿格特斯对威胁他的命运恐惧不已,恳求曼利乌斯不要这样做,然后一点点提高他

[①] 曼利乌斯的副将。

的报价，最后说服曼利乌斯接受100塔兰同钱、10000斛小麦，并接纳他为盟友。

[35]曼利乌斯正在渡科洛巴图斯河（Colobatus）时，伊辛达（Isinda）城的使节来见他，恳求他帮助他们。特尔莫苏斯（Termessus）城请来的帮手斐洛摩洛斯（Philomelus），①已经毁坏他们的土地，劫掠他们的城市，此时正在围困他们的卫城，全城居民携带家属躲在卫城内。曼利乌斯听取他们的请求后，表示乐意施予帮助。同时，他视此为天赐良机，遂率军朝帕姆菲利亚（Pamphylia）挺进。

朝特尔莫苏斯城挺进时，曼利乌斯接受伊辛达人支付的50塔兰同，接纳该城为盟友，阿斯朋都（Aspendus）②城也以同样条件被接纳为盟友。接待帕姆菲利亚地区其他城市的使节，并给众使节留下与我刚刚描述的类似的印象后，曼利乌斯首先解了伊辛达之围，然后朝高卢地区挺进。（对照李维，《罗马史》，38.15.3）

[36]曼利乌斯攻占库尔马萨（Cyrmasa）城后得到大量战利品，之后继续行军。大军沿着湖岸进军时，吕希尼亚（Lysinia）城的使节前来请降；接见该城使节后，他率军进入撒加拉苏斯（Sagalassus）③境内，劫掠大量战利品后，等待该城民众主动投降。该城遣使求见，献出50塔兰同钱、20000斛大麦、20000斛小麦，曼利乌斯接纳该城为盟友。（对照李维，《罗马史》，38.15.7）

[37.1-3]罗马执政官曼利乌斯派代表到高卢人俄珀索格纳图斯（Eposognatus）那里，要求他遣使高卢诸王公处。④俄珀索格纳图斯于是遣使请求曼利乌斯不要主动攻击高卢人的托里斯托

---

① 弗里吉亚的统治者。
② 帕姆菲利亚的一座城。
③ 皮西迪亚境内的一座城。
④ 亚洲高卢人有三大部族，每个部族选出4名头领，共12名头领。

波基（Tolistobogii）部族，[①] 因为他将劝说该部族与罗马结盟，并确信他们会接受所有合理的结盟条件。（对照李维，《罗马史》，38.18.1-3）

[37.4-7] 罗马执政官曼利乌斯穿越小亚细亚的途中，需渡过撒加利乌斯河（Sangarius），[②] 该河河床及身，很难徒涉，曼利乌斯搭桥渡过该河。他在该河附近扎营时，两位代表阿提斯（Attis）和巴塔库斯（Battacus）的高卢人来求见——阿提斯和巴塔库斯是佩西努斯（pessinus）地区诸神之母崇拜的祭司，代表宣告说，诸神之母预言他将取得胜利。曼利乌斯彬彬有礼地接待了他们。（对照李维，《罗马史》，38.18.7）

[37.8-9] 曼利乌斯在小城戈尔狄昂（Gordium）[③] 附近时，俄珀索格纳图斯的使节赶来通报说，他已亲自与高卢人诸王公谈过，但是他们拒绝支付任何钱财：高卢人已把家属和财产聚集在奥林普斯山（Mount Olympus），[④] 准备与曼利乌斯决战。（对照李维，《罗马史》，38.18.10）

[38] 亚洲的高卢人被罗马执政官曼利乌斯击败后，奥尔提阿衮（Ortiagon）[⑤] 的妻子克奥玛拉（Chiomara）和其他妇人被俘。她落入其手的那位百夫长残忍对待她，将她强奸。那位百夫长实际上是个毫无教养的笨蛋，是金钱和性欲的奴隶，不过爱钱的欲望更胜一筹。由于克奥玛拉允诺给他一大笔赎金，他把克奥玛拉带到一条河边，准备一手交钱一手放人。高卢人渡河而过，交给他一大笔赎金，接走克奥玛拉。正当那位百夫长

---

① 亚洲高卢人的三大部族之一，居住在撒加利乌斯河上游河谷，佩西努斯、戈尔狄昂是他们的主要城市。
② 即今土耳其萨卡里亚河（Sakarya）。
③ 弗里吉亚的旧都。
④ 大概位于戈尔狄昂与安卡拉之间，具体位置不清楚。
⑤ 托里斯托波基部族的首领。

深情向她告别时，她示意一位高卢士兵杀死那位百夫长。士兵遵令而行，砍下百夫长的头。克奥玛拉把头捡起来藏在衣服下，然后扬长而去。

她见到丈夫后，把人头扔到丈夫脚下。她的丈夫奥尔提阿衮震惊不已，说道："我的妻，你没有叛离我真好。"她回答说："是的，但是，更好的是，与我睡过觉的人只应有一个活着。"珀律比俄斯告诉我们，他在萨尔迪斯见过这位妇人，并与她交谈过，他非常敬重她的勇敢和机敏。（普鲁塔克，《妇人的德行》(*The Virtuous Deeds of Women*), 22；对照李维，《罗马史》, 38.24.2）

[39] 罗马人击败高卢人后在安卡拉（Ancyra）附近扎营。曼利乌斯正准备拔营时，特克托萨格斯（Tectosages）的使节求见，恳请他不要拔营，邀请他第二天到两军营地中间会面，届时他们的王公会出面与他交涉和平问题。曼利乌斯同意了这一请求，第二天率500名骑兵前往约定地点，但是高卢王公没有露面。待他返回大营后，高卢使节再次前来，代表他们的王公道歉，恳求曼利乌斯第三天再前去会面，届时他们的王公会就当前局势与他交换看法。曼利乌斯再次同意，不过这一次他没有亲自前往，而是派阿塔罗斯和几名军团长在300名骑兵护卫下前去会面。高卢使节遵守约定商讨和平问题，但是说这一次会面不可能就和平问题达成最终一致，或批准任何关键事项。不过，他们承诺，他们的王公会在第四天亲自前来达成一致或完成谈判，如果执政官曼利乌斯本人届时也出席的话。阿塔罗斯向高卢使节保证，曼利乌斯本人届时会前来，会面双方便自行解散。

高卢人采用这种拖延谈判的策略的意图是，第一，为把他们的亲属和财产运过哈吕斯（Halys）河争取时间；第二，也是他们主要的意图是，抓获或杀死罗马执政官。带着这种意图，高卢人第二天在约定地点等待罗马人的到来，并秘密埋伏1000名骑兵。

曼利乌斯听取阿塔罗斯的汇报后，相信敌人王公这一次会出席，遂像往常那样率500名骑兵前去会面。幸运的是，前些天离开罗马大营前去搜集木头和粮草的队伍每日都在骑兵的掩护下朝会议地点方向行进。这一天也发生同样的事，外出搜集粮草的队伍人数庞大，军团长命令护卫搜粮队的骑兵仍朝会议地点方向行进。正是由于这一意外事件，曼利乌斯躲过一劫。（对照李维，《罗马史》，38.25）

曼利乌斯与安提俄库斯三世的进一步和平谈判

[41]①曼利乌斯在以弗所过冬期间，②在这个奥林匹亚年的最后一年，亚洲希腊人诸城的使节和其他部族的使节齐聚以弗所，为他对高卢人的胜利授予他多项冠冕。对于陶鲁斯山脉北侧的民众来说，安提俄库斯三世被击败——众城借此获得自由，一些城市免除贡赋，一些免除驻军，所有城市都无需再遵守叙利亚王室的命令——这远不如摆脱对高卢蛮夷的恐惧让他们喜悦，他们认为再也无需担心这些蛮夷部落无法无天的袭扰。

安提俄库斯三世的代表穆塞俄斯、高卢人的使节也抵达以弗所，想看看与罗马和解需要什么条件；同时，卡帕多西亚国王阿里阿拉特斯四世（Ariarathes IV）的使节也来求见执政官，这位国王此前曾作为安提俄库斯三世的盟友与罗马作战，这次却支持高卢与罗马作战，所以他很恐慌，担心自己遭遇不幸，遂遣使询问该怎么做才能弥补罪过。

曼利乌斯感谢并得体地招待众使节，对众使节的答复如下：对高卢使节，他说欧墨涅斯二世抵达以弗所前，他不会与高卢人

---

① 40节只留下一个残缺不全的句子。
② 公元前189年的冬季。

达成协议；至于阿里阿拉特斯四世，他要求这位国王支付600塔兰同，才考虑议和。至于安提俄库斯三世的使节，他安排穆塞俄斯届时与他的大军同时抵达帕姆菲利亚边界，依照卢西乌斯·斯基皮奥与安提俄库斯三世达成的协议条件，接收2500塔兰同和安提俄库斯三世允诺的在和约签订前必须为罗马军队提供的谷物。之后，他让大军休整。适合行军的季节到来后，他携阿塔罗。率军离开以弗所，经8天行军抵达阿帕米亚（Apamea），① 在该城驻扎三天后，于第四天继续行军。又经过三天行军，曼利乌斯抵达与安提俄库斯三世约定的地点扎营。

穆塞俄斯见到他后，恳求他耐心等待，因为运送谷物和金钱的车队和驮兽有些延误。曼利乌斯遂在那里等待了三天。金钱和谷物抵达后，他把谷物分给大军，将钱交给一位军团长，命他送往阿帕米亚。

[42] 听说安提俄库斯三世任命的佩尔格城的驻军指挥官既没有撤走驻军，也没有离开该城，曼利乌斯率军朝该城挺进。抵近该城后，驻军指挥官赶来见他，恳请他不要不问青红皂白就谴责他，因为他正在履行职责。安提俄库斯三世任命他驻守该城，他需履行职责，直到国王再次给他下发其他命令，但是迄今为止他还没有接到其他命令。因此，他请求曼利乌斯给他30天时间，好让他派人询问安提俄库斯三世该如何行动。曼利乌斯看到安提俄库斯三世在其他各个方面皆信守承诺，就应允这位指挥官的请求。几天后，这位指挥官收到答复，遂交出佩尔格城。

这年初夏，罗马元老院委派的十人团和欧墨涅斯二世经海路抵达以弗所。在该城休整两天后，众人继续上路，赶往阿帕

---

① 今土耳其的第纳尔（Dinar）城。原先是克莱奈（Celaenae）古城，后由安提俄库斯一世重建，为纪念其母，将之改名为阿帕米亚。

此时是公元前188年初夏，即汉惠帝七年。秋八月，惠帝驾崩，时年二十四岁。惠帝一朝，皆由吕后临朝称制。参《汉书·惠帝纪》，前揭，页92。

米亚。曼利乌斯获悉他们抵达,派他的兄弟卢西乌斯·曼利乌斯(Lucius Manlius)率4000士兵前往奥罗安达(Oroanda),[1] 收取该族答应支付的款项。[2] 他本人则率主力急速赶往阿帕米亚,因为他着急与欧墨涅斯二世会面。抵达阿帕米亚并见到欧墨涅斯二世及十人团后,他与他们召开会议商讨和约问题。会议首先决定批准与安提俄库斯三世的和约,关于和约条款,我将直接引用原文。

[43] 这份和约如下:

如果安提俄库斯三世遵守下述条款,他与罗马人将永远保持友谊:

第一,安提俄库斯三世及其臣属不得允许任何进攻罗马的敌人及其盟友经过其领土,不得为这类敌人提供任何补给。

第二,罗马人及其盟友也不得允许任何进攻安提俄库斯三世及其臣属的敌人及盟友经过其领土,不得为这类敌人提供任何补给。

第三,安提俄库斯三世不得向爱琴海岛屿或欧洲的居民开战。

第四,安提俄库斯三世需从陶鲁斯山脉北侧直达哈吕斯河的城邑、村庄、要塞撤出,需从陶鲁斯山谷和吕考尼亚之间的区域撤出。

第五,安提俄库斯三世撤离上述地区时,除他的士兵携带的武器外,不得带走任何东西;如果带走任何东西,必须归还相应的城市。

---

[1] 位于皮西迪亚,可能不是一座城,而是一个部落的名称。
[2] [英译注] 李维说款项总额是200塔兰同,参李维,《罗马史》,38.18.2。

第六，安提俄库斯三世不得接纳欧墨涅斯二世的士兵或其他人避难。

第七，若安提俄库斯三世的军队中有来自罗马攻占的城市的士兵，他需把这类士兵送到阿帕米亚。

第八，如果安提俄库斯三世的臣民与罗马人及其盟友同住，他们可自行决定是留下还是离开。

第九，安提俄库斯三世及其臣属应交出罗马及其盟友的俘虏，包括战争中捕获的奴隶、逃兵和所有被俘士兵。

第十，安提俄库斯三世需交出迦太基人哈米尔卡之子汉尼拔、阿卡纳尼亚人**穆纳西洛克斯**（Mnasilochus）、埃托利亚人托阿斯、卡尔基斯人欧布里达斯和斐洛以及在其王国任职的所有埃托利亚人，如果这些人在他的王国的话。

第十一，安提俄库斯三世需交出在阿帕米亚的所有战象，且未来不得保有战象。

第十二，安提俄库斯三世需交出全部长船及其机械装备，今后不得拥有10艘以上的无甲板战舰，且这些战舰不得超过30人桨，不得用于侵略他人。

第十三，安提俄库斯三世的船只除运送贡赋、使节或人质外，不得越过卡律卡德努斯（Calycadnus）和萨佩多尼亚（Sarpedonia）海角①。

第十四，安提俄库斯三世不得从罗马人统治的地区雇佣士兵或接受那里的逃亡者。

第十五，凡安提俄库斯三世领土内原属于罗德岛及其盟友的房产，均应归还其原主人，一如战前；如果安提俄库斯欠他们的钱，他们都可要求安提俄库斯三世偿还；如果安提俄库斯三世向他们索取过任何东西，他都应该找到并归还。

第十六，运往罗德岛的货物应免征关税，一如战前。

---

① 即塞琉西亚港南部的海角。

第十七，安提俄库斯三世在交出他必须交出的城市时，需撤走驻军和相关行政官员。

第十八，如果未来有任何城市想倒向安提俄库斯三世，他不得接纳它们。

第十九，安提俄库斯三世需向罗马人赔偿12000塔兰同，需用最好的阿提卡钱币支付，分12年付清，每年支付1000塔兰同，每塔兰同的重量不得低于80罗马磅（λιτρῶν），每年还需交540000斗谷物。

第二十，安提俄库斯三世需赔偿欧墨涅斯二世350塔兰同，分5年付清，每年支付70塔兰同；与此同时，安提俄库斯三世向罗马每年交的谷物可折算成货币——安提俄库斯三世估计是127塔兰同加1208德拉克马，其折算数额以欧墨涅斯二世同意的数额为准。

第二十一，安提俄库斯三世需交20名人质，每三年更换一批；人质年龄不低于18岁，不超过45岁。

第二十二，如果安提俄库斯三世支付的任何款项不符合上述规定，他需在次年补足。

第二十三，如果本条约规定的安提俄库斯三世禁止攻击的城市或民族首先攻击他，他有权反击，条件是他不得将它们纳入统治或接纳它们加入联盟。

第二十四，双方的任何不满都应向合法法庭申诉。

第二十五，双方有权经过一致同意增补或削减此条约的任何条款。

[44] 罗马执政官曼利乌斯对条约宣誓后，立即派他的兄弟卢西乌斯·曼利乌斯和昆图斯·忒尔摩斯（Quintus Minucius Thermus）[①]——后者刚从奥罗安达收贡款返回——前往叙利亚，

[①] 罗马派来的十人团成员。

监督安提俄库斯三世对条约宣誓并详细执行条约中的规定。曼利乌斯又命海军舰队指挥官昆图斯·拉贝奥（Quintus Fabius Labeo）率舰队航往帕塔拉（Patara），[1] 接收安提俄库斯三世在那里的舰队，烧毁它们。

[45] 曼利乌斯收了阿里阿拉特斯四世300塔兰同，接纳他为罗马的盟友。[2]

小亚细亚的最终安排

[46] 十人团和罗马将军曼利乌斯在阿帕米亚接待了各邦使节，就各邦关于土地、金钱或其他财产的争端进行裁决。他们做出的整体安排如下。

第一，免除之前向安提俄库斯三世纳贡、但眼下忠诚于罗马的所有自治城邦的贡款。

第二，此前向阿塔罗斯一世纳贡的所有城邦仍需向欧墨涅斯二世缴纳同样数额的贡款。

第三，战争期间叛离罗马同盟、倒向安提俄库斯三世的所有城邦需向欧墨涅斯二世缴纳它们向安提俄库斯三世缴纳的同样数额的贡款。

第四，免除住在诺提昂（Notium）的科洛弗尼亚人（Colophonians），库迈人（Cymae），穆拉萨人（Mylasa），德律穆萨（Drymussa）岛的克拉佐门涅人（Clazomenae）的纳贡义务；恢复米勒西亚人（Milesians）的圣地——由于战火

---

① 位于克桑托斯河河口，是一个重要港口。

② 在欧墨涅斯二世斡旋下，阿里阿拉特斯四世需缴纳的贡款减半，因为他把女儿斯特拉托涅丝（Stratonice）许佩给欧墨涅斯二世，从此两国结为盟友。

连绵，他们此前撤离了圣地。

第五，在许多方面提升希俄斯岛、士麦那和厄律忒拉（Erythrae）的地位；为感激它们在战争中表现出的友好和积极，罗马人分配给它们渴望获得的、一直公认属于它们的地区；罗马人还恢复佛凯亚（Phocaea）的祖传政制及其曾经的疆域。

第六，他们回应罗德岛人的要求，把吕西亚和迈安德罗河以南的卡里亚地区交给罗德岛，特勒曼苏斯（Telmessus）城除外。

第七，至于欧墨涅斯二世及其兄弟，罗马人已在与安提俄库斯三世的条约中尽其所能帮助他们，现在又把下述地区交给欧墨涅斯二世：欧洲的切索尼斯半岛、吕西玛凯亚及相邻的要塞和土地；亚洲赫勒斯滂海峡边的弗里吉亚、大弗里吉亚、普卢西阿斯一世之前夺走的米西亚部分地区、米吕阿斯、吕底亚、特拉勒斯、以弗所、特勒曼苏斯。

第八，至于帕姆菲利亚，欧墨涅斯二世坚持该地位于陶鲁斯山脉北侧，安提俄库斯三世的使节则坚持该地位于南侧。双方争执不下，最终决定提交元老院裁断。

如此解决几乎所有最重要的问题后，十人团和曼利乌斯离开阿帕米亚，朝赫勒斯滂海峡进发，以在途中妥善解决亚洲高卢人的问题。

第二十二卷

一、希腊事务[①]

[1] 第148个奥林匹亚年期间，腓力五世的使节、马其顿周边邻族的使节抵达罗马。由罗马元老院处理这些使节之间的冲突。

这些冲突涉及腓力五世与忒萨利人和佩莱比亚人关于自罗马与安提俄库斯三世的战争以来，腓力五世占据的忒萨利和佩莱比亚的诸城邑。众使节在坦佩山谷向昆图斯·凯西里乌斯·曼特卢斯（Quintus Caecilius Metellus）恳求。凯西里乌斯的裁断。

另一个冲突涉及腓力五世占据的色雷斯人的城邑；欧墨涅斯二世的使节和马洛奈亚（Maronea）的放逐者；就这些问题在帖撒罗尼迦（Thessalonica）的演说；凯西里乌斯的裁断。

腓力五世在马洛奈亚的大屠杀；罗马的使节及其军团抵达。罗马与珀尔修斯战争的原因。

托勒密五世、欧墨涅斯二世和塞琉古四世[②]的使节在伯罗奔半岛。阿凯亚人与托勒密五世结盟，上述三位国王答应提供的帮助。昆图斯·凯西里乌斯出席会议，对斯巴达发生的事件进行训斥。

---

① [1]和[2]是第二十二卷的史实纲目，与现存内容之间有差异。

② 安提俄库斯三世于公元前187年驾崩，其子塞琉库斯继任为塞琉古四世，在位时间是公元前187年至前175年。

阿瑞俄斯（Areus）和阿尔喀比亚德斯（Alcibiades）代表斯巴达曾经的放逐者，到罗马控告斐洛珀门和阿凯亚人。

［2］第148个奥林匹亚年期间，罗马使节抵达克勒托（Cleitor）。阿凯亚人召开联盟大会。各方就斯巴达事务发表演说，阿凯亚人的决议。这是一份大事纲目。

斐洛珀门和斯巴达

［3.1-4］康姆帕西翁（Compasium）的那些人被杀之后，一些拉克岱蒙人对所发生的事非常不满，认为罗马人的权势和威严已被斐洛珀门摧毁，遂遣使罗马控告斐洛珀门采取的手段。[1] 阿凯亚人最后收到马尔库斯·埃米里乌斯·勒庇都斯（Marcus Aemilius Lepidus）[2]的一封信，勒庇都斯是那年的执政官，后来荣任罗马大祭司。这位执政官在给阿凯亚人的信中训斥后者在斯巴达的所作所为不正当。所以，斯巴达使节还在罗马时，斐洛珀门立即派厄利斯[3]人尼克德莫斯（Nicodemus）出使罗马。

托勒密五世和阿凯亚人

［3.5-9］大约同时，托勒密五世遣雅典人德米特里乌斯出使阿凯亚，赓续与阿凯亚人的联盟关系。阿凯亚人爽快同意，然后决定派此书作者的父亲吕科塔斯、忒奥多利达斯（Theodoridas）和希库温人罗西特勒斯（Rositeles）出使埃及，代表阿凯亚联盟

---

[1] 公元前188年春，那些主张斯巴达脱离阿凯亚联盟的斯巴达人在拉科尼亚的康姆帕西翁被阿凯亚人屠杀，当时斐洛珀门是阿凯亚联盟将军。

[2] 公元前187年的罗马执政官。
公元前187年是吕后元年。惠帝崩，吕后立惠帝长子刘恭为帝，史称汉前少帝。这年正月，废除三族罪和妖言令。参《汉书·高后纪》，前揭，页96。

[3] 公元前191年，厄利斯加入阿凯亚联盟。

与托勒密五世就盟约宣誓。托勒密五世的使节出使阿凯亚时发生了一件虽不那么重要却也值得一提的事。盟约赓续仪式完成后，斐洛珀门代表阿凯亚人设宴款待托勒密五世的使节德米特里乌斯。宴会期间提到托勒密五世时，德米特里乌斯突然插话，大肆称赞这位国王，细数国王的狩猎技艺和勇敢，之后又谈到国王在骑术和运用武器方面的高超技艺，最后还补充一项证据：托勒密五世曾骑着马用标枪击中一头公牛。

波俄提亚的麻烦：罗马人和阿凯亚人的行动

[4] 罗马人与安提俄库斯三世签订和约后，波俄提亚人此前怀揣的革新希望全部被粉碎，各个方面发生根本性变化。司法正义有近25年停滞不前，现在各个城市普遍讨论的问题是必须解决各派之间的纠纷。但是，这件事继续引发激烈争论，因为对政治不满的穷人要比富人多得多，这时偶然事件以下述方式介入，对事件朝好的方向转变发挥了重要作用。弗拉米尼努斯一直在为宙克西普斯（Zeuxippus）返回波俄提亚奔走，此人在他与腓力五世的战争中对他帮助很大，所以在这个关键时刻，他让元老院写信给波俄提亚人，命令他们必须让宙克西普斯和跟他一起被放逐的人返回。

元老院的信送达后，波俄提亚人担心宙克西普斯等人的返回会破坏他们与马其顿的良好关系，遂设置了一个法庭，审理他们之前对宙克西普斯的指控。波俄提亚人通过这种方式，判处宙克西普斯下述罪名：第一，渎神罪，理由是宙克西普斯剥走宙斯圣桌上的银盘的镀银；第二，谋杀罪，理由是他谋杀布拉克勒斯。

如此处理此事后，波俄提亚人不再理会元老院的信，而是派卡里克利图斯（Callicritus）出使罗马，对元老院说他们不能不顾他们法庭的裁决。与此同时，宙克西普斯亲自赶到罗马向元老院申诉。元老院写信通知埃托利亚人和阿凯亚人波俄提亚人的做法，命令他们帮助宙克西普斯回国。阿凯亚人没有采用武力执行这一任务，而是决定派使节劝说波俄提亚人遵守罗马人的要求，同时恳求波俄提亚人就像对待宙克西普斯的司法审判一样，把阿凯亚人牵涉的案件也做一了结，因为波俄提亚人和阿凯亚人之间的诉讼也同样被拖延很久没有裁断。获知这些要求后，波俄提亚人当时的联盟将军希庇阿斯（Hippias）立即应允，随后却抛之脑后。由于这一点，斐洛珀门准许所有波俄提亚被放逐者占取波俄提亚人的财产，其时阿尔克塔斯（Alcetas）已继希庇阿斯之后任联盟将军。斐洛珀门的这一做法导致两个民族爆发巨大冲突。

捕获穆利克斯（Myrrichus）和西蒙（Simon）的牛群后，双方爆发战斗，事后证明这是两个民族由公民间的冲突转变为彼此憎恨的真正的战争的开端和序幕。若是这时元老院继续坚持让宙克西普斯返国，战火很快就会燃起，但是，元老院此刻没有执着坚持。麦加拉人停止夺取波俄提亚人的财产，波俄提亚人也通过使者提出，愿意满足阿凯亚人裁决诉讼的要求。

罗德岛和吕西亚的争端

[5] 吕西亚和罗德岛之间的不和源于下述原因。罗马十人团处理亚洲事务时，罗德岛的使节忒阿德图斯（Theaedetus）和斐洛弗隆（Philophron）索要吕西亚和卡里亚，以作为罗德岛在罗马与安提俄库斯三世的战争期间鼎力相助的回报。与此同时，伊利昂的两位使节希帕库斯（Hipparchus）和撒图洛斯（Satyrus）也来请求说，由于伊利昂与罗马的亲缘关系，吕西亚人的罪过应被原谅。十人团听取两支使团的诉求后，尽其所能令各方满意。针对伊利昂使节的请求，十人团没有严厉对待吕西亚人；至于罗德岛，他们将吕西亚交给罗德岛人作为回报。

由于这个决定，吕西亚人和罗德岛人爆发了绝非不重要的争论。伊利昂的使节访问吕西亚诸城时，宣布他们已平息罗马人的愤怒，对帮助他们获得自由出力甚多。然而，忒阿德图斯及其同僚却在罗德岛宣布，吕西亚和卡里亚迈安德罗河以南地区已被罗马人交给罗德岛。之后，吕西亚使节抵达罗德岛提议结盟，但是罗德岛却派他们的一些公民前往吕西亚和卡里亚诸城发号施令。尽管双方的看法差异很大，但并非每个人起初都能看出它们之间的差异。直到吕西亚使节来到罗德岛公民大会提议双方结盟、罗德岛主席团成员珀忒翁（Pothion）站起来尖锐驳斥吕西亚使节时，他们才……吕西亚使节说，他们绝不会遵从罗德岛人的命令。

二、意大利事务

色雷斯事务被上诉至罗马元老院

[6] 与此同时，[①] 欧墨涅斯二世的使节抵达罗马报告说，腓力五世已私占色雷斯诸城。马洛奈亚的放逐者也抵达罗马，控诉腓力五世逼迫他们流亡。与他们一起来的还有阿塔马尼亚、佩莱比亚、忒萨利的使节，这些使节宣称他们应收回罗马与安提俄库斯三世战争期间腓力五世从他们手中夺走的城邑。腓力五世也遣使

---

① 公元前186年。
汉吕后二年，吕后下诏说："高皇帝平定天下，凡有功的人都封为列侯，天下百姓安居乐业，他们都蒙受恩德。我考虑长久以来功名不显著，没有能够尊崇大义，垂范后世。现在打算按功劳大小排列列侯的位次，以此确定他们在朝廷中的地位，让他们的爵位世世相传，他们的子孙各袭其爵位。请与列侯们商议之后再上奏。"丞相陈平说："我与绛侯周勃、曲周侯郦商、颍阴侯灌婴、安国侯王陵等商议认为：列侯们有幸得到朝廷的赏赐和封地，陛下又加恩宠，按功劳大小来排列他们的爵位，臣请求把他们的爵位藏于高祖庙，世世不绝。其爵位继承人各袭原爵。"春正月乙卯，地震，羌道、武都道山崩塌。通行八铢钱。参《汉书·高后纪》，前揭，页96。

罗马就这些指控进行辩护。上述使节和腓力五世使节在罗马元老院多次激辩后，元老院决定任命几人组成委员会前去调查腓力五世的领土状况，同时宣称将保证所有渴望与腓力五世对质的使节前往马其顿途中的安全。这个委员会由下述三人组成：昆图斯·凯西里乌斯·曼特卢斯、马尔库斯·塔姆斐卢斯（Marcus Baebius Tamphilus）、提比略·尼禄（Tiberius Claudius Nero）。

伊纳斯人长期内讧，一个党派亲欧墨涅斯二世，另一个党派亲马其顿。

三、希腊事务

阿凯亚联盟和诸国王

[7] 我已经说过，斐洛珀门任联盟将军时，阿凯亚人一边就斯巴达问题遣使罗马，一边就赓续盟约问题遣使托勒密五世。现在，阿里斯泰诺斯任联盟将军，出使托勒密五世的使节在联盟大会于迈加洛波利斯召开时返回。欧墨涅斯二世也遣使阿凯亚，承诺给予阿凯亚人120塔兰同，这样阿凯亚人可把这笔钱贷出去，然后用利息支付大会期间阿凯亚联盟主席团成员的报酬。塞琉古四世亦遣使阿凯亚赓续友好关系，允诺给予阿凯亚一支包括十艘长船的小舰队。

联盟大会开幕，厄利斯人尼克德莫斯率先上台，报告他就斯巴达问题出使罗马的情况，宣读罗马元老院的答复。从答复内容很容易就能推断出，罗马元老院对斯巴达城墙被毁和在康姆帕西翁被处死的人非常不满，不过他们没有撤销之前的决定。由于既没有人反对，也没有人支持，该问题被搁置。

欧墨涅斯二世的使节接着上台，赓续自其父时代就与阿凯亚确立的盟约，向大会宣告欧墨涅斯二世允诺提供的金钱，然后详细阐述这些主题，表达欧墨涅斯二世对阿凯亚联盟的善意和友好感情。

［8］欧墨涅斯二世的使节下去后，希库温人阿波罗尼达斯（Apollonidas）站了起来。他说，欧墨涅斯二世赠予的这笔钱并非一件不值得阿凯亚人接受的礼物，但是赠予者的意图和目的既不高贵，又不合法。因为阿凯亚法律规定任何个人或官员均不得以任何借口接受一个国王的礼物，阿凯亚人接受这笔钱是公开受贿，可谓最不合法的事，此外这样做也最可耻。联盟主席团一旦每年接受欧墨涅斯二世的薪酬，就等同于吞下贿赂后讨论公共事务，这显然是不光彩的作为，对联盟也有害。这一次是欧墨涅斯二世拿钱来，下一次就会是普卢西阿斯一世拿钱来，再然后是塞琉古四世拿钱来。他说：

> 民主人的利害和君王的利害天然对立，大多数争论以及最重要的争论都事关我们与君王们的分歧，显然下述非此即彼的情形必然会发生：要么君王们的利益压过我们的利益，要么我们的利益压过君王们的利益。如果不这样做，那么我们反对我们的幕后出资人时，将成为忘恩负义之辈。

所以，他劝诫阿凯亚人不仅要拒绝欧墨涅斯二世的礼物，而且要憎恶这位国王赠予这份礼物的意图。

下一位发言者是埃吉纳人卡桑德（Cassander）。他提醒阿凯亚人想想自己的穷困，正是穷困击败了埃吉纳人。由于埃吉纳是阿凯亚联盟成员，当年普布利乌斯·苏尔比基乌斯·加尔巴率舰队攻占埃吉纳后，将不幸的居民全部卖为奴。我在前文叙述过，罗马人攻占埃吉纳后，埃托利亚人凭借与罗马的条约占有该城，然后又以30塔兰同的价格把该城交给阿塔罗斯一世。[①] 卡桑德把这些事实摆在阿凯亚人面前，恳求欧墨涅斯二世不要通过赠予阿凯

---

① 参9.42。

亚人这笔钱来贿赂阿凯亚的官员,而是应该交出埃吉纳,以确保埃吉纳人毫不反对他,完全忠诚于他。[①]他同时劝诫阿凯亚人不要接受这笔钱,因为这样做显然会断绝埃吉纳人获得自由的所有希望。

这些演说的结果是,阿凯亚人深为所动,不再有人敢支持欧墨涅斯二世,所有人都大声反对他的这份礼物,尽管这份礼物的数额极大,其诱惑实难抗拒。

[9] 上述讨论结束后,大会开始讨论与托勒密五世赓续盟约的问题。此前派往这位国王处的使节已经返回,吕科塔斯及其同僚上台,首先汇报他们与托勒密五世互相宣誓的过程,然后陈述他们从埃及带回的礼物,包括6000套持盾兵的装备、200塔兰同铜币。表达过对这位国王的感激、简短强调他对阿凯亚联盟的友好感情后,吕科塔斯结束发言。这时,联盟将军阿里斯泰诺斯站起来,问托勒密五世的使节和吕科塔斯等人,他们赓续的是哪一份盟约。无人回答,所有使节开始窃窃私语,整个会场的人都困惑不解,不知阿里斯泰诺斯何以有此一问。这种困惑不解的原因如下。

阿凯亚人和托勒密王国曾有过好几份盟约,那些盟约的条款因签订盟约时的形势不同而差异很大。不仅托勒密五世的使节没有确认要赓续哪份盟约,只以笼统的措辞谈论赓续盟约一事,而且阿凯亚使节也没有确认,他们只是与托勒密五世互相宣誓,仿佛双方只有过一份盟约。所以,当阿里斯泰诺斯细数双方曾签订的所有盟约,详细解释不同盟约的差异时,他们才发现它们的差异非常明显,大会转而要求他们弄清楚赓续的是哪份盟约。不仅发起赓续盟约一事的斐洛珀门无法解释清楚,而且出使亚历山大里亚的吕科塔斯等人也无法说清楚。大会认为他们对待国家大事太过敷衍草率,倒是阿里斯泰诺斯借此声名大振,成为唯一懂得盟约之

[①] 实际上,此承诺没有兑现,直到公元前133年,埃吉纳仍归帕加马王国统治。

事的人。① 最后,由于上述困惑,他没有批准与托勒密王国的盟约,而是推迟对此事做出决定。这时,塞琉古四世的使节进入会场,阿凯亚人投票赞成赓续与这位国王的友好关系,但是拒绝接受这位国王允诺提供的小舰队。之后,大会解散,各成员返回各自城市。

[10] 此后,正当阿凯亚人庆祝复仇女神节时,昆图斯·凯西里乌斯·曼特卢斯出使腓力五世结束,从马其顿顺路抵达阿凯亚。联盟将军阿里斯泰诺斯此时正在阿尔哥斯召集联盟官员开会。凯西里乌斯抵达会场后,谴责他们之前残酷且严厉对待拉克岱蒙人。长篇大论一番后,凯西里乌斯劝诫他们纠正过去的错误。阿里斯泰诺斯一言不发,以此表明他不赞成斐洛珀门此前对拉克岱蒙人的处理方式,但同意凯西里乌斯的发言。这时,迈加洛波利斯的狄奥法奈斯站起来——与其说他是一个政治家,不如是他是个军人——不仅没有为阿凯亚人做任何辩护,反而由于与斐洛珀门关系不睦,向凯西里乌斯提出另一项对阿凯亚联盟的指控。

他说,不仅阿凯亚人在斯巴达的做法大错特错,他们在墨瑟尼亚的做法亦然,借此影射墨瑟尼亚放逐者对弗拉米尼努斯和斐洛珀门当年干涉墨瑟尼亚而发布的法令非常不满。凯西里乌斯认为他已得到一些阿凯亚人的支持,但是,参会的众官员不愿答应他的要求,他恼怒不已。斐洛珀门、吕科塔斯和阿尔孔(Archon)② 先后发言,用各种论证表明当年对斯巴达事务的处理是好的,尤其对斯巴达人有利,还说要是不违反正义和对诸神的虔敬,就不能在斯巴达建立秩序。会议决定不改变当年对斯巴达事务的处理,然后把这一决议告知凯西里乌斯。凯西里乌斯看到这次会议的倾向,要求召集阿凯亚联盟大会,但是联盟官员要求他出示元老院就此事的指示,因为阿凯亚法律不允许随便召集联盟大会,除

---

① 珀律比俄斯没有隐藏有损其父声誉的错误,可谓直陈无隐的典范。
② 阿凯亚联盟中影响力近似斐洛珀门和吕科塔斯的政治家。

非元老院有书面指示说要拿什么事务提交联盟大会讨论。

凯西里乌斯因他的所有要求都没有被满足而愤怒至极，以至他甚至不赞同这些官员的回话，没有给出任何回应就愤怒离去。阿凯亚人把上一次马尔库斯·福尔维乌斯和这一次凯西里乌斯巡察阿凯亚归咎于阿里斯泰诺斯和狄奥法奈斯，断言这两位政治家由于与斐洛珀门的政治分歧已经结成一派。这两人因此受到民众的怀疑。这就是伯罗奔半岛事务的状况。

四、意大利事务

元老院对色雷斯事务的裁断

[11] 凯西里乌斯及其同僚离开希腊返回罗马，向元老院汇报马其顿和伯罗奔半岛的事务，之后，就这个议题出使罗马的诸使节觐见元老院。① 第一批觐见的是腓力五世、欧墨涅斯二世的使节以及伊纳斯和马洛奈亚的放逐者。这些使节的发言跟他们在帖撒罗尼迦对凯西里乌斯的发言一样，元老院因此决定再派新的代表出使腓力五世，首先监督后者按照凯西里乌斯的明确要求撤离忒萨利和佩莱比亚诸城，其次命令他从伊纳斯和马洛奈亚撤走驻军，同时放弃色雷斯海岸的所有要塞、领土和城市。

伯罗奔半岛的使节第二批觐见。阿凯亚人的使节希库温人阿波罗尼达斯的使命，首先是为他们违逆凯西里乌斯的要求这一行为进行辩护，因为后者没有从阿凯亚人那里得到满意的答复；其次是总体阐明斯巴达事务。斯巴达的使节是阿瑞俄斯和阿尔喀比

---

① 公元前184年。

汉吕后三年（公元前185年）夏，长江、汉江泛滥。汉吕后四年（公元前184年），汉前少帝知道自己不是皇后之子，心怀不满，口出怨言，吕后将之幽禁。五月，立恒山王刘弘为帝，史称汉后少帝，吕后仍旧临朝称制。参《汉书·高后纪》，前揭，页98。

亚德斯，这两人是当年被僭主纳比斯放逐、最近靠斐洛珀门和阿凯亚人帮助回国的那群流亡者的成员。这个行为令阿凯亚人非常愤怒，他们刚刚施予这些被放逐者如此巨大的恩惠，这群人转头就公然忘恩负义，向最高权力当局遣使控诉刚刚出人意料救护他们、帮助他们回国的恩人。

[12] 经元老院同意，双方使节开始针锋相对、互相攻讦。希库温人阿波罗尼达斯当着众元老的面指出，对斯巴达事务的处理，不可能有比斐洛珀门和阿凯亚人更好的安排。阿瑞俄斯及其同僚则力图论证事实完全相反，他们首先指出，因阿凯亚人强行驱逐斯巴达民众，斯巴达的力量遭到暗中削弱；其次强调，阿凯亚人留给斯巴达人的国家既无安全可言，又无畅所欲言的权利——不安全是因为获准留下的人口很少，城墙又被摧毁，无畅所欲言的权利是因为他们不仅必须遵守阿凯亚人的公共法令，而且必须服从和听命于阿凯亚人不时任命的官员。元老院听取双方抗辩后，决定就这个问题派出同一批代表，为马其顿和希腊任命一个由阿庇乌斯·普尔切（Appius Claudius Pulcher）[①]领衔的委员会。

阿凯亚使节还在元老院为他们违逆凯西里乌斯的行为进行了辩护。他们坚称，阿凯亚官员没有做错，不能因没有遵守他的命令召开联盟大会就受到谴责，因为阿凯亚法律规定，临时召开联盟大会的例外情况如下：要么涉及结盟或战争事宜，要么元老院有书面指示要求召开。因此，当时阿凯亚官员的反应是正当的，他们虽然想召集联盟大会，但联盟法律禁止那样做，而凯西里乌斯当时既没有元老院要求这样做的信，也没有向官员出示他的书面指示。阿凯亚使节发言完毕后，凯西里乌斯站起来，指控斐洛珀门、吕科塔斯和全体阿凯亚人，严厉谴责他们对斯巴达事务的处理。元老院听取双方发言后，对阿凯亚人给出下述答复：他们将派一个委员会前去调查拉克岱蒙事务，也建议阿凯亚人给予他

[①] 公元前185年的罗马执政官。

们派出的所有代表应有的重视和尊重,就像罗马人对待出使罗马的所有使节那样。

五、马其顿事务

马洛奈亚屠杀

[13] 腓力五世的使节从罗马送快信给他,告诉他必须从色雷斯诸城撤军。① 收到此信后,一想到他的王国从各个方向都遭到遏制,他就痛苦万分,遂将他的愤怒发泄在马洛奈亚人身上。他把他的意图告知色雷斯总督奥诺玛斯图斯(Onomastus),派后者执行这一任务。奥诺玛斯图斯派人到马洛奈亚通知卡桑德这个计划,此人非常熟悉马洛奈亚,因为他经常住在那里。腓力五世有一个惯例,即安排他的宫廷成员寓居这些城市,让当地居民习惯于他们的驻跸。

几天后,马其顿人准备就绪,卡桑德在夜里将他们引入马洛奈亚,随即发生大屠杀,很多市民被杀。如此惩戒对手且宣泄报复欲后,腓力五世静待罗马代表到来,相信马洛奈亚人由于恐惧都不敢指控他。没过多久,阿庇乌斯·克劳狄乌斯·普尔切便率众代表抵达,很快获悉马洛奈亚发生的灾难,严厉谴责腓力五世的这一暴行。腓力五世竭力自辩,说他没有参与此项暴行,暴行的原因全在于马洛奈亚人内讧,一派人亲欧墨涅斯二世,另一派人亲他,遂导致这一惨剧。腓力五世还建议众代表召集任何愿指控他的人前来对质。他之所以这样做,是因为他确信无人敢指控他,因为所有人都会认为腓力五世报复他的对手很容易,而罗马人却因距离远而无法及时援助。但是,阿庇乌斯等人说,腓力五世的任何自辩都属多余,因为他们对

---

① 公元前184年的事。

马洛奈亚发生的事、谁该对此事负责一清二楚,腓力五世顿时哑口无言,不知该如何回答。

[14] 至此,双方结束第一次会面。第二天,阿庇乌斯等人命令腓力五世立即派奥诺玛斯图斯和卡桑德前往罗马接受调查。腓力五世闻言大吃一惊,犹豫良久后说,他将按照他们的要求派此事的祸首卡桑德前往罗马,以便让元老院从他口中得知此事真相。在这次会面和接下来的多次会面中,腓力五世以屠杀发生时奥诺玛斯图斯不仅不在马洛奈亚,甚至远离该城为借口,为此人开脱。他这样做是害怕熟知他许多类似恶行的奥诺玛斯图斯一旦抵达罗马,兴许不仅会告诉罗马人马洛奈亚的暴行,而且还会捅出其他类似恶行。最后,他成功让奥诺玛斯图斯脱罪,但是,在罗马代表离开后,他不得不派卡桑德前往罗马。不过,他命护送卡桑德的士兵在伊庇鲁斯将他毒杀。阿庇乌斯和其他代表谴责他在马洛奈亚的暴行以及他对罗马的敌意后,怀着这种看法离开马其顿。

罗马代表走后,腓力五世向他的两位心腹密友阿培勒斯(Apelles)和菲洛克勒斯(Philocles)[①]坦承,他清楚看到他与罗马人的矛盾已经变得不可调和,这一事实对大多数人来说太过明显,不可能逃过别人的眼睛。总的来说,他很想用各种手段去抵抗和攻击罗马人。但是,他手头没有足够兵力执行这一计划,只能强忍愤怒,思虑如何推迟反击,为备战争取时间。他决定派他最小的儿子德米特里乌斯出使罗马,首先针对罗马人对他的种种指控进行辩护;其次,如果他的确在有些方面无意犯下错误,请求罗马人原谅。腓力五世对派德米特里乌斯出使罗马极有信心,由于这位年轻人在罗马为质[②]期间获得罗马人的高度认可,他相信通过这

[①] 两人最后都被处死,菲洛克勒斯被腓力五世处死,阿培勒斯被珀尔修斯处死。

[②] 参18.39和21.3,德米特里乌斯于公元前197年至前191年在罗马为质。

个儿子，他能让元老院同意他提出的任何要求。如此决定后，他立即着手派德米特里乌斯和陪同的友人出发，同时允诺帮助拜占庭人。他之所以答应帮助拜占庭人，[①]并非是发慈悲，而是希望以此为借口威慑普罗庞提斯北岸的色雷斯首领，以此推进他志在执行的反击罗马的计划。

六、希腊事务

戈图纳与克诺索斯的争端

[15] 在克里特，安塔克斯（Antalces）之子库达斯（Cydas）主导戈图纳（Gortyn）城的主席团（κοσμοῦντος）[②]时，该城民众想尽一切办法削弱克诺索斯人（Cnosians）的力量，把克诺索斯名叫吕卡斯提昂（Lacastium）的地区交给赫劳库斯（Rhaucus）城，把名叫狄亚托尼昂的地区交给吕图斯城（Lyttus）。这时，[③]阿庇乌斯·克劳狄乌斯·布尔切及其同僚从罗马抵达克里特，意在解决该岛存在的争端。

他们在克诺索斯和戈图纳阐述这个问题后，克里特人听从他们的建议，将此事交给他们处理。处理结果如下。第一，罗马代表恢复克诺索斯的疆界。第二，他们命令库多尼亚人接回先前交给卡尔米翁人的人质，交出法拉萨纳（Phalasarna）城，[④]不得从该城带走任何东西。至于联合法庭，如果库多尼亚人愿意参与，罗马代表允许；如果他们不愿意，罗马也允许，条件是库多尼亚人和法拉萨纳的被放逐者不得染指克里特其他地

---

① 安提俄库斯三世撤出欧洲后，拜占庭受到色雷斯人的压迫。
② 克里特各城市高级官员的执政机构。
③ 公元前184年。
④ 克里特岛最西端的城市。

区……杀死曼诺伊提俄斯（Menoetius）和其他人，这些人是他们最高贵的市民。

七、埃及事务

[16]所有人都敬重腓力二世的宽宏大量。尽管雅典人在言辞和行动两个方面伤害他，但他在凯洛尼亚战役中击败雅典人后，不仅没有利用胜利来伤害敌人，反而以得体的仪式礼葬雅典战死者，给雅典俘虏换上新衣服，没有收取一分赎金便释放他们。现在再没有人效仿这种宽宏大量，他们愤怒地争夺，渴望报复正在与之作战的人……

[17]埃及国王托勒密五世围攻吕康波利斯[①]时，该城的埃及众首领惊恐地无条件投降。这位国王虐待他们，因而招致极大危险。同样的事情也发生在珀律克拉底叛乱时。在那次叛乱中幸存的主要首领，如阿忒尼斯（Athinis）、泡西拉斯（Pausiras）、科索福斯（Chesufus）和伊洛巴斯图斯（Irobastus），为形势所迫，相信国王会守信，来到塞伊斯（Sais）向他投降。但是，托勒密五世背信弃义，将这些首领剥光，投入囚车，拉着他们游街，拷打他们，最后将他们处死。

托勒密五世率军抵达瑙克拉提斯（Naucratis），[②]阿里斯托尼克斯（Aristonicus）[③]率领在希腊招募的雇佣兵与他会合。托勒密五世之后率大军航往亚历山大里亚，由于珀律克拉底的不义，他在这次战争中没有参加任何战斗，尽管这位国王此时已经25岁。

---

① 此事发生于公元前197年。
② 位于亚历山大里亚东南，是一处重要的贸易站点。
③ 一个太监，从小与托勒密五世玩到大，此时是托勒密五世麾下重要将领。

八、马其顿和希腊事务

[18] 从此[1]以后,马其顿王室的致命灾祸纷至沓来。我不是不清楚,一些叙述罗马与珀尔修斯的战争的史家想指明双方发生冲突的原因,把那场战争的首要原因归结于阿布鲁波利斯(Abrupolis)[2]被从其公国驱除,借口是腓力五世驾崩[3]后,他占领潘加俄斯山(Mount Pangaeus)的矿山,[4]珀尔修斯赶来保护矿山,将他彻底击败,然后将他驱逐出他的公国。那些史家把那场战争的次要原因归结于珀尔修斯入侵多洛皮亚、他莅临德尔斐并在此谋划针对欧墨涅斯二世的阴谋,[5]杀死波俄提亚的使节,[6]还有一些史家断言这些事件是那场战争的首要原因。

我认为,无论是史家还是读者,最重要的是搞清楚所有事件发生和发展的原因。但是,绝大多数史家在这个问题上懵懵懂懂,这是因为他们无法分辨一场战争的原因和借口,以及一场战争的开端和借口。既然语境要求我回顾我在此书前面说过的观点,[7]我现在就不得不重复讲一遍。就刚刚所提到的诸事件来说,它们只是借口,其中珀尔修斯在德尔斐策划针对欧墨涅斯二世的阴谋,并杀死波俄提亚使节,以及同时期发生的其他类似事件,事实上是罗马与珀尔修斯的战争的真正开端,那场战争的结果是

---

① 公元前186年。
② 居住在涅斯图斯河(Nestus,现在的曼斯塔河)两岸的萨派伊人(Sapaei)的王。
③ 腓力五世于公元前179年驾崩。
④ 山中有很多银矿和金矿。
⑤ 欧墨涅斯二世于公元前172年3月在德尔斐遭到一次刺杀,不过刺杀没有成功。
⑥ 公元前173年,波俄提亚与珀尔修斯结盟,忒拜反对,派两个代表出使罗马告状。两位代表在途中被刺,公认珀尔修斯是幕后主使。
⑦ 参3.6以下,珀律比俄斯在那里区分了战争的原因、借口和开端。

马其顿王国崩溃。所以,上述事件都不是那场战争的原因。我下述所言可清晰表明这一点。

我曾经说过,阿明塔斯之子腓力二世构想出远征波斯的计划,但是执行这个计划的是亚历山大大帝。同理,我认为,德米特里乌斯二世之子腓力五世首先设计了与罗马的最后一场战争,[①]并已为此做好一切准备,但是他驾崩后,其子珀尔修斯成为这个计划的执行者。如果我的观点正确,那么那些史家的看法是错误的。一场战争的原因绝不可能在谋划这场战争的人去世后才出现,但那些史家恰恰持这种看法,因为他们所提及的所有原因皆是腓力五世驾崩后才出现的。

[19] 斐洛珀门与联盟将军阿尔孔爆发口头之争。结果,斐洛珀门突然改变态度,转而赞同阿尔孔所言,对阿尔孔在当时处境下表现出的机敏和为非作歹(ἐντρεχῶς καὶ πανούργως)给予高度赞扬。但是,我本人当时就在现场,我不赞同斐洛珀门的称赞,没有人会在赞美一个人的同时又伤害他,即使我现在处于成熟的年纪,我也不认为当时应该称赞他的话。[②]在我看来,一个强大之人与一个无耻之徒在品质上有天壤之别,正如一个机敏之人与一个无视道德为非作歹之人的品质上有天壤之别。机敏这种品质可谓天下的最佳品质,而另一种恰恰相反。但是,我们由于普遍缺乏判断力,就认为这两种品质有共同点,给予它们同等赞许和惊羡。

九、亚洲事务

[20] 欧墨涅斯二世之父的妻子叫阿波罗尼丝,是一位库基

---

① 珀律比俄斯认为,腓力五世才是第三次马其顿战争的原因,正如他认为哈米尔卡·巴卡是第二次迦太基战争的原因。
② 此处是珀律比俄斯极罕见地批评他的偶像斐洛珀门事例。

库斯人。出于几个原因,阿波罗尼丝是一个了不起的、值得称赞的妇人。她从一个普通市民成为一国王后,并保持这一尊位直到去世,期间从未使用任何魅惑和邪淫的手段,而是终生彬彬有礼,表现出一个女人的庄重和优雅,这让她成为值得一提的卓越人物。此外,她生育有四个儿子,去世时仍对他们皆怀有一种无与伦比的尊重和爱,尽管她丈夫去世后,她又活了很多年。

阿塔罗斯及其兄弟① 访问库基库斯时,也表现出对母亲得体的感激和敬重。他们围着母亲,牵着母亲的手,由卫队护卫,前往神庙和游行全城。所有见证这一幕的人都因此敬重这几个年轻人,他们会想起科勒奥比斯(Cleobis)和毕东(Biton)的故事,②拿他们类比后者,进而认为这兄弟几个可弥补那些享有崇高的王家地位之人孝敬父母的荣耀。这些事都发生在库基库斯城,时间是与普卢西阿斯一世达成和平之后。③

[21] 奥尔提阿衮④ 是亚洲高卢人的一位首领,他构想出征服亚洲高卢人居住区的计划。对此,他拥有许多自然和后天的优势。他是一个仁善、宽宏大量的人,他的言辞极富魅力,充满机智,最重要的是,他是亚洲高卢人中最骁勇善战之人。

十、埃及事务

[22] 埃及国王托勒密五世的仆人阿里斯托尼克斯是一个太

---

① 阿塔罗斯一世的四个儿子分别是:欧墨涅斯二世、阿塔罗斯二世、斐勒泰洛斯和雅典奈俄斯。此处跟阿塔罗斯二世访问库基库斯的可能是三弟和四弟。三弟斐勒泰洛斯是四兄弟中第一个去世的。

② [英译注] 在希罗多德的《原史》中,梭伦对克洛伊索斯王讲述过阿尔哥斯的这兄弟俩如何孝敬母亲的故事。参希罗多德,《原史》,1.31。

③ 两国的和约缔结于公元前183年春。

④ 关于奥尔提阿衮,参21.38。

监,但从小就是国王最亲密的同伴。随着年岁渐长,阿里斯托尼克斯成为一个比一般的太监更勇敢、更具将军品质的人。他天生就是一个战士,大部分时间都和军人在一起研习军事。他口才也很好,思想也开明,这非常罕见。此外,他还天生乐于行善。

第二十三卷

一、意大利事务

希腊众使节出使罗马

[1] 第149个奥林匹亚年的第一年,[①] 大批希腊使节云集罗马,人数之众前所未见。由于腓力五世与邻邦打交道时,严格遵守惯例规定的法律程序,并且众所周知,罗马人乐于听取邻邦对他的抱怨,维护那些与他有争执之邦的安全,所以马其顿的邻邦皆遣使罗马控告他,有些是以个人名义,有些是代表所在的城市或部族。此外,欧墨涅斯二世的兄弟雅典奈俄斯也率帕加马使团出使罗马,控告腓力五世对色雷斯诸城的侵占和他对普卢西阿斯一世的帮助。[②] 腓力五世之子德米特里乌斯在阿培勒斯和菲洛克勒斯的陪同下出使罗马,针对上述控诉为其父进行辩护,公认这两人是腓力五世的心腹密友。拉克岱蒙人亦选出城内不同派别的代表出使罗马。

罗马元老院首先召见雅典奈俄斯,接受他带来的价值15000

---

① 公元前183年。

汉吕后五年,春,南越王赵佗宣布脱离汉朝,自称"南越武帝"。九月,征调河东郡和上党郡的骑兵驻屯北地郡,以备匈奴。参《汉书·高后纪》,前揭,页99。

② 欧墨涅斯二世与普卢西阿斯一世交战期间,腓力五世帮助后者。

金币的礼物，感谢欧墨涅斯二世及其兄弟慷慨的礼物，劝诫他们继续保持这种态度。接下来，执政官引德米特里乌斯觐见，同时邀请所有控告腓力五世的使节前来，使节们一一发言。结果由于人数太多，他们用时三天才结束控诉，元老院对如何处理这类细枝末节的争执颇为困惑。因为忒萨利联盟派来一个使团，忒萨利各城又分别派来自己的使节，还有佩莱比亚、阿塔马尼亚、伊庇鲁斯和伊利里亚的使节。一些使节交涉领土纠纷，另一些使节交涉奴隶和畜群纠纷，还有的使节抱怨在追讨钱财的行动中受到不公正对待，或坚称在有些案件中由于腓力五世违反诉讼程序，他们没有得到公正的裁决，或以裁决不公正为由对裁决结果提出异议，理由是腓力五世已收买法官。因此，总的来说，各种各样的指控导致一场混乱的、无法解决的乱局。

［2］元老院无法就这些问题作出裁断，认为德米特里乌斯不应该被迫接受所有这些指控。他们很喜爱这个王子，却看到他年纪轻轻无力①应对如此复杂的局面，所以尤其不想听德米特里乌斯的演说，而是想对腓力五世的观点进行一番真正的检验，因此，他们解除德米特里乌斯的辩护义务，问他和陪他出使的友人，腓力五世就上述问题对他们是否有指示。德米特里乌斯给出肯定回答，并呈上一个小本子，元老院命令他依照本子所记的整体意思对上述指控给出答复。那个小本子上所写内容的整体意思是，腓力五世坚称他在每个案件中皆已执行罗马人的命令，他即使没有这样做，也把责任推到控诉他的人身上。德米特里乌斯还补充下述之类的说法："尽管凯西里乌斯和其他罗马代表在这个案件中没有公正对待我们"或"尽管我们在这个案件中遭到不公正对待"。这就是本子上所记的腓力五世的陈述的口吻。元老院决定听完所有使节的发言后，再就所有问题做出裁断。

---

① 德米特里乌斯此时20岁出头。

接下来，执政官给予德米特里乌斯盛大且热情的款待，对他多加鼓励，然后元老院给出下述答复：关于他所说的或小本子所记的他父亲的指示，元老院全部接受，认为腓力五世要么已严格践行正义，要么将来会践行正义。此外，腓力五世兴许会把此举视作元老院给德米特里乌斯的恩惠。元老院说，他们将派一个代表团到马其顿监督一切是否按照要求进行，并同时告知腓力五世他之所以得到他们的宽容，全是看德米特里乌斯的面子。这也是此事的关键所在。

［3］接下来，元老院召见欧墨涅斯二世的使团。他们指控腓力五世给予普卢西阿斯一世武力援助，以及侵占色雷斯诸城后，仍未从那里撤走驻军。菲洛克勒斯显出想为这两项指控辩护的意愿，因为他既出使过普卢西阿斯一世，眼下又被腓力五世为此事派来罗马。元老院简短听取他的辩护后，给出下述答复：如果罗马代表团届时发现一切没有按照元老院的要求解决，腓力五世没有把所占据的色雷斯诸城交给欧墨涅斯二世，他们将不再容忍任何拖延或不服从。

腓力五世与罗马元老院的矛盾变得越发尖锐，这被当时身在罗马的德米特里乌斯察觉到。这个年轻人对马其顿王室的最后覆灭贡献不小。对元老院来说，通过赐予德米特里乌斯这种恩惠，一方面可改变他的立场，另一方面又能严重冒犯珀尔修斯和腓力五世：两人只要一想到罗马人之所以对他们友善，不是由于他们本人，而是由于德米特里乌斯，就会感到被冒犯。弗拉米尼努斯又通过激发这位年轻人的信心、诱发他对王位的隐秘渴望，促成同样的结果。他一方面哄骗德米特里乌斯怀揣罗马人很快就会把马其顿的王冠戴在他头上的希望，另一方面又写信给腓力五世，命令他待德米特里乌斯回到马其顿后，立即把德米特里乌斯及其最得力的朋友送回罗马，以此激怒腓力五世。这就是珀尔修斯此后不久用来说服腓力五世处死德米特里乌斯的借口。

[4] 我将在后面详细叙述这一切如何发生。下一批觐见元老院的使团是拉克岱蒙人的使团。他们的使团分四组，吕西斯（Lysis）及其同僚[1]代表当年被纳比斯放逐的流亡者，坚持认为他们应该收回当初被放逐前拥有的全部财产，阿瑞俄斯和阿尔喀比亚德斯提出，这些流亡者应该收回价值1塔兰同的财产，把剩余的分给那些值得成为公民的人。塞利普斯（Serippus）[2]支持维持现状，因为他们在成为阿凯亚联盟成员的时候就已享有这些条件。凯隆（Chaeron）[3]及其同僚则代表那些被阿凯亚人处死或放逐的人，要求把被放逐者召回，恢复原先的政制……他们以符合自己观点的措辞向罗马人讲话。元老院无法就这些分歧给出裁断，便指派此前曾出使过伯罗奔半岛的三个人负责裁断，三人分别是弗拉米尼努斯、昆图斯·凯西里乌斯和阿庇乌斯·克劳狄乌斯。

听取各种陈述后，三人一致同意返还被放逐者和被处死者的财产；斯巴达仍留在阿凯亚联盟。但是，关于财产应返还到何种程度的问题，即某人的财产是应该被分配给每位放逐者，还是……三人意见不一。为了避免在讨论每个细节时一再从头开始，三人就没有争议的问题起草了一份书面协议，各方皆在上面盖上印章。弗拉米尼努斯及其同僚希望这份协议包括阿凯亚人，邀请克塞纳库斯（Xenarchus）[4]以及阿凯亚人派来的其他使节会面，一方面是希望赓续双方的盟约，另一方面是想看看阿凯亚人对斯巴达人所提各种要求的反应。

与弗拉米尼努斯的预料相反，当阿凯亚使节被询问是否赞同罗马与斯巴达使节拟定的协议时，他们出于种种原因犹豫不

---

[1] 吕西斯的同僚是下文的阿瑞俄斯和阿尔喀比亚德斯。
[2] 亲阿凯亚派的代表。
[3] 那些被阿凯亚人放逐或处死的斯巴达人的代表。
[4] 埃格拉人，阿尔孔的兄弟。

决。一方面,他们对返还被阿凯亚联盟放逐和处死之人的财产很不满,因为这违背阿凯亚人刻在石柱上的法令;另一方面,他们又很满意,因为协议上明确规定斯巴达仍留在阿凯亚联盟。不过最后,由于没有能力决断,且害怕弗拉米尼努斯及其同僚,他们还是在协议上盖了章。接下来,元老院任命昆图斯·菲利普斯(Quintus Marcius Philippus)[1]为代表,将他派往马其顿和伯罗奔半岛。

墨瑟尼亚人德诺克拉底

[5]墨瑟尼亚人德诺克拉底作为国家使节抵达罗马后,获悉元老院已任命弗拉米尼努斯为普卢西阿斯一世和塞琉古四世的使节,非常高兴。[2] 他认为,一方面由于他与弗拉米尼努斯私交甚笃——此种交情培植于战争[3]期间的拉科尼亚,另一方面由于他与斐洛珀门的争执,弗拉米尼努斯抵达希腊处理墨瑟尼亚事务将满足他的所有要求。所以,他没有采取其他办法,只是紧密陪同在弗拉米尼努斯身边,将所有希望都押在他身上。

德诺克拉底既是一个战士,也是一个阿谀奉承之徒,他不仅在实际上是这样,而且天性如此。他给人一种非常能干的印象,但他的才能并非真正的才能,而是虚假的,是赝品。在战争中,他以勇敢大胆著称,在特殊战斗中表现出色;他的其他品质与之类似,言谈颇具魅力,有侃侃而谈之风,不会让人尴尬;在宴会场合,他是个多面手,彬彬有礼、温文尔雅,还喜欢做爱。但是,在公共的或政治事务方面,他完全无法集中注意力,没有能力洞见未来,也没有能力对民众发表演说。

---

[1] 公元前186年和前169年的罗马执政官。
[2] 公元前183年。
[3] 指公元前195年与斯巴达僭主纳比斯的战争。

现在他开始给国家带来一系列惨重灾祸,他却还以为他的行为无关大碍,继续往日的生活,无法预见将要发生什么,整日沉溺于性爱、饮酒和丝竹之音。不过,弗拉米尼努斯迫使他在某种程度上意识到真正的处境。有一次,弗拉米尼努斯看到他身着长袍在宴会上跳舞,没有言语,但是第二天,当德诺克拉底来见他,提出墨瑟尼亚的一些要求时,他说:"德诺克拉底,我会尽我所能,倒是对你的行为我很纳闷,你身肩如此重要的使命,却在宴会上跳舞。"此后,德诺克拉底略微收敛,意识到弗拉米尼努斯对他的品质和天性印象不佳。

尽管如此,他与弗拉米尼努斯一起抵达希腊后,仍确信只要他出面,墨瑟尼亚事务就会如他所愿得到解决。但是,斐洛珀门非常清楚,元老院并没有给弗拉米尼努斯下达如何处理希腊事务的指令,遂静静等待弗拉米尼努斯的到来。弗拉米尼努斯在瑙帕克图斯上岸后,立即写信给阿凯亚联盟将军和联盟主席团($δαμιουργοῖς$),[①] 命令他们召开联盟大会。他们回复说将遵令,同时请求弗拉米尼努斯告知将在联盟大会讨论什么议题,因为这是联盟法律规定的官员必须履行的程序。弗拉米尼努斯没有冒险回复,德诺克拉底的希望、那些当年被纳比斯放逐的"老年被放逐者"——最近才被从斯巴达放逐的人如此称呼他们——以及弗拉米尼努斯的抵达制造出的种种期待全部落空。

二、希腊事务

斯巴达使节

[6] 与此同时,拉克岱蒙的放逐者遣使罗马,使节中有阿克

---

① 当时人数是10人。

西劳斯（Arcesilaus）和阿基西珀利斯三世（Agesipolis III），[1]后者还是孩子时就继任斯巴达国王。他们在海上被一些海盗杀害，但是他们的同僚被送往罗马。

三、马其顿事务

［7］德米特里乌斯带着元老院的答复从罗马返回马其顿，罗马人把他们对马其顿的全部善意和信任皆归结于这位王子，说他们为马其顿所做的和将要做的全看这位王子的面子。马其顿人热情欢迎德米特里乌斯出使归来，认为他们已摆脱巨大的忧虑和危险：他们原以为由于腓力五世和罗马人的矛盾，马其顿与罗马的战争迫在眉睫。但是，腓力五世和珀尔修斯对这一切全无好感，因为一想到罗马人不把他俩当一回事，反而把他们对马其顿的全部恩惠全记在德米特里乌斯身上，他们就高兴不起来。不过，腓力五世继续隐藏他的不悦，而珀尔修斯对罗马人的好感远不如他的兄弟，他在天性和后天习得的各个方面都比德米特里乌斯差，所以非常愤慨。他最深的恐惧是怕失去王位，尽管他是腓力五世的长子，却有可能出于上述原因被排除在王位之外。因此，他不仅败坏德米特里乌斯的朋友……（对照李维，《罗马史》，39.53）

［8］昆图斯·玛尔基乌斯和其他代表抵达马其顿后，腓力五世立即从色雷斯诸城撤军，他是心怀愠怒和愤慨交出这些城市的。他还立即执行了罗马人命令的其他所有事情，因为他希望让罗马人以为他毫无敌意，从而为备战争取时间。下定决心后，他远征蛮夷。穿过色雷斯中部后，他侵入奥德吕西亚人（Odrysians）、贝索人（Bessi）和德忒勒陀人（Dentheleti）的土地。在他抵达腓力珀波利斯（Philippopolis）城后，该城居民逃往山区，腓力五世立即占领该城。之后，他蹂躏整个平原，毁坏一

---

[1] 公元前219年继任国王，参4.35。

些城市的土地，接受另一些城市的臣服后，率军返回，留下一支驻军守卫腓力珀波利斯。不久，奥德吕西亚人违背誓言，驱逐了这支驻军。(对照李维，《罗马史》，39.53)

四、意大利事务

希腊使节在罗马与玛尔基乌斯的报告

[9]第149个奥林匹亚年的第二年，欧墨涅斯二世、法尔纳克斯一世、[①]腓力五世、阿凯亚联盟、拉克岱蒙放逐派和主导派的使节抵达罗马，元老院听取了他们的诉求。罗德岛的使节也来报告西诺佩遭遇的灾难。[②]针对罗德岛使节、欧墨涅斯二世使节和法尔纳克斯一世使节的诉求，元老院答复如下：他们将派代表去调查西诺佩的灾难以及两位国王的争端。

昆图斯·玛尔基乌斯不久前从希腊返回，向元老院提交马其顿和伯罗奔半岛的报告。元老院不再需要进一步辩论，而是召见伯罗奔半岛和马其顿的使节，听取他们的陈述。不过，元老院就相关问题的答复和决定根本没有参考使节们的陈述，而是依照玛尔基乌斯的报告做出。玛尔基乌斯在报告中说，腓力五世已执行罗马的命令，但是他这样做时非常不情愿；腓力五世一逮住机会，就会全力反抗罗马。元老院因此对腓力五世使节的答复是，他们感谢腓力五世执行元老院的命令，同时警告他要慎重，不要在以后做出任何反对罗马的行为。

至于伯罗奔半岛，玛尔基乌斯在报告中说，阿凯亚人自视

---

① 本都王国的君主，该王国位于小亚细亚北部，临黑海海岸。法尔纳克斯一世于公元前195年至前170年在位。

② 公元前220年，本都国王米特里达特斯二世攻击西诺佩，该城在罗德岛的帮助下取得防御战胜利。然而，公元前183年，法尔纳克斯一世攻占该城，继而导致与欧墨涅斯二世、普卢西阿斯二世、阿里阿拉特斯四世的战争。

甚高，不希望把任何事情提交罗马元老院裁决，试图自主决定所有事务。① 如果元老院不理会阿凯亚人的要求，并以恰切的措辞表达自己的不满，斯巴达很快就会与墨瑟尼亚和解，届时阿凯亚人将不得不请求罗马人的帮助。② 元老院由于希望斯巴达保持悬而未决的状态，因此对斯巴达使节塞利普斯（Serippus）答复如下：他们已为斯巴达人尽了全力，但是眼下此事与他们无关。

接下来，阿凯亚使节请求元老院依照双方盟约派一支援军帮助他们镇压墨瑟尼亚人，如果无法派出援军，那就断绝墨瑟尼亚从意大利进口武器和粮食的渠道。元老院毫不理会这两个要求，并如此答复阿凯亚使节：即便斯巴达、科林多或阿尔哥斯叛离阿凯亚联盟，如果元老院认为此事与他们无干，阿凯亚人也不应感到惊讶。公开给出这样的答复后——这份答复意味着罗马人不会干预任何城市叛离阿凯亚联盟，元老院继续阻留阿凯亚使节返国，等着看阿凯亚人如何处理墨瑟尼亚事务。③ 这就是意大利的情况。（对照李维，《罗马史》，40.2）

五、马其顿事务

［10］这一年，腓力五世和整个马其顿遭遇了可怕的灾难，这一事件值得重视和详细记录。④ 这一年，机运仿佛故意要同时惩罚他一生中犯下的所有恶行，给他送来一群复仇神（ἐρινῦς）、惩罚神（ποινὰς）、他的受害者的复仇幽灵（προστροπαίους）缠

---

① 公元前183年，墨瑟尼亚脱离阿凯亚联盟。
② 意思是斯巴达也将脱离阿凯亚联盟。
③ 接下来阿凯亚联盟对墨瑟尼亚开战。
④ ［英译注］关于腓力五世诸王子的相残，参李维更完整的叙述，《罗马史》，40.5–16。

着他，这些幽灵日夜不离他左右，一直把他折磨到死，其痛苦程度可让所有人承认那句谚语——"天网恢恢疏而不漏"，并承认自己不过是凡人，不应蔑视机运。

首先，这些复仇、惩罚幽灵让他产生下述想法：既然他将来要对罗马开战，他应该把所有参与政治的人连同他们的整个家族驱逐出主要城市和沿海地区，然后把这些人转移到名叫厄马忒亚（Emathia）和曾经叫派俄尼亚（Paeonia）①的地区，再把色雷斯人和蛮夷迁入这些城市，这些人在危险时刻会对他更忠诚。这个计划被执行后，很多人被驱逐，举国上下一片哀号和骚动，以至有人会说整个国家都遭到囚禁。结果，人们不再是秘密地辱骂诅咒腓力五世，而是公开进行。

其次，为了消除国内的不满，不留下任何敌对分子，腓力五世写信给各城长官，命他们搜寻他已处死和关押的马其顿要人的子女，把他们处死，其中主要是阿德曼图斯（Ademetus）、皮洛克斯（Pyrrhichus）、撒摩斯（Samus）以及其他一些人的子女，此外还包括所有受王家命令被处死之人的子女。腓力五世此举可谓践行下述恶言的典范：杀人却不斩草除根，可谓蠢货。这些年轻人绝大多数因其父亲身居高位而皆是有名之士，所以他们被杀也是举国轰动的大事件，激起所有人的怜悯。

机运同时制造的第三个灾祸关涉腓力五世的儿子们。他的诸子彼此钩心斗角、自相残杀，严重程度已危及他本人，因此他必须裁定他们中间谁是凶手、谁是他余生最害怕的人，以免他年老时也遭受同样的命运，因此他整日被这种想法纠缠。面对此种处境，谁能克制住不去想，他的心灵如此痛苦和不安，难道不是由于他曾经的种种罪孽，老天震怒，以此惩罚他的晚年？从接下来发生的事情能明显地看出，老天是在故意惩

---

① 厄马忒亚包括佩拉、贝罗亚（Beroea）和埃德萨等地。派俄尼亚指斯特里蒙河（Strymon）以西地区。

罚他。

马其顿的腓力五世在处死很多马其顿要人后,还要处死他们的子女,可谓践行下述恶言的典范:杀人却不斩草除根,可谓蠢货。……腓力五世的内心受这种想法纠缠时,他的儿子们的争吵同时爆发,机运仿佛故意同时把种种灾祸将在腓力五世和马其顿头上。

马其顿人用战马向克珊图斯(Xanthus)①献祭。

腓力五世对诸子的演说残篇

[11]你们不仅要读肃剧、神话和史书,而且要搞懂和探究这些东西。阅读这些东西时,我们会看到,勾心斗角的兄弟们一旦争吵越过限度,不仅会在每个事例中给自己带来毁灭,而且会倾覆财产、家庭和国家,而那些懂得彼此谦让、互相包容的兄弟,则能保全这些东西,一直活在巨大的荣耀中。

我不是常常让你们留意斯巴达诸王的事例,并向你们指出,只要他们像遵从父亲那般遵从监察官,共享王权,他们就能维持他们在希腊的领导权,反之,他们一旦闹翻,把政制改为僭主制,就会让斯巴达遭受一切罪恶?

最后,我常常把我们同代的欧墨涅斯二世和阿塔罗斯兄弟俩作为有力证据摆在你们面前,并告诉你们,这兄弟俩继承了一个既小又不重要的王国,然后将它扩张到当今无人敢小觑的地步,这全是因为他们同心协力、互相敬重。

你们都听说过这些事例,但没有将它刻在你们的灵魂中,相反,在我看来,它们恰恰激起你们彼此残杀的激情。

---

① 马其顿的英雄,马其顿大军举行净化仪式时向他献祭。

六、希腊事务[①]

斐洛珀门

[12]斐洛珀门尽管受疾病和岁月的压迫——毕竟此时他已70高龄，还是站起来向前走……不过，病一好，他就恢复往日的活力，只用了一天就从阿尔哥斯走到迈加洛波利斯。

阿凯亚联盟将军斐洛珀门被墨瑟尼亚人俘虏，然后被毒死。他的美德天下无双，但他被机运压服，尽管人们认为他此前的漫长岁月皆受机运宠爱。但是，我认为，确如俗语所言，一个人可暂时幸运，但不可能永远幸运。因此，我们应该把我们的一些先辈视作有福之人，不是因为他们一生享有好运——没有必要通过陈述虚假的东西来愚蠢地崇拜机运，而是因为机运在他们一生的大部分时光中都对他们友善，背弃他们时，也只是让他们遭遇适度的不幸。

之后，阿凯亚人选举吕科塔斯为联盟将军，此人绝不比斐洛珀门差。

斐洛珀门连续四十载在一个由各种人组成的民主邦国（$δημοκρατικῷ$）追求荣耀，始终避免以任何方式或在任何场合招致民众对他的恶意，尽管他处理事务时常常不讨人喜欢，总是直言不讳：这是一种罕见的美德。

汉尼拔

[13]尽管汉尼拔率军穿过众多的蛮夷地区，雇佣民族不同、语言不同的大量士兵来帮助他推进极度危险的事业，在意大利驰骋17年之久，却没有人想过策划阴谋反叛他，那些一度加入或服从他的人也没有背叛他，这是他天生就是一位真正的领袖、具备无人能及的政治技艺的绝佳证据。

---

① 斐洛珀门、汉尼拔、斯基皮奥去世于同一年即公元前183年。

斯基皮奥

[14] 斯基皮奥在一个贵族政制（*ἀριστοκρατικῷ*）的邦国追求荣耀，赢得民众的衷心爱戴和元老院的倾心信任，以至当有人依照罗马人的惯例，试图在民众面前审判他，对他提出很多严厉的指控时，他走上台为自己辩护时没说其他东西，只是说，让罗马民众聆听任何人控告他极不恰当，原告根本没有指控他的演说能力。民众听到这话立即散去，根本没有理会原告。

有一次，斯基皮奥出席元老院会议，当时需要紧急从国库支出一笔钱，财务官以法律禁止为由，拒绝在那天打开国库。斯基皮奥拿走钥匙，说他将亲自打开国库，还补充说正是由于他的功劳，国库才被关闭。还有一次，有人在元老院要求他交出他从安提俄库斯三世那里收到的一笔钱的账本，那笔钱是双方和约未签订前安提俄库斯三世付给他用来支付军饷的。他说，他的确收到了那笔钱，但他没有义务把账本交给任何人。那位元老非常强硬地命令他交出账本，他便让他的兄弟回去取。待账本取来后，他在众目睽睽之下把账本撕成碎片，告诉那位元老去碎片中找账目。与此同时，他质问其他元老，为何要调查安提俄库斯三世给他的那3000塔兰同如何、被谁花掉，却既不调查安提俄库斯三世给的15000塔兰同如何、被谁花掉，也不想想他们是如何成为亚洲、利比亚和伊比利亚的主人。结果，不仅所有元老羞愧不已，那位索要账本的元老也沉默不语。

我之所以提及这些轶事，是因为这些已去世的伟人名闻天下，想以此来激励他们的后代追求高贵的成就。

[15] 我从未认可那些对同族人放纵愤怒之人，[①] 他们愤怒到这样的地步，以至他们不仅剥夺敌人一年的收成，而且毁坏树木

---

① 珀律比俄斯此处在批评他的父亲毁坏墨瑟尼亚。

和农业设施致其无法补救。相反,我认为,那些如此行事的人犯下极严重的错误。他们越想通过破坏敌人的土地来恐吓敌人——不仅剥夺敌人现在的一切,而且剥夺敌人将来生存下去的一切希望——他们就越是把人变得野蛮,在那些只犯过一次错误的人身上激起对他们无法根绝的仇恨。

墨瑟尼亚投降阿凯亚人[①]

[16] 阿凯亚联盟将军吕科塔斯用战争恐吓墨瑟尼亚人……墨瑟尼亚人一直被他们的领袖震慑,不敢求和。现在,他们中的一些人仰赖敌人的保护,冒险开口,建议派一个使团去求和。德诺克拉底和其他领导人不敢再面对民众,因为他们担心会遇到各种危险,遂向形势低头,躲到各自宅邸。民众现在受到长老们,尤其是波俄提亚使节俄派涅图斯(Epaenetus)和阿波罗多洛斯(Apollodorus)的恳求——两位使节此前来墨瑟尼亚签订和约,此时恰巧仍在墨瑟尼亚——乐意接受这个意见,任命使节出使阿凯亚联盟,请求后者原谅他们犯下的错误。

阿凯亚联盟将军吕科塔斯召集同僚接见墨瑟尼亚使节,听取使节的陈述后,他给出如下答复:墨瑟尼亚人只要把叛离联盟的主谋、杀害斐洛珀门的凶手交给他,把所有事务交予阿凯亚人裁断,并立即同意阿凯亚军队进驻卫城,就可与阿凯亚联盟达成和平。使节返回并向墨瑟尼亚民众报告了这些条件。那些与挑起这次战争的主谋为敌的人准备逮捕和交出他们,那些确信自己不会遭到阿凯亚人严厉对待的人也很乐意无条件服从。当然,最重要的是,他们在此事上别无选择。最后全体一致接受了吕科塔斯的条件。

阿凯亚联盟将军于是立即占据墨瑟尼亚卫城,命轻盾兵驻扎

---

① 公元前182年之事。

那里。之后，在得力干将的陪同下，吕科塔斯进入墨瑟尼亚城，召集民众开会，以与场合相宜的措辞发表演说，并向墨瑟尼亚人允诺，他们绝不会后悔把未来托付给他。接下来，他把所有问题提交联盟大会解决。仿佛有某种天意，第二次联盟大会恰好在迈加洛波利斯召开。联盟大会命令那些实际参与杀害斐洛珀门的墨瑟尼亚人立即自杀，不得拖延。

[17.1-4] 墨瑟尼亚人尽管由于自己犯错而落入最惨的境地，还是凭吕科塔斯和阿凯亚人的宽宏大量恢复了在阿凯亚联盟原初的地位。阿比亚、图里亚和法莱三城此时脱离墨瑟尼亚，每城勒石刻碑记录此事，然后加入阿凯亚联盟。

罗马人听说墨瑟尼亚叛乱以一种有利于阿凯亚人的方式结束，便完全不顾先前的答复，对同一批阿凯亚使节给出另一种答复：他们已遵守禁止墨瑟尼亚从意大利进口武器和谷物的要求。此事让所有人明白，罗马人根本不会避开和忽视不重要的外交事务。相反，如果有任何事务没有提交他们裁断，如果有任何事务没有遵从他们的决定，他们会相当不悦。

斯巴达重新加入阿凯亚联盟

[17.5-12] 当使节带着元老院的答复从罗马返回斯巴达，阿凯亚联盟将军吕科塔斯在安排好墨瑟尼亚事务后，立即在希库温召集联盟大会。在这次大会上，吕科塔斯就接纳斯巴达加入联盟事项提交大会讨论。他说，一方面，罗马人已解除他们裁断斯巴达事务的义务，因为他们答复说斯巴达事务与他们无关；另一方面，斯巴达现在的领导人渴望加入联盟。他因此恳请大会接纳斯巴达入盟。他说，这样做有两个益处：第一，他们可把那些一直忠于联盟的人纳入联盟；第二，那些对他们忘恩负义、不虔敬的老年放逐者不会成为联盟成员，因为这些人已被另一些斯巴达人驱逐。允许斯巴达加入联盟既可坚定后一批斯巴达人的决心，又

能凭天意报偿他们应得的感激。这就是吕科塔斯提议接纳斯巴达入盟的发言。然而，狄奥法涅斯和其他几人站在斯巴达老年放逐者一边，恳求阿凯亚人不要加入对那些放逐者的迫害，不要只为少数人，就向那些邪恶地、非法地把那些放逐者赶出斯巴达的人提供额外支持。

［18］这就是双方的辩论。阿凯亚人听取双方发言后，决定接纳斯巴达入盟，之后勒石刻碑。斯巴达再次成为阿凯亚联盟成员。控制斯巴达的派别也同意让并未对联盟忘恩负义的老年放逐者返回。

阿凯亚人批准这一做法后，派遣阿尔哥斯人毕普斯（Bippus）带领使团出使罗马，向元老院汇报此事的经过。拉克岱蒙人也任命凯隆为使节出使罗马，而老年放逐者任命科勒提斯（Cletis）和狄亚克托里俄斯（Diactorius）代表他们的利益出使罗马，驳斥阿凯亚使团。

第二十四卷

一、意大利事务

各国使节在罗马

[1] 拉克岱蒙主导派和放逐派的使节、阿凯亚人的使节、欧墨涅斯二世的使节、阿里阿拉特斯四世的使节、法尔纳克斯一世的使节云集罗马，元老院首先召见法尔纳克斯一世的使节。[1] 此前被派去调查欧墨涅斯二世与法尔纳克斯一世之间的战争实情的马尔库斯及其同僚，不久前向元老院提交调查报告。马尔库斯等人在报告中指出，欧墨涅斯二世在所有方面温和节制，法尔纳克斯一世则掠夺成性、专横傲慢。元老院听取法尔纳克斯一世使节的陈述后，认为没有必要详细讨论此事，给出如下答复：元老院将再次派代表更细致地调查两位国王的争端。

接下来觐见元老院的是斯巴达的两派使节，元老院听取他们的长篇演说后，没有为所发生的事谴责目前主导斯巴达的那一派，只是向被放逐派允诺，他们将写信给阿凯亚人，恳请后者允许他们返国。几天后，阿凯亚联盟以毕普斯为首的使团觐见元老

---

① 此时是公元前182年。

汉吕后六年，夏，匈奴进犯狄道（今甘肃临洮市），攻打阿阳（今甘肃张家川回族自治县）。推行五铢钱。冬，匈奴再次进犯狄道，抢走两千余人。参《汉书·高后纪》，前揭，页99。

院，通报墨瑟尼亚的秩序已经恢复，元老院礼貌地接待了他们，没有对阿凯亚人关于墨瑟尼亚的处理结果表示任何不悦。

二、希腊事务

［2］拉克岱蒙放逐派的使节带着元老院给阿凯亚人的信返回伯罗奔半岛，要求阿凯亚人采取措施保证他们安全返回斯巴达，阿凯亚人决定等他们的使节从罗马返回再商讨此事。如此答复放逐派后，阿凯亚人勒石刻碑记录他们与墨瑟尼亚的协定，向墨瑟尼亚人保证免除3年税收，因为战争期间蹂躏墨瑟尼亚土地对阿凯亚人的损害不亚于对墨瑟尼亚人的伤害。毕普斯率使团返回，向联盟报告拉克岱蒙放逐派带回的信并非是罗马人主动所写，而是他们强求的结果，阿凯亚人决定不理会那封信。

［3］这一年，克里特岛开始遭遇大麻烦——假如有人能指出克里特诸麻烦的一个确切开端的话。由于连年内战且内战双方毫不留情，开端和结束在克里特所指一样。那些在其他地方的人看来自相矛盾的表达，在克里特却始终是事实。

［4］这一年，哈伊莫斯山（Haemus Mountain）崩塌，该山是黑海最大、最高的山，几乎平分色雷斯。珀律比俄斯说，站在哈伊莫斯山，可远眺黑海和亚得里亚海，这个说法不对。该山距亚得里亚海很远，站在该山绝无可能看到亚得里亚海。[①]（斯特拉波，7.5.1c313）

---

① 诸臣告诉腓力五世既可训练军队，又能缓和罗马对他的怀疑的方法，即腓力五世率军从派俄尼亚的斯多比（Stobi）出发，经迈迪人的土地，花七天时间抵达哈伊莫斯山，从这座山可远眺黑海。对照李维，《罗马史》，40.21.2；40.22.4。

汉吕后七年（公元前181年），秋，南越王赵佗出兵攻打长沙国，汉派将军周灶讨伐南越。参《汉书·高后纪》，前揭，页100。

三、意大利事务

欧墨涅斯二世的兄弟在罗马

[5] 法尔纳克斯一世与阿塔罗斯以及其他人签订协定后,各自率军回国。欧墨涅斯二世这时已大病痊愈,正待在帕加马;他的二弟阿塔罗斯率军返回,告知他对此次战争的处理结果。他对战事的结局非常满意,决心派他的所有兄弟出使罗马,希望通过这次出使结束他与法尔纳克斯一世的战争,同时把他的兄弟们推荐给他和他的家族在罗马的私交和宾客,当然也希望把他的兄弟们推荐给元老院。

阿塔罗斯和另两位兄弟同意出使后,开始为出使做准备。兄弟三人抵达罗马后,他们所有的朋友在各自宅邸热情招待了三兄弟,因为这些朋友在亚洲作战时已与他们建立友谊。元老院也为他们的到来举行了盛大欢迎式,赠予他们大量礼物,给他们安排豪华的住所,又在正式会面时给予他们最满意的答复。阿塔罗斯三兄弟来到元老院,详述他们与罗马的友好历史,控诉法尔纳克斯一世,恳求元老院采取措施给他应得的惩罚。元老院恭敬地听取他们的演说后,答复说,他们将会派代表前去采取手段结束战争。这就是意大利事务的情况。

四、希腊事务

托勒密五世和阿凯亚人

[6] 在同一时期,① 托勒密五世想巩固与阿凯亚联盟的关系,

---

① 公元前180年春。
汉吕后八年,夏,长江、汉江泛溢,冲毁一万多家。秋七月,吕后去世。参《汉书·高后纪》,前揭,页100。

遣使向他们允诺会提供一支五十桨战舰分队。阿凯亚人认为这个礼物出自托勒密的真心感激,于是高兴地接受,战舰造价不低于10塔兰同。如此决定后,他们任命吕科塔斯、珀律比俄斯和小阿拉图斯为使节,出使埃及,一来感谢托勒密五世已经赠予的武器和钱款,二来接受这支分舰队。阿凯亚人之所以任命吕科塔斯为使节,是因为托勒密五世之前遣使来赓续盟约时,吕科塔斯任联盟将军,当时他尽了最大努力来考虑国王的利益;珀律比俄斯此时尚未达到出使的合法年龄,之所以任命他为使节,是因为他父亲曾出使托勒密五世赓续盟约,并带回大量武器和钱款;任命小阿拉图斯为使节是因为他的家族与托勒密王室的友好传统。然而,这个使团未能成行,因为就在这时,托勒密五世驾崩了。①

斯巴达的凯隆

[7] 大约同时,斯巴达有一个名叫凯隆的人,他是前一年出使罗马的一名使节。他是个精明能干的人,但很年轻,职务低微,只接受过粗俗的教育。这个人通过谄媚和搞一些别人不敢搞的新把戏,很快在民众中获得一些声望。他做的第一件事就是从放逐者留在城内的姐妹、妻子、母亲和孩子手中夺走僭主们授予她们的财产,把它们任意地、不正义地、随心所欲地分给穷人。之后,他开始动用公共财政,仿佛那是他自己的钱,不顾律法、公共法令或官员的禁令,花光所有收入。一些公民对此义愤填膺,要求依照法律任命公共收支的审计员。

凯隆看到这点,自知滥用公共财政,在最受敬重、最能揭露他的贪婪的审计员阿波罗尼达斯从澡堂回家的路上,派人在光天化日之下将他杀死。阿凯亚人得知此事后,非常愤怒。联盟将军

---

① 托勒密五世驾崩于公元前180年9月。

立即动身赶往斯巴达，以谋杀阿波罗尼达斯的罪名审讯凯隆，待后者认罪后，将之投入大狱，同时激励其他审计员严肃调查公共财政的状况，恢复不久前被凯隆抢夺的、放逐者的亲属的财产。

阿凯亚人和罗马

[8]同一年，联盟将军扈珀巴图斯（Hyperbatus）就如何回应罗马人关于允许斯巴达放逐者回国的书面指示，提交联盟大会讨论。吕科塔斯建议对这一书面指示置之不理，因为罗马人倾听他们认为被剥夺权利之人提出的合理要求的确是在履行他们的职责，但是，如果向他们指出有些要求不可能获批，另一些要求会给他们的盟友带来巨大伤害和耻辱，他们并不会声称他们永远正确或强制盟友遵守。吕科塔斯说：

> 所以，眼下如果向罗马人指出，我们阿凯亚人若是遵从他们的书面指示，将违背我们的誓言、我们的法律和凝聚我们联盟的成文条例，他们也会撤回他们的要求，进而认为我们执行他们的指示时犹豫不决以及我们派人请求他们原谅我们不执行指令是正当的。

吕科塔斯的发言要旨就是如此。但是，扈珀巴图斯和卡里克拉底（Callicrates）认为应遵守罗马人的指示，说既没有哪条法律，也没有哪条成文协定，更没有其他东西的重要性超过顺从罗马的意志。因此，阿凯亚联盟对执行罗马指示存在分歧，决定再遣使罗马，就吕科塔斯的建议进行交涉，派出的使节是勒奥提翁人卡里克拉底、迈加洛波利斯人吕狄阿达斯（Lydiadas）[①]和希库

[①] 迈加洛波利斯僭主吕狄阿达斯的孙子，珀律比俄斯在4.77处提到过这位僭主。

温人小阿拉图斯。

使团抵达罗马后,卡里克拉底进入元老院大厅,根本没有依照联盟的指示交涉相关议题,反而从演说一开始,就不仅大胆控告他的政敌,而且试图训诫罗马元老院。

[9]他说,正是由于罗马元老院的错误,希腊人才不再遵从他们的要求,拒绝服从他们的指示和命令。他说,希腊所有民主城邦眼下有两个派别,一派坚持执行罗马人的要求,不管是法律还是成文协定或其他东西,都不应优先于罗马人的要求;另一派则诉诸法律、发过誓的条约、成文协定,恳求民众不要轻易违背这些东西。卡里克拉底说,后一派在阿凯亚尤其得势,已经得到民众支持,结果阿凯亚的亲罗马派不断遭到民众的轻视和诽谤,其对手则恰好相反。如果元老院现在表达他们的不满,那么阿凯亚联盟的政治领袖很快就会站到罗马一边,阿凯亚民众也会出于恐惧跟着领袖站到罗马一边。如果元老院不这样做,每个阿凯亚人都会转而持另一种态度,在民众眼里,另一种态度更富尊严、更高尚。他说:

> 即使现在,那些没有其他正当理由声称自己与众不同的一些人,也仅仅由于被民众认为反对你们的要求以维持法律和法令的力量,就在好几个城市获得极高荣誉。你们如果认为希腊人是否服从你们、是否遵守你们的指示,对你们来说无关紧要,那就继续现在的做法;但是,如果你们希望你们的命令被执行,没有人敢轻视你们的指示,你们就应该尽可能关注此事。你们应当确信,如果你们不全力关注此事,正如已经发生的那样,你们所谋划盘算之事会事与愿违。

> 例如,不久前面对墨瑟尼亚的困境,昆图斯·玛尔基乌斯尽其所能确保阿凯亚人在得到罗马的指示前不会就如何处理墨瑟尼亚擅自行动,结果阿凯亚人根本没有理会玛尔基乌斯。事实恰恰完全相反,阿凯亚人先是擅自对墨瑟尼亚宣战,

然后不仅不义地毁坏墨瑟尼亚的全部土地,而且放逐墨瑟尼亚最杰出的一些人物。此外,还有一些墨瑟尼亚人仅仅因为曾求助罗马裁决墨瑟尼亚与阿凯亚的争端,就被阿凯亚人抓起来严刑拷打后处死。这一次,尽管你们写信告知他们允许斯巴达放逐者返国,他们对此却根本不予理会,仍坚称由于阿凯亚联盟与控制斯巴达的那一派签有神圣的协定且双方关于这一协定宣过誓言,他们绝不允许斯巴达放逐者返国。

鉴于这种情形,卡里克拉底恳求元老院及早未雨绸缪。

[10] 卡里克拉底以类似措辞演说完后退出元老院大厅。[①] 接着,斯巴达放逐者的代表进入,简短陈述他们的诉求后,呼吁元老院怜悯他们,然后便退下。元老院认为卡里克拉底所说符合他们的利益,并且从他那里学到,他们应该提升那些支持他们命令的人,贬低那些反对他们命令的人,于是立即颁布一项政策,这项政策意在削弱阿凯亚联盟各城那些为本城鞠躬尽瘁之人,提升那些不管正当与否,都将任何事务统统诉诸罗马权威的人。结果,随着时间流逝,罗马人逐渐有大量阿谀奉承的马屁精,而非真正的朋友。他们此时针对阿凯亚人的行为走得更远,他们不仅写信命令阿凯亚人准许斯巴达放逐者返国,而且写信给埃托利亚人、伊庇鲁斯人、雅典人和波俄提亚人,叫他们监督阿凯亚人遵守这项命令,仿佛故意打压阿凯亚人。

此外,元老院在给阿凯亚联盟的官方答复中,根本不提其他使节,单单提到卡里克拉底,说各城应该有更多像卡里克拉底这样的人为政。卡里克拉底带着这一答复春风得意地返回希腊,根本没有意识到他是降临希腊的巨大灾难的祸首,尤其是降临阿凯亚联盟的灾难的祸首。阿凯亚联盟自从参与罗马最重大的事务——我指的是罗马与腓力五世的战争和与安提俄库斯三世的战

---

① 这里清楚表明卡里克拉底的演说是珀律比俄斯依照大意创作的。

争——以来,一直对罗马忠心耿耿,所以,直到我眼下叙述的这一时期,阿凯亚人仍能与罗马人保持一定程度的平等。但是,在阿凯亚联盟变得比以往任何时候都更强大、更繁荣的这一时期,卡里克拉底这次厚颜无耻的出使却成为阿凯亚联盟衰落的开端……

罗马人是这样的人:他们有崇高的品格和高尚的原则同情那些陷入不幸进而求助于他们的人,但是,当忠于他们的任何人提醒他们尊重正义的要求时,他们常常收回同情,尽其所能纠正自身。在眼下这个事例中,卡里克拉底出使罗马本来应陈述阿凯亚的正义要求。他的实际做法却完全相反,他首先提出罗马人甚至最初都没有表示丝毫抱怨的墨瑟尼亚问题,然后带着罗马会不悦的威胁返回阿凯亚。卡里克拉底向联盟大会做出使报告,大大击垮民众的士气,民众当时对他在元老院的所作所为还一无所知。结果,首先,他通过大肆行贿外加其他种种不法行为,被选举为联盟将军;其次,他一正式接任将军之职,立即宣布允许斯巴达和墨瑟尼亚的放逐者返国。

评骘斐洛珀门和阿里斯泰诺斯

[11] 阿凯亚人斐洛珀门和阿里斯泰诺斯不仅天性完全不同,而且政治信念也毫无相似之处。在战争事务上,斐洛珀门的身体和精神都能力非凡,阿里斯泰诺斯的强项则是政治事务。两人政治信念的差异如下。

与腓力五世和安提俄库斯三世的两次战争期间,罗马人已明确确立自己在希腊的领导权,阿里斯泰诺斯处理国家事务时,总是时刻准备做罗马人喜欢的事,有时甚至完全听从罗马人的命令,但他的目的是表面上遵守联盟法律,并试图靠这样做赢得声誉,尽管每当联盟法律与罗马指示相抵触时,他就会让步。

斐洛珀门也热诚地接受并协助执行罗马人所有符合联盟法律和同盟条款的要求,不会提出任何反对;但是,当他们的要求违背联盟法律和同盟条款时，就没有任何东西能让他主动遵从他们的要求，他还会说联盟官员首先应该与罗马人争论他们的要求合理与否。然而，如果联盟官员用这种办法无法说服罗马人，他们最终也应有所让步，执行命令。

[12] 阿里斯泰诺斯为他的政策向阿凯亚人提出下述辩护。他说，用剑和橄榄枝——不管是单独用一种，还是同时使用——根本不可能维持与罗马人的友好。他说："如果我们强大到足以对付他们，并且真的可以强大到这种地步，那么一切都没问题；但是，既然即使是斐洛珀门也不敢这样说，那我们为何要忽视可能之事，追求不可能之事？"他说，一切政策都旨在达到两个目的：荣誉和利益。对那些有力量赢得荣誉的邦国来说，正确的政策当然是赢取荣誉；对那些没有力量的邦国来说，必须寻求强国庇护以获得利益。若是这两个目的都无法实现，那就是无能的最佳证明。那些无力反对罗马人的任何要求，但违背意愿、某种程度上甚至故意冒犯遵守罗马人的要求的人，显然就属此例。他说："因此，我们要么证明有能力拒绝遵守罗马人的要求，要么就欣然遵守他们的所有命令。"

[13] 斐洛珀门的回应是，人们一定不能认为他愚蠢到没有能力分辨罗马与阿凯亚两个邦国力量的差异，或无法认识罗马实力的巨大优势。他继续说道：

>强国的确天然倾向于对那些屈服于它的邦国施加更大的压力，但是，鼓励我们主人的各种怪念头，从不反对主人，以最快速度屈服于最残暴的命令，就符合我们的利益吗？难道我们不该尽我们所能，与他们博弈，坚持到精疲力竭吗？要是罗马人提出不合法的命令，我们向他们指出命令不合法，核查他们武断的命令，那么我们至少某种程度上是在抑制他们统治的极端严苛，尤其是阿里斯泰诺斯你本人就很清楚，罗马人至少到现在为止非常重视信守誓言、条约和盟

约。如果我们自己忽视我们的权利，毫无抗议地立即屈服于罗马人的随便什么命令，那我们阿凯亚联盟与西西里人、卡普亚人有何区别？众所周知，西西里人、卡普亚人就是罗马的奴隶！

斐洛珀门说，阿凯亚人因此要么必须承认罗马人的正义软弱无力，要么就必须捍卫自己的权利，而不是自暴自弃，特别是在他们对罗马有着宏大且高贵的要求时。他说：

> 我很清楚，希腊人被迫完全服从罗马的时刻终究会到来，但是，我们是希望这个时刻到来得早一些，还是晚一些？无疑，我们希望它来得晚一些。

他说，在这个方面，阿里斯泰诺斯的政策与他本人的不同。阿里斯泰诺斯焦急地渴望着他们的最终命运尽快到来，并为此全力以赴，但是他则竭尽全力与之抗争，希望尽可能延迟它的到来。

我认为，从我上述叙述来看，必须承认斐洛珀门的政策更高尚，阿里斯泰诺斯的政策貌似合理。不过，两人的政策都不错。所以，在罗马人与腓力五世和安提俄库斯三世的两场战争期间，尽管当时有极大危险威胁着罗马和希腊，但两位政治家皆针对罗马竭力保护阿凯亚人的权利。但是，下述说法还是流行开来：阿里斯泰诺斯要比斐洛珀门更亲罗马。

五、亚洲事务

欧墨涅斯二世与法尔纳克斯一世的战争

［14］在亚洲，法尔纳克斯一世再次藐视罗马，在冬季派勒

奥克利图斯（Leocritus）率10000名士兵蹂躏加拉太，他本人在初春时节，集结大军侵入卡帕多西亚。欧墨涅斯二世获悉这些动向后，愤怒至极，因为法尔纳克斯一世丝毫不顾及信义，他也因此要被迫做同样的事。就在他已经集结好部队时，阿塔罗斯和两位兄弟从罗马返回。四兄弟互通消息后，阿塔罗斯和两个兄弟立即跟随大军出征。抵达加拉太后，他们发现勒奥克利图斯已经不在那里，但是，一年前投靠法尔纳克斯一世的卡西格纳图斯（Cassignatus）和盖察托利克斯（Gaezatorix）①遣使请求保护，允诺向欧墨涅斯二世俯首称臣。由于这两位首领反复无常、毫无信义，欧墨涅斯二世反对他们的提议，率军离开加拉太，朝法尔纳克斯一世所在地挺进。

欧墨涅斯二世率军从卡皮图斯（Calpitus）出发，经四天行军抵达哈吕斯河，第二天继续行军抵达帕纳苏斯（Parnassus）。卡帕多西亚国王阿里阿拉特斯四世率军与他们会合，然后两位国王率大军挺进到摩基苏斯（Mocissus）境内。正当大军在此地安营扎寨时，他们获悉罗马代表已抵达亚洲协调战争双方。欧墨涅斯二世派阿塔罗斯去迎接罗马代表，他本人则继续扩充军队，积极训练士兵。他这样做的意图有两个，第一，应对紧急情况；第二，向罗马人表明，即使没有别人的帮助，他也有能力单独击败法尔纳克斯一世。

[15] 双方会面后，罗马代表请求几位国王结束战争，欧墨涅斯二世和阿里阿拉特斯四世说，他们很乐意同意这个要求和其他任何要求。但是，两位国王问罗马人，能否安排他们与法尔纳克斯一世的会面。他们提出此问的意图是，当法尔纳克斯一世来见罗马人时，他们再群起发言攻击，这样就能让法尔纳克斯一世的背信弃义和残酷充分暴露在罗马人面前。他们对罗马代表说，如果这个提议超出他们的权限，那就请他们一定秉持公平和

---

① 这两人是亚洲高卢人的首领。

正义裁断此次战争。罗马代表同意尽其所能行事公正，但首先要求欧墨涅斯二世和阿里阿拉特斯四世撤军：他们说，在罗马代表团为和平奔走时，各位国王却为伤害对方积极备战，这是不合规矩的。

欧墨涅斯二世同意了这一要求，第二天和阿里阿拉特斯四世拔营，朝加拉太方向撤退。罗马代表首先去见法尔纳克斯一世，请求他与欧墨涅斯二世会面，因为这是解决双方冲突最可靠的方式。法尔纳克斯一世拒绝，罗马人立即看出，这位国王显然心虚，对自己没有信心。但是，他们非常渴望结束战争，遂继续坚持让法尔纳克斯前去会面，直到最后，他同意派全权代表经海路到帕加马，以罗马代表所提条件进行和谈。

法尔纳克斯一世的使节抵达后，罗马代表和欧墨涅斯二世接见了他们。罗马代表本来愿意为达成和平做任何让步，但是，法尔纳克斯一世的使节不遵守罗马代表与阿里阿拉特斯四世会面时达成的协议条款，反而在每一条款上皆针锋相对，不断撤回已做出的让步，提出新要求。罗马代表很快洞悉，他们的所有努力皆是徒劳，因为法尔纳克斯一世根本不想和谈。所以，这次会谈没有取得任何成果。罗马代表离开帕加马，法尔纳克斯一世的使节返回，战争继续，欧墨涅斯二世继续备战。与此同时，罗德岛人尽其所能赢得欧墨涅斯二世的帮助，他又匆匆赶往吕西亚帮助他们……[①]

---

① ［英译注］罗德岛重新控制吕西亚后，面临一场大规模叛乱，处境危急。

第二十五卷

一、亚洲事务

欧墨涅斯二世与法尔纳克斯一世战争的结局

［1］波塞冬尼乌斯（Posidonius）嘲笑珀律比俄斯夸大提比略·格拉库斯（Tiberius Gracchus）毁坏伊比利亚300座城市的功绩，说珀律比俄斯为了取悦提比略·格拉库斯，称修筑防御工事的村庄为城市，就如凯旋式上的情形那样。① 这一事实表明，将军们和史家们为夸大功绩，很容易撒谎。（斯特拉波，3.4.13，c163）

［2］法尔纳克斯一世的部队遭到突然打击后，立即遣使欧墨涅斯二世和阿里阿拉特斯四世，表示愿意接受任何和平条件。两位国王听取他的提议后，同意和谈。接下来，双方使节奔走多次，最后达成下述和约。

---

① 所涉及的事件是公元前179年，提比略·格拉库斯在伊比利亚的征战。参李维，《罗马史》，40.44；40.47。
这一年是汉文帝元年。吕后去世，丞相陈平、太尉周勃、朱虚侯刘章等诛杀吕氏家族，立代王刘恒为帝，即汉文帝，文帝是高祖之子。汉文帝元年（公元前179年），四月，齐地、楚地发生地震。六月，命令郡国不要来朝贡，向全国施加恩惠，使诸侯和四方各族都感到欢欣和睦。参《汉书·文帝纪》，前揭，页114。

欧墨涅斯二世、普卢西阿斯二世（Prusias II）[1]和阿里阿拉特斯四世一方与法尔纳克斯一世、米特里达特斯一方达成永久和平。

第一，法尔纳克斯一世不得以任何借口入侵加拉太。

第二，法尔纳克斯一世与亚洲高卢人此前签订的所有条约立即失效。

第三，法尔纳克斯一世从帕弗拉格尼亚（Paphlagonia）[2]撤军，让他之前驱逐的此地居民重返家园，同时归还该地居民所有武器、投掷物和战争物资。

第四，法尔纳克斯一世向阿里阿拉特斯四世归还战争期间抢夺自后者的所有领土，送还后者的所有人质。

第五，法尔纳克斯一世需放弃本都地区的忒乌姆（Teium）城。——此后不久，欧墨涅斯二世爽快地把该城当作礼物送给普卢西阿斯二世。

第六，法尔纳克斯一世需归还所有俘虏和逃兵，不得索要任何赎金。

第七，由于法尔纳克斯一世从摩尔兹乌斯（Morzius）[3]和阿里阿拉特斯四世处掳走大量钱财和财宝，他需赔偿这两位国王900塔兰同，此外需向欧墨涅斯二世赔偿300塔兰同的战争开支。

此外，小亚美尼亚的统治者米特里达特斯（Mithridates）[4]由于违反与欧墨涅斯二世的条约向阿里阿拉特斯四世开战，被

---

[1] 比提尼亚国王，于公元前182年去世，其子普卢西阿斯二世继位，在位时间是公元前182年至前149年。

[2] 位于比提尼亚以东、本都以西、加拉太以北。

[3] 帕弗格拉尼亚格拉（Gangra）城的王公。

[4] 安提俄库斯三世的外甥，参8.23。

罚赔偿300塔兰同。亚洲王公中，大亚美尼亚的统治者阿尔塔克西亚斯（Artaxias）[1]和阿库斯洛克斯（Acusilochus）也被纳入此条约；欧洲王公中，萨尔玛提亚人（Sarmatian）的王公伽塔罗斯（Gatalus）也被纳入此条约。这份条约还包括下述自治城市：赫拉克里亚（Heraclia）、曼塞姆布里亚（Mesembria）、切索尼斯和库基库斯。条约的最后一条涉及法尔纳克斯一世需交的人质。法尔纳克斯一世的人质送达后，欧墨涅斯二世立即率诸王的大军撤离。这就是欧墨涅斯二世、阿里阿拉特斯四世一方与法尔纳克斯一世一方战争的结果。

二、马其顿事务

珀尔修斯统治的开端[2]

［3.1-8］珀尔修斯重修与罗马的友好关系后，开始瞄准自己在希腊的名望，将那些逃亡的债务人和那些由于法庭判决或冒犯国王而被驱逐出马其顿的人召回马其顿。他将这些人的名单贴在提洛岛、德尔斐和伊托尼亚·雅典娜（Itonian Athena）等地，不仅允诺会保证这些返国者的安全，而且允诺恢复他们当年出逃时留在马其顿的财产。在马其顿国内，珀尔修斯免除所有欠王室债务之人的债务，释放那些因冒犯国王而被监禁之人。通过这种行动，珀尔修斯唤起很多人对他的期待，这似乎表明整个希腊都对他寄予厚望。他的其他行为也显示出他具备真正的王者之尊。从外表上看，他很能干，擅长各种真正有益的身体锻炼，举手投足间还有一种与其年纪不相符的庄严和镇静。此外，他也避免他

---

① 亚美尼亚东部地区的统治者。

② 公元前180年，德米特里乌斯被腓力五世处决；公元前179年夏，腓力五世在德米特里港驾崩。

父亲在女人和饮酒两方面的不节制，不仅单独进餐时饮酒很节制，就是与友人们宴饮时也是如此。这就是珀尔修斯统治开端的特征。

逆境中的腓力五世

[3.9–10] 腓力五世在希腊盛极一时、称王称霸时，无人不重视诚信和法律，但是，当他好运飘走、陷入逆境时，他却是最温和的人。最后，当他完全陷入困境，他竟力图让自己适应一切突发事件，并千方百计重建他的王国。

三、意大利事务

吕西亚使节

[4] 执政官提比略·格拉库斯（Tiberius Sempronius Gracchus）和盖乌斯·普尔切（Gaius Claudius Pulcher）① 出发镇压伊斯特人

---

① 两人是公元前177年的罗马执政官，关于伊斯特战争，参李维《罗马史》卷四十一的叙述。
公元前178年是汉文帝二年。冬十月，丞相陈平去世。文帝下诏令诸侯返回各自封国。这一年，文帝两次下诏要求大臣广泛进言，推举贤良，同时两次下诏劝农耕田，免除百姓一半田赋。汉文帝三年（公元前177年），免去丞相周勃的职位，让他回到封国去，命灌婴为丞相。五月，匈奴入侵北地、河套地区。汉文帝前往甘泉，派遣丞相灌婴领兵攻打匈奴，匈奴撤走。汉文帝征调中尉所掌管的步兵和骑兵隶属卫将军统领，驻扎在长安。文帝从甘泉前往高奴（今陕西延长县），计划攻打匈奴，顺道游太原。济北王刘兴居听说文帝欲亲征匈奴，举兵反叛，发兵打算袭击荥阳。文帝于是命灌婴大军停止北伐，任命柴武为大将军，率十万士兵迎击济北王，又任命缯贺为将军，驻扎荥阳。七月，文帝从太原到达长安。八月，济北王被俘后自杀身亡，济北国被平定。参《汉书·文帝纪》，前揭，页115–119。

和阿格里人时，已接近暮夏时分，元老院召见吕西亚使节。其时吕西亚已经被征服，但是此前派出过一个使团——克桑图斯（Xanthus）[①]城即将发动反叛时，吕西亚派出尼克斯特拉图斯（Nicostratus）带领的使团出使阿凯亚和罗马。不过，尼克斯特拉图斯现在才抵达罗马，他把罗德岛人的压迫和他们自己迫在眉睫的危险展示给众元老，从而打动许多元老。吕西亚使团最后成功说服元老院派代表到罗德岛告知这个邦国下述信息：参考十人团当年在亚洲处理与安提俄库斯三世条约相关事务的报告后，他们发现吕西亚不应被作为一个礼物交给罗德岛，而是应被罗德岛当作朋友对待。

强制实施这一条款肯定会让许多罗德岛人不满。此举会让人认为，罗马人在获悉罗德岛人护送珀尔修斯的新娘前往马其顿并整修他们的战舰后，蓄意挑拨罗德岛与吕西亚的矛盾，旨在消耗罗德岛人的储备和财富。的确，此前不久，罗德岛人整修了他们的战舰，使舰队焕然一新，罗德岛人因而变得装备精良、声势浩大，并举行过一次海上演习。这是因为珀尔修斯为罗德岛人提供了大量用以建造战舰的木材，[②]并赠送给每个护送他的新娘劳迪西娅（Laodice）前往马其顿的水手一顶金冠状头饰（tiara）。

四、罗德岛事务

[5] 罗马使节抵达罗德岛并宣布元老院的决定后，造成很大骚动，政治圈内也由于听说吕西亚不是被作为礼物交给罗德岛而是作为他们的盟友这一说法而骚动不已。罗德岛人认为他们之前已在吕西亚确立令人满意的基础，现在却看到有一大堆

[①] 吕西亚最大的城市。
[②] ［英译注］马其顿的木材尤其适合造战舰，一直供不应求。公元前4世纪雅典舰队就依赖马其顿的木材。

麻烦等着他们。对吕西亚人来说,罗马代表一抵达罗德岛并宣布上述决定,他们便立即对罗德岛愤愤不平,准备为他们的自治和自由奋战到底。然而,罗德岛人认为罗马人是被吕西亚人欺骗,立即任命吕康弗隆(Lycophron)带领使团前往罗马,就此事劝诫元老院。这就是当时的形势,从各种迹象来看,吕西亚人又要反叛。[1]

五、意大利事务

[6] 罗德岛使团一抵达罗马,元老院就召见他们,听取他们的陈述,但是没有立即给出答复。

此时,达尔达尼亚人的一个使团抵达罗马,报告罗马人巴斯塔奈人(Bastarnae)[2]的情况,包括他们的人数、规模和战士之勇武,同时指出珀尔修斯和这支高卢人在共同行动。达尔达尼亚使节说,比起巴斯塔奈人,他们更恐惧珀尔修斯,恳求罗马援助。忒萨利使节也赶来确证达尔达尼亚的报告,同样恳求罗马援助。元老院决定派代表前去核实这些报告的准确性,立即任命以奥卢斯·珀斯图米乌斯·阿尔比努斯(Aulus Postumius Albinus)为首的一些年轻人为代表启程。(对照李维,《罗马史》,41.19)

---

[1] 吕西亚人的第一次反叛已被罗德岛人镇压。

[2] [英译注] 时人认为这是一个高卢部落,实际上它是一个日耳曼部落。

第二十六卷

一、安提俄库斯四世

[1a] 由于安提俄库斯四世（Antiochus IV）①的行为，民众称他为疯子（Epimanes），而非神显者（Epiphanes），因为这位国王不仅屈尊普通民众，甚至俯就来访安提阿的外邦人中的最卑贱者。不管何时，只要他听说有年轻人在聚众搞乐子，不管在哪里，他都会带着横笛和其他乐器进入，以至大多数宾客惊慌失措、四散而去。此外，他还常常脱掉国王紫袍，披上托袈，绕着市场兜圈。（雅典奈乌斯，10.439a）

[1] 别号神显者的安提俄库斯四世由于其行为得到疯子的绰号。珀律希俄斯告诉我们，安提俄库斯四世为躲开宫廷侍从，常常被人们看到带着一两个同伴在城内各处游荡。他主要待在银匠和金匠铺里，与铸工和其他匠人详细探讨铸造技艺。他也常常屈尊与遇到的任何普通民众谈话，常常与最卑贱的外邦访客聚众饮

---

① 安提俄库斯四世，是安提俄库斯三世第三子，生卒年是公元前215年至前164年，公元前175年至前164年在位。安提俄库斯四世于公元前189年作为人质远赴罗马，公元前175年返国继位。

公元前176年是汉文帝四年，丞相灌婴去世。夏五月，重新登记刘姓宗族，刘姓宗族不得与他人擅自联姻。赏赐各位诸侯王王子食邑二千户。汉文帝五年（公元前175年），二月，地震，四月，废除禁止和私人铸钱的法令，重新铸造四铢钱。参《汉书·文帝纪》，前揭，页120–121。

酒。不管何时，只要他听说有年轻人在聚众搞乐子，他都会带着横笛和一堆乐器冒失地闯入，结果大多数宾客惊慌失措，四散而去。他也经常脱掉国王紫袍，披上白托袈，像个候选人一样绕着市场兜圈，时而与人们握手，时而与人们拥抱，恳求他们投票给他，有时假装自己在竞选市政官，有时假装自己在竞选护民官。若是当选，他会坐在象牙制的豪华椅子上，像罗马人那样聆听诉讼，煞费苦心地显出兴致勃勃的样子宣布判决结果。结果，所有正派的有头脸之士都对他感到莫名其妙，一些人认为他是一个傻子，另一些人认为他是一个疯子。

他赠送他人礼物的行为也与之类似。他常常送给一些人羚羊膝盖骨，送另一些人椰枣，送别的人钱。偶尔，他也向之前从未见过的人发表演说，给予他们意想不到的礼物。在给予诸城捐赠、礼敬诸神方面，他超过所有前辈，从雅典的奥林匹亚·宙斯像和提洛岛祭坛的雕像可以看出这一点。他也常常在公共浴室沐浴，有时浴室全都是普通民众，他会命人给他送来几罐最珍贵的油膏（ointments）。若是有人说："国王，您多么幸运能使用这种香水，闻起来真香！"他当时什么也不会回答，但是第二天，当这个人去浴室时，他会跟着他进入，将一大罐名叫斯塔克特的珍贵油膏倒在那个人头上。这时所有沐浴者会立即跳起来，涌向这股香气散发之处。安提俄库斯四世的确会溜进公共浴室，制造这类乐子。（雅典奈乌斯，5.193d）

第二十七卷

一、珀尔修斯战争

波俄提亚事件

[1]这时，拉塞斯（Lases）和卡勒阿斯（Calleas）作为忒斯皮埃（Thespiae）城的使节抵达罗马，波俄提亚亲马其顿派的使节伊斯美尼亚斯（Ismenias）①也抵达罗马。拉塞斯和卡勒阿斯主张把他们的城市交给罗马人，伊斯美尼亚斯则主张把所有波俄提亚城市统一交罗马代表裁断。伊斯美尼亚斯的主张与昆图斯·菲利普斯（Quintus Marcius Philippus）②和其他代表的看法恰恰相反，他们认为将波俄提亚分割为互不相属的城市更符合他们的目的。所以，罗马人热情接待拉塞斯，非常重视他和来自凯洛尼亚和勒巴得亚（Lebadea）的使节，以及所有来自波俄提亚各独立城市的使节，唯独轻视伊斯美尼亚斯，对他视而不见、漠不关心。有一次，一些波俄提亚放逐者③竟然攻击伊斯美尼亚斯，差点就用石头砸死他，他逃到罗马代表宅邸的门廊下才躲过一劫。

---

① 伊斯美尼亚斯是尼翁之孙，布拉库勒斯之子。尼翁是波俄提亚的亲马其顿派，参20.5。

② ［英译注］当时，玛尔基乌斯领衔一个代表团在希腊为与珀尔修斯的战争做准备。波俄提亚可能是公元前173年与珀尔修斯结盟。

③ ［英译注］这些波俄提亚放逐者是亲罗马派，被伊斯美尼亚斯放逐。

同一时期，忒拜也充满争吵和骚乱，其中一派主张把城市交给罗马人裁断，但是康洛奈亚（Coronea）和哈里阿图斯（Haliartus）的民众涌入忒拜，仍声称要参与决断城市的走向，说他们应该继续忠于与珀尔修斯的联盟。一段时间内，两种敌对主张势均力敌。但是，当康洛奈亚的奥林姆皮科斯（Olympichus）改变立场，提议加入罗马人一边后，平衡被完全打破。他们首先强迫迪克塔斯（Dicetas）作为他们的使节，求见玛尔基乌斯，为他们此前与珀尔修斯结盟辩解。接着，他们又排挤亲马其顿派的尼翁和希庇阿斯（Hippias），成群结队涌到他们的宅邸，命令他们到罗马代表前为自己的行为辩护，因为正是他们当年主导了与珀尔修斯结盟一事。尼翁和希庇阿斯屈服后，他们立即召开大会，首先决定与罗马人站在一起，命令他们的官员立即着手与罗马结盟；其次任命使节把忒拜交给罗马人，令被放逐者返国。

[2] 忒拜发生这些事情的同时，卡尔基斯的放逐者任命庞姆庇得斯（Pompides）为他们的代表，指控伊斯美尼亚斯、尼翁和迪克塔斯。由于这三人的过错再明显不过，罗马人选择支持被放逐者。希庇阿斯及其友人的处境顿时岌岌可危，性命面临民众的暴力威胁，直到罗马人稍稍注意他们的安全，限制暴民的敌对举动后，情况才得以缓解。

忒拜使节抵达玛尔基乌斯处，宣告忒拜公民大会的决议后，由于诸城相距很近，形势很快朝相反方向发展。玛尔基乌斯及其同僚接待了忒拜使节，并感谢该城，建议他们让被放逐者返国，命各城所有代表立即修复与罗马的关系，各城分别宣布服从罗马。他们的目的达成，即肢解波俄提亚联盟、损害马其顿王室在波俄提亚的声望两大目的如愿以偿。罗马代表团派人去阿尔哥斯把塞尔维乌斯·科涅利乌斯·兰图鲁斯召来，命他负责卡尔基斯事务，然后其他成员前往伯罗奔半岛。几天之后，尼翁离开波俄提亚，出奔马其顿。伊斯美尼亚斯和迪克塔斯则被投入监狱，不久后被杀。波俄提亚人在维持联盟多年、奇迹般地躲过各种险境，现在却由于轻率鲁莽地支持珀尔修斯的事业，屈服于愚蠢且幼稚的激情，解散他们的联盟。

奥卢斯·阿提利乌斯（Aulus Atilius）和昆图斯·玛尔基乌斯抵达阿尔哥斯后，召集阿凯亚联盟官员开会。他们要求联盟将军阿尔孔派1000名步兵到卡尔基斯守卫该城，等待罗马大军渡海抵达。阿尔孔爽快同意，这些代表在这年冬季期间完成上述安排后，与普布利乌斯·兰图鲁斯（Publius Cornelius Lentulus）会合，乘船返回罗马。

罗德岛支持罗马

[3]与此同时，罗马代表提比略·克劳狄乌斯（Tiberius Claudius）、斯普利乌斯·珀斯图米乌斯（Spurius Postumius）、马尔库斯·尤尼乌斯（Marcus Junius）出访爱琴海诸岛和亚洲诸城，劝诫那里的民众支持罗马。他们虽也在其他地方花费不少心思，不过还是最看重罗德岛的态度，尽管罗德岛人当时根本不需要此种劝诫。因为罗德岛主席团成员哈哥斯洛克斯（Hagesilochus）——此人在罗德岛很有影响，不久之后将出使罗马——在罗马与珀尔修斯爆发战争的迹象变得明显时，已劝诫罗德岛人支持罗马，并建议装备40艘战舰。这样，万一战争形势需要他们的帮助，他们就无需临时抱佛脚去满足罗马人的要求，反而会由于未雨绸缪，立即以任何方式援助罗马人。罗马代表抵达罗德岛后，哈哥斯洛克斯告知他们罗德岛人的决定，并展示他提前做的准备，罗马代表非常满意。饱含感激地接待罗德岛各类官员后，代表团返航罗马。

珀尔修斯与罗德岛

[4]珀尔修斯与罗马人会面后……给希腊诸城送去自己的

信，他在信中详述双方争论的问题，并引用双方皆使用的论据，其目的有二：一是让人觉得他的要求合理正当，二是试探各城意图。送往其他城市的信由信使单人送去，唯独派安特诺尔（Antenor）[①]和菲利普斯（Philippus）为使节送去给罗德岛的信。

抵达罗德岛后，两人将信交给该岛官员。几天后，他们出席罗德岛议事会，恳求罗德岛人静观形势的发展；如果罗马人违背和约攻击珀尔修斯和马其顿，他们将请求罗德岛届时进行调停。他们说，这符合各方利益，罗德岛是承担调停使命的不二之选。罗德岛人是平等演说、畅所欲言权利的捍卫者。他们不仅是自身自由的保护者，而且是其他希腊人的自由的保护者，所以更应该尽其所能捍卫这些原则，以防止违背这些原则的原则获胜。两位使节就上述意思滔滔不绝、长篇大论，让每个听众欣喜不已。但是，由于民众与罗马的友好感情已先入为主，他们认为支持罗马更好。然后，罗德岛人热情接待了两位使节，在回信中恳求珀尔修斯不要逼迫他们做任何有悖罗马人意愿的事。安特诺尔和菲利普斯没有得到他们想要的答复，感谢罗德岛的友好接待后，返航马其顿。

珀尔修斯与波俄提亚

[5] 珀尔修斯获悉一些波俄提亚城市仍对他友好，遂遣亚历山大之子安提哥努斯（Antigonus）出使波俄提亚。抵达波俄提亚后，安提哥努斯没有管其他城市，因为他找不到任何接近它们的借口，只得访问康洛奈亚、忒斯拜（Thisbae）和哈里阿图斯，恳求三城民众支持马其顿的事业。三城爽快接受他的建议，决定遣使马其顿。安提哥努斯随即返国复命，觐见珀尔修斯并报告波俄提亚的情况。

---

① 珀尔修斯的海军将领，皮德纳战役后，他率马其顿舰队投降罗马。

不久之后，上述三城使节抵达马其顿，恳求珀尔修斯派兵帮助亲马其顿的诸城，因为忒拜人以三城不支持罗马为由，正在施加强大压力以让它们痛苦不堪。珀尔修斯听取使节陈述后，答复说，他与罗马已有协定，眼下不可能派军队去帮助任何城市。不过，他向他们提出针对忒拜人的压迫尽其所能自卫的一般性意见，同时建议他们不要站到罗马一边，而是静观事态进展。

［6］待出使亚洲的代表团归来后，元老院听取了他们关于罗德岛和其他诸城的报告，然后召见珀尔修斯的使节索隆（Solon）[①]和希庇阿斯。两人竭力讨论一般问题，试图安抚元老院，但是他们的发言主要是为他们针对欧墨涅斯二世的阴谋进行辩护。他们的自辩结束后，元老院已经决定宣战，遂命令他们和所有寓居罗马的马其顿人立即离开罗马和意大利，期限是30天。之后，元老院召见执政官，督促他们立即出征，不得拖延。

罗德岛的态度

［7］盖乌斯·卢克莱修（Gaius Lucretius）此时正率罗马舰队驻泊克法勒尼亚。他写信给罗德岛人，命他们派出舰队，命一个叫苏格拉底的体操教练前去送信。信件送达罗德岛时，斯特拉托克勒斯（Stratocles）正第二次主持罗德岛主席团。他召集民众大会讨论如何回应罗马人的要求，讨论开始后，阿加塔格图斯（Agathagetus）、罗德丰（Rhodophon）和阿斯图摩德斯（Astymedes）以及很多人支持派出舰队，在战争伊始就立即参战。然而，德农（Deinon）和珀律阿拉图斯（Polyaratus）早就对罗德岛对罗马的倾心态度感到不满，于是以对欧墨涅斯二世的愤怒为掩护，竭力动摇大多数人支持罗马的决心。

---

① ［英译注］索隆参与皮德纳战役，珀尔修斯失败后，投降罗马。

二人敢这样做有两个原因。首先，罗德岛弥漫着一种怀疑和敌视欧墨涅斯二世的氛围。在与法尔纳克斯一世进行战争时，欧墨涅斯二世就命他的舰队守卫赫勒斯滂海峡入口，禁止船只驶入黑海，罗德岛人对着干，没让欧墨涅斯二世这个计划得逞。其次，不久前，罗德岛人的痛点——吕西亚问题——又被再次击中，事情的原委涉及罗德岛的佩莱亚地区边界上的一些要塞和一处狭长地带的领土争端，这些地方不断遭到欧墨涅斯二世下级军官的袭击。所有这些恩怨让罗德岛人很乐意接受任何反欧墨涅斯二世的言论。

眼下，德农和其他人就利用民众的这些偏见，诽谤体操教练苏格拉底带来的这封信，说这封信不可能出自罗马之手，肯定出自欧墨涅斯二世。这位国王想方设法、千方百计要把罗德岛拖入战争，以此让罗德岛人经受不必要的财政消耗和痛苦。为证明这个论断，他们指出送信之人地位卑贱，罗马人没有如此行事的习惯，依照与罗马人打交道的经验，罗马人在这类事务上非常谨慎和注重礼节。

德农等人当然知道此信的确出自盖乌斯·卢克莱修之手，他们这样说是想劝说罗德岛人不要心甘情愿受罗马人驱使，而是要制造麻烦，引起冒犯和不满。他们的目标是离间罗德岛人与罗马人，尽其所能诱使民众倒向珀尔修斯。这些人之所以支持珀尔修斯是基于下述事实：珀律阿拉图斯某种程度上是一个傲慢虚荣之徒，已经负债累累；德农是一个贪婪的寡廉鲜耻之徒，一直指望靠国王和王公们爬到高位。

这时，斯特拉托克勒斯站起来，先详述反对珀尔修斯、支持罗马的很多理由，然后劝诫民众批准法令，立即派出舰队。罗德岛立即装备六艘四列桨战舰，派蒂马哥拉斯（Timagoras）率五艘前往卡尔基斯，派尼喀戈拉斯（Nicagoras）率一艘前往忒涅多斯（Tenedos）。尼喀戈拉斯在忒涅多斯发现珀尔修斯派往安提俄库斯四世处的使节狄奥法涅斯（Diophanes），虽没有抓到此人，但是俘获他的船员。盖乌斯·卢克莱修友好接待了经海路抵达的所有盟友海军后,免除他们的服务,说眼下战争的形势已经不需海军援助。

珀尔修斯求和

[8] 马其顿人取得这次战斗胜利①后,珀尔修斯召集了一次会议。他的一些友人们建议,他应遣使罗马将军处,提出仍同意向罗马纳贡,纳贡额与其父战败后允诺的额度相同;同意撤离当年其父战败后允诺撤离的地方。他们说,如果罗马人接受这些条件,珀尔修斯在战场上取得这些胜利后,这场战争的结果会对他有利;同时,罗马人如果认识到马其顿人的勇武,对马其顿人提出不公正且严厉的要求时也会更加谨慎。如果罗马人由于对所发生的事很恼怒,不接受这些条件,他们将招致上天的愤怒,而珀尔修斯则将因其节制温和赢得诸神和人的支持。这就是珀尔修斯大多数友人们的看法。珀尔修斯同意这一提议后,立即任命巴拉克罗斯(Balacrus)之子潘陶库斯(Pantauchus)和贝罗亚的米东(Midon)②为使节,令他们启程。

两位使节抵达普布利乌斯·克拉苏斯(Publius Licinius Crassus)的大营后,这位执政官立即召集会议。两位使节依照指

---

① 公元前171年春,珀尔修斯率军在卡里基努斯(Callicinus)击败罗马执政官普布利乌斯·李锡尼乌斯·克拉苏斯率领的罗马军团。在这次战斗中,罗马人损失惨重,幸亏忒萨利人和欧墨涅斯二世所部勇敢奋战方才阻止更大的灾难。

汉文帝六年(公元前174年),淮南王刘长谋反,被废除王位,死在雍城。汉文帝七年(公元前173年),文帝下令,列侯的太夫人、夫人、诸侯王的儿子以及俸禄二千石的官吏,都不得擅自征召逮捕人。汉文帝八年(公元前172年),文帝封原淮南王刘长的四个儿子为列侯。汉文帝九年(公元前171年),大旱。参《汉书·文帝纪》,前揭,页120。

② 两人皆是珀尔修斯的心腹。

示提出动议后，罗马人要求两位使节先退下，闭门商讨对此应如何答复。军事议事会成员一致决定给出尽可能严厉的答复，因为罗马人在所有情况下的传统习惯都是，失败时要表现得最专横、最严厉，胜利时则表现得最仁慈。每个人都会承认这样做是高贵之举，但是在某些情况下，是否应该这样做是值得怀疑的。当时，他们的答复如下：命令珀尔修斯无条件投降，让罗马元老院来决定马其顿事务。

珀尔修斯的两位使节得到这一答复后返回，向珀尔修斯及其友人们复命。一些人对罗马人的傲慢非常震惊、愤怒不已，建议珀尔修斯不必再遣使，并断绝其他任何交涉。然而，珀尔修斯不这样认为，又多番遣使李锡尼乌斯处，每次都带去比前一次更多的金钱。但是，此举没有取得任何效果，他的大多数友人批评他，告诉他现在他是胜利者，而他的做法却像一个被彻底击败的失败者。珀尔修斯被迫放弃遣使交涉，再次将大营转进到苏库里昂（Sycyrium）。这就是那里的情况。

珀尔修斯在希腊的地位

[9] 马其顿人在这次骑兵战中获胜的消息在希腊四处传播后，希腊民众对珀尔修斯的喜爱——此前他们一直隐藏这种喜爱——像大火燎原一般爆发。我认为，他们的感情状况可能如下。这种现象很像拳击比赛中发生的情形。一位谦逊且弱得多的选手与一位著名的、看起来不可战胜的选手比赛，观众自然同情那位弱者。他们为他加油喝彩，热情地支持他，期盼他能击中对手脸部，在对手脸上留下伤口，进行势均力敌的打斗。观众有时甚至嘲笑那个较强的选手，倒不是因为不喜欢他或厌恶他，而是源自一种奇怪的同情心和一种偏爱弱者的本能。不过，如果有人在恰当的时刻叫观众注意他们的错误，他们也会很

快改正。正如那个故事所说，克雷托马克斯（Cleitomachus）[①]就是这样做的。

克雷托马克斯被公认是当时天下无敌的拳手，他的威名享誉整个天下，而托勒密四世发誓要摧毁他的威名，精心训练拳手阿里斯托尼克斯（Aristonichus），然后派他参赛，此人看起来很有拳击天赋。阿里斯托尼克斯抵达希腊，在奥林匹亚竞技会上挑战克雷托马克斯，观众立即站在阿里斯托尼克斯一边为他加油喝彩，很高兴看到有人敢于挑战克雷托马克斯。比赛开始后，阿里斯托尼克斯表现得确实有资格当克雷托马克斯的对手。有一两次，他竟重重击中后者，全场立刻爆发雷鸣般的掌声，所有人兴奋无比，向阿里斯托尼克斯欢呼。

那个故事说，这时，克雷托马克斯后退几步、平息气喘后，转身问观众为何要倾情支持阿里斯托尼克斯，为他喝彩。难道他们认为他本人没有尽全力比赛，难道他们没有意识到他本人眼下正在为希腊的荣誉而战，而阿里斯托尼克斯在为托勒密国王而战？难道他们更喜欢看到一个埃及人击败希腊人，进而赢得奥林匹亚奖杯，而非看到一个忒拜人、一个波俄提亚人被传令官宣布在拳击比赛中获胜？克雷托马克斯这样说后，观众的感情立刻发生颠转，最后克雷托马克斯获胜。阿里斯托尼克斯与其说是被克雷托马克斯击败，不如说是被观众击败。

[10] 此时，希腊人对珀尔修斯的感情就与之类似。如果有人此时能吸引他们的注意，坦率问希腊人，他们是否真的希望看到领导权以如此绝对形式落入一人之手，并经受一位绝对不负责任的君主的统治，我猜想希腊人很快就会清醒过来，改变他们的态度，经历情感的彻底颠转。如果有人再简要提醒他们马其顿王室对希腊的伤害、希腊从罗马统治之下得到的诸多恩惠，我猜想希腊人的反应会转变得更迅疾、更彻底。但是，

[①] [英译注] 忒拜人赫莫克拉底之子，当时最著名的拳手。

眼下他们屈服于自己未受反思的冲动，获知马其顿人获胜的消息喜不自胜。由于获胜出人意料，他们转而热烈追捧一个被证明是罗马强敌的人。我之所以在此费口舌谈论此事，是为了避免有人由于对人的天性无知，不公正地谴责希腊人在这个时刻忘恩负义。

弩箭

[11] 所谓的弩箭是珀尔修斯战争中的一种发明。这种武器的形状如下。箭头有2掌长，用来插箭头的木管也是2掌长。木管后接着一根长1拃、宽1指的木杆，木杆中部牢牢绑着三根很短的翼型木棍。发射弩箭的弓弦并不等长，而且弩箭被插入弓弦上的一个环中，很容易发射。弓弦拉紧时，箭头仍固定不动，但是放开弓弦时，箭头离开弓弦上的环射出，就像铅弹从投石器上被投出，力量很大，被击中的人会受到严重伤害。

奥德吕西亚人的王康图斯

[12] 康图斯（Cotys）① 是一个外表出众、深谙战争技艺的人，他的品质也完全不像一个色雷斯人。此人头脑清醒，人们注意到他具有贤良之士特有的温文尔雅和坚毅的品格。

二、埃及事务

[13] 塞浦路斯的埃及统帅托勒密（Ptolemy Macron）② 完全不

---

① 李维说，康图斯早年加入珀尔修斯的军队。康图斯是卡里基努斯战役中马其顿一方的指挥官之一。

② 托勒密六世任命此人为塞浦路斯总督，但是公元前168年，此人投奔安提俄库斯四世，后在安提俄库斯五世统治期间（公元前164—前162年）自杀。

像一个埃及人，他天生具有良好的判断力和才干。由于国王托勒密六世（Ptolemy VI）[①]尚是一个婴儿，他受命治理塞浦路斯后，勤勉地收税，从不给任何人一个子儿，尽管王家财政官员常常讨要，且他因从不打开钱库而受到严厉责骂。托勒密六世成年亲政[②]后，他一次性拿出巨额钱款，送回埃及，国王和宫廷大臣皆称赞他此前的吝啬和拒绝分钱的行为是明智之举。

三、珀尔修斯战争

［14］这时，珀尔修斯从与罗马的战争中后撤。他派安特诺尔出使罗德岛，赎回此前被罗德岛人俘虏的狄奥法涅斯的船员。安特诺尔抵达罗德岛后，公众不知所措。斐洛弗隆和忒阿德图斯绝不愿卷入此项谈判，而德农和珀律阿拉图斯则倾力支持谈判。最后，罗德岛人就释放俘虏与珀尔修斯的使节达成一项协定。

伊庇鲁斯政治家与珀尔修斯

［15］克法洛斯（Cephalus）此时从伊庇鲁斯抵达马其顿。他此前就与马其顿王室交情甚笃，眼下为形势所迫站到珀尔修斯一边。此事原因如下。有一个伊庇鲁斯人叫卡洛普斯（Charops），此人是一个很有操守的人，也是罗马的朋友。当年，正是凭靠他的努力，腓力五世取道进入伊庇鲁斯后，才被迫放弃伊庇鲁斯，弗拉米尼努斯得以控制伊庇鲁斯进而挫败马其顿人。卡洛普斯有一个儿子叫马卡塔斯（Machatas），后者又把其子命名为卡洛普斯。这位小卡洛普斯在其父去世时还是个孩子，之后就被其祖父

[①] 于公元前186年出生，在其父于公元前180年驾崩后继位，在位时间是公元前180年至前145年。

[②] 公元前169年亲政。

送往罗马,以掌握读写拉丁语。

小卡洛普斯在罗马结识不少人,过了一段时间后返回伊庇鲁斯。不久,他的祖父去世。这个年轻人天生野心勃勃,满脑子各种诡计,逐渐变得专横起来,开始与伊庇鲁斯的领袖发生争斗。起初,无人把他当一回事,安提诺斯(Antinous)和其他一些无论年龄还是声望都比他高的人按照自己的想法管理公共事务。但是,珀尔修斯战争爆发后,小卡洛普斯立即诽谤这些亲罗马的政治家。他利用这些政治家此前与马其顿王室的关系,审查他们过去的全部做法,恶意曲解他们过去所说的、所做的,以此压制一些人、提升另一些人,提出似是而非的理由反对他们。

总的来说,克法洛斯是一个明智且始终如一的人,在这个危急关头也采取了最合适的态度。起初,他向老天祈祷,不要爆发战争;现在,既然战争已在进行,他希望依照盟友条款,公正对待罗马人,除此之外,既不以卑鄙的方式讨好他们,也不过分屈从于他们。卡洛普斯则继续不断指控克法洛斯,把一切违背罗马人意愿的事情都描述为克法洛斯蓄意为之的结果。克法洛斯起初并不在意,因为他没有意识到自己的行为有任何敌视罗马之处。但是,他得知三位埃托利亚政治家希波洛克斯(Hippolochus)、尼卡德罗[①]和洛卡格斯(Lochagus)在卡里基努斯之役后被捕并押解罗马,却并无任何正当理由,只是由于罗马人信任吕基斯科斯(Lyciscus)[②]对这三人的诬告——此人当时也在埃托利亚谋划卡洛普斯在伊庇鲁斯谋划之事。克法洛斯预见到自己可能的遭遇,开始为自己的安危未雨绸缪。结果,他决定不惜代价保护自己,以免自己由于卡洛普斯的诬告,不

[①] 公元前190年至前189年度的埃托利亚联盟将军,参20.10。

[②] 公元前172年至前171年度的埃托利亚联盟将军。此人是罗马的热切支持者,与阿凯亚的卡里克拉底、伊庇鲁斯的小卡洛普斯一样。

经审讯就被逮捕并押解罗马。这就是克法洛斯违背信念被迫站到珀尔修斯一边的原因。

试图捕获罗马执政官

[16] 在所有人看来，忒奥多图斯（Theodotus）和斐洛斯特拉图斯（Philostratus）① 犯有一项邪恶的背叛罪。因为获悉罗马执政官奥卢斯·曼基努斯（Aulus Hostilius Mancinus）② 前往忒萨利罗马大营的途中正在伊庇鲁斯停留，他们认为如果抓到执政官交给珀尔修斯，他们将向这位国王交出可表忠诚的投名状，同时也可给罗马大军造成巨大损害，所以不断写信给珀尔修斯，催促他速来。③ 珀尔修斯渴望立即动身与他们会合，但是摩洛蒂人已控制奥乌斯河（Aoüs）的桥梁，他计划受阻，必须首先击退这个部落。巧合的是，奥卢斯·霍斯提里乌斯已经抵达法诺特（Phanote），正与克罗皮亚人（Cropian）涅斯托尔（Nestor）待在一起，这对他的敌人来说是一个绝佳机会。再也找不到比这更好的机会，我认为罗马执政官本不可能逃脱。但是，涅斯托尔以某种神秘的方式，预感到有人在酝酿阴谋，立即送罗马执政官连夜赶往基塔纳（Gitana）。此后，罗马执政官放弃从陆上穿过伊庇鲁斯的计划，改乘船航往安提库拉（Anticyra），再从那里赶往忒萨利。

四、亚洲事务

[17] 法尔纳克斯一世在蔑视法律方面超过历代国王。

---

① 两人是摩洛希亚人，这是伊庇鲁斯三大部族之一。
② 公元前170年的罗马执政官。
③ 一旦阴谋得逞，伊庇鲁斯将被推向珀尔修斯一方。

阿塔罗斯和欧墨涅斯二世

[18] 阿塔罗斯正在厄拉忒亚过冬时获悉,他的哥哥欧墨涅斯二世遭到伯罗奔半岛人的过分伤害,原因是伯罗奔半岛人通过一项公共法令,[①] 撤销了此前授予他的最光辉的荣誉。阿塔罗斯决定向所有人隐藏他的感情,遣使阿凯亚,意在通过自己的努力不仅恢复他兄长的所有雕像,而且要恢复他兄长被刻在碑铭上的荣誉。他做这件事时怀揣下述信念:这么做不仅将帮他兄长一个大忙,而且可向希腊人证明他爱兄弟、情操高尚。[②]

托勒密六世和安提俄库斯四世的战争

[19] 安提俄库斯四世得知,托勒密六世已做好准备,打算为夺取科勒叙利亚地区发动战争,[③] 遂任命摩勒阿格罗斯(Meleager)为使节出使罗马,向罗马元老院通报此事,并控诉托勒密六世正在不义地攻击他。

[20] 兴许在所有人类事务中,我们都应该注重让时间因素来引导我们的所有行动。时间比其他一切都更重要,尤其是在战争中,天平会突然从一方转向另一方。不能很好地利用时间是最大的错误。

我们会看到,很多人渴望成就高贵美好之事,但是很少有人有勇气去尝试,而在这类很少的人中,又罕有人能在各个方面充分履行他们的职责。

---

① 此时是阿凯亚联盟的极盛时期,其领土囊括整个伯罗奔半岛。阿凯亚联盟撤销欧墨涅斯二世荣誉的法令实际上早在公元前172年就已做出,主要原因是欧墨涅斯二世占据埃吉纳岛,拒不归还。

② 帕加马王国以王室团结著称。阿塔罗斯后来获得"爱兄弟者"的别号。

③ 第六次叙利亚战争,爆发于公元前170年秋或前169年初。

第二十八卷

一、意大利事务

安提俄库斯四世和托勒密六世的使节在罗马

［1］安提俄库斯四世和托勒密六世争夺科勒叙利亚的战争爆发后，双方使团抵达罗马。安提俄库斯四世一方的使节是摩勒阿格罗斯、索西法涅斯（Sosiphanes）和赫拉克雷德斯（Heracleides），托勒密六世一方的使节是蒂摩忒俄斯（Timotheus）和达蒙（Damon）。此时，安提俄库斯四世仍控制着科勒叙利亚和腓尼基地区。自从安提俄库斯四世之父安提俄库斯三世在帕尼昂之战中击败托勒密五世的将军以后，上述两个地区就归服叙利亚诸王。安提俄库斯四世认为战争中得到的领土是最强大、最光荣的财产，遂把科勒叙利亚和腓尼基视作自己的财产去守卫；托勒密六世认为，安提俄库斯三世当年是利用其父托勒密五世年幼无助抢夺科勒叙利亚属于埃及的城市，所以绝不愿把这些城市让给安提俄库斯四世。

摩勒阿格罗斯及其同僚得到的指示是，向罗马元老院抗议托勒密六世无视正义，率先动武；蒂摩忒俄斯和达蒙得到的指示则是赓续与罗马的友好关系，劝罗马结束与珀尔修斯的战争，主要意图是监视摩勒阿格罗斯的出使情况。托勒密六世的使节听从马尔库斯·埃米里乌斯·勒庇都斯（Marcus Aemilius Lepidus）的建议，没敢提出劝罗马结束与珀尔修斯战争的动议，所以在仅仅提出赓续双方友好关系,且得到有利的答复后,便返回亚历山大里亚。元老院对摩勒阿格罗斯及其同僚的答复如下:他们将指派昆图斯·菲利普斯(Quintus Marcius Philippus)按照他认为最好的方式就此事写信给托勒密六世。① 此事当时就这样安排。

罗德岛使节

[2] 这年夏季即将结束时(公元前169年),罗德岛使节哈哥斯洛克斯、尼喀戈拉斯和尼卡德罗抵达罗马,一来赓续与罗马的友好关系,二来获得进口谷物的许可,三来为针对罗德岛的虚假指控辩护。当时罗德岛内讧不止,阿加塔格图斯、斐洛弗隆、罗德弗隆和忒阿德图斯把他们的全部希望寄托在罗马这里,而德农、珀律阿拉图斯则依赖珀尔修斯和马其顿。结果,两派常常爆发激烈争论,每次争论都持续很长时间,也因而为那些渴望捏造针对罗德岛的虚假指控的人提供了很多材料。

元老院尽管对罗德岛的状况心知肚明,现在却假装对此一无所知。不过,元老院允准罗德岛从意大利进口10万斛谷物。元老院在与罗德岛使团单独交涉后,以同样的措辞答复来自希腊其他地区的所有使节,这些使节都肩负同样的使命。这就是意大利事务的状况。

---

① 公元前169年的罗马执政官。

汉文帝六年(公元前174年),匈奴冒顿单于死。冒顿单于在位三十五年,首次统一北方草原,随后征服楼兰、乌孙等20余国,控制西域大部分地区,从而占有南起阴山、北抵贝加尔湖、东达辽河、西逾葱岭的广大地区,号称将诸引弓之民并为一家,控弦三十万,成为北方草原最强大的力量。冒顿单于死,其子老上单于即位。老上单于初立,汉文帝再次派遣宗族女和亲匈奴,强迫燕国宦官中行说随侍。中行说入匈奴,即投降单于,日夜教导单于侵汉。汉文帝十一年(公元前169年),匈奴侵略狄道。参《汉书·文帝纪》,前揭,页123。

二、珀尔修斯战争

罗马人在阿凯亚、埃托利亚和阿卡纳尼亚的行动

[3] 正在忒萨利过冬的罗马总督奥卢斯·霍斯提里乌斯·曼基努斯派盖乌斯·莱纳斯（Gaius Popilius Laenas）和格奈乌斯·屋大维（Gnaeus Octavius）出使希腊各地区。①两人首先来到忒拜，先感谢忒拜人在战争中的态度，然后督促他们继续忠诚于罗马。之后，他们访问伯罗奔半岛各城，通过引证元老院近来的法令，试图让伯罗奔半岛人相信元老院的宽大和仁慈。他们还在演说中暗示，他们对每个城市中哪些人消极助战，哪些人积极助战一清二楚。所有人都深知，罗马人对前一类人的不满不亚于对公开敌人的不满。结果，他们在伯罗奔半岛制造出一种普遍的焦虑和怀疑氛围，人人都不知道在当下情势下该如何行动或说话才能令罗马人满意。

据说，阿凯亚联盟召开大会前，庞皮利乌斯及其同僚就已决定指控吕科塔斯、阿尔孔和珀律比俄斯，试图证明这三人是反罗马党。他们眼下之所以按兵不动，不是因为他们生性如此，而是因为他们时刻观察着战争的进程，在等有利于行动的时机。不过，他们没敢在联盟大会上这样做，因为他们没有合理的借口攻击这三位政治家。所以，阿凯亚联盟主席团在埃吉翁与他们会面时，他们对阿凯亚联盟领导层亲切问候几句后，就航往埃托利亚。

[4] 埃托利亚联盟在忒尔摩斯召开大会，上述两位使者出

---

① 庞皮利乌斯是公元前172年的罗马执政官。庞皮利乌斯是罗马人中走强硬路线的典型人物，最著名的事例当属公元前168年，他在埃及给安提俄库斯四世下了最后通牒，迫使这位国王率领其获得胜利的大军乖乖撤出埃及。屋大维是公元前165年的执政官。

席，以一种鼓励和友好的态度发言，不过下面这一点才是召集大会的主要原因：他们要求埃托利亚人向罗马交付人质。他们发言完毕从讲坛下来后，普罗安德罗斯（Proandrus）站起来，先列举了一些他为罗马人做的好事，然后谴责那些诽谤他的人。庞皮利乌斯再次站起来，尽管他深知此人敌视罗马，但仍感谢他，同意他所说的一切。接着吕基斯科斯上台发言，他没有具名指控某人，而是通过暗示笼统指控很多人。他说，罗马人把那些罪魁祸首押解罗马这件事干得极好，但是，这些罪魁祸首的支持者和追随者仍在埃托利亚，这些人也应该遭到同样的惩罚，除非他们把子女交给罗马人作人质。

吕基斯科斯重点强调阿凯达摩斯（Archedamus）和潘塔莱翁就是这类支持者和追随者。他走下讲坛后，潘塔莱翁站起来，先简短谴责吕基斯科斯。他说吕基斯科斯对罗马人的谄媚真是不知羞耻、奴颜尽显，然后谈起托阿斯，说托阿斯才有资格担负吕基斯科斯对阿凯达摩斯和他本人的那种指控，因为公认吕基斯科斯与托阿斯没有任何仇怨。潘塔莱翁接着向大会细数罗马与安提俄库斯三世的战争期间发生的事，谴责托阿斯那时的忘恩负义，他竟背叛罗马投靠安提俄库斯三世，而当年正是凭靠他本人和尼卡德罗的介入，托阿斯才出人意料地获救。然后，潘塔莱翁煽动民众，等到托阿斯想上台发言时，不仅要把他轰下台，而且要用石头砸死他。此事发生后，庞皮利乌斯简短谴责了民众砸死托阿斯的行为，没有再进一步提交人质的事，然后立即和同僚赶往阿卡纳尼亚。埃托利亚内部的互相猜疑和内讧没有丝毫好转。

[5] 阿卡纳尼亚联盟为此在图雷昂（Thyreum）举行联盟大会，亲罗马党埃斯克利翁（Aeschrion）、格劳克斯（Glaucus）和克勒马斯（Chremas）恳求庞皮利乌斯及其同僚在阿卡纳尼亚驻军，因为阿卡纳尼亚有不少拥护珀尔修斯和马其顿的人。然而，狄欧根尼斯（Diogenes）的建议则相反。他说，绝不应引外军入

驻任何阿卡纳尼亚城市，因为这是罗马征服其敌人后才有的做法，而阿卡纳尼亚人没有做错任何事，所以不应该被迫接受驻军。他说，格劳克斯和克勒马斯渴望掌控大权，因此诬告政敌，希望通过引入罗马驻军帮助他们实现他们的政治野心。狄奥根涅斯如此演说后，庞皮利乌斯及其同僚看到阿卡纳尼亚民众不可能接受驻军，遂按照元老院指示行事，接受狄奥根涅斯的建议。庞皮利乌斯及其同僚感谢阿卡纳尼亚人后，前往拉里萨与奥卢斯·霍斯提里乌斯·曼基努斯会合。

阿凯亚人的政策

[6] 吕科塔斯派认为此次出使需深思熟虑。因此，与那些同情他们政策的人——包括迈加洛波利斯人阿尔克西劳斯（Arcesilaus）和阿里斯通（Ariston），特里塔人斯特拉提俄斯（Stratius）、帕特雷人克塞诺（Xenon）、希库温人阿波罗尼达斯（Apollonidas）——联络后才商讨如何应对眼下局势。在会上，吕科塔斯仍持其原有立场，提出他们既不应该积极帮助珀尔修斯或罗马，也不应该反对任何一方。他认为，帮助罗马人将对所有希腊人不利，因为他预见到，罗马人一旦战胜珀尔修斯将会变得极其强大，同时他又认为对抗罗马非常危险，因为在前一个时期，他们已在联盟事务上挑战许多罗马显贵。阿波罗尼达斯和斯特拉提俄斯认为他们不应故意对抗罗马，但是应该阻止和大胆反击那些准备冒险之人，这类人无视法律，无视公共利益，试图通过公共行动讨好罗马人。阿尔孔建议他们依形势而动，既不要给敌人指控他们的口舌，也不要让自己落入埃托利亚的尼卡德罗及其同志的境地——尼卡德罗等人甚至在未经历罗马领导权的重压前，就发现他们自身陷入极大险境。珀律比俄斯、阿尔克西劳斯、阿里斯通和克塞诺都持这种立场。因此大会一致决定，阿尔孔去竞

选联盟将军，珀律比俄斯去竞选骑兵将军。①

［7］这个决定做出后，阿尔孔明确决定与罗马人及其盟友一起行动，此时碰巧阿塔罗斯致信于他，他很乐意听从阿塔罗斯的话，欣然允诺帮助阿塔罗斯得到他所要求的东西。阿塔罗斯派来的使节出席联盟会议，向阿凯亚人提出恢复曾授予欧墨涅斯二世的荣誉，恳求他们帮阿塔罗斯这个忙。此时他们尚不清楚民众对此事的看法，但是不少发言者提出各种理由反对这个提议：第一，当初做出撤销决议的那些人急于维持他们的立场；第二，那些对欧墨涅斯二世尤其不满的人认为，这是一个发泄他们愤怒的绝佳机会；第三，有些人纯粹是出于对支持阿塔罗斯这一提议之人的怨恨，才想尽一切办法挫败阿塔罗斯的计划。

这时，阿尔孔站起来代表阿塔罗斯的使团发言，因为现场的形势要求联盟将军表达立场。但他的发言非常简短，因为他需要小心翼翼说话，以免让他人认为他是为个人利益而提议，毕竟他当选联盟将军已花费不菲。大多数人非常犹豫，这时珀律比俄斯上台发言，开始长篇大论，尤其是迎合大多数人的感受发言。他在发言中引证阿凯亚人关于荣誉的原初法令，称该项法令规定不恰当、不合法的荣誉应被取消，但不是说所有荣誉都应被取消。不过，索西格尼斯（Sosigenes）和狄奥佩忒斯（Diopeithes）——这两个罗德岛人当时是法官——由于与欧墨涅斯二世有私人矛盾，遂利用这个借口取消授予这位国王的全部荣誉，他们这样做不仅违背阿凯亚人的荣誉法令，而且逾越了自己的权限。最重要的是，这样做违背正义和公正。因为阿凯亚人并没有决定取消欧墨涅斯二世的所有荣誉，只是由于这位国王伤害过阿凯亚人，阿凯亚人对他索取的荣誉比他应得的帮助更高而感到愤怒，才投票剥夺他那些过分的荣誉。

---

① 两人皆竞选成功，分别被选为公元前169年至前168年度的联盟将军和骑兵将军。

珀律比俄斯说，那两位罗德岛人法官把他们对欧墨涅斯二世的敌意置于阿凯亚人的尊严前，取消这位国王的所有荣誉，所以阿凯亚人眼下应把履行自己的义务和行事得体视作最重要之事，纠正那两位法官的错误以及总体上对欧墨涅斯二世的愚蠢对待。这尤其是因为这样做不仅是对欧墨涅斯二世的大恩惠，而且更是对其弟阿塔罗斯的大恩惠。听众赞成珀律比俄斯的发言，并通过一项法令，要求众官员恢复欧墨涅斯二世的所有荣誉，不过，那些与阿凯亚联盟不相称或不合法的荣誉除外。阿塔罗斯在当时就是凭靠这种方式纠正了伯罗奔半岛人撤销其兄欧墨涅斯二世的荣誉的愚蠢错误。

珀尔修斯与根忒俄斯王的谈判[1]

[8] 珀尔修斯派伊利里亚人普勒拉图斯（Pleuratus）[2]——此人当时正在他那里避难——和贝罗亚人阿代俄斯（Adaeus）出使根忒俄斯（Genthius）[3] 王，授意两位使节向这位王通报他在与罗马人和达尔马尼亚人的战争中发生的事，以及现在他与伊庇鲁斯人和伊利里亚人的战争中发生的事，并请求他与珀尔修斯和马其顿人结盟。两位使节翻过斯卡尔多斯山（Mount Scardus），穿过所谓的伊利里亚荒原——几年前，马其顿人为阻止达尔达尼亚人入侵伊利里亚和马其顿，把该地变成无人烟地区。两人忍受旅途的极大艰辛，穿越这片荒原，抵达斯康德拉（Scodra），[4] 获悉根忒俄斯正在里苏斯，便派信使给他送去一封信。

---

① 发生于公元前170年至前169年间。
② 可能是伊利里亚王室的成员。
③ 普勒拉图斯二世之子，伊利里亚的王，公元前180年至前168年在位。
④ 现在阿尔巴尼亚的斯库台（Scutari），当时是根忒俄斯的首都。

根忒俄斯收到信后，立即派人去请他们。两位使节依照珀尔修斯的授意与这位王会谈。根忒俄斯似乎并不反对与珀尔修斯结盟，但是，他没有立即答应结盟要求，理由是他缺乏资源，若是没有钱，他不可能发动反抗罗马的战争。阿代俄斯和普勒拉图斯得到这一答复后返程。

珀尔修斯一抵达斯图波拉（Styberra），就变卖战利品，令大军在此地休整，等待使团归来。待两位使节出使归来，珀尔修斯听过他们的汇报、得知根忒俄斯的答复后，立即再次派阿代俄斯出使，不过这一次有他的侍卫格劳西亚斯（Glaucias）陪同；普勒拉图斯也再次出使，因为他精通伊利里亚语言。珀尔修斯对使团的指示与前一次相同，仿佛直到根忒俄斯清楚表明他需要什么、珀尔修斯要怎么做，他才会同意结盟。使团出发后，珀尔修斯率军离开，朝胡斯卡纳（Hyscana）进发。（对照李维，《罗马史》，43.19.12–20.4）

［9］第二个出使根忒俄斯的使团返回，没有取得比第一次更好的任何成果，也就没有什么东西需要进一步汇报。因为根忒俄斯的态度一如既往，尽管他乐意与珀尔修斯结盟，但他仍说自己缺钱。珀尔修斯无视这个态度，又派希庇阿斯出使，要求根忒俄斯正式结盟，略过根忒俄斯最关心的事，只是说如果……他肯定会让根忒俄斯满意。有人可能会怀疑，珀尔修斯的这种做法是单纯的粗心大意还是中了某种魔咒。

我认为，那些冒着极大风险甚至冒着生命危险干大事的人，之所以忽略他们的大业中最重要的事——尽管他们清楚知道此事重要，也有能力完成此事——是因为他们中了某种魔咒。我认为，珀尔修斯当时若是愿意向各邦国以及私下向各君王和政治家广散钱财——我不是指奢侈无度地散钱财，因为珀尔修斯的财力不允许他这样做，而是指向上述对象散发适度数额的钱财——不会有哪个明理之人会质疑所有希腊人、所有君王，至少他们中的大多数人能抵御这种诱惑。当然，事实是他很幸运地没有这样做。如果他那样做，并取得最后胜利，他本来能夺取一个广袤的帝国；即便最后失败，他也可让很多人连带遭遇同样的毁灭。但是，他恰恰采取了相反的做法，结果却把失败归因于当行动时刻来临时，极少数希腊人盘算错误。

珀尔修斯谴责他的将军

[10] 珀尔修斯在他完全失败后，因马其顿遭到罗马人入侵而谴责希庇阿斯。但是，在我看来，谴责他人、挑邻人的错误容易，而一生中最艰难的事恰恰是认识自己和认清自己的处境，珀尔修斯在这个方面完全是个失败者。

盾阵

[11] 赫拉克莱昂（Heracleium）城以一种很独特的方式被攻占。该城有一面城墙很低，攻击这里时，罗马人动用三支精锐连队。第一个连队的士兵把盾牌举过头顶，形成密集盾阵，这样由于盾阵密集，阵型看起来就像一个用瓦铺成的屋顶。另两个连队紧随其后……

三、希腊事务

珀律比俄斯出使罗马执政官[①]

[12] 珀尔修斯决定率军进入忒萨利，每个人都预料到将有一场决战，阿尔孔决定通过积极行动驳斥罗马人对阿凯亚联盟的

---

① 公元前169年的事。

怀疑和指控。因此,他在联盟大会上提出一项动议:联盟全军应赶往忒萨利,毫无保留地加入罗马大军。这项动议被通过后,他们又进一步规定,阿尔孔应负责召集军队和为远征做准备,再遣使求见位于忒萨利的罗马执政官,向他报告联盟通过的法令的意图,问清阿凯亚军队与罗马大军会合的时间和地点。联盟决定立即派珀律比俄斯和其他几人出使,并着重吩咐珀律比俄斯,如果罗马执政官同意阿凯亚军队抵达,他需立即派同僚返回报告,这样他们就不会错过期限;同时还吩咐珀律比俄斯观察大军届时所途经城市的市场状况,这样大军在行军时就不会缺少补给。阿凯亚使团之后便带着这些指示启程。

阿凯亚人还命特洛克利图斯(Telocritus)出使阿塔罗斯,向后者通报阿凯亚联盟已恢复欧墨涅斯二世的荣誉。与此同时,他们获悉托勒密王国在举行托勒密六世的亲政庆典[①]——这个典礼一般用来庆祝国王成年亲政,认为自己也应该有所表示,于是又选派代表出使亚历山大里亚,赓续阿凯亚联盟与埃及王国一直持存的友好关系,任命的两位使节是阿尔基图斯(Alcithus)和帕西阿达斯(Pasiadas)。

[13]珀律比俄斯及其同僚抵达忒萨利时,发现罗马大军已经离开忒萨利,在阿仓里昂(Azorium)和多里克(Doliche)之间的佩莱比亚地区扎营。由于正值战事危急关头,珀律比俄斯等人推迟与罗马执政官的会谈,共同应对入侵马其顿的风险。罗马大军攻陷赫拉克莱昂后,珀律比俄斯等人认为会面时机已到,罗马将军似乎也已完成战事的主要部分,便找准机会后立即向昆图斯·玛尔基乌斯·菲利普斯呈上法令,告知他阿凯亚人决定派全部军队前来与罗马人共同战斗。此外,珀律比俄斯等人还向他指出,这次战争期间,罗马人向阿凯亚联盟提出的所有训令和要求

[①] 公元前169年初,其父托勒密五世在公元前196年举行过这个庆典,参8.55。

都已得到无条件遵从。玛尔基乌斯诚挚欢迎阿凯亚人的这个提议，但免除了他们的服务及这些服务将动用的开支。他说，眼下的战争形势不再需要盟友的协助。

得到这一答复后，其他使节返回复命，珀律比俄斯则待在罗马大营协助作战，直到玛尔基乌斯得知阿庇乌斯·肯图（Appius Claudius Cento）要求阿凯亚人派5000士兵到伊庇鲁斯去时，珀律比俄斯才被派去阻止此事。[①] 因为阿庇乌斯此举是把无用的开支强加在阿凯亚人身上，但他根本没有正当理由这样要求。很难说，玛尔基乌斯这样做是出于对阿凯亚人的照顾，还是想让阿庇乌斯闲着。不管如何，珀律比俄斯马不停蹄返回伯罗奔半岛后，发现阿庇乌斯从伊庇鲁斯送出的信已经抵达。不久之后，联盟大会在希库温举行，珀律比俄斯面临一个非常棘手的问题。如果联盟大会通过阿庇乌斯索要援军的要求，他认为绝不能向大会展示玛尔基乌斯给他的私下指示；反之，他在大会上没有任何正当理由公开反对派援军，也会是极其危险的做法。

面对这一棘手又复杂的形势，珀律比俄斯暂时诉诸元老院决议，即任何人不得满足罗马将领的要求，除非出示元老院的命令，而阿庇乌斯的信中并没有元老院的任何命令。通过这个策略，珀律比俄斯得以让整个事情的走向满足玛尔基乌斯的授意，又通过这位执政官的干预，免除联盟若参与此事需动用的开支，开支总计会超过120塔兰同。不过，他这样做也给那些渴望到阿庇乌斯面前指控他的人提供了一个绝佳借口，即是他让阿庇乌斯寻求援兵的计划落空。

克里特事务

[14] 库多尼亚人此时犯下举世侧目的背信弃义的罪行。尽

---

① 阿庇乌斯当时正率军在伊庇鲁斯驻扎。

管这种事在克里特屡见不鲜，但库多尼亚人的这次恶行被公认超过克里特人惯常的所有恶行。因为当时库多尼亚人与阿波罗尼亚人不仅是朋友，而且是一个共同体，共享所有权利，双方为此还在伊代俄斯·宙斯（Idaean Zeus）神庙缔结宣过誓的条约。在这种情况下，库诺尼亚人竟背信弃义地攻占阿波罗尼亚城，屠杀该城男人，暴力夺取所有财产然后瓜分，掳走该城的女人和孩子，霸占该城土地。

［15］在克里特，库多尼亚人很害怕戈图纳人，因为上一年，由于诺托克拉底（Nothocrates）试图攻占他们的城市，他们差一点就失去母城。他们遂遣使欧墨涅斯二世，依照双方盟约请求这位国王援助。欧墨涅斯二世任命勒昂（Leon）率300人赶来援助。勒昂一率军抵达，库多尼亚人就立即把城门钥匙交给他，把整座城市完全交到他手上。

罗德岛事务

［16］罗德岛的内讧愈演愈烈。他们得知了那份元老院决议，即他们无需听从罗马将领们的命令，除非后者有元老院的指示，大多数人都称赞元老院这一做法非常明智。斐洛弗隆和忒阿德图斯抓住这个借口推行他们的政策，说应该遣使元老院、昆图斯·玛尔基乌斯·菲利普斯以及罗马舰队指挥官盖乌斯·玛尔基乌斯·费古鲁斯（Gaius Marcius Figulus）。① 当时罗马那些被委任的官员将前往希腊的哪个部分，已经众所周知。尽管有些许反对的声音，斐洛弗隆等人的这个提议还是被批准，所以在这年初夏时节，罗德岛派出两个使团：哈哥西亚斯之子哈哥斯洛克

---

① 公元前169年的裁判官，也是执政官玛尔基乌斯的堂弟，负责统帅罗马舰队。

斯、尼喀戈拉斯和尼卡德罗三人出使罗马;① 哈哥波利斯、阿里斯通和潘克拉底出使罗马执政官和舰队指挥官。两个使团的使命是赓续与罗马的友好关系,同时为有人对罗德岛的指控进行辩护。哈哥斯洛克斯及其同僚还负责请求元老院允准其从其他地区进口谷物。

我已在叙述意大利事务那一部分重述过罗德岛使节在元老院的演说、得到的答复以及得到最友好的招待后返回罗德岛的经过。关于这件事,我常常提醒我的读者——事实上我正准备这么做——我常常被迫在交代使节的任命和派遣前,就叙述他们的会谈和交涉。这是因为我尝试在依照编年顺序叙述各地事件时,在一个单独的标题下囊括某年某地发生的所有事件。所以,先叙述使节的会谈和交涉,后叙述他们的任命和派遣这种情况必定会在我的作品中时不时出现。

[17] 哈哥波利斯及其同僚抵达昆图斯·玛尔基乌斯·菲利普斯在马其顿赫拉克莱昂(Heracleium)附近的大营,依照指示与这位执政官会面。听过他们的陈述后,玛尔基乌斯回复说,他本人不仅不会在意这类指控,而且恳求他们不要轻信任何敢抨击罗马的人。除此之外,他的言语亲切温和,他又以同样的措辞写信给罗德岛人。他的答复令哈哥波利斯深受触动。会面结束后,玛尔基乌斯把他拉到一边,私下对他说,他很纳闷罗德岛人为何不试着调停眼下这场战争,因为他们最有资格这样做。② 玛尔基乌斯为何提出这个建议是个问题:是因为他担心一旦安提俄库斯四世征服亚历山大里亚,罗马人又将面对一个新的、强劲的对手——毕竟安提俄库斯四世与托勒密六世的战争已经在进行,同时他又认为他们与珀尔修斯的战争会持续很久;

---

① 他们在罗马出使的情况已在本卷叙述过。
② 当时正在进行两场战争:珀尔修斯战争、第六次叙利亚战争。关于此处的"这场战争"究竟指哪场,争论很大。

还是因为他看到与珀尔修斯的战争已接近结束——毕竟罗马人此时已在马其顿境内扎营,所以他才希望激励罗德岛人竭力调停战争,通过这个行动让罗马人有一个貌似合理的借口以他们认为合适的方式对待他们。①

很难说清楚玛尔基乌斯是出于哪种考虑,从此后不久罗德岛发生的事来看,我个人认为是后者。哈哥波利斯及其同僚出使归来,向民众大会汇报出使情况,两位将军的答复仿佛在语言之友好、答复之有利方面互相竞争,全体罗德岛人的期待达到一个新高峰。不过,我要说,他们的期待各有不同。亲罗马派对罗马人的仁慈欢天喜地,反罗马派则认为这种过分仁慈是罗马人恐惧环绕他们的危险的标志,说明战事并不像罗马人预料的那样顺利。此外,当哈哥波利斯碰巧向他的一些朋友秘密提到,玛尔基乌斯曾私下授意他向罗德岛主席团提议调停这场战争时,德农及其党羽据此认定,罗马人处境非常危险。罗德岛人还派一个使团出使亚历山大里亚,意在调停安提俄库斯四世与托勒密六世的战争。

四、亚洲事务

安提俄库斯四世和托勒密六世的战争

[18] 安提俄库斯四世既精力充沛,又在战争谋略上非常大胆,配得上王者之尊,他对培琉喜阿姆附近的战役的指挥则属例外。

[19] 安提俄库斯四世占据埃及后,康玛诺斯(Comanus)

---

① 如果玛尔基乌斯要罗德岛人调停的是珀尔修斯战争,此处句尾的"他们"就是马其顿人;如果玛尔基乌斯要罗德岛人调停的是第六次叙利亚战争,"他们"就指安提俄库斯四世和托勒密六世。

和基涅阿斯（Cineas）与托勒密六世经商议决定建立一个由最优秀的将领组成的议事会，由这些人来决定如何应对当前形势。这个议事会的第一个决定就是派遣当时正在亚历山大里亚的希腊使团出使安提俄库斯四世，请求和谈。当时有两个来自阿凯亚的使团，一个由克塞诺芬之子埃吉翁人阿尔基图斯和帕西阿达斯组成，使命是赓续与埃及的友好关系；另一个使团的使命是邀请埃及参加为纪念安提哥努斯三世举行的竞技会。还有一个来自雅典的、德玛拉图斯（Demaratus）带领的使团，使命是来献礼。此外还有两个宗教使团，一个由搏击手（παγκρατιαστής）卡里阿斯（Callias）带领，目的是邀请埃及参与泛雅典娜竞技会；[1]另一个由科勒奥斯特拉图斯（Cleostratus）带领，使命是就庆祝厄琉西斯秘仪[2]邀请埃及。托勒密六世还派出他的代表特勒庞勒莫斯和修辞家托勒迈俄斯。这些使团溯尼罗河而上，去见安提俄库斯四世。

[20]安提俄库斯四世占领埃及时，这些来自希腊、被托勒密六世派去和谈的使团与他会合。热情接待众使团后，安提俄库斯四世与他们会面，首先盛情款待他们，然后让他们各自发言，陈述来意。第一个发言的是来自阿凯亚的使团，第二个是雅典使节德玛拉图斯，最后是米利都人欧德摩斯（Eudemus）。他们谈论的都是同样的形势、同样的主题，所有演说的细节都很相似。他们一致把挑起战争的错误推到欧莱俄斯（Eulaeus）[3]头上，强调托勒密六世与安提俄库斯四世是亲人，[4]又以托勒

---

[1] 各国国王、王后和王子们会竞相派人参加四年一次的泛雅典娜竞技会，但只参加赛马，并且并不要求他们本人必须出席。

[2] 每年举行一次，时间是暮夏或初秋，致敬德墨忒尔和狄奥尼索斯。

[3] 马其顿人，时任托勒密六世的近侍和首席大臣。

[4] 托勒密六世之母克里奥佩特拉是安提俄库斯三世之女，安提俄库斯四世的姐姐，病故于公元前176年。

密六世年纪轻为由，恳求安提俄库斯四世宽宥，以此平息他的愤怒。

安提俄库斯四世接受所有这些恳求，甚至比他们更重视这些恳求，开始谈论他自古以来对科勒叙利亚地区的权利，试图让他们相信科勒叙利亚是叙利亚诸王的财产，尤其强调叙利亚王位的第一位拥有者独眼的安提哥努斯的征服，还提到安提哥努斯去世后，马其顿诸王吕西马科斯和卡桑德承认叙利亚属于塞琉古一世。他进一步论证他的观点，提到他的父亲安提俄库斯三世在一次战争[1]后占领这个地区，最后否认亚历山大里亚有些人说的他父亲晚年与已故的托勒密五世签过一份协议：如果托勒密五世娶克里奥佩特拉（Cleopatra），他将得到作为嫁妆的科勒叙利亚。

安提俄库斯四世如此讲完后，不仅他本人而且听众都相信他是正义的一方，然后渡河抵达瑙克拉提斯。对该城民众表示友善、赐给每个希腊定居者一个金币后，安提俄库斯四世率军朝亚历山大里亚挺进。他向众使团允诺，阿里斯泰德斯（Aristeides）和忒利斯（Theris）返回后，他会给出答复。他说，他已派这两人出使托勒密六世，他希望众希腊使团能了解并见证这一切。

[21] 太监欧莱俄斯劝托勒密六世把王国丢给敌人，带着所有钱逃往萨摩色雷斯（Samothrace）。[2] 只要反思此事，有谁会否认邪恶的同伴可对人造成最大的损害？对一位君王来说，不直面危险，反而远离敌人，不采取任何措施履行职责——尤其是他控制着如此丰富的资源，统治着如此广袤的土地和巨量的人口——不进行任何奋战，就立即放弃这样一个广袤繁荣的王国，只能被认为他的灵魂太过女人气，已被完全败坏。如果托勒密六世天生就是这样一个人，我们除了谴责其天性外不应谴责任何人。但是，

---

[1] 指第五次叙利亚战争，结束于公元前200年。

[2] 爱琴海的一个岛屿，当时归马其顿统治。

他接下来的行动,自然证明他是一个面对威胁时能够做到坚毅和勇敢的男人。显然我们应该把他在这个时刻的懦弱、毫不犹豫立即逃往萨摩色雷斯的举动归因于太监欧莱俄斯以及此人对他的败坏。

[22] 安提俄库斯四世放弃围攻亚历山大里亚后,遣使罗马。使团成员是摩勒阿格罗斯、索西法涅斯和赫拉克莱德斯。[①] 他已搜集150塔兰同钱,其中50塔兰同作为礼物敬献罗马,另外100塔兰同献给几个希腊城市。

[23] 这几天内,普拉克桑(Praxon)和其他几人从罗德岛抵达亚历山大里亚,试图调停两位国王的战争,然后迅速赶往安提俄库斯四世的大营。普拉克桑觐见这位国王时,发表长篇演说,着重强调罗德岛对两个王国的友好感情、两位国王的家族亲缘以及签订和约对双方的益处。安提俄库斯四世在他滔滔不绝时打断他,告诉他不用费太多口舌,因为埃及王国属于大托勒密,[②] 他很久以前就与大托勒密签订和约,大托勒密也是他的朋友。此外,只要亚历山大里亚人现在渴望召回大托勒密,安提俄库斯四世不会阻止。[③] 事实上,他的确没有阻止。

---

① 本卷开头提到过这次出使。

② 公元前169年冬,安提俄库斯四世兵临亚历山大里亚城下,托勒密六世出奔。亚历山大里亚人扶持托勒密六世的弟弟即年仅13岁的小托勒密登基,史称托勒密八世。此处的"大托勒密"指托勒密六世。

③ 公元前169年冬,托勒密六世与其王后也是其妹克里奥佩特拉二世、弟弟托勒密八世和解,成为共治者。公元前164年,托勒密八世企图赶走兄长,没有得逞,被驱逐到昔兰尼。托勒密六世开始与王后克里奥佩特拉二世共治埃及。公元前145年,托勒密六世与塞琉古王国再次爆发争夺科勒叙利亚的战争,在战争中阵亡。托勒密八世返回亚历山大里亚,与自己的姐姐克里奥佩特拉二世成婚,再次统治埃及。

第二十九卷

一、意大利事务

埃米里乌斯·保卢斯的演说

[1] 卢西乌斯·保卢斯（Lucius Aemilius Paullus）[①]说，有些人唯一的营生，不管是在社交聚会上还是散布的闲谈中，就是安静地坐在罗马，指挥在马其顿进行的战争。他们有时对将军们所做的事吹毛求疵，有时夸大他们未完成的事，这些做法不仅对公共利益毫无益处，而且经常在许多方面极大伤害公共利益。统兵在外的将军们也时常被这类不合时宜的瞎扯伤害。因为所有这类诽谤都非常尖锐，极具煽动性，当民众因这类喋喋不休的瞎扯而对将军们产生偏见时，我们的敌人就会鄙视我们的将军们。（对照李维，《罗马史》，44.22.8）

元老院遣使安提俄库斯四世

[2] 罗马元老院获悉安提俄库斯四世已征服埃及，近乎拿下亚历山大里亚，认为这位国王的强势崛起与罗马的利益密切相

[①] 公元前168年的罗马执政官，此处涉及的是他离开罗马奔赴马其顿战场前的一次演说。

这一年是汉文帝十二年。春正月，赏赐各诸侯王的女儿食邑各二千户。下诏劝农耕田。参《汉书·文帝纪》，前揭，页124。

关，遂派盖乌斯·庞皮利乌斯为代表，前去调停此次战争，同时搞清楚埃及的确切态势。这就是意大利的情况。

二、珀尔修斯战争

根忒俄斯与珀尔修斯结盟

［3］这年冬季（公元前169年）到来前，希庇阿斯返回马其顿，此前珀尔修斯派他去与根忒俄斯签订结盟条约。希庇阿斯复命说，根忒俄斯乐意与之结盟对抗罗马，但是他要求得到300塔兰同和各方面恰切的担保人。珀尔修斯认为与根忒俄斯合作急迫且必要，遂任命他的心腹之一潘陶库斯出使根忒俄斯。潘陶库斯的使命如下：第一，同意支付300塔兰同；第二，交换结盟誓言；第三，互换人质，根忒俄斯立即交付潘陶库斯挑选的人质，他也将得到珀尔修斯方面的人质，根忒俄斯已列出人质名单；第四，安排好300塔兰同交付根忒俄斯的事务。

潘陶库斯立即出发，抵达曼特翁（Meteon）并见到根忒俄斯后，很快就诱使这位年轻国王愿与珀尔修斯共命运。双方签订盟约并宣誓后，根忒俄斯立即交付潘陶库斯选定的人质，又派奥林姆皮翁（Olympion）和人质同去马其顿监督珀尔修斯对盟约宣誓和接收马其顿一方的人质，同时还派一些人接收300塔兰同。除我上面所述，潘陶库斯还说服根忒俄斯派一个使团和他一同返回马其顿，届时这个使团将和珀尔修斯的使团一同前往罗德岛说服后者与他们两方结盟。潘陶库斯向根忒俄斯保证，如果促成此事，罗德岛也对罗马开战，他们击败罗马人就会相当容易。根忒俄斯被说服，任命帕门尼翁（Parmenion）和摩尔克斯（Morcus）为使节，授意他们只要珀尔修斯对盟约宣誓，就钱款问题达成一致，就立即与珀尔修斯的使团前往罗德岛。

［4］这些人即刻启程前往马其顿，而潘陶库斯仍留在根忒俄

斯身边，不断提醒和督促他不要懈怠，而是要尽全力做好战备，及时保护土地、城邑和盟友。他尤其要求根忒俄斯做好海战准备，因为罗马人在这个方面并没有做好攻击伊庇鲁斯和伊利里亚的海岸的准备，根忒俄斯本人通过他的海军将领可毫不费力实现他希望实现的任何海上目标。根忒俄斯被这些理由说服，立即着手进行海上与陆上的备战。

根忒俄斯的使团和人质抵达马其顿后，珀尔修斯从厄勒佩俄斯（Elpeius）河边的大营出发，率他的全部骑兵赶往狄翁城会见他们，当着他的全体骑兵对盟约宣誓。他这样做，是希望马其顿人充分认识到根忒俄斯加入战争的重要性，相信这位国王的加入将加强马其顿人的战争信心。接下来，他接收人质，又把己方人质交予奥林姆皮翁。他的人质中身份最尊贵的是珀勒摩克拉底（Polemocrates）之子利姆奈俄斯（Limnaeus）和潘陶库斯之子巴拉克罗斯（Balacrus）。①

珀尔修斯接着命那些前来接收300塔兰同的人到佩拉城取那笔钱，命根忒俄斯派往罗德岛的使节即刻启程前往帖撒罗尼迦会见曼特罗多洛斯（Metrodorus）。②他成功说服罗德岛加入战争。完成这些事后，珀尔修斯派赫洛弗隆（Herophron）出使欧墨涅斯二世，此人此前出使过帕加马；又派克里特人特勒姆纳斯图斯（Telemnastus）出使安提俄库斯四世，劝诫他不要忽视这个机会，不要以为罗马人的傲慢和压制仅限于珀尔修斯，而是要清楚地认识到，如果他现在不去帮助珀尔修斯，那么他应该要么通过调停此次战争施加帮助——这当然最好，要么派军队加入战争施加帮助，否则他将很快经历相同的机运。

---

① 此处的巴拉克罗斯是27.8处提到的巴拉克罗斯之孙。
② 罗德岛人，与德农和珀律阿拉图斯关系密切，是罗德岛的亲马其顿派。

珀尔修斯和欧墨涅斯二世的阴谋

[5] 对于此事，我非常困惑应该怎么办。如果详细叙述两位国王之间的密谋，在我看来会招致批评，也很有害处；但是，如果略过不提，对这些在战争中似乎比其他任何事情更具实际效果的事件、能让我们查明那些在事后很难解释清楚其原因的事件保持沉默，在我看来，显然是懒惰、缺乏进取心的表现。不过，我说服自己以一种概述的方式陈述我的观点，以及促使我得出这个观点的种种迹象和可能性，就如我当时观察到的那样，我对当时所发生的一切比任何人都印象深刻。

[6] 我已经提到过，克里特人库达斯（Cydas）一直在欧墨涅斯二世麾下服役，很受这位国王敬重。库达斯首先来到阿姆斐波利斯，与一个在珀尔修斯麾下服役的、名叫科玛洛斯（Cheimarus）的士兵联络；然后，他抵达德米特里港，来到城墙边先与默涅克拉底（Menecrates）交谈，后与安提马科斯（Antimachus）交谈。此外，赫洛弗隆两次出使欧墨涅斯二世，结果大多数罗马人对欧墨涅斯二世生出一种不无根据的怀疑，这从他们对待阿塔罗斯的方式就可明显看出来。

罗马人允许阿塔罗斯从布林迪西上岸，然后走陆路到罗马，之后在元老院就他选择的任何主题发表演说，最后罗马人得体答复他后送他返回，尽管他在此前的诸次战争以及现在与珀尔修斯的战争中没有给罗马人重大帮助。至于欧墨涅斯二世，尽管公认他对罗马贡献卓绝，在与安提俄库斯三世和珀尔修斯的两场战争中出力甚大，但罗马人仍然不仅禁止他来罗马，而且命令他在仲冬时间限期离开意大利。上述种种迹象表明，欧墨涅斯二世与珀尔修斯接触引起罗马人不满。至于事实如何、他们接触到何种程度，有待我们去探究。

[7] 很容易就可以看出，欧墨涅斯二世原本不希望珀尔修斯

取得战争胜利，进而变成希腊的绝对主人。且不说双方世世代代的厌恶和仇恨，他们双方类似的统治类型这一事实就足以在他们之间制造不信任和嫉妒，以及最强烈的反感。他们唯一能想出的目标就是用密谋蒙骗和欺诈对方，这正是双方当时所为。欧墨涅斯二世看到，珀尔修斯处境险恶，四面楚歌，为达成和平愿接受任何条件，并且为此目的每年遣使罗马将军；与此同时，罗马人也处境不易，直到埃米里乌斯·保卢斯出任执政官为止，战场上都没有取得任何重大进展，且埃托利亚又动荡不安。欧墨涅斯二世据此认为，罗马人同意结束战争从而达成和平并非不可能。他又认为他本人是调停此次战争、令双方和解的不二人选。基于上述思虑，他在上一年通过克里特人库达斯与珀尔修斯联络，试探珀尔修斯愿意为此向他支付多少报酬。

[8] 我认为，这就是双方接触的开端，并且这是一场两位君王之间的竞赛，公认一位最聪明，另一位最贪婪，事后证明这场竞赛可笑至极。一方面，欧墨涅斯二世对珀尔修斯抱着各种各样的希望，用各种诱饵引诱他，自信将用允诺俘获珀尔修斯；另一方面，珀尔修斯在远处假装急于接受这些提议并达成协议，但从未达到说服自己吞下任何诱饵以至牺牲金钱的程度。两位国王的博弈过程如下。

欧墨涅斯二世要求珀尔修斯给500塔兰同，用来感谢自己在这场战争第四年按兵不动，不在海上或陆上支持罗马人；又要求后者给1500塔兰同作为自己调停战争的报酬。关于这两项要求，欧墨涅斯二世都承诺立即交付人质和保证金。珀尔修斯愿意接收人质，并安排好欧墨涅斯二世应交多少人质、何时交送人质、如何把人质交给克诺索斯人看管。至于金钱问题，他说500塔兰同对给予者来说是一种耻辱，对接受者更是如此，因为这样会让人们认为欧墨涅斯二世是接受贿赂才保持中立；不过他说他将派珀勒摩克拉底带1500塔兰同到萨摩色雷斯岛，在那里进行谈判，该岛当时归他统治。

但是，欧墨涅斯二世就像庸医一样，更关心聘请费而非看病的最终费用。他发现自己无法胜过珀尔修斯卑鄙的狡诈，只能宣布放弃努力。结果，两位国王由于贪婪都没有获胜，像两个优秀的摔跤手一样打成平手。这些事实有些部分在当时就已泄露，其他则是不久后泄露给珀尔修斯的密友们，我正是从他们那里获知这些事实，进而确信贪财是万恶之源。

[9] 我进一步自问：难道不是贪财让我们成为蠢货？有谁注意不到两位君王的这种愚蠢？考虑到双方南辕北辙的条件，欧墨涅斯二世怎么会期待得到珀尔修斯的信任并收到那么一大笔钱，如果他无法兑现承诺，又无法给予珀尔修斯自己将退还这笔钱的恰当保证？他怎么会认为得到这样巨额的钱不会被罗马人发现？罗马人即便没有立马发觉，之后也会发觉。再者，他一旦收钱办事，肯定会与罗马发生冲突。一旦他被宣布为罗马的敌人，这不仅将导致他失去收到的钱，而且他的王国、他的性命也会丢失。实际情形是，他没有做这些事，只是想了想，就招致如此大的危险。若是当年他接受珀尔修斯的那笔钱施行前述计划，他将遭受何种对待！

至于珀尔修斯，想必每个人都很好奇他为何不把欧墨涅斯二世的计划视作于他最有利的事，为何不把送钱给这位王进而让其吞下这个诱饵视作最符合自己利益的事。如果欧墨涅斯二世兑现承诺，通过调停结束战争，他送出的那笔钱就远超所值；如果他被欧墨涅斯二世欺骗，他至少也可让欧墨涅斯二世卷入战争，逼着后者成为罗马的敌人，这样一来，他完全有能力通过向世人公开这笔交易让罗马憎恨欧墨涅斯二世。

当我们反思这些时，很容易看到，这样做对他来说有多重要，不管是他赢得战争还是相反，他都能获利。既然他将欧墨涅斯二世视作他一切不幸的根源，[1]那就没有什么比让欧墨涅斯二世

---

[1] 欧墨涅斯二世对珀尔修斯战争的爆发出力甚多。

成为罗马的敌人更有效的报仇方式。那么，是什么原因让两位国王如此愚蠢？答案是贪财——除了贪财，我们找不到其他理由。一位国王为接受令他蒙羞的钱财，竟置其他考虑不顾，愿意去做最低贱的事；另一位国王为了省钱，竟愿意遭受任何灾难，对一切后果视而不见。珀尔修斯还以同样的方式对待亚洲高卢人和根忒俄斯……

罗德岛的行动

[10] 这个议题在罗德岛进行表决时，大多数人支持遣使调停战争。这次大会讨论决定了罗德岛内各派的相对实力，有利于亲珀尔修斯派，不利于急于维护国家与法律的一派。罗德岛主席团随后立即遣使调停战争，派哈哥波利斯、狄奥克勒斯和克里诺姆布罗图斯（Clinombrotus）出使罗马，派达蒙、尼克斯特拉图斯、哈哥斯洛克斯和特勒弗斯（Telephus）出使罗马将军和珀尔修斯。他们随后的行动与此一致，甚至更加无礼，犯下不可原谅的错误。因为他们还立即遣使克里特，与克里特人赓续友好关系，请求他们考虑当前形势和他们所面临的危险，要求克里特人与罗德岛结盟，共享敌人和朋友。他们还就同样的意图与好几个城市进行了联络。

[11] 根忒俄斯的使节帕门尼翁和摩尔克斯在曼特罗多洛斯的陪同下抵达罗德岛，罗德岛主席团立即与其会面，会上发生激烈争吵：德农和珀律阿拉图斯现在公开支持珀尔修斯，忒阿德图斯及其友人对所发生的事非常失望。由于马其顿舰队在海上游弋，罗马骑兵遭受惨重损失，根忒俄斯态度转变，罗德岛人的士气大受打击。所以这次会议就像我上面所说的那样进行得非常激烈。最后，罗德岛人向两位国王给出得体的答复，告知他们罗德岛人已经决定调停战争，恳请两位国王同意达成和平。他们还在公共会堂非常隆重地招待了根忒俄斯的使节。

史书写作方法的离题话

[12]一些史家一再……关于叙利亚发生的战争。我已不止一次解释过其原因。这类作家叙述一个单一且连贯的主题时，希望自己被当成史家，不是基于他们叙述的品质，而是基于他们作品的卷帙庞大，因而造成这样一种我已经描述过的印象：他们被迫夸大小事，润饰和阐述对事实的简短论述，把无关紧要的偶然事件转化成重大事件和行动，描述步兵损失有时只有十人或稍多的战斗和激战，或描述骑兵损失比这还少的战斗和激战。至于围城战、对地理的描述以及此类主题，很难恰切形容他们在缺乏真实材料的基础上是如何处理的。

但是，普遍历史的史家与上述史家在写作方面完全相反。因此，我不应由于略过某些事件而受到谴责：我有时略过，有时则简要叙述其他史家会长篇累牍、细致描述的事件。相反，我对每个事件的处理更应该被认为皆属恰当。对那些史家来说，他们在书中描述比如法诺特、康洛奈亚的围城战时……认为必须把所有围城器械、所有大胆的袭击和围城战的其他所有特征皆呈现在读者眼前；他们在叙述塔兰托的陷落，科林多、萨尔迪斯、加沙、巴克特拉以及最重要的迦太基的围城战[①]时，除叙述事无巨细外，还加上他们的种种虚构。所以，若我只是就这类事情给出真实且未加修饰的描述，他们绝不会赞同我。这一评价也适用于我对战役的描述、对演说的叙述和史书的其他主题。

在所有主题上——包括我这部史书的后面部分，如果读者发现我使用同样的论述或同样的风格和处理方式，甚至使用与前一个场合同样的语言，我都应该被公正地宽宥；再者，如果我在记

---

① 尤其是科林多和迦太基的围城战，两场战争皆发生于公元前146年。

载河流山川或叙述某些地区的特征时犯有错误,我也应该被公正地宽宥。因为在这所有主题上,我这部史书的篇幅是一个充分理由。如果读者发现我故意撒谎,或发现我为某些利益故意撒谎,我绝不会请求读者谅解。在这部作品中,谈及这个主题时,我已好几次这样说过。

伊利里亚王根忒俄斯

[13] 珀律比俄斯在其史书卷二十九说,伊利里亚王根忒俄斯生活放纵,日夜饮酒,犯下很多淫乱恶行。他的兄弟柏拉托尔(Plator)正准备娶莫诺尼俄斯(Monunius)①之女,根忒俄斯处死柏拉托尔,自己娶了这个女孩。此外,他还对他的臣民非常残暴。(雅典奈乌斯,10.440a;对照李维,《罗马史》,40.30.2)

与珀尔修斯的战役②

[14] 第一个自愿率部队去侧击敌人的将领是普布利乌斯·科尔库卢姆(Publius Cornelius Scipio Nasica Corculum),③此人是斯基皮奥·阿非利加努斯的女婿,后来成为元老院的强人;第二个是昆图斯·马克西姆斯(Quintus Fabius Maximus),这是埃米里乌斯·保卢斯的长子,当时还相当年轻,他站起来主动提出执行这个任务。这让埃米里乌斯·保卢斯非常高兴。不过,埃米

---

① 达尔达尼亚的王公。
② 主要是公元前168年6月22日的皮德纳战役。
③ 公元前162年的罗马执政官,娶大斯基皮奥的长女为妻。不过,这位纳西卡·科尔库卢姆与大斯基皮奥还有更近的血缘关系,其祖父就是大斯基皮奥的叔叔,即汉尼拔战争期间与大斯基皮奥的父亲普布利乌斯·科涅利乌斯·斯基皮奥一同征战西班牙的格奈乌斯·科涅利乌斯·斯基皮奥。

里乌斯·保卢斯分给他俩的兵力不像珀律比俄斯说的那样多，而是像纳西卡本人在写给某位国王的信中说的那样多。（普鲁塔克，《埃米里乌斯·保卢斯传》，15）

［14.4］罗马人凭借他们的圆形小盾和利古里亚盾进行顽强抵抗。（对照李维，《罗马史》，44.35.19）

［15］珀尔修斯看到埃米里乌斯·保卢斯仍待在原地，遂对罗马人的计策毫无觉察。这时一位克里特逃兵背叛罗马一方，跑来告诉他罗马人准备迂回攻击他侧翼的行动。[①] 珀尔修斯大为恐慌，不过他没有率军撤退，而是命米洛（Milo）率10000名雇佣兵和2000名马其顿士兵迅速占领高地。珀律比俄斯告诉我们，罗马人在睡觉时遭到敌人的袭击，但纳西卡说，双方在高地发生激战。（普鲁塔克，《埃米里乌斯·保卢斯传》，16）

［16］这时发生一次月食，[②] 很多人认为这一现象预示着一位国王将殒命。这令罗马人士气大振，令马其顿人沮丧不已。所以，有句俗语说的好：战争中有许多徒劳之事。（普鲁塔克，《埃米里乌斯·保卢斯传》，16）

［17.1］罗马执政官埃米里乌斯·保卢斯直到这次与珀尔修斯的战争才第一次见到马其顿方阵。他后来常常向一些罗马人说，他从未见过比马其顿方阵更可怕、更令人恐惧的东西。尽管他经历和指挥过很多战役，但他还是这样说。

［17.2］很多计策在描述时看起来合理并能取得成功，但是在被付诸实践时，就如假币被投入火中，与我们最初的设想南辕北辙。

［17.3］珀尔修斯原本下定决心要么战胜敌人，要么战死，但

---

① 斯基皮奥·纳西卡率军经四夜绕过奥林普斯山。

② 这次月食的时间是公元前168年6月21日，第二天，皮德纳战役进行。

是现在他勇气全无,掉头像骑哨一样逃遁。

[17.4] 珀尔修斯的勇气被辛劳和时间耗尽,就像那些身体状况糟糕的运动员一样。当危险接近时,他本应进行一场决战,结果他勇气尽失,陷入崩溃。

[18] 珀律比俄斯告诉我们,马其顿国王珀尔修斯在战役一开始就逃回城中,伪装自己要向赫拉克勒斯献祭,而这是一位既不会接受懦夫祭品、也不会帮助不法祈祷者的神。(普鲁塔克,《埃米里乌斯·保卢斯传》,19)

[19] 正当珀尔修斯败北逃遁之时,元老院决定召见罗德岛使团,这个使团的使命就是调停罗马与珀尔修斯之间的战争。机运($\tau\tilde{\eta}\varsigma$ $\tau\acute{\upsilon}\chi\eta\varsigma$)仿佛故意要凸显罗德岛人的愚蠢——如果我们真的应这样评价罗德岛人,而不是只指那些唆使罗德岛人这样做的人的话。哈哥波利斯及其同僚进入元老院大厅,说他们本来是准备调停此次战争,罗德岛人看到这场战争耗费巨大,既无益于所有希腊人,又无益于罗马人,才决定采取这一措施;但是,眼下既然战争以罗德岛人期望的方式结束,那么他们恭贺罗马的胜利。如此简单发言后,哈哥波利斯等人退下。

但是,元老院决定利用这个机会,以罗德岛人为例,给出一个总的答复,大意是说罗马人不相信罗德岛人遣使调停战争是代表希腊人或他们自己,而是代表珀尔修斯。如果罗德岛使团代表的是希腊人,它本应在更合宜的时间来罗马,即应该在珀尔修斯蹂躏希腊土地、在忒萨利驻扎近两年的时期内出使罗马。但是,罗德岛使团那时无所行动,却在罗马军团已经扎营马其顿、珀尔修斯被包围到几乎没有逃脱希望的时刻出使。显然,在任何有判断力的人看来,罗德岛遣使绝非真的想让战争结束,而是想尽其所能挽救珀尔修斯。罗马元老院说,由于这个原因,眼下绝非帮助罗德岛人或给予他们得体答复的时刻。这就是罗德岛使团出使罗马的情况。(对照李维,《罗马史》,45.3.3)

埃米里乌斯·保卢斯的演说

[20] 埃米里乌斯·保卢斯这时用拉丁语演说,劝诫在场的军事议事会成员,要从眼下亲眼所见之事学习,即从现场被俘的珀尔修斯身上懂得:绝不可妄自尊大,绝不可对人蛮横无情,绝不要信靠一时的成功。[1]他说:

> 最重要的是,我们在自己或国家顺风顺水、繁荣兴旺时,应该反思机运的另一面。只有这样,再加上历尽艰难,我们才能在兴旺时刻保持中道。蠢人和智慧之人的差异就在于此,蠢人总是经历不幸后才懂得这个道理,智慧之人通过别人的不幸就能懂得这个道理。

对珀尔修斯失败的反思

[21] 因此,我们应常常认真回忆法勒隆的德米特里乌斯[2]的话。他在其《论机运》中为了让人们明白机运的反复无常,举了一个著名的例子。他以亚历山大大帝摧毁波斯帝国为例,写道:

> 你们不必考虑遥远的古代或数不清的世代,只需考虑最近50年的历史,就能明白机运之残酷。我问你们,50年前,对于不管是波斯人和波斯人的王还是马其顿人和马其顿人的王,如果某位神当时对他们预言未来,他们会相信,在我们所生活的这个时代,曾经掌控几乎整个天下的波斯人湮灭无

---

[1] 珀尔修斯战败后逃往萨摩色雷斯岛,在那里被俘。

[2] 这位德米特里乌斯是亚里士多德和忒奥弗拉斯图斯的学生,公元前317至前307年受卡桑德之命治理雅典。

踪，而当时几乎默默无闻的马其顿人眼下却成为几乎整个天下的主人？无论如何，从不怜惜人、总是用新奇的打击摧毁我们的谋划、总是通过挫败我们的期待来证明其力量的机运，在我看来，通过把波斯帝国的全部财富交到马其顿人手中，向世人清楚表明，在它打算重新分配这些福祉前，它不过是把它们暂时交给马其顿人保管。

在珀尔修斯的时代，这种事再次发生。德米特里乌斯仿佛是借某位神之口，说出这些预言。正如我记录和反思马其顿王国陨落的这个时刻，我认为不应该不评价一番就略过，因为我亲眼见证了它的灭亡。但是，我又认为应该说一些与这个时刻相宜的话，于是想起德米特里乌斯的话。他的这些话在我看来，出自神而非凡人。早在几乎150年前，他就准确预言出后来要发生的事。

三、帕加马事务

[22] 珀尔修斯和罗马人的皮德纳战役结束后，帕加马国王欧墨涅斯发现自己处境奇特。但是，考虑到人类事物的本性，这也不值得大惊小怪。机运有能力用意外的打击令人合理的期待破灭。即使它曾帮助过某人，用它的力量打破天平的平衡，它也会再次转动天平反对他，仿佛它后悔曾帮助他，转眼间就毁掉他赢得的全部东西。这正是此时发生在欧墨涅斯二世身上的事。正当他认为他的王国基础稳固，未来将是持久的和平与完美的宁静时，珀尔修斯和马其顿王国已被罗马摧毁，亚洲的高卢人给他带来危险，他们抓住这个时机对他发动突然攻击。

四、安提俄库斯四世与托勒密两兄弟的战争

[23] 这年（公元前169年）冬季，托勒密兄弟俩的使节抵

达伯罗奔半岛,请求帮助,阿凯亚联盟爆发激烈争论。卡里克拉底、狄奥法涅斯和扈珀巴图斯反对派兵援助,但是阿尔孔、吕科塔斯和珀律比俄斯支持依照双方盟约派兵援助。当时,埃及民众由于局势危急已经宣布小托勒密(托勒密八世)为国王,而大托勒密也由孟斐斯(Memphis)返回亚历山大里亚,与弟弟共享王权。兄弟俩由于各方面皆需援助,遂任命欧墨涅斯和狄奥尼索多洛斯为使节出使阿凯亚联盟,请求后者派出1000名步兵和200名骑兵,同时请求由吕科塔斯指挥这支援军,珀律比俄斯指挥其中的骑兵。托勒密兄弟俩还遣人送信给希库温的忒奥多里达斯(Theodoridas),恳求后者招募1000名雇佣兵。由于上述严峻形势,托勒密兄弟俩尤其亲近我提到的这三人。

　　托勒密兄弟的使团抵达时,阿凯亚联盟正在科林多召开联盟大会。双方赓续友好关系后——双方关系非常密切,埃及使团详述他们的两位国王面临的险境,恳求阿凯亚人援助。民众准备援救,他们不仅准备派一部分兵力去,如果必要,还准备派出全部兵力为两位国王而战,因为托勒密兄弟俩皆戴着王冠、享有王权。卡里克拉底坚决反对,他说,一般而言,他们不应该卷入这类事务,眼下他们更应该严格避免卷入,专心致志为罗马人的事业服务。卡里克拉底之所以这样说,是因为此时罗马与珀尔修斯皆期待一场决战,而昆图斯·玛尔基乌斯·菲利普斯正在马其顿过冬。

　　[24]民众闻言开始犹豫,恐惧这样做会令罗马人不悦。吕科塔斯与珀律比俄斯继续争论,补充了好几项论证尤其是下述事实:前一年,阿凯亚人决定派全军加入罗马大军,遣珀律比俄斯向罗马执政官提出此议,结果昆图斯·玛尔基乌斯·菲利普斯感激他们的热忱,告诉他们自己无需援助,当时他扼守着通往马其顿的各处要道。吕科塔斯父子说,这证明罗马人可能需要阿凯亚援助这一说法只是阻止他们援助托勒密兄弟的借口。父子俩着重强调威胁埃及王国的急迫危险,恳求阿凯亚人不要错过这个机

会，而是应牢记双方盟约、托勒密王室给他们的种种恩惠，尤其是依照他们发过的神圣誓言，遵守双方的盟约。联盟大会这时倾向于派兵援助，卡里克拉底否决这个决定，用下述断言威胁众官员：联盟法律没有赋予他们在常规大会上讨论派遣军队援助他国的权力。

此后不久，阿凯亚人又在希库温举行大会，这次参会人员不仅有联盟主席团，还有所有30岁以上的公民。多人上台发言，激烈争论。珀律比俄斯仍坚持，第一，罗马人眼下无需阿凯亚的帮助，这绝非信口开河的说辞，因为他在前一年夏季曾就此提议出使昆图斯·玛尔基乌斯·菲利普斯在马其顿的大营；第二，如果罗马人真的需要援助，那么派200名骑兵、1000名步兵到亚历山大里亚并不会让阿凯亚人丧失援助罗马人的能力，因为阿凯亚联盟有能力征召30000或40000名士兵。他的演说得到民众支持，民众即刻决定派兵援助托勒密兄弟俩。

第二天，在法律批准那些希望提出法令的人提出法令后，吕科塔斯提出派辅助部队前往亚历山大里亚，卡里克拉底提出遣使调停安提俄库斯四世与托勒密兄弟俩的战争。这项决议一经提出，又爆发了一场激烈的辩论，吕科塔斯派占据上风。因为托勒密王国和塞琉古王国差异很大，塞琉古王国与希腊之间并无密切感情，至少在之前的时代如此，直到安提俄库斯四世时期才对希腊人表现出明显的慷慨，但是阿凯亚人在之前的时代从埃及王国得到的恩惠就既大又频繁，其程度远超人们的期待。吕科塔斯通过提出这些论据，给人留下深刻印象，因为这一比较表明两个王国对希腊人的恩惠差异极大。托勒密诸王给予希腊人的恩惠数不胜数，而塞琉古王国从未对阿凯亚人施予过有任何实际价值的善行。

[25]安德罗尼达斯（Andronidas）和卡里克拉底发言支持调停战争，但是没有人理会他们，他们遂决定借助更高权威的干预。恰在这时，一个信使抵达会场，带来昆图斯·玛尔基乌

斯·菲利普斯的信，后者在信中要求阿凯亚人遵从罗马的政策，试着调停两个王国的战争。事实上，罗马元老院已派提图斯·努米西乌斯（Titus Numisius）领衔的使团前去执行这一任务，但是结果并不理想。提图斯发现很难让两个王国结束战争，于是没有取得任何成果就返回罗马。

不过，珀律比俄斯由于敬重昆图斯·玛尔基乌斯·菲利普斯，不想反对这封信，所以退出争论。由于这个原因，托勒密兄弟期待阿凯亚人派兵援助的计划失败。阿凯亚人决定遣使调停两个王国的战争，任命的使节是埃格拉人阿尔孔、迈加洛波利斯人阿尔克西劳斯和阿里斯通。[1] 面对这种变化，托勒密两兄弟的使节看到请求援军的计划失败，便把一封早就备好的、托勒密两兄弟写的信交给阿凯亚官员，恳求阿凯亚人派吕科塔斯和珀律比俄斯两人前去帮助他们作战。

［26］安提俄库斯四世把他说过和写过的东西抛诸脑后，准备继续对托勒密两兄弟作战，所以西蒙尼德（Simonides）的话看来很正确："做一个好人很难！"事实上，愿意行事得体高贵且为此努力到一定程度是容易的，但是，要做到始终如一、在任何情况下都坚定目标、始终把正义和荣誉看得高于一切，是很难的。

［27］正当安提俄库斯四世挺进埃及，打算占领培琉喜阿姆时，罗马将军盖乌斯·庞皮利乌斯·莱纳斯抵达埃及。[2] 两人会面后，安提俄库斯四世首先向他致意，然后伸出手准备握手，但是庞皮利乌斯无视这位国王的善意，直接把元老院决议的抄本交给他，命他阅读决议，根本不认为在不知晓向他致意的人的意图是友好还是敌对之前，恰当的做法应该是按照传统方式展示友好。

---

[1] 三人都是吕科塔斯派。

[2] 元老院派他前去调停托勒密王国与塞琉古王国的战争。他一直等到珀尔修斯被彻底击败才出发前往埃及。

安提俄库斯四世读过决议后，说自己需要与友人们商讨一下，而庞皮利乌斯此时的做法公认极具挑衅意味、傲慢至极。他随即从藤条上折下一根短棍，绕着安提俄库斯四世画了一个圈，告诉他，就元老院的决议给出答复前，他不得越出此圈。

　　安提俄库斯四世被这一蛮横霸道之举惊得瞠目结舌，经过短暂犹豫后，说他将服从罗马人的要求。得到这一答复，庞皮利乌斯及其随从才拉住国王的手，热情地向他致意。元老院的决议要求他立即结束与托勒密两兄弟的战争。所以，安提俄库斯四世虽深受伤害，非常不满，但只能屈服于当时的形势，在罗马人给出的确定期限内，率军撤回叙利亚。

　　庞皮利乌斯安排好亚历山大里亚的事务，劝诫托勒密两兄弟共同掌权，命令他们立即把珀律阿拉图斯①押解罗马，然后前往塞浦路斯，希望立即驱逐驻扎该岛的叙利亚军队。庞皮利乌斯一行抵达该岛后，发现这里的埃及将军已被击败，总体状况一片混乱，立即让叙利亚军队撤离该岛，监督叙利亚舰队撤走。通过这种方式，罗马挽救托勒密王国于将倾：机运在拨弄珀尔修斯和马其顿王国的命运时竟如此作怪，以至当亚历山大里亚和整个埃及几近陷入绝望之时，一切又得以恢复原状，仅仅是因为珀尔修斯的命运首先被决定。若非珀尔修斯已经被罗马击败，若非安提俄库斯四世此时已获知珀尔修斯被击败，我认为，安提俄库斯四世绝不会遵从罗马人的要求。

---

　　① 珀律阿拉图斯此时已被罗德岛判处死刑，遂逃到埃及避难。

第三十卷

一、意大利事务

阿塔罗斯在罗马

[1]这时（公元前168年冬），阿塔罗斯作为其兄欧墨涅斯二世的使节抵达罗马，此次出使的缘由是亚洲高卢人攻击帕加马王国，不过即便亚洲高卢人没有攻击，他也会出使罗马以祝贺元老院，同时希望得到元老院的关注，因为他们一直与罗马人并肩战斗，忠诚地分担他们的全部危险。然而，亚洲高卢人对王国的威胁迫使他出使罗马。阿塔罗斯受到全方位的热烈欢迎，罗马人自从与他在战场结下友谊，一直认为他非常亲罗马。由于受到的欢迎程度远超预期，阿塔罗斯开始怀抱种种不切实际的希望，根本不知道罗马人如此欢迎他的真实理由。结果，他非常侥幸才避免损害他自己和他的兄长以及整个帕加马王国的利益。

实际上，当时大多数罗马人已对欧墨涅斯二世心存芥蒂，他们相信他虽没有直接参战，但一直与珀尔修斯保持联络，以等待罗马人的命运发生颠转。一些显贵人物私下与阿塔罗斯交谈，建议他放弃代表其兄长出使的使命，转而代表他自己与罗马人接触。这些显贵说，元老院由于对他的兄长怀有敌意，希望为他在帕加马土地上另外打造一个王国。阿塔罗斯的野心被这个建议唤醒，在私下谈话中表示愿意遵从那些督促他如此行动之人的意见。最后，在觐见元老院并就这个主题发表演说前，他已经与一些重要人物达成一致。

[2]这就是阿塔罗斯的心理状况,欧墨涅斯二世早已预料到会发生此事,派他的御医斯特拉提俄斯(Stratius)——他非常信任此人——出使罗马,给予他很多指示,又授意他用一切手段阻止阿塔罗斯听从那些希望毁灭帕加马王国的罗马人的建议。斯特拉提俄斯抵达罗马后,首先与阿塔罗斯私下会面,用各种论据说服他,因为这位御医具有极好的见识和强大的说服能力。虽然过程艰难,他最后还是达成目的,让阿塔罗斯放弃愚蠢的计划。他承诺让阿塔罗斯与兄长分享王权,唯一的差异在于阿塔罗斯不能戴上王冠,不能拥有国王头衔,除此之外,他在其他方面与兄长有平等的权力。[①]至于未来,阿塔罗斯毫无疑问会是王权的继任者,并且这一天不会太久,因为第一,欧墨涅斯二世的身体状况不好,一直在等待死亡;[②]第二,欧墨涅斯二世没有子嗣,即便他届时想把王位传给其他什么人,也不可能做到——阿塔罗斯二世之后继承王位的那人[③]尚未被承认是欧墨涅斯二世的婚生子。

最重要的是,斯特拉提俄斯说,阿塔罗斯竟会做出这种如此不利于现状的事,这令他非常吃惊。如果通过团结一致、齐心协力,能够抵御亚洲高卢人的危险和这个部族对他们的全部威胁,他们无疑应该感谢所有神。但是,如果阿塔罗斯现在与兄长争斗,显然他会毁灭王国,彻底断送眼下的权力和未来获得王权的可能,同时还会断送他的兄长的王国,削弱他们在国内的权威。通过这些和类似的论证,斯特拉提俄斯成功说服阿塔罗斯放弃计划。

[①] 欧墨涅斯二世在其统治的最后一年,让阿塔罗斯加冕为国王,获得国王头衔。

[②] 欧墨涅斯二世活到公元前158年。

[③] 指阿塔罗斯三世(Attalus III,公元前138—前133年在位),帕加马王国最后一任国王。他虽是欧墨涅斯二世的儿子,却不是欧墨涅斯二世与王后斯特拉托尼丝所生,而是前者与其情妇所生。

[3]因此,阿塔罗斯进入元老院大厅,祝贺元老院对珀尔修斯的胜利,之后详细论述战争期间自己友好的服务和随时援助元老院的准备。他也长篇大论,恳求元老院遣使阻止亚洲高卢人极其危险的叛乱,恢复加拉太地区从前的温顺。他还谈到伊纳斯和马洛奈亚,要求把这两城无偿赐予他。至于原本计划抨击欧墨涅斯二世和分裂王国的话,他一个字都没讲。元老院以为阿塔罗斯将会再次觐见元老院,就分裂帕加马之事发表专门演说,就允诺派代表与他同去亚洲处理加拉太问题,还一致同意赠予他丰厚的传统礼物以表厚爱。元老院还允诺把伊纳斯和马洛奈亚两城给他。

但是,接受所有友好善意的表示后,阿塔罗斯没有做任何元老院期待的事就径直离开罗马,元老院的希望破灭,没有采取进一步行动。不过,当阿塔罗斯仍在意大利境内时,元老院就违背承诺,恢复伊纳斯和马洛奈亚两城的自由。[①] 但是,元老院还是派普布利乌斯·李锡尼乌斯·克拉苏斯(Publius Licinius Crassus)出使加拉太。很难说,元老院给这位代表的指示是什么,不过从之后发生的事来看,很容易就能猜出指示的内容。我叙述到那些事件时,读者会一目了然。

罗德岛使节在罗马

[4]罗德岛也派出两个使团出使罗马,第一个是斐洛克拉底(Philocrates),第二个是斐洛弗隆和阿斯图摩德斯。罗德岛人在接到罗马元老院恰好在皮德纳战役结束后给哈哥波利斯的答复后,[②]看到罗马元老院对他们非常愤怒且有威胁之意,立即派这两个使团出使罗马。阿斯图摩德斯和斐洛弗隆从他们在罗马受到的公共和私人两方面的接待注意到罗马人对他们满心怀疑和敌意,陷入一种完全绝

---

① 时间是公元前167年。
② 参29.19。

望和无助的状态。此外,当一位裁判官登上讲坛劝民众对罗德岛宣战时,两人由于看到他们的国家面临的险境而完全失去理智,陷入如此痛苦的状态,以至他们哀恸不已,寻求朋友帮助时不再恳求,而是直接泪水涟涟地央求罗马人不要用极端手段对付罗德岛。

几天后,他俩由护民官安东尼乌斯(Antonius)——当那位裁判官在讲坛上唆使民众罗德岛宣战时,安东尼乌斯直接把他拽下了讲坛——引导进入元老院,斐洛弗隆首先发言,阿斯图摩得斯随后发言。在这个场合,两人如俗语说的那样吟唱了一曲垂死天鹅的哀鸣,得到的答复大大缓解了他们对战争的极度担忧,但元老院在答复中严厉谴责罗德岛犯下的几项罪行。元老院的答复的大意是,若非罗德岛仍有少部分人始终亲近罗马——尤其是他们本身的行动,罗德岛人应该心知肚明,由于他们非常富裕,他们本会遭受何种应有的惩戒。

阿斯图摩德斯认为自己的演说已经为国家做了很好的辩护,但是他的演说既没有令寓居罗马的希腊人满意,也没有令本土的希腊人满意。他事后出版了他的辩护词,以提醒希腊人注意。大多数读过的人认为它很奇怪,难以令人信服,因为他的辩护词与其说是依照本国的权利而作,不如说是依照他对其他人的指控而作。比较和评判给予罗马人的友善和援助的相对价值时,他试图诋毁和贬低其他希腊邦国对罗马的服务,尽其所能夸大罗德岛的服务。至于对罗马的冒犯,他怀着恶毒与敌意,一方面大肆攻击其他希腊邦国对罗马的冒犯,另一方面竭力掩盖罗德岛对罗马的冒犯。这造成的印象是罗德岛的冒犯微乎其微,应该被宽宥,而其他希腊邦国虽然对罗马犯有严重的、不可原谅的冒犯,所有罪犯却都被赦免。

我认为,这样的辩解与一个政治家绝不相称,因为,对那些参与秘密计划的人,我们绝不会赞扬其中那些因恐惧或痛苦就背叛信义进行告密的人;相反,我们会赞扬那些尽管受尽酷刑和惩罚也绝不愿让同谋遭受类似痛苦的人,并把这样的人视作勇士。所以,那些听说过此事的人怎么能不反对这样一个人的行为,他由于恐惧不确定的危险，就把其他人的所有错误报告给统治当局并公布，尤其是那些由于时间流逝已经逃过主人的注意的错误？

[5] 斐洛克拉底得到上述答复后，立即离开罗马，但是，斐洛弗隆和阿斯图摩德斯仍留在罗马戒备，不让任何反罗德岛的言论逃过他们的注意。罗马元老院的答复在罗德岛宣布后，民众认为他们已免除最大的恐惧，即对战争的恐惧，于是坦然接受罗马人的其他要求，尽管那些要求也令人愤怒。因此，我们预想的坏事越大，就越是容易忘记较小的不幸。所以，罗德岛人立即决定敬献罗马10000金币，任命忒阿德图斯为使节和海军将领，在这年初夏时节派他在罗德弗隆的陪同下护送金币到罗马，同时用一切手段与罗马结盟。他们这样做的意图是，万一罗马人不同意接受金币，使命没有完成，就通过忒阿德图斯的个人行动达成目的。因为依照罗德岛的法律，忒阿德图斯身肩海军将军职务，有权自由处理这类事务。罗德岛的对外政策从来不受感情左右，即尽管这个国家在将近一百四十年的时间里参与罗马最光辉、最伟大的功业，罗德岛人却从未与罗马结盟。他们在这个方面这样做的理由不应被略过。

由于罗德岛人不希望终结从任何国王和王公处赢得帮助、与他们结盟的可能，所以他们不愿与罗马勾结，不愿让誓言和条约约束自己；相反，他们愿意保持游刃有余的从容，以便从各方获益。但是，现在他们试图尽一切努力与罗马结盟，这并不是因为结盟的需求特别迫切，或因恐惧其他领导权因而只能依靠罗马，而是因为他们希望通过坚决主张结盟来摆脱那些对罗德岛怀有不友好想法的罗马人的怀疑。

忒阿德图斯刚抵达意大利的一处港口，考诺斯（Caunus）[①]城便发生叛乱，穆拉萨人占据欧洛莫斯地区诸城。[②] 与此同时，罗马元老院公布一项决议，宣布恢复与安提俄库斯三世的战争结束后

---

① 罗德岛占据的卡里亚地区的一座城。
② 关于穆拉萨城，参16.24；关于欧洛莫斯，参18.2。

分配给罗德岛的卡里亚和吕西亚各城的自由。考诺斯和欧洛莫斯的叛乱,则很快被罗德岛镇压。他们派吕孔(Lycon)率军平叛,迫使考诺斯人再次向他们臣服。尽管希布拉[①]人赶来援助考诺斯人,对欧洛莫斯诸城发动一次远征,罗德岛人还是击败穆拉萨人和阿拉班达[②]人,这两城皆派兵来援救奥尔托西亚(Orthosia)城。但是,当获知元老院关于吕西亚和卡里亚的决议,他们再次陷入恐慌,担心自己敬献金币可能徒劳无功,与罗马结盟的希望会落空。

二、希腊事务

三类反罗马政治家

[6]首先,我要求我的读者经过反思后,再来评判德农和珀律阿拉图斯的行为。当时面临极大危险,形势的变化又很突然,不仅罗德岛而且几乎所有希腊邦国也是这样。我认为,仔细探究各地的政治领袖的原则,判断他们谁的行为符合理性、谁失职,会很有益处。这样,他们的继任者由于有这些先例,兴许就能在类似形势下追求真正值得追求的政策,避免应该避免的。他们接近生命的尽头时,也不应不顾荣誉,抹黑此前的成就。

希腊有三类政治家因在珀尔修斯战争中的行为受到指控。第一类政治家对这场斗争的结果以及整个天下被一个大国征服并无好感,既不支持也不反对罗马,认为天下被一个大国征服是机运($τῇ\ τύχῃ$)导致的结果。第二类政治家非常乐意看到万事有一个最终结果,渴望珀尔修斯获胜,但是无法把他们的观点强加于同胞和国人。第三类政治家确实让他们的国家接受了他们的观点,进而让其与珀尔修斯结盟,卷入争斗。

---

① 关于希布拉城,参21.34。
② 关于阿尔班达城,参21.24。

[7] 我眼下的目标就是探究，这三类人应对各自的处境的方式。安提诺斯、忒奥多图斯和克法劳斯率领他们的部族摩洛希亚人与珀尔修斯结盟。当事实与他们的计划背道而驰，当面临迫在眉睫的危险，当惩罚的日子即将到来，他们都勇敢面对这种结局，凛然赴死。我们应该非常恰当地赞扬这些人没有放弃他们的原则，赞扬他们并未采取一种会让以前的生活变成谎言的原则。

此外，在阿凯亚、忒萨利和佩莱比亚，很多政治家由于不作为、等待形势的演变且倾向于支持珀尔修斯而受到指控。但是，他们从未流露这类感情，没有写信给珀尔修斯，或与他联络任何事务，总之，他们没有给任何人留下指控他们的把柄。因此，他们在受审时为自己辩护、用各种办法挽救自己是正当的。如果一个人没有意识到自己做了错事，却仅仅因为恐惧政治对手的威胁或征服者的权势就结束自己的生命，那么这与为了活命牺牲荣誉一样，皆是怯懦的表现。

再者，在罗德岛、科斯岛和其他好几个城邦，有一些支持珀尔修斯的政治家，他们有勇气在自己的城邦公开谈论马其顿人，控诉罗马人，建议民众与珀尔修斯共同行动，但是最终没有说服同胞与这位国王结盟。这些人中最著名的，是科斯的希波克利图斯（Hippocritus）和狄奥墨冬（Diomedon）兄弟俩，以及罗德岛的德农和珀律阿拉图斯。

[8] 他们的做法都不能逃过谴责。首先，他们的同胞知道他们所做的和所说的一切；其次，他们和珀尔修斯的往来信件已被捕获并公开，送信的信使也已落入罗马人之手。然而，他们下不了决心对结果认命或毅然结束生命，仍在继续争辩。因此，面对这种绝望的处境，他们仍顽固地紧抓一线生机，彻底抹黑了自己曾经勇敢且无所畏惧的名声，以至他们没有给后人留下丝毫怜悯或宽宥的理由。他们被自己的亲笔信和信使当面定罪，人们不仅不认为他们是不幸的，反而认为他们恬不知耻。

事实上，有一艘船的舰长叫托阿斯（Thoas），他经常往返马其顿送信。当形势突变，这个托阿斯意识到自己所做的事，出于恐惧逃往尼多斯（Cnidus）。尼多斯人将他投入监狱，在罗德岛人的请求下，他被引渡回罗德岛。遭到严刑拷打后，托阿斯招供，招供内容与捕获信件使用的密码的解释、珀尔修斯与德农和珀律阿拉图斯往来信件的内容完全一致。这让人不禁想问，德农死死抓住一线生机，忍受这种暴露，到底图什么。

[9] 但是，珀律阿拉图斯在愚蠢和懦弱方面远超德农。当庞皮利乌斯命令托勒密六世把珀律阿拉图斯押解罗马时，这位国王由于敬重珀律阿拉图斯本人和他的国家，认为把他押解罗马不合适，遂决定把他押往罗德岛，珀律阿拉图斯本人也这样要求。托勒密六世因此动用一艘划桨帆船，命他的一位王家友人德米特里乌斯负责押送，同时还写信告知罗德岛人，他已把珀律阿拉图斯送回。这艘船在途中停靠法塞里斯（Phaselis）时，珀律阿拉图斯不知道脑子里在想什么，竟手持哀求树枝，恳求入该城的灶神庙避难。

在我看来，若有人问他想要什么，他自己也说不出来。如果他想返回罗德岛，他拿着哀求树枝有何用，押解他的一行人不正是要送他回罗德岛吗？若是他想去罗马——实际上即便他不想去，他也不得不去——那么，他还有什么其他选择，还有什么地方可安全地接纳他？不过，当法塞里斯派人到罗德岛请求把珀律阿拉图斯接走时，罗德岛人行事异常谨慎。他们派出一艘无甲板的战舰押送他，但命令舰长不得让珀律阿拉图斯登船，因为亚历山大里亚人已受命要把他押解罗马。这艘战舰抵达法塞里斯，舰长厄庇卡勒斯（Epichares）拒绝让珀律阿拉图斯登船。受托勒密六世之命押送他的德米特里乌斯命令他离开神庙，继续上路。法萨里斯人遵守了这个要求，因为他们生怕由于此事招致罗马的责罚。珀律阿拉图斯对自己的危险处境恐慌不已，又踏上德米特里乌斯的船。

但是，在继续航行过程中，珀律阿拉图斯利用某些合理借口再次上岸，躲入考诺斯城，再次请求该城民众救护他。由于考诺斯是罗德岛的属地，考诺斯人拒绝他的请求，他又派人到希布拉，请求该城接纳他，并派卫队来护送他。由于希布拉僭主潘克拉底（Pancrates）的儿子们是在他家中长大，该城负有救护他的义务，所以希布拉人同意他的请求，按照他的要求派来一支护送队。他抵达希布拉后，使自己和该城民众陷入比此前他在法塞里斯时更艰难的境地。因为希布拉人由于恐惧罗马人不敢给他提供庇护，又由于不懂航海知识——他们是纯粹的内陆人——无法送他到罗马。结果，希布拉人被迫派一个使团到罗德岛，派另一个到驻扎马其顿的罗马将军那里，恳求他们伸出援手。

埃米里乌斯·保卢斯一方面写信给希布拉人，要求他们严密看管珀律阿拉图斯，将他交给罗德岛；另一方面写信给罗德岛人，命令他们负责经海路押送珀律阿拉图斯，这样他就能被安全地押往罗马。两邦皆遵从罗马将军的命令，珀律阿拉图斯以这种方式被押解罗马。珀律阿拉图斯的愚蠢和怯懦在这个过程中得到充分展示，他先是向托勒密六世投降，后又向法塞里斯、希布拉和罗德岛投降，所有这一切都是由于他本人的愚蠢。

如果有人问，我为什么花这么大篇幅叙述珀律阿拉图斯和德农的事例，我会回答，我这样做绝非对他们幸灾乐祸——这样做无疑非常可恶——而是试图通过清楚展示他们是由于缺乏智慧才导致如此结局，让后代在面临类似处境时采取更明智、更智慧的做法。

［10.1-2］一个人信誓旦旦地以为他是在为自己的利益而不懈努力实现某些目标时，却突然发现他不过是在为敌人准备这些东西，我们从这样的事例中最能清楚地看到机运的突然性和不确定性。珀尔修斯战败前仍在为自己竖雕像，埃米里乌斯·保卢斯发现它们尚未完成，就用那些石料为他自己竖立了雕像。

［10.3］埃米里乌斯·保卢斯非常钦羡科林多的地理位置及其卫城的地利，因为科林多扼守地峡外和地峡内两个地区。

［10.4］注意到希库温的防御工事和阿尔哥斯非常坚固后，埃米里乌斯·保卢斯抵达厄庇道洛斯（Epidaurus）。

［10.5-6］埃米里乌斯·保卢斯立即前往奥林匹亚朝拜，这是他一直以来的心愿。他进入奥林匹亚的宙斯神庙，看到宙斯像，

立即肃然起敬，发出阵阵惊叹，说他认为菲狄亚斯（Pheidias）是唯一能让荷马笔下的宙斯栩栩如生的艺术家。他带着极高期待来到奥林匹亚，而实际经历远超他的期待。

埃托利亚的状况

[11] 埃托利亚人惯于通过抢劫和类似不法行动过日子。只要有力量劫掠希腊人，他们就把每个希腊邦国视作敌人。但是，在罗马的统治之下，他们被禁止从外部得到劫掠品，遂只能转向内部。之前在内战中，他们并没有犯下过分的罪行。不久之后，他们从阿尔西诺伊境内的大屠杀中品尝到其他人的鲜血，变得肆无忌惮，彻底野蛮化，以至他们甚至不允许自己的政治领袖召集会议。所以，整个埃托利亚陷入彻底的混乱，无法无天的暴力横行，杀戮不止。没有任何行动是审慎思虑和追求既定目标的结果，相反，一切事务毫无计划、混乱不堪，仿佛暴风袭击了他们。

伊庇鲁斯的状况

[12] 伊庇鲁斯的状况与埃托利亚几乎一模一样。不过，大多数伊庇鲁斯人比埃托利亚人更守秩序。他们的官员则恰恰相反，在蔑视神法和人法方面无人能及。我认为，从未有哪个人像卡洛普斯那样野蛮至极，<u>丝毫不顾及任何道德原则</u>。

众使来贺

[13] 珀尔修斯战败后，战争尘埃落定，天下各地的使节赶来向罗马将军祝贺这一胜利。现在万事都有利于罗马人，那些各国内部公认是罗马之友的人，现在由于形势巨变走上前台，掌握权力，然后被任命为使节或其他出使头衔。结果，蜂拥涌向马其

顿罗马大营[①]的人有来自阿凯亚的卡里克拉底、阿里斯托达摩斯、阿格西亚斯（Agesias）和腓力普斯（Philippus）；来自波俄提亚的穆纳西普斯（Mnasippus）；来自阿卡纳尼亚的克勒马斯；来自伊庇鲁斯的卡洛普斯和尼西阿斯（Nicias）；来自埃托利亚的吕基斯科斯和提斯普斯（Tisippus）。

所有这些人聚在一起，为同一个目标齐心努力，没有遇到任何反对。全部政治对手都已向形势低头，完全退出政治领域。他们毫无障碍，完全达到目的。两位罗马执政官通过十人团向其他各城和联盟宣布他们的命令——应该让哪些人前往罗马为质。人质名单完全由上述人物指定，他们出于打击异己的意图，将仇视之人送往罗马为质，只有那些已表明立场愿服从他们的人被排除在外。

然而，对阿凯亚联盟，十人团派来他们中最杰出的两个人——盖乌斯·克劳狄乌斯·普尔切和格奈乌斯·多米提乌斯·阿赫诺巴布斯，理由有两个。第一，他们唯恐阿凯亚人拒绝遵守他们的书面指示，唯恐卡里克拉底及其同党遇到危险，原因是公认卡里克拉底党捏造事实，对所有希腊人进行虚假指控，事实上他们的确是这样做的；第二，从珀尔修斯处捕获的信件中，没有发现任何阿凯亚人曾与珀尔修斯秘密联络的明显迹象。就这个问题而言，埃米里乌斯·保卢斯不久后转交珀尔修斯与希腊诸邦往来信件和使节的往来信息，尽管没有赞成吕基斯科斯和卡里克拉底对希腊人的指控，但从后来发生的事情看，他们的指控显然是无中生有。

[①] 当时埃米里乌斯·保卢斯的大营位于安菲波利斯（Amphipolis）。战争结束后，他首先到安菲波利斯以西50公里的阿波罗尼亚会见元老院派来的代表，然后返回安菲波利斯谴责盖乌斯·苏尔比基乌斯处置珀尔修斯太过宽松以及令士兵劫掠。他在安菲波利斯召开大会，以拉丁语宣布元老院和他本人对马其顿的处置：将马其顿划分为四个地区。

埃米里乌斯·保卢斯的一则名言

[14] 一个人若擅长安排体育竞赛，能恰当地组织盛大宴会，他就同样拥有统兵之艺，有能力组织部队迎战敌人。

[15] 珀律比俄斯说，埃米里乌斯·保卢斯击败珀尔修斯和马其顿王国后，毁灭伊庇鲁斯境内70余座城邑，大多数城邑属于摩洛希亚人，他还把150000摩洛希亚人卖为奴隶。①（斯特拉波，《地理学》，7.7.3）

三、埃及事务②

[16] 托勒密两兄弟摆脱安提俄库斯四世的战争威胁后，首先派王家友人之一努曼尼俄斯（Numenius）出使罗马，感激罗马人对他们的巨大帮助。兄弟俩还释放拉克岱蒙人曼纳基达斯（Menalcidas），此人曾大肆利用托勒密王国的困境发财。兄弟俩之所以这样做，是应盖乌斯·庞皮利乌斯·莱纳斯之命，后者要求他们释放曼纳基达斯以作为对他本人的帮助。

---

① [英译注] 埃米里乌斯·保卢斯处置完马其顿后，离开安菲波利斯前往佩拉。他在佩拉分兵，命斯基皮奥·纳西卡和他的长子法比乌斯·马克西姆斯劫掠伊利里亚，他本人朝伊庇鲁斯进发，因为元老院已经把伊庇鲁斯诸城分给大军作为战利品。埃米里乌斯·保卢斯利用假承诺骗取伊庇鲁斯人信任，纵兵劫掠各城。参李维，《罗马史》，45.34。

② 时间是公元前167年年初。

是年是汉文帝十三年。春二月，文帝下诏曰："我亲自率领天下百姓从事农耕以提供祭祀的谷物，皇后亲自植桑以制作祭服，有关礼仪制度听礼官意见。"夏，废除秘祝。五月，废除肉刑的法令。参《汉书·文帝纪》，前揭，页125。

四、意大利事务

康图斯的使节出使罗马[1]

[17] 这时,奥德吕西亚人的王康图斯遣使罗马,恳求让他的儿子返回,同时为自己在战争期间支持珀尔修斯辩护。罗马人认为他们已达到主要目标,与珀尔修斯的战争以他们胜利结束,拖延处理他们与康图斯的分歧毫无意义,遂允许他的儿子返回——他的儿子本来在马其顿为质,在珀尔修斯被击败后,连同珀尔修斯诸子女一起被俘虏并被带回罗马——希望以此表明他们的仁慈和宽宏大量,同时凭借这一恩惠拉拢康图斯。

普卢西阿斯二世在罗马

[18] 与此同时,比提尼亚国王普卢西阿斯二世也来罗马祝贺元老院和两位将军取得胜利。这位普卢西阿斯二世根本配不上王者之尊,从下述事实就能轻易看出这一点。首先,曾有几个罗

---

[1] 公元前166年即汉文帝十四年。冬天,匈奴老上单于率十四万骑兵攻入朝那(今宁夏彭阳县古城镇)、萧关(今宁夏固原市东南),杀死北地郡都尉孙卬,劫掠很多百姓和牲畜,到达彭阳(今宁夏彭阳县),并派兵攻入回中宫(故址在今陕西陇县西北),把它烧毁,匈奴前锋甚至抵达甘泉宫(今陕西淳化县铁王镇),距离长安不足100公里。汉文帝命中尉周舍、郎中令张武为将军,率千辆兵车、十万骑步兵,驻守长安准备讨伐匈奴。文帝欲亲征,群臣劝阻,不听,皇太后极力劝阻,才放弃亲征打算。文帝于是命令昌侯卢卿为上郡将军,宁侯魏遬为北地将军,隆虑侯周灶为陇西将军,东阳侯张相如为大将军,成侯董赤为前将军,率领大量兵车和骑兵去攻打匈奴。汉军至,匈奴撤走,汉军追至塞外,没能斩杀敌军。当此之时,匈奴每年都闯入边境内,杀害和掠夺许多百姓和牲畜,云中郡和辽东郡受害最严重,连同代郡共有万余人被杀掠。文帝遂遣使再次商量和亲之事。见《汉书·文帝纪》,前揭,页125–126。

马代表出使他的宫廷,他会见他们前先理了发,会见时又戴了一顶白帽,披了一件托袈,穿了一双新鞋,完全是当时罗马城被释奴隶的流行装扮,罗马人当时称这类人为被释奴(liberti)。他对罗马代表说:"你们瞧我,你们的被释奴渴望让自己受欢迎,不遗余力在一切方面模仿罗马人。"这真是人们能想出的最丢脸的一句话。

现在,他进入元老院大厅前,先站在门口,跪在地上行跪叩礼,以此敬拜元老院大门和在座的元老,口中还念着:"向你们这些救主神致敬!"他的这一做法把卑怯、女人气和奴性体现得淋漓尽致,可谓前无古人,后无来者。进入元老院大厅后,他的举止也与之类似,甚至根本不适合在此提到。由于让自己显得极度可鄙,他竟得到一份不错的答复。

欧墨涅斯二世出访罗马受挫

[19]普卢西阿斯二世得到元老院的答复后,罗马人获悉欧墨涅斯二世正在来访罗马途中。此事让元老院左右为难。他们已与这位国王有嫌隙,对他的看法尚未改变,且不希望就此给出任何声明。元老院早就向天下宣布,欧墨涅斯二世是罗马第一等的铁杆朋友,如果他们允许欧墨涅斯二世现在来访并进行自我辩护,届时他们就需要在答复中阐明对他的真实看法,那样他们就会因曾给予这样一个品性的人如此高的荣誉而被天下人耻笑。反之,如果他们放低身段,允许他来访,给他一份不错的答复,就会损害罗马的利益。因此,不管采用哪种办法都不恰当。最后,他们突然想到下述解决办法。

由于早就对各国王亲自出访罗马感到不悦,他们遂制定一条法令:任何国王不得觐见元老院。接下来,他们获悉欧墨涅斯二世已经抵达布林迪西,立即派裁判官带着这条法令前往堵截,同时命裁判官询问这位国王是否有急迫之事需要元老院帮助。

如果没有，就命令欧墨涅斯二世尽快离开意大利。欧墨涅斯二世见到裁判官后，明白了元老院的意图，说他并无所求，然后闭口不言，沉默不语。这就是欧墨涅斯二世出访罗马受阻的过程。

元老院的这个办法还有另外一个目的。由于帕加马王国面临亚洲高卢人的极大威胁，如此拒绝欧墨涅斯二世出访罗马，显然会令这位国王的所有盟友感到耻辱，亚洲高卢人的士气会更旺，他们会更积极地投入战争。所以，元老院想出的这个办法意在彻底羞辱欧墨涅斯二世。此事发生在这一年（公元前167年）初冬，之后，元老院接见天下各地抵达罗马的使节，接受他们的祝贺，没有哪个城市、哪位王公、哪个国王没有遣使祝贺。元老院以合宜的、友好的措辞答复所有使节，唯独罗德岛例外。他们轻慢罗德岛使团，对他们的未来给出模棱两可的答复。他们还延迟答复雅典使节。

雅典使节

[20] 雅典使团觐见元老院时，首先恳求其宽恕哈里阿图斯人。[①] 这个请求被忽视后，他们转而谈论提洛岛、利姆诺斯岛和哈里阿图斯的土地，恳求罗马元老院把这三地交给雅典，因为他们出使前收到两项指令。我们不能谴责雅典人索要提洛和利姆诺斯两岛，毕竟他们很早就宣称拥有这两岛；但是，我们有正当理由指责他们索要哈里阿图斯的土地。因为雅典人并未尽一切努力挽救这座可谓波俄提亚最古老的城市免于衰落，相反，他们通过剥夺该城不幸居民对未来的所有希望，试图把这座城从地图上抹掉，这一做法显然与任何希腊人都不相称，尤其是与雅典人不相称。雅典人一方面让雅典成为所有希望寓居那里的

---

① 公元前171年，罗马将军盖乌斯·卢克莱修攻陷哈里阿图斯，毁灭该城，有2500人被卖为奴。雅典使团请求罗马人恢复这2500人的自由。

人的共同祖国，另一方面却毁灭其他人的祖国，这一做法与雅典的传统完全相悖。然而，元老院把提洛、利姆诺斯两岛连同哈里阿图斯的土地一起交予雅典。这就是罗马元老院对雅典使团的答复。

占据提洛和利姆诺斯后，正如谚语所说，他们抓住了狼的耳朵，可谓骑虎难下。他们与提洛人联系时制造出许多不愉快的结果，而他们因对哈里阿图斯土地的占有而遭到的谴责远超其得到的好处。

罗德岛问题

[21] 这时，忒阿德图斯进入元老院，就结盟事宜发表演说。但是，元老院没有立即做出决定，忒阿德图斯又在这时寿终去世，享年八十岁。然后，考诺斯和斯特拉托尼科亚（Stratonicea）两城的放逐者抵达罗马，来到元老院申诉。元老院通过一条法令，命令罗德岛人从这两城撤走驻军。斐洛弗隆和阿斯图摩德斯接到这个答复，立即起航返回罗德岛，因为他们生怕罗德岛拒绝遵守撤军命令，对罗马产生新的抱怨。

卢西乌斯·阿尼基乌斯击败根忒俄斯

[22] 裁判官卢西乌斯·伽卢斯（Lucius Anicius Gallus）击败伊利里亚人、俘虏伊利里亚王根忒俄斯及其子女后，举行庆典庆祝他的胜利。珀律比俄斯在其史书卷三十告诉我们，阿尼基乌斯的做法极其荒唐。他派人到希腊找来一群最负盛名的舞台演员，搭建了一座巨大的圆形舞台。他首先让簧管手上台，他们是波俄提亚人忒奥多罗斯（Theodorus）、忒奥庞姆普斯（Theopompus）、赫米普斯（Hermippus）和吕西马科斯（Lysimachus），这四人当时正值名声的顶峰。阿尼基乌斯让这些人站在舞台上，命令他们与合唱队一起演奏。

当这些人依照恰当的韵律完成演奏，阿尼基乌斯派人告诉他们演奏得不好，要求他们表演得更具好胜心。这些簧管手一脸困惑，不知阿尼基乌斯什么意思，他的一个扈从解释说，他们应该面对面比赛，模仿一场激战。这些簧管手立即心领神会，接到符合胃口的命令后，他们立即制造出巨大混乱。令舞台中间的舞者面对台下的同时，他们立即吹出刺耳的、莫名其妙的声音，声音毫无和谐动听可言，并且他们轮流以胜过对方的音量对着吹，舞者则不断鼓掌，然后他们全都爬上舞台，互相打斗，之后轮流退下舞台。一位舞者一时冲动，把长袍撩起来，举起双手作出击打迎面的簧管手的姿态，台下观众发出巨大的喝彩和欢呼。当表演者这样陷入激战时，两位舞者和乐师爬上舞台，四位职业拳击手在喇叭和号角的伴随下爬上舞台，所有人开始激战，整个场面简直难以名状。至于肃剧演员，珀律比俄斯说："如果我再描述他们，有人可能会认为我在嘲弄我的读者。"（雅典奈乌斯，14.615）

五、希腊事务

克里特和罗德岛问题

[23]这时，克诺索斯人和戈图纳人结束与赫劳库斯城的战争。此前这两个城市就缔结协定，在攻占赫劳库斯前绝不放弃战争。罗德岛人获悉考诺斯城的情况，看到罗马人对他们的不悦没有丝毫减轻，便在完全服从罗马元老院的命令后，立即任命亚里士多特勒斯（Aristoteles）带领的使团出使罗马，再次争取与罗马结盟。

罗德岛使团在这年盛夏（公元前166年）抵达罗马，觐见元老院，立即报告说罗德岛人已遵守元老院的所有命令，用各种论证恳求元老院同意结盟。元老院在答复中丝毫没有提及双方友谊，只是说现在还不是与罗德岛缔结盟约的恰当时机。

[24] 罗德岛所属佩莱亚地区的居民就像突然摆脱镣铐的奴隶，他们无法相信这是真事，走路的步伐都要比正常时候更大一些，因为他们以为如果自己的步伐不与其他人有所区别，他们遇到的人就不知道、无法确定他们已获得自由。

六、亚洲事务

安提俄库斯四世举办庆典

[25] 安提俄库斯四世听说埃米里乌斯·保卢斯在马其顿举办竞技会庆祝胜利，雄心勃勃地想超越这位罗马将军，于是派政治使团和宗教使团前往各城宣布他将在达芙涅举办竞技庆典，这样希腊各地的人就会渴望来访安提阿。这次庆典的游行队伍组成如下：领头的是5000名按照罗马风格武装的身着链甲、胸甲的壮年士兵，接着是5000名米西亚士兵，紧随其后是3000名西里西亚轻步兵，头戴金冠；再接着是3000名色雷斯士兵和5000名高卢士兵；再接着是20000名马其顿士兵，其中10000名手持金盾，5000名手持银盾，5000名手持铜盾；再接着是200名、40组格斗士；他们之后是1000名尼撒骑兵和3000名安提阿骑兵，大多数头戴金冠，马匹着金马饰，其余则戴银冠和银马饰；再接着是所谓的"伙伴骑兵"，人数约1000，马匹全部着金马饰；然后是1000名"王家友人"，着装类似；再接着是1000名精英骑兵；其后是所谓的"阿格玛"骑兵队，被公认为是最强的骑兵团，人数约1000。士兵队伍的最后是铁甲骑兵，如其名称所示，他们是装备有铁甲和战马的骑兵，人数为1500人。上述所有队伍皆身着紫色外袍，外袍上绣着金色的徽章图案。

士兵队伍之后是100辆6匹马牵引的战车和40辆4匹马牵引的战车，然后是一辆由四头大象牵引的战车和一辆由两头大象牵引的战车,最后是36头驮着塔楼的战象。很难描述游行队伍的剩余部分,不过我必须描述它们的主要特征。大约有8000名头戴金冠的年轻人、1000头壮牛、近300人的使团和800根象牙。诸神的画像数量之多更是数不胜数。因为人们所敬拜和提到的所有神和精灵、所有英雄的画像都被高高举着,一些是镀金的,另一些披着绣有金线的外衣,所有画像皆依照传统神话叙述的样子精确制作而成。上述诸神画像后是黑夜、白昼、大地、天空、黎明和正午之神的画像。

金质和银质的盘子数量可从下述事实来估算。一位名叫狄奥尼修斯(Dionysius)的王家友人的1000名奴隶——此人是安提俄库斯四世的首席大臣——每人手持重量不下1000德拉克马的银盘,安提俄库斯四世本人的600名奴隶每人手持金盘。接着还有200名妇女手持金罐向观众喷洒香水,80名妇女乘坐有金脚的轿子,500名妇女乘坐有银脚的轿子,所有妇女的穿着极为华丽。这就是游行队伍引人注目的盛况。

[26] 竞技庆典期间,格斗比赛、斗兽比赛连续不断,总共持续30天才结束。在前五天,每个观众皆在体育馆内用金罐装的橘黄色软膏涂抹身体,之后的十五天用金罐装的肉桂和甘松油膏涂抹身体,最后十天是用葫芦巴、马郁兰和鸢尾草油膏涂抹身体,每一种油膏都散发出浓郁的香气。至于宴会,其规模有时达1000桌,有时达1500桌,所有桌子皆配有最昂贵的餐具。

所有这一切皆由安提俄库斯四世亲自安排。他骑着一匹矮马沿着游行队伍疾驰,时而命某个单位加速,时而命另一个单位停下。举行宴会时,他时而站在门口欢迎宾客,时而引导宾客入座,他本人还引导侍者端送菜盘。他绕着宴会大厅转来转去,时而坐下,时而斜躺;时而放下手中杯子或食物,然后站起来换位置,在宴会上转来转去,时而接受这个人的祝酒词,时而与乐队开玩笑。

最后,尽兴狂欢后,很多客人已经离开,安提俄库斯四世全身裹得严严实实,被哑剧演员抬着放到地上,仿佛他就是他们中的一员。待乐队被召集起来后,安提俄库斯四世跳起来,开始与滑稽剧演员舞动,这时所有客人都窘迫地离开宴会。上述表演和宴会开销绝大部分来自他入侵埃及的劫掠所得——他当年背信弃义地攻击了尚是少年的托勒密六世,少部分来自他的友人们的贡献。他还搜刮了埃及大多数神庙。

[27]这次竞技庆典结束后不久,提比略·塞姆普洛尼乌斯·格拉库斯和几位代表巡察叙利亚。安提俄库斯四世会见他们时,表现得非常机敏和得体,以至罗马代表找不到任何可疑之处,也没有发现他对亚历山大里亚发生的事情有不满的迹象。由于得到非常友好的款待,提比略·格拉库斯等人甚至开始怀疑那些说三道四的人。除给予罗马代表种种礼物和款待外,安提俄库斯四世甚至还把他的宫殿让给提比略·格拉库斯一行人住,就差把他的王冠交给他们,虽然他的真实感情不是如此,反而恰恰相反。(雅典奈乌斯,5.194;10.439)

七、意大利事务

对亚洲高卢人的处置[①]

[28]罗马元老院对亚洲高卢人的使节说,可以允许他们的地区加拉太自治,条件是他们必须待在聚居区,军队不得越出边界。

---

① 公元前165年的事。

这一年是汉文帝十五年。春,成纪(今甘肃静宁县)出现了黄龙。文帝下诏令官员讨论郊祀的事情。公孙臣(汉代方士)主张改变服色,新垣平(汉代方士)主张设立五座宗庙。夏季,四月,文帝雍城郊祭五帝,大赦天下,下令有司按时祭祀以前因各种原因停止祭祀的山川。九月,下诏令诸侯王、公卿、郡守举荐贤良方正、能直言极谏的人,文帝亲自策试,将他们的对策收藏在策府。参《汉书·文帝纪》,前揭,页127。

八、希腊事务

对卡里克拉底的反感

[29] 阿凯亚使节返回复命,报告罗马元老院的答复,伯罗奔半岛的骚乱终止,不过民众不再掩饰对卡里克拉底及其党派的愤怒和憎恨。

从下述形势可以看出,卡里克拉底、安德罗尼达斯及其同党受到民众多么强烈的憎恨。纪念安提哥努斯三世的节庆在希库温举行时,所有大型的和小型的公共浴室皆开放,越是有教养的人越会偷偷去沐浴。不管何时,只要卡里克拉底和安德罗尼达斯的同党进入浴室,那些随后进来的人就都不会进入水池,直到浴室老板把卡里克拉底同党用过的水池放干净,再注入新的热水,他们才会去沐浴。他们这样做是因为,他们认为与卡里克拉底同党共用同一批水会使自己受到污染。这次节庆期间,若有人宣布卡里克拉底同党是胜利者,他就会遇到此起彼伏的嘘声和骂声,其情状难以描述。就连孩子们从学校回家的放学途中,也会当着他们的面称他们为卖国贼。阿凯亚人对卡里克拉底及其同党的厌恶和憎恨就是这般强烈。

九、意大利事务

普卢西阿斯二世的使节在罗马

[30] 这一年(公元前164年)[①] 也有很多其他邦国的使节抵达罗马,其中主要是阿斯图摩德斯带领的罗德岛使团;欧勒阿斯

---

① 这一年是汉文帝十六年。夏四月,文帝郊祀五帝于渭阳。秋九月,得到一只玉杯,刻着"人主延寿"的字样,文帝下令让天下百姓畅饮,改来年年号。参《汉书·文帝纪》,前揭,页127–128。

(Eureas)、阿纳克西达摩斯(Anaxidamus)和萨图洛斯(Satyrus)组成的阿凯亚使团;毕东(Python)带领的普卢西阿斯二世的使团。元老院召见了众使团。

普卢西阿斯二世的使团向元老院抱怨欧墨涅斯二世,声称这位国王不仅吞并比提尼亚王国的一些领土,也没有停止干预加拉太,根本不遵守元老院的命令,反而继续强化他在加拉太的势力,用各种手段削弱支持罗马、愿意遵守元老院命令的人。还有一些来自亚洲诸城市的使节控诉欧墨涅斯二世,重点强调他与安提俄库斯四世的勾结。听过这些控诉后,元老院既没有反驳他们,也没有宣布任何命令,而是密切关注他们,总体而言不信任欧墨涅斯二世和安提俄库斯四世。至于亚洲高卢人,元老院继续强化他们的自治。提比略·格拉库斯及其同僚出使归来后,也没有就欧墨涅斯二世或安提俄库斯四世提出或形成任何新的不同于他们出使前持有的看法。这样,两位国王通过热情接待罗马代表,成功减轻元老院对他们的敌意。

罗德岛使节在罗马

[31] 之后,元老院召见罗德岛使团。阿斯图摩德斯进入元老院后,采取比上一次出使时更温和、更友好的立场。这一次,他没有提出指控,而是开始为罗德岛辩护,就如奴隶们受鞭刑时会乞求减免一定数量的鞭打。他说,他的国家已经得到充分惩罚,远超它所犯错误应受的惩罚。阿斯图摩德斯之后列举罗德岛遭受的损失,首先提到吕西亚和卡里亚两地——罗德岛为治理这两个地区已花费巨额资金,曾经被迫进行三场战争攻打这两个地区,眼下他们已被剥夺这两个地区的巨额税收。他说:

> 但是,兴许你们是正当的。的确是你们把这两个地区当作礼物和友谊的标志给予我们,现在当我们招致你们的

怀疑和敌意时，你们收回你们的礼物，看起来相当合理。但是，关于考诺斯城，你们也应承认它是我们花费200塔兰同从托勒密五世麾下的将军处买来的，而斯特拉托尼科亚城是安提俄库斯三世和塞琉古四世为感激我们而作为礼物赠给我们的。我们从这两城每年可得到120塔兰同的税收。由于我们爽快遵守你们的命令，我们已经损失这笔税收。由此你们看到，你们仅仅由于罗德岛犯下的一个错误，就向罗德岛人强加远超施加给马其顿人的负担，而马其顿人一直是你们的敌人。

不过，我们遭受的灾祸远不止这些。由于你们让提洛岛成为一个自由港，我们的港口税收已经消失。这剥夺了我们人民的那种自由，正是凭着那种自由，我们对自己港口的权利和城市的其他权利才得到恰当保护。让你们相信这件事的真相并不难。因为我们港口的收入之前有100万德拉克马，现在锐减到15万德拉克马。所以，罗马人啊，你们的不悦切断了我们国家最重要的收入来源。

如果全体罗德岛人都应为我们的错误和疏远你们负责，你们兴许可以正当地坚持你们的不悦，拒绝原谅我们。但是，你们心知肚明，这个愚蠢的错误的罪魁只是极少数人，并且已被我们处死。既然如此，你们这些公认对所有其他民族最仁慈、最宽宏大量的贤人们，为何要拒绝与那些根本不应受到谴责的人和解？因此，贤良们，罗德岛人已经丧失他们的税收、他们的自由和他们的平等，他们过去愿意为这些东西忍受任何不幸，现在他们已遭到足够的惩罚。我们现在恳求你们平息愤怒，与我们和解，与我们结盟。这样天下人就会看到，你们已平息对罗德岛人的怒气，已恢复对我们原先的友好态度。我们现在急需的是这种所谓的盟友关系，而不是那种需要武器和士兵支援的盟友。

阿斯图摩德斯以这些和类似措辞向元老院演说，公认他的演说契合当时处境。不过，对罗德岛获得罗马盟约帮助最大的是出使归来的提比略·格拉库斯及其同僚。提比略·格拉库斯向元老院证实，第一，罗德岛人已经遵守元老院的全部命令；第二，反罗马的罪犯已被全部处决。这样，他们成功打消元老院的反对，促成罗德岛与罗马的盟约。

阿凯亚使节在罗马

[32] 不久之后，阿凯亚使团觐见元老院，使命是就之前得到的答复与元老院交涉。令元老院大为震惊的是，阿凯亚使团竟要求他们裁断一件已被阿凯亚人做出判决的事。欧勒阿斯及其同僚进入元老院，立即指出阿凯亚联盟既没有让那些被告[①]进行自我辩护，也没有宣布任何判决，所以恳求元老院斟酌这个案件，监督那些被告受审，不要让他们不经审判就在流放中自生自灭。欧勒阿斯恳求元老院调查此事，然后明确宣布有罪之人的名单；如果元老院有其他要事要忙，没有时间这样做，就把此事提交给那些试图严肃处理被判有罪者的阿凯亚人裁断。

元老院听过阿凯亚使团的演说后，左右为难，因为他们受到来自四面八方的压力。他们认为不应由元老院宣布判决，反之，若是不经审判就释放那些阿凯亚人，就会毁灭他们自己的朋友。因此，为情势所迫，他们既想立即断绝那些被关押之人的所有获救希望，又想让阿凯亚民众闭嘴并顺服阿凯亚的卡里克拉底党、让其他希腊人顺服其他城市中公认是罗马之友的党派，于是他们对阿凯亚使团给出下述书面答复：我们不认为这些人返回阿凯亚符合罗马或你们的利益。

---

① 指皮德纳战役后，阿凯亚向罗马交出的1000名反罗马人员，珀律比俄斯就在其中。

这一答复不仅让那些已被押送意大利的阿凯亚人陷入绝望至极、孤立无助的境地，而且让所有在罗马的希腊人痛苦不已，因为这一答复似乎彻底剥夺了所有放逐者返回故乡的希望。此外，当这一给阿凯亚人的答复在希腊宣布后，人们的精神大受打击，城中到处弥漫着绝望的情绪。卡洛普斯和卡里克拉底以及他们政策的支持者却再次气焰高涨。

第三十一卷

一、意大利事务

［1.1］提比略·塞姆普洛尼乌斯·格拉库斯征服卡玛尼人（Cammani），①部分是靠武力，部分是靠欺骗。

欧墨涅斯二世的使节

［1.2-8］这一年（公元前163年），②数批使团抵达罗马，罗马元老院首先召见以阿塔罗斯和雅典奈俄斯为首的帕加马使团。因为普卢西阿斯二世不仅对欧墨涅斯二世和安提俄库斯四世提出指控，而且煽动亚洲高卢人、塞尔格人和其他亚洲城市提出类似指控。所以，欧墨涅斯二世派出他的两位兄弟领衔使团出使罗马为他辩护。公认阿塔罗斯兄弟觐见元老院时，针对各类指控做出了令人满意的辩护，最后不仅让欧墨涅斯二世免除指控，而且获得独特荣誉，然后返回亚洲。

然而，元老院并没有停止对欧墨涅斯二世和安提俄库斯四世③

---

① 卡玛尼人居住在卡帕多西亚西北部的哈吕斯河右岸。
② 是年是汉文帝后元年。
③ 安提俄库斯四世已于公元前164年驾崩，其子安提俄库斯五世（Antiochus V［公元前173—前162年］，公元前164—前162年在位）继位。罗马人尚不知此事。

的怀疑,遂任命盖乌斯·伽卢斯(Gaius Sulpicius Galus)和曼尼乌斯·塞尔基乌斯(Manius Sergius)出使,巡察希腊各邦事务,裁断迈加洛波利斯和拉克岱蒙的领土争端,最重要的任务是详查安提俄库斯四世与欧墨涅斯二世之间的勾结,看他们是否在为攻击罗马做准备,力求避免两位国王联合反抗罗马。

元老院对叙利亚、马其顿和埃及三王室的措施

[2]塞琉古四世之子德米特里乌斯在罗马为质很多年,人们早就认为他被软禁在罗马实属不义,因为他的父亲塞琉古四世当年只是为向罗马证明自己的诚信,才将他送到罗马为质。由于他是塞琉古四世之子,安提俄库斯四世继承王位后,他本无需再为质于罗马。然而,他此前由于没有能力一直没有行动,因为他那时还是一个少年。现在他已成年,已有判断力,于是来到元老院陈情,恳请元老院送他返家继承王位,他说自己作为塞琉古四世之子,更有权继承王位。德米特里乌斯就这个论点长篇大论,尤其是通过以下说法打动听众:罗马是他的祖邦和奶妈,众元老之子与他亲如兄弟,元老们则像他的父亲,因为他在还是一个幼儿时就被送到罗马,眼下他已23岁。众元老就个人而言深受感动,但是他们共同做出的决定仍是让德米特里乌斯留在罗马,帮助安提俄库斯四世之子继承王位。①

我认为,元老院之所以这样做,是因为他们惧怕不能控制一位已经成年的国王,认为让一个毫无能力的少年继承王位才更符合罗马的利益。此后发生的事可清晰表明罗马元老院

---

① 安提俄库斯三世于公元前187年去世后,其子塞琉古四世继位,后于公元前175年驾崩,之后其子安提俄库斯四世继位。德米特里乌斯是塞琉古四世之子,公元前187年就被送到罗马为质。安提俄库斯四世于公元前164年驾崩,其子安提俄库斯五世继位。公元前162年,德米特里乌斯秘密返回安提阿争夺王位,称德米特里乌斯一世。

的这种心思。因为元老院立即任命格奈乌斯·屋大维（Gnaeus Octavius）、斯普利乌斯·卢克莱修（Spurius Lucretius）和卢西乌斯·奥勒里乌斯（Lucius Aurelius）为代表出使叙利亚，依照元老院决议管理塞琉古王国事务，确保无人反对他们的命令。安提俄库斯五世此时还是个少年，大部分民众对王位没有落入德米特里乌斯手中非常高兴，而他们原以为罗马人肯定会让德米特里乌斯继承王位。

格奈乌斯·屋大维及其同僚立即启程。元老院给他们的指令是，首先焚毁塞琉古王国有甲板的战舰，其次废除其战象部队，用各种手段削弱王室权力。元老院还授意代表团处理马其顿事务，因为马其顿人不习惯基于委员会模式的民主制，内讧不已。代表团还负责报告加拉太和卡帕多西亚新国王阿里阿拉特斯五世的状况。不久之后，元老院又派人向他们下达又一指令，命令他们尽其所能调解托勒密两兄弟的内讧。

阿里阿拉特斯五世的使节在罗马

［3］在同一时期，阿里阿拉特斯五世[①]的使节抵达罗马。他不久前继承卡帕多西亚的王位，派人前来赓续友好关系和盟约，恳求元老院重视他对罗马及其公民的友好和善意。元老院听取使节的演说后，同意赓续双方盟约，以彬彬有礼的措辞给出答复，称赞新国王的态度。元老院之所以如此答复，主要是由于提比略·格拉库斯及其同僚此前出使巡察各王国后返回复命时，在报告中对阿里阿拉特斯四世和卡帕多西亚王国有颇多赞许之辞。由于提比略·格拉库斯的报告，元老院才礼貌地接待了阿里阿拉特斯五世的使节，并称赞他的态度。

---

① 阿里阿拉特斯四世于公元前163年驾崩，其子阿里阿拉特斯五世继承王位，在位时间是公元前163年至前130年。

二、希腊事务

罗德岛和卡里亚

[4] 罗德岛人摆脱困境后,得以安下心来。现在,他们派科勒阿格罗斯(Cleagoras)出使罗马,恳求元老院把卡律达(Calynda)城让与他们,允许他们中那些之前在吕西亚和卡里亚拥有财产的公民像曾经一样拥有那些财产。罗德岛还在雅典娜神庙竖立一尊巨大的罗马人民雕像,有30腕尺高。

[5] 当卡律达城从考诺斯叛离,考诺斯人率军围攻卡律达,卡律达人首先向尼多斯城求助。在尼多斯人帮助下,卡律达人抵抗了一段时间,但是他们由于担忧未来,决定派一个使团到罗德岛,提出把他们的城市交给罗德岛人。罗德岛遂派出海陆援军,解除卡律达之围,占据该城。罗马元老院准许他们占据该城。

三、亚洲事务

[6] 除我刚提及的鲁莽之举外,盖乌斯·苏尔比基乌斯·伽卢斯一到亚洲就在主要城市张贴布告,命令所有希望控诉欧墨涅斯二世的人在指定日期到萨尔迪斯提出指控。[①] 之后,他本人抵达萨尔迪斯,花费十天时间在体育馆内听取各位控诉者的指控,肯定对这位国王的所有污言秽语。总体而言,他重视每一事实和每项指控。此人精神错乱,以与欧墨涅斯二世争吵为荣。

罗马人对欧墨涅斯二世越严酷,希腊人就越喜欢他,因为人们天然同情深陷不幸的人。

---

① 萨尔迪斯就在帕加马王国境内,盖乌斯·伽卢斯此举可谓傲慢至极!

卡帕多西亚的阿里阿拉特斯五世

[7] 卡帕多西亚国王阿里阿拉特斯五世,待他遣往罗马的使团返回后,从罗马元老院给出的答复中看到自己的王国已有稳固的安全基础,且自己已成功赢得罗马人的善意,遂向诸神献上感谢祭,设宴款待他的主要大臣。之后,他遣使求见塞琉古王国摄政吕西亚斯(Lysias),[①]渴望迎回他的姐姐和母亲[②]的棺椁。他尽管非常悲痛,还是认为最好不要指控吕西亚斯的谋杀罪行,因为他不想激怒这位摄政,担心这样做会使他的目标落空,因此授意使节只提出迎回棺椁这一要求。吕西亚斯同意这个要求。棺椁被运回卡帕多西亚时,阿里阿拉特斯五世举行了盛大的迎接仪式,恭敬地将她们安葬在父亲墓旁。

[8] 正在这时,罗马代表先后抵达。最先到达的是马尔库斯·尤尼乌斯(Marcus Junius),此人负责解决亚洲高卢人和阿里阿拉特斯五世之间的争端。因为此前亚洲高卢人的特洛康米部落多次袭扰卡帕多西亚都没有得到任何土地。每当准备冒险时,他们都立即遭受应得的惩罚,他们遂求助于罗马,试图诽谤阿里阿拉特斯五世。马尔库斯·尤尼乌斯正是为此而来。阿里阿拉特斯五世以适宜的方式对他演说,在其他方面亦彬彬有礼地待他,结果马尔库斯·尤尼乌斯离开前对他感激不已。

之后,第二拨使节格奈乌斯·屋大维和斯普利乌斯·卢克莱修抵达,再次交涉阿里阿拉特斯五世与亚洲高卢人的争端。这位国王简短论及此事,说他会爽快遵从罗马人的裁断,然后继续谈论叙利亚事务,因为他知道格奈乌斯·屋大维及其同僚接下来将前往那里。他提醒罗马代表注意塞琉古王国的混乱状况和其统治者无视任何道德原则的品性。此外,他还提出愿派一支卫队护送

---

① 此人是安提俄库斯五世的摄政大臣,此时安提俄库斯三世年仅10岁。
② 阿里阿拉特斯五世之母是安提俄库斯三世之女,被吕西亚斯谋杀。

他们前往叙利亚,待事情解决后,再护送他们返回卡帕多西亚。罗马代表感谢他在各方面的友好和热情,说他们眼下不需要卫队,但是未来如果罗马人需要他帮助,他们届时会毫不犹豫告知他,因为他们把他视作罗马最真诚的朋友之一。

安提俄库斯四世之死

[9] 安提俄库斯四世当时想多多捞钱,决定远征厄律迈斯(Elymais)①的阿尔忒弥斯神庙。抵达那里后,他的希望幻灭,因为住在附近的野蛮人部落非常愤怒地发起反击,他撤退时死在波斯的塔拜(Tabae)。有人说,他是被疯狂击倒的,在他准备对上述神庙施暴时,愤怒的神显灵,将他击倒。

四、意大利事务

托勒密两兄弟的内讧

[10] 托勒密两兄弟分裂王国后,小托勒密②抵达罗马,希望废除他与其兄之间的分裂条约,说他同意分裂王国不是出于他本人的意愿,而是被形势所逼。他恳求元老院把塞浦路斯分给他,因为即便他得到这个岛,他的版图也比其兄的版图小得多。卡努雷乌斯(Canuleius)和昆图斯(Quintus)两人则支持大托勒密的使节曼努鲁斯(Menullus),作证说小托勒密能够活命并得到昔兰尼要归功于他们的行动,因为民众非常厌恶和憎恨他。因此,与他所期待和预料的相反,当大托勒密把昔兰尼交给他统治,他非常高兴地接受,并同兄长交换誓言,以纪念内讧中牺牲的受害者。

这些说法被小托勒密否认。元老院看到兄弟俩对王国的分

---

① 位于苏西阿纳地区。
② 即托勒密八世,于公元前163年秋抵达罗马。

割不公正，希望重新进行更公正的划分，遂接受小托勒密的请求，认为这样做更符合他们的利益。罗马人的大多数裁断都是这样的：利用别人的错误，大力建立和推进他们的权势，同时帮助违法者，给予这类人种种恩惠。所以，元老院看到埃及王国幅员辽阔，唯恐一旦它落入一个有能力保卫它的强人统治者之手，这个强人统治者届时可能会自视甚高，显出傲慢之态，遂任命提图斯·曼利乌斯·托夸图斯（Titus Manlius Torquatus）和格奈乌斯·科涅利乌斯·曼卢拉（Gnaeus Cornelius Merula）为代表，陪同小托勒密前往塞浦路斯，查明这位国王的意图。元老院之后立即命两位代表启程，指示他们首先调解托勒密两兄弟的关系，其次不动用武力帮助小托勒密拿到塞浦路斯岛。

德米特里乌斯从罗马出逃[①]

[11] 这时，格奈乌斯·屋大维遇难以及被暗杀的消息传到

---

① 发生于公元前162年。汉文帝后元年（公元前163年），文帝下诏曰："近来连续几年收成不好，又有水旱灾害和瘟疫流行，我非常担忧这件事。我虽然很愚昧，不明白问题在哪里，但总该知道过失在哪里吧！是不是我的政策有过失，行为有过头了？是天道运行不正常，还是地理条件不具备，或者人事安排不合理，或者鬼神不再享受祭祀供奉了呢？为什么会弄成这个样子？是不是因为各级官员的奉养费用太昂贵，不必要的事情太多呢？为什么百姓的粮食那么匮乏呢！算起来土地并没有少，而统计人口并没有增加多少，按人口平均，每人占有的土地比古代还多，但为什么百姓的粮食却严重不足呢？原因在哪里？是不是因为从事商业活动的人太多，从而影响了农业生产；酿造美酒、浪费粮食的现象很多；饲养各种牲畜也消耗很多粮食呢？对于这些问题，我还没有真正搞清楚。丞相、列侯、郡国二千石官和博士们商议一下，能有益于百姓的措施要尽量考虑，不要有所保留。"

汉文帝后二年（公元前162年），与匈奴和亲。文帝下诏曰："我不够英明，德行不能施及远方，使得边境之外的国家时有不安宁的情况发生。远方的人不能安心生活，国内的人辛勤劳动也不得安息，这两方面的过错，都是

罗马。同时,吕西亚斯派来的代表安提俄库斯五世的使团来到元老院,他们信誓旦旦地保证,这位国王的友人绝没有参与此案。元老院对这个使团冷漠至极,既不希望就此案宣布任何裁断,也不想表露任何看法。但是,这两个消息令德米特里乌斯非常振奋,他立即派人请来珀律比俄斯,向后者求教是否应该再次向元老院陈述他的处境。珀律比俄斯劝他不要在同一个地方绊倒两次,而是应该靠自己,采取配得上王位的大胆行动。珀律比俄斯说,当下局势为采取行动提供了很多机会。德米特里乌斯采纳这一建议,暂时按兵不动,不久之后同他的一位密友阿波罗尼乌斯(Apollonius)交流此事。此人天性天真,且非常年轻。他建议德米特里乌斯再到元老院努力一次,因为他确信,既然罗马人已不义地剥夺他继承王位的权利,他们至少会放他返回故乡,因为当安提俄库斯五世继承王位,让德米特里乌斯再留在罗马为质就很不公正。

德米特里乌斯被这个说法说服,再次来到元老院恳求放他返回故乡,既然他们已经决定支持安提俄库斯五世继承王位。在德米特里乌斯就这个意思长篇大论一番后,元老院仍坚持原先的决定,这实属意料之中的结果。因为元老院上一次拒绝德米特里乌斯的请求,不是因为他的陈情不公正,才决定让安提俄库斯五世继承王位,而是因为这样做符合他们的利益。现在情势并未发生

因为我的德行浅薄而不能影响到远方。近年来,匈奴屡次侵扰边境,杀害了许多官吏和百姓,边地的官员和将士又不能明了他们的真实意图,以致加重了我的无德。两国长期结怨连兵,中外之国将如何自安?现在我早起晚睡,为天下勤劳,为万民的忧苦而恻然不安,没有一天忘记过这些。因此我派使者接连不断,路上络绎不绝,向单于表明我的意愿。现在单于回归古代和亲的正确道路,考虑国家的安宁,谋求百姓的利益,新近同我一起抛弃细小的过失,共同走上和平的大道,结下兄弟般的情谊,以保全天下善良的百姓。和亲已经确定,从今年开始。"参《汉书·文帝纪》,前揭,页128-129。

改变，元老院做出同样的决定就是意料之中的事。

［12］但是，德米特里乌斯在徒劳地唱过他的天鹅挽歌之后，终于认识到珀律比俄斯不要在同一个地方绊倒两次的建议之明智，对自己的所为非常后悔。不过，他天生有不气馁的品性，又有足够的勇气执行他的计划，于是立即找来狄奥多洛斯（Diodorus），告知此人自己的处境。狄奥多洛斯不久前才从叙利亚抵达罗马，并且是德米特里乌斯的奶父（τροφεύς）[①]。此人非常能干，已经细致研究叙利亚的局势。此刻他向德米特里乌斯指出，由于格奈乌斯·屋大维被谋杀，那里一片混乱，吕西亚斯和民众互不信任，且元老院深信安提俄库斯五世的友人们是谋杀罗马使节这一暴行的罪魁祸首，所以，德米特里乌斯此刻突然出现在叙利亚会极为有利。届时，即便他只带一个奴隶出现在叙利亚，叙利亚人也会立即把王冠交到他手上，并且元老院绝不会帮助和支持吕西亚斯。眼下唯一的任务是神不知鬼不觉地逃出罗马。

下定决心后，德米特里乌斯派人去请珀律比俄斯，告知后者这一计划，恳求他帮助策划出逃的最佳方案。这时，阿拉班达的曼努鲁斯碰巧在罗马，他是作为托勒密六世的使节抵达罗马的，使命是阻止小托勒密为托勒密六世辩护。珀律比俄斯与曼努鲁斯私交极好，非常信任他。所以，珀律比俄斯想到曼努鲁斯是帮助德米特里乌斯出逃的绝佳人选，热情且诚挚地把曼努鲁斯推荐给德米特里乌斯。曼努鲁斯同意参与这一计划，负责准备好出逃的船只和航行所需要的一切补给。曼努鲁斯找到一艘迦太基人运送祭品的商船停在台伯河口，花钱将其租下。这类船是在迦太基特别挑选的，用来运送迦太基人送往推罗的、献给他们诸神的传统初熟水果。曼努鲁斯要求船长将他送回家，这样，他就可以不受任何怀疑地将一个月所用的补给送到船上，还可以公开和水手们交谈，给予他们各种指令。

[①] 并非中文中的养父，应该是德米特里乌斯奶妈的丈夫。

[13] 船长做好一切准备后，只等德米特里乌斯这方面的安排。他首先派他的奶父返回叙利亚，探查那里民众的感情状况。他的奶兄（σύντροφος）阿波罗尼乌斯①从一开始就参与这项计划，他还极为信任阿波罗尼乌斯的两个兄弟摩勒阿格罗斯（Meleager）和曼涅斯忒俄斯（Menestheus），不过他的侍从被排除在外，因为他们人数众多。阿波罗尼乌斯三兄弟是那位始终支持塞琉古四世的阿波罗尼乌斯之子，他们的父亲在安提俄库斯四世继承王位后，搬到米利都生活。

与船长约定出发的日子临近，德米特里乌斯必须在一位友人家中安排一场宴会，好为自己离开家提供借口。之所以不能在他的宅邸安排宴会，是因为他在搞宴会时，常常很谨慎地邀请他的全部侍从参加。那些参与这个计划的人在家吃过饭后，来到船上等待，每个人皆有一名奴隶陪同，并已打发其他奴隶前往阿纳格奈亚（Anagneia），谎称他们将在第二天抵达。

珀律比俄斯这天碰巧卧病在床，但他对整个计划一清二楚，因为曼努鲁斯一直在向他报告计划的进展情况。珀律比俄斯担心宴会拖得过长，而德米特里乌斯又天性贪杯，且年纪轻轻、不容易节制，届时会由于饮酒过量无法顺利出城，就写了一张便条，命他的一个奴隶在夜幕降临后不久，到宴会处叫出德米特里乌斯的斟酒人，让后者把便条转呈给德米特里乌斯，不要提他是谁、谁派他来，而是恳求那位斟酒人立即把便条交给德米特里乌斯。奴隶遵令而行，德米特里乌斯顺利拿到便条。便条上写着下述格言：

实干者从不逗留，
夜晚喜爱一切，但最爱勇士，

---

① 这个阿波罗尼乌斯就是前述建议德米特里乌斯再次向元老院恳求的人。他和下文的两兄弟以及德米特里乌斯应该皆是由狄奥多洛斯的妻子奶大，故这里说奶兄。

> 勇敢去冒险，要么失败，要么成功，
> 不要暴露自己。
> 要清醒冷静，切忌轻信他人，
> 这是思想的肌腱。

［14］德米特里乌斯读过之后，明白格言的用心和来源，便伪称身体不适，立即由友人们陪同离开宴会。一到住处，他立即命令那些不适合带走的奴隶到阿纳格奈亚，要求他们带着网和猎狗在基凯山（Circeii）与他会合。基凯山是他常去狩猎野猪的地方，事实上，此地也是他与珀律比俄斯的友谊的开端。接下来，他告知尼卡诺尔（Nicanor）和友人们出逃计划，恳请他们与他共命运。众友人爽快同意后，德米特里乌斯要求他们立即返回各自寓所，命令他们的奴隶第二天一早到达阿纳格奈亚，与猎人们在基凯山会合。他们同时应当告知奴隶自己要去接德米特里乌斯，届时将与奴隶们在上述地点会合，之后他们要穿上旅行服装速来德米特里乌斯住处会合。一切如我上述安排好后，德米特里乌斯带着众人，乘着夜色来到台伯河入海口处的奥斯提亚（Ostia）。

曼努鲁斯已经提前抵达，且与船长沟通好，说他接到托勒密六世的信，后者在信中要他必须暂时待在罗马，但是必须提前把他最值得信赖的年轻士兵送回埃及，这些士兵将向国王汇报他的弟弟小托勒密出访罗马的情况。所以，他本人眼下不走，但那些要返回埃及的士兵们会在午夜时分抵达。船长根本不关心这些，因为协商好的佣金已经提前付清，且很久以前就已做好航行的一切准备。德米特里乌斯及其友人在午夜时分抵达，此外还有八个奴隶：五个成年奴隶，三个少年奴隶。曼努鲁斯对他们交代一番注意事项，指出航行所用补给，将他们热情地介绍给船长和船员后，德米特里乌斯一行人上船。舵手在启明星即将升起之前起航，对真实情形一无所知，以为他将运送曼努鲁斯的一些士兵给托勒密六世。

［15］在罗马，没有人会在第二天看到德米特里乌斯或那些与他一同出逃的人。那些仍待在基凯山的人以为他已出发前往基凯山，那些已在阿纳格奈亚的人正在前往基凯山，以为他会在第二天抵达那里。结果，他的出逃完全神不知鬼不觉。在阿纳格奈亚遭到鞭打的一个奴隶跑到基凯山，以为能在基凯山见到德米特里乌斯，但并未见到，于是又原路往罗马城跑，以为能在途中见到德米特里乌斯。但是，这个奴隶最后也没找到德米特里乌斯，只能跑去报告德米特里乌斯在罗马的朋友和他未带走的家人。

德米特里乌斯出逃四天后，人们才开始找他；在第五天，元老院举行特别会议商讨此事，此时德米特里乌斯已经航过墨西拿海峡。元老院放弃任何追击打算，因为一方面，他们认为德米特里乌斯已航行太远，且风向对他有利；另一方面，他们看到，他们即便想，也无法阻止他。几天后，元老院任命提比略·格拉库斯、卢西乌斯·兰图鲁斯（Lucius Lentulus）和塞维利乌斯·格劳西亚（Servilius Glaucia）为三人团，命其执行如下使命。第一，去巡察希腊的状况；第二，渡海到亚洲，等待德米特里乌斯行动的结果，调查其他诸王的态度，裁断诸王与亚洲高卢人间的争端。元老院任命提比略·格拉库斯为代表的原因是，他对上述主题皆有充分了解。这就是意大利事务的状况。

德米特里乌斯焦急地等待着派到他这里来的信使抵达。[①]

五、亚洲事务

［16］阿尔塔克西亚斯（Artaxias）想要杀死……但是，他听取阿里阿拉特斯五世的建议，没有这样做，结果他比以前更敬重这位国王。这就是正义的力量，这就是好人的建议的力量。凭借

---

① 此处的背景可能是德米特里乌斯遣狄奥多洛斯到吕西亚或特里波利斯。

这两种力量，我们不仅可救护朋友，甚至可救护敌人，他们的天性也会因此变好。

俊美是比任何信件都好的推荐信。

六、埃及事务

托勒密两兄弟的内讧

［17］之后，小托勒密和罗马代表一同抵达希腊，雇佣了一支强大的雇佣兵，其中有马其顿人达马西普斯（Damasippus），此人在法库斯（Phacus）①谋杀议事团成员后，带妻子及家人从马其顿出逃。抵达罗德岛的佩莱亚后，小托勒密得到当地民众热情接待，然后准备航往塞浦路斯。托夸图斯及其同僚看到小托勒密召集这样一支强大的雇佣军，告诉他元老院给他们的指示，即不动用武力帮助他拿到塞浦路斯，最后说服他至迟到西得（Side）解散雇佣军，放弃武力攻占塞浦路斯的企图，与他们在昔兰尼边界会合。罗马代表说，他们将先去亚历山大里亚，劝说托勒密六世服从元老院的要求，届时他们也将随同托勒密六世到昔兰尼边界与小托勒密会面。小托勒密被这些说法说服，放弃武力攻占塞浦路斯的企图，解散雇佣军，首先由达马西普斯和罗马代表之一格奈乌斯·科涅利乌斯·曼卢拉陪同前往克里特。小托勒密在克里特召集一支约1000人的部队，启程航往利比亚，在阿比斯（Apis）登陆。

［18］托夸图斯和其他代表抵达亚历山大里亚后，试图劝说托勒密六世与小托勒密和解，把塞浦路斯岛让给他。这位国王时而同意时而拒绝，以此拖延时间。他的弟弟小托勒密此时已按照约定率克里特人部队在阿比斯附近扎营，一直没有收到罗马代表

---

① 法库斯是佩拉城南面的一处要塞。公元前168年，皮德纳战役后，马其顿被划分为四个共和国，其中第三共和国的议事中心位于该处要塞。

的消息，非常不安，遂派格奈乌斯·科涅利乌斯·曼卢拉前往亚历山大里亚，心想此人会把托夸图斯和其他代表带来。但是，格奈乌斯·科涅利乌斯·曼卢拉行动迟缓，时光飞逝，小托勒密过了40天仍没有收到任何消息，不知道接下来该怎么办。

这是因为托勒密六世用各种各样的殷勤讨好赢得罗马代表们的支持，把他们强留在身边。与此同时，昔兰尼人已经叛乱的消息传来，且周边各城皆同情昔兰尼人。小托勒密出访罗马前，命一个名叫托勒密·苏姆佩特西斯（Ptolemy Sympetesis）的埃及人掌管昔兰尼，此人这时也加入叛乱。小托勒密得知此消息后，很快又获悉昔兰尼人已经控制整个地区，唯恐自己会因得到塞浦路斯而丢失昔兰尼，遂将其他要事放在一旁，立即率军朝昔兰尼挺进。抵达名叫大斜坡（Great Slope）①的地方后，他发现利比亚人和昔兰尼人已经控制通道。小托勒密震惊不已，命一半兵力乘船绕过通道，来到敌人身后，他本人则率另一半兵力直接仰攻大斜坡。利比亚人在前后夹击下溃逃并放弃通道，小托勒密占领斜坡和斜坡底下名叫四塔楼（Four Towers）的地方，四塔楼水源充沛。

小托勒密从四塔楼出发，经六天行军穿过沙漠。摩库里诺斯（Mochyrinus）率领舰队沿着海岸与小托勒密齐头并进，直到他发现昔兰尼人的大营，那里有8000名步兵和500名骑兵。昔兰尼人从小托勒密在亚历山大里亚的种种行为已熟知他的品性，知道他的统治和性情完全是一位僭主而非王者的做派，所以绝不愿服从他的统治，决心不惜一切代价争取自由。因此，小托勒密率军抵达后，双方立即交战，最后小托勒密战败。

[19] 这时，格奈乌斯·曼卢拉从亚历山大里亚抵达，告知小托勒密他的兄长没有答应任何要求，而是坚持必须遵守原先的协定。小托勒密闻此立即任命他的兄弟康马诺斯（Comanus）和托勒密（Ptolemy）为使节，派他们同格奈乌斯·科涅利乌斯·曼

---

① 今埃及和利比亚边境的塞卢姆（As-Sallum）。

卢拉一同前往罗马,向元老院通报他的兄长的自私贪婪、蔑视元老院命令的行为。与此同时,托勒密六世派托夸图斯和其他罗马代表离开,后者没有达成任何目标。这就是亚历山大里亚和昔兰尼的状况。

七、意大利事务

托勒密两兄弟的使节在罗马

[20]这时,康马诺斯和他的兄弟托勒密作为小托勒密的使节抵达罗马,阿拉班达的曼努鲁斯作为托勒密六世的使节抵达罗马。两个使团进入元老院后进行了长时间的激烈争吵,托夸图斯和曼卢拉证实小托勒密使团的陈述真实后,热情地支持他。元老院决定:曼努鲁斯必须在五天内离开罗马;罗马与托勒密六世的盟约终止;立即派代表告知小托勒密元老院的决定。普布利乌斯·阿普斯提乌斯(Publius Apustius)和盖乌斯·兰图鲁斯(Gaius Lentulus)被任命为代表,立即乘船前往昔兰尼,告知小托勒密元老院的重要决定。小托勒密获悉后大受振奋,立即召集部队,完全专注于攻占塞浦路斯。这就是意大利的状况。

八、利比亚事务

马西尼萨和迦太基

[21]马西尼萨看到小苏尔忒斯(Lesser Syrtis)的滨海地区城邑众多,名叫厄姆珀里亚(Emporia)的地区土地肥沃,垂涎于这个地区的巨额税收,多年来试图从迦太基手中夺取这个地区。迦太基人由于长期的和平,一直武备虚弱,已变得虚弱不堪。马西尼萨很容易就控制开阔的乡野地带,但是,他没法控制那些城

邑,因为它们受到迦太基人小心翼翼的防卫。

双方于是将争端诉诸罗马元老院裁决,双方大批使节往来罗马,而迦太基使节总是输,这倒不是因为他们不对,而是因为裁决者们认为反对迦太基符合他们的利益。迦太基人对争议地区的主张完全正当,因为马西尼萨本人数年前率军追击反叛他的阿夫忒拉(Aphther)时,曾恳请迦太基人允许他穿过这个地区,从而承认他无权主张自己占有这个地区。但是,由于罗马元老院的偏袒,迦太基人最后陷入这样的困境,他们不仅丧失这个地区和境内城邑,而且还要向马西尼萨额外赔偿500塔兰同,用来支付双方自争端爆发以来该地区的税收。

九、意大利事务

埃米里乌斯·保卢斯和小斯基皮奥

[22] 卢西乌斯·保卢斯一生的正直诚实最引人注目、最辉煌的证据,在他死后变得有目共睹。因为他生前所拥有的崇高声誉,在他去世之后依然存在,可以说这是美德的最好证明。这个人从西班牙带回罗马的金子比他的同代人都多,他当年有权支配马其顿的巨额财富,可以随意使用那些钱,但在他去世后,他的家庭却极为贫穷,以至他的儿子们无法向他的妻子支付遗产,不得不变卖一些财产。关于这件事,我已详细叙述过。[①] 我们甚至可以说,在这个方面最受尊敬的古希腊人都相形见绌。如果拒绝碰触贿赂者提供的金钱是一件令人钦佩的事——据说雅典的阿里斯泰德斯和忒拜的埃帕米农达斯这样做过,如果一个人有权支配一个王国,有权随意处置那个王国的财富,但他竟然没有一分钱,这个人该多么令人钦佩?

---

① 参18.35。

如果有人觉得此事不可思议，我建议他好好想想，本书的作者深知这部作品将被罗马人精读，这部作品包括他们最辉煌的功业，他们绝不可能忽视事实，或愿意原谅任何远离真实的叙述。所以，没有谁会心甘情愿把自己暴露在怀疑和蔑视之下。读者在这部作品中读到对罗马人的任何惊人叙述时，都应牢记这一点。

[23] 现在，我的叙述进度和时间要求我们特别关注这个家族，我希望满足读者的好奇心，履行我在前一卷做出的许诺，即我将叙述小斯基皮奥如何、为何在罗马声名鹊起，他的声望何以在短时间内变得如此辉煌，还要叙述他与本书作者何以变得如此密切，以至关于他们二人的说法不仅遍布意大利和希腊，而且远播更遥远的地区，甚至他们二人的友谊和交往成为天下人争相探究之事。

我已解释过，珀律比俄斯与小斯基皮奥的相识源于一些书籍和二人关于它们的谈话。他们变得愈来愈亲密，当那些阿凯亚人质要被送往意大利各城时，卢西乌斯·保卢斯的两个儿子昆图斯·马克西姆斯和小斯基皮奥急切地恳求裁判官允许珀律比俄斯留在罗马。此事做成后，他们之间的交往越来越密切，二人间发生下面的插曲。有一次，他们一起从法比乌斯的家中出来，法比乌斯碰巧拐个弯前往广场讲坛，珀律比俄斯和小斯基皮奥则朝相反方向走去。法比乌斯走远后，小斯基皮奥脸色微红，用平静且温柔的声音，对珀律比俄斯说：

> 珀律比俄斯，现在只有我们俩，你为何总是与我的兄长交谈，向他提出所有问题和解释，却忽视我？显然，你对我的看法和我听说的其他同胞对我的看法一样。我听说，人们认为我是一个死气沉沉、懒散的孩子，完全缺乏罗马人应有的那种生机勃勃，因为我不愿在法庭上演说。他们还说，我的这个家族并不需要像我这样的保护者，而是需要相反的那种保护者。这就是我真切的感受。

［24］这个年轻人开启交谈的方式让珀律比俄斯非常惊讶，因为这时小斯基皮奥还不满18岁。[①] 珀律比俄斯说：

> 斯基皮奥，看在老天的份上，不要这样说，千万不要有这种想法。我向你保证，我之所以跟你兄长谈话多，不是因为我轻视你或忽视你，而是因为你的兄长年长些。我以和他交谈开始，又以和他交谈结束，我尤其对他给出答案和建议，是因为我相信你的看法和他一样。不过，你说你因有比家族其他成员更温和的性情而难过，对此我反而更敬重你，因为这表明你志向远大。我本人很乐意尽我所能帮助你在言辞和行动方面配得上你的祖先。至于那些我看到你现在正在从事和感兴趣的研究，你并不缺乐意帮助你的人。因为这类人非常多，我看到他们正从希腊蜂拥而来。但是，关于你刚刚所说的令你困扰的问题，我不认为你能找到比我更有能力的人来促你成长。

珀律比俄斯尚未说完，小斯基皮奥就用双手紧紧地抓住他的右手说：

> 愿我能看到那一天，您把我看得高于一切，将注意力放在我身上，让您的生命与我的融为一体。届时，我会立刻感到我自己配得上我的家族和祖先。

珀律比俄斯看到这个年轻人对他的热情和喜爱非常高兴，但是，想到这个年轻人家族之显赫、成员之富庶，他又感到很窘

---

① 小斯基皮奥出生于公元前185年，因此这个对话场景应该是公元前167年，即珀律比俄斯抵达罗马后不久。

迫。不过，这次交心谈话后，小斯基皮奥变得与他寸步不离，把与他交往看得胜过一切。

［25］从那以后，两人在实际生活中继续向对方证明自己的价值，他们以父子之情或类似关系来看待彼此。

小斯基皮奥的雄心壮志的第一个方面就是过一种德性生活，渴望获得节制之名，在这个方面胜过所有同龄人。这实际上是一种很高的奖品，很难赢得。不过，当时大多数罗马青年皆有一种堕落倾向，要赢得这一奖品不算太难。当时的一些罗马青年已经沉溺于男童之爱，另一些则对妓女们流连忘返，还有很多年轻人热衷管弦之音和纵酒享乐。这时的年轻人挥霍无度，在与珀尔修斯的战争期间，他们很快染上希腊人在这些方面的放纵恶习。事实上，年轻人在这类事情上的放纵如此严重，以致很多人会为一个喜欢的男童豪掷一塔兰同，或为一罐鱼子酱狂掷300德拉克马。

对此，加图有一次在公共演说中痛斥说，当漂亮男童比土地更有吸引力，鱼子酱比农夫更有吸引力时，那便是公共风俗堕落的确切标志。正是在我叙述的这个时期，奢靡放纵之风在罗马开始蔓延，首先是因为罗马人认为马其顿王国覆灭后，他们的天下统治已经不会受到挑战；其次是因为马其顿的财富被转运罗马后，罗马在公共和私人两个领域皆出现大规模的炫富。

然而，小斯基皮奥立志追求相反的生活，与他所有的欲望斗争，把自己的生活塑造得和谐一致，他花费大约五年时间确立起严于律己和节制的名声。接下来，他孜孜不倦，努力让自己在金钱问题上慷慨大方和两袖清风，以区别于他人。在这个方面，他和他的生父一起度过的那段时光对他帮助极大，他天生又有朝正道走的美好冲动。不过，偶然事件对他实现这个决心也帮助极大。

[26] 第一个偶然事件是他的养父之母[①]去世。这个妇人是他生父的姐姐，是他的养祖父斯基皮奥·阿非利加努斯的妻子。小斯基皮奥从这位祖母那里继承一大笔遗产，他对这笔遗产的处理是他崇高道德原则的第一个证据。他的祖母叫埃米莉娅，由于分有斯基皮奥·阿非利加努斯巅峰时的巨额财富，无论何时，只要去参加妇人们参与的那些典礼仪式，她的排场都极尽奢华。撇开她服饰之华美、车驾之精美不谈，她的所有篮子、杯子和其他用来献祭的器皿都非金即银，在这类庄严场合都要带上，以至车队绵延，随她出行的女仆和男仆更是数不胜数。

埃米莉娅去世后，所有这些奢华的器具皆被小斯基皮奥送给他的生母，[②]后者当时已与他的生父分开多年，且她的收入不足以维持与她的地位相配的生活。放在以前，他的生母每逢这样盛大的典礼仪式，都不得不待在家里。现在当一个庄重的公共献祭碰巧举行时，他的生母以埃米莉娅的奢华排场出行，连车驾和赶车人都与埃米莉娅的一模一样。亲眼见证这一幕的所有妇人都对小斯基皮奥的孝心和慷慨赞不绝口，举起她们的双手祈祷诸神保佑小斯基皮奥福乐无双。这样的善行当然在天下各地都会受到称赞，不过在罗马却是一桩奇迹，因为罗马人绝不会平白无故将任何东西给予他人。所以，这是他的高贵品性获得声望的第一个原因，并且这一声望提升很快，因为妇人们喜欢饶舌，她们一旦开始谈论某事，就不可能停下来。

---

① 小斯基皮奥的生父是卢西乌斯·保卢斯，后者的姐姐埃米莉娅（Aemilia）嫁给斯基皮奥·阿非利加努斯。他们的儿子继承父亲的名号，也叫普布利乌斯·阿非利加努斯。由于他没有子嗣，小斯基皮奥过继为子，由此成为斯基皮奥家族的一员。依照过继后的亲属关系，埃米莉娅是小斯基皮奥的奶奶，按照生父一系的血缘关系，埃米莉娅是他的姑姑。

② 小斯基皮奥的生母叫帕皮利娅·马索尼丝（Papiria Masonis），是公元前231年的执政官盖乌斯·马索之女。埃米里乌斯·保卢斯约于前183年与帕皮利娅离婚。两人育有两子两女，其长女嫁给加图之子。

[27] 第二个偶然事件是,他必须支付给斯基皮奥·阿非利加努斯的女儿们即他的养父的姐妹们部分遗产。她们的父亲曾同意给予她们每人50塔兰同,她们的母亲在她们出嫁时已向她们的丈夫支付其中一半,答应在她去世[1]后支付另一半。因此,小斯基皮奥必须向养父的这些姐妹们支付这一欠账。依照罗马法律,这部分嫁妆应在女儿出嫁三年内分三次付清。按照罗马人的习惯,第一次支付应在女方父母去世后的十个月内完成。但是,小斯基皮奥立即命令他的财务管家在十个月内支付全部25塔兰同。当十个月已过,提比略·格拉库斯和普布利乌斯·科尔库卢姆[2]——这两人就是斯基皮奥·阿非利加努斯的女婿——来问小斯基皮奥的财务管家,他是否得到斯基皮奥关于支付欠款的命令。这位财务管家要求他们接受欠款,为他们每人开具转交25塔兰同的凭证。他们说他肯定搞错了,因为依照罗马法律,他们不应该立即收到全部欠款,而是应收到三分之一的欠款。

当这位财务管家告诉他们,这恰恰是小斯基皮奥的命令,他们仍无法相信,前去找这个年轻人,仍旧认为小斯基皮奥一定弄错了。在他们看来,这是太自然不过的事,因为在罗马,不仅没有人会在三年期限到期前就支付全部50塔兰同,就是三年期限规定日期到来前,也绝不会提前支付1塔兰同。罗马人在关于金钱事务的时间精确性方面如此普遍和极端,会利用每一刻来获利。然而,当他俩找到小斯基皮奥,问他是否授意过财务管家那

---

[1] 埃米莉娅于公元前162年年初去世。
[2] 斯基皮奥·纳西卡娶大斯基皮奥的长女,有一子叫普布利乌斯·塞拉皮奥(Serapio);提比略·格拉库斯娶大斯基皮奥次女,生一女两子,分别是塞姆普罗尼娅(Sempronia)、提比略·格拉古、盖乌斯·格拉古。塞姆普罗尼娅嫁给表兄小斯基皮奥,格拉古两兄弟即罗马历史上著名的推行格拉古改革的兄弟俩。斯基皮奥·纳西卡·塞拉皮奥正是公元前133年煽动谋杀提比略·格拉古的主谋。

样的命令,他告诉他们是他命令财务管家向养父的姐妹们支付全部欠款。两位姑父说他大错特错,竭力为他的利益着想,说他有正当权利使用这笔钱相当长一段时间。小斯基皮奥回答说,他很清楚那样做于他有利,若是针对陌生人,他会遵守这条法律,但是,对于他的亲属和朋友,他愿尽其所能表现得不拘法条和慷慨大方。因此,他恳求两位姑父从财务管家处接收整笔欠款。格拉库斯和纳西卡闻此没有再多言,对小斯基皮奥的慷慨惊讶不已,同时对他们自己的吝啬羞赧不已,尽管他们也是罗马数一数二的人物。

[28] 两年后,小斯基皮奥的生父埃米里乌斯·保卢斯去世后,其遗产留给他和兄长昆图斯·马克西姆斯继承。此时,他再次行事高贵,值得一提。由于埃米里乌斯把小斯基皮奥、法比乌斯过继给其他家族,而继承他财产的儿子又早逝,所以他去世时竟没有儿子,因此把财产留给小斯基皮奥和法比乌斯。小斯基皮奥知道他的兄长并不富裕,遂放弃继承,将总计超过60塔兰同的遗产送给兄长,这样,法比乌斯的财富就会与他持平。这件事广为人知,进一步证明他的慷慨。

他的兄长想在父亲葬礼期间举办角斗比赛,① 但是出不起相关费用,因为这种比赛费用很高,一场规模盛大的角斗比赛总花销不低于30塔兰同。小斯基皮奥知道后支付了其中一半的费用。小斯基皮奥生父葬礼结束不久,他的生母去世。② 小斯基皮奥不仅没有收回上文中给予生母的那些礼品,而且把那些礼品外加生母的遗产全部赠予他的姐妹们,他的姐妹们本来没有权利继承它们。所以,当他的姐妹们再次在游行中穿戴和使用埃米莉娅的那些器具和饰品,小斯基皮奥慷慨和爱家人的名声再次

---

① 此类葬礼期间举行的竞赛,最早记录是公元前264年。
② 埃米里乌斯·保卢斯去世于公元前160年,小斯基皮奥生母帕皮利娅去世于公元前160年年底或前159年年初。

如日中天。

从早年就奠定慷慨之名后,小斯基皮奥继续追求节制和品格高贵的名声。通过大约60塔兰同的花费——这笔钱都是从他本人的财产中支出的,他牢固确立慷慨的名声。他实现这一目的,与其说是因为他赠予的财产多,不如说是因为他赠予财产时合乎时宜,赠予的方式又谦和亲切。他获得节制之名并没有花费一分钱,而是远离各种享乐,额外又获得终其一生皆享有的强健身体和充沛精力。正是由于他远离当下即时的享乐,他才拥有这一堪称诸多快乐之原因的基础。

[29] 小斯基皮奥还需要获得勇敢之名,此种德性是所有邦国最重要的德性,不过在罗马尤其重要。勇敢所需要的训练相应地也极为严苛。不过,机运($τ\tilde{η}ς\ τύχης$)又帮助他下定决心进行此种训练。马其顿王室成员一向热衷狩猎,马其顿人又保有最适宜狩猎的苑囿。珀尔修斯战争期间,这些苑囿仍像以前一样被好生照看着,由于事态紧急,那些苑囿长达四年没有人狩猎。战争结束后,埃米里乌斯·保卢斯认为狩猎是年轻人的最佳训练和娱乐方式,就把马其顿王室苑囿交给小斯基皮奥支配,让他全权控制。

小斯基皮奥利用这个机会,将自己置于一个近乎国王的位置。皮德纳战役后,在罗马大军驻留马其顿期间,他把所有时间都花在狩猎上,成为一个非常热爱运动的人,因为他的年龄和体格都适合这种运动,就像一只良种狗,对狩猎的热爱成为他的终生爱好。所以,他返回罗马后,发现珀律比俄斯同样热衷狩猎。当时,其他年轻人则沉溺于法律事务和迎合民众,整日游荡在讲坛,试图讨好民众,而小斯基皮奥则专注于狩猎,凭借高超的、令人震撼的不凡身手,获得远超任何人的声誉。其他年轻人只有通过伤害同胞才能赢得赞扬,这是在法庭上起诉他人的正常后果,而小斯基皮奥从未令任何一个同胞恼怒,只是用他的行动与其他人的言辞竞争,就赢得广泛的勇敢之名。

所以，在短时间内，他就从同代人中脱颖而出，时间之短冠绝古今，尽管他赢得荣耀的路径与那些依照罗马惯例和习俗赢得荣耀的方式截然相反。

[30] 我之所以如此细致描述小斯基皮奥品格的形成，部分是因为我认为这段叙述会令上了年纪的人愉悦，对年轻人来说则大有助益，不过主要原因是想确保接下来几卷中关于他的事迹在所有人看来皆可信。届时读者就会毫不犹豫地把他后来取得的任何令人吃惊的功业当作真实事件接受，同时不会由于不知道任一功业的真实原因，而将他那些辉煌的功业归因于机运。其中，只有极少例外可归功于好运和机运。

这番长篇离题话后，我将言归正传。

十、希腊事务

罗德岛人和欧墨涅斯二世

[31] 罗德岛人一直在其他方面维持他们国家的尊严，这时（前161年）在我看来却略有偏离。他们从欧墨涅斯二世那里接受28万斛谷物，然后将之借出去，用所得利息支付儿子们的教师的薪酬。[①] 一个人若一时困窘，为了不让孩子们因贫困失学，兴许会接受他的友人们的赠予，但是，任何富裕之人最不愿意做的事，就是为了支付子女的教育费用而向友人们乞讨。此外，一个国家应该比个人更有自尊心，公共交易应比私人交易更遵守严格的规范。罗德岛人由于素有富庶之名和著名的自尊感，就更应该这样做。

---

① 罗德岛与欧墨涅斯二世曾经不睦，甚至敌对，但是公元前160年后，由于这一赠予，双方和解。公元前160年是汉文帝后四年。

十一、亚洲事务

[32] 普卢西阿斯二世和亚洲高卢人皆遣使罗马控诉欧墨涅斯二世,后者遣他的兄弟阿塔罗斯出访罗马为自己辩护。阿里阿拉特斯五世给罗马送去10000金币的进贡,并派使节向元老院通报他与提比略·格拉库斯的会面,恳求元老院告诉他需要为他们做什么,因为他很乐意遵从罗马人的全部要求。

德米特里乌斯一世顺从罗马

[33] 曼诺卡勒斯(Menochares)返回安提阿,向德米特里乌斯一世复命,汇报他与提比略·格拉库斯的会谈。这位国王认为,当下最急迫之事就是尽其所能争取提比略·格拉库斯,便把其他次要事务放在一边,立即遣使谒见提比略·格拉库斯,首先到帕姆菲利亚,然后到罗德岛,承诺完全服从罗马人,最后成功让罗马人承认他是塞琉古王国的国王。

事实上,提比略·格拉库斯对德米特里乌斯一世非常友好,因此对他成功夺取王位贡献颇大。德米特里乌斯一世成功登基为王后,立即遣使罗马送去巨额进贡,同时还有杀害格奈乌斯·屋大维的凶手和文法家伊索克拉底(Isocrates)。[①]

---

① 关于此人,参32.2。

第三十二卷

一、意大利事务

阿里阿拉特斯五世和阿塔罗斯二世的使节在罗马

[1] 这时,阿里阿拉特斯五世的使节带着10000金币的贡品抵达罗马,向元老院表达这位国王对罗马人的友好态度。他们求助提比略·格拉库斯为其作证,当后者证实这位国王的使节所言属实后,元老院万分感谢,接受贡品,并回赠他们常常赠予的最尊贵的礼物:王权节杖和象牙椅。然后元老院要求阿里阿拉特斯五世的使节在冬季(公元前160年冬)到来前尽快返程复命。之后,下一年度的两位执政官①就职后,阿塔罗斯二世抵达罗马。普卢西阿斯二世派来的亚洲高卢人代表和来自亚洲的其他几个使团控诉阿塔罗斯二世。元老院听取他们的陈述后,不仅驳回他们的控诉,而且善意满满地送阿塔罗斯返国。他们越是疏远、敌视欧墨涅斯二世,就越对阿塔罗斯二世友好,进而越是增强后者的实力。

德米特里乌斯一世的使节在罗马

[2] 曼诺卡勒斯带领的德米特里乌斯一世的使团带来10000

---

① 公元前159年的罗马执政官是格奈乌斯·多拉贝拉和马尔库斯·诺比利奥尔。

金币献给罗马,同时还押解来杀害格奈乌斯·屋大维的凶手。元老院虽然对如何处理此事一直拿不准,还是接受贡品和使团。不过,他们没有接收押解来的凶手。可是,德米特里乌斯一世不仅送来凶手勒普提涅斯(Leptines),还送来伊索克拉底。此人是那些公开发表激昂演说的文法家之一,天生喋喋不休,爱自吹,令人厌烦,此前在希腊就遭人厌。阿尔凯俄斯(Alcaeus)非常聪明地把他赶走,并在《对照集》(Comparisons)中取笑他。伊索克拉底被迫离开希腊来到叙利亚后,蔑视当地居民,不但不满足于自己的专业领域,而且就公共事务喋喋不休,说格奈乌斯·屋大维被杀是遭到应得的惩罚,其他罗马代表本来也应该被杀死,那样就不会有人向罗马人通报此事,这将制止罗马人对其他邦国颐指气使、毫无限制地发号施令。如我前文所述,正是这类口无遮拦的说法让他陷入险境。

[3]发生在这两人身上的事值得一提。勒普提涅斯杀掉格奈乌斯·屋大维后,立即大摇大摆进入劳迪西亚城,说他之所为正当,且有天意相助。德米特里乌斯一世登基后,他来见这位国王,恳求后者不要由于格奈乌斯·屋大维被谋杀而害怕,不要严厉惩罚劳迪西亚城。他说:"我自己会去罗马,说服元老院相信我之所为是秉承诸神之意而行。"最后,由于他主动且渴望去罗马,他没有戴镣铐、没有被卫兵看守,就被带到罗马。

但是,伊索克拉底听说自己被指控后,完全失去方寸。当镣铐套到他脖子上后,他竟无心进食,毫无心思打理身体。所以,当抵达罗马时,他简直是一个奇观,但凡有人看到他,都会承认从未见过比当时的伊索克拉底更糟糕的身体和灵魂,他已完全变成一个野兽。他的外表非常吓人,与野兽无异。他有一年多的时间没有洗过澡、剪过头发和指甲。从他的表情和乱转的眼珠可清楚看出,他的灵魂已经崩溃,让人感到很恐怖。任何看过他一眼的人都会更愿意接近一只野兽,而非他这个人。

然而,勒普提涅斯坚持初心,准备觐见元老院,向那些质询他的元老直接供认他的罪行，同时坚持认为罗马人不会严厉惩罚他。事实证明，他的判断非常准确。在我看来，考虑到如果犯有谋杀罪的人自首后被惩罚，人们会认为谋杀已遭到罗马人的报复，所以元老院认为不接待这些使节，把不满公开化更好，这样就可在需要的时候利用这些指控。因此，元老院给德米特里乌斯一世的答复是，如果他在位期间的行为令元老院满意，元老院就友好待他。

阿凯亚使团这时[①]也抵达罗马，使团由克塞诺和特勒克勒斯（Telecles）组成，来为那些被押解意大利的阿凯亚犯人求情，主要是为珀律比俄斯和斯特拉提俄斯求情。因为大多数阿凯亚犯人——至少是那些有名气的人——已经按时还清债务。阿凯亚人指示这个使团只向罗马人提出请求，一定要避免与元老院发生任何争执。克塞诺和特勒克勒斯觐见元老院时以合宜的语言陈情，但即便如此也没有得到任何结果。元老院决定让阿凯亚犯人维持原状。

二、希腊事务

吕基斯科斯死后的埃托利亚

[4] 埃托利亚人吕基斯科斯是一个生来好扰乱人心、躁动不安的人。他被杀后，埃托利亚人开始过上和谐一致的生活，只是因为除掉了这个人。所以，人的天性发挥的力量如此之大，不仅是军队和城市，而且是各民族，事实上是组成整个天下的所有不同民族，之所以时而经历极端不幸，时而经历繁荣兴旺，全在于某个人品格的好坏。

吕基斯科斯是一个彻头彻尾的坏蛋，却安详地死去，所以大

[①] 公元前159年初。公元前155年，两人再次出使罗马，请求释放阿凯亚人质；公元前153年，特勒克勒斯单独出使，请求元老院释放阿凯亚人质，均无果。

多数人自然而然会责骂机运，因为它有时让那些最坏的恶棍死得安详，而这种结局本应是对好人和勇士的奖赏。

卡洛普斯在伊庇鲁斯的暴行

[5] 吕基斯科斯死后，埃托利亚的内部纷争被扑灭，整体状况立即改善；康洛奈亚人穆纳西普斯死后，波俄提亚的状况也立即好转；克勒马斯死后，阿卡纳尼亚也发生类似改变。我们几乎可以说，这些堪称希腊的诅咒的恶棍死后，希腊经历了一次涤罪净化。

碰巧在这一年（公元前157年），伊庇鲁斯的卡洛普斯在布伦迪西暴毙。伊庇鲁斯仍像前些年那样毫无秩序、一片混乱，这全部要归咎于卡洛普斯自珀尔修斯战争结束以来犯下的无法无天的残酷暴行。因为在卢西乌斯·阿尼基乌斯处死一些贵族名流，把那些招致罗马人怀疑的人全部押解罗马后，卡洛普斯开始肆无忌惮、随心所欲，要么是本人、要么是通过他的朋友犯下各种罪行。他当时非常年轻，最坏的、毫无道德原则的恶棍聚集在他周围，觊觎别人的财产。他怀揣一种扭曲的信念，即他的一切所为皆有正当理由，又有罗马人的许可。他仰赖与罗马人的密切关系和与穆尔同（Myrton）及其儿子尼卡诺尔（Nicanor）的私交。穆尔同是个老人，父子俩皆有良好品格，公认是罗马人的朋友。

穆尔同父子此前从未犯下任何罪行，但是出于某些理由，他们开始支持卡洛普斯，参与他的罪行。卡洛普斯在市场上公开谋杀一些市民，在他们的房子中谋杀另一些，又派人在乡间别墅和路上暗杀另一些人，没收被杀之人的全部财产。之后，他发明一种策略，剥夺富人的公民权，将其流放，这些富人不仅包括男人，还包括女人。借助这种恐怖政策的威胁，他本人侵吞男人们的财产，他母亲斐洛蒂丝（Philotis）侵吞女人们的——他母亲也是这方面的行家，就运用暴力帮助他而言，没有任何一个人能超过他的母亲。

[6]侵吞包括女人在内的所有富人的财富后,卡洛普斯党的权势如日中天,他们还把所有被剥夺公民权的人带到民众大会。大多数菲尼卡人要么被卡洛普斯吓倒,要么受他引诱而宣布所有被告都不应被流放,而是应被当作罗马的敌人判处死刑。不过,所有被告最后还是被流放。卡洛普斯带着大量金钱奔赴罗马,此外还带着穆尔同,希望元老院批准他无法无天的暴行。

这是罗马人树立他们崇高原则的范例、向寓居罗马的希腊人——尤其是被关押在罗马的希腊人——展示他们的崇高原则的绝佳机会。时任大祭司并且是首席元老的马尔库斯·勒庇都斯(Marcus Aemilius Lepidus)①和击败珀尔修斯且拥有极高威望和影响的卢西乌斯·埃米里乌斯·保卢斯听说卡洛普斯在伊庇鲁斯的暴行,禁止他进入元老院。②这个消息四处传播,寓居罗马的希腊人听闻后喜出望外,认识到罗马人憎恶邪恶。之后,当卡洛普斯经过运作得以觐见元老院时,元老院既没有应允他的要求,也没有同意给他一个确定的答复,而是决定派代表去伊庇鲁斯调查发生的事。然而,卡洛普斯在离开罗马返回伊庇鲁斯的路上,极力篡改这个答复,编造出一个与他相宜的答复,并到处宣扬罗马人赞同他在伊庇鲁斯的所作所为。

三、意大利事务

[7]雅典使团和代表提洛人的阿凯亚使节忒阿里达斯(Thearidas)③和斯特法诺斯(Stephanus)抵达罗马。提洛岛被割让给雅典后,作为对罗马所派使节的回应,提洛岛人带着财产撤离该岛,迁往阿凯亚,变成阿凯亚公民,并宣称他们对雅

---

① 关于此人,参16.34;22.3;28.1。
② 此事发生于公元前160年春,当时埃米里乌斯·保卢斯还活着。
③ 忒阿里达斯是珀律比俄斯的兄长。

典人的诉讼应与雅典人与阿凯亚人之间的惯例一致。雅典人否认他们与阿凯亚之间的惯例适用于提洛岛人,提洛岛人则宣称他们有权报复雅典人。这就是他们遣使罗马的原因,得到的答复是对提洛岛人的所有安排都应由阿凯亚人依照他们的法律作出。

四、帕加马事务

[8]欧墨涅斯二世已经失去身体的全部活力,但他杰出的精神品质仍完好。① 在大多数事务上,同时代的王公没有一位超过他;在那些最重要、最光荣的事务上,他要比任何君王都更伟大、更杰出。其杰出事迹如下。第一,他从父亲那里继承王位时,帕加马王国的疆域范围仅限于少数几座小城。在他治下,帕加马扩张到可与同时代最大的邦国抗衡的面积,而他取得这一成就主要不是靠机运或任何形势的突变,而是靠他本人的机敏、勤勉和治国能力。第二,他非常渴望赢得声誉,不仅对希腊城市的赠予远超同时代的任何君王,而且帮助很多个人变得富裕。第三,他有三个与他年龄和能力相差无几的兄弟,但是,他成功地让他们成为自己王权尊严的忠实护卫者和辅助者,这是一项极其罕见的成就。

五、意大利事务

法尼乌斯出使达尔马提亚

[9]由于伊萨人② 不断遣使罗马,抱怨达尔马提亚人频繁蹂

---

① 欧墨涅斯二世驾崩于公元前158年。
② 关于伊萨城,参2.11,达尔马提亚海岸外的一个岛,位于法洛斯岛西边。

躏他们的土地和与他们结盟的城市厄培提昂（Epetium）和特拉基里昂（Tragyrium），道尔西人（Daorsi）也对达尔马提亚人提出类似指控，元老院决定派遣盖乌斯·斯特拉波（Gaius Fannius Strabo）[1]领衔代表团前去调查伊利里亚的状况，尤其是达尔马提亚人的行为。普勒拉图斯活着时，达尔马提亚人服从这位伊利里亚国王，但是在他驾崩、根忒俄斯继位后，他们叛离根忒俄斯，进攻周边部落，掠夺邻族人口，有一些部落甚至要向他们献上牛群和谷物作为贡赋。这就是法尼乌斯出使的对象。

［10］阿里阿拉特斯五世抵达罗马时还是这年夏天（公元前158年）。[2]待这年冬季执政官塞克图斯·凯撒（Sextus Junius Caesar）和卢西乌斯·奥瑞斯特斯（Lucius Aurelius Orestes）[3]就职后，阿里阿拉特斯五世私下与他们不断会面，并调整他的衣着和随从以适应当时窘迫的处境。米提阿德斯（Miltiades）也作为德米特里

---

[1] 公元前161年的罗马执政官。

[2] 阿里阿拉特斯五世被德米特里乌斯一世驱逐，后者扶植奥洛斐涅斯为卡帕多西亚国王。
公元前161年是汉文帝后三年。春二月，文帝巡游代国。汉文帝后四年（公元前160年），五月，大赦天下，释放朝廷官方奴婢为平民，文帝巡游雍地。这一年，匈奴老上单于死，其子即位，为军臣单于。汉文帝后五年（公元前159年），春正月，文帝巡游陇西；三月，巡游雍地；七月，巡游代地。汉文帝后六年（公元前158年）冬，匈奴以三万骑兵进攻上郡，以三万骑兵进攻云中郡。文帝任命中大夫令免为车骑将军，屯守飞狐（今河北涞源县境内）；任命原楚国丞相苏意为将军，屯守句注（今山西代县西北）；任命将军张武屯守北地郡；任命河内郡太守周亚夫为将军，驻扎细柳；任命宗正刘礼为将军，驻扎霸上；任命祝兹侯徐厉为将军，驻扎棘门，以防备匈奴。汉军出塞攻匈奴，匈奴远遁，汉军作罢。参《汉书·文帝纪》，前揭，页130–131。

[3] 公元前157年的罗马执政官。
这一年是汉文帝后七年。夏六月己亥，文帝驾崩，时年四十六岁，在位二十三年。太子刘启即位，为汉景帝，时年三十一岁。参《汉书·文帝纪》，前揭，页131。

乌斯一世的使节抵达罗马，审时度势地发表演说，因为他准备为德米特里乌斯一世攻击阿里阿拉特斯五世辩护，以最恶毒的言辞指控后者。奥洛斐涅斯也派遣提摩忒俄斯（Timotheus）和狄奥根涅斯（Diogenes）为使节，给罗马送来一大笔贡品，提出缔结新盟约，主要使命是与阿里阿拉特斯五世对质并指控他，为自己辩护。

在私下会面中，狄奥根涅斯和米提阿德斯及其同僚给人更深刻的印象，因为他们是多对一，而且外表也更阔绰，与阿里阿拉特斯五世的窘迫形成鲜明对照。他们在陈述论点时还有一个决定性优势，即他们有勇气断言任何事，敢于面对任何争论，完全无视真实，且对自己的言论不负任何责任，因为没人能反驳他们。所以，谎言毫无困难地取得胜利，他们的使命似乎正在如愿完成。

六、亚洲事务

[11] 因贪图钱财而送命的人不在少数，其中卡帕多西亚国王奥洛斐涅斯就是这一激情的牺牲品，他还因此丢掉他的王国。现在，已简短叙述过阿里阿拉特斯五世复位一事后，我将遵循这部作品的整体叙述框架，回归常规叙述进程。针对眼下这个事例，我会略过希腊事务，插入与卡帕多西亚相关的亚洲事务，因为我找不到任何正当办法把阿里阿拉特斯五世离开意大利与他复位掌权分开。因此，我接下来将回到同一时期希腊发生的事件，其中发生在奥罗普斯（Oropus）城的事件尤为独特和奇怪。我将简要叙述整个事件，部分回顾过去，部分涉及将来。因为这件事相当零散，非常不清晰，所以我不会根据时间顺序来叙述它，这只会使叙述既模糊又无关紧要。如果整体似乎不值得密切关注，那么依照不同时间顺序断断续续把事件告诉学生，又怎么会有学生把它当作一个真正值得研究的

对象？

大多数情况下，人兴盛发达时，会团结一致、相处和睦；失败时，他们就对事情急躁，对朋友易怒暴躁。这就是奥洛斐涅斯的情形。在形势变得对他不利时，他与忒奥提摩斯（Theotimus）开始互相指责。

珀律比俄斯说，奥洛斐涅斯统治卡帕多西亚的时间很短，在统治期间蔑视当地的传统习俗，引入爱奥尼亚精致的放荡风俗。（雅典奈乌斯，10.440B）

[12] 阿塔罗斯二世继承他兄长欧墨涅斯二世的王位后，展示他的原则和政策的第一个事例就是帮助阿里阿拉特斯五世复国。

七、意大利事务

决定对达尔马提亚人开战

[13] 盖乌斯·法尼乌斯和别的代表从伊利里亚返回后，向元老院报告说，达尔马提亚人根本不赞同改正控诉者们所抱怨的种种恶行，他们甚至不听罗马代表的申诉，说他们与罗马人无话可说。代表团还说，达尔马提亚人没有给他们安排居所，没有为他们提供饮食，甚至抢走他们带去的马匹。若非他们见形势不对，悄悄离开，达尔马提亚人还准备对他们动粗。元老院全神贯注听完代表们的汇报，对达尔马提亚人的顽固和无礼非常愤怒，决定对马尔提亚人开战。

不过，他们做出这一决定的主要动机是，他们认为当时是对达尔马提亚人开战的绝佳时机。理由如下。首先，自从驱逐法洛斯的德米特里乌斯[①]后，他们没有在面朝亚得里亚海那一侧的伊

---

① 公元前219年的事，参3.19。

利里亚地区确立据点；其次，他们也不希望由于长期和平，意大利人的精神变得柔弱，毕竟自珀尔修斯战争和他们在马其顿的征战以来，已经过去十二年。因此，元老院决定对达尔马提亚人开战，一来重新激活他们军队的尚武之风和好战之气，二来通过打击伊利亚人，强迫他们服从自己的命令。这就是罗马人对达尔马提亚人开战的原因，而他们对天下公开给出的开战理由是，他们的使节遭到达尔马提亚人的侮辱。

［14］这时，伊庇鲁斯的掌权派和放逐派的使节分别抵达罗马。待他们一起觐见元老院后，元老院给出下述答复：他们将授意他们正派往伊利里亚、由盖乌斯·玛尔基乌斯·费古鲁斯[1]领衔的代表团处理此事。

八、普卢西阿斯二世与阿塔罗斯二世的战争

［15］普卢西阿斯二世击败阿塔罗斯二世[2]后，在前往帕加马城的路上，在医神庙举行盛大献祭，献祭物品中有多头公牛。他们得到吉兆，当天返回大营。但是，第二天，他率大军抵达尼克弗里翁（Nicephorium），[3]摧毁诸神的所有庙宇和圣区，掳走所

---

[1] 关于盖乌斯·玛尔基乌斯，参28.16；公元前156年，他担任执政官。

[2] 战争爆发于公元前156年，次年结束。

这一年是汉景帝元年。春正月，景帝下诏说："近来连年收成不好，百姓多有缺粮的，有的甚至饿死在路上，我非常痛心。各地有的土地贫瘠狭窄，无法种植五谷、养蚕种桑，也无法放牧六畜；有的地区地广土肥，草木茂盛，又有水利之便，却不能迁徙。现在商议一下，百姓中想要迁徙到土地宽广肥沃的地方去的，就听从他们的意愿吧。"夏季四月，大赦天下。所有百姓赐给爵位一级。景帝派遣御史大夫青翟到代地的边境，与匈奴和亲。五月，下令田租减半征收。参《汉书·景帝纪》，前揭，页140。

[3] 参16.1和18.2。

有青铜和大理石雕像，最后还掠走医神雕像，那是斐洛马科斯（Phyromachus）的一件艺术杰作，而他前一天才向医神奠过酒、献过祭、祈过祷，祈求医神百般垂怜和护佑他。

我在谈论腓力五世类似行为的场合，①曾说只有疯子才能做出这样的行为。因为他一边向医神献祭，祈求这位神的护佑，虔诚祭拜这位神的祭桌和圣坛，如普卢西阿斯二世常常像女人那样屈膝礼敬，一边却转过头就破坏这些东西，通过毁坏它们招致医神的愤怒，这种行为只能被描述为一个精神错乱的疯子的行为——普卢西阿斯二世的所为就属此列。

在这次进军行动中，普卢西阿斯二世没有干一件配得上男人的事，对神和对人都表现得怯懦不堪和女人气十足，然后率军撤往厄莱亚。试图偷袭厄莱亚没有成功，然后实施几次毫无效果的攻击后——因为阿塔罗斯二世的奶兄弟索萨德罗（Sosander）②率部分兵力进入该城，成功抵抗了他的攻击——普卢西阿斯二世率军撤往图阿特拉（Thyateira），途中还在西耶拉·康摩（Hiera Come）劫掠阿尔忒弥斯神庙，又在特姆诺斯（Temnus）附近烧毁阿波罗·库内俄斯（Apollo Cynneius）的圣地。取得这些壮举后，他返回比提尼亚，不仅对凡人作战，而且对诸神作战。撤军过程中，他的步兵吃尽饥饿和痢疾之苦，他的那些恶行似乎立即就遭到天谴。

［16］阿塔罗斯二世被普卢西阿斯二世击败后（公元前156年），任命他的兄弟雅典奈俄斯为使节，与普布利乌斯·兰图鲁斯（Publius Cornelius Lentulus）一同前往罗马，向元老院报告实情。因为安德洛尼科斯（Andronicus）之前出使罗马告知元老院普卢

---

① 参16.1。

② 索萨德罗娶阿塔罗斯一世的堂兄弟之女为妻，辅佐欧墨涅斯二世和阿塔罗斯二世兄弟几十年。公元前158年，阿塔罗斯二世让他成为王国内阁中仅次于国王、王弟雅典奈俄斯的三号人物。

西阿斯二世的初次攻击时,元老院没有重视他的报告,反而怀疑阿塔罗斯二世想攻击普卢西阿斯二世,通过对普卢西阿斯二世提出虚假指控,为攻击这位国王提供借口。当时,尼克莫德斯(Nicomedes)[①]和普卢西阿斯二世的使节安提斐卢斯(Antiphilus)向元老院保证,安德洛尼科斯所言子虚乌有,元老院就更不愿意相信安德洛尼科斯的报告。但是,不久之后,同样的报告一再送达,元老院才开始怀疑,遂派卢西乌斯·萨图尔尼努斯(Lucius Apuleius Saturninus)和盖乌斯·佩特罗尼乌斯(Gaius Petronius)为代表,前去调查两位国王的关系。[②]

[①] 普卢西阿斯二世之子,于公元前149年继承比提尼亚王位,称尼克莫德斯二世,在位时间是公元前149年至前127年。

[②] 从前后文看,应该是三位代表,另一位是普布利乌斯·兰图鲁斯,这样,雅典奈俄斯才与兰图鲁斯一同赴罗马报告战况。

第三十三卷

一、意大利事务

普卢西阿斯二世和阿塔罗斯二世的战争

[1.1–2] 当时尚是冬季（公元前156冬），元老院听取普布利乌斯·兰图鲁斯关于普卢西阿斯二世的报告——因为这位代表刚刚从亚洲返回——然后召见阿塔罗斯二世的兄弟雅典奈俄斯。不过，他们没有问询太多，立即任命盖乌斯·肯图（Gaius Claudius Cento）、卢西乌斯·霍腾西乌斯（Lucius Hortensius）和盖乌斯·奥伦库雷乌斯（Gaius Aurunculeius）为代表，与雅典奈俄斯一同前去阻止普卢西阿斯二世对阿塔罗斯二世动武。

被拘押意大利的阿凯亚囚犯的使节

[1.3–8] 阿凯亚人再次遣使罗马，使团由埃吉翁人克塞诺和埃格拉人特勒克勒斯组成，代表被拘押意大利的阿凯亚囚犯而来。两人在元老院陈情后，元老院几近同意释放那些囚犯。那时那些囚犯之所以没有得到自由全赖奥卢斯·珀斯图米乌斯·阿尔比努斯，① 此人当时是裁判官，主持元老院相关事宜。当时有三

---

① 公元前155年的市政裁判官，在两位执政官不在罗马时，主持罗马事务。这一年是汉景帝二年。秋，前一年进行的和亲事宜，至此完成。见《汉书·景帝纪》，前揭，页141。

个选项，第一是支持释放阿凯亚囚犯，第二是反对释放，第三是推迟释放，大多数元老支持释放。奥卢斯·珀斯图米乌斯跳过第三个选项，直接质问道："谁支持释放，谁反对？"结果，那些本来支持推迟释放的加入反对释放的一派，从而出现大多数元老反对释放的结果。这件事就是这样。

雅典使节

［2］雅典人派出三位哲人作为他们的使节出使罗马，意图请求罗马减免雅典因抢劫奥罗普斯城被强加的罚款，罚款数额是500塔兰同。① 这三位哲人有一个差异值得注意。三位哲人分别是学园派的卡尼阿德斯（Carneades）、廊下派的狄奥根涅斯（Diogenes）和逍遥派的克里托劳斯（Clitolaus）。三位哲人觐见元老院时，雇佣盖乌斯·阿基里乌斯（Gaius Acilius）② 当翻译，他们三个此前都在民众面前展示过他们的演说技艺。普布利乌斯·鲁提里乌斯·儒福斯（Publius Rutilius Rufus）③ 和珀律比俄斯告诉我们，这三位哲人的风格各不相同，都值得敬重。他们说："卡尼阿德斯激情昂扬，语速极快；克里托劳斯技艺娴熟，一气呵成；狄奥根涅斯肃穆持重，谦虚温和。"（奥卢斯·格利乌斯，《阿提卡之夜》，7.14.8–10）

阿凯亚囚犯

［3］使团从罗马返回阿凯亚，报告说拘押意大利的囚犯有望很快返回。民众变得精神振奋、兴高采烈，立即派特勒克勒

---

① 此次出使取得成功，罚款被减免到100塔兰同。

② 罗马元老，一位史家。

③ 公元前105年的罗马执政官，也是一位史家。珀律比俄斯当时仍在罗马，可能听过这三位哲人在罗马的公开讲演。

斯·阿纳克西达摩斯（Anaxidamus）再次出使罗马。这就是伯罗奔半岛的状况。

二、罗德岛事务

[4]罗德岛将军阿里斯托克拉底（Aristocrates）仪表庄重、威风凛凛，罗德岛人由此认为他们有一位能干的战争统帅。但是，他们的希望落空。事实证明，阿里斯托克拉底经过实践检验后，就像劣币经受火的考验，立即露出真面目。

三、塞浦路斯事务

[5]德米特里乌斯一世承诺，如果阿尔克亚斯（Archias）交出塞浦路斯岛，会给他500塔兰同，并告诉他如果这样做，他将得到的其他好处和荣誉。托勒密六世获知阿尔克亚斯已经抵达……阿尔克亚斯打算把塞浦路斯出卖给德米特里乌斯一世，但是，此事被托勒密六世发现，后者立即派人逮捕了他，他被迫用门帘勒死了自己。这应验了那句俗语，由于贪婪，"蠢人办蠢事"。他想得到那500塔兰同，结果不仅没有得到钱，而且丢了性命。

四、阿里阿拉特斯五世

[6]大约同时，一个出人意料的灾难降临在普利涅人（Priene）身上。奥洛斐涅斯掌权时，该城曾从他那里得到400塔兰同保证金。阿里阿拉特斯五世复国后，要求普利涅人归还这笔钱。在我看来，普利涅人这时的立场是正当的。除奥洛斐涅斯外，他们拒绝把这笔钱还给其他任何人，很多人认为阿里阿拉特斯无权索要这笔不是他本人给予的保证金。不过，有人可能会在

某种程度上谅解阿里阿拉特斯五世的这个举动，原因是他认为这笔钱属于他的王国。但是他索取这笔钱的做法因受愤怒驱使而太过极端，且运用暴力手段，在我看来，很不正当。

在我叙述的这个时刻，他在阿塔罗斯二世的鼓励和帮助下派遣一支军队蹂躏普利涅人的土地。阿塔罗斯二世之所以这样做，是因为他与普利涅人也有冲突。在损失众多奴隶、牛群，城市周边的房舍又被夷为平地后，普利涅人发现无法自卫，立即遣使罗德岛，请求罗德岛人代他们向罗马求助，但是罗马人没有理会他们的请求。普利涅人对自己能获得这么一大笔钱寄予厚望，结果恰恰相反。因为他们把这笔钱还给奥洛斐涅斯，却由于这笔钱遭到阿里阿拉特斯五世极不公正的巨大伤害。

五、意大利事务

阿塔罗斯二世和普卢西阿斯二世

［7］霍腾西乌斯和奥伦库雷乌斯从帕加马返回，向元老院汇报普卢西阿斯二世如何蔑视元老院的命令，如何背信弃义地把罗马代表和阿塔罗斯二世封锁在帕加马城内，如何犯下种种无法无天的恶行。元老院非常愤怒，对他的行为愤慨不已，立即任命以卢西乌斯·阿尼基乌斯、盖乌斯·法尼乌斯、昆图斯·法比乌斯·马克西姆斯为首的十人团前往亚洲。他们的使命是终止这场战争，迫使普卢西阿斯二世为在战争期间对阿塔罗斯二世的所有伤害进行赔偿。

利古里亚战争

［8］大约同时，马赛的使节抵达罗马，他们一直遭受利古里亚人的侵犯，现在已被完全包围，安提波斯（Antibes）和尼凯亚

(Nicaea)两城正被围攻。① 马赛人因此遣使罗马通报此事,请求援助。他们觐见元老院后,元老院决定派代表去调查当地状况,企图通过规劝纠正蛮夷的不当行为。

[9] 马赛使团在元老院控诉利古里亚人的行为后,元老院立即任命弗拉米尼乌斯·莱纳斯(Flaminius Popilius Laenas)和卢西乌斯·普皮乌斯(Lucius Pupius)为代表。在马赛使团陪同下,罗马代表抵达奥克苏比(Oxybii)境内一座名叫埃基特纳(Aegitna)的小城。利古里亚人获悉罗马代表前来是要命令他们解围,便派人阻止已经停泊的船只上岸,但他们发现弗拉米尼乌斯已经上岸,行李也已搬下船,当即命令他离开此地。弗拉米尼乌斯拒绝后,他们开始抢夺他的行李。弗拉米尼乌斯的奴隶和自由人随从紧紧护着行李,阻止其被夺走,利古里亚人转而驱赶和攻击他们。弗拉米尼乌斯跑过来帮助自己人,利古里亚人打伤他,把他的两个仆人打翻在地,又去攻击船上的人。在这种情况下,弗拉米尼乌斯只得切断缆绳,立即起航逃离危险。之后,他被带到马赛,在那里得到悉心照料。元老院听闻此事,立即派执政官昆图斯·奥皮米乌斯(Quintus Opimius)②率一支大军向奥克苏比和德基厄泰(Decietae)开战。

[10] 奥皮米乌斯令大军在普拉克提亚(Placentia)集结,然后率军穿过亚平宁山,抵达奥克苏比境内。奥皮米乌斯在阿普罗(Apro)河边扎营,等待敌人。听闻奥克苏比人正在集结军队准

---

① 两城皆是马赛人所建。
② 公元前154年的罗马执政官。

这年是汉景帝三年。汉初实行郡国并行制,诸侯国与汉朝廷的矛盾日益激化。汉景帝即位后,在御史大夫晁错的协助下谋划削藩。景帝二年,晁错上《削藩策》,请求削减诸侯封地。景帝三年(公元前154年),吴、胶西、楚、赵、济南、淄川、胶东七国联合叛乱。景帝诛杀晁错向七国谢罪,同时派遣太尉周亚夫、大将军窦婴率军平叛。周亚夫、窦婴击败七国联军,斩首十余万,七国诸侯王皆自杀。参《汉书·景帝纪》,前揭,页142。

备决战，他率军前出到埃基特纳，罗马代表此前就是在此城遭到敌人背信弃义的攻击。他发动猛攻占据此城，将居民卖为奴隶，把那一暴行的罪魁祸首押解罗马。这次胜利后，他率军前去迎战敌人。

奥克苏比人认为他们对罗马代表的攻击不可能得到罗马的饶恕，遂表现出非凡勇气、对战斗的狂热渴望，在德基厄泰未加入前，就聚集一支4000人的部队，向敌人扑去。奥皮米乌斯看到敌人如此勇猛地攻击他，对敌人不要命的劲头非常惊讶。不过，他知道敌人没有充分理由展示他们的英勇，遂对战斗信心十足，因为他是一位经验丰富、才智绝伦的统帅。他引军出营列阵，以与形势相宜的措辞鼓舞士兵，然后缓慢迎向敌人。罗马大军发动猛烈攻击，很快战胜敌人，屠戮众多，其余的敌人转头溃逃。

这时，德基厄泰的全部兵力抵达，本以为自己将与奥克苏比人并肩战斗，但是抵达时，战斗已经结束，他们只得接纳奥克苏比人的逃兵。随后，他们鼓起斗志、下定决心，对罗马大军发动攻击，但是很快失败，立即无条件投降，交出城市。奥皮米乌斯击败这些部落后，将他们的大部分土地划给马赛人，迫使利古里亚人在未来相当长时期内向马赛交付人质。他本人首先解除敌人的武备，让他的大军分散到利古里亚的不同城市过冬。这场战争迅速开始，又迅速结束。

托勒密两兄弟内讧

[11] 元老院派奥皮米乌斯对奥克苏比开战的同时，小托勒密抵达罗马，到元老院控告他的兄长，断言托勒密六世需为谋害他的阴谋负责。他脱掉衣服展示伤口并发表演说。演说通篇极力强调他兄长这一暴行，恳求元老院怜悯他。托勒密六世的使节尼奥莱德斯（Neolaides）和安德罗马科斯（Andromachus）也赶来罗

马，针对这些指控进行辩护，但是元老院根本不听他们的辩护，因为他们已被小托勒密的指控说服。元老院命令托勒密六世的两位使节立即离开罗马，然后任命格奈乌斯·科涅利乌斯·曼卢拉和卢西乌斯·忒尔摩斯（Lucius Thermus）领衔五人代表团前去支持小托勒密；并为每位代表配备一艘五列桨战舰，指示他们重建小托勒密对塞浦路斯的统治。还写信给亚洲和希腊各盟友，大意是他们已允许小托勒密返回塞浦路斯。

六、帕加马事务

[12] 在亚洲，阿塔罗斯二世在这年冬季（公元前155年冬）就开始集结大军。阿里阿拉特斯五世和米特里达特斯四世（Mitthridates IV）[①]也依照盟约派来一支骑兵和步兵大军协助，将领是阿里阿拉特斯五世之子德米特里乌斯（Demetrius）。正当阿塔罗斯二世忙于战争准备时，罗马十人团抵达。双方在卡迪（Cadi）会面交流当下局势后，十人团去见普卢西阿斯二世。与普卢西阿斯会面后，十人团以极具威胁性的方式通报了元老院的决议。普卢西阿斯二世同意服从一些要求，但反对大部分。结果，罗马代表对他非常愤怒，当众宣布断绝与他的友好和盟友关系，然后愤然离场，前去与阿塔罗斯二世会合。

普卢西阿斯二世随即改变主意，急追罗马十人团，恳求他们谅解，但是这一行动毫无效果，他只得看着十人团离去，一时不知所措。十人团要求阿塔罗斯二世首先保卫自己的边界，不要显露敌意，而是首先确保自己的城邑和村庄安全。接下来，十人团分头行动，有的立即启程向元老院报告普卢西阿斯二世抗命拒不服从，有的前往爱奥尼亚，有的前往赫勒斯滂和拜占庭周边。他们都有一个目的，即号召当地邦国放弃与普卢西阿

---

① 本都国王，公元前169年继承兄长法尔纳克斯一世的王位。

斯二世的盟约，从而尽其所能帮助阿塔罗斯二世，加强他的盟友力量。

［13］大约同时，阿塔罗斯二世的兄弟雅典奈俄斯率80艘有甲板战舰抵达，其中5艘四列桨舰来自罗德岛人派往克里特作战的舰队；20艘来自库基库斯，27艘属于阿塔罗斯二世，剩余的则是盟友的。雅典奈俄斯率这支舰队进入赫勒斯滂海峡，抵近那些效忠普卢西阿斯二世的城市，频繁登陆，劫掠它们的土地。

元老院听取返回罗马的代表关于普卢西阿斯二世的报告后，立即派遣另外三位代表阿庇乌斯·克劳狄乌斯（Appius Claudius）、卢西乌斯·奥庇乌斯（Lucius Oppius）和奥卢斯·珀斯图米乌斯（Aulus Postumius）出使亚洲，指示他们调停战争，促使两位国王签订和约，条件是普卢西阿斯二世需立即向阿塔罗斯二世交出20艘有甲板的战舰；赔款500塔兰同，分20年付清；双方保持开战前的边界。普卢西阿斯二世还需弥补对曼图姆纳（Methymna）、①埃盖伊（Aegae）、库迈和赫拉克莱亚（Heracleia）土地的伤害，向这四城赔偿100塔兰同。双方基于这些条件达成和约，阿塔罗斯二世将他的陆军和海军撤回国内。这就是阿塔罗斯二世与普卢西阿斯二世的冲突及其结果。

七、意大利事务

阿凯亚囚犯

［14］这一年（公元前153年），②阿凯亚使团抵达罗马，向元

---

① 位于莱斯博斯岛，公元前155年遭到普卢西阿斯二世舰队的攻击。
② 汉景帝四年，夏四月己巳，立皇子刘荣为太子，立皇子刘彻为胶东王。刘彻时年三岁。参《汉书·景帝纪》，前揭，页143。

老院请求释放拘押在意大利的囚犯，元老院仍旧不同意。

［15］在这年盛夏时节，赫拉克雷德斯（Heracleides）带着劳迪西娅（Laodice）和亚历山大·巴拉斯（Alexander Balas）来到罗马。①他在罗马待了很久，试图通过耍花招和卑劣的阴谋影响元老院。

罗德岛人阿斯图摩德斯时任罗德岛海军将领和使节。他一抵达罗马，就觐见元老院，陈述他们与克里特人的战争。元老院细致听取他的报告后，立即派昆图斯领衔一个代表团前去调停这次战争。

八、罗德岛与克里特的战争

［16］这时，克里特派戈图纳人特勒姆纳斯图斯（Telemnastus）之子安提法塔斯（Antiphatas）出使阿凯亚，罗德岛也派忒奥法涅斯（Theophanes）出使阿凯亚，请求阿凯亚人援助他们。阿凯亚联盟当时正在科林多召开大会。两邦使节分别演说过后，大多数人由于敬重罗德岛本身的自重、这个国家及其民众的整体品质，更倾向于支持罗德岛。安提法塔斯注意到这一倾向，请求再次对大会演说。得到联盟将军允许后，他以比一般的克里特人更庄重、更严肃的措辞发表演说。

实际上，安提法塔斯这个年轻人在品质上完全不像克里特人，完全避开了克里特人缺乏教养的污染。结果，阿凯亚人接受了他的畅所欲言，更主要的原因是他父亲特勒姆纳斯图斯当年曾率500名克里特士兵前来，帮助阿凯亚人打击斯巴达僭主纳比斯，②且在战斗中表现英勇。不过，大多数阿凯亚人听过他的第二次演

---

① 关于赫拉克雷德斯，参28.1；劳迪西娅是安提俄库斯四世的妹妹。亚历山大·巴拉斯声称自己是安提俄库斯四世之子，以此同德米特里乌斯一世争夺塞琉古王国王位。

② 这次战争于公元前192年进行。

说后,仍倾向于帮助罗德岛,直到勒奥提翁人卡里克拉底站起来说,不管是对某国开战还是派兵帮助某国,都需要首先请示罗马人。由于这个原因,大会最后没有做出任何决定。

[17] 罗德岛对事态突转非常不满,采取奇怪的方法和权宜之计,陷入一种类似受长期疾病折磨之人的境况。这类人在小心翼翼地经过全部治疗、恪守医生的全部遗嘱后,依然没有看到好起来的任何迹象,常常对结果非常不满,因而放弃治疗。一些人转而求助祭司和预言师,另一些人求助各种魔法和护身符。罗德岛人的情形与之类似。每当事态与他们的愿望相悖,他们就会敞开接受各种建议,寄望于各种虚幻的希望。实际上,这是很自然的现象,当所有理性行动失败后,我们就会被迫去做某些事,求助于非理性的办法。因此,罗德岛人此时陷入这类境地,以至于他们竟选择一个他们曾嫌弃的、各方面皆行事莽撞的人作为他们的最高官员。

九、意大利事务

小阿塔罗斯、德米特里乌斯和亚历山大·巴拉斯来访罗马

[18] 好几批使团抵达罗马,元老院首先召见欧墨涅斯二世之子阿塔罗斯(Attalus),[①] 此时他还是个孩子。阿塔罗斯进入元老院,赓续他父亲与罗马的友好关系。他得到元老院、他父亲的罗马友人的友好接待、他想要的答复以及与他年龄相宜的荣誉,几天后返国。途中,他所经过的所有希腊城市皆给予他诚挚热烈的接待。

同一时间,德米特里乌斯(Demetrius)[②] 也出访罗马,但没

---

① 即后来的阿塔罗斯三世。
② 应该是德米特里乌斯一世之子。

有得到特别盛大的接待，因为当时他还是个孩子，然后他便返国。赫拉克雷德斯在罗马游荡一段时间后，带着劳迪西娅和亚历山大·巴拉斯觐见元老院。亚历山大·巴拉斯首先以得体的方式陈情，恳求罗马人牢记他们与他的父亲安提俄库斯四世的友谊和盟友关系，请求他们帮助他复国，如果他们愿意的话。如果元老院不愿意帮助，他也请他们不要阻挠那些愿意协助他的人帮助他夺回他父亲的王位。

之后，赫拉克雷德斯发言，首先大肆赞颂安提俄库斯四世一番，然后控诉德米特里乌斯一世，最后提出，元老院应该允许亚历山大·巴拉斯和劳迪西娅返回叙利亚夺回王位，因为他们才是安提俄库斯四世真正的子女。这些话没有说服那些头脑冷静、熟知这一阴谋的元老，他们坦率表达了对赫拉克雷德斯的厌恶。但是大多数元老被这个骗子引诱并说服，最后得出决议，内容如下：

> 亚历山大和劳迪西娅作为我们的朋友和盟友的国王之子女，来到元老院陈情。元老院因此准许他们返国夺回属于他们父亲的王位，并决定帮助他们。

赫拉克雷德斯利用这个决议，立即开始招募雇佣军，聚集一大批杰出之士。抵达以弗所后，他开始忙着为返国争夺王位做准备。[1]

---

[1] 此后，亚历山大·巴拉斯起兵叛乱，自立为王，塞琉古王国随即陷入内战。公元前150年，亚历山大打败德米特里乌斯一世，夺得塞琉古王位，史称亚历山大一世。

十、叙利亚事务

［19］珀律比俄斯在其史书卷三十三告诉我们，德米特里乌斯一世在罗马为质时逃出罗马，然后成为叙利亚的王，嗜酒如命，一天的大部分时间皆处于醉酒不醒的状态。（雅典奈乌斯，10.440b）

无法确定位置的残段

［20］一旦大众过度强烈地爱或恨某人，任何借口都足以让他们执行他们的计划。

［21］但是，我担心那一著名的箴言可能适用于我，而我却不知道："一个人给一头公山羊挤奶与他拿着一个筛子接奶，哪个做法更蠢？"因为可以说，我详细驳斥了那些被公认为谎言的东西，并且驳斥得如此细致，行事方式可谓与之相似。所以，我可能会被告知，我谈论此事纯属浪费时间，除非我想记录梦境，严肃对待某人的白日梦。

第三十四卷

一、主要从斯特拉波处辑取的希腊文残段

关于第三十四卷主题的普遍评述

[1] 那些在通史中分别论述各大陆地理的人，有厄弗儒斯和珀律比俄斯。(斯特拉波，《地理学》，7.1.1 C332)

珀律比俄斯说，至于希腊的地理，如各城的创建、谱系、移民和殖民地的殖民者，欧多克索斯(Eudoxus)[①]已经给出一份不错的论述，厄弗儒斯的论述则更清晰。珀律比俄斯补充道："但是，我将描述各地的实际位置和各地的实际距离，这在地理学方面至关重要。"珀律比俄斯的描述中不仅包括希腊以外各地的陈述，还有希腊内部的广为流行的关于各地距离的错误陈述。(斯特拉波，10.3.5 C465)

史家珀律比俄斯创作过一卷名为《论天球赤道附近有人居住的地区》(*On the inhabited part of the globe under the Celestial Equator*)[②]的书，即讨论热带中部区域的书。他说，这个地区有

---

① 公元前4世纪的数学家、天文学家和地理学家，约公元前400年出生于尼多斯(Cnidus，今土耳其西南部)，公元前347年卒于故乡。欧多克索斯著有一部七卷的《地球巡礼》，该书从亚洲讲起，系统叙述了当时希腊人所知的世界的各个部分。第一卷讲亚洲，第二卷写埃及，第四卷写包括色雷斯在内的爱琴海沿岸地区，第六卷写希腊半岛及北非，第七卷写意大利。

② 可能就是第三十四卷的一节。

人居住，且是一个比热带两侧边缘地区更温和的居住区。他一方面引证那些实地到访过这个地区的人的说法来证明这个事实，另一方面从太阳运动的规律出发论证这个事实。因为在至日，太阳在靠近天球回归线和远离天球回归线时，都会在附近停留很长时间，所以我们可以看到太阳在天球回归线附近停留大约40天；正是因为这个原因，在大约40天内，每天的白昼长度几乎一样。因此，由于太阳在天球回归线以下区域停留时间很长，这个地区[1]被烤炙，由于过热而无法居住。但是，太阳从天球赤道迅速退去，在春分或秋分之后，一天的白昼长度会迅速增加或减少。因此，我们有理由认为，位于天球赤道附近地区的气候更温和，因为太阳在天球赤道附近停留的时间并不长，而是迅速远离天球赤道。所有生活在两条天球回归线之间的人都同等暴露在阳光直射下，但是，太阳在两条天球回归线附近区域停留的时间要比在天球赤道停留的时间长得多。因此，天球赤道附近、热带中部区域比天球回归线附近、热带两侧边缘地区的气候更温和。[2]（盖米诺斯［Geminus］，《天文学的元素》［Elements of Astronomy］，C16）

珀律比俄斯为天球划分出6个区域，其中2个是极圈；2个位于极圈和天球回归线之间；2个位于天球回归线和天球赤道之间。（斯特拉波，2.3.1 C96）

珀律比俄斯对天球区域的划分是错的，如他划定6个区域中有2个极圈，2个位于极圈和天球回归线之间，2个位于天球回归线和天球赤道之间。

---

[1] 指地球热带区域的两侧边缘，大概是赤道南北10°到回归线之间的区域。

[2] 珀律比俄斯的结论是地球赤道两侧附近的气候不如赤道南北10°到回归线之间的区域炎热。

但是，如埃拉托斯忒涅斯（Erathosthenes）[1]所说，天球赤道附近区域气候温和，珀律比俄斯也同意这个观点。不过，珀律比俄斯又补充说，天球赤道附近区域海拔很高，每年季风期间，来自北方的风被高海拔阻挡，因此有降雨——最好假设天球赤道附近区域是第三个窄温带，要比此处介绍的天球回归线以下的区域气候温和。

波塞冬尼俄斯（Poseidonius）[2]反对珀律比俄斯的这个观点，他不认为天球赤道附近区域海拔很高。（斯特拉波，2.3.2 C97）

巴门尼德之后的哲人不认可他对天球区域的划分。如珀律比俄斯和波塞冬尼俄斯认为天球有6个区域，他们把热带区域划分为2个。（阿基里斯［Achills］，《天文学》［*Phaenomena*］，C 31）

论奥德修斯的旅途所经之地，尤其是西西里附近地区

[2] 与荷马不同，他们在没有真理的基础上凭空捏造充满奇事的叙述。事实自然是，如果在谎言中掺入一点真理，它就会更可信。珀律比俄斯在讨论奥德修斯的漫游时，也这样说过。（斯特拉波，1.2.9 C20）

珀律比俄斯对奥德修斯漫游的论述是正确的。他说，给奥德修斯在海峡附近海域指明方向的埃俄罗斯（Aeolus）——因为那

---

[1] 昔兰尼的埃拉托斯忒涅斯（公元前275—前193年），古希腊数学家、地理学家、史学家、天文学家。埃拉托斯忒涅斯首创"地理学"一词，取代传统的"地方志"，著有三卷本《地理学概论》，书中描述了地球的形状、大小和海陆分布。

[2] 叙利亚阿帕米亚的波塞冬尼俄斯，公元前1世纪的廊下派哲人、史家、天文学家。他首先跟随廊下派哲人帕奈提俄斯（Panaetius）在雅典学习，后定居罗德岛。波塞冬尼俄斯所著史书从珀律比俄斯史书结束的时刻写起，叙述公元前2世纪后半叶的天下历史，已散佚。

里的海流双向流动，[①] 由于逆流难以通过——是风的分配者和一国国王，正如达那俄斯（Danaus）第一个在阿尔哥斯发现蓄水池，阿特柔斯（Atreus）发现太阳的运动与诸天体的运动相反；正如那些被宣告为先知和国王的人从牺牲中占卜，埃及祭司、迦勒底人和波斯麻古因某种独特的智慧而有别于其他人，在古代享有独特的地位和荣誉。因此，每个神都被尊为某些有用发明的作者。

由于持这种看法，珀律比俄斯不允许我们把风神埃俄罗斯和奥德修斯的漫游当作神话看待。他说，尽管奥德修斯的漫游就如特洛伊战争一样掺入一些神话因素，但是奥德修斯的漫游被荷马和其他叙述意大利与西西里的史家限定在西西里。珀律比俄斯不赞同埃拉托斯忒涅斯的下述格言：当我们找到缝制风袋的那位老兄，就能发现奥德修斯漫游的路线。珀律比俄斯说，这与斯库拉巨石[②]和捕剑鱼的方法完全一致，荷马如此描述斯库拉：

> 它把头昂出洞外，悬于可怖的深渊，
> 不断地四处窥探搜寻，伺机捕捉，
> 海豚、海豹和其他较大的海中怪物。[③]

在意大利海岸浅滩游泳的金枪鱼一旦被海浪裹挟，偏离路线，便无法靠近西西里的海岸，因为它们将成为大型鱼类的猎物，如成为海豚、鲨鱼和其他大型海洋动物的猎物。通过捕食金

[①] 依照上下文，珀律比俄斯认为此处的海峡指西西里与意大利之间的墨西拿海峡。

[②] 珀律比俄斯认为，斯库拉是墨西拿海峡一侧的巨型岩石，它的对面是所谓的卡律布狄斯大漩涡。

[③] 荷马，《奥德赛》，12.95-97。

枪鱼，被称作箭鱼和老练水手的剑鱼[1]变肥。这种情况与尼罗河或其他河流河水大涨、森林爆发火灾的情形一样，都会发生同样的事情——野生动物聚集在一起躲避火灾或大水，然后被更强大的动物捕食。

[3] 说过这点后，珀律比俄斯描述在斯库拉巨石附近钓剑鱼的方法。所有渔民藏在许多双桨小艇上，每只小艇两个人，所有渔民有一个信号员。在每艘艇上，当信号员通知剑鱼出现，一个人划船，另一个人手持鱼矛站在船头。剑鱼游弋时会把身体的三分之一露出水面。小艇靠近剑鱼后，站在船头的那人近距离击中它，然后把矛柄拔出，将带刺的矛尖留在剑鱼身体中。他们故意将它松散地固定在矛柄上，矛尖有一根很长的线与矛柄相连。他们不断给受伤的剑鱼送线，直到剑鱼因挣扎和逃跑而筋疲力尽。然后，渔民会把剑鱼拖上小艇，除非剑鱼太重而拖不动。如果矛柄不小心掉入海中，它也不会沉入海底，因为它由橡木和松木做成，当橡木部分由于自身重量下沉时，矛柄其余部分仍浮在水面上，很容易被打捞起来。有时，由于剑鱼的剑嘴太长，划桨的人会受伤，因为剑鱼的力量和捕猎方式很像野猪。

珀律比俄斯说，凭借这一点我们可以推测，依照荷马的叙述，奥德修斯是在西西里附近漫游，因为珀律比俄斯把这种捕鱼方法归功于斯库拉，这是当地人在斯库拉巨石附近专门使用的方法，还因为荷马关于卡律布狄斯（Charybdis）的描述类似墨西拿海峡的状况。至于"每天三次吞进吐出海水"，与其说是一个事实错误，不如说是文本错误，即把两次误写为三次。此外，曼尼科斯（Meninx）岛的情形与荷马对洛托法戈伊岛的描述一致。

[4] 如果荷马对奥德修斯漫游的叙述有什么与现实不符，我们必须把将之归结为地势的变迁、无知、诗歌文体限制，或

---

[1] 全球各地剑鱼体型差异较大，地中海剑鱼的体重约230公斤。

者史学、修辞修饰、神话的混合。史学所追求的目标是真实，所以我们发现荷马在列举船舶目录[1]时提到每个地方的独特特征，称某个地方"多岩石"，某个地方"最边远"，某个地方"有很多鸽子"，某个地方"靠近大海"。如此谋篇的意图是使叙述显得生动，如荷马对战斗的描述中掺入神话是为了令人愉悦或惊讶。

凭空捏造一切，既不能让读者信服，也不是荷马的做法：因为所有人都认为荷马的作品是哲学作品，拒绝听从埃拉托斯忒涅斯的建议，后者告诉我们不要从诗歌的意义来评判诗歌，也不要从诗歌中寻找历史。珀律比俄斯也说，认为"此后九天，我们继续被强烈的风暴颠簸在大海上"[2]是一段短航程，要比认为风暴仿佛直线驱使奥德修斯，把他一直带入大洋深处，更符合现实，因为强烈的风暴不会吹着我们按直线跑。此外，马勒阿角（Cape Malea）[3]距赫拉克勒斯之柱22500斯塔德。珀律比俄斯说，如果奥德修斯在九天内竟被风暴吹了这么远，这意味着他每天要被吹出2500斯塔德。有谁听说过，有人坐船从吕西亚或罗德岛出发，两天即可抵达亚历山大里亚，且它们之间的距离是4000斯塔德？对那些反对这一点的人——他们认为奥德修斯尽管三次抵达西西里，却没有一次渡过墨西拿海峡——珀律比俄斯回复说，奥德修斯之后的人也都避开这条路。这就是珀律比俄斯的说法。（斯特拉波，1.2.15–17 C23–25）

珀律比俄斯对前代地理学作家的批评

[5] 珀律比俄斯叙述欧洲的地理时说，他不会驳斥前代地理

---

[1] 荷马，《伊利亚特》，2.493–760。
[2] 荷马，《奥德赛》，9.82。
[3] 拉科尼亚半岛的海角，在荷马笔下，该海角是水手们的噩梦。

作家，但是他会检审那些对前代地理作家吹毛求疵的人：狄凯阿库斯（Dicaearchus）①和埃拉托斯忒涅斯，后者是珀律比俄斯时代新近研究地理的作家，还有皮忒亚斯（Pytheas），②此人说他曾环航不列颠岛使许多人误入歧途，称该岛周长为40000斯塔德；还告诉我们极北之地（Thule）③的信息，那些地区既没有真正的陆地也没有海洋或雾气，而是这三种物质的黏稠混合物，陆地和海洋漂浮其上。这种东西类似水母，既不能在其上行走也不能航行，可以说是一种把各种物质结合在一起的媒介。皮忒亚斯说他亲眼见过这类类似水母的物质，不过其余的都是道听途说。这就是皮忒亚斯的说法，他告诉我们他从极北之地返回后，又开始从加的斯（Gades）沿着整个海岸航行到塔奈斯（Tanaïs）。④

珀律比俄斯说，一个人且是一个穷人乘船或徒步如此遥远的距离，着实令人难以置信。但是埃拉托斯忒涅斯尽管对是否应该相信皮忒亚斯的航行或徒步心存疑虑，但仍相信皮忒亚斯关于不列颠和加的斯邻近地区、西班牙其他地区的说法。珀律比俄斯说，与其相信皮忒亚斯，还不如相信墨瑟尼亚人犹希迈罗斯（Euhemerus），⑤因为犹希迈罗斯说他只到过一个地区即潘凯

---

① 约公元前355年生于西西里的墨西拿，公元前285年卒。狄凯阿库斯少时在亚里士多德的学园学习，后成为忒奥弗拉斯图斯的密友。他虽然对伦理学兴趣浓厚，却撰写过一部叙述希腊历史的史书、一部论述天下地理的地理著作。

② 古希腊地理学家。公元前325年左右，从马赛出发乘船航行到不列颠岛以及更北的地区。

③ 多数人认为皮忒亚斯所指地区是冰岛、设得兰群岛和挪威的一些地区。

④ 加的斯，腓尼基城市，推罗人所建，位于西班牙南部、直布罗陀海峡外侧。塔奈斯是顿河河口处的城市，米利都人所建。

⑤ 公元前3世纪的人物，著有《神圣记录》（Sacred Record），叙述作者前往一个名为潘凯亚的虚构岛屿之旅。

亚（Panchaia），皮忒亚斯却说他亲自游历欧洲整个北部海岸，远至世界的尽头，这是一件即便赫尔墨斯告诉我们他做过，我们都不会相信的事。但是，埃拉托斯忒涅斯称犹希迈罗斯是一个骗子（Bergaean），[①]更愿意相信就连狄凯阿库斯都不会相信的皮忒亚斯。之所以说"就连狄凯阿库斯都不会相信"是为了讽刺埃拉托斯忒涅斯，仿佛他把皮忒亚斯当作标准，即把一个珀律比俄斯发现错误百出的作者当作标准。我前文已经谈论过埃拉托斯忒涅斯对欧洲西部和北部的错误看法。但是，即使我们原谅他和从未到访过这些地区的狄凯阿库斯，我们又如何能原谅珀律比俄斯和波塞冬尼俄斯？珀律比俄斯说，埃拉托斯忒涅斯和狄凯阿库斯关于欧洲北部和西部的距离的看法以及其他许多流行看法是错误的，但是他自己驳斥此二人的说法也不正确。

[6] 无论如何，狄凯阿库斯说伯罗奔半岛距赫拉克勒斯之柱10000斯塔德，距亚得里亚海的顶端则更远。他估算伯罗奔半岛距墨西拿海峡3000斯塔德，所以墨西拿海峡距赫拉克勒斯之柱7000斯塔德。珀律比俄斯说，不管狄凯阿库斯对伯罗奔半岛距墨西拿海峡3000斯塔德这一估算是否正确，至少墨西拿海峡距赫拉克勒斯之柱7000斯塔德这一估算是错的，因为不管沿着海岸走还是径直穿过大海，两地的距离都不是7000斯塔德。沿着海岸从墨西拿到赫拉克勒斯之柱的路线类似一个钝角，两条边分别靠近墨西拿海峡和赫拉克勒斯之柱，顶点在纳尔波（Narbo），[②]这样就形成一个三角形：底边是从墨西拿海峡到赫拉克勒斯之柱的直线，两边是两侧的海岸线。从墨西拿海峡到顶点纳尔波处的距离超过11200斯塔德，另外一边从赫拉克勒斯之柱到纳尔波的距离略小于8000斯塔德。从欧洲到利比亚经第勒

---

① "来自卑尔根的人"，指公元前3世纪撰写各种虚构旅行故事的安提法涅斯（Antiphanes），此人随后成为"骗子"的代名词。

② 高卢行省，公元前118年罗马在海外设立的第一个殖民地。

尼安海的最远距离公认不超过3000斯塔德，若是经撒丁海，距离还要短一些。珀律比俄斯说，就以3000斯塔德为值，并假定纳尔波湾的深度即顶点到三角形底边的距离是2000斯塔德。珀律比俄斯接着说，显然，就是一个几何学的学童都能算出，从墨西拿海峡到赫拉克勒斯之柱的海岸线距离要比径直穿过大海的距离长近500斯塔德。如果我们再把伯罗奔半岛到墨西拿海峡的3000斯塔德加上，伯罗奔半岛距赫拉克勒斯之柱的总距离将是狄凯阿库斯估算数值的两倍还多。依照狄凯阿库斯的说法，我们必须把伯罗奔半岛距亚得里亚海顶端的距离估算得比这还要远。

但是，有人可能会说："珀律比俄斯，正如您的陈述可以清楚证明这些估算的错误，伯罗奔半岛距勒夫卡斯岛700斯塔德，勒夫卡斯岛距科西拉岛700斯塔德，科西拉岛距克劳尼亚山脉（Ceraunian Mountains）① 的距离是700斯塔德，整个伊利里亚海岸从克劳尼亚山脉到伊阿皮狄亚（Iapydia）是6150斯塔德，所以狄凯阿库斯对墨西拿海峡距赫拉克勒斯之柱的估算和您认为您已经证明的数值都是错的。因为几乎每个人都同意，墨西拿海峡距赫拉克勒斯之柱的直线距离约12000斯塔德。"

我们怎能不认为埃拉托斯忒涅斯的胡说八道甚至超过卑尔根的安提法涅斯（Antiphanes of Berga），继而使后代的作家在荒诞方面都无法超越他？（斯特拉波，2.4.1–3 C104）

［7］珀律比俄斯接着纠正埃拉托斯忒涅斯的错误，有些纠正是正确的，但有些纠正错得更离谱。埃拉托斯忒涅斯说伊塔卡距科西拉300斯塔德，珀律比俄斯说两地的距离超过900斯塔德；埃拉托斯忒涅斯说厄庇达玛努斯到帖撒罗尼迦（Thessalonica）的距离是900斯塔德，珀律比俄斯说两地距离约2000斯塔德。珀律比俄斯的这两处纠正是正确的，但是他的下述纠正是错的：埃拉

---

① 该山脉位于阿尔巴尼亚西南，发罗拉湾背后。

托斯忒涅斯说马赛距赫拉克勒斯之柱7000斯塔德，比利牛斯山脉距赫拉克勒斯之柱6000斯塔德。珀律比俄斯却错误地说前者的距离是9000斯塔德，后者的距离是8000斯塔德。埃拉托忒涅斯的说法更接近真实。

现在普遍认为，如果不计算弯弯曲曲的道路，那么比利牛斯山到它西海岸的宽度不超过6000斯塔德，珀律比俄斯却说单单塔霍河（Tagus）[①]从源头到出海口的距离就达8000斯塔德——我想他没有计算这条河的曲折，这样做在地理学上是不对的，他是指源头到出海口的直线距离是8000斯塔德。可是，塔霍河的源头与比利牛斯山的距离就超过1000斯塔德。再者，珀律比俄斯正确地认为埃拉托忒涅斯对伊比利亚的描述是错的，他关于伊比利亚的一些说法明显自相矛盾。埃拉托忒涅斯的确说伊比利亚西海岸直至加的斯居住着高卢人。珀律比俄斯问，如果那个地区居住着高卢人，为何埃拉托忒涅斯在详细描述伊比利亚时从未提到过高卢人？但是，当珀律比俄斯说欧洲的长度比利比亚和亚洲加起来还短时，这个比较是错的。因为他说赫拉克勒斯之柱的海峡位于正西，而顿河从东北方流入亚速海。（斯特拉波，2.4.4 C106）

欧洲有几个半岛，珀律比俄斯对之的描述要比埃拉托忒涅斯更准确，但是他的描述也不充分。后者说有三个半岛，第一个是伸向赫拉克勒斯之柱的伊比利亚半岛；第二个是直抵墨西拿海峡的意大利半岛；第三个南至马莱阿角，包括亚得里亚海到黑海、亚速海的整个地区。珀律比俄斯对前两个半岛没有异议，但是认为第三个半岛是南至马莱阿角和苏尼昂（Sunium），包括整个希腊、伊利里亚和部分色雷斯地区；第四个半岛位于色雷斯切索尼斯（Thracian Chersonese），即塞斯图斯和阿比杜斯之间的海

[①] 伊比利亚半岛最大的河流，发源于阿尔瓦拉辛附近的山脉，向西流淌，在葡萄牙里斯本注入大西洋。

峡处，那里居住着色雷斯人；第五个半岛位于刻赤海峡和亚速海出口处。①（斯特拉波，8.4.8 C108）

论卢西塔尼亚

[8] 迈加洛波利斯的珀律比俄斯在其史书卷三十四谈到伊比利亚所谓的卢西塔尼亚地区时，说那里的海底有橡树，金枪鱼靠橡树的果实长大，所以我们称金枪鱼为海猪是正确的。（雅典奈乌斯，7.302c）

珀律比俄斯说，这些橡子会被带到拉丁姆，然后被冲上岸，他补充说，除非撒丁岛和邻近地区也出产橡子。（斯特拉波，3.2.7 C145）

珀律比俄斯在其史书卷三十四说到卢西塔尼亚——这是伊比利亚的一个地区，罗马人称伊比利亚为西班牙——的天然资源时，告诉我们由于有利的气候，这里的人和动物皆生育繁多，土地非常肥沃。玫瑰、白色紫罗兰、芦笋以及其他类似植物每年只有三个月不开花，海中的鱼类也在数量、品质和外貌上远远优于地中海的。1西西里斛② 大麦价值1德拉克马，1西西里斛小麦价值9亚历山大里亚欧玻尔，③ 1希腊石（metretes）酒价值1德拉克

---

① 埃拉托斯忒涅斯与珀律比俄斯的不同之处在于，前者认为亚得里亚海与黑海之间的地区是一个大半岛，即现在的巴尔干半岛；后者将这个大型半岛细分为三个：希腊半岛、色雷斯半岛、克里米亚半岛。

② 这里的容积单位是 μέδιμνος，1阿提卡斛等于54升。中国古代容积单位1斗为10升，5斗为1斛（斛原等于10斗，南宋时改1斛为5斗，2斛为1石）。所以，阿提卡的 μέδιμνος 约等于中国的斛。阿提卡斗是 ἑκτεύς，是 μέδιμνος 的六分之一，大约可以对应中国古代的斗。此处西西里的 medimnus 略有不同，约合51.5公升。

③ 欧玻尔是古希腊货币单位，6欧波尔等于1德拉克马。

马，一只不大不小的小山羊或野兔价值1欧玻尔。[1] 羊羔的价值是3或4欧玻尔，一头重100米纳（minae）[2]的猪价值5德拉克马，一只成年羊价值2德拉克马。1塔兰同重的无花果价值3欧玻尔，一头小牛价值5德拉克马，一头成年耕牛价值10德拉克马。野生动物的肉几乎不值得定价，当地居民自由地交换这类肉，将之作为礼物和好感的标志。（雅典奈乌斯，7.330c）

论西班牙

[9] 当地居民被称作图尔德泰尼人（Turdetani）或图尔杜利人（Turduli）。有些人认为他们是一个民族，有些人认为他们不同。珀律比俄斯就是后一类人，他说图尔杜利人紧挨着图尔德泰尼人，住在伊比利亚北部。（斯特拉波，3.1.6 C139）

那里土地的肥沃成就了图尔德泰尼人和凯尔特人。由于他们邻近，或如珀律比俄斯说由于他们有亲缘关系，他们开化较早且秩序井然。（斯特拉波，3.2.15 C151）

狄凯阿库斯、埃拉托斯忒涅斯和珀律比俄斯以及大多数希腊人认为赫拉克勒斯之柱位于伊比利亚半岛南部的海峡。（斯特拉波，3.5.5 C170）

珀律比俄斯说，加的斯的赫拉克勒斯辖区有一处泉水，往下走几步就能抵达可饮用的水源。该泉的升降方式与海水的潮汐相反。海水涨潮时，井水消失；海水退潮时，井水出现。珀律比俄斯说，如此升降的原因在于此处地下到地表的空气受到阻挡，随

---

① 希腊石（μετρητής）是古希腊容积单位，1希腊石约合81.8公升。依照中国古代容积单位，1石等于10斗，古希腊的石要比中国古代的石约少五分之一。

② 米纳既是钱币单位，也是重量单位。不管是钱币单位还是重量单位，与德拉克马的换算值皆是1米纳=100德拉克马。德拉克马做重量单位时，1德拉克马约66克。100米纳的猪是660公斤。

着潮水向岸边推进，地表被海水覆盖，地下的空气无法找到其天然出口，被驱赶回内部，从而阻止泉水流动，导致水流停止。当潮水退去，泉口露出，空气贯通，释放泉的水脉，泉水又大量冒出。（斯特拉波，3.5.7 C172）

珀律比俄斯谈到新迦太基附近的银矿时说，银矿很多，距离新迦太基约20斯塔德，成圆圈状延伸400斯塔德。有4万矿工生活于此。在那个时期，银矿每天可为罗马出产2.5万德拉克马。至于银矿的其他方面，我就不提了，因为那需要很长的篇幅，但是珀律比俄斯说，含银的矿石被溪水冲刷下来，矿工将其碾碎，然后通过筛子将水和银渣分离。沉淀的银渣再次被粉碎和筛分，分离掉水后，再进行第三次粉碎。这个工序要进行五次，直到第五次的沉淀物，经过熔炼和铅被分离后，产生出纯银。（斯特拉波，3.2.10 C147）

珀律比俄斯说，拜提斯河（Baetis）[1]和阿纳斯河（Anas）皆源出凯尔特－伊比利亚地区，尽管两条河相距900斯塔德。（斯特拉波，3.2.11 C148）

珀律比俄斯在列举瓦凯伊人（Vaccaei）和凯尔特－伊比利亚人的部落和城市时，把塞格萨玛（Segesama）和因特卡提亚（Intercatia）列为其他民族的城市。（斯特拉波，3.4.13 C162）

荷马对墨涅拉奥斯家餐桌用具之奢华的描述[2]让人想起珀律比俄斯对一位伊比利亚国王家的描述，珀律比俄斯说，那位国王在奢华方面与费埃克斯人[3]不相上下，在宅子中间，那些由金银制成的桶[4]里装满啤酒。（雅典奈乌斯，1.16c）

---

① 即现在的瓜达基维尔河（Guadalquiver）。
② 对墨涅拉奥斯家的描述，参荷马，《奥德赛》，4；15。
③ 费埃克斯人，参荷马，《奥德赛》，7.88以下。
④ 啤酒完全不适合用贵金属器皿盛放。

论高卢

[10] 珀律比俄斯在其史书卷三十四说，比利牛斯山与纳尔波河之间，有一个平原，伊勒波里斯河（Illeberis）和洛斯库诺斯河（Roscynus）流经这个平原，这两条河流经的同名城镇住着凯尔特人。① 在这片平原发现了所谓的地下鱼。这块平原土层很薄，长着繁茂的狗齿草（ἄγρωστιν）。② 这些植物下面的土壤由沙土组成，深达两到三肘尺，河流的洪水会渗入地下。洪水泛滥时，某些鱼类下沉寻找食物——因为鱼类很喜欢狗齿草的根，从而使得整个平原充满地下鱼，当地人将它们挖出来食用。（雅典奈乌斯，7.332a）

至于罗讷河的河口，珀律比俄斯发现蒂迈俄斯的说法是错的。他说，该河的河口不是5个，而是只有2个。（斯特拉波，4.1.8 C183）

卢瓦尔河（Loire）在皮克托涅斯（Pictones）和那穆尼特（Namnitae）之间注入大海。那里曾经有一个贸易港口名叫科尔比洛（Corbilo）。珀律比俄斯在讨论皮忒亚斯的错误时，提到过这个港口。他说，那些与斯基皮奥相遇、受他质询的马赛人，没有一个能告诉斯基皮奥关于不列颠岛的特别信息，纳尔波人或来自科尔比洛的人也没有。科尔比洛是那个地区最美的城市，皮忒亚斯对它的描述错误百出。③（斯特拉波，4.2.1 C190）

珀律比俄斯说，阿尔卑斯山区有一种独特的动物，④ 外形与鹿相似，只是脖子和皮毛不同，那种动物的脖子和皮毛类似于野猪

---

① 即今泰克河（Tech）与泰特河（Tet）。
② 牧群的食物。
③ 可能是小斯基皮奥公元前154年或前150年从西班牙返程时的事。
④ 可能是欧洲麋鹿。

的。那种动物的下巴下面，长着一束长而坚硬的毛，末端有马驹的尾巴那么粗。（斯特拉波，4.6.10 C207）

珀律比俄斯说，在他的时代，在诺里克-陶里斯基地区的阿奎莱亚（Aquileia）[①]区发现一座金矿，找到金矿的程序非常容易：挖地2尺深时，就能立刻看到金矿层。金矿层的深度不超过15尺。部分矿石像豆子或羽扇豆那么大，第八部分被熔炼掉后，就得到纯金。部分矿石需要充分熔炼，不过含金量也很大。意大利人与当地人一起挖掘两个金矿后，整个意大利的金价立即贬值三分之一。但是，陶里斯基人意识到这一点后，驱逐其他工人，独占金矿开采。

珀律比俄斯谈论阿尔卑斯山的大小和海拔时，也将之与希腊最大的山进行比较，如塔吉图斯山（Taygetus）、吕凯昂山（Lycaeum）、帕纳索斯山、奥林匹斯山、珀利翁山（Pelion）、奥萨山（Ossa），还将之与色雷斯的赫莫斯山（Haemus）、罗多彼山（Rhodope）和杜纳科斯山（Dunax）比较。[②] 珀律比俄斯说，徒步者大约1天即可爬到这些山的山顶，绕行这些山一周的时间也大体相同，但是，徒步者抵达阿尔卑斯山山顶至少需用时五天，且从平原突起的那部分山脉的长度达2200斯塔德。珀律比俄斯只提到翻越阿尔卑斯山的四条通道，第一条经利古里亚、第勒尼安海海岸；第二条经陶里尼人（Taurini）的地区，汉尼拔翻越阿尔卑斯山就是走的这条路线；第三条经过萨拉西人（Salassi）的地区；第四条经莱蒂亚（Rhaetia），这条路线非常陡峭。

珀律比俄斯说，阿尔卑斯山中间有好几个湖泊，其中三个

[①] 罗马于公元前181年设置的殖民地，意在保护意大利免受东北方向敌人的侵袭。该城位于岸边，现在格拉多城以北13公里处。

[②] 这些山的海拔都比阿尔卑斯山低。赫莫斯山即巴尔干山。

很大，第一个是贝纳库斯湖（Benacus），[1]长500斯塔德，宽30斯塔德，明乔河（Mincius）从该湖流出；第二个是拉利乌斯湖（Larius），[2]长400斯塔德，宽度不如贝纳库斯湖，阿达河（Adda）从该湖流出；第三个是维巴努斯湖（Verbanus），[3]长300斯塔德，宽30斯塔德，一条大河即提契诺河从该湖流出。这三条河都汇入波河。（斯特拉波，4.6.12 C208）

论意大利

[11]珀律比俄斯说，卡普亚酿造的葡萄酒非常好，无与伦比。（雅典奈乌斯，1.31d）

珀律比俄斯说，从伊阿皮吉亚（Iapygia）的海岸到墨西拿海峡的距离，走陆路是3000斯塔德，且那里的海岸受到西西里海的冲刷。走海路的话不超过500斯塔德。（斯特拉波，5.1.3 C211）

他们说，埃特鲁里亚从卢纳（Luna）[4]到奥斯提亚的海岸长度是2500斯塔德，这条海岸带最宽处不足1250斯塔德。从卢纳到比萨的距离超过400斯塔德；从比萨到沃拉泰拉（Volaterra）的距离是280斯塔德；从沃拉泰拉到庞普洛尼亚（Populonia）的距离是270斯塔德。从庞普洛尼亚到科萨（Cosa）[5]的距离接近800斯塔德，也有的人说是600斯塔德。珀律比俄斯却错误地说

---

[1] 即今意大利的加尔达湖（Garda）。
[2] 即今意大利的科莫湖（Como）。
[3] 即今意大利的马焦雷湖（Maggiore）。
[4] 即今意大利的卢尼（Luni），罗马于公元前177年建立的殖民地。
[5] 即今意大利的安塞多尼亚（Ansedonia），罗马于公元前273年建立的殖民地。

这个海岸带的长度是1330斯塔德。①（斯特拉波，5.2.5 C222）

埃塔勒（Aethale）是埃特鲁里亚的一个岛。珀律比俄斯在其史书卷三十四说，利姆诺斯岛被称作埃塔勒亚（Aethaleia）。（拜占庭的斯特法涅斯）

他们说那不勒斯湾由两个海角构成，即由米塞诺角（Misenum）和密涅瓦神庙所在的火山构成。这个海湾背后坐落着整个坎帕尼亚，该地是所有平原中最肥沃的平原。安提俄库斯说，这个地区原先的居民是奥皮基人（Opici），他们也被称作奥索尼斯人（Ausones）。然而，珀律比俄斯认为他们是两个民族，因为他说维苏威火山附近地区居住着奥皮基人和奥索尼斯人。

珀律比俄斯说，从伊阿皮吉亚出来的道路有里程标，它距西拉（Sila）562罗马里，距阿奎莱亚178罗马里。（斯特拉波，6.3.10 C285）

这些海角之后是拉基尼亚海角（Lacinia），海角是赫拉神庙所在地，这座神庙曾非常富庶，供品无数。珀律比俄斯没有说这里的具体距离，而是说从墨西拿海峡到拉基尼亚海角大概是1300斯塔德，拉基尼亚角距伊阿皮吉亚海角是700斯塔德。（斯特拉波，6.1.11 C261）

火神的圣岛②有三座火山。珀律比俄斯说，其中一座已经倒塌，另两座还完好。最大的那座底部呈圆形，周长有5斯塔德，然后向上逐渐缩小到直径只有50尺。这座火山海拔有1斯塔德，风平浪静时，可远眺大海。当吹起南风时，岛屿周围会积聚一层浓雾，甚至连西西里岛都看不见；但是，当吹起北风时，清晰的火焰从最大的火山蹿升到空中，火山口发出比平常更响亮的隆隆声。吹起西风的征兆介于上述二者之间。另一座火山与之类似，

---

① 珀律比俄斯的估算更接近真实，反而是斯特拉波的估算高于实际距离。

② 指里帕拉群岛最南端的忒摩萨岛（Thermessa）。

不过喷发度要小很多。珀律比俄斯说，从隆隆声的差异和火山喷发的方向，甚至可以预言三天后风将从哪个方向吹来。他说，至少里帕拉的一些人，在天气变得不适合航行时，能够预测将吹什么风，且从未出错。所以，在我们看来荷马最荒诞的说法，即他称埃俄罗斯为风的分配者的说法，并非毫无根据，反而暗中透露了真实。

论色雷斯、马其顿和希腊

[12] 忒奥庞姆普斯说过很多不可能的事，如爱琴海和亚得里亚海在地下有连接；在纳罗（Naro）①发现希俄斯人和萨索斯人的陶器；从某座山上可看到爱琴海和亚得里亚海；里布尼亚（Liburnian）群岛②的周长达500斯塔德；多瑙河的一个河口在亚得里亚海。这些说法和埃拉托斯忒涅斯的一些说法是非常低级的错误，珀律比俄斯在谈到后者和其他作家时也这样说。（斯特拉波，7.5.9 C317）

从阿波罗尼亚经厄格纳提亚（Egnatia）大道，③向东可抵达马其顿。这条大道直到库普塞拉（Cypsela）城和赫布鲁斯（Hebrus）河都有里程标，距离是535罗马里。如果我们换算成斯塔德——1罗马里等于8斯塔德——是4280斯塔德。但是，如果我们像珀律比俄斯那样认为1罗马里等于8斯塔德又2尺——2尺等于三分之一斯塔德，那么我们必须还要在4280这个数值上再加178斯塔德，178这个数值刚好是罗马里数值535的三分之一。从阿波罗尼亚和从厄庇达玛努斯出发的旅行者，走这同一条

---

① 即今达尔马提亚的纳伦塔（Narenta）。
② 该群岛位于希斯特利亚（Histria）南部。
③ 这条大道由当时的马其顿总督格奈乌斯·厄格那提乌斯（Gnaeus Egnatius）于公元前140年主持修建。

大道会与出发点距离相等。这条大道叫厄格纳提亚大道，但是它途经吕科尼都斯（Lychnidus）和普伦（Pylon）两城的那一段，即分隔伊利里亚和马其顿的地方，叫坎达威亚（Candavia），它得名于伊利里亚一座同名山峰。从那里开始，厄格纳提亚大道沿着巴尔努斯山（Barnus）穿过赫拉克勒亚（Heraclea）、吕格科斯提斯（Lyncestis）和俄尔德亚（Eordea），到埃德萨和佩拉，最后抵达帖撒罗尼迦。据珀律比俄斯说，这段路的长度为267罗马里。（斯特拉波，7.4 C322）

培林图斯（Perinthus）到拜占庭的距离是630斯塔德。依照阿尔忒米多洛斯（Artemidorus）①的说法，从赫布鲁斯河和库普塞拉到拜占庭远至库阿涅山岩（Cyanean Rocks）的距离是3100斯塔德，以及阿波罗尼亚的伊奥尼亚湾到拜占庭的距离是7320斯塔德，珀律比俄斯在此数上又增加180斯塔德，因为他认为1罗马里等于8又三分之一斯塔德。（斯特拉波，7.7.57）

依照珀律比俄斯的说法，伯罗奔半岛的周长是4000斯塔德。（斯特拉波，8.2.1 C335）

珀律比俄斯说，马莱阿角正北到多瑙河的距离是10000斯塔德，但是阿尔忒米多洛斯纠正了他的说法。后者认为多瑙河到马莱阿角的距离是6500斯塔德。两个数值之所以有这样大的差距，是因为珀律比俄斯不是从直线距离估算，而是依照某位将军选择走的路线估算。（斯特拉波，8.8.5 C339）

论亚洲

[13] 阿尔忒米多洛斯估算幼发拉底河到印度的距离时，赞同埃拉托斯忒涅斯的结论。珀律比俄斯说，我们应该相信埃拉托斯忒涅斯关于幼发拉底河与印度之间的地区的说法。

---

① 此人是来自以弗所的地理学家，生活于公元前2世纪与前1世纪之交。

论亚历山大里亚

[14] 亲自到访过亚历山大里亚城的珀律比俄斯，非常厌恶该城当时的状况。他说，该城住着三个阶层的人，第一个是反复无常、不服管教的埃及本地人；第二个是人数众多、蛮横无理、无教养的雇佣兵——在此常备一支外邦人军队是一种传统，由于当时国王们软弱，雇佣兵变得更愿意统治而非服从；第三个是亚历山大里亚人——这是一群由于同样原因不具有真正教养的人，不过他们要比雇佣兵好一些，因为他们尽管是混血人群，但毕竟有希腊血统，尚未忘记希腊习俗。但是，这群人几乎已被托勒密八世（Ptolemy Euergetes II）消灭——珀律比俄斯在此人统治埃及期间到访亚历山大里亚。这位国王因为经常受到叛乱的困扰，遂让士兵们攻击这群人，进而将他们毁灭。亚历山大里亚因此陷入可应验荷马诗句的状态：前往埃及的旅程遥远且艰难。①（斯特拉波，17.1.12 C797）

二、拉丁文残段

[15] 珀律比俄斯说，欧洲从意大利到大西洋的宽度是1150里，②当时尚未确定准确的距离。因为如我所说，意大利直至阿尔卑斯山的长度是1120里，阿尔卑斯山经里昂到不列颠岛的港口莫里尼（Morini）的距离，据珀律比俄斯测算是1169里。（普林尼，《自然史》4.121）

珀律比俄斯说，赫拉克勒斯之柱处的海峡到亚速海的出口的距离是3437里；从赫拉克勒斯之柱的海峡到西西里的直线距离是

---

① 荷马，《奥德赛》，4.483。
② 这一节的"里"皆是罗马里，1罗马里约等于1.5公里。

1250里；西西里到克里特的距离是375里；克里特到罗德岛的距离是187里；从罗德岛经克里多尼亚群岛的距离是187里；从克里多尼亚群岛到塞浦路斯的距离是225里；从塞浦路斯到叙利亚的皮里亚的塞琉西亚城的距离是115里。因此，从赫拉克勒斯之柱那的海峡到皮里亚的塞琉西亚城的总距离是2340里。（普林尼，6.206）

距离贝缇卡行省不远，距海峡口25里处是加的斯岛。依照珀律比俄斯的说法，该岛12里长，3里宽。该岛距离大陆最近处不足700尺，大部分距大陆超过7里。（普林尼，4.119）

西西里岛西北远至萨伦蒂尼人（Salentini）[①]的土地的海域，被珀律比俄斯称作奥索尼亚海（Ausonian Sea）。（普林尼，3.75）

珀律比俄斯说，两个博斯普鲁斯海峡之间，即色雷斯那里的海峡与刻赤海峡之间的距离是500里。（普林尼，4.77）

阿格里帕（Agrippa）说阿非利加从大西洋到埃及的长度是3050里。珀律比俄斯和埃拉托斯忒涅斯这两位被认为最细心的权威认为，大西洋到迦太基的距离是1100里；迦太基到尼罗河最靠西的河口卡诺普斯（Canopus）的距离是1628里。（普林尼，5.40）

斯基皮奥·埃米里亚努斯在阿非利加指挥大军作战时，史家珀律比俄斯乘坐斯基皮奥为他提供的一支小舰队，探究非洲大陆的地理。他告诉我们，阿特拉斯山（Atlas）到阿纳提斯河（Anatis）的距离是496里，沿途森林里到处都是非洲特有的野兽。（普林尼，5.9）

依照珀律比俄斯的说法，小苏尔忒斯距离迦太基的距离是300里，它自身的宽度是100里，周长是300里。（普林尼，5.26）

珀律比俄斯说，切尔纳（Cerne）是正对着阿特拉斯山的毛里塔尼亚尽头的一个岛，距海岸仅8斯塔德。（普林尼，6.199）

[①] 居住在塔伦托以南的卡拉布里亚（Calabria）。

［16］如珀律比俄斯在描述阿非利加王子古鲁萨（Gulusa）[①]时告诉我们的，象牙的大小主要可在神庙中观察到，但是，在阿非利加与埃塞俄比亚相邻的地区，人们用象牙做门框、环绕房子的篱笆，以及牲畜的圈。（普林尼，7.47）

陪同斯基皮奥·埃米里亚努斯远征迦太基的珀律比俄斯告诉我们，年老的狮子会攻击人类，因为它们已没有足够气力捕食其他动物。年老的狮子经常出没于城镇附近，正是由于这个原因，他和斯基皮奥亲眼看到几个人被钉死在十字架上，这个刑罚意在阻止其他人犯同样的罪，以免受到类似的惩罚。（普林尼，8.47）

特洛古斯告诉我们，吕西亚附近的海底出产非常柔软的小海绵。珀律比俄斯说，如果把这类小海绵挂在病人头上，病人夜里会睡得很安详。（普林尼，8.47）

[①] 马西尼萨的次子，他与两位兄弟于公元前149年继承王位，在第三次迦太基战争中，支持小斯基皮奥·埃米里亚努斯。

第三十五卷

一、凯尔特-伊比利亚战争

[1]罗马人与凯尔特-伊比利亚人之间的战争被称为"烈火战争",其引人注目的特征是交战从未中断。罗马人在希腊和亚洲的战争一次或顶多两次决战就决出胜负,那些决战本身也是在短时间内由第一波攻击和遭遇战决定的,而在烈火战争中,完全相反。只有黑夜才能让战斗停下来,双方士兵要么拒绝让自己的勇气减退,要么拒绝屈服于身体的疲劳,一次又一次振作起来,恢复士气,重新开始战斗。冬季也只是在一定程度上阻滞整个战争的进程,打断常规战斗的连续性。因此,总的来说,如果我们设想一场烈火战争,那么无疑就是罗马与凯尔特-伊比利亚之间的这场战争。

[2]凯尔特-伊比利亚人与罗马将军马尔库斯·克劳狄乌斯·马塞卢斯(Marcus Claudius Marcellus)[1]签订停战协定后,遣使罗马,等待元老院的决断。在此期间,马尔库斯率军远征卢西塔尼亚,[2]通过奇袭攻占聂尔康布里卡(Nercobrica),然后撤往康尔多瓦(Cordova)过冬。凯尔特-伊比利亚人的波利(Belli)部落和啼啼(Titti)部落的使节抵达罗马后,被获准进入罗马城,

---

① 公元前152年的罗马执政官。

这年是汉景帝五年。夏,汉再次与匈奴和亲,嫁公主于匈奴军臣单于。参《汉书·景帝纪》,前揭,页144。

② 即今葡萄牙。

因为这两个部落与罗马是盟友,但是由于阿拉瓦卡(Aravacae)部落是罗马的敌人,其使节被勒令在台伯河对岸扎营,等待元老院就整件事做出决断。

待觐见时间到来,市政裁判官首先引导两个盟友部落的使节进入元老院。尽管是异族人,波利和啼啼部落的使节仍长篇大论,试图清晰说明争论的所有要点,向元老院指出,如果那些拿起武器的阿拉瓦卡人没有被削弱,没有遭到恰当的惩罚,他们会立即报复背叛这项事业的人;如果阿拉瓦卡人之前的错误不被惩罚,他们很快会再次制造动乱,让整个伊比利亚都倾向于反叛,并怀揣这样的念头:他们已经能够与罗马匹敌。波利和啼啼两个部落的使节因此要求,要么罗马军团常驻伊比利亚,每年派一位执政官前往那里保护盟友,制止阿拉瓦卡人的不当行为;要么如果元老院想撤走军团,阿拉瓦卡人的叛乱应该被惩罚到无人再敢这样做的程度。这就是波利和啼啼部落使节演说的主旨。

接着,那些与罗马为敌的部落的使节被引入元老院。阿拉瓦卡人的使节发表演说时,摆出一副谦卑顺从的态度,但是内心深处显然既不想服从,也不想接受失败。因为他们在演说中不止一次暗示机运的不确定性,叙述双方激烈的战斗,给人留下这样的印象:他们认为自己比罗马人打得更出色。演说的要点是,如果罗马因他们的错误要强加给他们一项确定数额的罚款,他们会同意支付;但是,他们要求在他们支付罚款后,罗马人恢复他们在提比略·格拉库斯时代与元老院约定的条款。①

[3]元老院听取双方演说后,马塞卢斯的代表进入元老院。当元老院看到马塞卢斯的代表也倾向于和平,而马塞卢斯本人更倾向于支持敌人而非盟友时,他们如此答复阿拉瓦卡人和盟友部落的使节:马塞卢斯将在伊比利亚告知双方元老院的决定。但是,元老院

---

① 提比略·格拉库斯于公元前179年征战凯尔特-伊比利亚,赢得重大胜利,随后签订的条约开启了长达25年的和平。

私下认为，第一，盟友部落所言既符合事实，又对罗马有利；第二，阿拉瓦卡人仍自视甚高；第三，马塞卢斯惧怕这场战争，所以给马塞卢斯的代表下达秘密命令，要继续勇敢作战，无愧于祖国。

如此决定继续战争后，元老院由于不信任马塞卢斯，盘算再派一位将军前往伊比利亚，因为当时奥卢斯·阿尔比努斯和卢西乌斯·卢库鲁斯（Lucius Licinius Lucullus）已经当选执政官并就职。[1] 接着，元老院开始积极进行大规模备战，认为他们在伊比利亚的未来取决于这次战争。他们认为，如果阿拉瓦卡人被征服，其他部族都会服从他们的权威，如果敌人从眼下的困境逃脱，这一结果不仅会鼓励阿拉瓦卡人继续抵抗，还会鼓励其他部落效仿。

[4] 但是，他们发现元老院越是渴望继续战争，事态越是令人担忧。因为从前一年在伊比利亚征战的将军昆图斯·诺比利奥尔（Quintus Fulvius Nobilior）[2] 开始，其军队成员就已在罗马散布激战连续不断、罗马军队损失巨大、凯尔-伊比利亚人勇猛异常的消息，这一年的将军马塞卢斯又明显惧怕继续战争，年轻的新兵们陷入一种前所未有的恐慌之中。这种怯懦竟达至下述程度，既没有能干的官员愿担任军团长——这一职位一直不满员，而放在以前，有资格的申请者远远超过需求——又没有人愿作为代表陪同执政官去伊比利亚。

最糟糕的是，年轻人找各种借口逃避征召。最后，元老院和各级官员不知该如何应对年轻人们这一无耻行为——他们因被环境所迫而这样描述。此时，普布利乌斯·科涅利乌斯·斯基皮奥仍是一个年轻人，且公认当初是他提出发动这场战争。他此时在行为高贵和生活节制方面虽然已获得无可置疑的声誉，但仍渴望成就勇敢之名，所以当看到元老院面临的困难时，他站起来请求元老院派他去伊比利亚，做军团长或执政官代表皆可，无论担任

---

[1] 两人是公元前151年的罗马执政官。
[2] 公元前153年的罗马执政官。

哪种职务,他都愿意。

他说,就他本人而言,前往马其顿更安全,也更愉快——当时马其顿人曾邀请他前去处理他们的内部争端,然而,国家在这个关键时刻更迫切地召唤愿前往伊比利亚的真正热爱荣耀的人。在场元老对他的这一自荐很是惊讶,因为他年轻,平时又很谨慎。小斯基皮奥当即变得很受欢迎,并在接下来的几天里变得更受欢迎。那些之前逃避职责的人,将自己与小斯基皮奥对照后感到羞愧难当,其中一些人转而愿意担任执政官代表,其余的人蜂拥去响应征召。

[5]与此同时,小斯基皮奥有一种与蛮夷单打独斗的迫切冲动,又怀疑自己是否应该这样做。他的马被一击致残,但没有完全倒下,他本人跌落马下。

二、阿凯亚囚犯被释放

[6]通过珀律比俄斯的影响,斯基皮奥代表拘押意大利的阿凯亚囚犯联络加图。当时元老院正在进行大辩论,有的元老建议让阿凯亚人返回,有的反对,加图站起来说道:

> 仿佛我们无事可干,竟然整天坐在这里争论一帮悲惨的希腊老头应该在罗马死去还是在阿凯亚死去。

最后投票赞成释放阿凯亚囚犯。几天后,珀律比俄斯打算到元老院要求恢复所有囚犯曾在阿凯亚享有的荣誉,并提前就此事求问加图的意见。加图笑着说,珀律比俄斯就像奥德修斯,想再次进入库克罗普斯(Cyclops)的洞穴,[①]因为他把他的帽子和腰带落下了。(普鲁塔克,《加图传》,9)

---

① [英译注]参荷马,《奥德赛》,10。

第三十六卷

一、第三次迦太基战争

[1] 兴许有人好奇，既然我不得不处理如此重要、如此重大的事件，我为何不展示我的才华，模仿大多数史家，重构战争双方的演说——那些史家向我们展示了行动双方可能会说的言辞。我不是不赞成这样做，从这部作品的诸多段落就可明显看出，我也引述行动双方的演说和文字，但是现在要明确的是，以任何借口重构行动双方的演说都并非我的原则。因为很难找到比眼下这个主题更著名的主题，很难找到哪场战争的材料比这场战争更丰富。对我来说，要想模仿大多数史家重构这场战争双方的演说，实在易如反掌。但是，一方面，我认为对一个政治家来说，展示他的聪明才智，对任何可能引发争论的主题进行不着边际的闲扯，并非他的职责。相反，他应该只说具体处境要求他说的话；另一方面，对一位史家来说，拿读者进行演说练习，向读者展示他的演说才华，也并非他的职责。相反，他应该勤勉地探究和重述政治家们在实际场合真实说过的话，甚至应该只重述最重要、最有效的话。

[2] 罗马元老院早就下定决心要打这场战争，只是苦于找不到合适的时机和能向天下说明开战正当的借口。这是因为罗马人非常重视寻找正当的借口。如法勒隆的德米特里乌斯所说，战争的借口如果看起来正当，就可让胜利更伟大；即便失败，也会让

失败不那么糟糕。反之，战争的借口如果被认为不光彩，是错的，就会有相反的效果。所以，罗马元老院这时关于天下人将如何看待他们的争论几乎让他们放弃进行这场战争。

［3］迦太基人为如何回应罗马人的答复争论很久。[①] 现在，乌蒂卡抢先一步把城市交给罗马以阻止他们的计划，他们因此陷入完全不知所措的境地。他们仅剩的希望是同意罗马的保证（$\dot{\varepsilon}\pi\iota\tau\varrho\sigma\pi\dot{\eta}\nu$），他们以为这样做肯定会让后者满意，因为即便是他们被彻底击败、敌人陈兵城下的生死之刻，他们也没有把国家完全交给敌人自由处置。但是，这个方案的果实现在已被抢先一步的乌蒂卡人摘走。在罗马人看来，迦太基人也不会以任何出人意料或令人惊讶的方式效仿乌蒂卡。迦太基人现在只能两害相权取其轻，即要么勇敢地接受战争，要么寄望于罗马的保证。

迦太基人在元老院经过长时间秘密讨论后，决定任命全权使团出使罗马，指示他们随机应变，自由裁断，采取最符合迦太基利益的政策。使团成员由绰号叫斯特鲁塔诺斯（Strytanus）的吉斯康（Giscon）、哈米尔卡（Hamilcar）、米斯德斯（Misdes）、吉利马斯（Gillimas）和马戈（Mago）组成。迦太基使团抵达罗马后，发现罗马人已经决定开战，两位执政官[②]已经率大军启程。由于形势让他们别无选择，他们不得不寄望于罗马的保证。

[①] 迦太基与马西尼萨长期不和，元老院在此期间一直支持马西尼萨。双方爆发战争时，罗马总是要求迦太基人焚毁舰队、遣散士兵。公元前150年，元老院决定对迦太基开战；公元前149年，正式向迦太基宣战。

公元前150年是汉景帝七年。春正月，废黜皇太子刘荣，降为临江王。夏四月，立胶东王刘彻为皇太子。参《汉书·景帝纪》，前揭，页144。

[②] 公元前149年的执政官是卢西乌斯·肯索里努斯（Lucius Marcius Censorinus）和曼尼乌斯·曼尼里乌斯（Manius Manilius）。

[4]我早前解释过保证[①]这个术语的含义,但眼下有必要再简要提醒读者注意这个术语的重要性。那些寄望于罗马的保证的邦国需做两件事。第一,他们需交出他们的全部领土和城邑;第二,他们应将土地和城邑的所有居民,包括男人和女人、河流、港口、庙宇、坟墓,都交给罗马人。结果就是罗马人拥有一切,而选择托付的邦国则变得一无所有。

迦太基使节就此达成一致后,被元老院召见。在元老院,市政裁判官向他们传达元老院的决定。经过深思熟虑,元老院允许迦太基维持自治和保留法律,不过需交出全部土地和其他所有公共和私人的财产。迦太基使节闻此决定甚是高兴,认为元老院对他们的处置算是不幸中的万幸,因为最本质、最重要的东西还是被获准保留。但是,市政裁判官之后告诉他们,他们要想得到这一恩惠,需要满足以下要求。第一,迦太基需在30天内送300名人质到利利巴厄姆,人质需是迦太基下元老院成员之子或上元老院成员之子;第二,需遵守两位执政官的命令。迦太基使节当时还不知道两位执政官的命令是什么。尽管如此,他们仍立即返回迦太基,向同胞汇报出使详情。听闻汇报后,所有迦太基人都认为使团已取得整体上令人满意的结果。但是,因罗马人的答复没有提及迦太基城本身会被如何处置,迦太基人焦虑不已。

[5]这时,据说布鲁提亚人马戈(Mago the Bruttian)以充满男子气概和贴合实际的风格发表演说。他演说的大意似乎是,有两个决定他们自身和其国家命运的时机,而其中一个已经溜走。他继而询问两位执政官的命令是什么、罗马元老院为何没有提及处置他们的城市的恰当时机不是现在,而是他们任由罗马支配的时刻。一旦采取这种政策,他们就应清楚意识到,他们必须接受

[①] 参20.9。在20.9,珀律比俄斯用的希腊词是 $\pi\acute{\iota}\sigma\tau\iota\varsigma$,在此处用的希腊词是 $\dot{\epsilon}\pi\iota\tau\varrho o\pi\acute{\eta}$,前者的意思是以誓言保证,后者的意思是监护、保护。

罗马执政官的任何命令,除非那些命令公然压迫迦太基,完全超出迦太基人的预料。若是遇到后一种情况,他们就必须再次考虑,是应该让国家置于战争和战争导致的恐怖中,还是避免面对敌人的攻击,不做任何抵抗,屈服于罗马人的所有要求。但是,由于战争已迫在眉睫,他们来不及准备;又因为未来的不确定性,全体迦太基人倾向于服从罗马执政官的命令,决定送人质到利利巴厄姆。

迦太基接着立即选出300名人质,满含悲痛、泪水涟涟地送走他们。每名人质由其密友和亲属陪同,妇女们悲痛欲绝、哀号动天,让这一幕更加令人难过。人质被送达利利巴厄姆后,经执政官交给昆图斯·法比乌斯·马克西姆斯,①此人当时治理西西里。法比乌斯又将人质安全转送罗马,由原属腓力五世的那艘十六排桨大船运送。

[6]人质被转送罗马后,两位执政官率军登陆乌蒂卡海角。获此消息,迦太基由于无法确定未来会遭受何种命运,全城一片恐慌。不过,他们还是决定遣使求见两位执政官,询问后者应该遵守何种命令,同时告知对方所有迦太基人都愿意遵从任何要求。迦太基使节抵达罗马大营后,执政官召集军事议事会,使节依照指示进行陈述。

年长的那位执政官②称赞迦太基人的决定和他们愿顺从的性情后,命令他们交出所有武器和投掷物,不得弄虚作假。迦太基使节说,他们将遵守命令,但恳求两位执政官想一想如果他们交出所有武器、罗马人全部拿走的话,他们会面临什么。不过,他们最后还是屈服,同意交出武器。

显然,迦太基仍很强大,因为他们交给罗马人超过20万套甲胄和2000架石弩。

---

① 法比乌斯于公元前149年任裁判官,主治西西里。
② 指卢西乌斯·肯索里努斯。

[7]迦太基人完全不理解等待他们的是什么,只是凭使节的态度就把事情往最坏的方面想,发出各种各样的悲叹和抱怨。众人大声哀叹一番后,瘫在原地,仿佛连说话的力气都没有。当罗马人的要求①在全城传开,他们不再哑口无言。一些人扑向使节,仿佛全都是使节们的错;另一些人则攻击住在城内的意大利人,对他们发泄怒火;还有人冲向城门。

[8]希米尔考(Himilco)以法曼阿斯(Phameas)之名闻名天下。他是迦太基人的将军,当时正值盛年,勇武异常——勇武是一名士兵最重要的品质;同时还是优秀大胆的骑手。

其他一些极其嫉妒小斯基皮奥的人试图诋毁他的成就。

看到罗马前哨部队力量雄厚,法曼阿斯虽然不怯懦,但一直避免与小斯基皮奥进行任何交战。他最后逮住一个机会接近罗马的后备部队,依托一处陡峭山脊的防护,在那里驻扎很长一段时间。

罗马方阵各连队逃向一处山顶。众人劝小斯基皮奥再进行奋战,他说:"考虑如何应对紧急情况时,人们应该首先考虑如何避免灾难,而非如何打击敌人。"

如果我对小斯基皮奥显出独特的兴趣,事无巨细地重述他的各种言辞,读者不应感到惊讶。珀律比俄斯说,马尔库斯·加图听说小斯基皮奥取得的成就,如此答复问他问题的人:"你取得过什么成就?只有小斯基皮奥有能力思考,其他人不过是飘忽的魂影。"②罗马人对小斯基皮奥签订的协定和对事务的处理皆非常满意。

二、希腊事务

[9]关于迦太基人被罗马人压垮、假腓力(pseudo-Philip)问题的各种各样的说法同时在希腊流传开来,第一个是关于迦太

---

① 罗马人要求迦太基人放弃城市,迁到离海边16公里处重建迦太基城。
② 后一句出自荷马,《奥德赛》,10.495。

基,第二个是关于假腓力。对前一件事的判断和意见在希腊五花八门。赞成罗马人行动的人说,罗马人行事明智,政治家们采用手段保卫他们的帝国。罗马人摧毁持久威胁自己帝国的祸根——迦太基城过去曾与罗马争夺领导权,现在仍有能力争夺,始终在等待重新夺回统治权的机会——是明智、有远见的行动。

另一些人看法完全相反,他们说罗马人若不改变其赢得领导权的原则,迟早会像斯巴达和雅典那样丧失帝国。尽管罗马崛起比雅典和斯巴达晚得多,但万事表明,罗马也可能会有相同的结局。起初,罗马人与每个民族作战。取得最终胜利后,如果敌人承认愿意服从他们,执行他们的命令,罗马人就会结束战争。但是,他们处置珀尔修斯、将马其顿王国彻底根绝,使他们的新政策初露端倪。眼下通过对迦太基的决定,他们完整解释了新政策的内涵。因为迦太基人并没有冒犯罗马,而罗马人却以无法弥补的严厉态度对待迦太基人,尽管迦太基人已接受他们的所有条件,同意遵从他们的所有命令。

还有人说,罗马人整体而言是一个文明民族,他们引以为傲的独特优点是他们以纯粹且高贵的方式进行战争,既不搞夜袭,也不搞埋伏,更不赞同种种诡计和欺骗,认为光明正大的公开战斗才属正当。但是,在这次迦太基战争中,他们对迦太基的一系列行动都运用了诡计和欺骗。他们每次先透露一些事情,同时对其他事情保密,直到最后彻底断绝迦太基向盟友求助的所有希望。这种做法更像是一个暴君的阴谋诡计,而非像罗马这样的文明国家的原则,只能被恰当地描述为非常类似渎神和背信弃义的行为。

还有一些人对后一种批评有不同看法。他们说,如果迦太基人一开始就寄望于罗马的保证,且罗马人仍以这种方式行事,即每次透露一点点事情,再逐渐透露其他事情,那他们的确应受谴责。但事实是,既然迦太基人全体一致寄望于罗马的保证,让罗马人自由处置他们,罗马人当然有权按照自己认为好的方式行动,发号施令,强加种种条件给迦太基人,这与渎神和背信弃义没有任何相似之处。

事实上,有些人甚至说,罗马人的做法根本算不上不义。因为每种罪行必然属于下述三类之一:渎神,即对诸神、父母或死者的罪行;背信弃义,即违背誓言或书面协定;不义,即违背法律和习俗。罗马人对迦太基的行为不属这三类中的任何一类。他们既没有得罪诸神、父母或死者,也没有违背誓言或和约。相反,他们指控迦太基人背信弃义。再者,罗马人也没有违背任何法律、习俗或个人信念。只有当一个民族起初完全同意服从他们的权威,结果这个民族拒绝遵从他们的命令时,他们才最终诉诸武力。

[10] 这就是关于罗马人和迦太基人的各种意见。至于假腓力,①起初这个故事似乎完全荒谬不堪。据说有位从天而降的腓力出现在马其顿,他不仅轻视马其顿人,而且轻视罗马人。没有任何合理的理由支撑他索求马其顿王权的事业,因为众所周知,真正的腓力于18岁死在意大利的阿尔巴,即珀尔修斯在那里去世两年后。②但是,三四个月后,消息传来:他在奥多曼提境内的斯特里蒙河(Strymon)战役中击败马其顿人,一些人认为消息属实,大多数人仍认为它荒谬不堪。但是,没过过久,再次传来消息:假腓力又在斯特里蒙河这一侧击败马其顿人,成为整个马其顿的主人。忒萨利人立即遣使阿凯亚请求帮助,因为他们面临危险,整件事看起来异乎寻常且令人难以置信,因为这样的事以前似乎根本不可能发生,也根本不值得考虑。这就是希腊人对罗马压垮

---

① 公元前149年,一个名叫安德里斯科斯(Andriscus)的家伙号称自己是珀尔修斯之子腓力。众所周知,真正的腓力早已死在罗马,安德里斯科斯于是被称作假腓力。他得到色雷斯人的支持,侵入马其顿,重建马其顿王权,统治一年多,最后被罗马击败。

② 阿尔巴是公元前303年建立的一个拉丁殖民城市,多次被用来关押异族俘虏,如珀尔修斯投降后被关押在此。真正的腓力是珀尔修斯之子,随其父一起投降。

迦太基、假腓力两件事的看法。

［11］执政官曼尼乌斯·曼利乌斯写给阿凯亚人的一封信这时被送达伯罗奔半岛，信中要求阿凯亚人立即派迈加洛波利斯的珀律比俄斯到利利巴厄姆，因为罗马人要求他出任公职。阿凯亚人一致决定派他前往，满足这位执政官的这一书面要求。我本人认为有很多理由服从罗马人，遂将其他顾虑抛在一边，在这年初夏（公元前148年）起航赶往利利巴厄姆。

我抵达科西拉后，发现那里有一封罗马执政官给科西拉人的信。信中说迦太基人已交出人质，准备服从他们的全部命令。我据此认为战争已经结束，不再需要我的服役，遂立即返航伯罗奔半岛。

［12］如果我在叙述到我自己时，偶尔用我的专名"珀律比俄斯"，在其他地方则用一般表达，如"我这样说过之后"或"我同意这样做"，读者不必感到惊讶。因为我本人深度参与了我即将叙述的事件，在指涉我时，我被迫变化对我的指称，这样就不会因频繁提及我的名字而冒犯读者，也不会因不断说"当我"或"在我看来"，而在无意中养成言辞粗鄙的习惯。我的意图是在适当地方交替使用这两种指称方式，尽可能避免由于不断谈论自己而冒犯读者，因为这样频繁提及自己令人讨厌。但是，当不提及自己，事情就无法叙述清楚时，这样做就是必要的。很幸运，我在这件事上得到偶然的帮助，因为就我所知，迄今为止，还没有别人也叫珀律比俄斯。

［13］碰巧就在同一天，卡里克拉底的雕像在夜里被抬走，吕科塔斯的雕像则在同一天白天被抬进去占据原来的位置。这事让人们议论纷纷，人们说任何人都不应该滥用自己的发达来迫害邻人，因为人应该知道，机运的独特功能就是将立法者自己制定和通过的法律反过来用在他们自己身上。

人天生喜爱新奇，这种对新奇的爱本身就足以促成任何形式的变革。

三、比提尼亚事务

[14] 罗马人派代表前往亚洲，完成如下使命。第一，压制尼克莫德斯二世的好斗冲动；第二，阻止阿塔罗斯二世对普卢西阿斯二世开战。代表有三位，分别是马尔库斯·李锡尼乌斯（Marcus Licinius）——一个身患痛风、双腿虚弱的人；奥卢斯·曼基努斯（Aulus Mancinus）——一块瓦片砸到他头上，留下许多伤口，但他竟然活了下来，真是一个奇迹；卢西乌斯·乌尔索（Lucius Manlius Vulso）——公认此人是罗马最蠢的家伙。

由于这次出使要求迅捷和大胆的行动，这三位被派出的代表被认为根本不具备完成这次使命的能力。由于这点，人们说马尔库斯·加图在元老院议论说，在这次出使任务完成前，不仅普卢西阿斯二世会死，尼克莫德斯二世也会在王座上终老。因为这个代表团根本没有能力迅速采取行动，即便它采取行动，也无法取得任何结果，因为它没有脚、头、心。

[15] 普卢西阿斯二世是一个不受人们喜爱的人。他尽管拥有相当强的理性能力，从外表看却不像个男人，战争能力也并不比女人强多少。他不仅是个懦夫，而且无法忍受任何艰辛。总之，他的身体和灵魂终其一生皆女里女气。这是没有人愿在一位国王身上看到的缺陷，至少所有比提尼亚人都不愿看到。此外，他在满足身体欲望上毫不节制，也完全不懂教养和哲学，没有接受过这方面的系统训练。总而言之，他对善和美一无所知，而是终日过着萨达纳帕罗斯①那样的野蛮生活。所以，他的臣民一看到推翻他的机会，便立即下定决心抛弃对他的忠诚，而且要惩罚他。②

---

① 8.10也提到过萨达纳帕罗斯，此人是尼尼微的亚述国王。
② 普卢西阿斯二世被自己的儿子尼克德莫斯发动政变杀死。

四、第三次迦太基战争

[16] 努米底亚国王马西尼萨①是我们这个时代最好、最幸运的人之一,他在位超过60年,一生身体强健,得享高寿,一直活到90岁。他的身体力量超越同时代所有人。当需要站立时,他可以在一个地方站一整天不动;当需要坐着时,他从不需要起身活动。他还能骑马日夜奔驰,且不感到疲劳。下述事例是他身体强健的一个证据。

他90岁时,留下一个四岁的儿子,名叫斯忒姆巴诺思(Sthembanus),后来这个儿子被米基普塞(Micipsa)收养,除此子外还有九个儿子。由于儿子们彼此感情深厚,相亲相爱,马西尼萨统治期间没有各种阴谋,也没有家族内手足相残。不过,他最伟大、最神圣的成就是下面这个。努米底亚曾经一直是个贫瘠地区,公认无法种植谷物,而马西尼萨是第一个也是唯一一个证明任何类型的土地都可种植谷物的人。他分给每个儿子一大片可种植各种谷物的土地。所以,他去世之后,以此向他致敬是公正和恰当的。马西尼萨去世两天后,小斯基皮奥抵达塞尔塔,安排好一切。②

珀律比俄斯告诉我们,马西尼萨死于90岁高龄,留下一个四岁的儿子。他死前不久,还在一场重大战役中击败迦太基人,第二天,有人看他在营帐外吃脏面包片,对此非常震惊的人说他……(普鲁塔克,《伦语·花甲老人是否应忙于公事》[*An seni sit gerenda respublica*], 791F)

---

① 死于公元前149年。
② 马西尼萨邀请小斯基皮奥前来监督王位交接。他的三个儿子分掌大权,米基普萨获得首都塞尔塔和国王称号,古鲁萨(Gulussa)获得军队指挥权,马斯塔纳巴尔(Mastanabal)获得司法权。

五、马其顿战争

[17] 就我而言，我会批评那些把公共事件和个人生活中的偶然事件归咎于机运和命定（τύχην καὶ εἱμαρμένην）的人，我现在想在一部史书严格允许的范围内谈谈对这个主题的看法。关于万事万物的原因，一个凡人不可能全部获知，或很难全部获知。我们也许有理由把那些难以找到原因的事情归结于神或机运所为，从而摆脱困境。我指的是那些连续不断的特大暴雨、暴雪，或庄稼被严重的干旱或霜冻所毁，或是爆发持久不消的瘟疫或类似难以找到原因的事。关于这类事，我们既然搞不清楚它们为何发生，就当然应该顺服多数人的意见，用祈祷和献祭平息上天的愤怒，派人去求问诸神我们该如何做和说，让一切回归正轨，终止折磨我们的恶。但是，对于那些其真实的、终极的原因可以被找到的事情，我认为，我们不应将它们归结于神的作为，例如下面这件事。

在我们的时代，希腊人口锐减，出生率普遍很低，原因是很多城市被遗弃，土地荒芜，尽管同时期既没有旷日持久的战争，也没有大瘟疫。如果有人建议我们就此事去问神，从而搞清楚我们该怎么说和做能增加人口，让我们的城市再度人烟稠密，这难道不是很荒谬吗？因为导致这一状况的原因一目了然，补救办法就掌握在我们自己手中。

希腊人口锐减、生育率低的原因是，希腊人堕入一种自负、贪婪和放纵的状态，以至他们不愿结婚生子，或者即便结婚生子，也不愿意抚养，或者至多抚养一两个孩子。因为他们认为多养孩子会导致贫困，浪费他们的财富，所以人口锐减、城市被遗弃、土地荒芜这种坏事迅速且不知不觉地蔓延。因为那些拥有一两个孩子的家庭，万一一个孩子死于战争，另一个死于疾病，显然房舍必定会荒芜，成为蜂群的巢，诸城市也会逐渐变得虚弱和荒芜。关于这件事，求问诸神摆脱这种恶的办法是徒劳的，因为任何普通人都会告诉你,最有效的补救办法必须是人自己的行动——要么追求其他目标,要么立法强制公民抚养生下来的孩子。不管是预言还是魔法都对此无能为力,同样的原则适用于所有类似的事情。

但是,在不可能或难以找到原因的情况下,这个问题就值得怀疑,例如马其顿的例子。马其顿人得到过罗马很多显著帮助,这个国家整体上已经摆脱强人制统治和征税,所有马其顿人都承认,他们享受的是自由而非奴役,[①]并且好几个城市由于罗马的帮助,已经摆脱严重内讧和自相残杀……但是,他们在很短的时间内见证了更多的市民被假腓力流放、拷打和谋杀,其人数远超历代的真国王惩戒的人数……他们当年在为德米特里乌斯二世之子腓力五世以及珀尔修斯战斗时,被罗马人击败,现在却为一个可憎的家伙而战,拼死捍卫这个家伙的王位,击败罗马人。[②]对于这样的事件,人们怎么会不感到困惑?因为要想发现其原因非常困难。所以,在判断这个和类似现象时,我们可以说,这是一种天赐的狂热,所有马其顿人皆遭到诸神之怒的惩罚,从下面的事件就可明显看出。

(下文缺失)

[①] 公元前168年,珀尔修斯战争结束后,马其顿王国被废除,罗马在马其顿地区设立四个城市共和联盟。

[②] 公元前148年,安德里斯科斯击败罗马一位裁判官普布利乌斯·塔尔纳(Publius Iuventius Thalna)指挥的军团,这位裁判官战死。

公元前148年是汉景帝中元二年。春,匈奴入侵燕国。参《汉书·景帝纪》,前揭,页145。

第三十七卷[1]

　　珀律比俄斯在其史书卷三十七中说，缪塞翁（Mouseion）是马其顿奥林普斯山地区的一个地方。（拜占庭的斯特法涅斯）

---

[1] 这一卷早在10世纪前就已佚失。

第三十八卷

一、前言

［1］第三十八卷包含希腊灾难的结束。尽管整个希腊及其几个地区常常遭遇不幸，但是它过去的失败与我所处的时代的失败相比，没有哪次更适合用灾难这个词来形容。因为不仅希腊人怜悯自己在我所处时代遭受的痛苦，而且我们不能不认为，当我们获悉真相的细节时，希腊人的所作所为对他们来说就更具灾难性。迦太基被毁灭的确被公认是最大的灾难，但是当我们想到这一灾难时，希腊的命运同样可怕，在某些方面甚至更可怕。对迦太基人来说，罗马至少还给他们的后代留下一块土地，不管那块土地多么微不足道，但是希腊人没有任何貌似合理的借口期待别人帮助他们，赦免他们的错误。再者，迦太基人被降临到他们身上的灾难彻底毁灭后，未来不会意识到曾经的痛苦，但是希腊人则持续见证他们的灾难，不幸的记忆会世代相传。

所以，由于我们认为那些遭受惩罚后活下来的人要比那些在实际战斗中殒命的人更可怜，我们也应认为希腊的突转要比迦太基的遭际更值得怜悯，除非我们在评判这件事时，抛弃一切雅致的和高贵的观念，只想着物质利益。如果拿公认希腊曾遭受的最大的灾难与我们眼下叙述的这一灾难相比，每个人都会承认我所言不虚。

［2］公认希腊过去遭受的最大恐怖是薛西斯渡海侵入欧洲。那时，希腊人的确处境危急，但很少有人悲痛绝望。第一也是最重要的原因是，雅典人明智地预见到会发生什么，于是带着妻子

儿女离开，放弃自己的城市。当然，他们遭受极严重的损害，因为蛮夷成为雅典的主人，冷酷地把雅典毁灭。但是，雅典人没有因此招致任何责难或耻辱。相反，公认他们的行为最光荣。即便遭此大难，雅典人仍不顾可能降临到他们身上的不幸，决定与其他希腊人共同承受机运的打击。结果，凭靠决绝的勇气，雅典人不仅恢复祖邦和土地，而且不久就开始与拉克岱蒙人争夺希腊的领导权。之后，雅典在与斯巴达的战争中被击垮，其城墙被迫拆毁。必须说，这个过错不可归咎于雅典人，而是要归咎于拉克岱蒙人，因为后者滥用机运交到他们手中的权力。

斯巴达转而被忒拜人击败，丧失希腊的领导权，后来放弃一切对外征服的野心，疆界仅限于拉科尼亚。如果在争夺最高的奖赏中失败，退回到他们祖先的境内，这有什么丢脸的？这类事件都可以被描述为不幸，但绝不能被描述为灾难。后来，曼提尼亚人被拉克岱蒙人驱赶，被迫放弃城市，移居乡村。但是，每个人都会谴责这个事例中的拉克岱蒙人，而不会谴责曼提尼亚人愚蠢。

忒拜人在那之后不久也见证了母城被彻底摧毁。当时，亚历山大大帝意欲渡海远征亚洲，认为严惩忒拜可恐吓其他城市，使其在他出征期间服从他。不过，那时每个希腊人都因忒拜人遭到残酷、不公的对待而怜悯他们，没人试图为亚历山大大帝的行为辩护。

［3］结果，没用多久，忒拜人就在其他人的轻微帮助①下，重建他们的城市，再次安然居住城内。对那些遭受不应遭受的不幸的人来说，其他人的同情绝非可有可无的帮助。我们常常看到普遍的同情伴随机运的突变，当权者也会忏悔自己的行为，弥补他们无故造成的灾难。

再者，有一段时间，卡尔基斯、科林多和其他几个城市由于其战略位置，被迫服从马其顿诸王的命令，并接受马其顿驻军。

---

① 马其顿的卡桑德主动倡议帮助忒拜重建，忒拜又得到各国王、城市和个人的捐赠。

不过，在这个时期，上述城市都竭尽全力谋求摆脱奴役，他们仇恨和持久敌视役使自己的马其顿国王。一般而言，上述事例都是一两个城市或几个城市在过去遭受过大灾难，其中一些是因争夺领导权或追求某种政治目标，另一些是因被暴君和国王背信弃义地占据。所以，上述事例中，没有哪次灾难的受害者会招致责备或遭受灾难是罪有应得。我们应该认为，所有国家和个人遭遇罕见的灾难都是不幸的，只有那些由于愚蠢招致灾难的国家和个人才应受谴责。

在我正在叙述的时期，伯罗奔半岛人、波俄提亚人、佛基斯人、欧波亚人、洛克里斯人，还有伊奥尼亚湾的几个城市的居民，再加上马其顿人，遭受了一场共同的大灾难……这不仅仅是由于他们遭受的失败的次数——远非如此，而是由于他们的整个行为。这一行为给他们带来的不是不幸，而是一场可耻的、丢脸的灾难。他们由于既无信义又怯懦，导致这些灾祸降临己身……因此，他们丧失一切荣耀，基于各种原因同意接纳罗马匪从进入自己的城市。遭此恐怖完全是由于他们自身的过错，如果必须这样说的话。我更愿意认为，大多数民众只是行动错误、没有尽到自己的职责，那些错误的始作俑者才是真正的罪犯。

［4］如果我偏离史书叙述的恰切风格，以更慷慨激昂、更激烈的风格表达我的看法，读者不必惊讶。有人可能会指责我言辞中夹杂太多愤怒，进而认为我的首要职责是遮蔽希腊人的过错。我既不认为一个胆小怕事、不敢说出自己想法的人应该被真正的人（γνήσιον）视为真正的朋友，也不认为一个因为害怕某些人就离开真理之路的人应被视为一个好公民。作为叙述政治史的史家，我们绝不能容忍自己对真实以外的任何事情有丝毫偏爱。

由于对事实的文字记录要比口头之言传播范围更广、存续时间更久，一个叙述政治史的史家应该把真实当成最高价值，读者也应该赞成他的这个原则。在危机四伏的时代，真正的希腊人应该竭尽全力帮助希腊人，通过积极行动隐藏过错，竭力平息领导权当局的愤怒,正如我在这类时刻的实际所为[①]。但是,意在传诸后世的对事件的文字记录则应避免任何虚假,这样,读者就不会只获得一时的愉悦;相反,他们的灵魂会被重塑,以避免再次犯同样的错误。关于这个主题,上述所言足矣。

[5]我不是不知道,一些人会基于下述理由对这部作品吹毛求疵:我对事件的叙述不完整,前后不连贯。例如,叙述过罗马对迦太基的围城后,我留下悬念,跳到希腊事务,接着又跳到马其顿事务、叙利亚事务和其他地区的事务上,而读者们渴望叙述连贯不中断,渴望搞清楚我首先着手叙述的事件。因此,他们说,愿意跟上我的叙述的读者是那些对故事更感兴趣,且从中获益良多的人。我的看法恰恰相反。我将求助于自然的见证,任何一种感官都不会选择长久盯住同样的诱惑物不变,而是更喜欢变化,渴望在间隔和变化后遇到同样的事情。我的意思可首先从听觉来说明。无论是听音乐还是朗读,听觉都不愿意一直听一种音调,而是会被多样化的风格,不连贯的、突然且频繁的音调转折打动。

再以味觉为例。你们会发现,味觉不能长期享用最奢华的菜肴,否则它会厌恶它们,进而渴望变化,之后往往会转而喜欢朴素的菜肴,而非昂贵的,仅仅因为朴素的菜肴新奇,以前没吃过。同样的道理也适用于视觉。视觉不可能长久盯着一个物体,而是需要变化着观看多种物体。不过,这个道理尤其适用于理智。勤奋阅读的读者可在吸引他们和其感兴趣的主题的变化中让头脑得到休息。

[6]此外,我认为,这就是古代最智慧的作家[②]们发展出让读者在阅读间隙休息片刻这一习惯的原因,有的作家用离题话

---

① 指珀律比俄斯在公元前146年阿凯亚人战败后,积极奔走,试图把损失和罗马的惩罚降到最低。

公元前146年是汉景帝中元四年。春,御史大夫上奏禁止马匹高度在五尺九寸以上或年龄未满三岁的离开函谷关。参《汉书·景帝纪》,前揭,页147。

② 从下文举的例子来看,珀律比俄斯主要指忒奥庞姆普斯。

处理神话或故事，有的作家则用离题话处理事实。他们不仅把叙述场景从希腊一地转到另一地，而且还转到海外地区。例如，叙述忒萨利事务和费莱的亚历山大①的功绩时，史家们会中断叙述，转而讲述拉克岱蒙人在伯罗奔半岛的计划或忒拜人的计划，或发生在马其顿或伊利里亚的事情；如此款待读者后，又转而叙述伊菲克拉底（Iphicrates）②远征埃及、科勒阿克斯（Clearchus）③在本都的暴行。

所以，你们会发现所有史家都诉诸这种技巧，但是他们是不规律地运用这种技巧，而我本人是规律地运用。我引证的上述作家，在提到伊利里亚的巴尔杜力斯（Bardyllis）、色雷斯的克索布勒普特斯（Cersobleptes）如何得到他们的王国后，④没有向读者交代后续历史，也没有中断之后再回到这些事务上，而是插入像戏剧中的插曲一类的事情，然后返回原初的主题。但是，我本人会明确区分天下所有重要地区和每个地区发生的事件，始终坚持一种统一概念去处理每个事件，然后明确依照编年顺序叙述各个地区在同一时间发生的事务，给读者充分的自由以回顾前后连贯的叙述和我中断叙述的地方。这样，那些渴望有所得的读者就不会发现我提到的事件不完整、有缺陷。关于这个主题，我要说的就这些。

二、第三次迦太基战争

[7]迦太基将军哈斯德鲁巴是一个头脑空洞的吹牛胚，根本不具备一位政治家或将军的才干。诸多证据可表明他缺乏判断

---

① 此处的亚历山大是费莱城公元前369年至前358年的僭主。

② 雅典将军，公元前374年远征埃及，与波斯帝国的总督法纳巴祖思（Pharnabazus）交战。

③ 本都地区赫拉克勒亚城的僭主，统治时间是公元前364至前353年。

④ 两位国王都被腓力二世击败。

力。首先,他与努米底亚王古鲁萨会面时,穿全套甲胄出席,甲胄外面还披着紫袍,另有十名持剑武士扈从。然后,他走到十武士前一点、距古鲁萨20尺处有壕沟和栅栏防护的地方,向古鲁萨示意靠近他,而应有的礼节恰恰相反。古鲁萨身着朴素的努米底亚服饰走上前来,无人陪同,问哈斯德鲁巴全副武装来会面是害怕什么。

哈斯德鲁巴回答:"害怕罗马人。"

古鲁萨说:"的确,否则你就没有必要在这座城内如此没有安全感。但是,你想要什么?你的要求是什么?"

哈斯德鲁巴回答:"我恳求你作为我的使节求见罗马将军,为下述事实作担保:我同意服从罗马的任何条件,只要他们愿饶过这座不幸的城市。"

古鲁萨说:"我的好友,在我看来,你提出了一个非常天真的要求。你们现在被罗马人从海上和陆上包围,几乎已经没有获得安全的希望,你怎么能奢望说服罗马人允准他们之前已经拒绝的要求?——当罗马人仍在乌蒂卡,你率你们的全部兵力求见他们时,他们就拒绝了你们的要求。"

哈斯德鲁巴说:"你大错特错,因为我仍对我们的外邦盟友帮助我们寄予厚望。"他这时还不知道摩尔人的遭遇以及他的军队在战场上的遭遇。他还补充说,他甚至不对迦太基的战争资源感到绝望,因为他主要仰赖诸神的帮助,他把希望都寄托在诸神身上。他说:"诸神肯定不会让我们遭到公然背叛,而是会赐予我们许多拯救自己的办法。"他因此恳求古鲁萨劝罗马将军小斯基皮奥好好想想诸神和机运的威力,饶恕迦太基城,他还想让小斯基皮奥认为,如果迦太基人得不到罗马的宽恕,他们宁愿被屠杀,也不愿放弃迦太基城。如此交谈后,二人分开,约定三天后再会面。

[8] 古鲁萨将哈斯德鲁巴的请求告知小斯基皮奥后,后者大

笑着说道："在你残忍对待我们的俘虏时，我就认为你①会提出这个要求。你在违背人法后，竟然还期待诸神的帮助。"古鲁萨又进一步提出一些问题让小斯基皮奥考虑，主要问题是他应让战争迅速结束。因为且不管万事难料，单单考虑到新任执政官②即将到来，小斯基皮奥也应该重视此事，以免冬季过后被另一位将军取代，轻松夺走他历尽艰辛取得的成就。小斯基皮奥密切留心古鲁萨的谏言，命他告知哈斯德鲁巴，他同意保证后者本人及其妻子儿女和十个友人家庭的安全；此外，哈斯德鲁巴还可从他本人的财产中带走十塔兰同，任意带走100个奴隶。

古鲁萨准备在两天后与哈斯德鲁巴的会面中告知后者这一答复。第二次会面时，哈斯德鲁巴再次大摆排场，慢悠悠地上前会面，仍穿着全套铠甲和紫袍，这副装束甚至让肃剧中的僭主都相形见绌。哈斯德鲁巴本来就略胖，现在更是大腹便便，脸色很红，看起来很像节庆上的公牛，而不是正遭受极端不幸的迦太基领袖，且那种不幸简直难以用言辞形容。然而，在与古鲁萨的会面中听完后者复述斯基皮奥的答复后，他不断拍击大腿，呼请诸神和机运见证。他说，他，哈斯德鲁巴，绝不会有活着看到他的城市陷于一片火海的那一天，因为对正直之士来说，最高贵的葬礼莫过于在祖邦的熊熊大火中死去。当我们听到他的这些说法，我们会敬重这个男人和他的豪言壮语，但是当亲眼看到他的实际所为，我们会对他的卑贱和怯懦震惊不已。其实际所为如下。

第一，当迦太基的其他人因饥饿而死去时，他却在举办宴会。他给宾客连上两轮丰盛的菜肴，用他自己的纵情享乐让全城民众面临普遍的痛苦。死亡人数多得令人难以置信，每天因饥荒而逃亡的人更是不计其数。第二，他嘲弄市民，施加暴行并杀死市民来恐吓民众。他在一个岌岌可危的国家这样维持权力，就是

---

① 小斯基皮奥把古鲁斯想象成哈斯德鲁巴。
② 小斯基皮奥是公元前147年的执政官。

一位繁荣之城的僭主也不会采用那些手段。因此,我认为我前面的说法非常准确:要找到比当时那些左右希腊和迦太基命运的政治人物更相像的人并不容易。当我谈到左右希腊命运的那些人,将他们与哈斯德鲁巴比较时,这一点将变得显而易见。

三、阿凯亚战争

[9]当奥勒里乌斯·奥瑞斯特斯①和其他代表从伯罗奔半岛返回,告知元老院他们的遭遇和他们如何死里逃生。他们既夸大事实又添油加醋,没有把遭遇的危险说成是意外,而是谎称阿凯亚人故意那样对待他们。元老院听过汇报后,前所未有地愤怒,立即任命塞克图斯·尤利乌斯·凯撒领衔代表团出使阿凯亚。他们给代表团的指示是,温和谴责所发生的事,告诫阿凯亚人未来不要重视那些怂恿他们走上歧途的人,以免在意识到错误前招致罗马的敌意;他们应立即改正错误,谴责这次错误的罪魁祸首。这清楚表明,罗马元老院当初给奥勒里乌斯·奥瑞斯特斯的指示不是解散阿凯亚联盟,而是警告阿凯亚人,阻止他们以放肆和敌对的方式行事。

有人的确认为,罗马人在欺骗阿凯亚人,因为那时在迦太基的战事尚未结束。然而,这不是事实,罗马元老院长久以来一直承认阿凯亚联盟,认为这个联盟是最忠于罗马的希腊力量。他们当时认为警告阿凯亚人、遏制他们过分的傲慢是恰当之举,绝不希望对阿凯亚人开战或与阿凯亚联盟决裂。

[10]塞克图斯·凯撒及其同僚从罗马前往伯罗奔半岛的路

---

① 公元前147年夏,奥勒里乌斯·奥瑞斯特斯返回罗马,建议元老院将斯巴达、科林多、阿尔哥斯、特拉基斯的赫拉克勒亚和奥科门诺斯从阿凯亚联盟中分离出来。这个政策很快导致罗马与阿凯亚联盟的战争。

上，碰到忒阿里达斯（Thearidas）[①]领衔的阿凯亚使团，后者要去罗马请求元老院原谅并澄清奥勒里乌斯·奥瑞斯特斯及其同僚遭受愚蠢的侮辱的真相。塞克图斯等人要求阿凯亚使团返回，因为他们的使命就是去与阿凯亚人讨论此事。抵达伯罗奔半岛后，罗马代表团与阿凯亚人在埃吉翁开会。塞克图斯等人的言辞甚是有礼，他们几乎没有提到虐待罗马代表的指控，也没有要求阿凯亚人为自己的行为辩护，而是采取更同情的立场看待所发生的事，要求阿凯亚人不要再冒犯罗马人和拉克岱蒙人。

听闻这一声明，所有明智之人都意识到自己的错误，想到反对罗马会遭遇何种命运，便高兴地接受这个建议，慎重处之。但是，大多数人面对塞克图斯公正的批评什么都没说，被迫保持沉默，心绪不佳，士气低落。狄埃俄斯（Diaeus）[②]和克里托劳斯以及所有赞成他们立场的人——这些人可以说是各个城市深思熟虑选出的恶棍，是阿凯亚最为神所憎和最堕落的一批人——不仅如谚语所说，对罗马人大不敬，而且拥有一种完全错误的想法。他们以为，由于利比亚和伊比利亚在进行战争，罗马人就会恐惧与阿凯亚人开战，继而容忍阿凯亚的一切所为。因此，他们认为自己是局势的掌控者，便以得体的措辞答复塞克图斯等人，坚持要派忒阿里达斯及其同僚出使罗马；他们本人则会陪同罗马代表团前往泰格亚，在那里商讨阿凯亚与拉克岱蒙人的争端，尽量找到达成协定的办法，从而结束战争。给出这个答复后，他们通过接下来的行动，引导这个不幸的民族采取他们梦寐以求的错误政策。当掌权者如此无知和居心不良时，民众还能有什么期待？

［11］这次灾难以下述方式发生。塞克图斯和其他代表抵达泰格亚后，邀请拉克岱蒙人参会，这样就可对阿凯亚人采取一致

---

① 珀律比俄斯的兄长。

② 迈加洛波利斯人，公元前148年至前147年的阿凯亚联盟将军。

行动，一来践行公义，谴责阿凯亚人过去对拉克岱蒙人的种种错误行为；二来中止双方继续为敌，直到罗马派代表团前来处理整个局势。克里托劳斯及其同党举行会议后，决定不让其他人与罗马人会面，只由克里托劳斯单独前往泰格亚应付罗马代表。

克里托劳斯抵达泰格亚时，塞克图斯及其同僚几乎已经对他的到来不抱希望。接下来，罗马代表召集拉克岱蒙人谈判，克里托劳斯拒绝做任何让步，说他若没有联盟大会的指示，无权处理任何事务，所以他提议将此事延迟到下一次联盟大会讨论——那要在六个月以后。塞克图斯及其同僚现在认识到，克里托劳斯是在故意拖延，对他的回答非常愤怒，命拉克岱蒙人返回斯巴达。他们本人也返回罗马，宣称克里托劳斯执迷不悟，像个疯子。

罗马代表团离开后，克里托劳斯在冬季期间访问各城并召集会议，借口是向各城民众通报泰格亚谈判时他对拉克岱蒙人和罗马代表的答复。实际上，他真正的意图是控诉罗马人，恶意曲解罗马代表的话，由此激起民众对罗马的敌意和憎恨。与此同时，他建议联盟官员不要向债务人强讨欠款，不要让那些因欠债被捕的人进监狱，同时延长还款的期限，直到决定开战的时刻到来。他如此诱惑乌合之众的结果是，民众把他说的一切都当真，乐意服从他的任何命令，根本不为未来打算，完全被眼前的恩惠和安逸所诱惑。

[12] 昆图斯·曼特卢斯（Quintus Caecilius Metellus）① 在马其顿听闻此事和伯罗奔半岛上愚蠢的兴奋和骚动，派出四名代表出使阿凯亚。四名代表分别是格奈乌斯·帕皮利乌斯（Gnaeus Papirius）、小庞皮利乌斯·莱纳斯、奥卢斯·伽比尼乌斯（Aulus Gabinius）和盖乌斯·法尼乌斯。他们抵达阿凯亚时，恰好阿凯亚的联盟大会在科林多召开。四名代表出席大会，像

---

① 公元前148年的一位裁判官，击败安德里斯科斯，赢得马其顿尼库斯的称号。他的指挥权被延长一年。此前他也警告阿凯亚人不要向斯巴达开战。

塞克图斯及其同僚那样，以同样的和解姿态对大会发表长篇演说，竭尽全力阻止阿凯亚人公开与罗马为敌——不管是出于与斯巴达不和，还是出于厌恶罗马人，阿凯亚人都与罗马为敌。

民众听过他们的演说后，没有表现出丝毫赞同，反而嘲笑四名代表，叫嚷着把他们赶出会场。因为从来没有哪个地方聚集过这么多工匠和普通人。事实上，所有阿凯亚城市都陷入一种疯狂状态，不过科林多最严重、最猛烈。然而，仍有少数人非常赞同四名代表的发言。不过，克里托劳斯认为他已抓住梦寐以求的把柄，已牢牢掌控乐意分享他的激情和疯狂的听众，遂攻击阿凯亚政府当局，抨击他的政治对手，用最口无遮拦的语言描述罗马代表，说他希望成为罗马的朋友，但是他绝不会屈服于暴君。他的建议的要旨是，如果阿凯亚人像真正的男子汉那样行动，他们就不需要盟友；如果他们像女人，他们就会有很多主人。通过肆无忌惮地、系统地运用这类词语，克里托劳斯不断煽动并激怒暴民。他多次强调，他的政策绝非任意而为，一些国王和邦国都会参与他的计划。

［13］当年老的人想阻止克里托劳斯运用这类言辞时，他公然蔑视他们，命令他的士兵退出，叫来愿意支持他的人或甚至敢摸他外袍的人围住他。最后，他说他攥紧拳头，忍耐已久，但不会再忍耐这类事，而是说出他的真实想法。他说：

>我们不应再害怕拉克岱蒙人和罗马人，也不应害怕我们中间与敌人合作的人。是的，我们中间有些人比起追求自己的利益，更愿意支持罗马人和拉克岱蒙人。

他甚至提出诸多证据，说埃吉翁的欧阿戈拉斯（Euagoras）和特里塔的斯特拉提俄斯决定将联盟官员的所有秘密透露给格奈乌斯·帕皮利乌斯。斯特拉提俄斯承认，他与罗马代表有联系，并说会继续维持这种联系，因为他们是朋友和盟友，但是，他发誓说，他从未把联盟官员开会达成的任何决定告知罗马代表。少数人相信他的这一辩护，但大多数人更相信克里托劳斯的指控。克里托劳斯通过指控这些人，令暴民更加兴奋，然后说服阿凯亚人开战，名义上是对斯巴达开战，实际上是对罗马开战。他又煽动暴民补充了一条不合法的条款：联盟将军应有绝对权力。通过这些手段，他获得一种类似君主的权力。

克里托劳斯决意用这些手段阴谋反对和攻击罗马人。他根本不听从理性，而是谋划出种种会激起诸神和人愤怒的计划。至于昆图斯·凯西里乌斯·曼特卢斯派来的四名代表，格奈乌斯·帕皮利乌斯先前往雅典，后到斯巴达等待事态进展；奥卢斯·伽比尼乌斯前往瑙帕克图斯；另外两位代表待在雅典，等待昆图斯·凯西里乌斯·曼特卢斯抵达。这就是伯罗奔半岛的状况。

[14] 皮忒阿斯（Pytheas）[1]是田径运动员阿卡斯提德斯（Acastides）的兄弟、科勒奥姆纳斯图斯（Cleomnastus）之子。他过着一种罪恶的生活，公认早年就已堕落。他在公共事务上非常鲁莽和贪婪，由于我上面所述原因，他之前向欧墨涅斯二世和斐勒泰洛斯（Philetaerus）[2]借钱来高升，此时已经负债累累。

阿凯亚人珀律比俄斯说，他尽管当时正陪同小斯基皮奥在利比亚征战，却没法忽视发生在自己家乡的灾难。他告诉我们，双方在阿凯亚进行过一次战役，克里托劳斯是指挥官。[3]不过，他又补充说，狄埃俄斯从阿卡狄亚带来援兵，被同一位裁判官昆图

---

[1] 忒拜人，领导波俄提亚人在这次战争中支持阿凯亚人。
[2] 欧墨涅斯二世的三弟。
[3] 这次战役在温泉关东部的斯卡斐亚（Scarpheia）进行，克里托劳斯败北被杀。在奥罗修斯的时代，阿凯亚指罗马帝国的阿凯亚行省，包含忒萨利以南的希腊地区。

斯·凯西里乌斯·曼特卢斯击败。（奥罗修斯［Orosius］，①《反异教史》，5.3）

［15］由于联盟法律规定，现任将军遭遇不测后，他的前任将军应该继任将军，直到联盟大会举行选出新将军，所以阿凯亚联盟将军克里托劳斯死后，联盟大权落到狄埃俄斯身上。接下来，狄埃俄斯派军前往麦加拉，他本人前往阿尔哥斯，同时写信给各城，命令其释放12000名土生土长的、正当壮年的奴隶，将其武装后派往科林多。不过，他对各城释放奴隶名额的分配相当随意、很不公平，因为他总是忙其他事。如果各城没有足够的土生土长的奴隶，就需要用其他奴隶来补充缺额。他看到，联盟由于此前与斯巴达的战争，财库甚是空虚，遂强迫各城向较富裕的人索取捐赠，不仅向男人们索取，而且向女人们索取。

与此同时，他命令所有有能力的市民带着武器到科林多集合。因此，所有城市充满混乱、骚动和绝望。他们称赞那些已经去世的，怜悯那些正在前往科林多的。每个人都泪水涟涟，仿佛已预见到未来的不幸。他们遭受的更大的痛苦来自奴隶的无礼和懒散，一些奴隶刚刚被释放，其余的奴隶则为有望获得自由而兴奋不已。与此同时，男人们被迫献出财产，无论他们财产多少，女人们和孩子们身上的首饰被剥个精光并贡献给财库，虽然这个财库只能给他们带来毁灭。

［16］所有这些事情同时发生。每天上演的这类事件所造成的沮丧，让人们没有能力进行普遍和细致的反思，而这种反思本来会让他们预见到，他们及其妻子儿女正朝毁灭之路狂奔。阿凯亚人仿佛被一股猛烈的洪流裹挟，听命于其领袖疯狂的、反常的领导。厄利斯人和墨瑟尼亚人倒是待在家乡，等待着罗马舰队的

---

① 奥罗修斯（约380—420年），加利西亚基督徒，奥古斯丁的学生，著有《反异教史》（*Historiarum Adversum Paganos libri VII*），记述自基督创世到410年的历史。

攻击，但即便那朵云像最初设想的那样出现在地平线上，阿凯亚联盟也将毫无获益。

帕特雷人和那些一起提供援助的人不久前在佛基斯遭遇灾难，他们的情形比伯罗奔半岛的那些事件更可悲，因为他们中的一些人在绝望中自杀，其他人则从各城市出逃，没有任何目的地，且被各城发生的事吓得惊恐万状。有的人逮捕其他人交给敌人，罪名是反对罗马；有的人指控朋友，虽然当时的处境并不要求他们这么做。还有的人打扮成哀求者，供认自己背信弃义，要求罗马人给他们应有的惩罚，尽管根本没有人要求他们解释自己的行为。

事实上，整个阿凯亚联盟陷入一种奇怪且邪恶的魔咒之中，人们投井、跳崖。如谚语所说，希腊的灾难甚至会唤起敌人的怜悯，若是敌人亲眼见到这场灾难的话。在之前的时代，希腊人也犯过严重的错误，他们有时遭受彻底的失败，有时因国家问题而争斗，有时被君王们背弃。但是，我正在叙述的这个时刻，希腊人遭受所有人都承认的真正灾难，而这次灾难是他们的领袖的愚蠢和他们自身的错误所致。忒拜人甚至集体放弃他们的城市，只留下一座空城。出逃人数巨大，其中就有皮忒阿斯，他带领妻子儿女逃往伯罗奔半岛，在那里四处流浪。

与敌人相遇似乎令克里托劳斯震惊无比，但是，我认为这应验了那句俗语："蠢人办蠢事。"所以，这类人自然会对一目了然之事惊讶不已。此外，克里托劳斯开始思考逃回家的最佳道路。这就像一个不会游泳的人毫不犹豫地跳入大海后，竟开始思考如何游到对岸。

［17］狄埃俄斯抵达科林多后不久，被民众任命为联盟将军。这时，安德罗尼达斯及其同僚自昆图斯·凯西里乌斯·曼特卢斯处出使归来。狄埃俄斯之前就散布谣言说，这支使团与敌人串通，现在他把这支使团交给暴民，结果使团成员被以公开羞辱的方式逮捕，投入大牢。忒萨利人斐洛作为信使送来罗马人的很多

提议。一些来自乡下的阿凯亚人获悉那些提议后，很是赞成，其中就有斯特拉提俄斯——此时他年龄已经很大。他围着狄埃俄斯劝他，恳求他接受昆图斯·凯西里乌斯·曼特卢斯的提议。但是，联盟主席团没有在意斐洛所言，认为整个联盟绝不会得到罗马的宽恕，而斐洛等人所言不过是着眼于他们自己的利益和安全。

因此，联盟主席团带着这种想法讨论局势，尽管他们的想法完全错误。他们对自己的罪行一清二楚，所以根本不敢想罗马人对他们会有丝毫同情。他们甚至不会考虑为国家和民众的安全做出任何英勇牺牲，但如果他们是珍视荣誉、认为自己是希腊的领袖的那类男人，这样做就是他们的职责。但是，他们不可能表现出这种精神，因为此时联盟主席团的成员是狄埃俄斯和达摩克利图斯（Damocritus）[①]——由于愚蠢盛行，他不久前被允许返国——阿尔喀曼尼斯（Alcamenes）、忒奥德克特斯（Theodectes）和阿尔克西克拉底（Archicrates）。我已经详细谈论过这几个人，叙述过他们的家世，描述过他们的品性、原则和生活方式。

[18] 讨论由这几人掌控。毫不意外，他们讨论的结果与他们的品性一致。他们不仅立即囚禁安德罗尼达斯和拉基俄斯（Lagius），而且逮捕了联盟副将军索西克拉底（Sosicrates），宣称他之前主持主席团时，曾把会议决议偷送给昆图斯·凯西里乌斯·曼特卢斯，因此是阿凯亚一切恶果的罪魁祸首。第二天，他们组建了一个法庭，判处索西克拉底死刑，将他绑在架子上拷打至死。索西克拉底到死都没有如他们期望的那样认罪。至于拉基俄斯、安德罗尼达斯和阿尔克西普斯（Archippus），他们选择释放，部分是因为他们明目张胆、不义地处死索西克拉底后已唤起民众的注意，部分是因为狄埃俄斯收到安德罗尼达斯一塔兰同，

[①] 公元前149年至前148年度的阿凯亚联盟将军，由于没有攻取斯巴达，被罚款和放逐。

收到阿尔克西普斯40米纳。狄埃俄斯甚至在陷入绝境时,也禁不住去干这类无耻的、不合法的勒索勾当。不久前,狄埃俄斯也以类似方式对待过科林多的菲力诺斯(Philinus)。他指控菲力诺斯与曼纳基达斯(Menalcidas)[①]串通,是亲罗马派,当众鞭打和拷问菲力诺斯父子,直到父子全部丧命。

考虑到所有主席团成员如此愚蠢和堕落,以至在蛮夷中都很难发现类似情形,有人可能会自问,整个国家为什么没有被彻底摧毁。就我而言,我认为是某种机敏的、灵巧的机运($\tau \acute{u}\chi\eta$)抵消了领导层的愚蠢和疯狂——尽管领导层愚蠢地用各种手段、利用各种机会试图驱逐机运,机运却下定决心不惜代价拯救阿凯亚。它就像一位优秀的摔跤手,只用仅剩的一种技巧,便致使希腊人迅速崩溃和轻而易举被击败,这正是机运实际所为。由于这一点,罗马人的愤怒尚未被进一步唤起,罗马大军也没有从利比亚抵达。

使阿凯亚被拯救的不是阿凯亚的领导人。他们的品性我已经描述过,他们只是需要一个能够完整揭示自己对同胞的罪恶意图的借口。这从他们之前的行为类比一看便知,如我已经描述过的,如果他们有任何机会或能够取得任何胜利,他们会如何对待自己的民众。事实上,每个人都在重复下述谚语:"若非我们迅速毁灭,我们将永远得不到拯救。"

五、迦太基的陷落

[19] 小斯基皮奥抵达迦太基城墙下时,迦太基人依然在卫城自卫。小斯基皮奥发现与敌人之间相隔的海并不很深。珀律比俄斯建议他在海面放置铁蒺藜(caltrops)或将钉有大铁钉

[①] 斯巴达人,公元前151年至前150年度的阿凯亚联盟将军,任职期间卷入一起受贿案。此人之前在托勒密六世处服役过,那时他的名声就很坏,参30.16。

的木板扔进海中,以阻止敌人渡过海域攻击城墙下的攻城土堆。小斯基皮奥说:"我们尽管已经攻占城墙,进入城内,却还要采取措施避免与敌人战斗,这实在荒谬。"(普鲁塔克,《伦语·罗马人的语录》,200)

[20]迦太基将军哈斯德鲁巴作为一个哀求者,跪在小斯基皮奥面前,抱着他的膝盖苦苦哀求。此时,小斯基皮奥望向周围的人,说道:

> 我的朋友们,瞧,机运多么懂得通过惩罚轻率之人以警戒他人。就是这位哈斯德鲁巴不久前拒绝我的种种提议,狂言他的祖邦和其火焰会为他举办最辉煌的葬礼。现在他竟手持树枝向我哀求饶他一命,将全部希望寄托在我身上。亲眼看过这一幕的人,谁不会懂得,一个凡人绝不应该狂妄?

这时,一些迦太基逃兵来到屋顶边缘,恳求前排的罗马士兵暂时往后退一下。小斯基皮奥令前排士兵后退。那些迦太基逃兵开始辱骂哈斯德鲁巴,有的骂他背叛誓言,说他曾庄严宣誓不会背叛他们;有的骂他怯懦、灵魂卑贱。那些迦太基逃兵用最具侮辱性、最粗俗和最具敌意的语言嘲讽哈斯德鲁巴。

这时,哈斯德鲁巴的妻子看到他与小斯基皮奥一起坐在敌人前面,便从迦太基逃兵中走出来。她穿得像一位伟大的妇女,双手拉着她的孩子们,孩子们只穿着罩衫,她将孩子们的头埋在她的斗篷下。一开始,她喊哈斯德鲁巴的名字,但是他沉默不语,眼睛盯着地面,然后她开始呼唤诸神,深深感激斯基皮奥饶恕她和她的孩子们。短暂沉默后,她问哈斯德鲁巴,他怎么能不告诉她就背叛她们,只为自己活命而投降小斯基皮奥;他怎么能不知羞耻地遗弃迦太基和信任他的同胞,秘密地投降敌人;他有何脸面坐在敌人旁边,手中还拿着用来哀求的树枝,既然他曾向敌人夸口他永远不会活着看到迦太基陷落的那一天,结果这时他竟然还活着，而他的祖邦已经一片火海。

[21] 这时，小斯基皮奥转向我，紧紧抓着我的手，说道："珀律比俄斯，这是一个伟大的时刻；但是我有一个可怕的预感，有一天同样的劫数也会降临在我自己的祖邦身上。"很难再找到比这更有政治家风度、更深刻的话！在自己取得最伟大胜利、敌人遭受最大灾难的时刻，他竟有能力反思自己的处境和未来可能的颠转，在这个胜利的时刻想到机运的变化无常。小斯基皮奥是一个伟大且完美的人，总而言之，他是一个值得铭记的人。

[22] 当小斯基皮奥看到迦太基城完全陷入火海，即将完全毁灭时，他泪流满面，面对敌人大声哭泣。深陷这种情绪好一会儿后，小斯基皮奥意识到所有的城邦、民族和领导权终将像人一样，遭受自己的劫数。这样的劫数曾降临在伊利昂身上，那是一个曾经极为昌盛的城邦；这样的劫数也曾经落在亚述帝国、米底亚帝国和那个时代最大的帝国——波斯帝国——身上；这样的劫数还落在马其顿身上，它不久前才发生。这时，要么是有意，要么是诗行突然进入他的脑海，他说道：

> 有朝一日，这神圣的特洛亚和普里阿摩斯，
> 还有普里阿摩斯挥舞长戈的人民，将要灭亡。①

珀律比俄斯与小斯基皮奥自由谈话时——因为他是小斯基皮奥的老师，问他吟诵这几句诗用意何在。小斯基皮奥没有丝毫隐瞒，他说他指的是自己的国家，当他反思所有人事时，他为祖国的未来感到颤栗。珀律比俄斯听到他这样说，便将其记录在他的史书中。（阿庇安，《罗马史·布匿战争》，132）

---

① 荷马，《伊利亚特》，6.448-449，这是赫克托耳向自己的妻子安德罗马克道别时讲的话。

第三十九卷

一、希腊事务

[1]奥卢斯·阿尔比努斯是个值得一提的人，原因如下。他是罗马豪族的成员，天性爱啰唆，喋喋不休，且狂妄自大。他从幼年起就着迷于希腊的教育和论辩术（$ἀγωγῆς\ καὶ\ διαλέκτου$），在这两个领域是行家，其娴熟竟变成过错：他对希腊的敬重引起那些老派罗马显贵的厌恶。他甚至尝试用希腊语写诗和创作政治史书。他在其创作的政治史书的前言中请求读者谅解他，作为一个罗马人，他尚未完全掌握希腊语以及写作史书的方法。

我认为，马尔库斯·加图就这个主题对他的回答非常恰切。他说，他很纳闷珀斯图米乌斯为何要致歉。要是近邻同盟指定他写一部史书，他像那样致歉还有些道理，但是，他完全是在没有任何外在强迫的情况下自主决定写一部史书，却转而恳求读者原谅他的希腊语蹩脚，这可真是滑天下之大稽，也起不到什么作用。这就如同一个人参加拳击赛或搏击赛，在进入赛场且比赛即将开始时，他却恳求观众，如果他无法承受搏斗或拳头的重击，观众要原谅他。显然，这样的人会显得相当可笑，即刻就会遭到惩罚。这类史家也应得到这样的对待，以惩罚他们如此大胆地无视著史的基本规矩。

珀斯图米乌斯的其他行为也与之类似，他已经沾染希腊人最坏的恶习。他热衷享乐，反感艰辛，从下述事实可见一斑。他第一次在希腊露面是在佛基斯战役。那时，他假装身体不适，退往忒拜，以避免参加那场战役。但是，战役结束后，他率先写信告知元老院战役取得胜利，还补充大量战役细节，仿佛他本人参加过那场战役。

科林多的陷落

［2］珀律比俄斯在叙述科林多的陷落[①]时，唤起我们深深的怜悯，他还提到罗马士兵对艺术珍品和还愿祭品的蔑视。他说，他当时在现场看到诸神的画像被扔在地上，罗马士兵就在上面玩跳棋。他提到，散落一地的画像中就有阿里斯泰德斯创作的狄奥尼索斯像——有人说这就是"完全不像狄奥尼索斯"这个词组的起源，还有正受得伊阿涅拉（Deianeira）[②]涂抹的那件外衣折磨的赫拉克勒斯像。（斯特拉波，8.6.28）

［3.1-2］由于阿凯亚人对斐洛珀门长久的爱戴，他的雕像仍在一些城市屹立不倒。所以，在我看来，所有本着真理精神所做的一切，都会让那些从中受益的人产生不朽的爱戴。

因此，我们可公正地引述这个流行说法：他不是在家门口而是在街上被挫败。

［3.3］各城皆有很多他的雕像和尊崇他的法令。科林多被毁后，一个罗马人在希腊遭受如此巨灾的时刻，试图毁灭斐洛珀门的所有雕像，把他从伯罗奔半岛赶走，仿佛他是一个与罗马为敌、憎恶罗马的活人。但是，在讨论这件事时，珀律比俄斯拒绝同意那个罗马人的虚假指控，卢西乌斯·穆米乌斯（Lucius

---

[①] 公元前146年暮夏，罗马执政官卢西乌斯·穆米乌斯（Lucius Mummius）在科林多地峡击败狄埃俄斯的阿凯亚军队，依照罗马元老院的命令，科林多被毁。

[②] 赫拉克勒斯的妻子。人头马腿怪涅索斯因企图占有她被赫拉克勒斯用毒箭射死。涅索斯临死前骗她，如果把他的血涂在丈夫的衣服上可保持丈夫对她的爱。赫拉克勒斯穿上染有毒血的衣服，自焚而亡。

Mummius）和罗马十人团都不愿让这位先贤的荣誉毁灭。[1]

珀律比俄斯开始向罗马代表提供斐洛珀门的全部信息。这些信息与我之前关于这位政治家的叙述一致，即斐洛珀门的确常常反对罗马人的命令，但他的反对仅限于陈述事实和就那些有争议的问题提出建议，那些建议皆是他深思熟虑的结果。珀律比俄斯对罗马代表说，斐洛珀门对罗马的态度的一个真实证据是，在罗马与腓力五世的战争和与安提俄库斯三世的战争中，如谚语所说，他对罗马的帮助经得起审视。那时，斐洛珀门由于其个人权力，是希腊和阿凯亚联盟最有影响力的人。他真诚地维持与罗马的友谊，忠诚地贯彻联盟的法令。在从罗马渡海到希腊的四个月前，阿凯亚人就决定对安提俄库斯三世和埃托利亚人开战，而当时几乎所有其他希腊人都与罗马为敌。

罗马十人团听了珀律比俄斯的这些话，称赞他的态度，允许尊崇斐洛珀门的那些标记在各城原封不动地保留。珀律比俄斯利用这个计划，恳求罗马将军归还已被从伯罗奔半岛运到阿卡纳尼亚的雕像，我指的是阿凯俄斯（Achaeus）、[2] 阿拉图斯和斐洛珀门三人的雕像。阿凯亚人因此非常敬重珀律比俄斯在这件事上的所为，继而为他竖立了一尊大理石雕像。[3]

［4］罗马十人团重组阿凯亚后，命令正准备变卖狄埃俄斯[4]财产的财务官停手，先让珀律比俄斯从中挑选，他要什么就拿走什么，待他选完后再把剩余的财产变卖。珀律比俄斯不仅没有挑

---

[1] 罗马十人团由元老院于公元前146年任命，负责处理阿凯亚战争后的希腊事务，奥卢斯·珀斯图米乌斯·阿尔比努斯是重要成员。

[2] 阿凯亚传说中的祖先。

[3] 阿凯亚各城，如迈加洛波利斯、泰格亚、曼提尼亚皆有他的雕像。厄利斯还将他的一尊雕像敬献奥林匹亚神庙。

[4] 他被穆米乌斯击败后，返回迈加洛波利斯并自杀。卢西乌斯·穆米乌斯执政官任期结束后，担任这里所说的财务官。

选任何东西，而且要求他的朋友们也不要从财务官准备变卖的财产中拿任何东西。这位财务官当时正在遍访各城，准备把曾与狄埃俄斯结党之人的财产全部变卖，只有那些有孩子或父母的人除外。珀律比俄斯的一些朋友没有在意他的这个建议，不过那些听从建议的人得到同胞的高度赞许。

［5］罗马十人团花六个月处理好这些事务后，于这年春季（公元前145年）离开伯罗奔半岛返回意大利，为罗马对希腊的政策树立光辉典范。十人团离开时，吩咐珀律比俄斯遍访各城，澄清民众感到困惑的问题，直到他们习惯新的政制和法律。一段时间后，珀律比俄斯成功让民众接受罗马人给他们颁布的政制，成功确保在任何问题上——无论是公共事务还是私人事务，都不会因新法律而出现任何困难。

虽然阿凯亚人从一开始就普遍赞赏和敬重珀律比俄斯，但是在这个时期，他们对我上文所述的建议心满意足，每个城市竟千方百计地在他生前和死后[1] 授予他种种最高荣誉。普遍认为各城这样做完全正当，因为若非他提出并完善公共司法权的法律，所有人本来会犹豫不决，陷入极度混乱之中。所以，我们应该把这项成就视作珀律比俄斯已被提及的所有成就中最辉煌的成就。

［6］罗马十人团离开阿凯亚后，罗马将军卢西乌斯·穆米乌斯[2] 着手修复科林多地峡，装饰德尔斐和奥林匹亚的神庙，然后遍访希腊各城，在每个城市受尽荣耀，得到应得的感激之词。这确实是理所应当的事，他应该在公共和私人领域得到荣誉。他的行为一直宽和，也没有污点，并且尽管他当时在希腊握有绝对权力，也有很多机会严厉对待希腊人，却从宽处理了所有事务。即使他的确有任何偏离职守的行为，我也认为那不是出自他的本

---

[1] ［英译注］这一句的最后一个词"在他死后"应是珀律比俄斯去世后，编辑他史书的人加上去的。

[2] 卢西乌斯·穆米乌斯因击败阿凯亚人，获阿凯亚库斯的称号。

心，而是追随他左右的友人们的主意。最著名的事例就是，他屠杀了卡尔基斯的骑兵队。

二、埃及事务

［7］托勒密六世因在战争中受伤而死。[①] 在有些人看来，他应受到很高的赞美，在历史上占有一席之地；有些人的看法则完全相反。的确，托勒密六世是个温和善良的人，比之前的任何国王都要温和善良。最有力的证据是，第一，他从未因任何指控处死自己的朋友，我也不认为任何亚历山大里亚人被处死是因为他。第二，尽管公认他被废黜一事归咎于他的弟弟，但是，他在亚历山大里亚时就有机会报复他的弟弟，却赦免后者；当他弟弟阴谋从他手中夺走塞浦路斯时，他被困拉佩忒斯（Lapethus）[②]城。他也没有因此把弟弟当作敌人来惩罚，而是赠送了除他弟弟根据条约拥有的东西之外的诸多礼物，还允诺把自己的女儿嫁给弟弟。[③]然而，正值顺境、胜利不断的时刻，他却思想放松、变得软弱，染上埃及人惯有的奢侈和放纵。正是在这种状况下，突转降临到他身上。

三、结语

［8］珀律比俄斯在他史书结尾说：

[①] 托勒密六世于公元前145年在安提阿附近击败亚历山大·巴拉斯，但是他在战役中受伤，几天后去世。
[②] 塞浦路斯岛北端的城市。
[③] 他的女儿是克里奥佩特拉·忒亚（Cleopatra Thea），这次婚约没有履行。公元前150年，她被托勒密六世嫁给亚历山大·巴拉斯；公元前146年，她出奔返回父亲身边，托勒密六世又把她嫁给塞琉古的德米特里乌斯二世（Demetrius II）。

因此，完成这些事务后，我从罗马返回故乡。可以说，我之前的政治活动获得巨大荣誉，这是我忠诚于罗马应得的。因此，我向诸神祈祷，愿我的余生保持原样，因为我看到机运（*τύχην*）是多么善妒，尤其是当我们认为我们的生活最有福、最成功时，它就会显示它的威力。

现在，我已抵达这部史书的终点。帮助读者回顾我原初的叙述框架——我把这个框架视作这部史书的基础——后，我希望就这部史书的整体主题做一总结，在开端和结尾之间确立普遍和特殊的关系。

我在这部史书开头解释过，作为导言性的两卷从蒂迈俄斯史书终止的地方写起，简述意大利、西西里和利比亚发生的事务——蒂迈俄斯在他的史书中也处理过这三个地区的事务——后，抵达下述时刻：汉尼拔成为迦太基大军的统帅；德米特里乌斯二世之子腓力五世继承马其顿王位；斯巴达的科勒奥门涅斯三世被从希腊驱逐；安提俄库斯三世继承叙利亚的王位；托勒密四世继承埃及的王位——我把这个时刻当作新的开端，亦即从第139个奥林匹亚年末开始，① 叙述整个天下的所有事件，并以奥林匹亚年为编年顺序，将同一时期天下各地发生的事分地区叙述，直到迦太基陷落、阿凯亚和罗马在科林多地峡的战役以及随后罗马对希腊的处置。

如我所说，读者通过我的这种谋篇布局能够获得最好、最有益的东西，即能够知晓罗马人如何、凭借何种政制（*τίνι γένει πολιτείας*），让整个天下（*σχεδὸν ἅπαντα τὰ κατὰ τὴν οἰκουμένην*）屈服于他们的独一统治（*μίαν ἀρχήν*）——这是前无古人的伟业。现在，我已完成所有这些任务，只剩下注明这部史书中所有事件的日期，列出卷数和整部作品中各卷的顺序。

---

① 珀律比俄斯从第139个奥林匹亚年（公元前224—前220年）和第140个奥林匹亚年（公元前220—前116年）交替的时刻开始他的叙述。

第四十卷

（完全佚失）

附录一 《罗马兴志》梗概[1]

[卷一] 第129个奥林匹亚年至第135个奥林匹亚年（公元前264—前237年）

1–5	导言
1–3.6	介绍：写作主题，写作计划。
3.7–5.5	前两卷的简介
6–12	罗马控制意大利半岛简史
	罗马于公元前387年遭遇的洗劫，针对拉丁人、埃特鲁斯坎人、凯尔特人、萨姆奈人的扩张战争；塔兰托与皮鲁士。
13–64	第一次迦太基战争
13–15	对各卷内容的简介；第一次迦太基战争的原因；对史家费里努斯和法比乌斯·皮克托的批评。
16–20	阿格里真托之围（Agrigentum）及其结果
21–28	罗马人发展舰队和第一次出海；罗马人在厄克诺莫斯的胜利。
29–36	雷古鲁斯登陆利比亚并由胜转败；斯巴达人克桑提普斯帮助迦太基反败为胜。
37–41	罗马舰队遭遇风暴；罗马的帕诺莫斯之捷。

---

[1] 原框架出自 Brian McGing, Polybius' *Histories*, Oxford University Press, 2010, 页17–51, 笔者有修订改动。

42–61	利利巴厄姆之围；迦太基人在德雷帕纳的胜利（49–52）；战争的僵持（57–59）；决战（60–61）。
62–64	签订和约；对战争的总结和评判。
65–88	迦太基雇佣兵叛乱
65–72	这次战争的原因；战争的开端。
73–87	战争过程；撒丁岛雇佣兵起义（79）；马托斯和斯彭狄乌斯的罪行；医学比喻（80–81）。
88	战争总结；罗马攫取撒丁岛。
[卷二]	第136个奥林匹亚年至第139个奥林匹亚年（公元前236—前221年）
1.1–1.4	简介 卷一总结
1.5–1.9	西班牙 迦太基人在哈米尔卡领导下在伊比利亚扩张
2–12	第一次伊里利亚战争（公元前231—前228年）
2–4	埃托利亚人围攻曼迪翁，并为其傲慢付出代价。
5–7	伊里利亚人远征厄利斯和墨瑟尼亚；菲尼卡事务；高卢人的背叛；厄利斯人的愚蠢；历史的教训。
8–12	忒乌塔王后；刺杀罗马使节；伊里利亚人与罗马的和约。
13	西班牙 罗马担忧迦太基势力的增长，但为凯尔特人所羁绊，因此与迦太基人签订条约：迦太基人不得武装跨过埃布罗河。

14-35	罗马与意大利北部凯尔特人的战争
14-17	山南高卢的地理与资源
18	高卢人于公元前387年洗劫罗马城。
22	罗马不得不从伊比利亚的紧急情势中抽身以对付凯尔特人。
27-31	公元前225年,罗马在特拉蒙战役中大胜。
35	凯尔特战争总结:蛮族人数多,士气旺,但是缺乏谋略和决断;历史的教训:无需恐惧蛮族。
36	伊比利亚
	汉尼拔就任统帅;迦太基人渴望为西西里之败复仇;战争不可避免。
37-70	第140个奥林匹亚年之前的希腊历史
37	历史原因;阿凯亚和马其顿的重要性。
38-44	阿凯亚联盟的起源、制度和早期历史。
45-70	科勒奥门涅斯战争:战争起源(45-46);斐拉库斯和阿拉图斯的作品;斐拉库斯的作品不可靠(56-63);历史的目的和本性。
71	对前两卷的总结

[卷三] 第140个奥林匹亚年(公元前220—前217年)

1-5	简介
	新的导言;对原叙述计划的扩展(扩展到公元前146年);混乱的时代。
6-32	第二次迦太基战争的原因和开端
6-7	区分原因、借口和开端。
8-12	原因(哈米尔卡的愤怒;第一次战争之后罗马人对

	迦太基的不义行径；迦太基人在伊比利亚的成功）；皮克托的错误；巴卡家族对罗马的敌意（11—12）。
13—20	这次战争的开端；伊比利亚与伊里利亚发生的事件。
22—28	罗马与迦太基历史上的诸条约
29—30	谁该为这次战争负责？
31—32	原因的重要性；普遍历史的价值。
33—59	汉尼拔远征意大利
33—35	迦太基军队部署；汉尼拔抵达罗讷河。
36—39	地理学研究方法；汉尼拔远征的距离。
40—46	汉尼拔渡过罗讷河；罗马人采取的相应行动。
47—48	阿尔卑斯山地理；批评前人对此地的戏剧化描述。
49—56	汉尼拔越过阿尔卑斯山。
57—59	地理附记
60—75	汉尼拔在波河谷地
60—65	提契诺河战役的准备和过程
66—75	特雷比亚河战役的准备和过程
76	斯基皮奥在伊比利亚
77—94	特拉西梅诺湖战役
77—78	汉尼拔与凯尔特人
79	汉尼拔冒险向埃特鲁里亚行军。
80—82	弗拉米尼乌斯的轻率与汉尼拔对此的利用；论常胜将军的品质。
83—84	这次战役的过程
85—94	战役的结果；法比乌斯的拖延战略。
95—99	伊比利亚事务

100-105	米努基乌斯与法比乌斯 米努基乌斯主张主动出击，法比乌斯主张避免交锋；法比乌斯胜出。
106-117	坎尼之战
108-109	埃米里乌斯的演讲
111	汉尼拔的演说
112	罗马渴望一战的激情
115-117	战役过程
118	总结

[卷四]	第140个奥林匹亚年（公元前220—前217年）
1-2	简介 卷一至三的过渡和导言；对整部史书开端日期的再次讨论：第140个奥林匹亚年期间，各国政治领袖的变动。
3-37	同盟战争：公元前220至前219年的事件
3-13	这次战争的原因：腓力五世年幼导致埃托利亚人挑衅；总结原因，借口和开端（13）。
14-26	战争准备和爆发；音乐与库那忒亚人以及阿卡狄亚人（20-21）；腓力五世决定与阿凯亚人开战（25）。
27-37	序幕；斯科帕斯被选为埃托利亚联盟将军（27）；同时期其他地区发生的事件（27-28）；埃托利亚、马其顿、阿卡纳尼亚、伊庇鲁斯、墨瑟尼亚、斯巴达的情况；同时期其他地区发生的事件（37）。
38-52	罗德岛人与比提尼亚对战拜占庭
38-46	黑海的地理与资源（38-42）；拜占庭的位置与历史（43-46）。

47–49	战争的原因及结盟情况；比提尼亚国王普卢西阿斯一世的不满。
50–52	战争过程
53–55	克里特 当地的敌对势力；克诺索斯和戈图纳向埃托利亚人求救；另一部分克里特人向腓力五世和阿凯亚人求救。
56	本都的米特里达特斯二世攻击西诺佩。
57–87	同盟战争：公元前219至前218年的事件
57–60	伯罗奔半岛的情况；埃托利亚进攻埃格拉；对阿拉图斯指挥的评论。
61–73	腓力五世的诸次战役：埃托利亚（61–66）；同时期其他地区发生的事件（66–67）；伯罗奔半岛（67–73）。
73–75	厄利斯地区的和平生活
76	阿培勒斯，腓力五世诡计多端的谋臣；阿培勒斯与阿拉图斯的冲突。
78–87	阿培勒斯与同盟战争的联系。阿培勒斯协助厄佩拉图斯当选阿凯亚联盟将军（82）；阿培勒斯暗中削弱阿拉图斯的势力。
[卷五]	第140个奥林匹亚年（公元前220年—前217年）
1–33	同盟战争：公元前218至前217年的事件
1–8	阿培勒斯的故事；同时期其他地区发生的事件；阿培勒斯、列昂提俄斯阴谋反对腓力五世；列昂提俄斯的阴谋；腓力五世攻伐帕洛斯、墨瑟尼亚和忒尔摩斯（4–7）。
9–12	褒贬腓力五世在忒尔摩斯的所为
13–16	阿培勒斯、麦加勒斯与列昂提俄斯参加宴会（14）；

	麦加勒斯和克里诺被惩罚和审判（15-16）。
17-24	腓力五世在伯罗奔半岛的作战
25-29	斯巴达地理（21-22）；同时期其他地区发生的事件（29）。
31-33	同盟战争接近尾声，奥林匹亚纪年体系要求处理亚洲事务；开端的重要性；再论普遍历史。
34-87	亚洲事务：第四次叙利亚战争——公元前219年至前217年的事件
34-40	埃及的情况；托勒密四世的懒惰所导致的诸阴谋（34）；科勒奥门涅斯的阴谋（35-39）；索西比俄斯攻击科勒奥门涅斯；科勒奥门涅斯企图突围，但英勇战死；忒奥多图斯计划将科勒叙利亚地区交给安提俄库斯三世（40）。
40-57	叙利亚的情况。莫隆与亚历山大的叛乱；安提俄库斯三世远征莫隆；赫米亚斯与厄庇根涅斯的内讧；阿凯俄斯与安提俄库斯三世的战争。
58-87	第四次叙利亚战争；塞琉西亚城的地理（59）。安提俄库斯三世的行动（58-62）；托勒密四世的准备（62-65）；阿凯乌斯和阿塔罗斯一世的动向（72-78）；拉菲亚战役（79-87）。
88-90	追述公元前227年的罗德岛地震 诸城市、国王们为修复毁损城市所做的贡献
91-105	同盟战争：公元前217至前216年的事件 法洛斯的德米特里乌斯助长腓力五世西进的野心（101）；阿格劳斯"西方的乌云"的演说（104）；同时期其他地区发生的事件（105）。
106-111	概述坎尼之战结束时伯罗奔半岛、雅典、埃及、叙利亚、埃托利亚、马其顿、比提尼亚的情况

[卷六] 罗马政制

2	导言	

政治体成败的首要因素在于其政制。

3–4	政制类型论

强人制、君主制（僭主制）、贵族制（寡头制）、民主制（暴民制）、混合政制。

4–9	政制循环论

政制的循环交替及其腐败；其产生、发展至衰落的过程。

10	吕库古斯为斯巴达创建的混合政制
11a	罗马古史考
11–18	罗马政制及其运作

执政官（12）、元老院（13）、民众（14）的权力；对执政官的监督（15），对元老院的监督（16），对民众的监督（17）。

19–26	罗马军队
27–42	罗马军营
27–32	布局
33–42	军营生活
43–56	罗马政制与其他政制的比较
44	雅典
45–47	克里特
48–50	斯巴达
51–52	迦太基
53–55	罗马人的葬礼习俗
57–59	结论

附录一 《罗马兴志》梗概

[卷七]	第141个奥林匹亚年的前两年（公元前216—前215年）
1	卡普亚的奢华生活
2–5	叙拉古的希耶罗努穆斯
6	莱昂蒂尼的地理
7–8	批评前辈作家对希耶罗努穆斯进行戏剧化的夸大描写
9	腓力五世与汉尼拔的盟约
10–14a	墨瑟尼亚事件及褒贬腓力五世
15–18	安提俄库斯三世攻占萨尔迪斯

[卷八]	第141个奥林匹亚年的后两年（公元前214—前213年）
1–2	前言：汉尼拔战争的规模；再论普遍历史的重要性。
3–7	叙拉古之围；阿基米德的天赋。
8	腓力五世毁灭墨瑟尼亚；对其他作家的批评。
9–11	离题叙述：批评忒奥庞姆普斯对腓力二世的描述。
12	阿拉图斯之死；腓力五世对谏言者的处理。
13–14	腓力五世占领里苏斯。
15–21	攻陷塞琉西亚城之后，安提俄库斯三世图谋打败阿凯俄斯；阿凯俄斯被俘。
24–34	汉尼拔占领塔兰托。
35–36	因轻信而殒命的几个著名人物：罗马将军提比略·塞姆普洛尼乌斯·格拉库斯、阿基达姆斯五世、佩洛庇达斯。
37	罗马攻陷叙拉古。

[卷九]	第142个奥林匹亚年的前两年（公元前212—前211年）
1–2	前言：史书的类型
3–9	罗马围困卡普亚；汉尼拔进军罗马；对罗马和迦太基人勇气的称赞（7）；比较汉尼拔和埃帕米农达斯的军事艺术。

10	褒贬罗马人掠夺叙拉古
12–20	论将道
22–26	论汉尼拔的品质
28–39	卡莱尼阿斯和吕西斯科斯在斯巴达的演说
43	幼发拉底河

[卷十] 第142个奥林匹亚年的后两年（公元前210—前209年）

1	塔兰托
2–20	斯基皮奥的品质；斯基皮奥攻占新迦太基。
21–24	斐洛珀门对阿凯亚骑兵的改革
26	褒贬腓力五世的品质
27–31	安提俄库斯三世远征阿尔沙克二世。
32–33	罗马执政官克劳狄乌斯·马塞卢斯之死
34–40	斯基皮奥在拜库拉战役中获胜。
41–42	腓力五世的征战
43–47	论火信
48	奥克苏斯河
49	安提俄库斯三世在巴克特利亚

[卷十一] 第143个奥林匹亚年的前两年（公元前208—前207年）

1–3	汉尼拔二弟哈斯德鲁巴远征意大利。
4–6	忒拉绪克拉底的演说
9–10	褒奖斐洛珀门及其生活方式
11–18	马卡尼达斯之死
19a	原因的重要性
19	称赞汉尼拔的统兵才能
20–24	斯基皮奥取得伊里帕战役胜利。
25–30	斯基皮奥军队中的哗变；医学比喻；斯基皮奥的演说（28-29）。

31–33	斯基皮奥在伊比利亚打败安多巴勒斯。
39	安提俄库斯三世在巴克特利亚

[卷十二] 论前辈史家

1–4	蒂迈俄斯关于阿非利加和科西嘉的错误
5–16	蒂迈俄斯关于洛克里斯的错误
17–22	卡利斯忒涅斯叙述战争事务的无能
23–28a	对蒂迈俄斯的进一步批评

[卷十三] 第143个奥林匹亚年的后两年（公元前206—前205年）

1–2	埃托利亚人的事务
3–5	腓力五世对罗德岛的毒计
6–8	斯巴达僭主纳比斯

[卷十四] 第144个奥林匹亚年的第一年（公元前204年）

1a	第144个奥林匹亚年尤其重要：意大利和利比亚的战争结束；国王们（腓力五世和安提俄库斯三世）的品质和政策开始清晰起来。
1–10	斯基皮奥在利比亚；火烧敌营。
11–12	补叙前213年以来的埃及事务。

[卷十五] 第144个奥林匹亚年的第二年（公元前203年）

1–16	斯基皮奥与汉尼拔会面（5–8）；扎马之战。
17–19	第二次迦太基战争的和约
20	腓力五世和安提俄库斯三世谋划瓜分埃及。
21–23	腓力五世与基乌斯
24	腓力五世在塔索斯的恶行
24a–36	阿加托克勒斯在埃及倒台。

[卷十六]　第144个奥林匹亚年的后两年（公元前202—前201年）
1　　　　腓力五世进攻帕加马；毁坏庙宇和祭坛。
2-9　　　希俄斯之战
11　　　 腓力五世攻陷普利纳苏斯。
12　　　 论迷信
14-20　　对史家芝诺和安提斯特涅批评
21-22　　特勒庞勒摩斯的品性
22a　　　加沙城的忠诚
23　　　 斯基皮奥凯旋归来。
25-26　　阿塔罗斯一世在雅典
27-28　　腓力五世与罗马
29-35　　腓力五世围攻阿拜多斯。
36-37　　斐洛珀门攻打纳比斯。

[卷十七]　第145个奥林匹亚年的前两年（公元前200—前199年）
　　　　　（完全佚失）

[卷十八]　第145个奥林匹亚年的后两年（公元前198—前197年）
1-12　　　腓力五世与弗拉米尼努斯的会谈
13-15　　论背信弃义
18-33　　狗头山战役；论希腊方阵与罗马方阵（28-32）。
34-39　　狗头山战役结果
41　　　 褒贬阿塔罗斯一世
44-48　　罗马对希腊的安排
49-52　　安提俄库斯三世与罗马使节
53-55　　斯科帕斯与其他在亚历山大里亚的埃托利亚人

[卷十九]　第146个奥林匹亚年（公元前196—前193年）
　　　　　（完全佚失）

[卷二十]　第147个奥林匹亚年的第一年（公元前192年）
4-7　　　波俄提亚的衰落
9-11　　埃托利亚求和

[卷二十一]　第147个奥林匹亚年的后三年（公元前191—前189年）
11　　　安提俄库斯三世接洽比提尼亚的普卢西阿斯一世
13-15　 安提俄库斯三世尝试与罗马谈和
16-17　 马格尼西亚战役；安提俄库斯三世战败后的情况。
18-24　 诸使团在罗马；欧墨涅斯二世的演说（19-22）。
29-32　 罗马与埃托利亚之间的和约
33-39　 曼利乌斯征伐亚洲高卢人。
40-45　 曼利乌斯与安提俄库斯三世的进一步谈判
46　　　罗马对小亚细亚的最终安排

[卷二十二]　第148个奥林匹亚年（公元前188—前185年）
4　　　　波俄提亚的麻烦：罗马人和阿凯亚人的行动。
5　　　　罗德岛与吕西亚的争端
7-10　　阿凯亚联盟与诸国王的事务
11-12　 希腊使节在罗马
15　　　克里特事务
16-17　 埃及的叛乱
18　　　第三次马其顿战争的原因：腓力五世是战争的原因，珀尔修斯是战争计划的执行者。

[卷二十三]　第149个奥林匹亚年的前两年（公元前184—前183年）
1-4　　　希腊使节出使罗马。
5　　　　墨瑟尼亚人德诺克拉底及其品性
10-11　 腓力五世与马其顿灾难的开始
12-14　 论斐洛珀门、汉尼拔、与斯基皮奥的品性，三人皆

	去世于前183年。
16	墨瑟尼亚向阿凯亚联盟投降。
17–18	斯巴达重返阿凯亚联盟。

[卷二十四] 第149个奥林匹亚年的后两年（公元前182—前181年）

1	众使节在罗马
6	阿凯亚联盟命吕科塔斯、珀律比俄斯和小阿拉图斯作为使者出访托勒密五世，但是后者在使者到来之前去世。
8–10	亲罗马的卡里克拉底的政策；关于希腊如何处理与罗马关系的讨论。
11–13	比较斐洛珀门与阿里斯泰诺斯
14–15	欧墨涅斯二世与本都国王法尔纳克斯一世之间的战争

[卷二十五] 第150个奥林匹亚年（公元前180—前177年）

2	欧墨涅斯二世与法尔纳克斯一世的和约
3	对马其顿王珀尔修斯的评价；其早期统治的特点。
4–6	众使节在罗马

[卷二十六] 第151个奥林匹亚年（公元前176—前173年）

1	安提俄库斯四世的品性

[卷二十七] 第152个奥林匹亚年的前两年（公元前172—前171年）

3	罗德岛支持罗马。
4	珀尔修斯拉拢罗德岛。
5	珀尔修斯拉拢波俄提亚。
7	罗德岛对第三次马其顿战争的态度
8	珀尔修斯请求和谈。
9–10	珀尔修斯为何能在希腊得到支持；拳击手的比喻。

[卷二十八]　第152个奥林匹亚年的第三年（公元前170年）
1–2　　　众使节在罗马
3–5　　　罗马人在阿凯亚、埃托利亚和阿卡纳尼亚的行动
6–7　　　阿凯亚联盟在第三次马其顿战争中的政策
8–11　　 珀尔修斯与伊里利亚王根忒俄斯结盟。
12–13　　阿凯亚联盟决定加入罗马一方；珀律比俄斯出使罗马执政官玛尔基乌斯·菲利普斯告知阿凯亚联盟的决定。
14–15　　克里特事务
16–17　　罗德岛的内部争论
18–23　　第六次叙利亚战争

[卷二十九]　第152个奥林匹亚年的第四年（公元前169年）
3–4　　　根忒俄斯最终加入珀尔修斯一方。
5–9　　　欧墨涅斯二世与珀尔修斯之间的阴谋
12　　　 论普遍历史的益处
14–18　　埃米里乌斯·保卢斯的作战以及皮德纳战役
21　　　 论机运：德米特里乌斯曾经的预言
27　　　 莱纳斯对安提俄库斯四世的最后通牒

[卷三十]　第153个奥林匹亚年（公元前168—前165年）
1–5　　　帕加马与罗德岛的使节在罗马
6–9　　　论希腊的反罗马政治家
18　　　 普卢西阿斯二世出访罗马；元老院拒绝欧墨涅斯二世的出访。
25–26　　安提俄库斯四世在达芙妮的阅兵
29　　　 对卡里克拉底的憎恨

[卷三十一]　第154个奥林匹亚年（公元前164—前161年）
2　　　　元老院对塞琉古、马其顿和托勒密三大王国的总体政策

10	托勒密六世两兄弟的内讧
11–15	在珀律比俄斯帮助下,德米特里乌斯出逃罗马。
22–30	论埃米里乌斯·保卢斯的美德;论小斯基皮奥的美德。

[卷三十二] 第155个奥林匹亚年(公元前160—前157年)

2	德米特里乌斯一世把暗杀罗马使节的凶手押解罗马。
4	吕基斯科斯去世;埃托利亚的乱局逐渐平息。
5–6	其他亲罗马政治家去世;卡洛普斯在伊庇鲁斯的恶行。
15–16	普卢西阿斯二世与阿塔罗斯二世爆发战争。

[卷三十三] 第156个奥林匹亚年(公元前156—前153年)

1	普卢西阿斯二世与阿塔罗斯二世的战争
2	阿凯亚使节请求罗马释放关押在意大利的人员。
11	托勒密六世两兄弟的内讧
16–17	罗德岛与克里特的战争
18	诸王子出使罗马。

[卷三十四] 论天下地理

[卷三十五] 第157个奥林匹亚年的前两年(公元前152—前151年)

| 1–5 | 凯尔特-伊比利亚战争 |
| 6 | 拘押在意大利的阿凯亚人返回家乡。 |

[卷三十六] 第157个奥林匹亚年的后两年(公元前150—前149年)

1–8	第三次迦太基战争
9–13	希腊人对罗马发动第三次迦太基战争的几种看法
16	马西尼萨的品性
17	第四次马其顿战争

［卷三十七］第158个奥林匹亚年的第一年（公元前148年）
　　　　　　（完全佚失）

［卷三十八］第158个奥林匹亚年的第二年（公元前147年）
1–4　　　对阿凯亚战争是希腊历史上最大的灾难的论证
5　　　　珀律比俄斯回应潜在批评者对这部史书可能的批评。
7–8　　　褒贬迦太基将领哈斯德鲁巴
9–18　　 阿凯亚战争的爆发和结束
19–22　　迦太基的陷落

［卷三十九］第158个奥林匹亚年的第三年（公元前146年）
2–7　　　科林多的陷落；珀律比俄斯在战后希腊事务中所发挥的作用。
8　　　　全书的总结

［卷四十］　全书概要
　　　　　（完全佚失）

附录二 希腊化王国简史

一、继业者战争（公元前323—前281年）

公元前323年6月，亚历山大大帝在巴比伦病亡，年仅33岁，如何解决帝国的继承问题成为头等大事。依照马其顿已经形成的王位继承传统，帝国新主显然应是亚历山大的儿子。但是，此时真正被众将承认的合法子嗣尚在娘胎，更重要的是，此时还难以断定罗克珊娜（Roxana）会诞下儿子还是女儿。亚历山大与巴尔西涅（Barsine）倒是有个儿子叫赫拉克勒斯（Heracles），但就连亚历山大本人也未承认他的合法身份。此时，亚历山大的异母兄腓力·阿尔里代俄斯（Philip Arrhidaios）亦在巴比伦，也是帝位的合法争夺者，如果罗克珊娜无法诞下儿子的话。

亚历山大麾下军头在巴比伦公推亚历山大最亲密的人佩蒂卡斯（Perdikkas）为帝国摄政，同时瓜分帝国：托勒密得到埃及；吕西马科斯得到色雷斯；列奥纳图斯（Leonntos）得到赫勒斯滂地区的弗里吉亚，独眼的安提哥努斯得到大弗里吉亚；卡帕多西亚和帕弗拉格尼亚（Paphlagonia）交由列奥纳图斯和独眼的安提哥努斯征服，后又交给卡迪亚的欧墨涅斯（Eumenes）。重臣安提帕特（Antipater）本就没有随军远征，遂继续监管马其顿本土和希腊。两个月后，罗克珊娜诞下一子，帝国上下一片欢腾，此子即亚历山大四世。亚历山大驾崩后的继承危机暂时得到解决。

然而，这只是一种幻象。获悉亚历山大在巴比伦驾崩，雅典和埃托利亚随即叛乱，爆发所谓的拉米亚战争。年届古稀的安提帕特被围在拉米亚,幸亏有列奥纳图斯从弗里吉亚驰援,方才脱困,不过列奥纳图斯本人战死。与此同时,安提帕特因对巴比伦的政治安排相当不满,一方面联络托勒密和列奥纳图斯以及亚历山大的母亲奥林匹娅斯(Olympias),另一方面拉拢公元前322年夏返回马其顿的克拉特洛斯(Craterus)。克拉特洛斯本来是被亚历山大派回马其顿以取代安提帕特,结果成为安提帕特的支持者。安提帕特还把女儿菲拉(Phila)嫁给克拉特洛斯,把另一个女儿尼凯娅(Nikaia)送给佩蒂卡斯,寄望于借此与其维持友好关系。但是,佩蒂卡斯显然有更大的野心,他拒绝安提帕特的好意,选择迎娶亚历山大的妹妹克里奥佩特拉(Cleopatra),从而与马其顿王室建立血统联系。与此同时,独眼的安提哥努斯逃往安提帕特和克拉特洛斯处,这表明安提哥努斯对巴比伦的安排也不满。

　　亚历山大生前曾表示希望把自己的遗体存放在西瓦的阿蒙神庙。因此,公元前321年,托勒密率军攻击佩蒂卡斯,强行将亚历山大的棺椁运往埃及,存放于孟斐斯。公元前320年初,佩蒂卡斯攻入埃及,试图夺回亚历山大的棺椁。战局不利,麾下米底亚总督佩冬(Peithon)在塞琉古唆使下刺杀佩蒂卡斯。亚历山大驾崩后的第一任帝国摄政就此惨死。与此同时,安提帕特和克拉特洛斯联合攻击欧墨涅斯,克拉特洛斯被杀。亚历山大去世短短两年后,他最亲密的两位朋友佩蒂卡斯和克拉特洛斯相继殒命。

　　公元前320年,诸军头在叙利亚北部的特里帕拉代索斯(Triparadeisos)达成新的政治安排。关键问题是谁来取代佩蒂卡斯任帝国摄政,安提帕特是显而易见的人选。但是,有佩蒂卡斯的前车之鉴,安提帕特取实而去虚,没有接过摄政一职。换言之,亚历山大驾崩后的王权维持体系开始崩解。托勒密继续控制埃及,独眼的安提哥努斯本来就是大弗里吉亚总督,现在又获准控制亚洲,不过安提帕特安排自己的儿子卡桑德为安提哥努斯的副手,又将守寡的菲拉嫁给安提哥努斯之子德米特里乌斯。塞琉古得到巴比伦尼亚，此时塞琉古38岁，是所有军头中年纪最小的。不过，他并非作为独立诸侯控制巴比伦尼亚，而是作为安提哥努斯的总督控制这一地区。

安提帕特显然是公元前320年的政治安排的最大受益者，他带着两位国王亚历山大四世和腓力三世（亚历山大的异母兄腓力被宣布为王）返回马其顿。安提帕特虽然没有摄政之名，但有摄政之实。但是，第二年，安提帕特去世，享年78岁。令人费解的是，安提帕特临终前并未把自己的权位传给卡桑德，而是交给珀律伯孔（Polyperchon）。卡桑德随即寻求盟友反对珀律伯孔，安提哥努斯、托勒密和吕西马科斯应声响应。珀律伯孔随即拉拢欧墨涅斯，此前，欧墨涅斯被安提帕特判处死刑。公元前320年的政治安排中，安提哥努斯被授予对付欧墨涅斯的权利。但是，安提哥努斯与欧墨涅斯和解，允许他从流放中返回。现在，战争重启：珀律伯孔与卡桑德战于希腊，欧墨涅斯与安提哥努斯战于小亚细亚。

公元前317年，腓力·阿尔里代俄斯的妻子欧律狄基（Eurydike）公开宣布卡桑德为两位国王的保护者，亚历山大的母亲奥林匹娅斯激烈反对：两个女人率各自军队交战于伊庇鲁斯和马其顿边境，欧律狄基败北。在珀律伯孔的支持下，奥林匹娅斯处死腓力三世，强令欧律狄基自杀。奥林匹娅斯随即为此付出代价：公元前315年，珀律伯孔败退伯罗奔半岛，卡桑德杀回马其顿，将奥林匹娅斯饿死在皮德纳的避难所。卡桑德在希腊大搞仁政，很受希腊人欢迎，他的具体政举如下：第一，任命哲人法勒隆的德米特里乌斯治理雅典；第二，帮助重建忒拜城——公元前335年，亚历山大远征前将该城夷为平地。此时，跟王位有关联的腓力三世、欧律狄基、奥林匹娅斯皆已死去，亚历山大四世还在牙牙学语。卡桑德将亚历山大四世及其母亲罗克珊娜软禁于安菲波利斯，又在公元前315年迎娶亚历山大的另一个妹妹忒萨洛尼基（Thessalonike），攫取帝国王权的野心昭然若揭。

与此同时，安提哥努斯在亚洲于公元前315年年初击败欧墨涅斯，彻底控制陶鲁斯山脉以北的小亚细亚。安提哥努斯气势如虹，极力加强自己控制亚洲的权威，塞琉古则竭力反对。塞琉古明智地逃往托勒密处，声言安提哥努斯图谋攫取帝国最高领导权。托勒密和塞琉古于是联合卡桑德及控制色雷斯的吕西马科斯测试安提哥努斯的野心，方法是宣称他们有权分享安提哥努斯击败欧墨涅斯后所获的领土和战利品。安提哥努斯立即以战争作为回应，一边联络曾经的敌人珀律伯孔进攻卡桑德，一边备战。公元前314年，安提哥努斯把托勒密及其大军围困在推罗城，顺便召开军事会议，公开谴责卡桑德杀死奥林匹娅斯、软禁亚历山大四世、强娶忒萨洛尼基的罪行。

但是，安提哥努斯并没有能在战场上击败对手。相反，公元前312年，托勒密和塞琉古重创其子德米特里乌斯。诸军头被迫于公元前311年达成新的平衡：卡桑德控制欧洲，直至亚历山大四世成年；吕西马科斯继续控制色雷斯；托勒密继续控制埃及以及西至昔兰尼、冬至阿拉伯半岛的区域；安提哥努斯本人继续控制整个亚洲。在这次谈判中，塞琉古被忽略。塞琉古于是把目光转向中亚，在那里开疆扩土。

公元前309年，卡桑德弑杀亚历山大四世和罗克珊娜。令人惊讶的是，卡桑德的对手对这一弑君罪行集体保持沉默，可能众军头集体乐见这块绊脚石被清除。果然，公元前306年，安提哥努斯率先称王，并将国王称号赐予其子德米特里乌斯。此时，与亚历山大的王位有关联的仅剩克里奥佩特拉、忒萨洛尼基和未被亚历山大承认的儿子赫拉克勒斯。败退伯罗奔半岛的珀律伯孔曾唆使赫拉克勒斯反对卡桑德，但是前者最后与卡桑德达成协议，珀律伯孔被允许拿回他在马其顿的财产，并作为卡桑德的将军合法坐镇伯罗奔半岛，条件是他需谋杀赫拉克勒斯。

在这几年间，托勒密四处出击，一方面以希腊解放者自居，唆使希腊城市反对安提哥努斯，另一方面谋求迎娶克里奥佩特拉——自公元前321年起，亚历山大的这位妹妹就被安提哥努斯强留于萨尔迪斯。与此同时，他向安提哥努斯的侄子珀律迈俄斯（Polemaios）示好，后者此时已在希腊中部地区站稳脚跟。托勒密起先与珀律迈俄斯结盟，随后又背信，夺取科林多和希库温两城。与此同时，他迎娶克里奥佩特拉的图谋以失败告终：他在克里奥佩特拉前去见他时被谋杀。至此，与亚历山大有血缘关系的人仅剩卡桑德的妻子忒萨洛尼基。

在亚洲，塞琉古集中全部力量东征中亚，但是安提哥努斯之子德米特里乌斯趁其远征，攻占巴比伦尼亚。塞琉古归返击败安提哥努斯，与后者达成协定后，再次东征中亚。这促使安提哥努斯集中力量西征：他派遣德米特里乌斯攻陷雅典。德米特里乌斯接着控制麦加拉，并于公元前307年组织希腊城市对抗卡桑德。公元前306年，德米特里乌斯挥师塞浦路斯，打败试图攻占该岛的托勒密军队，并在萨拉米斯岛东边一次海战中获胜。安提哥努斯就是在这个时刻称王。安提哥努斯随即遣使授予德米特里乌斯王者称号。亚历山大帝国正式灭亡：一个新的开端出现。

安提哥努斯继续扩张其王国，下一个目标是罗德岛。德米特里乌斯围困罗德岛一年多无果，双方最终被迫和谈。公元前304年冬，德米特里乌斯前往雅典，因为卡桑德正在攻击该城。公元前303年春，德米特里乌斯驱逐驻守科林多和希库温的托勒密守军，进入伯罗奔半岛征伐。在伯罗奔半岛，德米特里乌斯迎娶伊庇鲁斯国王皮鲁士的妹妹，从而为对抗卡桑德赢得重要盟友。前302年，德米特里乌斯效仿腓力二世在科林多组建联盟，他和其父是联盟领袖。

德米特里乌斯父子进攻马其顿已非秘密，卡桑德已经丧失希腊中部和南部，被迫奋起反击；如果安提哥努斯击败卡桑德，吕西马科斯的色雷斯也将不保。两人遂立即结为盟友，随后又拉托勒密入盟，塞琉古基于此前的恩怨，乐见安提哥努斯的势力被削弱，也加入同盟。卡桑德和吕西马科斯率先出击：卡桑德南下进攻德米特里乌斯，吕西马科斯和卡桑德的部分军队登陆亚洲，连战连捷，迅速控制小亚细亚西部。安提哥努斯率军从叙利亚北上迎战，于公元前302年冬迫使吕西马科斯退往小亚细亚西北。安提哥努斯令德米特里乌斯与卡桑德停战，回防亚洲。与此同时，托勒密从南部侵入叙利亚，围攻西顿；塞琉古率大军挺进卡帕多西亚，恰在吕西马科斯败北时，与之会合。公元前301年，决战在弗里吉亚的伊普苏斯进行。安提哥努斯如果获胜，将有望重建亚历山大帝国。但是，卡桑德、吕西马科斯、塞琉古取得决战胜利，安提哥努斯殒命战场，德米特里乌斯逃往以弗所。此战最大的获益者是塞琉古，他得以控制陶鲁斯山脉以南的亚洲。

伊普苏斯战役的胜利者们不久后再起冲突。托勒密与吕西马科斯结盟，塞琉古与德米特里乌斯结盟，互相对抗。公元前297年，卡桑德去世，诸子爆发内战。德米特里乌斯抓住机会挺进希腊，于公元前294年再次攻陷雅典，征伐伯罗奔半岛，最后杀入马其顿，杀卡桑德一子，迫使其他诸子远遁吕西马科斯处。伊庇鲁斯的皮鲁士乘机扩张到马其顿边境，并联合托勒密和叙拉古的阿加托克勒斯图谋占领希腊中部地区。托勒密乘机于公元前295年夺回塞浦路斯，组建爱琴海诸岛同盟，又于前288年从德米特里乌斯手中夺回西顿和推罗。公元前287年，雅典在皮鲁士支持下反叛。德米特里乌斯将目光再次转回亚洲，并为此孤注一掷。公元前286年，他被塞琉古俘虏，后被处决，吕西马科斯乘机夺取马其顿。

托勒密于公元前282年去世，其幼子托勒密二世（Ptolemy II［公元前308—前246年］，公元前285—前246年在位）继位。托勒密王国成为三大希腊化王国中第一个顺利完成王位继承的王国。长子托勒密·雷电远走吕西马科斯宫廷，因为吕西马科斯的王后阿尔西诺伊二世是他同父异母的妹妹。吕西马科斯掌控马其顿后，由于国土横跨两洲，宫廷不稳，塞琉古起兵争夺陶鲁斯山脉以北的小亚细亚，于公元前281年在克罗派狄翁之战中杀死吕西马科斯。公元前281年9月，塞琉古被托勒密·雷电刺杀。

二、后继业者时代（公元前281—前241年）

公元前281年，最后两位继业者吕西马科斯和塞琉古离世，标者着继业者战争时代的结束。塞琉古之子安提俄库斯一世（Antiochus I［公元前324—前261年］，公元前293—前261年在位）正式继承塞琉古王位——十二年前，他便已经与塞琉古共享王权。塞琉古王国成为第二个顺利完成王权继承的王国。但是，马其顿王国的继承危机再现。托勒密·雷电击败德米特里乌斯之子安提哥努斯二世（Antigonus II［公元前319—前239年］，公元前276—前239年在位）后，利用妹妹阿尔西诺伊二世（Arsinoe II）的关系夺取马其顿王位，史称马其顿的托勒密二世。这意味着托勒密王室现在已掌控两个希腊化王国。

但是，两年后，一支高卢部落入侵马其顿，托勒密·雷电在战斗中被杀。珀律比俄斯把这支高卢部落的入侵视作一个重大时刻。这支高卢部落随后入侵德尔斐，被击败后，又辗转进入亚洲。托勒密·雷电战死后，其弟墨勒阿格洛斯继位，在位两个月后被杀。随后，卡桑德之子安提帕特二世（Antipater II）在混乱中继位。公元前279年，吕西马科斯原先的小亚细亚总督索斯忒涅斯（Sosthenes）率军在德尔斐击败入侵的高卢部落，声名威震希腊，后谋杀安提帕特二世，攫取马其顿王位。两年后，索斯忒涅斯被德米特里乌斯之子安提哥努斯二世击败，后者加冕为马其顿国王。

公元前276年，安提哥努斯二世的王位尚未坐稳，远征意大利归来的皮鲁士便入侵马其顿，将安提哥努斯二世赶至沿海地区，控制马其顿王国。皮鲁士接着南征伯罗奔半岛，于公元前272年与安提哥努斯二世和斯巴达联军战于阿尔哥斯，兵败被杀。安提哥努斯二世再次控制马其顿，至此，始于独眼的安提哥努斯的安提哥努王室才算控制马其顿。从亚历山大驾崩算起，这一历程长达半个世纪。

那支辗转亚洲的高卢部落在小亚细亚遭到安提俄库斯一世的痛击，被迫停下迁徙步伐。安提俄库斯一世因此获得"救主"称号。与此同时，托勒密王国与塞琉古王国为争夺叙利亚南部的科勒叙利亚地区开战。公元前274年至前271年，托勒密二世与安提俄库斯一世打了第一次叙利亚战争。托勒密王国偏安南部，在继业者战争时代，仅佩蒂卡斯入侵过埃及本土，所以长期保持安宁，国力较强。反观马其顿和塞琉古所在的巴尔干半岛和亚洲，战火连年，国力必遭削弱。当此之时，托勒密二世一边与安提俄库斯一世争雄叙利亚南部，一边与安提哥努斯二世争夺爱琴海诸岛。第一次叙利亚战争中，塞琉古王国并未占到任何便宜；同时，托勒密二世成为爱琴海诸岛联盟的领袖，在卡里亚和爱奥尼亚海岸确立军事政治存在。

在这期间，托勒密二世迎娶寡居的姐姐阿尔西诺伊二世。后者先是嫁给吕西马科斯，在吕西马科斯阵亡后逃往萨摩色雷斯岛，后逃往埃及。托勒密二世第一任妻子是吕西马科斯之女阿尔西诺伊一世（Arsinoe I，吕西马科斯与一位色雷斯公主生的女儿），现在他抛弃发妻，迎娶自己的姐姐、发妻之后母，这一乱伦婚姻在希腊人中间引发极大厌恶。托勒密二世还因此得到"爱恋姐姐的人"这一称号。

安提哥努斯二世巩固国内王权后，南下争夺希腊地区，于公元前262年春攻下雅典，控制比雷埃夫斯港，西控科林多地峡和伯罗奔半岛；在爱琴海方向，又在科斯岛海战中打败托勒密二世的舰队，托勒密二世在爱琴海的海上领导权遭到惨重打击。所以，有人说，安提哥努斯二世是马其顿王国真正的创建者。

安提俄库斯一世在第一次叙利亚战争中失利后，向北攻伐陶鲁斯山脉以北的小亚细亚，所获无多。公元前263年，帕加马总督斐勒泰洛斯去世，其侄欧墨涅斯一世反叛安提俄库斯一世，并于公元前262年在萨尔迪斯附近击败后者，帕加马王国的雏形出现。陶鲁斯山脉以北的小亚细亚是一个重要战略区。继业者战争时代，先是独眼的安提哥努斯击败欧墨涅斯后控制该地。公元前301年，独眼的安提哥努斯战死后，控制色雷斯的吕西马科斯东进控制小亚细亚。公元前281年，塞琉古与吕西马科斯争夺小亚细亚，前者被刺，后者战死。此后，塞琉古王国虽竭力想控制小亚细亚，但始终没有取得成功。相反，小亚细亚此后诞生诸个小王国，如比提尼亚王国、卡帕多西亚王国、本都王国等。这些王国将在随后的历史进程中成为重要角色。

公元前261年，安提俄库斯一世驾崩，其子安提俄库斯二世（Antiochus II［公元前285—前246年］，公元前261—前246年在位）继位。安提俄库斯二世继位后，托勒密王国趁对手新主继位，随即发动第二次叙利亚战争，再次争夺科勒叙利亚地区。战争打到公元前253年时，双方皆已精疲力竭，遂议和。安提俄库斯二世休掉发妻劳迪西娅，迎娶托勒密二世之女贝勒尼基（Berenike）。

公元前246年1月，托勒密二世驾崩，其子托勒密三世继位。几个月后，安提俄库斯二世驾崩，塞琉古王室随即爆发继承危机。原王后劳迪西娅之子塞琉库斯要求继位，贝勒尼基则立即宣布其幼子继位，并要求兄长托勒密三世派兵支持。托勒密三世立即发兵安提阿，尚未抵达，就获悉塞琉库斯已谋杀贝勒尼基母子，塞琉库斯加冕为塞琉古二世（Seleucus II［公元前265—前225年］，公元前246—前225年在位）。随即，第三次叙利亚战争爆发。托勒密三世率大军深入塞琉古王国，大有鲸吞该王国之势。恰在此时，埃及国内爆发叛乱，托勒密三世被迫挥师返国。尽管如此，在第三次叙利亚战争中，托勒密三世仍夺取叙利亚和小亚细亚的海岸地带，军事据点远达赫勒斯滂海峡。其中，塞琉古王国首都安提阿的港口塞琉西亚直到公元前219年才被安提俄库斯三世夺回。

公元前250年，安提哥努斯二世的侄子亚历山大叛乱。伯罗奔半岛的阿凯亚人在阿拉图斯率领下亦乘机反叛，于公元前243年夺回科林多。此前，安提哥努斯二世为加强对希腊的控制，攥取三大战略要地：卡尔基斯、德米特里港和科林多。阿凯亚人此举亦得到托勒密王国的大力支持，珀律比俄斯笔下的阿凯亚联盟与托勒密王国的友好关系就源于此。

托勒密三世撤军不久，塞琉古二世的同母弟安提俄库斯·厄腊克斯（Antiochus Hierax）在小亚细亚起兵叛乱。后者于前240年在安卡拉附近击败塞琉古二世，将兄长的势力驱逐出小亚细亚。不过，安提俄库斯·厄腊克斯在小亚细亚的统治并不稳定。帕加马的欧墨涅斯一世之子阿塔罗斯一世于公元前241年继位，成为安提俄库斯·厄腊克斯的强劲对手。公元前228年，安提俄库斯·希拉克斯兵败，远遁亚历山大里亚求助托勒密三世，无果，又北逃色雷斯，在那里被谋杀。

公元前241年，罗马与迦太基的第一次战争结束，三大希腊化王国并未严肃看待地中海西部这场旷日持久的战争。两年后，安提哥努斯二世驾崩，德米特里乌斯二世继位。十年后的公元前229年，德米特里乌斯二世驾崩，幼主腓力五世年仅9岁，叔父安提哥努斯摄政，随后直接加冕，称安提哥努斯三世。公元前227年，斯巴达僭主科勒奥门涅斯三世起兵征伐伯罗奔半岛，安提哥努斯三世南下伯罗奔半岛，于公元前222年在塞拉西亚战役中击败科勒奥门涅斯三世，后者远遁埃及。第二年，安提哥努斯三世驾崩，后托勒密三世驾崩。前一年，安提俄库斯三世已经继任塞琉古国王。公元前225年，其父塞琉古二世驾崩，其兄塞琉古三世继位，继续征战小亚细亚，于公元前223年被刺杀，安提俄库斯三世遂继位。公元前221年，汉尼拔的姐夫哈斯德鲁巴被刺杀，汉尼拔继任迦太基统帅。至此抵达珀律比俄斯所言的那个关键时刻。

图书在版编目（CIP）数据

罗马兴志. 下 /（古希腊）珀律比俄斯著；马勇译. -- 北京 : 华夏出版社有限公司, 2025. -- （西方传统 : 经典与解释）. -- ISBN 978-7-5222-0894-7

I. K126

中国国家版本馆 CIP 数据核字第 2025A9977E 号

西方传统：经典与解释
Classici et Commentarii
HERMES
刘小枫◎主编

古今丛编

迷宫的线团 [英]弗朗西斯·培根 著
伊菲革涅亚 吴雅凌 编译
欧洲中世纪诗学选译 宋旭红 编译
克尔凯郭尔 [美]江思图 著
货币哲学 [德]西美尔 著
孟德斯鸠的自由主义哲学 [美]潘戈 著
莫尔及其乌托邦 [德]考茨基 著
试论古今革命 [法]夏多布里昂 著
但丁：皈依的诗学 [美]弗里切罗 著
在西方的目光下 [英]康拉德 著
大学与博雅教育 董成龙 编
探究哲学与信仰 [美]郝岚 著
民主的本性 [法]马南 著
梅尔维尔的政治哲学 李小均 编/译
席勒美学的哲学背景 [美]维塞尔 著
果戈里与鬼 [俄]梅列日科夫斯基 著
自传性反思 [美]沃格林 著
黑格尔与普世秩序 [美]希克斯 等著
新的方式与制度 [美]曼斯菲尔德 著
科耶夫的新拉丁帝国 [法]科耶夫 等著
《利维坦》附录 [英]霍布斯 著
或此或彼（上、下） [丹麦]基尔克果 著
海德格尔式的现代神学 刘小枫 选编
双重束缚 [法]基拉尔 著
古今之争中的核心问题 [德]迈尔 著
论永恒的智慧 [德]苏索 著
宗教经验种种 [美]詹姆斯 著
尼采与卢梭 [美]凯斯·安塞尔–皮尔逊 著
舍勒思想评述 [美]弗林斯 著

诗与哲学之争 [美]罗森 著
神圣与世俗 [罗]伊利亚德 著
但丁的圣约书 [美]霍金斯 著

古典学丛编

伊壁鸠鲁主义的政治哲学
[意]詹姆斯·尼古拉斯 著
迷狂与真实之间 [英]哈利威尔 著
品达《皮托凯歌》通释 [英]伯顿 著
俄耳甫斯祷歌 吴雅凌 译注
荷马笔下的诸神与人类德行 [美]阿伦斯多夫 著
赫西俄德的宇宙 [美]珍妮·施特劳斯·克莱 著
论王政 [古罗马]金嘴狄翁 著
论希罗多德 [苏]卢里叶 著
探究希腊人的灵魂 [美]戴维斯 著
尤利安文选 马勇 编/译
论月面 [古罗马]普鲁塔克 著
雅典谐剧与逻各斯 [美]奥里根 著
菜园哲人伊壁鸠鲁 罗晓颖 选编
劳作与时日（笺注本） [古希腊]赫西俄德 著
神谱（笺注本） [古希腊]赫西俄德 著
赫西俄德：神话之艺 [法]居代·德拉孔波 编
希腊古风时期的真理大师 [法]德蒂安 著
古罗马的教育 [英]葛怀恩 著
古典学与现代性 刘小枫 编
表演文化与雅典民主政制
[英]戈尔德希尔、奥斯本 编
西方古典文献学发凡 刘小枫 编
古典语文学常谈 [德]克拉夫特 著
古希腊文学常谈 [英]多佛 等著
撒路斯特与政治史学 刘小枫 编
希罗多德的王霸之辨 吴小锋 编/译
第二代智术师 [英]安德森 著
英雄诗系笺释 [古希腊]荷马 著
统治的热望 [美]福特 著
论埃及神学与哲学 [古希腊]普鲁塔克 著
凯撒的剑与笔 李世祥 编/译

修昔底德笔下的人性 [美]欧文 著
修昔底德笔下的演说 [美]斯塔特 著
古希腊政治理论 [美]格雷纳 著
赫拉克勒斯之盾笺释 罗逍然 译笺
《埃涅阿斯纪》章义 王承教 选编
维吉尔的帝国 [美]阿德勒 著
塔西佗的政治史学 曾维术 编
幽暗的诱惑 [美]汉密尔顿 著

古希腊诗歌丛编

古希腊早期诉歌诗人 [英]鲍勒 著
诗歌与城邦 [美]费拉格、纳吉 主编
阿尔戈英雄纪（上、下）
[古希腊]阿波罗尼俄斯 著
俄耳甫斯教辑语 吴雅凌 编译

古希腊肃剧注疏

欧里庇得斯及其对雅典人的教诲
[美] 格里高利 著
欧里庇得斯与智术师 [加] 科纳彻 著
欧里庇得斯的现代性 [法]德·罗米伊 著
自由与僭越 罗峰 编译
希腊肃剧与政治哲学 [美]阿伦斯多夫 著

古希腊礼法研究

宙斯的正义 [英]劳埃德-琼斯 著
希腊人的正义观 [英]哈夫洛克 著

廊下派集

剑桥廊下派指南 [加]英伍德 编
廊下派的苏格拉底 程志敏 徐健 选编
廊下派的神和宇宙 [墨]里卡多·萨勒斯 编
廊下派的城邦观 [英]斯科菲尔德 著

希伯莱圣经历代注疏

希腊化世界中的犹太人 [英]威廉逊 著
第一亚当和第二亚当 [德]朋霍费尔 著

新约历代经解

属灵的寓意 [古罗马]俄里根 著

基督教与古典传统

保罗与马克安 [德]文森 著
加尔文与现代政治的基础 [美]汉考克 著
无执之道 [德]文森 著
恐惧与战栗 [丹麦]基尔克果 著
托尔斯泰与陀思妥耶夫斯基
[俄]梅列日科夫斯基 著
论宗教大法官的传说 [俄]罗赞诺夫 著
海德格尔与有限性思想（重订版）
刘小枫 选编
上帝国的信息 [德]拉加茨 著
基督教理论与现代 [德]特洛尔奇 著
亚历山大的克雷芒 [意]塞尔瓦托·利拉 著
中世纪的心灵之旅 [意]圣·波纳文图拉 著

德意志古典传统丛编

论德意志文学及其他 [德]弗里德里希二世 著
卢琴德 [德]弗里德里希·施勒格尔 著
黑格尔论自我意识 [美]皮平 著
克劳塞维茨论现代战争 [澳]休·史密斯 著
《浮士德》发微 谷裕 选编
尼伯龙人 [德]黑贝尔 著
论荷尔德林 [德]沃尔夫冈·宾德尔 著
彭忒西勒亚 [德]克莱斯特 著
穆佐书简 [奥]里尔克 著
纪念苏格拉底——哈曼文选 刘新利 选编
夜颂中的革命和宗教 [德]诺瓦利斯 著
大革命与诗化小说 [德]诺瓦利斯 著
黑格尔的观念论 [美]皮平 著
浪漫派风格——施勒格尔批评文集 [德]施勒格尔 著

巴洛克戏剧丛编

克里奥帕特拉 [德]罗恩施坦 著
君士坦丁大帝 [德]阿旺西尼 著
被弑的国王 [德]格吕菲乌斯 著

美国宪政与古典传统

美国1787年宪法讲疏 [美]阿纳斯塔普罗 著

启蒙研究丛编
动物哲学　[法]拉马克 著
赫尔德的社会政治思想　[加]巴纳德 著
论古今学问　[英]坦普尔 著
历史主义与民族精神　冯庆 编
浪漫的律令　[美]拜泽尔 著
现实与理性　[法]科维纲 著
论古人的智慧　[英]培根 著
托兰德与激进启蒙　刘小枫 编
图书馆里的古今之战　[英]斯威夫特 著

政治史学丛编
布克哈特书信选　[瑞士]雅各布·布克哈特 著
启蒙叙事　[英]欧布里恩 著
历史分期与主权　[美]凯瑟琳·戴维斯 著
驳马基雅维利　[普鲁士]弗里德里希二世 著
现代欧洲的基础　[英]赖希 著
克服历史主义　[德]特洛尔奇 等著
胡克与英国保守主义　姚啸宇 编
古希腊传记的嬗变　[意]莫米利亚诺 著
伊丽莎白时代的世界图景　[英]蒂利亚德 著
西方古代的天下观　刘小枫 编
从普遍历史到历史主义　刘小枫 编
自然科学史与玫瑰　[法]雷比瑟 著

地缘政治学丛编
地缘政治学的黄昏　[美]汉斯·魏格特 著
大地法的地理学　[英]斯蒂芬·莱格 编
地缘政治学的起源与拉采尔　[希腊]斯托杨诺斯 著
施米特的国际政治思想　[英]欧迪瑟乌斯/佩蒂托 编
克劳塞维茨之谜　[英]赫伯格-罗特 著
太平洋地缘政治学　[德]卡尔·豪斯霍弗 著

荷马注疏集
不为人知的奥德修斯　[美]诺特维克 著
模仿荷马　[美]丹尼斯·麦克唐纳 著

阿里斯托芬集
《阿卡奈人》笺释　[古希腊]阿里斯托芬 著

色诺芬注疏集
居鲁士的教育　[古希腊]色诺芬 著
色诺芬的《会饮》　[古希腊]色诺芬 著

柏拉图注疏集
《苏格拉底的申辩》集注　程志敏 辑译
挑战戈尔戈　李致远 选编
论柏拉图《高尔吉亚》的统一性　[美]斯托弗 著
立法与德性——柏拉图《法义》发微　林志猛 编
柏拉图的灵魂学　[加]罗宾逊 著
柏拉图书简　彭磊 译注
克力同章句　程志敏 郑兴凤 撰
哲学的奥德赛——《王制》引论　[美]郝兰 著
爱欲与启蒙的迷醉　[美]贝尔格 著
为哲学的写作技艺一辩　[美]伯格 著
柏拉图式的迷宫——《斐多》义疏　[美]伯格 著
苏格拉底与希琵阿斯　王江涛 编译
理想国　[古希腊]柏拉图 著
谁来教育老师　刘小枫 编
立法者的神学　林志猛 编
柏拉图对话中的神　[法]薇依 著
厄庇诺米斯　[古希腊]柏拉图 著
智慧与幸福　程志敏 选编
论柏拉图对话　[德]施莱尔马赫 著
柏拉图《美诺》疏证　[美]克莱因 著
政治哲学的悖论　[美]郝岚 著
神话诗人柏拉图　张文涛 选编
阿尔喀比亚德　[古希腊]柏拉图 著
叙拉古的雅典异乡人　彭磊 选编
阿威罗伊论《王制》　[阿拉伯]阿威罗伊 著
《王制》要义　刘小枫 选编
柏拉图的《会饮》　[古希腊]柏拉图 等著
苏格拉底的申辩（修订版）　[古希腊]柏拉图 著
苏格拉底与政治共同体　[美]尼柯尔斯 著

政制与美德——柏拉图《法义》疏解 [美]潘戈 著
《法义》导读 [法]卡斯代尔·布舒奇 著
论真理的本质 [德]海德格尔 著
哲人的无知 [德]费勃 著
米诺斯 [古希腊]柏拉图 著
情敌 [古希腊]柏拉图 著

亚里士多德注疏集
亚里士多德论政体 崔嵬、程志敏 编
《诗术》译笺与通绎 陈明珠 撰
亚里士多德《政治学》中的教诲 [美]潘戈 著
品格的技艺 [美]加佛 著
亚里士多德哲学的基本概念 [德]海德格尔 著
《政治学》疏证 [意]托马斯·阿奎那 著
尼各马可伦理学义疏 [美]罗娜·伯格 著
哲学之诗 [美]戴维斯 著
对亚里士多德的现象学解释 [德]海德格尔 著
城邦与自然——亚里士多德与现代性 刘小枫 编
论诗术中篇义疏 [阿拉伯]阿威罗伊 著
哲学的政治 [美]戴维斯 著

普鲁塔克集
普鲁塔克的《对比列传》 [英]达夫 著
普鲁塔克的实践伦理学 [比利时]胡芙 著

阿尔法拉比集
政治制度与政治箴言 阿尔法拉比 著

马基雅维利集
解读马基雅维利 [美]麦考米克 著
君主及其战争技艺 娄林 选编

莎士比亚绎读
哲人与王者 [加]克雷格 著
莎士比亚的罗马 [美]坎托 著
莎士比亚的政治智慧 [美]伯恩斯 著
脱节的时代 [匈]阿格尼斯·赫勒 著
莎士比亚的历史剧 [英]蒂利亚德 著
莎士比亚戏剧与政治哲学 彭磊 选编

莎士比亚的政治盛典 [美]阿鲁里斯/苏利文 编
丹麦王子与马基雅维利 罗峰 选编

洛克集
洛克现代性政治学之根 [加]金·I.帕克 著
上帝、洛克与平等 [美]沃尔德伦 著

卢梭集
致博蒙书 [法]卢梭 著
政治制度论 [法]卢梭 著
哲学的自传 [美]戴维斯 著
文学与道德杂篇 [法]卢梭 著
设计论证 [美]吉尔丁 著
卢梭的自然状态 [美]普拉特纳 等著
卢梭的榜样人生 [美]凯利 著

莱辛注疏集
汉堡剧评 [德]莱辛 著
关于悲剧的通信 [德]莱辛 著
智者纳坦（研究版） [德]莱辛 等著
启蒙运动的内在问题 [美]维塞尔 著
莱辛剧作七种 [德]莱辛 著
历史与启示——莱辛神学文选 [德]莱辛 著
论人类的教育 [德]莱辛 著

尼采注疏集
尼采引论 [德]施特格迈尔 著
尼采与基督教 刘小枫 编
尼采眼中的苏格拉底 [美]丹豪瑟 著
动物与超人之间的绳索 [德]A.彼珀 著

施特劳斯集
论法拉比与迈蒙尼德
苏格拉底与阿里斯托芬
论僭政（重订本） [美]施特劳斯 [法]科耶夫 著
苏格拉底问题与现代性（第三版）
犹太哲人与启蒙（增订本）
霍布斯的宗教批判
斯宾诺莎的宗教批判

门德尔松与莱辛
哲学与律法——论迈蒙尼德及其先驱
迫害与写作艺术
柏拉图式政治哲学研究
论柏拉图的《会饮》
柏拉图《法义》的论辩与情节
什么是政治哲学
古典政治理性主义的重生（重订本）
回归古典政治哲学——施特劳斯通信集
　　＊＊＊
哲学、历史与僭政　[美]伯恩斯、弗罗斯特 编
追忆施特劳斯　张培均 编
施特劳斯学述　[德]考夫曼 著
论源初遗忘　[美]维克利 著
阅读施特劳斯　[美]斯密什 著
施特劳斯与流亡政治学　[美]谢帕德 著
驯服欲望　[法]科耶夫 等著

施特劳斯讲学录
维柯讲疏
苏格拉底与居鲁士
追求高贵的修辞术
　　——柏拉图《高尔吉亚》讲疏（1957）
斯宾诺莎的政治哲学

施米特集
施米特与国际战略　[德]埃里希·瓦德 著
宪法专政　[美]罗斯托 著
施米特对自由主义的批判　[美]约翰·麦考米克 著

伯纳德特集
古典诗学之路（第二版）　[美]伯格 编
弓与琴（第三版）　[美]伯纳德特 著
神圣的罪业　[美]伯纳德特 著

布鲁姆集
伊索克拉底的政治哲学
巨人与侏儒（1960-1990）

人应该如何生活——柏拉图《王制》释义
爱的设计——卢梭与浪漫派
爱的戏剧——莎士比亚与自然
爱的阶梯——柏拉图的《会饮》

沃格林集
自传体反思录

朗佩特集
哲学与哲学之诗
尼采与现时代
尼采的使命
哲学如何成为苏格拉底式的
施特劳斯的持久重要性

迈尔集
施米特的教训
何为尼采的扎拉图斯特拉
政治哲学与启示宗教的挑战
隐匿的对话
论哲学生活的幸福

大学素质教育读本
古典诗文绎读 西学卷·古代编（上、下）
古典诗文绎读 西学卷·现代编（上、下）